中国当代民间史料集刊 9 上册

华东师范大学中国当代史研究中心 编

铁道学院『三反』快报

本集刊出版获得东方历史学会资助

中国出版集团 东方出版中心

出版说明

《中国当代民间史料集刊》是一套记录1949年以来中国历史的资料丛书，由本中心组织编辑。这套丛书收录的是流散于社会的各种民间文献，包括日记、笔记、记录、信函、小报、表格、账册、课本等等。与已经出版的许多中国当代史资料不同，这套丛书以反映社会底层的政治、经济、文化状况和日常生活、人际交往、家庭关系、个人境遇等为内容，为读者提供记录底层历史变迁的原始资料。

相对于中国古代和近代各种民间史料，中国当代民间史料数量更大，种类更多，抢救、发掘的难度理当比前者要小得多。但实际的情况却颇不乐观。由于在相当一段时间里政治运动频发，特别是经历过“文化大革命”以后，许多私人记录性史料大量抄没、毁坏或遗失。而各种运动过后，尤其是改革开放初期“拨乱反正”，也曾将大量个人材料交还个人处理，或由组织代为销毁。再加上单位变动频繁，过去曾经保存在单位里的各种油印资料或个人记录材料，也不断地被处理或销毁。所有这些都使得原本应该浩如烟海、取之不尽的当代民间史料，如今竟成急需抢救的“国宝”。

近十几年来，意识到并重视当代史料搜集和抢救工作的民间人士和专业研究者，已不在少数。但十分遗憾的是，这方面的工作迄今为止仍处于一种分散游击、割据自守的状况。由于收藏者多将自己搜集到的史料藏诸深山、秘不示人，从而使得原本就显得十分稀少的民间史料愈显其缺。

历史研究，关键在史料。当代史料通常有几类，一是官方档案文献；二是口述或回忆；三是影像或录音；四就是民间记录的各种文字材料了。在所有这些史料当中,官方档案的形成、留存和开放,都难免会受到时政的极大影响,因而具有很大的片面性;口述回忆史料因时过境迁,加之当事人的主观意向和记忆误差,也极易造成对历史的误读。至于影像录音之类的史料价值,自然局限更为明显。因此,当代史料当中最大量的,也是最能够真切反映社会当时各种情况的,恰恰是这些民间史料。如今,当代中国历史的研究正方兴未艾,已有越来越多的学者和学生开始关心和研究当代历史的问题了,但因为民间史料查找不易,除极少数近水楼台者外,真正能够利用民间史料来做研究的学者和学生,还寥寥无几。

本中心成立不久,但深信应该在这方面有所建树。因而不惜大家动手,不取分文,费时费力并以极为有限的财力资源,编辑出版这样一套丛书,以利推动民间史料的整理与出版,进而逐渐打破现在史料收藏过于分散、难以利用的情况。

必须说明的是,本中心在民间史料搜集上着手较晚,故我们所推出的史料无论从面上,还是从点上,都不成系统。同时,由于整个当代史料的整理和出版工作在全国范围也都还只是处于起步阶段,无论编辑还是出版工作都还有一个摸索适应和逐渐规范的过程,因此,在许多方面都难免存在着缺失甚或不当之处。凡此种种,还有望各方读者包括原文作者及时提醒和指正。

本丛书的编辑,遵循反映历史原貌的原则,各种文献一律按照原文体例、格式、文字录入编辑。文献中的错别字以[]符号订正,漏字以()符号填补,衍字以<>符号注明,辨认不清的字以■符号加注标明,明显语句不通处用括号说明,当加标点而未标点处仍依原文。出于维护原始资料所有者名誉的考虑,书名隐去了单位或个人所在地名称,请读者谅解。

这套丛书由韩钢、杨奎松主编。《铁道学院〈"三反"快报〉》由胡家广、鲁学伟校对并整理。

华东师范大学中国当代史研究中心

2010年7月

目　录

一九五二年五月十二日　第四期

交流思想改造心得
本校教师举行座谈会
会上清华、北大三教授畅谈收获

十日下午，本院全体教师在铁道陈列馆举行了一个座谈会。在会上，由清华的佘肇池、林士谔及北大的陈士骅等三教授向大家谈了一些他们自己在思想改造运动中的体会和收获，他们三位诚恳生动的谈话，给了各位教师不少启发，有些教师在听完他们的谈话后，深深受到感动，要求进一步进行思想改造。

消除顾虑，大胆暴露

在会上三位教授的谈话首先给大家的印象是坦白、爽朗、有什么说什么，绝没有丝毫掩饰，这是他们思想改造胜利后的心情，清华佘肇池教授说出他在先前怎样自以为是，其后又如何"丑媳难见公婆面"，不愿把自己的坏思想说出来，但当他看到在解放前有严重的反动言行的雷海宗等教授，因为检讨彻底获得了群众热烈欢迎的情形使他深受感动，认识了党对知识分子团结争取改造的政策，使主动地暴露了好些"党团员是侦探"，"镇压反革命太残忍……等等错误的思想"，要大家帮助他认清是非解除包袱便进步得很快。北大陈士骅教授在先前认为思想改造是党团员在"摆布"他，因此什么都不敢承认，到后来看到党团员同志对他的诚挚的帮助，以及他随便写的一张"保证改造思想"的条子引起了在东北实习的同学们那样热情的长长的回信，他便内疚地想起自己的资产阶级思想怎样危害了同学，因此，他下定决心暴露了资产阶级腐朽思想，同样的清华林士谔教授也在认清思想改造是为了祖国的建设事业之后，抛弃了"怕人家说我反动""怕丢面子"等顾虑，暴露了"志愿军死了是牺牲，那么美国兵死了也是牺牲，不能说是烧欧"，以及听美国之音等反动言行，然后和同学们在一起批判了这些。

从这些地方我们很可以看出，他们三位先生所以能较好地改进自己的思想首先是由于他们认识了思想改造的意义，了解了党对待知识分子的政策——团结改造的政策，才能消除顾虑，大胆暴露，从而获得改造的。

端正检讨的态度，正确地对待群众的批评

在群众面前作自我检讨对下个未经改造的知识分子说来，不是没有思想斗争的,三位教授在开始时也是以不正确的态度对待检讨的,例如佘肇池教授初次听到同学的批评,就在信中写了“学生管教先生,开千古未有之奇”的气愤语,林士谔教授在起初是以“摸群众的脾气,群众知道的还是自己说不知道的不说”的方针来做检讨的,只觉得左右为难,“检讨得不好吧,通不过,检讨得好吧,家丑不一定外杨”。北大陈士骅教授则根本瞧不起群众,认为群众胡闹,老鹰独飞我自己有本领什么也不怕,群众的意见不必听,林士谔教授更认为向他提意见的助教是和他捣蛋,但后来怎样呢?事实给了三位先生以教育,会教授的学生们热情地帮助了他,“平素敬而远之”的党团员亲切地和他谈论着,解决着各种疑难,原来被陈教授瞧不起的群众那样尖锐、又那样诚恳地提出了以国家人民的利益为出发点的意见,冷静地考虑了一下,原来一切掺杂了半点虚假的检讨,在群众面前都现了原形,三位先生开始和自己的资产阶级思想划起界限来,和群众在一起批判自己的资产阶级思想,这样,用林教授的话来说,“感到检讨不但不是痛苦的事,而且自己深深感到受到了教育,感到这是愉快的事了”。

只有转变立场,才能认清问题

在思想改造过程中,三位先生深深体会到,要认清问题的本质,首先就必须转变自己非无产阶级的立场。林士谔教授说得好,“看到高楼大厦,我就想作一个大老板住进去,而同学们想到的那是有多少工人流了多少血汗,一千斤米,我认为等于一百多万人民币,同学们却想到是多少农民一年的公粮……”,由于站在资产阶级和无产阶级不同的立场上,所以看问题时也就相差的这样远!陈士骅教授谈到,“去年冬天,教育部曾给土木系同学一个任务,要到东北南岗去测绘,当时天寒地冻,同学又要考试,我就对教育部说不能去,但同学们不怕这些困难,迫切地要求去,并且很好地完成了祖国人民交给他们的任务。”陈教授说“这件事很使我感动,我所以犯了错误,是因为我是站在个人的立场,而不是站在国家人民的立场上来考虑问题。”

思想解放后看到了光明的远景

在叙述了这些思想改造的历程之后,三位先生也都说到了豁然开朗的欢欣,他们一致对党和毛主席的领导表示感谢。佘肇池教授说,“我今年五十九啦,可是我发现还有更美好的光明前途在前面”,林士谔教授说:“以前我是把知识当作商品的,现在看到了即将到来的大建设的伟大场景,我为我的知识变成了国家人民的财富而高兴,”陈教授除了说到自己的愉快之外,还提到一位在思想改造中完全变成新人的傅鹰教授,“他以前常常说怪话,悲观失望,这下子变得那么开朗，防疫卫生运动时，还和同学们一起挑泥担水啦！”

本校反得还不够彻底

听了这三位教授的报告，对全院教师们的启发是很大的，黄宏嘉，王醒民，殷宗鹗，万良桢等教授都发表了感想，其他的教师们一定也有很多感想的，王醒民讲师说：“听了三位教授的谈话，我感到我们做得很不够，思想还改造得很不彻底，有好些教师还存在着过关思想”。“还需要全体同志们！——尤其是教师们自己——一起努力，坚决把资产阶级的思想从我们学校里清除出去。”

最后朱院长号召全校教师在十二日（星期一）下午结合座谈会内容，联系思想，进行漫谈。

认真学习马列主义、毛泽东思想！

我们应该进一步改造自己

建筑系讲师 王醒民

五月十日，节委会约请北大、清华三位教师来我校座谈，他们在反资产阶级思想运动中的改进后，我认为我院的教师们做得太差了，资产阶级思想还没有真正被批判、清华的教授说“通过检讨才能暴露思想精华，因而认识了自己、批判了自己去掉旧的，建立新的。”“所以以前怕做检讨，现在我认为多做一次检讨更多一些收获，”因此我体会到越做得深刻，思想改选越能彻底。

但是在我们学校呢？我认为一般人都是为了要过关，并不是为了改选思想而检讨，因此只有向“群众摸底”，■■群众对他的意见加以“■包”的发展出来，所以很少有人检讨得能比得上这三位教授。

我认为我们既然做得不够，应该回■从新工作。

人民铁道建设的任务将是艰巨的工作，我们听了天津局王副局长的报告，他说：“苏联优秀的先进办法，是建筑在政治基础上，如果政治认识不够，只能学到一些皮毛，而不能了解她的精神，因此在现场要求，要求政治领导业务。”

但是在这次运动中可以证明我院的教师们是做不到这一点，我们很明显的看到教师的政治理论非但不能够领导同学，相反地同学们反去帮助教师，同学说：“经过三反，■教师的思想应该提高了，我们要求把爱国主义的精神灌输到教材里面去。结果很失望，我们听不到这些”，“像这转满■、五百公里运动，教师们很可以就我们新民主主义政体的优越性来说明这种先进的方法在资本主义国家内做不到，发挥爱国主义精神，做一番政治动员，但是没有教师这样做。”一个没有树立起无产阶级思想的教师，如何能培养出才德兼备、体魄健全,具有高度共产主义觉悟的干部呢?

在昨天的座谈会中,听说北大傅鹰教授在三反前开会和不爱去,在经过了思想检讨后,觉悟提高了,在清洁卫生运动里,亲自和同学们一道挑土,积极地工作起来,和以前判若两人。在运动中有这么大的收获的人我院是极少的。

可能有人认为我们做得虽然比不上清华、北大,但是确还不错,你把我院说得太难堪了,有"自卑感吧!"

我认为在这样的轰轰烈烈的运动中,是绝对不允许没有一点成绩的,但是请问我们花了那么多的时间精力,而结果绝大部分人怀着"过关思想"在运动中,得不到多少体会,我们要巩固既有的收获,才能得到寸步的发展,根本没有多少收获,如何能巩固呢? 又如果能谈到发展呢? 我们要实事求是,发现自己的缺点 ,不等于有"自卑感"。

可能又有人认为我院的教师们过去多半在铁路工作,没有成体系的资产阶级思想,坏毛病比北大、清华少,不用担心——正因为如此,旧日铁路是一个黑暗腐朽的机构,我们就更需要改正得彻底。

又可能有人说:"这样太耽误功课了,不要忘了在学校中'教学第一'吧,对人民的大学里怎能不以教学为首要工作,但是,为了提高教学的质量,就要先解决思想问题,不能积极地行动起来,活跃起来,发展起来。"

因此,我要求我们更进一步地行动起来,彻底根[redacted]思想改造运动,反掉危害我们的资产阶级思想,做一个真正的人民教师。

端正学习态度　严肃进行思想改造

经济系教授　杜度

在进一步深入开展教师思想改行运动的时候,北大、清华三位教授所谈的体会是对我们很有启发作用的,他们在彻底指头自己资产阶级腐朽思想的斗争战线上,都取得了伟大的胜利,这种勇于改造自己的精神完全值得我们学习。

我们旧知识分子的思想改造必需[须]具备决心和勇气,清华大学余肇池教授在总结自己的收获中说:"要有决心去批判旧思想,要有勇气去接受新事物,才能从自以为是和自以为不是的束缚中解放出来。"他又说:"虽然我年纪已大了一些,但我觉得在思想改造战绩上取得辉煌胜利后的今天,我是一个年青[轻]的新人了!"的确,余先生虽然已是五十九岁的老年人,但我们可以理解他的心是充满了青春的愉快的,认识了真理而愿为真理努力的人是永远年青[轻]的!

在进行自我批判的过程中，必须要暴露旧思想，坦白地说出自己历来思想活动的情况，清华大学林士谔教授在检讨自己的反动的崇美思想时，暴露了以前从收听“美国之音”变为收听“英国的 BBC”，再变为收听“印度之音”而最后坚决不听运动宣传过程中的转变情况，以及如何从一向羡慕而到绝端鄙视为美帝国主义服务的坏学森[生]的生动过程，这都是因为他暴露了过去的反动思想，所以才会冷静地加以分析批判，终于认识了过去思想的腐朽和错误。

在进行批评与自我批评中，我们必须端正自己的态度，虚心地接受群众的帮助，只有群众和我们[redacted]在同一战绩上开火才能战胜旧思想，那些认为“群众都在做戏”和“大家故意与我为难”的看法是极端错误的，在北大陈世华教授（说）“群众帮助是最有效果的”谈话中，我真是深深体味到他的真实。

做一个新中国的人民教师是[redacted]的，而严肃地进行思想改造更是必要的，我们高等学校的教师首先应担负起这艰巨的任务，否则就缺乏做一个人民教师的基本条件，所以今天我们必须[redacted]他校经验，进一步深入开展思想改行运动。

要求教师彻底批判资产阶级思想
同学来稿综述

看到清华、北大、燕京等校在反资产阶级思想运动胜利后的新气象，同学们纷纷来稿表示意见，都要求本校教师彻底批判资产阶级思想。

成枢同学说：“我院[redacted]教师，经过群众的耐心帮助，在思想已有了一些进步，但还有为数不少的教师们，不但在开始时没有好好学习，即在运动进行中也采取了消极的态度，他们在讨论会上有的口[redacted]纸[redacted]，一言不发，会后向他征求意见，也总是随声附和，他们所考虑的不是如何批判错误思想，争取进步，而是想尽方法如何掩盖丑事，如何辩护，也有些教授利用手段，蒙混过关。实在他们都是没有解决[redacted]思想问题，这些都说明了我校的思想改造运动是极不彻底的，必须继续深入！”

秦绍源同学写道：“有许多教师借口思想改造是长期性的，一时改不过来，因此就不彻底批判自己腐朽的资产阶级思想，蒙蔽群众，企图过关，也有些教师以为同学向他们提意见是为了找他们的弱点，有些教师不关心政治，不看报纸，请问这样的教师跟[redacted]（解放）以前有什么不同？他们怎能很好地完成人民交给他们的培养新中国建设人才的任务呢？因此，我们迫切地要求教师们彻底进行反资产阶级思想运动。”

参加教师座谈会的叶泉良同学对本校教师思想改造寄予很大的企望，他说:“我们听到清华等校教师们进步，感到非常愉快，因为新中国建设中又增加了新的力量，因此，我也迫切希望本校教师能够彻底批判自己腐朽的资产阶级思想，用无产阶级思想武装自己，这样，不但对祖国人民有利，对教师们自己的前途也是很光明的，我们同学热忱地期待着教师们思想改造的胜利”!

一九五二年五月十四日　第二十一期

树立工人阶级思想！彻底批判资产阶级思想！

讨论目前反资产阶级思想运动情况
节委会昨召开扩大干部会
各系科纷纷表示尚须彻底进行

（本报讯）昨天下午，本院节约检查委员会召开扩大会议，参加该会的有全体委员，及各生活经验负责人等；在会上由各系负责人汇报了各系教师听过清华、北大三位教授来校报告后所举行的漫谈会的情况，并交换个人意见；大家一致反映本院教师的思想改造运动在过去一阶段是获得了一些成绩，但是距离我们的要求还是很远的，也就是说，这一运动搞得还不彻底，希望能够继续深入地搞下去。电信系普遍觉得收获是有的，但很不够，有些教师对运动认识不够，抱着过关思想，系里资产阶级思想反掉得不多，大家希望能够再洗一次“澡”。经济系反映过去有些教师怕暴露思想，开会时很沉默，有时讲一两句而没有真正解决思想问题，因此也希望深入开展反资产阶级思想运动。运商小组反映：教师们认为收获不大，从系务会议来看，参加人数冷落，大家怕说错，不敢暴露，甚至有些教授在最近还不承认自己的资产阶级腐朽思想，对别人的批评理解为打击，对思想改造运动的意义认识不够，这些都说明了思想改造的不彻底，总之，在会上大家认为，我们学校里还没有呈现出新气象，须[需]要进一步地开展这一运动。节委会扩大会议将于今日继续举行。

反资产阶级思想运动与业务矛盾吗？

谢稔寿

听了清华、北大三位先生报告后，看看人家、想想自己，有不少的先生、同学都发表了自己的意见，有的提出必须继续深入展开反资产阶级思想运动的要求。但同时，有的先生感到反资产阶级思想运动与业务有矛盾。譬如有的先生感到：“三反以后，教学要负责了，很想抛开运动不管，编编讲义”。有的先生说：“搞运动固然好，就是怕影响同学们学习”。有人想把反资产阶级思想拖到暑假时再搞。也有人强调思想改造是长期性的，认为不能要求一下改好。

思想改造与业务是否矛盾呢？北京工业学院电机专业[redacted]洪效训先生经过三反后是这样体会的："思想改造如果只为了应付上级的布置，那么是有矛盾的，如果是为了改造自己，认清社会主义、共产主义的远景，更好地为人民服务，那又有什么矛盾可言呢？有些先生藉口要搞好业务，而不重视思想改造，结果，由于自己政治水平低，看不见人民需要什么，了解一下应该教些什么教材，沾沾自喜于自己的老一套，结果编出来的讲义不合实际要求，讲出来的东西同学不能接受，反而给人民带来损失，北大东语系的一位同学在某教师的'业务'培养下害了肺病，许多同学在教师不问政治的纯技术观点'教育'下变成了'死标本'，这些不足为教师们警惕吗？还不够令人痛心吗？"

有的先生们怕自己思想改造影响同学学习，但是，今天同学们都把教师思想改造看成头等重要的事，同学是欢迎教师彻底思想改造的，因为这是符合祖国人民长远利益的事。

有人强调思想改造是长期性的，是的，思想改造是长期性的，但是，在这运动当中，在我们学校里，至少要求[redacted]资产阶级思想领导，建立起工人阶级思想领导，今天在我们学校里，有的系科，连批评自我批评都没有很好展开，有的先生还在用"出去当会计、总工程师来'鼓励'同学学习"，很明显的，工人阶级领导思想是没有建立起来的。

因此，每一位人民教师都应当认识教师思想改造的重要性，以对人民对祖国负责的态度，彻底批判资产阶级思想，迎接我国即将到来的十年建设。

教师的唯利是图思想如何影响着同学
刚毕业半年就变成贪污分子

在建筑系，教师们唯利是图的剥削阶级思想是严重地存在着，他们之中有过去开过事务所的，有现在还开事务所的，有些想开事务所，他们就是想如何获得更多的钱能过着资产阶级的腐化生活，他们也就以这种思想来教育同学，例如：宋国栋教授公开的在学校里宣扬自由竞争，宣扬资产阶级的腐朽里论："私营事务所，自于自由竞争比公营建筑公司的设计要好"，同时用金钱来引诱同学，拉同学和助教来他的事务所服务，因而使得有些同学成天想开事务所，想当私人事务所的雇员，有的打算办什么建筑器材制造厂，也有的想模仿某些教师搞"副业"以增加收入，在这儿值得特别一提的是，去年暑假刚毕业的同学周心恺，由于在学校里教师们唯利是图的思想在熏陶着他，因此毕业以后半年就变成一个贪污分子，这是多么严重的问题！国家需要的是具有高度共产主义觉悟水平的干部，而教师们培养出来的是危害人民建设事业的贪污分子，如果教师们的腐朽的资产阶级思想不彻底肃清，今后将更不知要给国家造成多大损失，我们要求教师彻底改造自己用工人阶级思想来搞好人民教育工作。

第二十一期　第二版

我迫切希望教师们深入地进行思想改造思想

俄专　张爱如

听了五月十日北大、清华三位教授谈的他们在思想改造运动中的收获以后，教师们一定会感觉到我们学校里的思想改造运动开展得不够好的。我想教师们也一定愿意再仔细想想，资产阶级思想给教学工作带来了多大的危害。

记得我才来到交大的时候，在俄专师生座谈会上，张主任就告诉我们“在苏联，翻译工作者的待遇是最好的。”这是他给我们学习俄文开始时的最有力的鼓励，对我是有很大影响的。每当我对教授法不满意时，我就想到熬两年就苦到头啦，有时看到上一班的同学们翻译了稿子■稿费，多挣钱，可以满足自己的物质享受。对政治时事是不关心的，听大课只是为了争取考试及格，对小组时事讨论觉得没意思，是浪费时间，不但不发言，还想着要是利用这时间念俄文该多好，觉得学好俄文能解决一切问题。

但这种学习情绪是不该安■的，老把自己关在字典和书本里，对学好俄文也没有信心的。到后来，又听说俄专要停办，让同学转运■，学好俄文，又掌握运输业务，可以作“双料人才”。结果学校规定改三年了，我自己因为对教授不满，觉得念了三年当“双料人才”是幻想，所以要求转系。在和张主任的谈话中，张主任告诉我现在念俄文的人不多，懂俄文又懂铁路业务的人更少，你既然念了俄文，并且还顶有希望的，我觉得应该坚持下去，又说“如果是因为家庭经济有困难，到寒假我可以给你找本书翻译一下。念俄文不一定要翻译，可以留在学校里。你们女同学懂业务更能当女站长，现在政府正在培养女干部，懂俄文，有出国的希望。”我当时觉得到底教授们为我们考虑得周到！于是我又感到非加油学俄文不可了，因为我似乎看到翻译家“稿费”“女站长”“出国”……等名誉、地位、金钱全在向我招手。

可是，现在想来，教授们以这些腐朽的资产阶级思想■■给我，使我离开十五届学代会所，要求于青年们的标准多远啦！

在过去几个月中,教师们虽然进行了反资产阶级思想的斗争,但并不根本在思想上解决问题,因此目前■教育■三对我们还灌输着资产阶级的思想,这是我们不能容忍的。今天教师们如果不将腐朽的资产阶级思想彻底清除,就不可能担负起培养干部的光荣任务。因此,我诚恳的希望教师们应下定决心洗个干净澡,我们也愿意尽一切力量来帮助教师们。

我们应为争取教师们在思想战线上的彻底胜利而努力!

运二甲　金树宁

接连在大字报上看到了北京几个高等学校中的教师们在思想改造运动中的收获,他们都已经暴露了自己的错误思想,也进行了深刻的批判,初步的树立起无产阶级的思想领导,以无产阶级思想教育青年一代,这是三反运动的成果,是值得我们高兴和欢迎的。

可是再回看一下我们学校中的情况呢?教师们的思想改造运动已经进行了一个时期了,在一段时期中,虽然也得到了一些收获,但是总的来说还是很不够,很不彻底的,教师们至今还存在着许多错误的思想,有的说:“思想改造是心急不得的要慢慢来。”“思想改造不须要这样狂妄暴露的。”更有的错误的说:“思想改造只须[需]要多看几本书就行了。”等等不正确谬论。在这里我们就可以看到立场问题,我们必须要把这些提高到原则上来认识,三反运动本质上就是消除资产阶级腐朽堕落思想的斗争,尤其在我们学校中,学校是培养国家建设干部的场所,教师们就负有教育青年一代以新的思想品质的重大责任,假如仍旧以旧的观点旧的立场来看问题来教育我们,那么这将会遭到怎样的后果呢?现在有的教授们还不敢暴露自己的错误思想,不愿意论检讨一下自己的腐朽思想的本质,旧的基础没有推翻,旧的一切还没有从思想上认识到它的危害性,那么试问怎么能接受新的呢,又怎么能说得上提高呢?当然根本就谈不上思想改造了。

我们希望在通过这次思想改造运动以后,能达到这样的一个目的:即坏的思想坏的作风会受到每一个人的厌恶、憎恨、嘲笑和唾弃,每一个有被资产阶级思想作风所沾染而尚未洗涤干净的人会自觉的感到羞耻,相反的使每一个树立了马列主义毛泽东思想观点的人,具有了工人阶级新的道德新的品质的人都能感到愉快和光荣。我们希望教师们能做到以无产阶级思想来教育同学。

总的来说,我们的教师的思想改造运动做得是不够的,我们要求能更深入的来做好这个工作，全校的师生员工们应共同为在这个战线中取得彻底的胜利而努力！

我要彻底批判资产阶级思想

建筑系助教 周祖奭

在教师思想改造运动中，我虽有了些收获，但是今天检查起来，这些收获还是不够的，以前我常认为自己的思想问题小，又刚从学校出来，还有学出气■，而且还是要求进步的，这样我就常常会原谅自己了。

听了北大清华三位教授的报告后，我深深的体会到我也存在着资产阶级思想，我刚进■学时，第一个印象就是设计房子，目的是可以抽百分之九的设计费，因此我班同学就曾计划毕业后合伙开一个建筑事务所，当系里的教师组织建筑工程公司时，我也赞成，认为抽百分之一利润是合法的。到红果园后，系里教师缺乏，又大部兼职，我就曾建议扩■工程公司的组织，吸收私人建筑师来校教书，这样就可解决教师的小米问题，同时又能充实系内教师的阵容。这很明显的证明我是严重的存在着唯利是图的资产阶级思想。

去年春天宗国栋教授要我到他事务所帮他工作时，我就觉得这样既可得额外津贴，同时可得到实际经验，而没有认识被资产阶级的糖衣炮弹所打中，看不到这正是资产阶级思想，在系内向每个同学猖狂进攻的现象。现在我要彻底暴露与批判我的资产阶级的腐朽思想，与资产阶级思想作坚决的斗争。

一九五二年五月十七日　第二十二期

听了傅鹰教授等报告后，全院师生充满信心积极要求深入反资产阶级思想运动

（本报讯）十四日下午我院全体师生听了北大傅鹰教授等的报告以后，于十五日下午分别漫谈体验，一致觉得从傅教授的报告中，充分地说明了党对知识分子的政策是完全正确的。在漫谈中，本院教师也联系了自己的思想情况，觉得过去一阶段，我院反资产阶级思想运动是不彻底的。有些教师不了解思想改造的意义，不敢大胆暴露，因而就不可能获得进步。如朱广心教授说："过去群众揭发我一点，我就暴露一点，不以资产阶级思想为可耻，傅先生的大胆暴露给了我很多教育。"马文芳说："傅先生过去说的怪话，我们或多或少也都说了，但我们不敢暴露，可见我们对思想改造的意义是不了解的。"教师们普遍地要求本院思想改造运动应进一步深入下去，郑昆教授说："我保证今后以极大的决心来改造自己。"张协衷教授认为："今后要争取群众的帮助，彻底肃清自己的资产阶级思想。"

同学们在漫谈时，对资产阶级思想的危害等有了进一步的认识。曾受过教师资产阶级思想影响的同学，表示不但要清除自己的腐朽思想，同时要尽一切力量来帮助教师"洗澡"。如运专二全班同学，表示，"我们放下书本帮助教师进行思想改造，也是很高兴的。"毕业班的同学说："我们虽然只有两三个月就要离开学校，然后我们也要积极参加这个运动，因为这是爱国主义行动。"有些同学过去没有能诚心，诚意地帮助教师们深入分析问题，甚至以急躁粗暴的方式来进行批评。听了傅鹰教授及北大同学的报告，大家认清了党对待知识分子的政策，使批判了自己以前的错误，表示要诚恳更细致地帮助教师。

我们相信在全校师生充分认识了党对待知识分子的政策，充分认识了反资产阶级思想运动的意义之后，我们定能彻底批判资产阶级的思想工作，树立起鲜明的无产阶级思想的旗帜，为培养大批优秀的才德兼备、体魄健全、具有高度的共产主义觉悟水平的干部而努力！

我要对我的腐朽思想作坚决斗争！

建筑系主任　徐　中

听了北大清华几位同志的报告，更使我感到我院思想改造得不彻底，尤其

是建筑系里存在的资产阶级思想，始终没有彻底地加以暴露揭发和批判，因此资产阶级思想的领导地位，没有被打下去，其所以不彻底的原因是多方面的，但最主要的，我认为还是大家对运动的认识到不够，对团结改造知识分子的政策不认识，对打垮资产阶级思想的领导权，建立无产阶级思想领导地位的方针不认识[redacted]的，由于认识不足，在运动中学习也[redacted]是不正确的，不是主动的要求改造，而是要被动的反抗的心情来招架，敷衍，欺骗，蒙混，因此对运动产生了“全人缄口”，“消极怠慢”的现象，以我人来说，今天方才认识到我过去是用温情主义来对待自己的旧思想的，粗枝大叶的挖一挖，没有下过细致深入的苦功，也就是没有展开你死我活的斗争。譬如我以为我的崇美思想不很严重，挖些鸡毛蒜皮的现象就算完事，其实不然，记得解放后，我在南京大学，有位团员助教要去美国，来和我商量，我说：“只要立场站稳，能去美国看看，还是好的。”我就是在“站稳立场”的好听名词下，用我的崇美思想来毒害进步的青年。这难道还不说明在我思想里认为美国什么都“好”吗？这难道不是说明我不肯挖崇美思想，而自己甘愿做“思想懒汉”吗？北大、清华几位同志的报告给我很大的启发，我将不再以温情主义来对待我的思想改造，我要对我的资产阶级思想作一次坚决彻底的誓死斗争，只有这样，才能真正改造自己！

节委会扩大会十四日继续举行，对运动不深入原因交换意见

（本报讯）十四日晚，节委会扩大干部会继续进行。由于听了北大傅鹰等教授的报告，大家更清楚地了解到我们学校里反资产阶级思想运动还开展得很不够。在会上，大家漫谈了前一时期运动所以不能深入的原因。归纳起来，大家认为：由于领导上没有充分地把反资产阶级思想的方针和政策贯彻到群众中去，使群众没有能很好地[redacted]思想上明确应该怎样做。因此有些人不敢暴露思想，认为暴露了要受惩罚，在情绪上抗拒思想改造；也有人认为在学校中只要教师们在教学上负责，就算反资产阶级思想成功了，而根本没有认识到反资产阶级思想的重要意义，是要教师们站在无产阶级立场上，用马克思、列宁主义武装自己；在会上大家批判了过去的错误的认识，要进一步认识到：“一切从个人出发的，以资产阶级思想来反资产阶级思想是一定不能把资产阶级思想反彻底的；所以，首先认识反资产阶级思想运动的意义，是大家必须端正对待批评与自己[我]批评的态度，在批评别人时必须实事求是。在接受批评时更应虚心诚恳，不能因为别人的批评有一点点错误而拒不接受。因此，为了进

一步深入开展本院的反资产阶级思想运动，我们必须坚决地以工人阶级思想来批判资产阶级思想。从思想上发动群众。同时教师们应主动进行思想斗争来改造自己！”

第二十二期　第二版

向傅鹰先生学习我也是五十岁的青年

电信系教授　姜嘉猷

接连听到北大、清华几位先生的检讨后，我感觉到他们在反资产阶级思想运动中，收获确实比我们多，虽然他们化[花]了很长的时间，动了不少的脑筋，进行了激烈的思想斗争，但终于得到很多的收获。然而我自己在这个运动中，不论做检讨，做总结，都是敷衍塞责，草草了事，没有很好地彻底暴露和严格批判，也就说明了我没有真正认识到这个运动的意义，没有能够自动要求改造思想，所以收获就不如人家，现在我已认识到前次的“洗澡”是很不干净的，必须重新再洗，而且一定洗得很干净。

傅鹰先生的报告，非常令人感动，他说的话完全是真情的流露。他谈到以往对于党及政府的认识以及许多仇视心理时，尤其深深打入我的心坎，因为我以前在这方面的认识也大致和他相同，所以引起了我心底的共鸣。不过我在检讨及批判中，就没有能够像他一样地尽情暴露，详细地分析，他所谈的分析思想的方法，以及转变的过程，对我起了很大的教育意义。傅先生所谈改变人生观的一段，使我得到极大的启发的鼓励，我在自我批评中，曾认识到我的主导思想是受我的人生观的指导，我也认识到我以往的人生观是腐朽的，同时我觉得我年纪半百，改造思想又是长期性的，等到我思想改造完成，想怕行将就木，因此徘徊迟疑，不求急进。听了傅先生报告之后，我才真正认识到，新人生观的建立的确会使人美分快乐和愉快的。而且也不必为年纪大而灰心，只要自己有决心，有信心，改造思想是仍然会得到很大胜利的，傅先生既然能够成为一个五十岁的青年，难道我就不可能么？我一定要步着傅先生的后尘，努力前进！

坚定信心进行改造

运输系教授　黄宗瑜

解放初期，我虽然看到党和政府的许多正确措施，但由于我一向对革命缺乏认识，自己又曾在反动时代的铁路机关工作过，所以不敢和党接近。有时党团员来跟我谈话或者对我提意见，我总感得他们是在敷衍我。我又感得旧知识分子是要被淘汰的，所以心中非常悲观。经过抗美援朝和镇压反革命后，看到祖国在各方面有了飞速的进展，物价也稳定了，心中很为祖国前途的光明而欣喜。但对自己的前途仍缺乏信心，有时仍有悲观和消极的情绪。

在三反运动中，同志们和同学们揭发了我过去许多的丑恶思想和行为，我仔细地反省了一下，觉得这一大堆肮脏的东西和丑恶的面目被揭穿以后，今后怎样做人呢？又怎样能担当一个人民教师呢？这时我的悲观情绪又变得十分高涨，觉得前途更暗淡了！就是说思想改造吗？像我这样一个沾染了旧社会飞扬很深的人是否可以改造得好呢？对于这一切我当时是没有丝毫信心的。

最近听了清华、北大几位教授的报告后，我对自己的估计起了一些变化。他们几位在过去也是满脑子的充满了腐朽的资产阶级思想的，傅鹰先生更是一个对一切都很悲观的人，但在经过彻底暴露和严厉批判了这些反动的丑恶思想后，他们都变得非常愉快和乐观，同时也认识了自己的光明前途，相信了党，相信了政府，他们的年龄也和我差不多，可是他们却充满了青年的朝气，我难道不能和他们一样振作起来吗？我觉得我是完全能够的，在今天，我一定要老老实实地进行改造，大胆勇敢地暴露，不悲观不自馁地对旧思想展开斗争，我相信自己一定会得到胜利！

我要全力进行思想改造

经济系讲师　殷宗鹦

在以前几个月的三反运动中，我院教师们的资产阶级思想的脑筋，已经开始震动了。但是，我们不能以这样为满足，我院的反资产阶级思想运动搞得还很不彻底，我们对资产阶级思想还痛恨得不够，例如，我看了“异邦暗影”和听了清华林教授的报告后，我是承认剧中老专家的思想是有严重错误的，但是我觉得老专家和甘心替美帝的血腥统治服务的钱学森还是有基本上的不同，经过大家帮助分析，我才知道在老专家把稿子交给美帝的特务时，是由于他的单纯技术观点，超政治观点，为了个人名利而至发生敌我不分的行为，是与钱学森的错误并无不同的，区别是在以后是专家已经改过，批判了旧的思想而重新做人了，钱学森则仍旧继续在那里干危害人民的行为，我没有本质上效果上看问题，而只说老专家的出发点是好的，可见我的思想还是模糊不清的，对旧思想的痛恨是不够的，我应该彻底的检查我的思想，坚决的肃清我脑子里的资产阶级思想，否则我认为我就无法完成人民教师的光荣任务，相反的我必定还会发生许多错误，而给人民造成损失！

彻底的改造不但是可能的，也是能成功的，我在前后听过北大、清华几位同志同学的报告后，看见他们也是有很严重的资产阶级思想，过去很顽固，并且自高自大，坚持着自己的偏见，对新事物采取不闻不问，甚至采取对抗的态度，但是，经过改造，他们脑子里的旧思想终竟是被肃清了，这说明了只要我们真正认清对知识分子争取团结教育改造的方针有决心有勇气，没有什么事情不成功的。

思想改造与教学是没有矛盾的，相反的如果不把思想改造好，教学工作一定不能得到很好的成绩，有资产阶级思想的教师，决不能培养具有高度共产主义觉悟的干部，所以在目前决定要更好的抓紧时间学习和工作，那就是在时间不够支配的时候，我只得自我放弃改练习的工作，再有不足，可以不写讲义，时间还不够用，不能很好的准备上课时，我预备请假，以后再设法补课，无论如何，政治学习是必须坚持下去的，我相信这是符合“短期利益服从长期利益，小的利益服从大的利益”的原则的，并且也相信，同学也认识到思想改造对人民教育事业的重要而会赞成这样办法的。

彻底批判资产阶级思想，马克思列宁主义万岁！

第二十二期　第三版

思想杂谈
从我不是“共产党员”说起

有些教师说：“要求我站在工人阶级立场，有些太高，我又不是共产党员，怎么能要求我那样高呢？”的确，共产党员是工人阶级的先进部队，我们不能忘记先进部队与趋向于它的一切群众间的区别，我们不能以共产党员的水平来要求一般教师，但是教师们了不要忘记自己是教育工作者工会的一员，自己是属于工人阶级的人逐渐站稳工人阶级的立场，是不是高呢？我想这恐怕不能算高吧？！

在我们今天的社会里，“人民教师是一个光荣的称号，它担负着培育才德兼备体魄健全并且具有高度共产主义水平的优秀干部的重大责任。假使教师们不能抛弃旧的立场，勇敢的站到工人阶级的立场来，请想一想一个站在非工人阶级立场的人，怎样能教育出具有共产主义觉悟水平的学生？那又怎么能够完成人民交给自己的光荣任务?!”

在我们今天的国家里，工人阶级是领导的阶级，工人阶级的思想就是领导的思想，领导我们国家青年一代前进的，必须是工人阶级的思想，而不是别的阶级的思想，这是共同纲领所规定的。因此在我们今天的学校里，是不能够允许资产阶级思想占据着领导地位，与统治地位，更不能够允许教师们以资产阶级的思想来教育青年的。

我们伟大祖国里，各个战线上的劳动人民都已取得了空前伟大的胜利，替我们伟大的祖国建设创造了前提，我们在教育部门工作的同志们也应该努一把力在思想战线上取得同样的胜利，来完成我们应当完成的任务，现在社会主义社会对我们中国人民来说已经不是太遥远的东西，我们是正在走向社会主义道路上飞跃前进，光明的、美满的、幸福的社会主义社会，正在向我们招手，让我们在毛泽东的胜利旗帜下继续前进吧！光明的、美满的、幸福的社会主义社会是我们的。

傅鹰同志鼓舞了我

建筑系讲师　樊明体

当我参加建筑系小组宗国栋教授的检讨会之后，我有两种感想，一方面觉得同学的压力有点过火，另一方面我也感到不老实态度的可恨，我根据这两种感觉我做了我自己的检讨，一方面希望这压力不要压在我的头上，同时也想来个出奇制胜，表现一下，我听到群众对宋教授提意见，说他不坦白暴露，我就罗列了什么个人英雄主义啦！享乐思想啦！闹情绪啦！……许多现象，虽然并不能使群众满意，不是还算敢于暴露、检讨后，经同学的帮助，我便英勇的投入了这火热的斗争之中，不断为大字报，三反战报写稿件，或准备发言提纲，给别的同志提意见，到深夜仍然感到精神愉快。可是在收获的座谈会上，有同志说我对三反认识不正确，他说：同学们向你提意见不多，向人家提意见多时，就说群众的眼睛是雪亮的，如若向你提的意见多就说不雪亮了，当然啦！这位同志说我对三反认识不正确，还根据别的问题上看出来的，可是我当时一来对三反的认识真的不正确，同时当时也因为另外事情引[redacted]情的[redacted]的不佳，于是大发雷霆。当时，我的思想情况是，我这样卖力，不顾情面的向人家提意见，落得是假的，好，让你去搞吧，看看你们搞的，于是自己躲在小屋子里看起书来了,什么政治学习啦!思想改造啦……一心想在书本里解决思想问题,一心想做自己,改造自己的美梦。在这一阶段里,我是把自己置身于伟大运动之外,看一切如看戏,就是向同志们提意见也是被动的,在书上抄些没有通过思想的文章,届时在会上照谈一遍交差,而对待同学给我提意见那更不考虑接受,认为给我为难,借机报复,我以吹毛求疵的态度去批评提意见的同志们是"吹毛求疵",对三反的正确认识愈来愈远,不但是"怠工",简直是走上抗拒的道路上了!

听了清华、北大教授报告之后,我非常感动,开始重新检查我的思想,首先我得坦白承认,我的检讨是以个人英雄主义来批判个人英雄主义的,正如以资产阶级的立场来反资产阶级思想同样的荒谬,这可在我"积极"的参加了三反运动之后,一经别的同志提出意见,就说打击,就会消极上看得出来,如若真的认识三反,对人家抱着治病救人,对自己是因病求医的话,那就会不怕任何的打击。那就应克服任何的困难那就应该抱着有则改之,无则加勉的态度。不至于"吹毛求疵",[redacted],更不会有在傍看戏的态度,也不会在王刚[redacted]批判了闹情绪之后又大闹情绪。因此我想急于投入三反运动,作一个彻底的改造,作一个新人的迫切要求。

在听了清华、北大教授第一次的报告后,有同学给我谈到感想,我的情绪是很高的,我好像很有把握似的说三反运动不但应该继续下去,并且是一定可以搞好的,可是我在这保证之外拖了一只尾巴,那就是看看星期一系里的讨论再说,就是说:如果大家都火热的搞起来,我会比他们更火热,如若大家不动,我也[redacted]法不愿意搞,我内心有改造思想的主观愿望,可是仍然要依靠大家,仍然要背着被动的包袱死不肯丢。经过同学对我这种热情鼓励,和不正确态度的批判后,我才想到这时候我还要人家拉要人家拖,为什么自己不能自动的投入这伟大的运动之中呢?为什么叫人家带头而自己跟在后边呢?我爱和人家比,我爱和落后比的老毛病又作怪了,当我克服了这一缺点之后,我在小组会不再被动,不再等人"点名",不再等人带头,并且我除了急于改造自己的思想之外,更希望有更多的,顶好是每一个同志都一块走。尤其是听了傅鹰主任的报告之后,我更有勇气,更有信心。的确在三反运动我"怠工"的阶段里人生观也变灰色了,我感到教书有人提意见,搞三反有人提意见,我搞什么呢?好,这里不需要我,就叫我到别的地方去吧,真是一点用处也没有,反正我的身体也不好,再混几年也差不多了,可是当我听到这五十岁的老青年还要带着同学往前走的时候,我便会感到我这三十几岁的"老人"是如何的可耻,由于这认识,我有新的希望，三十岁的青年不是比五十岁的青年更有力吗？新生的力量，鼓舞着我，鼓舞我斗争！前进！

深入开展反资产阶级思想运动！认真学习马列主义毛泽东思想！

第二十二期　第四版

我们要诚恳地帮助教师进行思想改造

建二通讯

在听过傅鹰教授的检讨报告以后，我们每个同学都非常感动，十五日下午，我们开了一次漫谈会，在会上，每个同学都很踊跃的发表了自己的感想，检查了过去对待教师思想改造的态度，胡德启同学说："在傅鹰教授的检讨里他说'我被那些年青[轻]小伙子的诚心帮助所感动，我发现他们都是为了祖国人民的利益来帮助我，他们没有一个是自私的。这使我不得不丢掉我的旧包袱'。由这句话里我们可以知道只要我们同学诚恳的帮助老师解决思想问题，那老师们一定能心悦诚服的进行思想改造，在这里我检查一下在过去一段时期里我对老师的诚恳帮助是不够的，可是我又拿我们的老师和傅教授比较一下，那我觉得我们的老师还没有像傅教授那样很自然的大胆的暴露自己的丑恶思想，更没有从本质上去真正的认识它，这也说明我们的老师在思想改造上是不够自觉的。目前好些事实证明我们的老师对党的政策体会得不够，没有干净地丢掉旧思想包袱，所以，我们为了祖国人民的利益应该继续的百倍诚恳的来帮助他们进行思想改造，使他们从本质上从内心里真正的认识自己的错误。"陈撷英同学首先检查了自己对待教师的急躁的态度，她说："在'三反'开始我看到老师们被揭露出这样多的丑恶思想，我就感到可恨，觉得他们没有办法，于是就产生了急躁病，没有耐心地帮助老师从思想上认识错误，甚至有时抓住他们的小心并打击他们，这样使他们反而是感到思想改造是可怕的，不敢暴露自己的思想，对党的政策一点也不了解，这也说明了我对思想改造的伟大意义认识不够。"接着陈撷英同学充满信心地说："我听了傅教授的报告后，我明确了我们的老师，不但能够改造思想，而且能改造得很好，他们能对祖国对人民发生热爱，能够把腐朽的资产阶级思想完全丢掉，把自己的一切献给祖国，现在我们系的老师思想改造是很不彻底的，他们还没有真正的认识自己的错误，所以我们有信心也有责任继续帮助他们，直到他们得到彻底的改造为止。”屈浩然同学说:“我过去帮助老师改造思想只做到了第一步——揭发,而忽略了最重要的第二步,那就是帮助批判分析。正如我们替老师治疮一样的,我只是拼命的去挖他们的疮,而没有很好的帮助他们去治好疮,这样一来,使得老师们感到自己是被‘整’,他们感觉不到我们热情的帮助,所以有错误不敢暴露,以上三个多月收效很少”。还有很多同学都感到过去对老师的思想改造帮助得很不够,甚至采取自由主义和不回心的态度,对于这么不正确的态度,同学们都进行了深刻的检讨和批判,好些同学想起傅教授那句话——这些年青[轻]小伙子的都是诚心的帮助我们,他们没有一个是自私自利的。都感到惭愧,最后大家都一致表示要马上学习党对知识分子争取团结教育改造的政策,为了祖国为了人民的利益,我们一定要克服一切团结用诚恳的态度来帮助老师们彻底的批判资产阶级思想,树立起工人阶级思想的旗帜。

我们要树立起工人阶级思想领导的旗帜

我们是二甲全体同学,听了北大四位教授和同学的报告后,举行了一个座谈会,同学们都殷勤地陈述了自己过去怎样的受了资产阶级思想的影响,怎样受了资产阶级思想的支配因而影响了自己的进步,尤其是两年以来,教师们的资产阶级思想侵蚀了我们,使我们产生了许多不正确的看法和错误的行动,因此,我们认为教师的彻底改造思想是迫切需要的,我们每一个同学在发言中都表示愿意尽自己最大的力量,有信心地、坚决地、诚恳地来帮助教师进行思想改造。

过去死扣书本的徐进德同学沉痛地说:“我在过去有纯技术观点,来交大后因受到教授们的影响,这个观点更在我的心中扩大起来,因此我一味死扣书本,任何事都不管,当抗美援朝运动刚开始的时候,同学们要征求某教授的意见,他说:‘我是工程师,对政治这一套是没过问的’,当时我心中很钦佩他,认为有技术真‘棒’什么都可以不管,因此更助长了我的纯技术观点,使我天天跑图书馆,甚至把身体搞得很坏,而对抗美援朝表示冷淡”,过去虽做过班委的商猛民同学说:“来交大的第一学期,因为我们是乙组招进来的,同学们对理科功课都感到有些吃不消,当时某教授对我们说:人有两种脑筋,一种是综合性的不宜于读工,一种是分析性的,宜于读工。因此我认为自己的脑筋是综合性的,工科功课一定念不好,于是大闹情绪,一心想转系,当时我是班委,于是什么工作也不想搞,现在想起来,那[哪]里是什么综合性分析性,还不是资产阶级的谬论吗?”戴取善同学说:“我过去是功课比较好,因此很自高自大,而且某教授的分析性脑筋和综合性脑筋的议论更助长了我的自高自大的气焰，我自认自己为分析性脑筋。满肚子都是将来能搞发明研究，因此，天天死扣书本，不问政治，脱离了群众，现在我才觉得这是极端的自私自利思想！由此可见教师们的一言一行在同学当中产生了多大的影响，如果教师的思想改造进行得不好，是不可能培养出很好的同学来的”，[redacted]林同学说：“第一学期我们刚来校时，一度闹过情绪，于是某些教师便以信号教授都是全国第一流的专家，中国信号人才少，大家出去起码是科长之类的话来安定我们的情绪，当去年[redacted]一同学来校时，[redacted]闹过情绪，于是我[redacted]不动的用过去，教师给我们的那一套理论来安定他们的情绪，教师资产阶级思想不但危害了我，而且通过了我又去危害别人。”林同学又很惭愧地说：“当我听了傅鹰教授的报告后，我真替自己的不积极要求进步而感到惭愧，为什么像我二十多岁的青年反而赶不上五十多岁的老头儿呢？我以后一定要积极地争取进步。”王兴财同学过去认为教师的思想改造由教师自己去稿，同学用不着管，可是当他昨天听了北大二位教授的报告后才知道同学是帮助教师进行思想改造的重要力量，他说他一定在这次教师思想改造中贡献出自己所有的力量。

最后同学一致表示要在这次教师思想改造过程中，尽自己最大的力量来帮助教师，并且完全正确有信心把资产阶级的腐朽思想从教师中清除出去使无产阶级思想的旗帜树立在人民的交大，指导着内科学们前进。（号二甲通讯组）

一九五二年五月十九日　第二十三期

坚决树立工人阶级思想！彻底批判资产阶级思想！

十七日本院节委会扩大会议决定继续普遍深入开展反资产阶级思想运动
并建议行政自动员报告后开始停课进行

本院节约检查委员会于十七日下午举行扩大会议，讨论反资产阶级思想运动问题。在会上，各委员检查过去工作，并根据各小组讨论，一致觉得反资产阶级思想运动在过去进行得极不认真与深入，必须继续普遍深入开展这一运动，不彻底批判资产阶级思想，坚决树立工人阶级思想，决不收兵。经过全体委员热烈讨论后，一致同意，为了争取这一运动的彻底胜利；决议建议行政自动员报告后开始停课进行。

会上并决定加强节委会办公室工作。由张绪潭同志担任办公室主任，蔡善旦同志担任副主任，并在办公室下设工作组，代表节委会办公室具体领导各小组长开展工作。另外又增添刘景向为节委会委员。

全院师生分别开漫谈会，迫切要求运动深入开展综合报导

各系师生十七日分别举行了漫谈会，漫谈对反资产阶级思想运动的认识，以及今后应如何深入展开等问题。在教师们的漫谈会上，大都谈出了以前对运动的错误认识，同时也表现了在认识提高之后迫切要求改造思想的决心。例如运输系沈奏廷教授说："以前我以为我们老的知识分子不行了，年青[轻]的一代比我们强，政府不要我们了；现在才认识到党和政府是一直在爱护知识分子的，正是因为党和政府爱护我们争取我们好好的为人民服务，才殷切的要求我们改造思想！"电信系李成山教授说："以前常常强调当局者迷强调人家来帮助我，很被动，现在认识到了反资产阶级思想一方面是符合国家利益，也只有这样自己才有前途，所以我一定要积极主动地改造思想。"建筑系赵祖武教授说："以前我对政策中'团结'的一方面看得很片面，没有了解到要求我们改造也是为了更好的'团结'。"运输系尤光九教授说："同学们诚恳地愿意暂时抛开书本帮助我们，我们一定得好好批判自己的丑恶思想，否则就对不起他们。"

在同学们的漫谈会上，同学们都首先检查了自己以前在帮助教师时的不够诚恳或错误的态度，然后着重反复讨论了党对待知识分子的政策及这次运动的要求。在充分认识了这些之后，同学们纷纷表示决心暂时放下书本，帮助教师们思想改造，并在帮助教师的过程中提高自己的认识，一些以前没有很好地参加三反运动的同学，更迫切的要求在今后的运动中努力尽自己的力量。例如建三李宗浩同学激动地表示；"听了傅鹰教授报告，我觉得我得好好改造思想，今后我一定要好好投身到运动中去，永远跟着共产党走！"建一周泰鎏同学说："我以前批评的态度太粗暴了，今后一定要端正态度，并且在帮助教师的同时严格[redacted]查自己的思想，提高自己！"

由于教师同学们认识的提高，大家都自觉自愿地要求把反资产阶级思想运动深入开展。我们相信，只要大家首先把握党对知识分子争取团结教育改造的政策，彻底了解这一运动的伟大意义，才能很好地运用批评与自我批评的武器，以无产阶级思想来批判资产阶级思想，那么，我们一定可以将这一运动胜利地进行到底。

马克思列宁主义胜利万岁！

一九五二年五月二十一日　第二十四期

坚决树立工人阶级思想！彻底批判资产阶级思想！

各系纷纷召开师生座谈会
同学们热烈欢迎教师彻底批判资产阶级思想，
并诚恳检查过去不正确的态度，老师们被感动流下眼泪，
说不出话来，纷纷表示决心洗不干净绝不上岸！

全院各系同学在十九二十两日都分别举行了座谈会教师们也踊跃地参加了。通过这些座谈会全院师生更紧紧地团结在反资产阶级战线上，都在为取得这一运动的彻底胜利而努力。这充分地说明了只要我们掌握了党的政策，那么运动是完全可能取得胜利的。

同学们热情地连夜动起来了

在同学们听过傅鹰教授与李副院长的动员报告并认真充分调动了反资产阶级思想运动的伟大意义以后，同学们将知识分子思想改造与祖国前途进一步联系起来了。因此，大家的心情是激动的；十八日晚，电信系的同学连夜动起来了，十九日其他各系同学也都连夜动起来了，许多同学借着走廊的微弱灯光，借着天刚发白的光亮，在开夜车，开早车，全神贯注地给教师们写信，鼓励他们勇敢地为了祖国进行思想改造，几十封几百封热情洋溢的信都被送到教师们的手中，这些信都变成了反资产阶级思想运动中的力量，许多同学为了布置会场工作到深夜两点也不觉得累。电信系的同学还连夜骑车到东西城邀请教授们参加座谈会，陈伯龄等同学也赶写了献给教师们的朗诵诗。

最令人感动的是有肺病的同学他们怀着极兴奋的心情为了祖国为了教师们的思想改造，他们忘记了自己的病，坐在病床上给教师们写信，他们说“为了祖国，我们殷切地期望教师们好好地进行思想改造，我们累一点不算什么，因为这是爱国行动。”没有什么力量能够遏止住同学们对教师的热情。

诚恳的检讨和殷切的期望

在会上同学们都本着对党的政策的深入一步的理解，毫无保留地检讨了以前在帮助教师思想改造时错误的态度。电信系张绪本同学说：“我过去帮助教师思想改造是从怎么的个人利益出发的，只要求教师把我自己教好，因此也

就不可能诚恳耐心地帮助教师。”运三甲李宗选同学说：“我是抱了‘整人’的态度去参加教师的检讨会的，以至竟提出了‘请伍廷钧教授回编译馆去’极端错误的说法。在对刘[redacted]晶教授提意见时，我有些地方又在故意地夸大事实……这说明了我是对人不对事！”经济系周旭同学说：“我因为觉得张主任教我们书教得不好，所以要求他当场对课程合并的事情‘表明态度’，这完全只是为了本班的利益，自己的利益，是违反党的政策的。”此外，如建三杨永才、建二陈撷英等同学，也都激动地检讨了自己“以感情代替政策”的错误。

和检讨自己以往所犯错误的同时，同学们更热烈地期望教师们认真进行思想改造，并保证自己今后要诚恳地帮助教师进行分析批判。运专二的南蔚生同学把毛主席在“论联合政府”中的一段话献给教师们，这段话是“无数的革命先烈为了人民的利益，牺牲了他们的生命使我们每个活着的人想起他们就心里难过，难道我们还有什么个人利益或错误缺点不能牺牲吗?”不少同学为了表达散文不能表达的热情还写成了朗诵诗，朗诵给教师们听，这些诗大都充满了爱国主义的感情，跳动着的诗句传出了年青[轻]一代对教师们的思想改造的殷切的期望。

有些同学也在会上以亲身的体验说明资产阶级思想对年青[轻]一代的危害性，从而同样地提出了要求教师思想改造的期望，在不能遏止的对资产阶级思想的仇恨下，一些同学不禁流下了热泪。

教师们的信心和决心

在进一步认识了运动的意义及党对待知识分子争取团结教育改造的政策后，教师们更被同学们的诚恳亲切的态度所深深感动，绝大多数教师在各系的座谈会上讲了话，运输系的许靖教授在前一天还跟人说以后决不作检讨，可是今天他被同学的热情感动了，他说：“我一定要把以前没有暴露的全部暴露出来，希望大家帮助我！”建筑系系主任徐中说：“以前我是暴露得不够的，今后我一定得好好挖一挖，过去群众还没有真正动起来，今天是真的动起来了。”电信系马毓珣讲师激动地说：“同学们这样热情地帮助我们，我们再不好好改造太对不起他们了！”经济系的万良桢教授感动得哭了，他虽然只说了两句：“我太受感动，没有话讲了！”可是他的对思想改造的决心难道还不明白吗？刘德滋教授说他生平最激动的只有两次，一次是在高中念书时，听到打败日寇的消息的时候，一次就是在这次座谈会上——因为开始打败了思想上的敌人，共同学科燕鸣轩教授说：“同学们大公无私的自我检讨的态度，感动了我，我们更应检讨过去的一切错误，”[redacted]德炯教授给话说：“我要争取第一个下水，洗不干净不上岸！"教师们的这些决心受到了同学们热烈的欢迎。

团结进步，向前迈进

各系的座谈会把师生紧紧地团结在一起了，把教师们以前对同学的疑虑打消了，大家更真切地认识到只有依靠党的领导，正确地掌握党对待知识分子的政策才有可能赢得反资产阶级思想运动的彻底胜利。

第二十四期　第二版

本院昨举行迎新晚会 欢迎志愿军和干部来校学习
新旧伙伴互相保证在学习战线上和思想改造运动中争取胜利

（本报讯）昨晚七时，全院同学在大操场举行迎新晚会，欢迎前来我院学习的志愿军战士和公安部队、民族事务委员会等一百位同志。大会在热烈的掌声中开始，首先由李副院长致词，他对从各地调来我院学习的干部同志表示热烈欢迎，预祝他们完成学习任务，并号召全体同学，学习他们伟大的爱国主义和国际主义精神，在进一步开展反资产阶级思想的斗争中取得胜利。继由党支部书记张绪潭、团结支书记赵锐、工会代表唐剑、学生会主席杨景嵋等先后致欢迎词，他们一致欢迎新伙伴们来我院学习，同时赞扬他们热爱祖国的优秀品质和自我牺牲的伟大精神，并保证全校师生坚决进行思想改造，彻底批判资产阶级思想，尽一切力量帮助他们完成学习。最后由志愿军代表陈文龙同志和公安部队民族事务委员会代表刘继文同志讲话，他们热烈感谢全院师生对他们的照顾和帮助，并保证在党、团、行政的领导下坚决完成祖国交给的学习任务，同时也要求全院师生彻底批判资产阶级思想，树立工人阶级思想，在批评与自我批评的基础上取得团结进步。

会后举行文娱活动，新旧伙伴在明亮的灯光下跳舞唱歌，充分表现出生长在毛泽东时代青年的幸福。

欢迎教师进行思想改造

电信系三年级

当五一节的拂晓，
我们高举着马列主义毛泽东思想的旗帜，
走向雄伟的天安门，

在高呼万岁的欢腾里，
在衷心爱戴的歌声中，
向着伟大的领袖——毛主席宣誓。
来迎接祖国的十年伟大建设啊，
亲爱的教师们！
让我们一起来进行思想改造！
让我们一起来进行思想改造！

面对着祖国锦绣的河山，
亲爱的老师们！
瞧吧！
淮河堤上，百万民工辛勤劳动，
苏北沿海，动手建设一千多里长的防风林，
人类战胜了天灾，改造了大自然。
西藏解放，人民回到祖国温暖的怀抱，
达赖与班禅，史无前例的团结在毛主席周围，
赶走了黑暗，巩固了国防。
女航空员，女火车司机！女拖拉机手，
已经出现在祖国的大地上；
莫斯科国际经济会议，
各国代表争向和我们谈判贸易，
三反五反运动取得了伟大的胜利，
百货减价，
购买力提高，
丈夫和妻儿往心底发出了微笑。
老年人坐上电车、汽车，
年轻人起立让座，
是这样的一种思想感情啊，
亲爱的老师们，
我们的心啊，
总是和人民在一起，
为了劳动生产和胜利，

而兴奋跳跃着。

眼看着祖国无限美好的明天——社会主义共产主义，
亲爱的老师们！
到那时候，
我们看见了，
在祖国的原野上，
到处是工厂，
林立的烟囱，冒出浓浓的黑烟，
工人们啊！
开矿山、炼钢铁，
筑铁路、架桥梁，
以劳动和智慧，发掘了无限的宝藏，
创造了人民所需要的一切，
我们又看见了，
淮河两岸，良田千万顷，
拖拉机轰隆隆地奔驰着，
到秋收的季节啊！
微风掀起了金黄色的麦浪，
农民们操作着唐拜因机、收割机，
唱着丰收之歌，亲身享受劳动的成果。
我们更看见了，
充满活力的人民，
以劳动代替了剥削，
以欢歌代替了怨叹，
以笑脸代替了哭脸，
以富裕代替了贫穷，
以康健代替了疾苦，
以智慧代替了愚昧，
以友爱代替了仇杀，
大家手牵着手，心连着心，
在共产党和毛主席的英明领导下，

从幸福走向幸福,啊!幸福无疆!

亲爱的老师们啊!
我们看见了,
我们看见了祖国无限美丽的远景,
听啊!
祖国人民向我们呼唤了,
今年是三年准备的最后一年,
我们准备了足够的资金,
我们准备了无数的原料,
一切都准备好了!
一切决定于干部,
一切决定于干部!
亲爱的老师们!
培养干部是你们的光荣任务,
培养干部是你们的崇高职责!
干部啊!干部!
是才德兼备,不是纯技术观点,
是体魄健全,不是弱不惊[禁]风,
是具有高度共产主义觉悟水平的,不是自私自利,追求功名。
亲爱的老师们!
不辜负祖国人民的热望,
来吧!来进行思想改造啊!
严肃批判资产阶级的腐朽思想,
同学们啊!
以无比的信心,
以万分的热情,
欢迎你们,
支援你们,
帮助你们,
耽误一点功课算不了什么,
为了共产主义的长远利益,

亲爱的老师们!
我们一定能取得胜利!
经此之后,
让无产阶级的思想红旗,
永远,
永远地领导着年轻一代,
向着共产主义社会前进,
前进!—完—

一九五二年五月二十三日　第二十五期

坚决树立工人阶级思想！彻底批判资产阶级思想！

爱国热情空前高涨
教师们积极准备洗澡
同学们热诚进行帮助

最近几天，教师们都在普遍地检查自己的思想，要为以后的全面“洗澡”做好准备工作。有些教师在家里整天地进行思想斗争，初步挖掘自己的资产阶级思想根源，也有些教师主动地要求同学帮助他们，电信系有四位教授先后来到校内找同学们帮助他们分析思想问题，二十一日中午潘守鲁教授搬到校内来住，碰到同学就拉着谈思想问题，他说“这次我一定要洗好澡，洗不好就不出去，在这一次思想斗争中，我不要别人的‘关’，我要自己来反‘关’，如不彻底批判过去的腐朽思想，我也不会放自己过去。”潘教授的行动，受到了同学的热烈欢迎，他们说：“潘教授变得年轻多了。”运输系古如恒助教也到校里找同学谈自己过去检讨是不深刻的，并且表示“这次不洗干净决不罢休。”经济系教师们起初感到找不出自己的主导思想，如李圣三教授认为“根本找不到方向去摸索自己的资产阶级思想。”二十二日他们开了一整天的互助会，在会上教师们互相启发，结果明确了必须深入发掘自己的思想活动情况，检查根源，找出主导思想，才可以有方向。如李圣三教授，前天考虑了一天，觉得无从下手，通过互助会，他表示可以找到方向了。

在同学方面，自从大家认识到教师思想改造的重要意义以后，都决心要积极地投入到这一斗争中去，两天来，同学们的热情高极了，全校百分之九十五以上的同学都有了工作，有些同学在“三反”“五反”时，还不愿意工作，但是现在他们主动地迫切地要求给他们分配任务，他们说“这是爱国行动，我一定要积极参加。”同学们在这几天来，对教师们也是极端关心的，如经二李杨德同学整夜没有睡觉，伏在桌上给教师们写信，好多肺病同学，坐在病床上写信给老师，他们表示：“我们关心到祖国的前途，就不能不关心到这次反资产阶级思想的斗争，我们要走向社会主义就不能在这重要的时候，忘记自己的责任，所以我们一方面要养好肺病，一方面要积极地参加到运动中来，热诚地耐心地帮助教师。”也有些同学亲自到教师家中进行访问，运专二潘梦熊、张九森同学在访问许景远教授时，一直谈到夜里十二点多才回校，然而他们还是热情高涨，一点也不觉得累。全院同学在这两天内，也以战斗的精神学习了“人的阶级性”等文件，从理论上武装自己，以便更好地帮助教师分析问题。

总之，全院师生这几天来积极准备的行动，象征着反资产阶级思想运动在今后是会取得辉煌的胜利的。

潘守鲁教授从城里搬到校内，主动争取同学帮助

——洗不干净，决不出校门

走到单身宿舍楼上三十号房间，就看到门上贴着这样一张纸条，“屋内思想斗争，来访者，请考虑时间”，屋里住着的就是前天刚由城里搬来的电信系潘守鲁教授。

由于最近一连串事实的教育——傅鹰教授的报告，系里师生座谈会，同学们的访问，节委会以及李副院长的动员报告在潘教授思想上引起了比较激烈的斗争，正如他向全系同学所说的：“同学们对我如此热情，我感到非常惭愧和痛心，过去我就没有自觉的认真的进行过思想改造，我觉得我没有什么缺点，但是这两天的事实给我的教训太大了，再不改造怎么对得起国家和人民呢……？认识到我资产阶级思想对同学的危害性，即使学校里不继续搞三反，我也要自己搞三反，即使群众不给我把关，如不彻底检讨，我自己的关口也不会把我放过去。”

潘教授几次激动得想要哭出来，“同学们相信我有决心改造自己，我们大家共同在毛主席的旗帜下，胜利前进。”实际的行动，初步说明了潘教授是有决心的，廿一日中午他[redacted]来，如不洗干净决不出校门”昨天上午，有教授同学开互助组会，帮助他提意见，分析思想，回去关在房间里深思考虑了一整天问题，同学到他房间里，他就拉着不放，“快来，快帮助我分析分析，这是个什么问题。”潘教授这样主动争取同学帮助，我们相信只要潘教授继续努力，一定可以更快地改造得好，正如潘教授自己所说的：“过去是用旧社会的旧道德观点参加了反资产阶级思想运动，因此根本反不彻底，这次要站在无产阶级立场，我一定能够正确的彻底的批判资产阶级思想。”像潘教授这么对待反资产阶级思想的态度是严肃的，是对人民负责的，因而也是爱国的行动，很值得我们学习。

工友们热烈欢迎教师思想改造

教师先生们：

近来我看到“思想战线”上贴满了勇敢光荣的大字报，教师先生们响应了毛主席的号召，为了培养具有高度共产主义觉悟水平的高级建设干部，勇敢揭发暴露旧的资产阶级思想，树立起无产阶级思想，用马列主义武装自己，研究科学技术，一切为人民，为祖国的建设事业而努力，为全世界被压迫的民族彻底解放，为全人类的幸福走向社会主义和共产主义的前途而斗争，我很兴奋地祝教师们思想改造获得彻底的胜利。

我感觉过去我就没有“人人为我，我为人人”的思想，为人民服务更谈不上了，经过三反我了解了不劳而获，没有劳动观点，损人利己，唯利是图，投机取巧，腐化堕落，这些都是卑鄙无耻的资产阶级的脏东西，现在有了马列主义毛泽东思想，使我们每一个人都能建立起劳动创造世界，实事求是的观点，站稳立场，掌握武器，彻底批判资产阶级思想，树立无产阶级思想，才能做到真正为人民服务，我愿与教授先生们共同奋斗到底。

办公室工友 郑光明 青廿三日

第二十五期　第二版

彻底批判资产阶级思想！坚决树立工人阶级思想！

编者按：在这次继续普遍深入开展反资产阶级思想运动中，要求教师们彻底批判资产阶级思想，坚决树立工人阶级思想。然而有些教师不清楚什么是工人阶级思想，现在发表两篇关于白求恩大夫和张福林同志的文章，他们大公无私高度爱国主义和国际主义的精神，一切从集体利益出发的思想，就是工人阶级的思想。他们的英勇事迹就是工人阶级思想的具体表现，他们就是我们学习的榜样。

学习白求恩

毛泽东

白求恩同志是加拿大劳工进步党员，五十多岁了，为了帮助中国的抗日战争，受加拿大劳工进步党和美国共产党的派遣，不远万里，来到中国。去年春上到延安，后来到五台山工作，不幸以身殉职。一个外国人，毫无利己的动机，把中国人民的解放事业当作他自己的事业，这是什么精神？这是国际主义的精神，这是共产主义的精神，每一个中国共产党员都要学习这种精神。列宁主义认为：资本主义国家的无产阶级要拥护殖民地半殖民地的无产阶级要拥护资本主义国家的无产阶级的解放斗争，世界革命才能胜利。白求恩同志是实践了这一条列宁主义路线的。我们中国共产党员也要实践这一条路线。我们要和一切资本主义国家的无产阶级联系起来，要和日本的、英国的、美国的、德国的、意大利的以及一切资本主义国家的无产阶级联合起来，才能打倒帝国主义，解放我们的民族和人民，解放世界的民族和人民。这就是我们的国际主义，这就是我们用以反对狭隘民族主义和狭隘爱国主义的国际主义。

白求恩同志毫不利己专门利人的精神，表现在他对工作的极端的负责任，对同志对人民的极端的热忱。每个共产党员都要学习他。不少的人对工作不负责任，拈轻怕重，把重担子推给人家，自己挑轻的。一事当前，先替自己打算，然后再替别人打算。出了一点力就觉得了不起，喜欢自吹，生怕人家不知道。对同志对人民不是满腔热忱，而是冷冷清清，漠不关心，麻木不仁。这种人其实不是共产党员，至少不能算一个纯粹的共产党员。从前线回来的人说到白求恩，没有一个不佩服，没有一个不为他的精神所感动。晋察冀边区的军民，凡亲身受过白求恩医生的治疗和亲眼看过白求恩医生的工作的，无不为之感动。每一个共产党员，一定要学习白求恩同志的这种真正共产主义者的精神。

白求恩同志是个医生，他以医疗为职业，对技术精益求精，在整个八路军医务系统中，他的医术是很高明的。这对于一班见异思迁的人，对于一般鄙薄技术工作以为不足道，以为无出路的人，也是一个极好的教训。

我和白求恩同志只见过一面。后来他给我来过许多信。可是因为忙，仅回过他一封信，还不知他收到没有。对于他的死，我是很悲痛的。现在大家纪念他，可见他的精神感人之深。我们大家要学习他毫无自私自利之心的精神。从这点出发，就可以变为大有利于人民的人。一个人能力有大小，但只要有这点精神，就是一个高尚的人，一个纯粹的人，一个有道德的人，一个脱离了低级趣味的人，一个有益于人民的人。

为建设祖国边疆而牺牲的共产党员张福林

在康藏高原上，最使人感动和难忘的，是战士们为开辟康藏公路与险山恶水搏斗的情景。这些过去为了解放伟大祖国广大土地而南征北战的英雄们，今天为了给西南边疆的藏族人民带来繁荣和幸福,他们提出了“背着公路前进”的口号。不顾险山重重和冰雪的封锁,他们决心要在“世界屋脊”上,开辟出一条宽阔的道路来。

去年十二月,正是严寒的冬天,进藏部队在拔海[海拔]五千三百公尺的雀儿山上,夜以继日地冒着风雪,抢修公路。在陡峭的石崖上站不住脚,他们就在石崖上打下钢■,拴上绳子,把腰拦住,在半空中开山凿石。战士们忘我的工作精神,克服了各种困难,终于在雀儿山上,修出了一条崭新的公路。

在抢修雀儿山公路最紧张的时候,共产党员张福林以自己的鲜血,写下了永垂不朽的史诗。

共产党员张福林,原是一个在五百公尺内百发百中的机枪射手,他曾参加过太原、秦岭、成都等地大小战役十多次。在部队接受进藏任务后,他升任了小炮班长。这次抢修雀儿山公路,他和雀儿山进行着激烈的“炮战”,但是,一炮只能炸掉不到两立方尺的石头。照这样什么时候才能把一个山炸出一条路来呢?当时整个部队都在研究改进放大炮的技术,张福林表现特别积极,他日夜向工程师和战友们学习,终于研究出改善装药方法和利用石缝放炮的办法。他第一炮装药七十公斤,炸掉了五百七十立方尺石头;第二炮装药四十公斤,炸掉了四百七十多立方尺。他“放大炮”的经验,很快地在部队中推广开来。

在修路中,张福林曾经得过虐疾病,战士们劝他休息,他说:“我个人发几场虐[疟]疾算啥!一斤炸药要二十万块钱,如果放一次冲天炮,国家受的损失可就大了”。去年十二月十日中午,张福林率领着他的小炮班正在忙着装药进行爆炸,这时,一块两立方尺的石头,突然坠下,打在张福林身上,伤势非常严重,他立刻昏了过去。醒来的时候,他没有呻吟,也没有流泪。他难过地对指导员说:“指导员!我心里明白,我是不能活啦!现在我口袋里还有四万五千块钱,作为我最后的一次党费。另外请你告诉上级党,说我再不能为人民服务啦!”他最后的两句话,声音很低哑。这时他看见周围的同志们都在流泪为他痛惜,他振起精神说:“你们不要看我啦,赶快上工去吧!以后接受我的教训,注意人员安全。”一个钟头后,张福林终于牺牲了。

现在,雀儿山上的公路已经修通了,人们可以坐着汽车,毫不费力地迅速地越过山峰。但雀儿山下的山谷里,却埋葬着优秀的共产党员、人民的英雄战士张福林的尸体。

一九五二年五月二十六日　第二十六期

坚决树立工人阶级思想！彻底批判资产阶级思想！

教师们主动地创造着各种条件争取着各方面力量，决心要将资产阶级思想连根拔掉

最近几天，教师们都在积极地准备检讨，经济系大部分教师都主动地找同学帮助分析思想根源，刘德滋教授在廿三日自动跑到学校来找同学谈了一整天，暴露了过去对运动的不正确的看法。运输系伍廷钧教授为了自己要在这次运动中洗个干干净净的澡，将在区政府工作的儿子也叫了回来帮助分析问题。张震教授写好检讨，先找他爱人批评，他爱人认为通不过，暴露不彻底，又重新检查自己思想。俄专张剑非教授在李副院长的动员报告第二天就搬到学校来住，因为没有房间，他就在办公室里放下一张帆布床，整天地进行思想斗争。电信系黄宏嘉教授因为家里烦，一个人到北海公园去做检讨。廿四日下午，各系互助组都分别开会。经济系教师已开始检讨，初霓裳、李亭芬两位助教首先"洗澡"，初霓裳助教在检讨她的享乐思想时，沉痛得流泪，到会的教师同学也都以极诚恳的态度帮助检讨人分析思想情况，并且在围绕着如何建立革命人生观的问题上提出了不少的意见。这两位助教都表示一定要彻底批判自己的资产阶级思想。共同学科严德炯教授在互助组会上也第一次作了检讨。运商系、电信系、建筑系、俄材专的教师们在互助组会上交[redacted]了[redacted]斗争的体验，并讨论如何划清资产阶级与无产阶级思想界限。有些教师在互助组会上自报"洗澡"日程，好多教师都想争取第一个"洗澡"。总之，这几天来，教师们的爱国热情是在继续不断的高涨着。

互助同志热烈支援教师思想改造并要求黄教授一道批判资产阶级思想

五月廿三日，节委会召开了职工大会，会上由李副院长作报告，他指出思想改造运动是学校改革的关键，在教育职关中任何方面的工作都有教育意义，都起教育作用，所以一方面应给教师们热情鼓舞，支持他们思想改造，另一方面应联系自己思想，改进工作，使校内任何角落都掀起思想改造运动的高潮，使每一个人都受到教育，会后职工同志纷纷表示意见：一致拥护李副院长的

号召,大家认为李副院长的指示是正确的,在职工中展开思想改造运动也是必要的,是符合我们的要求的,正如秘文小组同志给教师们的信中所说的:"我们一致拥护李副院长提出'彻底批判资产阶级思想,坚决树立工人阶级思想'的号召,我们是工人阶级的一分子,应尽最大努力为建设伟大的祖国、为早日实现共产主义社会而奋斗。"有的小组在会后并进行讨论。认识到教师思想改造的重要,很多同志对教师思想改造的意义和重要性有了深刻的认识;校卫队周永顺同志说:"坏思想的老师就不可能教出好学生,教师们的思想如果改造好了,就能教出人民的好干部,对新中国的建设事业贡献就大了。"柴培源同志说:"有了正确的思想才能言行一致,很好的完成我们的教学任务,担负起五三年开始的大规模建设,才能使我国变为工业化的国家,所以说思想改造是重要的。"秘文小组的信里也说:"只有在思想战线上获得胜利,才能保证今后在实际行动中不犯或少犯错误。"

职工同志们对教师思想改造有了认识,[redacted],并且要在这次反资产阶级思想运动中[redacted]教师们一道批判资产阶级思想,外勤班班长刘昭明同志说:"我回去要好好动员工友同志给教师们写信,积极支持他们思想改造。"又如教注小组同志给教师的信中说:"我们也下决心协助你们进行思想改造,因为我们虽然站在不同的工作岗位上,但目标是一致的,都是为了国家培养才德兼备、体魄健全、具有高度共产主义觉悟水平的干部,使他们能真正成为祖国建设的有用人才。"他们又把学校比作一部生产机器,他们说:"要想使一部机器发生更大的作用,那必须任何部分都健全,否则就不会灵活运转,因此今天我们不管教师或者职工都要紧紧团结在一起,用马列主义毛泽东思想来武装我们的头脑,清除一切顾虑,彻底暴露丑恶的思想,给资产阶级思想以彻底批判。"

我要做一个有生命的人,把生命献给伟大的共产主义事业

建筑系助教　沈承福

我以前一直不愿意很好地检查自己的思想,即使在三反开始以后,也还是认为自己没有资产阶级思想,所以当建四同学在三反战报上对我提出批评,说我是:"典型的纯技术观点"时,我觉得这是太夸大了,我还不是什么"超阶级","超政治""不分敌我"的,说是"典型"太不恰当了。至于说"纯技术观点""自高自大""自私自利"那是小资产阶级出身的人都有的,又何足怪呢?至于"危害性",我是知道的,但又想思想改造间长时期的,三反期间谈一谈,"危害性"就

好了，以后慢慢的改，何必操之过急？我以为要彻底批判，除非有共产党员的修养才行，但我想我是不可能有这样的修养的，所以愈来愈觉得无所适从了。在三反运动中我还是在想“我下学期该离开建筑系了”，不料运动进行了几个月，大家还说不彻底，即恐怕要轮到我检讨了，要做检讨就得挖思想，挖出来的一定是个人主义自私自利，那样一来，我一定没有理由离开这个系了，那岂不是英雄无用武之地了吗？我就是一个这样死抱着个人利益不肯放手的人，也就因为这样，所以觉得工作没有劲，“做一天和尚撞一天钟”，反正是“完成任务不算账”。但三反运动还是在进行。北大、清华的教授来作启发报告，这样一些和我同一类型的，资产阶级思想很浓厚的先生们，在我面前接二连三地“现身说法”，而且最后都挖掉了资产阶级思想的根，以无限愉快的心情加入了工人阶级的队伍。五十岁的傅鹰教授居然觉得自己年青［轻］了，这么多的腐朽思想被彻底暴露，加以批判了。这是什么精神在鼓舞着他呢？是什么力量在支持着他呢？在中德友好月的电影里，我看到沈钧儒部长代表了中国人民访问了德国人民的每个角落，虽然他年纪很大，但却非常有精神，这又是为什么呢？共产党员张福林同志在献出了自己生命的时候，还嘱咐同志们：“告诉党，说我不能为人民服务了。”这又是什么原因呢？是什么力量鼓舞着他呢？是什么力量呢？我不由得不这样想，我不由得不感到自己不但非常落后，而且简直不配作为一个毛泽东时代的青年，作为一个青年，我是很少有这样的感觉，我觉得我仿佛是“廿六岁的老人”，我的人生观是灰色的，我没有感到自己的生命有多少意义，而且确也想不到自己有什么前途，这又是为什么呢？为什么心里只觉得沉重、苦闷，而从来不曾轻松愉快过呢？这是由于我过去从来不曾解脱思想包袱，而且从来也不曾找到解脱的途径，这又是为什么呢？我不由得不感到自己是错误了，完全错了！我过去死抱着个人利益不肯放手，把个人利益压倒一切来考虑自己的问题，这当然是与人民的利益相冲突的，要是一天不丢掉个人主义的臭包袱，那么，廿六岁的青年永远会感觉是老朽的，那么生命也就没有意义，没有前途的。是的，我第一次觉得我错了，完全错了！我第一次觉得我过去的廿六年是白活了，我过去的生命是没有意义的，而且也绝对不会有前途的。今天我痛恨过去，有勇敢把我的旧思想包袱完全抛弃，我不再像解放前偷偷摸摸撕毁临时国民党证那样，我要把腐朽的思想包袱在群众面前解开，彻底而干净的抛弃，我不但要做一个人，而且要作一个有生命意义的人，把我的生命毫无条件的贡献给伟大的共产主义事业。

第二十六期　第二版

彻底批判资产阶级思想！坚决树立工人阶级思想！

短评：学习志愿军张积慧

斯大林说："在国家工作和党工作任何一个部门中，工作人员底政治水准和马列主义觉悟程度愈高，工作本身也愈高，愈有成效，工作的结果也愈有效力。反过来说，工作人员底[的]政治水准和马列主义觉悟程度愈低，工作中的延误和失败也愈多，工作人员本身也会愈加变为鼠目寸光的小人，堕落成为一些只图眼前利益的事务主义者，而他们也就愈易蜕化变节——这要算是一个定理。"志愿军空军张积慧同志的英雄故事就是斯大林这一定理的具体说明。张积慧同志的战术与技术之所以能进步得如此之快，以至打落了美国在第二次世界大战中的空军英雄："喷气式王牌驾驶员"戴维斯，其主要原因就在："我们志愿军空军一开始诞生就建立在高度的政治觉悟的基础上。"今天我们学校里有些同志还不太明确政治与业务的关系，将政治与业务机械对立起来，或在某种程度上仍然把着单纯技术观点，不甚重视政治学习，那么张积慧同志的英雄故事就是政治与业务的关系的正确说明，也是工人阶级思想的具体表现。

志愿军空军英雄张积慧

张积慧同志在十年前还是一个贫农的儿子，在山东荣城[成]桥上村跟着父亲给地主扛小活，但在党的教育与培植下，今天他已成了人民的英雄，工人阶级的好儿子。

他曾击落了一架美国"佩刀式"喷气飞机，这架飞机的驾驶员是美国"喷气式王牌驾驶员"乔治·A·戴维斯少校，这个美国空军强盗被击毙后，甚至使美国远东空军司令威廉也不得不承认是对美国"远东空军的一大打击。给美国侵朝空军带来一片暗淡气氛。"当记者访问了这位击落戴维斯的飞机的我人民志愿军空军英雄张积慧同志时，张积慧同志说："戴维斯驾驶的飞机已经是我击落约第四架美国下八十六型的喷气机了。戴维斯是不好打的，他被美帝国主义吹虚[嘘]为第二次世界大战的'空军英雄'，最了不起的喷气机王牌驾驶员"，他飞行的时间比我们长的多。是啊！那为什么我们能把参加过第二次世界大战的美国飞行员打下来呢？这是因为美国空军也同他们的陆军一样地怕死，说到这里，我想起了一个故事：有一次我们审问一个被俘的美国飞行员，这个俘虏说："你们的飞机实在厉害，[redacted]，我们就头对头地冲过来。我真不明白你们为什么这样勇敢，你们到底为什么？比方我们是为了美金，因此，一日起飞之后总是希望到你们后方来轰炸扫射，并不希望遇到你们，因为一遇到你们就很难回去了。难道你们击落我们的飞机也有很多钱吗？你们每个人大概有多少钱啊？

我们让翻译回答他："我们有四亿七千五百万再加上三千万！"

"是美金吗？"他非常惊讶地问我们。

"不，是四亿七千五百万中国人民加上三千万朝鲜人民。他们支持着我们，我们也为着他们，全世界的和平人民都支援着我们，我们也为着全世界的和平人民。"

这就是美国飞行员的本质：为着侵略、掠夺和金钱而飞行，因此他们注定要失败的。

而我们呢？谁都知道："我们是为和平与正义而战，因此，不管他美国飞行员参加过第一次世界大战也好，或是参加过第二次世界大战也好，不管他飞行的时间有多长，我们要把他打下来，他就得下来。戴维斯的飞机被我们打落就是一个有力的证明。"

张积慧接着又讲了一个故事：

再拿我参加的另一次空战来说吧！这是几个月以前的事了。在那一次空战斗争中，我在击落了一架敌机以后，正要上升转弯返航，这时后[候]，海上又过来了两架敌机，见他们咬住了我的尾巴，我马上更用方地上升，绕过敌机背后去，我又咬住了它，我一按炮电钮，糟了！炮不响，这是由于我打落第一架敌机时打得过狠，过猛，那么多的炮弹都被我打光了。这时，两架敌机在后面紧紧的跟上了我，越追越近，越追越低，怎么办呢？正在这个紧要的时刻，我忽然想起苏联空军英雄波格雷士金的话："勇敢就能得到你所需要的东西。"于是我下定决心，说时迟那时快，敌机正在后面紧紧地追赶我，我突然一登舵，让我的飞机冷不防的转过来，和敌机打对头，我向敌机撞去，我撞也要把它撞下来，这一下可把敌机吓坏了，吓得它扭头就跑，第二架敌机也吓得一推机头跑掉了。

这时我反倒紧紧地追赶着敌机，敌机驾驶员吓得一面逃跑，一面回头来看，这时敌机飞得更低了，敌人只顾回头看我，这时敌机飞得撞到一座高山上了，"哗啦"一声，烟火四起，敌机被撞得粉碎，我急忙拉上飞机往下一看，这时我的僚机飞行员刘春生也趁此时机把第二架敌机击落了。

我们志愿军空军一开始诞生就建立在高度的政治觉悟的基础上，因而我们是勇敢、机智，但是我们并不因此而满足。现在我们的战术、技术都越来越提高了。我打下来戴维斯的飞机不但证明了我们是勇敢的，而且也证明了我们的战术和技术都在飞速地提高着。

思想改造必须进行

毛主席说："思想改造，首先是各种知识分子的思想改造，是我国在各方面彻底实现民主改革和逐步实行工业化的重要条件之一。"这是因为建设是要人来进行的，以工人阶级为领导的新民主主义建设需要掌握工人阶级先进思想的人来很好地完成。不可能设想，■有封建法西斯思想或错误的旧民主主义思想的人能很好地完成新民主主义建设的任务。所以错误思想必须改造。首先是知识分子的思想改造，因为知识分子是要参加建设事业的，而知识分子绝大多数是出身于资产阶级、小资产阶级，曾长期受过资产阶级的教育，旧的思想包袱最大。……因此思想改造运动的开展，成为我们当前迫切的政治任务……藉口思想改进不能性急而抗拒思想改造，是必须加以纠正的。

截[节]录"中国青年"

第二十六期　第三版

三年来我学到了什么?

运三乙　全作书

我因受了家庭的影响，在中学时代就不顾身体的健康，死啃着书，脑海中隐隐约约地梦想做一个"学者"。

当我考进本院的经济系时，因与自己的兴趣不合，情绪很被动，对经济系最主要课程，采取敷衍的态度，而把大部分时间去钻研运输学，什么力量鼓舞着我呢？当时担任这门课的就是金士宣教授，我信任一个有学术地位的教授的说法，他经常这样说："机务，工务，电务，财务都是配合运输的，运输是主体，我们学校又直属铁道部领导，全国独一无二的大学，很有发展。"使我想到这是"冷门"，在国内还是不很完整的科学，许多东西有待于发现，这就更能满足做"学者"的希望，因此，我就不顾国家培养干部的计划，为了实现这个梦想，毅然决然地转了系。

二年级的时候，金嗣文讲师以这样的话来鼓励我们："你们是运输系的鼻祖，这门科学是要有天才的人去研究的，将来如果你们能把运输学归纳综合得像物理学一样有系统，那么你们在国际上就有名望。"这句话打中了我的心弦，更巩固了我做学者的梦想，因此，学习的劲儿就足了，处处钻牛角尖，学习工程一方面的课程时，就幻想着怎样与运输联系起来。当我听到教师说周转率很值得研究时，就不顾重复，一字不落地抄录人民铁道上有关周转率的文章。我根本不知道现在国家需要培养怎样的干部。也不去想怎样能更好地为人民服务！我所想的是怎样去发现"新学识"，怎样成一个国际上有地位的"学者"，然而对于政治却不关心，认为政治可以到现场去学习，在学校里最主要的是学习业务。在一年级时，我也想到作为一个新中国的青年，思想必须进步，想加入青年团，但是又怕妨碍功课，成不了一个"学者"，终于没有勇气提出，于是使自己在这三年来进步得很慢，同时我也不注意身体，有许多同学劝告我，当时非但不接受，反而觉得这样做是完全正确的，甚至这样想："一个没有学识名位，有了很健康的体魄，做什么呢？这样倒不如死。"因而我的身体非常衰弱，每当暑期实习搞得最有劲最紧张的时候，我都因身体不能支持而病倒了。回校后身体还未复原，但对功课[redacted]，当我身体感到很疲乏时，在我面前立刻展现，"学者"的印象，脑筋中就盘旋着去展开"新学识"，我的精神就振作起来了。

在祖国三年准备的最后一年，知识分子思想改造的今天，我回忆到以前的三年，感到非常沉痛，我是青年，是毛泽东时代的青年，但是蓬勃的朝气被资产阶级思想侵蚀了，它给我披上一层风烛残年的暮气，使我成为一个脱离政治，身体衰弱的人。

我们的祖国，是革命先烈抛头颅，洒鲜血换来的，有具备高度国际主义与爱国主义相结合的志愿军在保卫着，有忘我工作的工人同志与农民在建设着，一天天地繁荣富强，使我们得到幸福，我们还忍心处处为个人着想吗？当然运输在新中国是需要很多的学者去研究，但是我们的教师以资产阶级的腐朽观点来鼓励我们钻"冷门"，从个人主义出发，使我死心塌地梦想成为"学者"，在国际上有地位，这样对祖国不会有贡献的，对人民也没有利益，相反地，会犯很大的错误的。

我懊悔，我恨自己被资产阶级思想蒙蔽这样久，宝贵的学校生活，很快就要结束了，将要到工作岗位上去，担当祖国的建设任务，我以怎样的技术去为人民服务呢？三年的时间本来不算短促，又在人民的大学里，照理是可以得到很多学识的，然而我呢？既没有掌握科学技术，也无高度的政治觉悟和健全的体魄，教育部号召我们提早毕业，参加祖国建设，我的心中感到非常空虚，我如何能担当起这个伟大的任务呢？

教师们！我只不过是许多受着资产阶级思想影响的青年的一个。为了祖国建设，我热忱地希望教师们彻底批判资产阶级思想，不要再用它来侵蚀我们青年一代！

第二十六期　第四版

资产阶级思想如何毒害了我们！

建二通讯

资产阶级思想在我们建筑系里一向是盘据[踞]着领导地位的。教师们在各方面用资产阶级思想影响我们，使同学们不自觉地蒙受了毒害。在三反运动中，同学们初步醒觉起来了，建二同学也在一起检查了资产阶级的思想影响。

一、白纸上开始有了污点

当我们一进大学，那时我们还是一张白纸，对建筑毫无认识，第一学年第一个设计题目就是单身小住宅。教授们要我们当作自己将来的理想的单身住宅的主人去想象，怎样舒服就怎样去设计，当我在设计灯的装置的时候，我想到要可以开舞会的，我便设计暗灯(反射灯)，我的桌子要配有四张椅子，二张我和我爱人坐，另外二张我朋友坐，同时四个人还可以打打桥牌，我的书桌应该向着门，这样可以望着我的爱人归来……有一次当我到唐山，老同学们就大吹大擂地向我们介绍(当然老同学们也只是不过是教师们的资产阶级思想的代言人而已)他们怎样在暑假中参观农场时大吃牛奶，教授中那几位是留美的，又向我们郑重介绍：中国大学毕业以上的建筑技术人材[才]总共才不到二百五十个，你们将来都是宝贝，这样使我们感到的不是如何去负担起祖国交给我们的重大任务，而我们想的是自己的“优越”，现在到处缺乏建筑人材[才]，那我们将来的待遇一定特别高，可以好好的享受。

老师们在外面开事务所，兼差，他们说这是在空余的时间，兼作一些劳动，按劳取酬，这是合法的。我们看了觉得既是“合法”，又有那么多的钱，心里也羡慕不已，觉得自己将来毕业后也要一方面为祖国服务，一方面开私人事务所或兼差，这样可以有很多的钱，可以情尽的享受，总希望这种制度能一直保留。我们希望的不是共产主义社会主义，而是到外面去拿百分之三十的设计费。

二、有毒的“补药”

对于看美国杂志，老师们公开的劝告我们说这是补药，补药要每天吃，日久才能见效。于是我们就天天看，毫无批判的接受，由于时常看这些杂志，常常以美国资产阶级那种专门追求形式新奇古怪，来衡量自己祖国的民族建筑物，认为自己祖国的民族建筑没有发展。看到了那种专门为资产阶级所享受的室内装饰、别墅、小住宅自己也很羡慕、幻想，觉得自己找到了门，如果投考了机械、那是留身污油，投考了土木，那是风吹日晒，都没有学建筑好，那么舒适。陈溪风同学看到了这建筑杂志上一张照片：一个年轻的主妇坐在钢琴旁边，沙发上坐着两个年轻男人，照片上题字号：“好的妻子，好的朋友！好的音乐就组织了一个美丽的家庭”，他看了以后就时常想着，将来毕业以后怎样组织成这样美丽的家庭，怎样来享受，正如老师们所说的“补药”日久见效了，使我们尽向往着，追求着美丽的生活方式，而忘记限祖国，忘记了人民。这些“补药”没有能使我们身体健康，反而损坏了我们的健康。现在我们清楚了我们吃的不是补药，而是有毒的“补药”。

三、一切为了赚钱

去年寒假我们来北京参观建筑公司事务所，事务所主人请我们吃酒吃肉（当然这是由于老师们的情面），他们都说：“希望我们毕业后到他那里去，于是有些同学对这些建筑公司发生了兴趣。”

去年暑假参加唐山市工商联合会的画图工作，那一个时期当同学们一听到有工作就打听待遇，准备讨价还价，有两个同学一星期的工作各自分得了八十万元，当钱还没有拿到手时就一天到晚甚至晚上睡在床上时还反复考虑怎样来花这一笔钱，怎样来享受这一笔钱，买奶粉啦，小提琴啦，新衣服啦，还是上馆子里呢？

许松照同学对摄影有些技术，就想买一套摄影器材，为同学晒印照片来赚一点钱，有些同学想画一些商业广告画或是替人家设计认为既得到资金、又能远扬自己的大名，名利双收又何乐而(不)为呢？因此有一个时期同学们抓紧时间在设计商标，有些同学宁愿牺牲学习来应征，也有的同学偷偷的设计商标恐怕同学知道了会和他竞争，这种设计商标的风气特别在新光内衣厂征求标准牌衬衣商标时，差不多全班都设计了这个商标，大家都放松了学习，丢开了工作，做着获得三千万奖金的黄金梦。

四、一切以美国为标准

教师们讲话的时候是半中半英，教学内容和方法全是美国的，以致刚从美国回来的陈撷英同学曾一度后悔回到祖国来，因为他那时觉得系里的教授把美国那一套原封不动地搬了过来，那还不如直接在美国向“教授的教授”学，还可以更“高深”些！因为教师们常讲英文，使同学们不以在日常教学中讲英文为耻，及以能听懂能讲几句英文为荣，根本没有想到一个不说祖国语言的人的可耻。教授们把美国的“名建筑师”，分成若干派，对同学说：“要是你们学会■会了一派就成了！”于是同学们就去钻研美国■四名建筑师的古怪的设计作品了。这样，使同学们对于祖国民族传统的建筑一点都看不起，一心一意要表现自己“与众不同，独树一帜”，追求美国标准，例如曹昌彬同学，自认为在建筑设计上是有天才的，因此生怕毕业后分配当测量助教，不能让他发挥天才。

要求教师们彻底批判资产阶级思想

教授们的资产阶级思想就是这样渗透到我班每个同学的口袋里，影响着每个同学的一举一动，教授们的资产阶级思想就是这样的毒害了我们青年的一代，回想起这些令人恶心的事实，建二的同学们更迫切的要求教授们改造思想，彻底批判资产阶级思想，坚决树立工人阶级思想，做一个名副其实的人民教师。

为建设伟大的祖国而努力！马克思列宁主义胜利万岁！

一九五二年五月二十九日　第二十七期

坚决树立工人阶级思想！彻底批判资产阶级思想！

工人阶级思想战胜了资产阶级思想
沈承福同志在小组会上诚恳检讨受到建筑系师生热烈欢迎

廿七日下午，沈承福同志在教师小组会上（有同学代表参加）作了检讨。他过去一直是一个自私自利、单纯技术观点非常浓厚的人，在资产阶级思想的侵蚀下，使他的学习和工作不是为了祖国建设，不是为人民服务，而是为了想往上爬，想做"教授"、"学者"，陷入了单纯技术观点的泥坑。他长久地不关心政治，不安心工作，孤独高傲地与团员对立，廿六岁的青年就变成了一个"老气横秋"的人。这次北大、清华几位教授的报告启发了他，使他认识了自己的错误，在这次检讨中，他沉痛地控诉了单纯技术观点带给自己的毒害；同时还勇敢地暴露了过去撕毁反动的国民党党证的事情。他诚恳的检讨得到大家热烈的欢迎。

（一）认识了过去的错误，有勇敢重新做人

听了北大、清华的几位教授的报告后，沈同志的思想起了剧烈的斗争，他说："这些过去和我同一类型的资产阶级思想非常浓厚的人，在我面前现身说法，感动了我，我深刻理解到在他们身上一定有一些新的东西替换了那些旧的东西，一定有一种新的伟大的力量在支持着鼓舞着他们！"因而他联想到自己，回想了过去，并沉痛地说："当我发现过去廿六年尽是想着自己、想着往上爬的时候，我第一次觉得我错了，我绝不是什么'清高'、'纯正'，我是个非常卑下无耻的人，我死抱着个人利益不肯放手，我竭力想先满足个人的利益，再去'符合'人民的利益，今天我认识了过去的错误，有勇气重新做人，在同志们同学们的面前丢掉我的臭包袱！"

（二）旧社会的丑恶种下了他向上爬的思想根源

沈同志出身中农家庭，从农村第一次踏进了都市念书以后，就受到都市的资产阶级子弟们的鄙夷轻视，他说："当我穿着土布鞋子、中式对襟衣服穿过一条马路要等上半天时，同学们便嘲笑我，那时我心里又气又恨，想到父母的话，一定要'争口气'要往上爬，要'光耀门楣'。"就在这种思想的指导下，我便发奋念书,想总有一天会变成“人上人”,旧社会人压迫人的制度就这样使沈同志种下了骑在人民头上“高人一等”的思想。

(三) 想依靠国民党作为往上爬的阶梯

在抗战胜利时,沈同志为了往上爬,便加入国民党。进了唐院后,看到国民党的腐败感到做一个国民党员很可耻,便偷偷地退出了国民党,偷偷地撕毁了党证,他说:“我痛恨我这历史上的大污点! 使我在呼‘毛主席万岁’、‘共产党万岁’时举起的手也会软弱无力!”

(四) 只看到自己忘了人民

他在检讨单纯技术观点带给他的毒害时,他说:“腐朽的纯技术观点使我拼命死啃书,嫌恶政治学习,不愿参加任何活动,觉得学技术又需要学什么政治,同学们提出了‘集体学习’,我却用轻蔑的态度抗拒,平时学习也是抱着‘自扫门前雪’的自私态度,做‘拱形结构设计’时躲到旁的同学房间做,怕同学打扰我,我想先交了卷,教师才会发现我是奇才!”他对待自己的工作也是从纯技术观点及往上爬思想出发的。他说:“我认为我们建筑系是第三流学校第三流的系;只有唐山才是学结构工程的好地方,那儿有和我感情很好的老师指导我,使我在学术上有条件向上爬。”他并且挖出了自己的崇美思想,他说:“我的理工第一的思想使我总认为唐院好,清华好,觉得学理工出国一年总比留在旧中国一年好,在国外(美国)学了二三年的总是没有出国四五年的博士有学问。”他沉痛地说:“我没有认识到所负担的工作是革命事业的一部分,整天自私自利想往上爬。只看到自己,忘记了人民!”沈同志在沉痛地检讨纯技术观点带给人民的危害时说:“今天我做[作]为一个人民教师,要是仍然抱着学习为个人、工作为名利的思想,那么苦闷消极的不只是我自己,而将会影响更多的年青[轻]人,影响更多的人民所殷切盼望的青年学生,他们会被我引上死亡的道路,他们也会在学习上追求高分,他们也会不重视政治学习,和不关心人民利益。同样的,如果抱着这些‘纯技术观点’、‘表现个人’的腐朽思想去搞建设工作,首先想到的不是千百万劳动人民的血汗,而是想如何表现自己。我会不考虑国家的经济条件而追求‘最高的’标准,也不会向工人同志学习,吸取他们宝贵的经验,因为我只是想到‘这是我设计的’。”

(五) 我的前途光芒万丈

沈同志终于从个人主义思想中解放了出来。他想到张福林同志在开辟康藏公路的战线上献出了自己生命的时候,还嘱咐同志们“告诉党我不能为人民服务了”,这又是为了什么呢? 这种新生的思想战胜了旧的一切,他得了新生,他说："三反运动拯救了我，感谢党、感谢毛主席，使我觉得个人前途不再是暗淡无光，相反地我觉得我的前途也同样的是光芒万丈的，"我要在同志们面前宣誓："从今天起，我要把我的生命贡献给人民的建设事业，贡献给党的事业！"

（六）沈助教的转变受到大家热烈欢迎

沈同志诚恳的检讨，感动了全系师生，徐中主任流泪说："党把沈同志转变过来，使我们的心更靠近了党，使我们每一个人更有信心彻底改造思想。"郑永用同学说："我当初怀疑沈同志是否会转变，今天我听了他诚恳的暴露和批判，使我认识到在党和毛主席的领导下是没有人不可能改造过来的。"最后，老师同学一致热诚地希望沈同志今后要巩固收获，把它贯彻到实际行动中去，并积极投入运动，帮助别的老师共同携手前进，做一个光荣的人民教师。

第二十七期　第二版

沈承福同志的进步加强了群众对反资产阶级思想斗争的信心
沈承福同志的检讨感动了我

建筑系主任　徐　中

沈承福先生昨天的检讨，深深地感动了我，他现在还很年轻，一般地说接受新思想是比较容易的，但在学生时期和助教工作中，处处表现着他那一套从个人出发的思想，自高自大、死啃书本、不问政治，在做助教工作一开始就闹情绪，坚决要离开京院，原因是京院没有唐院好，呆在这里自己没有前途，最初还和我谈要离开的问题，以后他就不谈，而自己打定主意非离开不可。他因为自己有包袱没有丢掉，所以在"三反"运动中表现很不积极，我认为"三反"运动已到"尾声"，他没有一点回心转意，同时因为我自己一切事情都从个人出发，他的思想又和我有些相同，因此我也没有办法说服他。我想思想改造运动，不过揭发暴露些问题，批判批判罢了，像沈承福这样的思想恐怕一时改造不好，要他彻底放弃"个人主义"思想恐怕很不容易。在这次普遍"洗澡"中，沈承福首先做了检讨，经过了艰苦的思想斗争，终于在昨天第一次检讨，真诚地认识了过去他那一套个人主义思想是那么丑恶，今天他觉悟到全心全意为人民服务才是正确的光明大道。我深深为他的转变而感动，我第一次看到了反资产阶级思想运动具体生动的收获，我体会到党正确的领导，我自己也是个自私自利、自高自大的人，一向是把自己的利益放在第一位，今天看到了沈承福同志的转变，他把以前的包袱丢了后轻松愉快，我感到自己竟是这样的丑恶自私，无地自容。

“三反”运动到今天在建筑系里已开始呈现了新的成就。已经检讨过的两位助教，在思想上有了飞跃的进步。我相信，这只是一个开始，在党和行政的正确领导下，在师生们迫切要求进步的今天，建筑系内的资产阶级思想，我相信一定能彻底得到批判。我有决心一定要和全系师生们为反资产阶级思想斗争而努力，在系里真正竖立起无产阶级思想领导的旗帜。

热情欢迎沈承福同志的进步

程作渭

听了昨天沈承福同志的检讨以后及前几天他在大字报上所发表的感想以后，我觉得沈承福同志的思想，已开始转变，在这里我以万分衷诚的心情欢迎沈承福同志的进步。

我与沈承福同志同学五年，在解放后三年来，一直看到他的个人主义、自高自大、重技术观点、脱离群众、将自己利益与人民利益对立起来的错误思想，置自己于孤立痛苦的地步。在过去两年中，班上同学对他也做了不少团结工作，但都没有什么效果。我的热情的帮助，往往被他的意气所击退，或者是无原则的迁就了。一直在“三反”运动的前一时期他仍没有认识到自己的错误思想。可是在今天在伟大的反资产阶级思想运动深入阶段，他经过了激烈的思想斗争，开始认识了自己过去的错误思想，认识到自己个人主义、自高自大、往上爬的思想对革命事业的危害性，认识了过去灰色人生观是由于完全看不见祖国、人民的利益，看不见个人的美好前途，将自己长期停留在■时的角落里，在工作中表现不积极，“得过且过”、“做一天和尚撞一天钟”。在今天他基本上认识了，批判了这些阻止着自己进步的错误思想，使自己从孤立苦闷中解放出来。以正确的工人阶级思想，战胜了自己过去一直不正确的资产阶级思想，使自己的觉悟大大的提高了一步，这个生动的事实，深深感动了我，事实说明反资产阶级思想深入的必要性，也证明了毛主席的政策是正确的。

沈承福同志以正确的态度对待思想改造，有决心改造自己，这种态度是值得我学习的。在今后我愿意热情的继续与他共同进行思想改造，并在行动上，工作中不断的提高自己，真正■自己的生命贡献给伟大的共产主义事业！

由沈承福助教的进步，看反资产阶级思想的胜利

沈承福助教在昨天的检讨中勇敢的暴露了自己的丑恶思想，并对达到过去往上爬的愿望而加入国民党感到非常痛恨。同时沈助教看到了为开发祖国边疆而光荣牺牲的共产党员张福林英勇事迹后，自己深受感动，我们希望沈助教能把这种感情贯彻到实际工作中去。

沈助教看到国家美好的远景，而毅然的抛弃了他个人自私自利的念头，以工人阶级思想战胜了资产阶级思想以后，使沈助教痛哭了，是的，思想斗争是需要经过痛苦的阶段，但又表明了从此沈承福助教获得了新生，解除了思想上的负担。毕竟工人阶级的思想、为人民服务的思想战胜他的旧思想，他能够由过去只想到自己成名而转变到愿意“把生命贡献给共产主义事业。”，是值得珍贵的，这是由于党对待知识分子正确领导和沈承福助教主观努力的结果。我们希望沈助教将这点热情和这些新的认识继续不断提高自己，而且应尽自己的一切力量帮助其他教师们“洗澡”。

由于沈助教的转变说明了一个事实，这个事实正如徐中系主任在总结时所说：“我们相信在党的正确领导下，没有任何一个人不可以改造的。”通过了沈承福助教的检讨，徐主任都感动的[得]哭了，难道年青[轻]人看到了教师们思想改造胜利的战果，不为我们思想上的胜利而欢呼吗？教师们！同学们！让我们正确地掌握党的“团结、争取、改造、教育”的政策，坚持斗争，勇敢地洗清污毒。反资产阶级思想斗争一定会得到最后的胜利。

建一陈树　姜传宗　赵士■

宣传部启事

本部为了帮助同志们学习，解决一些学习上的问题，特成立资料研究室，希望大家能够尽量提出有关反资产阶级思想运动的一些问题，送交资料研究室信箱（一十七号教室本部将■■■■通讯宣传工具答复。

第二十七期　第三版

工友同志纷纷来信热烈支持教师思想改造运动

这几天，我们陆续收到工友同志们的来信，在他们的信中，充分流露出工

人阶级的高贵的革命友情，热烈地支持反资产阶级思想运动。张常楼、王守勤两同志来信说:“我们热烈欢迎教师们思想改造，当‘思想战线’上又充满了新气象时，我们感到无比的高兴。”柴培源同志说:“我们也看到有好多老师特地搬到校内来住，诚恳地接受同学们的帮助，这种积极勇敢，对待反资产阶级思想运动的态度是很宝贵的。”

很多工友同志在来信中详细地说明思想改造运动的伟大意义，鼓励教师彻底批判资产阶级思想，李柯株同志说:“你们改造得好，我们青年一代得到你们教育，它关系着整个国家建设人才的数量、质量问题，同时也符合你们个人的前途。”女工友王坤同志很动人地说:“思想改造是痛苦的，但为了明天的快乐，祖国的利益，今天的痛苦也是应该的。”王守勤等同志一致认为:“有了正确的思想，站在无产阶级立场，吸收苏联老大哥的教学经验培养干部，来建设我们伟大的祖国。”

还有好多工友同志的来信，表示从这次伟大的思想改造运动，看到我们祖国无限美好的前途。李柯株、柴培源等同志说:“只有把思想改造好以后，才能把十年大规模的经济建设任务担当起来，也只有这样，我们的生活才能得到改善，落后的农业国才能变成先进的工业国。”来信的同志们都理想着美好的将来。幸福生活在向我们招手，烟囱冒着烟，机器在转动，美好的社会主义、共产主义离我们并不很远，因此他们迫切地要求并热烈支持教师们的思想改造。

克服教条主义学习文件武装自己
运商两系昨开动员大会

运商两系全体同学于二十七日晚在铁道陈列馆开动员大会。

会上首由运三乙杨介平同学沉痛地控诉了资产阶级思想特别是教师们的资产阶级思想带给他的严重危害，他说:“我本来是一个精神充沛、活泼愉快的青年，但由于天天在资产阶级名利思想的熏陶下，渐渐地变为鼠目寸光、自私自利的少年老人，看不见祖国光明美好的前途，更不知道为人民服务，而整天是在局长工程师的幻想中浮沉!”杨介平同学最后表示一定要彻底批判这些影响，投身到运动中去帮助老师们改造。

蔡善昌同学在会上简要总结了上一星期的工作，并布置了本周的工作。他指出:“我系上周的学习文件，武装思想的工作，已经作出了一些成绩，但还作得很不够，特别是在讨论文件时，没有很好地联系思想，联系实际。有的是为‘学习而学习’，或尽在名词里‘兜圈子’，实际问题解决得很少，甚至没有解决。例如有些同学认为：‘教师改造得好不好与我没多大关系，反正我留校不久了。’‘有些教师我根本就瞧不起，那里会受他影响呢？’这些论调是阻碍运动前进的绊脚石，我们就应该结合文件的精神严肃地批判，求得认识上的一致。又例如有的班讨论‘反对自由主义’时，就产生‘这一条你也有’、‘那一条我亦犯’，大家都有，嘻嘻哈哈一笑了之的情况。”这显然是不对的。毛主席在“反对自由主义”文内开宗明议第一句就给我们指出：“我们主张积极的思想斗争，因为它是达到党与革命团体的团结使之利于作战的武器。”那么在我们当前开展的彻底批判资产阶级思想的斗争中，是没有理由不紧紧地掌握这一武器的。

要掌握这武器的先决条件是什么呢？蔡善昌同志强调指出：“我们学习‘反对自由主义’是要求我们每一个同学端正自己对运动的态度，学习‘人的阶级性’目的在于从思想上与资产阶级划清界。说是‘已经深入不下了’，‘没有什么影响’是不合乎事实的。我们只要正视一下，为什么运输系同学二年来经常情绪波动呢？归根一句就是教师们的资产阶级思想在作怪，因此克服教条主义的学习方法，联系思想，联系实际，继续学习这两个文件就成为十分必要了。如果不把对运动的态度端正起来，不从思想上与资产阶级思想划清界限，我们是不可能在思想战线上取得彻底胜利的。”

让我们开支脑筋、反复思考吧！如果“不用相当的独立功夫，是无论在那一个严重问题中也找不出真理来的；谁害怕用功夫，谁就无法找到真理。”（列宁）只有这样，我们才可能体会文件的精神实质，真正掌握武器才可能在思想战线上取得彻底胜利！

正确掌握批评武器装备——俄材专通讯

俄材小组在听了钱崇振主任、马杏城副教授的检讨以后，同学当晚就进行讨论，通过代表在小组会上给他们提出了意见，特别对钱崇振主任的检讨，认为有头有尾但无血无肉，没有很好地进行批判，群众着重地对土改认识与恐美思想提了很多意见，大家本着认真负责、治病救人的态度、与人为善的精神，针对思想问题予以细致的分析研究，这些意见给钱主任很大的启发，钱主任在会上虚心地接受了意见，并表示：“我很高兴重作检讨，以便能再深刻地认识自己的错误。”这说明了在正确的批评下，使钱主任有决心改造自己。

但是对马杏城教授提意见时，有些教师却在马教授的平日生活细节上的错误找问题，认为检讨得还不深刻，如有人提出“屋子里生火炉，马杏城应该打开窗户。”也有人提出：“马杏城不把家属搬到学校里来住是享乐思想”……相反地,在关于马教授某些还不够彻底批判的原则问题上,却一言不谈,这是“舍本求末”,不懂得如何正确掌握批评的武器,我们应该随时予以纠正的。

教师思想改造的目的是在彻底批判资产阶级思想,而不是斤斤计较平日的生活细节或与此无关的问题。这样严肃的思想斗争,不能当作生活检讨会来看待,我们有些教师同学在主观上帮助别人的热情是可贵的,但是由于不能正确掌握批评的武器,就会给运动带来损失,这应该引起每个人的注意。

第二十七期　第四版

彻底批判资产阶级思想！坚决树立工人阶级思想！

编者按:有些教师不太清楚到底要怎样才能做一个真正的人民教师,因此,我们在下面发表加里宁的“论教师修养与品质”(摘录),与“人民女教师史瑞芬”两篇文章。

人民女教师史瑞芬

史瑞芬是一个年轻的女教师,解放后,在冬学教师学习班只学了十天,时间虽短,可是她学到一个重要的东西,那就是如何做一个人民的教师。了解如何做一个人民的教师,对于一个愿意把自己的一切贡献给人民的人,是不需要很长时间的,在这十天的学习里,史瑞芬同志懂得了人民教师这一个光荣称号的意义。

当她回到自己家乡办冬学,在大风大雪的天气里,她辛勤的工作着,一开始就表现了她的人民教师的品质,五〇年四月初,她被派到苏南溧阳清水塘的偏僻贫穷的小村庄去接办一所小学校,校舍是一间破旧的祠堂,连一扇门板也没有,黑板和桌凳也残缺不全,学校里只有十多个学生,当时正是灾荒非常严重的时候,许多人吃不饱饭,史瑞芬看到了这种情况,就想怎样来办学校啊,如何做一个真正的人民教师的思想在考问着自己,史瑞芬就住在村里一间矮小的茅草屋里和群众一起吃着糊汤度灾荒,把自己的薪金省下来给学校添置校具,订购报纸和书刊,给学生们准备课本和练习本,并到每一家去宣传和动员学生来上学,但许多家庭的孩子上不起学,也有许多人甚至村干部看不起史瑞芬,不相信这样一个二十几岁的女教师能够把学校办好,但是她不管这些,继续在村里向群众宣传和动员,把书本发给每一个家庭叫每一个家庭的孩子来上学。当学校办起来后，她就把村干部和一部分学生家长请来，组织校务委员会，大家共同负责来办学校，这样学生就很快增加了，有几个小学生因吃不饱饭，上课时晕倒了，史瑞芬就省下自己所吃的麦糊分给他们吃，有的学生病倒了，史瑞芬就跑三十里路到城里人民医院请医生来治。有的时候，史瑞芬的麦糊也吃完了，自己就吃野草。为了解决学生的生活困难，史瑞芬就带领着学生开荒种地。

当清水塘发生虫灾，人民政府号召大家来捉螟虫时，史瑞芬就动员村里的群众来捉螟虫，自己也赤着脚，带领着学生，到田地里去捉螟虫，于是村里的妇女、老婆婆都一起行动起来，在受灾的田野里，泛起了一片生活有希望的浪潮，捕捉螟虫运动结束时，史瑞芬被群众评选为特等模范。

清水塘全村有十八个不事生产的，终日在村里游游荡荡、赌博、甚至偷人东西的二流子，史瑞芬看到这个情况后，就想办法向他们进行教育，结果，把他们教育过来了，让他们积极工作，参加生产和学习，使整个村庄，变成一个团结和睦，不断进步的村庄。

她非常关心群众，村里有纠纷，她就去解决。村里农民有什么想不通的问题，他＜她＞就想出最易懂的语言去给他们讲解。学校里的孩子们，在史瑞芬的教育下，也一天天的进步，一天天的懂事了。于是许多家庭，就不断地把孩子送到学校去，交给史瑞芬。伟大的艰巨的人民教育事业，还只在开始，它需要我们许多人的艰苦工作和努力，它需要我们贡献出自己的一切。史瑞芬这种全心全意为人民服务的精神，是值得我们学习的。

加里宁"论教师底修养和品质"（摘录）

教育是什么意思呢？这就是影响学生们的心理和道德面貌。要在整整十年的学习期间内从一定方向去影响学生，也就是要在解决学校生活中不免发生的无数误会和冲突的时候，能使学生们坚信教师是处理得正确的，这就会在儿童心坎中烙上深刻的印象。假若教师们对天资愚蠢的学生打下不合理的分数，那我相信，这种不公平的分数在学生们的心理上不会不留下痕迹。可见教师每天都仿佛蹲在一面镜子里，外面有几百双精敏的，富于敏感的，即善于窥视出教师优点和缺点的孩子们的眼睛，在不断盯视着他。对小学生的教育，这首先是教师在课堂内的一举一动，是教师对同学们所采取的态度。因而教育一举就成为再困难不过的事情了。

我说这些话，根本不是想抹煞[杀]必须好好教孩子们功课，对于你们这些教师说来,这是不言而喻的了。但是教师们往往不大注意教学工作,其实教育工作在造就学生们的性格和道德方面,有着极重要的意义。很多教师,常常忘记他们是教育家,而教育家也就是人类心灵的工程师。显然为了要在应有的方向上影响学生,就必须具有相当的才干。但是还不仅如此。为了要善于自觉的在一定方向上影响学生,这就要教师本身,是个文化程度很高的,并且我老实说,要甚至是个学问很高的人。请大家想想吧,国家和人民把儿童信托给教师们,要他们来教育这些按年龄上是最容易受影响的人,信托教师们来培养,教育和造就这代年青[轻]人,也就是说,把自己的希望和自己的未来都完全嘱托给他们。这乃是伟大责任加在教师们身上的一种重托。显然,教师们一方面应当是学识很高的人,另一方面应当是无上诚实的人,因为诚实的性格甚至可以说——高尚廉洁的性格,这不仅使孩子们敬佩,并且还熏染孩子们,这种性格能够在孩子们的毕生生活中烙上极深刻的印象。

同志们,我们就是想使我们的孩子们受到共产主义精神的教育,使他们的脑筋里种下共产主义原则的深根。也许你们会发出一个问题;共产主义原则究竟是什么呢?

共产主义原则,简言之,就是具有高度学识的,诚挚的和先进的人们底原则,就是爱戴社会主义祖国,友爱,同志情谊,人道主义,正直,酷爱社会主义劳动及其他每个人都了解的高尚品质。教育和培养这种本性与这种高尚品质,也就是共产主义教育之最重要组成部分。

这种品质是不能用漂亮的宣传或单纯的鼓吹来栽培到孩子脑筋中去的。只有在学校生活的全期间中,基于同志般的交接关系,日常不知不觉地去影响学生,才能把这种品质灌输到孩子们的脑筋中去,并且要做到这点,非得到教师本身至少在大体上通晓马列主义!

一九五二年五月三十日　第二十八期

坚决树立工人阶级思想！彻底批判资产阶级思想！

建筑系李宗浩、屈洗然两同学向全系师生报告思想转变
表示坚决和资产阶级思想划清界限

廿八日下午，建筑系的李宗浩、屈浩然两同学向全系师生报告了他们最近思想转变的经过，并沉痛的诉说了他们以前怎样被资产阶级思想所侵蚀，以致解放三年来进步极慢。他们的进步，受到了全系师生的热烈欢迎。

李宗浩是建三的同学，出身于一个反动官僚家庭里。他父亲在敌伪时期是汉奸，抗战胜利后是国民党反动派，解放后便逃到香港去。受了这样一个家庭的影响，李宗浩同学一向充满了资产阶级思想，并在他父亲的鼓励下曾加入了三青团。解放后，他父亲在广州的财产由人民政府查封了，他的生活当然不如解放前“舒服”了。因此，他便仇恨共产党、青年团，盼望国民党回来，帮他夺回财产。一九五〇年他进了唐山工学院建筑系，仍保持着资产阶级生活方式，经常和几个落后的同学吃吃玩玩，跳跳舞。对一切政治活动避不参加，把团员认作“秘密警察”，并认为同学入团是为“谋取个人利益”，因此，一向和团采取了对立的态度。

这种情形一直延续到三反运动以前。在系里展开对沈玉麟思想的批判的时候，他开始发觉自己的思想和沈玉麟思想十分相像，觉得大家就好像在批判他的思想一样，当时他一方面是害怕，一方面也初步认识了资产阶级思想的丑恶和它的危害性。后来又听了北大傅鹰教授的报告，他的思想起了剧烈的斗争，在班上的检讨会上他哭了，他说：他没有别的话，他只是要和傅鹰教授一样，要“永远跟着共产党走”。此后他主动的和团员同志谈思想问题。团组织也及时地帮助他整理思想，分析思想，鼓励他大胆暴露，他第一次感到团是那样的可亲，他勇敢地放下了这个沉重的家庭包袱，主动谈出了参加三青团的事，并愿意把自己的转变经过告诉大家。在报告结尾时，他表示今后要和资产阶级思想划清界限。建立革命的人生观。他说：“我以前曾说过我永远不入团，但今天，我认清了我的前途，我要争取做一个光荣的青年团员！”

建二的屈浩然同学出身在一个小资产阶级家庭里，从小他祖父就教导他

要学技术，最好捧住“铁路”“海关”“邮政”之类的“金饭碗”，那样，“换什么朝代都不怕。”他高中时读的又是在美帝控制下的教会学校，因此养成了他的死啃书本，向上爬的浓厚的个人主义思想。带着这样的思想他考进了唐院建筑系，系中教师们的浓厚的资产阶级思想，使他不但不能改正错误，反而获得了发展。他很满意他找对了发财的门路，成天想着怎样设计商标得奖金。将来毕业后又怎样学宗国栋的样开事务所，拿大量设计费。在班上，他和几个和他“志趣相投”的自由散漫[redacted]否定整个团。

三反开始后，组织上分配他到上海参加“五反”工作，虽然在工作中曾因“怕耽误业务学习”而闹情绪，但“五反”对他的教育意义很大的，他开始认识到资产阶级思想的丑恶。回校后，他在批判系内教师的思想时，开始暴露自己的思想，团组织及时注意到他的转变，帮助他分析他自己的思想，鼓励他主动要求改造。傅鹰教授的报告很使他感动，他说：“傅鹰教授五十岁了还是年青[轻]人，我二十几岁，怎样会没有前途?”他觉得像以前那样活着太没有意义了，只有投身到革命斗争中去，为人类谋幸福，干革命才有意义。

所以他在结语中强烈的表示了要争取入团的愿望。

李、屈两同学的报告，给了全系师生们很大的教育，通过他们两人的具体事例，生动的说明了资产阶级思想在如何的侵蚀着我们年青[轻]一代。许多同学以前老奇怪自己怎么进步这样慢，今天才警觉到原来就是因为自己思想中的资产阶级思想在作怪，同学们都表示要努力参加反资产阶级思想运动，在运动中和资产阶级思想划清界限，树立革命人生观，为建设祖国，保卫祖国，贡献自己的全部力量。

节委会李副主任约请沈玉麟教授等座谈
进一步明确反资产阶级思想斗争的要求

廿九日上午节委会副主任李兴波同志约请郑昆、吴文泷、张健关、沈玉麟、刘德滋、樊明体、汪集生等八位教授举行座谈。会上着重谈了对反资产阶级思想运动的要求，时间，作法等问题。关于对每一个人的要求是否一致的问题，经过讨论以后都明确了今天对教师的最低要求是一致的，就是要把自己脑袋中的资产阶级思想从领导地位上打下去。更高要求则根据情况有所不同，但是每个人都应向前看，不应向落后看，具体做法亦有区别的。至于怎样批判，一致认为思想改造主要依靠自我思想斗争，同时必须争取群众帮助，学习马列主义。沈玉麟教授说:“沈承福助教批判深刻,主要不是文件或人家的帮助,而是自己经过思想斗争,解决了问题。”

关于时间问题大家一致认为今天思想改造是主要的,如果教学与思想改造有矛盾时,教学工作应服从思想改造,也就是暂时利益应服从长远利益。

会后,大家一致认为这样的会很解决问题,张杰文教授说:“今天上午真值得。”刘德滋副教授说:“这对我们帮助很大。”郑昆教授说:“这样的会希望经常开”。

第二十八期 第二版

彻底批判资产阶级思想!坚决树立工人阶级思想!

编者按:为了帮助大家学习“可爱的中国”更进一步了解方志敏同志热爱祖国、热爱人民的高中的无产阶级军命品质和他的乐观的共产主义人生观。特发表此文。

无产阶级战士——方志敏烈士

当一九三四年,苏维埃政府决定组织红军北上抗日先遣队。志敏同志被任为北上抗日先遣队总司令,督率第七第十两军团,实行北上,领导群众进行抗日民族革命斗争,于是国民党悬赏八万“追索”志敏同志的“头颅”,集中一切力量截断抗日先遣队渡过长江北上的道路,志敏同志等,决定暂离主力部队团到意赣东北苏区,因此志敏同志等‘不避危险,不顾雨■和饥饿(七天没有吃什么东西),不分昼夜,绕过敌人之封锁线。但因叛徒告密,于是志敏等同志于一九三五年一月二十四日上午一时突被敌人包围,经过激战以后,不幸在陇首村封锁线上被敌军四十三旅所俘。

志敏等同志被捕后,敌人高兴异常,如获至宝,蒋介石命令将志敏同志,脚镣手镣,关于囚笼,推到江西各大城市进行示众,表示“剿匪之胜利”,而且要当众给志敏同志以无限的侮辱。但志敏同志每到一处,即沉痛地向民众宣传抗日救国的必要,说明只有共产党和苏维埃能够救中国等,引起了广大群众深切的同情。

在审问时,病中羸弱不堪的志敏同志,虽受尽了敌人最惨毒的酷刑拷打与鞭笞,但志敏同志铁一般的意志丝毫不受折磨,不屈不挠的坚决尽忠于党和中华民族,国民党报纸关于“审问”志敏同志情形,只登载片断消息。然而敌人报纸也承认“方志敏态度之强硬,不同平常”。

国民党反革命派,曾用了欺骗、利诱、威逼、挑拨、造谣、污蔑的可耻手段,企图说服志敏同志等,但均被志敏同志等严厉拒绝,并说:“投降? 你国民党是什么东西! ——一伙凶恶的强盗! 一伙无耻的买[卖]国汉奸! 一伙屠杀工农的郐[刽]子手! 我们与你们国民党是势不两立的,你们法西斯匪徒们只砍下我们的头颅,决不能丝毫动摇我们的信仰! 我们的信仰是铁一般坚强的。”

志敏同志“头可断,而志不可夺”的精神,逼得国民党之中央通讯社亦不得不能公开承认:“方志敏反对一切提议,态度非常强硬,可看出他至死亦不会动摇的;关于红军一切现状的问题,他一概拒绝回答。”

志敏同志在敌人监狱里面,在新伤旧病当中,所念念不忘,耿耿不能释怀者,只有党的事业,中国人民抗日救国的事业。志敏同志一方面不畏“病与不病”,不畏砍头或枪毙,整天拿着笔在写文章,写秘密信,写自己对于现在过去以及工作的经验教训与意见,写向党向全国人民诀别的血泪遗书。但另一方面,志敏等同志,最积极的进行越狱的活动,以期重新恢复为党为中国人民努力奋斗的机会于万一,在志敏同志等给全党同志们的信中,说道:

“同志们! 亲爱的同志们! 我是不能再与你们共同奋斗了,我是如何的惭愧和难过呵! 我所说的意见,都是我最近感触到,当然里也免不了有错误,说错了请你们批评,说对了的,请你们执行,我们虽在狱中,但我们的胸中,仍是不断地思念着同志们的奋斗精神,总期望着你们的胜利和成功! 我直到现在,革命热诚仍和以前,我正在进行越狱的活动,我想,我若能越狱出来,我将用我最高的努力去创造新苏区和新红军,以恢复这次损失! 同志们! 越狱恐难可能(主要的是无外援),那时只有慷慨就义了! 我不能完成的工作责任,只有加重到同志们的肩头上了! 同志们! 十分亲爱的同志们! 永别了! 请你们努力吧! 我这次最感痛苦的,就是失去了为党努力的机会。你们要认识! 你们能多为党工作,为党斗争,那是十分宝贵的。我与刘、王、曹同志等都是敌人刀口下的人了,是再也得不到为党为革命工作的机会了,这是无可如何的! 我能抛弃一切,惟革命事业,却耿耿在怀,不能丢掉! 同志们! 十分亲爱的同志们! 请你们经常记起你们多年在一起奋斗的战友们之惨死,提起奋勇的精神,将死敌的日本帝国主义赶快赶走吧! 将万恶的国民党统治赶快推翻吧! 谨向你们领导下的红军和工农群众致热烈的革命敬礼!”

“我们临死前对全党同志诚恳的希望就是全党同志要一致团结在中央领

导之下，发挥布水塞维克最高的积极性、坚决性、创造性，用尽自己的体力和智力，学习红军同志‘一天当十天来工作’的榜样，努力为党工作！”

“在此时，如有那＜哪＞些同志不执行党的建议和指示而消极怠工，那简直不是真正的革命同志，而是冒牌党员，这样的人，是忘记了国民党囚字里有好几万党的同志，正在受刑吃苦；忘记了国民党刑场上党员同志流下的班班血迹；忘记了我们的主力红军正在川黔滇湘艰苦的战斗；更忘记了千千万万的工农劳苦群众，正在啼饥号寒无法生存！”

“我们是共产党员，为革命而死，固无所怨，更无所惧。只有两件事使我们不能释怀。作过[redacted]错误，但经党指出，莫不立刻纠正，我们始终是党的正确路线的拥护者和执行者；是马克思列宁主义竭诚的信贷者；我们相信共产国际的伟大和他领导世界革命的正确；我们相信中国布尔塞维克党中央的伟大和领导中国革命的正确；我们坚决相信在国际和中央列宁主义领导之下，中国革命和世界革命必能在不远的将来得到全部成功！苏维埃的制度将代替国民党的制度，而将中国从最后崩溃中挽救出来！”

“共产主义世界的系统，将代替资本主义世界的系统，而全世界无产阶级和全人类，从痛苦死亡毁灭中拯救出来！全世界的光明只有待共产主义的实现！”

因此，志敏同志，中国革命青年的模范，工农革命的优秀领袖，中国苏维埃和红军有名的创造者与组织者，中国共产党的模范党员，卓绝的中央委员，中华全体同胞的民族英雄，便于一九三五年七月由帝国主义走狗蒋介石下令在南昌斩首，而光荣的牺牲了。

在志敏同志流血之前，用最大的阶级愤怒高呼了下列口号：“打倒日本帝国主义！”

今日本报两版

一九五二年五月三十一日　第二十九期

坚决树立工人阶级思想！彻底批判资产阶级思想！

在经济电信两系小组会上，李士珍、冯焕两同志诚恳检讨，受到各该系师生热烈欢迎

二十九日下午，经济系李士珍讲师和电信系冯焕助教分别在两系的互助组会上暴露了过去的丑恶事实作了诚恳的检讨，受到了两系师生的热烈欢迎。

李士珍讲师很沉痛地检讨了他自私自利向上爬的思想。他为了寻找向上爬的靠山，在初中时，做了反动校长的“优秀”学生，被送到军事训练班去受训，集体参加了国民党，高中时又转入了三青团，解放前初到交大时，为了向上爬，曾经不惜三番五次的去找反动院长徐佩琨，向他报告一些学校情况，企图博取欢心，然后乘机提出自己想留校做助教的请求，同时为了进一步地取得徐的赏识，在各种工作中力求表现，并不惜跑到徐的家里去为他的儿子补习功课，利用机会和徐接近，这些丑恶的事情，过去他一直不敢提。

解放后，他还是想向上爬，表面上装得很积极，但是自己背着的历史包袱却愈来愈重。他曾想利用宣传员的工作来博取党的信任，后来往上爬的思想又鼓舞了他担任行政秘书，领导上对他非常信任 ，这样，一方面他觉得可以往上爬，同时他又为了自己的历史问题，增加了他内心的惶恐不安。

为了能够向上爬，他用“好表现”的手段，参加了工会工作，凡是能出风头的事就干得特别起劲，为了能够表现自己，他曾亲自赶出大字报黑板报。但是对于不易表现自己的业余学校却不高兴去搞了。从东北实习归来后，向系主任汇报时只吹嘘自己的功劳。在课堂上也用“糖衣炮弹”进攻同学，曾向商务系同学说过，“商务系是全国唯一无一的系，将来出去可以当股长，科长，商务工程师”！他就以自己向上爬的名利思想来鼓舞同学，危害同学。

李士珍讲师在暴露这些丑恶事实的同时，并深刻地批判了它对人民的危害性，当他提到参加反动党团的事时，痛心的说：“我参加了反动党团，事实上就作了反动派的帮凶，我思想上已画上了反动的烙印，解放后，党一直信任我，而我呢，却一直欺骗着党。”讲到这里，他泣不成声地说：“党对我多么诚恳，党的政策又多伟大，我将沉重的包袱背了十三四年，今天我决心扔掉这些丑恶的

肮脏的东西”。最后他充满信心地说:“我今后要勇往直前,从工作中考验自己,努力学习马列主义毛泽东思想,那＜哪＞怕到老年也要争取做一个光荣的共产党员”。

经济系的教师、同学对李士珍讲师能这样老实地暴露和严肃地批判,不但大家不会瞧不起他,反而觉得他更可亲可爱了,对他诚恳,认真的检讨表示很欢迎。关晖和唐剑等同志相继表示:“只有对组织踏实靠近的人,才感到组织的温暖;越与组织保持距离,就越感到寂寞和无力”。

电信系冯焕助教出身在一个商人家庭里,他父亲因为在旧社会里经商吃了苦头,所以不愿让他“做生意”,但也不愿让他“走政界”,要他好好念书。“他自己虽然不愿意和他日常接触的那些工商界中人一样腐化堕落,但总想应该为自己的前程而奋斗”,因此,在解放前埋头读书,对学生运动不闻不问。高中时,因为听说加入三青团可以去夏令营骑马,爬山,游泳等等,便签名加入了三青团,还被选上了“分队长”,进大学后才脱离了这个反动组织。现在他检讨到这一个历史上的污点时,他沉痛地说:“我当时虽然没有做什么反革命的事,但起码是为反动派壮了声势,这难道不是间接危害了人民吗?”

解放初期,他对团的看法是不正确的。因为在解放前他曾非常赞成党团退出学校,他自己又以国民党三青团的一切来衡量共产党青年团,因此他常以个别表现差些的团员来否定整个团,并下决心不参加任何组织。对中苏友协都是再三考虑才参加的,后来看到人民铁道事业的飞跃发展,哈尔滨烈士馆中陈列的共产党员杨靖宇将军等三位同志的头颅,以及在他周围的一些同学们入团后的显著进步,才使他逐渐对党团有了较正确的看法,他逐渐了解到党团员是在为着实现共产主义而努力奋斗,而不是为了自私自利的打算。

但是,他的追求名利及纯技术观点的思想却在解放后一直保留着。当他毕业时留他当助教,他就一心一意想自己怎样学成一个专家;院系调整时,号召从唐院合并到京院来,他因为想到京院来学些铁路运输,使自己成为多方面通的工程师,所以才积极拥护。也因为这样,在教学工作上他是一向不大负责、不肯主动地关心同学学习,只求“完成任务”。

三反开始时,他带着过关的思想作了检讨。看了“异邦暗影”,听了北大傅鹰教授的报告,并受了全系同学们的热情帮助,他终于下定了决心改造自己,作了这个诚恳的检讨的。

冯焕助教诚恳的检讨同样地受到教师同学们的热烈欢迎。号二甲乙全体同学写信去祝贺他进步的开端,并希望他在实际行动中巩固自己的收获,争取更大的胜利。

帮助大家思想改造,成立反资产阶级思想阅览室

节委会办公室宣传部资料研究室为了更好地来帮助全院教师们同学们解决一些有关反资产阶级思想运动中所发生的一些问题,将成立反资产阶级思想运动阅览室,地点在第二〇二教室,开放日期自六月二日起,每日下午一点半至晚十点至。

今日本报两版

第二十九期　第二版

思想杂谈:个人利益与集体利益

有人说:"教师思想改造既合乎全国人民的利益,也合乎个人利益,这样是不是为个人打算的名利思想?"这些人是不太清楚个人利益和集体利益的关系。斯大林同志说:"个人和集体之间,个人利益和集体利益之间,是没有而且也不应当有不可调和的对立的。不应当有这种对立,因为集体主义、社会主义并不否认个人利益,而是把个人利益和集体利益结合起来。社会主义是不能撇开个人利益的,只有社会主义社会才能给这种个人利益以充分的满足。"我们革命也就是为了每个人将来生活得更幸福,但是,必须是全国人民都有幸福,然后才会有个人的幸福,假使有人说:"我只有集体利益,没有个人利益",那么这里集体利益也是空虚的,无所寄托的。有些人把祖国集体想得非常抽象,[redacted]祖国的幸福不就是每个人民的幸福吗?你生长的地方,你的爱人,你的父母、儿女,你的自由幸福生活,你每天所接近的年青[轻]的一群,不也就是祖国的具体内容吗?我们祖国的利益,不就是我们每个人民的利益吗?所以集体利益与个人利益不是对立的而是一致的,集体利益是个人利益的组合,他把个人与集体结合在一起,把个人利益放在全国人民利益当中,只有全国人民得到幸福,个人也才可能得到幸福。个人利益与集体利益是一致的,但有时要发生矛盾,那时个人利益应该服从集体利益,必要时,为了集体利益,须要牺牲个人利益,因为没有集体利益就不可能有真正的个人利益,然而这不是经常的事情,因此教师思想改造当然是既合乎全国人民的利益,也合乎教师个人的利益。

然而集体主义与个人主义的区别究竟在什么地方呢？个人主义是将自己的幸福建筑在别人的痛苦上面，集体主义是将自己的幸福建筑在与别人同享的基础上，两者截然不同。

庄涛声先生必须端正自己的态度，彻底批判资产阶级思想

五月廿九日，在建筑系的小组会上，庄涛声副教授作了一个检讨，在他的检讨中，不可否认的暴露了一些问题，虽然他是零零碎碎的很片断，然而也说明了他是有一些进步的，但是暴露得还不彻底，检讨得也不深刻。

首先，在教授在他的整篇检讨中，没有认识到他的主要的思想问题是什么，他只检讨一些在美国作了些什么，赚多少钱。回国时，自己拿车费，又要受检查，心里很不高兴，美国移民局把他赶回来了，他回国以后就仇恨美国，认识了美国，他丝毫未加批判的就"解决"了。临结尾摘引了一段漂亮的诗词，把毛主席的"一个高尚的人，一个纯粹的人，一个有道德的人……"也摘引出来，好像真有了新的认识，但因为这一段话和庄先生前面的那些检讨太不相称，就给了大家一个硬奏上去的感觉。

庄先生的崇美思想是很深的，而庄先生对崇美思想是怎么说的呢？就是想吃美国的冰激凌、巧克力及看美国电影，而这些也"解决了"！事实上庄先生去美国之前，他觉得"美国是个民主的、繁荣的、自由的、主持真理的国家，"胜利后，救济物资，调查团，顾问团源源不断而来，马歇尔亲自出马来华"调解"，美国兵不愧为一个最好的友邦。觉得"中国要站起来，非要依靠美国的帮助不可"，在唐院时非常爱听美国之音，以为只有从那儿可以得一些比较真实的报导，这不过是一两个具体的例子，其他对美国的物质文明，政治制度，文化，建筑艺术都是很多崇拜的，在教学上一直是起着宣扬美国物质文明的作用，在言论行动中表现的[得]也很突出，但是庄先生在检讨中并没有检查这种严重的崇美思想。同时，庄先生的敌我不分的反动思想，不但有而且也相当严重，他一直认为"苏联是赤色帝国主义"，"美国报上说毛主席去莫斯科三个月没有回来，其中一定有秘密，他一定在思想斗争，一方面怕订了丧权辱国的协定回来受人骂，一方面不得不奉承苏联人"，这些思想他都没有彻底暴露，深刻地批判。

今天庄先生是要求进步的，但是为什么他的检讨不够深刻呢？主要的是庄先生对反资产阶级思想运动认识不够，因此对待运动的态度是不正确的，譬如在北海公园的小组会上，他说："这样搞下去，[redacted]来得大"，在五月十五日的小组会上他说："中心小组最好布置时间，关在老

虎房间,三天三夜,保证把总结完全写出来”,由这里我们可以具体看出,庄先生对反资产阶级思想运动的意义、目的与要求是不明确的,他还不懂为什么要写总结,为什么要作检讨,资产阶级思想有那<哪>些危害,思想改造有那<哪>些好处,这一系列的问题到目前为止庄先生还没有很好的想过,同时庄先生对待同学去访问他帮助他的态度也是很不正确的,他说:“同学访问是浪费时间”“童先生来像特务刺探我的思想”,由这样问题具体地说明了庄先生在三反运动中对待群众对他的帮助是采取拒绝的态度,他不了解要想得到群众帮助,要想改造自己的思想,首先应该主动的向群众暴露他的资产阶级思想和群众一起分析与批判他的思想,相反的,他是拒绝群众帮助,甚至在小组会上公开提出不要同学帮助,在这种情况下,庄先生的检讨当然不可能深刻的。

我们认为庄先生应认清思想改造的意义,端正检讨的态度,然后才能向资产阶级思想作斗争,积极主动的资产阶级思想并彻底加以批判,把旧社会遗留下的污毒洗干净。

新气象:新的战斗员——沈承福同志

放下沉重的思想包袱之后,沈承福助教积极地参加到反资产阶级思想的斗争中来。

二十七日下午他刚做完检讨,晚上就到赵祖武教授家里去帮助赵教授“搓澡”;赵祖武教授也是教结构的,也存在着纯技术观点,所以他便用切身的体会来帮助赵教授分析思想问题。

廿九日下午同学们对赵教授的检讨提了好些意见,赵教授回去后激动得哭了,他便写了张条子给赵教授,条子上写了一句意味深长的话:“旧社会把我们变得没有人味! 此外,这几天他还先后帮庄涛声先生、徐中教授‘搓澡’”。

沈承福同志活跃起来了,他成了一个新的战斗员,他的进步不但受到了教师同学的欢迎,图书馆汪剑森同志也写稿子给“思想战线”祝贺他的进步,工程系孙科长更找他亲切地谈谈“单纯技术观点的思想问题”,我们相信:“只要沈承福同志继续热烈地投身到斗争中来,进步一定会很快的。”

一九五二年六月三日　第三十期

坚决树立工人阶级思想！彻底批判资产阶级思想！

张广天、屈浩然两同学的报告更增强了我们胜利的信心
大家的战斗情绪空前昂扬

五月三十一日上午，本院屈浩然同学及辅仁大学张广天同学向全院师生员工作了关于他们在三反中思想转变经过的报告，这两个亲切动人的报告，给了全院师生员工极大的启发和鼓舞，受到了全院师生员工的热烈欢迎。

这两个报告迅速地在广大同学中获得了普遍的回响，在各班的讨论会上，同学们尽情地倾吐着以前对谁都不愿谈的"心病"，很多同学流了泪，强烈地表示了今后要和资产阶级思想划清界限，努力要求进步改造自己的愿望。

背叛自己出生的阶级，站到工人阶级立场上来

辅仁大学张广天同学的报告使很多同学联想到了自己的家庭，自己的历史，找出了自己在解放后为什么进步这样慢的根本原因，例如，俄二胡定夷同学的父亲也是一个大汉奸，日伪时的"南京市党部主任委员"，做了很多危害人民的事情；解放后，他一直背着这个包袱，从来没有向大家谈过；这次他经过剧烈的思想斗争，终于谈出了这些，他说："当我想到我父亲是一个杀害革命烈士的民族敌人，我真是万分痛恨，我一定要划清敌我界限，毫无保留和批判家庭、学校、社会给予我的资产阶级思想影响！"建三的李宗浩同学前几天刚暴露了他的反动家庭对他的影响，听了张广天的报告后又起了剧烈的思想斗争，觉得暴露虽然暴露了，但"感情上"还不能和家庭划清敌我界限，但他终于从张广天的报告中得到了启发，他说："我联想起我父亲犯下的罪行，他在敌伪时曾制造了人为的灾害，饿死了千百万人民，我要控诉我父亲"；运专二娄之明同学的父亲是老牌国民党员，国民党"平汉铁路特别党部委员""河北省孝感市党部书记长"，解放后，娄之明同学在重庆也因积极工作而被吸收为团员，但始终因为他带着这家庭包袱，划不清敌我界限，入团后进步很慢，当参加军干校报名时，他毕竟被家庭拖住了，没有报名，他今天想起这些事情时，他激动地写道："我对组织对革命不踏实了这么久，而组织却始终是信任我的，党为了关心我的政治生命，还要我参加党课学习，真使我内心感到痛苦极了！今后，我要做一个真

正的劳动人民的儿子,永远为劳动人民服务,以至牺牲自己的生命!"经二的万廷莱同学说:"我和张高压政策天过去同样是站在反动立场包庇了反革命的父亲,听了她的报告,使我明确地认识到我的父亲是人民的敌人,我要坚决和他进行斗争!"

此外,有很多同学主动暴露了以前曾参加过三青团。

走出狭窄的个人主义圈子,投身到革命队伍中来

屈浩然同学的报告打动了许多同学的心,经二王銮菲同学说:"屈浩然同学在讲台上讲,就好像替我说话一样,我过去也是那样自私自利的搞小圈子。"号二甲的吴兆濠同学以前在同学们心目中是班上最落后的,很多同学都不愿意接近他或和他谈一句知心话。在听了这两个报告后,他起了剧烈的思想斗争,开始觉悟到他以前一直在自私、虚伪中生活。他说:"为了追求资产阶级的生活方式,为了追求女朋友,我不择任何手段!而当建筑在虚伪的感情上的恋爱一失败,我便消沉下去了,觉得空虚,觉得人生没有意义。"他表示他今后一不定期要彻底批判资产阶级思想对他的影响,做一个毛泽东时代的新青年。运二乙龚子兴同学沉痛地申诉他有着浓厚的名利思想,金士萱教授"著书立言、可以成名"的话,强烈想[redacted]资产阶级的生活方式反不正确的志■观,他说道:"过去我享受的优越的物资生活,原来都是无数劳动人民的血汗!我现在才觉得那时我是多么自私,我的眼光多么狭小啊!"建筑系的同学们对屈浩然同学的报告体会是更多的,建一白小茹同学说:"以前我想在寒假里给人家绘图,赚些钱,现在我知道想把技术卖给资本家的念头是可耻的。"黄天德同学沉痛地说:"前一时看到有汽车站牌征求设计,本想应征赚钱;后来因为觉得报酬太少,才不去应征的!"

在三反运动中有大量同学在政治觉悟提高后要求入团,听了屈、张两同学报告后,又有很多同学要求入团。在宣传部收到的大量来稿中,许多同学在批判了自己所受的资产阶级思想影响之后,在稿末写上了自己诚恳的愿望:"争取做一个光荣的青年团员!"

更增强了教师的胜利的信心

屈、张两同学的报告也给了教师们很大的教育,体育组靳开甫先生写道:"刚听到张广天同学报告的前一段时,我简直不相信像她那样的人能转变过来;可是听到她谈了思想转变后的态度和认识,我很受感动,可见得不论一个人思想怎样落伍,只要肯下决心,都能获得改造的!"运输系系主任林达美说:

“以前对自己为反动派服务的那段历史只是口头上仇恨，心里着实恨不起来，听了张广天的报告，我对于那一段历史真能恨起来了！”建筑系庄涛声副教授写道：“听了张同学的报告使我深深体会到一个要求思想改造的人，首先得下定‘去包袱’的决心。我下定决心要洗个干净澡！”

同样的，职工同志们也被这两个报告感动了，吴明珠同志说：“听了报告我几乎要掉泪，因为他们讲的思想跟我的有很多相同的，过去我也是唯利是图想吃佣金的，爱听人说好话，现在想想，这种思想多丑恶啊！”也有的职工同志在思想斗争胜利后谈出过去为“名利”而谎报履历表。

屈浩然、张广天两同学的报告增强了全院师生员工反资产阶级思想的信心，在广大群众充分动员的基础上，我们一定取得彻底的胜利。

第三十期　第二版

听了张广天同学的报告　使我更痛恨我的资产阶级家庭

我原来是一个出身于小资产阶级家庭的女孩子，父亲是一个公务员。因为在反动派的时代剥削阶级残酷的统治，使小小的公务员抬不起头来。于是我在十四岁那年，就被送给一个资产阶级的姑母来养育。本来我也是一个纯洁天真的女孩子，但是到了资产阶级家庭以后，我所看到的全是五花八门和一些卑鄙肮脏的事物。我的姑父是个大资本家，他能用尽一切卑鄙的手段来取得劳动人民的血汗，然后可以住小洋房、坐小汽车来满足他的一切建筑在劳动人民痛苦上的物质享受和欲望，由于我的姑母一个剥削者的太太，因此她整天考虑到的是把自己打扮得如何漂亮、大方，如何可以表现出她是一个阔太太的身份。资产阶级的家庭，就是那么无耻，而我就是在这样家庭环境的影响下和当时乌烟瘴气的旧社会风气熏染下，并受了美帝国主义文化侵略的毒害，使我在思想上渐渐地染上了浓厚的虚荣心和资产阶级的享乐思想，整天只想穿得好、吃得好，在行动上，慢慢地我也学会了资产阶级的化妆“艺术”。我是一个中国人，但是却很多欣赏美国货，当时上海市场充满着美国货，我认为这些东西又便宜又好，因此我总是把自己外表上装成像一个美国小姐，头发要梳得像美国电影里的明星一样，鞋子要“空前绝后”的式样，衣服要穿得飞机式，假如家里有宴会的话，那么我非得要化妆一番不可，出门最好要坐小汽车……我就在这种家庭影响下毁灭了，失去了青年人应有的朝气。上海解放后，我第一次看到了人民解放军是那样朴素坚苦和有纪律有精神，心里觉得惭愧，我也像所有年轻人一样去慰问解放军战士，但是资产阶级家庭拉住我的后腿，使我不能进步。一九五〇年我到北京，因为我的资产阶级思想没有经过很好的斗争和改造，因此来到交大后，外表上除了稍有一些改变外，思想上还是原封不动地保留着老一套。因此我完全站在资产阶级的立场来看一切问题。我觉得交大地方太小，读专修科没有出息，一心一意想到别的学校去，当然对功课不会关心了，当时因为我的作风"别致"，有着资产阶级子女的一套，所以到了学校以后，很快地就认识了一批同学，他们时常来和我一起跳舞，我对跳舞也上了瘾，我的生活方面表现得极端的自由散漫和腐化，在这种思想的影响下，产生了很不正确的恋爱观点，当时我认为一个女孩子有很多人来追求才吃得开，才可以出出风头，因此我就和很多男同学搞在一起，但是我心里有一套谬论，就是和每一个人都保持着相当的距离，我现在可以谈恋爱，但是将来不结婚。我过去就是抱着这种资产阶级堕落腐化的恋爱方式和观点，我可以和一些人玩得很好，跳得很起劲，但是每当我静寂的时候，我就会感到人生的空虚，乏味，就感到消极，苦闷；这就是我一年多以前的思想情况。经过了一年多来许多伟大的运动，尤其是抗美援朝运动，使我初步认识到了以前我所崇拜的美国生活方式和电影，原来就是美帝国主义对中国的文化侵略，我所崇拜的美国货，就是美帝国主义的经济侵略，使我国工厂倒闭，工人失业，使广大劳动人民进入饥寒交迫的地步，美国的科学文明和人道，就是在朝鲜战场上的烧、杀、奸淫和使用大规模屠杀人类的武器——毒气弹和细菌弹。以前在资产阶级家庭影响下，使我失去青年人的朝气，不知道人生的意义，更看不见祖国的前途，同时脱离了群众。但是后来由于团的帮助，我靠近了团的组织，使我不断地受到教育，从脱离群众又回到群众中来，处处体味到革命大家庭的温暖，由于对革命人生观有了新的认识，使我从[重]新获得新的生命，我感觉处处有新的力量，鼓励着我前进，我看到祖国的美好前途，认清了青年人应该努力的方向，在朝鲜战场上，在祖国各项生产战线上，出现了无数的战斗英雄、劳动模范，伟大的共产党和毛主席，给青年带来了无穷的力量和希望，同时使无数青年从最底的深坑中解放出来，我就是其中的一个，通过伟大的轰轰烈烈的三反运动，使我更认清了资产阶级丑恶的本质，因此使我更加痛恨资产阶级的家庭，他们残酷地喝了劳动人民的血汗，来满足他们无耻的欲望，同时也毒害了我，这是多么地可恶和可恨，在我听了辅仁大学张广天同学的报告后，更激起了我内心对资产阶级家庭无比的仇恨，过去我所享受的优越物质生活用品，原来都是无数劳动人民的血和汗，过去我虽然恨我的姑母家庭，但是总觉得她供我上学是好的，那时我根本没有想到这些钱是从那＜哪＞儿来的，我也没有想到多少劳动人民成年累月的过着牛马似的生活，但是他们的子女却没有上学的机会，我现在才觉得那时我是多么的自私，我的眼光是多么的狭隘，为了洗清我过去的污毒，我一定要和资产阶级思想进行坚决的斗争性，划清思想界线，我要无限忠诚地把一切力量，贡献给祖国和人民作一个劳动人民的好儿女。（另二林莉敏）

影讯：节委会办公室为配合反资产阶级思想运动的开展，继“高歌猛进”“宣誓”之后，于明日（六月三日）放映第三部影片——荣获国际影奖及德国之家奖金的“每日的粮食”。这部影片很鲜明地说明了在人民民主国家还存在着两种思想，两条道路的斗争，就是个人主义思想和集体主义思想、资本主义的道路和人民民主的道路的斗争，一种是有着浓厚的资产阶级思想认为没有资本就谈不上生产，把希望寄托在资本家身上，另一种是坚决相信无产阶级的前途，认为劳动人民的力量是可以把工厂修建起来的，它把资产阶级思想与无产阶级思想的界限明确地划分了开来，说明新思想必定战胜旧思想，这影片对我们将有很大的启发。

节约检查委员会办公室通告

在上星期，大家阅读了方志敏同志所著《可爱的中国》，又听了屈浩然和张广天两[他]们两位的报告，觉得很受感动。为了进一步提高我们的认识，彻底批判资产阶级思想及其影响，兹决定本周内在师生员工中间，联系自己思想，普遍学习方志敏同志所著“可爱的中国”，并参考“三反快报”第廿八期“无产阶级战士——方志敏烈士”一文和辅大“三反专刊”张广天同志的报告，在同学中间以小组或班为单位，进行学习。在教师中间以住区为单位，职工中间在规定学习时间内讨论或讲课。在本星期四（六月五日）以前，各系可分别召开师生大会讨论“可爱的中国”。希望各核心组根据本单位具体情况布置进行。

一九五二年六月四日　第三十一期

坚决树立工人阶级思想！彻底批判资产阶级思想！

青年团欢迎着一切决心为祖国服务的优秀青年
团总支批准屈浩然等同学入团

青年团第七分支(建筑系)三日下午讨论了屈浩然同学的入团问题。首先由支部组织干事报告了关于屈浩然同学的情况，说明由于屈浩然同学的政治觉悟迅速提高，基本上改变了以前自由散漫的生活作风，批判了资产阶级的丑恶思想，并在思想转变后立即积极地投身到反资产阶级思想的运动中来，迫切要求参加到革命队伍，因此支委会认为屈浩然同学有了入团条件，同意吸收屈浩然同学为正式团员。支委会的意见得到了全体到会团员的支持，大家一致通过同意屈浩然同学入团，当通过屈浩然同学入团时，全场(包括许多到会同学)掌声雷动。

这个会给了大家很大的教育，李培德、唐恢一等同学发言说，以前他们一向认为自己比屈同学进步，但因为自己没有能毅然和资产阶级思想划清界限，没有能下定决心参加革命工作，现在反而落后了。今后得一定急起直追。

宋元谨同志发言说：我们热烈欢迎屈浩然同学的进步，并希望他继续努力，加紧克服自己现有的缺点，更好地参加到实际斗争中去。

三日晚上，总支委员会批准了支部大会的决议，吸收屈浩然等三同学入团，由六月三日起成为正式团员。

电信系师生热烈欢迎黄宏嘉教授的诚恳检讨态度
电二同学致信祝贺

六月二日下午，电信系黄宏嘉教授在小组会上作了检讨，他充分暴露了先前的纯技术观点，崇美思想以及对苏联的不正确的看法等等，并加以初步的分析批判，他的诚恳的态度，受到了大家的欢迎。

为了争取思想改造的彻底胜利，黄教授虚心学习，主动联系思想，解决问题的精神是值得大家学习的。在“搓澡”的同学去访问他的时候，他总是很热情地和同学们谈论自己的思想问题，为掩饰，也不马马虎虎地“随和”同学们意见，非得弄清楚不可，例如，他以前的人生观是"只要是临死时觉得对得起亲戚朋友就好了"，同志们就介绍他看"钢铁是怎样炼成的"，他看完之后，很受感动，他说："我老是只看到自己及自己的亲戚朋友，而保尔想到的都是全人类的幸福！我应该把眼光放远些！"他以前对苏联很不认识，当他听到我国少年儿童队队员在苏联受到歧视的谣言时，他就去我女一中的那个到苏联去参观的队员来问，结果就证明了苏联人民曾怎样热烈地执行了我们的少年儿童队员，吃西菜不惯就特地给包中国式的饺子，生了病就派最好的医生来医治，这就具体地解除了他的疑虑，然后他便进一步从社会制度上来认识苏联的本质。以前他是不承认自己有崇美思想的，但经过和"搓澡"的同学们的讨论，他从一系列的羡慕美国"物质文明"，用英文写论文等事实中认识到了自己确有崇美思想，并开始诚恳的加以批判。每一个疑问，都是这样一步步得到正确的解决的，而这当然是和黄教授的勇于暴露，热诚要求改造分不开的。

为什么先前曾经认为反资产阶级思想运动是"学生搞先生"的黄教授会这样诚恳地作检讨呢？主要的是由于他能深切体会到了思想改造的意义。他说："志愿军那样地爱护朝鲜人民，同学们这样热情地抛弃了书本来帮助我，难道能说他们有什么自私的目的吗？只有一个解答：就是他们是为了一个理想，为了实现美好的共产主义社会！在检讨结尾时，他说：这次我要把这些臭东西好好清一清，若不洗干净，决不上岸"。

欢迎你同志

——给屈浩然同志

欢迎你同志，今天我们举起了手，
欢迎你参加我们的队伍，
做一个战斗员！
欢迎你同志，昨天和今天我们都生活在一起，
可是昨天，我们似乎离得那样远，
今天，我们彼此的心跳都听得见！
欢迎你同志，对于我们年青[轻]的一代，
飞跃的进步不能等待，
谁要自满地稍稍停留，
谁就会被遗留在队伍的后边！（大勤作）

第三十一期　第二版

彻底批判资产阶级思想！坚决树立工人阶级思想！

共产主义战士奥斯特洛夫斯基的人生观

奥斯特洛夫斯基系工人出身,从十岁起即投身革命烈火,曾参加过苏联国内战争,社会主义建设及许多党和青年团的组织与教育工作。他积劳成疾,一生之中大病七次,经过五次大手术,三次濒于死亡,但他从来以安静和微笑作为病痛的有效武器。当他手足瘫痪,两目失明,除去了心脑之外,失去了生理上一切的活动机能时,他为了对于党和自己阶级多少有些贡献,他以最大的坚忍克服一切痛苦,开始了他的写作生活。一九三二年出版了"钢铁是怎样炼成的"这本书,震动苏联文坛,在七年中曾再版二百次,行销二百五十万册,并译成各种文字,"他不仅是苏联列宁共产主义青年团员和苏联青年的榜样,也是中国新民主主义青年团员和中国青年最好的学习榜样。"(冯文彬)

(一) 我

他在"我的幻想"一文中说:"利己的人最先灭亡"。他自己为自己而生活。如果他没有了这个'我',那他就无法生存了。他的前面一片昏暗,只有利己主义和注定的悲哀,但是,人如果不为个人活着,而把自己溶化在社会里,那便很难杀死他,因为想杀死他,必须杀死周围一切,杀死整个国家,整个生活才行。我已经部分的死了,但我们的部队还健壮。一个战士如果死在队伍里,听见了本队伍的'乌拉'声,他便得到了最后的,也是最大的满足,战士最怕的感觉,乃是他觉得自己是变节了,整个队伍因为他一人而灭亡了,那么他一身将要永远背着这可怕的变节的重担。

就是在共产主义时候,也会有个人的不幸,但那时人已经不再过那种狭窄的个人生活,因此生活就是美丽的。

我们的同志们并不是一小时英雄个人的痛苦放在后边,他们的最大痛苦乃是停止斗争。

我每天的生活就是战胜最大的痛苦,我说的是整个十年的生活,你们可以看见我的微笑,这种笑是真诚的,愉快的。虽然我有的个人的痛苦,但我因国家的各种胜利而快乐,没有比战胜痛苦更快乐的东西。不仅仅是呼吸(这当然也很好）还要斗争和得胜。

我从莫斯科来的时候，正生病，也厌倦了，被工作累得不行了，但病没有吸干我的精力，他反倒鼓起我的力量，我说："看吧！明天你也许就会死去，快些前进吧！"

他在"钢铁是怎样炼成的"一书中说："这是个伟大的时代，怎样能离开党而生活呢，难道说，离开了党还有人生乐趣吗？离开了党无论家庭和爱情都不能给你以生命。家庭只有几个人，爱情只有一个人，然而党却是一百六十万人（当时联共党有一百六十万党员）仅仅为了几个人而生活是自私，仅仅为了一个人而生活是卑鄙，如果为着自己而生存，那是无耻……"

他又在"生活万岁"一文中说："虽然疾病使我卧床不起，但是我仍然贡献出一切，以便向自己的教育者——老布尔什维克们证明工人阶级的青年一代，在任何条件之下，决不投降。我也努力的奋斗过了。命运曾企图摧毁我，使我掉队，但是，我说：'决不投降'，因为深信必能得胜。我继续前进正因为在我的周围有党的温柔的'抚爱'"。

从上面的几段话中，我们可以看出什么是"我"，那就是溶化在集体里的"我"，"我"就是集体的有机的一部分。当个体的"我"是伟大的集体的一部分时，"我"就觉得自己是伟大而强有力的。若"我"离开了集体，那末也就丧失了"我"存在的真正意义。

（二）爱

他在"我的幻想"一文中说，"个人问题，恋爱女人，在我的幻想里占的地位很少，一个人对自己不能撒谎，对于我作一个战士是最大的幸福，没有比这更大的幸福，一切个人问题都不如社会事业那样永久，也不能在那一伟大计划之内。在为人类美好的生活而进行的斗争中，不作最末级的战士，这才是最高尚的任务和目标。"

"有时候我和一个窝囊废谈话，他流着鼻涕眼泪说：他的老婆不要他了，他活着有何意义，一切都完啦等等，那时我就想，如果我能像他那样有健康有手和有脚，可以在广大的世界上随意行动（这种可怕的幻想我从来不想）那该怎样呢？我想我年轻洒脱、健壮，想象着穿起衣裳走到阳台上去，看见眼前的一切生活状况……那该怎样？我一定不能简单的走出去，我要努力的跑，快跑。也许要跑到莫斯科去抓着火车车箱[厢]的把手，随着火车一起跑，到莫斯科就到斯大林工厂去，一直到锅炉房去，快快打开炉门，闻一闻煤味，把大半个煤堆添到炉子里去。哈哈,我一定作出百分之六七千的产品来,我一定把百分数提到使人无法相信的那样高,我将要忘命地疯狂地工作着。我将要贡献出多少呀！作多少也不知道疲倦,一旦脱离了九年的卧床生活,我将成一个极不安静的人,一定拿起工作不松手,一直干够为止。在有一个糊涂虫流着鼻涕眼泪说他活着没有意义的时候,我的意思就是这样,假如把这个窝囊废所有的都给我,那末,哪怕我老婆给我变节五十次,我仍然是快乐,而且永远是感觉生活是奇妙的。"

在"钢铁是怎样炼成的"一书中当他叙述保尔由于和冬妮亚的人生观不同而决绝时说:"……你晓得我曾经怎样爱过你,而且就在现在我对你的爱情还可以恢复,不过在这以前,你必须和我走同样的路,我已不再是你从前认识的那个保尔了。同样我会是你的坏丈夫,如果你认为我首先应该属于你的,然后才是党的。但是,我这方面第一是党,其次才是你和别的人们。"那么什么是无产阶级的"爱"？那就是……自己第一是属于党的,其次才是属于自己的爱人。爱自己为人类更好生活而进行的工作,远超过爱自己的爱人,人生最大的幸福就是作一个战士。

（三）生命

有一次有一个记者问他:"请你告诉我,你很痛苦吧？你想你是瞎子呀,躺在床上不能动许多年了。难道你一次也未曾想到自己失去的幸福,想到永远不能恢复看东西,走路,而感觉失望吗?"他微笑着说:"我简直没有时间想这些,幸福是多方面的,我也是很幸福的。创作产生了无比惊人的快乐,而且我感觉出自己的手也在为我们大家共同建设的美丽楼房(社会主义)砌着砖块,这样我个人的悲痛便被排除了。"在他的病已沉重时,他说:"死并不可怕,可怕的是对人无益的苟活着的生命,就在最后的几小时中,他还想念着那些不顾自己在遥远的西班牙与法西斯党徒斗争的人们,也和他哥谈了很久,要知道关于马德里命运的消息,知道了哥[歌]德里在斗争着,"他说:"我也斗争到最后一滴血,对于国家和青年团,我还有巨大的责任呢。"临终时奥斯特洛夫斯基还想着工作,想着他看的小说"暴风而所产生的"里面的年青[轻]英雄们的命运,他在"钢铁是怎样炼成的"一书中说"一个人最宝贵的东西是生命,生命给我们只有一次,一个人的生命应好好渡过,当他回首往事时,他不因虑渡[虚度]年华而悔恨,也不因过去碌碌无为羞耻,这样,在他临死的时候,他能够说'我整个生命都已献给世界上最壮举的事业——为人类的自由解放而斗争。'"那么生命的意义就是为人类的自由解放而斗争。

（四）奥斯特洛夫斯基的人生观

将自己溶化于社会溶化于党，爱自己为人类美好生活而进行的工作，远超过爱自己的爱人，人生最大的幸福就是作一个战士，生命的意义就是为人类自由解放而斗争，这就是奥斯特洛夫斯基的人生观，共产主义战士的人生观。

一九五二年六月七日　第三十二期

坚决树立工人阶级思想！彻底批判资产阶级思想！

各系师生纷纷座谈“可爱的中国”
爱国热情空前高涨

全院师生最近学习方志敏烈士“最可爱的中国”一文后，大家对自己的腐朽思想进行了批判。昨日，各系分别举行师生座谈会，讨论“可爱的中国”会上，大家沉痛地回忆了过去的腐朽中国，看到了在毛主席领导下的新中国的光明远景，进一步启发了爱国热情，大家对方志敏同志热爱祖国热爱人民的高贵的无产阶级革命品质，和他的乐观主义的人生观表示无限的尊敬，对自己那种自私自利甚至丧失民族立场的行为感到卑鄙可耻，师生们在讨论时很多感动得流下泪来，俄专张爱如同学哭泣地说：“我以前不愿做一个中国人，我要做一个美国人，我希望嫁一个美国丈夫，羡慕着美国生活方式，那时在我眼睛里，根本没有祖国，我不知道什么叫‘祖国’，今天想来，我以前的想法是多么可耻。”崔春煦老教授以沉痛的心情说：“读了‘可爱的中国’，对以前丧失民族立场做汉奸的行为更痛恨了，我就是方烈士所说的帮助恶魔来杀害自己母亲的人，为了我们伟大而可爱的祖国，就更有决心来改造自己。”在讨论时，大家对过去自己的自私自利的行为感到极端可耻，并进行了深刻的批判。运输系黄■怡同学说：“抗美援朝运动中，我不敢报名参加志愿军，怕死怕牺牲，做了自私自利可耻的懦夫，利己主义的人生观使我鼠目寸光，看不到祖国前途，我非常惭愧，今后只要祖国发出号召，我愿意献出自己的一切”。电三王占峰同学在会上痛哭地批判了自己的腐朽生活，并暴露了过去的可耻行为。

在各系的座谈会上，每一个教师同学都认识到今天的中国，是过去千千万万像方志敏烈士那样用鲜血换来的，为了实行自己的母亲更美丽地■饰起来，为了祖国美好的共产主义前途，都表示要贡献出自己一切的力量。潘守鲁教授说：“我觉得自己在各方面很落后，但是，我不愿意落后，我明白——‘爱’，我看见了祖国的远景，我要为祖国的美丽远景而奋斗。”很多同学批判了自己的错误思想，后纷纷表示要争取做一个光荣的青年团员，龚南文同学在会上激动得举起右手说：“在老师们面前，在同学们面前，我向方志敏烈士宣誓，从今天起，拿出一切力量，彻底批判资产阶级思想影响，争取做一个光荣的青年团员，为祖国人民的幸福而牺牲我的一切。”

通过昨天各系师生座谈会，全院师生对伟大的祖国更加热爱，对目前本院反资产阶级思想运动的胜利信心更加坚定，这也是我们在思想战线上又一次的辉煌战线。

电信系师生座谈“可爱的中国”——许多同学激动得说不出话来

五日上午电信系全体师生在铁道陈列馆举行座谈会，谈谈学习方志敏烈士的“可爱的中国”后的感想。

座谈会是八时开始的，主席说明了座谈会的意义后，柴惠麟同学诵读了“可爱的中国”中的几段，这几段生动地向大家表达了祖国——我们亲爱的母亲怎样美丽可爱，怎样受到“恶魔”欺凌，而她的不肖的子孙——那些“狗彘不食的东西”又怎样地卖国求荣，帮着“恶魔”残杀我们亲爱的母亲，同时也鲜明地传达了方志敏烈士的崇高理想，即使在一九三五年那样的岁月里，即使在敌人阴森森的监狱里，方烈士也还是清楚地看到了那就在“很近的将来”的中国人民获得自由解放的日子！

“爱国”本来应该是很自然的事情，可是反动派卖国贼的欺骗下，在资产阶级思想的侵蚀下，“爱祖国”这简单的真理也不是容易认识清楚的，听听大家的诉说吧：

刘宗山同学沉痛地说：“在先前，我不爱我的‘母亲’，反倒去爱欺凌我‘母亲’的恶魔的，我竟认为和美国人一块走路也是光荣的……！”

朱成言同学激动地说：“我出生在地主家庭里，以前从来也没有想到什么‘祖国’，我想到的只是我自己自私自利的一套，因此当祖国号召参加军事干部学校时，我就不理睬她了，我想我应该念大学，将来才……”。

彭凌琦同学说：“我父亲跟日本人做事，做‘经理’，生活舒服，我便再也想不起日本鬼子对我国人民的残害了，我想到的只是将来怎样学父亲的样挣钱，那时我的眼睛给钱迷住了，根本想不到别的！”

发言的人一个紧接着一个，大家的心情都很沉重，当张水襟同学朗诵了“奥斯特洛夫斯基的人生观”以后，大家对自己整天为个人打算的人生观觉得是耻辱，好多人流了眼泪！

黄九琰同学站起来了，她说了很多，从家庭出身一方，一直说到对卖国贼的愤恨,对地主家庭的怀恨,她禁不住哭出了声!

更使人难过的是在解放后,在方志敏烈士所响■的"光荣的一天"已经成为现实的今天,我们却还是充满着太多的个人打算。要王忠汪希■时是青年团员,那[他]们都十分难过地叙述着他们如何地常常多想到个人得失,而忘了祖国。

很少有人不流泪的了。

教师们发言了,潘守鲁教授说:"我活了■十年,却一直没有觉得祖国怎样可爱,自己是这样可耻,可是今天的会上,我才明白了这一点战争体会到什么是真正的感情,我非常惭愧,回国二年了,还这样落后,但我还年青[轻],我下定决心要和大家一起走向共产主义!"戚祖锡教授激动地说:"读了方志敏烈士的'可爱的中国',我觉得我以前就像是方烈士所指斥的那种'狗彘不食的东西',我做了恶魔的帮凶!要是今天再不把臭包袱丢掉,还算人吗?"赵平教授说:"在年青[轻]的时候,'五卅'运动的时候,我偷偷的溜了,而且溜得很远,溜到反动派那边去了!今天我绝不再溜,要把臭包袱丢掉,争取做一个名符[副]其实的人民教师!"

张凤翥先生以前为了学习及恋爱问题而苦恼,会上他非常感动,会后他说:"问题解决了!"

快散会的时候,电三的王占峰同学痛哭流涕地说出了他长久压在心底的话,他过去整天听唱片,跳舞,大家参加"三反",他到师大去弹钢琴,生活非常腐化,但是,现在他痛恨着自己,在会上他暴露了他替伪中央社散布谣言的丑恶行为,最后表示了迫切要求进步的决心。王同学的转变给了大家——尤其是电三的同学——很大的教育,因为大家以前一向认为王同学是很难改造的。

张绍诚同学作了结语,同学们在沉重、激昂的口号声(口号有:"马列主义胜利万岁!""为建设伟大的祖国而斗争!")及"歌唱祖国"的歌声中走出会场。

激动的心情被带出了会场。在午餐时,大家仍在默想着,不作一声,午餐后回到寝室,大家热烈地谈起来了,有同学说:"这是到交大来后参加的第二次很好的会(第一次是一次电信系座谈会)"。号二甲同学赶着写信给方志敏烈士的母亲致敬,并保证在这次反资产阶级思想运动中改造自己,继承方烈士的遗志,在党的领导下,争取祖国更美好的明天,电一周大纲说:"电三王占峰同学都转变了,我们得更好地帮助同学进步。"

五日晚上,电三、电一、号二甲、号一、电专等五班同学都开了班会,同学们继续倾诉着自己在座谈会上没有来得及讲的话,……大家都在努力和资产阶级思想划清界限，把解放了的“母亲”装扮得更美丽，让我们不愧做一个“母亲”的好儿女！

第三十二期　第二版

文艺副刊：当我们想起可爱的祖国

大　勤

当我们想起可爱的祖国，
我们就想起那广阔的原野和森林；
稻米、碧绿比满了田野；
山谷间奔腾■黄河和长江；
火车带着荔枝和香蕉，
从广州直奔满洲里；
民航机划过天空，
让沿海的居民，
也能尝到吐鲁番的葡萄和哈密瓜；
矿山和工厂发出叮咛的轰响，
千万吨煤铁，
修成了无数的机器，桥梁；
千年为患的淮河，
今天只好乖乖地给咱们■■■■■■■■■■■■■■■■■■■■啊！
祖国的一切，那<哪>能一口气说完；
当我们想起可爱的祖国，
我们就想起那无数的英雄、模范；
杨根思英雄排，用生命保卫了祖国的安全，
赵桂兰，牺牲自己的手臂保全了工厂，
赵国有用惊人的智慧创造了新记[纪]录，
陈永康的水务丰收，
增产了大批食粮！
不是别人啊，就是他们，
就是这些“工农兵的英雄、模范，”

他们的名字为祖国增添了精彩,
他们的劳动,
给祖国带来了无限的力量!
当我们想起可爱的祖国,
我们就想起,我们的祖国才是从来就是这样!
[redacted]
曾经在无比的屈辱苦难中成长;
今天的御花园,曾经是封建帝王的御花园,
今天[redacted]的游泳池,
昨天还只是一个臭水潭!
啊!
我们永远忘不了那些苦难的日子,
我们又哪能忘记,
千百万方志敏那样的英勇形象!
他们忍受了一切——饥饿、疾病、酷刑以至死亡。
他们从没有只想到自己忘了祖国,
他们把祖国比作亲爱的"母亲",
因为他们对"母亲"那样热爱,
[redacted]他们在最黑暗的日子里也充满希望,
[redacted]是他们,
终于把帝国主义者赶下了海,
把万恶的卖国贼一扫而光!
他们不是别人,
就是领导我们走向解放的,中国共产党!

今天我们生活在这样的国度里,
大批的英雄天天涌现;
在广阔的土地上,
成天成夜响彻了劳动的歌声;
一个新记[纪]录压倒一个新记[纪]录,超额的数量,
不是百分之几百而是几千;
谁要是稍稍停留,

谁就会远远地落在大队的后边！

当我们想起可爱的祖国，
我们的信心就百倍增强，
我们的母亲已经这样美丽，
我们要让她更加美丽强壮；
我们要打垮内外反动派的一切挑战，
我们要摆脱内外反动派的思想影响。
让拖拉机布满田野，
让偏僻的乡村也有电灯照亮，
让新生的婴孩，
不再知道什么叫做“饥饿”和“战争！”
不再害怕细菌会夺去她的姑娘！
让我们努力吧，同志！
共产主义的理想，
也决不在遥远的将来，
而在很近的明天！

第三十二期　第三版

我们伟大的祖国

亲爱的老师们！
亲爱的同学们：
中国现在已成为一个统一和自由的伟大的国家了，
我们的天然富源是数不尽的，
我们有丰富的矿藏，
我们有肥沃辽阔的田野，
我们有巨大的河流，
我们有耸高的山岭，
我们有波涛万里的海洋，
我们有无边无际的草原和沙漠，

在我们的北方和西方，
联结着和平堡垒——伟大的苏联，
在我们的南方是■？罗、缅甸和越南，
在我们的东方是向白茫茫的太平洋，

中国是一个文化悠久的国家，
我们有无数雄伟的古迹，
我们有许多惊人的艺术品，
罗盘、火药、指南针是我们首先发明，
万里长城、绵长的运河是我们双手剑造，
雄巍的峨嵋，
妩媚的西湖，
幽雅的雁荡，
险峻的长江三峡，
从帕米尔高原到东海之滨，
从长白山顶到西沙群岛，
啊！到处都是天然美景，
到处都是锦绣河山，
数千年来，
生活着五万万的中国人民，
勤劳勇敢，
创造奇迹，
啊！我们的祖国是多么的伟大，
啊！我们的祖国是多么的可爱。

敬爱的老师们！
亲爱的同学们！
今天！我们师生融聚一堂，
来纪念■义的共产主义战士！方志敏烈士！
来讨论他光辉的遗著——“可爱的中国”
勾引起我们无限惨痛的回忆，
啊！那苦难的半殖民地的祖国，

那诅咒的悲惨的黑暗岁月。

记得在那时候，
日本鬼子凶暴地侵略我们，
洋大人高高地骑在中国人民的头上，
租界兵营造在我们的国土上，
外国的兵舰在长江内河横行直撞，
披着宗教外衣的洋教士，在毒害我们的思想，
无数的儿童丧命在修道女的手下，
无数妇女被侮辱强奸，
海关、邮政不知榨取了多少人民血汗，
治外法权压制我们动弹不得，
唉！民族耻辱如何忍得了。

记得，
在那时候，
蒋介石血腥统治着我们，
人吃人的旧礼教麻醉着我们，
封建的枷锁紧套着我们，
物价暴涨饥饿威胁着我们，
毕业即失业，黑暗包围着我们，
追求真理特务党棍就盯着我们，
主持正义监狱法庭就等待我们，
祖国的山河，四处都布满白色恐怖，
懦弱的青年个个都抱有灰色人生观，
唉！难道人生真的没有前途了吗?!

不，决不，
你看：
对明天有信仰的人都动起来了，
举起革命的熊熊火把，
唱着“起来，饥寒交迫的奴隶……”

以整齐的步伐，
以坚强的意志，
在毛泽东的旗帜下，
组成了铁一般的反抗力量，
要冲破黑暗，
要走向光明，
向蒋介石反动派进军，
向日本帝国主义开火！

你看！英勇的红军，
开始了两万五千里的长征，
经过了无数的艰难困苦，
越过了冰封的雪山草地，
前有敌人后有追兵，
左边是反动派，右边是地主的武装，
但是，
英勇的红军呢！
一边战斗一边补充，
通往超前，
从井冈山到达了延安，
延安啊！成了中国革命的堡垒和灯塔，
毛主席热爱老百姓，
老农民李增正歌颂毛主席，
“东方红，太阳升，
中国出了个毛泽东，
他为人民谋幸福，
他是人民大求星。”
这陕北小调啊！
从延安唱到北京，
又从北京唱到莫斯科，
啊！全世界的人民，
都在歌颂着毛泽东。

毛主席在延安，延安啊！
发出了抗日战争的命令，
发出了解放战争的命令，
赶走了凶暴的日本帝国主义，
打跨[垮]了蒋介石八百万反动军队！
抗日战争胜利了，
解放战争也胜利了，
毛主席领导着我们，
从一个胜利走向一个胜利，
全中国解放了！
新中国诞生了！
从世界的东方升起了曙光！
全世界爱好和平的人们拍手欢笑，
[redacted]中国站在拥护和平一边，站在苏联一边，站在斯大林同志这一边！

在毛泽东领导下的中国人民，
再也看不到“华人与狗不准进园”的牌子了，
再也看不到高傲洋大人的手杖随便挥舞了，
再也看不到饮得烂醉的水兵，沿街寻人殴打了，
再也看不到巡捕的哭丧棒在同胞身上乱揍了，
治外法权老早送进了坟墓，
海关、邮政完全收归国有，
民族自尊心空前提高，
民族自信心百倍高扬，
毛主席说“中国人民站起来了。”
谁敢侵犯我们，
就叫他碰得头破血流，
你看！
英国兵舰要在长江内任意航行，
英勇的解放军马上给他当头一炮，
你看！英帝国主义抢夺了“永灏”号油轮，
我们随即征用了她的亚细亚石油公司，

你看!
美帝国主义冻结了我们在美的资金,
我们同样冻结了她在华的资金,
你看!
美国强盗发动了侵朝战争,进攻我们,
我们伍修权代表五万万中国人民,
在世界讲台上发出了正义的呼声,
我们中国人民志愿军和朝鲜人民军并肩作战,英勇杀敌,
把美国鬼子打得垂头丧气,
赶回了三八线,
才和我们开始了和平谈判。
什么叫飞机、炸弹、毒瓦斯?
什么叫火箭、坦克、细菌弹?
有血性的中国人民消灭它!
有骨气的中国人民粉碎它!
(下节第四版)

第三十二期　第四版

我们伟大的祖国(上接第三版)

在毛泽东领导下的中国人民,
是勤劳勇敢的人民,
是创造奇迹的人民,
是不可战胜的人民!
工人们啊!
工厂当战场,机器比刀枪,
多出一条好钢筋多抽美帝一根筋,
多织一尺细棉布多剥美帝一层皮,
多背一吨煤,多消灭一个美国鬼!
农民们啊!田园当战场,
犁锄比刀枪,

多打一担粮，可供工人同志买到便宜粮，
多种一担棉，可供工人同志织布忙生产。
工农联盟啊！
全中国人民好喜欢！
工农联盟啊！
全中国人民幸福生活万万年！

在毛泽东领导下的中国人民，
一个奇迹接着一个奇迹，
一个新纪录压倒一个新纪录，
你看：
——在东北的北满草原上，
在松花江的沿岸，
一个幸福的集体农庄出现了！
你看：
——山河修好了，
一百年为灾为害的祸水驯服了，
■闸有水库，还有水利发电站呢！
你看：
——我们会制造拖拉机了，
我们会制造摩托车了，
我们会制造小汽车了。
你看：
——纺织工业劳动模范郝建秀向全国式人挑战了，
农业劳动模范李顺达向农民兄弟们挑战了，
建筑工业苏长有砌砖法，
提高砌砖效率百分之一百二十八，
煤矿工业马六孩掘进法，
提高生产效率百分之一百八十八。
啊！祖国啊！
到处都是活跃跃的创造，
到处都是闪电式的进步，

方志敏烈士的理想只初步实现,
方志敏烈士的理想还靠我们一代来彻底完成!

亲爱的老师们! 亲爱的同学们!
今天我们师生融聚一堂,
我们的生活是这样美好,
谁给我们带来了和平的祖国,
谁给我们换来了幸福的生活,
难道我们忘掉了无数先烈的热血与头颅吗?
难道我们记不得无数先烈的遗志和理想吗?
在半殖民地的苦难日子里,
方志敏烈士,
为了我们,为了我们的子孙,
为了明天,为了共产主义的理想,
他倒下了身体,填平了通向共产主义的道路。
今天,我们走在这条路上的人们,
面对着祖国十年大建设的美丽远景,
急需着培养全面发展的干部,
难道还背着资产阶级的臭包袱前进吗?
难道还背着资产阶级的脏东西不放吗?

亲爱的老师们! 亲爱的同学们!
方志敏烈士是中国人啊!
我们呢?
我们也是中国人啊!
他在十七年前,
就热爱自己的祖国,
就看见了灿烂的共产主义必然实现,
到今天,要是我们,
还再不热爱自己的祖国,
还再看不见共产主义的美满前途,
那我们实在太鼠目寸光!

那我们的确太自私自利!
还有什么面目对得起方志敏烈士呢?
还有什么面目对得起千千万万的烈士呢?!

亲爱的老师们! 亲爱的同学们!
方志敏烈士为我们牺牲了!
千千万万的烈士为我们牺牲了!
我们活着的人们,
想起他们就心里难过,
亲爱的老师们、同学们!
我们要把难过化为力量,
在进一步反资产阶级思想运动中,
更勇敢地、彻底地暴露吧!
更冷静地、仔细地分析吧!
更认真地、严肃地批判吧!
树立工人阶级思想,
为建设光芒万丈的共产主义社会,
让我们在千千万万的工作岗位上,
成为千千万万的方志敏吧!
踏着方志敏烈士的血迹前进! 前进!

我也有了母亲

唐　剑

我没有父亲、母亲,
有的只是两个生过我的人,
我的胸膛里,
流着他们——地主的血液,
背上背着沉重的罪孽,
我是地主的儿子!

地主的儿子,
当我认识这个称号罪恶的意义,

我就垂下头来，
在劳动人民火热的感情和嘹亮的歌声前面，
我是这样冰寒，
我是这样孤独。
平时我空虚而动荡不安，
正当我空虚而动荡不安，
一双安祥[详]的手握住我颤抖的手，
我低垂的脑袋，
被拥进一个宽广温暖的胸膛，
我迷蒙中听见这样一个亲切的声音，
“孩子，抬起头来！”
我不敢相信我的耳朵，
我勉强睁开眼，
开始感觉到了：
我有了母亲——伟大的祖国。
啊！母亲！
我曾经辜负了你慈爱的乳汁！
当你在恶魔的血爪下挣扎的时候，
我做了什么？
无力的空喊和软弱的拳头；
当你今天日益美丽、健康的时候，
我做了什么？
我卑鄙地自私自利；
在你有了千千万万英雄儿女的今天，
我这样一个有地主血液的罪人，
低着头狼狈归来，
母亲！你却用抚爱代替斥责，
用拥抱代替惩罚，
你耐心替我洗净满身疮疤，
在我走错了路的痛脚上敷上药膏，
在我的干瘪的背囊里，
细心地放进“劳动”和“勇敢”的食粮，

你拍拍我的肩膀说：
“孩子，勇敢地前进吧，到共产主义去！”

啊，母亲！
我不敢用有罪的手，
接触你的圣手，
但是，请你摸摸我的胸膛，
我的心还跳得很有力，
只要他一息不停，
我将永远地前进，
向着你指示的方向。
我相信，总有一天，
我要用我立功的双臂，
来迎接你宽恕的拥抱！（完）

学习可爱的中国特刊
第三十二期增刊　第一版

“可爱的中国”教育了我们

在反资产阶级思想运动中，我们全院师生员工深入的学习了方志敏烈士用鲜血写成的“可爱的中国”。通过对这篇文件的学习，方志敏烈士对祖国对劳动人民的热爱和对帝国主义、对汉奸卖国贼的仇恨，强烈地感动了我们，扩大了我们的眼界，使我们能够初步划清了敌我的界限，劳动与剥削的界限，个人主义和集体主义的界限，激发了大家的爱国热情，增强了大家思想改造的决心和信心。在学习中，全院师生员工曾分别举行了小组漫谈会，各系师生座谈会，以及全院师生座谈会，在这些会上许多同志沉痛地批判了自己以前自私自利，敌我不分，以至认贼作父的错误思想和行为，也有好些同志丢掉了长久压积在心底的历史包袱。这些，都深刻的教育了大家，使全院师生员工的政治觉悟空前提高，气象焕然一新。

站稳立场，划清敌我界限

首先，方志敏烈士的强烈的爱憎使大家清楚地认识到到底谁是杀害中国人民的“恶魔”,谁是助纣为虐的汉奸卖国贼,谁才是我们祖国——我们伟大可爱的“母亲”的好儿女,以前,很多同志的父母亲都是汉奸、地主、反动派,但和这些人民的敌人还是有着感情上的以至经济关系上的联系,学习“可爱的中国”后,这些同志都沉痛地觉悟到自己以前的错误,在大家面前立志要坚决和这些人民的死敌划清界限,坚决和他们割断一切联系;也有很多同志以前曾加入了各种反革命组织,直接间接做了反革命的事情,解放后始终没有在思想上明确这是必须坚决丢掉的历史包袱,因此大大阻碍了自己的进步,使自己看不到一切新鲜事物,对自己的前途也就失去了信心,学习了“可爱的中国”后,这些同志强烈地感到自己那一段历史的可耻可恨,感到只有丢掉这个包袱才能像方志敏烈士一样地热爱自己的“母亲”,经过了剧烈的思想斗争,终于愉快地丢掉了沉重的“历史包袱”,获得了新生。据统计,全院师生员工中在学习可爱的中国“后,有很多的人主动暴露了以前曾参加了三青团国民党青红帮,一贯道等反革命组织。

国民党反动派的匪军曾长期残酷地屠杀着中国的革命人民,田大京同学的父亲田君健就是这样的一个“国民党伪陆军第七十七师师长”。一九四七年,田君健的部队被解放军全部歼灭,田君健也就自杀身亡,田大京同学人个人的“父子之情”出发,不但不仇恨这个人民的敌人,还为田君健在长沙岳农山风景区修了一个讲究的坟墓,为了怕被人发觉,还特地在墓碑上改了姓名。学习了“可爱的中国”后,田大京同学感到万分的惭愧、痛心和愤恨。他回忆起田君健倚靠了美式装备在山东等地屠杀革命人民的罪行,他想田君健不就是方志敏烈士所痛恨的那种帮助恶魔残害“母亲”的走狗吗?被他杀害的不就是像方志敏、赵一曼、刘胡兰那样的烈士吗?想到这里,田大京同学的心炸了,他下定决心和田君健划清界限,在全院师生员工大会上他激动地说:“田君健是恶魔的走狗,我的仇人,我不能纪念他!现在我要把以前留作纪念的,他写给我的信全烧掉,要写信给长沙市人民政府把他的坟墓[redacted]出来,因为他不配埋在那样风景秀丽、劳动人民经常去游玩的地方,田君健在长沙还留给我一所房子,这明明是他剥削劳动人民血汗得来的,今天我要克服一切困难,把它还给人民!”田大京同学又说:“由于田君健对他的影响,解放初期他曾跑到香港去,要想即使流落海外也不回来,后来因为不能实现才勉强到北京来的。”在学校里他因为“纪念”着他这反动父亲,也就常常什么都不带劲,有“作客”之感,田大京同学最后说:“现在我要把对田君健的仇恨化为力量,要为祖国贡献我的一切力量,甚至生命,争取作一个光荣的青年团员!”

美帝国主义历来是侵略中国的“恶魔”之一，抗日战争胜利后，更成了中国人民的死敌。陈撷英同学的父亲陈广沅却就是美帝“陈纳德空运大队”的“营业部主任”，是美国鬼子的爪牙，解放后还在香港继续做危害祖国人民的勾当。今天，当陈撷英同学想起由于陈广沅的影响而使他认贼作父的情形说：“方志敏烈士看到高鼻子洋人做中国的邮政管理局局长，在中国逞威风的时候，就感到无限的愤恨；而我呢，那时却以看到陈纳德为光荣，想学陈纳德姨太太陈香梅的样嫁给美国人，我也曾为了博得美国主子称赞一声‘漂亮’，而不惜化妆两小时！”陈撷英同学愤恨地说：“那时，我看看恶魔和我父亲一起吸我们‘母亲’的血而无动于中[衷]，甚至还把恶魔口中滴下来的血，往自己脸上抹，那是多卑鄙的人生啊！”

陈撷英同学在最后说：“现在我已认清陈广沅是美帝国主义的爪牙，他不是我的父亲，我想起了陈纳德空军大队直接间接屠杀中国人民的暴行时，我觉得太对不起千万个像方志敏那样的烈士了！我要坚决和父亲划清敌我界限，彻底改造思想，争取做一个青年团员。”

参加过反动组织的人看了方志敏烈士的“可爱的中国”，受到了很大的良心的谴责。刘重益同学在旧社会从小就受歧视，虐待和迫害，一方面养成了他猜忌所有的人的心理，一方面却又养成了他追求享受及向上爬的思想，使他在这种思想主使下，参加了反革命组织，他读了“可爱的中国”后，感到无限的痛心和愧恨，他泣不成声地说：“我和方志敏烈士同是生长在苦难的中国，方烈士不惜牺牲自己的生命来保卫‘母亲’，而我却参加了反革命组织，要爬到‘母亲’头上来杀害‘母亲’，我好像听到方烈士在斥责我：‘败类、畜牲[生]’，狗彘不食的东西……我今天要向‘母亲’深深忏悔，请求‘母亲’宽恕，今后我要为了‘母亲’贡献出我的一切！”

电一张淑英同学在“五反”中包庇了资产阶级家庭，读了“可爱的中国”后，觉得方志敏烈士那样热爱祖国，而自己对盗窃国家资财的行为不但不恨，还有些爱，真是可耻极了，因此她批判了过去的错误，和资产阶级家庭划清了界限。

此外，例如建三李宗浩同学和他的做汉奸、反动派的父亲划清了界限，经四张重庆同学和他的地主家庭划清了界限……这样的例子是很多的。

划清了劳动和剥削的界限，明确了“谁养活谁”的问题

全院师生员工绝大部分是出身于剥削阶级家庭的，因此大都对于劳动和剥削的界限是不明确的，很多人认为自己是剥削阶级家庭养活的，而不知道或

不愿意承认自己是祖国的劳动人民的血汗养活的。学习了“可爱的中国”，大家看到了祖国的具体内容，看到了劳动人民的斗争，才开始惊觉起来，黄九琰同学是地主家庭出身的，她以前一直不知道谁是真正养活她的人，她十分难过的在全院师生员工大会上发言说：“我以前一直不认识自己真正的‘母亲’，在土改前家中狡猾的把土地还给了农民，取得了‘开明地主’的名称，这迷惑了我的眼睛，我一直这是爱我的剥削家庭和自私的母亲的，年幼时我曾‘同情’过和我一般大的佃农的孩子牧牛拾柴的生活，我也曾在自己家中过年过节时看到他们哭哭啼啼而感到难受，但我从没有想过他们为什么会这样苦。（下接第二版）

学习可爱的中国特刊
第三十二期增刊　第二版

（上接第一版）我根本不知道自己的快乐是建筑在他们的痛苦之上的，今天我终于找到了真正养育我的‘母亲’，我们伟大的祖国！”

吴陶凯同学也是地主家庭出身的，以前他总是认为自己是父母养大的，因此当解放后他父亲被农民[redacted]后，他情绪极度消沉，感到什么都完了。现在当他开始认识到地主阶级不劳而获的剥削本质时，他也就想起了以前一向觉得“天经地义”的残酷的事情来。他在班会上激动地说：“我的妹妹是由一个佃农的妻子喂养大的。为了要把我妹妹养得肥头大耳，那个佃农的妻子被迫把自己亲生的儿子放在一边不顾，饿得骨瘦如柴，这活生生的事实难道还不能说明我们都是靠了残酷地剥削劳动人民而长大起来的么？我今后一定要和地主家庭划清界限，踏着先烈们用鲜血和头颅铺平的道路，以实际行动建设我们可爱的祖国。”

同样的也由于对劳动和剥削的界限划分不清，又受了资产阶级思想的侵蚀，解放三年来大家虽然受了不少“爱劳动”的教育，但残存的剥削阶级的思想意识还是很浓厚的，这突出地表现在好些同志的享乐思想和“灰色人生观”上，他们只想享受别人的劳动果实，自己却不愿劳动；他们认为生活的意义只是吃、喝、玩、乐，而不是其他。（这样又那＜哪＞能不呈现“灰色”）学习了“可爱的中国”及“奥斯特洛夫斯基的人生观”后，思想上起了剧烈的思想斗争，开始批判了这些剥削阶级的腐朽人生观。俄专李惠韫同学就是一个例子，她出身于小资产阶级的家庭里，在中学时读的是一个美帝施行奴化教育的教会学校，在周围环境的熏陶下，形成了她的极度发展的享乐思想和崇美思想。在解放前，她可以一天看几场美国电影，可以把美国电影明星的私生活背得烂熟，整天沉湎于“该怎样打扮一下”“到那儿去看电影或跳场舞”，一生的理想就是去一次美国，嫁一个最有钱的丈夫，大大地享乐一番。由于极度崇拜美国人，崇拜美国的生活方式，甚至以做一个中国人为耻，埋怨自己为什么不生在美国。就因为这样，解放初期，她和共产党解放军是对立的，认为共产党解放了全中国，却毁了她一生。但是一个接着一个的政治运动逐步地提高了她的政治认识，尤其是这次“三反”“五反”运动，使她看到了资产阶级的丑恶面目，她开始怀疑“解放前的十几年是怎样活着的”，她写道“回想起来，我那时是一个没有祖国没有灵魂的半死的人，肉体活着，思想在吃、喝、玩、乐的圈子里蛆虫似的蠕动，按照尤利斯.伏契克给人下的定义来看，我最多也只能算是个木偶。”学习了“可爱的中国”，她激动地说：“千千万万像方志敏那样的烈士在监狱中在绞刑架上，还在苦苦地怀念着祖国的前途，怀念着祖国的兄弟姐妹们——其中也有我，而我呢，那时却在看那些反动的、黄色的美国电影，也可能在跳着舞，更可能还在无耻地嘲笑着他们！”

在结尾时，她说出了她的强烈的愿望：“方志敏等烈士已用他们的鲜血和头颅填平了大路，今天路基本上是平的了。今天如果革命道路上还有必须填的坑，那我也愿意去填。我的缺点还很多，但我还是要努力争取做一个光荣的青年团员。”

明确了个人和集体的关系

在个人和集体的关系上，在个人主义和集体主义的分界线上，绝大多数同志们一向是不明确的。在处理各种问题时，个人主义思想常常占了上风。方志敏烈士及奥斯特洛夫斯基的大公无私的集体主义精神感动了所有的同志们，大家都对由于自己的个人主义所给予革命带来的损失感到十分痛心，有些同志更谈到了个人主义怎样使他们终于脱离了革命组织。

电三的安玉忠同学是一个青年团员，但由于他时时为自己打算，只想到为母亲，为爱人而活着，因此，使工作和学习受了损失。他说：“我嘴里讲是为大家做工作，其实骨子里是想着自己怎样锻炼一下，因为我工作和学习都从个人出发，所以我做了一件工作，便希望大家夸耀我，要是大家说我没有搞好，便闹情绪。我忘了我是脚踏在烈士们的身驱[躯]铺平的革命道路上前进着。我站在烈士们身上，为了没能满足个人的利益而叫嚣着，那是多无耻啊”，他表示一定要克服掉自己的个人主义，争取做一个光荣的共产党员。

会一任丽华同学痛苦地叙说了她怎样为个人打算入了团，又为了对她母亲的自私的感情而脱离了组织，她说："我太痛心了，我对不起方志敏烈士用自己的生命和鲜血换来的今天的幸福生活，当我看到团员同志们在过组织生活时，当我看到'中国青年'时，我觉得对我是一种刺激，我被沉重的家庭包袱压得透不过气来。我到处在找寻'为什么要活着'的答案。后来我找到了保尔的话，保尔说：'为几个人生活着是自私的，为一个人生活着是卑鄙的，为自己生活着是无耻的'，我觉得我正是那种自私无耻的人，这次反资产阶级思想运动救了我，让我找到了伟大的'母亲'——祖国，我一定要为伟大的'母亲'献出一切力量，争取重新入团。"

建筑系的童鹤龄助教流着忏悔的眼泪说："方志敏烈士为了广大人民的幸福而牺牲了自己的生命，而我却处处为个人打算，对祖国毫不关心，劳动人民培养了我二十多年，可是我替他们做了什么呢？先烈们为了我们受尽饥寒交迫和严刑拷打的痛苦，难道我还有什么待遇、地位和其他的个人利益不能丢掉吗？我没有别的话可说，只有在今后的工作中来报答烈士们！"

有很多同学以前由于不明了个人和集体的关系，不了解中国共产党和青年团是代表了最大多数人的最大利益，斤斤于个人的得失，因此长期和党、团员处于对立的地位。但在"三反""五反"运动及"可爱的中国"的学习中充分了解到党团的大公无私的精神，便自动地靠近了党团，要求参加到革命组织中来，建二的孙树源同学就是这样的一个分子。以前他老说他好像一张白纸，要是入了团就好像是白纸上划了一道黑线，那是沾污了白纸。读了"可爱的中国"，他说："我觉得过去太自私太可耻了，方志敏烈士常想'假使能使中国民族得到解放，我又何惜于我这条蚁命'，而我过去却常想将来怎样成名，怎样享受，怎样多活几年，在抗美援朝捐献运动里，同学们都捐了自己最心爱的东西，而我却捐了一些我不要的东西给志愿军。在参加军干校运动中，我虽然亦报了名，但这并不是为了保卫祖国，而是想表现一下自己，让别人看我不是团员，也进步！"今天，他说："我现在明白了，我原来那＜哪＞里是什么白纸，而是一张灰纸，今后我要积极参加革命工作，把灰纸变成鲜明的红纸！"

随着群众的政治觉悟的提高，党团的威信也就日益提高。据统计，全校申请入团的有一百八十余人，团员申请入党的有六十四人。大家更紧密地团结在毛主席共产党的周围了。

为建设我们伟大祖国而斗争

通过"可爱的中国"的学习，同学们的爱国热情空前高涨，大家的眼光忽然明亮了，胸襟忽然开阔了，回忆起过去，百余年中旧中国的悲惨情景，更加强了大家对祖国——我们伟大的“母亲”——的热爱。

为了把祖国引向更美丽的社会主义共产主义，大批的同学参加到党团的组织中来。

为了迎接祖国的伟大的十年建设，今年毕业的同学都表示愿意服从组织分配，到祖国最需要的地方去。

为了使自己能更好地为劳动人民服务，大家更积极地投入了反资产阶级思想运动里。

学习可爱的中国特刊
第三十二期增刊　第三版

母亲我回到你的怀抱里来了

俄专　李惠韫

我出身于小资产阶级家庭，一岁时就死了父亲，家里靠姐姐、哥哥维持，解放前，我的大哥大姐都是为帝国主义及国民党反动派服务的，家里经济环境尚好，进入了一个美帝奴化教育极深的中学，本来中学时代是一个青年人蓬勃成长、对新事物特别敏感、初步建立人生观的时期，但是我却在四周的黑暗环境中，学校的奴化教育及家庭的放纵下，忘记了祖国，忘了人民，堕入了严重的崇美、亲美思想泥坑里去。在学校里结成小集团，直接向美国订立那些黄色杂志，一天可以连看几场美国电影，美国电影明星的名字和生活都可以背得烂熟，功课方面除了死啃英文以外，别的都一概不管，认为只要把英文念好，将来一切都有办法，整天沉湎于该怎么打扮一下，上那儿去看电影，或是跳一场舞，一生的理想就是去一次美国，看看这“遍地黄金”、“自由民主”，男的都那么“文雅”，女的都那么“漂亮”，每个人都有“花园、洋房、小汽车”的国家，究竟是怎么样的。然后就嫁一个最有钱的丈夫，大大地享乐一番。同学中就以这种思想互相陶醉，整天胡思乱想，觉得只有美国电影、美国杂志里的生活才是人生最美的生活。(不劳动，莫明其妙的爱情，潇洒的风度，骄傲、奢侈的生活)，当时，脑子里根本就没有“祖国”这二个字，假如人家问我“你是那＜哪＞一国人”。那我一定很羞耻地回答“中国人”，我常常想真倒霉，为什么我不能做个美国人呢，那时在四周所接触的一些美国人，口气中已听出他们对日本人是比对中国人更重视的,因此,我就想做一个黄种人倒也罢了,为什么偏偏要做一个最倒霉的中国人呢,但事实上已经是一个中国人了,也没有办法,我还可以尽量在各方面接近美国,我认为中国人中最高贵最幸福的就是一些所谓"高等华人",尤其是住在外国和香港的,我大姐嫁了一个英国人,他们俩都在英帝国主义的广播电台做事,性质完全是和"美国之音"一样的,薪水很高,我非但不以为耻辱,反而经常吸引一些朋友来我家听我大姐和大姐夫的广播,我想能和大姐一样嫁个外国人,倒也不坏,不行的话,我就要嫁一个"高等华人"。我对于我们亲爱的"母亲"是轻视的,甚至厌恶的,我不愿意读祖国的地理、历史,可是我尽力把美国地图画得很精致,并且对美国的一贯所谓援华史也能夸夸其谈一番,我没想到当时在"母亲"的怀抱里有多少兄弟姐妹们在受苦难,"母亲"被国民党反动派所统治,他们不但没有很好地保护"母亲",反而把"母亲"的身体送给凶恶的帝国主义者们,让他们任意地蹂躏,亲爱的"母亲",而我就一心一意想做一个把"母亲"身体送给恶魔,而在肛门边等着喝一点残渣余滓的所谓"高等华人"。当时学校里也有小部分进步同学,他们的爱国言行也吸引了一些同学,但我却认为他们这些人真奇怪,做了这么一个倒霉的中国人,竟然还要来爱中国,我觉得这简直不可想象,在国民党反动派的血腥统治下,通货膨胀,民不聊生,大批逮捕爱国青年,但我觉得这些都无所谓,反正我大哥、大姐寄来的是美金、港币,物价涨,它们比物价涨得更快,而且我想逮捕也逮捕不到我的头上来,事不关己,谁叫你们自己不小心,乱起哄,这就是当时我对看到祖国美好远景还是不惜牺牲一切甚至生命来达到目的的爱国志士们的错误看法。我还想中国是穷,你们要真想把中国搞好,那就可以学学美国人的样,走美国人的路,但我从没有考虑过这条以美国生活方式来搞好中国的路该怎么走,我只是想你们要那样搞的话,我也赞成,不过我个人是绝对不参加的,因为我目前还可以活下去,而且活得很好,我就没想到大姐、大哥寄来的钱就是"母亲"和千百万受难兄弟姐妹们的血和汗换来的,我还想人生只有短短的几十年,不追逐享乐一番,一旦死去,什么也没有了,该抓紧时间,如何来消磨这生命才好,何必花时间来搞这些莫明其妙的事情呢?记得我最欣赏的一支美国黄色歌曲,名字是"享受你的生命吧!"内容极为卑鄙下流,这支歌就代表了我当时个人享乐、自私自利、以剥削为第一的资产阶级黄色人生观,但私欲是永远填不满的,所以我常常生活得消极、颓废。

解放初期,我对历尽千辛万苦,为谋取祖国人民彻底解放的共产党和解放军是对立的,虽然后来事实证明,共产党非但不像国民党反动派所散布的谣言，什么“杀人放火，奸淫掳夺”，反而处处得到人民的信任和爱戴，但我却因此而更消沉，我觉得共产党解放了全中国，但却毁了我的一生，拆散了我的小集团，由于我一直是一个心是上没有祖国的人，只是为着个人享乐而生活着，所以当看到我再也不能达到我那可耻的目的时，就消沉了下去，在解放战争激烈时，我们小集团里就有了好几个同学离间祖国，去台湾，去美国了，解放后的一年，我又亲手送走了二个朋友去香港，一个是嫁了一个买办资产阶级，去香港做“白华”，另一个是去香港找机会到台湾去，找她的反动派未婚夫，当时，她们都来征求我的意见，我说：“你们还不走，犹豫什么呢?”“共产党现在简直逼得我无路可走，现在中学快毕业了，但文凭到手与否还成问题，到手复考大学更成问题，求职业，共产党是不会要我们这批人的，结婚暂时还没有适当的对象，离开这儿的条件都没有，你们有条件走，又有归宿，还留在这儿干吗?”我自己也是竭力想走的，但不久香港中国航空公司起义，大哥也跟着回来了，几个月以后，大姐的音讯也断绝了，我也就无路可走了，那时候，家庭经济情况稍差，我更觉得共产党对我的不利。我不但自己想抛弃我们亲爱的“母亲”，还百般鼓励我的一些“好朋友”，也不要祖国，去投靠帝国主义，去投靠国民党反动派。

来到北京的二年中，在祖国各项建设的蓬勃发展，及连续的各大政治运动，尤其是通过了哈尔滨的实习及抗美援朝运动，使我受到了教育，在认识上有一定提高，尤其是关于劳动，及美帝国主义的实质，但是由于资产阶级思想臭包袱还没丢掉，所以仅有的一些认识还是不能和思想行动相结合。在这次伟大的“三反”运动中，我参加了实际的“五反”斗争看到了资产阶级的丑恶面目，认清了我以前的人生观，就是一个彻头彻尾资产阶级的剥削人生观，是最可唾弃，最可耻的想法，开始怀疑解放前的十几年是怎么在活着的，我成了一个盲目追求资产阶级生活方式，没有祖国，没有灵魂的半死的人，肉体活着，思想在吃、喝、玩、乐的圈子里，蛆虫似的蠕动，按照尤利斯·优契克给人所下的定义来看，我最多也只能算是个木偶，以前我总觉得过去的生活太糜烂，反正现在也没有这种条件，以后慢慢就会改好的，但是经过了伟大的“三反”运动，尤其是在教师思想改造运动中，我参加了“把关”和“搓澡”工作，开始深入一步认识了这个腐朽资产阶级思想给我的影响及其危害，我从前老以为我在中学时代是没有政治思想和阶级立场的，但是今天[redacted]起来，不然，虽然表面上看来似乎很单纯，但实际上，处处都表现出我当时的利益是和国民党反动派站在同一立场的，是和祖国人民的利益对立的，尤其当这次重读了方志敏烈士的遗著“可爱的中国”后，回想起我以前的生活，一直是过着心灵上没有祖国的生活我想起当像方志敏烈士一样的千千万万革命烈士为了祖国人民的彻底解放而英勇斗争,受到了国民党反动派和帝国主义们摧残的时候,当他们在监狱中,在绞刑架上,还在苦苦地想念着祖国的前途,想念着祖国的兄弟姐妹们,其中也包括有我的时候,我在干什么?我想可能在电影院里看那些黄色下流、诬蔑苏联、诬蔑共产党的美国电影,也可能在舞所跳舞,更可能在无耻地嘲笑他们,我想起当解放初期,全国人民都欢欣鼓舞努力劳动来迎接解放时,我又是在干什么?我在回忆过去无耻糜烂的生活,和新社会采取对立态度,自己想抛弃祖国,还鼓励朋友们离开祖国,想尽各种方法来麻醉自己,一直到来到北京,虽然在思想上渐渐有了转变,但是在工作中、学习中以及参加各种政治运动中,我总是不能全心全意地投入进去,因为心底里这块腐烂的地方,一直没有很好的加以处理,我没有勇气碰这些痛处,我想:这些心里的罪恶,人家又不知道,只要我自己认识这是不对,想法偷偷地改就可以了,但这基本上就是一种非无产阶级不敢勇于承认并改正错误的恶根性,因此,决心到下得不少,但没有收到效果,资产阶级腐朽思想在没有彻底加以暴露,分析和批判以前,是不可能轻易离开你的,虽然解放后来到交大,由于环境条件而使生活方式有了基本转变,而资产阶级的丑恶剥削意识也就改头换面地在各方面流露出来,发出腐朽的臭味。解放三年来我的进步是这么慢,我在学校里处处表现自高自大,个人英雄主义作风极端恶劣,处理男女同学关系很不严肃,只想骑在别人头上支配别人,学习不努力,闹情绪,对某些教授的资产阶级思想起了共鸣,并且还做了一些传播,但是我老也不愿意把这些思想行动的根源挖出来,老推托这是我生性好强,或其他各种原因,以作自己解脱。但自从听了张广天同志的报告后,我觉得应该下定决心挖决不怕痛,也不怕丢人,因为今天我认识到这些丑恶东西并不是我个人的罪过,更不是永远丢不开的包袱,为什么还要让这些臭包袱压在我身上,时时发出臭味,严重阻碍了我的进步,使我不能真正的回到"母亲"的怀抱里来呢?是谁使我忘了祖国,忘了人民呢?又是谁使我不想做一个我们可爱的"母亲"的好儿女呢?我找到了答案,是国民党反动派卖国媚外,是美帝国主义在政治、经济、文化上的毒辣侵略,以及我自己阶级出身的结果,这些使一个生在中国,长在中国,以劳动人民血汗培养大的青年成了个忘了祖国,没有灵魂,背叛劳动人民的[redacted]人的人,我又想起当时受他们毒害的青年也不知有多少,尤其在上海及各大城市中,像我们中学里及住家附近的一些青年学生们,其中有许多都是整天想吃点好的,穿点好的,竭力模仿美国生活方式,想起了这些,我痛恨这些残害"母亲",残害青年兄弟姐妹们的恶魔和所谓高等华人们，今天共产党和毛主席救了我们，彻底挖掘了这些腐蚀我们思想的根源，我相信今天所有受过毒害的兄弟姐妹们一定会和我一样，起来控诉美帝国主义，控诉国民党反动派，背叛自己的阶级，把这些资产阶级思想臭包袱远远丢开，把这笔帐[账]记在美帝国主义，记在国民党反动派的帐[账]本上，他们也一不会像我一样的从心底里感谢党、感谢毛主席，在亲爱的“母亲”和兄弟姐妹们面前宣誓：我们要为“母亲”的更美丽，更壮大而不惜牺牲一切，要作一个“母亲”的忠实好儿女。

我认识到祖国的今天并不是像我以前所想像的只是三天三夜的炮声响来的，而是在党和毛主席的英明领导下，无数革命先烈洒鲜血、抛头颅换来的，是无数工人阶级兄弟们忘我劳动地建设着，是我们最可爱的人——中国人民志愿军——以及防守祖国边疆英勇的中国人民解放军在保卫着的，我热爱我们的“母亲”，我要学习他们的光辉榜样，把自己献给革命事业，现在和方志敏烈士以及其他为革命而牺牲了的同志们的时代不一样了，他们用自己的血肉铺平了路填了坑，今天的路基本上已经平了，可是我们还要使它更平，并且栽上树木花草，我们是幸福的，但我决不会忘记这幸福是付了怎样的代价换来的。当必要时，如还有需要填的坑，那我也愿意去。一切不劳而食，处处想骑在人家头上都是可耻的资产阶级剥削意识，我体会到劳动是最光荣的。

“热爱祖国”这四个字，在今天来体会是意识深长的，我理解到这并不是一个空洞抽象的名词，祖国是那么辽阔广大，可是我所生活、学习、工作的环境，接触的同志就是祖国的一部分，这些都是有血有肉，富有生命力的，我要全心全意地爱他们，不辜负他们，因为我是为他们而活着，他们也是为我而活着，我们都是为要使我们最亲爱的“母亲”更美丽更壮大而活着。

今天我要以更进一步地在“三反”运动中改造自己，划清敌我界线，彻底丢掉资产阶级思想的臭包袱，坚决树立无产阶级思想来表示我的热爱祖国。我要以真诚的态度帮助老师们“洗澡”，来表示我们热爱祖国，我要以不间断的虚心学习来表示我的热爱祖国，并且下决心争取作一个光荣的青年团员，我的缺点还很多，我希望能在团的教育下，把自己锻炼得更坚强，祖国如需要我去填坑，那我就要填得平、硬和结实，需要我栽花，那我就要让花开得更美丽，需要我去植果，我就要让果实结得更丰盛。

母亲我回到你的怀抱里来了！

学习可爱的中国特刊
第三十二期增刊　第四版

我忘记了母亲

俄专　张爱如

我出身于小资产阶级，一直在教会学校里上学，以后也没离开过宗教气氛的环境，我失掉了母亲的爱，却梦想着上帝的爱。

在学校里，我见到美国教师吃的讲究，穿得漂亮，住得舒服，那时候币值不稳，物价波动得厉害，中国教师薪水低，整天发愁，而美国教师拿美金，币值越不稳定，他们的生活愈优裕，而我就更羡慕他们，我更相信他们在宗教上的谎话，说什么美国人是"上帝"的选民，受"神"特别祝福的，我觉得他们离开美国到这脏地方真委屈他们了，拿美金享受一点是应该的，我忍受着对生活的不满，我也想做"上帝"的选民，我见不到他们剥夺了我国人民，在文化、经济上应有的权利，见不到阶级斗争和矛盾，这一切在"上帝"面前都妥协了。甚至抗战胜利我还想中国这么弱，加上蒋介石、汪精卫打胜仗，真不可能，但明明又是事实，我找到了答案，为了"上帝"听了教徒们呼求[救]的声音——祷告。我失掉了理想，见不到血的斗争，见不到成千成万的兄弟为了保卫母亲前仆后继的牺牲了，我就变得那么愚蠢无知。

美国货源源地输入了，玻璃丝袜、派克笔、衣料……，使我眼红，我不但见不到它摧残了中国的工业，使多少工厂倒闭，使多少工人失业，使反而追求这些物质享受，表面的装束使我不知足，我空着钱囊逛大街、看橱窗，走进铺子试衣试鞋，买不成就回家来幻想，甚至于感到烦恼。我也听到多少兄弟姐妹受到美国鬼子的欺侮凌辱，但是我不感到愤怒，虽然"母亲"为我伤心难受，我却已忘记了"母亲"。

我不但羡慕美国的"物质文明"，我更羡慕美国的妇女，我竟会觉得他们被尊敬是高贵的，能享受是快乐的，于是我也希望这些高贵、享受、快乐，也希望别人都能为我的幸福而着想，而我呢？还是为着我自己，别人说为我幻想，为我烦恼，我不敢信任别人，但我又感到光荣和骄傲，却更感到空虚烦恼。我更虚伪，更自私，别人不信任我，连我对自己都怀疑起来，我失去人的感情，也失掉了人的真实。

我更烦恼，我不想为了自己打算怎样，也快乐不起来的，却在想“在中国才有这种遭遇”，如果不做这个倒霉的中国人，不在这不争气的地方，我才不会这样呢?！于是我更想美国甚至想做个美国人，我想我虽然不在美国出生的，但是我可以找一个美国丈夫，我还要使我的儿女永远也不像我一样苦命，做个中国人。但是美国离婚案件数字的惊人，使我害怕，但主要的还是因为找不到个美国丈夫，于是只剩下一条路，念好外文出国，总有一天我会成个美国人，我忘记了“母亲”，她为我伤心的哭泣。

解放后，我见到水利、建修有女工程师钱正英，生产竞赛展开创造新记［纪］录中有郝建秀，集体农场中出现了女拖拉机手，国防建设上出现了女空军驾驶员；这些在美国腐朽的制度下，是不可能有的事。他们的“妇女第一”再也骗不了我。只有“毛主席的领导下，才有这样活跃”的创造，闪电式的进步；只有在毛主席的领导下，妇女地位才能真正提高，像男子一样参加劳动，创造真正的幸福。

我更见到多少烈士用热血头颅从恶魔那里夺回来一个完整的“母亲”，我们最可爱的人和边疆人民解放军在保卫着“母亲”，劳动人民忘我的工作，使“母亲”更美丽，更壮大。但是我呢？过去忘恩负义的想着不愿意做“母亲”的儿女，我竟会变得甘心情愿地要做亡国奴，竟要“驯驯服服的到太平洋对岸去受恶魔的统治剥削”，来交大后，我还死钻业务，专啃书本，不问政治，预备将来压在劳动人民的头上，自由散漫，看同学不顺眼，搞工作[redacted]情绪，有时候更好大喜功，脱离群众。劳动人民用血汗养大了我，我却这样地为自己打算。甚至我竟还要相信那些恶魔的谎话，端起饭碗来，我去感谢恶魔所捏造出来的上帝，连学习睡觉都感到莫名其妙的上帝的主宰，我就那么糊涂，我就会那样忘记了“母亲”，只感到那些吸“母亲”血的恶魔所虚构的神。

念完了“可爱的中国”，我更想什么使我那样无知，什么使我那样大逆不道？难道我真的不会爱“母亲”么？不！难道我愿意使“母亲”为我伤心么？不！那么谁害苦了我，美帝国主义反动派！

现在，我决定要把这心上的污点都掏出来洗干净。过去我忘记了母亲，但是“母亲”却不忘记我，成千成万的兄弟也记得我，现在我要回到“母亲”的怀抱里来，永远也不再忘记“母亲”了。我要像“母亲”的成千成万的好儿女一样，献出我所有的力量，来使“母亲”更美丽、更壮大，我要争取做光荣的青年团员，在党和团的教育下，锻炼得更坚强。我将不惜牺牲，为祖国建设和美好将来，为实现人类崇高理想而斗争。

学习可爱的中国特刊
第三十二期增刊　第五版

他不是我的父亲

建二　陈撷英

方志敏烈士对祖国的热爱,对敌人的仇恨,是这样的分明,而我呢?在我们祖国已经在毛主席共产党的领导下,打垮了国内外反动派的今天,我却还怀念着在香港与人民为敌的父亲。

我父亲叫陈广沅,是一个机械工程师,由于严重的崇美思想,一味的追求着美国的生活方式 ,而出卖了自己的良心,做了祖国人民的叛徒。一九四一年美日宣战后,他被伪交通部派往美国购买材料,一九四三年在美国联合国善后救济总署工作,胜利后,他回来在中国善后救济总署任储运所所长。更可恶的是在一九四八年他加入了那吸尽中国人民血汗的美国鬼子陈纳德的空运大队做营业部主任兼副经理。他做了出卖祖国人民利益的勾当,成了美国鬼子的爪牙。

方志敏烈士看到高鼻子洋人来中国赚钱,来享福、来传播精神的鸦片,感到愤愤不平,而我呢?眼看着父亲去美国购买帝国主义的材料,铺好了铁路,让国民党快后撤,并且再拱手让日本帝国主义进来。我想起了在一九四一年云南保山的失守……多多少少无辜的我们的兄弟姐妹在敌人的炸弹下、枪弹下死了,是谁干的?如果没有铺路的材料,日本鬼子会这么快的进来吗?是我父亲把敌人引进了我们“母亲”的心脏。记得胜利后,在上海一个冬天,我和一些朋友去闸北冬赈,我亲眼看到我们同胞冻得只能钻在地洞里,饿得看着锅里的两根白菜叶发愣……我们这些去救赈的少爷小姐们,把美帝国主义的救济物资——破裙子,坏奶粉送给他们。当时我心里想:美国人真好,他不但帮助我们中国调停内战,而且还要送东西给我们穷人……,其实这些东西不正是我父亲把我们中国的丰富物资送到杀人不眨眼的魔王手中,而又从他们手上换取他们不要的东西来收卖[买]我们中国人心,这些东西不正是我们自己的东西吗?

方志敏烈士看到邮政管理局局长是一个高鼻子洋人坐在轿子里逞威风时候,他就想:我们中国的邮政为什么要给外国人去管理?看到外国军官在我们中国内河我行的时候,他想我们中国人就能这样低下头来受他们的欺侮吗?

而我看到高鼻子的美国鬼子坐在飞机上运输着炸弹来屠杀我们中国人民的时候，我却还在以看到一个杀人魔王而以为光荣。在上海街道上被空运大队的吉普压死的老妇人，在广州被空运大队的空军奸污了的我们的姐妹……这不正是陈纳德这沾满了中国人民血迹的郐[刽]子手干的吗？而我却以看到他为光荣，多么无耻，多么没有民族立场的行为！在一个宴会上，我看到陈纳德的姨太太，我回家之后，就要学新闻，学她一样的向上爬，爬到“名流”之中，嫁一个有钱有势的，甚至是高鼻子美国人的丈夫。我也曾为了要在父亲的主子面前夸赞一声漂亮而不惜花费两小时的化妆，把杀人郐[刽]子手在我“母亲”身上割下来的东西的余渣往自己脸上搽。

方志敏烈士看到“华人与狗不准进园”的招牌，气愤得往家中跑，而我呢？却在反动父亲的纵勇下，往那侮辱我们中国人民的混蛋们的国家中钻，希望回来之后，再侮辱我们自己的同胞。

方志敏烈士把我们的祖国比着可爱的“母亲”，他说：“有许多‘母亲’的坏儿女们奉承魔鬼，凶狠恶毒的伤害了‘母亲’，吸取了‘母亲’的血液、乳汁，再送到魔鬼的嘴边，魔鬼就把剩下来的残渣，滴一点给他……”这时候，我想起了我父亲曾和美国的大资本家，美孚洋行的经理，当然也为空运大队的首脑之一，去广西一带视察，不！他不是在视察，他们是在吸着“母亲”的血，干着伤害“母亲”的勾当……，我看见我父亲在我们“母亲”的身上爬行，任意的吸血，任意的宰割。我也看到我自己站在“母亲”的身旁，看着这种残酷的事实而毫无表情；并且把父亲双手捧入恶魔的口中，血淋淋的肉块上滴下来的血，往自己脸上抹。多么没有人味而可卑鄙的人生！

……这些事情，在以前我不敢谈，我怕！因为在以前，我一直自以为进步，瞧不起人，谈出来怕人笑话；同时也想用进步来遮掩我自己的这一污点，我更怕，怕伤了我们父女的感情。

自我开始懂事起，家里的人就开始向我灌输一系列向上爬的思想及实例。父亲更和我讲美国的生活方式，因此我崇拜他也崇拜美国的物质文明。我觉得他在工作中对人和气对我热爱，因此我想，他是正直的，大公无私的，清廉的……再由于他能够满足我的美国生活方式，因此我就崇拜我的父亲，我曾为他能够爬到空运大队中工作，而感到骄傲，可是当上海行将解放，我们搬到香港之后，他就不让我填写他曾经在那里工作过，而要我填经商，当我在美国要想回来和他们进行斗争时，他曾写过这样的一封信：“共产党就是这样的，他们会用各种方法来引诱你进步，你那时为了你个人利益，要靠近党，就会把我的一切全说了，到那时我们父女之间就什么话都不能谈了，感情也没有了”。因此这一年半来，在党团的教育下，在同学的帮助下，要想把这个包袱打开的时候，我就想起这句话，而不谈了。在唐山许多同学头号及我的家庭及我父亲时，我就说他们在香港，因为怕祖国的生活苦而不回来。我也曾幻想把他“争取”回来，为祖国服务，我也曾说过他不去台湾专为反动派服务，是他认识了新中国。但是有力的事实给我一个回击，他！我的父亲就是在我们祖国人民开始建设我们美好的将来时，他还在香港干着违反我们祖国人民的勾当，同学们！以前我就是这样没有立场的去爱我们的敌人，因此，我对我们的公敌美帝国主义恨不起来，对我们人民对我们的“母亲”爱不起来，今天我要控诉陈广沅，他是美帝国主义的爪牙，他不是我的父亲。

今天，祖国正向社会主义社会迈进的时候，我却带着敌我不分的思想在人民大学里，我想起陈纳德在东北进行大轰炸的暴行，淮海战役，陈纳德的飞机掩护着反动派的逃亡，想起了许许多多死难的兄弟姐妹们，我感到我对不起方烈士，对不起许许多多殉难的先烈们，今天这伟大的思想改造运动，在党团的教育下，使我已经认清了我父亲的真面目，在思想上划清了敌我界线，我要进一步的批判我所受的资产阶级思想影响，树立工人阶级思想，尽快的争取做一个光荣的青年团员，把自己的一切，甚至最宝贵的生命献给人类最壮丽的事业。

学习可爱的中国特刊
第三十二期增刊　第六版

妈妈，我永远不再离开您

经四　刘重益

我从来就没有热烈地爱过“母亲”——祖国。

旧中国在我的体验与记忆里，除了历史悠久与山川秀丽以外，还有什么值得我可爱的呢！

贫穷灾荒、殴斗、仇杀、饥寒、愚昧与欺诈，我还有着更苦痛的感受，我是后娘生的孩子，旧社会告诉我，“你是社会的丑恶与罪过”，他们当面奚落、讥骂、殴辱，背后的指责和下流的谈论，使我抬不起头，我感到我似乎真是一个“罪人”。

在家里，大哥大嫂（前妈的孩子），尤其是大嫂骂我贱货养的，骂我小血根，拧我的胳膊还不许哭出声，饭不能吃饱，晚上睡不着觉，我童真的心灵，折磨得快要燃烧，何处是温暖，何处有同情？这儿只有怨苦、只有残忍，小小的泪眼里是一片黑影，一座小坟，诉不尽的醉辛，使我恨不该生！我吞吐过鸦片，我要毁灭我才十岁的小生命。

好容易进了初中，离开了家，不受人闲气，不受人骂，然而因被一个女孩的爱慕而受到开除的处罚，（后来才知她家是很有“地位”的，她爸解放前是兰州大学的校长），受尽折磨的童心又加上了重的创伤，我是无辜的牺牲者啊！但又能向谁去讲？侮辱、欺压，对我是到处都是一样，我愤恨，我恨我妈不该生我，我恨所有的人们，我开始多猜多疾，我更加伤感人生，我开始对人们不再抱希望，也不再发生真诚的感情，我底心上交织着愤恨、痛苦和失望，我念过一点佛经，想去当和尚，我想去当土匪作个杀人的魔王，我想去流浪飘游四方。

八年抗战，我背负着侮辱与悲惨，越过了千重山，万重山，我吃过不放盐的菜根，我露宿过房下和路边，成天悲天悯地，成天愁眉苦脸，一年啊又一年，姗姗而来的是别人的今年，鸟语花香，是别人的春天，我的日子，只是悲苦凄凉的一串，我不知受罪的老母是否还活在白云的那边，我不敢想前面还有多少苦难，生活是一道阴沟，我是一个小蛆，无所依恋，亦无所信念，儿时死了儿时莫完。

随校复员，来到北京，“京城”在我的心里是多神秘，多么遥远，狭隘的报仇心理，物质享受的呼唤，我的生活开始了腐化，“老子也要享乐”，“老子也要向上爬”，“老子要爬到人们的头上”。我加入过反革命的组织，我想用它作为爬的阶梯，我想要“衣锦还乡出口气”。

今天，当我读到方志敏烈士血的遗文——“可爱的中国”，我感到无边的痛心和愧恨，我看到的是一字一滴血，我读时是一句一呜咽。我想我们同是苦难中成长的人，你走向革命，而我却走向反革命，我们同是“母亲”的孩子，你能不惜自己的生命流了血来保卫“母亲”，我却要爬到“母亲”的头上来杀害“母亲”。我把这篇遗文亲切的握在手里，就好像是烈士的一件血衣，我好像听到“母亲”在沉痛的哭泣，你们都是亲生的兄弟呀，为什么要自己杀害自己。我好像听到方烈士还在斥责：败类、畜牲[生]、忘恩负义的叛徒，狗彘不食的东西！我不敢正视他们，我不忍再看这“血衣”，我沉重的头愧恨的下垂，我的心，是一陈愤恨一阵酸楚，我的泪沿着鼻梁不停的流。

以往岁月全是罪过的记载，七尺身躯满是污秽、羞辱，背叛了“母亲”，走向了毁灭的程途。但是“母亲”,伟大的“母亲”,没有遗弃我,亲切的呼唤着:“孩子,回来吧!”我惊奇的回过头,一个健硕的妇人,张着慈祥的双手,我定神地看了很久,我才急切的呼出:“啊!妈……妈!”带[戴]罪的身躯,推进了温暖的胸口,我的心几乎要跳出喉头,我的泪管不住地流,我的声音激动得发抖:“妈妈!我回来了!”“妈妈您打吧!请您重重的打我几下,要不然我良心的谴责该多难受!”没有斥责,只有抚爱和勉励,没有惩罚只有原宥,关怀我的疾病,关怀我的学习,关怀我寒暖,关怀我的锻炼,我懂得了生活的意义,我尝到了人间的温暖。

妈妈!我懂得了您的伟大,因为您养育了无数优秀的儿女,为了我们的幸福,抛了头颅,为了我们的前途,用自己的血铺成了一条路;为了人类的事业进行着英勇的战斗,我懂得了您的伟大,不仅是因为您把我们哺育成了人,更是因为您有着海一样的胸襟,给了叛徒们第二次的生命。

妈妈!我懂得是谁使一个童真无疵的孩子,成为罪人,走向毁灭,我懂得是谁使一个带[戴]罪的人,成为无罪的人,得到幸福光明。

妈妈!认识真理的人,不能坚持真理,失去母亲而再得到母爱的孩子,更会热爱着“母亲”,我在您面前,立下永恒的誓愿:

我决心要让旧我死去,让新我急速地新生,重度您给我的童年,重度您给我的青春,我要让血液变得更纯,我要让我的肉锻炼得更紧,我要使我的骨头变得更硬,要是您缺乏营养,我好献出我的血肉,要是您美丽的衣裳少了钮[纽]扣,我好献出我的骨头,有了您,我才活着,我活着也只能是为了您。

妈妈!我回来了!

妈妈!我永远,永远不再离开您。

学习可爱的中国特刊
第三十二期增刊　第七版

我找到了伟大的“母亲”

会一　任丽华

我出身于反动的军官家庭,过去是过着骑在人民头上的剥削生活,因为父亲的腐化堕落,娶姨太太,抛弃了我的母亲,使我产生了非好好上学,将来给母亲出一口气不可的念头。我思想里唯一可爱的人即是母亲，我愿为母亲牺牲一切，当我读完方志敏烈士的遗著“可爱的中国”以后，我觉得太惭愧了，我的眼光竟那样的短小，只知爱自己的母亲，不能真心的爱祖国，如同爱自己的母亲一样，方志敏烈士的爱祖国使我感动，使我才真正的体会到祖国比自己的母亲更可爱，她即是养我们长大的伟大母亲，今天才认识到我们伟大的“母亲”，她真伟大，她抚养那么多的儿女，有像方志敏、瞿秋白那样的好儿女，还有一些也是“母亲”的孩子，他们竟去帮助恶魔来杀害自己的“母亲”和自己的兄弟，这些可耻的东西之中，就有我的父亲，他是从小十七处便参加了国民党匪军，曾做过营长、团长、副师长，他一生中不知伤害了多少像方志敏烈士这样可爱的人。我曾清楚的记得，北京解放的前夕，我父亲还欺压着老百姓在城外拆房子，砍树，强抢菜园的菜，还拿回家来吃呢！他们赶走了那些无家可归的善良老百姓，砍下了那经多年培养出来的树林，父亲就这样的危害着人民，我读完方志敏烈士的“可爱的中国”之后 ，更加深了我的恨。我恨父亲，他是杀害“母亲”的帮凶，祖国的罪人。在我没有亲眼看到他的罪恶行为以前，他用父女的感情迷惑了我的眼睛，使我不能辨别是非，那些血淋淋的屠杀人民的行为，我竟认为我的父亲没有做，这是自欺欺人的想法，难道他一生未完全是做的反人民事情？每件事情不是危害着人民吗？我现在看清了他的本质，他现在不是我的父亲了，他是我的敌人，劳动改造是应该的，是人民对他的宽大，他如改造不过来，我不承认他是我的父亲，我要站在人民立场上来处理我父亲的问题，从思想上感情上和他划清界线[限]，并行动赶来帮助妈妈及弟弟，都要划清敌我界线，父亲即是杀害母亲的罪人，同时他也陷害了我，我太惭愧了，解放三年来的我，立场一贯是站在父亲那边的，不但不痛恨父亲，反而同情父亲，当父亲被捕劳动改造时，我还认为是不幸的遭遇为母亲可怜，我的为母亲服务更肯定了，那时我没有认识到父亲他是杀害“母亲”的帮凶，祖国的罪人，人民对他还来改造，[redacted]了，然而我当时竟不那样想，我竟成为一个个人主义自私自利，背着家庭包袱，鼠目寸光的人，我在刚一解放时，被进步的空气卷入革命阵营，并做了光荣的青年团员，曾过着紧张、活泼、愉快、有规律的组织生活，我入团动机是不纯的，以个人主义、自私自利的思想出发的，再说工作时可以接母亲出来，当时还那样想我生在这样的反动家庭里，早晚会遭殃的，不如早点离开它，这样的为个人打算的入团动机是经不起考验的，我在团的教育下，没有很好的学习，同时对自己的不正确入团动机也没有很好的认识，改正为个人打算，没有很好的把个人前途与国家前途结合起来想，家里来电报了,说母亲病重了,我动摇了,我做了感情的俘虏,回家以后母亲的可怜哭泣软化了我,我想总是搞一点事务,工作是没有出息的,我还要继续上学,我忘记了组织对我说的一切话,我一切都不管了,竟脱离了青年团,脱离了革命工作,丢掉了政治生命,我太惭愧了,我不配做毛泽东时代的青年,我太自私了,我为什么这样自私呢?方志敏同志在那样的国破民穷的环境内,竟有那样坚强的意志,盼望着那光明的一天,今天的祖国就如方志敏同志所想像的伟大,幸福的一天到来了,我们的祖国正如他所想像的那样光明与更加尊重的"母亲"了,我在这样幸福的环境里,为了个人的打算及家庭的影响,便轻易的脱离了革命工作与政治生命,我太痛心了,我太惭愧了,我对不起像方志敏烈士那样用自己的生命和鲜血换来今天的幸福生活。我竟整天的为个人打算,走入了为个人主义的小圈子里,精神经常的痛苦。我自入学以来经常是痛苦的,我的考入交大会计专修科便是为了个人利益打算,想二年很快的毕业后便可以工作拿钱,照管自己的家庭。我在学习上只知是为自己学好技术,将来以技术换饭吃,于是对会计课抓的[得]很紧,对政治课就是应付,不重视,做为一种工作时的工具,对班上的工作不愿去搞,认为是牺牲自己时间,对运动的参加也是很勉强的,这样的下去,斤斤为了个人打算,是学习不好的,学习态度是不正确的,精神是苦恼的。当我看到团员同志们能过组织生活,使我便想起了我以前,我惭愧的没有面目去欢迎干部同志的返校学习,我不敢去看"中国青年"。它们太刺激我了,我背着沉重的家庭包袱,压得我喘不过气来,我到底为谁活着呢?怎样能不痛苦呢?我到处去找答案,后来找到了保尔,他说了:"为几个人生活是自私的,为一个人生活是卑鄙的,为自己生活是无耻的",我即是可耻、自私的人,我对不起劳动人民的培养,我竟为了个人的利益,敌我不分的去同情那些残害"母亲"的人,我听完张广天同志的报告以后,她启发了我,使我认清了我自己和家庭。我感谢党,感谢毛主席所号召的思想改造,它救了我,使我划清了敌我界线,分明了爱和憎,我找到了伟大的"母亲",回到了祖国的怀抱里,让我重新做人,我坚决要在这次反资产阶级思想运动中,彻底暴露自己丑恶的思想,站稳无产阶级立场来批判它,今后我要为我伟大的"母亲"献出一切力量。解放后的祖国在各个不同的战线上都取得了辉煌的胜利,出现了那么多新人新事,都是什么力量在鼓舞着他们?最可爱的人在朝鲜战场上,那样的勇敢坚强,为了什么?使得全世界爱好和平主持正义的人们对我们的行动抱着关怀与同情。就这次国际经济会议的成就来说吧!世界各国人民都认识到帝国主义的本质与残暴了,而相反的伟大共产党领导着全世界人类的彻底解放，解决人民的生活问题，青年团又是党的后备军和助手，是先进群众与进步青年的组织，担负着伟大神圣的任务，为人民服务、大公无私的光荣工作，当我举起拳头入团宣誓时也说坚决要为新民主主义彻底实现而奋斗到底的话，为什么中途退团呢？这种卑鄙可耻行动对光荣的团带来了很大的损失，谁使我这样做呢？我的家庭，我的反动父亲，我的个人主义思想，丧失立场，走入歧途，这是我一生中最痛苦的一件事情，我的立场是不稳的，做了感情的俘虏，背上了家庭的包袱，投入了个人主义的小圈子里，我的人生观越来越消极了。

没有远大的理想，成了一个行尸走肉的人，我也生活在毛泽东时代里，我也是个青年人，我更要求进步，我决不甘心这样落后，我认识到我已经犯的错误是很严重问题，我勇敢的承认我的错误，更重视我的错误，我更有决心痛悔前非，我要做一个有理想的人与有正确人生观的人，我的立场在解放三年来一贯是成问题的，我要通过这次思想改造运动，要站在工人阶级立场，背叛自己原有立场，这是要经过一场痛苦的斗争阶段的，我有信心战胜它，并且建立起革命的人生观，争取重新入团，并愿接受新的考验。

我们伟大的祖国万岁！

学习可爱的中国特刊
第三十二期增刊　第八版

“母亲”，我再不是你的逆子了

电一　马　哲

我读了“可爱的中国”以后，觉得非常的惭愧，我从来没有想到祖国和人民，只想到我自己和我的家庭，我带着这种极端自私自利个人主义的思想，怎么会觉得祖国和劳动人民可爱呢？即使有一些爱国热情，那也是小资产阶级一时感动的表现，根本不是真正的阶级友爱，更不会永久的巩固下去。

现在才感觉到造成我不敢参加革命、自私自利、不能进步的主要原因是我的落后家庭。由于我出身一个中农家庭，生活很苦，我上学很不容易，父亲为了我上学，东凑西借供给我，全家富余都挤在我一个人身上，因此父母一贯对我说：“你要想想你上学有多么不容易，一家的血汗都挤在你一个人身上，你应当好好念书，将来做个技术人员的好事情，为家中多挣点钱才对，每月能给我挣几十万,我就甘心了!所有的危险事情咱们一根不做,任何党派也不要参加,我所求的是全家平平安安的,咱们哪里也不去了,不然,我老了看也看不到你们。”而我就把这些话记在我的心中,我只想到我的父母养活着我,我的父母供我上学,我应当将来报答他们的恩情才对,不然的话,我太没有良心了,是个不孝之子。我并没有想到劳动人民把我养活大了,劳动人民供我上学,只想到报答父母之恩,根本没有想到为人民服务,因此在学校中什么事都不想做,表现着极端自私自利,整天为个人打算,一点小的利益都不肯放松。例如,拿吃饭来说,若有时开会耽误了我的吃饭,我就不高兴,由此可见我是多么自私自利了。整天想自己毕业后做个好事,多挣点钱,自己也享受一下,补补现在的缺,多给家一些钱,解决家中经济的困难。

还有我的家在“七七”事变以后就是游击区,就接触了共产党,村政是受边区政府的领导,受的教育是共产主义思想的教育,有青年队、老年队、儿童团、妇女会和农会的组织,儿童们除了上学外,还在学习放哨、站岗和查路单等,可是我的家中呢?怕我参加了八路军,离开了家,更怕牺牲了,除了叫我念书外,就尽量想办法阻碍着我,不叫我去开会,不让我和村中工作人员接触,就在村中队长那里给我请病假,因此我就完全地脱离了革命群众,在上中学时,家中怕叫我到后方边区政府去上学,在放寒暑假时,不让和区上工作人员接触,当他们找我时,就不叫我见,因此,每当假期,我是过着偷偷的生活。由于我没有革命立场,没有斗争性,我就完全屈服家里[redacted]得非常软弱,不敢要求革命,把自己的生命看得非常宝贵,我只想到我是属于我家庭所有,我没想到我是属于祖国和人民的,我应当服从我的家庭指挥,一切都为家庭着想,我怕离开我的家,舍不得父亲、母亲,觉得家庭温暖,父母可爱,我怕牺牲见不到我父母了。在学校中不敢要求入团,怕入了团以后,个人利益与自由就没了,假期需要我时,我是否去?若去了我的家怎么办?我的母亲一定要哭死,我不能和我的家在一起了,更看不见我父母了。

现在想起来,我非常惭愧,多么卑鄙无耻,那无数的烈士们为了谁而牺牲,是为了他们自己吗?亲爱的同志们!不是,是为了我们祖国和人民的解放与幸福,是为了我们每一个人。志愿军同志们为了祖国的安全与和平,到朝鲜前线,不怕牺牲自己去打美帝,难道他们没有家吗?他们愿意离开他们的母亲吗?他们只想到自己的家就是祖国,自己的母亲就是五万万七千万人的母亲,没想到自己的家和自己的母亲,方志敏烈士在反动派势力强大的监狱里斗争到流尽最后一滴血，为革命献出了自己的生命，他曾说："假期能使中国民族得到解放，那我又何惜于我一条蚁命!"我又想到：人民解放军张福林同志为了开辟康藏公路而光荣的牺牲了，但他在临死前还说："我今后再不能为人民服务了"，没有为自己生命惋惜，并把自己所有的四万伍千元做为最后缴的一次党费。人民志愿军空军英雄张积慧和敌机作战时，当发现没有炮弹的时候，他就想到用飞机撞过去，而我呢？是怎么样的一个人，方志敏和无数烈士用鲜血换来的解放果实，我都不肯开嘴吃而等待着别人来喂我，烈士们用身体铺平了道路，我都不愿走过去，还等待着别人把我背过去，我是多么没脸，多么卑鄙无耻！我简直不是一个中国人！同志们！你们想一想，全中国的人，假如都要像我这样自私自利、整天为个人打算的人，同志们！我们的国家早就亡了！我们早就当亡国奴了！我们的"母亲"也早就死亡了，方志敏烈士说得好："亡了母亲的孩子，不是到处受人欺负和侮辱吗?"是的，到那时还谈到什么个人自由与幸福，没有国家自由和幸福就没有个人自由与幸福，我实在对不起那无数的烈士们，我没有脸见我们的"母亲"，我是她的逆子，我更没有脸生活在毛主席身旁，我愈想愈难过，于是，六月五日晚会上痛哭一顿，我太伤心了，太惭愧了！这都是我的家庭扯着我的后腿，使我不能前进，蒙蔽着我的眼睛，使我看不到太阳，我恨我的过去无耻的生活，恨我的家庭旧思想，阻碍着我，然而我不要只哭一顿就算了事，我要把我的热情巩固下去，应当化伤心为快乐，化眼泪为力量，我是劳动人民养活大的，我应当报答劳动人民的恩情，今后我是属于祖国和人民的，我是劳动人民的儿女。奥斯特洛夫斯基曾说过："一个人仅仅是为了几个人生活是自私的，仅仅为了一个人生活是卑鄙的，如果为自己而生活是无耻的……"可是以往我就过着为家庭、为自己的不知耻的生活。今后我再不能过那痛苦可耻的生活了，那长长的痛苦可耻的生活，我实在受够了。我看到了祖国伟大的前途和美丽的远景，祖国、毛主席、劳动人民太可爱了！我以往喊"毛主席万岁"，只不过是一时感情的激动，没有浓厚的革命感情，而今天喊"毛主席万岁"确实是由内心喊出的，毛主席确实是伟大，确实是可爱，确实是我的灯塔，我永远地跟着毛主席走，我决心在这次运动中彻底改造我自己，重新做人，诚恳地帮助教师划清敌我界限，与我家庭的落后思想作坚决的、无情的斗争，从实际中行动起来，我坚决地争取做一个光荣的青年团员，我决心为革命事业奋斗到底，为建设我们伟大的祖国献出我的一切力量，当祖国需要我时，我毫无[不]犹豫地献出我的生命。

为了“母亲”,我不能再毒害同学了

萧英达

“可爱的中国”这篇文章最使我感动的是方志敏烈士以爱母亲的感情来爱祖国,我掉着眼泪读完这篇文章,在当初我奇怪方志敏烈士爱祖国为什么能够爱得这样真纯入迷?后来我仔细想一想,眼睛睁大一些,就发现祖国的确像母亲一样可爱,我们爱母亲是由于母亲生我们,抚养我们,和母亲长期生活在一块,而我们的祖国呢,我们不也就在祖[redacted],我们哪里能够有吃、有穿、有住?我们怎么能够长大成人,没有祖国,我们哪里能够过着今天这样的生活?哪里能够这样自由和幸福?没有祖国,我们将到处受到欺侮和侮辱,祖国给予我们的是太多了,远胜于自己的母亲!为什么我只爱自己个人的母亲,而不能够爱这抚育四万万多儿女的伟大的“母亲”?我的爱太狭小了,我的眼光太近视了,我只看见我的母亲[redacted]“在可爱的中国”这篇文章中,从头到尾,贯穿着强烈的爱和强烈的恨,爱是爱我们可爱的祖国,恨是恨危害祖国的帝国主义和中华儿女的败类,在全文中看不见方志敏烈士的私人感情,他的感情已和祖国融和[合]在一起。

在方志敏烈士的一生中怀抱着一个伟大的理想,他为这个理想而生,为这个理想而死,这个理想就是拯救“可爱的中国。”

我也有爱,也有恨,但是这只是私人之间的感情,我也有理想,但这理想只是我个人的前途,我的学习,工作和对待社会的态度全从我个人的名位和幸福出发,我常为个人的事情愁眉苦脸,想起这个,我就觉得可鄙可恨!方志敏烈士也有过痛苦,但是他感觉痛苦的是失去了为党努力的机会,方志敏烈士的感情和理想正像一片汪洋大海,而我的理想和感情呢?连一粒砂子也不如!

方志敏烈士在这篇文章的开头就提到小学老师对他的影响,当然我们不能说那个教师决定了他的一生,但是那个教师所进行的爱国主义教育,使方烈士致死不忘,可见对他起了多么大的影响。

教师对同学的影响是重大的!我恨我过去的老师,他们所给我的不是爱国主义教育,而是向上爬的名位思想,我的错误虽然不能完全归过于他们,但他们对我的影响是令我痛心的!

我的老师毒害了我,我不能再去毒害同学,我恨我的老师,我不能再让同学来恨我,我必须彻底改造自己的思想。

教师们所要培养的是完全新的一代，两党们是未来的新社会的建设者，他们不但要完成新民主主义社会的建设，而且还要去建设社会主义社会和共产主义社会，他们必须具有比现实社会更高的道德品质，才能负起建设新社会的任务，负培养责任的教师们更必须永远站在时代的最前列，否则就不配做人民教师。

读方志敏烈士的遗作，我痛下决心努力学习他热爱祖国，献身共产主义事业的革命精神，在这次思想改造中，彻底批判资产阶级思想，树立工人阶级思想，使我有能力来照顾和培养弟弟妹妹们，这是我忠于"母亲"，热爱祖国首先要做到的事情 ，也是起码要做到的事情。

学习可爱的中国特刊
第三十二期增刊　第九版

他是帮助恶魔残害"母亲"的走狗，我不能纪念他

运二甲　田大京

我的父亲田君健，从前是国民党伪陆军第七十七师师长。他一贯参加反人民反革命的活动，直到一九四七年山东莱芜战役全军覆没被打死为止。我对这样一个满身血债的郐[刽]子手从前是怎么看法呢？我的家乡是在湖南凤凰县（少数民族区），地方偏僻，解放前年青[轻]人都要到外地去谋生，田君健师范读完后，在军队混了几年就进入了国民党伪陆军大学，毕业后很快的又升了师长。我认为他这种"艰苦奋斗"的精神很了不起，是我学习的榜样。我又认为他对部下很仁慈，也很厚道。对我吃与穿非常关心，还特别注意我读书学习问题。所以在听到他死了的消息时，我感到非常难过，一定要亲自到山东去运回他的尸骨，并在长沙岳麓山赫石坡风景区，照着岳王墓的样式为他修了一所墓。那时解放军正在南进，怕以后发生事情，所以把碑上的名字也改了。解放之后，我认为人死了就算了，还有什么可讲的，所以就很少去想他的事。我还认为，就算他是反革命吧，但在战败时不投降而自杀，总还不错，算是个"英雄"，所以，仍然留下他给我的书信及一些照片，作为纪念。

当我听到辅仁大学张广天同志的报告，特别是学习了方志敏烈士用鲜血写成的"可爱的中国"之后，我的心炸了！我感到惭愧痛心、愤恨！田君健不就是帮助恶魔残害"母亲"的走狗吗？他不就是残杀"母亲"优秀儿女的败类吗？

日本投降后，眼看山东将全部解放，也就是说“母亲”的手将要抬起的时候，他那美式装备的一师就空运到了济南，由于当时人民的队伍还在壮大中，所以“母亲”的手又被压下去了。那时，在他给我的信中，总是口口声声的说打了多少“胜仗”，他们到那里那里就“收复”。甚么“胜仗”？杀死的是什么人？还不是像方志敏、赵一曼、刘胡兰这样的烈士吗？烈士们要赶走恶魔，要救“母亲”，要使“母亲”的儿女过着幸福的生活，而田君健就是“杀害”这些烈士的郐[刽]子手！甚么“收获”！还不是帮助恶魔又把“母亲”手压下去吗？让恶魔更好的来吸“母亲”的血，割“母亲”的肉！那时国民党匪军不容易补充，我们家乡是少数民族区，苗族同胞生活都很困苦，田君健就乘着这种关系派人回到家乡，欺骗他们出来当兵。利用苗族同胞强壮而勇敢，好更多的杀害像方志敏烈士这样的“母亲”优秀儿女！特别是在今天，我亲身体会到毛主席光辉的民族政策，看到许多苗族同胞都因此过着幸福的生活，青年们都有机会到北京、汉口及家乡学习。在鲜明的对照之下，使我对他更加仇恨，我还听到他的一个副官告诉我，山东莱阳一带乡间的小孩非常顽强，反动军队时常一排一排的因为他们报信而被歼灭，所以他们到了乡间之后，看到了十二三岁的小孩就杀死，同志们！特别是在“六一”国际儿童节刚过的今天，我们看到和平人民是怎样的在爱护儿童，而他所率领的匪军却是这样的残害儿童！何况这些儿童都是具有像方志敏烈士这样高贵品质的人！

先烈们不惜牺牲自己的生命去救“母亲”，还不是为了使我们能够在伟大的健壮的“母亲”怀抱里过着幸福的生活！而田君健却是残害“母亲”“杀害”我们敬爱的先烈，他是恶魔的走狗！是我的仇人！是祖国劳动人民的仇人！我不能纪念他！我要把他给我的信毁掉！一切我从前留着纪念的东西毁掉！长沙赫石坡那么美丽的地方，劳动人民经常游玩的地方，他这个郐[刽]子手怎么配埋在那里！那些石碑为什么要纪念他那样一个满身血债的反革命份[分]子！我要写信给长沙市人民政府，把真相讲出来！在长沙我有一所房子，当我知道是他剥削劳动人民血汗，是他伏在恶魔的肛门边或小便上吸取一点粪渣和尿滴而买来的时候，我感到万分羞愧，我一定要把它交还给人民！

尽管他外表对我像是“仁慈”、“关心”，但他实际上完全是教我如何去残害“母亲”，去为恶魔服务。就是这样使我在解放初期还跑到香港，想去台湾，去外国，情愿流浪也不在“母亲”的怀抱里生活。后来因为都去不成，才回来考上了交大。在学校虽然也受到了爱国主义思想教育，但总是不能热爱“母亲”，做什么事都感到没有劲，觉得自己是在做客。就是因为我还把这样一个仇人当着恩人去想，去纪念，现在我要控诉，我要把仇恨化为力量，从此要为“母亲”的更健壮，更美丽献出我的一切力量，甚至我的生命，我要争取做一个光荣的青年团员！

马克思列宁主义胜利万岁！

学习可爱的中国特刊
第三十二期增刊　第十版

“妈妈”，我太对不起您了！

在前一天全院师生大会上，我一直哭着，从没有一次像这样的会使我这样的哭过，当电一女同学哭着说：“妈妈，我一直没爱过您！”电三同学：“妈妈，我对不起您，我做了损害您的事，我替反动派造谣！”这些话句句刺着我，我的心像刀在割，我的手在发麻，当我听到经四同学抽噎的说：“妈妈，我再也不离开您了”时，我再也忍不住哭出声来！

我有一个像方志敏烈士一样为革命事业光荣地牺牲自己生命的大哥——郭清富，“九一八”全国抗日救国运动掀起，他正在北京河北高中读书，“一二九”运动后不久，“冀高”因改组学生会问题，同学反抗而离校，反动校方竟勾结警察来弹压，当场指名捕去我的大哥和同学二人，在狱中受尽折磨，十八岁的青年不几天就牺牲了，他的同学们及全北京市爱国青年们，为了抗议反动政府的暴行，为了表示爱国青年们“前仆后继”的伟大精神，于三月三十一日举行了“抬棺游行”（即“三三一”抬棺游行），我当时六七岁，只记得消息传到家中时，父亲、母亲哭了好几天，当我逐渐长大后，父亲每以大哥的这件事教训我和我的二哥，让我们千万不要参加任何政治活动，不要被人利用，否则像你大哥似的，死了也就白死啦！母亲也常说：“你大哥不死，咱家就好啦，有人赚钱啦！”因之，当在日本统治下，我家境况不好时，我常这样自私的想着：“大哥现在活着，我们家还会这样受苦吗？他死真是白死了，无名英雄谁晓得啊！为别人牺牲自己真太傻了……”因之当“参干”运动时，我正因运输系方向不明确不能当专家，而一直在想着转学转系，于是想运输系没有出路，我不如改行，学空军或海军，同时小资产阶级的正义感支持着我，我也要救国，在我的脑中盘绕着刘胡兰等女英雄的影子，当一个女英雄多光荣，在这样动机下，我也报了名，当家中知道后,母亲哭哭啼啼的要我退出,我的心被哭软了,个人利益使我看不见祖国需要,当想到:“保家卫国工作是很危险的,如当不了英雄而死,专家也当不成了,无声无息的死去,岂不冤枉,大哥不就是这样白死了吗?”使我进退两难,我想退出,又怕丢了面子,不退出,又解决不了思想问题,而大闹情绪。等发表了参干名单,我没批准,我才心中坦然。我曾想,下一次参干,我可再不报名了。在这个伟大的运动中,许多青年不顾个人利益,勇敢响应“母亲”号召,走向保卫祖国光荣岗位,而我却在为了“改行”和个人英雄主义想当“英雄”的自私动机下报了名,同时也在“一切为了自己”对革命事业讨价还价的自私想法下而拒绝了“母亲”的号召。

方志敏烈士对祖国无限的热爱和对人民事业无限忠诚,临死时犹言“……我能抛弃一切,惟革命事业,却耿耿在怀……”的高贵品质,深刻的教育了我,使我对生活的意义有初步认识。就是只有把自己全身心甚至生命贡献给世界上最壮丽的事业——为人类的自由解放而做的斗争,才是最光荣的,仅仅为了自己而生存的人,却是最无耻的。十几年来,鼠目寸光的我,一直把“爱国”认为是傻子,今天我才认识到烈士们“死的伟大”,大哥现在被追认为烈士,正像他的“烈士证”上所写的,烈士的精神是永生的,只有在这个建筑幸福社会的工程里,搬运一砖一石的人,才是千古不朽的人。在烈士们的面前,更感到自己的可耻,我从未为祖国搬运过一砖一石,反而做了对不起祖国的工作,在反动政府的欺压蒙骗下,贪生怕死的我,为了保全自己的生命,我竟做了反动派的帮凶。

一九四八年一月我在太原市太师附小当小学教员,被迫参加阎匪的全市小学教员集体受训——三自(自清、自白、自生)传训,斗争教员中有共产党嫌疑的人,反动头子阎锡山用尽种种阴谋诡计来曲解共产党政策,诬蔑解放区为人间地狱,更毒辣的是捏造共产党要用毒药来陷害我们的事实,就这样地来蒙蔽住我的眼睛,使我误认为“多亏被他们发现,险遭毒手,共产党太毒辣了。”于是我对共产党产生仇恨,我想像我这样与共产党无冤无仇的人,为什么要毒死我呢?同时我想苟延残喘,怕斗争到我身上,在斗争会上也毫不犹豫的打那些爱国青年,有一次,竟为了使特务头子相信我,绝对没有共产党嫌疑,也就是为了“保障”我的生命,我拿起棒子狠狠地打一个有“嫌疑”的人廿下,我的可耻的行动,竟博得反动头子称赞了我一声“积极分子”,我多么卑鄙啊!为了自己竟做出危害“母亲”的事来。

在这次座谈会上,听着同志们痛哭流涕,哭诉着自己以前忘了“母亲”,做了许多对不起“母亲”的事，“受训”时的影子突然又清晰地浮现在我的脑海，我突然怕了起来，我清楚的看见自己在举着棒子往下打啊！我猛醒了，我睁开眼仔细的瞧瞧，我打的是谁？我打的就是那些像方志敏烈士一样热爱“母亲”的优秀儿女，我打的就是我最亲爱的哥哥，我做了反动派的帮凶，我帮助反动派残杀“母亲”的好儿女，我看见“母亲”在骂我，哥哥指着我：“你这自私自利的人，你这败类，为了你自己的利益，竟做了反动派的帮凶。”我仿佛看见我手上沾满了血，方志敏烈士的血，我哥哥的血。

“妈妈，我亲爱的妈妈，我痛恨我自己，我太对不起您了，我一直没爱过您，我是您最不肖的一个女儿，我不配称呼您，‘亲爱的妈妈’”我为您做了些什么事呢？当我的最优秀的大哥大姐们为了救您，为了装饰您，使您成为世界上一个最出色、最美丽、最令人尊敬的“母亲”，而贡献了自己最宝贵的生命，而我自己呢？不但袖手旁观，反而讥笑他们是傻子，当您的最优秀儿女为了您与残害“母亲”、剥削“母亲”的敌人斗争而被敌人逮捕时，我却为了我个人利益，做了敌人的帮凶，我是多么卑鄙可耻，自私自利的一个人。我更痛恨反动政府给我灌输毒化教育，使我不认得“母亲”，更使我对为我们的幸福而贡献自己身心的人仇恨，阎匪的反动宣传，给我带上了有色的眼镜，使我看不见周围新事物的迅速成长，甚至初解放时，我不相信人民政府，我怀疑一切，甚至我们的报纸在屡次的大运动中，才逐渐的批判了自己错误看法，我痛恨反动派，使我一直不能很快的投入“母亲”的怀抱，使我一直进步得很慢，今天我要与反动派给灌输的反动思想一刀两断，我更要向“对反动政府本质还认识不清的人”揭穿反动派迫害青年，迷惑青年反宣传的事实。

“母亲”，您今天已经最美丽的装饰起来了，永远不再受人欺凌了，处处受人尊敬，全世界人民为您欢呼“中国已经坚强的站起来了！”我们不再是半殖民地，古老破碎的中国，新中国到处都是活跃跃的创造，到处都是闪电式的进步，先烈们的理想，已初步实现 ，但是先烈们的理想还靠我们一代来彻底完成。“母亲”，亲爱的“母亲”，我要在您面前宣誓，为了您我愿为共产主义建设铺平道路，在目前我要彻底批判我所受的资产阶级思想影响，树立工人阶级思想，帮助教师思想改造，服从组织分配，必要时甚至贡献出我的宝贵生命，并且尽快地争取做一个光荣的青年团员，永远做您的好女儿，做方志敏烈士，我的大哥的好妹妹。

毛主席万岁！

学习可爱的中国特刊
第三十二期增刊　第十一版

我麻木不仁,我对不起可爱的“母亲”

方志敏烈士那样热爱自己可爱的“母亲”,有坚贞的信心,有为共产主义实现而奋斗的决心。因为他看到了自己可爱的“母亲”在受着恶魔的侵略,并吸吮着她的血,将要死亡了。但他更能看到“母亲”的可爱并具有保卫“母亲”的坚强信念。他很清楚的看到了未来的胜利,因此他在敌人的面前,在监狱、匪徒们的酷刑下,他没有考虑到自己的死,而只是痛恨自己不能再为人民的革命事业而尽忠,不能再为党而尽所有的一切。他知道中国一定会胜利,可爱的“母亲”一定会很快的好起来,他对敌人有血海深仇,但是我自己呢?在日寇统治压迫时期,自己也有爱国心,正义感(因为我是工人家庭出身,父亲是三十多年的老工人),我很早就死了母亲,我只知痛哭自己被饥寒、穷困、因劳致疾而惨死的母亲和母亲死后无法抚养送给别人而夭亡的弟弟,我看不到当在日寇扫荡屠杀下,失掉母亲的孩子伏在他血迹斑斑的母亲的身上而伸出双手哭嚷喊叫“妈妈,妈妈”?我看不到那些无辜而遭惨杀害或炸死的母亲和中国千千万万的劳动人民,我看不到失掉双亲的年小哥哥背着弟弟哭哭啼啼沿街乞讨的可怜情形,看不到朝鲜战场上那些无辜的孤儿……这些数不过来的惨痛的事实没有给到我应有的教训,我知道今天的祖国,我们可爱的“母亲”是由多少像方志敏烈士那样真正热爱“母亲”的英雄们,坚贞不移的终身英勇的为了可爱的“母亲”而向敌人进行不屈不挠的斗争,我看到过钢铁战士中的张排长,对敌人坚决的斗争,刘胡兰为国英勇牺牲,毛主席说她“生的伟大,死的光荣”,我也看到过东北烈士馆杨靖宇三位烈士的头颅,当敌人把他的肚子剖开时,发现的是草根、树皮。还有在狱中坚苦斗争的师大姐,“钢铁是怎样练[炼]成的”的“保尔”,“绞索套着脖子时的报告”中的尤·伏契克,用身体堵住敌人的机关枪口,用嘴接通前线电话线,“普通一兵”的战士,保卫祖国边疆牺牲的张福林,这些数不过来的英雄名字,我都知道,但是没有使我得到应有的教育,他们是为了谁流尽了最后一滴血,为谁牺牲了生命,他们都是为了什么,他们不是傻子,也不是疯子,他们还不是为了我们可爱的“母亲”吗?他们还不是为了祖国的今天和今天人们的幸福吗?他们是为了共产主义事业,“母亲”是大家的“母亲”，祖国，祖国是每一个人的祖国，方志敏等烈士是中国人，而我们呢！我们不也是中国人吗？我们的良心那<哪>里去了？我过去的眼泪和愤怒又哪里去了？我是苟安偷生，我怕死，我是胆小鬼，我是窝囊废，我对不起生育我的可爱的“母亲”，我更对不起供养我长大的劳动人民，解放后的三年中，我都干了些什么？我都想了些什么？保尔柯察金所说：“为几个人而活着是自私，为一个人而活着是卑鄙，为自己生存而活着那是无耻”，这正是在骂我，骂的很对，我就是这样一个卑鄙可耻的家伙，我是忘恩负义的人，胜利冲昏了我的头脑，和平生活使我竟自私起来。在学校里我是为家庭和自己而学习，我是青年团员，我在学校做过工作，我嘴讲是为大家做工作，其实骨子里是为锻炼自己，好毕业后便利于工作，是为了使大家知道我是在为大家，所以我便为大家夸耀我的成绩而欢乐，为大家说我搞得不好而悲伤，我曾为了我个人的利益而情绪波动不安，于工作，给工作带来了损失，我忘了我是脚踏着烈士们流过鲜血的祖国大地，我还恬不知耻的站在革命烈士倒下身躯铺平的革命道路上为没能满足个人的利益而叫嚣着，那是站在烈士们的身上啊，那是多么可耻呀！难道多少烈士用鲜血和头颅所换来的今天，我们就不能贡献自己的力量来建设吗？我们就不能继续完成烈士们未完成的志愿吗？我们还有脸斤斤计较个人的得失？自己简直是麻木不仁，我个人主义的想法是太卑鄙、太可耻了，我对不起可爱的“母亲”，对不起用血汗换来的钱供给我们求学的劳动人民，对不起毛主席，对不起朝鲜牺牲的战士和正在英勇战斗的我们最可爱的人——中国人民志愿军，我更对不起党和团对我的教育和培养。

解放后的三年中，我的眼睛是睁着，我看到站起来的中国人民，我为伍修权在联合国、全世界人民面前代表着五亿中国人民的控诉而快乐过，而骄傲过，我知道解放后三年物价的稳定和人民生活的改善，我参加过全国范围中开展的抗美援朝、土改和镇反的三大运动和“三反”、“五反”运动，在三年建设的成就中，政府用飞机炸黄河的冰块，灭蝗虫，派医疗队去西北和内蒙，克服了多年来的水灾、旱灾和饿死人的现象，危害人民的淮河治好了，长江的荆江工程完成了83%，在朝鲜打败了美帝，取得了和平谈判，在国际经济会议上，我们占着重要地位，目前在北京召开的亚洲及太平洋区域和平会议筹备会议，在保卫着世界和平，我们的国际地位空前提高了，我们可爱的“母亲”，一天天的壮丽起来，方志敏烈士在一九三五年所说的话，今天实现了！还有那<哪>个恶魔敢再在我们的国土上和内河里横行霸道？今天正像方志敏烈士所说到：到那时（指今天）到处都是活跃跃的创造力，到处都是日新月异的进步，欢歌将代替了悲叹,笑脸将代替了哭脸,富裕将代替了贫穷,康健将代替了疾苦,智慧将代替了愚昧,友爱将代替了仇杀,生之快乐将代替了死之悲哀,明媚的花园将代替了凄凉的荒地,这时我们的民族就可以无愧色的立在人类面前,而生育我们的"母亲"也会最美丽的装饰起来,与世界上各位"母亲"平等的携手了。今天都步步的实现了,但是这是多少像方志敏那样的烈士换来的,是能继承烈士们的遗志而忘我工作和劳动的人们建立起来的,而我呢?没有出什么力量,我太惭愧了,今天我知道自己应该干些什么,知道应该怎样去做,我是一个青年团员,那么我更有团员应有的任务,从今往后,我有决心在反资产阶级思想的实际斗争中,要坚决肃清自己非无产阶级思想,背叛自己的阶级,站稳工人阶级立场,提高阶级觉悟,建立起共产主义人生观,我要把自己所有的一切力量甚至于生命都贡献给祖国和人民,为完成新民主主义的建设,向着共产主义的最终目标而大踏步前进,争取做一个光荣的工人阶级先锋队——共产党员,我有信心和决心,我要永远跟着毛主席走,我要永远跟着共产党走,从今天到明天,从现在到未来,一直到永远!

……中国民族在很早以前就造起了一座万里长城和开凿了几千里的运河,这就证明中国民族伟大无比的创造力,中国在战斗之中一旦斩去了帝国主义的锁链,肃清自己阵线内的汉奸,卖国贼,得到了自由与解放,这种创造力将会无限的发挥出来,到那时,中国的面貌将会被我们改造一新,所有贫穷和灾荒,混乱和仇杀,饥饿和寒冷,疾病和瘟疫,迷信和愚昧,以及那慢性的杀灭中国民族的鸦片毒物,这些等等都是帝国主义带给我们可憎的赠品,将来也要随着帝国主义的赶走离去中国了!

——摘自方志敏烈士遗著"可爱的中国"

学习可爱的中国特刊
第三十二期增刊　第十二版

为了"母亲"我要战斗地活着——读"可爱的中国"后人生观的改变

经济系　纪献庭

从那天起——从读了方志敏烈士高贵革命品质凝成的遗著"可爱的中国"那天起,久缠在身上的暗淡生活的锁链开始崩溃,崩溃了!从此之后,我的胸襟不再是狭窄而是宽广了！我的生命不再是枯萎而是青春了！我获得了宝贵的新生。

我出身[生]在一个破碎不堪的封建地主家庭。恶毒而阴森的封建教育的腐蚀，使我在童年幼嫩的心灵上就染上了一个不洁净的烙印。从很小，我就学会朗读“书中自有黄金屋，书中自有颜如玉”这两句极端充满剥削享受本质的诗句。国民党统治时代，把人间变成了鬼域[蜮]。吸人血，刮民膏，贪官污吏，荒淫无耻，稍具正义之人，谁不愤怒填胸？我就在此既恨现实而又逃避现实，但又想追求“黄金屋”与“颜如玉”的享受心理支配下，加以当时老师的“开蒙、启发”，自然而然的形成了严重而坚固的单纯技术观点，常常彻夜苦读，不敢稍怠，能与星月出没为伴而引为无限光荣与慰藉，这样摧残生命的生活，二年多，我就患了吐血性的肺病，此刻追求利己的思想遭到了致命的打击，当时凄惨的心情非日后笔墨所能描述！

暗淡而悲惨的生活，从此拉下它的黑色恐怖的幕了！我的人生被蒙上一层灰色的绸纱！我的“前进”心受到严厉的挫折！我为我的预期的希望失掉了可能迟到的条件——健康——而感到哀悼，在阴森的荒野里，我当独步告笑在弥漫重重的海雾里，我曾在海滨岩石上独坐沉思，在万籁寂静的深夜里，在晚风习习的月光下，在炊烟稀疏的山顶上，在暗湿可怕的树林里……静坐着、深思着、慢慢的踱着——我追寻过深山幽林里苦修孤行和尚生活的宁静，也幻想过惊涛骇浪中孤岛独身生活的逍遥。孤独、怪僻、悲观、失望、奄奄无生气，是我这时候性格的特征，我爱以小说来麻醉自己，无论读到描述才子佳人，私下恋爱而最后不能达其意愿，反而落得一个悲惨境地时，则常挥泪叹气，以示自己亦具豪爽潇洒的气质，读到黛玉临死时不知反尔复尔读了几遍，以为不如此就不能表示自己超然脱俗气，有时感到社会阴险，人心无情，生活无甚意味，生与死并无多大分野，南柯一梦，四十年醒来亦不过是一声叹息，昨日战场盛武一时，今天还不是白骨一堆……，严重时候我曾想到自杀，要以剧毒的氯化钾来结束我的灰色空虚的人生！噬人社会，罪恶的社会呀！就是这样在侵蚀着我，在侵蚀着千百万个年青[轻]的生命。

解放了，生活上开始放射出曙光，一切都明朗了。阴恶的自杀念头，在新生力量跟前遭到了无情的毁灭的惩罚。但是——它的余孽，仍未死净，生活上空虚的感觉，篡夺了它的罪恶的地位，自私的病根未被割除，它构成了我生活上消极的因素。

直到新生力量在我脑子里诞生那天为止，空虚与乏味的感觉，仍时而隐现的围绕在我的周围，不管是在安静入睡的夜里，肃静无声的图书馆里，教师谆谆[循循]善诱的教室里，或者是在傍晚校外的田间里，我常常想想一些茫无头绪的烦恼——我悔恨学了经济这一学科，学了这一深奥难怪的学科！我讨厌会计，这是一个多么难听的名词呀！做经济学家或财政学家吗？即使天才恐怕亦要满面鬓鬓，甚至白发苍苍了！啊！难道就这样消沉下去吗？不！会计师和经济工程师不也可以吗？……苏联著名的青年财政学家包德列夫教授不是才三十岁吗？……啊！中国与苏联的时候不同呀！……就是这样想呀！想呀！想的头晕[昏]脑胀，直到昏昏欲睡。这些想呀！想呀！为的什么？只为了二个字，二个丑恶的字——“利己”。

这时私欲的追求是我学习上的唯一推动力，正因如此，所以学习情绪表现的忽高忽低、忽冷忽热，精神上患得患失、患轻患重，斤斤计较学习成绩，自然就迟迟不进，几达停滞状态，这好比是一枝逆风欲进，体质轻浮成熟的蒲公英■了，使自己碰的身破体裂赤裸裸的留下一枝中心空空，■■脆弱的草原外，她还有什么呢？

读了方烈士的遗著“可爱的中国”后，心底突然涌上一股羞愧、可耻之水，一股自私的臭脏之水，它要从我的嘴里往外倾吐、流出来了，涌上来了，被一股清爽洁净的水挤出来了。烈士的心，写成了血泪的文字，铸成了坚强的力量，结成了神效的圣药！我也是“母亲”——我生平第一次带着这样亲热温暖的心情来称呼她的儿子，“母亲”的乳汁滋补了我，“母亲”的血液孕育了我，尤其“母亲”的一颗慈爱的心教养了我，我既非木石，岂能甘对“母亲”此算千载难逢的恩情无动于衷，在血泪的文字感化下，坚强的力量鞭策下，神效的圣药医治下，纵然你是一个稍带人味，铁石心肠的盗贼，“拨一毛而利天下不为”的自私鬼，或是个人主义凝聚的“利己师祖”，你还能不体贴俯首认罪吗？你还能不抽骨换筋变新人吗？你还能拒绝神效的医治吗？不能，不能，我正是一个青年，是一个血性自负的青年。

志敏烈士被敌人囚禁在监牢里，受尽酷刑、折磨、死亡的阴影无一时一刻不在威胁着他，时时都有被杀害的危险，然而，具有伟大的爱国主义和国际主义精神的方志敏烈士，在此艰难的环境里，并未感到酷刑的可怕，死亡的可怖，与此相反，他首先想到的是祖国和人民的解放，是党的伟大的事业，他的脸上时时为了祖国光明的前途溢露出愉快的微笑，他说：“朋友，我们相信到那时……欢乐将代替了悲叹，笑脸将代替了哭脸……明媚的花园将代替了凄凉的荒地。”烈士的心，是这样的赤诚，这样的可敬！

我找到了生活上感到空虚乏味的病源，也找到了补血生肌充实生活的神效圣药，我要向病源开刀，挖掉它，服下这服神效圣药。我相信不久之后，我将会长出结实的肌体，发出健康的情绪，恢复宝贵的青春，再不会生活在真实的生活里，反而感到空虚，再不会生活在幸福之中，反而感到烦恼。烦恼与空虚将永逝不在，快乐与真实将永远伴我，这是一服妙药，妙不可言之药，药方简单只具一味——集体，谁了解集体的意义，把自己溶[融]化在集体之中，那末他就永远不会在生活上感到悲哀、空虚，而快乐和真实永远是属于他的。

奥斯特洛夫斯基说过：“一个人最宝贵的东西是生命，生命给我们只有一次，一个人的生命应该好好度过，当他回首往事时，他不因虚度年华而悔恨，也不因过去碌碌无为而羞耻，这样，在他将死的时候，他能够说：我整个生命和精力都已献给世界上最壮丽的事业——为人类的自由、解放而斗争。”这是真正的无产阶级战士的语言，一个人的生命和青春，应该这样倔强的度过，怯懦与畏缩是卑鄙可耻的行为，为了个人是不能容忍的。

党教育了我，教我要战斗的生活着，是的，为了“母亲”，我要战斗的生活着，要把自己的生命与青春，忠实的献给为人类自由解放而斗争的世界上最壮丽的事业。

毛泽东思想胜利万岁！

学习可爱的中国特刊
第三十二期增刊　第十三版

“母亲”，你的孩子回来了

商一　宋　通

我学习了《可爱的中国》和《无产阶级战士——方志敏烈士》（本院“三反快报”二十八期）之后，深深地受到了感动；方志敏烈士是怎样地爱我们伟大的祖国啊！是怎样地去挽救在灾难中的祖国，是怎样地为了祖国而流尽了他自己的鲜血啊！这些事实，刺痛了我的心，使我开始低下我惭愧的面孔，痛恨着自己的卑鄙、无耻的自私自利、向上爬的资产阶级思想，使自己忘记了千百万烈士的鲜血和头颅，使自己成为一个对祖国不孝敬的子女。在方志敏烈士伟大的革命意志的对比下，我太渺小了，只有惭愧，只有痛改前非，我要坚决地、彻底地批判自己自私自利的资产阶级思想，让我在方烈士逝世十七周年纪念的前夕，以决心改造自己资产阶级思想来纪念这位伟大的共产主义者和爱国主义者吧！

我的自私自利向上爬的资产阶级思想是很浓厚的，这些思想使我忘记了祖国和人民的利益，一心盘算着自己将来的前途和享受。在伟大的抗美援朝运动的高潮里，有无数优秀的中华儿女志愿签名赴朝的时候，我却悄悄地溜到一边去，没有勇气丢掉自己的利益，而去为祖国献出一切力量。我更无耻地为了自己的前途和享受，离开了革命工作岗位来上大学，想给自己创造向上爬的条件。我所离开的是小学教育工作。我只是为自己的前途而影响了无数儿童的前途，我只是为了自己的利益，而使无数儿童们的利益遭受到损失，我这是多么自私啊！这能与方志敏烈士相比吗？方志敏烈士牺牲前在给全党同志们的信里说道："……我这次最感痛苦的，就是失去为党努力的机会"，这是多么大公无私啊！这种不屈不挠，坚决忠诚于党和祖国和精神，使我自己感觉到万分惭愧，在祖国建设的开始，在无数先烈们的理想初步实现的今天，我不能再背着这些资产阶级腐朽思想去走祖国伟大建设的道路，我要彻底地抛掉这些脏东西，我这几天来的思想斗争，已经找到了这思想的根源，我要把它揭露在下面。

家庭怎样教育我呢？母亲是一个经营着两座布店的掌柜。抗日战争开始，店铺大部为战火摧毁，后来她又整顿残货成立了一个寿衣店，父亲因在县衙门里混点事，成了"绅士"。日寇来了，又摇身一变，当了汉奸，成为本县伪县政府的民政科长，他为了在家庭里在儿女面前还要保持自己的尊严，说他当汉奸是"[redacted]爱国"，[redacted]也搞了一套[redacted]堂，说是"爱老百姓"，当时却模糊了我的思想，信以为真，现在想来觉得非常惭愧，这样一个毫无民族思想，认贼作父的汉奸爸爸的媚敌行为，能算作爱国行动吗？其实他那一套所谓"爱老百姓"的鬼明[名]堂，正是乖乖地在按照日寇的意旨行事，他是帮助恶魔来杀自己的"母亲"的郐[刽]子手。(他在镇压反革命初已被逮捕)。

他们怎样教育我呢？母亲希望我将来能够把家庭弄得更有钱，父亲希望我能继承他的"绅士"名望。我就接受了这样的指示，直到家庭破落了，他们还希望将来我自己能混成一个"人上人"。

我怀着这样的"父母之命"去读书，不过碰到了不幸，又遇到一个资产阶级小姐出身的爱人(她家开设工厂)，她对我很好，因为我是一个破落家庭里的儿子，已经穷困了，她也经常在经济上和生活上对我进行援助和照顾，她也肯牺牲自己的一切人力和物力，但只是为我，也时常跟我说出她心里的话，希望将来能组织一个小家庭，并盘算将来怎样去享受。后来因为生活环境不好，我失了学，解放初，当了教员，她已经读了大学。当然她不甘心我失学，所以一直是鼓励我和援助我去上大学。那时我已经因为她对我的照顾而受到感动，所以我的行动不肯和她对我所抱的希望相矛盾，为了对得起她，也就使我没有勇气把自己的一切，交给祖国，不肯签名去抗美援朝。为了对得起她，为了完成“父母之命”，和创造将来自己追求名利的条件，就决心向上爬，忍心地抛弃了无数儿童的前途，来成全我个人的前途，离开了工作岗位，上了大学，这是多么可耻的自私自利的思想和行动啊！

运动教育了我，我参加了“三反”“五反”运动，也发动过工人，也跟奸商们打过交道。在一家工厂中，看到工人们哭泣着控诉资本家不顾工人的生命，用一些有害工人健康的原料去进行偷工减料，盗窃国家资财，使我已经开始认识资产阶级的可耻行为。再加上我和我爱人在恋爱上的转变，更使我有了要彻底认识资产阶级本质的要求。当我爱人正式与她家庭透出婚姻问题之后，因为我是一个已经破落了的家庭里的穷孩子，所以，她家非常反对，同时对她进步了“嫁一个穷孩子，不会有幸福享受”的教训，又为了制止她与我的往来，马上给她找婆家，家庭斗争就得离开她幸福的生活，她是一个不能放弃享受的小姐，她要享受，不肯斗争，多少听信了她的父母对她的“嫁了穷人不会有幸福”的劝告，所以开始向家庭屈服了，我看清楚了这些，只好主动地结束了这段资产阶级的恋爱，这个转变使我进一步认识了资产阶级的本质，使我对资产阶级思想有了仇恨，也就下了坚决检查自己资产阶级思想的决心。

现在我已经知道我有着严重的资产阶级思想，发现自己已经是一个被资产阶级思想腐蚀了的青年，我已经明白了，在“五反”工作中，看到工人痛哭流涕地控诉资本家，为什么我自己对资本家还是恨不起来的道理，那是因为我是生活在剥削者的家庭里，用人民血汗养大的，没有受到过资本家压迫的缘故。我也明白了为什么我俩的恋爱会有变化，就是因为是资产阶级的恋爱，我俩的感情基础只是建筑在精神上和物质上的享受，没有远大的、革命的、共同奋斗的方向，，所以是经不住风波的，是迟早要结束的。在我已经彻底认识资产阶级思想的今天，心里是非常地难过，过去我就为了家庭对自己的希望，爱人对自己的希望和我自己的主观对待名利的追求，而竟使我可耻地做出违背祖国利益的、自私自利的事情来，这是多么卑鄙啊！我为了少数人的利益而不去考虑祖国的命运，不肯走上朝鲜前线，我为了自己的前途，而竟使无数儿童的前途受了影响,我最感觉惭愧的一件事,就是当我离开工作到学校来的时候,成群的学生们围绕着我哭泣,我为了安慰他们,我竟用了这样明堂的话来欺骗他们,“宋老师为了祖国将来的需要去学习,你们应该欢喜,为什么哭呢?”在后来学生们给我的信里说:“……您告诉我们您是为了祖国而去学习,我们不应该哭,但是难过,仍然是使我们落泪……”这些话是多么诚恳啊!我是多么虚伪啊!我为了自私自利去上大学,反而用这些冠冕堂皇的话来欺骗这群非常信任宋老师的天真的儿童,这是多么严重的罪状啊!我现在感觉到万分的惭愧,我对不起祖国,我对不起这些信任我的学生,我更对不起千百万为国捐躯的烈士,我不能再背着这些腐朽的思想,在解放了的祖国的大地上走来走去了,我要彻底地批判资产阶级思想,决心把自己的一切献给祖国,随时响应祖国对我们号召,让我在今后的日子里来补偿我过去给祖国和人民带来的损失吧!让我和大家同道来为着方志敏烈士和千百万烈士们的理想的彻底实现而奋斗吧!

学习可爱的中国特刊
第三十二期增刊　第十四版

我要永远地跟着共产党毛主席前进

俄二　胡定夷

学习了方志敏同志的遗著“可爱的中国”后,给我很大的启发和教育,我哭了,我实在感到羞愧和痛恨,我真不知道该怎样来对付自己所背的臭包袱。

我出身于一个反动官僚资产阶级的家庭,我的父亲在敌伪时是一个罪大恶极的大汉奸,南京市特别市党部主任委员胡志宁就是我的父亲,生活在一个卖国贼、剥削家庭的我,整天就过着纸醉金迷堕落腐化的资产阶级生活,家中接触的都是些所谓“高等华人”“上层社会人士”,每天不是在家中请客就是上“凤凰餐厅”“龙门酒家”(当时南京最大的跳舞厅),一定时刻就会有人请我们去看戏,敌伪时南京戏院的老板,不是我父亲的爪牙,就是傀儡,被我父亲管辖的,当时谁都奉承我们,因为我父亲是汪记国民党的头子,恶势很大,伪南京市市长周学昌等都怕我的父亲,我在小学校读书时(南京模范小学),那儿都是大汉奸的子女在求学,穷孩子在大铁门外张也不准张,否则就被门房拿大铁棍打,我们的学校完全是按财势来评学业,我小学毕业时患了两个月的病,连大考都没考,结果我母亲找校长谈了一次话,文凭就到手了,我还是一个第四名,同样地大汉奸褚民谊的儿子褚季燊、鲍文越的儿子鲍启申、李圣五的女儿李芳，他们都是我班最不用功的三个学生，毕业时，他们都是名列前茅，资产阶级的教育制度的本质就是如此荒谬可耻，就在这样一个卑鄙龌龊的社会、家庭环境下，我从小就养成自私自利、自高自大、轻视劳动、谁也不怕的性格和思想，那时我那＜哪＞知道什么叫“祖国”，什么叫“人民”，我只知道享受，吃吃喝喝，我不知道什么叫做“劳动”，我认为我家的佣人，天生就配给我服务，我经常仗着恶势欺压佣人，一个不满我的意，我就会骂他们，甚至于打他们，他们不敢反抗，假如敢反抗，革了职，尚得吃官司，我们对待邻居那些穷人们更是凶暴傲慢，经常我们欺侮他们的孩子，把他们头打破了，他们都不敢啃气，我们就是这样仗着敌伪势力胡做胡为，欺压着自己的同胞。

我父亲是一个大特务头子，他所勾结认识的日本人都是些大头子，如日本特务机关长，甚至远东总司令冈村宁次与我父亲都很熟悉，后者非常器重我父亲，他认为我父亲“少年能干”，我父亲为了奉顺日寇，竟无耻地命令我们兄弟认日本人为“干爹”、“干舅”，什么“门屋舅舅”“三郎伯伯”就是这样，我父亲用尽了各种卑鄙的手段，认贼作父，得到鬼子的“赏识”，这样，我父亲恶势权力很大，当时我们什么人都不怕，连日本低级军官及士兵都得买我父亲的账，为了保持这样一个“荣誉”和“权威”，我的父亲曾丧尽天良无法无天，帮助日本鬼子不知杀害了多少的同胞，不知剥削了多少劳动人民的血汗金钱，最早我们曾住在上海，我们就住在那赫赫有名、不知杀害多少革命先烈的杀人魔窟“七十六号”，那儿住着李士群、丁默邨等特务头子，我的父亲也是“七十六号”内很有声望的“要人”，我们整天过着享乐腐化的生活，跑狗场、赛马厅、回力球场都有我们的包座，正是上海沦陷，爱国抗日运动正是高潮的时候，我父亲这些出卖祖国的汉奸竟残酷地帮助鬼子大批搜捕爱国志士，并放肆的压迫和屠害自己的同胞，把自己无耻的快乐建立在劳动人民自己同胞的痛苦上，住在“七十六号”时，几乎每天亲眼见到一巡捕车、一巡捕车的所谓“破坏分子”、“流氓”被送到魔窟后面去，只有大批的押进去，就很少送出来，即使有个别推出大铁门外的，也已被折磨得不像人样，不是退跛就是弯背曲腰，站不起来，就是这样无声无息的在这座恐怖的魔窟不知杀害了多少爱国烈士和同胞，这些事实都是我亲眼见到，我的父亲就是一个大郃[刽]子手，特务头子，我要控诉他。

因为我是生长在一个反动家庭，我对我父亲非常崇敬，我认为我父亲真了不起，我希望自己将来能和他一样做大官，我父亲是一个非常阴险毒辣的人，他对老百姓非常刻薄凶暴，但对自己部下总是以小恩小惠的手段去取得信任，特别是对于子女总是以虚伪的爱,经常亲自买些糖果、衣服给我们,这样我们就认为自己父亲是非常“慈爱”的。

胜利后,我父亲并没有被蒋匪帮逮捕起来,名义上是“通缉”,其实是故意放纵我的父亲,解放后我的父亲溜到香港,他仍在做着危害人民的事情,虽然我的政治觉悟提高了,思想有所进步,但是“父亲”的臭包袱我总舍不得抛弃,我从不想批判过去反动家庭给我的毒害,我始终在思想和感情上和父亲保持着联系,我总认为自己的父亲人很“忠厚”,很有“才干”,我认为自己很了解父亲,我认为他在敌伪时没有多大罪恶,他没有直接杀死过人,我明知汉奸都是可耻该杀的,但是我总因为父子,总是父子,我是父亲养大的,他辛辛苦苦出卖良心,做汉奸还不是为了我们,即使政府要拿办他,我做儿子的总不应该出面,同时又对父亲抱有幻想,我竟然无耻地认为自己父亲那一套卖国可耻的“才干”可以拿到新社会中来,为人民服务,做一番事业,我到了交大后,很怕别人问我父亲是谁?(怕人知道父亲是汉奸)现在在哪儿?我的回答总是撒谎“在上海做生意”或“在广州”,“和个别比较亲切的同学,我虽曾告诉他们我的父亲是谁,曾做过什么事情,但我始终没有告诉他们父亲在香港,我骗他们,我的父亲在为人民服务……”我就是这样背着“父亲”的臭包袱,处处设法为他掩饰,我完全丧失了革命的立场,敌我不分的我和父亲在感情上总有一定的联系,为我父亲辩护。

自从听了张广天同学的报告,给了我很大教育和启发,我被她的爱国热情所鼓舞,使我在思想上认识到资产阶级腐朽思想的危害性,使我清楚地认识了自己父亲的罪恶,张广天她过去的立场就是我现在站的立场,她所背的臭包袱和我的包袱很是相像,她的思想情况一切,许多都与我相像,不相同的就是今天她有勇气,坚决站稳了立场,彻底批判了资产阶级思想,控诉了父亲的罪恶,而我呢?我没有,我感到惭愧,我想我是新中国的一个青年,我有决心向张广天学习,大胆把又臭又脏的父亲带给我的包袱丢掉。

参加了全校师生学习“可爱的中国”大会后,在我思想上更提高了一步,我心中非常难过,痛悔自己过去不认识父亲的罪恶,而一直为他包庇、同情,我这种严重的个人主义、自私自利、为家庭父子感情打算的思想的确影响我的进步,过去,我背着父亲的臭包袱舍不得放,那是最具体不爱国的表现,我不配是一个新中国爱国的青年,我痛恨所有出卖祖国、民族的反动统治阶级,因为他们都是剥削毒害人民的郐[刽]子手,我特别痛恨我的父亲,因为我知道他的罪恶比别人清楚,我要控诉他,我要为死难同胞烈士们报仇。

当我想到我是出身于一个卑鄙下流的反动家庭时，我感到很羞耻，过去我们过的享乐奢侈的生活。是我父亲出卖民族、勾结恶魔来屠杀和剥削劳动人民，来杀害自己的“母亲”而伏在恶魔的肛门边或小便上吸取它把“母亲”的肉“母亲”的血消化完了排泄出来的一点粪渣和尿滴，我就在这样可鄙的生活中生长，我是多么可耻的人生啊！今天我能安逸幸福地生活在新中国的社会中；能安静的偎依在母亲的怀抱里，我感到惭愧，我实在不配做母亲的儿子，因为我曾喝过“母亲”的血吃过母亲的肉，我太罪逆了！

今天，我们所以能够有幸福快乐的生活，都是由于咱们千百万烈士们的头颅和鲜血换来的，他们为了祖国的独立富强，为了不愿意帝国主义和统治者的欺侮和毒害我们可爱的“母亲”，为了拯救我们不再做亡国奴，他们勇敢地用身子填平了革命的道路，献出了自己的生命，烈士们那种大公无私爱国主义的精神，永远不朽于人民的中间，我永远不会忘记他们！但是当我想想他们那些宝贵的生命是谁夺去的，我就感到无限的痛恨，因为自己的父亲就是杀害他们的郐[刽]子手之一，我对不起那些被遇难烈士和“母亲”了。

今天烈士们的遗志已经实现了，正如方志敏烈士在“可爱的中国”书中谈到的，我们的“母亲”不再是受尽苦难迫害，憔悴褴褛和污秽不洁的叫花婆了，“母亲”已成为天仙玉质、世界上最美丽可爱的美人了，她自由幸福地正在热情的抚养着自己五亿多个孩子，特别是青年他们正在“妈妈”温暖的怀抱中团结友爱地生活着，他们都有着远大的理想和光明前途，我真为自己能生在这样一个幸福自由的国家里而感到自豪，我真为自己有这样一位身体魁大、胸宽背润、美丽可爱的“母亲”面前感到骄傲，我——我也是“母亲”的儿子，过去我因生活在一个完全丧失立场卖国贼家中，资产阶级思想毒害了我，使我们不爱祖国，不爱人民，我满身都沾着污点，今天感谢共产党、毛主席把我这个自私自利、个人主义的青年从泥坑中拯救出来，我实在对不起可爱的“母亲”，我惭愧，但是今天我认识到这些罪恶的污点，都不是我本身有的，都是我那无耻的父亲带给我的，我痛恨我的父亲，今天我要和他清算，今天我痛下决心，我要站稳无产阶级立场，坚决划清敌我界限，我要与我父亲从思想情感上坚决断绝关系，我不承认他是我的父亲，我不是他养大的，事实我是劳动人民养太的，用血汗把我抚养长大的，今天我所呼所用那<哪>件不是劳动人民给我们的？劳动人民真正是我的父亲，天网恢恢，万恶的父亲和所有的卖国贼反动派们都逃不脱人民法律的制裁，那时我要亲眼看我那可耻的父亲受到人民的审判，处以极刑，要为死难烈士同志们报仇。今天我清楚的认识了资产阶级腐朽思想的丑恶和危害性,我要尽自己最大力量来帮助先生们思想改造,同时我要彻底批判教师和资产阶级家庭给我的影响,过去因为我不知道谁养我长大,我更不知道人为什么要活着。往往为了学习上的不满,为了几斤小米的问题,自己就斤斤计较,[redacted]就考虑个人问题,从来也就没想到国家和人民,而方志敏烈士们,他们为了革命事业,为了广大的同胞,他们不顾一切地自我牺牲。读了方志敏烈士的"可爱的中国"后,我深深为自己的资产阶级自私自利个人主义的思想感到可耻,我认识到人生不是为自己而生存,如果这样想,那他是最自私最可耻的人,也就是最早死亡的人。因为人脱离了群众,就不能生存不能得到幸福。我们生存在世上考虑一切问题,首先就应该以国家为人民利益为前提,人生在世上就为了人类谋福利而生存。我们应该学习方志敏烈士们的热爱祖国,热爱劳动人民,大公无私的无产阶级革命人生观;我们应该坚决树立一个正确的劳动人生观。

今天帝国主义和那些反动派、卖国贼们,还没有完全消灭,他们随时随地仍想破坏我们的胜利果实,我们每一个祖国的儿女都有责任去保卫我们的祖国——可爱的"母亲",同时我们有权利把我们的"母亲"装饰打扮的更美丽、更伟大。我今天发誓:为了报答"母亲"对我的热爱,为了洗刷自己过去所受的资产阶级污毒,我坚决要做一个祖国的好儿子,我要争取做一个青年团员。今后我要努力学习,提高自己的政治觉悟,我愿意在党团的教育下,把自己锻炼得更坚强,更勇敢,成为一个具有高度共产主义水平的革命干部,今天我们是在用千百万烈士的鲜血和肉体填平的革命道路上建设祖国,途中难免仍有些低凹不平的地方,我有这个勇气与决心,为了人类的和平,我愿意献出自己的生命。

学习可爱的中国特刊
第三十二期增刊　第十五版

我要永远忠实于"母亲"

经二　张鼎远

我生长在一个小资产阶级的家庭里,父亲是一个中学教员,抗战前我才是一个十来岁的小孩子,那时我也曾和方志敏烈士所说的一样的是有一颗真纯的心,我痛恨当时的日本帝国主义者在天津那样的欺压中国人民。但是在"七七”事变以后，由于敌伪欺骗宣传与奴化教育的结果，使我成为一个民族自卑感者，当我再看到横行于天津租界上的美、英、法等帝国主义者时，我想做一个中国人太不幸了，又加上资产阶级思想对我的影响，使我成为一个自私自利的人，我对帝国主义者再也恨不起来，因而对于祖国再也爱不起来。

日本帝国主义们压迫我们，使我读完高中二年级，即因家庭生活困难而辍学时，我忘记了什么人使我那样，我为伪军所欺骗，到江苏的一个伪军干部教育班去受训，在那里所给我的是“打板子”、“坐禁闭”。我却忘记了民族立场，混了一年多。我每天只是盼望所谓“老中央”早日胜利，“八一五”日本投降后，很快的我们被共产党所领导的新四军某部所解放，我第一次真正回到祖国的怀抱里来，就像母亲一样，他们仍然是很欢迎我，给我换上新的革命军人服装，安慰我并告诉我在过去我是被骗了，我生病时给我小心的治疗，而我在慈爱的“母亲”怀抱里却整天想着我那卑鄙的向上爬的心思，我不安心工作。当一九四六年旧政协取得“整[redacted]”等项方案的协议后，有一部分人要复员时，我就要求上级批准而复员，就这样离开了“母亲”的怀抱。即使当我要离开“母亲”时，“母亲”仍然怕我再受敌人的欺侮，告诉我不要让我从国民党匪军搜查最严密的地方扬州走我，拿着一张革命军人复员证，走到每个村子里，“母亲”的儿女，我的亲爱的兄弟同胞们，都热情的招待我，而当我离开解放区时，却被几个唯利是图的奸商所玩弄，将“母亲”给我的路费骗走了一半，使我到上海乘船回天津时买票却没钱，硬着头皮混上一只英国商船，他们查出来后就将我和一群没票的人集中在一声，奚落我们，要让我们给他们冲甲板，我就这样回到那依然为衣食而发愁的破烂的家，我没有机会考大学，只得找到一个名为“天津职业训练班”的地方去学习，在那里我经不起帮助恶魔残害“母亲”的反动派的威胁与利诱，我忘记了“母亲”的指示，而参加了三青团，不久毕业后，我考到伪天津市地政局去工作，我甘心做着欺侮我们“母亲的”反动派的忠实小卒，天津解放后，我向“母亲”交代了所有我做的事，“母亲”仍然怜惜我，介绍我到华北革大去学习，我却被三百斤小米所引诱而到一家私营工厂去服务，当那个工厂清理后，我考进了大学，达到了我的宿愿，我却仍然斤斤计较我个人的得失，我欺骗了“母亲”，将我那一部分丑恶历史隐瞒起来，可是“母亲”仍然信任我，让我好好的学习，让我参加“五反”工作，让我当班委，我却那样的自欺欺人，思想改造运动到来了，“母亲”告诉我，以前我所追求的个人打算正是如张广天同志所说的，一团黑寂寞的前程，我看不见祖国美丽的前程与广大的人民，我错了，我第一次感觉我错了，我对不起“母亲”，我决不能放弃“母亲”对我的再一次挽救，我一定要老老实实的向母亲诉说我过去所做的事情，在我短短的二十几年生命中，两幅明显的图画摆在我的面前：一幅是反动统治对我以及成千成万像我这样的青年人所受的迫害，使我们愈陷愈深的堕入泥坑里；另一幅是以成千成万的像方志敏烈士那样的人去拯救“母亲”，拯救我们，使我们摆脱反动派的迫害，而走向光明的前途。我痛恨我自己，我更痛恨迫害我们的反动派以及腐朽的资产阶级思想，他们使我成为一个可耻可鄙的可怜虫，鼠目寸光的小人，我今天体会到“母亲”——祖国、党和人民是一致的。方志敏烈士当每一次受到刺激，就更加坚定为中国民族解放奋斗的决心，他能使中国民族解放而不惜牺牲自己的生命，而个人主义的我，却日益成为一个懦弱者，是那样的微弱渺小。什么力量在支持着他，明知自己要死时仍然念念不忘党的事业，祖国解放的事业，毫不计较个人所受的痛苦，没有别的，那就是共产主义革命的人生观，那就是共产党员高贵的品质，他是“母亲”最忠实的好儿女。祖国可爱吗？我以前听说西湖的美景，看到首都美丽的花园古迹，以及广州的越秀山，开阔的华北大平原，浩浩荡荡的黄河、长江、苍松翠柏，崇山峻岭的奥汉沿线及京绥路旁，古老的长城也觉着不错，但我忘记那是劳动人民辛勤劳动的成果，是“母亲”忠实的儿女所创立的功绩，祖国将越来越可爱了，工业化及农业集体化的远景已摆在我们的面前，我们现在是走在无数像方志敏烈士那样以自己的身躯铺平的道路上，但不要忘记，我们必须参加到这一伟大的共产主义事业中来，继续填平那还有很多崎岖不平的道路，并把它修饰的更美丽，我们若仍然在那个人主义的卷里打转是会被“母亲”所厌恶，甚至遗弃的。可是“母亲”永远也不希望我们那样做，党要争取改造一切可能改造的人，只要将自己丑恶的包袱丢下，回到“母亲”的怀抱里，“母亲”将会很喜欢你的，用手抚摸着你的头，让你在“母亲”面前诉说你受的委屈，告诉你是受了谁的欺骗，指示给你应走的道路。我们暴露自己丑恶的思想和行为，就像一个做错了事，揽在母亲怀抱里的小孩子一般，有什么事情不可以向母亲诉说呢？只有老老实实暴露自己，放下包袱，才能获得“母亲”的欢欣，才能感觉出“母亲”的慈爱。当我放下包袱初步批判了我的错误以后，我感觉“母亲”给我吃的饭更香了，祖国的一草一木，一砖一石都对我有了新的感情。我看到为我们修盖图书馆的建筑工人以及附近的农民，他们在风吹日晒下辛勤的劳动着，使我想起“母亲”正在培养我们，我看到新种在道路两旁的小树，我就想起十年以后将长成一棵棵的林荫，上面结满了苹果，首都以及从黑龙江到海南岛，到东海滨到新疆及西藏高原，不就是一座美丽的大花园吗？方志敏烈士所理想的今天就到来了，我更恨欺侮“母亲”的恶魔以及“母亲”的逆子，还有使我走入歧途的资产阶级思想，我更爱我们伟大的“母亲”——祖国，党和人民，我要好好的参加思想改造运动，在今后不断提高自己，永远做“母亲”的一个忠实儿女。

学习可爱的中国特刊
第三十二期增刊　第十六版

我爱我真正的“母亲”

电一　黄九琰

想想方志敏同志，比比我自己，太难受了。我是生长在地主家庭里，我吃的穿的用的那<哪>一件不是劳动人民的血汗所换来的，可是，我不知道，我从没有想过到底是谁把我抚养长大的，我不认识自己的真正的“母亲”，解放了，土改前家里狡猾地把土地归还给了农民，取得了一个“开明地主”之名，这个迷惑了我的眼睛，无形之中对家庭减少了仇恨，对家庭另眼看待，在当时我还是爱自己剥削的家庭，我所爱的是自私的母亲，农民忍饥挨饿，他们终年劳动，想想了他们悲惨的生活，眼看着跟我一般大的孩子们，在牧牛拾柴，我同情他们；过年过节时他们哭哭啼啼，我可怜他们；但是他们为什么这样苦，我没有想，是封建地主压得透不起气来，我的快乐是从他们的痛苦中得来的，对地主阶级的仇恨被我错误的（无立场的）家庭观点冲淡了。党、毛主席教育了我，使我认识到真正养活我的是劳动人民，我像一个流浪的孤儿找到了慈爱的母亲，是多么可怜啊！一个不认识母亲的孩子是可怜的，我认清了“母亲”，我要爱自己真正的“母亲”，恨“母亲”的敌人。

祖国是我伟大的“母亲”，五万万六千万同胞是我亲爱的兄弟姐妹，过去当我看到祖国被蹂躏，我也曾痛恨到底为什么，我没有想，我亲爱的“母亲”，当你在一边伤心痛哭时，我站在旁边无动于衷，我麻木不仁，方志敏同志在说：“听着朋友！‘母亲’躲到一边哭泣去了……”，“母亲”你是要哭，你没有良心的无耻的孩子们，（封建主义、官僚主义、资本主义者）在残害你啊！他们在吸“母亲”的“血”，还在抽“母亲”的“筋”，（我也在间接地吸母亲的血）啊！“母亲”倒下去了。狼心狗肺的叛徒（反动派），在欺凌着自己千千万万个兄弟，他们把“母亲”出卖了，出卖给魔鬼……，还有你麻木无知的孩子，不认识你，不知道给我血汗的培养，我不像“母亲”的孩子，我不配……，忠实伟大的兄弟们，把“母亲”救了，创伤痊愈了，“母亲”站起来了，恢复了健康“母亲”，好兄弟带我认清了你,投入了你温暖的怀抱,我永远要在你的身边,为了你的健壮,我要拿出所有的一切甚至于生命,我要保卫伟大的“母亲”。

烈士!千千万万个像方志敏一样的革命烈士,抛头颅、洒热血才奠定了革命胜利的基础,今天劳动人民当家作了主人,农民劳动在自己宽广的田野,工人忘我地工作……,多少劳模,多少英雄,国际经济会议的胜利,“三反”、“五反”的胜利……,一个胜利接着一个胜利,再不受压迫,再不受欺凌,祖国在飞跃前进。方志敏烈士的理想初步实现了,我从小是生在敌人堆里的,我一定要在思想改造运动中彻底批判旧社会的影响,特别是家庭影响,我要永远跟着毛主席前进,为保卫而且壮大革命的胜利果实而彻底奋斗。

我认清了真正的“母亲”,永远热爱伟大的“母亲”。

我们伟大的祖国万岁!

一九五二年六月九日　第三十三期

坚决树立工人阶级思想！彻底批判资产阶级思想！

节委会办公室召开核心组长会议
决定本周学习“论自我批评”

今日上午节委会办公室召开各系核心组小组长干部会议，布置本周工作。办公室主任张绪潭同志在会上指出，上周全院师生员工学习“可爱的中国”文件后，爱国热情空前高涨，纷纷要求自我改造，根据群众发动情况，教师在本星期内除去洗澡过关照常进行外，并学习论“自我批评”，学习此文件必须联系实际，掌握这一文件的精神实质，作为正确地开展思想斗争的武器，进一步提高大家的认识与觉悟。

节委会办公室，对某同志所提意见的答复

某同志所提意见，办公室于六月八日下午才见到，据我们检查，此意见在八天以前即投入资料研究室信箱。张国伍、彭准今同志对待群众意见的态度是不负责任不严肃的，除张国伍、彭准今同志应作检讨外，兹将某同志意见公布并作答复如下：

意见原文

节约检查会诸领导同志：这运动中你们号召必加紧文体活动，以便决不因运动如何紧张而损失了大家健康，这当然是绝对正当，可是事实上你们还只看到表面，不从根本上去解决，不细细的去分析，所以你们的原来好意未得到，反而有坏点你们并未理他：例很多班开会，一开即三个钟头不动身，还有近四个钟头的，这对吗？为什么一节课又有五十分钟呢，要休息十分钟呢，当然这是使脑休息，更是使四肢活动一下，“久坐伤血流行”，可是开会哩，用不用脑，恐怕并不比上课用得少，一样不动，血不流，这对健康好吗？你们想一下，所以我们这一群牢骚鬼建议每次开会最多不起[超]过九十分钟，必定休息十五分钟，否则这种开法不但不有好会，并损失会员健康增加“怕开会”了，你们说对吗？林彪曾大声疾呼号召“少开会、开短会”，长江日报曾大刊特刊这事，我相信林同志是革命典型人物，见识一定比较对，他不会故意犯错的，希望你们即

刻纠正这一认为无所谓的大偏向，否则此次运动结果又是会“如是、如是的”。

答复

某同志所提各班开会时间过长，一次会三四个小时，中途不休息将影响身体健康，建议中途休息。这个意见是正确的。望今后各单位开会时间过长者，中途应适当休息。如开三四个小时的会，中间应休息十几分钟。但是意见中所提，“少开会”或“开短会”，并不适合目前正在开展的反资产阶级思想运动的要求■■。

节委会办公室

六月八日下午

彭准今同学的检讨

本月六日下午六时由张国伍同学交给我某同志提给节委会办公室意见一份，我当时看后压在桌上，就去吃饭，并没送到办公室去，当时我不但没有重视群众意见，问清意见来源及时反映上去，反而无组织、无纪律，把群众意见压在桌上置之不理，这是由于我轻视群众意见，对革命工作采取不负责任的态度，这是革命工作者不应有的态度，尤其是一个共产党员更不应该如此，这说明自己思想意识不纯，不是对革命负责，对党负责，对群众负责，这次积压意见，应该由我负责，我衷心承认这次严重的错误，决心以后改正。

张国伍同学检讨

今天办公室解答的意见是张玲同学于一日由资料研究室问题解答箱中取出，二日交给我的，我没有即刻将群众所提意见送交宣传部负责人，直到本月六日才将意见送交鼓准今，群众迫切要求将他们的意见反映给领导，而由于我当时采取了严重的对群众不负责的工作态度，将群众的意见迟延了五天才送到领导上，严重地影响了群众提意见的积极性，现在检查起来这是对群众、对党不负责任的态度；这不是一个青年团员对待工作所应有的态度，现在检查起我犯这种错误的思想根源，是由于受了剥削阶级家庭出身的影响，是由于在自己思想中还存在着很多非无产阶级思想意识，不关心群众的要求，不重视群众的意见，严重地脱离了群众，由于我这种思想，因而给工作带来了很大的损失，在今天反资产阶级思想运动中，不但没有清洗自己的非无产阶级思想，相反的还抱着这种思想来参加工作，这是群众和党所不能容忍的，今天我除了深刻的来检查自己这种对群众、对党不负责的态度，彻底批判自己的错误思想，并向群众作公开检讨外，并下定决心积极参加到运动中，彻底清除这些非无产阶级思想意识，今后努力做好自己所担任的工作，保证今后不再发生这种错误。

今天本报两版

第三十三期　第二版

读者来信

最近根据读者的要求，本报从今天起特开“读者来信”一栏，进一步地反映读者意见，本栏主要刊登读者对各方面的批评、表扬、建议、要求和感想，内容短小精辟，能说明问题，希望读者们很好地利用这一栏，来稿请注明姓名、地址，以便联系，[redacted]宣传部。

建一团小组对王健平同志所犯错误的批评

建一团小组在八日下午召开会议，对王健平同志展开批评，陈团员同志对[redacted]加，在会上同志们首先指出，在那样庄严的会场上，许多同学和教师都沉痛地批判了有[redacted]觉得对不起革命先烈和祖国，许多同学都流下了眼泪，而王健平同志身为一个光荣的青年团员，在会场上却采取了漠不关心的态度，在一读看小说，这种原则性的错误是坚决不能容忍的，在反资产阶级思想运动正中进行的今天，我们决不能允许自由主义态度存在。

我们认为王健平同志所犯的错误是表现了对党领导的政治斗争的不关心，对革命事业不够忠诚，忘记了自己是一个青年团员，忘记了要起模范作用，不积极参加群众性的政治运动，怎么能说对祖国热爱，怎么能说对运动关心，这么毫不关心祖国和人民利益的行为，直接的损害了团的先进性和积极性，他之所以发生这种错误决[绝]不是偶然的，而是有一定的思想根源的，由于王健平同志的个人主义思想还没得到彻底的批判，并且一贯的对自己的思想表现了自由主义的态度，因此在六月八日建一团小组会上，全组团员和同学对王健平同志提出了严厉的批评，并让王健平同志严格地对待自己，深入检查思想，对自己的错误思想进行斗争！

不能容忍王健平同志这样的自由主义

看了“思想战线”建四金柏荣同志对建一王健平同志在上星期六全校师生

员工学习方志敏烈士“可爱的中国”的大会上阅读小说一事所提出的批评之后，我们一致认为正当我校思想改造深入开展的时候，竟然会有这样一位青年团员，而且作为一个班的领导人，还对今天运动采取漠不关心的自由主义，这是不能容忍的事情。

问题的严重性在于，即使我们没有阅读“可爱的中国”，我们没有经过前几个月轰轰烈烈反资产阶级思想运动，那么在前天那样的会上，作为一个爱国青年来说，必然会受到感动。事实也证明，那天每一位到会的同志都抱着沉重的心情为自己过去对母亲爱得不够而流泪，王健平同志是个青年团员，自己是建一班的负责人，领导着一个班的运动，也参加了我系一领导小组，在前次全系师生学习“可爱的中国”的大会上，王健平同志在看到了很多老师同学痛哭流涕，悔恨过去并表示决心，经过这些运动教育，我们不能相信王健平同志思想上一点也没有收获，竟会在全校那样有意义的大会上，看起小说书来，而且经金柏英同志诚恳批评之后，非但没有虚心接受，认识错误，相反的，转移座位，继续在那里看小说，试问王健平同志对思想改造有没有认识？而且在那天下午你要领导班上漫谈感想，试问你自己的思想麻木不仁，又如何去启发旁人呢？

今天，许多同学在批判了自己的资产阶级思想后，光荣地加入了青年团的组织，王健平同志作为一个青年团员，却如此对待思想改造，不关心同学们的进步，这是一个非常错误的态度，我们也要求王健平同志好好检查一下自己思想的，认真的、严肃的对待这个问题。

建三全体同学

王健平同学应认识自己的错误

编辑同志们！当我们昨天看到了建筑系大字报揭发王健平同学的错误后，我们感到非常的沉痛！

在我们学习方志敏同志“可爱的中国”时，我们每个人心理都很感动，觉得过去处处都从个人利益出发，对我们的“母亲”太不热爱，尤其是在前天的师生座谈会上，那些老师和同学和真实而动人的报告，更使我们感到难过。我们想起了我们过去很多地方，也和他们一样，太对不起我们的“母亲”，对不起我们的方志敏烈士，很多的同学都为自己过去的错误而痛哭流涕，在这个会上，在我们受到了很大的教育和启发时，进一步认识了自己的错误，增加了对祖国无比的热爱，但是，就在这个会上，就在这样沉痛的会上，王健平同学竟毫不在乎地看起小说来，同学对他提出意见后，他仍然置之不理，我们真不了解，难道老师们同学们沉痛的报告，对王健平同学竟是这样的无动于衷、格格不入吗？难道王健平同学在读了“可爱的中国”以后，觉得已问心无愧了吗？觉得也对得起方志敏烈士了吗？显然，王健平同学在会场上所表现的态度是完全错误的，不但不够一个青年团员，就连一个中国人民的感情都没有。

我们觉得王健平同学是一个青年团员，所以更应该好好地检查自己的思想，检查自己对反资产阶级思想的态度，深入地认识自己的错误。

建二　郑林翰　曹昌彬

王健平同学应深入检查思想并作公开检讨

编辑同志：

同学们在建筑系“思想战线”上看到同学王健平同学的报导时，我们感到十分恨愤，尤其是作为一个光荣的青年团员，我班主席，竟以这样的态度来对待反资产阶级思想斗争，实在是令人不能容忍。

自我们反资产阶级思想运动开展以来，很多同学们受到了深刻的教育，大大的提高了政治觉悟，特别是学习了方志敏烈士的遗著“可爱的中国”一文，同学们的爱国热情更为空前高涨。并且[redacted]改造自己，纷纷提出要争取作一个光荣的青年团员，而王健平同志非但没有发挥团员应起的模范作用，反而采取了漠不关心、无动于衷的态度——在大家以沉痛激动的心情学习“可爱的中国”的大会上看起小说来！[redacted]青年团员品质的表现是非常严重的，我们希望王健平同志严肃的对待这些错误，深入地检查思想并作公开检讨。此致！

敬礼！

凌空慧　高维钧　陈福灿　方维春　方以规　[redacted]元云　马慧珍　杨雯[redacted]
盛学良

一九五二年六月十日　第三十四期

彻底批判资产阶级思想！坚决树立工人阶级思想！

社论：认真开展批评与自我批评，为取得更大胜利而斗争

（一）将运动更向前推进一步

节委会办公室在大家学习了“可爱的中国”，爱国热情空前高涨，纷纷要求自我改造的时候，决定学习“论批评与自我批评”，这是非常适时而非常必要的，批评与自我批评是我们在这次反资产阶级思想斗争中的重要武器，是推动我们这次运动前进的动力，也是在人民内部进行自我教育与自我改造的主要方式，认真地联系实际，学习批评与自我批评，正确地掌握这一锐利的武器，是我们当前将运动更向前进进一步的主要环节。

（二）站到无产阶级立场

批评与自我批评是无产阶级的武器，只有站在无产阶级的立场，才能正确掌握这一武器。批评必须站在无产阶级的立场，就是以最大多数人的最大利益为标准，凡是与最大多数人的最大利益相违背的思想和行为，那就必须加以批判，而与之没有太大关系的行为与思想，那就不必一定要去批评。比如有同志对别人提意见说：“在冬天你为什么把窗户开了，因为使我受凉。”这就是生活细节的批评，不一定要去批评。

（三）大胆暴露

有同志对于自己的一些脏东西，总以为别人不知道，可以不必暴露，其实这些同志是自欺欺人，今天是人民的天下，有什么事情还能长久瞒过人民雪亮的眼睛呢？君不见前几天的全院师生大会吗？你不相信你的儿女也是毛泽东时代的青年吗？俗语有句话：“要欲人不知，除非己不为”，那＜哪＞里会有不透风的墙。

有同志对于自己的一些脏东西还有所留恋，舍不得暴露，还想依靠自己这些脏东西在人民的天下来维持自己的生活。这样的想法是错误的，要明白今天你的服务对象变了，是劳动人民而不是剥削阶级，那一套替剥削阶级服务的虚伪的把戏，劳动人民是不需要的。

也有同志想偷偷地在神不知鬼不见的时节丢掉自己的臭包袱，同志！这

样的想法是不合乎实际的，发了霉的脏东西藏在床下面是去不掉霉，必须有勇气拿出来，摆在太阳下面才能将霉去掉的。

勇敢地脱下裤子，大胆地暴露自己错误，这是改正错误的第一步。

（四）责己从严责人从宽

有人说运用批评与自我批评的武器要考虑对方接受的程度，要注意方式与态度，也有的同志说我们不应当过于强调批评的态度与方式，要采取“言者无罪，闻者足戒”，“有则改之，无则加勉”的态度，其实这两种说法如果都是拿来要求自己的话，那都是正确的，也就是说，当别人对我提意见时，我应当采取“方者无罪，闻者足戒”，“有则改之，无则加勉”的态度，当我批评别人时，那就应当考虑一下批评的态度与方式与对方接受的程度，总之，我们应当采取责己从严，责人从宽的态度。

（五）痛下决心

斯大林说：“我们生活中总是有什么东西在死亡着，但是那些日趋死亡的东西不愿意简单地死去，而要为自己的生存作斗争，坚持自己已经腐朽的事业。我们生活中总是有什么东西在产生着，但是这些产生的东西，不是简单地产生出来的，而是喧闹着，叫喊着，争取自己的生存权，新东西和旧东西之间的斗争，垂死的东西和新生东西之间的斗争——这就是我们发展的基础”。所以我们要去掉资产阶级的思想，那是必然要经过激烈的思想斗争的，必须要有一定的决心与勇气才能够将尾巴割掉的。现在有少数同志没有勇气忍痛割掉自己尾巴，不敢跳下水洗澡，老是站在池边喊着“我身上的污垢为什么老弄不掉呢?”“我为什么对人[redacted]”转变了立场，对人民自然就会存有感情，如果老是站在池边空喊，没有勇气下水，身上的污垢是永远不会自己掉下来的，因为污垢也是要为自己生存作斗争的。

（六）“治病救人”“与人为善”

毛主席说“我们揭发错误，批评缺点的目的，好像医生治病一样，完全是为救人，而不是为了把人诊死。一个人发了盲肠炎，医生把他割了，这个人就救出来了。任何犯了错误的人，也不管他的错误犯了多大，只要他不讳疾忌医术，不固执错误，以至于达到不可救药的地步，而是老老实实，真正愿意医治，愿意改正，我们就欢迎他，以便把他们的毛病治好，使他变为一个好同志，决[绝]不是痛快一时，乱打一顿所能解决问题的，思想上的毛病，决不能采取鲁莽的态度，必须采用治病救人的态度，才是正确有效的方法。”因此，我们要将思想与人分开，对于资产阶级思想我们要采取坚决的严肃的斗争态度，绝不能有丝毫迁就与容忍，我们应当仇视、卑视、鄙视资产阶级思想，要把资产阶级思想在学校中搞臭，弄得“老鼠过街，人人喊打”，但对于人要采取“治病救人”的态度，满腔热情，苦口婆心，认真负责地去帮助别人丢掉包袱，我们要打倒的是某人的资产阶级思想，而不是某人，我们要热情对待的是某人而不是某人的资产阶级思想，有些同志还不能将思想与人区别开来，总怕丢自己的面子，而不敢暴露自己的臭思想，或更怕丢了臭思想而打掉自己的饭碗，同志！这样的想法是不正确的，暴露了臭思想，丢的不是你自己的面子，而是资产阶级的面子，当你丢了臭包袱，以后你的饭碗不但不会打掉反而会更牢靠起来，如果你不愿丢掉你的臭包袱，虽然人民已经尽了最大的努力来争取改造你，你还是执迷不悟，硬要背着臭包袱行军，那么今天人民的队伍是解放了的队伍，是走得很快的，你是有掉队的危险的。

（七）为取得更大胜利而斗争

通过“可爱的中国”的学习我们的运动已向前推进了一大步，现在让我们来认真学习批评与自我批评，争取每个人都放下包袱，为取得更大胜利而斗争吧！马克思列宁主义胜利万岁！

第三十四期　第二版

读者来信：办公室对待批评的态度是我们学习的好榜样

编辑同志：

在三十三期“三反快报”上看到节委会办公室对某同志所提意见的答复，以及彭准今、张国伍二同志的所检讨后，我们对办公室这种虚心接受群众意见，严肃对待工作的态度，表示衷心的拥护！通过这一事件，我们可以看出，有些干部在思想意识上是脱离群众的，他们不重视群众意见，压制了群众的积极性，这样对运动的开展是会受到阻碍的，节委会办公室发现了这件事情以后，立即加以处理，并由彭、张二同学作公开检讨，这样不但对彭、张二同学是一个深刻的教育，对全校同学特别是工作中的干部来讲，也是一个教育。这件事教育了干部应该如何严肃地、慎重地处理群众的意见。节委会这一措施在目前全院学习“论自我批评”的阶段，是具有更大的意义的。虽然，提意见的这位同志在内容上有好多不正确，特别是在态度上，完全不是以主人翁积极参加运动来对领导提意见，而是用第三者的立场，积端恶劣的态度来提意见，然而，办公室不计较他的态度，还是虚心接受了其中一部分较为正确的意见，并以干部进行了教育，我们认为办公室是真正地依靠群众的。我们不但拥护办公室的意见，而且将办公室这种认真严肃的精神作为我们的旗帜，作为我们学习的榜样。

最后，我们认为这位提意见的某同志，用这种恶劣的态度对待领导，是完全不应该的，我们希望这位同志能自觉地作公开检讨。此致

敬礼！

四四一寝室全体同学

必须端正提意见的态度

编辑同志：

我们欢迎像某同志那样向组织提意见的精神，我们认为某同志所提的意见基本上是正确的。但问题在于某同志提意见时所抱的态度，不是采取“与人为善”的主人翁的态度，而是站在第三者的立场来“冷讽热嘲”。因此应当指出，某同志的这种提意见的态度，不但是错误的，而且也是不能容忍的。

一、本院节委会是领导我院师生职工进行伟大的思想改造运动，并保证这个运动取得胜利的一个组织，因此，她是我院全体师生职工自己的组织，而某同志在提意见时口口声声说：“你们的号召……”“你们原来的好意……”，这样，就把自己和自己的组织对立起来看了，这是十分错误的。

二、某同志提议，以后开会时间过长时，应该在中间休息一下，这是对的，我们之所以这样提，是为了把我们的会能开得更好。过去节委会在这方面注意得不够，但又何至于会引起像某同志那样多的愤怒，更何至于如某同志所说的是一个“你们”认为“无所谓的大偏向”？将增加“怕开会”了，某同志之所以要这样来夸大会间不休息的坏处，和不首先从这个会议是否对我们有好处这一点来考虑，而只是无原则的反对开长会，甚至不惜片面地引用了林彪将军的话来做辩护，他的用意究竟在哪里呢？

三、某同志自称“我们这一群牢骚鬼”，他把有意见看成是“牢骚”，已经是很大的错误，何况我们今天是生长在这样一个伟大的毛泽东时代里，我们要问问你的“牢骚”是向谁发的呢？是向自己的组织吗？是向自己的同学吗？为什么在现在阳光普照着大地的新社会里，你还要做一个甚至对自己的组织连姓名都不愿说出来的“牢骚鬼”呢？我们不要“牢骚鬼”，我们要的是：“真诚地、积

极主动地向组织提意见的‘人’”!

最后,我们觉得节委会能够虚心接受群众的意见,说明了我们的组织是真正大公无私的,而张国伍、彭准令二同学认真对待自己工作中所犯错误的态度——也是值得我们学习的。此致

敬礼!

运三乙全体同学上

爸爸,我要求你好好的深入的检查自己的思想

在七日上午,全院师生员工大会上,许多教师和同学都为自己过去没有热爱祖国而感到惭愧。晚上,我回到家里,谈起了大会上的收获时,我的父亲——应南才教授问我:“你哭了没有?”我点点头。父亲说:“你的眼泪怎样这么多!”当时我问他,“你难道一点点都无动于衷吗?”他说:“我怀疑这篇文章是否方志敏烈士遗著。因为不可能一天写完,在监狱中也不允许他写。即使写好了,也不可能送出来。所以我认为它是别人做的,是打气的工具。”这种言论,不但表现出我的父亲对这次运动的认识不足,还表示出他的麻木不仁与思想反动。不然,在那种严肃的场合之下,就不可能无动于衷,更不可能发出这些荒谬而且反动的言论来。

我的父亲年龄并不算小。在国内国外也曾看见过外国人对中国人的轻视与侮辱。他也说过:“我不但看见过像方志敏烈士所叙述的一切。还看见过比这些更厉害(?)的事。”我的爸爸,在您看见这些令人痛心的事情时,您有何感想呢?是不是也像那天大会上一样的无动于衷呢?如果是的,为什么您会这样的呢?作为一个中国人,您可曾感到痛心?

从您的话中,可以看出您对于党对于政府,对于思想改造运动,对于党对知识分子的政策的认识都是不正确的。您怀疑文章的真实性,是因为你对党、对政府先有所怀疑。您认为“可爱的中国”是“打气的工具”,则证明您对运动与党的政策的认识不清楚。亲爱的爸爸,在那样的大会上,每一个人都因为自己不曾热爱祖国而痛哭痛哭流涕。你的感觉却恰巧相反,爸爸这是不应当的,也是令人不能容忍的。[redacted]我要求您对这些问题加以考虑,想想看,您对这些事的看法如何?为什么会使您有这种看法的?今天,您的看法又是如何?

亲爱的爸爸,您是光荣的人民教师,您的一举一动,一言一行,都将影响我们这一群孩子。祖国要求的是才德兼备、体魄健全、具有高度共产主义水平的干部。如果这种资产阶级思想不批判,如果工人阶级思想没有树立,跟你学习

的我们是不能符合这个要求的。作为您的儿子与学生，我要求您好好地深入地检查自己的思想。在今后的中国，我们不能允许这种思想存生，更不能允许在人民教师的头脑中存在着，作为您的儿子与学生。我要求您为了祖国的缘故，抛弃一切的顾虑和包袱，勇敢地进行思想改造。（应达之）

今日本报两版

一九五二年六月十二日　第三十五期

彻底批判资产阶级思想！坚决树立工人阶级思想！

青年团第七分支的开团员大会
王健平同志作公开检讨
同志们诚恳提出意见

青年团建筑系分支于六月十日下午召开全体团员大会，除团员同志出席外，并有本系教师同学和别班同学参加，会上，首先由王健平同志做检讨，在检讨中，他首先检讨了最初对这次所犯错误认识的不够，他以前只觉得是犯了群众的纪律，没有认识到其严重性，经建一团小组开会批评后，才进一步的认识了自己，正如他自己所说，我并没有投入这一运动，是无动于衷，这表示我和人民的感情，是两条心，对革命是三心二意，继而对自己的家庭出身及带给他的影响，做了检讨，他出身于地主家庭，存在着浓厚的剥削意识，因此，他与劳动人民没有感情，对革命认识不够，一系列的表现在各种运动中，这说明了一个带有浓厚个人主义思想的人，是不可能对革命有所贡献。相反的有危害作用，正如他自己所说，他现在才发现已给革命带来了不可弥补的损失，在他整个的检讨中，对他自己的错误及这种错误的严重性，是有了初步认识，认识到自己这次所犯的错误不是偶然的，而是有一定的思想根源，自解放后一直到现在，虽然经过两年多团的教育，但是对他并不起作用，因为他的个人主义思想是非常根深蒂固的，最后他表示从现在起，一定要下决心改造自己，并且在实际工作中锻炼，要做一个名符[副]其实的青年团员。

在他检讨以后，同志们，同学们，都给他提意见，大学觉得王健平同志对自己的错误及其严重性是有了初步认识，但是对自己的错误批判得不不够深刻，对自己的地主家庭出身，没有划清思想界限，对革命工作、家庭与自己三者关系没能很好解决。李友三同志说：王健平同志基本上认识自己的错误，这是很好的，但是对自己的反动思想，如在清扫垃圾时认为“自掘坟墓”，没有很好的重视。陶德坚同志说：“王健平同志对自己的反动思想没有批判，应该坚决的背叛自己地主阶级立场”。张敕同志说：“他对剥削阶级不够仇恨，他平时生活，自由散漫，说话反动，这表现有很浓厚的剥削思想，像这样站在剥削阶级来参加革命是不行的。”许多同志都指出了王健平同志要进一步划清思想界限，进一步批判自己的资产阶级思想。

最后团总支书记，赵锐同志总结发言，指出：“王健平同志所犯的错误是原则性的错误，是爱国不爱国革命不革命的问题，不是不守纪律的问题，但是在我们团内最初认识很不一致，有人对王健平的思想进行包庇，认为这样被人打击了，他这是非常错误的，我们看一个同志的爱国与不爱国，不管口头上怎样讲，须要从具体的实际斗争中考验，那就要看我们对今天的革命运动的态度，因为我们的革命不是抽象的。”赵锐同志又指出：“在建筑系青年团的组织，工人阶级思想很薄弱，很多团员同志对资产阶级思想采取了妥协，麻木不仁，自由主义态度，听到了散布反动言论而不向组织上反映，也不对王健平同志提出批评，团内批评与自我批评的武器没有很好的运用起来，今后我们要结合反资产阶级思想运动，在团内开展批评与自我批评，开展思想斗争，把资产阶级思想从青年团内清除出去。”同时他也指出：“如果我们的资产阶级思想不彻底批判，发展下去会使我们脱离革命甚至背叛革命的危险。

会后，教师与同学都觉得受了很大的教育，郑仲增同学说：“通过今天这个会，使我体会到了组织上对同志的教育与帮助”。徐中主任说：“今天的会，使我更感到思想改造的迫切，虽然王健平自己的家庭给他有影响，使他产生这样的思想，但是我们教师也在扯同学们的后退，以前我们觉得政治与技术是分工的，以为教师只管技术，青年团只管政治，这是不对的，今后我们在教学工作中，一定要结合爱国主义思想进行教育。”

短评：正确认识王健平同志所犯错误的性质

建一王健平同志在全院师生员工学习“可爱的中国”的大会上阅读小说一事，经本报揭发后，同学们都认为这是一件原则性的错误，团的组织对王健平同志立即进行了批评与教育，青年团建筑系分支于十日召开分支大会，首先由王健平同志做了自我检讨。接着团员同志以及参加大会的同学也以极诚恳的态度指出了王健平同志的错误，我们认真严肃地对待这一问题是完全正确的。

王健平同志的错误不是偶然的发生，而是有其思想根源的，他在组织上虽然加入了青年团，然而在思想上，还是站在敌人的立场，仇视苏联，仇视共产党，每天同学们在早操跑步时，王健平称之为“如同上饶集中营的跑步”，消灭细菌大扫除填土时，他说是“自掘坟墓”，像这样极其反动的言论，说明了他对革命、对人民的仇视，由于这些反动思想的存在，所以在全院师生员工学习“可爱的中国"的大会上,许多同学和教师沉痛地批评了自己,觉得对不起革命先烈和祖国,大家都激动得流泪,而王健平同志则无动于衷地阅读小说,反动思想在他脑子里占了上风,因此,他对祖国和人民就不可能发生热爱,对敌人也就不可能发生憎恨,在会上也就必然地会无动于衷,王健平同志的错误是原则性的,是严重的,是中国人民所不能容忍的,青年团的组织当然更不能容忍,青年团必须将这些反动思想彻底清除出去。正如有些同学批评他"连一个中国人民的感情都没有"我们对待王健平同志的错误,应提高到这一原则来看,而不能单纯地认为是"违反群众纪律",有些人认为对王健平同志的批评"太过火"了,我们说只有提到思想高度来进行批评,才可能对王健平有帮助,才可能使王健平的反动思想得到肃清,才可能澄清青年团内部的一切混乱思想,王健平同志虽在分支大会上作了检讨,但认识还极不深刻,必须深刻反省,坚决改造自己。

建一团小组的同志在过去既然发现了王健平同志的反动思想和反动言论,但熟视无睹,处之泰然,而不积极地对这些思想进行斗争,采取了极严重的自由主义,这样不但给团的组织带来了损失,而且对王健平同志也是不负责的,这些同志,过去在思想上也没有很明确的爱和憎,现在必须正视这一问题,检查自己思想。

第三十五期　第二版

读者来信:青年团组织应向一切反动言论进行坚决斗争

看了建筑系"思想战线"上有关王健平同志的报导后,我们感到非常沉痛,提出下列意见:

王健平同志在全校大扫除时说是"自掘坟墓",又说我们学校是"高等集中营",这种言论很明显的是反动言论,是诬蔑我们全校师生员工积极反对美帝细菌战的爱国行动,打击我们的爱国热情,阻碍运动的行为,我们学校是培养祖国建设人才的地方,他却说成"高等集中营,"这岂不是站在敌人的立场上,对我们人民大学的诬蔑吗? 在我们人民的内部,是不允许有这样的反动言论存在,何况王健平是一个青年团员,竟说出这种反人民的荒谬言论,这是严重的错误行为,这是原则性的错误,是立场问题,我们青年团是先进青年的群众性组织,绝不能允许这种思想存在,我们要求王健平从思想上、立场上来认识这种错误行为的严重性,第七分支对于王健平同志这种反动言论没及时加以批评教育，没有能及时向这种反动思想进行坚决的斗争，是值得警惕的，我们认为第七分支应认真检查过去的工作，作公开检讨，并要求第七分支对王健平同志加以严格的批评与教育。

青年团第四、五分支委员会

我诚恳希望建一团小组的同志们好好检查自己思想

编辑同志：

关于王健平同志这次所犯错误的性质，在十日的团支部大会上已有同志加以指明：根据王健平同学一贯的政治上的动摇及所散布的反动言论来看，王健平同志在七日大会上所犯的错误不是偶然的，而是一系列反动思想所造成的较突出的表现，这儿我不多谈了。

我和王健平同志的接触不多，但在三反初期，曾和他同在铁道部三反训练班工作过一个时期，在那段时期中，王健平同志曾在紧张的工作时间内说笑跳舞，因而引起王同志所在的临时团小组的同志们的批评，我记得当时和王健平同志犯同样错误的还有王羡敏同志，而据说他们当时接受批评的态度是不好的，（虽然当时的批评很不尖锐）。

我当时是知道这件事的，但并没有注意王健平同志这个错误的严重性，因而回校后也没有向组织汇报这件事，现在想来，王健平同志那次所犯的错误和这次同样是严重的，因为当时也是在激烈的战斗工作中，但当时我竟没有认识到王健平同志所犯错误的严重性，没有能及时地帮助王同志改正错误，这说明了我的思想水平是低的，对同志的关心是不够的，对革命工作是不够负责的。通过这次事件的教训，我一定得好好在运动中批判我的非无产阶级思想，提高自己的思想水平。

同时，我也诚恳地希望王健平同志所属的建一团小组的同志们，好好检查一下自己的思想，想想到底是什么原因使大家长久地和王健平同志的反动思想"和平共居"，尤其是王羡敏同志，建一团小组长，上次又是和王健平同志一起犯过错误的。此致

敬礼！

金大勤

对反动思想姑息就是对同志残酷

检查起我在担任了团小组长以来，由于我自己的非无产阶级思想意

识,使我给革命带来了很大的损失,感到非常的痛恨,我对于组织上所交给我的革命工作一向表现是不认真、不负责、不能很好的掌握同志们的思想情况,在这里应该作深刻的检讨,在思想上明确起来,树立起无产阶级思想。

在我们小组里,王健平同志是经常散布反动言论,而我一个团的干部,却不能很好的掌握情况,就是听到了也只是批评一下就过去了,没有很好的把这一问题重视起来,犯了极严重的自由主义,在今天王健平同志犯了极严重的原则性错误之后,我对这样一个问题也认识不够,并且在宣传组贴出"如此漠不关心"的漫画时,我首先考虑的是这样一种方式对同志情绪如何,而忘却了对革命工作如何,在思想上有着包庇现象,这是很严重的问题,由于廿年来资产阶级的思想意识对我的影响,使我思想上的敌我界线和阶级立场模糊不清,由于个人主义的自私自利,对于革命工作的态度是单纯的任务观点,因此我就不能很好的实践我入团时的宣誓,对待革命三心二意,不能很好的担任起这样光荣的革命工作。

在今天我们反资产阶级思想的运动里,作为一个光荣的青年团员,一个团干部,是决不能容忍的,学习了"可爱的中国"后,每个人的爱国热情都空前提高,而我却在这里犯了极严重的自由主义,对这是极严重的错误,这是由于自己的非无产阶级意识一向麻痹大意,没有无产阶级的感情,对革命、对劳动人民热爱不够,充分的表现对待敌人思想仇恨不足,"对反动思想的同情就是对同志的残酷"。在这里我深深感到自己对不起党、团对我的教育,对不起无数像方志敏那样为了我们美好的今天而牺牲的烈士,从今天起我决心积极投入思想改造运动的高潮里来,彻底改造自己的非无产阶级思想,树立起无产阶级的思想,将自己的一切贡献给革命事业,无限忠诚于党的事业,以自己的实际行动,以加倍的努力工作来补偿我给革命带来的损失。

建一　王羡敏

要求王健平同志深入检查思想

——金柏荣同学来信摘要

王健平同志对谁是敌人、谁是朋友、应该爱谁、恨谁、谁养活谁,等这些最基本的问题没有搞清楚,虽然入团已经两年,但他的入团动机是不纯的,在团组织两年教育下，不但没有得到很好的改造，而且和组织采取对抗的态度，对党所领导的革命斗争情绪上也是敌对的，因此，我觉得他的思想问题是十分严重的，假使不认真检查思想，在反资产阶级思想运动中好好的改造自己，作为一个光荣的青年团员是不够标准的。

一九五二年六月十四日　第三十六期

彻底批判资产阶级思想！坚决树立工人阶级思想！

全院师生联系实际，深入学习批评与自我批评，进一步端正了对运动的态度

目前学习了斯大林及毛主席的“论批评与自我批评”，十二日上午又听了叶向忠同志的关于开展批评与自我批评的报告，全院师生在十二日下午纷纷漫谈了对批评和自我批评的新认识，批判了先前的一些对批评及自我批评的不正确的态度和想法。十三日，各系师生便联系自己对反资产阶级思想运动的态度进行了批评与自我批评，对于一些对待运动态度恶劣，甚至对运动采取抗拒态度的教师进行了严正的批评，诚恳地希望这些教师能及早端正对待思想改造的态度，自觉地进行思想斗争，认真负责的批评和自我批评，已经极大地增加了大家在资产阶级思想面前的战斗力。

以前，大家老搞不清楚为什么我们不能正确地开展批评与自我批评，不知道怎样的批评才能得到很好的效果，经过这次的学习和讨论，大家明确了这首先是一个立场问题，要是不站在工人阶级的立场上，不以最广大人民的最大利益作为批评与自我批评的标准，那么当然就不可能获得好的效果。

同学们检查了自己的工作态度

首先，同学们开始用自我批评的武器检查了以前一段时期内的工作态度，以求今后能更好地帮助教师们批判资产阶级思想，搓澡队同学也检讨了过去对教师帮助不够，宋树勋同学说：“我是负责搓澡队的，这个任务是保证运动胜利的一项重要工作，可是，我采取了个人主义的态度来对待它，放弃领导，给工作造成了损失，辜负了人民的愿望”。建筑系陈树同学说：“我过去对老师批评时采取了‘和风细雨’的方式，缺乏应有的尖锐，因为我怕得罪了老师，将来于自己不利。今天我认识到对资产阶级思想不能姑息，我要克服自己的个人主义思想，更好地帮助老师”。同学们在检查了自己在工作中的缺点之后，都热诚地表示要在今后尽一切力量帮助教师。

各系工作组的同志们也都进行了自我批评，如关晖同志，在大会上首先作了诚恳坦率的自我批评，他检讨了自己对运动认识不够，没有群众观点，对工

作不够严肃，布置工作不开动脑筋，有少劳多获的思想和单纯的任务观点，工作中没有发挥核心领导作用，同时因为对教授不能很好地把人与思想分开，在思想敌人面前表现得很软弱，没有站在无产阶级立场对资产阶级腐朽思想进行坚决斗争，并表示今后一定要端正工作态度，认真搞好这次运动。

教师们对待思想改造的自觉性显著提高

由于进一步明确了批评与自我批评的积极意义，教师们对待运动的自觉性显著提高了。

经济系李守洪教授在大会上沉痛地说："我以前一直站在个人主义立场上，所以遇到别人向我提出批评时，考虑的不是我该怎样改掉错误，而是在挑剔别人的辞句；要是我认为人家有一句话和事实稍有出入，我便要立刻起来插话辩驳，根本是'责人从严，责己从宽'，这样，思想怎能改造好呢?"

建筑系庄涛声讲师在该系小组会上对过去参加运动的态度作了比较深刻的自我批评，首先庄先生检讨了过去对思想改造不正确的态度，过去他觉得思想改造后，一切思想行动都不自由了，一切不能再为自己打算了，因此就不主动要求思想改造，但现在庄先生认识到："在今后的社会里，一个抱着资产阶级思想的人，一定感到痛苦，思想改造运动正是一个良好的机会，让我们清洗自己的旧思想，建立起新思想，愉快地走向社会主义去。"在各系师生大会上端正过去对运动态度的教师都受到同学的欢迎。

对态度恶劣的教师展开了尖锐的批评

在昨天各系的教师小组会上或师生大会上，大家为了更好地帮助教师们的进步，对某些教师对待运动的恶劣态度展开了尖锐的严肃的批评。

经济系朱广心教授，对待运动一贯采取了虚伪、欺骗、抗拒的态度，替自己的丑恶资产阶级思想打掩护，欺骗群众，在这一个多月中并想出种种藉口，企图逃避互助组会，在听叶向忠同志报告时，朱广心教授不仔细听，而是在写辩驳当天大字报对他批评的意见。同学和老师们在会上对朱教授这种恶劣态度进行了尖锐的批评，但朱教授在听取群众意见时，表现得很不耐烦，拉拉扯扯的进行强辩，丝毫没有承认自己的错误。建筑系张健关教授一个月来对运动采取消极对抗的态度，根本不进行思想斗争，在一个月中没有担任一点课，但他连一篇检讨都没有写好，到会的教师与同学都对张教授这种态度进行了批评。南舜薰同学沉痛地说："我们为了帮助张先生改造思想，为了祖国未来的建设，我们每天晚上工作到三点，当你睡得最甜的时候，同学们都还在为着老师们的思想改造而忘我的工作，而你三个星期来毫无进步，难道我们的帮助都白费了吗?”邵本兰同学只说了一句:“张先生,你拿什么来回答劳动人民呢?”就哭起来了。共同学科胡昭全教授屡次藉口客观原因不听思想改造的重要报告,不欢迎同学的帮助,在会上承认了这都是事实,但傲慢地以各种藉口来加以推翻,胡教授这种态度引起到会师生的极端不满,刘彦邦同学愤慨地说:“我们为了祖国为了人民,不惜牺牲一切,用极诚恳的态度来帮助教师思想改造,而今天胡先生仍没有端正态度,强调过去有偏差,给同学们扣帽子,我们对老师是敬爱的,但对老师的资产阶级思想和不正确的态度是毫不留情的。”好些教师同学都沉痛地流下了泪。电讯系卢肇铨讲师对运动的认识也是非常不够的,曾说:“小斗我可以忍,要是大斗我就跑了”。大家对卢先生对待运动的态度提出了尖锐的批评,运商系师生对应尚才、许靖教授对运动极不老实的态度都进行了批评。各系大会今天继续进行。

第三十六期　第二版

运用批评与自我批评的武器,坚决与旧我斗争到底

运输系主任　林达美

听了叶向忠同志的报告我得到很大的启发,联想到在思想改造运动中,我的检讨态度太不端正了,我最初作检讨时,根本没有懂得应该检讨什么,什么东西应该检讨,我就将系内存在的问题罗列一下,并承认错误,以为这样可以应付一下,根本未联系到自己的思想,更看不到这种丑恶思想给祖国人民带来了多大危害。等到听了同学的批评,心中感到沉痛,我这沉痛并不是因为我体会到自己对人民造成的危害,而是因为我在旧社会所戴的伪君子、假面具,一旦打垮,暴露了自己丑恶真相,心中难过,这仍然是资产阶级的自私自利,替自己惋惜的思想,以这样的心情来作检讨,就是站在资产阶级立场来批判自己,对思想改造毫无帮助,因此在作检讨时,总是考虑什么东西应该暴露,什么东西可以不必暴露,暴露吧,又觉得这是无关重要的,暴露了反多惹麻烦,不暴露吧,万一同志们提出批评时,岂不又要重作检讨,岂不更麻烦,至于批判,更觉无从着手,什么问题应该批判,怎么样才算深刻,总是认识非常模糊,于是在检讨时,就采取了商人作风,想用投机取巧方法迎合群众心里,对群众知道而且关心的问题夸夸其谈,对群众没有提出的问题就轻描淡写,过去,这是完全不老实的态度。经过最近一段的学习,对检讨的目的已有进一步的认识,知道了

要打夸资产阶级思想的领导必须站在工人阶级立场来彻底批判以往的丑恶思想，但是对如何站在工人阶级立场这一问题，体会还是模糊，听了叶同志的报告，很清楚给了一个答案，就是一切要从人民大众利益出发，凡有关人民大众利益的事，就必须检讨，其对人民大众危害愈大的思想行动，就应该更深刻的批判，我以往就没有能站在工人阶级立场，因此对应该检讨的忽略了，而对不重要的问题反当作重点来谈，有时把重要的问题以为没有关系，根本连谈都不谈，我当时就体会到一个具体事实，我在沈阳铁路局当副局长时，是在一九四七年，我以为通车路线只有二百余公里，我在那里完全无权，什么事不过问，只是签个字，仅仅作了九个月，认为没有什么可谈，所以在作检讨中从来未加批判，现在想来这是非常错误的思想，我没想到沈阳路局那时是在替蒋匪帮运送军队，运送给养，修复路线积极在作反人民反革命的工作，我身为高级职员，重要公文都经我签过字，都是经我同意的，对人民大众带来多大的危害，怎样能认为没有什么，这充分说明不站在工人阶级立场是不能展开批评与自我批评的，我下决心一定要站在工人阶级立场，坚决向旧我斗争到底，到最后胜利为止。

唯有站在工人阶级立场才能批判自己

金嗣文讲师

我在做第一次检讨的时候，自以为还不错后，后来听说要做第二次检讨，我有点不服气。我觉得自幼到现在没有脱离过学校的环境，历史非常简单，固然也来自旧社会，可是旧社会的那一套思想作风，我沾染的“很少”，所背的包袱，如果比起别人，那简直少得很，那＜哪＞里还用什么检讨呢？听到了叶向忠同志关于如何开展批评与自我批评报告之后，我认识了问题并不在于包袱的多寡，而在于是否站在工人阶级立场，勇敢的丢掉所有的臭包袱。也就是说是不是能够以工人阶级思想，彻底批判所有的腐朽的资产阶级思想。

用这样一个正确的尺度来检查一下，那我第一次检讨确实不够。我没有很好的站在工人阶级立场，认真的作自我批评，在某些问题上，我仍然设法找出理由来原谅自己，我能为自己辩护多少就为自己辩护多少，因此，我就不能深深地认识到由于我的资产阶级思想，给祖国和人民带来的危害有多么严重，这样对于资产阶级思想就不可能仇恨起来，自然我的思想也就没有得到彻底改造。

再具体一点来说，由于我没有站在工人阶级立场来检讨自己，所以对于一些问题就没有从本质上去认识，而从个人的利益出发去认识，我认为共产党好，是因为以往有人要诬害我的时候，经过共产党调查了解后，才水落石出，救了我一把，要不是共产党，就没有现在的我。我认为人民政府好，是因为人民政府曾经为我的爱人三番两次的介绍过工作，同样的，我认为苏联好，是因为苏联的运输学术比美帝那一套不知优越多少，以往我们学运输的给人看不起，主要的就是没有丰富的内容，现在苏联把我们学运输的可救了一把，所以说在第一次检讨的时候，我完全从表面现象上，从片面的个人利益出发，来认识党、人民政府和伟大的苏联。

听了叶同志的报告确实给我了很大的启发和教育，我体会到唯有坚决地站在工人阶级立场，才能认清问题，才能彻底地改造好我的思想。

我没有站在工人阶级立场来运用批评与自我批评的武器

建筑系主任　徐　中

我过去从来没有站在工人阶级立场来掌握批评与自我反证的武器。拿批评来说，我是不尖锐不深刻，没有以对人民负责对同志负责的态度进行批评，更谈不上下功[工]夫，开动脑筋，对症下药，治病救人，犯了自由主义，总是患得患失，怕得罪人。譬如对沈玉麟先生吧，他对待思想改造的态度十分虚伪，三反运动开始到今天，他只在想用什么方式做检讨来对付群众，而不是自觉地去打垮资产阶级思想，但我从没有严肃地、尖锐地对他提意见，仅仅是说："你立场不对呀，认识不够呀"，轻描淡写的说一通，算是完成了批评任务。这显然没有对沈先生负起我应负的责任。而我对待自己的思想呢？自己原谅自己的，以为在旧社会做的一切是环境造成的，现在已经认错，没有什么问题，就不去深挖，因此在思想上也引不起深切的仇恨，把自己的错误推在客观条件上，这难道是站在工人阶级立场来看问题吗？不深挖，不抓紧时间去挖，思想问题老是不解决，同学们牺牲了学业，花费了时间来帮助我改造，而我呢？检讨一直没有很好地做出来，这是我没有对人民负责的表现。

建筑系教师们一般对批评与自我批评的武器都没有掌握好，甚至于没有想去掌握，与我领导运动的不负责是分不开的，我没有及时了解教师们具体思想情况，及时研究问题，清除先生们一切顾虑和困难，帮助解决思想问题，我自己首先就不能很好的掌握武器，因此就起不了带头作用，系里思想改造的成绩不大，我是应当首先负责的，为了更好地将运动向前推进深入，今后我要清除顾虑展开思想斗争，克服自由主义，和先生同学们在一起共同掌握好批评与自我批评的武器，在运动中彻底洗个干净澡。

（本报今日两版）

一九五二年六月十六日　第三十七期

彻底批判资产阶级思想！坚决树立工人阶级思想！

各系开师生大会　继续学习批评与自我批评，端正了态度的教师受到热烈欢迎

十四日，各系师生继续联系实际学习批评与自我批评，很多教师开始正确地利用自我批评的武器，检讨了自己以前对待运动的不正确的态度，下决心要真正进行思想斗争，改造思想；但也仍有个别老师迄今还没有能掌握批评与自我批评的武器，对于批评采取了抗拒的态度，自我批评的精神更缺乏。各系师生对前者表示热烈欢迎，对后者提出了尖锐的批评。

很多教师开始端正了态度

建筑系教师对运动的态度大部有了转变，沈玉麟教授以前一向是以虚伪的、自欺欺人的态度作检讨的，他在写检讨时不是在进行思想斗争，而是在想“用什么办法能使群众满意”，文句怎样才能打动人心；他对群众的看法是不正确的，认为群众是愚昧的，群众对他的批评只是为个人在作弄他，十三日下午的小组会上大家曾对他这种虚伪做作的态度加以揭露和批评。在十四日的全系师生大会上，他开始觉悟到自己的错误，他激动地说：“我以前一向认为自己是君子，是老实人，现在想想，我的言行真是透顶的虚伪！我的家庭出身使我有了强烈的向上爬的思想，现在我爬到了副教授的地位，便千方百计想掩饰自己的丑恶思想，以为这样才能维持我既得的地位！……我对谁都没有真诚相待过，甚至对我爱人也这样！”沈先生终于落下了忏悔的眼泪。同学们看到沈先生开始有了转变，觉得大家四个多月来对沈先生的帮助还没有白费，陈撷英同学说：“我这些时为了帮助沈先生工作得疲乏极了，但为了更好地帮助沈先生，今后即使工作通宵也愿意！”李北民同学说：“我们非常欢迎沈先生这个转变的开始，但沈先生脑中资产阶级思想的势力是强大的，沈先生必须更加努力地进行思想斗争！”庄涛声、樊明体等先生都在会上检讨了自己以前对待运动的不正确的态度。庄涛声声先生说：“我过去一直是站在资产阶级的立场上做作检讨的；我不敢挖自己的思想。今天，我看到同学这样诚恳地帮助我，我真觉得对不起他们。今后我一定要尽早作好检讨。”

电信系的巢立人、王文煊、梁晋才、杜锡钰、赵平、孙铭甫等先生都谈出了他们以前对待运动的不正确的态度，孙铭甫先生说："我只顾拖延作检讨的时间，根本没有想到同学的利益和人民的利益。我看到同学们在深夜还在工作，我很惭愧；今后我要打破虚伪的面子，丢掉臭包袱。"巢立人助教也检查了自己以前对待运动的态度，他沉痛地说："以前我总觉得自己问题不大，只有个人主义，没有其他缺点，我忘记了我是一个负有教育青年的责任的人民教师，反而时时想离开这里，我太对不起人民了！"说着便大哭起来，大家热烈地欢迎了巢先生真正要求改造的决心。另二甲亓林同学写了一张条子给巢先生，鼓励他彻底批判资产阶级思想，建设伟大的祖国。

经济系很多教师们结合着过去对检讨的态度作了自我批评，一致表示要争取早日把思想改造好为人民服务，刘德滋、李守洪教授态度很诚恳，万良桢、杜度教授，萧英达、李翠芬助教都表示有决心改正错误，不再有拖的思想，这些教师都受到了同学们的欢迎。许延英教授以前一向以"老"为藉口，不虚心接受意见，不愿意积极展开思想斗争。但在听了叶向忠同志报告后，改变了以前的态度，积极争取群众的帮助，精神也比以前愉快了。

运输系的谢勋丞、郑昆、伍廷钧、钮泽全等先生也都认识到了以前不正确的态度，郑昆教授说："做了第一次检讨我便想可以松一口气了，做第二次检讨时使有些任务观点；别人给自己提意见时只觉得有些提得不对，没有好好考虑，而自己给人家提意见时又怕人家报复。"钮泽全教授在检讨他的拖延态度时说："土改回来参加运动时，老想先听听风声，把自己的检讨往后推，我这样拖延时间，给同学们的学习及国家的建设带来了多大的损害！我一定要争取在下周内早日做好检讨！"伍廷钧教授也检讨了自己看风舵的不正确的态度。

此外，各系大多数教师对自己以前的不正确的态度进行了自我批评。

对态度恶劣的教师，继续展开尖锐批评

各系系师生继续对少数一贯态度恶劣的教师展开了尖锐的批评。

建筑系师生对张建关副教授的一贯拖延态度提出了批评。经济系朱广心教授直到十四日还是以虚伪的态度扯了一大套"主观愿望""客观原因"，表现了他的态度仍未端正，大家要求朱教授正视自己错误，作好检讨。运输系师生们批评了应尚才教授的恶劣态度。应达之(应教授的儿子)指出了应教授"见人说人话，见鬼说鬼话"的虚伪作风，要求应教授老老实实端正态度。电信系的师生们向沈一可助教提出了尖锐的批评，批评他对运动不关心时，他竟傲慢地说："对！我在看戏！"十四日开会时他还是不理睬大家的意见，大家要他表示态度时,他沉默了好久才勉勉强强说了几句话,全系师生对沈助教的态度表示极端不满。

在各系师生大会上,很多工作组同志及同学们也检讨了自己的工作态度,批判了脱离实际的个人主义的想法,表示要更努力工作,帮助教师好好改造思想。为争取反资产阶级思想运动的更大胜利而斗争。

第三十七期　第二版

认真开展批评与自我批评,为取得更大胜利而斗争

节委会办公室,答复朱代杰同志来信

你的来信收到了。办公室检查结果:发现俄材宣传组报导"三反期间在你家中曾悬挂陈诚像片"事系听田成文所说。我们认为俄材宣传组在刊登此项消息时,未经认真调查即行发表,这种对待工作的态度是不严肃的。俄材宣传组应就此事作公开检讨。

俄材宣传组苏敬之同学的检讨

本报第十期登出"三反时期朱代杰教授家中悬挂战犯陈诚照片"一事,系由材专同学供给材料,当时我未作深入了解,即行发表,表现了我处理问题的态度极不严肃,对革命工作极不负责,给革命运动带来了很大损失,经朱教授来信和领导上指出后,我感到非常难过。这一错误的产生不是偶然的,我抱着个人英雄主义的思想来参加伟大的革命运动,没有无限忠诚为人民服务的思想,不务实际,仅凭道听途说,不深入调查,这样工作作风是与工人阶级对革命严肃负责的思想背道而驰的,以致造成了完全可以避免的损失,今后在伟大的反资产阶级思想运动中,我一定提高觉悟改造自己并积极工作弥补损失,并保证再不发生类似错误。

朱代杰同志来信原文

周云同志并转节委会:关于本月九日大字报登载我家在三反期中悬挂战犯陈诚照片事,我当日即有书面声明,解释并非事实。昨又据同学们称,此事系祝肇丰同志说出,谓见我家小孩玩的书内,有战犯陈诚照片,我即当他的面

将其撕毁等语,无大字报所载情形,已不相同,现我愿再声明,祝同志所说,亦非事实。

再者,此事发生后,曾与我的爱人共同思索再三。记得自一九四五年初到闽,当时闽尚在沦陷区,乘军用机前往,行李简单,并未携带此类像片,以后也不曾有过。解放前由闽迁沪,去年由沪迁京,整理行李,亦从未发现过。故祝同志所说,我甚苦累难解(我昨天才初次从同学处得知祝同志的名字,并未见过面。)

我现在洗澡运动中间,正检查自己痛恨过去之时。我又自设想,我是犯错很多的人,此事也许是由于我以往或现在的其他错误所引起的误会,因此我深愿祝同志帮助我,并相信领导上一定会给我以正确的指示,使我能即时深入检查自己的错误。谨致,敬礼!

朱代杰上

一九五二年六月十二日

我要老老实实地改造自己

在几个月的三反运动里,我的思想是一贯地顽固和麻痹。第一个阶段的三反运动里,建筑系集中两个月全系的力量帮助我,每一次全系大会,群众对我的批评,我仅是一天两天或几个小时的感动,过后又恢复了过去的立场和态度,在第二个阶段的反资产阶级思想运动里我也是如此。

星期五下午的批评与自我批评大会上,是我生平最感动的一个会,同学们的一字一泪,剧烈地刺痛我,我惭愧得觉得比死还难过,我从出生以来,从没有感受过这么大的思想激动,我开始真正觉悟自己对待思想改造运动的虚伪和欺骗的态度,是对不起停了课通宵工作累病的同学,是对不起每天每时都热望我进步的群众,是对不起供养我们给我们机会改造思想的劳动人民,我更对不起为了人民利益牺牲生命的无数革命先烈。

过去我认为我是坦白的,平时想什么说什么,一般的人还没有我那样直爽,我把自己无资产阶级的人们来比较,自己就不认识自己了,前几天赵锐同志说我虚伪,星期五大会上同学说我虚伪,庄涛声先生说我对一切事一切人都虚伪,连对自己的爱人也是虚伪的,我思想上起了剧烈的斗争,我检查我自己,我到底是怎样地虚伪,我的虚伪究竟是到了怎样严重的地步呢?

从这里挖根源,我越挖越痛,每一次作检讨我都有不良动机,想能顺利过关,想吸收别位教师的检讨经验,研究典型检讨的检讨方式,我做文章,找文件,重叠批判来巩固自己的防御,防止群众提意见,我一直是以这样的虚伪态度对待检讨。

对群众的批评,我是不乐意反复思想,接受意见,我尽挑剔偏差,每次"三反快报"有批评我的文章时,我挑剔错误,看了就回家撕掉,我怕亲友到我宿舍看到这些文章,我怕我爱人日后会看到这些文章,我自己更不愿意看,看了心里就难过。

我越想越惭愧,自从我懂人事以后,二十多年里,一贯地是虚伪待事待人,我父亲是在旧社会里靠着吹拍、虚伪而起家的资本家,他有三个妻子,我母亲是旧社会婚姻制度下的牺牲者,我父亲经常打骂我,我母亲受了气也打骂我,我从小在这种封建统治和勾心斗角的家庭环境中,不知不觉的看定一切人都是虚伪的,不善意的。

连续十五年的我的学校生活是在法帝、英帝、美帝的文化侵略的奴化学校里,养成我更严重的虚伪态度和麻痹思想,在英国式半殖民地中学里,英国校长曾经打过我的耳光,我虚伪地麻痹地到今天为止,还没有跟别人说过,我思想麻痹了,忘记了在上海被日寇沦陷的时候,我在上海读书,我恬不知耻地路过日军岗位,怕遭麻烦向他鞠躬,在美国的时候,青年会办事员骂我"讨厌的中国人",我自甘示弱地丧失民族立场。

这些带有半封建半殖民地色彩的虚伪和麻痹,一直阻碍着我的进步,使得我严重地与家庭划不清敌我界限,在国际方面,严重地敌我不分,丧失一个中国人民应有的立场和气节。

这两年多来,我背上了一个知识分子虚伪的包袱,模糊劳动与剥削,八十个劳动人民的劳动力养活我一个人,我给劳动人民做了些什么呢? 我还在继续剥削他们,我抱着过关的虚伪的态度应付检讨,对不起祖国,对不起养活我的劳动人民。

星期六的师生大会上,我的一点太渺小的进步都会给那工作到更深半夜的同学们以无限的鼓舞,这使我太感动了,我有决心彻底检查,我过去的缺点,我一定老老实实的暴露问题,诚恳批判,接受群众的意见,在思想改造运动中,我把一点一滴的收获都贯彻到实际行动中去。(沈玉麟副教授)

今日本报两版

一九五二年六月十七日　第三十八期

彻底批判资产阶级思想！坚决树立工人阶级思想！

节委会办公室决定，本周继续学习批评与自我批评，准备迎接高潮的到来

节委会办公室于十六日下午五时召开小组长会议。大家一致认为：上星期学习斯大林及毛主席的“论自我批评”是有成绩的，绝大多数教师在学习中切实联系了自己的思想实际，端正了对待批评与自我批评的态度；为了巩固收获，扩大战果，节委会办公室决定本星期我们仍继续联系实际学习批评与自我批评，要使每一个人都能正确地掌握批评与自我批评的武器，准备迎接高潮的到来。

同时，决定在本星期以内召开一个全院师生员工大会，交流学习批评与自我批评的体会。

反资产阶级思想战线上取得胜利 许延英、沈玉麟、沈一可等教师开始转变

上星期大学学习了斯大林及毛主席的“论自我批评”以后，绝大部分教师都端正了态度，如沈玉麟、沈一可、许延英等教师都有较大转变，受到了群众的热烈欢迎，希望他们不要自满，努力前进，认真作好检讨。

许延英教授放下“老”的包袱，积极争取同学帮助

经济系许延英教授是一位六十多岁的老教授，在几个月来的思想改造运动中，他“倚老卖老”，对思想改造运动产生了对抗情绪，在运动开始的时候，他认为“思想在我脑子里，谁也改不了我。”听了傅鹰的报告后，他又认为“傅鹰有材料好说，我可不能瞎吹；傅鹰五十岁，我六十岁不能一样看待。”平时他也一向固执成见，对于搓澡队抱着敷衍的态度。由于他背着“老”的包袱，所以对于自己的资产阶级思想一直没有能展开积极的思想斗争。

在上周听了叶向忠同志的报告和学习了斯大林、毛主席“论自我批评”以后，给了他很多启发，他说：“过去自以为‘老’了，也没有做过太坏的事，不改造也没有关系。这是站在个人主义的立场想的，现在知道要批判的是我的资产

阶级思想,这也是为了人民的利益,我为什么不肯好好改造呢?”他对人生观的看法也有了转变,认识到无目的地活着是空虚的,他说:“虽然我现在还不能有奥斯特洛夫斯基那样的人生观,但把他作为榜样,努力向他学习是应当的。”他主动地找搓澡队同学帮助他分析思想,由于放下了“老”的包袱,精神饱满地和同学一连谈了四个多钟点,说出了以前不敢说的话:“我要站在工人阶级立场,争取同学帮助批判自己的资产阶级思想。”虽然目前他对一些问题的认识还不够,但他这种诚恳的态度,受到了大家的热烈欢迎。

沈玉麟副教授终于开始转变了

建筑系的沈玉麟教授四个多月来,他一直是对思想改造抱着极端虚伪和自欺欺人的态度,他一贯轻视群众,认为群众是愚昧的,对于别人的批评总看作是与他为难,丝毫不去考虑他作检讨的时候,不是想怎样解决自己的思想问题,而是反复考虑如何把文章写得漂亮些,如何把别人检讨中的情感硬搬到他自己的检讨里来,想用这种方法求得群众满意,他这种对运动极不诚恳的态度,早就被大家揭穿了,可是大家并没有因他这种虚伪的态度而灰心,相反的大家是更努力地帮助他。

在上星期五的小组会上,大家对沈教授的态度提出了批评,这些批评给了他很大的启发,可是在那次会上,他并没有发言,不过看他的样子已经有所激动了,在第二天(星期六)的全系师生大会上,他开始真正发现了自己的错误,痛哭流涕地作了诚恳的自我批评,他说:“在星期五的小组会上,你们对我的批评一字一泪地刺痛了我的心,我惭愧极了,我过去太虚伪了。的确我是欺骗了你们,欺骗了祖国,甚至欺骗了我的爱人!”他又说:“同学为了帮助我停了课,通宵工作,把身体也累病了。劳动人民给我这样好的机会改造思想,要让我变成一个有用的人,我却一点真实的情感也没有,我怎么对得起他们,怎么对得起为我们的幸福而死难的烈士呢?”并表示要老老实实地暴露问题,争取一次过关,全系师生都为沈先生开始转变而高兴。会后,各班同学都写信祝贺沈先生的转变,童鹤龄、周祖奭、程作渭等先生也表示热烈地欢迎沈先生的进步,并希望他继续前进。

沈一可助教表示要“洗一个干净澡”

电信系沈一可助教从三反运动开始以来,无论开会时,或是和先生们在一起,总是一言不发的,他也不愿做检讨,甚至还要辞职,同学们给他提意见时,他不予理睬,教师们拉他去看大字报,他也不看,他抱着“以不变应万变”的态度来对付这个运动,学习“可爱的中国”时,他也无动于衷,直到前几天学习“批评与自我批评”时,他也还是抱着不理睬的态度。

上星期六的师生大会上,群众写了很多纸条要求他表示态度,起先,沈先生还是不理睬大家给他提意见,他却当耳边风,连记都不记,但是大家还是耐心地说服他,终于把沈先生感动了,他在会后和别人说:“今天才打动了我”,经过星期日一天的思想斗争,以及群众的帮助,他初步认识了自己的错误,在十六日全系师生大会上作了检讨,他说:“我若再不改造,简直不像一个人民教师了,我愿意虚心接受群众的意见,争取在这个运动中洗个干净澡,不洗干净,绝不上岸。”沈先生的转变,受到大家热烈欢迎,鼓掌连续了很久 ,大家都争先发言,表示欢迎,并诚恳地向他提了许多意见。

会后,电三同学发表了自己的意见,欢迎沈先生的转变,并且要求沈先生继续努力,迎头赶上思想改造的高潮。号二乙同学也写信鼓励他。

第三十八期　第二版

认真开展批评与自我批评,为取得更大胜利而斗争

我不应该浪费同学们宝贵的时间

钮泽全教授

我最近土改回来,赶上参加这轰轰烈烈的反资产阶级思想运动,有机会把几十年来腐蚀了我的资产阶级思想得到批判,树立起工人阶级思想来,这是很宝贵的机会,我决心要投入这运动里面来。

但我回校以后,没有立刻这样做,我有些害怕,要好好的学习一下,慢慢地细细地来挖我的思想根源,同时我看到有几位同志还没有做检讨,我觉得稍等几天也不要紧,因此,直到现在,我还没有提出我的检讨来。

听了叶同志的报告,他说我们拖延时间就是浪费同学们宝贵的时间,他向我们敲警钟,我被他敲醒了,我才知道我的想法是完全不正确的,我对参加这运动的态度,是不够端正的,我太重视我自己的身体,为了检查身体,先请假四天,又为了怕弄坏身体,晚上不做工作。我向落后看齐,不争取先做检讨,不要求赶快改造,我偷懒,怕困难,想等待别人检讨以后,学到些巧妙,免得自己多开动脑筋。这许多思想完全是为个人出发的,是绝对要不得的。

四年级的同学说要毕业了,他们正希望多学到些专门知识来充实自己,可

是他们无私的为祖国人民的长远利益,来帮助教师们的思想改造,国家为了急需建设人才,三年级的同学也要提前毕业,他们更觉得自己太空虚,怕出去工作做不好,更要争取时间多学到些东西。可是,他们都没有这样想,牺牲了自己最宝贵的时间辛辛苦苦来帮助教师们改造思想,其他的同学们和同志们都日[夜]以继夜[日]的工作着,全心全意的为教师们思想改造工作着,那＜哪＞里顾到身体的好不好呢。他们为什么?他们是为了 后来的同学,他们是为了祖国的建设,为了人民的幸福,他们这种忘我的精神,已经树立起工人阶级的思想,值得我们敬佩。

那么,我假使多犹豫了一天,就耽误了同学们一千多天,一千多天的时间,同学可以学习多少东西,国家可以向前推进多少远!人民可以得着多少幸福!我太不应该了,我决心要争取在本星期内做好检讨,我要赶紧把我的思想改造好。

只有站稳工人阶级立场,才能正确的运用批评与自我批评的武器

读过了叶向忠同志的报告,和几天来的关于批评与自我批评的学习和讨论,进一步的使我明确了批评与自我批评的意义,我明确了为什么以前我不能很正确的开展批评与自我批评,和怎样的批评别人才能收到很好效果的原因。还是一个立场问题,明确了只有站稳工人阶级立场,以广大人民的利益为出发,以“责人从宽,责己从严”的态度才能收到较好的效果。

拿这样一个正确的标准来检查一下,我过去是怎样错误的使用了批评与自我批评的武器,三反运动中,我做检讨和后来做思想总结的时候,因为对运动没有正确的认识,对改造没有信心,又没有一个正确的目标,所以也就不能很好的展开自我批评,当时我是用小资产阶级的资产阶级的,甚至旧道德的标准来检查自己,衡量别人,所以对自己的腐朽思想采取姑息原谅的态度。脑子里充满了清一色的旧思想,那＜哪＞里能谈到思想斗争,更不会有什么收获了。在这次反资产阶级思想运动又一次展开以前,自己还存在着像叶同志报告中所指出的讨价还价的商人思想,也知道思想必须改造,但总希望在目前尽可能不改或少改,譬如有一次,在小组会上讨论改造目标的时候,我非常希望是能站上人民立场就行,我们又不是共产党员,何必一定要站上工人阶级立场呢?所幸后来经过一系列的开会听报告,特别是参加了全系同学大会,才明确了作为一个知识分子,特别是一个人民教师,只有而且必须彻底批判资产阶级思想,坚决树立工人阶级思想,才能完成人民交给他的任务,这样使得我有了

目标，有了信心与决心，又在同志同学们的热情的帮助下，在这次作检讨时，才比较能适当的展开了尖锐的自我批评，虽然也有了一点点收获，仔细检查起来，我的态度也不是完全端正的，譬如在我的检讨里，一共分三部分，其中一部分是批判我参加反动三青团的事情，对它反动本质的认识，深深的痛恨与批判是对的，本来我这个历史污点解放后已在唐院交代过，在这次检讨中，只要详尽的认识，深刻的批判是对的，但我却又拉拉杂杂的多写了一些过程和当时的具体情况，以表明我的确是没有作过反动工作，这基本上还是从个人出发的，检查起来我感觉非常沉痛。

在过去我接受批评的态度也是不够正确的，接受之初情感有些波动，但仔细思索之后，却又无批判的全部接受，即使有些地方与事实不符，事后也不向提意见人声明，这说明也是不够负责任的，在批评别的人方面，在三反运动和思想总结的一段时期里，很少发言，这主要由个人出发，对于错误的现象和思想，在会上是不肯说出来的，因为我当时怕别人抱怨，怕伤感情，伤人面子，说错了又伤自己面子 ，就采取明哲保身，得过且过，多一事不如少一事的态度，但并不是完全没有意见，在会下当有人对我背地里谈起某位先生时，我会很自然的说上几句，最近我认识到这种不负责任背地里乱说是会影响系里先生间团结的。进入这个运动以后，经过激烈的思想斗争，初步的丢掉了个人主义的臭包袱，对以前自己不向别人提出批评，一切从个人出发的想法，基本上打垮了，但由于自己分析能力很差，却又怕批评错了会使对方情绪不安，还是有些顾忌，后来经过核心组宣布了当某位同志提出错误的批评时，其他同志可以当时指出的事以后，才使我在这次运动里敢于大胆的向同志们提出批评来，但有时觉得某些意见是否应当提出批评，还是不够明确的，又有时对“人”和“思想”分得不够清楚，以致不能将批评坚持下去，另外，前几天我批评一位同志不该和年长的同志们开玩笑(在五一检阅演习时，这位年青[轻]的同志常和队里的年长同志们开玩笑)，现在检查起来也是犯了错误，若批判他不该在那样严肃的会场里开玩笑是对的，但我却笼统的批评他不应当和年长的同志开玩笑，用广大人民利益的标准检查起来，这是把批评的口号庸俗化了，以上这些错误的造成主要上由于自己资产阶级和小资产阶级的思想意识还未完全肃清，今后我应积极的投入这个运动，在运动中，在今后工作当中，继续改造自己，彻底的把这些非无产阶级思想意识清除干净，使自己变得更坚强，更好的为革命工作。

(冯焕)

征　文

全院师生职工学习了"可爱的中国"后收获很大，为巩固收获，宣传部预备出版铅印的"可爱的中国"学习总结工作。希望教师、职工、同学将自己的体会写成稿件送交一〇三教室宣传部。

宣传部

一九五二年六月十八日　第三十九期

彻底批判资产阶级思想！坚决树立工人阶级思想！

端正自我批评态度后，教师自觉性显著提高
昨有大批教师诚恳检讨

学习了"论自我批评"以后，教师们端正了对待批评与自我批评的态度，自觉性空前提高了。在十七日的各系科教师小组会上，很多教师做了比较诚恳深刻的检讨，受到各该系科全体师生的热烈欢迎。这说明了只要教师们首先端正了态度，我们完全有可能争取运动早日获得彻底战胜的。

昨天检讨得比较深刻的计有经济系的唐剑助教、俄材专的钱崇振主任及马杏城教授、共同学科语文组的余和鸾先生。此外，运商系通过了陆傅砚、钱仲侯、苗大维三助教的检讨，经济系通过了殷宗鹗、李士珍的讲师的检讨。

运商系钱仲侯助教的检讨暴露了一系列的资产阶级思想，自私自利，向上爬，为了自私的目的参加了国民党，解放后又抱着自私的目的参加了青年团。他的态度是诚恳的，批判也较深刻，他说："我下定决心，在今后工作中贡献出自己的一切，做一个名符[副]其实的青年团员！"陆傅砚助教以前对土改认识不清，只因为政府宽大处理了他的地主父亲他才感激政府的，现在才真正认识到自己是劳动人民养大的，要背叛出身的阶级，走到革命队伍中来。苗大维助教沉痛地暴露了参加帮会、三青团、青年军等反动组织的经过及当时的思想活动，对解放后参加青年团后又因肺病想退团事也作了批判。最后他说："我今后一定要把自己深化到革命事业中去，做一个真正的人民教师！"

经济系唐剑助教检讨时态度比较诚恳，分析也较深刻，受到了全系师生的欢迎。殷宗鹗讲师经过了激烈的思想斗争及群众的帮助后，已经能认识到"天才教育的错误和单纯技术观点的危害性，批判了争助教、争待遇、怕负责任等个人主义的思想，对党的认识也有提高"；李士珍讲师由于认清了党对知识分子的政策，丢掉了"历史包袱"和"进步包袱"，也较深刻地批判了以前的向上爬的名利思想，痛恨自己的资产阶级思想及过去奉迎反动院长徐佩琨的卑鄙手

段,站到了工人阶级的立场上来,要争取做一个光荣的共产党员。大家以热烈的掌声欢迎他们的进步。

俄专钱崇振主任过去站在反动的地主阶级立场,对土改有不正确的看法,并隐瞒了自己的家庭成分。在检讨中他批判了这些,表示要背叛地主阶级,体会劳动人民的感情,做一个光荣的人民教师。对纯技术观点了有了一定的批判。马杏城教授学习了"论自我批评"以后,检查了过去对待运动的态度,他说:"以前我老想迎合同学口味,把自己臭骂一顿过关,这样太对不起人民,也对不起帮助我的同学们。"在检讨中,他特别对由于他的自高自大而影响了俄专教师们的进步这一点作了深刻检讨,因此很多教师对马教授的看法有了转变。

共同学科语文组余和鸾先生的检讨也是较诚恳的,她批判了自己的官僚资产阶级家庭对她的影响,认识到自己不是剥削阶级的家庭养活大的,而是劳动人民养活大的,所以她应该属于劳动人民。她也批判了自己的亲美崇美的思想,(她曾做过西安的女青年会会长等职)痛恨她自己以前的那些丧失民族立场的行为。

应尚才教授态度仍不端正

运输系应尚才教授以机车专家自居,对于运动一直抱着漠不关心的态度。在小组会上很少向其他同志提意见,并经常打瞌睡、看报、拍苍蝇,不进行思想斗争,通过上阶段思想改造运动,应教授的教学从表面上看似乎较以前负责一些,其实他教给同学的机车运转的凯塞尔公式在铁路上已不采用了,白白浪费了我们同学的精力和时间;他是明明知道这公式不适用的,陆傅砚助教也曾提出,但有严重资产阶级思想的应教授却还是照样教。

"五一"以后,思想改造运动重新开展,应教授对待检讨的态度仍是极不端正的,他把傅鹰教授等检讨中与自己相仿的一部分整理出来,问他的儿子:"你们看看,怎么样?"更令人气愤的是,他在"可爱的中国"的座谈会上,不但麻木不仁,无动于衷,并侮蔑方烈士的伟大遗著是共产党用作"打气的工具",当同志们揭发了他的丑恶思想后,应教授仍企图狡辩,说自己是谈科学的,要有科学根据才能相信,说自己"没有为个人打算""既没有旧思想又没有新思想"。虽经过大家耐心诚恳的帮助,但应教授不但没有虚心接受群众意见,反而极不严肃地笑嘻嘻地对待自己的丑恶思想,所以全系师生对应教授的恶劣态度极为不满,要求应教授作公开深刻的检讨。

第三十九期　第二版

认真开展批评与自我批评，为取得更大胜利而斗争！

严肃地进行批评与自我批评
认真地开展团内思想斗争
清除团内资产阶级思想影响

在六月七日“可爱的中国”学习大会上，我们每个同志都在方烈士面前感到惭愧，痛恨自己对革命贡献太少，有的同志因感到以前做了对不起祖国的事，而痛哭流涕，决心痛改前非，好好为人民服务，可是就在这个庄严而沉痛的大会上，王健平同志却看起小说来，采取了漠不关心、无动于衷的态度，因而激起同志们的愤怒，各团小组讨论后，纷纷要求王健平同志作公开检讨，团总支接受同志们的正确要求，在昨天晚上，在晚饭后召开全体团员大会，由王健平同志、建一团小组第七分支委员会等作公开检讨。

在会上首先由王健平同志检讨，他初步的检查了由于他出身地主剥削阶级家庭里，从小就对劳动人民没有感情，解放后新社会新事物虽然教育了他，并加入了青年团，但是他思想上仍旧站在反动立场，他曾想过退团，曾在被批准了的光荣的军干校的岗位上退却下来，时常发牢骚，说怪话，而在伟大的反资产阶级思想斗争的今天，他也是抱着作客思想，甚至抱敌对态度，最后虽然他也提到剥削阶级思想意识，不但使他丧失立场，还会使他在政治上变节，甚至走上反革命的道路，并表示要丢掉这些包袱，但是他的决心还是不够的，没有确实从思想上划清界限。

接着第七分支委员会作了检讨，揭露了分支工作中的严重官僚主义作风，不了解情况，不研究问题，只求完成任务的作风，同志们不关心政治，不关心组织，对反动言论采取和平共居态度，团员带头辞职等，以致组织漫散，同学学习情绪不安，严重地影响了目前反资产阶级思想运动的开展，但支委会只是罗列现象的浮面检讨，并没有深入地挖掘造成这些错误的思想根源，显然对一个战斗的基层组织的错误，给革命工作带来的损失是估计不足，同时痛恨也是不够的，建一团小组虽然也检讨了对王健平同志所采取的自由主义态度，建一组内严重地存在着的个人主义，然而也不够深刻。

随后各分支代表发言，一致认为这是爱国不爱国、革命不革命的问题，绝不能单纯地看做是违反群众纪律，并结合讨论检查了分支工作，发现了许多由于不可容忍的官僚主义和自由主义态度，所造成的错误，最后由赵锐同志总结发言，他指出初步检查的结果已发现团内工人阶级思想是很薄弱的，反动的敌人思想和资产阶级思想侵入了我们的青年团组织，他号召全体同志结合目前反资产阶级思想运动，整顿团的组织，严肃地进行批评与自我批评，认真地开展团内思想斗争，坚决克服官僚主义、自由主义，使我们团的组织在战斗中巩固并壮大起来。通过这次大会，同志们普遍要求在团内开展思想斗争，清除资产阶级思想在团内影响。

昨日团员大会上，赵锐同志总结发言的摘录

一、王健平同志所犯错误的性质：

王健平同志在上月七日全体师生员工学习"可爱的中国"大会上，表现了毫不关心、麻木不仁的态度问题，在团内展开了讨论，大家的认识基本上一致认为这是个原则性的问题，作为一个青年团员，根据团章团纲来要求，应该对党所领导的各种革命运动积极参加，应该忠于党的事业和劳动人民的事业，但王健平同志就是对待那样一个具体的、生动的革命斗争，在一个爱国的群众大会上表示漠不关心、麻木不仁的态度，我们认为王健平同志所犯的错误是违背了团章团纲，其所犯错误的性质就是爱国不爱国、革命不革命的问题，是一个丧失团员立场的错误，他所以会犯这样错误的原因，就是因为他受了地主家庭以及过去旧社会国民党反动宣传影响，虽然他组织上入了团，但思想上仍保持原来的剥削阶级思想，以及反动思想带到团内来，而没有得到彻底的批判与改造，他是和革命事业两条心，甚至采取对立的态度，还有不少同志在会上看书报杂志或思想开小差，这和王健平犯同样的错误，这些同志也要作深刻检讨。

二、通过王健平这一事情我们在团内发现了什么问题：

大多数团员在运动里提高了自己发挥了很大作用，但是初步检查的结果说明在团内存在着极其严重的问题，团内工人阶级思想很薄弱，反动的敌人思想和腐朽的资产阶级思想侵入和腐蚀了团的组织，而我们的团员同志居然和这些思想和平共居，采取妥协迁就以及同流合污的严重的自由主义态度，团的领导存在严重的官僚主义。

例如，王健平同志来校后一直对学校不满，说"学校像高级集中营"，建一有些同志认为他说的对。在去年军干时，有人讲"参军是傻瓜，是去当炮灰"，而我们团员同志听了不但不向这些反动言论进行斗争，甚至在组织上问他时，他反而为反动言论辩护，说："没什么，只不过开开玩笑，无聊。"这样的同志是坚决包庇敌人，还有的团员和同学恋爱，她不但不帮助同学进步，反而在三反运动中拉同学的后退，她自己要退团，不向组织讲，反而向同学乱讲，她说："不能退，退了以后团会监视我"，今天广大同学对团都看了正确的看法，积极争取入团，而在团内个别团员对团还有这样反动的看法，这决不够一个团员的条件，更有的同志发展着极端的个人主义思想，电三吴宗祥同志，三反以后他还不考虑祖国的利益，说组织对他不照顾，而想自杀，他的个人主义思想发展到对组织对同志仇视、对立，当同志在小组会上提出批评时，而有的同志怕刺激他，把意见糊上了，而他反认为批评的人不对，他把生命看作自己的，而不是看成属于党和人民的，想自杀，想长期脱离革命，而电三所属团组织却采取自由主义态度，这是错误的，有的同志留恋资产阶级生活方式，"恋爱至上"，党课不听，团小组会不开而进城去玩，还表示没有决心和资产阶级思想一刀两断，团是马列主义学校，这样没勇气和资产阶级思想一刀两断，就不能继续作团员的，有些同志成为资产阶级思想的积极宣传者，如经济系的周之翰同志就是个典型。

从以上事实可知它的严重性，原因是团内没有开展批评与思想斗争的结果，如不解决这些问题，发展下去我们的团将会变质。

三、今后我们要求在团内彻底肃清反动思想和批判资产阶级思想的影响

我们必须结合反资产阶级思想的斗争，整顿团的组织，要求在团内严肃的开展批评与自我批评，认真的开展思想斗争，反对自由主义，坚决克服官僚主义，使我们青年团的组织在斗争中巩固与壮大起来。

第四十期　第三版

检讨三反运动以来，我对批评与自我批评的态度

（上接第二版）我的思想中有纯技术观点及超政治思想，事实上我也确是如此，但我谈出来，就是个矛盾，别人若问：你既然是超政治，为什么会参加政治团体？我虽可说出动机来，别人不一不定期肯信，我又用什么来证明我没有实际作什么工作呢？又怎样证明我这伪团证都没有呢？我想我昨天没谈正好，谈了更要麻烦。

第三天,我看到三反报上登载了李士珍同志的检讨情形,他将十三四年来一直隐瞒着的历史交代了,而且受到热烈欢迎。我想,他平常表现得很进步的,也有这种包袱,他现在还作行政秘书,他都谈了,我还怕什么呢?别人也不会看不起我的,可是这时我后悔,前天的检讨为什么不谈,现在弄得迟了又迟,一误再误,我就考虑怎样交代呢?还是下次检讨时再谈呢,还是现在就交代呢?那天下午我想和贺允东同志先谈,可是他因忙,也不知谈什么,就未答应我。

五月三十一日,我又听了张广天的报告,我想,她那么大的事都谈了,她转变了,我问问自己,实在也在转变,也在下决心求改造,还有什么值得顾虑的呢?我只是后悔我现在谈太晚了,错过了机会,别人晓得更要讥笑我。那几条旧的顾虑及自以为"知道我的人少",就又来扰乱我了。这时,我越觉得心虚,批评别人时,我觉得我不配,鼓掌时我鼓不响,喊毛主席万岁时,我感到我的手臂软弱无力。

读了方志敏烈士的"可爱的中国",并参加了电信系全体大会后,我受方志敏烈士爱国热情的感动,我流着泪在痛恨自己的自私及懦弱!我也生平第一次的体会到阶级的爱的伟大与真挚,更觉得自己是多么自私、卑鄙与无耻!我想到方志敏烈士在狱中还念念不忘祖国的苦难,并对祖国的未来,就是我们幸福的今天,抱着坚定的胜利信心,他一点也没想到自己的痛苦,一点也没想到自己的一切,这种磅礴大公无私的精神,深深的感动了我,又听了许多同学们的哭诉,我最后站起来,想将我隐瞒的事谈出来,心里闷不住了!可是发言时又想到我在激动中怕谈不完全说不具体,人家听不明白,于是我又未说出来,我预备书面检讨吧。

隔一天,又在全院大会上学习了"可爱的中国",我感到心里难受的不安,回来我仔细的想:方志敏为了什么呢?还不是为了祖国及人民的利益吗?我又想到最近读过的"中国共产党的三十年",我相中国共产党是怎么样的在万分困难中成长起来的,怎样在伟大的毛主席的正确领导下,艰苦奋斗,才将中国人民由帝国主义及官僚主义买办军阀的压榨下,解放出来的,同时,当我在那里为了个人利益而参加了反动三青团,间接的帮助了反动特务迫害革命战士的时候,我在处处为个人打算的时候,千千万万的革命烈士,就正为了祖国的解放与幸福,一个个倒下去,填平了这条通向共产主义的大道,我在大道上走过来,解放过来,自己还不知道,多么卑鄙自私,鼠目寸光啊!过去我还曾为了小米、名位而闹情绪闹宗派,对祖国人民的危害多大啊!今天我还背着这又臭又烂的历史包袱，不愿丢掉，多么懦弱可耻呀！想想我的一切，我对得起方志敏烈士吗？我对得起千千万万的先烈吗？我对得起毛主席及中国共产党吗？我对得起可爱的祖国吗？同学们丢下了课本热心的帮助我，我还欺骗着他们，我对得起同学们吗？

今天党及政府对我这么信任，这么爱护，不计较我以往的错误而团结改造我，政策又是多么宽大与伟大，反资产阶级思想运动，反的是我的丑恶的思想，不是人；要在疾病中医治过来的才是我个人，政府又是多么爱护我，我怎么还这么自私的为了一点臭面子而死拖着这条尾巴不放，我辜负了党及政府对我的热诚！我这时才决定把它及代出来，丢下这个肮脏的臭包袱，当我决定暴露时，我向我的爱人坦白了，她鼓励我勇敢暴露，她并为我高兴。

过去，我也曾想站上工人阶级立场，可是我拖着这个尾巴，如何能站得上呢？思想如何能改造好呢？当我伪装着，试着去和人民站在一起的时候，人民虽暂时看不见我的尾巴，我却自己知道，心里难过，想到自己是假的，欺骗着人民的时候，我就慌张的退下来了。

我口口声声要批判资产阶级思想，站上工人阶级立场，可是戴着死爱面子的假面具，如何能成呢？虚伪爱面子，不忠实，就是彻头彻尾的资产阶级的思想！在旧社会中，人与人间互不信任，使我也中了这种毒，加以我的自私使我戴着假面具，欺骗人，连自己的爱人都不相信，都欺骗着，我现在真恨那资产阶级的旧社会，它把人都变成了鬼！感谢毛主席与共产党，今天拯救了我，使我撕掉了鬼脸，洗净污泥，重新变成人！

我再想想，我以前由各种顾虑，是不必要的。

第一、我每次想交代都认为太迟了，因而一误再误，今天如果再放过这个机会，那才真太迟了，越迟越不容易丢，觉悟越高也将越觉得痛苦！

第二、怕组织上怀疑我，穷追我，现在想想，组织上如果怀疑我，追问我，那是应该的，必要的，你为什么这样不老实呢？现在知道组织上是一直相信我的，穷问又有什么可怕呢？真金不怕火炼！怕麻烦？方志敏烈士在狱中还为祖为人民写长篇文章，革命战士在万种困难中还要设法消灭敌人，他们怕麻烦吗？

第三、我曾怕说了，同志、同学们会看不上我，我错了！同志们、同学们所看不起的是那些资产阶级思想，对于忠诚老实的人，他们是欢迎的，因为只有批判了旧思想，站上工人阶级立场，才能全心全意为人民服务，他们为什么不欢迎我呢？

第四、我曾想：心里批判了，不坦白，也可以改造思想，这简直是自欺欺人的想法，越不坦白，心里[理]负担越大；政治觉悟越提高，包袱的压迫也越害怕，那是没有办法可以改造好思想的。

第五、我曾以为知道的人很少，组织上不会知道。可是没有不透风的墙时间久了，总会被人发现，正像叶同志那天报告的，最低自己知道自己吧！自己总会有一天要转变吧！今天，就是已经转变了的新的我，检举了旧的我！

斯大林在"论自我批评"中说"如果我们拒绝诚恳的和直率的自我批评，拒绝诚恳的和坦白的改正自己的错误，我们就会给自己闭塞了向前推进、改进我们事业、获得事业新成绩的道路 ……"又说："我们生活中总是有什么新东西在产生着，但是这些产生的东西，不是简单的产生出来的，而是喧闹着，叫喊着，争取自己的生存权。"

我读到这些时，我很体会到它的精神，过去我就是因不坦白，而闭塞自己前进的道路，是方志敏烈士的光芒，毛主席与共产党的光芒照耀着我，使我经过激烈的思想斗争，勇敢的由丑恶的资产阶级思想的束缚下，解放出来，获得了我的新生！

今后，我要站在工人阶级立场上来，进行批评与自我批评。批评别人时，只要是合乎人民利益的，就要以治病救人的态度去批评他；对自己如果犯了错误，即是有违背群众利益的行为或思想，我一定要彻底暴露，自我检讨，并希望大家帮助我。

更正：本报上期刊载"俄专钱崇振主任"系"材专钱崇振主任"之误，特此更正。

第四十期　第四版

文艺副刊：您不感到沉痛吗？——给宋广心教授

李士珍讲师

背上了包袱，
抬不起头来，
虚伪变成了您的遮差布，
欺骗做了您的防空洞，
包袱，臭包袱，

压死了您，
在人们面前永远没有真心话，
甚至连您自己的爱人，
您自己说:“我好像比别人矮三尺，因为我在运动中掉了队”，
想一想：您不感到沉痛吗？
多少个同学，
牺牲了学业，
多少个同学，
坚持工作到了夜间两点、三点（当人们睡得正甜正香的时候）
疲倦了靠在椅子上，
“为了老师们思想改造，为了祖国的明天”，
他们又惊醒了起来，
继续地工作下去。
他们消瘦了，
他们憔悴了，
为了什么？
他们说:“为了老师们思想改造，为了祖国的明天”，
我们要牺牲暂时的利益，
为了长远的利益，
只要老师们思想改造好了，
在今后的日子里，
可以弥补现在的损失，
他们是那样大公无私，
想一想您自己，
您不感到沉痛吗？

多少颗火热的心，
在期待着您的改造，
多少双热情的手，
在欢迎着您的进步，
甚至许多肺病同学也参加了工作，
有的不能起来，躺在床上，

还忘不了您的思想改造,
“朱教授有没有进步?”
“朱教授对运动的态度端正了没有?”
他们说:
“尽管是一点一滴的进步,也给我们带来莫大的喜悦!”

过去,
大会小会,互助会,师生大会,
和风细雨,狂风暴雨,
什么方式都用过,
搓澡的人由您指定,
谈话地方由您安排,
大前天,又是一整天,
两百多个人,一千多个小时,
这一千多个小时啊!
要是用到生产,
将会给祖国创造多少财富,
他们苦口婆心,
“欢迎您暴露思想,希望您打开包袱”,
他们沉痛检讨:
一个搓澡队同学说:“我没有很好的给朱教授搓澡”,
一个说:“我痛恨我带着个人英雄主义的思想去给朱教授搓澡。”
又一个说:“我没有尽到祖国和人民交给我的任务,我对不起……祖国……人民”
他们哭了,
他们为祖国流下了泪,
可是,
你回答他们的又是什么呢?
还是“虚伪”“欺骗”,
想一想:
您不感到沉痛吗?

祖国——是一切神圣美丽的总称，
为了祖国，
为了母亲，
她的千百万优秀儿女
在工厂，
在农村，
在朝鲜前线，
他们，忘我的战斗，
愉快的劳动，
可是，
您又是怎么样呢？
检讨：一次，两次……五次，
不肯暴露，
不肯联系思想，
不肯扔掉包袱，
干部，干部一切决定于干部，
拖延了检讨的时间，
就是拖延了祖国的建设，
就是危害了人民的利益，
就是影响了祖国的前途，
您不感到沉痛吗？

朱教授：
在伟大事变的时候，
一天等于廿年，
改造自己，
永远没有太晚的时候，
“我有信心，
有决心，
我不愿落后，
我不愿掉队，
我要痛快的洗一个澡，

为了祖国，为了人民”，
我希望您记住您最后这几句话。

让我们生命的日子，
海水一样自由地流，
未来等待着我们快乐无忧，
我们要彻底改造思想，
我们要把臭包袱扔掉毫无保留，
我们的青春和劳动保证了，
光辉的新生活永留不走!

胜利——前进!

陈溪风

长江江水永远是奔腾地流，
时间疾风似地飞驰，
生产战线上传来了捷音——劳动人民，
前天的“挑战”，
昨天的“竞赛”，
今天啊!
追上了时间，
胜利! 前进!
思想改造的巨浪万马奔腾，
时间疾风似地飞驰，
一天啊! 比二十年。
沈玉麟先生，
虚伪的假面目具带了三十年，
三十年来欺骗了祖国，
欺骗了人民，
就在昨天，
你扔下了假面具，
决心做人，
在这一天啊!

比三十年，
这强烈的声音，
这飞跃的胜利的时间呀！前进!!

长江江水永远是奔腾地流，
时间疾风似地飞驰，
思想战线上传来了捷音——沈先生，
昨天扔下了假面具，
今天,你下了决心，
明天啊,将追上时间，
胜利！前进！
(今日本报共四版)

一九五二年六月二十日　第四十一期

彻底批判资产阶级思想！坚决树立工人阶级思想！

宣传部对铅印文件不负责任，三个文件发生错误五十多处

为了武装一提高我们的思想水平，使运动取得彻底胜利，办公室宣传部负责铅印的“可爱的中国”、“论自我批评”、“论共产党员的修养”、“关于青年同学就业问题”、“论共产主义教育”和“青年团的任务”六种文件，印费达六百多万元，在印前两种时，就发现了许多错误，甚至印错了行，经领导上指出后，没有认真地检查思想，严肃地进行自我检讨，因此在印后三种文件时，继续发生错误，据现在统计，三种文件发生错误就有五十多处，其中特别严重的甚至把我们伟大的领袖“毛”主席印成“手”主席，把“人民不需要”印成“人民需要”，错误是非常严重，令人难以容忍的。

我们不但没有完成领导上和群众交给我们的任务，反而给工作带来了很多损失，对待铅印斯大林、毛主席、刘少奇同志的文件是一个光荣的政治任务，体会是不深刻的。我们就丝毫没有想到革命领袖的著作是工人阶级和无数革命先烈用鲜血换来的革命斗争经验，那是千千万万有名或无名英雄们血泪的结晶，毛主席等同志之所以在艰苦紧张的抗日战争，解放战争的激烈阶级斗争中，抽出时间花尽多少心血写成书，其目的就是为了教育全体党员、全国人民更好地继承先烈遗志和未竟事业，吸取斗争经验，为共产主义事业贡献点滴力量，正是由于这些经典著作才使中国先进的革命知识分子接受了马列主义的真理，摸索到要走俄国人的道路，也正是由于这些著作武装了千千万万的干部，从思想上巩固了党，加强了党的战斗力，才取得了今天革命的胜利，但是我们呢？我们都是共产党员，青年团员，对待这个工作不是严肃的负责的态度！反而把它看做是随便什么人都可以做的事务工作，觉得发生些错误是难免的，以后不再错就是了，更有的同志感到做这种工作既麻烦又不能表现自己，粗枝大叶，希望少劳多获，在校对时思想上开小差，怕花那么多精力在这片“看不出成绩的工作”上，不愿做无名英雄，考虑个人得失，渗[掺]杂了许多非工人阶级思想，在我们思想感情上，就没有体会到党、团组织把我们放在实际斗争中培养，教师同学们给我们工作的机会应该如何珍惜！我们能够在自由祖国的土

地上为革命工作又是何等的幸福!? 我们不懂得这些! 同样地对于宣传出版工作的高度严肃性与战斗性,宣传不是为了“自我欣赏”,而是要去影响别人的思想行动的,因此应该一字一句对群众负责,认识也是不足的,我们也学习过方志敏烈士用鲜血写成的“可爱的中国”,我们也说要热爱自己的母亲,热爱毛主席,但是对待铅印毛主席的著作,对待祖国革命工作的一部分,却是这样的态度,爱国又表现在什么地方呢?! 想到领导上和群众把这样一个光荣的政治任务信任地交给我们去做,想到领导上为了反资产阶级思想运动在我院同样获得彻底的胜利而在艰苦地进行发动群众的工作,同学们为了长远利益,纷纷放下了书本,无私地满腔热情地为了帮助教师思想改造常常工作到深夜三四点钟,教师们特别在学习了“批评与自我批评”后,端正了态度,许多教师痛哭流涕,表示“洗不干净,决不上岸”,想到这些,我们不能不感到十分痛心,给工作带来这样大的损失,我们是对不起祖国、人民和教师同学们的,在这次错误发生后,宣传部长刘文霞、副部长彭准今、资料研究组组长张国伍、负责铅印江建中等同志皆做过初步检讨,资料研究室同志并联系每人思想,检查了自己的工作态度,保证今后决不再犯类似的错误。希望全体教职工同学今后能多对宣传部的工作提出意见,以便更好改进工作。

节委会办公室答复

李忠潜、董嘉年两同志:

你们的建议很好,我们决定选择较好的检讨在快报上陆续发表。

节约检查委员会办公室

李忠潜、董嘉年两同志的建议

节委会负责同志:我诚恳地建议你会责成宣传部同志,将本校已通过之几个检讨摘要或全部(检讨短者)较长时间地揭露在思想战线板上或其附近,或抄录几份,存反资产阶级思想阅览室备阅,以供广大群众参考,或吸取其思想斗争之经验,是否适当,希望予正确之裁决。

运输系李忠潜、董嘉年提议　六月十九日

通　告

兹定于明日(三十一日)上午八时在南饭厅召开全院师生员工大会,学习批评与自我批评。希望全体同志准时出席。

节约检查委员会办公室六月三十日。

第四十一期　第二版

认真开展批评与自我批评,为取得更大胜利而斗争

彻底改造自己为共产主义事业做好点滴工作

刘文霞

在这次铅印学习文件时,把工作交给同志去做,既不检查,又不过问,而在第一次铅印发现错字错行很多,主要的除了自己的觉悟低,没有认识到这是个光荣的政治任务外,同时也没有及时的对担任这项工作的同志提出意见,犯了严重的自由主义,当时只片面的考虑到同志们日[夜]以继夜[日]的工作都很辛苦,偶尔犯了错误,下次改就是了,替有错误的同志(包括我自己在内)考虑的太多,为党的事业人民的利益想的[得]太少,不是像共产党员所应具有品质,向一切危害党的利益的现象进行坚决的斗争,这都是以说明自己的党性不强,阶级觉悟不高,自己的利益和党的利益还不能溶化在一起,想起来,我现在所做的就是共产主义事业的一点一滴工作,而我却采取了如此令人不能容忍的极端不负责的工作态度,对待缺点、错误是自由主义!我原也知道,我们都不是工人阶级出身,带着许多非工人阶级思想意识参加了党,而周围的环境,资产阶级思想又不断的企图侵蚀我们党,不经过不断的思想斗争,不断的整顿就不能担负起共产主义事业的艰巨任务,我这样做是只能削弱自己的力量,对同志也是不够负责的,在历次运动中,我虽也积极的参加,但老是整别人,就没有整到自己的头上来,因此,就没有在斗争中很快的提高自己的阶级觉悟,通过这些事业的教训,把我许多缺点都照出来了,我有决心在运动中彻底改造自己,做一个名符[副]其实的无产阶级先锋战士,继续为党工作。

在实际工作中改造自己,做一个名符[副]其实的共产党员

彭准今

这次错误的发生是由于我没有交代清楚,没有认真检查,尤其是领导上再三指出这是对待革命工作的态度问题,我不但没有反省自己,检查思想,反而

认为可以去教训负责校对的同学,没有认识到自己没有对革命负责,要求人家对革命负责是办不到的,在运动中,组织上不断教育我要在运动中洗澡,但是我自己总是认为自己没有问题,自己是教育人家的,并没有认真检查自己的思想,通过对压制意见和出版工作犯错误的检讨才认识到自己问题的严重性,宣传部一系列的错误,大都是由我直接负责的,这说明自己党性不强,对待革命工作的态度是恶劣,不是全心全意为人民服务,献身党的事业,今天检查起来,是对革命的态度问题,是人生观的问题。

今天具体的革命工作摆在我面前,我没有负责,不正是反映自己对革命没有浓厚感情吗? 不正是原来阶级思想意识作祟吗? 由于我对革命工作不负责任的态度给党的工作带来很大损失,给运动带来很大损失,我感到惭愧和沉痛,我决心在实际斗争中履行党员的义务,献身党的事业,在工作中不断改造自己。做一个名符[副]其实的共产党员。

决心投入到反资产阶级思想运动中彻底改造自己

张国伍

节委会办公室为了更好的来帮助与解决我院教职工、同学进行反资产阶级思想的学习起见,决定印发五种重要铅印文件，这是一项极其严肃而重要的工作,宣传部将这项工作交给资料研究室来负责,当我接受这项工作后,我就将这项工作交给资料室江建中同学来负责,由于我对这项工作没有认识,没有以对革命工作负责的态度来对待这项工作,相反的抱着完成任务观点来进行工作,以致铅印三种文件共出五十多个错误,经办公室主任张绪潭同志指出后才使我们认识到这种错误的严重性,这些文件都是我们热爱的革命领袖所新手写成,这是无数的革命先烈流血牺牲所换来的,这些文件是发到全院每一个教职工同学当中去学习,影响是相当的大,同时我们在印制这些文件中用着农民们辛苦劳动出来的小米,而我们对这项工作采取了这样不负责的态度,这种错误是严重的,由于这种错误给革命工作,特别是当前反资产阶级思想运动带来的损失更是难以估计的,这不是一个革命青年,特别是一个青年团员对待工作所应该采取的态度,检查起来我所以发生这种错误的思想根源,是由于自己是出身于剥削阶级,自己思想中还存在着很多非无产阶级思想意识,由于我的这种非无产阶级思想,因而给工作带来的损失是很大的,几天来经过领导上帮助,使我真正的认识到自己这种思想的严重性,我下决心更积极的投入到当前的反资产阶级的思想运动来,彻底改造自己,彻底批判自己的这些非无产阶级思想,端正自己的工作态度,在今后工作中保证不再犯这种错误。

我一定要批判我的非工人阶级思想

江建中

我今天要检讨我在工作中所犯的错误,在我负责的学习资料(除了可爱的中国外)铅印送稿及校对工作中,除了部分错字由印刷厂负责外,大都由于我的非工人阶级思想来对待工作,以致发生了这些错误,这些错误的发生,首先是减弱了文件的政治性和战斗性,甚至造成了原则性的错误及严重的影响,危害了全校教职工同学的学习,给政治上带来了巨大的损失,造成这些错误的原因是我对工作不够认真细致,严肃负责,不是以革命态度来参加工作,我看这工作是事务工作不能表现自己,于是就以任务观点而不是全心全意为人民服务的态度来对待工作,在工作中粗枝大叶,怕麻烦,想偷懒,有着剥削阶级思想,希望少劳多获。印"斯大林论自我批评"发现很多错误,领导上提出批评后,我还想印文件总是免不了错误的,谁能校对得那么仔细呢?又想花那么多精力在这工作上,耽误了旁的工作那别人要看我作得太少了。我就是以这样成天考虑自己得失、原谅自己错误的个人主义态度来参加工作。我没有认识到斯大林毛主席的著作是由无数革命先烈流血牺牲中所积累起来的经验所写成的,也没有认识到这些文件在这次思想改造运动中所起的作用,以致造成了那么巨大的政治上的损失。总的说来这些错误是由于我还存在着严重的非工人阶级思想,过去工作中一系列的表现闹个人英雄主义,在能表现自己或工作顺利时,情绪就高,否则情绪就低,成天为个人打算,考虑得失,入团二年多了却还如此,就因为过去没有认真的来检查自己,亦不重视别人批评,口上说忠于革命,在实际斗争中却考验出三心二意。今天我检讨自己的错误,一定要批判我的非工人阶级思想,并保证以后工作不再发生类似错误。

今日本报两版

一九五二年六月二十一日　第四十二期

彻底批判资产阶级思想！坚决树立工人阶级思想！

运一甲乙两班同学集会揭发孙庆生、王闰己的反动言论
大家愤慨异常，坚决向反动思想进行斗争

二十日上午，运输系一年级甲乙两班召开联合班会。在会上，同学们揭发了运一乙孙庆生、王闰已两同学的反动言论，并向他们的反动思想进行了坚决的斗争。

孙、王两人来校以来，一贯生活散漫，作风恶劣，言论反动，在考物理时舞弊，被发现后教育科找他们谈话，他们就大骂周云同志，在小组会上不发言则已，一发言就是闹玩笑，破坏会场情绪。政治课也常缺席，最可恨的是，他们经常散布反动言论，污蔑领袖、污蔑苏联，敌视党、团及劳动人民，破坏运动。

污蔑领袖，污蔑志愿军

毛主席是中国人民爱戴的伟大领袖，也是全世界人民所尊敬的伟大领袖；可是孙、王两人却对毛主席横加污辱，乱改人民歌曲。志愿军在朝鲜奋勇作战，保卫了全国人民的幸福生活，也保卫了孙、王两人的幸福生活；而孙、王两人没有体会到这些，反而对我们最可爱的人进行污辱。这些就说明了孙、王两人对毛主席、对志愿军是敌视的。他们的极其反动的言论，完全丧失了一个中国人民最起码的立场，在这儿，我们看不出孙广生、王闰已还有丝毫中国人民的心肝，更谈不到能够做一个新中国的大学生了。

污蔑伟大的友邦苏联

苏联是我们伟大的友邦，由于苏联对我们大公无私的援助，才使我们的革命事业能够发展得这样快。孙、王两人没有想到这些，仍站在反动立场对伟大的苏联进行污蔑。他们要学英文，不愿学俄文，污蔑学俄文的同学说："俄国（他们故意不称苏联）人的屁你们也说是香的。"又说："读俄文便是吃俄国人的屎"。这表示他们对苏联也是敌视的。

破坏运动，与党团对立

为了予美帝细菌战以反击，我们全院师生员工热烈地举行了消灭细菌大扫除，但他们不愿参加；勉强参加了，孙就说："学校剥削我们的劳动力"。当学

习五一大游行所唱的歌曲时,王就说:“我一唱就想拉屎”。当大家都兴高采烈的[地]在五一那天穿了漂亮的衣服去接受毛主席的检阅时,他们就说:“三反反的什么,这简直是浪费”。王还说:“穿破衣服是劳动人民的本质,穿漂亮衣服变成资产阶级游行了。”“三反”运动开始后,他们在小组会上很少发言;王在小组会上做物理、微积分习题,还故意曲解反浪费运动的意义,他说:“现在反浪费,不要浪费时间。”这些都严重地影响了运动的开展。

在“三反”开始时,发现运输系在课程上有问题时,他们抓紧这一事实作为藉[借]口,往教育部跑了四趟,给铁道部、人民日报写信,形式上冠冕堂皇,实际上千方百计、想尽办法把系搞夸[垮],来达到他们转系的目的,等到他们的个人主义无法实现时,又骂铁道部办交大是本位主义,教育部是官僚主义,他们仇视人民的大学,说交大是“养老院”、“牢狱”,在一次政治课上写“交大独裁”,他们这种反动思想还恶毒地到处传播,在同学中散布空气,说学校对同学将施行“高压手段”,对学校行政负责人进行恶毒的污蔑,在思想改造运动的最近两星期以来,孙庆生从来没有参加各种大小会议,反而躺在寝室里念英文,学代数,想转系,拒绝进行思想改造,既然他们这样地对抗一切革命运动,对学校行政闹对立,他们自然也就和党团员采取了对立和仇视的态度。

他们认为团组织袒护团员,专对付同学的。他们污蔑地说:“班上的团员是周云(教育科长)的狗腿子”。甚至猖狂到在一次班会上公开污蔑青年团与三青团一样,说青年团员在监视他们,说:“运输系团员靠政治吃饭,入了团就上了政治舞台。”他们只要有机会,有空子,对党、团就进行破坏与污蔑,对这些反动思想我们应该进行坚决的斗争,如果对反对思想容忍,那就是对人民的残酷。

同学们愤怒地表示,坚决和反动思想斗争到底

对于孙庆生、王闰已两同学一贯的反动言论,同学们一致愤怒地表示不能容忍。大家指出,孙、王的问题决[绝]不只是对学校不满,而是一个立场问题。对于孙、王两同学我们是要团结争取改造的,但对他们的反动思想我们是必须进行坚决斗争的。在会上,同学们对孙、王两人的反动思想引起了无限的愤怒,赵忠义同学流着泪说:“你想想你今天能够幸福地在这儿安心学习,到底是谁给我们带来的幸福? 而你却污辱我们最可爱的人!”许多同学都气愤地说:“毛主席解放了我们,劳动人民用一滴血一滴汗打下的粮食来支援我们学习,而你却不但没想到这点,还污辱毛主席,污辱劳动人民! 这是我们绝对不能容忍的!”全体同学一致要求王、孙两同学进行深刻的检讨。

最后，主席总结发言说："我们一定要向反动思想进行坚决斗争，我们一定能取得彻底胜利！我们希望孙、王两同学好好检查自己的思想，大胆暴露，才能彻底批判掉这一系列的反动思想，才可能将自己从危险的道路上挽救回来。"

第四十二期　第二版

认真开展批评与自我批评，为取得更大胜利而斗争

最近学习批评与自我批评后的回忆

汪集生

我在旧社会里的时候，不懂得什么叫立场，什么叫敌我。穿袖大衣，自命清高，教书讲学，不问人民利益，说是冷酷也可以，说是偷生也可以。对革命大业少有所问，在帝国主义疯狂猖獗——地主买办、官僚资本之类的剥削奴化，视若无睹，所以无形之中作了资产阶级的教奴，思之殊觉可耻，我养成了单纯学术观点，自高自大，撇开劳动生产、政治经济事项于不顾，坐井观天。除了受人家瞎恭维而自己还努力求学外，别的可谓无知之甚。自我批判极少作，而批评则也是没有一定作用，没一定立场。

解放后，学习文件不少，尽管总结以后，不多作检讨。所以用新观点对旧我评论的事，对于我这"高雅之士"可谓若登天之难了。

在这运动中，头两次作检讨都是戴着这家那家学术的帽子作的，简直和讲学差不多。对于群众的提意见也觉得莫明其妙。说我自高自大，理论来结合实际，批评不够等等，我就以不耐烦的态度鼓着勇气再作了。校里校外找人帮助，第三次检讨算是不在那里瞎兜，而有一点立场了。要我作总结，而总结又要我再写，我简直觉得不胜其麻烦。对群众觉得"寡不敌众"，对领导认做是有权有力。对群众中的某些人我认为简直又讨厌又害怕。我常想像地主被贫雇农斗争的模样，我以被斗争的人自居，那时我对于检讨完全处于被动的地位。——推推动动而已。可是说起给别人提意见，我更是小胆，我以挨打的人自居。

第二阶段开始，我真是出了一口气儿，这次我觉得我可以和别人站平等了，所看到人家的错误，我也可以指正了。我这次作检讨，确实向前进了一步。

我痛快的对旧我骂起来。我自鸣得意,认为不差,可是这次群众给我提意见呢?更叫我痛苦起来,他们把我素日骂人最厉害的句子都加到我的头上来,说我自私自利的有,说我唯心行事的有,说我思想混乱、学术研究一事无成的都有。我苦恼了,唉,我不懂了,我思想斗争了两天半,算是我胜利了。他们不是在学术圈里看学术,他们不是在小资产阶级意识里面打圈子的。好了,好了,提高到政治上去看问题,落到工人阶级的实际立场去看问题哪!想通了,都通了,我过去是坐井观天,以小资产阶级意识,看资产阶级的罪恶,而不是以工人阶级立场来处理这些问题的。

听了叶向忠现场的报告以后,又看斯大林同志"论自我批评"等文件后,算是又进一步地了解了。尤其是学习了"可爱的中国",哭了四五次之后,以前的忍受、气愤、架子、尊敬等也无影无踪了,同学又"洗手""搓澡",又通过几个大会,觉得镜子的作用大极了。并且觉得不检讨错误简直难过,看到周围,想起将来,有说不出的兴奋,对以前的人生观,简直觉得如脓如疽,看到个人主义是多么可怜啊!现在认为不作检讨,不作自我批评,简直是腐化,要自暴自弃;不批评别位同志,简直是冷酷成性,破坏团结。

我要以人民财宝的资格效忠人民,将农民之养,党政之教,解放军的卫护,都报答一下才是,我要努力改造我的思想。

我要正确地运用批评与自我批评的武器

马毓珣讲师

我是一个好面子的人,我对我自己考虑的太多。所以开会很少发言,说错了或是不精彩,怕丢丑、怕人家看不起。对人家有意见开会时不说,也不当着面提出,因为我怕和他失了和气,对自己不利,所以我平时对人很少批评,即有也是很委婉,但是背后就犯了自由主义、小广播。从前我对田成文有意见,但不当面给他提,却在背后对同学们广播,因为我怕和他伤了和气,与自己不利,同时他教书不好,岂不是显得我好,在电信系黄宏嘉、潘守鲁两先生都是我在联大时的同班,我为了自己的利益,便搞起小圈子来了,我一方面替黄、潘吹嘘同时也藉以抬高自己,他们的缺点我也谈,比方黄的脾气牛,潘的自高自大,但是我说他们都是刚由国外回来,不能要求太高,我对系里其他先生,分别他们对我的态度而进行拉拢打击,朱先生"三反"时说我们搞清华小圈子,我就不满意他,等同学给他提意见时,我便主张同学意见的正确性,并和其他不同意见,在私下进行主观的争辩。别人对我的批评，小意见可以考虑接受，凡是伤我面子，对我不利的意见，我就感到急躁，不能接受，有时并且怀疑对方对我有成见，想打击我，在上次“三反”时，有人说我小广播，这个意见刺痛了我的心中了我的要害，伤了我的面子，我感到十分难堪，但我并没有从人民利益去考虑它的恶果。我当时只从字眼啃，我认为小广播这三个字用来是带有讽刺的意味，而不去结合自己思想去检查，我就这样对待别人的批评。这次反资产阶级思想运动开始的时候，虽然从理论上我也认识到为了个人前途与祖国的利益，必须进行思想改造，但是起初还总是站在个人立场去检查思想，处处同情它，掩护它，舍不得暴露，怕丢自己丑，于己不利，比方我以前曾在航空属工作，为了小米少，和其他自私的目的而脱离航空属，在离开时是因朋友肺病透视证明蒙蔽和欺骗组织，我在想，这样的问题暴露了，会不会丢丑，和大家看不起我，后来由于同学的启发和经过思想斗争，认识只有站在工人阶级立场，才能勇于和彻底暴露思想，别人才能给以帮助分析和批判它。经过方志敏烈士的著作“可爱的中国”学习，同学们为了一点对不起“母亲”的事，而痛哭流涕，我也感动的[得]哭了，我的泪洗掉我眼上的遮盖，我的眼睛发亮了，能够看远了，我发现了可爱的“母亲”，残害她的恶魔现在已经被赶走，她现在已经恢复了健康，我现在也看清了自己，我原来就是她不肖儿子中的一个，过去为残害“母亲”的恶魔帮过凶，在“母亲”恢复健康的时候，我还偷偷的在作暗害好的勾当，我只看见自己的利益，去小广播毒害将为祖国建设的青年干部，搞小圈子，使集体利益要服从我个人利益，我对不起生育我的可爱的“母亲”，我对不起培养我长大的劳动人民，对不起为我们牺牲的方志敏烈士。

听了叶向忠同志报告后，我认识到我以前不能运用批评与自我批评的原[缘]故是因为我没有站到工人阶级立场，经过这几天的正确运用，使我有了勇气和决心，我再不怕别人的批评了。同时我要以与人为善的态度，勇敢的向人提出批评。我要争取迅速的、彻底的完成自我检讨。

一九五二年六月二十三日

第四十三期(今日本报共四版)

彻底批判资产阶级思想！坚决树立工人阶级思想！

群众热烈欢迎沈、石两先生的初步转变
张协衷、许景远两先生应向他们学习

二十一日上午本院全体师生员工及其家属在临时礼堂召开学习批评与自我批评大会，交流学习心得。

在会上，首先由应达之同学发言，他叙述了他怎样在经过思想斗争后决心要揭发他父亲应尚才教授的反动思想，诚恳地帮助应教授思想改造。他说："我以前总想要保持我父亲的尊严，不敢和我父亲的反动思想进行面对面的斗争；现在我明白了，我只有积极帮助父亲思想改造，才能真正保持父亲作为一个人民教师的尊严；因为，父亲的尊严应该建筑在广大人民尊敬的基础上。"应达之同学的发言受到大家的热烈欢迎，大家欢迎应同学的进步，并希望应教授能够迅速地端正态度，进行思想斗争。

接着，沈玉麟、石立治两先生报告了他们在学习批评与自我批评中的体会，沈玉麟教授从反资产阶级思想运动开始以来，一直抗拒思想改造，对做检讨抱着"过关"的想法，以虚伪的态度对待帮助他的人。因此，一直没有做好检讨。这次在学习批评与自我批评中，同志们尖锐地指出了他的一贯的虚伪的态度，他开始惊醒过来，对于他自己以前虚伪的态度开始痛恨，他说："我以前一直对任何人都是虚伪的，甚至对我的爱人也不讲真心话！旧社会把我变成了不讲人话的鬼，三反运动终于把我重变成人！我今天才感觉到，我作为一个毛泽东时代的青年，是幸福的！"他表示今后要继续努力，改造思想，做好检讨。当他的报告结束时，全场以历久不息的掌声来欢迎他的进步，成百张纸条递上了主席台，不同的字样表达了同样的欢欣和期望；"沈先生，我们热烈地欢迎您初步的转变，并希望您在思想战线上取得更大的胜利。"

石立治讲师在以前一直背着一个沉重的历史包袱。由于他对党的政策认识不足，他一直没有勇气暴露他曾参加反动组织三青团的事，而这个包袱就大大地阻碍了他的进步。今天，他终于放下了这包袱，主动暴露了问题，迫切要

求思想改造，并表示要争取作一个光荣的共产党员，他的报告同样地博得了大家历久不息的掌声。在递给石先生的无数纸条中，大家一致热烈地希望石先生以实际行动争取作一个光荣的共产党员。

同时，各系的教师同学们也对尚未端正态度的应尚才、朱广心、卢肇铨、许靖等教师提出了尖锐的批评，要求他们虚心接受群众的意见，端正态度，认真改造思想，做一个名符[副]其实的人民教师。

下午，各系都开了师生大会，继续展开批评与自我批评。在经济系的大会上，朱广心教授有了初步转变，上午的会使他很受感动，他说："沈玉麟先生的话，简直就像说的我！"他说他以前也非常虚伪，就连对自己的爱人也是虚伪的。他表示今后要站在工人阶级立场，努力改造思想，会后又积极地邀请搓澡队到他家里去给他搓澡。他的进步，大家都表示了热烈欢迎。朱广心教授的爱人廿一日上下午都参加了会，在上午的大会上，她感动得流了泪，她表示：今后她也要和同学一起帮朱教授搓澡。

建筑系的全体师生对有了初步转变的沈玉麟、赵祖武、庄涛声三位先生表示了热烈的欢迎，沈玉麟先生激动地说："我很惭愧，我这么微小的进步都受到同学们这么热烈的欢迎！我今后决不能再掉队了！"朱耀慈先生流着热泪表示要向沈先生看齐。建二李培德同学发言时激动得流下了眼泪，他说："我是帮助沈先生、庄先生搓澡的一个，在工作中曾经因为看不到老师的进步而灰心，今天我看到他们在态度上有了转变，加强了我的信心，我热烈欢迎他们的进步。"

[redacted]在上午的大会以前态度还很不端正，在大会上受了同学们热情的感召，他在系会上沉痛地检讨了自己过去对待运动及批评的恶劣态度，他说："我现在真切地感到千百万人民正在向我伸手，为了祖国人民，我下决心要不再犯以前的错误，积极投身到运动中来！"全系师生以热烈的掌声欢迎了他的初步转变。石立治讲师说："我的初步转变就受到了大家这样热烈的欢迎，今后我一定要好好在实际斗争中改造自己，以答谢党和祖国人民对我的期望！"孙铭甫先生也检讨了过去对待批评与自我批评不正确的态度。

在运商系的大会上，胡国本教授检讨了他以前虚伪园[圆]滑的态度后说："假如我还不痛下决心端正态度改造自己，那我太没人性了！"王竹亭教授在检讨了他以往拖延等待的错误态度后说："我今后再也不欺骗同学了！"胡、王两教授的转变受到了大家的欢迎。在热烈的掌声中，胡国本教授流下泪来了。

俄材专师生大会上对张剑非主任对待运动的虚伪态度提出了尖锐的批

评,最后张主任初步认识到群众的批评是为了"治病救人",表示要以实际行动来回答大家,并且激动得流泪说:"虚伪的包袱一直压得我透不过气来,我决心扔掉它。"张剑非的话受到群众的欢迎,并希望张先生把决心贯彻到实际行动中去。

多少以前一直没有端正态度的教师们都端正了态度,大家欢欣鼓舞的心情是可以理解的。这是我们反资产阶级思想运动的又一次胜利。但对于个别迄今仍未端正态度的教师,各系师生也都进行了尖锐的批评。例如 经济系张协衷主任仍然对运动采取抗拒态度,他说:"我就是不改,把我送去劳动改造好了。"又说:"顶多把我和朱广心一样对待,还有什么了不起。"运商系许景远教授在全院大会上睡大觉,下午系里开会还说:"沈先生、石先生的转变没有什么了不起,像石先生的交待[代]历史问题只要一、两分钟就讲完了!"我们诚恳地希望一切尚未端正态度的教师们,应向沈玉麟、石立治两先生学习。

第四十三期　第二版

认真开展批评与自我批评,为取得更大胜利而斗争

我要下定决心改造自己,端正对待运动的态度

自思想改造运动开展以来,我一贯采取了消极对抗的态度,为了蒙混过关,采取了一连串虚伪,欺骗的手段,拒不洗澡。运动刚一开始我便打听过关的标准,想看看风势,尽量往后拖,看看别人作的好坏,等别的同志作过以后,自己作一个"合乎其中"的检讨,又不是典型,又不太差。这样开始了下面一系列的可耻活动。

为了检讨作得不要太坏,便要材料充足,情感丰富,为了搜集材料,便向搓澡队打听意见,一心想根据意见蒙混过关,这个企图遭到同学拒绝,以后我便又向搓澡队同学打听如何可以产生感情,希望吸取他们的经验,事实上站在这样的立场上来做检讨,永远是不可能产生感情的,虽然搓澡队耐心地向我解释,但我的过关企图已经冲昏了头脑,我和他们讲:"大道理我都懂,你们不要讲",其实道理半点也不懂,一心一意想蒙混过关,连思想改造的意义也是丝毫不懂得的。

以后便就教师们捉[提]的和自己猜想群众可能有的一些意见,为了过关

而作了第一次检讨。结果当然是不会通过，由于这种极不老实极不端正的态度，在批评一自我批评学习会上，对我进行了严正的批评，但是我不但不自猛醒，反而完决地站在资产阶级立场上来对待批评与自我批评，进行诡辩，经同志的进一步揭发，使我有了生机、看到背上背着的巨大包袱的一个小角。开始感到沉重。

在同志们、搓澡队诚恳热心不断的启发之下，经过几天的思想斗争，我认清了我自己虚伪，不老实的态度，我一贯自认为正直，其实是充满了诡诈、欺骗，不必讲以往的问题，只就对待运动态度这一点，就可以看出我的资产阶级思想是多么浓厚。

我的包袱是一贯有其历史根源的，家庭出身、社会环境，使我看不见祖国、人民。我们的党、政府，为了改造我们、让我们走到人民的队伍中去，及时的开展了思想改造运动，这是千载难逢的机会，而我是采取了消极抗拒，不端正、不严肃的态度来对待这次运动，是谁妨碍了我的进步？这是我的资产阶级的臭包袱，我要抛掉这个包袱！重新回到人民的队伍里来，作一个真正的人民教师，在全校师生员工大会上，当我听到亓林代表电信系向我提出批评时，当我想到千百万人在期望着我时，我恨我自己，我要下定决心痛改自己，勇敢地暴露思想，彻底地批判腐朽的资产阶级思想，担负起光荣的人民教师的任务，为了祖国将来，贡献一切力量。

现在还不迟，我要赶上队伍，在这一次运动里，彻头彻尾洗一个澡，端正一切对待运动不正确的态度，作一个新人。

（卢肇铨　讲师）

参加全院师生大会后我的三点感想

沈玉麟副教授

参加了星期六早晨的全院批评与自我批评大会，我有三点感想：

首先，我觉得很惭愧，在大会上，我惭愧听到鼓掌的声音，我惭愧群众给我这么多热情的鼓励，过去我对群众是冷酷的，敌视的，今天群众给我的是热情和友爱！过去我对党对劳动人民是轻视的，污蔑的。今天党和人民给我的是热情的关怀和耐心的帮助。我惭愧我过去各种忘恩负义的行为，在大会上我惭愧得抬不起头来。

不！不能！我不能光是拿惭愧和抬不起头来答谢群众！我要抬起头来，我要抬起头来对得起群众，对得起党，对得起人民，对得起每一个人，我今后要把我的一切,甚至我的生命,无条件地贡献给党,贡献给人民。

第二,我觉得我更坚定了我的思想改造的信心,来彻底打垮存在我脑中的资产阶级思想,我的资产阶级思想是很浓厚的,今天还没有彻底批判掉,我要警惕我自己,我不会自满,也不会自馁。我有信心展开思想斗争,彻底打垮存在我脑中的资产阶级思想,不获全胜,决不收兵,希望搓澡队同志和群众支援我。

第三、我觉得我的生命有了无穷尽的希望和前途,我骄傲!我骄傲我是一个站起来的毛泽东时代的青年,在旧社会里,我家里给我的是欺骗、卑鄙与无耻,帝国主义奴化学校里给我的是麻痹、罪恶和毁灭。我接触到的旧社会是一个使我完全堕落的深渊。今天!在今天解放了的新社会里,在今天的全院师生员工大会上我感到了新社会的恩情和革命大家庭的温暖,我有了前途,我有了希望,我要同大家一起前进,我不再掉队了,我永远不再掉队了,相反的,我要推动社会前进,我要跟大家在一起推动社会前进,为我们的系,为祖国十年建设,我将贡献出我所有的一切力量。投身于革命,为我们的革命事业奋斗到底。

逃出了"上饶集中营"的战士
孙秉泰同志廿四日来校作报告
会后放映电影"上饶集中营"

廿四日晚节委会办公室将约请从"上饶集中营"里逃出来的战士孙秉泰同志来校报告他亲眼看到的国民党反动派的罪行和亲身的斗争经历,并放映"上饶集中营"的电影。

"上饶集中营",这是我们造成青年和革命群众最憎恶的地方,在这阴森森暗无天日的地狱里,国民党法西斯犯了滔天的罪行,屠杀了成千的革命爱国志士,我们的敌人就是这样野蛮惨无人道,就是这样的可恨。但是所有这些卑鄙可耻的行为吓不倒共产党人和革命志士,而是几个人倒下去千万人站起来英勇的斗争,正就是这些英雄们用自己的头颅和鲜血为祖国人民写下了光辉的史诗,换来了今天的胜利,创造了今天自由幸福的生活。

教职工同学们!我们生活在自由幸福的今天,生活在胜利花开的今天,我们忘不了过去沉痛的日子,忘不了先烈们艰苦斗争的日子,我们不会忘记这些,我们要学习先烈们憎恨敌人热爱祖国的精神,学习他们无限忠诚于革命事业的光辉榜样,在伟大祖国的建设事业中做一个自觉的英勇的战士。

第四十三期　第三版

张主任，回来！

经济系教师　唐　剑

当我为了我地主的家庭，
而感情脆弱的时候，
是您，张主任，
向我伸出同志的手，
你严厉地提醒我："站稳立场，勇敢地迎接这次考验"
这声音我将永不忘记，
这声音充满了多少力量

深更半夜，
我们面对面坐着写检讨，
在同一的战线上，
向同一的敌人，
展开顽强的战斗，
睡一睡又坐起，
走一圈又来挖；
您为我倒一杯开水，
我为您拭干净桌面；
在这痛苦而紧张的战斗中，
我们互相鼓励互相帮助，
有时是您，有时是我，
忽然喊住对方：
"我现在才了解党的伟大！
我现在才明白，我过去多么卑污呀！"
于是相互会心点头，
又埋下头紧张地写下去。
啊，张主任，

我永不忘记这些深夜,我才体会到,
什么是战斗的友谊!

当您为了帮助,
许教授、万教授、李圣三教授而奔走的时候,
当您向朱教授的思想敌人,
大声怒吼的时候,
当您为谢奇松同学的思想改造而殷切关注的时候,
当您找搓澡队畅谈的时候,
当您在检讨中保证服从组织分配,
争取作一个光荣党员的时候,
您,张主任
您的声音多么洪亮,
您的脚步多么雄壮,
您和我们,
您和党,您和祖国和人民,
您和您自己美好的将来,
是多么靠近,
是多么靠近!

但是,当您第二次检讨未被通过,
您个人主义的"旧我",
忽然原形毕露。
您忽然发出这样哀音:
"我一切精力都用尽了,
我水平低,我就这样了!"
您又重复那腐臭的牢骚:
"专材专用,
做板凳的材不能做桌子,
组织上应该调我去现场,
同学们不能对我要求太高!"
您又发出那种怪论:

“我不愿空喊，
为祖国为人民的高调，
思想改造，
妨碍了我的系务工作，
妨碍了我为人民服务！”
您居然说出这样的气话：
“我要看着朱广心走过的路，
我就是典型，
我就是顽固堡垒
，对我开火吗，
我砸了锅好滚蛋！”
……
您就是这样，
向热爱您的人发脾气进攻，
向您思想的敌人怯懦地举手投降，
狠心地，扩大您已造成的危害，
加深您还未偿还的罪债！

张主任，
您还记得：党的伟大吗？
您还记得：服从组织分配吗？
您还记得：您说过思想改造第一吗？
您还记得：您吼朱教授扔下那压得他要死的包袱吗？
您还记得：方志敏烈士提到的母亲吗？
您还记得：您告诫我坚持立场迎接考验的话吗？
您还记得：您为了自己对人民的危害而流的热泪吗？

张主任，
今天我觉得您的白发是这样白得可怕，
您的身躯是特别地瘦骨伶仃，
您突然这样衰老了；
您和我们的距离，

突然是这样遥远；
刚在您眼中闪光的青春的嫩芽，
突然枯萎了！

当您严厉批评过的朱教授已决心要归队的时候，
当您殷切关注过的谢奇松同学今天毅然参加这会的时候，
当运动正走向高潮的时候，
而您，
张主任，您在干什么？
您准备背上您放下的包袱，
登上已脱下的脏鞋，
拾起那条腐朽的手杖，
拒绝一切劝阻，
孤单一人，
坚决向毁灭的道路走去。

啊，张主任，张主任，
回来，回来，
扔掉那压死您的包袱，
为了我们曾在同战斗过的深夜，
为了我们战斗的友谊，
为了您一度闪光的新生命，
为了您流过的悔恨的眼泪，
为了在座这么多双热烈的眼睛和手，
为了方志敏烈士和巨济岛上欺凌的战士，
为了伟大的祖国和人民，
张主任，张主任，
回来，回来，回来！
赶快离开毁灭的道路，
到我们这条路上来，
回到我们的队伍来！
不管怎么样，

我们要把您抢救回来!!!
一九五二年六月廿一日,系师生大会上

斗争 ——看“上饶集中营”后

大 勤

善良的人们,
盼望着在地上建立起天堂,
魔鬼,即要在人间制造“地狱”;
卖国贼
虽然能把抗日志士领进了牢笼;
布满铁刺的木笼内外,
窨起了“光荣属于你”的歌声……
毛家岭的“地狱”已成遗迹,
志士的鲜血培植了幸福的花朵;
今天啊,我们要让它更茂盛!
魔鬼还没有从世界上消逝,
和平和战争的搏斗
从没有比今天更激烈;
巨济岛上还充满着细菌,
刺刀和“震荡手榴弹”,
马来亚的英国强盗,
还得意洋洋地
提着革命烈士的头颅(注)……
善良的人们啊,
斗争!
(注:见六月二十三日人民日报第四版)

第四十三期 第四版

读者来信:与反动思想展开坚决的斗争——读者来信综述

上期本报揭发运一乙孙庆生、王闰己的反动言论后,收到很多读者的来信,对孙、王两人的反动思想表示极端的不能容忍，要与这些反动思想作坚决的斗争。

经一尚穗馥同学来信说："孙庆生、王闰已吃了人民的小米"，在人民的大学里念书，劳动人民用血汗得来的果实来养大你们，是要你们为人民做更多的事，更好的建设我们可爱的祖国，而你们却恬不知耻的吃了劳动人民的血汗还想骑在劳动人民的头上去压榨劳动人民，荒谬绝论[伦]的说学校是"监狱"、"养老院"，满脑袋反动思想，想与人民为敌，与人民背道而驰。

运三甲班会来信表示："孙庆生、王闰已，你们侮辱领袖对苏联仇视，对志愿军对人民政府仇视，对一切有利于人民的事业仇视，你到底对谁友爱呢？你对谁尊敬呢？你是对反动派友爱，对美帝崇敬。你对我们敬爱的领袖漫[谩]骂，你们还有丝毫中国人民的气息吗？我们对这种反动思想是坚决不能容忍的。"他们的信中又说："运一乙团小组长余天祥对这种反动言论，不但不加以制止，反而和平共居，麻木不仁，认为他们是'发牢骚'、'无所谓'，对反动思想进行包庇。余天祥同志应深刻检查自己的思想。"

号二乙潘民同学说："我们今天自由自在地生活在这块可爱的大地上，想到了今天的一切，谁能忘记共产党，又谁能忘记毛主席呢？每一个人都衷心地拥护共产党，每一个人都从内心里发出无限热爱领袖的根苗，谁不为生长在这样一个时代——毛泽东时代而感到光荣与骄傲呢？然而孙庆生、王闰已竟污蔑我们的党，污蔑我们的领袖，我们绝对不能容忍。"潘民同学的信中叙述了朝鲜前线志愿军的英勇事迹后说："中国人民，包括孙、王二人在内，今天不吃雪、不蹲防空洞，不正是由于他们吃雪、蹲防空洞换来的吗？否则你们两人今天还能这样的自由生活吗？但是你们对志愿军进行了污蔑，你们究竟还是一个中国人吗？你们两个简直不配当中国人。"最后，潘民同学坚决地表示要与全校教职工同学站在一起，向反动思想展开坚决的斗争。

将反动思想清除出去！

我班于昨天晚上召开了班会，讨论了运一孙庆生、王闰已两同学在班上一贯散布的反动言论后，大家一致表示要向这种污蔑领袖、污蔑苏联和污蔑我们最可爱的人的反动言论和反动思想进行坚决的不调和的斗争。

潘梦熊同学说："当我看完'三反快报'上揭发了孙、王两同学的反动言论后，感到非常愤恨，谁都知道中国人民志愿军，他们为了祖国的安全，为了广大人民的幸福生活，不惜任何牺牲，雄纠[赳]纠[赳]、气昂昂的跨过了鸭绿江，和朝鲜人民军一起，并肩作战，打击着美国侵略者，因而取得了辉煌的胜利，以致在后方，我们全中国每一个爱好和平的人民，都从心底里感谢着他们，都称他们为我们最可爱的人，而孙、王两同学，他们非但没有认识这一点，相反的，他们还在恶意中伤、污蔑着他们，谩骂着他们，像这种反动言论，我们是坚决不能容忍的，我们要求坚决的把这种反动思想和反动言论，彻底的从我们人民的大学校里清除出去，坚决的树立起工人阶级的红旗。”接着孙全[redacted]同学也揭露了他们在三反运动中一贯的表现生活散漫、作风恶劣、言论反动的思想根源，并且表示要从孙、王两同学的事件中吸取教训，提高警惕，随时和反动言论、反动思想展开斗争。王懋娴同学说：“孙、王两同学一贯的散布反动言论，是有他的思想根源的，是和他阶级出身有关的，今天我们所以能幸福的生活在新中国的首都，在人民的大学校里念书，这是和我们的党和我们敬爱的毛主席的英明领导，以及我们广大的劳动人民的供养分不开的，而孙、王两同学他们没有想到这一点，相反的，他们一直站在反动的立场上，来污蔑我们最敬爱的领袖和我们伟大的友邦苏联，所以，我诚恳的希望孙、王两同学彻底批判自己的反动思想，作一次公开的检讨。”左桢同学也表示说：“孙、王两同学一贯的散布反动言论，我们是坚决不能容忍的，今天劳动人民为了要建设我们的祖国，他们大公无私的把自己辛辛苦苦积累起来的财富，毫不吝啬地来培养我们，使我们将来能全心全意的为劳动人民忠诚服务，建设我们的祖国，而孙、王两同学，他们恬不知耻地在污蔑着劳动人民，忘记了自己是谁养活长大的，像他们这样一贯的散布反动言论的人，又怎样能够将来很好的为人民服务呢？所以我忠诚的希望孙、王两同学赶快猛醒过来，彻底的批判自己的反动思想，回到人民的队伍里来。”

运专二全体同学

我们不能容忍反动思想存在！

运二甲班会

我们看了“三反快报”上揭发的孙庆生、王闰己两同学一系列的反动言论后，大家一致表示无限的愤怒。在思想改造运动即将达到高潮，全院教职工同学们的政治觉悟已经大大的提高的今天，孙、王两同学不但对自己这一系列的反动言论无丝毫认识，并且企图抵赖，将污蔑我们伟大的领袖和党团说是“发牢骚”、“开玩笑”，这种不老实的态度是令人不能容忍的。

三年来，你们没有看到我们祖国蓬勃发展的成绩，没有看到劳动人民的伟大力量。你们一直被反动腐朽的资产阶级思想蒙住了眼睛，醒一醒吧，睁眼看看周围，今天，六十多岁的老教授在思想改造中都远远的走到了你们的前头去了，同学们更远远的超过了你们，你们不为自己的落后而惭愧吗？我们不能看着你们掉队，为了祖国的明天，也为了你们自己。

因此，在这“一天胜过廿年”的伟大运动里，你们应当大胆的暴露，批判你们的反动思想与资产阶级思想，并向群众作公开的、深刻的检讨，只有这样，你们才能得到新生，才能称得上一个毛泽东时代的青年。

我们有权利要求孙、王两人公开检讨

从孙、王两人一贯的敌视人民政府、污蔑我们伟大领袖、仇视苏联和破坏运动等等一连串表现中，我们认为他们两人的行为绝不是偶然的，而完全是帝国主义反动派的代言人，有意识地来进行各种挑拨和破坏，在今天我们绝不允许这种反动透顶的言论在祖国的土地上滋长和存在。

由于毛主席的英明领导，我们苦难的祖国终于得到了新生，而成为和平阵营的鲜明的旗帜，祖国的一切正在欣欣向荣，而我们的前途也显得更加美丽，今天我们能在这样幸福的环境里学习，都是毛主席和党带给我们的，每次当我们想起毛主席，总会变得坚强和勇敢，五一大游行，我们在天安门前看到毛主席向我们招手时，我们都激动得流眼泪，然而孙、王两人竟以这种卑鄙下流的辱骂来污蔑我们最亲爱的领袖，我们是绝对不能容忍的。

孙、王两人生活在如此幸福的环境中，吃的、住的都是劳动人民的血汗，却以这种恶毒的手段来回答祖国人民，这是任何一个祖国人民所不能容忍的，今天郑重地警告你们，我们一定要和你们的反动思想斗争到底，同时我们也完全有权利要求你们两人彻底暴露自己，公开检讨，我们有百倍的信心把一切反动思想从人民的大学中清除出去。

方维春、姚仁生、孙桂初、包宗尧、胡安洲、胡仰枢

第四十四期（今日本报共六版）

彻底批判资产阶级思想！坚决树立工人阶级思想！

端正对待运动的态度后，最近有大批教师认真进行检讨

自从学习批评与自我批评以来，在十八日至二十三日的五天里，各系又陆

续有很多教师做好了检讨，受到各该系全体师生的欢迎。例如经济系的李守洪、萧英达、李翠芬、胡棠四位先生，电信系的石立治、郭中隽两位先生，建筑系的赵祖武教授，运商系的向保华、王富三、谢勋丞五先生，都是态度比较诚恳，批判比较深刻的。

经济系的李守洪教授在学习了“可爱的中国”及“论自我批评”以后，对个人和集体的关系有了较深的体会，从祖国人民的利益出发，批判了自己的个人主义及享乐思想；萧英达助教着重对组织想念及劳动观点作了检讨，对于以前认为“党利用我”及轻视劳动等想法作了分析批判，正视了自己的错误；李翠芬助教，以前老是以自己有病来原谅自己的错误，现在她终于挖出了自己自私自利的个人主义思想；胡棠助教改变了以前对待思想改造的不严肃的态度，暴露并批判了自己一系列的腐朽的资产阶级思想。对它也开始有了痛恨。

电信系的石立治讲师放下了“历史包袱”以后，下决心彻底改造自己，争取作一个光荣的共产党员。郭士隽先生对自己自私自利的雇佣观点及以前对党、对苏联不正确的认识有了批判，他搬到学校里来住，每晚写检讨至深夜，下定决心“不做好检讨决不回家”，态度极为诚恳。杜锡钰教授的态度也是较诚恳的，但对于过去危害人民的行为仍不够痛恨，此外，电信系这几天通过了王文瑄、梁晋才、马毓珣三先生的检讨。

建筑系的赵祖武教授于二十三日作了诚恳的检讨，暴露了一系列的错误行为，挖出了个人主义的主导思想。以前，他总是自高自大，自认为问题不严重，经老师和搓澡队提出批评后，他很受感动，发现了自己的错误，主动找同学帮助，积极进行思想斗争，日[夜]以继夜[日]地写检讨，在教师小组会后，大家对他诚恳的态度表示欢迎，沈玉麟、庄涛声两先生在端正态度后，正以对祖国负责的态度在赶写检讨，庄先生说：“我积极争取一次通过！”

运商系向保华助教深入批判了他曾代替他父亲（资本家）调劳解劳资纠纷的丧失立场的行为，决心背叛自己的资产阶级立场，做一个名符[副]其实的青年团员。王富三助教初步和他的反动父亲划清了敌我界限，并对以前对作调度员的不正确的看法，作了批判。谢勋丞助教沉痛地暴露了，批判了他曾参加三青团、国民党、当美军翻译及解放前阻碍本校争民主争自由的学生运动的经过及思想活动。他宣誓要在祖国的伟大建设中贡献出自己的一切以至生命，争取作一个光荣的共产党员。他们三人的检讨受到群众的欢迎，并在互助组分上通过了他们的检讨。

此外,还有不少教师陆续端正了态度,例如俄材小组的张剑非主任、许大庸助教、崔春熙教授,共同学科的燕鸣轩助教等。

各系科师生继续要求未端正态度的教师好好端正态度。经济系杜度教授,共同学科的严德炯教授,及一些尚未端正态度的教师们都应该好好地虚心听取群众意见,严肃地进行思想斗争。

简　讯

▲建筑系周祖奭、童鹤龄、沈承福三位助教自从洗澡过关以后,在思想上都有了很大的开展,主动地参加了搓澡队或系宣传组的工作,非常积极,他们三人都表示要用实际行动争取作一个光荣的共产党员。

▲运输系王竹亭教授在上周全系师生会上收到许多教师同学欢迎他进步的条子。他回家马上拿给太太看,太太亲热地吻了他。两个人高兴极了,王教授对太太说:"不管别人是否说我出风头,表现自己等等,我全都不管,反正我有意见就提,对人民要负责,今后我要靠近党。"

▲运商系互助小组会在朗诵欢迎胡国本教授进步的诗后,胡教授很高兴,当时会场的情绪上非常激动,会后胡教授找同学要诗的底稿,并说:"我要回家把他抄下来。"

▲电信系沈一可助教听了沈玉麟等教授的报告后,他说:"经过批评与自我批评学习会后,把我蒙在眼睛上的障碍物去掉了,我一定要在这个运动中,把我的剥削阶级臭包袱丢得干干净净,重新作[做]人,作一个真正为人民服务的人,我不愿作[做]一个忘恩负义的人。"

▲经一、经二、经三班昨天召开了联合班会,向曹世穰反动思想进行了斗争。在会上曹世穰对自己的反动思想不但没有痛恨,反而在所谓"暴露"、"批判"思想中,又一次散布了反动言论,就如称蒋匪为"将中正";说朝鲜战争是否美帝指使李承晚匪帮发动的尚未可知,因为他"没有到过朝鲜";他的地主母亲死了"要干部负完全责任"等等荒谬绝伦的话,他还信口雌黄地说这是"站在人民立场"才有的"认识",对他这种恶劣的态度,同学们愤怒异常,纷纷发言加以驳斥,指出他到现在还是站在反动立场,已经没有中国人的气味了,这样下去是非常危险的,为了广大人民的利益,也为了拯救曹世穰,我们要与他的反动思想坚决斗争到底!

马克思列宁主义胜利万岁!

第四十四期　第二版

彻底批判资产阶级思想！坚决树立工人阶级思想！

检讨我的名利思想——自私自利往上爬的思想

经济系讲师　李士珍

编者按：下面发表的是经济系讲师李士珍检讨中一部分——名利思想和向上爬思想的摘录。

一个人的言行是受着他的思想所支配的。我的一言一行，就是受着自私自利往上爬的思想所支配。我的往上爬思想，在不同的阶段有不同的表现。我的往上爬的方式基本上是靠表现、世故和依附某一种势力。

参加反动党团及对我的思想影响

一九三九年，那时我还在读初三，初中部训导主任要我填了一张表，加入了好像叫做“中华革命青年会”的反动组织，初中毕业以后，在“暑期学生训练团”中我又集体加入了国民党，高二时（一九四一年）又集体加入了反动的三青团。加入了反动党团以后，我有什么活动呢？我有没有具体的反人民的行为呢？有没有打击或迫害进步的同学和教师呢？我仔细检查了一下，还没有发现，因为那时反动党团活动并不厉害。在中学阶段我参加过小组会，看过反动的“总裁言论集”，我做过安徽学生机关报的通讯员，负责报导同学生活。我做过图书室的管理员，班干事、小队长等。还有每次开大会，都是我做记录等。离开了八中，我来到了交大，除了一九四六年在重庆参加过一次反苏大游行，那次是全校参加的，在那次中，我也没有担任任何具体工作。除此之外，我没有参加过任何活动，这原因是一方面自己想一心一意扣技术。另一方面感到国民党反动派对我没有多少帮助。大学毕业以后，就留校服务，也曾未参加任何活动。参加了反动党团以后，在我思想上起些什么影响呢？首先他阻止了我的进步，其次在我的脑筋里灌输了我的错误的“正统”观念。认为国民党是“正统”。因此我对共产党，八路军，人民政府，苏联都有不正确的看法，这一部分我想到下面再谈，这里我只想用几件具体事实说明，我由于背了这样一个沉重的包袱，使得我的思想上发生了许多变化。

当行政上留我兼做行政秘书工作时，我也是同样带着沉重的心情的，起先我没有答应，但我始终没有勇气和朱院长去谈，我留恋到中长路去进修一年，我觉得丢掉这样一个机会很可惜，后来和朱院长谈话的时候，我也曾提到我的政治条件不够，但是我并没有明确说出，我曾参加过反动党团，我当时所说政治条件不够，一方面是我不是共产党员和青年团员，另一方面我还参加过反动组织。除此而外，我又觉得朱院长是老干部，是共产党员，跟他在一起工作，可以学到一些东西，可以创造往上爬的条件，加上那时，我自己又是学校所谓“优秀工作者”，自以为很积极，不接受，好像面子不好看，所以最后我答应了。一直到去年进行思想改造，听完周总理的报告以后，那天总理联系自己来谈，是那样诚恳，我很受感动。同时，历史问题，我想终久[究]也得交待[代]，我才主动的找朱院长，谈过了这些问题，谈的时候，我是鼓着很大的勇气的，谈过了以后，我觉得非常轻松，记得那天晚上回去，我多吃了一碗饭，我也睡得很甜。

从上面说明，由于我参加了反动党团，背着这样一个历史的包袱，对我的思想是起一定变化的。我为什么参加了反动党团呢？虽然我那时加入有些客观原因，比如我离开了家，经济来源断绝，我在学校成绩优良，反动派“赏识”了我，加上他们的威胁利诱，但是主要的还是由于政治觉悟低，由于我的往上爬思想支配着我，我盼望着由中学而大学，一步一步地往上爬，我家庭很穷，没有资本。这样对反动党团就不免存在着幻想。我是对人民有罪的，虽然我没有直接做过反人民的工作，但是我既然加入了反动党团，政治方面就已经表示了违反人民的利益，我虽然没有直接杀害人民，但是我的思想上早打上了反人民的烙印，做了反动派的帮凶，我就是做了反人民的工作。在上面所谈的几件具体事实中，我更犯了欺骗组织，欺骗领导的大罪。这表示我对党和人民政府，还有距离，对党的认识不足。另外由于背了这样一个沉重的包袱，在工作中，我有时缩手缩脚，我不够主动，我存在着作客思想。比如我接受行政秘书工作，对别人谈话的时候，我总强调暂兼，我心里想等到我的真实情况暴露了以后，组织上一定会不要我的，不如说暂兼好作个退步。因之在第一个阶段的工作中，那时我和关晖同志坐在一间屋子里办公。要是有些党团员同志来和关晖谈话的时候，我总是设法躲开，我有着自卑感，我觉得我在那儿不合适，我怕对他们工作有妨碍，我这样做法，显然地表现出我对共产党员的大公无私的精神认识不足。对工作也有一定的损失，我这样想法显然是我作[做]贼心虚，在怀疑他们，而不是他们在怀疑我。在作党的党宣传员工作的时候，我也没有尽到应尽的责任，党的宣传员应当变成党和群众之间的纽带，它的任务在如何把党的政策带给群众,又如何把群众的意见反映给党,做一个党的宣传员是光荣的,但是我检查一下,在工作中我也很少主动去做,贡献很小,党对我是多么真诚,多么恳切,党对我的政策是争取,团结、教育、改造,又是多么真诚,党交给我的任务像行政秘书,像宣传员,像人民教师,又是多么重要?而我回答的是什么呢?我欺骗组织,欺骗了领导,我对不起党,对不起人民,对不起毛主席,我请求组织上给我应得的处分。

多少年来我就背着这样沉重的历史包袱,就是它,使得我在各种集会里,喊着“毛主席万岁!”的时候,我非常不自然,举起手来也毫无力气,就是它,压得我寸步难行,使我在政治上变成了“鼠目寸光”的庸人,只看到鼻子下面一点利益,看不见整个人类的利益,看不见祖国美好的前途。就是它,阻碍了我的进步,阻碍了我对祖国和人民更好的工作。我想到方志敏烈士如何热爱我们的母亲,而我呢?不仅没有热爱母亲,相反的,我却杀害了母亲,我是母亲不孝的儿子,我痛恨自己,我痛恨那万恶的国民党和三青团。今天我要痛下决心,扔掉包袱,重新做人。

希望靠拢反动院长徐佩琨

记得我毕业的时候,正是徐佩琨来接任院长,徐佩琨是反动透顶朱家骅的私人,那时候,我为了留校,曾经不惜三番五次地去找他,我一方面向他介绍学校情况,一方面说明自己要求,又托程开骝教授代为说项,就是这样,我便被留了下来,为了让他能赏识我,我在各种工作中便力求表现自己的,特别是给学校办理招生工作。(下接第三版)

我们伟大的祖国万岁!

第四十四期　第三版

(上接第二版)我非常卖力气奔走接洽,我的目的无非让他来赏识我,为了我能往上爬得快一点,我不惜亲自跑到他的家里,我“毛遂自荐”给他的儿子补习功课,我不惜和他的表侄、姪儿等关系搞得很好,我希望利用这个机会经常和他亲近,好让他能赏识我,提拔我,但是不幸的[得]很,我没有拍得上,徐佩琨并没有赏识我,原因因为他和刘子敬教授不好,迁怒于我,他认为我是刘子敬教授的私人,是旧派,不是他的心腹,靠不住。所以他不但不赏识我,相反的他还对我发生恶感,甚至把我的老婆的工作都辞掉。对于这件事情,现在回想一下,那时学校正是阶级斗争最尖锐的场所,一些主持正义的人,或者他认为不合适的人,都被排挤去了。在这样场合中,即使我并未参加任何排挤的工作,但我既然想靠拢徐佩琨,我就无形中巩固了阶级斗争中的反动势力。同时这种事情的结果,更说明了一个问题,那就是一切想靠反动派往上爬的人的下场和出路。

解放以后还相往上爬

我的往上爬思想,这样一个毒根仍在隐藏着,他不仅没有被根除,相反的反而扩大了,那就是表现在解放以后的情况。

1. 五〇年暑假到东北去实习的时候,那时我是实习团的联络教师,我拿了学校的介绍函到东北特派员办事处去交涉,结果很顺利,后来在实习工作中,中长路局和东北特派员办事处的一些负责同志都对我们特别照顾,因而那次实习的结果还不错,回到北京来以后,那时还是许教授当系主任,我向他汇报的时候,处处表现自己在这次工作中如何努力,以及因为我的努力因而实习获得了许多成绩,我这种做法是非常可耻的,我们看到多少人在作报告的时候,当他谈到有了成绩有了光荣总是归功于党、归功于人民。郭沫若副总理荣获了斯大林奖金,他还归功于党,而我呢?做了这样一点点工作,就沾沾自喜,自以为是,就拿来表现自己,其实这就是毛主席所谓的偷吹的办法,这是非常不应该的,那次实习有了收获,首先应归功于铁道部的领导,其次是全体同学和率领教师努力的结果,我有什么权利来窃取这个功劳呢?这也可以看出我的好表现。

2. 到人民大学和中长进修的事——一个为名为利往上爬的人,必然会不放弃一切机会,只要对自己是有利的,我就是这样,比如到人民大学去进修的问题,我就争得很厉害,原因就是我认为到人民大学可以学到很多东西,这本来并没有[redacted]错误,但是我却认为学了新东西和取得这样一重资格,对我当教授是有利的,由于刘院长的不民主,我没有去得成,但是我心里是不服的,为了这个,我曾经给人民日报打过电话,曾经和刘毅同志谈过,和教授同学们谈过,也向金副校长反映过,为了这个我闹了几天情绪,我认为丢了一个往上爬的机会,非常可惜。去年到中长路进修一年,未成事实,我也同样地觉得可惜,原因是我到中长路的目的,是学习苏联先进经验,另外还有一个目的,想学习俄文,本来这些都没有什么错误的,但是我却认为这些对我当教授都是有利的条件,现在既然去不了,又失去了一个机会。

参加土改,我没有去成,我认为非常遗憾,虽然我也意识到这是一场激烈的阶级斗争,在这样的斗争中,可以锻炼自己,改造自己,但是我的动机是什么呢？是“镀金”，我想到回来以后在我的履历表上又可加上一条：某年某月参加过土改。幸而我没有去得成，如果去了，抱着这样的动机，在工作中，说不定我会丧失立场。从这几件工作中，由于我的向上爬的阶梯没有达到，他的危害性虽然我现在尚未找到，但是那时候我闹过情绪，这对工作有些影响的。

3. 走上层路线和爱面子——我的八面玲珑、爱面子、走“群众”路线，处处不得罪人，这在以前我不了解这就是世故，这就是往上爬的资本，我这样的做法主观上是想骗取群众的好感，博取别人对我的信任，当然事实上群众是不会被我所欺骗的，我的“群众”路线，那就是上下贯通，不仅对上级走上层路线，对一般人我是非常客气不得罪人，和颜悦色，例子很多，我想随便举它一两个，从这一两个例子中也就可以推想到其他的情况，我的走上层路线那就是对系主任特别客气，为他工作特别卖力，比如对傅主任，我对他特别客气，他派我代表经济系去争经费，在会上我非常坚持，我觉得多争[挣]一点，表现自己能干，给系主任一个好印象，我没有认识到这就是资产阶级铺张浪费的思想，以致造成后来许多浪费，我要负我应负的责任的。我非常爱面子的，爱别人的面子，实际不是爱自己的面子，其实这只何尝不是往上爬的资本？在这方面我也是表现得非常浓厚的，比如在三反运动刚开始的时候，戈总务长的检讨那天，我虽然没有参加大会，但是后来别人把情况反映给我，要我给黑板报写一篇对于他的检讨的批评，我写了一篇非常无力的东西，但是我却不[redacted]他的面子，更主要的还是为了我的面子，为了怕我对我不利，这充分说明我对于批评与自我批评没有认识，我这样的做法，不仅是阻碍了戈总务长的进步，也阻碍了三反运动的开展。这是我不了解批评是为了改正缺点，治病救人。

4. 升等问题——我的向上爬的思想，表现在去年暑假升等这一件事上更为明显。那时候我想本来助教三年就升讲师，我已经五年了，还没有升，而且刘院长曾经说过，五年也不一定升，要升还得有论文，同时还要听听同学们的反映。为了这些，在同事中，我就拼命地叫屈，在许教授、万教授、张教授、刘教授的面前，我不止一次的叫不平，我时常到他们那儿诉，要他们代我说话，恨不得马上成功。另一方面在同学中，我也时常表示不平，我经常以徐声熹普和我来比。(因为他三年就升了)在助教工作中，我也特别卖力，想让同学对我发生好感，这样也有助于我的升等，更可耻的，我曾经和张主任谈过，我想写一篇关于铁路固定资产折旧及大修的文章，请张主任替我写一点纲要，后来这篇文章我没有写，但是我当时的心情是企图能通过这篇文章对我升等有所帮助的。

从这些方面看来，说明了我为了往上爬是不惜竭尽卑鄙之能事的，这样做法，事实上就是吹、拍、骗、撞兼而有之的办法，它是非常可耻的，本来升等有一定制度能，能否升等，组织上会考虑的，能否升等，要看我的成绩、我的表现来决定的，荣誉是属于人民的，一个人如果享有了荣誉，那也是人民给他的，但是我却企图用不良手段来达到个人的目的，这就是资产阶级腐朽思想的具体表现。

现在的认识和对他的批判

我这种往上爬的思想，它的根源是纯粹的个人主义，是资产阶级丑恶腐朽的思想，它是既脏又臭的东西，它和集体主义是不能相提并论的，人民教师的岗位是光荣的，他所关心的应当是如何培养祖国建设干部，如何把干部培养得更好，在祖国十年建设即将到来的今天，干部，干部，一切决定于干部，如何在文化战线上，也像其他各种生产战线上，加速祖国的建设，如何加紧用马列主义、毛泽东思想来武装自己，这是最起码的要求，但是我呢？却斤斤计较于个人名利、个人得失，为了往上爬，可以不择手段，打击别人、排挤别人，这就是资产阶级损人利己的腐朽思想，虽然我还没有发展到那一步，但是那只是时间问题，机会问题，在学校中我和别人利害的冲突是不多的，（下接第四版）

第四十四期　第四版

（上接第三版）去年升等问题因为和别人无利害关系，我就已经采用了那种卑鄙的手段，如果到了另一■■合，换一个环境，可能产生更严重的危害行为。一切世故，属面子，八面玲珑，都是虚伪的，肮脏的，归社会的应付之道，这些在新社会是不需要的；所谓八面玲珑是不可能的，实际上只有一面玲珑，不倒向革命，就倒向反革命。中立是伪装的，一个忠心耿耿全心全意为人民服务的人，一个怀有崇高理想的人，他所想的只是如何为人民服务，只是如何兢兢业业来作工作，他们从来是不计较报酬和待遇的，如果他们享有了荣誉，那也是人民给他们的。他们所想到的是如何流尽自己最后一滴血，来为了他人的幸福，为了全人类的解放，他们不惜所身体填平道路，让后来的人能平安的走过，他们把自己融化于党，融化于人民，为了人类的解放事业，像白求恩，他可以跋涉重洋，远离祖国，毫无保留地把自己的身体贡献出来，把外国人的解放事业，当作他自己的事业。为了正义，为了人类灿烂的明天，在监狱中，在严刑下,他们不是低头,而是骄傲,不是屈服,而是反抗。伏契克和方志敏,虽然他们处在不同的国度里,又相距得多么遥远,但是他们的事迹,对我们却永远是那样新鲜,他们虽然死了,但是他们却永远活在人们的心里,在朝鲜无数祖国的优秀儿女,奋不顾身,前仆后继,这在资产阶级的眼光看来,简直是不可思议的事,但是他们却处之泰然,究竟这是什么精神呢?这就是爱国主义和国际主义的精神,这也就是共产主义的精神,毛主席说:"一个人能力有大小,但是只要有这点精神,就是一个高尚的人,一个纯洁的人,一个有道德的人,一个脱离了低级趣味的人,一个有益于人民的人。"想到了这些,我还有什么需要再往上爬呢?我简直无地自容,羞惭万分。

今后我怎么做?

我已经检查出来了我的资产阶级那些又臭又脏的东西,那就是我的个人主义、自私自利往上爬的思想,就是这些臭东西、脏东西,它给祖国和人民的事业带来这么多的危害,这在上面我已经谈过,因此,在今后工作中,我要冷静地考虑,严格地检查自己,每当一件事情,一个行动,或是一种念头产生的时候,我就要冷静地想一想,他是不是符合人民的利益,是不是又在往上爬,我要用集体主义的精神来克服我那自私自利往上爬的思想,我要把个人利益溶化于集体利益之内,而不是放在集体利益之上。想一想:那些革命先烈们、英雄人物们,像方志敏,像伏契克,像张福林,像英勇的人民志愿军,他们又是怎样对待他们的工作呢?他们又何尝考虑到个人的利益呢?我要经常拿他们做我的榜样。毛主席曾经讲过:"无数革命先烈为了人民的利益,牺牲了他们的生命,我们活着的人想起了他们就心里难过,难道还有什么个个利益缺点或错误不能牺牲吗?"我用极沉痛的心情来体会毛主席这些话。用这些话来作为今后克服我往上爬的动力,在工作中戒骄戒躁,实事求是。我要经常不断地学习马克思列宁主义、毛泽东思想。我要时时体会到人民教师这样光荣的岗位,想到祖国和人民交给我的神圣的任务。尤其是我曾经参加过反动党团,我是对人民有罪的,我要加倍的努力来赎罪。我想到祖国光明的前途,党和人民给了我许多动力,同志们和同学们的热诚和帮助更给了我许多勇气,因此,我不仅赎罪,我更要戴罪立功。我要用批评与自我批评的武器来改正自己的错误,我更要积极地参加各种社会社会活动,在实际斗争中锻炼自己,考验自己,不管到什么时候,我要争取做一个光荣的共产党员。

第四十四期　第五版

文艺副刊：烈士们永垂不朽

新诗社集体创作

当您清早起来呼吸一口新鲜空气的时候，
当你踏着步子，听着那伴奏清脆的音乐做着广播体操的时候，
当你看到工人同志们，为我们建筑图书馆的时候，
当你夹着书本，自由愉快地走向教室大楼的时候，
当你走进膳厅白米饭和大馒头任你选择的时候，
当你在图书馆里迎着清风安静地阅读书报的时候，
当你在毛泽东的阳光下，欢乐跳跃纵情歌唱的时候，
当你工作到深夜一尖二点，甜蜜地想到老师们飞跃的进步，
在睡梦中也不禁发出微笑的时候！
啊！亲爱的朋友！亲爱的同志！
就是你身边的一切，就是你周围的事情，
你曾体会到生活的幸福温暖吗？
你曾体会到学习的快乐自由吗？
假使你体会到了；
假使你意会到了！
希望你，别忘了——
刚才孙莱泰同志的报告，
希望你别忘了——
上饶集中营内多少受苦难的爱国志士。

上饶！上饶！是郐[刽]子手屠杀革命志士的地方！
上饶！上饶！又是爱国雨声英勇斗争的前哨！
千百个祖国优秀的儿女紧紧地，
团结在共产党的周围，
党像黑暗中的明灯，
像大海中的灯塔，

指示着斗争的方向，
加强了反抗的力量。

英雄们面对着敌人，
无比的仇恨在心中翻腾，
在这些每滴血液中渗透着真理的巨人前面，
任何残酷的考验算得了什么？
怯懦无耻的野兽们，
你们来吧！

夜！寂静的夜，
有时打破这寂静的
长远处划空而起的屠杀的枪声，
一盏半明不灭头的油灯
挂在墙角边的尿桶上，
发出微弱的黄色火焰，
百来个被拷打，
被折磨成骷髅的青年，
横陈在地上愤愤呻吟
栅门口的卫兵，
荷枪实弹地徘徊，
露着得意的狞笑，
反动的特工们
半夜里聚赌叫喊，
[redacted]
他们荒淫无耻地糜醉，
有同志低声哼起“黎明曲”
为了生存，不怕长期苦斗，
要解放只有消灭敌人，
我们既为斗争来到人间，
还怕什么流血牺牲，
[redacted]！怒吼吧！

四周像死寂一样，
铁囚笼的铁刺，
发着惨白的光，
一个英雄在囚笼里受着磨难。
监牢里的同志们，
冒着死亡的危险，
在位他大胆地唱起“渡长江”，
这是什么景象？
一股热气从心中直冲到脑际。
这歌声感动了他，
抬头回望，
只有同志们的眼睛，
淌着同情的泪，
愤怒的心了解愤怒的心，
一个瘦削的女同志，
偷偷地递给他一张纸条，
“同志，你的行动，给了我们最好的教育，……
你要坚定下去，
你要吃什么我们一定设法送给你！……”
他望着她露出房角惨白的脸，
把头摇了一摇，
一个长发黑眼睛的女同志，
偷偷送来一包花生米，
剥了皮的花生米！
监牢里又响起了粗壮而倔强的歌声：
“中国不得了！
中国不得了！
你看那民族英雄坐监牢……”
特务头子的木棍，
打在同志们的头上，
他也被反吊起来，
一丝丝地刺痛，

刺进他的胸中，
脑子浑浑噩噩，
大地像卷起了狂风，
他清醒过来，
发现身体被支在木杆上！
他望见了，屋角瘦削的女郎！
他昂起头，
他感到有无数看不见的手，
支持着他的身躯，
他像在说：
“同志们！我不会忘掉你们的关怀，
我不会忘掉你们的爱，
我会更坚强下去。”
英雄的一队，被囚在茅家岭，
特务头子对他们施尽毒刑，
他以为可以将这群钢铁般的战士熔化，
他狠狠地说：
“就算你们是钢铁吧！我也要熔化你们！”
回答他的是比钢铁还要坚强的声音：
“呸！瞎了你的狗眼！
钢铁可以熔化，
可是我们共产党人，
伟大的意志永远不可动摇！”
一个深黑的房间里，
空无一物，只有一丝丝的阳光，
使它不同于坟墓，
空气万分污浊，
充满了腐腥的臭气，
床上躺着一位女同志，
她双眼深凹，脸颊瘪了，
头发好像深秋的枯草，
好像是一层黄皮盖着一堆白骨。

国民党匪军五十三师，
十几个野兽蹂躏了她，
使她的青春永逝。
不！任何白色的冷流，
不能熄灭这炽红色的火把。
看吧！
她的眼睛闪耀出仇恨的光芒，
听吧！这是她得剑般的声音。
“我不止十次想自杀，
但是想起了党和毛主席，
想起我年纪还轻，
我只十七岁，
我的仇还没有报，
敌人还没有消灭，
想到这里，我又愉快的活下去，
我坚信胜利不久就要来到！”
这是闪电，
这是鞭子，
这是大海的怒涛，
这声音压倒了世上丑恶的一切啊！
她拒绝用自首，
来作为治病的条件，
她用最后的一息，
捍卫了真理，
捍卫了祖国，
一块坚贞的精钢，
她是共产党人，
她是施奇——这永垂不朽的名字。
愿你们安息吧！同志！朋友！
你们的事业必然胜利，必然成就，
你们将与你们的事业同[永]垂不朽，
武夷山赤红的老石，灿烂悠久，

崇溪的滔滔碧水昼夜奔流，
你们的埋骨处，我清楚记认在心头，
总有这么一天，
总有这么的一天，
千万人胜利的旗帜高擎在手，
踏上你们鲜血洒透的这块荒丘，
含泪欢呼向你们的英魂祭告，
“你们放出去的，我们已经全收”
“你们的光荣永耀千秋！”
“你们暝[瞑]目永息吧！同志！朋友！”

是的，
英雄必能胜利，
赤石暴动，
是走向胜利的前奏。
一九四二年六月，
集中营向福建转移，
在漫长的黄土公路上，
一边是陡峭的高山，
一边是湍急的山涧，
满山遍野，
蝉声回彻，
这是鼓起同志们勇气的前奏，
是武夷山脉的主峰，
隐约地矗立在辽远的高空，
肃静，
紧张地沉浸在一致的肃静中，
一百数十个心，
只有一个目标，
“我们要以英勇的突击的行动，
来回答这一群想残忍地拖死我们的敌人！”
组织暴动的指挥，

党支书王羲亭同志，
站起来了，
紧张而颤抖地哼着，
(啦！啦！啦！……)
这是义勇军进行曲的开头，
是约定开始准备的预令，
声音好像刚弹的弦线，
颤抖而又沉重，
弹在每一个同志的心上，
同志们的心，
紧张而跳起来了，
每一个同志的脸色在变，
肌肉在收缩，
眼在发红，
紧张！紧张！千百倍的紧张！
再不容犹豫，
再不容动摇，
一个宏亮、急促有力的声音，
划破了长空：
“同志们，冲呀！同志们！”
同志们突然作一个扇形的展开，
看着武夷山，
跨过水田，
越过山坡，
水田留下了英雄们勇敢的脚印，
■业里流着我们个别光荣牺牲的同志的殷红迹，
他们钻进莽草。
他们窜进密林，
敌人在后面呼啸，
他们拼着死，
飞速地走向胜利，
狂奔！狂奔！！

日暮的阳光，透过五色的晚霞，
照射着古松参天的武夷山顶，
集合拢来的同志们，
全身浸透了红色，
满脸升涌着红光，
热烈地拥抱着，
高举起红色的手，
响澈[彻]了满山满谷的声音：
“我们胜利了！”
是的，我们是胜利了，
这一天终于来临，
这一天终于来临了！

亲爱的朋友！
亲爱的同志！
我们脚下的土地，
凝和着烈士的鲜血，
烈士们用生命培植的花朵，
今天才开始怒放；
魔鬼还没有从地球上消逝，
巨济岛上的集中营，
难道不比上饶的更悲惨吗？
我们的队伍，
今天已有五万万，
让我们用更坚强的斗争，
摧毁世界上所有的人间地狱，
让我们把神话里的天堂，
建立在祖国解放了的大地上，
烈士的精神，
永远活在我们的心头，
红旗招展，
歌声远扬，

苦难的日子，
一去不会再来，
幸福的生活，
招展在我们的眼前，
努力吧，同志们，
让我们用更大的胜利，
来迎接共产主义的明天！

第四十四期　第六版

读者来信：决不容许何鸿霖的反动思想继续存在

电信系宣传组

廿一日下午在电信系全体师生大会上号二甲班会向何鸿霖同学对待运动的抗拒态度，提出严肃的批评，并揭发了他一系列的反动思想和恶劣行为。会上同学教师纷纷发言，一致愤怒的表示，向何鸿霖的反动思想进行坚决的斗争。在群众的要求下，会议在晚饭后继续进行，直至晚九时半才告结束。

何鸿霖同学来校以后，一贯散布反动言论，污蔑领袖，敌视党团，并屡次破坏校规，侮辱女同学，行为极端恶劣。反资产阶级思想运动开展后，他仍麻木不仁，对运动抱着消极抗拒的态度，虽经同学提出批评，给予热情的帮助，但他却无动于衷。

污蔑领袖

每一个新中国的人民，都热爱着自己伟大的领袖毛主席。可是何鸿霖同学是怎样来看我们的领袖呢？他说："毛主席肉头肉脑，胖胖的！就不像一个领袖样。"这是多么无耻的污蔑！"五一"游行通过天安门时，同学们看到毛主席都兴高采烈地欢呼起来，有的甚至兴奋得流下泪来，可是何鸿霖同学，却无动于衷，一点感情也没有。他这种极其反动的言论，已丧失了一个中国人民最起码的立场，更够不上做一个新中国的大学生了。

污蔑党团

在新中国每个角落里，都洋溢着"没有共产党就没有新中国"的歌声，无数爱国青年在党的领导教育下，都加入了先进的革命组织，青年团。而何鸿霖却公开地污蔑党团。他说："什么青年团，还不是与过去的三青团一样，干些什么事我全都知道。”他把我们青年的先进组织，歪曲为反动的特务组织，这是多么令人不能容忍的事！他一贯认为团在监视他的行动。当团员在商量工作时，他说：“这批小子又在计划对付别人。”也经常鬼鬼祟祟在团员背后偷听谈话，并在寝室里找团员来挑衅打架。他还时常大声对同学说：“党团员都是卖狗皮膏药的。”他对政治课一贯抱着逃避和应付的态度，当他的政治考试不及格时，他说：“一定是团员打的报告”。他又说：“这批团员在交大一天，我一辈子政治也及不了格。”他对团就这样横加污蔑，他还歪曲党对知识分子的政策，说什么“教师思想顽固是老油条，需要劳动改造才行，改造不行最好都拉到天桥去枪毙。”这一系列反动思想和言论，是绝对不容许继续存在的。

丑恶的商人思想和无耻的偷窃行为

腐朽的资产阶级思想冲昏了何鸿霖的头脑，使他整天只知道“钱”，为了“钱”，他不惜任何的卑鄙手段，他跟系里实验室的每一个负责先生，都要求过做他买卖，甚至在“三反”后，他还拿了从小市上买来的信号玻璃和一些破烂的电信材料要卖给信号实验室，在上海实习时，他把发下来的实习费全部买了电信零件，一面却向实习队要借公家的钱解决伙食问题。他甚至想在毕业后开一个电料行。为了“钱”，他竟不惜使用卑劣的偷窃手段。他偷过油，偷过盐，也偷过煤、电、书。他在府右街时，往西单商场偷了一本机械学，他还恬不知耻的说：“二爷顺手带来。”他又偷学校的煤，同房间的高维钧给他提意见时，他竟威胁高说：“我不怕你是青年团员，你告我，我就咬你一口。”他就是这样的卑鄙无耻！他去厨房偷盐来吃，去锅炉房偷油来点灯，夜里偷电收广播，甚至连厕所里的电灯泡都偷过。负责过电力、无线电、信号等实验室的潘珣如、陈宪文、张夙翥等先生，都非常地讨厌他的流氓作风，因此当何鸿霖来实验室时，他们是特别警惕留心的。由于“唯利是图”的腐朽思想支配了他，使他变成一个只知道有“钱”而不知道有“人民”和“祖国”的青年了，这是多么令人痛心的事。

极端恶劣的流氓习气

“新中国的大学生”，这是一个多么光荣的称号！可是何鸿霖同学是不配这光荣的称号的。他以“二爷”自居，经常谈的就是打架。他今天要揍这一个团员，明天要打那一个同学，三句话中倒有四个“二爷”。在实习时，他穿着美国大皮鞋，屁股上背个大水壶，装饰得一副流氓相，所以到南京时人民警察盘问他，在上海时公安人员跟着他，他不以为可耻，反向同学得意的讲述。在对待女同学他的态度亦极不严肃的。他看见女同学就抗日挤眉弄眼，嘻[嬉]皮笑脸，丑态毕露，一副流氓腔，由于他态度恶劣，因此本班女同学都讨厌他，他反而沾沾自喜地说："我们班女同学都怕我二爷，他还无耻的对某女同学要无赖手段。在南京实习时，他有一次半夜三更不敲门就跑到女同学房中去取被子，第二天同学向他提意见，他毫不在乎，这种作风是卑鄙到了极点，他这种极端恶劣的流氓作风，引起了电信系师生的极大愤怒。在何鸿霖的身上，已走[找]不到一丝新中国青年的气息。"

始终抗拒思想改造运动

运动一开始，何鸿霖就向人表示："河水不犯井水，"希望别人不要批评他，他看见别人参加工作，也要求班会给他工作，这样一方面可表示自己"积极"，另一方面又可籍[藉]口少参加班会。他看见别人在批判资产阶级思想影响，他也要求，结果只作了约五十个字的"检讨"。开班会时，他坐在角落里，很少发言，有时把别人的话附和凑合几句，思想上根本就不在开会。在全院学习"可爱的中国"，大会上，他思想在开小差，并且出去烧鸡蛋，丧失了中国人民应有的立场，同学热情的帮助他，告诉他有反动思想，但他却不承认，并公开的为自己的反动思想诡辩。他还厚颜无耻的说，教授有一百斤臭包袱，他自己只有一斤，而且是一两一钱的在丢，他把同学的帮助看作是"故意为难""打击他"。在电信系全体师生大会上，同学们向他的反动思想提出尖锐而诚恳的批评后，他接受批评的态度是非常恶劣的。在会议进行中，他竟站起来无耻的狡赖。他还施着"何二爷不吃眼前亏"的手段，故意制造眼泪，拼命用手擦眼睛，使眼圈发红，可是并没有掉出眼泪，他这种阴谋诡计，立即被群众所揭穿。在会后第二天的上午他仍然若无其事，也不写检讨，下午照常进城，到次日上午才回校。他这种对待运动极不老实的抗拒态度，是我们所不能容忍的。

坚决向反动思想斗争

何鸿霖这一系列反动思想和恶劣行为，被揭发以后，引起全系师生极大的愤怒。大家希望何鸿霖同学迅速端正对待运动的态度，积极投身到运动中，大胆暴露和彻底肃清自己的反动思想，努力改造自己，成为一个名符[副]其实的毛泽东时代的青年。为建设我们伟大祖国而斗争！

一九五二年六月廿五日

第四十五期(今日共两版)

彻底批判资产阶级思想！坚决树立工人阶级思想！

节委会昨举行全体委员会议，决定最近两周工作方针与要求

本院节约检查委员会昨日（廿四日）下午五时举行全体委员会议，并邀请各互助组组长列席参加，会上首先由办公室主任张绪潭同志报告本院反资产阶级思想运动在前一阶段开展情况，绝大多数的师生都积极地、自觉地投入这一运动，故今后应更进一步动员起来，努力提高工作效率，为进入反资产阶级思想运动的高潮而斗争。接着，讨论了最近两周的工作，为了迎接高潮的到来，凡是一切有关反资产阶级思想运动的工作效率都应该大大地提高。具体地在两周内应做好下列三件工作：（一）总结和检查过去工作，各部门应及时地总结出好的工作方法和经验，加以推广与交流，并订出改进工作的计划。（二）提高理论水平与分析批判能力，全院师生在两周内主要学习刘少奇同志著："党员思想意识的修养"，并参考钱正英同志"关于青年同学就业问题"与"奥斯特洛夫斯基人生观"两文。根据过去经验，学习文件必须联系实际，联系思想，然后才能领会文件的精神与实质，反对一切夸夸其谈、形式主义的学习。（三）争取全院师生员工家属都积极地投入这一运动中来。

节委会办公室邀请过"关"教师座谈
他们愿意组织起来积极参加工作

廿四日下午二时，节委会办公室邀请本院已过"关"的教师廿七人举行座谈会，在工作方面交换意见，并讨论如何将自己的力量充分发挥出来，争取运动的早日胜利。这些已过"关"的教师们过"关"以后都积极参加反资产阶级思想运动的实际工作，运商系过"关"的教师，一方面帮助教师做"搓澡"工作，另一方面做宣传工作。建筑系过"关"教师成立教师小队，经常研究情况，并重点帮助教师"搓澡"。其他各系已过"关"的教师了都分别参加了"搓澡"等工作，这些教师们由于思想斗争的胜利，初步建立了工人阶级思想，因此，在会上他们都以劳动人民的思想感情深切地关怀着每个教师的进步。他们都表示愿意

将力量组织起来,积极地投入这一运动。

伍廷钧教授诚恳检讨受到欢迎,伍太太衷心感谢毛主席

运商系伍廷钧教授,自从听了傅鹰教授的报告以后,对思想改造的意义就有了认识,从此,他积极地投入到运动中去,每一次的报告和大会对他都有了很大的启发,他对运动的态度是端正的,在互助组会上,伍教授检讨中认识到自己过去是各反动派结合在一起,一心投靠特务头子张中和依靠蒋经国,忠实于国民党,因而对自己过去为反动派忠心服务的历史有了较深刻的认识和批判,同时伍教授对自己过去自高自大的狂妄态度感到可耻和痛恨。伍教授的诚恳检讨的态度受到群众热烈欢迎。他们说:"你的进步,标志着思想改造运动只有胜利,不会失败"。伍教授的太太在运商系互助组会上也激动地说:"经过思想改造运动后,伍教授有了很大的转变,过去他对儿子(共产党员)谈话,总说:'你廿多岁的青年懂得什么!'后来伍教授有了转变,就主动找他儿子去谈思想问题。伍教授过去对我们都是家长式资产阶级的统治作风,不爱和我们谈话,不肯帮助家里劳动,可是自从他思想有了转变以后,不但很欢喜与我们谈话,而且还帮助家中劳动。我深深地感谢毛主席和党所领导的思想改造运动,将伍教授从一个坏人变成了好人,同时还将我们的家庭变成一个和睦的、具有一番新气象的家庭。"伍教授的转变说明了我们在思想上战线上的又一辉煌胜利。群众希望伍教授应继续提高自己,巩固已有的收获,在今后实际斗争中,取得更大的胜利。

简　讯

▲运商系杨文朴教授的检讨受到群众欢迎,运二甲同学为了欢迎杨教授的进步,献了一首诗,在朗诵时,感动得杨教授满眶眼泪。

▲建筑系赵祖武教授思想斗争胜利后,做了深刻的检讨,在全系师生大会上受到师生们的祝贺,有的写祝贺诗,有的同学买了"论党"及"绞索套着脖子时的报告"等送给赵教授,这给教授都是很大的鼓舞,会后赵教授对沈承福助教说:"我也要争取做一个光荣的共产党员。"

▲经济系段键科助教是青年团员,也参加核心组,但是他在运动当中不积极开展思想斗争,也不虚心接受群众意见,"搓澡"队同学希望他开动脑筋,深入挖思想,而他却说:"我也记不起当时思想情况了,忘记了。挖不下去。"他对待运动的态度极不端正,作为一个核心组的组员,段键科是不能领导反资产阶

级思想运动的。所以经济系核心组接受教员团小组的建议,决定撤销他在核心组的职务。

▲共同学科严德炯教授一直到现在还没有端正对运动的态度,常藉口干学班工作忙而不参加学习,连上星期六那个有教育意义的大会,竟藉口参加科学通报社亦未参加。严教授对待批评与自我批评的态度,也是不正确的,有意见会上不提,会后乱说,也不虚心接受群众的意见,因此运动开展以来,严教授是没有什么进步的,今后,严教授必须端正对待运动的态度。

第四十五期　第二版

读者来信:革命的人生才是充实的幸福的

听了孙秉泰同志的报告之后,再重看“上饶集中营”这部片子,使我深刻地认识到国民党反动派迫害革命工作者的手段是多么凶狠和无耻!记得去年我首次看“上饶集中营”,是拿着故事片的眼光去看的,因此对于片子中某些事实的真实性反而怀疑。我拿我自己和反动军官们比较,觉得他们就再凶恶一些,也不至于有令“俘虏”们推倒围墙那样不近情理的事;我再拿自己和这些先进的共产党员们比,尤其觉得像他们在营里那样慷慨悲歌,从容就义,完全是不可想象的,他们为什么不怕死?古人说:“身体发肤,受之父母,不可毁伤。”又说:“蝼蚁尚且贪生,而况人乎?”难道他们真顽强到了把生命看得不值一钱的地步?那时我就这样拿自己的鼠目寸光来衡量一切事物,不了解自己站的是什么立场,也无从认识到鼓舞着革命工作者的是什么力量,反动派的本质是什么东西。今天听了孙同志的报告,听了他所述说的他自己当日在“上饶集中营”的遭遇,和党在营里的领导力量和组织力量,再看这部片子,才有了比较正确的体会。

回想我过去在伪军令部替军统特务搞过技术上的工作,我真是痛心,我替反动派作了帮凶,给革命事业带来了损害,这是自己绝不能原谅自己的错误。由于出身的家庭,教育和社会关系,我在解放前完全站的是反人民的立场。我的剥削思想是非常浓厚的,一直想向上爬,到人民的头上去,自己以后好“安富尊荣”、“养老处优”。并且为子孙万世作打算,考取了国民党伪教育部的所谓第二次公费。出国留学以后,我公然打定了主意,想在回国之后跟着朱家骅稳步“向上”,获取更大的名利,我把幻想一直寄托在国民党身上。抗日胜利以后，希望他们能“改良”“进步”，能够在政治上“同化”共产党，或是在军事上“消灭共产党”，尤其是他们能和美国鬼子“携手”，我觉得更是一定有“有办法”。我就是这样荒谬无耻！要牢守而且提高自己在剥削阶级里的位置。解放以后回国来，我虽然接触了新社会，接触了真理，但我仍然让旧思想支配着我，对新的一切采取了抗拒的态度。我看到了身受迫害，坚毅不屈的孙秉泰同志，我看到电影里边的那些英勇伟大的场面，我是无比的惭愧，也是无比的兴奋！

我想到革命的道路上，已经由无数先烈用鲜血和头颅填平了最艰苦的一段，而我踏着这一段平衡的大道走到了今天。从今天向前望去，共产主义事业的前途是光明的。人类的幸福正如一枝初春含苞的花朵，将开出一个美丽无比的明天。但我不能忘记，要达到理想的明天，仍须活着的每一个人、每一颗心，都紧紧地团结在一起，继续先烈们的遗志，向前奋斗，这是一个崇高的理想，用这个理想做我们奋斗的目标，人生才是充实的、愉快的、光明的，我在垃圾堆底下凄惨而孤伶地生活了四十年，我没有见到阳光，没有见到无产阶级革命的真理。今天是共产党救了我，我睁开了双眼，见到了光明的正在中天的太阳，让我高呼：马克思列宁主义胜利万岁！中国共产党万岁！毛主席万岁！

电信系教授　朱万柏

电影《上饶集中营》教育了我

在反资产阶级思想运动的高潮时期，在我们全校师生员工爱国热情空前高涨的时候，在我初次的批判了我的资产阶级思想以后，“上饶集中营”的电影，又给了我很大的教育。前些日子学习了方志敏烈士的遗著“可爱的中国”以后，我痛恨我过去曾经做过杀害像方志敏烈士那样的无数革命战士的国民党反动派的帮凶，昨天看了“上饶集中营”的电影，更使我痛恨我过去廿几年的可耻的生命，同志们！回忆一下我们的过去吧！是不是像一个中国人，是不是像一个人。

就在全国人民艰苦抗日，就在造成革命战士像“上饶集中营”里的革命志士那样的被国民党匪帮迫害的时候，我就是奴颜驯服的生活在沦陷区的上海，我家的房屋被日本鬼子烧了，庄园破坏了，数十数百个乡亲被杀了。我也曾感到痛恨，但只是痛恨又有什么用呢？况且主要还是为了烧毁自己的家园而痛恨的，而且所谓“痛恨”也就是很快的淡漠了；我家的房屋也修起来了，有吃有穿，个人主义的我又怎么会想起处在水深火热中受苦受难的劳动人民呢？就在一九四五年当“上饶集中营”里的革命战士们为了能够再度的在革命事业中贡献出他们的力量，他们冒着死亡与国民党反动派进行着顽强的斗争，积极的准备越狱的时候，我在沦陷区的上海，由于地下组织寄给我的贺年片，被截留在邮局，而被日本鬼子的宪兵队传讯，我当时是有些不安的，因为到日本宪兵队去被抽打和用刑，那是并不偶然的。但我当时也并不感到紧张，因为我可耻的认为我并不是地下组织里的人，我不曾进行过抗日的活动。我就是这样奴颜驯服地接受了宪兵队的传讯，我恬不知耻的在敌人面前装出一副奴才相，让敌人相信我是一个不会反抗的奴才！而且就在抗日战争胜利以后，为了可以更快的向上爬，不惜出卖自己的良心，不惜做一个背叛劳动人民的忘恩负义的叛徒，加入了国民党并且取得了临时党员证。不管我有没有认识到国民党的本质，有没有想骑在人民头上，但很明显的是个个人主义者；是个有着浓厚的自私自利的资产阶级思想的人，是永远也不可能看清国民党反动的本质的；永远也看不见劳动人民的。那么怎么又能理解到是劳动人民养活了我，而觉得背叛了劳动人民是卑鄙而可耻的呢？想一想吧！想一想我的过去是这样的卑鄙和无耻！即使在解放后在坐享了革命战士用鲜血换来的胜利果实，在自由幸福的生活，在毛泽东阳光下的时候，我还在追逐着个人利益，学习为了自己，工作为了名利，想一想那<哪>一点是对得住养活了我，又给我知识的劳动人民，有那<哪>一点是对得住像方志敏、钱子英烈士那样的千百万革命战士，为了我们的幸福所流的血呢？“个人主义”“纯技术观点”使我廿六年来不知道什么是“恨”什么是“爱”，也不知道应该为什么而生，为什么而死，我岂只[止]是无知和愚蠢，我是卑下无耻的白活了廿六年，我的生命的三分之一或者二分之一就是这样的背叛了养活我的劳动人民，但岂只[止]是忏悔痛恨所能赎罪于万一的！

同志们！当我第一次觉醒了的今天，我不只是要痛恨和鄙视我的过去。更要紧的是要在具体的革命工作中贡献出我的最大的力量，贡献出我的一切，甚至我的生命，只有这样，也只有更好的投入反资产阶级思想运动，让我们彻底的批判资产阶级思想，树立起全心全意为人民服务的工人阶级思想；才是对养活了我们的劳动人民赎罪的最好表现！

建筑系助教　沈承福

一九五二年六月二十六日　第四十六期(今天共四版)

彻底批判资产阶级思想！坚决树立工人阶级思想！

社论：进一步提高工作效率，为迎接高潮到来而斗争

经过"可爱的中国"与"论批评与自我批评"的学习以及其他一系列的活动，我们全院师生员工的爱国热情空前的提高了，绝大多数的同志们都端正了态度，积极地、主动地投入了这一运动。现在我们的运动已经步入了高潮即将到来的前夕，现在高潮对于我们已是站在海岸遥望海中已经看得见桅杆尖头了的航船，已是立于高山之巅远看东方已见光芒四射喷喷薄欲出的一轮朝日，已是踏动于母腹中的快要成熟了的婴儿。同志们！为了祖国今天与明天，让我们都像海燕一样，勇敢地冲上前去，来迎接即将到来的高潮吧！

没有过"关"的教师们要以积极开展思想斗争来迎接即将到来的高潮，要争取在高潮中自己也一定得胜。积极开展思想斗争的重要关键在于联系实际，亦即联系我们当前的政治任务，当前的工作与当前的行动，来检查我们的思想究竟是工人阶级思想，还是资产阶级思想。今天我们来衡量一个同志是否站到工人阶级立场，不能根据已经过去的历史，也不能根据将来的想像，只能根据当前的任务：工作与行动来衡量。只要我们每位教师态度都能端正起来，全心全意地参加这次运动，大胆地、毫无保留地暴露自己的资产阶级思想，其中也许有些同志的包袱较重，丢时痛苦较大，但只要我们有决心有信心，虚心地与认真地拜群众与马列主义为老师，我们坚决地相信，每个人是都能在高潮中取得胜利。

已经过"关"的教师们要以积极帮助没有过"关"的教师过"关"来迎接即将到来的高潮，因为我们已经过了"关"，我们是集体主义者，我们已初步站到工人阶级的立场，我们应当是关心整个运动的胜利比关心自己的胜利为重，关心别人的过"关"比关心自己的过"关"为重，虽然自己已经过了"关"，但现在有四分之三以上的同志还没有过"关"，我们的任务才完成了四分之一，我们的路程还有四分之三没有走，我们必须更加努力地参加这一运动，直到全部的教师都过"关"为止。如果有些过"关"的同志现在就有轻松愉快的感觉，觉得自己的任务已经完成了，那是一种错误的想法，还是一种个人主义的思想，应当即刻

纠正。

全体参加工作的同学们，要以更进一步提高工作效率来迎接即将到来的高潮。前一阶段由于同学们的忘我工作，大大鼓舞了与推动了教师们的反资产阶级思想的信心与决心，现在高潮即将来到，我们应当更进一步提高工作效率来迎接它。亲爱的同学们！我们都学习了“可爱的中国”，我们都愿意爱我们的“母亲”，我们都愿意贡献我们的一切来把我们的“母亲”装饰得更美丽一些，我们应当明白，我们的大字报、我们的快报、我们的老师以及我们的周围的一切都是“母亲”肉体的一部分，我们的一切工作都是为了把我们的“母亲”装饰得更美丽一些。假如有一个人只吹过去怎样怎样爱“母亲”，而今天在工作中与行动中并不爱“母亲”，我们说这是一种堕落。如果有一个人把爱“母亲”寄托在未来，永远忽视当前的工作，我们说这是一种空谈。亲爱的同学们！不要忘记我们爱“母亲”的热情的表现主要不在过去也不在将来，而在当前的工作与当前的行动中。让我们以进一步提高工作效率来迎接即将到来的高潮吧！这不仅对于老师们的反资产阶级思想斗争有很大帮助，即是对于我们自己也是一课实际的爱国主义教育与阶级教育。

全体职工同志们要以继续端正态度来迎接即将到来的高潮，不要有自卑的感觉，认为自己的工作不重要，思想改造与否没有关系，今天我们都是学校的主人，我们每个人的工作都是必要的，也都必须做好。也不要有自满的情绪，觉得自己本来就是工人阶级，没有什么可以改造。其实在旧社会里是没有人能够出污泥而不染的。

全体家属同志们也要以更耐心地帮助先生们过“关”来迎接即将到来的高潮，在前一阶段中我们有许多家属同志对于先生们的“洗澡”在生活上、精神上与思想上都给予很大的帮助，在行将到来的高潮中，思想斗争更加尖锐，我们的家属同志们也要以更加耐心与热情的工作来迎接即将到来的高潮。

全体未过“关”的与已过“关”的教师们！全体参加工作的同学们！全体职工同志们与全体家属同志们！都要积极参加这一运动，认真联系实际学习文件，提高理论认识与分析能力，要争取每一个教师都过“关”，要争取每一个人都在这一运动中受到教育，要争取反资产阶级思想斗争彻底胜利！

亲爱的老师们！亲爱的同学们！亲爱的职工同志们与亲爱的家属同志们！运动高潮的航船的桅顶已经冒出地平线了，我们应该拍掌欢迎它。

反资产阶级思想运动的全部胜利果实即将呈现在我们的面前，我们应该迎接它。

举起你的双手吧！胜利的果实是我们的。

毛泽东思想胜利万岁！

第四十六期　第二版

踏着先烈的血迹前进，“上饶集中营”教育了我们
学习烈士们的高贵品质

廿四日晚上，全院师生员工家属开了一个晚会。首先由曾在“上饶集中营”坚持斗争三年半之久的孙秉泰同志作了关于上饶集中营的报告。接着是诗朗诵：“烈士们，永垂不朽！”，最后放映电影“上饶集中营”。这个晚会又一次地给了大家深刻的教育。廿五日上午，全院师生员工纷纷在讨论会上谈了自己的体会和感想。大家都更明确了该爱什么恨什么，更了解到共产党员的高贵品质及党组织如何领导斗争走向胜利，并对自己过去自私自利的以至反动的思想行为有了更进一步的痛恨。

“爱”“憎”分明

上饶集中营中的同志们最懂得该爱什么，恨什么。为了给一个受难的同志送食粮，他们可以冒生命的危险；但在敌人面前，他们却永远是那样除了痛快的指责便是坚决的拒绝回答。他们对祖国对党无限热爱，对帝国主义、反动派无限仇恨，这种最深刻的爱和恨是他们无限力量的源泉，也给了同学们生动的阶级教育。经二刘兰阶同学说：“上饶集中营是个模范战场，在那里表现了爱国志士们英勇不屈的大无畏精神。他们对敌人傲慢，对同志热爱，他们是我学习的好榜样。”共同学科余守宪先生说：“我的父亲就是反动头子顾祝同手下的军官，他常和上饶集中营的郐[刽]子手的首脑们在一起。今天，我认识到他也是亲手屠杀烈士们的郐[刽]子手之一，我无限愤恨！我一定要和他斩断一切联系！”经四杨志竞同学说：“共产党坚持抗日，和敌人作英勇斗争，而国民党却破坏抗日，迫害爱国志士，真是卑鄙无耻！看了影片后，我燃起了强烈的爱和恨！”

对反动党团的丑恶有了进一步的认识

有不少教师同学以前曾参加过国民党三青团，但他们对这些反动组织的丑恶是认识不足的。现在通过孙秉泰同志的报告及“上饶集中营”这部影片充分认识到这一点。因此对自己以前的错误行为更觉痛心。经济系李士珍讲师说：“想起一九四〇至一九四二年间‘上饶集中营’的烈士们正在进行艰苦的斗

争，而自己正在那时候加入了反动党团，心里痛苦极了！”电信系吴文泷教授在谈起上饶集中营中的烈士们为了抗日不惜自己壮烈牺牲的，他却为了自私自利的目的参加了国民党三青团时，激动得痛哭起来。杜锡钰先生同样激动地哭着谈到他如何为了个人的目的脱离了革命组织而参加了国民党。在第二次发言时他说：“我要把悲愤化为力量！”号二乙刘芝兰同学在初中时曾被迫加入三青团，她今天痛心地说：“当我看到皮鞭抽打爱国志士的时候，我心里非常难过，因为我觉得那鞭上也有着自己的一分力量！今后我要建立革命人生观，为彻底肃清反动派的余毒而奋斗！”

党的领导保证了斗争的胜利

大家从报告及电影中也进一步认识到在斗争中党的正确领导的作用。运商系李续勋教授说：“那位新四军战士的母亲虽然老了，但也在斗争中流出了她最后一滴血，毫不动摇，这是和党的领导和教育分不开的。”黄宗瑜教授在电影中看到无数非党群众在共产党员的感召之下都变成了英勇不屈的战士，终于取得了斗争的胜利，而自己三年来在党的直接教育下还是很少进步，觉得非常难过，表示要在运动中好好改造思想。经济系唐剑助教在解放前曾坐过国民党的监狱，但因为那监狱中没有党的领导，便没有坚强的斗争力量，他体会到仅仅有爱和恨的热情是不行的，要斗争胜利，就必须有党的领导。很多老师同学都为苏琳——那个和施珍同志在一起的年青[轻]地女教员的慷慨就义的精神所感动，大家都说：“没有党的教育，她是不可能那样坚强的。”

更觉得个人主义的可耻了

无论是孙秉泰同志的报告或电影“上饶集中营”，都表现了高度的革命的集体主义精神，和这种大公无私的集体主义相比，个人主义显得太可耻了。运一甲张德纯同学说：“在孙秉泰同志的报告中，只听到‘我们’而听不到‘我’，这是多强的集体观念啊！”俄二章亚航同学说：“过去我很想当一个顶有名的英雄，今天我看到集中营旁小河中躺着的无数烈士们的尸体，我觉得我的想法很可耻。这些烈士是无名的，但就是他们铺平了革命前进的道路，他们是伟大的。我要立志作一个人民的无名英雄。”运三乙徐培根同学说：“今天的幸福生活是无数先烈的鲜血换来的，我却抱着个人主义的想法参加工作；工作虽一遇困难就懊丧，稍有成绩就自满，工作中还和同学闹不团结；想起先烈我就觉得无地自容！我今后要以先烈的革命精神鞭策自己。”建三金大勤同学说：“上饶集中营中的斗争是很剧烈的，很残酷的，但孙秉泰同志却讲得很平凡，因为他认为坚持斗争只是做了一个共产党员应该做的事。而我却只做了一点点工作就自满起来!”电二简永生、何义变同学说:“听了朗诵诗很感动! 我们的生活是幸福的,但我们就只想到自己,没想到这是怎么得来的!”

积极行动起来,把反资产阶级思想运动引向高潮

受了上饶集中营的烈士们精神的感召,即使以前对运动不太关心的同学也都觉醒起来了,建一韩嘉桐同学就:“我处处为个人打算,一向死钻书本,甚至在‘三反’开始后,我还是晚睡早起看功课,第二阶段开始时,我还是考虑是不是要参加! 今后我一定要投入运动中改造自己!”建四王鉴芬同学一向对运动不大关心,小组会上也不发言。但这次她终于激动地说了:“当我看到施珍同志英勇地跳水死了,我了解到她是为何而生,为何而死的! 我自己的臭包袱太重了,非丢掉不可!”

很多同志都表示要争取入团入党,要“把整个生命贡献给祖国。”让我们积极行动起来,把反资产阶级思想运动引向高潮,用更大的胜利来迎接党的生日吧!

第四十六期　第三版

读者来信:我认识了反革命份[分]子父亲的丑恶面目

物理组副教授　佘守宪

我的父亲是战犯顾祝同手下的一个得力爪牙,过去追随顾匪危害人民,曾任匪第三战区兵站总监。看了“上饶集中营”后,我深刻地认识到父亲的反动面目,对他产生了无比的仇恨和鄙视。

一面是英勇的革命斗争,一面是荒淫无耻残害人民,影片上每个镜头,都使我万分激动,我联想起父亲以往所作各种卑鄙可耻的勾当,他为了赢得反动头子的欢心,不惜以最下流的卑鄙手段对付顾匪,开口:“顾总司令”,闭口:“顾司令长官”,甚至以自己的姨太太来走内线,吹拍奉迎,无所不为,土地革命时期,父亲曾供给进攻苏维埃政权的反动军队以粮饷弹药,屠杀革命志士,并且还恬不知耻地向我们夸耀国民党匪帮用飞机扫射红军的残酷暴行,我想起了家里从前曾用“剿匪抗日”的毛巾,摆着“剿匪抗日手册”,想起了当集中营的新四军战士们从上饶押往福建时,我父亲却把姨太太以及成箱成箱掠夺人民血汗得来的财产一汽车一汽车地运走,我父亲又和上饶集中营的特务头子卢某

是“莫逆之交”，并且还要他的女儿拜他做干爹，想起了他这一连串卑鄙无耻反人民的罪恶行为，我心中不觉怒火燃烧，切齿痛恨起来，我想起了父亲曾和我谈到顾匪祝同和日伪勾搭的丑恶事实，我想起了父亲曾为了准备“迎接”美帝国主义“盟军”在浙闽海岸登陆而煞费苦心，同志们！反动派的“抗日”就是这样，反动派就是这样奴颜婢膝地依附帝国主义，卖国求“荣”！

看到了革命志士的英勇斗争，使我心中无限惭愧，我过去虽也认识父亲是反动派，但却以为他“没有直接的血债”，“皖南事变时不在上饶”，“不算是反革命分子”，我丧失了立场。做了反动派的辩护人，我对不起牺牲了的烈士，今天我，认清了父亲的反动本质，我切齿地痛恨他，我下定决心要坚决站在工人阶级立场，从思想感情上和他一刀两断。

我才是有罪的人

电信系助理 孙铭甫

听了孙秉泰同志的报告，看了“上饶集中营”的电影，使我常常感到我是一个有罪的人，生活在革命先烈血肉换来的幸福的新中国里觉得惭愧。

四一年，国民党反动派发起皖南事变，亦正在那一年，我在高中毕业，考入伪国民党中央政校，新四军的抗日战士们，被关进上饶集中营里，受尽酷刑拷到[打]，摧残折磨，夏天穿棉袄、冬天穿单衣，没有鞋袜，没有盐吃，吃米饭等于嚼砂子，吃稀饭把嘴都烫烂了，他们犯了什么罪名？只为了要爱国、要抗日。而我呢？却在伪中央政校过着极为“优裕”的生活，吃饭有肉菜、早起吃稀饭还有两个馒头，呸！我为什么能够那样“舒服”？只为了我出卖了自己的灵魂，依附反动派，准备帮他们去屠杀人民，我吃的每一个馒头上面都沾着革命志士的鲜血，我真是一个有罪的人。

当那个反动特务向新四军组织部长钱子英同志诱降时，钱子英同志从容地坚定地冷笑着说：“这笔生意是不会成功的！”在这句短短的话里，蕴蓄着多么深厚的爱！祖国人民的利益在他眼里看得多么重！而我呢？就只想到自己，为了自己向上爬，不惜乖乖地去投靠反动派，服服帖帖地接受他们的反动教育和军事管理，希图当一个驯服的奴才，帮反动派作卖国反人民的勾当，祖国人民的利益在我的眼里从来也没看到。作为新中国人民之一的我，一定要好好挖去这个向上爬的丑恶思想，我再不能天天吃着烈士的肉喝着烈士的血而无动于衷啦！

我已经作过了两次检讨，大家给我提的意见很多。我心里确实有些吃不消的感觉，然而，我看到了李华同志站在敌人的刺笼里，显示着一副痛苦而又愉快的面容时，我又坚定起来了，思想斗争是痛苦的，然而，这一点点痛苦比起革命先烈所受的酷刑来又算得什么呢？我决心冷静地考虑群众意见认真开展思想斗争，争取时间，把检讨做好，使新的我早日诞生出来，去为祖国人民献出一切力量。

争取思想改造的彻底胜利

李续勋副教授

我昨天听了孙秉泰同志的报告，看了“上饶集中营”影片，又感动，又难过。

首先，这是一个强烈的对比。第一，那些革命志士们，包括党员与非赏，都是那么热爱祖国，毫无顾虑地贡献出所有的一切；而我自己是这样地自私自利，只顾个人的家庭的利益，平时还恬不知耻地说自己有“爱国的热情”，但一到祖国利益与个人利益冲突的时候，爱国的心就碰得粉碎，而把祖国忘得一点一滴都没有了。第二，他们是那样地坚决抗日，坚贞不屈，以至黄土将要埋到头顶的时候，还是毫不动摇，而我自己呢？却是苟且偷生，做日本人的走狗，摇尾乞怜地望[往]上爬，居然也爬到了副科长与副所长，这是多么可耻的行为！以前我还仅是想给敌伪服务是降低了我的人格，使我失去了自尊心，成了我良心上终身不可磨灭的痛苦，以至学习了方志敏烈士的遗著——“可爱的中国”，懂得了应该站在祖国人民的立场上看问题，就更觉得自己对不起祖国，对不起人民，对不起“可爱的母亲”！更对不起千千万万的烈士。这样，就使我痛恨自己，在心中更增加了无限的痛苦，以为是今生今世不可磨灭的了！但是这个痛苦是真的不可磨灭了吗？不，决不，党不是告诉我了吗？只要你转变立场，丢掉包袱，改造自己的思想，重新做人，祖国人民还是欢迎你的。——这就使我看到了自己的生路，党现在是来拯救我，那我就有决心丢包袱，改造自己，希求获得祖国兄弟们的饶恕，以减轻我有生以来良心上最大的痛苦，我还有什么顾虑的呢?！还有什么迟疑的呢?！

其次，又使我感到了党的伟大，在新四军中也有不少的非党群众，在党的领导下，与反动派作了艰苦坚决的斗争，始终不屈，这样伟大的成就离开党的领导与教育，如何能做得到呢？因此我又想到自己思想包袱非常之重，在丢包袱的斗争中感到许多困难，例如我在写第一次的检讨稿时，我就感到我那些根深蒂固的丑恶思想时时刻刻在各方面拖我的后腿，现在我有决心战胜他，但我还怕我的力量不够，晚会后，我就加强了信心，我坚信，只要我信赖党、依靠党，无论什么样的困难是没有克服不了的，这就使我抱定了决心，鼓足了勇气，来做我的第二次检讨，争取思想改造的彻底胜利！

更 正：

本报 44 期第一版右下角第十行应为“张剑非主任，许大庸助教共同学科的燕鸣轩讲师。”

第四十六期 第四版

生的伟大死的光荣《上饶集中营》影片看后的感想

经济系讲师 李士珍

在前些日子里，读完了方志敏烈士“可爱的中国”以后我的心情非常沉痛。昨天又听完了孙秉泰同志的报告和看过“上饶集中营”影片以后，我的感情又是那样的激动，我找到了爱和恨，生和死的标准。

烈士们！革命先烈们！他们爱的是什么呢？是祖国、是人民、是人类的解放事业！就是这样的在反动的国民党那样的严刑的拷打、恐怖、迫害的情形下，在饥饿冻病的日子里，他们没有向强暴低头，没有向暴力妥协，敌人的分化，敌人的阴谋，改变不了他们战斗的意志，“钢铁可以熔化，可是我们共产党人伟大的意志永远不可动摇。”幸福的日子必然到来，人类解放的事业必然胜利，这就是他们的信念，为了人类的明天，战斗！战斗！活下去！坚持活下去！倒下去了又从地上爬起来，擦干了身上的血迹，掩埋好同志们的身体，又继续战斗下去，是党给了他们的力量，是党鼓舞了他们。他们恨什么呢？是万恶的国民党反动派，是出卖国家民族的汉奸，是侵略的日本帝国主义，在他们的心目中，要活着，要永远的活着，为了党的事业，为了人类的解放，“死”，在自私自利的人，在一个懦夫是可怕的，但是对于那些怀有崇高理想的人，是丝毫不足介意的，他们坚信：共产主义事业必然胜利，星星之火可以燎原。因此，活埋也好，投水也好，他们都处之泰然，他们坚信人民的血不能白流，也不会白流，共产主义万岁，终有一天，他们会走向胜利，走向光明！

这一天，这胜利的一天，这光明的一天，终于来到了，今天的胜利，是无数革命先烈，抛头颅洒热血换来的，对于我们活着的人，应如何珍惜和维护这胜利的果实啊！

但是回想一下：这些年来自己做了些什么呢！当"上饶集中营"烈士们革命志士们在受折磨的时候，正是我参加反动党团的时候，正是我苟延残喘、贪生怕死的时候，我不仅没有像那些革命志士们和先烈们那样的走向革命，相反地，我却做了反动派的帮凶，在那国民党反动派的滔天罪恶中却也有我一份，我如何对得起烈士们和我们可爱的母亲？

再回想一下：多少年来，我一直为了名利而往上爬，为了名利不择手段来达到目的，我爱的是什么呢？资产阶级腐朽思想始终不肯忍痛把它除掉，我恨的又是什么呢？是当往上爬，达不到目的的时候，恨主管，恨机会不好，恨"命运"，多么可鄙的人生啊！我的过去！

再回想一下当去年组织上号召到东北去作支援前线工作的时候，我又抱着什么态度呢？我怕死，我不愿响应组织上的号召，我为了个人利益而不革命，想一想，我又如何对得起他们？

我痛恨，我惭愧，在过去的日子里，我的青春白白的渡过，我没有热爱祖国，热爱"母亲"，我做了"母亲"不孝的儿子，我对不起烈士们，革命志士们，想到这里，我非常难过，但是眼泪是不能赎罪的，我必须戴罪立功，我要热爱"母亲"，热爱先烈们用血肉换来的革命胜利果实，我要把爱国热情贯彻到当前行动，当前工作任务中去，我必须在这次反资产阶级思想运动中，继续深入地批判我的非无产阶级思想，不仅这样，而且要帮助别人，争取反资产阶级思想运动早日胜利，来迎接我们更美好的明天！

做一个名符[副]其实的祖国的好儿子

号二乙　郭昭仑

听了孙秉泰同志的报告和看了影片"上饶集中营"之后，使我非常感动和愤恨，虽然皖南事变发生了已经多年，但是国民党残害革命烈士血淋淋的罪行是永世也忘不掉的，无耻的蒋匪帮，竟给抗日的新四军加上"抗日罪"，而不择手段的折磨他们的生命，但丝毫动不了他们革命的意志，这是什么力量使他们那样做呢？因为他们有一个共同的奋斗目标——共产主义社会，为了美好的明天，他们甚至于用自己的血和肉与国民党斗争到底。

今天无数志士所盼望着的明天，终究来到了，中国的确壮大富强了，中国人民真正站起来了，这是革命志士和先烈们抛头颅、洒鲜血所换来的，可是我享受了先烈用生命换来的幸福，却忘记了巩固和发展，这个幸福的重大责任，处处还为个人打算，我还没有主动的参加到反资产阶级思想运动中去，还以自私自利的态度来对待思想改造运动，我口口声声强调情绪波动，积极不起来，主动不起来，可是为什么情绪会低落呢？今天我找到了原因，就是因为过去我时常所考虑的不是国家的利益，只是个人的前途，想到毕业后分配的工作是不是合乎我的愿望，斤斤计较着工作的地位和个人的兴趣，又想到自己学的东西太少，将来出去不能很好的工作，加之过去一贯对政治不重视，因此觉得思想改造没有意思，消极起来，只想到没有技术是不能为人民服务，却没有想到思想不改造好同样也不能为人民服务。我不愿自己落后，也不愿要求自己太高，只要跟着运动走好了。我就是那样自私的在先烈以身体填平的大道上走着。坐享志士奋斗来的胜利果实。想想革命志士被国民党匪军精神上和肉体上折磨的痛苦，与他们不折不挠坚强的意志，再想想今天愉快、幸福的生活，我还有什么理由不积极的改造自己呢？

通过影片和孙秉泰同志真人真事的报告，更深刻的告诉了我们，究竟应该爱什么？憎什么？可是我到现在为止，对于过去曾经过着剥削生活的家庭都恨不起来，我忘记了自己是劳动人民养大的，忘记了过去家庭对农民剥削的残酷手段，怎么能和劳动人民建立起感情呢？家庭中的花言巧语冲昏了我的头脑，阻碍了我的进步，我痛恨自己的家庭包袱，惭愧过去自私自利的想法。

我和在台湾的哥哥也没有很好的划清思想界限，只看到他待我的态度亲热，就觉得感情很好，经常和他通信，希望他汇钱我用，在家乡解放之初，我也曾向往着到台湾去念书，我看不到中国人民解放后欢乐的心情，反而想投向一小撮匪帮所统治的台湾去，现在想起来是多么卑鄙可耻呀！固然昨天他是我的哥哥，但今天他在台湾为蒋匪帮服务，做了国民党的帮凶，就是我的敌人。看了“上饶集中营”，使我对法西斯匪徒更深一步的仇恨，对台湾的哥哥也有了初步的认识，今后我决心不和他通信，不用他从强盗血手中分来的钱。今后我要更深刻的来批判我的非无产阶级思想，划清敌我界限，我要热爱祖国，热爱劳动人民，做一个名副其实的中国的好儿子。

征文启事

为了迎接伟大的党的生日，本报自即日起特发起征文，中心内容为：“对党的认识以及如何以实际行动迎接‘七一’”，希望全院师生员工家属结合目前反资产阶级思想运动，联系自己思想，踊跃征稿投宣传部第一〇三号教室

马克思列宁主义胜利万岁！

一九五二年六月二十七日

第四十七期(今日共六版)

彻底批判资产阶级思想！坚决树立工人阶级思想！

节委会办公室昨召开家属会议，互相交流工作经验及对运动的认识
纷纷表示愿和全体师生员工一起为争取反资产阶级思想彻底胜利而斗争

在我院反资产阶级思想运动的高潮即将到来的时候，教师家属们正在愈来愈多地投身到这个伟大的运动中来，成为思想战线上一支有力的生力军。在过去一阶段中，许多教师的进步是与他们家属的帮助分不开的，她们这种爱国行动显示了新社会妇女优秀的品质，为了使她们这支力量能更充分地发挥，节委会办公室在二十六日下午召开了教师家属座谈会，漫谈了各人对运动的认识和自己的经验，使每一位家属进一步从思想上武装了起来，更积极地去帮助教师们彻底批判资产阶级思想，坚决树立起工人阶级思想。

首先由节委会办公室主任张绪潭同志报告了这个会的意义，说明教师思想改造运动的重要性和目前的情况，并热烈欢迎家属们投身到运动中来，为祖国美好的将来贡献出点滴力量。接着就有十多位家属在会上发表了自己的感想和经验，她们的讲话受到了大家的热烈欢迎。

一、对思想改造的认识

杨文朴教授的爱人赵光城同志在会上谈出她亲身的体会，她说："我在学生时代所受到的教育，今天还影响着我，在我目前所接触到的一些小孩子中，他们也都把老师的话当作天经地义，所以一个教师的思想是要影响很多人的。"她说："在旧社会里，教师总自以为是有学问的人，但是他们的学问到新社会不能完全用了，从大多数人民的利益出发，他们必须改造思想，以新的学问去教育学生。"朱广心的太太说："这个运动代表了全体人民的利益，其中也有我们家庭和我们自己的利益，因此帮助自己的丈夫肃清思想敌人，[redacted]我们[redacted]。"赵傅云太太讲到赵教授在旧社会的一些活动时，激动地说："在国民党的统治下，做一个'好人'，受到反动派给予的'荣誉'，在今天想来是可耻的！新社会所要的'好人'必须是处处从人民利益出发的人，因此，那些旧社会的'好人'是必须要改造的。"经济系张协衷主任的太太也说："现在我们的国家正在蒸蒸日上，一切都在变，先生们的思想不改是不行的，而

且国家这么需要干部，先生们以名利思想去教育同学，怎么对得起人民呢?”

二、决心帮助教师思想改造

到会的教师家属大都参加过学习“可爱的中国”大会和“上饶集中营”晚会，深深体会到今天的幸福是无数先烈的鲜血换来的，因此一定要尽自己的一分力量来创造更幸福的将来。目前大家体会到了思想改造的重要性，因此纷纷表示要帮助教师进行思想改造。朱广心的太太说：“在伟大祖国十年建设即将开始的今天，我们怎么能让一些处处为自己利害打算的先生来培养国家的干部呢？我一定要帮助丈夫对资产阶级思想坚决斗争。”傅恩龄的太太过去自以为理论低，不知怎样去帮助先生的思想改造，在学习了“可爱的中国”，看了“上饶集中营”电影以后，深为英雄们的勇敢顽强的精神所感动，她说：“想到他们，我一定要尽自己一分力量。”赵傅云的太太 、王竹亭的太太、朱代杰的太太等也都表示了自己的决心，伍廷钧的太太和郑昆的太太在会上表示了对毛主席和党的感谢，因为思想改造不但给国家人民带来了利益，而且也给家庭带来了新气象，她们希望教师家属们都为了祖国人民的利益，也为了家庭的利益，贡献出自己的力量。

三、交流经验更好地发挥自己的力量

在前一阶段中，家属们在帮助教师进步时，已做了不少工作。在会上很多人都谈了一下自己的经验，以便更好地发挥力量。杨文朴太太介绍自己如何帮助杨教授抄写检讨稿，记录问题，安排安静环境，并帮助杨教授暴露思想、批判思想。她说：“我们与先生一起生活很久，知道的问题也最多，因此我们可以从平淡的回忆中帮助老师发现真理。”她在过去一阶段中，时刻帮助杨教授思索问题，在“搓澡”队与杨教授谈话时，她帮助记下来，然后随时提醒杨教授；金若柟太太介绍了她从金先生的一言一行中发现问题的经验，由于她的提醒使金先生的检讨进了一步。张协衷太太、朱广心太太等也都从帮助先生端正态度上起了作用，此外为了给教师们改造思想，创造有利条件，很多家属都从生活上对教师很好地照顾，诚如杨文朴太太所说的：“我们家属目前应把帮助教师思想改造放在第一位，一切利益服从思想改造。”朱代杰太太从自己的体会中指出，只有站在工人阶级立场才能帮助先生们找到真理。

由于时间的紧迫，很多家属没有得到发言机会，但是通过这一个会，大家都从思想上进一步武装了起来，同学们对于家属们这种爱国热忱表示了热烈的欢迎，当场写了很多信给她们，希望她们更进一步努力帮助教师，并希望家属们与同学一起努力为反资产阶级思想运动彻底胜利而斗争。材专同学在会上朗诵了给朱代杰太太的一首诗:“朱师母站起来了!”朱师母感动得掉下了眼泪。

最后由张绪潭同志做了总结发言,他指出:“在思想改造运动逐步走向高潮的今天,这个会的意义是很大的,从这个会上我们也体会到新中国的每一个角落都在飞跃进步。因此大大鼓舞了同学们的工作热情。”他希望家属们更加一把劲,使更幸福的生活早日实现。最后他说:“只要大家有坚定的信心,在不久的将来,我们就会看到胜利的果实!”

第四十七期　第二版

用实际行动迎接党的生日

节委会办公室宣传部
各组纷纷提出以实际行动迎接“七一”
展开一周无事故运动
宣传部出版组

伟大的“七一”就要到来了,对这庄严而令人兴奋的节日,我们每一个同志都有着无限的感想与体会,纷纷要求把自己对党的尊敬与热爱贯彻到行动中去,以提高工作效率、改进工作质量作为对党生日的献礼。

为了纪念党的生日,现在我们正在展开一周无事故运动,以运动胜利的消息来迎接“七一”。

在廿二日出版组会议上,大家讨论了展开一周无事故运动政治意义与目的,运动的具体的内容,及如何创造胜利的条件等问题,经过热烈讨论,各小组纷纷提出各项保证需要:保证不错字,不拉字,印刷清楚,消灭废品,迅速发送,及时到达,大家都满怀着信心准备以高度的劳动热情充分发挥积极性、创造性,为争取运动的更大胜利而斗争。

做好后勤工作

宣传部秘书组

在伟大的党的生日即将到来的前夕,更鼓舞了我们对工作的热情,为了表示我们的对党的无比热爱和迎接目前反资产阶级思想运动的战斗高潮的到来,作为保证前方战役胜利的后勤部门——我们秘书组全体工作同志坚决以战斗精神向出版组提出庄严的应战。

我们保证:

一、对任何一件细小工作都抱着对革命负责的态度做到不犯错误。

二、对本部各种领用物品,严格检查,做到不浪费劳动人民一纸一墨。

三、收发文件稿件保证不发生混乱、遗失、残缺等责任事故。

四、保证迅速及时供应“七一”所需用品。

五、把“七一”会场布置得庄严、美观、漂亮、大方。

同志们! 让我们紧密团结在党的领导下争取在思想战线上打一个漂亮的胜仗,以辉煌的战果作为对我们党的生日献礼吧。

认真贯彻三保制

宣传部广播组

我们伟大的党的生日即将来到了,出版组展开一周无事故运动,来迎接党的生日,同样的,我们广播组也以我们的实际行动来迎接这辉煌的日子,过去,我们广播组在工作态度方面是不够严肃的,粗枝大叶,经常有错误发生,播音员念错字、断句、机器声音不清等,为了迎接“七一”——我们卅一周年纪念广播组全体同志决定实行三保制——编辑稿子不出错误,播音员保证不念错断句,机器管理员保证机器不出事故,虽然机器不出事故是比较难做到,但机器管理员刘树声同学却兴奋地说:“为了我们党的生日,我一定尽量做到。”今天是我们展开三保制的第一天,同志们都以战斗的姿态兢兢业业集中精力地担负工作,为了执行大家的保证,我们都牺牲午睡时间来检查教室的喇叭。我们广播组每个人都愿意把自己的工作做得更好,彻底实行“三保制”,提高宣传效果,作为迎接“七一”的献礼。

以实际行动迎接我们唯一的组织者和领导者——党的卅一周年生日

宣传部团报组

我们青年团的唯一组织者与领导者中国共产党的卅一周年生日即将到来,为了迎接这一光荣伟大的节日,我们“团报”全体工作同志愿以一字一句对革命负责的态度来做好“团报”的编辑与出版工作,在党的领导下宣传马克思列宁主义、毛泽东思想,教育广大青年,为清除团内资产阶级的思想影响,开展团内思想斗争,提高团的战斗力,为进一步发挥党的最亲密的助手与后备军作

用而努力,我们以极大的信心保证:

一、端正工作态度,严肃负责,克服单纯任务观点。

二、有组织有计划慎重处理稿件,加强思想性,提高质量,保证不出错误。

三、抄写时不敷衍,不划率,不错漏,不涂改,相互校对签名负责。

四、及时搜集意见,总结经验,提高工作效率。

我们的保证需要
经济系宣传组的来信

宣传部负责同志并转全体工作同志:

通过了解放后的几大运动在伟大光荣正确的共产党员领导下,我们的祖国是愈发美丽富强了,我们的生活愈来幸福了,特别是最近的思想改造运动为伟大的十年建设提供了有力保证。

在面临伟大党的生日“七一”将要来临的时候,我们感到无限兴奋和愉快,我们衷心热爱着我们的党,我们要以实际行动来纪念这伟大的节日“七一”,除去向你们应战保证“一周不出事故”外,各个工作同志都结合着具体工作,纷纷提出保证;

出版组同学保证:(一)不错字、不掉字、不涂改、不潦草;(二)编排要整齐,报头要壮丽美观。

通讯员同学保证:庆祝“七一”,端正以前单纯任务观点的工作态度,要广泛组织群众写稿,稿件不仅要量多,并且质也要高。

黑板报同学保证:要把“七一”特刊装潢得富丽堂皇,消灭错误。

编辑组同学保证:加强工作计划,严肃认真地处理稿件内容不犯错误。

搞好“七一”特刊作为我们全组工作同志向党的献礼。

最后我们要通过“七一”提高工作效率,巩固收获,为迎接思想改造运动胜利高潮的来临而继续努力。

此致

敬礼

经济系宣传组全体工作同学六月廿七日

马克思列宁主义胜利万岁!

第四十七期 第三版

我是怎样认识反资产阶级思想运动的

伍廷钧教授家属 张英采

当三反运动开始时,我感到教书的人有什么可反的呢?可是当运三丙同学提出意见说:"伍教授教学不负责,"他回来后说不想教书,不愿意接近同学的批评而闹情绪,我也感到有什么意见可提的呢?反而劝他作好准备,可以应付应付同学提的意见,完全同情他,不过我想到毛主席领导的运动都是使人变为好人的,但为什么群众要这样的来打击他呢?心中很不满意,对运动认识不够,但是我仍然劝他,最好丢开翻译,全力教书,因为浪费同学的时间,比浪费金钱要严重得多,所以他犯的错误不轻,教好同学必须平时多与同学联系,了解同学需要什么,再作好充分准备教材,那才能满足同学的要求,但伍教授却说同学提的意见不正确,是故意与他为难,打击他的,我儿子(共产党员)和他谈当面劝告他,而他却说:"年轻的人,懂得什么?倒要来教育我了!"我给他提意见时,他也说:"你们懂什么!"他总是家长式地统治着我们,说我不如他,而觉得他很了不起。

在反资产阶级思想运动开始时,因为我对运动没有认识,我不知道这个运动对人民有利,对他也有利,所以,我完全是漠不关心,他写检讨,我从不过问,更谈不到帮助他了,后来伍教授听了傅鹰教授的报告,回家就告诉我"傅鹰检讨得多深刻啊,他是一个那样顽固的人,都能改造过来,我也应该要求改造自己了!"后来他学习了方志敏烈士的"可爱的中国"以后,回家他激动的告诉我说:"死了自己的母亲也没有像今天这样的难过,我从来不会哭的,可是今天却感动得我哭了,我心中真难过,我简直不敢想,我过去是个那样不好的人,太不对了,我真痛恨自己过去的一切,我要下决心改造自己,否则对得起谁呀?"于是他的态度转变了,他说:"同学们提的意见都很正确,他们是经过大家研究才提出来的,那就是我的缺点,一定要虚心接受,诚恳的做好检讨,才不辜负同学们热心的帮助。"我就说:"既然同学们提的意见都正确,那末,你就应该好好地改造了。"伍教授自改变了态度以后就每天认真的写检讨,晚上写到十二点才睡,早晨别人未起,他又起来写了,同时,他还随时修改检讨,过去他不愿接受儿子的帮助,经过几次的学习后,他不但虚心接受和听取儿子的意见,而且还用笔逐条记下来,静静地想并常想念儿子怎么不回来,还有好多事情需要他帮助分析呢!也常想"同学们怎么也不来帮助我了。"搓澡队同学一到,他总是很热烈的欢迎着,并且他也喜欢与我谈有关思想改造的情况。

我自己经过学习了"可爱的中国"的文件以后,我深深体会到中国人所以受外国人的欺侮都是由于我们自己人不争气,所谓高等华人是最可耻可恨的了,他们看不起自己的同胞,替外国人当走狗,那船上侮辱我们妇女同胞的还不是中国人,我恨他们比恨外国人还厉害,外国人在中国横行霸道,他们做了坏事,中国人不能管,为什么我国[们]中国人就这样弱呢?我心中很难过,我想中国人不是应该做亡国奴的,而是有了那些不争气的人在残害着母亲,我记得方烈士说过:"我们中国人民的力量是很大的,只要团结起来是能打败外国人的,"所以只要认清我们的力量,一定会胜利的,只要大家努力改造好,团结紧,帝国主义是一定能打败的,因此我才认识到教师的思想改造完全是必要的,我在家里的人,自己没有能力做事,那也应该帮助他改造好思想,可以为人民服务。于是我就关心伍教授做检讨了,并且启发他,譬如他说对国民党恨不起来,对新社会也爱不起来,于是,我告诉他国民党过去如何虐待人民,有什么可爱的呢?新社会三年来的建设——成立了托儿所、工厂、铁路等,都很好的发展了。赶走了帝国主义及其走狗等等,难道还不爱吗?所以伍教授开始深思了。

伍教授不但认真做好检讨,彻底批判资产阶级思想,并且还帮助别人分析,他过去对我们都是家长式的统治作风,不爱与我们谈话,不肯帮助家中劳动,可是思想转变以后,不但很喜欢与我们谈话,而且还帮助家中提水,扫地等,他许多事情的转变都是反资产阶级思想运动的挽救,特别是同学的帮助,才能使他有今天的认识。我深深地体会到只有在毛主席和党所领导的思想改造运动里,能够使他从一个坏人改变成一个好人,并且把我的家庭改变成一个和睦的具有一番新气象的家庭。同时,整个说来,在祖国的建设中可以增加一股新的力量。每个人都改造好思想,他们都考虑如何作对人民有利的事,不再是过去那么自私自利的考虑个人和家庭。这么多的人都能这样做,那我们祖国的力量该多么大呀!还有谁敢再来侵犯我们的祖国呢,同时每个教授所教出来的同学有那么多,都参加到祖国的各种建设中去,加速的完成建设任务,使得大家都能同样的过美好的生活,那天多好啊!因此,我感谢毛主席和党所领导的伟大的思想改造运动,不但是挽救了伍教授,而且挽救了无数像伍教授那样的人!

我要积极帮助朱广心教授思想改造

——廿六日在家属座谈会上的发言

朱教授家属 刘萍玲

一、我对思想改造运动的看法

思想改造运动已经在学校里开展很久了,我衷心拥护这一个伟大的运动。

在运动开始的时候,我对它的认识是很不够的,我认为自己是一个家庭妇女,运动对自己没有多大关系,只把它看作是丈夫的事,因而在思想上也根本没有重视起来,认为蒋介石反动派的千军万马都打垮了,思想改造不是大事情,认为知识分子解放后大都已投身于革命,时代变知识分子也跟着变,不必要大张旗鼓的来这样一个思想改造运动。现在检查起来,这完全是自满、麻痹、对于资产阶级思想的妥协。只要在"三反""五反"中已经可以看出:资产阶级思想是如何严重的危害着革命,如果任其发展,我们的胜利果实就不能巩固,从最近群众给我的启发中,我更体会到人民教师的思想改造不是某一个人的事情,而是全体人民的要求,因为他代表了全体人民的利益,也代表了我们妇女的利益。因此我们每一个人都要站到群众中来帮助自己的丈夫改造,并且由于我们的夫妻关系可能使人与思想混为一谈,因此更要提高警觉,把资产阶级思想看作是我们的死敌,坚决与它斗争,我们要学习同学对人爱护,对思想耐心帮助,勇敢斗争的精神,我希望姊妹们都能以实际行动协助自己的丈夫进行思想改造。

二、我帮助朱广心教授的情形和一点意见

经过了同学们对我的帮助,使我有了初步体会以后,我就开始以自己的一点体会与丈夫以谈家常的方式开始了帮助,因为一般说来,我们的理论比较低,也用不到多谈大道理,所以我主要的是从帮助他暴露,端正他的态度着手,夫妻在一起生活很久,也就有可能帮他,找些问题,以自己所有的体会去影响他,当他思想开始有了转变的时候,我立刻去突击他的思想敌人,而当他爱面子准备向思想敌人投降时(譬如他不让我到学校里来,不对我谈情况)我就主动的到学校来和同学们谈,然后回去把自己的体会与他谈,绝不同情或妥协。并且向他指出争取同学帮助的重要性,使他初步端正了态度,愿意站到群众方面来做好检讨。

在帮助丈夫时我认为态度一定要耐心,不靠夫妻间的大吵大闹来解决问题,两人之间有不同的看法,就一定要站在客观立场,不要感情用事,有时他的意见不正确时,我们就一次、两次、三次的耐心说服,一定要使他口服心服,不要使他感到大家都向他开火而受不了,这是我的一点意见。

三、希望姊妹们一致起来打垮资产阶级思想

在伟大的十年建设将要开始的今天,思想改造运动的意义是非常重大的,祖国需要才德兼备的干部,但是一些自私自利站在个人主义小圈子里的教师怎样能培养这样的干部呢?解放以后全国文化、教育、经济、卫生、国防……各方面都飞跃发展,自私自利的人是不适合需要的,现在同学们的无比热情在欢迎和帮助教师,姊妹们:我们不能置身事外,袖手旁观,我们要行动起来,向丈夫的一切资产阶级思想进行坚决不留情的斗争,我们要紧密的与同学团结起来,彻底打垮思想敌人,让工人阶级思想的红旗树立起来!

第四十七期　第四版

我怎样帮助我丈夫进步的

杨文朴教授家属　赵光城

最近我的丈夫杨文朴教授在思想斗争中取得了胜利,受到群众欢迎,我也很高兴我想谈一谈我怎样帮助他进步的。

这一次教师思想改造是个伟大的运动,我学的很少,对理论说不上来,只就我日常所知道的肤浅的认识谈几句,我觉得老师们对学生影响太大了。想我从前念书时候,真信老师的话,不由就想学他,现在我家有四个侄子、姪女上学,他们有的同级不同班,每年换老师,赶上某一年哪个学生的老师好,哪个学生在品行上,在学业上就进步的快,所以小孩子进步的快慢完全看老师好不好,这些大家一定都清楚,小学生对老师完全听从,老师说话比家人说话有力量多了,我有时说说我小姪女,她就很厉害的说:"我们老师说的么!"他们将老师说的当着天经地义,一点没错,就是大的同学们仍然信从老师一言一动,在思想上,在行动中,甚至学生的人生观,有形无形都受到老师的影响,所以老师们的思想改造太重要了,在旧社会认为教书的人是有学问的人,有了学问大概就是好人,其实我们如果再站到无产阶级立场去衡量一下,毛病可就太多了,这样如果不改造好,对人民教育事业是危害无穷的,改造并不是难事,只要诚心诚意把过去自己一切资产阶级腐朽脏污思想暴露出来,下决心丢掉它,把新东西装进去,成个新人,那样就能把他们的学识,就是业务方面的成就,用到正经道路上面去，知道了给谁服务，那样所教出的学生也就知道给谁服务了，所以为了大家利益，为了全世界利益，教师的思想改造实在太需要了。

我们看到了这次教师思想改造是这样的要紧，同学又来启发我们，帮助我们，自然应该尽力帮助才对，家人的影响是有力的，从来生活在一起，了解当然多，况且家人父子有感情关系，历史关系你若发动他，一句话就说到他心眼里去了，怎容他说假话！

我对这次教师思想改造，早已很了解，因为每次的“三反快报”我都看了，我丈夫每天回来把他们开会的详细情形也都讲出。

我帮助我的丈夫——杨文朴教授，可分下列数点：

第一点，抄写：他在上个月作第一次检讨时，我只帮他想想过去的事，在前天又作第二次检讨，他这次深刻挖思想，最近廿来天，稿子堆得太多，太忙了，我把他写的稿子给抄出清稿，有时灭了灯，他不睡，我也不睡，等他想起什么话，他一说，我得赶紧开灯起来用笔记下，有一次桌上放一张小纸，是晚间记下的话，他糊里糊涂当乱纸给撕了，我也不肯出声，他走了后，我拼命想，好容易想起记的话，才抄下，他自己有时去学校或在家记下的稿子，怕思想打断写得太快，到时字认不出，我帮助他仔细的认，有时恍然大悟都笑起来。

第二点，在暴露方面帮他想着过去的事，一件一件的，一时按一时的想，每件事怎样办的，前前后后是怎回事，问他那时是怎样想法，听着不对头，再追问一下，叫他再想想，研究到无疑问为止。他以前在外边办的事，与人谈的话，回来都跟我说，所以他想的过去的事，我都知道很清楚，不容易弄错的。说实在的，自己亲身经历过的事，是很难忘记的，两个人多想想，彼此一参考，不会想不起的，这是帮助中最要紧的工作，不暴露就没法批判，自然无从改起，臭的下去，新的不来，怎样能成一个新人。

第三点，同学几次去帮助他，他们在屋内谈话，我们屋子很小，旁边就是厨房，我一边做事，一边细心的听着，记住，有时用笔记下，怕他忘了，同学走后再与他谈，他想不起给他补充。

第四点，我将生活中的事讲给他听，如物价稳定，生活改善，不用操心存米麦，我们胡同修了下水道，倒水省劲，最近用大汽车倒土，又方便许多等。这些事都是作主妇最先知道讲给他听，他才体会到真是人民政府，一切事都是为人民的，是我们拥护的政府。

第五点，小孩子们放学后在家里太吵，我就打发他们到书店看书，或找别的小朋友去玩，使得杨先生能有一个安静的环境想问题、做检讨。

对于帮助丈夫一定相当的困难，第一我们一定要有忍耐性，他在思想斗争中，不免的就不注意小节，这些都不要管，给他一个好环境，叫他想，如果他发点脾气，也不要理他，这是为人民教育事业值得让着他一步，这次我帮助杨先生时，跟他说话，他常不理我，因为他在想还有的先生到家里一直不说外边的事，无法帮助他暴露，这是他的不对，也是我们自己不对，为什么不时时问他，现在籍此机会，更要问问他了，跟他在一起半辈子，也应该知道知道他作些什么，想些什么，籍这一挖，可以帮他忙，第三，还有人想自己学问浅，不配帮助人家改造，这个想法是错误的，帮助思想改造，不在乎学问，因为我们在日常生活中不会没有感觉的，只要帮助他考虑问题，愈平淡的事里愈能找出道理来。

大家想想，如果把老师们的思想都改好了，他们都彻底知道为人民服务，我们的孩子都有这样好老师，孩子们很容易学好了，那样我们很快的能走向社会主义，像现在的苏联，我们人人得到幸福生活，该多快乐！

第四十七期　第五版

欢迎您沈先生

陈溪风　唐恢一　作

沈先生，沈先生，
沈教授，欢迎您的进步，
看哪！在恶魔们催眠术里，
您已经睁开了眼睛，
您已经开始看见了那丑恶的狰狞的面貌！
海浪翻腾！疾风怒号
反资产阶级思想的怒潮，
向那腐烂的礁石，
冲激啊——
海燕，
睁开了眼睛，
在闪电的照耀下抖擞起精神，
要抛弃那礁石，

在时代的风暴中，
勇敢地飞翔——
欢迎您，沈先生，
我们欢迎您参加前进的队伍！
一切都开始了！
我们的心，
将要开始熔合在一起，
虚伪——是的；假面具——是的，
撕吧！撕吧！痛快的撕吧！
把那资产阶级思想的恶魔！
紧紧地扼杀啊——
毛主席说：要抑制自满，
毛主席说：要扫清思想中的灰尘，
我们希望您虚心地，冷静地，勇敢地继续前进！
稳步向前吧！
我们全体在支持着您！
全体都在支持着您！
旧社会，
是那阴暗，惨淡的日子，
人们都好像带着假面具的游魂，
互相欺诈，招摇、撞骗，
那儿没有真理，没有光明，
有的只是金钱的凄惨的嘶叫啊！
这嘶叫声，曾经淹没过受压迫者，
饥寒交迫的呻吟！
啊！沈玉麟先生，
就在那魔鬼的惨淡的光圈中，
挂上了[redacted]的招牌，
他有忧郁地走着，
从此失去了人类的情感，
造成劳动者啼饥号寒的呻吟，
为生命和未来而斗争的呼号，

在他已经是睁眼不见,充耳不闻,
多少双愤怒的眼睛在盯视着他,
可是,个人主义迷住了他们的眼睛,
资产阶级思想把他一个人变成了鬼,
然而——
新生的祖国——我们可爱的"母亲"
却张着双臂,
把她可怜的孩子,
搂进了怀抱,
这儿有的是欢笑、胜利建设和前进,
长江的水永远在奔腾地流,
时间是疾风似地飞驰,
从生产战线上传来了捷音,
劳动人民
前天的"挑战",
昨天的"竞赛",
今天啊——赶上了时间,
思想改造的巨浪,万马奔腾,
时间是疾风似的飞驰,
一天好比二十年,
沈玉麟先生,
虚伪的假面具带了三十年,
三十年内,
欺骗了祖国,
欺骗了人民,
沈先生,沈先生,
您是中国人,
您是"母亲"的孩子,
三十年来您忘记了"母亲",
您欺骗了"母亲",
[redacted]恶魔侮辱自己的"母亲"
[redacted]自己的兄弟,

[redacted]了恶魔的俘虏，
“[redacted]回来啊！”“母亲”在呼唤，
[redacted]昨天，您撕下了假面具，
这今天啊！比三十年，
沈先生，沈先生，
您要做一个“母亲”的好儿子，
快回到“母亲”的怀抱里来吧！
赶快追上这飞跃的时间，
追上这飞跃的时间呀！——前进！

长江江水永远是奔腾地流，
时间是疾风似的飞驰，
为我们昨天倒下的先烈们，
给我们带来了今天的解放和幸福，
我们继承了这胜利的革命事业，
别辜负了先烈们的遗志啊！
沈先生，
昨天您撕下了假面具，
今天您痛下了决心，
明天呵！
我们的心将熔合在一起——携手前进，
追上了飞跃的时间，
胜利前进！
亲爱的老师们，
面子——假面具，
就是它蒙住了您[你]们的眼睛，
阻碍了您[你]们前进！
撕破它吧！撕吧！撕吧！
放下眼脸[睑]来，看看群众的眼睛，
——充满对您[你]们的期望的饱含热泪的眼睛，
过来吧！当您[你]们洗完了澡，
挖清了思想的时候！

赶快追上飞跃的时间,
和我们一道,
迈步!——前进!
迈步!——前进!

欢迎您伍廷钧教授

运三甲全体同学

欢迎您!伍廷钧教授,
同学们笑容满面,
几百双眼睛向您发出了热情的光芒,
几百颗火热的心和您连一起,
为什么我们这样高兴,
为什么我们这样热情,
只因为您有了转变。
过去,您对运动不认识。
您说:“我没有什么,看看你们的吧。”
几次大会,使您受了很大感动。
您沉痛地说:“我对不起‘母亲’。”
过去您说:“伍廷钧第一,”
现在您说:“我要向群众学习。”
过去,您讲话软弱无力,
现在,您的声音多么嘹亮!
您有了力量,您有了决心,
只因为您时刻地想着我们的“母亲”。
过去您自认为清高,
因为您没有联系到思想。
经过几次的思想斗争,
您终于挖出了根。
您沉痛地说:
“我对不起党,我对不起人民。”
过去,在家里,您实行着家长式统治,
现在,由于您的转变,

给家里带来了温暖。
您爱人兴奋地说:“感谢党,感谢人民,
思想改造运动使我们的家焕然一新。”
每当您想起党,每当您想起人民,
您就会有无比的勇气,
每当您想起了同学们的诚恳态度,
您就会感动得说不出话来,
祖国需要您,人民在召唤您,
用您的话来说:
“我还有什么理由不改造呢!”
您有了转变,您有了进步,
您要巩固您的成绩,
更进一步的表明您的决心,
照着党和人民给您指出的方向,
大踏步前进!
欢迎您,伍廷钧教授!
您的进步,
标志着思想改造运动,
只有胜利,不会失败,
欢迎您,伍廷钧教授,
欢迎您更大的进步。

第四十七期　第六版

读者园地:看了“上饶集中营”以后

当我看完了“上饶集中营”影片之后,我的心头感到一种难以言喻的沉痛,孙秉泰同志的报告也像一支利箭刺着我的心,他提到的集中营的生活,使我回忆初中时的一幕。

一九四三年的夏天,我正在鄂北的一个山城里念完了初中一年级,暑假里学校当局和当地的三青团联系组织了一个夏令营,要我们所有留校和家在当地的同学都参加,夏令营的生活主要是军训,南方七月的天气是够炎热的,坐在房间里都会汗流不止,而反动的当局却让我们在烈日之下,操练跪下、卧下,中午在操场四周的树阴下吃着烫嘴的包谷糁(即玉米麦糊)或稀饭,还要限定八分钟吃完,在那种又累又热的情况下,同学们差不多都只能吃一碗,就到了规定时间,不管吃饱与否,也只得丢下碗去站队,在那时我们一天三餐都是稀的,偶而[尔]能吃到一顿干饭,也正像孙秉泰同志所说的,是掺着许多沙子的糙米做成的,牙齿一碰上,就酸痛得难受,以致不能咀嚼就吞下去,许多同学因此得了胃病,反动的政府就是这样对待自己的同胞和青年,可是我那时却一无所知,还以为是抗战使我们生活艰苦,法西斯式的教育我却认为是训练我们的意志,尤其可恨的是就在那时许多同学都被半欺半压地加入了三青团,而我也是其中之一。

解放初期,听到别人说参加了三青团就是自己历史上的一大污点,我听了非常不服气,觉得不能这样一概而论,认为只有真正作了特务工作和其他危害人民勾当的人,才是那样,而我自问良心是无愧的,但是当我一天比一天更多地知道了国民党反动派所干的祸国殃民的事实以后,当我知道了过去破坏学运,迫害进步同学的人就是那些职业的三青团员之后,尤其是当我从"上饶集中营"影片中看到国民党匪帮是如何残忍地杀害抗日志士的时候,我不禁为自己的名字曾被写到那个反动的组织中而颤慄了。回忆过去,每当开大会的时候就要我们带上那个耻辱的标记——三青团臂章,我真痛心极了,我怎样才能洗清这历史上的污点呢?

过去我也曾受影片中坚贞不屈的共产党员的精神感动过,但是什么使他们能有那种精神呢?我却不知道。在反资产阶级思想运动即将进入高潮的今天,重看此片,我一切都明白了,是伟大的共产主义思想,是真正爱国爱民的意志支持着他们,同时,我也找到了洗清我的历史上的污点的途径,那就是效法他们无限忠诚于祖国和人民的精神,为了集体的幸福,为了我们美好的明天献出自己的一切,竭尽所能,直到个人生命结束的那一天。

郑玺

我要振作起来茧自缚

——看《上饶集中营》的感想

这次我是第二次看《上饶集中营》了,我心里从未受到这样的感动,先烈们英勇的事迹鼓舞了我,我说:"我要振作起来。"

我是一个工人家庭出身的人，但是由于在旧社会里做了二年事，交友不慎，受了资产阶级享乐腐化生活的毒害是很深的，解放以来，我外祖母在乡下分到了土地，但是我竟还是那么忘恩负义，在学校里从未好好学习，对人民讨价还价，闹转学，向上爬思想不能满足时，就搞起资产阶级的恋爱来麻醉自己，在学习上整天自己搞一套，一心一意想当“双料人材[才]”的专家。

在这次反资产阶级思想运动中，由于团员同志和同学们的帮助，我已初步认识了我的丑恶的资产阶级思想的本来面目。上一星期我已提出入团的要求，但是这几天来，我是动摇得那么厉害，我心中老是想“我以往是那么落后，学校里大家都知道我过去的恶劣作风”，“人言可畏”，工作也打不起劲来，吃了批评更自卑起来，我甚至想再也不在学校入团，免遭麻烦，但是在电影里当我看到反动派在茅家岭暴动后对革命志士们的惨绝人寰的大屠杀的那一幕时，我听见那一连串的枪声，颗颗子弹无异就好像打在我的心上，当我看见那横七竖八倒在水壕里的烈士们的尸体的时候，我心里就难过极了，我就想起毛主席的话来，“无数革命先烈为了人民的利益牺牲了他们的生命，使我们每个活着的人想起他们就心里难过，难道还有什么个人的利益或错误缺点不能牺牲吗?”今天幸福的生活不正是那些倒在泥沟里的先烈们替我们创造的吗？想起我从小受尽人家的侮辱，一个木匠的儿子今日能享受到高等教育，解放前在那种反动政权下是可能的事吗？还有四十多天，我即将走上建设岗位了，我要振作起来，继续彻底地批判我的资产阶级思想，端正入团动机，踏着先烈们的血迹，为新民主主义事业的彻底实现而奋斗，争取作一个光荣的青年团员。

王银江

看了《上饶集中营》电影的感想

周祖爽

去年暑假，我曾看过这个电影，当时觉得很激动，我在看到国民党的野兽们的残酷与革命志士的坚强斗争，但这不过是感情的激动，体会是不够的。

昨天听完了孙秉泰同志的报告与再次看了“上饶集中营”的电影后，我才真正的体会到只有在党的领导下与教育下，八百多人才有一条心，使反动派的一切阴谋都得破碎，他们为着明天的人类自由与幸福而生，为着明天的人类自由与幸福而死。钱子英部长，党的领导者，就是计划着如何逃出这个集中营而斗争，他在敌人的面前，毫不表示屈服，能从容地就义，他虽然是光荣地牺牲了，可是他的意志却永远活在千百个人们的心里。

一个小学教师,本来是一个懦弱者,可是在党的领导下与鼓励下,她的意志就会变得如钢铁一般的坚强,在蛮横的敌人威胁下,不屈服不投降,她终于为了革命的事业而贡献了生命。

就是在志士们被俘的那一年,日本的宪兵无故地逮捕了我,在日本的司令部内关了一个晚上,当时我所考虑到的只是自己的生命,我恨自己为什么这样不幸,在敌人的面前我装出很驯服的姿态,我是多么可耻,我不能与革命志士相比,因为我是那么的渺小呀!

革命的英雄处处是乐观的,即使在最痛苦或最危急的时候,他能很愉快地走进刺笼,为了祖国为了人民,而去忍受痛苦,这是多么的光荣,为了不使同志受苦,而从容地跳下已经挖好的土坑,准备敌人来活埋,他们所以能很愉快地忍受敌人的折磨,因为他们只有一颗火热的心,是一颗为了明天的千百万人民的自由与幸福的心。

今天的自由与幸福是千百万革命志士的鲜血换来的,是千百万革命烈士的头颅才填平了道路,我们只有秉承革命烈士们的意志彻底地改造我们的思想,站到工人阶级的立场上来,为实现烈士们所期望的共产主义社会而奋斗。

毛泽东思想胜利万岁!

一九五二年六月二十八日　第四十八期　今日共四版

彻底批判资产阶级思想！坚决树立工人阶级思想！

建筑系思想战线上辉煌胜利
沈玉麟副教授光荣归队，受到全系师生热烈欢迎

建筑系沈玉麟副教授于廿七日下午在全系师生大会上做了诚恳真挚的检讨，由于沈先生能大胆地暴露过去，对反动思想、崇美思想、及腐朽人生观做了深刻的批判、并划清了劳动与剥削的界限，所以受到了全系师生的热烈欢迎。雷动的掌声达数分钟之久，许多同学和老师在会后与沈先生握手，衷心地祝贺他，真诚的感情与友谊，在感动着每一个人，廿八日下午开始给沈先生提意见，许多老师与同学发言，一致认为沈先生的检讨是满意的，深刻的。

在沈先生的检讨中，他着重的批判了他的资产阶级思想，他出身在一个资产阶级的家庭中，他的父亲是由学徒爬到小商人，又由小商人而爬到开设布厂，因此就极力鼓励沈玉麟先生用功读书向上爬，而沈先生自己也佩服他父亲的能干，把他当作一个榜样，尽力地往上爬，他用了四五千美金自费留学美国，而他离开祖国的时候，他毫无留恋，因为沈先生觉得美国是一个理想安乐的社会，他幻想着得硕士、博士，幻想着几年，十几年以后，自己的名誉，自己的地位，并可以找到一位温柔美丽的爱人，在检查崇美思想中，沈教授说："我痛恨我的崇美思想，崇美思想的作崇[祟]，使得我身体与躯壳为中国人，而思想与行动的支配，已成为美国人，美帝的文化侵略，就是要培养千千万万像我这样身体与躯壳为中国人，而灵魂、思想、行动为美国人的人。"沈先生在批判了他的思想以后，他才真正感到革命的温暖，感到祖国的可爱，他在检讨中说："过去我觉得我的生命是空虚的，我不知道人生为什么活着，现在经过了党的启发和运动的教育，我感到我的生命是丰满的。"最后沈玉麟教授表示一定要脱胎换骨重新作[做]人，继续批判他自己的非无产阶级思想，要不断学习马列主义毛泽东思想，树立工人阶级思想，他说："我要在工作中不断提高自己，接受群众的批评，争取作一个光荣的共产党员。"

徐中主任、庄涛声讲师、张建关教授都觉得沈先生的检讨是深刻的，批判得很好，对劳动与剥削划分得很清楚，许多同学都感觉沈先生的进步，的确给自己以很大的鼓励。潘充启同学以前觉得给先生"搓澡"有些束手无策了，但

是沈先生这样的进步鼓舞了他,他说:“鼓舞了我的工作信心。”在会上老师们一致觉得沈先生应进一步地批判非工人阶级思想,争取做一个光荣的共产党员。徐中主任根据大家的意见,当场宣布沈玉麟老师检讨通过。雷动的掌声应时而起,大家用力拍着、拍着,用力的拍着,每张笑脸都向沈玉麟先生望着,各班同学及青年团建筑系分支及各“搓澡”小队都纷纷以贺信祝贺沈先生的胜利,希望沈先生进一步地提高自己,进一步地批判非工人阶级思想,树立工人阶级思想,积极地投入运动,帮助别位老师改造思想,努力学习马列主义,作一个光荣的共产党员。会上,沈玉麟先生也激动地提出了四点保证:他非常感谢同志们对他的帮助,他表示一定要进一步地提高思想。

第一、我要继续批判我的非无产阶级思想,认真学习马列主义毛泽东思想。使自己工人阶级化,我希望党的组织不断地帮助我、改造我,群众不断地帮助我、批评我,我一定要把我的学习听得贯彻到行动中去。

第二、人民需要我什么,我就做什么,人民迫切需要什么,我就赶紧做什么,我要建立起革命人生观,为革命而活,为革命而死。

第三、我要不断地接受新事物。新民主主义社会是飞跃地不停地发展的,一切事物都在迅速变化进步,我要积极地拿出了尽我所有的力量,推动社会前进,不是看着社会前进,也不是跟着社会前进。

第四、我要团结建筑系师生,在思想改造运动中,在以后的课改工作中,在以后的教研组工作中,搞好我们的建筑系迎接明年开始的十年祖国建设和跟着来的经济高潮、文化高潮,我将永远是我可爱的“母亲”的儿子,我要把可爱的“母亲”装饰得更美丽更健壮。

沈教授的转变说明了我院反资产阶级思想运动中又一辉煌的成绩,希望沈先生今后在实际斗争中不断提高自己,为党、为人民做更多的工作。

简　讯

▲运商系过“关”的教师们已于昨日组织成了“搓澡”队,大家一致推举苗大维、伍廷钧两同志担任正副队长,并决定即日起与同学们取得密切联系而有领导、有计划、有重点地进步“搓澡”工作,由于大家初步已经站到工人阶级立场,认识到了应当关心整个运动的胜利比关心自己的胜利为重,关心别人的过“关”比关心自己的过“关”为重,伍廷钧教授说:“我要拿出全部的时间参加这一工作。”杨文朴教授也曾表示:“我们已经站到工人阶级立场,工作是应当的,

即使辛苦一点也没有什么。”他们订出了具体计划迎接伟大的党的生日。

▲在本报第四十四期“读者来信”稿揭发了号二甲何鸿霖的反动思想以后，几天以来，何鸿霖开始有了转变，对自己的丑恶行为有了痛恨，表示愿意好好改造并主动地找同学帮助，向组织坦白。但他的认识还很不够，还没有提高到从祖国人民利益出发批判自己的反动思想，因此希望何鸿霖同学继续开展思想斗争，为自己思想上获得彻底解放而努力。

第四十八期 第二版

用实际行动迎接党的生日

提高稿件质量，一字一句的对人民负责

宣传部编辑组

我们编辑组全体工作同志用“提高稿件质量，一字一句对人民负责”的行动纲领作为对伟大的党的生日的献礼，为了实现此一行动纲领，我们全组组员谨提出下列保证：

一、保证深入钻研，领会节委会所布置工作的精神，并贯彻到一点一滴的工作中去。

二、充分了解仔细分析群众情况，配合运动的中心任务，有目的、有计划的组织稿件。

三、严肃处理及审查来稿。

四、消灭新闻报导[道]的错误，真实反映全院运动情况。

五、做好“七一”特刊。

出门的汇报不出错误

宣传部汇报组

为迎接我们党的生日，我们负责整理汇报的同志要加强分研究。要使整理出来的汇报没有任何原则性的错误。抄写的同志们决定在抄写以前，仔细阅读草稿，发现错字错句等等改正后再抄。校对的也要在汇报出门以前把错误校好。我们大家都有信心地保证：出门的汇报没有错误。这是迎接党的生日的献礼。

发挥战斗力量迎接“七一”

宣传部资料研究组

伟大的“七一”中国共产党卅一周年生日即将来到，我们宣传部资料研究组全组同志保证以下列实际行动来迎接“七一”。

我们要发挥全组战斗力量，为迎接“七一”保证做好下面两件工作：

一、做好“思想建设”“七一”特刊出版工作

(一) 克服一切困难搜集有关材料，提高“七一”特刊的质量。

(二) 保证“七一”特刊版面设计整齐、清楚严肃、美观。

(三) 抄写工作保证不涂改，不挖补，不掉字，不发生一切错误。

(四) 克服一切困难保证及时供应各系科宣传组一切有关“七一”资料。

二、克服一切困难保证及时供应各系科宣传组一切有关“七一”资料

我们并将这种精神贯彻到今后一切工作中去，同时并保证在今后工作中要加紧学习，积极工作，提高工作效率，不发生一切错误，不断的提高质量，为取得反资产阶级思想运动的彻底胜利而努力，做[作]为我们“七一”的献礼。

保证每日无事故

我们电信系宣传组在廿五日晚上看了宣传部出版组的挑战书后，当天晚上即召集宣传组全体工作同学开会，讨论如何向宣传部出版组提出应战，大家在会上热烈发言，一致表示为了以实际行动来迎接党的生日，我们有信心、有决心向宣传部提出应战，出版组第一小组创造了分工监督到，提出六点保证，第二小组全体同学为了保证“一周无事故”，特别提出开展“五不”运动保证，做到“不错字，不涂改，不拉字，不弄脏，不掉标点”，第三小组也提出八项注意，使“保证”能够切实做到，美术组也表示要关开动脑筋搞好报头来迎接伟大的党的生日，编辑组同学也讨论了如何做好审稿编稿工作，改进工作方法，提高质量，提高工作效率，保证不出事故，大家并表示我们不但要保证“一周无事故”，而且还保证“每天无事故”，来迎接祖国人民伟大的救星中国共产党的生日作为我们的献礼。

(电信系宣传组)

为了党的事业，我愿终身献出我的全部力量

经济系讲师　殷宗鹗

我是一个连自己的生日都记不清楚的人，更不用说关心别人的生日了，但

是这次却是以欢欣鼓舞的热情来迎接我们党的第卅一个生日，因为在伟大的思想改造运动中，我真正的了解了党是大公无私的党，是全心全意为人民服务的党，是我们自己的党，并且也认识到现在的我首先是应该属于人民属于党的，然后才能谈到我自己。

我要永远以具体行动紧紧的靠拢党，在党的领导下积极的坚决的执行党交给我的任务，来迎接党的生日，目前党和人民交给我们的任务是彻底批判资产阶级思想，树立工人阶级思想，这就是我当前应该完成了首要工作。

我本来是一个最落后的人，背着资产阶级思想的臭包袱不放。并且还极端的自以为是，在三反运动及这次思想改造运动中，经过自己的思想斗争，和同学同志们的热心帮助，使我猛醒过来，发现了自己过去的错误和危害，初步站稳了工人阶级立场，我的人生有了一个新的开始，我衷心感谢党和毛主席，但是只有开始是不够的，我今后必须时时刻刻想到党和毛主席，在这次伟大运动中对我的教育，我要更彻底的肃清一切非无产阶级思想，更坚决的站稳工人阶级立场，一举一动、一言一行都要想到人民的利益，阶级的利益，并且要用批评与自我批评的武器，巩固我的收获。

我虽然已经过了关，但是还有许多同志尚未过关，延迟一天，对人民是一个损失，有一个人不能过关也是人民的一个损失，我有责任帮助未过关的同志早日过关，我的理论水平是很差的，所以只能拿出自己在这次运动中的亲身体会，现身说法去帮助同志，我相信只要端正了态度，转变了立场，把自己的感情溶化到人民大众的感情中去，就能够过关。只要自己有了决心和信心，思想斗争可以很快得到胜利，也就可以很快的回到工人阶级队伍里来。我在这次运动中认识了自己力量的渺小，群众的伟大，就是汇总无数的渺小的力量而成的，所以我愿拿出我全部的，虽然是极渺小的力量，在党的领导下，让无数的小水滴，汇合成杨[扬]子江般的洪流，作为我对党的生日的献礼。

保证很好完成小队搓澡计划

电信系第一互助组第一小队

为了迎接党的生日，我们小队召开了一次小队会议讨论怎样来迎接“七一”。首先订出了检查工作制度，决定每周检查一次，检查的内容是：（一）结合本队搓澡计划，检查执行情况。（二）各人结合具体工作分别检查（如访问资料、家属等）。（三）展开批评与自我批评，交流工作经验。接着都纷纷发言，表示态度，作访问工作的唐肇庶同学说：“我工作忙一些，但我一定挤出时间学习文件,批判非无产阶级思想,在工作中开动脑筋,少犯错误,打有把握的仗”。邹宝麟同学说:“我要尽量抓紧时间和教师联系,为搓澡工作创造条件。”搞资料的刘棣华说:“我以前认为摘资料不恰当,但现在我认识到这也是革命工作一部分,我要做好资料工作,保证执行汇报制度,即时汇报,不拖延时间。”一致都认为首先在思想上武装起来。加紧文件的学习,并在很好的完成小队搓澡计划的实际行动来迎接党的生日,最后,我们希望全院搓澡队一致行动起来,以实际的工作成绩作为给党的生日的献礼。

第四十八期　第三版

保证洗干净自己搓干净别人来,迎接党的生日

经济系讲师　李士珍

我院反资产阶级思想运动开展以来,到今天运动已经到了继续深入迎接高潮的阶段,由于党的正确领导,党的政策教育了每一个人,因此,无可否认的,我们的运动是有了一定的成绩,但是资产阶级的思想是很顽强的,和思想战线上的敌人斗争,是一时一刻也不能松懈的,战争越进行到最后越艰巨,目前虽然有一部分人过了关,但不等于运动已经彻底胜利,顽强的思想敌人是不会自己倒下去的。为了取得更大的胜利,就必须付出更多的代价,叶同志说过:“对于已经过‘关’的人,过‘关’以后的任务并不比过‘关’以前为小,每一个同志不仅要自己过‘关’,而且要帮助别人过‘关’,”他又说:“初步站上了工人阶级立场的人,更重要的还要在实际斗争中提高自己,考验自己。”这些话是非常重要的。

感谢党和毛主席拯救了我,使我从极端的个人主义丑恶的名利思想的圈子里跳了出来。这次运动中,在党的教育和群众的帮助下,我清算了我的错误,批判了我的资产阶级腐朽的名利思想,初步建立了工人阶级思想,但是,这只是开始,这只是万里长征的第一步,今天在伟大的党的面前,我一方面深深的忏悔,为过去的罪恶而羞惭万分;另一方面,我更为我获得了改造,获得了重新做人的机会而欢呼。我向党宣誓:我要戴罪立功,我要继续深入地清算我的非无产阶级思想,向我的思想敌人作毫不留情地、坚决的斗争!在当前的任务就是如何帮助别的同志做好检讨,让他们能早日过“关”,我要继续地用“批评与自我批评”的武器来检查自己,帮助别人,刘少奇同志在“论党员思想意识

的修养”中曾经说过:“共产主义是一件无数千万人长期集体创作的事业,任何个人也不能包办。”在伟大的建设工程中,尽管是搬一块砖运一块瓦也需要那些全心全意为人民服务的人来承担。人民教师的工作,是共产主义事业的一部分,在迎接党的生日即将到来的今天,我深切体会到人民教师这光荣的称号和责任的重大,我要保证洗干净自己,搓干净别人,为争取反资产阶级思想运动早日胜利而斗争,以实际行动迎接党的生日。

启　事

为了党的生日,希望全院师生、员工、家属等踊跃投稿,稿投第一〇九教室宣传部

为了党的事业我愿献出自己的一切

在这反资产阶级思想运动中,我忘记了日历,当同学告诉我“七一”就要来临了,“呀!这伟大的日子!”我心里立刻涌起一种特别亲切和兴奋的感情,这种感情是我从前所没有的。

党的诞生就标志着祖国命运的转变,三十一年来党的活动是与全中国人民的利益休戚相关的,无数党的优秀儿女,抛头颅洒热血就是为了中国人民的自由和幸福,为了人类美好的将来,党和每一个人民都有着血肉相连的关系,从前我的头脑被资产阶级思想统治着,时刻盘算着个人的事情,看不见“我”以外的事物,以致党在我面前开辟了光明顺利的道路,而我却停滞不前,不在党的事业中献出自己的一份力量,直到这次思想改造运动中我才觉悟过来。

党的诞生就是为了人类解放的利益,党永远关心着每一个人民,在这次运动当中,党发动群众,组织群众来帮助改造我们的思想,这正像负责的大夫对待病人一样,我开始对党有了亲热的感情,在这次运动中党把我从个人主义的枷锁中解放出来,使我脱离了资产阶级思想的压迫,从此我不再愁眉苦脸,我生活的愉快,我了解了生命的意义,这是党给我的新生命,党是我的再生父母啊!

这新生命是党给我的,我要这还给党!献出我的一切,为党的事业而奋斗。

党的事业就是实现共产主义社会,这是一个伟大而崇高的理想,这个理想需要我们切实的工作来实现,譬如说,知识分子的思想改造就是共产主义事实

的一段工程,培养新中国的建设干部就是共产主义事业的一部分,思想改造和教学不仅是你的事情或我的事情,而是我们大家的事情,是革命事业的一个构成部分,我落后或另有一位同志落后,不仅是个人的损失,而是我们大家的损失,是人民的损失,认清工作的意义,并把它作好,大家脚踏实地,一步一步向前进,才能到达共产主义社会,实现党的理想。

纪念党诞生三十一周年,我严肃地下定决心,彻底批判资产阶级思想,坚决树立工人阶级思想,争取作一个光荣的共产党员,把自己溶化于党,为党的事业献出自己的一切,甚至生命。

经济系助教　萧英达

我要作一个人民的好教师来报答党

语文组讲师成部分　王维庭

我出生四十多年,过去一直过的是剥削犯罪的生活,依附的是反动的统治阶级,头发半白,印满了旧社会的创伤,多少年来不知走了多少的错路,几乎走向死路,和我同样的千千万万的人,从死路走向活路,是我所梦想不到的,而且是历史上从来没有过的光明幸福的时代,这是因为有了毛主席和共产党,特别感到亲切的是,我们这些犯过罪的人,也都得到宽恕和挽救,感谢党所领导的思想改造运动,使我们这些罪人的思想得到了改造和解放,使我们从思想上与敌人划分得清清楚楚,使我们鄙夷和抛弃了资产阶级的思想,初步的树立了工人阶级思想,我们不再是罪人,不再是客人,我们也成了新社会的主人——是在思想上真正解放了的人,是在新社会里真正站立起来的人,而且是准备着教育出千千万万共产主义的战士,为创造更美好的明天,为创造共产主义社会而培养干部的人民教师,在伟大的党的生日即将到来的今天,我保证要作好三件大事:

一、我在旧社会带来的满身污泥,洗不干净害了自己,也危害了同学,影响了祖国的建设,在思想改造运动的高潮中我要争取洗得干干净净。

二、我要关心和我同样要求改造的伙伴,帮助旁人搓澡,争取每一个伙伴都能洗干净上岸,都能树立起工人阶级的思想,都能和党的领导在思想上联[连]成一片,都能成为一个名副其实的人民教师。

三、我保证要作好组织上交给我的一切工作,尤其是当前干部实习班工作,我在工作中决不考虑个人的一切,只考虑如何完成任务,我在工作中不怕遇到任何困难,我要依靠党与行政的领导,依靠群众,克服一切困难,我在工作中决不自满，我要不断从实践中检查自己，锻炼自己，彻底肃清资产阶级思想，巩固工人阶级思想。

在党的教育和群众的启发帮助下，我有信心这样做，我也有信心能做好这些，我提出我的保证，作为对于党的三十一周年生日的献礼。

第四十八期　第四版

四 项 保 证

运商系教员搓澡队

我系教员搓澡队为迎接党的生日，保证做好下列事项，作为对我们伟大党的生日的献礼。

1. 全身心地参加反资产阶级思想运动，帮助其他同志洗澡过关，争取完成计划任务，在运动中继续提高自己。

2. 搓澡前做好准备工作，搓澡时对人态度诚恳，耐心热情，对资产阶级思想坚决斗争，搓澡后及时小结汇报。

3. 开会不缺席、不迟到、不早退，认真研究问题，贯彻执行决议。

4. 团结友爱，展开批评与自我批评，改进工作，提高效率。

提高工作效率迎接党的生日

共同学科宣传组

在反资产阶级思想运动步入高潮的前夕，我们伟大的党的生日又即将来到了，面临着这庄严而光荣的节日，我们感到无限的兴奋与愉快，为了表示对党的尊敬与热爱，我们保证要以实际行动来迎接“七一”，作为我们对党的献礼。

一、我们全组工作同志以坚强的意志与信心向宣传部出版组提出庄严的应战。

二、编辑人员保证加强工作计划性，提高工作效率，以认真负责的态度严肃处理稿件，不犯错误，提高质量。

三、抄写做到不拉字、不错字、不涂改、不潦草，做到整齐清楚。

四、编排、粘贴及装饰做到整齐、美观、大方。

同志们,让我们在党的领导下更紧密的团结起来,共同努力,为反资产阶级思想运动的高潮打好基础,为取得反资产阶级思想的彻底胜利而奋斗。

拿出我的一切献给党

建三　胡绍昌

在伟大的党的生日即将到来的今天,我痛恨自己在革命队伍中严重的计较着个人的得失,譬如,在工作中常考虑到自己的身体,把革命事业放在第二位。想想革命的烈士们,可以为了幸福的今天,美满的将来贡献出自己的生命,而我呢?却是那样的自私,我感到羞耻。在最近的工作中,又不能站到工人阶级立场上来参加运动,因此随时出现着小资产阶级的情绪,工作顺利时高兴喜欢,遇到困难时,缺乏信心,这样大大的影响了运动的进展。

青年团是党的助手与后备军,过去我是认识不足的,在这次反资产阶级思想运动中,我认识了党的伟大与英明,我决心抛弃自私自利的个人主义包袱,积极投入运动,做好党所交给我的任务,以实际行动争取作一个光荣的共产党员,我要下决心拿我的一切甚至于生命贡献给党,作为献给党的礼物。

我要很好的接受党的教育来迎接党的生日

建筑系助教　沈承福

就在不久以前我还是一个自私自利的个人主义者,名利思想、单纯技术观点冲昏了我的头脑,为了达到往上爬的目的,在抗日战争胜利后,在上海恬不知耻的依附了国民党反动派,并且取得了国民党的临时党证,彻头彻尾的做了绞杀祖国人民的国民党反动派的帮凶,这是永远也不能罪状。更可耻的是在解放以后,当全国人民在党的领导下,——在千百万革命战士用鲜血和头颅铺平了的走向胜利解放的道路上让我自由幸福的生活,在毛泽东阳光下的时候,我还不知悔悟,还在抱着个人的自私自利的利益,学习为了自己,工作为了名利。党整整的关怀和教育了我们三年,但我仍然顽固不化的甘愿自陷于灰色的个人主义深渊而不知自拔,我真像奥斯特洛夫斯基所痛斥的那些自私而无耻的人,我彻头彻尾的是一个背叛了养活我又给我知识的劳动人民的罪人!

感谢党和毛主席,思想改造运动挽救了我,使我挣脱了统治着我的资产阶级思想的桎梏,我不只是获得了宽恕,而且还获得了重生,感谢党和毛主席明确地指给了我走向新生和幸福的道路,我第一次知道了我应该为着什么而生,又为着什么而死。我们的党是为着劳动人民的解放事业,为着创造全人类的美好的共产主义社会而矢志奋斗的党，我发誓要为党的事业贡献出我的一切乃至我的生命！

同志们，我永远也不会满足于我的思想改造中的一点点小的收获，我纵然已经决心要背叛我的原来阶级，但旧的小资产阶级的腐朽思想的影响，是不会很快被肃清的，我一定要更好的投入运动，我不只是关心我自己的改造，而且要更好的关心其他的同志们的改造，今天领导上把我调到宣传部工作，虽然我的能力不够，但我相信只要坚决的依靠党，很好的向同志们、向群众学习，是可以贡献我的一份力量的，我不只是要贯彻我们编辑组为了迎接党的生日所提出的口号，“提高稿件质量，一字一句对人民负责，”我还要利用一切可以利用的时间，学习文件，联系实际，提高自己的政治觉悟水平，以提高稿件的思想性，完成党交给我们的任务，我一定要很好的坚持我的工作，直到全院反资产阶级运动彻底胜利，我知道这不只是一个工作，一个任务，而是党给我的具体的教育，我一定要很好的接受这一教育，来迎接党的生日——伟大的“七一”。

献给党的生日

运商系助教　陆傅砚

伟大的毛主席领导着中国共产党，解放了全中国，使我们过着自由、快乐的生活，走向光明灿烂幸福的前途——美满的共产主义社会。

每个劳动人民以愉快的心情，跳跃着、歌舞着，来庆祝我们党的生日。可是我们今天美丽的果实，不是很平凡地随手摘来的。优秀的党员，祖国人民最优秀的好儿女，他们曾和反动派作了艰苦的斗争，为了追求真理，烈士们的鲜血和头颅换取了今天的胜利。

我们生活在染满烈士鲜血的土地上，生长在运动人民的血汗里，但是万恶的资产阶级思想，出卖了我自己的良心，我忘记了烈士、忘记了劳动人民、忘记了自己的祖国，可耻地过着为了一个人而活着的生活。

感谢党把我从泥坑中救出来，使我认识了我自己过去的丑恶面目。从此，我初步认识也是我永远这样去认识，党是代表劳动人民集体利益的，是代表真理的。

我要回到劳动人民革命的队伍中来，我要用实际的行动来表示我的归队。我决心贡献出我一切的力量，更积极地投身到目前的思想改造运动中来，争取每位教师早日过关，使我们的运动早日光荣地完成。同时要在斗争的实践中，巩固我的工作阶级思想。

我们伟大的祖国万岁！

一九五二年六月二十九日

第四十九期（今日共六版）

彻底批判资产阶级思想！坚决树立工人阶级思想！

迎接党的三十一周年纪念日
全院宣传工作同志热情高扬
提高工作效率为争取更大胜利而斗争

伟大的中国共产党的三十一周年的诞辰就要到来了。为了表达我们对党的热爱，为了争取反资产阶级思想运动的高潮的早日到来，全院宣传部门的同志们都纷纷以提高工作效率，发挥潜在力量的实际行动作为对党的诞辰的献礼。首先由宣传部出版组提出“一周无事故”的口号，接着各组纷纷订出具体保证，整个宣传部门掀起了高潮。

“提高稿件质量，一字一句对人民负责”

这是宣传部门一切编辑工作同志为了迎接“七一”而提出的战斗口号。为了使这个口号变成事实，大家都热情地改进了工作方法，提高了工作效率。电信系宣传组的编辑同志以前是每天有人值班，但一个人工作通宵后，往往头昏脑胀[涨]，容易发生错误，他们便创造了“双人值班制”，一个编辑同志值班到清晨五时，把所有抄好的大字报审核一遍，然后再由第二个清晨来接班的编辑同志加以复核，那样就不容易发生错误了。经济系宣传组的编辑同志在二十九日就把“七一”特刊的全部稿件订了计划，并保证把原稿核对三遍，不出一点错。运商系宣传组的编辑同志实行了三审三核及编（辑）、采（访）、通（联）合一的制度，以保证稿件百分之百的真实性，并把“七一”那天的稿件全部腾清，以免抄写的同志看不清楚。

“三不”和“五不”

抄写大字报的工作也许有人认为是枯燥无味的事务性工作，但事实上，这个工作的好坏却直接影响着宣传的效果，我们的抄写工作同志充分认识了这一点，并且在“七一”前夕更加努力地改进了工作方法，提高了工作效率。建筑系宣传组的抄写又整齐，又美观，并提出了“不错、不漏、不涂改”的口号。电信系的出版组组长在每天抄写前先给每个抄写同志一张“标准字体”，那样可以使版面整齐统一，他们更提出了“不错字、不涂改、不拉字、不弄脏、不掉标点。”的“五不”的口号。俄材小组宣传组的抄写同志更提出了“不转弯”的口号，意思是尽量不使一篇文章分在上下两栏的左右两端，以免读者两头跑。

“庄严”、“美观”、“大方”

怎样使大字报显得更美丽悦目，这是宣传部门美术工作同志经常关心着的问题，这次为了迎接伟大的“七一”，他们更想尽心机把刊头和版面搞得更“庄严”、“美观”、“大方”些。电信系宣传组的美术小组先前没有开动脑筋，只换换刊头上的期数，现在想法做了一个漂亮的模型，每期改换颜色，既美观又省钱。共同学科宣传组特地为“七一特刊”成立了一个“三人装饰小组”，研究怎样设计出与“七一”精神相符的刊头和版面，参加编辑工作的燕鸣轩讲师还自己花钱买些颜料纸张，要把版面装饰得更美丽些。建筑系宣传组的漫画小组创造了“流水作业法”，描草图，勾线条，涂颜色，顺序进行，提高了工作效率。

紧张的筹备工作

节委会办公室为了纪念党的生日，决定举办“纪念‘七一’三十一周年图片展览会”，由于时间的紧迫，领导上认为可以到“七二”开幕，但是当宣传部资料研究室接到这一任务后，工作同志们异常兴奋，一致表示要把对党的热爱贯彻到这个展览会的筹备工作中去，因此他们都以战斗的姿态来迎接这一任务，组织了二十七位同学参加了工作，为了使图片内容丰富，虽然今天是星期天，他们还是抱着万一的希望到中苏友协电影公司总工会，新华书店，铁道部等二十六个单位接洽交涉，争取多借一些图片，做美术工作的同志为了绘画烈士像，参考了很多报章杂志，怀着对烈士们无限崇敬的心情，来绘画复制，保证尽力画好，对得起烈士，明天他们将更加一把劲争取时间使这个展览会能在“七一”节开幕。

“演得好，跳得好，唱得好，朗诵得好”

在纪念“七一”的晚会上，文娱组将演出影子戏“可爱的中国”及舞蹈“中国各民族大团结”等节目，参加演出“可爱的中国”的每一位同学，由于认识了这一工作的重要意义，因此都以无比的热情来参加排演，他们大都是参加搓澡或宣传工作的，但是他们都不辞辛劳，利用晚上时间来积极练习，并及时总结，经常到深夜才休息，每一个同学都表示要在排练中得到教育和提高，纷纷提出了保证：如音乐组的陈秀兰等同学为了把谱子拉得更熟，经常用休息时间加紧练习，演员刘重益以前没有演过戏，但这次由于他日夜练习，保证了上演不出错误，由于他们这样地热情排练，昨天试演时成绩很好。舞蹈“中国各民族大团结”是二十七日才决定演出的，经过他们彻夜编排和整日的练习，成绩也良好，其他如歌咏组、诗歌朗诵组等也以无比热情积极练习，歌咏组的同学要把对党的崇敬与热爱唱出来，诗歌朗诵组的李惠韫同学要把原稿背熟，增加宣传效果，现在他们将抓紧演出前的每一分钟练习得更好。

“为党工作我们永远不觉得累”

是什么力量使同志们这样忘我地工作呢？听听同志们的话吧。建筑系宣传组编辑童鹤龄助教患有肺病，但每天仍工作至深夜，同志们劝他休息，他说：“没有什么，我在为党工作。”阎万鹏同学虽患牙痛，仍坚持工作，他说：“想到祖国共产主义的前途，我忘了病痛”，节委会宣传部汇报组成有三位同志患肺病，也仍整天坚持着工作，他们说：“为党工作我们永远不觉得累”，宣传部出版组油印小组全体同志提出：“不管白天黑夜，我们保证不出废品”，吕寿龄同学说：“‘七一’是我们表示决心的时候，我们不但要出好‘七一特刊’，还要把我们的决心贯彻到今后的一切工作中去。”

在反资产阶级思想运动中，全院的宣传工作起了巨大的组织鼓动作用，这是和党的领导和全体工作同志的努力分不开的。让我们更加努力，进一步提高工作效率，为争取更大的胜利而斗争！

第四十九期　第二版

用实际行动迎接党的生日！

提高工作效率发挥助手作用

运商系秘书组

为了迎接党的生日和反资产阶级思想运动高潮的即将到来，我们抱着无限紧张和愉快的心情，以战斗的姿态来搞好工作，发挥秘书组在运动中应起的助手作用，我们全体组员提出如下保证：

(1) 做好保密和防护工作，保证不出事故。

(2) 遵守工作时间和工作制度，按时上班。

(3) 展开批评与自我批评，实行联合劳动，提高工作效率。

(4) 业务方面：认真执行“三勤”制，勤走、勤做、勤想。

(5) 记录方面：

(一) 保证在后一人检讨以前,整理好前一人的检讨和群众意见。

(二) 保证记录和整理字迹清楚,严格执行校对工作。

(6) 日报方面:保证日报内容梳要具体,及时交到办公室。

(7) 资料方面:保证不乱、不丢,每天晚上整理一次。

做好宣传工作

运商系出版编辑组

我们党的生日——"七一"——即将来到了,面临着这样一个庄严的节日,我们都有说不出的欢欣和振奋!我们每个同志,心里都在盘算着如何把我们以党的爱戴贯彻到反资产阶级思想运动的具体行动中去,即使是一点一滴,但这里面也贯串着我们对党的生日的最亲切的献礼。

在小组会上,我们热烈地交换着意见,编辑组张伯铭同学说:"教师们做检讨,首先是端正态度;如果我们要保证做好工作,也同样须检查思想,端正态度。"在检查思想端正态度的基础上,[redacted]。

出版组同学保证:"我们出版组每一个人都愿把自己的工作做得更好更彻底,以实际行动迎接党的生日,我们坚决向各系出版组应战,我们保证:不写错字、不漏字、不涂改、不潦草、不写怪字;并要做到版面庄严美观,标点清楚,标题显明。"

编辑同学保证:"首先,我们要以对革命工作高度的负责精神,坚持审稿制度,不犯错误,原稿保持整洁,便利抄写,加强校对工作,轮流值班。"

我们有信心有决心实践这些诺言,我们将以战斗姿态进一步提高工作效率,为迎接反资产阶级思想运动高潮的到来而斗争。

改进工作方法提高工作效率

搓澡队大队部

正当我们兴奋的迎接我校思想运动高潮来临的时候,我们党的生日——"七一"来到了,我们以无比兴奋的心情迎接党的三十一周年,同时更要以我们实际行动来迎接这伟大的日子,我们搓澡队队部全体同志,以严肃的对革命负责对党负责的态度,检讨了我们的工作,针对我们工作中的优缺点,我们改进了工作方法,并提出了四项保证,作为我们对党生日的献礼,我们过去工作上犯粗枝大叶的错误,脱离群众,没有定期检查工作,同时学习也松懈,没很好的武装思想，工作效率很低，我们分析讨论之后，提出下列保证：

(1) 多开动脑筋分析研究问题，加强联系。

(2) 汇报和黑板报保证不错字，不漏字，情况真实而且具体。

(3) 每日必看三反快报、大字报，加强时事学习。

(4) 用心听广播，工作时思想不开小差。

我们要为革命做点滴工作，充分发挥每个人的力量。今后，我们将以严肃的战斗的姿态出现在工作岗位上，以做好四项保证，迎接我们党的三十一周年生日的到来。[redacted]。

我们的保证

俄材宣传组工作同志

我们为了迎接党的生日，全体工作同志保证做到下列几点：

(一) 在检查与总结工作中改进工作，保证仔细审阅稿件内容不犯错误。

(二) 抄写大字报时，保证不掉字、不错字、不涂改，尽量不写简笔字。

(三) 保证编排整齐，报头美观。

(四) 搞好"七一"特刊，迎接党的生日。

杜度教授搓澡队的保证

杜度教授搓澡队

我们以无比兴奋的心情来迎接伟大的"七一"，并提出下列保证，作为党的生日的献礼。

(一) 充分研究分析，不打无准备的仗。

(二) 经常检查工作，及时改正缺点。

(三) 工作踏实，不急躁，不自满。

(四) 加强理论学习，武装自己。

(五) 随时与他组交流经验，提高工作效率。

庆祝"七一"晚会上，文娱组有精彩节目演出

伟大的中国共产党的生日已经来到，我们感到无限兴奋和愉快。为了庆祝这一辉煌日子的来临，文娱组在六月三十日晚主办了庆祝"七一"晚会，保证晚会节目精彩，使同志们欢欣鼓舞，精神愉快地度过"七一"。在晚会上有诗歌朗诵、(祖国的早晨及用实际行动来庆祝七一)中华民族大团结舞、影子戏、可

爱的中国、电影：中国人民的胜利。

让我们尽情的欢乐，生活在毛泽东时代的我们是多么幸福啊！但是我们不要忘记为我们而流血牺牲的先烈们，我们要踏着先烈的血迹前进，在伟大的光荣的正确的中国共产党领导下为实现祖国的明天——共产主义社会而斗争。目前我们要用实际行动争取反资产阶级思想运动的早日胜利，迎接祖国的十年建设来纪念党的生日。

第四十九期　第三版

用实际行动迎接党的生日！

我要争取做一个光荣的青年团员

电信系助教　梁晋才

在党三十一周年的时候，又是我校反资产阶级思想运动高潮到来的时候，让我兴奋真诚的来纪念吧！让我从心底里，真挚地喊出："共产党万岁！"、"毛主席万岁！"生活在今天人民的时代里，我感到了无限的愉快和幸福。生活在今天人民的时代里，我才恢复了青春的生命。

以往的"七一"我没有像今年这样兴奋过，也没有像这样的亲切过。

回忆一下过去，解放前，我被往上爬思想鼓励着好好念书，把自己钻到书本里，迷住了眼睛，生活像一滩[潭]死水，寂静得非常可怕，每天除了念书，逛马路，看电影之外，生活没有更丰富、更高尚的意义。我周围的同学我不愿去接近，我愿意一个人静静的在想我自己的问题。虽然我会感到前途的空虚和渺茫，但是我不想如何去获得新生的力量。我不愿意去找什么工作做，但是却不得不抓紧时间念书，因为怕读不好书使家里人失望。家庭的感情笼罩了我的一切，也只有家庭才给我以温暖，也只有家庭才给我以生命的鼓励。有时我会因为考得不好怕对不起家庭而苦恼。我就这样生活在一个小圈子里，没有一点一滴的愉快和高兴。

解放了，我也曾为解放而欢欣鼓舞着，但是我被迷住的眼睛并没有睁开，我看到的仍然仅仅是我周围的一切，仍然把自己限制在那狭窄的生活圈里，我不曾想过也不愿意冲出这个圈子一步。

祖国一切的新事物：物价稳定，社会安宁，建设事业飞跃发展，过去的废墟变成了今日的高楼，这一切一切蓬勃新生的气象，并没有鼓舞了我。活在这样的社会里也没有感到它的幸福。我每天仍然为自己的得失而苦恼着。我想到了自己的前途，会感到暗淡与渺茫。

经过这次伟大的反资产阶级思想运动，我开始看到了祖国的一切和人民的一切。我开始认识了过去那种自私、忧虑、卑俗的生活。开始认识了过去的我已变得非常苍老了。过去闷得透不过气来，今天才呼吸到新鲜的空气。过去苍老的我今天才恢复了青春的朝气，才找到了快乐的泉源。我痛恶过去黑暗，庸俗的生活，我现在要追求更崇高更美好的生活。我现在不再感到一个人的孤独，我尝到了革命大家许的温暖。我心中充满了快乐和活力，没有什么事情可以使我烦恼，我的工作有了无比的力量和勇气，祖国十年建设后的美景，一幕一幕的出现在我的眼前。报纸上每条生产的报导，工人同志发挥创造的力量都给我以无限的鼓励，苏联专家到中国来帮助我们建设，使我感到了他们真挚的友谊。

因为有了毛主席，有了共产党，我才获得了真正的青春和美丽的生命。值此共产党诞生三十一周年之际，我衷心感谢共产党拯救了我，使我由黑暗走向了光明，我要保证我一定要在我的工作岗位上，作好我的工作，我要贡献出我一切的力量为祖国建设事业而奋斗，来回答党对我的教育。

今天在我校反资产阶级思想运动高潮到来的时候，我要拿出我所有的力量，投身到这个运动里，争取运动早日胜利。

今天，我宣誓我以为后要争取做一个光荣的青年团员。

今天让我再一次高呼，

共产党万岁！

敬爱的人民领袖毛主席万岁！

今天，我再祝贺我校反资产阶级思想运动胜利万岁！

终身跟共产党走

运输系教授　沈奏建

我应该怎样来迎接党的伟大的生日呢？我想党和人民政府对我们旧知识分子的政策是“团结改造”，我是一个旧知识分子，我若要对得起党，对得起政府，[redacted]事务，我虽然为了母亲的丧事，在运动中掉了队，但是我相信我有要求改造的决心。从今天起我一定加倍努力，继续挖掘思想，请搓澡队的同学们来帮助我，以期迎头赶上，补足我三星期当中一段损失。同时我又想到运动已搞了一个多月，同学们日[夜]以继夜[日]孜孜不倦地帮助教师们分析思想，批判错误，我身为教师那<哪>里还可以拖拖拉拉，使同学们多费精力和时间呢？所以在党的生日的前夕，我下定决心要把第二次的检讨做好，争取一次过关。这不是说我将以过关为目的而检讨，而是说我要真正为改造自己把检讨搞好。我以争取过关来迎接党的生日，我自以为有相当意义的。一则可以节约同学们同志们宝贵的光阴，二则对于改造自己也有极大的帮助，我想今天只有这样做，才能对得起党，才能配合党对我们知识分子的基本政策。

过去我对党有许多错误看法，我第一次检讨中已自动暴露出来，加以批判。今天看来这些严重的错误思想都是极不应该的，我现在痛恨我过去的不可宽恕的错误，我已肯定地认识到党的伟大，党的大公无私，今后我决心靠拢党，终生跟共产党走！

我感到了党的亲切

电信系教授　黄宏嘉

党的三十一岁生日来到了，面临着这反资产阶级思想运动进入高潮的前夕！

记得在去年"七一"那天，我对党的生日是多么不关心的，我觉得那是共产党员的节日，而我是非党人，但今年呢？还只经过了一年，变化是多大啊！我虽然还是非党人，但已经感到了党的亲切！我压制不住心里要说的话：让我们一道来庆祝这庄严而光荣的节日吧！我过去是那样自私、懦弱——始终在小圈子里生活。纯技术观点，功名思想冲昏了我的头脑，使我看不见真理。在烈士们铺平的道路上，我仍旧背着资产阶级思想的臭包袱。思想改造运动挽救了我，使我丢下了包袱，开始认识到真理。今天我在思想上也翻了身，我要跟每一个翻身的劳动人民一样，从心里说出：感谢共产党，感谢毛主席！

我认识到人生最伟大的理想就是在全人类解放事业中贡献出自己一切的力量。

我要以实际行动来迎接"七一"，我要继续检查我的非无产阶级思想，关心别的同志们的改造和进步，争取反资产阶级思想运动早日获得彻底胜利。

第四十九期　第四版

迎接伟大的“七一”

朱代杰教授家属　李冠群

我是一个地主家庭出身的妇女,在旧社会里,受反动派的蒙蔽,一直看不见光明,日常生活,只顾自己的家庭和孩子,不过问政治,住在象牙塔里,和社会不发生关系,也不了解我所消耗的都是劳动人民血汗。过着剥削的生活,而不自觉,直到解放了,新社会的事物才慢慢的转变了我的思想,所以我参加了妇联工作,经过镇压反革命运动,才认识了反动派的罪恶,经过抗美援朝才知道中国人民志愿军的伟大的国际主义精神。这些都使得我看见了光明,这个光明是中国共产党和毛主席带来的,在解放三年后的今天,在思想改造运动的高潮中来迎接伟大的“七一”,中国共产党三十一周年的生日,就觉得更有意义,我必须坚定立场来改造自己,并帮助我的爱人彻底批判资产阶级的腐朽思想,好好的从[重]新做人,成为一个名符[副]其实的人民教师,来答话人民给我们的宽大和恩惠,在这里我高呼:

中国共产党万岁! 毛主席万岁!

提高工作效率迎接党的生日

传达室全体同志

在伟大的亲爱的共产党和毛主席领导下解放了中国,使我们过关自由的生活,走上光明大道。共产党是我们工人阶级自己的党,她为广大人民谋幸福,创造新社会。我们以愉快的心情高唱着歌声来庆祝党的生日,并提出以下保证:

一、在思想改造运动中彻底洗澡。

二、在工作上提高效率,保证不犯错误。

三、保证所存车辆不损坏。

四、来访教职工、同学、来宾细心询问,时时刻刻提高警惕,不准坏人进校。

把一切贡献给党支部

收发室　全体同志

今年“七一”是伟大的中国共产党——我们自己的党——三十一周年纪念

日,解放后,全国人民翻了身,使我们过着自由快乐的生活,走向光明幸福的明天,想想这是谁给我们带来的?我们别忘了革命的烈士们。我们提出以下保证,给党献礼。

一、积极参加这次伟大的思想改造运动,彻底批判资产阶级思想,来洗个澡,把旧的思想包袱一定抛掉。

二、在工作上把收发的公文和学生信件,每日争取到邮局给同学取信,随来随送,不迟误,不犯错,以身作则,提高改进工作效率。

三、今后保证做到:以党实事求是的态度对待工作,愿把一切献给党。

加强警惕保卫学校安全

伟大的中国共产党的生日"七一"就要到了,我们校卫队全体同志以无比的欢喜,来迎接党的生日,我们深深的体会到,所以中国人民能够摆脱旧社会的苦难,过着今天幸福的生活,是跟党和毛主席分不开的,我们更清楚的认识到"没有共产党就没有新中国"。

我们校卫队全体同志,在反资产阶级思想运动中,绝大部分同志都积极的参加到这个运动中来了,初步和资产阶级思想划清了界限,学习了"可爱的中国"以后,我们就更加痛恨敌人,更加热爱我们的党和毛主席。

为了庆祝党的生日,我们提出下列保证,作为给党的献礼。

一、保证在"七一"节当中,加强警惕,保卫学校安全,使全校教职工同学和家属,愉快的渡过这个伟大的节日。

二、保证在"七一"节当中决不麻痹大意,出入校门时注意检查校徽,夜晚值勤多转圈子,特别注意黑暗的地方,没事时多在院内巡逻。

三、为了迎接党的生日,我们将更好的进行思想改造,来回答毛主席的号召。

以上几条我们保证做到,最后让我们高呼:

我们敬爱的领袖毛主席万岁!

伟大的中国共产党万岁!

(校卫队全体同志)

改造自己迎接"七一"

六十岁工友　张　顺

今年的"七一"是我们伟大共产党三十一岁了,我们要热烈庆祝伟大的"七一”，我们感觉在党的领导下，自搞“三反”“五反”以来，肃清了贪污分子，开始建设我们伟大祖国美丽的前途和幸福社会主义明天，全国人民在英明的毛主席和共产党领导下追求真理。我体会到目前在反资产阶级思想运动中，应积极参加，彻底改造思想，好好的洗个澡，来迎接党的生日。

做好保卫工作

节委会纠察队全体纠察队员

为了协助校卫队做好学校安全工作，保证反资产阶级思想运动的胜利进行，迎接党的生日，我们全体纠察队员以无比的热情提出下列庄严的保证，并经常的贯彻到工作中去。

一、随时提高警惕，做好一切保卫工作。

二、值勤中严肃、认真，负责并做好交接工作。

三、工作中以身作则，随时做好防护宣传工作。

献给党的礼物

办公楼小组　全体工友

伟大的“七一”到了，我们全国人民都在欢欣鼓舞的庆贺着，每个工厂，每个农村，每个角落里都在以增产节约的爱国行动来迎接我们伟大的中国共产党诞生三十一周年的纪念日，我们办公楼小组全组同志一致表示要以下列几项保证作为“七一”的献礼。

一、保证作好防火\防盗的安全工作。

二、保证作好办公室的清洁工作。

三、保证爱护公共财产，认真负责，不让家俱[具]及门窗损坏。

四、保证在这伟大的反资产阶级思想运动中，发挥互助友爱的精神，不叫一位同志掉队，携手共进，坚决把资产阶级思想彻底打垮，洗净身上的污泥，真正的树立工人阶级思想，为祖国的建设事业而奋斗到底。

迎接党的伟大生日

教务处职员　李一非

光芒高丈的中国共产党的生日又到了，我感觉无比的兴奋！我应该用怎样的行动来纪念党的生日呢？

我在教务处的半年工作中，因没有很快的掌握情况而感到处处生疏。职级未定，工作总是缩手缩脚。直到最近的思想改造运动，批判了自己存在的资产阶级丑恶思想，才渐以加强了主人翁的工作态度，争取发挥自己的积极性。在迎接伟大的党的生日的时候，我愿以下列的实际行动来表示我对党的热爱。

第一，我保证彻底挖除我思想中的资产阶级自私自利的腐朽病根，一切服从人民利益！

第二，我保证竭力发挥主人翁态度，争取在现岗位上主动的做好教务行政及琐碎工作。

第四十九期　第五版

用实际行动迎接党的生日

搞好伙食加强保卫工作迎接党的生日

本报记者　朱亚农

为了迎接伟大中国共产党的三十一诞辰，本院炊事员同志都以无比的热情来迎接他，庆贺他，都表示要以实际行动来作为给党的献礼，在廿九日晚上，他们召集一个座谈会，商量如何迎接“七一”，会上大家一致觉得中国共产党的斗争胜利不是容易得来的，夏俊峰同志说：“中国共产党的三十一年到来不是简单的，而是无数烈士与英雄流血斗争换来的，我们要搞好卫生工作，防护工作，来迎接伟大的‘七一’党的生日。”小饭厅蔡清利同志说：“今天我们要把膳食搞好，把环境卫生搞好，用实际行动报答毛主席”。大家都觉得我们应当向别组，别的单位挑战，刘振邦同志说：“我们工人阶级当家作作[做]了主人，为了庆贺党的生日，我们应当写稿子表示我们的态度”。大家一致举手赞成，并且为这个保证鼓掌，陈家俊同志说：“我们要研究酸菜，把馒头蒸好不酸，不碱大，饭要不软不硬，使同学吃了身体健康，更好的为人民服务。”王风永同志说：“我们要争取饭内没砂子，饭不要做生，也不要做糊。”

最后全体鼓掌做了六项保证，作为给党的生日献礼。

（一）坚决树立工人阶级思想，发挥工人阶级的积极性，创造性。

（二）保证搞好伙食，增进同学身体健康，能更有劲的参加祖国的十年建设。

（三）准时开饭，把饭菜做好，馒头不酸不碱大。

（四）不浪费人民财产，节约水、电、煤。

(五) 开动脑筋,每人想一样菜,配的要好吃。

(六) 全体炊事员,作好防护工作,保证安全。

我们伟大的祖国万岁!

做党的好女儿

材专女同学向志愿军提出保证

正当我们党的生日“七一”的前夕,我们接到朝鲜前线最可爱的人给我们来信,和珍贵的礼物——“怎样做一个共产党员”的一本书,这是他最心爱的书,上面还写着“祝你们前进,争取做一个共产党员。”正当我们怀着紧张兴奋的心情准备着迎接党的生日的今天,收到这封信和这本书,我们是多么高兴呀!我们激动的踊跃,我们互相抱起来,抢着信,抢着书,我们念着念着,与最可爱的人融合在一起了,我们提出保证绝不辜负他们对我们的期望,做一个党的好女儿,要在目前的工作中献出一切的力量。绝不向困难低头,一定要站稳立场,向腐朽的资产阶级思想作坚决的斗争。

材专全体女同学:方以规、杨小霞、崔瑞莲、陈正民、黄淑芳、张守白、郑德玉、张步莲

附志愿军同志给材专女同学的信

亲爱的同学们:

你们的来信,我们已经在六月一日收到了,我们正在忙着学习,忽然接到你们的来信,莫使我们高兴极了,你们寄来的照片和信封也收到了。我们用革命热血的精神向你们全体同学致崇高的敬礼。

你们的来信,告诉了祖国各种建设的情形和伟大的“五一”国际劳动节,及“五四”青年节大游行的盛况,使我们仿佛看到了亲爱的祖国和敬爱的毛主席一样。

当“五四”青年节的那天,我们也代表青年们去参加祖国代表的报告,这个报告里,给我们带来祖国人民对我们无比的热爱,当代表说,北京的学生们和工人们把他抬在身上的时候,我们同志也好像觉得祖国人民抬自己一样,祖国的建设,一天一天繁荣了,人民的生活也一天一天的幸福。

我们生活得非常愉快,最近祖国来的信■勤,每星期可以看到两次。我们现在的中心任务也是建立工人阶级思想,和批判非工人阶级思想,树立起无产阶级的远大理想。看了电影“山地大战”“钢铁战士”等影片后真使我们感动。

目前美帝国主义正在使用细菌战,妄想来挽救他注定失败的命运,这是卑

鄙可耻,无人道主义和违反国际公法的。今天我们一定坚决有信心来打垮它,祖国人民热烈的支援我们,毛主席立即派飞机给我们送来防疫药品,还组织了细菌调查团来朝鲜,现在把反细菌战的成绩简单的告诉你们:

我们现在住的是自己建筑的营房,环境卫生每星期检查一次,组织了灭鼠,灭蚊蝇队,每个人都很重视,现在已得到了辉煌的成绩。亲爱的同志们!我们一定有力量战胜细菌战,你们在祖国好好安心学习,我们保证能战胜一切敌人,再告诉你们一个好消息,我们高射炮部队,在一天击落美国飞机二十七架,在四月份共击落美国飞机四百八十六架,还有其他方面的胜利是说不尽的。

最后希望你们更加努力学习各种技术,将来更好的为人民服务,更好的向着伟大幸福的社会主义和共产主义建设迈进,以后希望你们多多来信,互相交流胜利的消息。此致

革命敬礼

中国人民志愿军:李敏、崔丽荣、徐行和、李宗维

“七一”献礼

电一共同学科搓澡小组

值此伟大的“七一”,我们衷心地感到亲切与兴奋。为了表示我们对党的无限热爱与尊敬,我们要以实际的行动来迎接反资产阶级思想运动高潮的来临,坚决做到下列保证来作为对党的生日的献礼。

一、一切为工作出发,主动开动脑筋,发掘问题,在工作中以诚恳的态度,耐心热情地帮助教师,不急躁,不自满。

二、以百倍信心来完成工作计划,严格执行工作制度,分工负责,及时汇报、检查。

三、要打有准备的仗,充分的作好准备工作,分析情况,提高工作质量,遇到困难绝不低头。

四、保证学习文件,展开批评与自我批评,提高自己,改进工作。

第四十九期　第六版

我要对得起党和毛主席

我从来没有这样高兴过,只有在今天伟大的三反运动、反资产阶级思想斗

争取得辉煌战果的日子里，听到全国人民为我们祖国的壮大成长而欢欣鼓、幸福的欢笑的时候，我无时无刻不在想起了伟大的党和毛主席。

我以无比热爱、激动的心情说："衷心的感谢党和毛主席，"党和毛主席救了我，过去我是极端的个人主义自私自利，钻书本，只是为爸爸妈妈活着，看不到祖国，看不见人民。今天在党的教育下，在党领导的三反斗争中，使我认识了伟大祖国——可爱的母亲，使我明白了我是劳动人民养活大的，是劳动人民的女儿，划清了劳动与剥削，也才从思想上与父亲划清了界线，（资产阶级思想）我感到过去为几个人活着的可耻，是对不起党，对不起祖国人民的；今天我要作一个不自私的人，为人民而生，为人民而死，我的学习、工作、身体一切一切都为了祖国。

当我在日夜紧张工作与阶级敌人面对面的斗争时，在我参加反资产阶级思想斗争工作到两点、三点的时候，在我工作中遇到困难或个人主义包袱在作祟时，我就想起了党想起了毛主席，想起多少革命先烈们为了今天美好幸福的生活坚持斗争而流血牺牲，就坚定了我斗争的意志与工作的信心，不再考虑个人，这支力量永远鼓舞着我，领导看我向前，我一定要对得起党和毛主席，不让烈士们的血白流，我真正体会到党和毛主席是我一切力量的源泉。

今后我要加倍的努力工作，更认真负责，开动脑筋的去作，提高工作效率，那＜哪＞怕是工作到深夜两点、三点、整夜，我也是感到极愉快幸福的。我要更好的帮助父亲思想改造，（我父亲系本校商务系主任赵傅云），努力学习马列主义毛泽东思想，武装自己。为了革命，为了祖国人民，我要献出一切力量，在革命斗争中作一个坚固有用的小螺丝钉，无限忠诚于党的事业，永远跟着共产党走，以实际行动争取作一个光荣的共产党员。

（建筑系赵士绮）

争取做个青年团员

建一　黄祥汉

随着党的成长，祖国一天天更美好起来了，并加速地向着社会主义、共产主义的美好远景奔驰。

党这次带来的三反运动，使很多知识分子突然猛醒过来，从堕落走向光明，得到了新生，我衷心感谢党对我的教育，挽救了我。使我知道了我要为什么的[redacted]而生，[redacted]活着！

回忆起来，我是对不起党给我的教育和指示，对不起为了人类美好事业而流血牺牲的先烈们。很显明就在参干[加]运动的时候，党呼唤我去保卫祖国，而我不但没有响应号召，相反地讽刺身体差的同学，这完全是抗拒党对我进行的爱国主义教育。纯技术观点，使我不问政治，看不到祖国美好建设远景，为自己而学习，为自己而努力，个人主义一直使我抬不起头。无意义地在少数人的小圈子里糊里糊涂地生活着，不知道真正要为什么而生，为什么而死，为什么而努力奋斗到底。

在"三反"中，党使我看到了光明、辽阔、远大而美丽的前途，我从此不再是胸襟狭窄、鼠目寸光的人了，我看到了祖国的美好远景，看到了人民的幸福生活，看到了劳动人民的无限智慧，看到了人类最美好的事业，看到了世界上最优越的社会制度，我要衷心感谢劳动人民养活了我，党救了我。在党的生日即将到来的今天，我要用实际行动来纪念这伟大的日子：在三反运动中，保证搞好我的通讯工作，遵守工作制度。紧密、普遍而深入地联系群众，和同学讨论思想问题，掌握全面的思想情况，及时反映而不失其真实性。为党的事业做好点滴工作，努力搞好"三反"，彻底打垮思想上的敌人，我要坚决跟着党走，为了祖国、人民而贡献我的一切，争取做个党的优秀后备军——青年团员。使我的青春过得更美丽。

为了党的事业我要献出一切

建一　张　敉

我从来没有这样热情的工作过，这是党给了我力量，在运动中党不断给我们帮助教育，批评我们，鼓舞我们，党给了我们一切工作力量的源泉。当反资产阶级思想战线上捷报传来时，我内心就激起一股热潮，我们系内沈玉麟先生思想斗争的胜利更激动了我，我感到党的伟大英明，我为党的事业的胜利而欢呼。

在运动中，党改造挽救了造成个像沈玉麟先生那样的旧知识分子，也拯救了我，坚强了我，我想到我是一个严重的个人主义者，对革命是半心半意的，个人主义的发展使我与劳动人民的感情脱离了，使我麻木不仁，对反动言论不进行斗争，把烈士们流的鲜血记得一干二净，我丧失了青年团员的立场，我对不起先烈。今后我要做一个全心全意的革命者，肃清思想敌人，积极的投入运动，为党的事业而努力奋斗。党的生日即将来临了，我感到兴奋，但是，我想到我过去是对不起党的。我在工作中深深考虑个人得失，为了自己有了些错误，做工作时就缩手缩脚，在党的生日来临的前夕，我想起了烈士的血，想起了党和毛主席，我有决心在以后的工作中克服以上的缺点，脚踏实地工作，我要加倍的忘我的工作，为了党的事业，我要献出一切，我只有把我的决心贯彻到以后的实际行动中去，作为给党的献礼。

我要以实际行动争取入党来迎接党的生日

会二　程训诂

一个从泥坑里被拯救出来的人，是会格外痛恨泥坑，同时更热爱拯救自己的人——我们伟大的党和毛主席，因此欣逢党三十一周年的生日，我特别感到欢欣鼓舞。

想想过去，我实在感到痛心，感到过去虚度了多少宝贵的光阴，糟蹋了多少劳动人民的血汗，辜负了党、团善意的教育，……而整日沉溺在自私自利、个人主义的泥坑里，时时考虑个人，患得患失，工作敷衍，学习马虎，不大关心党的领导的各大运动，完全玷污了党的助手和后备军的光荣称号，我太对不起党了。我感谢党和毛主席拯救了我，把我从丑恶的泥坑里拉了出来，使我认识了过去生活的可耻，认识了自私自利、个人主义对革命事业之危害性，我痛恨过去；正因为如此，我更热爱我目前和今后的生活——有了努力方向的生活，珍惜目前和今后的光阴——为实现共产主义事业而奋斗的光阴。祖国美好的远景，广大人民的利益，在鼓舞着我，我要更好地完成党所交给我的任务才是真正的快乐，惟有自己有了远大的理想，并为这个理想的实现而下了决心，才能体会到生活在毛泽东时代是幸福的。

目前我要更积极地投入伟大的反资产阶级思想运动中去，进一步地批判自己的资产阶级思想影响，做好党所交给我的工作，提高工作效率，争取超额完成工作计划，我并常常这样想：除了贯彻我的工作单位所提出的共同保证外，自己更应当主动地多做些工作，以补偿过去对工作上的损失，做个名符[副]其实的青年团员，更好地发挥党的助手和后备军的作用。

今后，我要时时以党员的水平要求自己，记着毛主席的话，戒骄戒躁，不因有点微小的收获而自满，随时注意检查自己的思想，时时警惕着非无产阶级思想之侵蚀，坚决树立工人阶级思想，以实际行动争取入党，来迎接党的生日。

一九五二年七月一日

第五十期（七一特刊）今日共八版

彻底批判资产阶级思想！坚决树立工人阶级思想！

中国共产党万岁

全院师生员工家属以实际行动纪念党的生日

在党的领导下争取运动高潮早日到来

今天我们全院师生员工及其家属以空前兴奋的心情，来纪念伟大的中国共产党三十一周年的诞辰。通过解放三年来的历次爱国运动，尤其是最近六个月来的反资产阶级思想运动，全院师生员工及其家属的政治觉悟迅速提高，大家从无数活生生的事例中，亲身体会到党的伟大、光荣和正确，因而紧密地团结在党的周围为建设我们伟大的祖国而斗争。

今天，我们是在反资产阶级思想运动胜利地走向高潮的情况下来纪念党的生日的；我们是以忘我的工作来纪念党的生日的。

本报这两天收到了大量来自教师、同学、职工、职工家属的信件和文稿，其中特别为纪念“七一”而写的就达一百四十三件。这些热情的信件和文稿，一致表示了大家对党和毛主席的无限热爱，并表示了大家献身党、献身祖国、迫切要求思想改造的决心。

教师们以迫切要求思想改造的决心来迎接“七一”。建筑系沈玉麟副教授在党正确的政策的教导下，终于取得了思想斗争的胜利，他以极其兴奋愉快的心情来迎接“七一”，提出了“为革命而生，为革命而死，争取做一个光荣的共产党员”的愿望。运商系的“教师搓澡队”为了迎接“七一”，廿八日提出了做好搓澡工作的具体保证。在进一步对党有了认识之后，迄三十日止已有十七位教师表示要争取入党。

职工们以改进工作，进行思想改造来迎接“七一”。医务室的同志们保证搞好防疫工作；教室大楼的工友保证做好清洁工作，充分供应开水；炊事班工友同志提出要节水、节电、节煤，保证做好饭菜，注意营养；庶务科、会计科等单位准备联合出一个“七一特刊”，积极参加反资产阶级思想运动，改造自己。

同学们以高度的工作热情来迎接党的生日。搓澡队的同志们提出了“加强分析研究,及时请示、汇报,坚持理论学习”的保证。宣传部秘书组及各系核心组秘书小组都提出了“做好后勤工作”的口号。宣传部秘书组三十日紧张工作了一天,布置“七一”会场 ,供应各系宣传组用品,并把“思想战线”装饰一新。

宣传部门的工作同志为了做好“七一”的宣传工作,在廿九、三十两天都是日[夜]以继夜[日]地工作着,宣传部出版组最近开了四次通宵,三十日还是日[夜]以继夜[日]筹划着怎样把“三反快报”的“七一特刊”出版得更美好些,电信系宣传组的高鉴民同学廿九、三十两天一会儿都没有睡,还是精神饱满地工作着,想着把“七一”的大字报怎样出版得更好、更及时些。在该系宣传组同志们的努力下,电信系的“七一特刊”三十日下午就全部完成了。

宣传部资料研究室的工作同志以高度忘我的工作精神,筹备着纪念“七一”的图片展览会。在洽[恰]借图片的工作中,童以新、杨一伟、张晓昆等同学都在烈日下四处奔走,克服困难,终于借到了大量珍贵的图片,为了争取时间,全体工作同志在廿九日搞到深夜,三十日为了布置会场 ,又搞了一个通宵,他们都说:“为了迎接党的生日,累一点算不了什么”。

经宣传部文娱组工作同志们的长期筹备后,三十日晚的迎接“七一”晚会有诗歌朗诵,有大型舞蹈表演,有影子戏“可爱的中国”,还有电影“中国人民的胜利”,内容都很精彩。二下九日晚在操场旁的临时舞台彩排后,钢琴搬回去有困难但又不能弃之不顾,宋丙琪、佟壮志、李恩玉、罗亚申等同志便自告奋勇在钢琴旁露宿了一夜。

在舞蹈演出节目中,还有干部训练班的同志们演出的西藏舞。

此外,教师的家庭也在运动中受到了深刻的教育,在迎接“七一”时表示了要热情地帮助教师们改造思想的决心。朱广心教授的爱人刘萍玲、朱万柏教授的爱人张仁慈、赵传云教授的爱人张纹瑛……都给本报写稿表示要帮助丈夫改造思想。此外,沈玉麟等教授的爱人则来稿表达了对党的感谢,感谢党把坏人教育成好人,使家庭变得和睦幸福。

我们全院师生员工及其家属就以这些实际行动作为对党的生日的献礼。我们相信,在党的领导下,我们一定能争取运动高潮的早日到来。

让我们高呼:

伟大的、光荣的、正确的中国共产党万岁!

毛主席万岁!

第五十期 第二版

用实际行动纪念党的生日 教师版

有争取做一个共产党员的决心

电信系教授 朱万柏

宣传部的同学们打了两次电话给我，要我写一篇纪念“七一”——党的三十一周年纪念的文章。这使我在思想上引起了又一次的激烈的斗争，因为我记起了曾经展开思想斗争的入党问题。我在两次的检讨里，入党的事，到了笔下，到了口边，又都缩回去了。我在第一次检讨里说：“有了这样的好领导，我不跟着共产党走，还跟着谁走?”底下再接不下去，就打断了话尾。我在第二次检讨里说我院组织上“尽了各方面的力量在帮助我，改造我的思想，使我重新做人。这就因为党是大公无私的，为了革命事业和广大人民的利益，才这样争取我，改造我。……我决心靠近组织，有问题争取他们的帮助，向他们优秀的品质学习。”我通过学习，认识了党的本质，党的目标，和党的奋斗精神，也认识了马列主义和毛泽东思想的伟大。本想说我要争取入党，可是不敢说，只说成要向他们学习。

我为什么没有勇气向大家说出入党的话呢？因为我的决心还不够，顾虑还太多。我最大的顾虑是我思想太落后，旧习气太深，怕不能彻底改造得好。其次就顾虑到自己身体不结实，怕担负不起党交给我的繁重的任务，过不来党的组织生活。又怕自己家庭人口多，孩子们读书，老母亲的侍养，都会因为组织上调动职务受到困难。再则自己的信心不够，同志们已经抬出“能言不能行”是我最大的毛病，说出了要求入党，将来克服不了这些顾虑怎么办？……顾虑这样多，所以虽然认识了共产党领导的是全类的解放斗争事业，共产主义奋斗的目标是全人类的幸福生活，自己也愿意参加这个斗争，也为共产主义的事业而奋斗，但是不敢向大家宣布，怕的是自己做不到。

今天要为纪念党的生日写稿子，自然就想起了自己和党组织的关系，想起了入党的问题，李士珍、石立治、陈燕生，我知道都宣布了他们要求入党的决心。我曾经因为他们而受到了鼓舞，但和他们一比，我觉得我在好些方面确实不如他们，就又退下去了。今天我首先想到昨天大字报上对我的批评，同志们说我虚伪,我若说起我要求入党的热望,是不是又会受到“虚伪”的批评呢?我想起这些问题,我觉得还是不谈入党的事好。

我的大孩子——青年团员,他曾经告诉我,一个人能不能入党首先要看动机纯正不纯正,立场是不是站得稳。这很对,这是我的问题。我的顾虑多,就是因为我立场站得不稳。我再一想只要有十分的决心去站稳工人阶级的立场,还怕思想改造不彻底?还怕能言而不能行?只要一切从人民的利益出发,把个人的利益摆在后面,何必还考虑身体,考虑家庭?假如要考虑,要照顾,那是领导上的事,自己不必分心。只要真心想做一个光荣的共产党员,献身

于革命事业,还怕什么批评,还怕什么条件不够?

今年的“七一”我感到异常亲切

运输系教授　郑　昆

四八年我还不知道“七一”,四九年到五一年我才认识了“七一”,而今年我才真正体会到了“七一”的亲切。

“七一”这两个字标志着中国的新生,“七一”这两个字也标志着我们伟大的理想。而今年的“七一”,也标志着我和其他知识分子的脱胎换骨。我刚在“七一”前两天作过检讨,我正在母亲胎里,感到阵痛,阵痛可多可少,而终究要在“七一”节前后呱呱落地,对我本身讲来,“七一”这两个字的确是格外的意味深长。

我深信在今年“七一”之后,重生我的母亲一定会把我带进了同路的队伍,路是已经由她在荆棘蓬松中开出来了。但是还须开拓整理,种花造林,使它成为一条平坦富阔、花木成荫的康庄大道。这工程不是简单的,但是我有一颗坚决愉快的心,来接受这伟大工程的工作,作为报答她再生之德。真金不怕火炼是不错的,但也正藉[redacted]以把自己锻炼得更坚强一些,只要站稳工人阶级的立场,只要有决心改造自己,就没有克服不了的困难,就能够终身为革命的事业而奋斗。

我又和梁晋才谈起以前的“思想上入党,行为上不入党”的错误看法,他帮我指出这正是决心不够,为自己先开一条后路的不老实的想法;遇到真正和个人利益矛盾的时候,像这样想的人就会从后路溜了。唯有过组织生活,才能克服小资产阶级知识分子的自由散漫的恶劣作风。唯有过组织生活,才能充分运用批评与自我批评的武器来坚定自己的立场。唯有过组织生活才能了解组织力量的伟大,虚心面对群众,接受群众的教育。唯有过组织生活,才能体会

到革命大家庭的温暖,才能把自己从苦闷烦恼的个人主义圈子里彻底解放出来,把个人与集体融化在一起。想到大家,想到全人类的解放和幸福,个人的胸怀自然会宽广起来。我活了四十年,愉快的日子没有几天,正是因为我慎于孤独自处,处处为个人打算,思想上一直抗拒革命运动。我的罪过是很大的,我要向人民要求许我戴罪立功。我今天要面对真理,首先彻底改造我的思想,并向大家宣布我有争取做一个共产党员的决心,来作为我对于党的生日的献礼。

然而,最现实的,还不是忏悔已往的历史,还不是想美好的未来,而是应该拿什么东西来献给她作为一个最实际的寿礼。

我的第二次检讨,如果群众认为不够深刻,洗得不够干净我要在七八天之内把它再重新和群众见面,并且我要保证,决不因此而缺席小组的任何会议或大会的任何报告。

如果群众对我的第二次检讨,认为初步可以告一段落,那么我保证立即参加搓澡队,每天去帮助未过关的同志挖根。我还愿意去做一些核心组的工作,并且要最快的恢复同学的课业和同学商议一个最高效率的办法来补救以往的损失。

这是我献给党的三十一周年的衷心礼物,我要高呼:

中国共产党万岁! 毛主席万岁!

第五十期　第三版

石立治讲师

今天我感到生活在革命大家中的温暖与幸福,也明白了共产主义事业的伟大与艰巨,为了纪念党的生日,我要进一步彻底批判我的资产阶级思想,坚决树立起工人阶级思想,争取早日作好检讨,并尽力促使反资产阶级思想运动的高潮早日到来,我更要加强政治学习,继续提高政治水平,在实际斗争中锻炼自己,并以实际行动来争取做一个光荣的共产党员。为了祖国的建设事业,为了美好的共产主义社会的实现,我要贡献出我的一切,甚至我的生命。

张协衷教授

感谢毛主席和伟大的党,领导我们进行了思想改造运动,解除了我思想上的重重枷锁,使我获得新生,一个在思想上获得解放而翻了身的人,他的愉快和感激的心情是不可以言语来形容的。

为了报答党和毛主席的恩情,我要在这里提出保证:今后我要更坚持思想斗争,在党和毛主席正确领导下,彻底摧毁资产阶级思想,坚决树立工人阶级思想,准备着随时随地响应祖国的号召,贡献出我的一切,更好地为人民服务。

李续勋副教授

伟大的"七一"——党的生日已经来临,我拿什么做献礼来表达我热爱党的心情呢?所有我的一切都是党给我的,我有什么可以献给她呢?我想,我一再地想,在目前我只有全心全意地响应党的号召,彻头彻尾地改造我的思想,以求符合党对我的期望,来作为我对党、对人民的报答,因此在这里我向党保证:

一、我绝对老老实实地检查思想,决不掩饰,也决不夸张,实事求是地暴露,分析与批判。

二、我要彻底打压我的资产阶级思想及封建意识,尽全力地树立工人阶级思想红旗,然后我保卫它,巩固它,使它不致受到扰袭与破坏。

三、我尽全力地缩短时间来作我的检讨,以求早日把思想改造好,我决定争取我的第二次检讨过关。

[redacted]勋丞助教

我要在当前的运动,当前的任务和当前的工作中,以无限忠诚对待党的事业保证完成组织上所交给我的任务,来作我对党的生日的献礼,我要把我的一切乃至生命献给为人类自由解放而斗争的伟大的中国共产党,争取作一个光荣的共产党员!

李翠芬助教

今天当我初步战胜了我思想上的敌人,离开自己的小圈子,走到我母亲的温暖的胸怀里时,我的忧虑消失了,生活的动力也开始产生,我深刻地体会到是谁把我从孤独中拯救出来,使我又得到了新的力量。

今天在这个前进的开始,我决定要以实际行动来庆祝我们最崇敬最热爱的党的伟大节日"七一",保证在这次运动中积极帮助没有过关的教师,并深入学习文件，提高分析能力，随时检查自己，纠正错误，以不断的进步争取作一个光荣的青年团员。

侯汝勋教授

我愿作以下的保证为我对党的献礼：

一、我决心端正检讨的态度。

二、我争取于最短时间写好我的检讨。

三、今后我要对教学工作负起责任来。

四、我要好好学习文件，提高我的政治水平。

王醒民讲师

今天我虽然初步树立了工人阶级思想，但还要在实际的工作和行动中锻炼自己，今后必须继续和一切非无产阶级思想作斗争，巩固工人阶级思想，为了进一步了解“七一”的意义，我首先要认真学习中共的历史，了解毛泽东思想，提高自己的思想，坚定革命信心，而当前的任务就是全身心投入思想改造运动中，积极帮助尚未过关的同志们早日过关，同时了可以在政治认识上提高自己。

今年的“七一节”对我个人来说是我新生开始的日子，在党的教育下，我冲出了个人主义的小圈子，走上了光明的大道，但我要时刻记住，这条大路是无数的革命烈士用血肉筑成的，当我在大道上前进的时候，要时刻抱定决心，继承烈士们的遗志，为了崇高的共产主义的实现努力改造自己，锻炼成钢，争取早日成为一个共产党员。

马毓珣讲师

党的三十一周年生日，也正是我新生的开始，我要以实际行动来报答党，目前我要以全力投身在反资产阶级思想运动中来，参加搓澡队及完成组织上所交给我的一切任务，争取高潮的早日到来，并继续深挖和批判我的资产阶级思想，坚决树立工人阶级思想，[redacted]提高思想水平，并且实际工作中锻炼自己，我以作为一个光荣的共产党员作为我终生奋斗的目标。我要贡献我的一切甚至生命给我们未来的共产主义事业，目前我必须做到一个光荣的人民教师所应具有的起码条件。

孙燕君助教

思想改造运动开展以来，在党的正确领导下，在群众的热情帮助下，使我跳出了个人主义的圈子,洗清了身上的污浊,抬起头来,望见党的伟大正确的目标——社会主义、共产主义社会,我为人类的幸福而欢呼!为祖国伟大建设的前途而欢呼!

今天在党的教育下,我第一次感到这个伟大的节日"七一",与我有了血肉的联系,我悔恨我以往没有找到人生的正确目的,今天党指示了我,我感到我能够为党的事业奋斗而兴奋!

我保证将我所有的力量,有效地溶化到我的工作和思想改造运动中去,在党的领导与群众的帮助下,我要很好地提高自己,帮助别人,在工程科的岗位上,我要主动地、积极地负起责任来,为保证搞好教学的有利条件而努力。

我以此作为给伟大的"七一"的献礼。

宣传部编辑组启事

在我院反资产阶级思想运动蓬勃开展的基础上,我们伟大的党的生日——"七一"再一次地给全院带来了空前的欢腾,为了纪念党的生日,为了表示对党的衷心热爱,全院师生员工纷纷来稿,向党提出保证,并将对党的热爱贯彻到实际行动中去,提高工作效率,争取反资产阶级思想运动高潮早日到来。仅本组就收到稿件一百四十三篇,在教师方面有靳开兰、赵祖武、汪集生、胡[redacted]、庄涛声、沈玉麟、张震、黄宗瑜、胡国本、钮泽全、赵华、李成山、金嗣文、刘德滋、应尚才、赵傅云、许毕远等同志,在职工方面有陈文矿、李家鹏、姚毓荃、潘涛等同志,在同学方面有高士荃、王羡敏、张世演、邵木兰、顾光裕、吴新驹、左祯、龚南文、方以规等同志,在家属方面有季景云、张英采、钱端、张琛爱人、王友棠、马静和、孙嘉瑞、张令宜、赵光城、李玉华、白玉华等同志的来稿,因限于篇幅,未能刊登,已交各系大字报或团报处理。还有些稿件准备在本报陆续发表。

第五十期　第四版

用实际行动纪念党的生日　职工版

教注助理小组的保证

教注助理员小组全体同志在思想改造运动高潮即将到来的前夕,为了预祝这一运动的辉煌成就和巩固思想改造胜利的果实,并纪念我们党的三十一周年纪念日，特提出六点保证，作为对伟大的“七一”的献礼。

1. 大家共同负责，保证在思想改造运动中不让任何一位同志掉队。

2. 保证早日完成思想改造任务，争取一次做好检讨。

3. 保证做好毕业生的一切工作。

4. 保证做好时期招生的工作。

5. 保证每人写稿一篇，出壁报一次，于“七一”张贴。

6. 保证在“七一”晚会上献词。

作好防护工作

教室楼小组

为了纪念党的生日“七一”，我们教室楼小组提出下列保证：

1. 彻底暴露资产阶级思想，虚心接受别人的批评，坚决批判自己丑恶的思想，树立起工人阶级思想。

2. 作好防护工作，无要事不离开工作岗位。

3. 展开批评与自我批评，加强文化政治学习。

感谢毛主席

内勤班　锡风林口述　苏敬之记

在旧社会里，我是受压迫的工人，过着牛马不如的生活，在国民党时期，我的孩子上不了学。解放后我们工人翻了身，成了国家的主人，我的孩子免费上了学。我生了肺病，组织上照顾我，分配给我轻松的工作。要是在国民党时期那我只有贫困和死亡。今天有了我们自己的党，有了毛主席，命运掌握在我们自己的手里，共产党毛主席给我们的恩情说不尽，我感谢党、感谢毛主席，要不是毛主席，我一辈子也不能有这样幸福的生活，“三反”、“五反”后，物价降低了，使我们工人的生活提高了。现在我要在思想改造运动中洗刷自己，彻底的清除资产阶级思想，树立起坚强的工人阶级思想。在工作中我保证作到下列几点，来纪念党的生日。

1. 我要保持大礼堂经常清洁、整齐，使同志们愉快的听报告，搞好思想改造。

2. 我要保持俱乐部的清洁整齐，使同学很好的恢复每日的疲劳。

3. 在接电话、听电话时不偷懒，随时通知同学，保证不误事。

坚决搞好伙食

炊事员　王风永

我们迎接共产党伟大的生日,我们的党是我们工人阶级的党,我们要爱护共产党和毛主席,今天我们的自由与幸福和美满的生活是谁给我们带来的?我想是共产党和毛主席和英勇斗争的千百万革命烈士们给我们带来的,我们吃饭别忘记毛主席,我们军队在前方打美帝,我在后方努力工作,我保证坚决搞好我们的伙食。

目前在反资产阶级思想立场中,我要积极的参加这个运动,大胆的暴露自己的资产阶级的丑恶思想,不但改造自己,而且还要帮助别人,把旧社会的包袱完全抛下,你看多么光荣。

纪念伟大的"七一"

办公楼工友　戴　明

今年的"七一"是我们党的三十一周年纪念日,我抱着无限的欢欣来纪念党的生日,因为今年的"七一"是在"三反""五反"胜利后的今天,思想改造运动的今天,更具有伟大的意义。

为了纪念党的生日,我们要进一步的搞好思想改造运动,把旧社会带来的臭思想暴露出来,加以彻底批判;干干净净的丢掉它,树立起工人阶级思想,作好工作,来帮助培养祖国的建设人才。

党和毛主席带来幸福

传达小组　周锦魁

我感谢伟大共产党和毛主席的英明领导,解放后,我感觉到生活改善,我在解放前受压迫,吃不饱、穿不暖,我们好好想想吧!同志们,我们今天多么自由幸福的生活,我们也有房屋住啦!同志们,想想吧,党领导人民走向社会主义,我们在这次运动中好好改造思想,我一定积极参加思想改造运动,把旧社会的臭包袱抛掉,重新作[做]人,做好本岗位工作,在工作上端正态度,不对来宾和同学发生意见,不出错误,我在这次思想改造运动中一定要取得胜利,建设我们伟大的祖国。我们生活一天比一天改善,同志们,这些幸福是谁带来的?是党和毛主席带来的。

向党宣誓

职工　顾　敏

在党三十一周年纪念的今天，我要向党保证，我要向党宣誓：我要下定决心在这次伟大的思想改造运动中，把我思想上一切见不得人的脏东西赤裸裸的向大家公开暴露，把盘踞在我脑中二十多年的资产阶级思想彻底肃清，坚决树立起工人阶级思想，为我们未来的各项建设贡献出一切力量，甚至于自己的生命。我要在今后的实际工作中考验自己，争取做一个光荣的共产党员。

今年和往年的感想

工友　高占超

我们伟大的"七一"到了，我感觉今年的"七一"和往年大不相同。往年我在空喊口号，并没有真正的认识到党的伟大。脑子里存在着很多的资产阶级思想，身上沾了许多污泥，经过伟大的"三反""五反"运动，和正在开展着的反资产阶级思想运动，我才放下了包袱，获得了真正的解放，因而感到轻松愉快，我以无比兴奋的心情来纪念中国共产党诞生三十一周年的伟大节日。只有在毛主席和共产党的英明领导下，才有今天的幸福，经过了这个运动我真正认识到党的可爱，祖国的可爱，我一定要把我的力量全部贡献给祖国，全心全意为人民服务。

第五十期　第五版

用实际行动纪念党的生日　同学版

做好点滴革命工作，迎接党的生日快乐

节委会办公室秘书处

在党的三十一周年的纪念日和反资产阶级思想运动高潮到来时，我们以无比的热忱，以实际行动提出以下保证，作为党的生日的献礼。

一、加强领导，帮助各核心秘书组，交流经验，改进工作方法，提高工作效率。

二、开动脑筋，以认真、严肃、负责的态度对待革命工作，及时整理好汇报与作好会议记录，保证情况真实，不敷衍，不草率，不错字，不涂改。

三、以严肃的态度,认真传达贯彻节委会办公室的通告和任务,发挥助手作用。

运商系搓澡大队的保证

为了提高工作效率,迎接反资产阶级思想运动的高潮到来,我们运商系搓澡大队部全体工作同志提出保证,作为对党的生日的献礼。

一、每日坚持会议制度,会议必有准备;

二、加强工作计划性,争取完成计划任务;

三、深入小队,及时了解情况;

四、开展批评与自我批评,定期检查工作。

向党保证

经济系搓澡队　全体队员

在反资产阶级思想运动即将到达高潮的今天,"七一"到了,我们感到无比兴奋愉快,这个伟大的节日也给我们带来了巨大的力量!我们知道帮助老师们进行思想改造是祖国交给我们的任务,我们有信心有决心完成,在战斗里成长的经济系搓澡队,愿意向党提出下列保证作为对党生日的献礼!

一、搓澡前有准备,搓澡后有检查,认真作好汇报;

二、开展批评与自我批评,及时克服缺点;

三、服从领导,严守组织纪律;

四、耐心帮助教师,在工作中提高自己,决不急躁;

五、认真学习文件,不断武装自己。

我们要像海燕呼唤暴风雨一样迎接高潮到来!

提高搓澡效率

电信系搓澡大队

今天,我们满怀着对伟大的党的热爱,以极其兴奋愉快的心情,热烈的提出了具体保证,作为对党生日的献礼!

大家在会上一致认为在反资产阶级思想运动接近高潮的今天,加强搓澡工作,帮助教师思想改造,正是热爱党的具体表现;搓澡工作中每一点一滴的成绩,即是党的一个胜利,第一小队在谈出了如何检查工作,提高工作效率后说:"我们小队为了迎接党的生日,提出了以上保证,并向各兄弟小队挑战!"当时，全场一致报以热烈的掌声，各小队纷纷应战，提出自己的具体保证。会场一直充满着热情高涨的气氛。

我们电信系搓澡大队全体同志的保证是：

一、配合核心组的工作，使核心组更真实更正确地掌握教师的思想情况及对运动的态度。

二、搓澡前，一定做好准备工作，分析教师的问题，找出主导思想；搓澡时态度诚恳和蔼，但意见应尖锐中肯，使教师能更好的认识自己的问题；搓澡后，及时总结经验，找出缺点，再订下次的计划。

三、加强理论学习，提高自己的政治水平，加强分析，在工作中锻炼自己。

四、严肃地开展批评与自我批评，端正对运动和工作的态度。

伟大的党的胜利时时鼓舞着我们，我们一一定把我们的保证贯彻到实际工作中去。

我们的保证

职工核心组办公室全体同学

伟大的“七一”已经来到了，这更鼓舞了我们职工学习核心组办公室全体同学对工作的热情。为了表示对党的尊敬与热爱，我们深入的检查了自己的工作，并坚决表示要以实际行动来纪念党的生日。

我们坚决保证：

一、宣传组担任编辑的同学：（一）保证认真处理每一稿件，提高工作效率，加强出版的计划性。（二）保证深入了解各小组思想情况，认真为职工同志们服务，不急躁，不主观，不粗枝大叶。

二、担任抄写的同学保证工作积极负责，不错字，不漏字，不潦草，做到整齐美观。

三、担任资料工作的同学，保证所有资料不混乱，不遗失，并及时整理，仔细分析。

四、担任秘书的同学保证以对革命负责的态度对待每一件事，了解情况及时反映，并爱护所有物品。

炊事班工作组同学保证

李家本、唐修、师学孔、左桢

一、帮助炊事员彻底批判资产阶级思想，树立工人阶级思想，不让一个人掉队。

二、工作有计划,耐心细致,多开动脑筋想办法。

三、做到和炊事员打成一片,共同工作,共同学习,共同康乐。

四、认真学习文件,加强时事学习。

五、准时参加文体活动努力锻炼身体。

韩嘉桐同学的保证

一、搞好干训班同学的互助工作,课前充分准备,耐心讲解,保证在三个月之后搞好三年课程,并虚心学习他们的优秀革命品质。

二、搞好宣传组的漫画工作,发挥积极性和创造性,做好宣传工作。

孙宝莲同学的保证

一、在运动中积极帮助先生、同学做好思想检查,认真批判自己的腐朽资产阶级思想,树立工人阶级思想。

二、在写大字报和黑板报的工作中,不错字,不草率,不发生错误,要严肃的把它看成革命事业的一部分,不畏困难开动脑筋改进工作,提高宣传效率。

三、多联系群众,正确掌握批评与自我批评的武器,时时以青年团员的标准来衡量自己,争取作一个光荣的青年团员。

第五十期　第六版

用实际行动纪念党的生日　家属版

家属同志们为了以实际行动纪念党的生日,也纷纷来稿表示,要积极帮助自己的爱人进行思想改造,作为对党生日的献礼,因篇幅所限,不能全部登载,只摘要刊登在下面:

纪念"七一",保证帮助爱人思想改造

"七一"来临了,这个光荣庄严的日子真值得我们纪念。

回想在国民党反动派统治下生活时,一切的一切都是受压迫的,真好像一块大石头压住在我的心上,言论和行动都不能自由,那时候的沉痛是没有什么比喻得上的。解放以后我们家属有了组织,家庭妇女的地位提高了,在各种运

动中我们也能起一定的作用，比如宿舍中的水电及生活方面的一切，都得到了改善；我们学习了批评与自我批评，开展了互助运动，使我们每一个人能改正自己的缺点，在思想上提高了一步。

目前所开展的反资产阶级思想运动，正在轰轰烈烈的进行了，我们家属委员会在党团的领导和帮助下，开展了“与爱人搓澡”的运动，帮助自己爱人进步，得到了一定的成绩，这不仅能促使他树立起为人民服务的观点，真正做一个人民的教师，同时在我们的家庭中也由一个家长制的家庭，变成了一个比较民主的家庭，这都是党和毛主席的正确领导带给我们的。为了感谢党和毛主席，我保证今后继续帮助我的爱人，在思想改造战线上得到全胜，作为我对党生日的献礼。

（经济系主任张协衷家属 陈鸿炯）

不要忘掉为革命流血牺牲的先烈

（周审章家属　闻予珍）

伟大的“七一”来到了，我是多么高兴啊！我们都以极兴奋愉快的心情来庆祝伟大的中国共产党的三十一周年的生日，但在兴奋的同时，我们绝不能忘记这快乐的日子是无数的革命战士在党的领导[redacted]流血牺牲而得来的，最近我们家属学习小组学习“可爱的中国”，我仔细的读了几遍，也默默地流过几次眼泪，我深深地体会到方烈士是太伟大了，他是有高度的爱国主义精神的，同时也使我认识到共产主义者是最真诚最热烈的爱自己的人民和祖国，共产主义的人生观使人发出无比的力量。中国能有今天正是这些无数的共产主义者英勇奋斗牺牲的结果。今天我们家庭妇女的责任就是积极帮助爱人彻底批判资产阶级思想，坚决树立工人阶级思想，彼此互相勉励，提高政治觉悟，积极参加祖国的十年建设，使我们的社会主义社会更快的到来，这样才对得起为革命流血牺牲的先烈们。

感谢党，我丢掉了思想上的包袱

我生长在封建的商人家庭里，想起来爱的苦真不少，我父亲剥削劳动人民的血汗买田地买房子，一点不注意儿女的健康和教育，他非常重男轻女，因为我母亲生育多，自己照顾不来，男孩请奶娘，女孩就照顾得很差，随便喂些米羹养活，所以我小时多病，到十岁的时候才让我跟着老师马马虎虎认识了几个字。到了十三岁，母亲死了，父亲便不让我念书了，只许关在房里学针线，所以使我无知无识,成了一个无用的人。看看今天生活在毛泽东时代的女孩子和男孩子的幸福,真是进步多了。

我爱人的家庭也是很封建的,很早我们就结了婚。结婚这些年,我有一个思想上的包袱,一直不敢暴露出来,我想我爱人是一个大学生,后来又在大学当教师,我没有住过学校,知识比他差得太多,两人怎么能够做一对美满夫妻?他虽然自高自大,但对我却实在好得很,不过我担心他要找一个有知识的女子,再与我离婚,但我又没有旁的办法,只有尽心尽力服侍他,照料他,讨他的心欢,这些话我一直在心里闷了这么多年,苦痛得真够了。感谢毛主席和共产党领导的思想改造运动,使我的爱人进步了。[redacted]出来,我真是快活极了,今后,我要帮助我爱人好好改造思想,使他做一个真正的人民教师,我要好好教养我的儿女,使我们的家庭跟得上新时代。我要用这些来报答我所受到党和毛主席的思想。

(朱万柏家属　张仁兹)

傅恩龄教授家属田淑华

当党的生日来临的时候,我保证做好三件事:(一)我要积极的帮助我的爱人改造好思想,作一个优良的人民教师;(二)我要努力帮助和鼓励我的子女,使他们争取做一个光荣的青年团员;(三)我要加强政治学习,给我自己打下认识问题和进行思想改造的基础。

赵傅云教授家属张纹瑛

在中国共产党成立三十一周年纪念日已经到来的今天,我谨以无比的欢欣和衷心的感谢来纪念这个伟大的党的生日,我要保证配合运动的开展,更好的团结家属同志们,好好学习文件,参加学校的大会,并随时响应政府的一切号召,进一步提高家属同志们的政治觉悟水平,使我们能够很好的在明年开始的十年建设中贡献出一份力量!

为了我们的祖国,为了我们美好的明天,我决心要联系实际,积极地行动起来,这就是我纪念"七一"的献礼。

陈寿昌讲师家属李守敬

教师思想改造运动改造了我的丈夫,在家中有几点可以看出来,他本来是性格古板思想顽固，但近来大有了转变，在家比以前好劳动，也喜欢说话了，他叫我也好好学习，怕我落后，现在我们家庭和睦得多了。由这几点看来，他的思想初步转变了，旧包袱丢掉了。我很高兴我感谢党和毛主席，我向中国共产党庆祝这伟大的节日，我高呼：

中国共产党万岁！毛主席万岁！

何嘉树助教家属林蕴瑜

伟大的“七一”已经到来了，为了纪念这一光荣伟大的节日，为了表示我对党的尊敬与热爱，我愿意努力帮助我爱人改造思想，我有决心积极地行动起来，帮助他在第三次检讨中洗一个干净的澡，这是党和人民交给我的任务，我愉快地接受，并保证完成这一光荣的任务。

第五十期　第七版

新人新事：革命队伍愈来愈壮大了

在这反资产阶级思想运动步入高潮的前夕，我们全院的师生员工们正以无比的热情来迎接伟大的光荣的正确的中国共产党的生日“七一”节。

通过反资产阶级思想运动，大家对党有了更进一步的认识，有许多老师都愿意献出自己的一切，表示决心争取入党。目前已表示决心的，有建筑系沈玉麟教授、沈承福助教、周福爽助教、童鹤龄助教、赵祖武助教，电信系的石立治讲师、朱万柏教授、冯焕助教、王文煊助教，经济系的李士珍讲师、唐剑助教、萧英达助教、李守洪教授，运输系的孙燕君助教、苗夫维助教、谢勋丞助教及共同学科王维庭讲师共十七位教师。同样，也说明他们对中国共产党的无限信任与爱戴。如共同学科的王维庭讲师说：“党从死路上救活了我，我要作一个人民的好教师来报答党”。沈玉麟教授说：“我要为革命而活，为革命而死，争取作一个光荣的共产党员。”

通过反资产阶级思想运动，同学的程度也大大提高，向党支部要求入党的计有五十六人，新批准入党的有十人，向团总支申请入团的共有二百六十四人，占全体同学三分之一强，其中运三乙全班除超龄同学外，全部要求入团，建三除一位同学外，也百分之百提出入团。电信系的梁晋才助教也坚决表示争取入团。这些也都说明作为党的忠实助手和后备军的青年团，已成为青年群众光辉的旗帜。

由于党和毛主席的英明领导，我们的胜利一个接着一个，我们革命的队伍一天壮大一天。

应届毕业生服从组织分配

据注册课上次填表初步了解：应届毕业生四百二十人，服从组织分配四百十二人，不服从组织分配八；由此可见，通过“三反”“五反”运动及正在开展的反资产阶级思想运动，大家的政治觉悟都提高一步，普遍的批判了资产阶级思想的影响，初步建立了无产阶级思想，认识了个人与祖国的关系，只有把个人溶化在集体里，才能愉快地服从组织分配，走上建设祖国的工作岗位；如电三的正占峰同学，以前他曾说：“分配到长辛店，见不到太阳见不到天”。可是现在呢？他说：“祖国到处都是可爱的地方，即使是落后的地方，也要靠我们去创造开发啊！以前我只是轻视劳动，享乐至上，吃喝玩乐，就看不到祖国，现在我还有什么理由不服从组织分配呢？”

孙燕君同志改变了立场，工作态度变了样

孙燕君同志本来是运输系工程力学的助教，当工程科科长贪污分子杨增祥被撤职后，组织上就调他去担任代理科长。

当初，他不太乐意，认为当工程科长是由教员变为职员，以往十年寒窗，埋头苦读，如今岂非埋没英才，还有什么前途可言？但是在伟大的三反运动中，经过了激烈的思想斗争，工人阶级的思想战胜了个人主义的想法，他说：“当我想到祖国人民的需要，想到全校师生员工的生活、住宿、水电、交通等问题的急待解决，我才从思想上愉快地接受了工程科的工作。”

在短短的一个多月中，他积极地工作，他主动地开动脑筋想办法，时时关心和爱护人民的财产，处处给国家打算，节省小米，提出合理化建议；如水泵房吧，本来打算重修，但经过他仔细考虑，并征求应尚才教授的意见，决定可以不必重建也可用下去了，又如在修理教室大楼前面马路的涵洞时，本来需化[花]一千多万元，后改装洋灰水管，又节省了不少小米，那么，究竟是什么力量支持着鼓舞着他呢？正如他自己所说：“三反后，我的立场转变了，对工作态度也就两样了，我认识到过去雇佣观点的可耻，今天，我的兴趣不再是单纯技术观点，而是另一个为伟大祖国建设的兴趣了。”

现在，孙燕君同志正积极地帮助尤光九教授“搓澡”，并且和他爱人在家中

对保姆也同时进行思想教育。每日抽空学习文件，和爱人互相讨论，提意见，提高政治水平和分析批判能力，经常以党员八条标准衡量自己，要争取作一个光荣的共产党员。

思想改造给家庭带来了幸福

伍廷钧教授在思想改造战线上获得胜利之后，给家庭带来了团结友爱、愉快幸福的新气象，正如伍师母引他儿子（共产党员）的一句话说："过去我和父母是背道而驰，现在却是同道前进了。"过去伍教授看家中就是不满意，现在看一切都很愉快；吃完饭放下碗就急急忙忙帮助别人"搓澡"，伍教授担任了"运商系教师搓澡队"副队长，他表示要以全部时间搞好这一工作。二十八日上午，为了与同学研究如何进行"搓澡"，冒大雨骑车赶到学校，淋得一身透湿，说："算不了什么"。伍教授除帮助金士宣教授"搓澡"外，还主动挤出时间积极帮助俄专刘唐领教授，工作热情极高。伍太太衷心感谢党和毛主席。她说："过去我对党没认识，去年'七一'我儿子说'今天是党的生日，应该大大庆祝一下，去颐和园玩去。'我无动于衷说：'你去玩吧！'可是今年'七一'我的心情可不同了，我体会到了新社会的可爱和幸福，这是党带给我们的，我要好好庆祝一下，去学校里参加庆祝会。"又说："过去看毛主席照片，只是认识认识'原来毛主席是这个样子'，现在可不同了，我感谢毛主席，因为他给我们带来了真正的幸福和温暖。"伍太太热爱劳动，热心教有孩子们。他（她）说："对孩子们的教育是太重要了，我总教他们团结友爱，为了很好地帮助伍教授，教育孩子们，我也要学习，至少免得拉他们后腿。"伍太太热心学习，有空就看文件，学习了"可爱的中国"和"奥斯特洛夫斯基的人生观"，经过伍教授介绍，现正学习钱正英同志"关于青年同学就业问题"。她说："我现在懂得了只要我们忘我地工作，祖国将进步得更快。"又说："我年纪虽五十多岁了，眼花手颤、脑筋不好，但我还是要'学习、学习、再学习'，要争取每天都进步。"伍太太并帮助别人，谈自己的体会，积极参加各种会议。她说："过去我怕开会，现在开会我总怕把我拉下了，因为开会可以学到许多东西。"伍太太并要求伍教授更好地帮助别人，当伍教授参加了搓澡队回来告诉她时，她说："我正要问你参加了工作没有呢，已经有了工作，那太好了。"

思想改造运动给伍教授的家庭就是这样带来了幸福和温暖，这是和党的英明的政策分不开的。

第五十期　第八版

文艺副刊：快快摆起寿筵来

——献给党的生日

经济系助教　唐　剑

快快摆起寿筵来！
快，快，快！
青春的酒斟满了杯，
兴奋的歌声要飞出喉咙。

不知用那<哪>一句开始歌唱，
因为许多赞颂的歌词都已唱完；
不知用什么奉献给您，
因为奇珍异宝已堆积如山。

工厂的汽笛狂奏，
炉火是炽红的寿烛；
丰收的歌声四起，
寿礼是稻谷盈仓；
志愿军英雄们，
在用痛击侵略者的炮声，
代替礼炮的轰鸣。

哎，我们用什么来歌唱？
我们用什么来奉献？
不要着急，
我们也已准备齐全。

我们有的人曾丧尽天良，
帮着魔鬼来向您进攻；
今天在您面前低头认罪，
并在您的宽勉下转变过来。

我们有的人利欲熏心，
满脑子“专家”和“人民币”；
今天他已死心塌地，
愿意做人民的勤务员。

我们有的人狂妄自大，
自命为他是“中国第一”；
今天他已经放下臭架子，
甘愿做“学生的学生”。

我们有的人“只凭技术吃饭”，
“改朝换代”都与他无干；
今天他已想起了人民，
愿意提身到火热的斗争中。

我们有的人崇“美”成狂，
几乎忘记了自己的中国人；
今天才记起洋人打在自己脸上的耳光，
呵，潮水的眼泪冲醒多年的麻醉。

我们有的人自封“英雄”，
将群众当做往上爬的阶梯；
今天才知道自己“不甚高明”，
衷心愉快地要从平凡的工作开始。

我们有的人倚老卖老，
成天瞎混；
今天忽然返老还童，
要与青年同学手拉手前进。

我们有的人病魔缠身，
一片灰色的人生；

今天忽然像吃了灵药，
欢笑乐观充满了他的人生。

……

呵,数不完的奇迹!
啊!摆不完的筵席!
到处的掌声在雷动!
到处的笑脸在欢迎!

昨天我们还是资产阶级思想的俘虏。
今天已是光荣的人民教师;
昨天还为自己卑鄙地活着,
今天已骄傲地为着千百万人;
昨天我们还像孤儿样地流离失所,
今天我们已找到了仁慈的母亲,
您——光荣而伟大的党!

快快摆起寿筵来!
快,快,快!
青春的酒斟满了杯,
兴奋的歌声飞出了喉咙。

让我们用这样一句来开始歌唱吧:
“感谢毛主席、感谢我们的党!”
然后将我们的奇迹一一献唱,
将我们的胜利配上琴弦;
再将我们庄严的宣誓当作寿礼;
将我们对祖国的保证一一兑现。
最后让我们举杯欢呼:
“毛泽东,共产党,
共产党,毛泽东,

万寿无疆!”

祝贺党的三十一周年

经济系　李守洪教授

让我们高声歌颂中国共产党。
三十一年如一日地,
您始终站在斗争的最前方,
五亿人的眼睛向着您仰望,
五亿人的喉咙向着您欢呼,歌唱!

解放!解放!
在党的领导下,把人民从苦难中解放!
我感谢党,
三年前把我从反动派的枷锁中解放;
我感谢党,
在党的“争取团结,教育改造”伟大政策下,
在这次思想改造运动中,
又把我从个人主义思想的小领导里解放。
使我认识了真理,认识了人生,
认识了集体主义,
也使我真正认识了伟大的党!

可是,在北京解放前,
我不认识党。
那时,我有着“纯技术观点”,
“无党无派”,“清高自赏”。
我厌恶政治,害怕政治,
政治上愚昧无知。

三反运动使我消除了不正确的疑虑。
认识到我们的党确是大公无私的党。
刘青山、张子善案件的严格处理已经完全说明;

在处理顾准、程万里等八人的事件时,
陈毅同志说:“这说明党除去人民利益外,不许可有其他任何利益。”
这句话更深深地刻记在我的心里,使我真正认识了伟大的党。

庆祝党的三十一周年,
我要全身心地投入思想改造运动;
在这个战斗里,
对于我们的思想敌人——
资产阶级的腐朽思想,
不管它存在谁的身上,
我决不妥协,决不投降。
英勇地战斗
直到敌人彻底消灭和死亡。

在课程改革的工作里,
我一定遵循党的政策,
主动积极地,尽我所有的力量。
我有信心,也有决心。
完成党交给我的任务,
因为,我完全相信党,
党会给我无比强大的力量。

在十年的伟大经济建设工作里,
我要永远紧紧地追随着党,
用马列主义和毛泽东思想,
去教育培养我们的青年一代。
很好地,让他们——可爱的青年一代。
学好技术!武装思想!
能忠诚地为人民服务,
为革命事业贡献一切力量,
永远忠诚于党!
而我呢?首先要做好这样一个榜样。

一九五二年七月四日

第五十一期(今日共十四版)

彻底批判资产阶级思想！坚决树立工人阶级思想！
马列主义胜利万岁

在反资产阶级思想运动胜利声中
全院师生员工家属欢度"七一"，信心百倍争取运动高潮早日到来

七月一日，我们全院师生员工家属以万分兴奋的心情来纪念党的生日。清晨，印着红色标语"中国共产党万岁"的三反快报就送到了大家手里；"思想战线"上出现了庄严、美观的"七一特刊"，有各系的，有职工的，有团报，有"思想建设"，还有干部训练班的。许多教职工同学家属在上面发表了感想，大家都一致表示了对党的无限感激和热爱，并表达了自己的决心，争取作一个光荣的青年团员或共产党员！

上午八时，全院师生员工家属在礼堂集会，由钱元丰(宣传部出版组)、马志成(运商系秘书组)、赵光城(杨文朴教授的爱人)、关佩蓝(医室)、沈玉麟(建筑系副教授)五个同志作典型报告，这五个报告，从各方面反映了我们反资产阶级思想运动的胜利。

在运动中，绝大多数同学都积极参加了各部门的工作，踏踏实实地为革命事业做好点滴工作。正是许多这样的同志们，推动着运动的前进，马志成、钱元丰两同志的报告，生动的说明了这一点。运商系秘书组的工作同志正是由于他们认识了秘书工作是运动中不可缺少的一环，是革命工作的一部分，因此开展批评与自我批评，批判了个人主义思想，开动脑筋，调整组织形式，订立了各项工作制度，明确分工，总务方面实行"三勤"，记录方面实行"快、准、清、真"，汇报提高质量等，使工作有了很大改进。宣传部出版组在刚成立时，也有同志认为"出版工作很事务，人家看不起"。有的刻写工作同志说："现在我实实在在地地道道变成了一架刻写机器。"因此在工作中表现得粗枝大叶，死气沉沉，直到整顿干部、检查思想以后，大家才初步认识到出版工作是反资产阶级思想运动宣传工作的有利工具，积极性启发起来了，如有同志说："过去我总觉得开夜车有些傻气，自己不愿干，但我现在明确了任何工作都是共产主义事业的点滴时，再开夜车，甚至

通宵我也不在乎了。”大家开动了脑筋，发挥了创造性，连续建议并掌握了用火油擦洗钢板，水磨铁笔，挖补等技术，并实行了连续作业法，做到了保证不出废品，在“七一”以前，并推行了“一周无事故”运动，这些，都大大提高了工作质量与效率，马、钱两同志在结尾时，都表示虽然他们已获得了一些成绩，但决不自满，今后要进一步提高工作效率，来迎接运动的高潮。

运输系杨文朴教授的爱人赵光城同志，在运动中主动地协助同学搓澡队帮她爱人进行思想改造。赵同志说：“家里人的影响是有力的，一向生活在一起，了解当然多，你若触动他，一句话就说到他心眼里去，怎容得他说假话！”同时她也给朴先生安排一个安静的环境来想问题、作检讨，由于赵同志这样主动的积极的帮助，使杨文朴教授能够在很短的时间内，在思想战线上有了极大的胜利，赵同志激动地说：“感谢毛主席，感谢共产党，这次思想改造给了我们幸福，给了我们力量。使我家庭变得和睦，我们中间建立起同志关系，感情又进了一步。”大家对赵同志的积极帮助爱人改造思想的精神，表示热烈的欢迎。

医务室关佩蓝同志，过去她认为自己是一个医务工作者，只是“给打针，给吃药”，自己又是“穷孩子”长大的，没有什么资产阶级思想，也不需要什么改造。对同志们的诚恳批评认为是恶意打击，她不相信任何人，只相信自己，但关同志在学习了“可爱的中国”、“奥斯特洛夫斯基的人生观”和“批评与自我批评”以后，她鄙夷了自己过去想“显亲扬名”的极端个人主义思想，端正了对待运动的态度，认识到医务室的工作同志应该是“同志的关系，革命的分工”，今天，关同志初次体会到了革命大家庭的温暖，衷心地感谢党和毛主席挽救了她，她表示要更深刻地检查思想，帮助别人，与同志们携手前进。在自己的工作岗位上作好防疫保健工作，坚决反对美帝的细菌战，关同志的转变和进步，受到热烈的掌声。

沈玉麟教授一站到扩音器面前，台下就掀起了一阵热烈的掌声。沈教授飞跃的进步，带给了大家无比的欢欣。沈教授沉痛的批判了他以前严重的崇美思想和腐朽的人生观，他说：“我痛恨美帝国主义，它把我变成了一个肉体躯壳是中国人而思想行动是美国人的人。”这时沈先生禁不住流下了眼泪。他和他丑恶的资产阶级家庭从思想上划清界限，他痛恨他父亲那样虐待工人，剥削工人的行为。（下接第二版）

第五十一期　第二版

（上接第一版）他控诉！“学徒们在偷偷哭泣，我父亲却在妓院赌场里狂笑！牛马病了主人边给医治，而当我家的佣人因为过度疲劳而生病的时候，我父亲却把她辞退了！”当沈教授想起他正在“为名誉、地位、爱人而生，为名誉、地位、爱人而死”，而方志敏等千百万烈士正在与帝国主义及蒋匪帮作殊死斗争的时候，他痛心地失声痛哭了。接着他以坚定的、空前未有的宏[洪]亮的声音说：“今后，我要为革命而生，为革命而死！”话刚完，全场掌声雷动。大家激动的心情是可以理解的，五六个月以为，沈玉麟教授一向被认为是个很难转变的“顽固堡垒”，而今天，在党的耐心教育和群众的热情帮助下，沈教授终于转变过来了。大家都为沈教授的获得新生而高兴，为党的胜利，反资产阶级思想运动获得重大胜利而兴奋。

在报告结尾时，沈教授表示决心：“我要以实际行动，争取做一个光荣的共产党员！”伴随着的是一阵阵历久不息的掌声。一张接着一张的纸条，递到主席台上，大家都为沈先生的转变而欢呼，他们说：“这是党给沈先生的力量。”

掌声一停，赠送礼物就开始了。首先，节委会办公室赠送给运商系秘书组及宣传部出版组全体同志每人一本“论党”，并鼓励他们进一步提高工作效率，为争取运动高潮早日到来而斗争。运商系全体同学献给赵光城同志一面锦旗，上面写着：“学习你光辉的榜样！”接着好多职工同志给关佩蓝同志送贺信，祝贺她思想改造的初步胜利。医务室的同志们送给她一本书：“钢铁是怎样练[炼]成的”，教注小组的同志们也送她一本书：“奥斯特洛夫斯基书信、论文集”。建筑系的教师同学们送给沈教授很多书籍，书籍上还系着彩绸。有“论党”、“论共产党员修养”、“联共党史”……还有“中国共产党党章”。这些礼品，表达了大家对这些同志的殷切期望和热爱。

大会由节委办公室副主任蔡善昌同志做总结。他说：“在党的领导下，我们的反资产阶级思想运动已经取得了重大胜利。纪念‘七一’三十一周年，我们要进一步提高工作效率，争取运动高潮的早日到来！”

在上午大会胜利的基础上，各系在下午分别召开了师生座谈会，以无比兴奋的情绪来庆祝党的生日。解放以来大家已经是第四次过“七一”了，但是，从来就没有像今年这样对这个伟大的节日感到如此的亲切和骄傲。因为党在伟大的思想改造运动中，使大家在思想上获得了解放，给了大家新的生命。因此，大家对党的感情就像一个儿童离不开母亲一样。六十多岁的经济系许延英教授“七一”的前夕才在思想战线上获得了胜利，过去他是“倚老卖老”对运动的态度是不端正的，现在他已经摆脱了“老”的包袱，愉快的说：“往年过‘七一'我认为是'他们'共产党的事。今天我要说这是'我们'共产党的事！因为党使我懂得了在走向社会主义的过程中我有一分责任。我要在思想上'返老还童',像沈玉麟先生一样推动社会前进!"运输系伍廷钧教授说:"三十一年来我一直和党背道而驰,今天,我思想改变了,我要用一切力量去粉碎在建设祖国中所遇到的一切敌人,永远跟着共产党走。"他们的话振奋了每个人的心,热情的鼓掌声,一阵接着一阵。建筑系的沈玉麟教授刚在师生大会上作过报告,在系会上他激动地说:"今天是我最高兴的一天,因为党使我找到了真理。我决心实践我检讨中的每一句话,实践同学对我的每一个希望。争取早日做一个共产党员!"电信系的陈燕生助教,向他的爱人说:"我第一是属于祖国的,第二才是属于你的。"在师生大会上他兴奋的表示:"我现在还是一块铁,但是我有信心把自己炼成钢,争取做一个光荣的共产党员。"所有这些"返老还童""炼铁成钢""争取入党"……的决心是多么使人兴奋,因为大家体会到它不仅是某几个教授的进步,而是我们的祖国就在这些保证和决心中飞跃的前进了。

在每个会场上,热爱党,热爱毛主席的心在人们热情的鼓掌和争先的发言中流露出来。为了党;为了毛主席有什么东西不能做呢？看吧！几乎每位教师都表示了自己的决心,已经过"关"的经济系李士珍讲师说:"我要记住一点一滴的工作都是革命工作的一部分,我保证洗干净自己搓干净别人,以党员八项标准来衡量自己,我有信心也有决心争取做一个光荣的共产党员。"吴佩蓉助教说:"今后我不再把自己的职业单纯看做是一个教员,而要将自己当作一个革命战士,现在我要不怕困难,做好搓澡工作,帮助别的教师进步。"没有过"关"的教师也都表示要早日洗干净,向党献礼。经济系张协衷主任过去对待运动的态度也不好,经常讲些怪话,可是通过上午的大会受到了很大教育,他激动的说:"在我这个顽固堡垒上已经产生了一道很宽的裂缝,我坚决保证开展激烈的思想斗争做好检讨。"伴随着他们的发言,一次一次掌声表达了大家热情的欢迎,很多同学写了信给教师们,这些信洋溢着年青人赤诚的热情,大家对教师的思想改造是多么的关心和期望！教师们接受这些信时,都表示要争取早日过"关",同学们也都热烈的发言,感谢党和毛主席援救了自己,并保证要提高工作效率,热心帮助教师,争取运动高潮早日到来。李毓琪、孙延福同学入校三年都没有在系会上讲过话,但是,在党的生日,激动的心情使她们站了起来,保证做好工作,作为对党的献礼。

各系在热情的掌声中都通过了给毛主席的信，报告我们在反资产阶级思想运动中取得的初步胜利，人们的心情都在为我们在反资产阶级思想运动中又一次的胜利而感到兴奋和骄傲！

晚上，党支部召开了纪念“七一”和新党员入党宣誓大会，很多非党员同志参加了这个会，把会场挤得满满的。当十三位优秀的青年团员宣誓入党前后，掌声雷鸣历久不息，大家都为党的队伍不断壮大而欢欣鼓舞。自由讲话开始后，同学同志们争先恐后地跑到台上去发表自己的感想，表示自己的决心，高维钧、关尊尧两同志当时正在赶一个抄送本院全体团员给毛主席的信的任务，但还是争取时间上台表达了自己要求入党的热望。黄肃坤同志以前以前一向在小组会上都不大发言，这次却鼓起勇气上台说：“我要争取做一个光荣的共产党员！”上台讲话的人川流不息，共有四十五人向党表示了决心，要争取入党，从他们的表情可以看出他们内心的激动，党支部当场又收到了好几个青年团员的决心书，表示他们争取入党的决心。最后由党支部书记张绪潭同志作了报告，他祝贺十三位同志光荣入党，并预祝他们成为优秀的共产党员。他鼓励一切要求入党入团的同志们，在实际斗争中锻炼自己，早日实现自己的愿望。他又简要报告了整党和建党的方针，号召大家为坚持更高的党员标准而努力。

全院师生员工家属在反资产阶级思想运动胜利声中欢度“七一”，满怀着信心，为争取运动高潮的早日到来及运动的彻底胜利而斗争。

第五十一期　第三版

热爱毛主席 热爱共产党 1

本院全体团员写信给毛主席
保证在党的领导下进一步发挥助手作用，争取运动早日彻底胜利

敬爱的毛主席：

当我们欢欣鼓舞地来纪念党的三十一周年生日的时候，我们要向您和我们伟大的、光荣的、正确的中国共产党——我们唯一的组织者和领导者表示无限的热爱与敬意。

敬爱的毛主席：当您发出了在全国范围内开展“三反”和“五反”运动的号

召后,我们就立即行动起来,团结了广大的同学,投入了战斗,绝大多数的同志,从平凡的生活福利工作,看守工作,直到面对面的斗争中,都能模范的,积极负责的和群众在一起工作。有的在一个多月中,差不多每天都只睡两三个钟头,有的还受到当地组织的表扬。在各地的具体战斗中,都取得了伟大的胜利,并且在运动中提高了自己对党的认识,加深了对腐朽的资产阶级思想的仇恨。受到了生动具体的阶级教育,锻炼了自己的革命品质和工作能力。如我院经济系二年级余顺申同志,过去是一个贪图享受,整天在吃、喝、玩、乐上打主意的人,跳舞要六个舞伴,以前他是不参加任何活动,但这次他参加了“打虎”工作。在斗争中受到了锻炼,因此他能在风雪交加的日子里不吃饭、少休息,不分日夜的奔波着搜集材料,他自己说:“在我想到贪污是我们十年建设的敌人,校内同志要靠我搜集材料来清除贪污的时候,我的困饿都忘了。”特别在我们校内展开反资产阶级思想运动的时候,我们在党的领导、教育和鼓励下,为了祖国十年建设,我们响应您所号召的“知识分子的思想改造运动”,同时,我们也认识到在高等学校里就是为我们祖国培养才德兼备、体魄健全、具有高度共产主义觉悟水平的干部,因此都积极参加了反资产阶级思想斗争,并以模范行动,团结了群众,帮助教师批判资产阶级思想,树立工人阶级思想,也大大地教育了我们自己的同志。有的同志说:“这是一个救人运动,毛主席救了我。”其他,还有许多同志检查了自己的个人主义思想,和同学一起批判资产阶级思想影响,建筑系团员帮助了屈浩然同学,批判了他的自私自利、唯利是图的商人思想,而使屈浩然同学,积极参加了工作,改变了过去的思想和作风,现在已光荣的加入了青年团。有肺病的同志和群众,也要求和其他身体健康的同学一样参加工作,晚上到深夜才睡觉,但精神仍很饱满和愉快,都异口同声的说:“想到了党和毛主席,我们永远也感不到累,我们永远充满了信心和力量。”

敬爱的毛主席:我们新中国年青的一代,都为生活在您的时代里而感到幸福,从内心里发出对党和祖国的热爱。每个同志对待工作的态度,也很严肃负责,表示一定要全心全意为党工作“为革命而生、为革命而死”的口号,几乎变成我们每一个同志的行动纲领。有不少团员同志决心以实际行动争取入党,也有不少同学争取入团。

敬爱的毛主席,在您的领导和教育下,我们全院团员同志和同学们的政治觉悟大大的提高了。在今天,在我们庆祝党的三十一周年诞辰的时候,也正是我院反资产阶级思想运动高潮来临的前夕,作为对党的献礼。另外,我们也向您保证：我们一定在党的领导下，更进一步发挥党的最亲密的助手和后备军作用。为了我们祖国的十年建设，为了我们祖国的美好远景——共产主义社会，贡献我们全部的力量。

祝您

身体健康

中国新民主主义青年团

北京铁道学院全体团员上

七·一

建筑系师生向毛主席报告思想改造的初步胜利

敬爱的毛主席：

今天我们北京铁道学院建筑系的全体师生，在本院反资产阶级思想运动取得重大胜利的时候，怀着无比兴奋的心情来纪念中国共产党的三十一周年纪念日，我们想把我们激动的心情报告给您。

敬爱的毛主席：解放三年以来直到反资产阶级思想运动以前，资产阶级思想一直在我们系里占着领导地位，在教学上表现的是充满了唯心的、崇美的、反动的观点，在教师的思想上表现的是严重的唯利是图的思想及崇美思想。在受资产阶级思想影响的同学们，表现的是享乐至上、纯技术观点，及不问政治的倾向，整个系里死气沉沉，一点生气都没有。

今年一月间，全国各地都响应了您的号召，开展了知识分子的思想改造运动，我们学校也不例外，在“五一”劳动节以前，因为我们没有能很好的掌握党的政策，所以运动的进展很慢。在“五一”以后，我们重点的学习了党的政策，在党的正确领导下，在思想战线上已经取得了很大的胜利。这突出表现在沈玉麟副教授的转变，沈玉麟副教授以前一向有着浓厚的崇美思想和腐朽的人生观，留恋着美国的生活方式，什么时候都只想到个人的“名誉、地位、爱人”，对祖国的新事物一点也看不见。

在“五一”节以前，他对思想改造运动也还是采取了抗拒的态度，作了五次检讨，都没有通过。但是在党的领导和全系师生的耐心帮助下，通过了“可爱的中国”及“批评与自我批评”的学习后，他终于改变了。今天他在全院师生员工家属大会上，作了典型报告，沉痛地批判了他的资产阶级思想，并表示今后要“为革命而生，为革命而死”，要争取做一个光荣的共产党员。沈玉麟副教授的转变，受到了我们全院师生的热烈欢迎，许多同学都兴奋的跳了起来,流出了高兴的泪。同样的,我们的赵祖武教授。沈承福、童鹤龄、周祖爽三位助教做了比较深刻的检讨,庄涛声讲师也在诚恳的检查自己的思想。

六个月以来,尤其是“五一”以来,为了响应您的号召,为了给我们祖国的工业化及各方面民主改革创造条件,我们全系的同学以高度的爱国热情,投入了这个运动,积极的帮助教师批判资产阶级思想,并且联系自己,批判自己的资产阶级思想的影响,每天大家差不多工作到深夜,有时甚至搞通宵,有的同学虽然病了,但还是坚持工作,大家都说为了祖国为了毛主席累一天又算什么!

今天沈玉麟、庄涛声、赵祖武、童鹤龄、沈承福、周祖爽六位教师表示争取入党,大批同学要求入团和团员同志要求入党,像建三同学百分之百的申请入团,屈浩然等六位同学,在这运动中光荣地加入了青年团,二位团员同志光荣地被批准为候补党员,这些都说明我们的工作已有了初步的收获,您可以想像[象]到我们是怎样地高兴呀!

敬爱的毛主席:我们的胜利是和您的英明领导、党正确领导分不开的,在这运动中,我们都亲切地体会党的伟大,因此在纪念党的三十一周年纪念日时,我们请您接受我们发自内心的感激和欢呼!

我们这还只是获得了初步的胜利,目前我们提出了“提高工作效率,为迎接运动高潮早日到来而斗争”的口号,我们一定要在您的领导下,争取反资产阶级思想运动的彻底胜利,我们三、四年级的同学八月初就要毕业了,他们不但积极地投到这个运动中来,并百分之百的服从组织分配,要求到祖国最需要的地方去。

敬爱的毛主席,我们对您和伟大的中国共产党的感激和热爱,从没有像今天这样的深厚过,您和伟大的党所领导的思想改造运动,在初步取得胜利的今天,在我们系里就出现了一片新气象,有了您和党的英明领导,我们有信心在思想战线上一定能取得全面的胜利。

让我们又一次的高呼

伟大的光荣的正确中国共产党!

我们的英明领袖——毛泽东同志万岁!

北京铁道学院建筑系全体师生敬上

一九五二年七月一日

第五十一期　第四版

热爱毛主席热爱共产党 2

参加“打虎”工作七同志致函党支部
坚决完成任务争取做个共产党员

青年团北京铁道学院总地委员会　转

中国共产党北京铁道学院支部委员会

在纪念中国共产党三十一周年生日的今天，我们参加北京市高等学校节约检查委员会“打虎”工作的七个同志，首先向伟大的中国共产党和敬爱的英明的领袖毛主席致以崇高的敬礼并向支部全体同志祝贺。

我们知道党三十一周年来的历史，是同阶级敌人进行坚苦斗争取得胜利的历史。在“三反”、“五反”运动取得辉煌胜利的今天，在党所领导的中国革命胜利后，即将由恢复生产转向伟大经济建设的前夕，党在人民群众中取得了最高的威信、爱戴和拥护，党的建设事业得到了进一步的巩固和发展，我们深刻地感到党是正确的光荣的和伟大的。

在党三十一周年生日的今天，正是我们第一个战役取得胜利后进入第二个战役的时候，我们并将以更大的热情坚持下去，迎接更艰巨的第二个战役，接受考验，完成党和人民交给我们的任务来纪念党的三十一周年生日。我们都感到非常的愉快和兴奋。

在将近两个月来的实际斗争中，我们的主观、片面、不实事求是的非无产阶级思想意识和工作作风，随时在暴露出来，但我们每个人都严格地要求看自己继续不断地在进行纠正和克服，因此每个人在思想上都有着很大的收获。

在各方面之所以能取得过些成绩是和党的正确领导分不开的，同时也和你们的支持与鼓励分不开的，当我们听到学校里思想改进运动中取得初步胜利的时候，对我们每个人都是极大的鼓舞，使我们每个人更加积极地工作，我们每个人都在想，自己虽然没有参加校内的思想改造运动，但在这里是在实际工作中，在斗争中改进自己，这也是很重要的，每个人都认真地脚踏实地地联系思想，检查工作，把思想改造和实际工作紧密地结合起来，但是，在这里的任务就是工作，工作第一，一切为了工作，我们将以不断地改造自己来保证胜利地完成工作。

我们都参加了党课的学习，从学习党员八条标准以后，每个人都进一步明确了自己今后努力的具体方向。

在纪念党的三十一周年生日的时候，我们提出保证：除了坚决完成党交给我们的任务以外，我们每个人都下定决心终身做个革命者，按党员八条标准来锻炼自己，并争取做个光荣的共产党员。

中国共产党万岁！

毛主席万岁！

马克思列宁主义胜利万岁！

参加北京市高等学校节约检查委员会打虎工作同学

张宋溥、陈仁杰、李健、孙肇燔、陈录生、魏华征、马永振

向党表示决心

我满怀着对伟大党无比的热爱，以特别兴奋、愉快的心情，来纪念党的诞生的三十一周年，今天我要诚恳的向党表示我的决心，我要在反资产阶级思想运动中，彻底批判非无产阶级思想，特别是个人英雄主义思想。

同时，要在党领导之下，好好完成党交给我的任务，随时随地以共产党员八大条件，来严格的要求自己，以认真严肃和战斗的姿态，出现在工作岗位上，开动脑筋，多想办法，并且还要团结同志和群众，克服一切困难，提高工作效率，做好搓澡队部工作，把个人利益完全融化到集体利益中去，为了无产阶级解放事业和彻底实现共产主义社会而奋斗到底。我下决心把自己一切甚至生命贡献给党，在实际斗争中争取做一个光荣的共产党员，永远做一个党的忠实的女儿。

中国新民主主义青年团员何丽泉

一九五二年七月一日

更　正

上期本报“新人新事”栏内毕业生服从统一分配问题应为“百分之百服从”。

第五十一期　第五版

彻底批判资产阶级思想　坚决树立工人阶级思想

检讨我的崇美思想和为名誉地位爱人的腐朽人生观

沈玉麟副教授

（一）资产阶级家庭和罪恶的旧社会灌输了我剥削封建向上爬和虚伪自私的思想污毒

我生长在一个封建意识极为浓厚的资产阶级家庭。父亲十多岁的时候由杭州乡下到上海当学徒，由学徒爬到小商人，再爬到开设布厂的资本家，这都是由于他的经商剥削和资产阶级吹拍虚伪的技巧，他过着腐朽的剥削生活，经常以嫖赌的方式拉拢生意，腐蚀一些意志薄弱的人，他又善于迎合潮流，一切为个人，一切为剥削。他经常鼓励我用功读书，向上爬，要像他一样，由学徒到商人，而开设布厂，我小时候就崇拜他的做事能干，我把他当作我向上爬的榜样，我认为他赤手成家，很不容易；并且他的经商收入，要抚养我家里和叔侄辈一群不劳而食的二十多个人，小时候我父亲对我说："赚钱不吃力，吃力不赚钱，一个人要立志向上爬，爬得越高，工作越轻，总是劳心者治人，劳力者治于人"，他说："你看像我这样多舒服、多得意，那些工人，那些苦力就苦了。"这样，在我的幼小纯洁的心灵里，就种下了向上爬轻视劳动剥削群众的根。每次店里收学徒，刚来店的几天，我总是看见他们在偷偷的哭，哭得很伤心，我常常问他们"又没有人打你，又没有人骂你，你为什么哭呀，怎么你这样大的年纪还要哭。"童年的我，不能解释这社会的矛盾，无穷尽的社会寒冷，残酷的剥削，学徒们在哭，我的父亲在笑，他整天整夜在妓院里，在赌场里，他在笑，他在疯狂的过着荒淫无耻的生活，我想不通为什么人类有幸有不幸，投胎在穷人家里就会当学徒，要哭泣，投抬[胎]在富人家里就可以读书向上爬，我幸运我自己投胎在资本家的家里，可以有机会读书，可以有无穷尽发展的机会。好多次父亲参加宴会或者去"逢场作戏"的地方，我也去的，我心里就有一种感觉，我想我心■好好读书，向上爬，爬到像这些灯红酒店绿的宴会里的人一样神气，我羡慕这些名位双收全富贵豪华，不可一世的人，同时我也忌妒这些人，我想你们不要神气，我以后还要有名位，还要比你们神气。

资本家的剥削是极端残酷，昧尽良心的。我父亲就是这样的一个人，他打牌的时候，可以输去很多的钱，在妓院的时候可以挥金如土，但是对于店员的贫困，佣人的有病，他是不照顾的，家里雇佣女仆我们什么事情都给她做，她后来工作疲劳致病，我们就把她辞退了。养一条牛养一条马，工作累病了主人是给他医治的，可是人呢？在旧社会里，人比牛马还不如，家中男仆病死了，在病死以前也没有好好地给他医治，等于不治而死。

我的资本家父亲就是怎样残酷地剥削店员，剥削了工人，剥削了劳动人民，剥削了劳动人民的日日夜夜千辛万苦的血汗来供给他糜烂的生活，我就是在这样剥削下面养大的，我喝的是劳动人民的血，吃的是劳动人民的肉，是这些劳动人民的血肉抚养我长大，给我进小学、中学、大学以至留学，父亲的布厂是上海给敌伪占领的时候才开设的，那时候上海劳动人民和我们厂的店员工人的生活比国民党统治时代更苦，但是我的父亲是更加有钱，在敌伪经济统治更残酷的剥削压迫制度下，我父亲迎合敌伪恶势力的统治，发着国难财。我就是依靠这些剥削来的臭钱，拿来作为我向上爬留学的资本，那些钱是充满着烈士的血，人民的汗，无穷数挣扎在死亡线上孤儿寡妇的泪。

那个织布厂声音很闹，空气很不好，我总是不愿意去厂里看看，我厌恶它声音吵闹空气不好，大刺激我的神经和健康，可是养活我们的劳动人民是成天成夜的在这个环境里工作着、生活着。

一九五零年我父亲的工厂因为我两个哥哥与父亲吵架而拆伙，经济周转不灵而破产，一部分工人遣散金发不出来，我父亲逃往唐山依附我，家里给工人包围看守了，自私的我，严重地丧失了人民教师工人阶级的立场，我为他包庇，不告诉别人我父亲为逃避工人的包围而来唐山，我千方百计托亲戚朋友出来替他调解，请求工人减少遣散金数字，去年我父亲因债务诉讼而被拘押，我也是托人替他解围，那时候我觉得父亲养我这么大，“家难见孝子”，我应该尽我的责任帮助他，我又认为他这样下场很是可怜，我分不清谁是养活我的，我分不清谁是我阶级敌人，谁是我的阶级友人。

我父亲有三个妻子，我母亲是旧社会封建婚姻制度下的牺牲者。我父亲封建思想很浓厚，他紧抱着家长式的封建统治，他压迫妇女，他压迫他的子女，任意的打骂我们，他灌输我们封建的旧道德、旧观点，家里的人都害怕他，我自己在行动上思想上也服从他的支配，为他的旧道德、旧观念所约束。我从小又“口吃”。这又养成我的软弱性和服从性。这些恶毒思想不知不觉地深深的渗入我的头脑，我对我母亲的看法，我认为她不算是旧社会的牺牲者，父亲待她是好的，我想母亲幼年父母双亡，也没有读过书，能够嫁给像我父亲那样的资本家，不愁穿，不愁吃，还是幸运的，我想母亲要是嫁了穷苦的人，那么我也变为穷苦人的儿子，我也会终身穷苦，也会像我店里的学徒那样，被人压迫，被人打骂，得不到读书向上爬机会。

在这样的旧家庭里，一切的一切是反映着半封建社会的黑暗的一面，回忆往事我的心是无比沉痛的，我的大嫂就是在封建统治的大家庭里被大哥压迫，被婆婆虐待，发疯致死的，那时候我才十岁左右，我不懂像我嫂嫂那样知书达理的人怎么会发疯的，我很喜欢她，她也很喜欢我，她的死亡，在我幼小的灵魂里，总觉得有无限创伤，永远磨灭不掉，我憎恨我哥哥，我憎恨我周围所有的人，同样我更坚决向上爬，在这样一个家庭里，弱若是会淘汰的、可怕的，命运不知道那＜哪＞一天会落到谁的头上。

我母亲只有我一个儿子，她与我几个比我年岁大得很多的哥哥无论在情感上，在经济上都是对立的。我憎恨我的哥哥们，他们也憎恨我和我母亲，小时候我常常想在这样的一个家，父亲要是早死，我跟我母亲的生活都会发生问题，因为我还小不懂人事，经济权是掌握在哥哥手里的，为了争一口气，为了突破这被压迫的气氛，我母亲鼓励我好好读书向上爬。这样我就建立了我的极端个人主义向上爬的人生观，想高高的骑在人民头上，爬得比我父亲比小时候那些父亲领我去的宴会里的阔朋友更有地位、更威风，可以在我的哥哥面前显出我的威风来。

（下接第六版）

第五十一期　第六版

（上接第五版）

在这样的一个错综复杂勾心斗角的家庭里，养成我一种资产阶级虚伪的态度，我把一切人看作是虚伪的不善良的，在我生命的整个过程里，有两件事我永远忘不了，这两件事的发生，深深地刺激了我，我把一切的人看作是不善良的，看作是可能在作弄我，我把人类把社会看作是冷冰冰的不可信任的。

第一件事发生在一九四三年，我第三个哥哥是与我同年，他那时也是二十三岁，那时候他自己有了结婚对象，他介绍我与他同班的一位女同学交朋友，那八个月的友谊是我的初恋。我把一切的希冀与情感都寄托她身上，我是如痴如狂地热恋着她，结果我哥哥因为与他原来的妇朋友不好了，他离间了我与女友中间的感情,结果是他与我那女友结婚了,我初恋失恋时候的女友,就成为我哥哥的妻子,也就是成为我的嫂嫂,这事情是完全出乎我的意料之外的,这事情给我刺激很深,我不相信我哥哥,我不相信我周围的一切的人,我不相信我自己,我不相信一切的人类,起先我想自杀,个人主义极端浓厚的我,下不了自杀的决心,我想自杀太傻,太使自己吃亏了,继而我日日夜夜的哭,自私的我又想我在这里哭,他们在那里笑,我更吃亏了,我一口气跳到她那里,我对她说:"你给我十年时间,十年以后,我一定能够各方面都超过我的哥哥,倘若不是,我十年以后的今天,自杀在你们的跟前。"这样我有了生命的另一个寄托,向上爬的思想更飞跃地在我的脑中滋长发展了。

第二件事是一九四六年,我在协泰建筑事务所工作,那时候事务所在担任修理上海虬江码头的工程,有早年虬江码头设计的整套图样,我想晒一整套的虬江码头图样留给自己参考,我问一位同事"我是不是可以晒一套图样留作自己参考,是不是要问一问建筑师。"他跟我说:"不要问建筑师,问了他不会答应你的,你还是不问他,你自己偷偷的去晒就得了。"结果我照他的意思做了,等我拿了底图去晒图公司的时候,他在建筑师面前表功出卖了朋友,打电话给建筑师说我偷偷的晒了虬江码头的图样留作自用,另有阴谋,这样我被建筑师留家反省一星期,作为惩罚,被惩罚的我,那时候一点也不伤心,一点也不奇怪,我不怪他,我只怪我自己,我只怪我自己太相信他了。

旧社会就是这么一回事,人骗人,人吃人的社会,我的一颗本来是天真烂漫充满热情的童年的少年的心,就是这样的被冰冷了,被摧残了。旧社会的剥削阶级为了个人利益,可以出卖弟兄,可以出卖同一阶级的朋友,这些剥削阶级在全国的各个角落里又何尝不是在坑陷人民,出卖祖国,出卖民族,给旧社会造成了黑暗罪恶和毁灭,这就是蒋匪帮统治下的中国旧社会。

也就是这样的一个家,这样的一个社会给我灌满了剥削封建向上爬和虚伪自私的旧社会思想污毒,把我从人变成鬼,变成一个看不见正义不认识真理的人。

(二)我的崇美思想和为名誉地位爱人的腐朽人生观

我的连续十五年的学校教育,是在法国教会小学英国半殖民地中学和美国教会大学,在法国天主教教会学校里,嬷嬷神父十分喜欢我,因为我在班里最能听话,我幼小时候就有浓厚的奴才气息,在小学里念书的时候,我们每天念圣经,嬷嬷神父每天讲道理给我们听,读书那些中国古代封建社会和西洋中古社会封建的唯心的旧道德旧观念,这些东西与我家庭教育是一致的,我深深地吸收了这些道理，帝国主义分子就拿这些慢性的杀害中国民族的思想毒素来毒害我们，给我们千千万万幼小的灵魂里，灌输了这些恶毒的麻痹的思想意识。

我的六年中学是在英帝国主义办的工部局中学读的，那中学是专门训练，为英帝国主义服务的，做翻译做买办洋奴的，一切的课程都是殖民地化的，除掉国文、公民、地理、历史以外，其他课程一律用英文课本，用英文讲授，课堂里教师同学不准讲中国话，教师讲了中国话，英国校长会找他"谈天"警告他，学生讲中国话会受到打骂的处分，英国教师经常地打学生的耳光，我也被英国校长打过耳光，至于拳打脚踢那更是家常便饭，他们把我们的名字编成号码，侮辱我们，我们——这一批半殖民地的中国学生，是没有名字的，是像跑狗场里的狗，跳马厅里的马，只有号码没有名字的，我就在这样的奴化教育统治下，受着洋奴教育，思想上服服帖帖不知羞耻地受着恶魔的控制，在我高中快毕业的时候，抗日战争已起，在公民课上，甚至一位教师对我们宣传和平救国的亡国言论，整整八年的时间里，我就在这样的一个奴化学校里受着帝国主义的殖民地思想教育，把我的整个脑袋都浸透在毒药里，给完全毒化了，在学校里由于教师们同学们崇拜英雄畅谈德国的闪电战争，我也崇拜起希特勒来了，我也相信德国的工业复兴，日本的明治维新，相信军国民教育可以救中国，这些思想是何等的荒谬，是何等的反动，德国法西斯给德国带来的是饥饿和战争，是屠杀了几百万犹太人，被杀害妇女的头发就有几十吨，日本法西斯给日本带来的是痛苦和灭亡的命运，是南京的大屠杀，是成千成万无数次杀害中国人民的集体大屠杀，这就是德国的工业复兴，日本的明治维新。

在之江教会学校的时候，那些披着宗教外衣的美帝文化特务，利用文化侵略进一步的毒害我们，在各种课程里灌输了崇美思想、剥削思想和殖民地思想，要我们必修美国的经济学，唯心的人生哲学或圣经，圣经里说："别人打你左颊，你把右颊也给他打。"这与我中学时候在家里补习四书五经里的道理是差不多的，这些教育就培养我成为那样的人，我的左颊是在中学时候给英国校长打过的，我的右颊呢？我正拿着我的右颊要想给美国人打，我的亲美崇美思想更具体的说明了我要想把右颊也给人打的奴才思想。

十多年帝国主义奴化教育，把我堕落成一个麻木不仁的可怜虫，我认贼作父，认为帝国主义在中国开设医院、学校，还是比较好的，我看不见辅仁燕京协和所揭发的血淋淋的事实，全国各地正揭起反帝反侵略旗帜的时候，我还是麻木不仁，对美帝仇恨不起来。

我在童年的时候，我是爱国的，我高呼过打倒日本帝国主义，我也曾抵制日货，在九一八事变的那一年，我在一家私立小学校读书，学校的爱国热忱非常高涨，教师们讲到痛哭流涕的时候，我也是泪如雨下，心里有说不出的难过，在私立小学里我读了一年，考进了帝国主义的奴化学校，以后我的爱国热忱就逐渐下降了，在我高中时候，是抗日救亡轰轰烈烈举起革命旗帜的伟大时代，我的童年时代的爱国热忱就烟消云散，化为乌有，帝国主义的奴化教育使我成为一个只知道有自己不知道有国家，只爱剥削不爱劳动，一个完全自私自利，一切从个人出发的人。我对于抗日战争失掉信心，我相信达尔文“适者生存，弱肉强食”的道理，我相信世界上从古以来的战争，都是强大的民族合并弱小的民族，大的国家灭亡小的国家，我又认为中国是古老民族，古老民族的埃及、巴比伦、印度都已经被时代淘汰，还未淘汰的只有中国，我们要是自己不争气，就会被淘汰，我想抗日战争，我们要是战败了。

（下接第七版）

第五十一期　第七版

（上接第六版）

我们是不是能够像元朝、清朝一样，过个一二百年把日本人同化。可是我又怀疑科学与文化都比我们进步的日本是不是可能被中国同化。那时候我没有离开被日本占领的上海，思想上也不想离开，我小心翼翼地做着“顺民”，我不想离开上海，我认为跑到那＜哪＞里都一样，那＜哪＞一个城市能担保不受到战争的威胁呢？除非我去西康、西藏、新疆或外蒙古，去这些地方是不可能的，并且我害怕吃苦。在沦陷区的上海，我父亲经商收入，可以过着优[悠]闲舒适的生活，我是留恋这个生活环境的，为了个人安全，怕遭麻烦，我路过日军岗位向他鞠躬，为了怕在日本人的统治下，不懂日文会吃亏，我夜里去日文补习学校补习日文，无数的中国青年革命志士踏上了革命救亡的道路，而我呢，却是卑躬屈膝讨好敌人，甘心做“亡国顺民”。在日军高压统治下的上海，生命是朝不保夕的，后来又有美帝飞机轰炸，在局势紧张的时候，我也想到过死，倘若我死了，有什么死不瞑目的事情呢？我想我没有什么死不瞑目的，就是这还没有结婚，倘若我未死以前，能够结婚，我就觉得死对于我也没有什么可怕的了。方志敏烈士临死以前所遗憾的，所感觉痛苦的是他已失却了为党、为革命服务的机会，是沉痛自己再也不能为党、为革命工作。我是怎样的一个人呢？

我处处为自己打算，我为名誉、地位、爱人而活，我为名誉、地位、爱人而死，我的生命是这样的渺小，这样的卑鄙可耻！

抗战胜利了，一九四五年上海庆祝“国庆节”的时候，全上海市民欢呼庆祝，我也参加了这个庆祝会，我兴奋日本鬼子撒[撤]退中国，大好河山重见光明，可是这个兴奋总是给另一个愁闷所打乱，我那时候，正闹着第二次的失恋，我头脑里成天计算个人得失，忘掉了胜利和平的愉快，我病了，是我有生以来最厉害的一次伤寒病，我为自己而苦恼，为自己而活着。祖国，我又何尝想到过祖国呢？

抗战胜利了，我首先考虑到个人，认为战争已停，生命有了保障，向上爬的机会也来了，我家里有钱，可以允许我出国，我就做着留美梦，对于美国，我是一向崇拜的，学校里的系主任跟我们说过：“你们毕业以后，无论如何要到美国去一趟，开开眼界，要建筑学得好，能去法国美术学院最好，否则去美国，你们没有钱的话，设法借了钱也应该去的。”我又注意到学校里的教师是教授职位的差不多都是留美的，没有留美的教师，年资虽然很长，还是当不到教授，教师们又谈起美国是怎样繁华，怎样好玩，我的一些留美的亲戚朋友也是这样吹嘘美国。小时候，我父亲领我参加宴会的阔朋友又多数是留美的，我想美国太好了。美国可以给我荣誉，美国可以给我向上爬的资本，美国的社会一定是富庶、繁华、宛如人间天堂。我又认为美国是我们的盟邦，他是帮助中国打败日本的，我为国民党反动宣传所蒙蔽，为帝国主义奴化教育所欺骗，认为中国的建设必须依靠美国的技术和机器，中国民生的改善，又需要美国的物资“援助”。我想像美国的国家真是像报章杂志所宣传的，——一个民主自由的国家，因为它不是一党专政，它国内有各种信仰的自由，我想美国确比苏联民主、自由，美国是欢迎世界各国的留学生的，它要是不民主、不自由的话，它不会让世界各国的人，不论学生、商人或旅行者，随意地到它国内去，我想苏联才是集权的、独裁的，不民主的国家，它不允许外国的人士到它国内去，它国内一定有不可告人的秘密或阴谋，不能给人知道。美帝的剩余物资倾稍[销]中国市场，上海的民族资本家，都受了影响，我父亲也受了相当的损失，日本的布匹又出现于上海市场，使我父亲的工厂生产和出品受了阻碍，我是怎样想这个问题的呢？我想我们国家不争气，要依靠美国来打败日本，现在美国要作生意，要赚中国人的钱，又有什么话可说呢？沈崇——在上海的时候，我是认识她的，她是我同班同学的亲戚，我同学的母亲曾经介绍沈崇与我交过朋友。沈崇事件发生后，我心里觉得很难过，可是我又想，美国人生性浪漫，这种事情还不是个别的法律问题？沈崇事件的草率处理我是非常不平的，可是我想，中国政府力量弱，自己没有能力，处处要依靠美国，这种处理情形，分明是美国人欺侮我们，可是我又想，我们国家不争气，力量弱，又有什么话可说呢？我曾经这样想过，人都是自私的，人与人中间的关系也是自私的，人与人的关系多少有些私人感情，尚且是自私的，那国家与国家的关系当然更是自私的，“弱国无外交”，不能怪美国不好，只恨自己不强。

对于苏联，小时候学历史知道帝俄时代曾夺取了中国黑龙江以北，新疆西北的广大领土。又听说俄国人在东北的时候很凶恶，很野蛮，东北人叫俄国人为“大胡子”，叫日本人为“小胡子”。“大胡子”比“小胡子”凶得多。又听人说我们的蒙古、新疆已经差不多俄国化了，那边有很多俄国人种，讲俄国话，过着俄国生活，苏联迟早会并吞这些地方的。德苏战争刚一起，我希望希特勒能打败苏联，我想要打倒苏联，我们的力量是不足的。希特勒能够打败它是再好也没有的事，我知道德国是帝国主义侵略的，可是我更害怕苏联，一方面我崇拜希特勒的不可一世的姿态，抱着崇拜英雄的思想，一方面我恨苏联，所以我总是希望德国能打败苏联。一九四五年抗战末期，苏联帮助中国战败了驻札[扎]东北的日本关东军，获得了抗日战争的胜利，我却认为苏联是想在战后分得一些中国的和日本的领土和主权。所以进兵东北的。抗战胜利以后，苏联的[人]在东北搬机器，外蒙古的独立、中长路和旅大的租借问题，我都认为是苏联侵略中国。

我恨的国家有两个，一个是日本，一个是苏联，现在日本打垮了，我就只恨苏联。我想过去日本侵略中国，还不十分可怕，我们是同文、同种，可能百余年后可以同化日本，现在苏联的侵略中国，就真正可怕了，他得寸进尺地会先是灭亡外蒙古，然后新疆、内蒙古、东北，会把我们的国家逐渐并吞掉，把我们黄种民族逐步的灭亡掉。我又看到上海的白俄很多，听说是过去帝俄时代的贵族、地主和资本家。他们是逃亡出来的，要是不逃亡，他们会被杀掉，我害怕极了，我想他们同是俄国人，都会是这样的残酷，要是他们到中国来，那中国的贵族、地主和资本家简直都会给他们杀光了，大概我父亲也在被杀之列吧！我又看见报纸上说每一次苏联整党要杀掉好些人，我想俄国人真可怕，简直与法西斯希特勒差不多。

对于中国共产党，在抗日战争胜利以后，我听过两种说法，一种是说中国共产党是救国救民的政党，是解放中国、为人民服务的，一种是说共产党杀人放火，与土匪差不多，这两种说法我都相信，我相信共产党为收服民心起见，在打天下的时候是会做些救国救民的事，为人民服务的。每一个朝代刚革命的时候都这样。第二种说法我也相信，因为共产党是由各种热情很高，性格激烈的年青农民、工作组合的，当企图收服民心而民心不服的时候，或者遇到别的势力与他对抗的时候他是会过分激烈，杀人放火的。

解放战争我把它看作是内战，是两党之争，是第二个像西班牙一样的内战，美国控制国民党，苏联操纵共产党，是美国跟苏联两大势力的冲突，使得中国发生内战的。我认为国共战争是共产党发动的，和谈的谈不好，也是共产党要求太高，我恨共产党，不肯放下武器，把和平谈好。

（下接第八版）

第五十一期　第八版

（上接第七版）

我需要一个和平环境，可以给我机会向上爬。八年抗战已使我困闭在不得发展的环境中。我害怕再有战争！我害怕共产党的激烈，也厌恶国民党的腐败，我希望国共谈判顺利，组织联合政府。对内方面把三民主义与共产党的社会主义政策截长补短改良一下，按步[部]就班不急不缓的实行起来，对外方面，不要得罪美国，也不要得罪苏联。我希望马歇尔能调停战争和谈成功，我想中国的八年抗战，已经使得中国国疲民贫，再要两党争战，那只有亡国了，“国必自侮，而后人侮之”中国人太不争气了，我想日本人打我们，没有把我们灭亡，好容易胜利了，成为五大强国之一。我们还要自趋灭亡，自己打自己，我想中国人真太自私，为了争权夺利，为了一党专政，亡国亡民都是在所不惜，真是可恶可恨。

帝国主义长时期的奴化教育和国民党反动派的残暴统治，把像我那样的卑怯的中国人，折磨成自己不相信自己，没有一点民族自信心的人，忘记了自己民族的伟大斗争力量。中国人民不是自私的，那是少数的蒋匪帮官僚买办地主阶级。他们在屠杀人民，勾结法西斯的美帝国主义，诬蔑世界和平堡垒苏联，灌输青年以反人民的思想，中国的广大人民是已经站起来了。在中国共产党的领导下，无比壮大的队伍创立了历史上的人类解放事业。成千成万的革命烈士牺牲了他们的生命，为了祖国的明天，为了人民的幸福，艰苦地英勇地抵抗着国民党匪徒的血腥统治和美帝国主义的残暴侵略的时候，我是关闭在自我的小圈子里，不知道革命是什么，不知道谁是敌人，谁是朋友，我认贼作父,看不见广大人民的利益,看不见中国人民的前途,我看不见旧的腐朽的反人民统治集团已经死去,一切的旧社会的黑暗与罪恶已经随帝国主义的赶走而永远地离去中国,代之而起的是到处有活跃的新气象,到处有日新月异的进步的新中国。

为了向上爬,抱着旅行享乐看看美国"物质文明"以及想离开战争环境到一个没有战争的安静地方去,我达到了出国的目的。在离开祖国的时候,我对祖国没有一点留恋,我很高兴我离开了祖国战乱的环境,可以到达一个理想安乐的社会,——美国去。头脑里幻想硕士、博士的学位,幻想几年以后,十几年以后,二十几年以后,我的名誉,我的地位,幻想我回要以后有了名誉地位,一定可以找到一位温柔的美丽的爱人,那时候我可以骄傲,向我哥哥骄傲,向我嫂嫂骄傲,向过去欺侮过我的轻视过我的人骄傲,我想到这里,我常常不自觉地微笑了,我的微笑是何等的卑鄙可耻,是的,我是在微笑,可是这微笑里隐藏着无数劳动人民的痛苦,我的父亲是残酷地剥削了劳动人民,三十年来我是依靠着这些剥削使我读书留学,过着美好的生活。三十年来劳动人民养活了我,为了个人的向上爬,我把祖国劳动人民的血汗,四五千美金,是多少万劳动人民工作多少年的血汗呀!拿到帝国主义的国家自费留学,换回来的是什么?换回来的是一个更是加深了剥削思想崇美思想和腐朽人生观的我,通过我正在加深地毒害着青年,毒害着劳动人民。

到美国以后,我把所看到的一切表面现象与国民党反动政府统治下的半殖民地社会——中国来比,我认为美国是自由的,到处旅行不检查月份,火车飞机不检查行李,水坝、水库以及各种工厂可以自由参观到处跑,到处玩,随便怎么生活,随便怎么胡闹都是不受干涉的,报纸上可以公开骂党骂杜鲁门,它又有选举制度,一般的人民有投票权,我又认为美国是民主的。

我崇仰美国的"物质文明",我羡慕那些繁华的城市,摩天的高楼,号称平均三个人一辆的汽车和一般人民的生活水平。

我也看到美国阴暗的一面,华尔街旁边的贫民窟,每个城市的黑人区,那些醉酒的懒汉和神出鬼没的盗窃案件,可是我没有体会劳动人民被垄断的资本家压迫的悲惨的真是[实]情况,尤其是非白色人种是如何的被压迫着,被剥夺了人间的一切权利,一切的不安现象,社会混乱,是美国劳动人民的罪恶呢?还是资本家的罪恶,今天我才真正的认识到这些民主和自由是用来保护资本家的剥削的,劳动人民是没有民主自由的。

到了学校以后,给我第一个印象是:我看见的是一个面积广大的两万人的大学堂。学校环境图书设备都是很好的，房东太太待我也不错，教授学生亦是比较诚恳的，这样我就很安心于这个求学环境，整天读书，不参加任何文娱活动，我一心一意为学位而读书，为沽名钓誉而求学位，我羡慕美国的安静读书环境，对家里的事，对社会的事，我可以不闻不问，为学问而学问。当解放战争进行很激烈的时候，我还是对国内政治漠不关心，我想反正我是学技术的，国民党、共产党或者联合政府都可以，我都可以为你们服务，我短时期一两年内还不会回国，随你们去打仗吧，我所关心的只是我自己的事情，我要急起直追地向上爬，一刻不停地向上爬，爬到有一天，可以在我哥哥面前，在我嫂嫂面前骄傲起来。

美国的腐朽电影，剥削现象，美国的更趋极端的个人主义思想作风，美国的资产阶级思想教育，使我变为一个更虚伪更自私的人，我学会了一套美国式的处世方法和美国式的个人主义的虚伪态度。为了向上爬，我极端虚伪地以谄媚的态度和讨好的行为与都市计划系主任建立私人感情。常到他那里谈私人的私事，乘机会捧他，得到他对我的好感，使得他给我多打分数。给我奖金，本来要三个学期得到的学位，也在两学期里给我了。本来我是没有条件进修造园学研究院课程的，结果他也给我通融了，并且答应可以给我两学期内得到造园的硕士学位。我的奴颜婢膝的可耻行为达到了我向上爬的初步目的。

我把美国与蒋匪帮统治时期的半殖民地旧中国来比，我觉得祖国不可爱，美国可爱，我遗憾我是中国人，倘若我是美国人的话，我可以生活在一个没有战争的和平环境里，当教授，当建筑师，有着美好的前途。如果美国没有出路，我可以去欧洲，去南美，去菲律宾，在这些殖民地的国家里，我，假定是一个美国人的话，一定可以得到荣誉、尊敬和享受，要什么有什么。最后我兴奋的是假如我是一个美国人的话，我可以与美国人结婚，美国女人是妩媚的，健康的，热情的，我也知道美国女人最爱离婚，离婚是多少有些痛苦的。可是我一想人生若梦人生行乐而已，谁都为名誉、地位、爱人而活，谁都为名誉、地位、爱人而死。多结几次婚又有什么不好呢？她再婚我再娶、谁还会有什么痛苦呢？我又想，像我这样的中国人——一个中国留学生，回国以后可以有事业有前途的人，比起一般的美国穷苦人民来是不是好一些呢？我认为我比起美国的穷苦人民来还是好的，再说，我比起黑种人、红种人，菲律宾人，那我比他们好得多，黑种人脏、愚蠢，我也讨厌他们，在学校里我怕与黑种人谈天，怕白种人看见我与黑种人谈天会看不起我。

半封建半殖民地的中国旧社会把我变成了一个忘记了祖国的叛徒，我忘记了从小到大我是祖国一粒米一滴水把我抚养长大的，我忘记了我是祖国劳动人民的儿子，我忘记了我是有四千年光荣历史有过无穷无尽智慧创造的中国人民的儿子。

（下接第九版）

第五十一期　第九版

（上接第八版）

我为什么要背叛“母亲”，离开“母亲”怀抱呢？我为什么抬不起头来，惭愧做一个中国人民，我为什么丧失中国人民的立场和气节，失掉做一个中国人民最起码的条件呢？

做美国人是不可能的，既然是中国人，我要向上爬我就得回国，在美国我是抬不起头来，我不会得到名誉、地位和爱人，我想假定我不“口吃”，都市计划的系主任是跟我有私人感情的，我可以要求他给我一个助教或讲师的职位，让我慢慢的向上爬，我想我再下一些功夫，接近他，捧捧他，他是可能会答应我的，可是我“口吃”，我不会讲话，就失掉这个条件了。我又想若是我不“口吃”，我不会那样口才迟钝，我也不会见了女孩子们说不出话来，我可以在美国追求中国女学生，追求华侨，追求日本女孩子，追求贫苦的美国女孩子，只要我是一个上层社会的中国人，是一个美国大学的教师，这些贫苦的美国女孩子是可能会跟我结婚的，可是现在不行了，我也不想这些了，因为我做不到这个。那时候北京已经解放了，美国出版的中国报纸，华侨日报，和美国的纽约时报都登载中国载中国共产党军纪严明，城市秩序良好，有回国的朋友、同学也写信告诉我说，他们到了北京以后，受到人民政府热烈的欢迎优待，得到教授或工程师的职位，一切的情形比国民党时候好得多，他们劝我早些回国，在北京的我的党[堂]兄，也希望我早些回国，他写信给我说，北大已答应给我副教授的职位，希望我早些回国应聘，为了这个问题我回国呢？还是不回国呢？我犹豫不决的考虑了一个多月，不回国呢！我可以继续读书，再读造园硕士，新美术理论硕士，建筑考古学博士，我可以满身荣誉，回国呢！这些学位都不会给我了，结果我决定回国，我考虑我现在不回国，将来不容易找到理想的工作，在美国读建筑的中国学生有五六十人，我早回来可以捷足先登，占据一个比较理想的学校工作，职位现在北大已经答应给我副教授的职位，已经足够作为我向上爬的资本，我还是回来吧！我想共产党的政策是欢迎知识分子回国的，他需要知识分子为他服务，这样可以巩固他已得的政权。我又想我要向上爬，我回国以后必须加入共产党，我离开美国的时候，我就跟中国同学们说："回国以后，我要争取做一个共产党员。"

回国的第一个印象是我觉得新中国的面貌确与旧中国是迥然不同的，使我印象很深的是来天津船离香港的时候，检查行李受到勒索，要我们给海关人员每件行李六块港币，否则他要刁难我们，威胁我们要经过两次很麻烦的检查，一次是军警，一次是海关。在天津上岸的情形就不同了，我把箱子打开给天津海关人员检查，我自己要办理另一些手续，我跑开了。等我办好手续回来的时候，他已经检查完毕，在旁边看守我的行李，很负责任的把所有行李交还给我。到天津的第二天有一位与我们同行的中国留学生，在饭店里遗忘了一个钱包，内中有好几百万块钱，他很着急。匆匆去饭店询问，饭店掌柜跟他说，他的钱包已经送交公安局，请他到公安局去拿，他拿回钱包的时候，那公安人员知道他刚从美国回来，说："你看新中国怎样，你的钱包在旧中国，在美国的话，是不是可能还给你。"我歌颂这些现象，同时我也抱怨某些其他现象，我看各种问题不从制度本质来体会，我是带[戴]着一副有色的眼镜来观看祖国一切新事物的表面现象，我常常把新社会与美国社会的孤立现象来比较，我感到国内的旅行每次检查行李真够麻烦，美国是不检查行李的。到了一个新城市住旅馆，每次都要检查身份，看工会证，也够噜嗦[啰嗦]，美国是不检查身份的，我感到学校与工厂都不能自由参观，美国的水坝与国会白宫都是可以自由参观的，我想参观北京孔庙，到了那里，门上写着"大公职业学校"六个大字和"谢绝参观"四上[个]小字，那时候恰巧岗警走开了，我就进里面自由乱跑，结果给另一位学校同志查我身份，我很不服气，我说："不管是孔庙也好，学校也好，为什么不准我参观，我是学建筑的，我要看看孔庙的建筑。"我没有认识美国的自由是虚伪的表面的，是资本家才有自由，劳动人民是没有的，他的旅行是为剥削阶级服务的，他的统治是依靠秘密警察，他的可供参观的水坝国会、白宫和工厂学校，都是些无关机密表面东西。他的军事研究机关，他的某些工厂是铜墙铁壁、水泄不通的，他怕泄漏秘密，他禁闭了大多数的欧美科学工作者，不让他们自由行动，他屠杀过好多批工作用员，当这些工作人员已把任务完成，而美帝又怕他泄漏秘密的时候，就被杀害了。

对于共产党，我认为他是标榜民主，而实质是少数人的专政，我想共产党说是团结四大阶级，由工农联盟，无产阶级领导，事实上掌握政权的还不是少数党员干部吗？无产阶级大部分是工人，工人文化水平比较低，又不了解政治，怎样能领导政治呢？我又怀疑共产党是大公无私的，我想人总是有些自私的，只是程度深浅而已，共产党也是由各种自私的人组合起来的，他是否可能不自私呢？反动自私的我是不能理解共产党的党，[redacted]阶级性的，对于共产党的一面倒，我很不赞成，我不理解苏联国家的和平本质，我想苏联拿了我们的外蒙古，占了中长路，旅大还没有还给我们，他已经侵略了我们，我们为什么向他一面倒呢？再一想，共产党的一面倒大概是迫不得已吧！共产党既然与美国闹翻了，美国势力又很强大，那他只有依靠苏联来对抗美国。我想大约共产党怕苏联，所以要跟苏联友好，在和平友好的基础上，苏联是不会太对不起中国的。

我最难过的是外蒙古的独立，我曾对别人说："外蒙古不收回，我永远不加入中苏友好协会。"说了这句话的几个月以后，我想在美国的时候，我补习过法文，补习法文的目的，是为了有机会的时候我可以去法国，现在看情形法国是去不成了，为什么我不考虑以后有机会去苏联呢？我能去苏联一次，不论是读书、考察或研究，可以回国后迎合潮流，一步登天，既然我要去，那末我不能不加入中苏友好协会，不加入中苏友好协会，组织上会怀疑我反对党苏联，这样我就决定加入了中苏友好协会，为了向上爬，我可以投奔帝国主义的美国，我也可以去社会主义的苏联，为了向上爬，我才加入中苏友好协会。我才立下愿望在离开美国的时候想回国后争取做一个共产党员。表面上我是超阶级、超政治。事实上正表示我的敌我不分，我的"有奶便是娘"的反动意识，也正说明我也是甘心情愿为帝国主义为反革命服务的，回国以后我怎么没有了想当共产党员的愿望呢？我知道了向上爬不能依靠加入共产党，我看见唐山的教师有大批因教不好书而被解聘的，向上爬还是要依靠技术。在唐山的第一个学期我教过建一的"建筑初步"，学生向我提意见，我很不以为然，我为名位、恋爱所苦恼，我后悔我回国太早，再留在美国，多读几年书好，为什么我放弃了造园学，新艺术理论，和建筑考古学的学位，要提早回国呢！我为了向上爬，我不甘心为祖国人民服务，已经脱离帝国主义怀抱，投入了可爱的"母亲"的怀抱的我，还想背叛母亲，投向恶魔，来残害我们的母亲，我的丧失民族立场，已严重到这个地步。

朝鲜战争爆发的原因，我认为是美苏两大势力在南北朝鲜的摩擦，我认为苏联要伸展势力到南朝鲜，美国要伸展势力到北朝鲜，倒霉的是南北朝鲜。

（下接第十版）

第五十一期 第十版

(上接第九版)

做了美苏冲突的战场,朝鲜战争爆发后,当美帝军事力量逐渐接近鸭绿江的时候,我对美帝存有的幻想,认为他不会侵略中国,我恐惧美帝武装力量和盲目轰炸,我想唐山是华北的工业重点,是不是会遭到威胁,是不是会影响我自己的安全,与朝鲜毗邻的是,东北是我国重工业中心,美帝要是轰炸东北,是不是会摧残中国的新生力量,我们要是战败,是不是会形成一个像过去八年抗战拟的长期战争,但是美军由秦皇岛登陆,直奔唐山,学校不及内迁的话,我怎么办,我又想是不是我可以没有关系,美帝要迫害的在朝鲜是劳动党员,在中国是共产党员和青年团员,不是像我那样曾经去过美国不过问政治的人。

崇美恐美思想把我奴化成一个没有中国人民气息的中国人,美帝在朝鲜所屠杀的正是广大的和平人民,强奸妇女,杀死儿童,一个镇一个村的集体大屠杀,巨济岛的酷刑,细菌战毒气战的灭绝人性,正说明了美这的侵略本质,美帝的屠杀对象又何尝是少数党团员,帝国主义就要屠杀全世界的劳动人民和和平人民,我们——全世界爱好和平的人们,能容忍美帝的这种屠杀行为吗?

成天计较个人得失,把个人利益估计高出一切的我,不能理解志愿军的英勇作战是怎样的一种阶级觉悟,仇恨敌人,抗御敌人,是怎样的一种无比强大的力量,驱使着他们勇敢作战,我也不能理解同学们的报名参加志愿军!和参干是怎样的一种爱国热忱驱使着他们,志愿军以爱国主义和国际主义的忘我精神,为祖国为人民牺牲小我,为革命事业而奋斗,我还认为劳动人民知识低,情感容易冲动,所以奋勇作战,屡创奇迹,我诬蔑了我们最可爱的人,中国最优秀的儿女。

成千成万祖国最优秀的儿妇踏上了征途,为了人类更美好的明天,献出了他们的一切,甚至是生命的时候,我在做什么呢?我在散播反动言论,我在追求升级,不关切系里的宗派,给祖国劳动人民造成的损失,我在宗派里钻空子,使他们都跟我接近,达到我升级的目的,我在为恋爱而苦恼,影响教学工作,我在为标榜自己而毒害同学,灌输资产阶级腐朽学术,我在破坏革命,继续剥削养活我的劳动人民,当好多列火车车厢里挤满了奔赴征途的志愿军和参干青年时,我也在车厢里,他们是走向革命,我呢?我是在去桂林旅行,去大同看云岗,去青岛玩,去北京、天津找恋爱对象,我非但没有像志愿军同志参干同学和方志敏烈士，上饶集中营革命志士那样热爱我们的“母亲”，我是在杀害“母亲”。

当祖国人民需要我划清国际敌我肃清思想敌人的时候，我崇美思想，当祖国人民需要我划清国内敌我，肃清反动地主封建剥削的时候，我同情地主，轻视劳动，当祖国人民需要我增加生产，创造记[纪]录的时候，我是任务观点，作客思想，教学不积极，当祖国人民需要我思想改造的时候，我消极抵抗，三十年来，我一无是处，做了祖国劳动人民的罪了。

（三）“三反”运动和反资产阶级思想运动给我的教育

“三反”运动刚开始的时候，当同志们说我有崇美反苏反人民、轻视劳动的思想的时候，我很不服气，我认为这些思想我过去是有的，现在已经没有了。我认为自从抗美援朝运动，尤其是我们得到了胜利以后，我曾听过很多报告，看过一些有关文件和书籍，参加过游行，我已逐渐地知道美国的侵略本质和苏联的社会主义和平本质，我那＜哪＞里还会再保留这些残余思想呢？同志们又说我对美帝没有强烈的仇恨，对祖国、对人民、对苏没有真诚的热爱，我想，所谓痛恨和热爱太抽象，你们要求我太高了。

“三反”运动以来，经过五个月的党的领导和运动的教育，我认识了我自己，我认识了党、认识了美帝，我认识苏联，我也认识了我的崇美思想到底是一个什么东西，他是怎样地影响着我，又通过我怎样地毒害青年，危害着祖国的建设。

一直到三反运动，我认为人都是自私的，我不痛恨我自己的思想，我认为天下没有不自私的人，我的自私不过是程度深浅，又认为天下没有不自私的党，也仅是程度的深浅。共产党多考虑些人民，少考虑些自己而已，因为组合成党的人总是自私的，党也不会不自私，这样我就不认识党，也就不能热爱共产党，我更认为国家与国家中间的关系更自私，人与人的关系多少有些感情的成分，像父子的关系、兄弟的关系、夫妇的关系、同学朋友的关系尚且是自私的，那末彼此中间根本不会有感情关系的国家，那＜哪＞里还会有不自私的道理，并且我自己头脑里的所谓爱国就是怎样地给自己的国家沾些便宜，假使我是外交官的话，我得给中国沾些光，给别的国家吃些亏，这样就算我是爱国了，这中间那＜哪＞里不是自私呢？

由这种思想出发，我就恨不起美国来，我会联想起国家本来是自私的，美国是自私的，中国也是自私的，他强我弱。他占便宜，我强他弱，我占便宜，我就会把他的在华暴行物资倾销，侵略台湾，发动侵朝战争等罪恶滔天的血海深仇冲淡了。

由这种思想出发，我也爱不起苏联来，我会联想起苏联与中国中间的关系也是从自私出发的，虽然是那<哪>些自私成分我一时也想不出来，不过我总是有些怀疑，有了这些怀疑，我又怎样能热爱苏联呢？

在"三反"和思想改造运动里，我认识了人的阶级性，我才真正到人类不都是自私的，方志敏烈士，伏契克同志，上饶集中营的革命同志，在监狱中，在严刑下，在绞架上，那<哪>里有丝毫自私，学校的党团员同志帮助我们思想改造，热情的同学们放弃了学业，工作到半夜三点、五点甚至通宵，又那<哪>里是自私？思想改造运动里转变过来的同志又那<哪>里有什么自私，为什么我在三月四月里的我，思想不改造，忧虑大公报上揭发了我的反动言论和腐朽思想，忧虑爱人分发问题而痛哭两次，却从来没有觉得对不起同学，对不起国家而哭泣呢？我初步地体会到无产阶级思想的人们是不自私的，我，资产阶级思想的我，才是自私的，这样我完全认识了我是怎样的一个人，我开始真正地痛恨我自己。

我也明白了既然有不自私的无产阶级的人，那末无产阶级思想的党员组合成的共产党，也是没有丝毫自私的，从这点出发，我回想八路军抗日战争，人民解放战争，解放后的三大运动，增产节约运动，"三反"思想改造运动，那<哪>一件不是为了人民大众的利益，人民大众的利益，就是共产党的利益，共产党是有着伟大的人类的爱与世界大同的远大目标，从上饶集中营的电影中可以看出党的领导的正确和很必要，在坚[艰]苦的环境下，党给我们力量，坚持斗争下去，我也认识了劳动创造世界的真理，一切财富都是劳动人民创造的，我是劳动人民养大的，不是共产党领导劳动人民的斗争，千千万万的劳动人民不会有今天的翻身。数千年来的农民革命都是软弱的，不彻底的，只有由无产阶级和共产党领导才能大公无私地彻底地领导革命走向胜利。

（下接第十一版）

第五十一期　第十一版

（上接第十版）

从认识党，我也认识了苏联，既然无产阶级和共产党是不自私的，那么，共产党领导由无产阶级专政的苏联，当然也不是自私的，他是以自己的劳动创造幸福废除剥削制度的，是集体主义、国际主义的精神本质。我又有什么可以怀疑苏联呢？苏联是与帝俄在制度本质上截然不同的，帝俄在东北，人称“大胡子”，是帝国主义反动阶级，是依靠剥削和掠夺国外殖民地市场存在的，他在北满极残暴地奴役和剥削中国人民，夺取北满的财富、资源。帝俄在剥削制度本质上与美帝国主义完全一样，苏联就不同了。她是无产阶级劳动人民专政，由大公无私的共产党领导，是爱劳动、爱真理、没有剥削的，她在中长路、在旅大、在新疆都给了我们极大帮助，她的援助中国就不像美国那样倾销她的商品，而是尽量利用我国固有的材料、技术就地加以科学运用，她帮助我们开办工厂，使我们自己生产，她帮助我们训练专门技术人员，使我们自力更生。两年以前我去东北率领同学实习的时候，每一个城市都有苏联的百货商店秋林公司，当时我怀疑秋林公司是不是一个推销苏联商品来剥削我们的，但是我又发现的商品很少价钱又极便宜，当时我是想不通这个表面现象的，现在我认识苏联的本质以后，我能理解她的商品很少，是因为这些商品主要是供给苏联侨民，她不是剥削，所以价钱又很便宜。

回想起四年前，我在美国读书，上广域设计原理的时候，教师跟我们说：“他过去曾经设计过美国密苏里河流域水电站的工程计划，这计划已经全部设计好，可是没有造，因为资本家反对”，当时他没有说出资本家反对的原因，那时候的我想不通为什么资本家要反对，我也不想去认识这是一个什么问题，这事情就是这样过去了。大约半年多以前，我在报纸上看见美国密苏里河流域洪水泛滥，淹了好多地，死了很多人，当时我也不能理解为什么美国有钱发动侵朝战争，却没有能力造水坝，我想美国是一个自己号称“财富甲天下”的国家，为什么水利不修呢？美国在第二次世界大战时，得到很多财富，而苏联在德苏战争的时候，却受过很大的破坏和财富的损失，为什么苏联在战后几年一直到现在正在建造世界上最大的斯大林格勒和古比雪夫水电站合[与]世界上最大的运河呢？我们——解放后的新中国，虽然财富不及美国，也根治了淮河的水灾和完成荆江分洪的工程呢？在思想改造运动中我再回快这个问题，我得到了真理，我更痛恨美国，同时，我更热爱我们伟大的祖国，和为全世界人类谋幸福的苏联。在苏联的废除剥削、爱好和平的社会主义制度下，一切的财富只有一个主人，就是人民，也就是工人阶级，造水坝在苏联是考虑人民的最高利益，发展和平建设以达到人与自然的斗争胜利；在美国呢？她是剥削人民、屠杀人民、制造战争的，她是资本家的血腥统治，造水坝对这些灭绝人性的资本家没有好处，造水坝的水力发电，会侵犯火力发电垄断资本家的利益，火力发电资本家会反对它，造水坝会影响渔业，渔业资本家会反对它，筑水坝会影响航运,航业资本家会反对它,造水坝要河水泛滥,淹没两旁土地,地主要反对它,这些杀人魔王又害怕和平经济的发展会影响到他们的侵略战争计划,另一方面,这些杀人魔王,还害怕新生产工具的出现会危害到他们原有的利润。这就是美国资本主义的本质。他们为人类制造地狱,他们在泛滥河流,屠杀美国和平人民,他们在侵略朝鲜,屠杀朝鲜和平人民,他们在世界上的每一个和平人民,他们也在屠杀我,可是我呢?我一直是崇美、亲美,与美国侵略者站在同一个立场,我想起密苏里河美国和平人民的流离失所和死亡,我想起朝鲜和平人民的被屠杀,我想起美帝在华的种种暴行,我想起美帝在全世界各国的残害人类,我要控诉美帝,我要和祖国、和全世界的劳动人民站在一起,控诉美帝,消灭美帝国主义。

我痛恨美帝,美国的制度是剥削和掠夺,美国的共和党、民主党是财阀寡头专政,是极端反动的,这些物质文明和物质生活,正是少数资产阶级剥削统治的生活,这些生活的背面是隐藏着无穷数劳动人民的血泪与生命。在今天的美帝国主义国家里,大多数人民都在饥饿、失业的死亡线上挣扎着,它在社会是完全建筑在剥削、掠夺的基础上,在国外,美国是利用通商、宗教和武力侵略达到它奴役和屠杀殖民地人民的目的,旧中国半殖民地式的上海社会,种种帝国主义的侵略、压迫,“华人与狗”的牌子,洋人的棒棍抽打着苦难的同胞,洋人的残酷经济剥削,洋人的屠杀罢工、罢市的祖国劳动人民,这些事实,都是我新眼、新耳看到、听到的。一九四九年十二月,我回国的时候,船泊横滨,乘车去日本东京,所看到的殖民地式的森严、恐怖的统治,船泊马尼剌时候,上岸所看到的美帝统治下马尼剌人民的痛苦,这一切的一切,是说不完的血泪和控诉,这就是人类有历史以来最残酷、最灭绝人性的法西斯国家——美帝国主义的真实面目。

我痛恨美帝国主义,我痛恨美帝国主义给我的崇实思想,崇美思想的作祟[祟],使得我变为一个肉体与躯壳为中国人,而思想与行动的支配已经是美国人的人。它的文化侵略,要培养千千万万像我这样的躯壳、肉体为中国人,而灵魂、思想、行动为美国人的人。这样我们亲爱的祖国就不复存在,我们可爱的“母亲”也就会死去,帝国主义的文化侵略是何等的毒辣啊!

在“三反”初期同志们说我有崇美思想时,我就对美帝仇恨不起来,我责怪我自己为什么要去美国,去英国,去法国就不会有多少崇美思想了,我又责怪我自己为什么我自己那么不好,会有那么多崇美思想,谁是我的敌人呢?谁使我侵染了崇美思想呢?经过党的领导和运动的教育,我认识了那是美帝国主义使得我有了崇美思想，美帝的文化侵略、经济侵略、政治侵略、宗教侵略使旧中国的社会成了帝国主义的半殖民地社会，半殖民地又影响了我有帝国主义殖民地思想。

“三反”初期，群众揭发我反动言论的时候，我斤斤计较个人的得失，是否会送我去革大？是否会被处分？我没有想到广大人民的利益，我也没有认识这些反动言论为国家、为人民带来了多少严重的危害；一直到三月底，洪高山同学说：“一九五零年暑期江北实习，他们班与我参观长春机务段，因为我们事先没有与苏联机务段长联系，他不让我们参观，我与苏联段长气愤的态度与表示反对苏联的心情使得他被我影响了，他那时政治水平低，也就认为苏联段长不好，对苏联不满意。”又[有]建二同学说：“过去沈先生领我们参观实习，沈先生说苏联建筑不好。我们大部分同学也就盲目的认为苏联建筑不好。”当同学们向我提出这些意见以后，我才售[接受]，我的反动言论是的确影响了同学，是在破坏革命内部的团结，给思想情况比较落后的同志起了一种信仰或动摇的作用，给革命带来了灾难，给反革命分子利用或躲藏的机会；可是这个初步认识还是肤浅的，不够彻底的，所以当已毕业的周心恺同学在铁道部有贪污嫌疑，

（下接第十二版）

第五十一期　第十二版

（上接第十一版）

有同志跟我说：“沈先生，你看教师的腐朽思想对同学影响多大，你也教过周心恺的书，你有没有影响他”的时候，我听了很不服气，我认为这责任怎么能推到教师身上呢？周心恺是团员，你们团员同志，团的组织应该负责，我是一贯地这样姑息自己，不承认自己的错误，不警惕自己，不为自己的错误所造成的对国家人民的损失而感到痛心。

听了傅鹰教授的报告、张广天同学的报告，学习了“可爱的中国”、“奥斯特洛夫斯基的人生观”和上饶集中营孙秉泰同志的报告和电影，我深刻的体会新中国的解放，今天中国人民的幸福，是由于毛主席和共产党的领导，成千成万烈士的鲜血、头颅和千千万万劳动人的浴血成果，把他们的身体铺平了今天革命的道路，赶走了美帝国主义，消灭了反动蒋匪帮国民党，才给我们带来了中国历史上空前的光荣和幸福，广大的中国人民都已经站起来了，那＜哪＞一个中国人民不热爱我们伟大的祖国呢？只要不是蒋匪帮反动派，谁会不满意新

中国呢？而我一个新中国的中国人民，[redacted]是散播反动言论，充满反动思想，我已失掉一个中国人民最起码的条件，不配当一个站起来的中国人民。

何况我是一个人民教师，我的责任是要培养新中国的建设人才，在业务上、在政治上、在理论实践和行动里都应该领导同学。思想领导不仅仅是党团组织的责任，一个新中国的人民教师应在日常的生活、言谈中、课程的内容里时时刻刻灌输爱国主义、国际主义的教育。教同学爱祖国、爱人民、爱劳动。今天，党团在教育同学，而我是在破坏党团的教育，我是与党团为敌，给革命造成令人不可容忍的破坏工作。当我想起“上饶集中营”那个胖胖的、带[戴]眼镜的国民党教公民课的反动教官的时候，我想，我就是他，我比他还罪孽深重，那个教官的言论还动摇不了革命烈士的坚强意志，而我呢，我是已经动摇了同学们的革命意志，并且确实为革命带来了极重大的损失，中国人民不能容忍我，我也不能容忍我自己。

“上饶集中营”的志士在困难里、在牢狱里、在百般的苦难中，高唱着渡长江的壮烈歌声，方志每[敏]烈士在临死的时候，高呼着打倒日本帝国主义的愤怒口号。而我呢，我是在牺牲了多少烈士才给我们得到和平解放的环境里，破坏革命散播反动言论。我怎么能对得起为我们的幸福，为我们自己的幸福而壮烈牺牲的革命烈士呢？想到这里我感到无地自容，就是我现在就死，就是我现在能为革命而死，我也是抵偿不了我过去的罪恶的。

我的反动思想使得我在解放以后的三年时间内变得麻木不仁，没有一点中国人民的气息，我背叛了祖国，背叛了人民，背叛了我周围的人，这些反动思想使我抬不起头，站不起身子。在思想改造运动里我又欺骗祖国，欺骗人民，欺骗我周围的人，我想做思想改造的逃兵，我还想思想不改造继续危害人民，当我第二个阶段主观上要求进步的时候，这些反动的意识像恶魔一样总是缠绕着我，使得我更顽固、更麻痹，我自己也不相信自己是怎样的一个人了。

我感谢毛主席、我感谢党，“三反”思想改造拯救了我，把我从睡梦里惊醒过来，把我从黑暗的深渊里解放出来。当我战胜了恶魔的时候，我看见了光明，是的，三十年来我才第一次看见光明，我才第一次真正的得到思想上的解放。

由于我的崇美思想，使我两年的教学时间里，在教学上犯了不可饶恕的错误，我的资产阶级教学思想是买办思想的具体表现，美帝文化侵略毒害了我，又通过我毒害着同学，这些教学思想是美国式的教条式的、脱离实际的，这些教学内容是根据资产阶级的利益而定，是背叛工人阶级的利益，无法为人民服务的,给人民事业带来无可计算的损失。

由于崇美思想的作崇[祟],我盲目地排斥苏联建筑,我不从苏联建筑的政治基础、社会背景、经济条件和文化生活上去了解它,我不从苏联集体主义去分析苏联建筑,不从社会主义制度的本质和无产阶级的艺术观点去研究它。

由于我盲目地崇拜资产阶级,个人主义出发,鼓吹天才灵感的美国资本主义社会商品式的建筑,我也盲目的排斥祖国劳动人民的文化遗产和智慧创造,我的非爱国主义教育使我严重地丧失了一个中国人民应有的立场。

新中国的人民教师所担当的任务是培养国家未来的建设干部,是才德兼备、体魄健全、具有高度共产主义觉悟水平、全心全意为人民服务的建设干部,而我呢?我的教学思想是维持资产阶级的剥削地位,无形中领导学生向资本主义社会走,起了背叛劳动人民,拖着社会向后退的反动作用。我的教学思想是脱离人民大众,宣扬个人主义,教同学忘掉祖国、忘掉人民,我的教学思想是传播资产阶级荒唐的唯心学术,模糊同学的阶级立场,我的教学思想把资产阶级下流堕落的生活方式和资产阶级荒淫变态的审美情绪灌输给同学,我的教学思想又灌输资产阶级反动的改良主义思想,危害了历史的发展和社会的进化。

十年建设的建设高潮就要来到,从明年起祖国的大地上将盖起更多更大规模的建筑,祖国的工业化的远景是无比壮丽的,社会主义的到来是最近不久的将来,祖国劳动人民是如何地在各个工作岗位上出现了无穷数的英雄和劳模,祖国劳动人民又是如何眼巴巴地期望着我们担当起培养干部的建设任务,而我呢?我是在危害革命,由于我过去所受教育的关系,我崇拜资产阶级堕落的文化,中了很深的毒,甚至于敌我不分,丧失了民族立场,失去了人民教师起码的条件,我一直自私自利的为着个人的利益,没有做好教育工作,这都是美帝文化侵略和我自己的个人主义的腐朽思想所造成的。使人民教育事业和国家建设事业受了极大的损失。

我把名誉、地位、爱人看作是人生事业的全部,一切工作都是从这三大事出发,人民交给我培养祖国建设干部的光荣任务,在我只是把它当作我向上爬的阶梯。一个全心全意为人民服务的人所想的只是怎样为人民服务,如何地把工作做好,如果他们享有名誉,那是人民根据他对整个革命事业的贡献而给予的鼓励,地位,那是人民给他的责任,人民教师的岗位是光荣的,他所关心的应当是如何培养祖国建设干部,如何在政治上、业务上用马列主义毛泽东思想武装自己,领导学生。如何在祖国文化战线上、生产战线上加速祖国的建设,而我呢？我是背弃人民、背弃革命，我的教学不是对人民负责，我所关心的不是崇高和伟大的祖国的命运和人民的幸福，不是青年的前途而是我自己鼻子底下的一点利益，我看不见整个人类的利益，我看不见祖国美好的前途。

假使祖国充满了像我这样的人，那末祖国绝不可能从那悲惨的殖民地地位整个翻身到今天光荣的地位，想起我们的革命先烈们，大公无私的共产党员。（下接第十三版）

第五十一期　第十三版

（上接第十二版）

像方志敏、像钱子英、像张福林、像英勇的人民志愿军如何流尽了他们的最后一滴血，为了祖国人民永远的幸福，为了全人类的解放事业，他们不惜把自己的身体填平道路，让后来的人能平安的走过去的时候，当想起革命先烈是怎样地对待他们革命工作，又何曾考虑到个人利益的时候，我的心是无比沉痛的。

以后，我每做一件事情，每想一个问题的时候，我要想一想这些革命先烈，我要一刻不停地用极沉痛的心情来体会先烈们的遗志，我要以他们作为我奋斗的榜样。

（四）我要为革命而活为革命而死争取做一个光荣的共产党员

过去我爱自自己，爱一个人，爱几个人，现在我要建立起革命的人生观，在毛泽东光辉的旗帜下，为建设我们伟大的祖国，我要贡献出我一切的力量，爱祖国、爱人民，爱护千千万万的劳动人民。

为了祖国的明天，为了祖国人民的永远的幸福，我要为革命而活、为革命而死。过去，我觉得我的生命是空虚的，我不知道人生为什么而活着；现在，经过了党的启发和运动的教育，我感到我的生命是丰满的。当我个人溶化在全人类和平解放事业的时候，当我在人民教师的光荣岗位上，把我的生命无条件地全部贡献给祖国广大人民的时候，我将会感觉到无比的幸福和快乐，我的生命会充满无比庞大的力量。

旧的我——一个肉体与躯壳为中国人，而思想与行动的支配为美国人的人已经死去，永远的死去了。代之而起的是一个新的我。

三十年来的旧我，一直是生活于黑暗和罪恶的深渊里，我不知道爱什么、恨什么，不知道活着为什么，我长久地坑陷在半封建、半殖民地和美帝国主义文化侵略的深渊里，我的眼前是堕落和毁灭。经过五个多月党的耐心教育，我得到了思想上的解放，光明代替了黑暗，真理代替了罪恶，过去的我变成了今天的我，这都是党的领导的正确，党对我的政策的争取团结、教育改造的真诚和运动给我的启发；只有在今天解放了的毛泽东时代的新中国才会有思想改造运动，也只有在毛主席和共产党的领导下，才会在我们系里、在我们学校里、在我们全国各地纷纷传来了胜利的消息。

我们所有今天以及更美好的明天，都是党的领导和教育，在思想改造运动里，一天好比二十年，这是个不可思议的奇迹吗？三十一年来一个奇迹接着一个奇迹，只有在毛主席和中国共产党的领导下，在马列主义、毛泽东思想的武装下，在毛泽东光辉的红旗下面，全国人民都勇气百倍地站起来了，他们在创造奇迹，为着人类永远的幸福，为着祖国更美好的明天，献出了他们的力量——党给我们的力量。

在庆祝党的生日的今天，我要脱胎换骨、重新做人，决心继续检查、批判我的非无产阶级思想，服从组织上的领导和教育，诚心接受群众的批评，在工作中不断锻炼自己，加强学习马克思列宁主义与毛泽东思想，树立工人阶级的思想，把我所学的一切贯彻到实际行动中去。

今天，在党给我改造再生的今天，人民需要什么，我就做什么，人民迫切需要什么，我就赶紧做什么，我要建立起革命的人生观，为革命而活，为革命而死。

今天，在党的不断的教育下，我要不断地接受新事物，新民主主义社会是飞跃不停的发展的，一切事物都在迅速变化前进，我要积极地拿出我所有的力量，推动社会前进，不是看着社会前进，也不是跟着社会前进。

今天，我在接受党的教育的今天，我要团结建筑系师生，在思想改造运动里，在以后的课改工作中，在以后的教研组工作中，搞好我们的建筑系，迎接明年开始的祖国十年建设和跟着来的经济高潮、文化高潮，我将永远是我们可爱的“母亲”的好儿子，我要把我们可爱的“母亲”装饰得更美丽、更健壮。

两年来以前，我在美国为了向上爬，我跟同学说：“回国后，我要争取当个共产党员。”我把党当作我向上爬的工具，回国以后，自私的我，当发现向上爬的愿望不能依靠共产党的时候，我从没有想过这个问题，我不愿意想，也害怕这样想。时隔二年多，这一句话，这一个思想也差不多忘记了。今天——在我觉悟了的今天，我觉得我的生命是属于劳动人民的，我的生命是属于祖国的，我的生命是属于党的，我要为祖国献出我所有的力量，我要为祖国流尽我最后的一滴鲜血，争取当一个光荣的共产党员。

同学纷纷写信热烈欢迎沈教授的进步

亲爱的沈玉麟老师：

我们以极其热烈的心情，来祝贺您思想改造的胜利，我们谨向您伸出同志的手，热情的欢迎您光荣的归队。

亲爱的沈玉麟老师：几个月来，我们一直在期待着您的胜利，在白昼、在深夜，我们总在期待着您的胜利的到来，这虽来的日子终于来到了。同志！记住它！永远记住它！这个胜利不是轻易得来的，它是五个月来的宝贵的时间的积累，它是多少人们精力的总和；它是您勤劳的努力、它是党的耐心的教育的结果。亲爱的同志，珍惜它！永远的珍惜它吧！在这个胜利的基础上，大踏步地前进再前进！

伴同着反资产阶级思想运动高潮的胜利的到来，伟大祖国的十年建设即将开始了，为祖国为人民贡献我们力量的时候已经来到，严重的考验已经落到我们的头上，让我们以极其愉快的心情来接受这个考验吧！亲爱的同志！预祝您在这个考验中变得更加英勇、更加坚强，努力学习马克思列宁主义、毛泽东思想，并把它用到实际的斗争中去，预祝您能够成为一个光荣的共产党员。

此致

革命的敬礼

建三全体同学

亲爱的沈玉麟老师：

让我们以万分热烈的心情欢迎您在思想改造运动中的初步的胜利，几个月来，您在党的领导下、在同学们的日夜帮助下及您自己的不断努力。今天开始转变了。您在发现自己虚伪态度的可耻后，马上端正了态度，开始向那些腐朽透顶的资产阶级思想作坚决的斗争。在激烈复杂的斗争中，您看透了旧社会的阴暗，您看见了旧社会的沈先生被糟塌[蹋]得像鬼一样，冷酷、虚伪、自私，您勇敢地站了起来，批判了一切丑恶的东西，接受了党的教育和拯救，奔回了“母亲”的怀抱，“母亲”微笑了，微笑又一个儿子的归队，团结在“结亲”周围的无数劳动人民在跳跃，跳跃我们队伍的日益壮大。

亲爱的沈玉麟先生！在威渝铁路、荆江分洪及无数伟大祖国建设事业蓬勃开展的今天，您的进步是具有很大意义的，这是党的政策的胜利，是思想改造的胜利,是我们日夜劳动的果实,在您的检讨中给了我们很大的鼓舞,我们今后要更加倍努力工作,以实际行动欢迎您的进步,更希望您在这初步胜利的基础上大步迈进,争取早日做一个光荣的共产党员。

亲爱的沈先生努力前进吧！此致

革命的敬礼

樊明体搓澡队全体队员敬上

第五十一期　第十四版

文艺副刊：祖国的早晨

——献给党三十一岁的生日

大　勤

渡过了漫长的黑夜，
穿越了崎岖不平的道路，
背负着
千百年来
中华民族的希望，
祖国
我们亲爱的祖国啊!
今天,二十世纪的五十年代
迎着您的
是金光闪闪,鸟语花香的
美丽的早晨。

这是一个不平凡的早晨，
沉重的锁链刚被打断，
残存的碉堡
还孤傲地耸立在田野间；
荒无[芜]的土地
第一次得到耕耘，
昨夜隆隆的炮声，

迄今还震动着人们的心弦；
魔鬼的阴影
还时刻在幌[晃]动着，
幌[晃]动着，
威胁着人们的安全……
啊！就是这样，
这是一个
不平凡的早晨，
东方的太阳
已经露出了地平面，
夜晚的脚步
却恋恋不舍地
不愿意马上离开；
就在这样一个不平凡的早晨，
你
祖国的，
最优秀的儿女——
中国共产党，
和祖国在一起，
渡过了漫长的黑夜，
穿越了崎岖不平的道路，
背负着
千百年来
中华民族的希望，
雄伟地
站立在中国人民的面前。

就在
这样一个
平凡的早晨，
你，
祖国最优秀的儿女——

中国共产党，
又一次
欢[吹]起了响亮的战斗的号角；
“保卫祖国”！
“建设祖国”！
回声，
像海浪的怒涛，
从千百万，挣断了锁链的
工人那里传来，
农民那里传来，
学生那里传来，
也从民族资本家那里传来！

就这样
你，祖国最优秀的儿女——
中国共产党，
领导着全国人民，
把凶恶的美国侵略者
从鸭绿江边赶过三八线，
把几千年来
骑在农民头上的封建统治者——
地主阶级
消灭掉，
锁[镇]压反革命，清除内奸，
接着
又打垮了
资产阶级的猖狂进攻……

就这样
你，祖国最优秀的儿女——
中国共产党，
领导着全国人民，

在旧中国
荒凉的瓦砾堆上，
修建起无数的花园和厂房！

这真是一个不平凡的早晨，
到处都是战斗的音响，
到处都是劳动的歌声，
到处都是会心的微笑，
田野间出现了拖拉机。
淮河的意义
不再是忧患而是欢乐；
荆江分洪工程
七十五天完工。
成渝铁路
“七一”已经通车。
田桂英驾驶着火车头
驰骋在丰饶的关东平原上，
新中国的女航空员
在“三八”节飞过天安门……

早晨的风是凉爽的风，
祖国的早晨
我们的精神百倍清爽；
早晨的朝霞
象征着一个美丽的艳阳天；
我们祖国的前途，
是共产主义！
渡过了漫长黑夜，
穿越了崎岖不平的道路
背负着
千百年来
中华民族的希望，

祖国
我们亲爱的祖国啊!
今天,二十世纪的五十年代
迎着您的
是金光闪闪,鸟语花香的,
美丽的早晨。

他(她)们是我的学习榜样

李盛歧

十三位同学光荣地入党了,
多么不平凡的一刹那啊!
他(她)们在毛主席的面前宣誓说:“要为人类的解放事业不屈不饶[挠]地奋斗到底。”
多么庄严的誓词啊!
牢记着,
这亦是我今后的努力方向。

看年他(她)们,想想烈士们,
我无限地惭愧和难受。
以前,
我落后,脱离群众,不问政治,
徘徊于个人主义的小圈子里,
盘算着转学,
我不知道祖国的利益,
多么可耻的生活啊!
我惭愧难受,
我要痛恨过去的生活,
我不能再落后,
追上去,追上去。
多么庄严的誓词啊!
牢记着,
这亦是我今后的努力方向。

在烈士们以身躯填平的道路上，
在毛泽东的光辉旗帜下，
前进，前进。
我决心争取加入我们的先进组织——
青年团，
更好地去接受党和毛主席的教育，
做一个党的有力助手，
为人类的解放事业奋斗到底，
他(她)们光荣的入党了，
他(她)们是我的学习榜样。
多么庄严的誓词啊！
牢记着，
这亦是我今后的努力方向。

一九五二年七月五日

第五十二期(今日共八版)

彻底批判资产阶级思想！坚决树立工人阶级思想！

马列主义胜利万岁

思想战线上又一重大胜利
六十岁老教授许延英“返老还童”
经济系师生热烈欢迎

在这次思想改造运动的初期，经济系许延英教授对运动的认识是非常差的。首先，由于他“倚老卖老”，因而不愿意开展思想斗争，他认为上次反官僚主义运动已经差不多了，不相信在教师中真能树立工人阶级思想，他说：“思想在我脑子里，谁也改不了我。”“同学年轻，可以好好改造；我这样的老年人改不起来。”在傅鹰教授的报告以后，同学们希望他向傅鹰教授学习，他认为：“傅鹰能吹，我可要谦虚一点；傅鹰五十岁，我六十岁，也不能一样看待。”由于许教授抱这样一些成见，因而他在最初非但不肯思想斗争，也不欢迎同学同志去帮助。当他把第一次检讨原稿给搓澡队看了以后，大家对他提了很多意见时，他更把自己与群众对立起来了。当天他就气冲冲的在家里写了十张纸的答辩书，对于大家对他提的意见一一答辩，他写道：“我自认为深刻，你说不深刻只好随你便。我的精力已用尽，我不愿在这方面再下工夫。……我这一次想把原文整理一下，对于你们许多意见我想采纳，但不是愿意的。就是要说几句假话。……”当殷宗鹗讲师主动去找他谈谈的时候，他很不客气的说：“你坦白，谁派你来的？来干什么？”由于他这样的倚老卖老，固执成见，所以第一次检讨很不深刻，但是他还是很不服气，“老”的包袱使他不能与群众站到一边。

但是，在党的“争取团结、教育改造”的政策下，在群众热诚的关心和帮助下，“奇迹”终于出现了！六月六日，经济系召开了联组会，对许教授的第一次检讨提意见。在开会的时候，许教授把他的答辩书带了来，准备一一辩驳群众的意见，但是，出乎他的意料之外，从大家提意见的内容上、态度上都不是他要辩驳的东西。而且事实是如此生动、具体，他又怎样辩驳呢？原来他认为萧英达助教常向他反映群众意见是对他有成见，但是会上萧英达助教很诚恳的说：

“你是我们系最年老的教师，也最受尊重，但是我想接近你，你却与我愈来愈远。我是你的助教，我向你反映意见我自己也很痛心，因为教不好同学我们都是应该负责的。”大家对许教授是如此诚恳真挚的，这使许教授深受感动，收起了原来准备答辩的稿子，在思想上开始变了，紧接着在全院又普遍开展了“论自我批评”的学习，给了他很多启发。特别在六月十二日听了叶向忠同志的报告后，开始认识到批评与自我批评的意义是为了“治病救人”；认识到人与思想必须分开；认识到“向群众学习”的意义。他说：“过去自以为‘老’了，又没有做过太坏的事，不改也没有关系，这是站在个人主义的立场想的。现在知道要批评的是我的资产阶级思想，这是为了人民的利益，我应当好好改造。”从此以后，他开始主动的找群众帮助，积极的进行思想斗争，精神上不再摆着一付［副］“老”的架子，而是愉快、诚恳，他提出要学习奥斯特洛夫斯基的人生观，以前他认为“可望而不可即”的工人阶级思想在愉快地接受批评中开始被他找到而愿意往这一个方向走了。但是，由于他“老”的包袱很重，虽然知道了不应当“倚老卖老”，然而在脑子里仍旧感到“老了”！因而还不是满怀信心的大踏步前进。在上月二十七日的第二次检讨时，对于“瞎混”、“自高自大”、“纯技术观点”等都有了较深的认识和批判，但是对于“老”的问题，他说：“我可以忘掉我的‘老’。”这样就没有从本质上去认识，也就不能彻底批判了。他自己也认为这样不对，要大家与他专题讨论来解决。但是一个转变了立场的人是最容易接受真理的，一次一次的会，一点一滴的帮助，许教授很快的进步了。

在伟大的“七一”节，许教授终于冲破了他最后一道思想障碍，自然地愉快地而又正确地说出了心里的话，他说：“我不甘心让青年人跑在我的前面，我要同青年人手拉着手一道前进！我也不再跟着社会前进，我要像沈玉麟先生一样推动社会前进！”他真挚而兴奋的说：“我不老！我要在思想上返老还童！”立刻暴风雨般的掌声代表了发自每一个人的内心的喜悦，大家为许教授的新生而感到无比的兴奋和骄傲，七月二日，经济系核心组正式宣布通过了许延英教授的检讨，会上激动的掌声经久不息，同学和教师包围了许教授，抢着与他握手，年轻了的许教授感动得流下泪来。

一个六十岁的老人，以前是“瞎混”、“倚老卖老”、“固执成见”、“纯技术观点”的人，今天已经是一个“返老还童”、满怀信心、要与青年人一道推动社会前进的人民教师了，这是多么令人欢欣鼓舞的胜利！这个胜利果实在党的正确领导下、在群众的积极帮助下和许教授主观努力下得来的！正如许教授自己所说的：“今天的进步是党给了我力量，我要感谢党、感谢毛主席！我在今后再不因自己不是党员而把党看做是‘他们’共产党，我要热爱她，像热爱自己的母亲一样！我不老，我今天才新生，我不让年青人跑在我前面，我要和年青人手拉手一道前进，我决不肯落后。”

在许教授的转变的鼓舞下，经济系的师生正在满怀信心地为争取运动高潮早日到来而努力。现在还没有过关的朱广心教授说：“今天，我在年岁上相比是小于许教授，但是，在思想上相比却显然比他老多了，我一定要向许教授看齐，决心在最短期内洗一个干净澡。”刘德滋教授也说：“我有信心也有决心急起直追，向许教授学习，彻底改造自己。”现在，年轻了的许教授正在积极的帮助张协衷主任搓澡，他与张主任是老同学，老同事，因此他满怀信心要搓干净张主任，本月三日他整天研究了张主任的检讨稿子，在四日一早就赶到学校来找张主任谈心了。他对毕业班的同学说：“如果你们要继续上课一定抽时间好好准备，好好教，如果你们能停课，我就以全部精力投入运动。”

许教授的转变，是我们思想改造运动中的又一重大胜利，它说明在党的正确领导下，我们能够在思想战线上做到无攻不克，无坚不摧。大家信心百倍地提高工作效率，为争取高潮的早日到来而斗争。

第五十二期　第二版

我要彻底的洗一个干净澡

朱广心教授

当我听到核心组宣布许延英教授胜利过关时，使我一方面感到非常高兴，一方面又感到非常惭愧！许教授已经六十岁了。在经济系是年纪最老的教授，过去他曾背着一个沉重的“老”的包袱，可是在这次思想改造运动中，由于党的正确领导，竟很快的转变了立场，正视了过去的错误，将“老”的包袱扔掉了，在思想上他已变成了一个很活泼的青年。而我呢？因为过去没有了解思想改造的伟大意义，更没有体会到党对知识分子的政策，以致对运动的态度不端正，所以直到现在还没有把自己的满身污秽洗干净，这和许教授相比，在年岁上我虽然比他小，可是在思想上却显然比他老得多了！使我不胜惭愧！今后我一定要向许教授看齐，学习许教授，并且要在党的领导下和同志同学们的帮助下，决心争取在最短时间内洗一个干净澡！彻底的洗一个干净澡！

我要和年青人手拉着手一道前进

许延英教授

今天我要首先表示我的感谢，我感谢诸位同志、同学，特别是搓澡队同学对我的帮助，叫我能认识自己，叫我能认识自己的错误，叫我的思想有改造的可能。在我认识了我自己的错误之后，我才开始认识党，我才开始热爱党，我才开始知道应该感谢党，感谢毛主席。

最近我才开始了解，如果没有党的领导，一切一切的奇迹都是不可能的。我相信知识分子思想改造运动一定能很快地胜利完成，我最近才了解思想改造运动的真意义，我最近才了解党对知识分子政策的正确，我最近才承认我以往对于党是不认识的，我以往对党是没有热爱过，以往我只是瞎混，生活没有目的，最近我才感到我的生活有意义，我一天一天地格外感觉到，我应该感谢党，感谢毛主席，我从今以后，再也不感觉自己不是党员，就认为是他们的党，不是我们的党，从今以后对我们的党，我要热爱她，如同爱我们的母亲一样。

我保证从今天起，我不再瞎混，我对同学负责，对人民负责，尽我的能力，尽我的责任，我要同青年一样负责，我不再是看社会前进，跟着社会前进，以后，我要努力推动社会前进，我在思想上要返老还童，努力帮助别人，尽量参加社会活动，注意研究政治理论。

我要努力争取站稳工人阶级立场，我要对我的缺点特别注意，我不再固执成见，我要虚心向群众学习。我不老，我得到了新生，我不让青年跑在前面，我要同青年手拉手前进！我不肯落后。

把思想收获贯彻到行动中去

——搓澡队给许教授的信

许教授！我们同学为了您的进步而欢欣鼓舞！您的转变是思想改造战线上的一大胜利。

今天许教授所以取得思想战线上的胜利，是由于他能深刻地体会到同志同学们的诚恳耐心，满腔热情的革命友爱和帮助，认识了“批评与自我批评”是我们在思想意识上不断地自我改造、自我锻炼的无产阶级的武器，并更深刻地体会到作为一个新中国的人民教师，没有工人阶级思想的武装，是决不能担负起祖国所交给的培养建设干部的光荣任务，通过实际的行动，亲身体会到党是我们的党，由于党的启发和运动的教育，在许教授思想上最顽固的“老”的包袱，在我们伟大的党的生日那天，已保证要坚决丢掉，要在思想上“返老还童”，并决心要推动着历史巨轮向人类最理想的社会飞驰前进！许教授，您的巨大转变，使我们高兴得忘记了疲劳！虽然我们同学为了教师的思想改造日以继夜的工作着，每个人的体重都减轻了，但是现在，我们系里有八个老师过了关，而今天我们最年长、最受我们敬重的许延英教授的过关，更使我们感到骄傲，使我们更加劲地为反资产阶级思想运动彻底胜利而更努力地工作。

我们希望许教授要将在思想上的胜利贯彻到实际行动中去，积极地帮助未过关的教师改造思想，争取我们的反资产阶级思想运动早日胜利。

简　讯

▲电信系梁晋才助教也在这一次被本院青年团总支批准入团了。当三日晚第四分支讨论他的入团问题时，大部分教师有生以来第一次参加了团的会议，并商量着买几本有关团的书籍送给梁助教，祝贺他的进步。当梁助教被支部大会通过时，掌声历久不息，多少双手同时伸向他，有的同学拉着他的一个手指也就紧握起来，梁助教伸出了两只手，激动得说不出话来。

▲经济系李守洪教授过关后，主动帮助其他教师搓澡，工作积极。最近在病中还念念不忘校内思想改造运动的情况，两次写信来询问，他要同志或同学把三反快报带去让他家属读给他听。

第五十二期　第三版

热爱毛主席　热爱共产党

本院师生纷纷上书毛主席
报告我们运动中的成绩并保证争取运动早日胜利

在纪念党的三十一周年的生日的时候，全院师生都纷纷以无比欢欣的心情给毛主席写信，向毛主席报告反资产阶级思想运动获得的胜利，并向毛主席的英明领导表示衷心的感激和爱戴，这些信件说明了大家对党、对毛主席的热爱。除团总支及建筑系的两封全文刊于上期快报外，现将其他给毛主席的信摘要刊出。

敬爱的毛主席：

今天我们运输、商务两系师生和家属们以无比兴奋的心情来纪念党的生日，我们心里有很多话要向您倾诉，有很多事要向您报告。

我们都是从旧社会里来的，资产阶级思想使我们中间的很多人变得自私自利、鼠目寸光，成天为自己的名誉、地位、小米打算，看不到祖国美丽的远景和个人远大的前途，有的教师在课堂上公开地用个人主义、纯技术观点、崇美思想来毒害同学，同学们往往“不问政治”、为个人学习、不愿响应祖国的号召，当您向我们发出思想改造的庄严号召后，才使我们清醒过来，我们学习了方志敏烈士的遗著“可爱的中国”、斯大林和您写的“论自我批评”，并看了“上饶集中营”的电影，使我们懂得了该爱什么、恨什么，很多同志因为发觉自己做了对不起祖国的事而痛哭失声，并宣誓在今后要把自己的一切献给祖国、献给共产主义的事业。

今天我们来纪念党的生日，全院都充满了欢乐的气氛，到昨天为止，本系已有七位教师表示争取入党。

家属们积极帮助自己的爱人进行思想改造，伍廷钧教授的爱人说：“我深深感谢毛主席领导的思想改造运动，将伍教授从一个坏人变成一个好人，把我们的家庭变成了一个和睦的家庭。”

同学们更以忘我的工作来纪念“七一”，很多同学都为了把庆祝的节目排得更精彩、把“七一特刊”编得更好、更美丽工作到一点、两点，还是那样的精神饱满，大家都说：“为了迎接党的生日，累一点算不了什么。”……最后我们祝贺您

万寿无疆

运输商务两系全体师生家属敬上

敬爱的毛主席：

在祖国伟大的十年建设的前夕，我们响应了您的号召，热烈地投入了反资产阶级思想运动中，彻底地改造自己。

今天庆祝党的生日，也就是我院反资产阶级思想运动即将进入高潮的时候，教师同学纷纷表示决心，要以实际行动来纪念这个伟大的日子，检讨已经通过的教师更积极地帮助别的教师检讨，没有通过的教师表示要争取早日通过，教师同学的政治觉悟普遍提高，我们系里已有六位教师要争取入党，很多同学都要求入党、入团，这些都是反资产阶级思想运动取得的胜利。

敬爱的毛主席：我们一定要在您和党的领导下，为争取运动的彻底胜利而努力。祝您

身体健康！

电信工程系全体师生敬上

敬爱的毛主席：

我们的思想改造运动已取得了初步的胜利，白发苍苍的崔老教授，在批判了自己丑恶的思想之后，变成了年青人，钱崇振主任患有肺病，他却不但洗净自己，而且提出"负责帮助别人"的保证，经常工作到深夜，几十位教师、同学都要求入党、入团，作为对党的生日的献礼。

敬爱的毛主席：我们生活在北京，生活在您的身边，我们幸福地工作着、学习着，现在党又从思想上解放了我们，这些恩情我们时刻记在心头，很多同学工作到深夜一点、二[两]点，头发晕了，眼发红了，但一想起您，一想起党，马上就精神百倍，我们感到一点一滴的工作，都在汇成共产主义事业的巨流！

在目前，我们要提高工作效率，以海燕般的姿态，迎接运动高潮，争取运动的彻底胜利。敬祝您

万寿无疆！

俄文、材料科专修科系全体师生敬上

敬爱的毛主席：

我们系在思想改造运动以前，一些教师以名誉、地位等教育同学，并三五成群搞小圈子、闹无原则纠纷，同学们在这种腐朽思想的影响下，有的失望、有的消沉、有的充满了个人主义的想法，整个系资产阶级思想占了上风。

感谢您和党拯救了我们每一个人，六十岁的许延英老教授，不再"倚老卖老"了，思想上"返老还童"了。现在检讨被通过了的教师已近二分之一，没有"过关"的在争取早日"过关"，过了关的教师也主动去帮助未"过关"的教师，团结友爱的精神正在增长着。

全系同学为了帮助教师思想改造，在日以继夜的工作着，对于自己受的资产阶级思想影响，也毫不留情地加以彻底批判，本届毕业同学都服从组织分配，教师的家属们也都投身到火热的运动里来，保证要帮助丈夫改造思想。

今天，我们在您面前庄严宣誓，我们全系师生一定要团结得更紧，争取反资产阶级思想运动的彻底胜利，并将为顺利完成课改工作，为建设伟大祖国而

斗争。敬祝

身体健康

经济系全体师生敬上

敬爱的毛主席：

当我们庆祝党的三十一周年诞辰的今天，我们以无比兴奋的心情写信给您，向您报告我们反资产阶级思想斗争的胜利。

我们都全身心地投入了伟大的思想改造运动，七十岁的孙荣老教授，沉痛地批判了自己的过去，要重新做人，将要分娩的女助教李伯刚同志，还是念念不忘地争取在这运动中改造自己，要求参加各种会议，同学们丢下了书本，日以继夜、废寝忘食地积极工作。为了纪念党的生日，又纷纷订出了各种具体保证，充满信心地为争取运动高潮的早日到来而斗争。

最后，敬祝您身体健康。

崇高的敬礼

共同学科全体师生敬上

第五十二期　第四版

家属通讯(1)：思想改造给我们带来什么新气象

杨文朴爱人　赵光城

伟大的“七一”来到了，我们以最大欢欣鼓舞的心情来迎接它，这是解放后第四个“七一”(解放前我根本不知道“七一”)。我们清楚记得对每个“七一”都是欢乐庆祝的，但是一次比一次要热烈的多。原因是短短几年中，我们的党，我们的人民政府，我们的毛主席给我们作[做]的事太多了。这一系列的光辉成就，给我们带来了多少利益，使我们久在污泥中受压迫受侮辱半殖民地的人们，光荣的站起来了，还有比这个再痛快的吗？那些大运动，大建设给我们消除了国内外敌人，得到了幸福生活，这些数不清的好事我们都亲身感受到了。记得刚解放时，我本是以怀疑的心情等待着，但我第一眼看见的解放军就给了我一个空前的好印象，从那时以后，我逐渐认识了党。

每年到了“七一”我也是与大家一样的欢乐高呼，但是今年的“七一”我更进一步的高呼！过去它给了我们各样的幸福，今年经过了教师思想改造运动，它又给了我们动力，把我们的教师以及家属也武装起来，与大家一起成了革命战士。我们要一起努力，为反资产阶级思想运动而斗争，我也能在这样大的运动中尽一份力量，从内心感到光荣。同时我由这个运动中提高了自己，更是由内心发出感激，它给了我们幸福，又给了我们力量，使我们这种不孝的儿女也有了机会加入了革命斗争，我不由得由内心发出呼声，高呼共产党万岁！毛主席万岁！

这次教师的家属也投入反资产阶级思想运动，尽了我们的力量，这是我们莫大的光荣！譬如我个人，帮助了我丈夫杨文朴，使他彻底暴露过去腐朽资产阶级思想，他痛恨过去自私自利，初步建立了工人阶级思想。他现在感到了幸福，看见新中国光辉前程将一定更幸福更光辉，但这是千千万万烈士的鲜血头颅所换来的。他知道他没理由自私自利，为自己而活着，他要为广大人民而活着，他要为可爱的祖国而活着，他的确是进步了，这些天在实际行动中，在生活小节中，我时时检查，我觉得这个思想改造运动，确实给我们带来了新认识，增加了我们新力量，而形成了一种新气象，在我们家庭中建立起和睦的新气氛，以前我们感情也很好，但是都有成见，都有自私心，谈到的也是眼前那些私人渺小的、自私的。我们已生活在革命的温暖的大家庭里，我们中间建立起同志关系，感情又进了一步。我们谈的话与以前完全不同了，有了共同目标，感情生活有了意义，化除了那些自尊、成见，心情好像开展了，经过这一挖，一洗，我们彼此间看得也透彻了，彼此鼓励着向前进步，有了从未有的和谐，觉得很快乐。

现在让我谈一谈我所看到的杨先生具体进步事实：

一、粉碎了过去他是好人的成见。以前他想他是好人，我也认为他是好人，最多有些小毛病，用不着改造。但经过这次彻底一挖，自己才明白了站到无产阶级立场，他岂止不是一个好人，简直一向是危害群众的坏人。他懂得要铲除了过去脏污的资产阶级思想，才能改造自己，才能不断的提高自己，所以对学政治特别热心了，在谈话时也都是政治问题，他现在喜好与人研究思想，仔细看报挤时间读文件。

二、过去他开会时不愿说话。怕说错了被人家笑话。现在认识到了过去的不对，他已经多说话，帮助别人，提高自己，他说他以前不会分析别人的意见，现在说话多了，再有别人的帮助，渐渐也学会分析了。

三、他现在很愿意帮助别人挖思想，他说过个运动要抓紧时间，耽误时间是与人民利益有损害的，尽力帮助别人过关，现在是集体主义者，大家全体过了关才是胜利，上礼拜五上午没课，他预备写一篇东西迎接“七一”，可是同事陈先生来了，请他帮助挖思想，提意见。他很热心的谈了几个钟头。高兴的说帮助别人洗澡是要紧的。他们又组织搓澡队，与同学搓澡队联系，积极帮助教师搓澡。

四、他以前不爱写东西，特别是不爱写有关政治的东西。他说不会写，其实是懒得想，懒得写。在这次检讨中他时时想，时时写。有一天开晚会看“上饶集中营”，第二天就写了一篇。迎接“七一”又挤时候写出一篇，他知道他写不好，但肯努力去写了。

五、看重了我的街道工作。起初他对我的工作毫不关心。从这次思想改造后，他的态度变了。时时打听我们的工作，我说我们打算在胡同里教教那些没文化的妇女认字，他就自动的表示每个礼拜可以教三四次，他说人民教师对谁都应帮助的，我们要捐钱修污水池，他也自动的要多捐些。

六、我们之间展开了正确的批评与自我批评。有次我写东西写到学习“可爱的中国”的大会，我顺手写“我哭了一鼻子”，他立刻正式的告诉我不要用谈谐话，那种会是严肃的、沉痛的，行文不许有不庄重的态度，特别在学习使人最受感动的“可爱的中国”，他说不能容忍有一点不端正的态度，他是完全对的，我当时接受了他的批评。

七、他开始喜欢了集体生活，愿意去开会。这些天忙得几乎没一点时间。从前开会他也一定到会，但时间太长，他就喊累了，现在他不说累了。因为有了伟大目标，精神愉快，就不觉得累了。

这次加入了这个伟大运动，帮助了他，也提高了我自己，我也跟着洗个澡，我与杨先生在一起生活许多年，我们许多思想都是很相近的。经过了他的检讨，提高了我自己。有一件事可以看出：前些天我们街道要选一个合作社组长，合作社有一件很紧急的任务要完成，作为向“七一”献礼。我们胡同酝酿要选我，征求我的同意，我极力推辞，说我已当了一份代表，应再找别人工作，人多力量大，其实我是怕麻烦，那天参加了学校里的“批评与自我批评”大会后，我觉得这样作[做]是自私的，从个人利益出发的。我立刻同意他们的推选，担任了组长突击的完成了初步任务。

今天的进步，今天所得的成绩，还只是一个开端，今后我保证一定要拿出最大的力量，巩固初步的胜利，更要不断的努力提高，作[做]到全心全意为人民服务，以报答党的恩情，最后更高呼：共产党万岁！毛主席万岁！

参加“七一”大会感想(摘录)

王竹亭教授爱人　徐佩兰

在纪念“七一”大会上,听了杨文朴同志爱人的报告后,使我知道如何更好的帮助王竹亭同志挖思想。现在,我有绝对把握完成党交给我的光荣任务。把搓澡工作保证作好。

在这次运动中,与其说家属帮助教师们改造思想,不如说家属同教师一起改造思想。现在,每个家属都投身到运动中来了,通过听报告学习文件,一方面可以帮助教师挖思想,一方面也批判了自己的非无产阶级思想。我在这次运动中也初步的在思想上和自己父亲划清敌我界限。

第五十二期　第五版

我们如何提高了工作效率

节委会办公室宣传部出版组　钱元丰

我们出版组在过去的工作中,如何提高了效率、改进了工作,现在分三部分介绍在下面:

一、宣传部出版组一般情况

过去我们出版组工作同志,对革命工作认识不足,因此,在工作中开动脑筋很少。不能主动想办法改进工作,他们认为“出版工作是事务工作,起不了多大作用”,刻写小组的同志说:“我当时觉得出版工作很事务,人家看不起,因此在参加了出版组后就跟同学说:‘现在我十十足足、地地道道地变成了一架刻写机器。’”其他的工作人员大部都有任务观点,工作来了组长到处找人,本位工作完了就不管不问了,因此在工作中表现了粗枝大叶,死气沉沉。同志们!党的宣传工作过去在出版组就是这样停留在一定阶段,不能很快前进。

自从整干学习后,同志们在思想上初步明确了出版工作是革命工作的一部分,认识了出版工作是反资产阶级思想运动宣传工作的有力工具时,大家的积极性启发起来了,对工作也主动考虑了,油印小组陈光明同学说:“整干学习后,我的脑筋动起来了。”易先文同学说:“我们再不能粗枝大叶了,否则革命工作就会遭到损失。”也有的同学参加出版组工作后,由于许多工作同志的坚苦作风,自己受到了很大教育,他说:“过去我总觉得开夜车总有些傻气,自己不愿干，但明确了任何工作都是共产主义建设工作的点滴时，我不再那样想了。现在如果工作需要，开夜车甚至通宵，我也愿意。”有的同学认为出版工作固然有一些是事务性工作，但这是宣传工作的重要的不可分割的一部分，如果脱离了出版工作，整个宣传工作就要受影响，如果我们不开夜车，不牺牲一些睡眠时间，那么明天全院师生就看不到快报，那么也就不能看到祖国人民对教师思想改造热烈期待的情况，也就不能听到全院同学对教师的意见，也就不能更深入地传达党的政策与方针，这该是多大的损失。正因为大家认识了出版工作的重要意义后，大家都迫切地要求希望能够为教师们作更多的工作，虽然我们工作到深夜或者通宵，但是当我们一想起这是帮助教师思想改造，为了国家长远利益的时候，我们工作就更有劲儿，每一个工作同志都要求工作任务，如上次决议再版“奥斯特洛夫斯基的人生观”时，很多同志要求把这个任务交给他，有的说：“给我吧！我能完成任务。”有的说：“还是让我来吧！我的身体很好，开夜车没有问题。”的确，在这（种）情况下分配任务时，是要进行说服教育的。另外，我们在工作中固定版面，专人负责刻写，第一版字数较少，李毓琪同学接受这一任务时，她心里很难过，说：“为什么把轻的任务给我呢？”并且一再表示要求增加工作任务，同志们！出版组的同志是这样地对待他们的工作！每次当我们印完快报最后一页的时候，或者是捡起快报阅读的时候，我们会不约而同地松口气说：“我们又为教师思想改造尽了一份力量。”一个教授的转变或者一个会议的成功，对于我们是一个极大的鼓舞与推动。由于大家在思想上明确了自己的工作是革命工作的一部分时，合理化建议也多了，创造发明也有了初步的萌芽，对人民财产的节省也起了较大作用；如原来钢板不好刻，腊纸时常刻破，于是有人建议用火油擦一下再用，结果像新的一样好使，铁笔在出版组原来是个大问题，因为买的时候没有注意质量，因此刻了没多久就钝了，整干前大家嚷着一定要去买，似乎不买就要影响了工作，但是经过合理化建议，利用水磨后，不但铁笔够用，而且有富裕了。过去腊纸破了，或者刻错了，只得把整张腊纸毁了，这是多么浪费！过去我们明知道是浪费；但总不能解决，这次经过钻研试用挖补后，不但节省了腊纸，并且争取了时间，这些创造发明虽然是微小的，但说明如果今天你对革命工作有了高度的热爱与负责的精神，那么就能在这方面有所创造发明，对工作效率就会提高。

每个同志在思想上武装起来后，产品质量就有了突特的转变，拿快报废品率来说，在整干前，每期废品率至少2%，现在已做到基本上消灭了废品。

二、工作经验与方法

下面就工作中摸索出来的经验,供大家参考:

1. 工作前的准备工作很重要

在工作前各组同学都先来工作做准备工作,如刻写同学事前整理一下铁笔、腊纸、铜板,油印同学检查一下油墨,油印机是否良好,发现故障及时修理。这样保证避免中途事故或供应不足的现象(。)

2. 精确计真字数,做好计划,画一版面缩影

稿子来后,首先的问题是排版,如果不精确计算字数,就会使版面杂乱无章,轻重缓急倒置。宣传效用就打折扣,因此精确排版实为重要问题,所以在排版后画一缩影,一方面看审美是否[redacted],一方面看排版是否美观,以作最后修正。

3. 学习使用挖补技术,提高了工作效率

过去我们也知道挖补这一技术,但就不知道怎样去掌握,在这次工作中,由于遇到了一些错字漏这等具体问题,如果不用挖补,那么版面一定涂改得很脏,而不美观。因此,为了解决这一问题,大家钻研了这技术,结果是成功了,而且技术一天天提高,开始时只能挖补大标题,后来技术提高了能挖小标题、小字。现在我们能在油印后发现错误再挖补,这样工作效率提高了,而且也增加了版面美观,现在每个同志都掌握了这一技术。

4. 组织力量,实地了"连续作业法"

过去在工作过程中,休息吃饭的时间都停止工作,现在我们实行了"连续作业法",改变了以前现象,如刻写同学吃饭时,刻标题同学接着工作,或者校对同学校对,这样同志们有休息时间而工作不致耽误,也就是说每个单位时间都有工作在进行着。

5. 推行了负责制,现在实地的有三种制度

甲、刻写负责:刻写同学拿到稿子后,先看一遍,有问题时可提出计论修改,然后再开始刻写,刻写同学负责不错字,不漏字,版面整齐清洁。

乙、校对负责:现在的校对制度是三次校对:

(1) 刻写核对——刻写同学写完后自己与另一工作同志校对。

(2) 组长校对——初校后,再由组长负责覆[复]核。

(3) 最后校对——油印出样版后,做最后核对。

丙、印刷负责:保证不浪费一纸一墨,不出废品。

6. 一定时期内提出一定口号

在一定时期内提出一定口气,如"消灭错误"、"一周无事故运动"是极其重

要的，因为口号是用来显示我们的任务，表示我们一定时期内奋斗的目标，过去事实证明，这是永远鼓舞我们前进的力量。是我们按期完成任务的保证。

另外，我们小组同志间互相在政治上的关心与勉励，也是今天成绩获得的重要保证。

三、用实际行动纪念党的生日

七一前夕，我们开展了“一周无事故运动”，迎接“七一”，虽然获得了一些成绩，但是我们并不自满，因为我们知道自满就杜塞了前进的道路，今后我们决心，在“一周无事故运动”的胜利基础上，进一步提高工作效率，保证做到永远无事故，作为对党生日的献礼。

同志们！让我们共同交流经验，进一步提高工作效率，为迎接反资产阶级思想运动的高潮而斗争！

第五十二期　第六版

进一步提高工作效率　为迎接高潮到来而斗争

我们是如何改进了秘书工作

运商系秘书组　马志成

（一）过去情况，也就是成立后初期的情况

过去我们对秘书工作的目的性不明确，不知道它在运动中应该发挥怎样一种作用，很多同志认为这是零星的事务工作，没有什么了不起，抱着单纯任务观点，以为做好本份[分]以内的具体工作就算完成任务了。整个秘书组，组织分工不明确，没有一定的制度，因此做起工作来效率不高，质量很低，例如总务方面有四位同志负责，量由于分工不明确，内容不具体，大家来了等着没有事情做，而当有事情要通知时反而又找不到人，又如汇报表全由一个人填，时间搞得很晚，但内容空空洞洞。提到某位教师的检讨内容时，有的只填两三项，一是对检讨的态度，二是对党的认识，三是今后努力的方向，至于对检讨的态度到底怎样，是诚恳还是虚伪；对党的认识怎样，正确还是不正确，今后努力的方向又是怎么样，这些谁也不能看出来，我没有认识到这是给领导上正确的反映情况，由于我们这种粗枝大叶，不负责任做出来的汇报，当然也就不可能供给领导上以任何帮助。另外在我们的思想上也存在着很多不正确的想法，有的觉得工作做不好,想换一种工作做,有的在工作时忘不了书本,看书时又想起工作,患得患失,三心二意,有的认为这是事务工作,没有什么了不起,各搞一套,做完就算,因此工总的表现是“混乱被动,人很空,可是工作拉下水”。

(二)怎样转变过来的

正如上面所说:我们在工作中存在着很多缺点,办公室曾召集各系秘书开了一个会,张绪潭同志首先指出秘书组应起的作用和它具体的包括那＜哪＞些东西,并当场对我系的日报提出批评,很诚恳的说:“你们不是帮助领导,而是对领导开玩笑,你们总得给领导上一点好的粮食吧,祖国要求我们青年德才兼备,什么叫做德呢?德就是全心全意为人民服务,对革命工作忠诚负责,德的一解决了,才的问题也解了”,这几句话对我的教育意义真是太深刻了,我一个字也不能把它忘掉,带到我们秘书组里展开讨论。起先我们大家都这样认为“我们参加工作总是想积极的把工作做好”,但为什么会产生这么多的缺点呢?主要的我们对运动的伟大意义认识不足,没有把秘书工作看作整个革命工作的一部分,我们不是以认真负责的态度来对待工作,而是参[掺]杂着很多个人主义成份[分]在内,这样就不可避免的会给工作带来很大的损失。根据领导上的指示,我们全组同志展开批评、自我批评,揭发过去工作中的缺点,深入检查自己的思想,例如过去日报由一个人填就是为了要表示自己积极,不放心让人家做,七八个教师同一天检讨下来自然无法看记录,于是搞几个幅子;交卷应付了事,经过讨论以后,大家认识我们所担任的秘书工作,不是是我们想像[象]那样的普普通通,可以随随便便,它和宣传、搓澡同样是运动中不可缺少的一环,这一环做不好,就会给工作带来损失,它在运动中应当起到助手作用,明确了这一点,进而调整组织,订立制度,进而具体分工,各人分头负责,相互帮助,大家都说:“这下思想上明确了,分工也具体了,回头想些办法,一定要在工作中发挥主动性和积极性,保证把工作搞好。”

(三)改进后的工作情况

首先我们在思想上明确了对每件工作必须要采取认真负责的态度,从这一原则出发来改进我们的工作,在组织形式上分为日报、资料、记录、总务四部门。(最近因搓澡工作较忙又增加了一个同志负责这方面的秘书工作。)现在我把各部门工作的大致情况以及有那＜哪＞些经验,简单的介绍如下:

(1)关于汇报方面

过去我们交给办公室的汇报表质量是最差的,以坏的粮食来供给领导上,这次我们特别提出一定要负责把表填好,质量要高,我们提出这样一条:“凡是我们看不清楚的地方领导上也一定很难看清楚,一定要清楚以后再交上去。”具体做法是这样的：以前由一人填内容不充实，不具体，现在改由互助组的同学代表填，他们参加检讨会，并且和搓澡队在一起讨论，他们掌握的情况全面而具体，因此，由他来填比较合适，填好后交搓澡队长审核一遍，看是否有不够或不对的地方，加以补充和修正，最后由秘书组再看一遍，有不清楚的地方继续加以修改，这样前后经过三遍的审核内容就比较充实和可靠了，这样也就是汇报表的质量提高了。在时间上讲，分开由四个代表填可以平行作业，自然比过去由一个人填要缩短很多。

（2）关于总务方面

总务也是一个后勤工作，表面看来这是最枯燥无味的工作，但是由于龚南文同志的努力，它是最生动的，最有内容的工作。他一切为了使工作同志方便，使能节省时间，他常是这样想的：工作同志紧张的、日夜不息的为了帮助老师们思想改造，他们是不能化[花]，也不应该让他们化[花]更多的时间去想一些琐碎小事而影响他们的工作。例如买粥票吧，他说："我一个人去买比各人自己去买要方便得多。"再看看文具用品够不够，不能停工待料，浪费时间，每一个小地方，他都很仔细的计划到，他在工作中始终是紧张愉快的，精神饱满的。提出了"三勤制"，就是"勤走"、"勤做"和"勤想"，现在简单的介绍一下："勤走"，就是迅速完成联络通知的任务，在前往通知的路上即做好计划，不走迂回路线，如果要通知全体搓澡队员，人数很多时，便只通知队长，由队长再通知全体队员，遇到开全系大会时，提前二十分钟到宿舍里去打铃，使能准备时到会，碰到紧急通知时，更要抓紧时间，不使有所延误。"勤做"就是多找工作做，开大会前先把会场整理好，尽量供应开水，及时的领取文具，经常注意室内清洁。"勤想"就是多开动脑筋，主动的想出改进的方法，如改变办公室桌子的布置，加装电灯，使工作方便，又如陈列馆下午开会时，阳光照射进来影响会场，便设法向陈列馆借窗帘挂起来，又有一次伍教授冒着雨骑车来校帮助教师搓澡，衣服被淋湿了，他便设法找件衣服给伍教授穿上。由于这样的贯彻了"三勤制"，所以总务工人有显著的改进。

（3）关于记录和整理方面

记录是一份原始资料，要做到四点：1. 记得快，字写得小一些，速度可以加快。2. 记得准，尽量把教师或同学发言的原意记下来，不把自己的主观成份[分]夹杂进去。3. 记得清，字迹要写清楚。4. 记得真把会场的情绪也记录下来，例如鼓掌等。晚上作检讨整理，在整理以前，先把记录看一下，一方面可以校对错字，一方面对整个检讨可以有一(个)总的概念，整理起为比看一段整理一段来得快，整理完毕后也要校对一遍，竭力避免错误，过去遇到开大会时有些发言人的名字不知道，现象也想法克服，五个记录定期开会讨论，检查缺点，交流经验，研究改进工作方法。

(4) 关于资料方面

保管资料是秘书组很重要的一件工作,要做到不乱不丢,严格执行出错制度,借、还都要登记,每天晚上要把资料整理一遍,对资料要编排号码,分类保管,要能做到一索即得。

经过以上这些改进后,工作上初步克服了过去的忙乱现象,大家主动的找工作做,主动的把工作做好,并实行联合劳动,不这[过]我们在工作上还存在着很多缺点,离开我们的要求还差得很远,我们的工作还不够深入细致,不能有系统的、整体的掌握情况,制度还不够严密,在上一个月连续发生了两次重大事故,一次是六月十日一位先生吸烟时不小心把没有熄灭的火柴扔在地上,引起火警,一次是六月二十一日全院大会时忘记把陈列馆的大门锁上,这两事故性质是非常恶劣的,我们开会检讨,检查出我们对爱护祖国财产的观念是不强的,我们吸取两次事故的教训,又订立了制度,秘书组经常有人留在陈列馆,严格执行值班制度,陈列馆的禁止吸烟,晚上按时巡查。

(四) 提高工作效率,以实际行动来纪念党的生日

通过检查工作和总结工作,我们秘书组比过去有了些改进,这是由于领导上的正确指示和我们全组同志努力的结果,我们应该为工作上有一点一滴的成绩而感到光荣,但这份光荣首先应该是归功于我们伟大的党和敬爱的毛主席,三年多来,我们在党的关怀下,在毛泽东阳光的照耀下,使我们能够有这样幸福自由的学习和生活,为了要把我们的祖国建设得更美丽,使我们的明天更幸福,在目前来说我们应当用更大的努力来参加反资产阶级思想的斗争。在今天纪念"七一"的大会上,我们全体组员保证今后进一步的提高工作质量,提高工作效率,努力克服缺点,以更积极的战斗姿态来搞好革命事业一点一滴的工作,为争取反资产阶级思想运动的早日取得胜利而斗争。

第五十二期　第七版

节委会办公室信勉
希望继续发挥革命精神进一步提高工作效率

(一) 给运商系秘书组的信

运商系秘书组全体同志:

你们在反资产阶级思想运动中,迎接党的生日的时候,以对革命高度负责

的精神，做好了运商系的秘书工作。你们遵守工作制度，实行联合劳动，开动脑筋想办法，提高工作效率，保证不出事故，总务方面做到“三勤制”，“勤走、勤做、勤想”。记录方面做到了及时整理、不出错误。日报方面做到扼要具体、及时完成。资料方面，不丢不乱、每天整理。这说明你们对革命的忠诚，对党和毛主席的热爱，与革命是休(息)工作结合起来了。你们这种对革命负责、做好点滴工作的精神，是值得表扬的，值得大家学习的，希望你们继续发挥这种革命精神，更进一步提高工作效率，为迎接运动的高潮到来而斗争，争取反资产阶级思想运动的彻底胜利！

节约检查委员会办公室

七月一日

（二）给宣传部出版组的信

宣传部出版组全体工作同志们：

在伟大的党的三十一周年纪念日的今天，谨对你们在过去一阶段工作中认真钻研、积极工作的精神表示慰问和敬意。

同志们！一个多月以来，由于你们认识了工作的意义，决心在伟大的反资产阶级思想斗争中贡献出自己的力量，因而你们积极的开动了脑筋，以对革命负责的精神，严肃认真的进行工作，特别是最近你们为了迎接党的生日，提出了“一周无事故”的口号，将你们对党的无限热爱贯彻到了实际工作中去，并以战斗的姿态认真钻研、积极工作，实现了你们的保证。你们这种精神说明了你们是以工人阶级的思想来从事工作的，这种精神值得我们全院工作同志学习。

现在，我院反资产阶级思想运动的高潮即将到来，希望你们更加努力，实现你们“快报出一天、一天无事故”的决心。同志们！愿你们巩固已有的成就，进一步改进工作方法，提高工作效率，为争取反资产阶级思想运动的彻底胜利而斗争。

节约检查委员会办公室

七月一日

党给了我力量

运商系秘书组　龚南文

想起了党，我就有了力量。

在这次反资产阶级思想运动中，组织上交给我的任务是运商系核心组的总务联络工作，由于党给我的鼓励与教育，使我充满了无限愉快的心情接受了这光荣的任务，我明确了这是革命工作的一部分，我决心在工作中贡献出我的一切力量。

党的英明和伟大，激起了我对她的无限热爱，因而提高了我工作的积极性，“平凡”和“事务性”的总务工作交[并]没有减低我对工作的热情，相反的，在我认识到总务工作的重要性后，在领导上正确的指示下，在同志们热诚的协助下，我始终愉快地坚持工作，当我做联络工作时，中午炎热的太阳晒着我，但我想到了党，她培养出千万革命战士们，这时不正在保卫着祖国漫长而辽阔的边疆吗？无数的工人同志，这时不正在努力生产吗？我想起了这些，我就有了力量，我始终愉快工作。党告诉我，只有把自己担任的每件工作做好，才是一个毛泽东时代的好青年，我认识到总务工作要为整个核心组的工作创造有利的条件，它要使每个工作组的同志们处处得到应有的便利，不使他们因琐碎的事情而分散力量，让他们全心全意灌注在反资产阶级思想运动的具体工作中去。党给我力量，使我想到在工作中必须做到“三勤”，“勤走”是毫不迟延的做好联络通知的工作，使每一个被通知者在很短的时间内得到领导上要传达给他的通知，绝不使因我工作上的迟误而开会晚点，浪费大家宝贵的时间；我也必须“勤做”，决不能因为文具用品的暂时缺少而使工作停顿下来，我不能使全系师生开大会时感到口渴，因而影响大会情绪，我更不能因为会场布置得不整洁而削弱会议的战斗力，我还要“勤想”，开动头脑，用出党授给我的智慧，把大家的利益放在最前面，想办法给运动做好点滴工作。

党给了我力量，我不但要做好目前党交给我的工作，同时，我决心在任何工作岗位上献出我的一切力量，认真执行我对迎接党生日所提出的保证。

第五十二期　第八版

进一步提高工作效率　为迎接高潮到来而斗争

开动脑筋想办法提高了工作效率

运商系宣传组

在“七一”全院大会上，听秘书组工经验报告时，我们每个人的心都一直在跳动着，报告中的每件具体工作，都是我们新眼看过的，每句话都深深地打动了我们的心。下午在运商系大会上，我们宣读了给秘书组的信："当你们有了一点一滴成绩的时候，党就立即给你们一定的光荣。是的，这是你们的光荣，是运商系全体师生的光荣，也是党的光荣。你们这种积极对待每一件具体革命工作的精神，是党耐心培养的胜利成果，你们是我们学习的光辉榜样，你们的成绩鼓舞了我们的斗争意志，我们要学习你们对待革命工作的精神，来改进宣传组的工作。"的确，通过庆祝党的生日，特别是在宣传部出版组、运商系秘书组模范事例的鼓舞下，我们思想上都反覆[复]地考虑一个问题，那就是怎样更好地把自己的一切献给党的事业。"提高效率，改进工作"已不再是空泛的口号，找窍门，订制度，在宣传组也热烈展开了。三日晚，在这样一个情绪和要求下，我们以"七一"前后为重点，检查过去的工作，进一步明确和充实了一系列工作制度。例如在"编采通合一"后曾收到一定效果，现在又提出了四项注意，具体而系统地充实和肯定了"编采通合一"制的内容，比较有效地克服了编辑工作上的忙乱现象。又如过去在排版工作上比较被动，有时为了"关天窗"而贴标语口号，也曾不止一次地抽回已抄妥的稿件。现在编辑、出版部门大力"通气"后。出版组划一字体大小，精确地计算出每版能容纳的张数，行数和字数；编辑组也明确制度，真正从思想上重视了计算行数、字数的"琐屑工作"，因此就大大加强了排版工作的计划性，减少了劳动力的浪费，提高了工作效率。又如为了与出版组密切配合，消灭事故，我们推行了值班编辑制，这次会上又具体的商讨了该项制度的五项工作内容。同时明确的规定了"三审三校制"，这就给根除事故铺平了道路，也发挥了每个工作同志的积极性和责任感。此外如出版组按每人抄写能力分配工作，争取步调一致，同时完成。编辑组的检查统计制，编前会议制等，都同样是要求从各个角度上提高工作效率，保证运动的彻底胜利。

总之，我们每个同志都信心百倍地，学习他们认真、严肃、艰苦、踏实、对革命工作的高度负责精神，来贯彻我们对党的保证。为进一步提高工作效率，为争取更大的胜利而斗争。

做好共产主义事业的点滴工作

建筑系宣传组

在"七一"纪念党的生日大会上，我们听到了宣传部出版组钱元丰同志生动的工作报告后，大大鼓舞了我们改进工作和提高工作效率的信心，出版组同志们这种对革命工作高度认真负责、严肃、踏实的精神，开动脑筋，克服困难，提高效率和质量的工作态度，是值得我们学习的。在“七一”以前，由于我们编辑同志对革命工作不够负责，没有很好地开动脑筋想办法，因此我们的大字报每天总是弄到深夜两三点钟，有时甚至通宵，没有改进。自从最近领导上提出要宣传工作十二点钟以前完成的号召后，又听了出版组的报告，使我们内心产生了一个共同信念：“一定响应领导号召，学习出版组同志开动脑筋克服困难的精神来提高我们的工作效率。”新气象便在我们工作中产生了。例如以前各班通讯员工作很被动，现在主动地提出要及时组织稿件。及时掌握情况，报导出来，并保证九点以前交稿，编辑同志和抄写同志也保证一字一句对革命事业负责，提高审稿效率和抄写效率，并且每天填写错字事故表，增加了对工作严肃性和责任感。以前编辑和通讯员联系非常不够，现在每天规定了碰头会，在一起讨论和组织稿件，稿源和质量方面都有了一些进步，由于同志们的集体领导，研究工作，因此最近几期的大字报工作效率方面有了提高，基本上响应了领导上提出的号召，十二点以前完成工作。完成工作时，我们深深体会到“为党工作是没有什么困难不能克服的”。我们也清楚记住了出版组一位同志的话：“任何工作都是共产主义事业的一点一滴。”我们今后一定要向出版组同志看齐，学习他们对革命工作高度负责的精神，把这种精神贯彻到我们工作中去，开动脑筋，发挥群众积极性与创造性，来进一步提高工作效率，迎接反资产阶级思想运动的高潮。

学习运商系秘书组的对待革命工作的精神

经济系秘书组

我们秘书组听取了运商系秘书组的典型介绍后，结合了自己的工作进行检查，发现了好多缺点，由于自己带着非工人阶级思想来参加工作，所以对革命工作的目的认识不够，不能很好地发挥每一个同志的力量，少数人包办代替，工作忙乱，和其他各组不能很好密切配合掌握全面情况，单凭片面见解，给革命工作带来很大损失，担任总务的同志说：“最初根本不认识这是革命工作的一部分，认为这些工作不重要，很琐碎，没什么可做，在工作中也不想办法，马马虎虎，没事就走。”经过我们深入讨论后，大家思想上明确了秘书工作的重要性，正如总务施立民说：“在革命队伍中，任何一种工作都是革命工作，只是分工不同而已，虽然总务工作很琐碎，但重要的工作必须有这些琐碎工作配合才能进行。”大家认识到我们工作的性质虽不同，但我们的奋斗目标是一致的。都是为了教师思想改造也就是为了我们美好的明天的早日到来，大家表示今后一定要以对待革命无限忠诚的态度，认真地做好点滴革命工作，在工作中多开动脑筋，多分析研究，掌握全面情况，做领导上的好助手，在工作中不断检查、改进我们的工作，提高工作质量和工作效率，为反资产阶级思想斗争的高潮早日到来而努力！

……现在，我们的运动已经步入了高潮即将到来的前夕，现在，我们的运动已经步入了高潮即将到来的前夕，现在，高潮对于我们已是站在海岸遥望海中已经看得见桅杆长头了的航船，已是立于高山之巅远看东方已见光芒四射喷薄欲出的一轮朝日，已是踏动于母腹中的快要成熟了的婴儿。同志们！为了祖国今天与明天，让我们都像海燕一样勇敢地冲上前去，来迎接即将来到的高潮吧！——摘自本报四十六期社论。

一九五二年七月八日

第五十三期(今日共八版)

彻底批判资产阶级思想！坚决树立工人阶级思想！
马列主义胜利万岁

思想战线上捷报频传
谢淑英助教“起死回生”
林达美主任胜利归队

五日下午，物理组的谢淑英助教在共同学科的教师互助组上做了诚恳的检讨，受到了师生们的热烈欢迎。

谢助教出生在一个封建官僚的家庭里，她父亲是张作霖的秘[密]电处处长，她从小受着封建色彩极为浓厚的教育，父母对她的“爱护”是：上学时车子接送，不准她和外人交往，不准她到院子外面去玩，不要她做即使轻微的劳动……等等；另一方面，则又是那一套“往上爬”、“念书为了光辉门第”的说教。因此养成了她孤僻的性格，她生活的范围狭隘极了，正如她有一次向别人说的：“我愿意一个人在一间房子里生活，什么人都不来往。”而当她在工作中受了挫折，或是她“处上爬”的愿望不能达到——以前她一向认为在我们学校里做这样一个助教是没有出息的——的时候，她便心灰意懒，觉得人生什么都完了，总之她想到的只是她自己，最多也只想到她家里的几个人，她在学校里没有一个谈得来的朋友。

解放以来，她沉默得很，她认为人总是私的，共产党也不例外，在物理组里，严(德炯)、邵(先觉)之间的争执使她很苦恼，她觉得两方面都“得罪”不得，因为她觉得“得罪”了任何一方，都会影响她“向上爬”的实现。但事实上却仍是常常有意外的风波袭击着她，这使她很苦恼，想离开这里、却又怕受批评。没有勇气提出。她愈来愈消沉了，以至连吃饭都没有兴趣了。往往是合意时就吃一顿，不合意就懒得吃。精神负担的重压使她本来弱不禁风的身体更嬴[羸]弱了。

三反开始，教师们都做了检讨，她也做了一个形式上的检讨，必[心]里认为像严、邵那样是“大自私”，必须检讨，自己是“小自私”，不必检讨的。她每次出席大会、小会，总是一言不发，有时极难得说上一、两句，声音极低，全身发抖。大家给她提意见，她就大哭一场，“搓澡”队的同学去访问她的时候，问一句她就答一句，有一次靳开兰先生去找她谈谈，她始终一言不发，到靳先生辞别时问她一句“今晚有没有课?”她才淡淡地回答一句“没有课”！对待运动消极抗拒的情绪由此可见。

但同学们对她的热情诚恳的帮助还是使她有所感动。她想起她在学校里念书的时候，根本不肯片刻放下书本的，她自己的经验使她对现在连毕业班的同学也肯放下书本，热情地帮助教师思想改造的事实不能理解，她再也想不出毕业班的同学这样做能有什么别的目的——除去为了祖国幸福的明天之外，这样，她首先认识到：至少同学们是不自私的。

“七一”那天沈玉麟教授的报告，以及同学们对沈玉麟教授的转变的热烈欢迎，使她非常感动。沈教授对于自私自利思想的批判，使她觉悟到事实上确实有些人是不自私的，只是因为她自己自私，才想像[象]什么人都是自私的，她想起：以往自己老有着沉重的精神负担，原来是由于自己患得患失的结果！看到同学们对于转变后的沈教授的热烈欢迎，使她亲切地感受到党对待知识分子的政策的伟大。她想：党确实是大公无私的，党确实是在殷切地期望着每一个人的进步……她第一次发觉自己的思想是丑恶的，是应该批判的。

在“七一”下午共同学科的师生座谈会上，她终于说了话，她说，她要做好检讨，一次过“关”，做[作]为对党的生日的献礼。

她的决心受到了大家的热烈欢迎。

接着，在“搓澡”队的同志们的帮助下，她积极地检查了自己的思想。她初步批判了自己“向上爬”的名利思想，批判了自己对待运动的不正确的态度，也批判了“人都是自私的”不正确的看法。

五日下午，她以空前未有的宏[洪]亮的声音，做了诚恳的检讨。在结尾时，她说：“我保证：第一，今后不再为个人‘兴趣’而要求调动工作。第二，今后要消除一切自私的顾虑，大胆发言。第三，要尽最大努力，团结物理组的全体教师，搞好教学工作。”响亮的声音表达了她无比的决心，她的检讨引起了大家无比的兴奋和喜悦。高镜芹先生说：“谢先生的检讨比她三年来说的话的总和还要多！”大家都感到谢先生确是转变了，由先前的死气沉沉变成了生气勃勃了！

第五十三期　第二版

（上接第一版）

谢助教一放下包袱便马上积极地帮助别的教师搓澡。六日是星期天，但她一清早就来校帮助邵先生分析思想，他（她）说："同学们诚恳的态度帮助我，我也要以诚恳的态度帮助别的教师！"

七月五日下午，运商系第一互助组会上，核心组宣布通过林达美主任的检讨。对热烈的掌声中，大家都抢着跟林主任握手道贺，林主任激动得满眶热泪。

"五一"以前，林主任已经做过一次检讨了，六月三十日做的是第二次，只要你拿上一次的检讨（五月二十六日做的）和这一次的比一下，你就可以了解到林主任最近有了飞跃的进步。

林主任以前一向是"八面玲珑，见风转航"而又"自高自大"。运输系里的事情，他总是跟金士宣教授商量就决定了，问旁人意见只是个形式，看不起系里的教师，认为"不像别系的教授，不在这儿教可以到清华、北大去，运输系的教授没有地方跑"。因为这样，好些教师对他是有意见的，这就大大影响了运输系教师的团结。

"三反"开始以后，反资产阶级思想运动第一阶段快结束的那一段时期里，他对于运动有些抗拒情绪，系里无论有什么大小事情，他总是召开会议，说："你们说我不民主，我民主好了。"实际上是不愿负责任。对于搓澡队是看不起的，他觉得听了搓澡队员讲的一两句话就能知道全部"来意"的，但他表面上是不拒绝的，却夸夸其谈的讲一大套。听了傅鹰教授的报告他说："傅鹰教授的报告也不全面，我们也能做出那样的报告。"在和傅鹰作"比赛"的心情下，他在五月二十六日做了第二阶段的第一次检讨，大部分还是夸夸其谈，例如说："想起美国，就想起了海外的吃人生活……"之类，没有很好的联系思想。

在六月十四日的全系师生学习批评与自我批评的大会上，王醒民讲师批评林主任自高自大，会后的，搓澡队去找他谈，用实际事例说明他的自高自大是严重的。他开始承认有自高自大了。但他觉得并不严重。

沈玉麟教授的那次关于学习"论自我批评"后的收获报告对他的启发很大，他想，沈玉麟副教授就跟运输系的许靖教授差不多，像沈教授那样的"顽固堡垒”都转变了，自己为什么不该好好改造呢？他说：“以前我认为有十斤包袱只要有重点地丢掉七斤就可以了，现在觉得，非全部丢掉不行。”从六月二十五日起，他搬到学校里来住了。接连四天，每天写检讨写到晚上十一二点钟，写好一段给搓澡队看一段，提了意见他就补充，删改。当时“用实际行动迎接‘七一’”的口号还没有提出来，他却已想到了“七一”，他说：“我要一次过关，作为给党的生日的献礼。”

积极主动地进行思想斗争是一定会取得胜利的。林达美主任在六月三十日做了长达四小时的诚恳的检讨。在检讨中，林主任比较深刻地批判了自己以前对待检讨的错误态度，批判了“向上爬”的思想，在教学中犯的错误及对敌我的不正确的认识。当他讲到他曾参加国民党、复兴社、青红帮行装反动组织而党和人民政府不加追究时，他沉默良久，流下了痛悔的眼泪！过去，由于林主任的虚伪作风，同时对党、团怀疑又不肯暴露，因此背着沉重的历史包袱不肯放，这就阻碍了他的进步，现在，他在会上激动而坚决的说：“我不但相信党，而且坚决拥护党，我要永远跟着共产党走，要把自己的身体与生命贡献给祖国，贡献给人民。”

运商系全体师生热烈地欢迎了林主任的进步。贺信一封封的送到林主任的手上，铁道部教育局苏局长，东北铁道学院孟教务长，以及本院李副院长，这天都参加了该系的互助组会，听了林主任的深刻检讨，都很高兴，立即与林主任握手道贺，同志间的友爱使林主任感动得说不出话来。过“关”后的林主会，心情是愉快的，今天参加了团日，林主任变得年青了。

简　读

▲经济系初霓裳助教，在运动开始时，背着一个进步包袱，爱面子，以为自己是团员，又是核心组组员，所以没有什么问题，因此第一次检讨很不深刻，说是自己的资产阶级思想不成体系，不好暴露批判等等，只是说了自己有个人英雄主义，享乐思想，具体问题避而不谈。群众对他的检讨很不满意，提出了尖锐的批评，但是她不但没有站在团员的立场虚心考虑群众意见，反而认为是群众打击她，她想：“我比解放前进步多了，群众为什么以固定眼光看我呢？”因而把自己的错误推到群众身上，也更怕群众了。当群众提出她的检讨空洞无物，没有具体事实时，她却以为自己既然已扣上了个人英雄主义等帽子，不讲具体内容是枝节问题。由于她的虚荣、爱面子的心，使她不能接受批评，甚至当团小组对她提出批评时，她还以为是同志打击她，回来就大哭一场，并且消极怠

工,参加核心组会无精打采,参加互助组会更是应付而已,当大家向她提意见时,她不先仔细考虑反而为自己辩护,打回人家的意见,正像她现在所说的,当时他像一条离开了水的鱼快要干死了。

但是鱼能离开水,水却永远等着鱼,在运动中受到了教育的初助教终于回到群众中来了,当她在生病中比较冷静的想了一下自己的态度,看了一些书籍,她开始体验到自己的错误,她想到同学们的热诚帮助,她深深地感动了。这样她就开始有了勇气,以前当她一想到错误太多时就不敢想下去,现在她却只怕找不全,当搓澡队去帮助她时,非但欢迎而且精神上很愉快,每天晚上睡得很晚甚至通宵的挖思想。在她脑子里"我是团员"这几个字有了新的意义。

六月二十四日与七月三日初助教在互助会上作了两次检讨,对个人英雄主义,追求美国生活看法,认识了群众的伟大,要在今后的工作和学习中永远做群众的小学生,要在整个革命工作中发挥自己的一分"光"和"热"。他(她)的检讨由于暴露和批判都比较深刻,因此受到了群众的热烈欢迎,庆贺她成为名副其实的青年团员。核心组也宣布通过了她的检讨。她自己非常感动和愉快,因为她这条上了沙滩的"鱼",又重新回到"水"中去了。

过"关"后的初助教不再是一个资产阶级的小姐而是革命队伍中的一个战士了,她说:"我的年纪还没有许延英教授一半大,他都要推动社会前进,我这样的青年更应该推动社会前进。"

▲五日下午两时,电信系吴文泷教授,看到宿舍北面的房子淋了很多水,联想到电机馆是否有雨浸入,因此他急匆匆地冒着雨到电机馆,因为电机馆的门锁着,没有能够进去,心里很着急,他想到这是人民的财产,应该好好保护,晚上十点钟又去了一次,这时电机馆的门开了,他进去看见同学在里面,首先就问电机馆的曾否有雨侵入,接着又到各下去察看了一下,知道没有什么损害,然后才很高兴的回去。吴教授这种爱护与关心公共财物的思想,就是工人阶级思想具体表现之一。

第五十三期　第三版

职工通讯(1):我端正了对待运动的态度

医务室小组　关佩蓝

反资产阶级思想运动开始时,我想教师们有必要改造思想,因为他们能直接影响同学们的思想。同学们的思想如果被教师们的资产阶级思想毒害了，就要影响将来祖的建设。比方说：学建筑的若在资产阶级的思想方法指导下来设计房屋，那就不合乎劳动人民的要求。而职工呢，我认为用不着改造思想，比方说：我们做医务工作的，同学来了给他打针、吃药就是了，又不和他谈政治，还要改造什么思想呢？对我自己呢？我想我是个穷孩子，生活一向很苦，我会有什么资产阶级思想呢？我又想，在运动的前一阶段，我也检讨了，也承认过错误，还有什么可改造的呢？

三反运动初期，当我在医务室小组会上做检讨后，同志们诚恳的对我提出了很多意见，特别是李玉芝同志，但是我当时是怎样对待这些宝贵意见的呢？我认为这对我是穷追猛打，强迫承认的态度，并且带些私人成见在内，我认为这些是无原则的给我扣帽子，同时自己对党的政策认识也很不够，当时为了要蒙混过关，别人给我提了意见就举手投降了，企图讨好群众，但思想上没有解决什么问题，当时我还感到委屈，认为没有真理，我又以为过去医务室小组会上有人是靠打击别人而表现自己进步的。我检讨越多就表现我越落后。谁越批评我，就表现谁越进步。例如吴大夫在会上，拼命批评我，在会后又好像原谅我的缺点，有时他说："其实你也没有什么大不了的错误，不要紧，你要经得起批评。"这些话使我感到他在会上利用批评我来表现他自己的进步。这种错误的思想，就使我不愿作检讨。

过去我批评别人，也是不正确的，一方面不是正面的给同志提意见，把别人的缺点不负责任的拿来和谈得来的人私下谈谈了事，另一方面是对人不对事，用打击的态度，例如在一次反官僚主义大会上，我是从个人利益出发，为了发泄私人的恨而批评了李玉芝和周云，医务室开始检讨时，把我排在最后，我就怀疑这是周云想替李玉芝报复我，轮到我检讨时为了一个"自高自大"批评了我两个钟头，李玉芝也尖锐的批评了我。我检讨了四次，还没通过。

我把自己的错误，都排到客观原因上，不虚心接受意见，检讨通过以后，我对批评别人产生了一种错误想法，我感到[redacted]"机会"，[redacted]变换了一个"做人"方针，我想多说不如少说，少说不如不说，认为自己的个性太爽直，过去说话的方式不好。不如学得世故点，从此我对任何人都不批评，可是内心里对李就有意见，因此，我感到在医务室工作太痛苦了，我想过了这个运动，以后我请求调走，你们进步好了，我落后就落后吧，所以在小组会上多次不发言，对思想改造运动产生了消极对抗的态度，搓澡队同志来了，我也不表示欢迎，我想他们还不是"穷追猛打"吗？我怀疑他们也会打击我。

我(之)所以这样不是没有原因的,我五岁时就没有了父母孤苦伶仃,无依无靠,受尽了人家的白眼,在我幼小的心灵里很想长大成人以后,做一番大事业,给他们看看,但是在旧社会里,亲友们的感情都是建筑在金钱上的,我要上学没有钱,我要生活又没有家,我一直在彷徨、徘徊、惶恐不安的情绪里苟延残喘地生活着,我那好高骛远的志气却始终没有能实现,这就促使我时时刻刻在悲观失望,一直沉陷在灰色人生观的深渊里。

这次反资产阶级思想运动展开后,我听了李副院长的动员报告,和参加了全院师生员工家属学习"可爱的中国"大会以后,我想方烈士从生到死总是想着党、想着人民,他的革命意志是那么坚强,而我自己那么懦弱,那么自私,为了自己被一个人瞧不起或瞧得起,就产生了对运动的抗拒情绪。

我又想我的生活安逸了,工作也有了保障,我之所以有今天这样幸福的生活,是多少像方志敏烈士那样的先烈用血肉换来的,而我就处处为个人打算,例如一九五一年我的薪水评得低,我就偷偷地去考了大学,考取以后行政上批评了我,我就更闹情绪,我不检讨自己的工作态度,究竟怎样对人民的贡献究竟有多少,只是想到别人的薪水多了,自己的薪水少了,就在这件事情上,我对李玉芝产生了恨,我认为是她搞我的鬼,我感到没有真理。现在我学习了方烈士的"可爱的中国"以后,我才发现了自己被资产阶级思想支配着的这些自私自利的行为。

学习了奥斯特洛夫斯基的人生观以后我想我的人生观是怎样呢? 人为什么要活着? 生活的意义是什么? 这些问题,在我脑子里一直是模糊的。由于自己人生观的不正确,我不懂得应该怎样生活,为谁活着。在东北十二年的奴化教育使我看不到祖国同胞的灾难和今天人民的利益。我更忘了是劳动人民培养了我二十多年。封建旧礼教的家庭给我的影响使我只知道将来如何显亲扬名,做一番事业,我是一个极端个人主义者,我的生活目的只是要求自己的"学业上的成就"和"事业上的成就"。我从来就没想到社会、国家,我讨厌我的护士工作,总觉得做护士的是给医师做尾巴,没有出息,我想入大学将来做一个女医师、女工程师,名誉好,地位高。我想"出人头地",想往上爬。因为我五岁左右就没有父母,从艰苦里熬出来的,总想用幻想来弥补亲朋对我的白眼,和个人所受的痛苦。由于自己脱离了群众,更忘了劳动人民培养我二十多年,我感到家庭社会都是冷酷的。因此,时常觉得社会有我也行,无我也可,生也无所谓,死也无所谓。我时常感到生活的空虚,我虽然才活了二十五年,但我的思想老朽得有五十多岁了。比起傅鹰教授"五十岁的年青人"的思想,我太惭愧了，我想起“奥斯特洛夫斯基的人生观”里的两句话：“为了几个而活是自私，为自己而活是无耻！”奥斯特洛夫斯基为人类而生，为人类而死的集体主义精神是永垂不朽的，他为人类的革命事业瞎了眼睛，全身动弹不得，但他并不会丝毫感动个人的痛苦，那我自己的资产阶级思想包袱，为什么还不肯牺牲呢！

看到谢奇松同学因为思想顽固，对运动产生了抗拒情绪，一个多星期不吃东西，而组织上却是那样的关心他，照顾他，想尽了方法让他吃东西，给他打营养针，我体会到党对知识分子的政策“争取团结、改造教育”。我认识了群众意见尖锐与否，是针对着思想而不是针对着人的，他们是完全为了挽救一个人，我联想到我自己也犯谢奇松同样的毛病，假如有人对我批评得尖锐了，我可能产生和他相同的态度——甚至想自杀——在三反运动初的前一阶段，我检讨了五次才被通过，有些问题的确未曾从思想上解决，[redacted]去时认为小组会有偏差，也认为别人在打击我，当时我对待运动的态度是完全不正确的，有时想太左了吧，自己对运动也采取漠不关心的态度，对别人提意见也不是“与人为善”的，又怕批评了别人，别人更会批评自己。我是这样的自私、卑鄙。如果我站在工人阶级立场（下接第四版）

第五十三期　第四版

（上接第三版）来进行“批评与自我批评”，就不会有那样多的顾虑，怕这怕那了，只要是不合乎劳动人民利益的事就可以大胆的尖锐的批评，这是对思想，而不是对人，是为了要纠正错误，改正缺点，而自己接受别人批评，就不应该计较别人的一个字、一句话说的不对而不虚心检查自己的思想，这会影响进步的。

当我看到搓澡队同学发四十度高热而病倒的时候，当卧床的肺病同学关怀着我思想转变的时候，当干部学习班的一位志愿军同志，因在朝鲜负伤来换药的时候，我发现他的一则肺、肝、胃、肋骨都有伤，而一侧的肺尖里还有一颗子弹，我问他：“痛苦吗？”他说：“不！为了祖国负伤，我感到光荣。”我说：“你应该休息”，他说：“不为了祖国的明天，我要加紧学习。”这位志愿军同志的忘我精神感动了我，从这些实际生活的体验中，我开始感到个人主义的灰色人生观的可耻，我感到惭愧，我沉痛极了，我更看到节委会工作同志半年来由黑夜到天明，有些同志身体瘦弱了，但他们的精神很饱满。每天照常紧张的工作着，我说:“你们累吗?”他们说:“不,为了党,我们要拿出更多的力量,做好革命的点滴工作。”我想他们的力量是谁给的,是党、是毛主席、是人民、是祖国的明天鼓舞着他们呀!而我呢?在工作上有一点困难就闹情绪,不安心工作。别说没有大不了的困难,就是真的有了困难时,也应该服从革命利益,而克服自己的困难,奥斯特洛夫斯基说:“利己的人最先灭亡。”我不再为个个利益斤斤计较了。

今天我认识到应该把个人利益深化到集体利益中去,认识到我应该为人类的解放事业而生,为人民服务而活,中国革命是世界革命的一部分,我应该为全人类的解放事业而斗争。

通过小组会对我的帮助,针对着我“痛”的地方刺了一刀。这时我真的感到“痛”了,我好像摸到了痛的地方,边摸边想,在以前小组会上多次的不发言,在想些什么,有人说:“思想改造要赶快丢掉臭包袱,别混时间。”我觉得这就是针对着我说的。我当时想思想包袱那＜哪＞个人都有,岂止我一个人呢?从旧社会出来的人,没有出污泥而不染的。我想你们的思想包袱也不见得没有,你们越刺激我,我就越不讲话。这种情绪,实际上就是抗拒了运动,要是大家都不说话,那么运动怎么能开展。

六月廿日,我参加了全院师生员工大会,看到沈玉麟先生进步,我对党的政策就有了进一步的认识。我想像沈先生的思想那么顽固,都能转变了,难道我还有什么理由姑息自己的资产阶级思想呢?那天午后,我又参加了建筑系的师生大会,在这个会上,我体会到我们学校在反资产阶级思想运动中,逐渐的加强了师生员工的团结,我看到他们对批评和自我批评的态度那么诚恳,当时有一个同学因质问和谩骂的态度批评一位教师,但立即被纠正了。这个会扭转了我对批评与自我批评的态度,体会到同志与同志间的真诚感情,我开始感到同志的可爱了。

我想到医务室的不团结,是由于自己过分的狭隘、多疑,为了对医务室的几个人有成见,就对运动产生了不正确的看法,对自己改造思想没有信心,我知道医务室的小组会开得不够好,但我从没有想怎样使小组会开好。我认为小组会开不好是组长的事,与我无关。我更没有想到在医务室以外还有把运动进行得很好的地方,小组会开不好不只是李玉芝、关佩盐的损失,而是整个运动的损失,是人民革命事业的损失。

从参加建筑系的系会上,我得到了教育,认识了“批评与自我批评”,扭转了我对运动的不正确看法,我开始正视自己的缺点,我初步坚定了改造思想的决心。

资产阶级思想的包袱，把我压得那么脆弱，思想那么不健康。由于我对李玉芝一个人有成见，就把我影响得那么情绪不安定。我想我不能再用消极的情绪对待运动。但廿二日的晚上，同学找我谈话，我还强调了一番李玉芝的自高自大刺激我。我还是对人严对己宽，不肯和我的资产阶级思想作剧烈的但我又想起第二天的会上对我一定有一番"斗争"，于是产生一种"过关"思想。我想还是自己先开始斗争吧！别让别人先斗。从此，我真的开始作剧烈的思想斗争。我想，在三反运动前一阶段，我也下决心想和大家团结，实际上我没作[做]到，是我太懦弱，太狭隘，太多疑了。例如，李玉芝曾主动的团结过我，她曾对我说："你瘦了，你应该注意些营养。"等话。我以为这是她收买人心，这是多此一举的，我想我若把团结问题，灰色人生观问题，个人主义问题，名利思想等说出来，他们会不会讽刺我，会不会越显出我落后呢，我自己回答自己，不！不会的，绝对不会的，我想沈玉麟先生的反动思想和资产阶级思想那么严重，党还是耐心教育他，他谈出他的思想以后，大家都那样热烈的欢迎他，我怕什么呢？谈出来，失掉的是资产阶级的面子与我本人有什么关系呢？我要把思想健康起来，我不能因为自己被瞧得起、瞧不起就不革命，就不改造思想。我不能再懦弱了，我要坚强起来，我决定暴露思想，端正一切不正确的态度，彻底的洗一个澡，让自己赶上队伍，别再掉队了。我相信，我进步以后，就会搞好医务室的团结，我想，我搞不好团结的原因，是由于我的自高自大，个人英雄主义在作祟[祟]。因为我嫉妒李玉芝。她的所作所为我有些不服气，我又不敢和她太不好，过去我怕她"整"我，因为那时，我对团员有不正确的看法，我看到王健平同学犯了错误之后，受到那么尖锐的批评，才相信群众对于一个团员比对于一个普通人要求得更严格，我想是我不去看别人的优点，尽去看别人的缺点，不看自己的缺点，尽看自己的优点。我过去觉得李玉芝不配做代理护士长，我今天认识到我们之间的关系不是敌对的，而是为了同一目标的革命的分工。我又想到过去许多革命战士牺牲了，现在许多志愿军同志还在朝鲜艰苦奋斗，而我们在后方的还在闹不团结，我觉得可耻惭愧，在廿七日的职工大会上，我真正体会到革命大家庭的温暖，感谢党和毛主席将我由灰色的、死亡的人生观里拯救出来，使我能够走向红色的、新生的人生观的大道上，今天，是党卅一周年的生日的今天，也是旧我死去，新我成长的一天，也是我由个人主义的小圈子里开始走向革命的第一步，整整的廿五年，我一直在痛苦着，今天我要为党的卅一周年生日欢呼，我要为我自己的新生以无比兴奋的心情而欢呼：

我要用实际行动来纪念党的生日,希望自己的新思想随着党的年龄而健康起来,我这个思想改造中的初步胜利是党的教育,是群众的帮助的结果。今后我还要继续的,深入的,无情的向我那些腐朽的资产阶级思想坚决斗争,尽可能地帮助其他同志检查思想,保证作[做]到对同志负责,对自己负责,展开批评与自我批评,与其他同志携手前进。美帝在撒布细菌的今日,多打一个预防针,多种一个牛痘,就可以多消灭一个敌人,多打死一个蚊蝇就可以多保持一个人的健康。要作[做]好预防保健工作,就需要每一个医务人员全心全意的来承担起这个政治任务,在思想改造的今天,我感到人民医务人员称号的光荣和责任的重大,为了纪念党的生日,我要为打压资产阶级思想而奋斗到底。

我们伟大的祖国万岁!

第五十三期　第五版

进一步提高工作效率　为迎接胜利高潮而斗争

保持现有光荣争取更大光荣

——宣传部出版组全体工作同学给全院师生的信

亲爱的全体老师和同学们:

首先让我们宣传部出版组全体工作同学向全院老师和同学在"七一"大会上给我们的荣誉,致以衷心的感谢。

说起来很惭愧,我们在工作上,并没有什么成就,仅[只]不过对我们自己的工作负起了一点应尽的责任而已,就这一点点即受到党和全院老师和同学们的热烈欢迎和祝贺,给予我们莫大的光荣,在会场上,我们每个同学的心都很激动,激动得说不出话来,我们感到无比的光荣和深刻的惭愧,我们在工作中获得的成绩实在太渺小了! 会后,我们就召开了全组大会,大家热烈的展开讨论,一致认为惟有在今后的工作中更加努力工作,才能报答党和大家的盛意。"保持现有光荣,争取更大光荣"便成为我们每个同学中间响亮的口号,这句口号大大鼓舞了我们,这句口号大大的产生了力量——足以克服一切的巨大的力量。

办公室信任我们,又给予我们更艰巨和更光荣的任务——印刷"可爱的中国"学习心得,同学们信赖我们,给予我们热诚的信托——印刷三反快报合订本，为了胜利完成我们的任务，我们扩大了组织机构，我们全体工作同学，都以对革命事业高度负责的心情，兢兢业业不辞劳苦，认真地做好我们的工作，保证不错一个字，不出一张废品，实践我们的口号——保持现有光荣，争取更大光荣。

我们工作上还存在着很多缺点，它对我们的工作多少会带来一些损失，我们诚恳地要求全体老师和同学们多多给我们提出宝贵的意见，改进我们的工作，使我们的快报做得更好，在反资产阶级思想运动中，起他应起的作用。此致

敬礼

宣传部出版组全体工作同学敬上

一九五二年七月八日

更进一步提高工作效率
运商系秘书组给办公室的信摘录

办公室张绪谭同志：

在七月一日上午纪念我们伟大的党的生日的大会上，我们运商系秘书组受到了办公室的表扬并且给了每个工作同志一件最宝贵的礼物——“论党”，我们每个同志感到无比的兴奋、光荣。衷心感谢党对我们的关怀和鼓励，运商系秘书组的工作，由于全体同志的努力，获得了一些成绩。但是这样一点点的成绩作为回答党的对我的关怀来说，实在显得太微小了，没有党的正确领导，没有你及时的向我们指出缺点，要获得今天在工作上的改进是不可能的。在昨天晚上，我们全体同志开了一个会，在会上龚南文同志说：“今年的‘七一’是我一生中最高兴的一天，回想要不是党挽救了我，我怎样会得到今天这样一份的光荣。”徐纯同志说：“受到表扬时，我很感动，回想过去工作做得太少了，今后一定要加倍努力，目前我调到图片展览会去当讲解员，这工作对我说来，本来觉得是有很多困难的，但今天我有信心去克服它。”马志城同志说：“我过去带着个人主义来参加工作，只问自己对工作‘积极不积极’，用来表现自己，今天我所要求的是‘负责不负责’。我们的工作是革命工作的一部分，不管它是怎样的琐琐碎碎和事务性，只要把它做好，就是对革命事业尽了一分力量，今后我要更自觉的来做好工作。”在会上大家相互提意见，想办法，如何更进一步的改进工作，马志城同志提出在以后工作要有计划，要编排作业程序，例如做日报工作的晚上比较忙，那末其他的事情尽可能放在白天做，像总务预先联系

好,如果下午要开大会,那么上午把会场布置好、开水供应准备好,下午开会前只要通知同学到会就好了,免得很多事情挤在一起,顾此失彼。整个会上,情绪很高,正如最后龚南文同志所说:"通过今天这个会,使我们同志之间更亲切、更有活力,为了回答党对我们的爱护,大家一是要把工作做好"这是每个同志的决心,一致表示要做到每人在"七一"提出的各项保证,保证今后戒骄戒躁,更自觉、更负责的以战斗态度来做好工作,开展批评与自我批评,经常检查工作,克服缺点,交流经验,进一步的提高工作效率,并和宣传组搓澡队密切配合,更好的发挥助手作用,我们保证还要抽出一定的时间学习"论党",提高自己的阶级觉悟,更好的为党服务,我们深知我们的任务是艰巨而光荣的,但我们有坚强的决心和信心克服困难,做好革命事业的点滴工作,我们相信在党和办公室的领导下,全体同志团结一致、积极负责,是能够完成党和人民所交给我们的任务的。此致

革命敬礼

运商系秘书组全体工作同志

运商系秘书组的报告给了我们胜利的信心

共同学科秘书组

自从反资产阶级思想运动开展后,共同学科秘书组的工作一直存在着许多缺点,工作制度不够健全,主观努力也不够。"七一"的大会上,在运商系秘书组工作经验的报告中,他的每句话都打动着我们的心,他们对待革命工作负责的态度,教育了我们,使我们每个同志加强了信心,我们开始检查以往的工作,过去对总务工作根本就没有重视起来,更谈不上"勤想、勤走、勤做"了。简直连会场的布置及办公室内的用品就很少照顾。其次,在掌握情况方面,过去就是乱抓一顿不能及时收集汇报,又来从汇报中发现问题,研究问题,甚至在学习"可爱的中国"后,做总结时,也觉得无从着手,又在整理材料中,不细心、不校对,只当完成任务就算了事,在填写日报表中亦是草草了事,根本看不出详细情况,诸如此类的现象,过去在我们组内是相当严重的,这全是由于我们对革命工作重视不够,没有以严肃态度对待工作,所以才造成这种情形,给运动带来损失。在听了运商系秘书组的工作报告后,我们就开始检查工作,在总务方面已开始实行"三勤制",并经常与有关部门取得联系,互相交流先进经验,使工作不断改进。收集汇报时已做到细心检查,认真研究,重点整理教师的思想动态,更订立每周工作检查及小结制,为了保证运动的彻底胜利,我们

每个同志仍在继续从各方面找窍门，设法在现有的基础上进一步提高工作效率，为争取反资产阶级思想运动高潮的到来而斗争。

第五十三期　第六版

家属通讯(2)：我为我们新生命的开始而欢呼

潘恂如助教爱人　王育嫣

亲爱的同学们：

昨晚十二点钟，我的爱人潘恂如带着从来没有过的兴奋情绪回到了家里。他低声地然而是充满热情地将他第三次检讨已获得通过的消息告诉了我；不容否认这对他和对我都是莫大的喜讯。但是我要说明我们不只是单纯的“过了关”的喜悦，而是展开了波澜壮阔的思想活动。我忍不住要给你们写这封信谈谈我的感想，我想的太多，却不可能完全写出来，这是目前太忙的缘故，但我不能为了自己的事而造成工作上的损失。是吗？

我爱人第一次检讨未获通过时，他是相当痛苦的，背着一个旧社会的好人包袱的他简直没有意识到自己居然也有满身的疮疤。同学们尖锐的批评竟句句击中了要害，不但引起了他的深思，而且也加强了我的警觉，我才开始抽些时间替他想问题。但由于我的政治水平太低，又残留着小资产阶级的温情主义，无形之中对他有些姑息。尤其错误的是认为他向来不善于处理人事，缺乏组织才能，不必要求他达到共产党员的水平，只需要在人民教师的岗位上认真负责地工作就够了，似乎检讨思想也可以适可而止。所以他第二次检讨的失败，我是应该负一部分责任的。他在第二次检讨又未来通过的情形之下，表示的态度显然不同了，他的情绪非常安定，非常信任群众的看法。由于一些生动的事例的启发，加上书籍、电影的教育，他的要求空前地提高了。他激动地和我谈着对旧社会种种恶劣影响的痛恨，对新社会种种幸福情景的热爱，以及对理想的共产主义社会的响(向)往。为了弥补已往的过失，为了创造明天的幸福，他居然下定决心要把全身心都交给人民，交给祖国，交给伟大光荣的共产党了。这一切看来似乎有点突然，然而从他的性格，他的历史来检查，又可相信这是必然的发展，并且他这番觉悟是牢固的。我也用自己将在最近申请入党的决心支持着他的勇气，要求在我们现有的关系上增加革命的感情，同志的友谊。过去那种可耻的自私自利的生活和那种狭隘的庸俗的所谓“爱情”，使我们曾经失去了理性,麻痹了良心,浪费了青春,卷入了罪恶……若不是党和毛主席的领导,我们还不知何日才能看见光明,何日才能获得新生。在先烈们抛头颅、洒热血作着火热的艰苦斗争的那些日子里,我们袖手旁观;在今天美丽庄严的国土上,我们坐享其成;到明天,先进的工人阶级迈步向社会主义途程前进的时候,我们还能无动于衷、不参加一点力量吗?那是多么卑鄙呀!究竟做一个建设祖国的螺丝钉好呢?还是做一块将要被勇士们踢开的绊脚石好呢?这问题是依靠我们的常识可以回答的,而且可以得满分的。但是时代要求我们用行动的实践来回答,用各种斗争考验的成绩来回答。今天的思想改造运动就是一场剧烈的斗争啊!就是一次严格的考验啊!如果一个人连思想包袱都舍不得丢掉,他还舍得丢掉什(么)呢?反过来说,一个有了为共产主义事业献出自己生命的人,难道还会缺乏克服缺点修正错误的勇气吗?因此我觉得我爱人的第三次检讨的通过也正是意料中事。我为我们新生命的开始而欢庆吗,我为我们对于"爱"的观念的改变而激动。真正的爱正如加里宁所说的:"是奋发的、积极的、热烈的、不屈不挠的爱,这种爱就是要对敌人毫不留情,为了祖国不怕任何牺牲。"从前我只会把这些词句教给我的学生,如今,我准备成为这种爱的体现者。七月二日晚上四区开党员大会,庆祝党的三十一周所纪念时,我也应邀参加了,有八位同志宣誓入党,我也在台下默诵着他们的誓词。我满心愉快地想起我不但将要交出自己,而且还有自己的爱人,这是党的教育的成果啊!当我怀着对党的敬爱和感谢的心情的同时,我不能不想起帮助党耐心地教育着我的爱人的你们。你们这两个月来忘我地工作,向祖国、向人民、向党负责的精神真是使我不能忘记的。你们的爱国热忱与工作态度给我树立了榜样,我一定要虚心地向你们学习。在这里,我诚恳地伸出了我的手,愿与你们的强有力的手紧握着,作为我们建立战斗友谊的开始吧!让我们高唱着国际歌大踏步地奔赴我们共同的壮丽的理想吧!用我们所有的热情欢呼出"共产主义胜利万岁"吧!

王育嫣

七月六日

我要服从祖国人民的利益

沈承福助教爱人　沈惠云

在"三反"学习中,我爱人——沈承福,一直没有多大的进步。自从听了傅鹰老教授的报告,他感到非常惭愧。在思想上起了剧烈的斗争,但对自己的错误还是不能很好的批判。经同学们热忱的帮助，才对他的旧思想有了较深刻的认识，在小组会上作了公开的检讨，通过这一次检讨，扔下了他的资产阶级思想的臭包袱。他轻松愉快，感到重新得到了解放。只有在党的教育下，才能把他从黑暗引向光明。

我生长在堕落腐朽的上海，旧社会给我灌输了腐朽的资产阶级思想意识，使我不能很快地接受新事物。在今年年初到北京后，住在学校的宿舍里，处处觉得不方便，我爱人也常常为工作闹情绪。我们都想着"迁地为良"，总是想着离开这里，找比较舒适的生活和工作。

由于他的转变，大大地鼓励着我，他介绍我学习"可爱的中国"和"奥斯特洛夫斯基的人生观"，当我看到"钢铁是怎样炼成的"保尔和冬妮亚的人生观不同而离诀时说的一些话："你晓得我曾经是怎样爱过你，而且就在现在，我对你的爱情还可以恢复，不过在这以前你必须和我走同样的路。"这些话深深地教育了我。

我在学习文件中，认识了生在共产党、毛主席的领导下，这运动拯救了千千万万的人。在三星期以前，我还闹情绪，因为我即将在会计补习学校毕业了，分配工作地点大致在数千里外的西北。我想到在上海七个月的小孩子怎么办呢？我想到母亲苦了一辈子，五十多岁的人，现在还要替我照顾孩子。我总放不下心。那时我的感情是这样狭窄，只想到自己的家，自己的母亲和孩子。当我认识到，为了更多的母亲和孩子，我要牺牲自己的利益，我要为更多的人工作，做他们需要的工作。当我认识到合作会计是我国发展社会主义经济重要的一环，我就决定服从组织分配，在保证书上签了名。并且还帮助别的同学们，动员他们。我深深地感到党是伟大的。我必需品丢掉自己的臭包袱，当我在思想斗争中取得了胜利的时候，我感到比我的孩子——萍儿的诞生更愉快。

第五十三期　第七版

读者园地：沈玉麟教授的检讨鼓舞了我

电信系助理　孙铭甫

早在"七一"之前，就曾听人说："沈玉麟先生真的转变了，他的检讨深刻动人，比傅鹰教授的检讨还好。"我听到之后，感到宛如一位年青愉快的沈教授就站在我面前，我盼望着有一天能够亲自听到他的检讨。

伟大的“七一”上午，我的盼望终于实现了，当沈教授出现在讲台上的时候，暴风雨般的掌声，欢迎着这一位神勇骄[矫]健的海燕，我的两掌拍红了，然而兴奋的、热诚的、愉快的欢迎之意，好像将掌心拍肿了也表达不完。

吃人的旧社会，旧礼教，吞噬了多少人的青春，毁灭了多少人的生命，可是，我一向对于它，并没有深刻的体会，我觉得在旧社会里各人爬各人的前途，各人找各人的乐趣，爬上去的就哈哈大笑，被牺牲的也活该。只能暗自悲泣，这是极自然的事，听了沈先生的检讨，引起我许多回忆，我也是出身[生]在一个腐朽的剥削阶级家庭，家里充满着虚伪、阴厉的空气，父亲对子女除打骂外，就是鼓励我们怎样向上爬，为他显名声，尽孝道，我们从来不知道什么是爱，什么是温暖，十几岁的二哥，正在念初中，忽然在一个阴森的夜里投河自杀了，在我幼小的心灵上，划出一条深深的创痕，我感到人生大致就是如此，我二哥的命运将来也会落在我底(的)头上，我只是想着二哥太傻了，投河一定很难过，为什么不找一个比较舒适的方法，快点死去，少吃些苦头，在我家苦干了二十多年的女佣，一辈子没看到过主人的半丝笑脸，可是她老了，做不动了，又让她的女儿继续下来，使我感到穷人是永远没有出头的日子的，我将来一定要好好向上爬，做一个主人，不要去做仆人，可是大鱼吃小鱼的旧社会里是不允许我这个无名小子逍遥自在地爬上去的，奴才的命运，终于落在我底(地)头上，我被人欺骗遭人白眼，但是我不怪主子不好，我只是责备自己没有本领，我就是这样的麻木不仁，给旧社会的杀人魔王当了忠实的悲惨的奴才，我开始恨我自己，也更恨旧社会旧家庭，我要同那些罪恶斗争到底，让它永远地死去吧！

共产党毛主席给我们全国人民带来了阳光，阴霉的东西，逐渐地消逝了，代之而起的是到处欣欣向荣的一片新气象，可是被旧社会麻醉了的我，对于这阳光的温暖，并没有什么感觉，我不恨旧的，也不爱新的。真理在我的眼里早已失去了意义，听了沈先生的检讨，我被唤醒了，当他检讨到他过去忘记了祖国忘记了母亲，对不起养活他长大的祖国劳动人民时，他失声地哭了，他呜咽着说：“我就是现在能为革命死去，也抵偿不了我过去的罪恶的。”他哭着，那样纯真的与虔诚的哭着，我不由得也淌下了热泪，我想，我在旧社会作[做]的事，可能比他多，对不起祖国劳动人民也可能比他甚。可是我为什么还麻木不仁呢？个人主义的小圈子拘[局]限着我，使我迷了心窍，瞎了眼睛，一直作着祖国人民的不肖的儿子。我醒了，我决心跟随沈先生的后面，和沈先生一同回到母亲的怀抱里来。

当我听沈先生检讨时，我刚好作完第二次检讨，大家提了许多意见，我思想上正搞不通的时候，沈先生有许多想法和我相像，他启发了我，例如：当别人说他有严重的崇美思想时，他不去挖自己的思想，而埋怨自己不该（去）美国，当初，如果去法国、英国就不会有崇美思想了。而我呢？当别人批评我历史上有污点时，我就埋怨自己，生不逢时，命运不好，如果晚生几年，在这幸福的毛泽东时代里成长，就不会被旧社会染污了，我这种个人主义的想法，窒息了我的思想阻碍了我的进步，也给祖国人民造成不少损失，听了沈先生的检讨，使我豁然大悟了。

沈先生的进步是不平凡的，他鼓舞了我，使我重新振起精神，建立起将要失去的信心。

听完了沈先生的检讨，我盼望能够印出来发给我一份，让我再好好地仔细看看，我的盼望又在七月四日的三反快报上实现了，我一口气将它读完，使我对沈先生的进步有了更深一步的了解，我的信心更增强了，我决心正视我的缺点和错误，依靠党，依靠群众，作好检讨，向沈先生看齐。

我对于沈玉麟同志转变的感想

运输系教授　沈奏廷

在“七一”党的生日这一天听了沈玉麟同志报告以后，我很激动，我很兴奋，我激动得要哭，我兴奋得要笑，真所谓悲喜交集，确有说不尽的感触，现在我把我的感想归约为下列三点来讲：

一、沈玉麟同志的转变好像是一种奇迹，其实这不是一件偶然的奇怪的事，他的转变和其他人的转变一样，也是由于群众的帮助，党的正确领导和他自己的努力得来的，决不是凭空发生的，从他这一典型例子可以证明一条真理，就是在毛主席和党的正确领导之下，任何人都会受到感化而转变的，不过速度不同罢了，若有人以为某人太顽固，无法改造，那是极端错误的。

二、今天我看沈玉麟同志和以前的心情不同了，今天我对他有无限的敬意，我想全院的同志们同学们一定也是如此，由此一点，我们又可以看出一条真理，就是一个人在充分暴露并彻底批判了腐朽的丑恶的资产阶级思想以后，由资产阶级立场转移到工人阶级立场以后，无论他所揭开的臭包袱如何肮脏，如何可耻，他非但不会被人轻视，而且反会被人尊敬，一切爱面子怕丢脸的错误思想都是毫无根据的顾虑，我希望还有这样顾虑的同志们赶忙消除顾虑吧，赶快脱尽衣服跳进浴池中去吧！

三、联系到我自己来讲,我今天虽没有思想顾虑,我过去的错误虽和沈同志不一样,但是我的资产阶级思想包袱也是够臭够脏,过去对党和人民政府的看法也是极端的不正确,其严重性不在沈同志之下,今天沈同志的转变大大的提高了我改造自己的决心和信心,我以往对旧我不够痛恨,对新事物不够热爱,今天沈同志启发了我,激动了我,感化了我,我已开始划清憎爱的界线,开始痛恨我过去的错误和罪恶,开始热爱祖国,热爱党和毛主席,我一定向沈同志学习,勇敢地跳进浴池洗个干干净净的澡,并决心以一切力量甚至我的生命献给祖国,永远跟着共产党走,今后我要建立“为革命而活、为革命而死”的人生观,为实现社会主义共产主义的美好世界而奋斗到底。

过关后的沈玉麟教授

沈玉麟副教授在反资产阶级思想运动战线上取得了辉煌的胜利后,就积极投入了实际工作,他帮助张建关先生搓澡并以自己过去的思想为例启发张建关副教授,解除了张建关副教授的一些顾虑和进一步端正他的态度。

上星期他和同学代表去访问病中的刘福泰教授,在那炎热的天气下,连去两次才看到刘教授,他这种热情深深感动了刘教授,他表示要向沈先生学习愿意快点养好身体恢复工作。(建筑系宣传组)

第五十三期　第八版

沈玉麟先生的转变坚定了我们胜利的信心

李士珍讲师

沈玉麟先生在党的正确领导下、在党对知识分子的政策的真诚感召下转变了,进步了,这是我们学校的一件大喜事。

在党的领导下,没有什么不可克服的困难,没有什么不能改造的人。沈玉麟先生的转变正说明了这一点,党,是如何大公无私、恳切忠诚、苦口婆心地、三番五次地争取一切可争取的人,改造一切能改造的人,只要你有一点进步,党和人民就是那样的兴奋,那样的喜悦。通过沈玉麟先生的转变,使我更进一步认识了党,更坚定了我对党的信念,我体会到只有把自己献给壮丽的共产主义事业,为共产主义事业而奋斗,才是人生最远大的理想,才是人生最大的愉快和幸福。

沈玉麟先生的转变，告诉了我们：那些从旧社会来的知识分子，必须主动地、自觉地争取改造，才有可能为人民服务。那些幻想着“跟着社会前进”，那些片面的理解“‘社会存在决定社会意识’，当前还是新民主主义社会，还容许其他阶级存在，因而也就容许其他阶级的思想意识存在”，必须指出：这种想法是错误的。共产主义事业美丽的远景必然到来，但是历史的发展，是不迁就落后的人们的。为了人类美好远景的早日到来，我们就必须一方面要改造社会经济，也就是改造客观世界，为实现共产主义打好物质基础，另外一方面，必须改造人们思想意识，改造主观世界，为实现共产主义事业打好精神基础。这两方面是缺一不可的。当前我们的任务，就必须进行彻底的思想改造，争取反资产阶级思想运动的高潮早日到来，也就是为加速共产主义事业的早日实现而斗争。

沈先生的转变，更告诉我们：只有把自己溶化于集体，为集体而活着的人，才会是人民所需要的人，才会对人民有所贡献。刘少奇同志说：“共产主义事业，是一件无数千万人长期集体创作的事业，任何一个人也不能包办。”这是千真万确的道理。那些为着个人打算、斤斤计较个人得失的人，那些只看到鼻子下一点利益、看不见长远利益的人，那些为名为利往上爬的人，那些……他们是不可能对这个集体创作的事业，发生任何作用的。他们就是通向社会主义、共产主义的绊脚石，他们是社会主义、共产主义事业的破坏者，他们就是人民的罪人。

沈先生的转变，更给了我很多启发。我虽然也已经过了关，但是，我感到我的进步是太慢了，对于个人和集体的关系，我体会得还没有像沈先生那样深刻：“为革命而生，为革命而死，人民迫切的需要我做什么，我就赶紧的做什么。”我的腐朽的资产阶级思想，虽然已经得到批判，但有时还不免要抬头，考虑问题，有时还不免从个人出发。在帮助别人搓澡的时候，有时对人和思想分家的问题，还是未能完全做到，以致有时候还不免犯急躁病，因之就谈不上提高工作效率，就不可避免的要给运动事业带来损失，今后我必须站稳工人阶级立场，克服缺点，改正错误。

沈先生，您的进步，就是我们的进步。您的胜利，就是我们的胜利，您的胜利，更坚定了我们反资产阶级思想运动取得的胜利的信心，愿我们共同努力，提高工作效率，为争取运动高潮的早日到来而斗争。

党使沈教授得到了新生

沈玉麟搓澡队

沈玉麟先生的转变,再一次的说明了党的政策无比正确和伟大,只要掌握了党对待知识分子的政策,那就什么人都可以得到改造的。

自从反资产阶级思想运动开展以来,我们反"沈玉麟思想"将近四个多月了,但沈先生一向对群众的意见是不服气的,到后来,就更心虚不讲话了,在万不得已时就讲几句不联系思想的假话。我们搓澡队去他时,他眼望天花板、脚登地板,唯唯是答,不肯真心暴露自己的思想。使我们感到工作没法展开,同时由于我们对党的政策没有很好的体会,因此信心不强,觉得怎么搞也不行,反正沈先生很顽固,改造不过来了,就很粗枝大叶的给他按上一个消极抗拒的帽子,看不到沈先生有转变的一面,但领导上马上就指出我们的错误,我们这样做是对革命不负责的表现,党是拯救每一个可以拯救的人,而我们却眼看沈先生的毁灭而置之不顾,因此我们检查了我们的非无产阶级思想,纠正了我们不正确的工作态度,要把我们的工作看作革命工作的一部分,体会到沈先生思想改造能否胜利,直接关系到祖国的建设,因此我们的信心坚定了,我们要决心帮助沈先生到底。由于党的正确领导和群众的耐心帮助,通过"批评与自我批评"学习会,揭穿了他对任何人,包括对他的爱人都是一贯的虚伪,真正抓到了他的痛处,重重的刺激了他,使他不得不揭下他虚伪的面具。从此他就端正了对运动的态度,因此,在我们帮助沈先生时,他就能把自己心底里的话说出来,当沈先生说:"三十年来,我为名誉、地位、爱人而活……资产阶级思想把我变成一个对一切人都不信任和对一切人都虚伪的人"时,我们眼睛是相对的注视着,心脏共鸣的跳跃着,当沈先生说:"由于家庭的影响,帝国主义的奴化教育,把我变成一个躯干肉体是中国人,思想、行动为美国人的人。……我要在我思想上进行反帝反封建的斗争"时,我们好像无形中手连着手、紧握着战斗的拳头,看到帝国主义者在我们面前颓丧失败而溃退了,沈先生就是这样主动地展开了思想斗争,依靠群众的帮助和党的教育,今天终于获得胜利了。

通过了沈先生的例子,我们体会到只有依靠党的政策并坚定我们斗争的意志,才能使每个教师都能改造好,才能使运动获得彻底的辉煌胜利。

我要勇敢地暴露

经济系教授　朱广心

沈玉麟教授的检讨报告，使我受了很大的感动！沈玉麟教授在党的正确领导下，和党的耐心教育下，能够很快的转变立场，回到工人阶级队伍中来，给反资产阶级思想运动带来极大的胜利，这是一件非常可喜可贺的事！沈教授的检讨，不仅是暴露得彻底，而且分析和批判也非常深刻，这是值得在运动中掉队的我向他学习的。

通过沈教授的转变，我认识到只有在自己的决心和主观的努力下，才能有真诚的热情和十足的勇气来暴露自己的丑恶思想，并加以批判。自从运动开始以来，我在这一点上，一直就没有作[做]到。在屡次的检讨中，只是避重就轻的谈了一些枝节问题，至于真正的反动思想，我就没有勇气谈，一则谈出来怕丢面子，教不成书，更重要的则是怕被送去劳动改造。所以当同志们给我提意见的时候，我最怕谈到“反动思想”四个字，当我老婆和我谈到以前的反动思想时，我总是向她解释，我以前虽然有反动思想，可是解放后早已没有了，又何必提出来谈呢？这正表示我有顾虑，不敢大胆暴露。沈教授的报告，给了我很大的启发和鼓励，我深深的体会到根深蒂固的旧东西不消灭，新东西是进不来的。在党的领导和同志同学们的帮助下，我已痛下决心，有真诚的热情和十足的勇气要把自己思想中丑恶的东西完全暴露出来，争取早日过关，以便迎接反资产阶级思想运动的高潮早日到来！

一九五二年七月十日

第五十四期(今日共八版)

彻底批判资产阶级思想！坚决树立工人阶级思想！马列主义胜利万岁

反资产阶级思想运动战线上战果辉煌

九十八位同志光荣入围

二百零一人表示决心争取入团

在反资产阶级思想运动捷报频传声中,本院青年团总支在八日晚召开了一个“纪念‘七一’三十一周年大团日”,在会上有九十八位新被批准入团的同志在毛主席像前举行了入团宣誓。这样近百个同学同时宣誓入团,在本院还是第一次。而会上二百零一个人当场表示的迫切要求入团的决心;及沈玉麟、马杏城、黄宏嘉、张协衷等先生热情的发言,更反映了我院全体师生政治觉悟的空前提高,我院党、团组织在群众中威信的空前提高。这是反资产阶级思想运动的辉煌战果,这是马列主义、毛泽东思想的重大胜利。

这次被批准入团的九十八人都是在运动中涌现的积极分子。他们在宣传、搓澡、秘书各部门的工作中发挥了高度的积极性和创造性。例如:龚南文同学在运商系秘书组的工作中努力钻研,创造了“三勤”(勤走、勤做、勤想)制度,提高了工作效率;魏宏达同学虽然患有半身不遂症,以前有着浓厚的灰色人生观。但运动教育了他,他开始要向奥斯特洛夫斯基学习,他积极地参加了“打关”工作,在工作中,他最怕人家劝他休息;有一次,人家硬送他回去休息,他急得哭了起来,为自己不能做更多的工作而伤心。为了更好地帮助教师分析思想,他用不很方便的左手(他的右手不能写字了。)详细地记下了教师检讨的要点;屈浩然同学,运动中较深刻地批判了自己的享乐思想及唯利是图思想,并积极地在美术工作中有了很好的表现,应达之同学和父亲(本院应尚才教授)的反动思想划清了界限。揭发了父亲的反动言论。并积极地帮助父亲改造思想。……这样的生动事例是很多的。在党的领导下,青年团组织根据他们的申请,及时地吸收他们参加到团里来,壮大了团的组织。同时,这对全体同志、同学也是一个很具体生动的教育。

大会原定六日晚举行的,不巧六日晚下雨,才改在八日举行,因为决定得较晚,各分支的准备工作是相当紧张的。但是,同志们、同学们的热情都很高,因此六日中午才知道这个决定,六日下午各分支就把什么都准备好了。同学们在运动中提高了对团的认识。所以,在紧张的准备工作中,同学们和团员同志们同样热情地工作着,同学们都说,团日不只是团员同志们的,也是属于全体青年人的。建筑系的全体同学都动起来了。做了一个庄严美丽的光荣榜,做了一个送给光荣入党的两位同志的纪念品,还扎了两个“马列主义胜利万岁”、“毛主席万岁”的火字。为了表示对新入团同志的欢迎和祝贺,同志、同学们想尽了办法来表达自己的心意。歌咏团、舞蹈团、诗歌朗诵组都起早睡晚、不睡午觉地突击了几个精彩的节目在会上演出。开动脑筋、自编自演,有些同学饭也忘记吃,龚华欧同学积极带头,克服了演员服装上的困难。经一的女同志中午没有睡午觉,给新入团的同志写了一首诗,虽然大家都不会写诗,但为了表示欢迎新同志的心意,你凑一句我凑一句也就成了。大家都在紧张地准备着六号晚上的团日,但是,下午五点多钟下起大雨来了,布置会场的人,用战斗的姿态收起了大色缤纷的彩旗,收起了主席台上的布置物品,准备雨停下来再继续举行。广播组的刘树声、葛琦章、邵静江、顾炎等四位同学,为了抢救机器,来回奔跑在暴雨之中,从头到脚全淋得湿透了,雨下得小了一些,他们没有想到回宿舍去换衣服,为了机器更安全,他们仍然冒着雨,把机器拆了来,搬到校卫室里,一直到晚上八点多钟,他们看看机器已安全的放好了,才愉快地拿着碗吃饭去!天空在下着雨,宿舍里,很多人在窗口望着,希望赶快停下来。后来雨小了,逐渐停下来了,大家欢呼地跳了出来,可惜场地太湿了,只能延期举行。然而这并没有打击同学的情绪,相反地,在七日、八日两天内,大家更紧张地进行团日的筹备工作。会二新入团的夏胜华同志在八日忙了一天,一直没有空打扮,一下就要参加宣誓,心里很着急。但当她回到房间里的时候,徐瑞王同学笑着跟她说:“我没有别的东西来祝贺你,我已经把你的皮鞋擦了,你穿了去宣誓吧!”夏胜华同志感动得不知说什么好。很多分支的同志们都忙着到合作社及城里去买书箱或团章、党章送给新入团的同志们。他们想到的只是怎样才能把团日过得更好。

(下接第二版)

第五十四期　第二版

(上接第一版)

八日晚上,大家所热烈期望的青年人自己的节日,在大操场举行了。整个会场的人群溶化他在极大的欢乐中，当一颗大红星佩挂到新入团同志的胸前时，掌声、欢呼声、握手、拥抱……到处都兴高采烈，新同志们也张着嘴直笑。

大会开始，团总支书记赵锐同志首先讲话，他热烈欢迎九十八位新同志参加到青年团的组织里来，祝贺十二位优秀团员光荣的参加了中国共产党，他要求同志们继续努力，为争取思想改造运动的彻底胜利而斗争。

接着庄严的入团宣誓仪式开始了，九十八位新被批准入团的同志从欢呼不息的人群中走上台去，在毛主席像前举起了右手，清楚而坚定地朗读了誓词，从这时他们开始了自己的政治生命。

台下一千多人鹊然无声，在人们的心中，每一句誓言都与自己结合了起来——争取入团的同志要以这些誓言来要求自己。老团员又一次体会了自己的责任，这些"默默的宣誓"增强了每一个人向前迈进的决心，电一缪世英同志说："过去我仅是组织上入了团，今天我要与新同志一样，重新从思想上入团，首先我要老老实实的做好目前所担任的宣传工作，我有信心做一个名符[副]其实的青年团员，并争取做一个光荣的共产党员。"

当新团员宣誓是下台时，会场又一次沸腾了，同学们兴奋的迎上去与新同志紧紧的握手，热烈的拥抱，在每一个新团员同志面前簇拥着，多少双手伸着，有同志的、同学的[，]也有教师的。

大会主席宣布"自由讲话开始"时，全场热烈情绪是令人难忘的，一刹那间，竟有那么多的同学激动的拥到台上去，排成了长长的行列，当排在前面的同学讲完一个时，后面又添上了好几个，等候发吉的行列是愈来愈长了，每当他们一个人讲出自己的决心时。会场上就迸发出一阵热烈的掌声。过去逃避革命、脱离组织的程广娥，过去自私自利、个人主义不敢加入团的江永泉，一向不问政治、不爱发言的施立民……一个接着一个的走上台表示了他们的决心。经一王金桂同学在台下蹲起了三次，最后终于鼓足了勇气走上台表示决心了。掌声一阵一阵的比起彼伏地响着，大家在欢迎他们的进步！

马杏城、黄宏嘉、沈玉麟、唐剑、张协衷等教师都在会上讲了话，沈玉麟教授说了一句"我以十二万分的兴奋心情来参加团日。"就乐得说不下去，他感谢党，使他认识了真理，也对党团有了亲切的感觉，向同学表示要把自己的在思想改造中的点滴收获贯彻到实际行动中去，他激动的心情使他几次说不出话，当他说到要早日争取入党时，会场响起了暴风雨般的掌声。

一位少年儿童队员上台讲话，她祝贺大哥哥、大姐姐们参加了青年团，并表示自己在到达入团年龄时一定要争取做一个青年团员。她的真挚的话感动了每一个人。一个接一个的跑上去，等待讲话的队伍愈过愈长了，他们都迫切地将自己的心头话向大家倾吐出来，他们要争取做一个光荣的青年团员。

在张协衷主任讲话的时候，忽然落下了倾盆大雨，但是满腔热情的、全神贯注在大会上的同志、同学们，没有一个离开会场。当主席宣布因雨散会时，大家都感到不愿停开，在大雨中纷纷向主席要求继续开会，正如吴汉淋同学所说："雨能淋湿我们的头发和衣服，但是它永远淋湿不了我们的心和热情。"年青人的心永远是火热的。

当继续在南饭厅开会的消息传到各宿舍的时候，同学们都不禁欢呼起来，刚才排了队没有来得及讲话的同学，跳起来说："我又可以表示决心了！""中国共产党万岁！""毛主席万岁！"的口号声，宏[洪]亮地在饭厅内激荡，大家的心情也在随着掌声和口号声起伏，大雨没有淋湿我们的热情，相反的，我们的热情更加高涨了。一批接着一批的同学走上台去要表示决心，一刹那台上已经站满了，然而台下还是继续不断地有人上来，振[震]耳的掌声在鼓声着他们的勇气。

季延寿同志宣布，因为时间关系，要表示自己要求入团决心的同学可以分组推[redacted]表表示决心，但，这还不能充分表示同学的决心，台下马上建议让表示决心人从心里喊出他响亮的名字，这个意见受到了大家的热烈欢迎，更多的同学到台上去了。

表示决心人一个接着一个举起了自己右臂，喊出自己的名字，建三的同学百分之百的上台表示了决心；连平常一向不大讲话的电信系张风翥先生和经济系李翠芬助教也上台表示要争取做一个光荣的青年团员了。校卫队李长瑞同志也表示决心要争取做一个光荣的青年团员。

经济系李士珍讲师、建筑系童鹤龄助教都要为革命事业做好点滴工作，争取做个共产党员。

李惠香、荣孝清都上台表示了决心。他们俩是中学时代的老朋友，下来后提出"比赛""争取先入团"。

当最后一组表示决心的同学快要讲话的时候，有一位同学抢着飞跑上去，他说："我也要表示决心！"

二百零一人连续不断的表示了决心，这占全校同学五分之一的数字，集中地表明了同学们热爱党、团和毛主席的深厚感情。

接着是献礼，向光荣入党的十二位同志献礼、向新入团的同志们献礼。同学们、教师们都纷纷把团章党章、"钢铁是怎样炼成的"、"绞索套着脖子时的报告”、“卓娅与舒故事”等书递到新入党、入团的同学们的手里，要他们努力向奥斯特洛夫斯基、伏契克、卓娅等英雄人物学习。应尚才教授也和他的爱人一起送给应达之同学一本“卓娅与舒拉的故事”。上面题词说：“我们的儿子达子同志光荣入团纪念：为共产主义前途努力奋斗到底！爸爸妈妈同贺。”大家都热烈地鼓掌，表示内心的欢欣。建一潘充启同学说：“新社会给家庭带了温暖，父子间也有了真正的感情，这都该感谢毛主席。”

接着，宣传部文娱组按照预定计划演出了精彩的诗歌朗诵、诗歌联唱、报板及舞蹈，受到大家热烈的欢迎。

晚会结束了，大家激动的心情都带回了宿舍，大家都谈着怎样争取入团、争取入党。电一女同学回到宿舍里，虽然灯熄了；但大家情绪还是很高，同学还要表示决心，他们低声谈着、互相拥抱着，为了要遵守群众纪律，不妨碍别人的睡眠，两只手做起鼓掌的动作，不使出声。其实，别的宿舍里的人那＜哪＞里睡得着，他们也在互相低声谈论着、拥抱着，好多同学在走廊里微弱的灯光下，连夜赶写决心书、赶写贺信，有些同学兴奋得一夜也没睡。运输系伍廷钧教授本来不敢争取入党，通过团日，鼓起了他的勇气，会后，他对同学说：“我真感动了，我有力了，我要喊出我早就要喊出的口号了，我决心争取做一个光荣的共产党员。”蔡梦松同学说：“我是新入团的，我要学习卓娅。”经济系主任张协衷说：“我活了五十岁从来没有参加过这么高兴的群众性的大会，昨天一天的教育，等于二三年的教育。”建四宗福腴同学说：“我申请已一年了，但未批准，主要是自己只想到个人而不想到工作，今后我要继续努力争取入团。”

反资产阶级思想运动的初步胜利——马列主义毛泽东思想的胜利，使整个学校沉浸在进步、团结的气氛里，大家更信心百倍地迎接着胜利高潮的到来。

第五十四期　第三版

进一步提高工作效率　为迎接胜利高潮而斗争

我们要继续提高工作效率

运商系出版组

运商系大字报工作同学们过去思想中普遍存在着抄大字报工作是纯粹的

事务性工作，认为是白纸上写黑字，不能提高自己的思想，在晚上半夜三更抄写，真是挺吃苦的，教授同学又不知道。由于同学们存在着这种不正确的思想，所以整个大字报工作，变成了“来稿即抄，草率从事”的状态。往往在大字报贴出后连续发生许多错误，再慌忙地改正，对工作成了一种负担，一点信心也没有。

经过一段时期后，同学们都觉得这个虽称为事务工作，但为什么老是做不好，领导上也发现了这个问题，我们就及时在出版组内部开了一个检查思想会，在会上同学们检查了以往不正确的思想，初步认识到抄大字报工作在整个运动中所起的作用，这次检查后的情况，虽比以前改进了许多，但还没有获得发展和巩固。

直至“七一”党的生日来临时，我们又开了一个检查思想会，并计[讨]论如何用实际行动迎接“七一”，这次由于同学们对党的热爱，故在检查会上纷纷批判了以前错误的思想，并确立了对大字报工作正确的看法，普遍认识到大字报工作是革命工作的一部分，在这轰轰烈烈的思想改造运动中是一个有力武器，同学们明确了这一点后，都说：“群众对我们的要求是这样高，大字报的作用是这样大，假使我们在出版时搞错了，将对整个革命工作带来多大的损失啊!”我们更知道为了迎接运动高潮的到来，我们一定要提高工作效率，我们一定要做好点滴的工作来向党献礼。

通过了这次会，在这样的一个基础上，我们提出了几个保证，亦订立了具体的工作制度，实行了平行作业法，在整个工作时间内，不使一个人空闲，并做了统计错误表，以引起同学们对待自己错误的重视，经过这一连串改革后，同学们工作亦主动了，整个工作亦显得有生气、有成绩了，工作时间也缩短了四分之一以上，基本上做到了“七一”时的保证。但我们知道这一点成绩是不能满足运动高潮的到来。为了保证我们的成绩继续发展，继续提高工作效率起见，同学们都在主动的想办法，并建立了经常的检查改进会，每出版一期后，抽出一段时间，讨论检查我们工作中的缺点、成绩，统计错误，正视缺点，这样就能使我们在工作中不断的前进，不断提高工作效率，来迎接运动高潮的到来。

党给我力量是无穷无尽的

电信系　汪希时

在这次反资产阶级思想运动中，组织上交给我做搓澡工作，起先是搓个别老师，以后负责一个小队。在这个运动中我尽力的把搓澡工作做好，同时这个运动也改造了我自己。刚开始,我在搓个别老师的时候,我觉得我的身体还吃得消,我应该做好这个工作,以后,搓澡队改组,要我负责一个小队的时候,我的思想上是起了一个小波动的,我想,我生了肺病,我能不能这样做,工作太多了是不是会影响身体,有些顾虑。但我立刻想起了党,想起了我是个青年团员,我想青年团员就是不自私的,也没有困难可以使青年团员低头的,因此我就勇敢的接受了组织交给我的任务。我想,十年建设就要开始,一切都准备好了,就是决定在干部,但是,老师们存在着资产阶级思想,就不能担负起培养国家建设的干部。就拿我自己来说,三年来受了资产阶级思想的影响,使我变成鼠目寸光,自私自利的人,因此,老师们的改造,这是急不可待了!我想我的搓澡工作就是直接影响着教师们的,因此,我就更感到这工作的重要。我想我虽有肺病,但是方志敏烈士、瞿[瞿]秋白烈士不正也是有肺病吗?而他们整天是为革命,因此我就决不有什么顾虑了,我就高兴的接受了这个工作,我想起了这些就有了力量,我就始终愉快的工作着,有时候,工作到了近深夜十二时的时候,同志们为了爱护我,怕我受不了,同时也对着革命负责,就时常来催促我赶快回去休息,我内心激动了,我感到同志们对我亲切友爱,但是我想到把这工作搞不好,就会直接影响到我们运动的开展,就会影响到我们祖国的建设,因此,我就有力量,我想身体重要,因为这是永久革命的本钱,但是目前的工作更重要,因此,我会坚持下来。当我休息少了一些,白天工作的时候,鼻子会时常流血,但是我想到朝鲜志愿军同志,为了保卫我们,甚至不惜流血牺牲,那我流这一两滴血还有什么关系,我更想到我是正在申请入党,我就应该以党员的标准来衡量自己,党给了我无穷无尽的力量。

在运动高潮即将到来的今天,我要进一步团结全体队员,发挥每一个队员同志的力量,依靠党的领导,来进一步提高工作效率,胜利地把运动推到高潮中去。

党给我们以力量

谢淑英搓澡队

谢淑英助教的转变,是我们反资产阶级思想战线上的再一次的胜利,这充分说明了党对知识分子政策的正确与伟大。

当我们刚接受帮助谢助教的任务时,我们觉得谢先生平日不爱讲话,没什么资产阶级思想,但事实并不像我们所想的那样顺利,谢助教对我们的态度很冷淡,不主动和我们讲话,不肯暴露问题,我们觉得工作无法进展,但通过了

"可爱的中国"的学习和检查工作后,使我们对祖国产生了无比的热爱,我们认识到今天的胜利是先烈用鲜血和生命换取来的,今天的点滴工作都是祖国建设的一部分,我们决心学习方志敏烈士,把自己的一切力量献给祖国,献给人民,因此我们在以后的工作中,开动脑筋,吸取别人的经验,及时纠正我们工作中的缺点,我们用一切办法启发谢助教,我们遇到不懂的问题,就去请教别人,有时为了使一个问题得到更完善的解释,甚至征求过八九个人的意见,我们知道谢先生的身体不好,所以很关心她的生活,但对她的资产阶级思想,我们一点也不放松。

我们想到教师思想改造与祖国建设的关系,谢先生改造好了在祖国建设上就多一分力量,毛主席就多一个好女儿,当我们想到了这些时,我们工作得就更起劲,我们工作到深夜,我们中午不睡,但是一点也感不到疲倦,我们只是快乐地工作着。最近谢助教有了很大的转变,通过了帮助谢助教的工作,我们深深体会到,党对我们的热爱与关怀,我们决心在今后的工作中,克服一切困难,更进一步提高工作效率,为运动高潮的到来,献出自己所有的力量。

第五十四期　第四版

彻底批判资产阶级思想!坚决树立工人阶级思想!

学习优秀共产党员——斯维尔德洛夫的高尚革命品质

"斯维尔德洛夫"是一部很好的影片,它深刻地表现了共产党员高尚的品质。斯维尔德洛夫是苏联共产党(布)和苏联国家主要的组织者之一。电影生动地表现了他一生的革命活动,一个完整优秀的共产党员的形象!深入人心、永不磨灭。

斯维尔德洛夫自从找到革命真理以后,他就全心全意地投入革命,一直到他生命完结都没有任何动摇。他因为工作常常被沙皇政府所逮捕,在狱里他从没忘记党和他自己的革命工作,他是一个真理的战士。身体的被限制并不等于思想和工作的停止,在狱中,他不倦地学习马列主义来锻炼自己。他钢铁般的意志就是由忠心为党工作和高度的政治觉悟所形成的,这点,在斯维尔德洛夫这样一个具体的人身上我们看得很清楚。

一个共产党员,必须具有为共产主义彻底实现而奋斗到底的精神,无限忠诚于党的事业,终身英勇地坚持革命斗争,在任何环境下,不退缩、不叛变党、不投降敌人。斯维尔德洛夫在狱中接受了考验。在极端艰苦的情况下,他领导政治犯们争取各种待遇,反抗虐待迫害,发动绝食运动,敌人用监禁、苦役、绞架来威胁他,但他不屈服,只是瞪着眼睛说:"不要浪费时间,我是不会告诉你任何东西的!"在狱中,他坚定信心。"我不灰心,也不丧气,但我的愤怒则不断增长,无法抑止……我仍旧刚毅勇敢,而且甚至和平常一样愉快。"他经常用革命诗句来鼓舞同志们的斗志,表现了高度革命乐观主义精神,他说:"每个人都应有一颗钢铁的心,能作[做]到的话,即使是手无寸铁去打仗,他也一点不害怕。"在狱中,斯维尔德洛夫写给他夫人信中说:"我对前途并不特别焦急,我坚信一切都将顺利,前途还有很大希望,现在来想我个人的事情是毫无意义的。"

一个共产党员,必须执行党的政策和决议,严格遵守党的纪律,对于党内外一切损害党利益的现象,必须进行坚决的斗争。斯维尔德洛夫一贯的优良的政治品质,就是坚持党内的统一和党内一切错误倾向作不调和的斗争,他终身和孟什维克、托洛茨基、布哈林分子坚持战斗,在一九零五年全俄工人武装起义失败以后,知识分子出身的米洛诺夫显然又为沙皇的血腥镇压吓倒了,米洛诺夫说:"目前我们俄国不能发动武装起义,工人的组织已经是垮了,领导人大部分不是关进监狱,就是被流放或者是牺牲了,我们的斗争是失败了,同志们,我们应该正视现实。"斯维尔德洛夫反驳说:"布次什维克是应该正视现实的,可是他忘了一点,他忘了对于现实有革命者的看法和一般人的看法,……我提议要用列宁的方法来观察我们大家所走过的每一步,列宁的方法就是要研究错误,接受考验,而一直勇往直前,一直走向革命胜利。"在电影里,可以找到许多事实,清楚地说明了一个具有高尚品质的斯维尔德洛夫怎样和敌人及党内一切错误倾向进行斗争的。

一个共产党员,必须全心全意为人民服务,虚心听取人民群众的要求和意见,使党与人民群众保持密切联系,领导群众前进,斯维尔德洛夫是善于联系群众的,他热情、诚恳、虚心、朴素,关心群众利益。因此群众很乐于接近他、爱戴他,许多群众都找他谈琐碎问题,当阿吉姆向他说:"这些老百姓豆大的事也来找中央"的时候,他回答:"革命就是为这个,老百姓相信我们才找我们,要谁都不找我们,那就糟了。"请看这是多么强的群众观点!

一个共产党员,必须努力学习马列主义,使自己的觉悟不断的提请,斯维尔德洛夫贪婪地读书,据图书管理员说他简直是狼吞虎咽地啃吃书本,他把空间、时间都用来学习理论,马克思列宁的著作成了他形影不离的良伴,在斯维尔德洛夫被捕入狱的第二天，他便鼓励难友们不要浪费宝贵的时光，而应在别人的指导下学习政治经济学。

一个优秀的共产党员——斯维尔德洛夫到死都没有一分钟离开过他的战斗岗位。那一次从哈科夫回来以后，他就发了高热，并且不焦地咳嗽着，但他还不肯躺倒，还是坚持坐在电话旁边，准备着党的第八次代表大会的工作，他的老朋友米萨医生来看他，叫他快点躺到床上去，可是他说："米萨，我给你起个誓，你叫我干什么我就干什么，可有一件，我不能不参加第八次党代表大会。"米萨无可奈何地摇了摇头，正想继续劝他，而斯维尔德洛夫又说："米萨我跟你说：我们要认真组织起来，因为目前我们虽然没有战争，但是这个时间我们利用得不够好，我们要加强国防，我派你到红军里去搞全部卫生机构的工作。"米萨正在没有办法的时候，列宁悄悄地走进来，只是在列宁亲自下了命令之后，斯维尔德洛夫才允许别人搬走他的电话机，但再过几分钟他就逝世了。斯维尔德洛夫是苏联共产党的忠诚儿子，列宁、斯大林的忠实战友，是列宁、斯大林思想在实践中活生生的体现者，他为革命胜利、为劳动者争取自由幸福的生活、为世界上第一个无产阶级政权的巩固，战斗了一生。正如列宁所说："雅阔夫斯维尔德洛夫同志，不能仅仅是把他当作我们对革命事业无限忠诚的一面旗帜，不仅仅是工人爱戴的领袖，也不仅仅是把理论和实践结合起来，联系了群众和领导群众的领袖，他还是无产阶级先进的组织者，使广大的无产阶级群众日孟[益]地扩大，一直勇往向前，向着伟大的共产主义的革命胜利。"

我看了《斯维尔德洛夫》的体会

经三　俞昌文

斯维尔德洛夫是优秀的布尔什维克，他由生到死是一直关心着党的事业，使我记得最深刻的一句话：当他病倒在莫斯科的时候，他仍不休息，坐在电话机旁，他和米萨医生说："我可不能不参加党的代表大会！"而在列宁的劝导下他才安息静养，但过了几分钟他就逝世了，只要他活着，他就为党的利益、人民的利益奋斗到底，他坚定信心，不屈不挠，不叛变党，不投降敌人，在任何艰苦的情况下，对于党内外一切危害党利益的现象作坚决英勇的斗争。他想到他是共产党员，一个共产党员是应该把个人利益放在党的利益之后，当个人利益和党的利益发生矛盾时，那个人利益是没有的。这就是具有共产主义人生观的高尚品质，斯维尔德洛夫是我衷心爱戴的英雄和我学习的榜样。

第五十四期　第五版

新气象：杨志竞同学光荣入团

七月五日的团总支书员会上，经四杨志竞同学光荣地被批准入团了。

杨志竞过去是一个很落后的同学，资产阶级享乐的腐朽思想占满了她的脑子，具体地表现在她的恋爱上。过去她认为恋爱是人生的点缀品，恋爱要"波浪式的"才好。她认为有许多人在追求她是光荣的，甚至于她还想："在许多人正在追求她的时候，她死了"，……她的恋爱方式是"绝对不单跟一个人好，在恋爱对象中找几个候补的，这样可以在和一个人感情破裂后，就与其他人好。"恋爱的基础是金钱和享乐……这就是她的恋爱观，这种思想支配着她的行动。在经三时，他与运二一位同学搞"恋爱"，整天在一块吹口琴、跳舞、吃馆子、逛公园。这些事情成了她生活中的主要部分，学习和工作她都不管，在抗美援朝下乡宣传时，她也没有参加。因此，使得她与群众脱离，当然她更不会想到祖国和人民。

在"三反"运动中她也同样的转变了，她积极地投入了运动，她在市里工作的时候，接触的大多是违法商人的家属，这些人的生活都很腐化堕落，同时在她的工作中也碰到一些劳动妇女，她和她们在一块开会、谈话、工作，她们都是那么愉快、热情、真挚、坦白。这两种生活的对照教育了她，使她深刻地体会到那些经理太太们的腐化生活是建筑在别人的劳动基础上，这种生活是可耻的，同时她也深深的体会到享乐思想就是资产阶级腐朽的剥削思想，这种思想也同样是可耻的。因此她下决心要抛掉以前的享乐思想，立志做一个劳动者。

因为她认识了"三反""五反"的伟大意义，在工作中她就非常积极。在刮风和下雪的深夜里，她在两个派出所之间作联络工作，她很冷也很累，但她想到工作的重要和志愿军在朝鲜前线一口雪、一口炒面的艰苦的战斗精神，她就有了力量和热情，每天晚上开会汇报，过十二点钟以后才能睡觉，她没有感到苦而是感到愉快。

虽然在"三反"运动中，她认识和批判了她的享乐思想，但她对于自己错误的恋爱观还没有深刻的认识和批判。尤其是怕在群众面前暴露，怕人笑她，怕人瞧不起她。"面子"和"恋爱观"的包袱沉重地压着她。这时候她的进步还是缓慢的。

思想改运动中，在党正确的领导和同志们真诚的帮助下，她对她的腐朽恋爱观终于勇敢地暴露了出来，并加以批判。她认识到恋爱必须建筑在共同的政治基础上，只有这样，才是正确的。恋爱不是人生的点缀品，而是人生的一部分，恋爱脱离不了人生，也脱离不了革命。

“可爱的中国”学习后，她深深体会到今天我们的幸福生活是烈士们的鲜血换来的，今天活着的人要丢掉一切错误思想，献身革命，要为了人民更幸福的明天而奋斗。

由于她思想上有了转变，她提出了入团要求。在六月十五日分支大会通过她入团，又在七月五日总支批准她入团。她兴奋地说：“从今天起，我已是属于组织的了……我要把我的一切献给组织，甚至我的生命。”

一个满脑子资产阶级思想的人，以前是跳舞、吹口琴、“恋爱”，现在是一个要把一切献给革命的光荣的青年团员了。她兴奋地说：“感谢党和毛主席，把我从资产阶级思想的泥坑中拯救了出来，党给了我力量和新的生命。我要在今后前进的道路上，继续提高自己，做一个名符[副]其实的光荣的青年团员。”

我要做一个最优秀的青年团员

俄专二年级　李惠韫

七月五日——将是我生命史上最值得纪念的一页，在这一页上我要用我的内心话写出八个大字“感谢党，感谢毛主席”。

我深刻体会到党和毛主席是关怀着每一个青年的，更体会到党和毛主席领导的英明、正确和伟大。仅仅是二年前的今天，我还是一个与党对立，轻视祖国，鄙视劳动人民，一心一意想做“美国人”或“高等华人”的人，不知道应该爱谁、恨谁。抗战胜利后的四年中，在国民党反动派的黑暗统治下，在美帝国主义毒辣的文化侵略工具——黄色电影、杂志——中，我自以为找到了生的答案，那就是该尽一切力量，抓紧时间来享受，在思想改造运动中我经过了激烈的思想斗争，我懂得了该热爱祖国、热爱劳动人民，痛恨剥削、痛恨帝国主义，我懂得了应该怎样来对待我的“生命”，怎样来对待“死亡”。我懂得了是谁一滴血、一滴汗地把我养育成人，又是谁洒鲜血、抛头颅给我们争取了并保卫着今天的幸福，我绝对不能辜负他们之间的每一个劳动人民、革命先烈、及我们最可爱的人——中国人民志愿军，尤其是我们最亲爱的党和毛主席。我热爱生命，但绝不是畏惧死亡，我更看清了祖国的明天是更幸福的。人生的真谛也就是为了这样一个美好远景而贡献出自己的一切甚至生命。

争取做一个光荣的青年团员的愿望是实现了,为了人类的最高理想——为革命事业献出自己的一切——的彻底实现,我要在团的教育下,努力改造自己,肃清残余资产阶级思想影响,坚决树立工人阶级思想,划清敌我界线,克服自己一贯的自高自大,骑在别人头上,看不起群众的严重的剥削意识,我要继续努力。争取做一个最优秀的青年团员,并成为一个共产党员,在党团的组织教育下,向着祖国灿烂辉煌的明天前进!

我要早日争取做一个共产党员

沈玉麟

我怀着十二万分愉快的、激动的心情参加了团日。当同学们在毛主席像面前宣誓的时候,我的火在燃烧。九十八颗火热的心,九十八只伸直的手,是何等的强有力呀!他们是毛泽东时代祖国最优秀的儿女。

好些同学昨天还是资产阶级思想极为浓厚的人,今天已初步的站到了工人阶级的立场,加入了光荣的青年团组织。九十八位同学占全院十分之一的人数呀!是象征我院反资产阶级思想运动的辉煌胜利。

昨天的我是落后的,是走向末路的。但在党团的教育与启发下,在群众的热情帮助下,我得到了新生。当九十八位同学在毛主席像面前宣誓的时候,这遥远传来的每一个字每一句话,都在我心坎里刻划[画]了极深刻的痕迹,给了我无比庞大的生存力量,我要为革命而生,为革命而死。我觉得我虽然是一个三十二岁的人,我的一颗火热的心是与同学们一样的,我将永远地保存我那一颗火热的心。我要把我个人溶化在全人类的和平解放事业里,要在工作中不断锻炼自己,考验自己,加强学习马列主义毛泽东思想,树立工人阶级的思想,争取早日做一个劳动人民的好儿子,工人阶级的先锋队员,光荣的共产党员。

第五十四期　第六版

新气象:我要百倍地努力提高自己

屈浩然

近来,我是整天充满着快乐的心情,很有劲,很少感到疲倦,我的感情初步的融洽到了集体中间去,它能够围绕着革命事业而出发,我是真正的体会到了生活在革命大家庭中的温暖,生长在毛泽东时代里的青年的幸福,我在运动中被解放了出来,思想上的解放,带给了我永远的幸福和希望。

每当我回首往事的时候,自己往往是感到沉痛可耻,就在今天和昨天的鲜明对比下,我想起了党对我的教育和照顾真是无微不至的,但是我却像恶劣的孩子,不听慈母的教诲一样,我不接受母亲的教育,脱离了母亲的怀抱,自己走着黯无光彩、前途茫茫的个人主义道路。通过伟大的三反运动,使我在团的启发、群众的帮助下,生平第一次接受了党的教育,在这股伟大力量,人类的真理面前,自己过去一套荒谬的想法、打算,很快被推倒、否定和批判,因为党告诉了我一切非无产阶级思想的丑恶本质,以及对青年人的腐蚀,告诉了我们今天的幸福生活,是得来非易,是经过了同志们三十年的流血牺牲才获得,而我们更光明美好,充满着希望的明天,还需要我们继续的努力斗争来实现。在党的教育下,我明确了剥削与劳动,认清了我地主家庭的本质,懂得了谁养活了谁的问题。我体会到,的确是劳动人民养活了我,我是为谁而生,为谁而死。"为个人而活着是可耻"这句话,刻划[画]出了过去我的一切,并且也将来远牢记在我的心头,我在生命上有了新生,从个人主义的泥坑中跳了出来,由灰色的人生观转变成革命的人生观。

我在运动中光荣的入了团,这对我来讲是开始了政治生命的第一天,是决心正式走向革命事业的开始,但我感到我的胜利,首先该归功于党的领导,内心地感谢党对我长期的、耐心的教育,感谢团对我的启发关怀,感谢群众对我的帮助,使我赶上了前进中的革命队伍。我应该在今后的具体行动中来赎回和补救过去的罪恶,以实际的行动来表示我对党的衷心感谢和实行我在检讨中的每一句诺言。在明确了每一样工作是革命工作的一部分后,虽然由于工作能力低,有时工作不但化[花]时间,并且也搞不好,但我在思想上再没有起波动,对困难采取消极失望。肯开动脑筋来克服困难,所以有时虽然通宵未睡,从排版到黏[粘]贴,自己考虑到的并不是疲倦、累了,所想到的只是工作是否搞好,事实上在工作过程中,当想到革命工作的重要性时,的确很少感到这些。同时,只要当我想起我是一个青年团员,我必须对革命工作负责时,我就有了力量。

在伟大的思想改造运动中,老师们、同学们团结在一起,融洽在一起,在我们之间再没有一点隔膜,再没有距离,要求入党、入团庄严的呼声越来越响亮了,九十八位同学在运动中入了团,我们的队伍是壮大了。在团日来到的今天,我衷心的为我们的队伍壮大而欢呼,因为这里不仅说明着入团同志们的胜利,而更大的说明着这是反资产阶级思想的胜利,是党所领导的"三反"运动的胜利,这是马克思列宁主义的胜利,是毛泽东思想的胜利。

共产主义对我们来讲是越来越迫近了,我时常为这个已经可以看到的伟大理想而欢笑,同时我感到在我的肩头的责任是越来越重了,为了更好地符合于祖国人民的要求,达到所需要的质量,我必须要更努力地来学习,来提高自己的技术水平,我必须要更好地依靠组织,接受党的教育,接受群众的意见,对自己的缺点采取随时斗争,进一步划清工人阶级与非工人阶级思想的界线,提高理论水平,把自己锻炼得更坚强,使能真正做到自己能完全属于党,为党的事业而无限忠诚,从平时的工作中来克服个人主义,考验自己,为做一个模范的青年团员,为争取做一个光荣的"正规军"而努力。

我的新生命开始了

许政东

首先,我要尽量的欢呼,我要尽情的歌唱,为了我能为我们党的事业——共产主义事业而贡献出我的力量。

今天是我被批准作为一个中国新民主主义青年团团员的一天,这对我自己说来是一个不平凡的日子,这是我的新生命开始的一天,我要感谢党和毛主席,感谢党和毛主席对我的教育和培养。

过去,极端的个人主义思想蒙蔽了我,资产阶级思想又坑害了我,政治课可以不上,大报告可以不听,为的是要去游泳或溜冰。班上的经费不愿缴,说是与班委有成见,而却化[花]百倍以上的价钱去买游泳裤、冰鞋、或大吃大玩,我不愿意参加班上的集体活动,在康乐时间,大家都兴高采烈地在跳着集体舞的时候,我却一个人躲在房间里写些无聊的信,在我的生命之中只有个人,只有享受,没有祖国人民的利益。但是,通过了"三反"运动,党把我从极端自私自利的泥坑中挽救了出来,以前,我不愿意靠近组织,不愿意参加工作,我也从未想过是无数的革命先烈们用他们的血和肉填平了革命道路上的崎岖不平,才有我们幸福的今天。我们国家已经积累了足够的资金和原料,只等待着我们来建设。我痛恨过去的我,痛恨我过去卑鄙、无耻的生活。在同志们的帮助下,我彻底批判了我的极端个人主义及自私自利的思想,初步建立了革命的人生观,积极的投入"三反"运动中。在学校里的反贪污斗争中,最初,我担任调查研究的工作,我知道,这也是革命工作不能缺少的一部分,是共产主义事业的一点一滴,虽然各种工作的性质不同,但我们奋斗的目标是一致的,都是为了要建设我们伟大的祖国,也就是为了我们美好的明天早日到来。因此,我很愉快地、坚决地工作着,不管是风雪交加,我也要完成组织所交给我的任务。

今天,这不平凡的今天,给我带来了无比的生命的活力,在我的面前,开展了一条宽广平坦的大道,我要愉快的活着,我要为革命而活,我要为劳动人民而活,我也要为革命而死!

但是,今天只是我开始走向革命的第一天,我还存在着很多的缺点,今后我一定要在实际斗争中,在党和团的经常教育下,不断的锻炼自己,提高自己,清除一切还存在着的非无产阶级思想,我要为新民主主义的彻底实现而奋斗到底。

当在分支大会上通过我作为一个正式团员的时候,当总支批准我作为一个正式团员的时候,同志们、同学们满脸热情地欢迎着我,用火热的双手紧握着我,给我鼓励,给我更大的勇气,我真正的体会到了党的伟大和革命大家庭的温暖,并且我也真正的感觉到了党不但是在领导着全国人民进行革命斗争,领导着我们从新民主主义社会走向社会主义、共产主义社会,而且我们每一个人都缺少不了党的教育和培养,今后,作为一个光荣的共产党员是我奋斗的目标,是我崇高的理想。

在反资产阶级思想运动的高潮即将来到的前夕,在祖国十年建设即将开始的今天,我将永远以战斗的姿态准备接受任何的考验。

第五十四期　第七版

我要作一个忠实的党的助手和后备军

应达之

一九五二年七月五日,我被批准为光荣的青年团员,成为新民主主义革命事业的一名战士,这个光荣的称号使我感到无比的骄傲与光荣。但是也使我不安,当同志和我握手,向我祝贺的时候,我是快乐与幸福的,但是也是难受的。

回想起以前我的思想不但是落后的,而且是反动的。终日沉溺在宗教的小圈子里,只知道读经祈祷,是一个脱离现实生活、脱离群众的孤独的人,对政治,不但不关心而且从心里感到厌恶与恐惧,我对于毛主席、人民政府及党团员同志都加以诽谤和诬蔑,对苏联是仇视的,对美国是有好感的。过去三大运动我从不过问,即使在三反初期我还在家中和大哥一起著书,希望在写成之后买一只手表,对运动采取旁观的态度。

在党团的教育下,通过了爱国主义教育的学习,我开始认识到美帝利用宗教侵略的事实,认识到美帝在中国办学校,办医院的真正目的不是要帮助我们,乃是要奴役我们。也明白了人民政府的宗教政策。我开始靠近了党团,并接受到团的教育。渐渐地认识到苏联社会制度的优越性,我觉得一个没有剥削阶级的国家是不会也不可能剥削与侵略任何一个国家的,这样我消除了对苏联的成见。

伟大的反资产阶级思想运动教育了我,也鼓舞着我前进,在"可爱的中国"学习大会上,几乎每一个同学的报告都使我难过,我认识到我过去完全是站在反动立场上,与人民为敌。当我认识到我是在劳动人民的培养之下成长的时候,更感到痛心。是生平第一次认识到我是生活在一个由无数像方志敏那样的烈士们用血和肉换来的幸福的社会里。但是对这个社会,我却想摧毁它,我深深地感到自己的可耻与可恨。在过去的年月里,我从没有爱过祖国。电影"上饶集中营"和孙秉泰同志的报告也使我认识到反动派的罪恶,使我对今天还在朝鲜进行侵略,在巨济岛上屠杀俘虏的美帝国主义感到无比的愤恨,更使我认识到今日的社会是无数英勇不屈的先烈们用鲜血换来的,并不是上帝的恩典,将来的社会要我们自己去创造,不能等待上帝施恩。我又想起了我的过去,觉得分外的难受。因为在先烈们用血肉换来的社会里生活着的我对这个社会没有出过一分力量,党的教育使我有勇气、有决心在祖国的怀抱里重新作[做]人,我认识到我自己是劳动人民养大的,我所看的一切应该毫无保留地献给劳动人民。我决心用我的行动来弥补过去的罪恶。听了父亲的荒谬而且反动的言论之后,我感到吃惊与愤怒。我觉得这些话对我们的政府、对我们的党是一种侮辱,我想对这些言论加以驳斥。但是"君臣父子"的封建意识使我不敢说什么话。然而经过同志们的帮助与启发,使我打破了旧的不健全的父子间的感情,使我认识到真正的爱是建立在工人阶级的基础上的。使我以认识到父亲的言论的反动性与危害性。为了祖国的明天,我终于揭发了父亲的反动派言论,并且展开了面对面的说理斗争。

运动的初期我担任了干部学习班的辅导工作,在起初我对工作交[并]没有认识,中是觉得我既然担任了工作,就应该做好,抱着为工作而工作,为表现自己而工作的心情参加了工作。不久,在他们"一切为了祖国"的高贵的爱国主义精神感召之下。我认识到我的错误。在党团的教育之下,我懂得了这是新民主主义社会的建设工作，他们是建设祖国的干部，帮助他们学习就是建设祖国，就是献身于劳动人民。为了报答劳动人民培养的恩情，我有信心，有决心完成这个光荣的任务。

党对青年的爱护是无微不至的，党的教育，将我从美帝通过宗教所给予我的反动思想中拯救出来，从资产阶级名利思想的泥坑中拯救出来。使我生活在幸福的社会里。看到了祖国的明天，党又给与[予]我无限的热情和力量，使我有决心为人民服务，在我成为党的用手与后备军的今天，我更感到党的亲切与伟大。我感谢党，感谢毛主席，感谢同志们的帮助。会后，我愿意在党的领导和教育之下，作一个忠实的党的助手和后备军，作一个劳动人民的好儿子，将自己献给劳动人民的事业，并且准备在需要的时候，用自己的身体，填平通向共产主义社会的道路。

应教授和他爱人给儿子应达之的贺信

亲爱的达之儿：

当我们听到你入团的消息，我们就感到愉快！因为你在党的教育和培养下，你今日可以成为一个光荣的青年团员，那时我们要感谢我们的党和我们的领袖!!

今后你还要在党的教育与领导下，不断地、好好地锻炼你自己；以至成为一个新中国的优秀儿女，为共产主义事业努力奋斗!!

尚才、显琛同贺

一九五二. 七. 八.

参加青年团员宣誓典礼后的感想

数学组助教　吴佩蓉

我参加团日还是第一次，我以无比喜悦的心情来参加这个有意义的会。我觉得年轻了好多，当我看到九十八只坚强的手在毛主席面前高举的时候，我真是说不出的高兴，这些手表现出了他们像钢铁一般的力量。这些青年团员——共产党的后备军，壮大了革命的阵容，加强了革命的力量，这是反资产阶级思想斗争胜利的战果，当九十八种不同的音调朗声宣誓时，我的心弦被震动了，我觉得惭愧，我虽然在这次反资产阶级思想斗争中获得了初步的胜利，但我还没有完全肃清残余的腐朽思想，在毛主席面前，我的■就觉得软弱无力，我虽然以共产党员的标准要求自己，但目前我还缺乏条件来争取做个共产党员，我要向这九十八位新团员学习“忠我的工作”，用实际行动来锻炼自己，继续不断地跟资产阶级思想作坚决的斗争。

我要向大哥哥大姐姐学习，将来争取做一个青年团员

吴佩蓉助教女儿少年儿童队员　沈慧英

昨天晚上，我参加团日庆祝晚会，觉得有无比的高兴，在大会上有许多大哥哥大姐姐们都加入了青年团，还有许多没有入团的大哥哥大姐姐们，在会上表示了自己的决心，我最感动的是我的妹妹睡着了，有一个大哥哥把自己的衣服脱下来给我妹妹盖上，他自己受着寒冷，这种友爱和自我牺牲的精神是值得我学习的，我被他感动了，也在大会上提出保证，要向大哥哥大姐姐们学习，我保证年龄合格后一定要争取做一个光荣的青年团员。

第五十四期　第八版

文艺副刊：欢迎你，同志

——献给九十八位新同志

大　勤

欢迎你，同志，
今天
我们三百多双手，
伸向你；
我们三百多颗心，
要和你的心
紧紧地
凝结在一起！

欢迎你，同志，
我们欢迎你
参加我们的队伍，
做一个战斗员！
欢迎你，同志，

我们欢迎你
同样，
全中国的人民在欢迎你，
全世界爱好和平的人民在欢迎你，
我们的党在欢迎你！

欢迎你，同志，
同志们的欢迎是多慎重呀！
欢迎你，
做一个革命者、
做一个和平保卫者、
做一个新中国的建设者。
欢迎你，
把你的生命，
贡献给
人类最壮丽的事业。

欢迎你，同志，
从今天起，
你是我们当中的一员，
你
首先是一个青年团员，
是一个
党的助手和后备军，
你不再是你自己的，
你
已经属于劳动人民。
欢迎你，同志，
当人们称你为光荣的青年团员的时候，
请记住：
那就是责任，

那就是说，
你得走在队伍的前列，
不能在队伍的后边。

欢迎你，同志，
今天，我们
三百多双手伸向你，
我们三百多颗心，
要和你的心，
紧紧地
凝结在一起！

欢迎你，同志，
欢迎你，同志，
让我们，战斗在一起，
歌唱在一起，
拥抱在一起，……
让我们再一次亲切的
呼唤你：
“同志，亲爱的同志。”

光荣的宣誓

伯　龄

傍晚的时分，
天空的彩霞五光十色，
红果园里喜气洋洋，
彩旗在迎风飘荡，
会场布置得富丽堂皇，
啊！
这是我光荣宣誓的一个团日。
到会的人们都有红色的希望，
他(她)们在欢呼歌唱，

歌唱反资产阶级思想运动的初步胜利辉煌，
歌唱伟大的毛主席和共产党。
到会的同志给我带上了大红花，
我们握着手紧紧不放，
同志啊！同志：
这是多么亲切的呼唤。

当我排在九十八位同志的先烈里，
大踏步走向隆重的台上时，
台下的欢呼声变成了红色的浪涛；
当我肃立在毛主席的像前，
我的心跳动得厉害，
我的身心贯注着毛主席的事业。
这时，台下肃静得鸦雀无声，
倾听着；
庄严的誓言飞出了我的喉咙，
我充满了青春的活力，
我开始了红色的政治生命。

当我走下台来，
鞭炮和掌声交织在一起，
同志们和同学们抢着和我握手、拥抱，
而我
又接受了他们，有意义的献礼——
一本是"中国共产党简史"，
一本是"论共产党员的修养"。
你说我内心的激动啊，
怎能用文字把它说出，
我只能说：同志们！
你们给予我坚定的信念，
朝着一个方向——
争取做一个光荣的共产党员；

你们给予我无比的鼓励，
将誓词贯彻到行动中去，
一点一滴一个螺丝钉，
在反资产阶级思想运动中起作用。

深夜二点多钟躺在床上，
兴奋得闭不拢眼睛，
想着：一百七十五位同学上台表示决心；
想着：群众热情奔放地
欢呼“中国共产党万岁”、
“毛主席万岁”的亲切情景，
翻来覆去更是睡不着觉。
我再一次默念着我誓词，
我要献身于人民，献身于革命，
献身于全人类的解放事业。
早日争取做一个光荣的共产党员。

您终于回到母亲的怀里来了

——献给林达美主任

运三甲

欢迎您，林达美主任，
您接受了祖国的温暖，
接受了党给您的关怀，
由于您思想斗争的胜利，
您终于回到母亲的怀抱里来。

不管过去怎样，
只要您现在要求进步，
党就拯救您。
通过您自己的事实，
您深刻地体会到党的政策，
您感动得哭了，

您沉痛地说：
感应党和人民政府，
给我带来了新生命，
使我有了觉悟，
我决不再为个人而生存，
我要把我的生命，
贡献给祖国，贡献给人民，
这样的人生才有意义，
这样的人生才最幸福。

亲爱的林主任：
欢迎您有了进步，
欢迎您生命里有了青春，
为了再提高自己，
为了所有教师的思想改造，
为了搞好今后的系务工作，
为了祖国，
让我们手拉手、肩并肩、
胜利前进！

一九五二年七月十一日　第五十五期

彻底批判资产阶级思想！坚决树立工人阶级思想！

百余位同志积极筹备“七一”图片展览会大致就绪
将于十四日胜利开幕

为了纪念党的三十一周年，迎接反资产阶级思想运动的胜利高潮，节委会办公室宣传部将举办“七一图片展览会”。经过近两周来的积极筹备，已大致就绪，将于十四日在铁道陈列馆胜利开幕。展览会主要内容有“党史”、“祖国三年来的伟大成就”及“社会主义的美好远景”等三大部分，说明了三十一年来党在毛主席英明领导下艰苦奋斗的过程，也标志着中国人民团结在党的周围正在胜利地走向美好的社会主义、共产主义社会的光明前途。

在图片展览会的筹备过程中，由于工作同吉[志]们政治觉悟的空前提高对展览会的意义有了正确的认识，因此在工作中充分地表现了对党、对毛主席和对祖国的热爱，大家开动脑筋，发挥了集体智慧，在工作上发挥了积极性与创造性，大大地提高了工作效率，同时也为人民节省了不少财富，这是值得我们学习的，上月二十八日，仅仅有七个工作同志的资料研究室接受了这个艰巨的筹备工作，虽然当时人手不够、资料缺乏，有些“空中楼阁”的感觉，但是他们并没被这些困难吓倒，他们想到了“万丈高楼从地起”，只要发动群众，开动脑筋，没有克服不了的困难，于是他们就信心百倍地接受了这个光荣的任务，在筹备期间，发动了一百多人参加这项工作，保证了展览会筹备工作的胜利完成。

为了搜集图片资料，他们跑遍了北京市大大小小的机关，水利部、重工业部……各个中学和大学、新华书店、影片公司、人民日报社、光明日报、新民报社、团市委、全国学联……什么地方都跑到了。在二十九日那一天，就跑了二十六个地方，只要有一个点线索，他们就去钻、就去找，一心一意要把图片资料搜罗得更丰富，七八天来，他们一直是整天骑车在外面东奔西走，屁股坐在车子上发痛，腿子发酸，还是一点不肯休息，生怕耽误了展出的时间，尽管炎热的太阳晒得他们汗流浃背，心焦口渴，甚至如王柏江同学晒出了满身痱子，仍旧坚持不懈地干下去,他们就是这样顽强地对付工作上的困难的,由于我院的展览会发起较晚,很多图片都先一步被别的机关学校借去了,这使得我院所能借到的就不太多,五日晚上,他们打听到唐院的展览会已经结束了,他们高兴极了,纷纷要求星夜赶到唐山去取图片,时间已经是晚上九点钟了,窗外闪起电光,大雨就快下来,而陆淦生、江建中二位同学都毫无畏惧地兴奋地奔向前门车站,赶乘夜车到唐山去,为了■置展览会的会场需要三百尺红布,这样多的红布,我们自己那[哪]里有;只得向外边去借,然而事情不是那么顺利,他们在外边跑了一整天,走了十六个机关学校,连一尺布也借不到,原因是"七一"前后用红布的机关太多,都早被借光了,但是困难是不能使他们低头的,他们一点不灰心、不气馁,大家回校后,共同商量,想办法,结果向纺织工业部借到了四百二十尺红布,他们开动脑筋找窍门,便超额完成了任务。

总务工作一向被人看做是单纯事务性的工作,枯燥琐碎,是很多人不愿意做的,可是展览筹备工作中,担任这部分工作的同学们,却有着另外的想法,他们把总务工作当做革命工作的一部分,认真严肃地开动脑筋想尽了一切办法,在处理零碎工作方面,比如跑街去买东西,一天跑四五趟,一点不觉累,心里总是盘算着所买的东西质地要好,价钱要便宜,尽量避免给人民造成不必要的损失,这方面的工作,刘汇川同学做的特别多,他忙这忙那,经常衣服被汗水浸得透湿,十日夜里工作同志搞得很晚,要喝开水,但是开水已经过了供应时间,于是刘涯川同学就自己去烧,忙了一个多小时,终于供应上了,他说:"我们最可爱的人在前线那样艰苦,我们的烈士那样为党、为人民牺牲,我只做了这一点点工作,算不了什么。"朱兆唐同学也说得好:"我们是把这个工作当做政治任务来完成的,如果我们做的[得]不好,那就对不起我们的烈士、我们的党、我们的毛主席。"

编辑同志们想尽了办法,耐心地把搜集来的资料加以整理、剪贴、编排,每天工作到深夜都不休息,他们为了争取早一日完成工作,连"七一"晚上党员宣誓大会都没有能参加,虽然他们也很想在这样一个光荣而庄严的大会上表示自己对党的热爱和将自己献身于党的决心,但是他们想到做好这一项工作就是热爱党的具体表现,他们就以更加积极的工作来表示＜了＞他们的决心。王文煊助教本来患有肺病,但他仍坚持夜间工作,当他疲惫的眼睛睁不开、不能支持下去的时候,他就用冷水洗头,让精神重新振奋起来,再继续工作,他说:"我参加工作以来,看到很多同学都在彻夜地、忘我地工作着,因而大大地鼓舞了我的工作热情,我那[哪]里会感到什么疲倦呢?"

第五十五期　第二版

他们为了提高工作效率,提高讲解的效果,使讲解员同学先体会图片的精神,然后自编自讲。每位讲解员同志也想尽了办法,保证把讲词编好,讲好。因为他们也认识到讲解工作的重大意义,韩庆祥同志不但自己努力工作,在刚开始工作时,大家对讲解工作没有信心,他就鼓励大家,使大家的情绪一直很饱满。

"美术组"的同学们在"七一"前夕接到这项任务后大家也热情的投入工作,一夜画成三十七张连环画,并超额完成二十二张烈士像。由于绘图同学明确地认识到这项工作的重要意义,因此他们就更加认真地严肃地进行工作,质量也大大的提高,如画烈士像的同志们,由于从思想上热爱烈士,他们认为"画不好像就对不起烈士",因此对每一张像都再三推敲,直到画得很像为止。当他们接到要绘制一件大型立体的毛主席像时,也曾一度感到束手无策。但是,困难吓不了他们,正如章镜屋同学所说的:"想到志愿军战士们在前线那种克服困难的精神,就使我有了勇气,我曾想抽空写决心书,虽然一直因为工作急迫,没能写成,但是我心中时刻在想着:保证画好。"在他们集体努力下,巨大的毛主席像终于画成了。特别是患有关节炎的尚廓同学,这几天工作较忙,因而旧病复发,但是,他想到能画的人不多,仍旧忘我的坚持下去。

"陈列组"的工作同志们,因领导上要增强展览会效果,三次要他们重搭木架,大家非但毫无怨言,相反的,却是大家开动脑筋,工作得更好,他们认真的钻研,使展览的有效长度由一六四尺增加到三六七尺,并以毛毯间隔的办法解决了隔音问题。在工作中他们对一根木头甚至一枚大头针都尽量做到节约。借来的毯子、红布也舍不得扎上较大的针子孔……这一切充分的说明了工作同学们高度的工作热情和爱护公共财务[物]的精神。童以新同学说:"每一样东西都是劳动人民的财产,一枚大头针也是应该珍惜的。拿自己的工作和抛头颅、洒热血为革命牺牲的烈士们相比,太不算一回事了。而且同学们热情地、毫不吝惜地把自己的毯子拿来,也大大的鼓舞了我们。因此当我爬上摇摇欲坠的梯子扎木架的时候,我就会毫无畏惧。"他们对于展览会的工作,不只希望做得好而且迫切的希望早一天展览出来。杨一伟同学大热大[天]赤着背爬上爬下,有一些缺点就马上想法改正,他说:"我希望早一天展览出来,使反资产阶级思想运动能早一天胜利。"由此也可以看出,同学们是怎样的热爱党、热爱祖国、热爱他们亲爱的老师们。

从本月五日起几百张图片就开始在陈列馆布置了，编辑组、资料组、美术组等都展开了紧张的工作。由于这个展览会是“白手成家”的，因此在最初显得很乱，编排、讲解、次序等等都是问题，几天来大家聚精会神的钻研着，每一张图片，每一句解说词，反覆[复]地演习、修正、互相提意见，讲解员们，抓紧时间熟读讲解词，不管是否是演习时间，是否有人在听，都经常认真地在练习着，为的是更加熟练，更加体会图片的精神(估计是更好地体会图片的精神)。他们对待这项工作非常认真，因为他们懂得这不是机械的单纯的背书，而是进行严肃的宣传工作，不容许犯错误，因此他们非但从熟练、自然上努力，也从内容上钻研，从九日晚上到十日，编辑、讲解员等进行了一天的党史学习。对胡乔木同志的“中国共产党的三十年”等文件，及中共中央华北局侯秘书长的指示深入的体会精神，结果对原有的图片、文字，提出了很多意见，使整个展览会的内容有了进一步的提高，美术组的同志常常因内容、词句的不断修正而重写重画，但是他们仍旧非常热情，要把展览会布置得更加美丽。“党史”讲解第一组刘兰阶、王文煊、柴惠麟等同志为迎接反资产阶级思想运动的高潮，向各组提出了挑战，保证提高工作效率，严肃认真地对待工作。反对粗枝大叶。他们的挑战立刻引起了工作同志们的响应，各组纷纷应战。“党史”第三小组金毓铮等同学保证要“加强计划性，搞好讲解词，每天总结，步步提高。”其他各组也纷纷保证“一字一句切实负责。”另外陈列组提出了“不怕热，不怕高，不怕累”等保证。防护组提出了“勤走、勤问、勤看”的保证。由于这些保证，同志们的热情更加高涨了，他们要把自己心血的结晶献给全院师生员工家属，使反资产阶级思想运动更前进一步。是什么东西在鼓舞着他们这样做呢？用他们自己的话来讲:“这是受了烈士们壮烈牺牲精神的感召；党的艰苦奋斗史的教育。”

展览会在十四日就要开幕了，这是百余位同志，十几天来，开动脑筋想办法。日以继夜、忘我工作的集体劳动成果，它将帮助我们进一步认识党在毛泽东同志及其思想的指导下，如何领导全国人民，为人民的解放，为祖国的建设，为美好的将来而艰苦奋斗，使我们更加体会到党的伟大。我们将朝着毛主席所指示的方向，永远前进。在我院反资产阶级思想运动即将到达高潮的今天，这个展览会将有助于大家认识党，热爱党，巩固和提高大家在思想改造中的收获，希望大家踊跃地去参观。

节约检查委员会宣传部通告

庆祝中国共产党成立三十一周年图片展览会经过多日的筹备现已就绪,并订于三月十四日(下星期一)正式开幕,希望全院教、职、工、同学踊跃参观。

地点:铁道陈列馆。

时间:本月十四日——二十日。每天上午八点——十一点半;下午二[两]点——六点。

参观办法:一律组织集体参观,参观次序另行公布。

简　讯

运商系许靖教授最近在该系互助组会上,作了第一次检讨,态度比较诚恳,他认识到过去自己不但自高自大,而且到狂妄自大的地步,许教授也认识到自己过去自私自利,专为自己名誉、地位,向上爬的人生观是腐朽的,可耻的。他要积极地学习奥斯特洛夫斯基忘我地献身革命的崇高精神。许教授在检讨中说:"今后我要把过去为自己争取名誉、地位的精神全拿来为我们祖国和人民在国际上争取名誉、地位,决不会为个人的名誉、地位打算,我不甘心老是落后在年青人的后面。放教授的检讨,虽然有些地方还不够深刻,但同学们对许教授的进步是表示很欢迎的。"

建筑系只有极少数教师没有过关,该系为了庆祝本系在思想战线上的胜利,特组织"建筑系庆祝胜利筹备委员会",现在正积极展开筹备工作。教师们都积极准备节目徐中主任、沈玉麟、童鹤龄等八位教师都认真练舞,大伙情绪很高。

毛泽东思想胜利万岁!

第五十五期　第三版

进一步提高工作效率,为迎接胜利高潮而斗争
"七一"图片展览会全体工作同志向全校搓澡队宣传组提出挑战

展览会工作同学自开始工作以来,都积极的、热情的投入这项工作中。大家都感到做好展览会工作就是对党的献礼,就是热爱党的具体表现。因此虽

然在工作中，我们遇到了些困难，然而在同志们积极的努力下都克服了，正如刘汇川同志所说，我遇到了困难时，当我想到了党、想到了毛主席我就有无穷的力量，我就有百倍的信心，因此在工作中，大家发挥了高度的积极性和创造性，目前我院反资产阶级思想运动的高潮即将到来，展览会各个工作组于昨日都纷纷开会，具体讨论如何以提高工作效率来迎接运动的高潮。秘书组同学提出了五项保证，如做好展览会工作，保证及时供应工具材料，展览会后保证做好恢复工作。党史展览刘兰阶小组提出了七项保证：他们保证写好、背熟讲解词，作[做]到一字不苟，因为现有讲解同志不够他们又提出了保证做培养新讲解员工作，实行双色制：即包教、包会，党史展览叶泉民小组也提出了七项保证，他们着重的提出，为了搞好这次工作，他们每天及时总结，发现缺点，并克服缺点，提高工作效率，陈列组的工作比较艰巨，他们提出三不怕：不怕闷热（工作室不（透）风，非常闷热），不怕爬高，不怕劳累保证不出事故，参加防护工作，李禄小组也提出了具体的保证，他们保证坚持工作制度，实行轮班制，时刻有人在看守。整个展览会工作同志都投入了这一个挑战、应战决心高潮中，我们全体工作同志除保证做好我们这次展览会的筹备工作服务工作，整理工作外，并向全校各系搓澡队宣传组提出挑战让我们更积极的行动起来，以实际的行动来迎接反资产阶级思想运动高潮。

建筑系宣传组向全校宣传单位提出挑战

建筑系宣传组

我们建筑系宣传组昨天开了一次会，总结过去的经验以更好的开展今后的工作，进一步提高工作效率。首先我们谈了为什么能在晚上十二点以前完成工作，大家认为这是由于贯彻了领导的决议，群众的觉悟空前提高，来稿容易，再加上全组工作同志特别是通讯员同志们发挥了一定的积极性，都能抓紧时间，所以使工作效率提高了。当然目前的缺点还很多，在会上结合了叶向忠同志的报告大家也展开了批评和自我批评，检查了工作中的缺点，如一般任务观点还是比较浓厚，没有很好的开动脑筋改进工作。大字报在思想内容方面都不能满足群众的需要等等，同时在昨天的会上我们也订出了很多改进的计划：如大字报的内容方面目前首先必须为搓澡队服务，在形式方面也准备多样化，以满足老师和同学们的需要，起到大字报的最大作用，最后在分工以后大家都一致保证做好自己的工作，一定开动脑筋对每项工作负责，提高工作效率，并且一致通过以本组名义向全校各宣传单位挑战："在质量不断提高的基础上，保证每天晚上在十六点以前完成工作。”

迎接运动胜利高潮到来
我们要做到“五不”“六要”保证长期无事故

运商系出版组

我院反资产阶级思想运动的高潮已将到来了，我们运商系出版组（大字报组及美术组），每一个同学都感到能在运动高潮到来的时候，贡献出我们的一切力量，进一步地提高工作效率，为迎接运动胜利高潮而斗争，是我们应有的责任和莫大的光荣。

七月十日下午，我们组里每一个同志（都）怀着满腔热情和信心，讨论了运动胜利的高潮到来时进一步提高工作效率的意义和目的，总结了过去工作中一些优缺点，订出了保证工作胜利的具体制度。我们深深地感到运动的彻底胜利是与党的正确政策和英明领导分不开的，同时也必须经过我们每一个人努力做好点滴工作，因此我们要发挥工作的积极性、主动性，不断提高工作效率，让大字报成为完美有力的宣传武器，使运动早日彻底胜利。

由于大家在思想上明确起来，爱国热情的空前高涨，李顺同学坚决的表示：“我一定要继续巩固‘七一’的保证，做到长期无事故。”刚调来我组才参加第一次会议的关蔚生同学也兴奋地说：“我虽然刚来情况不了解，然而我有信心在大家互助团结下，把工作搞好。”许多同学都纷纷表示了决心，一定要开动脑筋多想办法，以进一步提高工作效率的实际行动来迎接高潮的到来，每一个人都清楚的知道我们从事的工作是伟大祖国建设事业中不可缺少的一点一滴工作，我们想到这里每一个人的劲头就来了，我们更具体的提出要做到“五不”“六要”保证长期无事故。

一、不错字，不掉字，不涂改，不潦草，不写怪字。

二、版面要美化，报头要勤换，标题要醒目，字体要整洁，标点要清楚，张贴要牢固。亲爱的同志们，让我们更紧密地团结在一起，■为争取运动更大的胜利而奋斗吧！

克服缺点提高自己迎接运动高潮

运商系第二搓澡小队

我们运商系第二搓澡小队，在高潮到临的前夕，结合叶向忠同志报告，展开批评与自我批评，深入检查思想；发现了很多缺点：如对搓澡队起辅助作用教师是主力军，这个性质就不明确，因此产生包办代替，替教师背包袱的现象，对领导也不够重视，如不遵守签到制度，不及时交流经验等现象。

经过这次自我检查及相互批评以后，大家对所犯错误给工作带来一定损失，都感到非常沉痛，但是大家并不灰心，有决心、有信心地要在今后工作中改正缺点。现在大家更是精神蓬勃，信心百倍地迎接运动的高潮，大家在思想上下决心要改正错误，而且在组织上订出制度具体保证，要在运动中献出各人最大的力量；使运动早日获得完全胜利。下面就是我们的保证。

一、逐日检查工作，开展批评与自我批评。

二、作好计划，事前准备工作和事后总结工作。

三、坚持每天一小时的学习（大字报、三反快报文件）和休息制度。

四、用动脑筋想办法，发挥集体领导的力量。

五、遵守汇报及会议制度，及时交流经验。

六、与教师搓澡队密切联系，耐心地帮助教师。

七、依靠领导、重视领导的指示。

第五十五期　第四版

进一步提高工作效率，为迎接胜利高潮而斗争

向建筑系宣传组应战迎接运动胜利高潮

俄材宣传组

俄材宣传组的工作自反资产阶级思想运动开展以来，一直存在着很多缺点，工作同学对工作意义认识不够，因而工作粗枝大叶，存在着严重的任务观点，很多工作同学又认为我们俄材专有很多客观困难，且认为搓澡队同学工作没有做好，因此我们的宣传工作也理所当然做不好；没有认识到我们的宣传工作是应处在主动的地位，要起宣传、鼓动作用，发动大家都积极投入运动中来。由于工作同学有这些错误的看法，因此，对待工作态度极不严肃；又加上工作制度也不健全，因此曾犯了很多错误。通过这次“七一”听了宣传部出版组及运商系秘书组的报告后，我们讨论了他们的报告，并结合自己的思想检查工作。他们对待革命工作认真负责的态度教育了我们，“我们的宣传工作究（竟）

起了多大作用?”“看大字报的同学为什么不多?”“同学为什么不欢喜看大字报?”我们从这些问题上检查起发现,以前通讯员有的忙于别的工作,有的有病,没有负起责任来,可以说等于没有通讯员,几个编辑整天要忙于这两边的工作,而结果两边的工作都没有做好,情况也掌握不住,因而,同学们都觉得我们的大字报内容一般化,发表的稿件老是那几个人写的,这说明了我们的宣传工作没有发动广大群众一起来做。同时编辑组内部制度不健全,制度订出来也没有很好遵守,这样不但编辑组工作无计划、紊乱,且影响了出版组的工作,譬如出版组要实行平行作业,而编辑却不能将稿件一起交出,那就使出片组不能实行平行作业,不能节省时间,而把时间拖得很晚,影响了出版组的工作。

通过这样的检查后,工作同学的认识都提高了一步,纷纷提出很多合理化的建议,大量发展通讯员。根据我们两科内的具体情况,每房间有一个通讯员,每个搓澡队也有一个。又因我们两科里人少,大部分同学都担任了工作,俄专几乎全参加了工作,因此,通讯员就由出版组抄写同学来担任。通讯员并要负责做到四项:(1)组织老师和同学写稿。(2)自己写稿。(3)了解同学情况,并及时反映情况。(4)宣传鼓动同学看大字报,并反映同学对大字报的要求和意见。昨天我们又检查了一下,几天来的工作是有了些改进,虽然我们科里在最近一个时期中没有老师过关,但工作同学,都努力去了解同学情况,像在过团日时,编辑组与通讯员联■得很好,因而写稿同学的面积增广了,每一个表示决心的同学都写了稿。编辑组同志审稿也较负责,错字变少了,但这些改进还是很不够的,离我们的要求还很远,为了更进一步提高我们的工作效率,工作同学都纷纷提出了保证。通讯员同学说:“我们负的责任很大,稿件主要靠我们去组织,我们要保证做好通讯员的四项任务。出版组的同学要更好地来实行平行作业,即■时■抄写,要认真负责,不错字、不掉字。编辑组提出要提高大字报的思想性,应很好地帮助通讯员组织同学写稿,在审查稿件时专心、细致,要达到内容上不犯错误,字句不错,一字一句对革命负责。全体同学并保证要克服以前光说不做的恶劣态度。为了更好地实行我们的保证,并使我们团结得更好,完成党所交给我们的任务,做好革命的点滴工作,我们并开了一个‘批评与表扬’栏,随时互相督促,不断改进工作。我们全体同学都信心百倍地响应建筑系提出的挑战,在提高质量的基础上,进一步提高工作效率,来迎接反资产阶级思想运动高潮的到来。(”)

我们订立了"三勤制度"

运商系第四搓澡小队

在我校反资产阶级思想运动高潮即将到来的前夕，我们小队在十日和十一日两天上午，接连召开了两次小队会议。在这两次小队会议上，比较深入地检查了一下我们的思想，并结合"七一"所提出的几项保证，又检查了一下我们在这一时期工作中所存在的问题和缺点，我们发现尽管我们一般都还是对工作比较积极负责，是很想把工作搞好的，但由于我们在工作中或多或少地渗[掺]杂了一些个人主义的成分进去，因此，便不可避免地要在工作中犯错误，给工作带来一些损失。如对领导不虚心、替教师背包袱等，这些都具体说明了我们对待革命工作的态度还不是全心全意忠心耿耿的，因此表现在工作上也就缺乏革命热情，不主动考虑问题，有些任务观点通过检查以后，大家都批判了自己的个人主义思想，并明确到要提高工作效率，首先就应该从思想上做起，因而大家开动了脑筋，想出了不少改进今后工作的方法，并将这些方法订成为我们的制度——三勤制度，作为我们小队迎接运动高潮的保证。

1. 勤汇报：包括有三个内容：

(1) 向总队及大队部的汇报——保证做到当天有情况当天汇报，遇有重要情况则随时汇报，汇报工作由正副队亲自负责。

(2) 关于签到——队长保证每天到总队签到，并将黑板报上登载的好的工作经验负责带回小队。

(3) 写工作日记——保证当天工作当天记入日记。

2. 勤研究：

(1) 搓澡——搓澡时的精神要求及重大问题，除一定要在小队会上研究外负责搓澡的同学在搓澡前一定要将搓澡的具体做，但在会后再研究清楚，然后去搓澡。

(2) 搓澡后——每次搓澡回来，负责搓澡的同学一定要抓紧时间，先用一小会，小结一下这次搓澡的问题及优缺点，并提出下次搓澡的初步意见，然后提交小队会研究，讨论这样可以缩短小队会议时间，提高会议效率。

此外，每个人并保证一定要尽量抽出时间仔细阅读每期的"三反快报"及大字报提高自己的作战能力。

3. 勤联系：

(1) 对外——每天与教师至少保持一次接触，随时了解教师思想情况。

（2）对内——有空常跑大队部，勤看工作日记，每次搓澡以前，一定要得到大队部的批准正副队长，每天有固定碰头会议时间。

最后为了很好来执行这个制度，我们并提出了，开会准时，会前一定充分准备，并随时检查执行情况来改进工作，我们小队每一个人都完全有信心来坚持这个制度的实行，以完成党所交给我们的任务。

第五十五期　第五版

进一步提高工作效率，为迎接胜利高潮而斗争

我们是这样做家属工作的

运商系第二搓澡小队家属工作同学

一、在反资产阶级思想运动第二阶段刚开始时，我们对运动的认识不够，对家属工作的要求不够明确，家属能够起什么作用，如何去做，我们也不太知道，因此，对工作就不够重视，也就没有积极开动脑筋，例如：我们听说有的家属不欢迎工作同学去，同学去就紧张起来了，像二院大伙看见了同学就谈论又来做谁的工作了等等。也有的要大发牢骚，因此我们也觉得一般家属最好是不要去动，以免拖后腿。经过了干部整风时的家属工作同学座谈会和自己在这一阶段的学习与检查思想，我们明确了对家属工作的要求和重要性，像这样比较落后、要发牢骚、要拖后腿的，不是不去惹他，怕他发牢骚，而更应该去帮助启发她，因为这是非常应该需要解决的问题，如不解决，今天不发牢骚，早晚也要发的，今天不拖后腿，早晚也要拖的，这是阻碍我们运动发展的一定要解决的。我们也知道了那种不欢迎，怕我们的家属，只要我们能虚心地、耐心地、诚恳地去帮助他们，他们也一定早晚会了解，喜欢我们去，再说：为了运动的发展，就是目前不欢迎，我们也应该这样做，有信心、能耐心，一定可以做好的，一定可以取得最后胜利的。经过这样检查，我们认识了反资产阶级思想运动的意义，更认识了家属工作是这样一个伟大的运动中不可缺少的，也是很重要的工作，如果能将家属动员起来，那么对运动就会起很大作用。正像杨师母说："一句话就能说到他[她]心眼上。"因此，我们非常重视了我们的工作，能够很积极主动的在工作中想办法，尽上自己最大的努力。

二、现在我们把我们工作的大致情况和一些工作中的体会谈一谈：

我们第二小队负责四位先生，有三位有家属，我们根据了每位家属不同的情况，提出了不同的要求，也根据了具体的情况来决定了不同的方式方法，例如：一位教授的家属，是四五十岁，文化程度比较低的典型旧式家庭妇女，对丈夫是崇拜得至高无上，就是好好服侍他，外面的事是先生们的，她自己的事就是家庭内琐碎的做饭、整理房子、洗洗衣服等，对于外面的事不闻不问，甚至对学校的事情也不太了解，像这样是不可能帮助教授们分析批判的，这样的家属我们是不可能要求过高的，我们对她的要求是使她认识运动的意义，认识新中国妇女的地位，让她在这运动中提高政治认识，可以不拖后腿，不阻碍运动，并且给教师们创造一个安静的环境，或在旁边鼓励鼓励他，我们不要求她帮助教师分析批判。又如另一家属，虽然年龄较大，但文化程度较高，思想较进步参加街道工作，从日常生活中体会到党和人民政府的正确领导，对学校的情况比较了解像这样的家属，要求是较高的，要求她认识思想改造的伟大意义和她自己所应起的作用：在工作中开动脑筋积极的想办法，帮助教师思想改造——暴露、分析、批判，拿出她的实际行动来，和我们一道为争取运动的彻底胜利而努力。

三、我们的工作方法：

（1）根据搓澡队队内研究分析后，决定我们访问的内容和时间。我们做家属工作的再根据这项原则，具体分析研究，商议好要谈那[哪]些问题，如何谈起，并且彼此一再的勉励，要虚心、要诚恳、要耐心些。

（2）在我们访问时，一定要以最诚恳的态度，以诱导启发的方式，耐心地谈，从她最关心的事情，从日常生活中最熟悉的事情谈起，并且联系思想改造运动，例如：我们到一位师母的家中，正看见她的女儿吃完饭要忙着去上学，师母说："学生们听老师的话是说一不二，老师叫怎么就怎么。"我们就从而谈起了，学生与老师的关系，老师对同学的影响，最后使她初步明确了老师的思想改造太重要。

（3）我们很好的接受运商系家属工作总结时的经验，联系自己的思想贯彻到实际工作中去，吸取了同志们的经验，我们也尽可能的都结合自己的体会，很细致生动的给家属们谈，我们从不单刀直入，不用问答式的谈话方式，这样，聊起来就有很多内容，也可以真正解决问题的；如我们希望她写一篇自己的感想，那么我们就启发她自己谈，慢慢地把好多感想全说出来了，然后我们再提出："为了巩固你自己的认识，并帮助其他的人，你是否可以写一下。"那她就会很快的答应,并积极去作了。

(4) 我们经常是多鼓励、多启发,很珍惜他们一点一滴的进步,使他们越来情绪越高,越来越觉得自己责任的重大,使他们自觉自愿地积极行动起来,如一个过了关的教授的家属,她现在更积极关心校内运动,将自己对思想改造认识的心得写成稿子寄到学校里来,她说:“我不能参加搓澡,但我有一点力量就要贡献一点力量。”

四、今后努力的方向:

我们坚决地响应组织＜工＞“努力提高工作效率,迎接胜利高潮”的号召,积极地行动起来。

(1) 继续广泛动员一切可能动员的力量,我们要动员他周围,儿子、女儿、同仁、邻居,凡是与他有联系、能帮助他、能起作用的人,都动员起来,发挥群众的积极性及伟大的集体力量。

(2) 根据搓澡队的计划制定出家属工作两星期的具体工作计划。

(3) 随时与其他工作同志取得联系、交流工作经验及时改进工作。

(4) 及时开展批评与自我批评,纠正工作中所存在的缺点。

我们要以最高的热情,最坚决的信心,不怕难、不怕累,要细致、要耐心的实际行动,提高工作效率,迎接运动高潮,争取反资产阶级思想运动的彻底胜利!

办好黑板报迎接胜利高潮

经济系黑板报组

我们刚搞黑板报时,信心是不足的,甚至有同学认为工作事务性,有的认为没有多大意义,工作缺乏了主动性和积极性,草率从事。这时我们召开了一个会,明确了黑板报的对象和在运动中所起的作用,大家的情绪比较高了,工作也比较主动积极了,譬如针对教师不敢洗澡的思想情况,我们就转载了文汇报的“思想改造必须痛下决心”的短文,教师们反映都很好,有的看了几遍还把它抄下来,从此教师觉得黑板报对自己有帮助,(因而)重视起来,我们的劳动收到了一定的成果,大家非常高兴。我们又检查工作,批判了不正确的工作态度,结果查资料的同学查半天也不感到累,写黑板报的同学保证写得整齐、清楚、不写错字,这样黑板报就更受到教师们的欢迎,一出版就来看。今后,(我们)将更进一步提高工作效率,为反资产阶级思想运动的胜利而斗争。

第五十五期 第六版

进一步提高工作效率，为迎接胜利高潮而斗争

搓澡工作中的一些体会和经验

电信系第三搓澡队

伟大的思想改造运动在我院展开以来已经获得了初步的胜利；为了迎接运动胜利高潮的到来，我们检查了工作，并订出改进计划。

过去，我们小队里，资料工作与汇报制度，都非常不健全，因此使工作遭受了一些损失：主要的原因是同志们对工作的认识不够，对工作的态度不够正确，如搞资料工作的刘棣华当时存在着不愿搞工作的思想，因此他在杨文■小队工作时，不主动开动脑筋，每当同志们征求他意见，如何提高工作效率时，他说："我没意见。"他自己认为小组长领导不好，没有工作能力，这次调整工作以后，在我们队里担任资料工作，当时他认为"我不会写通讯、分析能力也不可，这种事务性的秘书工作我那[哪]能搞。"又如家属工作胡声霄同学，他认为"家属工作所起的作用没有搓澡工作所起的作用大，为了怕批评才去做工作。"这说明了当时我们队里的同志对工作的态度是不正确的，队长掌握了这些情况以后，认为首先要解决思想问题，才能搞好工作。只有发挥群众的智慧，才能搞好工作。因此，结合迎接党的生日，小队里开了一次会，深刻的批判了许多不正确的思想，端正了工作的态度，认识了过去的错误。为了迎接党的生日，(大家)纷纷提出了保证。如刘棣华说："过去我认为资料工作是事务工作，今天我认识到在革命工作里是没有什么事务工作的，我保证在今后定要做到不犯错误和少犯错误。"为了克服过去资料和汇报制度的缺点，提高工作效率，经过大家的集体研究，提出实行"工作日志"的制度，由资料工作同志负责记载，它的内容是记载每人每日工作情况及校内集体活动，通过了"工作日志"，健全了汇报制度，如访问工作的汇报，上午访问下午汇报；下午访问晚上；晚上访问，第二天上午九时以前汇报；如未进行工作，也要进行口头汇报；并于汇报时提出访问意见，这样就避免了单纯"传声筒"的缺点，同时加强了小队内部各部门的联系，使情况能及时掌握，根据这些情况的订出了搓澡计划，并且有了"工作日志"，也便于检查我们的工作，更重要的是一方面使资料工作有了具体内

容,另一方面充分的发挥了资料工作的作用,使其成为小队长得力的助手。

虽然我们在工作中摸索到了一些经验,有了一些成绩,但通过叶向忠同志的报告和学习,检查了工作,发现仍存在着一些缺点,主要的原因是同志们思想上仍存在着单纯任务观点。如邹宝麟同学,他认为我是访问,就只作好联系工作就行了,旁的就不去想,大部分同志不明确在工作中应起的作用,因此同志们的主动性,积极性发动得不够,每个队员主动开动脑筋想办法也很不够,针对着这些缺点,我们召开了一次小队会议,每个人都从思想上进行了检查,如副小队长白祥玢同学过去认为队长领导很好,很可放心,自己就不多开动脑筋,思想上"懒"起来了;今天检查起来,由于存在着这样的思想,给工作造成了一定的损失,于是提出今后要"勤",第一要勤检查各部门(包括访问、资料、家属等)的工作。第二要与各部门勤联系。第三要勤分析材料,找出教师思想上的"窍门"。这样才能使我们的工作更好的开展,又如做家属工作的胡声霄同学说:"以前我工作不主动,汇报写得很不具体,通过了检查,我认识到任何点滴工作都是整个革命工作中的一部分,今后我要主动地主其他家属工作同志交流工作经验。"并提出家属工作汇报的内容:(1) 明确每次工作的目的;(2) 已经达到的目的;(3) 在工作中发现的缺点和问题。最后她说:"工作中不可能没有困难的,但是我们想起在朝鲜前线作战的志愿军同志,我就有了力量、有了信心,就能够主动的开动脑筋去克服困难。"我们全队每一个同志通过了这次学习叶同志的报告及工作的检查,在思想上对工作的意义都更明确起来了,都能主动地开动脑筋。如这次在订搓澡计划之前,全队每个人都事先做了一个工作计划,在会上提出大家一起来讨论,这样就发挥了群众的智慧,使计划订得能够切合实际,最后经过总结以后,我们改进工作的计划的精神是:(1) 鼓励士气,消除顾虑。(2) 分头进行收集材料,调查情况,分析研究。(3) 启发教育,暴露问题。(4) 诚恳帮助,加紧搓澡,提高认识,彻底批判。会议虽然进行了四小时,但是每个人并不觉得疲乏,大家都说:"今天会开得好,能解决问题,今后,我们要把这个计划贯彻到实际行动中去。"同志们:让我们在党和毛主席的领导下,加倍的努力,主动开动脑筋,提高工作效率,为迎接运动的胜利高潮而斗争。

贴好大字报为革命工作贡献点滴力量

赵杏珍、赵锦肃、李惠香、于若勋

我们是负责共同学科贴大字报工作的,刚接受这工作时,我们根本没有从思想上认识到这工作的重要性，认为这是最事务性的工作，只要做好它，就算是完成任务，由于我们以这种不正确的态度来对待工作，所以就时常贴错。例如：把上下行倒装，有时还占了旁的系科的地方，但是我们并没有认识到自己的错误，后来领导上对我们进行了批评，我们开始细细的检查思想，为什么会弄坏呢？这个工作起了什么作用？经过大家讨论后，我们渐渐有了认识，我们知道反资产阶级思想运动进行得好坏是和宣传工作密切关系的，而大字报又是宣传工作不可缺少的一环，我们也想起无数像方志敏同志一样的烈士，为了人类的幸福而牺牲了自己的生命，我们认识到祖国即将开始大规模的建设，建设是需要干部的，干部是由教师们培养出来的，如果教师们的思想没有改造好，那么是会直接妨碍祖国建设的，我们贴大字报的工作虽然很小，但也是整个革命工作的一部分，如果我们不做好，就对不起烈士们和毛主席，我们明确了这一点，做工作就非常热忱和愉快，有时晚上为了旁的工作睡得迟一点，但是我们一定要在第二天早饭前将大字报贴出来，我们每次都先将陈旧的完全撕去，使贴得非常整齐、严固，不易裂开，贴好后，再仔细看一遍，以便改正错误，并且我们也很爱护我们的劳动果实，如果下雨我们就用席子盖起来，使它不受损害，我们跟宣传组内配合工作，他们将要出版的大字报预先计划好，这样我们也就很容易贴好，尤其党的生日。面在我们的工作有了很大的改进，每个人都能从思想上认识到工作的重要性，所以我们每天都愉快地完成这工作，但是我们并没有满足，我们要进一步提高工作效率，改正自己的缺点，迎接运动的高潮，争取更大的胜利。

第五十五期　第七版

提高搓澡效率迎接胜利高潮

经济系搓澡队

最近，各搓澡队根据老叶同志的报告，认真的检查了一次工作的情况，解决了在工作中存在着的一些问题，重新订立了工作计划，加强了信心，提高了战斗情绪，准备迎接胜利的高潮。

（一）解决了工作中的一些问题

在检查中暴露了过去一般搓澡队对搓澡工作在运动中应起的作用是不明确或者不够明确的，总以为自己是冲锋陷阵的先锋队，打的是前哨战，站的岗位是最前线，一点也不明确，真正的直接与资产阶级思想作战的是教师本人，因此发现了有些队里，替教师背上了包袱，情绪随着教师的情绪而波动，教师不能过关，搓澡队比教师还着急，有的队不是帮助教师分析、批判，而是在研究检讨的结构修辞，提出的意见是"不应该用这几个字"，"那[哪]个地方不应该这样说"，那些意见毫无价值，对老师也毫无帮助。也有■个队，替教师搓一个"依赖思想"搓了四次，结果让那位教授感觉＜得＞："找搓澡队吗，有依赖思想，不找搓澡队是自高自大，不晓得怎样好。"通过这次检查，批判了这些不正确的思想、方法，明确了搓澡队的任务，是在启发督促教师自觉，帮助和推动教师进行思想改造，还有在鼓励士气方面，以前做得不太好，批评多、鼓励少，忽略教师在运动中的一些进步，万良桢教授曾经在学习"可爱的中国"■■感动落泪，张云任为了写检讨熬红了眼，却没有抓住这一点给予鼓励，对有些教授的点滴的转变，不敢肯定，唯恐有变，这种思想是不对的，我们要真正能掌握批评武器，不仅仅是批评，而且要结合他的点滴进步进行鼓励，是有一些队员同志不了解"过关"的标准，以为那是"把关"的事，搓澡的人就只问搓，搓下去，过不了关，再搓，就这样闷搓，实际心中无数，这种无"的"放矢的态度，也纠正了过来，大家都明确了"搓"的标准，那就是要教师态度端正，能彻底暴露，能分析批判■导思想，能虚心听群众意见，关心别人。达到这个标准，可以过关，小的问题就可以不扣，还有一些同志，身兼教职，对搓澡工作表现马虎敷衍，认为这是"附带的工作"对这种思想也进行了严格的批判。

（二）重新订立了新的工作制度

在解决了原先工作中存在的问题以后，修订了新工作计划，首先是出动前做好准备工作，以前，有的队出发前没有依行商量，甚至还不是怀着教育的■导思想，也不明确要解决些什么问题，全队意见没有统一，你在发言，我在着急，会后大家保证要充分准备有"的"放矢，回来后还要检查，共同讨论，做好汇报，保证帮助教师能很快的过关。

（三）加强工作信心，出现了新气象

摸不着症结所在的时候，干着急不解决问题，在找清门路以后，如态度，傅恩龄搓澡队全体队员的信心都非常高涨，朱广心教授的搓澡队，以前对思想情况掌握不够，只知道他态度不端正，关键原因也摸不清，刘怀滋教授的搓澡队，以前认为刘教授依赖思想严重，通过这次检查，发现研究工作做得不够，刘教授的依赖思想并不如当时所估计的那样严重，以上两队指出了今后要多研究，多动脑筋，有计划、有步骤，的去搓澡，以争取教师早日过关和反资产阶级思想运动彻底胜利而斗争，张主任的搓澡队，检查以后，开动脑筋，做了家属工作，动员了张主任的女婿、女儿、爱人一起帮他搓澡，这样，张主任就满怀着愉快的心情，向同志们说：“我思想搞通了，现在这许多人帮助我，使我思想上＜的＞敌人遭到了内外夹攻，没有逃避的余地，这样胜利的希望也就不远了。”

（四）向党表示决心

搓澡队阵容不仅牢固，而且有了扩大，所有已经过关的教师，都参加了这项工作，“七一”党的生日，我们全体队员，提出了五项保证，在今天巩固和壮大的基础上，再一次保证要加紧工作，提高效率，发挥搓澡队的最大作用，迎接反资产阶级思想运动的胜利高潮。

坚决贯彻“七一”的保证

运商系教师搓澡队通讯员　谢勋丞

运商系教师搓澡队在七月十日下午听了叶向忠同志的报告后，当晚即在伍廷钧教授家中召开了会议，结合过去工作中的缺点，进行思想检查，订立计划，提高工作效率，迎接即将到来的胜利高潮。晚八点二十分，会议开始，首先由主席苗大维小队长着重而简要地传达了叶同志的报告，号召大家检查思想，展开批评与自我批评，并订立今后的计划，杨文朴教授第一个检讨了自己工作热情虽高，但联系、研究、准备不够，看检讨稿觉得稿太长，怕麻烦，因此工作是不够负责的。接着陆傅砚助教检讨了他在工作中不依靠领导和群众，而单凭匹夫之勇的个人英雄主义和对人有成见，而对某些教师点滴进步不大相信，不敢鼓励的保守思想，[redacted]教授检讨了最初阶段东搓搓、西搓搓，而毫无计划和准备的工作，以致未去总队部签到和未看黑板报的错误。苗大维助教深刻地检讨了在工作中不依靠群众，分工不明，一手包办，以致忙忙碌碌而工作效率不高的缺点。王醒民讲师，检讨了自己虽也看材料，也和同学联系，但不与同组教师交换意见，以致造成工作效率很坏的形式主义。孙燕君助教检讨了自己在工作中计划、联系、准备、研究不够，谈着看、少办法的缺点和主观的毛病。王富三助教着重地检讨了在帮助尤光九教授时头痛医头、脚痛医脚的包办代替作风。闵保华助教也检讨了由于对人有成见，因而对某些老师有好的转变时，发生怀疑，不敢肯定进步的保守思想和不重视领导的错误。谢勋丞助教检讨了在宣传工作中报导教师点滴进步，总再三要写稿的教师负责，固然是为了正确报导，但仍夹杂了怕发生错误影响自己的个人主义思想。在检讨时，大家也展开了批评。苗大维助教批评了王醒民讲师总以“固定不变”来看人，因而对某些教师的进步估计不够的保守思想。大家更批评了王富三助教在搓澡工作中立场不稳,而犯或"左"或"右"偏差的错误,和怕犯错误、不敢说话的非工人阶级思想,同时,大家也指出了王助教工作热情很高,能虚心接受意见,希望在今后工作中站稳立场,放手去作,帮助别人,并积极锻炼和考验自己。大家谈得很热烈,足(足)谈了一个半钟点才告一段落,接着,大家明确了一下当前的运动形势,——准备迎接胜利高潮,随即分配任务,订立计划,将小队分成四组,每组负责帮助一位教师搓澡,并选出一位召集人,负责召集小组会议,研究老师情况及向小队长总结汇报,同时,决定了自第入[八]天(十一日)起,即开始新的任务工作,首先是与同学联系和研究材料,作好准备,再将工作据进,大家又同意为了加强自己分析、批判能力,一定要抓紧时间学习文件,并负责互相介绍文件,进行学习。最后,大家一致保证贯彻"七一"对党的生日献礼的四项保证,为搞好工作、迎接胜利高潮而努力。讨论完毕后,大家又决定出"系讯",发动本系老师踊跃写稿,进行教师间的报导、批评和表扬,选出了伍廷钧、孙燕君、谢勋丞三们[位]同志为编辑委员会一直开到十一点才结束,深夜赶回家,清早又要赶到校,的确非常紧张,但是大家知道,为了祖国,为了人民,忙和累只是使大家更兴奋、愉快。会后大家以高兴的心情、紧张的步伐四散回家,好好休息,以饱满精神,进行第二天的工作。

第五十五期　第八版

读 者 园 地

我要以全力为运动的彻底胜利而斗争

杨文朴

听了朱院长的报告后,我感觉到无限的兴奋和快乐,更感觉到我们伟大祖国的可爱。爱国热情更提高了一步。心情一直在激动,我所想到的就是祖国及祖国广大劳动人民的伟大,我也是广大劳动人民中之一,我感到光荣。

今天,通过了思想改造,我能初步站在工人阶级队伍中来,能以工人阶级思想看问题。我感谢党及毛主席给我的教育,把我由腐朽资产阶级思想中解放出来,打垮了我已往自私自利的想法,重新作[做]人,我要响亮的说:我爱我的伟大祖国,我要全心全意为人民服务。

思想改造目的就是要我们打垮腐朽资产阶级思想，树立工人阶级思想，好好的全心全意为人民服务。以我们高等院校教师来说，就是要我们站在工人阶级立场，大公无私的为人民教育事业服务，造就出来具有高度共产主义觉悟水平的青年干部，以建设祖国而进入社会主义及共产主义社会。

现在现场已由民主改革转入了生产改革。我们学校思想改造运动即将进入高潮；快到完全胜利阶段；我准备以我的全部时间；全部力量，投入反资产阶级思想运动，为运动的彻底胜利而斗争。并在思想改造运动胜利的基础上，满怀信心，迎接即将到来的我们学校的“生产改革”（编者按：即课程改革）。响应朱院长的号召，担任起来我的光荣任务。除巩固我在思想改造运动中所获的点滴收获，并随时提高我的政治水平外，我要帮助作好课改工作、系务工作，并提高自己业务水准，以适应祖国铁道建设需要。

我在幸福中生活

金作书

立在思想战线的面前，映现在眼里的是满版胜利的捷报——许延英教授要“返老还童”，谢淑英助教“起死回生”，建筑系筹备思想改造胜利大会——整个红果园洋溢着进步的气氛。听到的只是誓言：“我要为革命而生，为革命而死”、“以共产党员作为奋斗的目标”、“争取做一个光荣的青年团员”，……这些不是奇迹，是我们反资产阶级思想的辉煌胜利，是我们党的丰功伟绩。生活在这个时代，尤其是将走出个人主义樊笼的我，更会觉得周围一切都在变，突飞猛进地变，接触到的尽是温暖，这种温暖是我从来没有体味到的，是革命大家庭的温暖啊！是生活在幸福中，我更爱祖国，“真有如一个青年姑娘初恋时那样真纯入迷”。

我们整个的祖国也是飞跃前进，听了朱院长的报告，更使我进一步认识祖国的伟大与可爱，无耻的美帝，在庄严的谈判桌上打瞌睡、吹口哨，自动逃离会场，非法地对待俘虏问题，提出“甄别”、“自愿遣返”。这些勾当更显出他们侵略本质、战争魔鬼的“拖延破坏”是不能阻碍我们祖国的建设，依旧伟大的工程一个接着一个的完成，新的工作法不断地出现，记录一个突破一个，农村处处都是丰收“三反”、“五反”运动获得胜利，市侩们狡猾的手段再也不敢在人民面前重演。十年建设的一切条件都准备好了，惟有缺乏的是技术人才。当我想到这些，工作就更有劲。虽然到深夜也不觉疲倦，不久我就要毕业了，我保证毫无顾虑，不掺杂个人的想法，祖国需要我到那里，就到那里，以革命的乐观主义来接受工作，克服一切困难。只有这样才不辜负劳动人民的培养。

为共产主义事业奋斗到底

——听了侯秘书长报告后的感想和体会

运一乙　蔡绍源

七月八日上午，听了侯秘书长的报告，给我一个很大的鼓舞、启发和教育，使我更明确地了解党对知识分子思想改造的政策是建筑在自觉、自愿、自我教育的基础上。同时由于侯秘书长所谈的关于党员八个标准的解释，无形中为我一个多月来学习党课做了一次总结。我体会到中国在走向共产主义的道路上还有很多的艰难困苦。还要经历长期、曲折的斗争。纠正了我对今后祖国的建设，可以一帆风顺的想法。我认识到共产党员必须有坚强的信心和自我牺牲的精神，必须要经得起风浪和考验，在某些紧急的关头，必须要能为了革命事业——共产主义的前途而不惜牺牲个人的一切甚至于生命。这对于我说来，是一个表示入党的决心问题的关键。过去，我机械的认为在战场上，在带枪的敌人面前才可以锻炼和考验自己的决心，甚至当同学对我这样说："你要申请入党起码要到朝鲜战场上接受考验一番，才够条件。"我的回答还是肯定。同时，我有一个固执的成见像方志敏烈士以及电影"钢铁战士"、"上饶集中营"中所描写的革命先烈，的确是经得起严重的考验和锻炼。在凶恶残暴的敌人面前表现出万分勇敢、坚强不屈的气概。因此，我这样想，我的条件还不够。但是，许久(以)来，我已有申请入党的愿望和要求，我有决心为共产主义事业奋斗。可是我并没有受过严重的考验，这怎样办呢？听了报告以后，现在我才深刻的认识到，做好某些具体的革命工作，都可以表示出自己的决心。假如在思想敌人的面前便表现了脆弱、妥协，在工作困难面前便表现出低头和束手无策，那么当在带枪的敌人面前，毫无疑问，一定是屈膝投降了。因此，我决心在目前运动快达到高潮的前夕，在工作更加严肃紧张的关头，接受更大的考验和锻炼，使我的意志更加坚强。

过去，当工作必须搞到深夜或通宵的时候，起初我的确是受不了，可是当我想起了祖国远大辉煌的前途，想起了革命先烈，想起党和毛主席时，我便有了无限的信心和勇气，我便能够坚持下去。我现在已认识到为谁而工作，工作的目的是什么。因此，当计较个人得失时，我便感到卑鄙可耻。在整个运动快达到胜利高潮的时候，许多老师同学都飞跃的进步了，从过去个人主义自私自利的资产阶级思想和灰色、堕落的人生观，成现在的愿意牺牲个人利益，服从祖国人民需要，把自己的一切甚至生命，贡献给人类最壮丽的事业的革命人生观。回想起我许多年来背了“自高自大”的包袱，到现在还没有很好的丢掉。它阻碍了我的进步。并且给工作和革命事业带来了许多危害和损失，我必须在这次的思想改造运动中，更坚强的参加斗争。像侯同志所说的一样“改造思想的决定关键主要是决定于自己的努力和决心。”今后，我必须加强学习，提高思想觉悟，在实际工作和斗争中接受教育，彻底批判非无产阶级思想坚决树立工人阶级思想争取做一个光荣的共产党员，把我的生命和所有的一切贡献给党。

马克思列宁主义胜利万岁！

一九五二年七月十四日　第五十六期

彻底批判资产阶级思想！坚决树立工人阶级思想！

节委会办公室函展览会全体工作同志
祝贺展览会胜利开幕
勉以继续努力争取更大的成就

“七一”图片展览会全体工作同志们：

“七一”图片展览会今天胜利开幕了，这是本院反资产阶级思想运动中又一重大事件，无疑的，展览会的开幕将极有助于大家对党的认识的提高，极有助于大家对毛泽东思想如何引导革命走向胜利的系统的理解，并将进一步巩固与提高大家在反资产阶级思想运动中的收获。

祝贺“七一”图片展览会的胜利开幕，祝贺你们的忘我劳动已经获得了很大的成就。

两周来，你们在展览会筹备工作中所表现的高度的积极性和创造性，如资料组的同志们在炎日下四出搜罗资料，并设法借到红布四百二十尺；陈列组的同志们想法改进了隔音和通风设备；美术组的同志们在绘烈士像时，贯注了对烈士敬爱的感情；编辑组的同志们把大批杂乱的资料整理成有系统的展览品。讲解员同志们反覆[复]苦练；总务组的同志们不辞劳累，供应一切物品；防卫组的同志们日日夜夜地维护着会场的安全等。都充分地说明了你们对党的热爱，对劳动人民的热爱，对我们伟大祖国的热爱，也生动地说明了在工人阶级思想工作领导下，是没有什么困难不能克服的，没有什么东西能阻挡我们前进的。

展览会胜利开幕的本身，就是反资产阶级思想运动的一大胜利，就是马列主义毛泽东思想的一大胜利。

在这里，谨向你们两周来的辛劳致以亲切的慰问，并愿在今后看到你们更大的成就。

节委会办公室

七月十四日

庆祝“七一图片展览会”胜利开幕

我们盼望已久的“庆祝中国共产党成立三十一周年图片展览会”已经在今天胜利开幕了！这是值得我们欢欣鼓舞的。因为，在我们反资产阶级思想运动已取得重大胜利的今天，在全院师生员工空前热爱党、热爱毛主席的今天，让我们通过具体的图片来更了解党、认识党，乃是具有重大意义的。

三十一年以来，中国共产党发动中国革命、领导中国革命，经过了伟大的、坚苦卓绝的、复杂的革命斗争，在我们五万万人口的大国取得了辉煌的、具有历史意义的胜利。这个胜利，乃是马列主义、毛泽东思想的胜利。展览会以上千幅的图片，按照中国共产党的四次革命斗争时期和三年建设时期生动地证明了这一点。我们可以看到在中国共产党还是幼年的时期，它就成为全国人民，革命的组织者与领导者。“二七”、“五卅”和北伐战争都是中国共产党人参加和领导的。在此以后，“南昌起义”、“秋收起义”、“井冈山会师”、“土地革命战争”、“两万五千里长征”以至“抗日战争”、“解放战争”……一连串的革命斗争都证明了中国共产党是中国人民最可信赖的领导者。同时，我们也可以看到各个革命时期的发展并不是很顺利的。初期的陈独秀右倾投降主义；以后张国寿的左倾机会主义；李立三、陈绍禹、秦邦宪等同志的错误主张都给革命带来了莫大的损失。使革命几次濒危。但是，展览会告诉我们：天才的革命家、马列主义理论家、伟大的毛泽东同志以其马列主义与中国革命实践相结合的毛泽东思想几次的挽救了革命的低潮。我们从展览会上所陈列的毛泽东同志各个时期的著作与当时的具体情况就不难了解这一点。“中国社会各阶级分析”“湖南农民运动考察报告”、“中国红色政权为什么能够存在”、“星星之火可以燎原”、“论反对日本帝国主义的策略”、“中国革命战争的战略问题”等等，都成为当时革命的号角。我们从展览会上又可以看到从遵义会议党确立了毛泽东同志在中央和全党的领导地位以后革命就逐步胜利发展，经过抗日战争和解放战争，成立了中华人民共和国，所以我们应当懂得今天的胜利是马列主义、毛泽东思想与党内外各种敌人进行坚决斗争所取得的；三十一年来的历史也证明了刘少奇同志的话：“当着革命是在毛泽东同志及其思想指导之下，革命就胜利、就发展。”

展览会告诉我们：我们生活在毛泽东的时代是极大的幸福，这个幸福是由于毛主席的领导、千百万共产党人、革命志士流血斗争所换来的。

展览会告诉我们：以毛主席为首的中国共产党是中国人民最可信赖的领导者，永远跟着毛主席、共产党走，就永远胜利！

展览会也告诉我们：我们应该更进一步的认识马列主义毛泽东思想的伟大意义，要更加努力学习马列主义毛泽东思想，不这样就不能成为一个革命的好战士，就不能推动社会走向社会主义和共产主义的前途。

今天“七一图片展览会”胜利开幕了！让我们以兴奋的心情来迎接它！使我们更加了解党、认识党，在政治思想上提高一步，为争取反资产阶级思想运动的彻底胜利而斗争。

在筹备展览会的过程中，一百多位同学为了使这个展览会更全面，更富有教育意义，因而开动脑筋想办法，使这个展览会由无到有、由小到大，十多天来他们深入钻研，日以继夜的辛勤工作，这种精神表现他们工人阶级的思想作风，是值得我们学习的，在展览会胜利开幕的今天，谨对他们致以亲切的慰问和敬意！

第五十六期　第二版

我要迎头赶上　争取思想改造的胜利

运输系教授　许　靖

在本校三反运动的第一阶段里，我在思想上搞不通的原因，虽然不止一种，可是最主要的还是由于我有自高自大的毛病，不肯虚心接受群众正确的意见，不肯认真检查自己的腐朽(的)资产阶级思想，虽然作了几次检讨，可是都是在“怨气冲天”的心情下勉强作出来的。那时我根本不要过关，到后来我简直不愿意再作检讨了，仍旧埋头去念我的俄文，一直到第二个阶段开始，我还不打算再作检讨，后来经过同学们的热忱鼓励，我才有了转变，觉得再不好好地改造思想，真是对不起这些同学，对不起祖国的人民，心中一面受了感动，一面又觉得惭愧，但是，那时只有作好检讨的决心，至于究竟如何作法，还是想不通。因此仍旧坐在资产阶级的“椅子”上作检讨，等到作[做]完了，交到搓澡队，当同学们替我提意见的时候，我在思想上还是搞不通。后来又作了几天的思想斗争，才把他们的意见想通了，才知道检讨是应该怎样做的，才知道我的原稿要大加修改，同时也觉悟到我在以前所作的检讨，简直不是改造思想所需要的检讨，因为有了这一觉悟，我就更加心平气和地来认真修改我的检讨，于是把我的原稿改了又改，可是还有一些地方不够深刻，我现在正在按照群众所提的正确意见，再作补充修改。我为了回答同学们对我的热望，为了回答祖国人民对我的无限期望，此次我要真正地、彻底地、勇敢地丢掉我的资产阶级思想的臭包袱、丑包袱，我要更认真的做好检讨,我要在这次运动的胜利高潮当中争取思想改造的胜利,我要本着“迎头赶上”的精神,争取过关,不要又像在第一阶段中那样掉队了。我这一次不但是有信心和决心争取改造思想的胜利,我并且有决心要在思想进步上赶到年青人的前面!我不相信我的思想不能跑到年青人的前面;我更不愿意在思想上真正落到一般年老年幼人们的后面,今后我要在思想进步上和他们竞赛。

争取在高潮中一次过关

运输系教授　应尚才

自从我听到了沈玉麟教授的胜利:继之有林达美主任的过关,又有许靖教授的大转变,这些事实都一一的摆在我的眼前,确实是给了我很大的鼓励,加强了我的勇气!

现在我院思想改造运动的高潮已经来临,我一定要努力,日以继夜地赶做我的检讨,争取在高潮中一次过关,以答谢同学们和同志们的帮助与期望。

简　讯

运商系第七搓澡小队经过检查工作后,在思想上明确到搓澡工作的重要意义,因此工作效率也有了提高,曾给赵传云教授搓澡,效果较好,赵教授说:“这样有系统的帮助我批判,对我启发很大,我一定要抓紧时间,在最短时间内做好检讨,争取在运动高潮中过关。”赵教授的爱人也给赵教授造成一个很清静的环境,并帮助赵教授分析问题,赵教授也在认真做检讨,除去搓澡队同学外,一个客人也不见,晚上写到很晚才睡,清早,家里人还没醒就起来写检讨,赵教授的女儿赵士绮也在积极替赵教授搓澡,她说:“我要献出一切力量,有决心,有信心在党的领导下,争取父亲在反资产阶级思想胜利高潮中早日取得胜利:变成五十岁的青年,和我们一起推动社会永远向前进。”

郑鹍教授这几天来也在积极作检讨,他说:“这几天我是在不遗余力的对旧我作战着,我把一切不必要的活动完全暂时放弃了,我不应浪费时间,我抱着一个绝大的决心,要把我头脑中的旧司令部和大小旧据点,在运动高潮来临之际一举而把它击破。”

俄材料梁度老教授,以前是抱着“戴罪立功”的心情来教书的,并认为“少说为佳”,对党的认识非常不够,但自洗澡过关以后,梁教授积极参加了搓澡工作,虽然年纪很大体弱多病,但梁教授也是与搓澡队同学在一起,不论雨天或烈日,东奔西走,从来不喊累,有时还饿着肚子去搓澡,当刘永禄教授病了,梁教授几次去帮助刘教授,把校里所听到的报告都详尽的作了传达以致使刘教授深受感动,最近有了转变,表示争取在本星期把检讨做好。

电信系潘恂如助教自从过关后,先后参加宣传部及搓澡工作,情绪高涨极了,他表示要以实际行动争取做一个光荣的共产党员,他爱人王育嫣在女六中教书,也正在申请入党,这一个朝气蓬勃、具有革命的爱的新家庭,是会愈来愈温暖了,正如他爱人说得好:"是党和毛主席教育的成果。"

电信系巢立人助教过去是一个严重的个人主义者,他认为自己学机械的,在这儿当电信系助教真没出息,一心一意想要辞职,更由于田成文封建家长式的作风,使他抬不起头来,因此他就在系里沉默起来了,对于系务不闻不问,也不愿与人家谈话,在本院上次开展的三反斗争中,历时将近二月的系会上,他只记了二次话,为田成文所购的破马达辩护。但是在这次洗澡过关后,表现得很好,在大会小会上积极向别的先生提出尖锐的批评与意见,而且还参加了搓澡队积极帮助别人,回家后帮助父亲认识新社会,鼓励弟妹们进步。他对于以前老想开小差的思想,作了彻底的批判,也认识到新社会中的一切工作都是革命工作的一部分,他说:"我要贡献出自己的一份力量,安心于革命工作。"

建筑系的教师同学正在加紧筹备庆祝胜利大会,老师们在早七点就开始学习舞蹈,并准备化装演出,负责教舞的邵木兰同学,并进城去教老师的家属练舞,有关沈玉麟先生转变的节目,正加紧排练中,邹启翦、许松照同学,开动脑筋用三夹板制成喷金的大型领袖像,并且还制作了一个金匾,做[作]为给全体老师反资产阶级思想胜利纪念,大会正在加紧筹备中。

我们伟大的祖国万岁!

第五十六期　第三版

进一步提高工作效率,为迎接胜利高潮而斗争

宣传组版

我们基本上做到每晚十二点以前完成工作

建筑系宣传组

在迎接反资产阶级思想运动胜利高潮来临的前夕,建筑系宣传组满怀信

心地响应了领导上“为提高工作效率而斗争”的号召，开动脑筋，初步改进了工作方法，使我们（的）大字报在基本上做到了每夜十二点钟以前完成工作。

我们怎样做到这一点呢？下面我们初步总结了三点经验：

第一，从思想上重视领导决议并贯彻到行动中去：当传达领导这个决议时，有个别同志还凭经验主义，强调稿件困难说：“宣传工作就是要搞到二［两］三点钟”但经过了讨论和研究后，同志们都体味到提高工作效率就是当前加速教师过关，争取反资产阶级思想运动早日取得胜利的首要任务，同时，体味到党在工作中是这样爱护我们的身体，编辑同志说：“党这样关心我们的健康，今后，我一定要开动脑筋提高工作效率，一定做到十二点以前完成任务！”通讯员同志们说：“我们一定要及时组织稿件，及时反映情况，保证八点半以前交稿”、“为党而工作是没有什么困难不能克服的。”我们就是在这样坚强的信念下响应了领导的号召。

第二，开动脑筋找窍门，改进工作方法：由于我们从思想上重视了领导的决议；因此，我们都针对了过去工作中的缺点，积极开动脑筋想办法，克服缺点，改进工作，实行了充分利用时间的流水工作法。譬如：在“七一”以前我们编辑审稿制度是顶乱的，稿子时常像“公文”一样，总是经过几个编辑的手，然后再送去抄写，这样就浪费了不少时间，而且迟［极］易出错误。另外，在组织稿件方面也不能深入群众了解情况，因此，稿源一直不畅，临时抓稿。写得又很晚，就产生了停工待稿的现象，严重地浪费了时间，每天晚上搞到二［两］三点钟甚至通霄［宵］。现在，我们建立了编辑负责审稿、组长最后审核的审稿制度。缩短了审稿时间，另一方面加强了编辑与通讯员的联系特别是每天利用午饭时间作为碰头会，商讨和计划当天稿件内容，同时又与搓澡队联系，稿件来源就比较丰富。流水工作法就是在这种明确了制度和稿件有把握的条件下，很好地利用了这样四个半钟头的时间就完成了审稿和抄写的全部工作。在工作中，消灭了“失业”现象，有些情况比较来得迟，而由编辑组自编的稿件还可以利用抄写组抄第一批稿件时写完，这样也不致浪费时间。

第三，同志们发挥了积极性和创造性：过去通讯员与编辑的联系不够，编辑找通讯员只是单纯布置任务，通讯员也抱着“完成任务”的观点：“拖一把，动一步”。“七一”以后，领导上的号召使编辑与通讯员的联系加强了。在碰头会上，经常研究工作，特别是建一通讯员同志主动地深入班上，了解情况，写通讯并几次动员建一一位从不爱讲话的汪丽霞同学写稿，由于通讯员发挥了自己的积极性，观察新事物也比较敏感了。如建一杨培源同学，在给毛主席写信后“思想上有了很大的转变”，通讯员便立即反映了情况，并组织杨培源写了体会，编辑组又适当的给他配合了漫画发表，群众反映效果很好，总之，通讯员在组织稿件方面，是较好地发挥了主动性和积极性，在编辑方面，特别值得提出来的，是因为漫画组全部调走了的缘故，郑林翰同学他身兼三职又审稿又画漫画又写标题，充分地发挥了积极性，提高了工作效率，我们大字报能够初步贯彻领导上的决议是和全体同志的工作努力、积极主动分不开的，同时同志们在工作方面也有一些新的创造，如建二的陈溪风为了动员大家看“思想战线”上的文章，他在每一寝室陈列了两个装饰得很美丽的表格，一个是你看了大字报没有，上面填写三种符号，代表“全部看”、“部分看”、“没有看”。另外一个表格是介绍好的内容及，目前需要的稿件，这样的鼓动是起了一定的作用的。

目前我们的工作虽然有了一些成绩，但是仍然存在着缺点，譬如我们的大字报在帮助教师过关方面做得比较差，听了叶向忠同志的报告后，我们便展开了讨论，提出了进一步改进工作的计划，明确了大字报目前内容应该首先为搓澡队服务帮助和鼓舞教师过关，并积极宣传胜利成果，更明确了分工制度，提出了贯彻一字一句对革命负责的精神，保证审稿清楚，不出错误。抄写要贯彻“四不”（不涂改、不漏字、不写别字、不潦草）通讯员保证八点半以前交稿，同志们都满怀信心，向全校各宣传组挑战，在质量不断提高的基础上，保证基本上在十二点以前完成全部工作，以更大的努力来迎接反资产阶级思想运动胜利高潮<的表现>。

信心百倍迎接胜利的高潮

经济系黑板报组

这一时期中，经济系黑板报在领导的帮助和全体组员的努力下，已经成了教师所关心喜欢的读物了，在运动高潮到来的今天，我们全组同学更信心百倍，来迎接胜利高潮。

运动开始时，黑板报搞得很不好，内容空洞，不切合实际，教师同学很少看，工作同学有的认为工作事务性，有的认为工作没有意义，因此工作不主动不上劲。这时我们开了一个会，明确黑板报工作的意义和重要性，这个工作就是革命工作的一部分，批判了不正确的态度，重新展开工作，首先确定黑板报的主要对象是教师，主要任务是报导过关消息，解决教师思想问题，及时提出批评与表扬，对运动起一定的推动作用，组员作了明确的分工，组长掌握全面，三位同学，抄写工作，二[两]个通讯员，担任查资料的工作为什么这样呢？因为要解决教师的思想问题，由我们自己写稿，可能效果不大，必须从报纸上找一些资料，使问题谈得更深入具体。

当我们明确了任务，作了适当分工后，使我们工作有了方向，有计划不忙乱，我们深入地了解了教师思想情况，结合实际，针对教师存在的思想问题开动脑筋查资料进行分析批判，因此过去的黑板报曾受到教师们的欢迎，但这点成绩是不够的，为了迎接胜利高潮，我们订出了改进工作的计划，进一步提高工作效率：

（1）发挥集体领导配合运动的发展，有计划地进行宣传出版前组员碰头一次，决定和修正出版内容；

（2）紧密切合实际，过去对教师情况多从侧面了解，现在全体组员分别深入互助组搓澡队及时掌握情况；

（3）做到“勤”，要多收集情况，多开动脑筋；“快”反映情况要快及时，报导胜利随写随登鼓励士气；

（4）写通讯要做到简短深刻。

第五十六期　第四版
（搓澡队版）

进一步提高工作效率，为迎接胜利高潮而斗争
搓澡总队部的保证

今天我们全组七位同志认真地检查过去的工作中的缺点后，一致认为我们必须用全副精力搞好我们的工作，提高工作效率，以战斗的姿态运动高潮的到来，并提出我们的四项保证：

一、集中精力，加强计划性，搞好搓澡总队部的工作，抓紧时间学习，武装自己思想。

二、主动地开动脑筋，深入细致的了解情况，坚持每日的碰头会，交换情况及意见。

三、汇报黑板报保证不出错字，词句通顺，黑板报加强思想性，汇报保证及时、具体和真实。

四、认真执行检查制度，结合工作展开批评与自我批评。

节委会办公室搓澡总队部

汇报组

通讯组

七月十一日

信心百倍的迎接胜利高潮

运商二系搓澡队综合报导

我们运商二系搓澡队,听过了叶向忠同志的报告以后,都结合工作检查了思想,收到很大的效果。

首先对目前形势有了正确认识,看到三反快报上,一个捷报接着一个捷报,一个胜利接着一个胜利,沈玉麟教授胜利过关了,许延英教授"返老还童"了,谢淑英助教"起死回生"了……说明了胜利高潮就要到来。特别是听到建筑系正在筹备庆祝胜利大会的消息后,每个搓澡队都表示决心"要提高工作效率,争取帮助教师在运动高潮中过关。"另外批判了工作中的保守思想和个人英雄主义,一致表示为了祖国人民的利益有信心克服任何缺点,同时也认识到只有工作热情是不能做好工作的还必须掌握党的政策,学会用马列主义的观点、方法、立场来分析问题才能提高工作效率,针对搓澡工作中存在的缺点,都订出了具体改进办法。譬如:第四小队订出了三勤制度,要勤汇报、勤研究、勤联系,有效的改进了工作。

搓澡大队部为了运动高潮中发挥每个人的天才和智慧,调整了队伍。譬如:第七小队把赵士绮同学调来,参加他父亲的搓澡工作,大队的负责同志也亲自上前线,直接下到小队去搓澡,战斗力很显著的加强了。

经过了以上的工作,运商二系搓澡队已出现了新气象,工作效率大大提高了,表现在搓澡方面,都能充分准备、集体研究。譬如:赵传云教授搓澡队,没有很好的准备,就想出动给他搓澡,但听过叶同志报告后便改变了,先搜集材料系统的加以分析、研究、提出了问题,然后去帮助他搓澡,谈了一个上午没谈完,下午又继续谈了二[两]个小时,赵主任表示:"这样系统的帮助分析,对我启发很大,一定要抓紧时间,在最短期内做好检讨,争取在运动高潮中过关。"其他没有过关的教师,也都在积极做检讨,主动找搓澡队帮助,像应尚才教授向应达之说:"再不思想改造就要成为古董了,为什么搓澡队这几天不来了?"

我们运商二系搓澡队,正信心百倍的迎接运动的高潮,要在运动的高潮中,加倍的提高工作效率,为争取反资产阶级思想运动的彻底胜利而斗争。

党——我最敬爱的母亲

电一　宋成言

我热爱党,我感激党,党拯救了我,教育了我,培养了我,党把我从个人主义的狭小圈子里拯救出来，党教育我，使我生命有了力量，党培养了我，使我会做一点工作，因此我用“最敬爱的母亲”来称呼党是再恰当没有了。

七月八日的晚上——团日——这永远值得我们全院同学记忆的日子，当团总支书记赵锐同志在讲话中对我提出了表扬的时候，我心中的激动是不能用文字表达出来的，我衷心的感激党，这是党对我教育的结果；这是党给我的光荣，同时我感到惭愧，我感到我为革命做的工作太少了，我的工作做的[得]还不够，我要继续努力，我要在工作中永远前进。

一个多月来，我始终是认真的、愉快的在工作着，我丝毫不感到疲倦过，是谁给我的力量，是党和毛主席，因为有了党的教育，使我认识到，我要为祖国贡献出一切，我的工作有了动力，我体会到，在伟大的反资产阶级思想运动中做一点工作，是多么的愉快和光荣呀！虽然我的工作有了一些成绩，但是还是存在着很多缺点的，在工作中不敢大胆的放手让同志们去工作，使工作遭受到一定的损失。这是什么缘故呢？主要的是：由于我的自高自大没有彻底被打垮，没有从思想上彻底批判我的资产阶级腐朽思想，因此在工作中又犯了自高自大的毛病。通过了叶向忠同志的报告，结合了工作，小队内进行了检查，批判了过去的错误，集体订出了搓澡计划，在这过程中我深深的体会到群众的智慧是无穷尽的，只有充分的发挥群众的力量，才能搞好工作，为了克服过去的缺点，我提出了保证：我要做到三个字：“好”——工作要做好、关系要搞好、身体要注意好；“紧”——抓紧时间；“实”——工作要踏实、情况要掌握确实。今天我在这儿向同志们保证：我决不骄傲不自满，依靠领导，保持过去的光荣，进一步的开动脑筋找窍门，提高工作效率，为迎接运动的高潮加倍地工作，为争取反资产阶级思想运动的彻底胜利的斗争。

搓澡前要做好准备工作

运商系第七小队

以前我们队里大家开动脑筋不够，搓澡前没有充分的准备，对教师的思想没有全面掌握。结果对教师的思想问题不能有系统的来搓，因此效率不高，对教师帮助也不大。

最近听了叶向忠同志的报告，我们结合了工作，检查缺点，发现我们工作效率所以提不高，主要是大家对搓澡的意义认识不够，收集材料不多，对教师思想没有全面的掌握与分析，我们发现了这个缺点之后就立即行动起来，并检查了思想，经过二[两]天功[工]夫，大家开动脑筋，研究资料，在小队会上各人把自己研究的意见互相交流,充分地掌握了教师的思想情况。在先做好了准备工作,搓澡时,就这样按每一类思想一步步的搓,并且每搓一个问题时,就围绕着中心思想来谈。经过了这样搓了一次之后,我们感到这个方法很好,对教师能解决问题。

这个方法之特点就是有计划的准备和按计划搓,这样可避免"无的放矢",在工作效率上,大大地提高。我们本来预计要搓三四次的,现在我们预计搓一次差不多了。这样,我们也有了更多的时间去帮助别的教师搓澡。

第五十六期　第五版

进一步提高工作效率,为迎接胜利高潮而斗争
秘书组版

提高工作效率订立八项保证

办公室秘书组

为了进一步提高工作效率,迎接反资产阶级思想运动高潮迅速到来,我们办公室秘书组向老师们、同学们提出如下的保证:

一、开展无事故运动,开动脑筋,分工负责,联合劳动。

二、保证汇报真实、清楚、生动,每日午前作[做]好。

三、记录作[做]到记得"快"、"真"、"准"、"清",会后检查,及时整理。

四、资料,作[做]到不乱、不丢、不积压群众意见,每日整理一遍。

五、通告作[做]到迅速、准确、周到。

六、对各系秘书组的帮助,要作[做]到及时了解情况,交流经验,改进工作方法,提高工作质量。

七、实行值班制,适当休息,保证精神饱满。

八、每周检查工作,开展批评与自我批评。

在胜利的高潮中更好的发挥助手作用

运商系秘书组

为了更进一步的提高工作效率,使秘书组在反资产阶级思想运动的高潮中,更好的发挥助手作用,全组同志大家开动脑筋想出了改进工作的方法。首

先在思想上认识了目前我院反资产阶级思想运动的胜利的发展形势，认识到我们的任务愈来愈艰巨；同时也愈来愈光荣；因此我们必须更加信心百倍地、认真负责地来做好秘书工作。虽然秘书组原来有十位同志，因工作需要调出了两位，而最近的工作，又比过去更繁重；但大家一致表示："八个人要干十个人的活，而且还要干得更好。"在展开批评与自我批评检查过去工作中的缺点后，大家想出了下面几点改进办法：

一、加强工作计划性——每天上午八点半全体组员开一碰头会，说一下今天大体上有那[哪]些工作要做，然后分头去准备，各人很好的安排自己的工作时间，这样可以心中有数，按步[部]就班的进行工作，免得临时忙乱，顾此失彼。

二、重视汇报簿——汇报簿的主要内容是每位同志把一天内做了那[哪]些工作，遇到那[哪]些困难，有那[哪]些经验，那[哪]些没有完成的任务等问题记录下来；这样可以检查工作、克服缺点。这汇报簿早就设立，但大家汇报的内容偏重在一天里做了那[哪]些工作，以后要避免这种"流水帐[账]式"的汇报，要提高思想性。

三、不断与其他单位取得联系及征求他们的意见——秘书组要达到很好的发挥助手作用，就必须多征求各单位对我们的意见。例如我们整理的资料，搓澡队看了以后有什么意见，这样可以及时改进。所以我们特别设立一"意见簿"，随时收集大家的意见。另外我们对旁的单位有什么意见时，各人填在汇报簿上，综合以后向他们提出；这样在工作中互相帮助，互相督促，能把我们的工作做得更好。

四、分工负责和联合劳动相结合——首先要明确分工，每位同志要把自己所担任的工作做好；但遇到有突击任务或某一同志的工作太重，不能如期完成时，便要发挥联合劳动，找旁的同志帮助，把工作分别轻重缓急，按时完成任务。

五、订定工作时间，保证文体活动——我们的工作虽然比过去要紧张一些，但我们不靠延长工作时间，而要求提高工作效率，要以更生动、活泼的姿态来参加战斗，因此，除非有特殊情形不能离开工作外，午后一定要休息，晚饭后一定要集体参加全体活动。这样可以精神充沛、情绪饱满，工作起来又紧张、又愉快，可以提高工作效率。

我们知道，我们的工作是艰巨的，但我们有正确的领导，有大家的帮助，和我们主观的努力，我们相信可以不断的改进工作，完成党交给我们的任务。

在进步的基础上改进我们的工作

电信系秘书组

为迎接运动胜利高潮的到来,我们秘书组检查了过去一阶段的工作情况,过去我们组内的同学都认为做的都是事务性的工作,做时不太带劲。记录工作等等不择重点的听到什么就记什么字记得又大还不清楚,第一次检查工作后,认识了做好记录工作亦是革命工作之一部分,但还只是一句空的口号,思想上没有具体认识,总务工作老跟着工作跑,不主动的找工作做,于是人空在一边而工作没有人去做,我们的日报表是全校最差劲的,常为了赶时间,为汇报而交日报表,以致内容非常空洞,看后对领导＜上＞起不了作用,以坏的粮食来供应给领导＜上＞,这是对革命极端不负责任的。

迎接党的生日时,我们检查了工作,提出做好工作的保证,十多天来,有了一些改进,但对迎接胜利高潮的今天,必须在进步基础上加以改进,使我们工作的质量与效率更快的得到提高,因此我们又开了会,检查了个人对工作的认识,杜崇庆说:"在卢肇铨先生检讨后,大字报报导[道]了大会的情况,其中不少是由我记录＜上＞抄下来的,我想到,如记错了,就会影响宣传的真实性,对运动有损失的。"朱至才同学说:"一定要想到这工作很重要才能记录得好。"屠葶刚来工作时,对记录没有信心,且有怕的心理,经运商系秘书组报告后才认识到记录的重要,于是主动的想了一些办法,并且主动的记下会场的情绪。记录同学为了把运动更快的推向胜利的高潮,故提出了"二保"、"二快"、"三要"的保证:1. 保证记录前休息得好,保证不失检讨内容的真实性,尽量记原句。2. 快记、快整理,争取当天晚上十时前整理完毕,不妨碍别人看记录,使需要看记录的工作亦能很快的完成。3. 字要写得小,要清洁整齐,要细致的记会场情绪,这样亦就提高了别人看的效率。

总务工作亦有了不少的改进,主要在工作中提高了认识,感到总务工作是为别的工作服务,工作同志提出了二项保证:1. 保证贯彻"三勤":勤动——整理、打扫办公室,使同志有一整洁的工作地方。供应开水。勤走——不断及时供给各部门文具用品。勤想——主动开动脑筋想办法。2. 爱护公共财物,做到精打细算,借用会场时,不损坏一椅一桌。3. 保证做好大会会场的准备、布置工作,不断供应开水。

关于汇报方面,特提了如下保证:1. 保证日报内容不空洞亦不拉杂。2. 真实填写日报,不拉[落]掉检讨中任何生动部分。3. 做到对革命负责,经秘书认真审核后送交办公室，不合上面要求，必须重填。4. 争取每晚十一时送交办公室。

我们秘书组几次检查工作后，是有了一些改进，但必须继续钻研，踏实的做好工作，随时检查我们的保证，拿出对革命负责的工作态度，提高工作效率，以实际行动迎接胜利高潮。

第五十六期　第六版

家属通讯 3

我的父亲已初步转变了

应达之

在反资产阶级思想运动胜利高潮即将来临的前夕，我的父亲——运输系应尚才教授的态度也有了转变。

过去，我的父亲对运动是不关心的，开会时打瞌睡，看报纸、拍苍蝇，态度是虚伪而不端正的，在同学们面前说的是一套，在家里说的又是一套。过去虽受了同学们的许多帮助和批评，但他仍没有什么改变，经过“七一”的大会及最近侯秘书长的报告以后，我父亲开始认识到再不改造就要掉队了，他说：“再不做检讨，就要变成老古董了”，这样，他对运动的态度也有了一些改变。过去他不愿意开会，总是在家里抱怨，希望迟一些到校中去，现在是高兴地，并且着急要早点到校。过去他不愿意写检讨，总是说“写不出”“不会写”，今天他不但有空就写，而且一直写到晚上十二点，第二天早上六点钟又起身了，并且很焦急，希望能早日写好。过去他总认为群众的意见是有偏差的，现在他也能虚心接受别人的意见。过去他总以为搓澡队不了解他的情况，解决不了问题，总觉得搓澡队不能帮助他。昨天我回到家里，他问我：“怎么搓澡队这两天看也看不见”，因为我在校中有工作，不能常回去，但他却常在等候我，在我回家以后，他就拿写好的一部分检讨给我看，要我提意见。七月八日那一天，他因为要写检讨，所以不来参加晚上的团日，但是他送了一本书（卓娅与舒拉的故事）给我，并且希望我“为共产主义的前途奋斗到底”，当我接到这件礼物时，我兴奋极了，我感到我们家庭之间的情感比过去不同了。

父亲的初步转变也是与母亲的帮助分不开的。在父亲认识到再不改造就要掉队的时候,就开始积极地写检讨,母亲便为他布置了安静的环境,不让我们打扰父亲,父亲要到学校来开会,母亲便提早准备好饭菜,使父亲能及时地来开会。有时也帮助父亲挖思想,当父亲挖出一些旧东西以后,母亲就对他进行鼓励。当母亲接到家信,知道了我的外婆每天认真读报,晚上还参加时事讨论的消息时,母亲对父亲说:“你看外婆八十岁了,都变成了老前进,你再不做好检讨,就该打了。”这些帮助对父亲起了很大的作用,使他更加努力做检讨。虽然父亲每天写到晚上十二点,但是情绪始终很好。

父亲的初步转变,说明了党的政策的伟大,说明了马列主义的胜利,同时也大大地鼓舞了我,增加了我的信心和力量。目前,父亲的认识虽然还比较模糊,但是我深信在党的领导和全院师生的帮助下,父亲一定会有更大的进步出现,我也完全有决心更加努力地帮助父亲,争取早日做好检讨,来迎接反资产阶级思想运动胜利的高潮。

高清宁同志积极帮助她父亲思想改造

共同学科第三中队稿

语文组高镜芹教授的女儿高清宁是女三中高一学生,青年团员,最近高先生的检讨态度不够端正,由于高清宁同志明确了教师们思想改造与祖国人民的关系,所以她很关心我校的思想改造运动,经常看三反快报,积极地帮助父亲,请示组织上想办法,自己没有时间和父亲谈话,便写信给他,当我们和她取得联系后,她便主动地约我们谈话,反映了很多她父亲在家里的真实情况,她揭发了她父亲阻止她入团,以及认为朝鲜战争是我们发起的等等犯原则性错误的言论和行动,这些丑恶的东西,高先生一直不敢大胆的彻底暴露。虽然最近学校正在大考,但她认识到思想改造的重要性,仍集中精力帮助他父亲,看到她父亲进步不大心里就很难过,甚至哭泣,但她的意志是很坚强的,她对我们表示,只要对父亲有帮助的一切工作,都愿意尽力做,昨天(十二日)她到我们学校里来参加开会,会上她以爱国主义热情及思想改造运动的伟大意义恳切的启发父亲,并指出她父亲检讨上写一套,行动上没有转变的作风,更揭发了她父亲对党团不正确的看法,说明她父亲并不像她自己认为“问题不大,没有什么可改造的”,最后她对父亲说:“这种态度是对不起祖国的,不配做一个人民教师的,应好好体会组织上与同学们的帮助。”并表示今后一定要尽最大努力帮助父亲。会上同志们和同学们听了都很感动,余和鸾先生说:“小妹妹这样恳切的帮助父亲,她对父亲的爱,已和对祖国人民的爱结合起来,这样的孩子更是可爱了。"

高清宁同志积极参加运动;立场坚定,无情地向父亲提出批评,是她热爱祖国的具体表现,也是青年团员的优秀品质,这是我们伟大的党和毛主席教育的成果,值得我们和所有的家属学习的。

张师母一家动起来了

张协衷搓澡队家属工作同学稿

经济系主任张协衷教授的爱人和他的女儿张诜鄂同志一向都很关心着张主任思想改造的情况,星期六那天,张主任因对同志们所提的意见不能接受,正在闹情绪,回家以后表现得很不高兴,张师母对张主任自高自大不接受别人意见的性格。是很了解的,所以那天就针对着张主任的态度提出了尖锐的批评,她说:"你是一个系主任,同学和同志们都希望能够把整个系搞好,所以帮助你改造,你为什么不好好改造呢?"当张主任发牢骚说:"现在孩子是国家的,有国家来养着,我不做事也没有关系"时,张师母就抓住这一机会批评张主任说:"是的,现在国家待你好,替你培养孩子,你更应该报答国家待你的好处,去积极改造思想了。"张师母患有高血压症,平日时常头昏,可是那天张师母为了帮助张主任,就不顾自己的身体,一直谈到深夜才去休息,第二天,张诜鄂同志约了她的爱人,两人很耐心的帮助张主任分析问题,他们指出张主任对一些问题的看法,都是由个人出发,例如:张主任怕同学把自己作为典型,对同志抱有成见,因此就不能接受同志的意见,他们就给张主任分析说:"同志们提意见的态度就是有时不好,但意见并不见得不对,只要对,就应当接受。"张师母也说:"你不要看不起年青人,他们比你知道得多,你应当放下你的臭架子,好好向他们学习",又说:"你觉得同学同志们是外人,对你要求高,我们都是你的亲人,今天也这样批评你,难道也是和你为难吗?"在这种情况下,张主任开始觉得自己的思想处于内外夹攻之势,口中虽未接受,但态度是软化了。星期一,张主任到校后,和关晖同志谈话时落下了眼泪,他说:"由于自己的资产阶级思想的作崇[祟],使自己在运动中走了弯路",同时表示对自己的资产阶级思想非常痛恨,下决心要在这次检讨中把它彻底批判掉。并且在以后几次和搓澡队谈话时,态度的确表现得很虚心了。

张主任的转变,一方面是由党的正确领导,另一方面也和张师母以及张诜鄂同志的积极帮助分不开的,尤其是张师母关心运动,积极参加会议,不顾疲倦的帮助张主任,才扭转了张主任对运动的态度。这也证明家属在反资产阶级思想运动中的作用是很大的。

第五十六期　第七版

新　气　象

赵祖武教授已不再是建筑系的客人了

建筑系副教授赵祖武过去是“缠绵在书房里”，对周围的一切，包括他的家属都是显得那么“冷淡”“没有热情”的，但赵教授自从批判了他的“单纯技术观点”思想上获得了新生以后，毛泽东的阳光真正照暖了他的“冷冰冰的心房”，真如他自己所说的那样：“从我那关闭了好几年的书房的窗洞里，跳出来了”，为了帮助张建关副教授做检讨，他经常住在学校里，热情的积极的分析研究张教授的思想问题，用一种自己解放了的愉快心情帮助别人丢包袱。本来赵教授有严重的肠胃病，身体不好，但除了开会讨论进行搓澡以外，还积极的学习政治理论书籍，(如)论“人民教师”等。

最近赵教授还活跃在歌舞的气氛中，学唱歌，学舞蹈，劲头十足。他现在不以“革命队伍中的客人”自居，而是要学习革命战士们的高贵品质，争取做一个光荣的共产党员了。

赵教授过去不安心在学校里教书，只要搞实际工作，追求学术上的名利。他为了扩大他往上爬的学识资本，也为了要生活得舒适，除了在建筑系专任教课外，还在贸易部基本建设处“兼差”，但在运动中，他理解了人民教师的光荣和责任的重大，同时也感到时间的不够，就去信贸易部辞职，最近已获得贸易部同意，今后赵教授不再是建筑系的“客人”，而是要全心全意的为搞好人民教育事业而努力奋斗了。

李成山教授再也不是“和事佬”了

过去李成山教授存在着严重的改良主义思想，他在每一次会上的发言，时常总结二种相反立场的意见，不“得罪”人，就是在全系反贪污斗争最激烈的时候，他还是以同样的态度出现，很多事情没有能站稳立场，甚至为贪污分子作一些解释或辩护，因此大家都称他为“和事佬”，但是在反资产阶级思想运动中，由于党的正确领导与群众的热情帮助，使他猛醒了过来，积极地自觉地下水洗澡，过关后马上拿起马列主义的武器，全力投身到战斗中去，最近他领导着一个教师搓澡队，用批评与自我批评的方法，一刻不停地战斗着，有一次他同其他三位先生到陈[redacted]文先生家去搓澡，他非常耐心的仔细的帮助陈先生挖掘思想根源，结果找到了主导思想是“商人思想”，陈先生兴奋地说：“过去我走了不少弯路，今天才入门。”李教授不仅积极地参加工作，而且还自觉地参加政治活动，他在前天以兴奋愉快的心情参加了我们的团日晚会，虽然因为下雨把他的衣服淋湿了，但他一点也不难过，相反的，却在系办公室里拿起班冀超先生的检讨稿子，研究分析起来了，这种帮助别人的热情是值得我们学习的，在思想战线上获得胜利的李成山教授，再也不是“和事佬”了。

徐中教授变成跳舞教授

建筑系主任徐中教授过关后，以“四十多岁青年人”的姿态出现在学校的每一个角落，他过去是一清早起身就打“呵欠”，说身体不好，一工作就喊累，但自从划清了劳动与剥削的界限，思想得到解放以后，在他生活上、工作上都有极大的转变，现在他每天起早睡晚，不是工作就是学习，深夜过十二点以后，还在学习“确立为人民服务的人生观”“论共产主义教育”等政治理论书籍。有一天他学习得正聚精会神的时候，一不注意把脚一伸，打破了一个热水瓶。有人问徐教授对工作体会如何时，他亲热的笑着回答：“我现在干什么工作都有兴趣，我与群众的距离是愈来愈近了，心里真有说不出来的痛快。”

他担任建筑系庆祝运动胜利筹备会主任后，决定要练习跳舞，他的“少年劲”更大了，在跳西班牙舞和踢毽舞时，他的动作虽然不如我们所想像的那样柔和自然，可是他却别有一种“四十多岁年青人”的风味，他学得真快，一个钟头之后，他又当起“跳舞教授”来了，你看他还帮助纠正沈承福先生的舞姿呢。

上星期六夜晚，他与十多位教师在玩单绳[redacted]秋千后，又参加了“红果园”开幕的晚会，与同学们在一起玩。现在徐教授“混[浑]身是劲”，思想上的解放给了他“少年的朝气”，他不再是站在“革命的边缘，待价而沽”，而是要以党员八条来要求自己了。

王文煊助教活跃在展览会的工作战线上

王文煊助教以前有着浓厚的纯技术观点及个人主义思想，整天钻在实验室中，其他就什么也看不到了，可是通过这次检讨，他就完全变了样。他积极地参加宣传部图片展览会工作，编图片讲解，往往到深夜一两点钟才回到系办公室，躺在桌子上睡觉。一点也不觉得累，有人问起他，他笑着说：“现在我才真正体会到在工作中锻炼这句话,……过去我没有做过工作,这一次,同学们那样克服困难想办法的精神教育了我、启发了我。”他并表示要在今后努力学习理论,提高工作效率,这也可证明他已初步建立了工人阶级思想。

冯焕助教青春再生

参加三青团的历史包袱压着二十多岁的冯焕助教,使他透不出气来,在系里存在“作客”思想,上班来,下班走,毫无一点青春的气息,但在党的政策的感召下,他勇敢地丢掉了这个历史包袱,为电信系第一个过关的老师。过关后,他参加搓澡工作,现在又调到宣传部做编辑工作,在工作中是有困难的,但他说:“当我知道宣传工作是革命工作的一部分时,我的力量就来了,而困难也就慢慢克服了。”一天他采访展览会的筹备工作,到夜半一点多钟才骑车进城,他说:“我一点也不累,我只觉得自己太高兴了。”为了迎接胜利高潮,他开动了脑筋,详细订立了健全的工作制度——如分工负责,加强稿件思想性,慎重审核稿件,每天作工作日记等办法,以提高工作效率来争取反资产阶级思想运动的彻底胜利。

建筑系庆祝胜利会的一角

建筑系已经过关的全体教师们为了庆功会过得更生动、活泼、愉快,在自觉自愿的基础上!认真地学习舞蹈,虽然他们中间有的老师从未学过舞,但是大伙儿的热情可高啦!一遍不会,再学一遍,学会了一个再要学一个。沈玉麟教授来迟了很焦急,忙着拉同学教他,徐中教授主动地纠正沈承福先生的舞姿,并且提议:“为了跳得更熟练,更正确,明早五点再练。”跳完后,大家一致决议:联欢会上每一位老师都要化装成红领巾。同学们,这是多么新鲜可喜的事啊!我们的教师们,在毛主席和党的教育下,在反资产阶级思想的斗争中,变得很[更]年轻了。

第五十六期　第八版

读 者 园 地

表扬干学班数字组全体辅导同学

干部学习班办公室

近几日来,为了纪念党的伟大生日,各种活动较多,昨日(七月九日)晚上,又放电影“斯维尔德洛夫”，干学班办公室为了不使同学们影响学习，很好地执行教学计划，决定当日晚上照常自修，不去看电影。当我们把这项决定布置给辅导同学时，已经将近下午六时，许多辅导同学电影票都已买好了，他们得到这消息后，非但没有埋怨看不成电影，而且都表示他们一切活动必须服从干部同学的学习，他们都说：“这电影的政治教育意义是很大，但是提高自己政治水平目的是做好革命工作，若今天具体的革命工作不做，还谈将来吗？所以我们愿意放弃电影的教育，安心地帮助干部同学搞好学业，完成党交给我们的伟大任务。”数学组辅导同学这种大公无私的、认真负责的工作态度，是工人阶级思想的具体表现，是值得我们表扬的。

到祖国最需要的地方去

号二乙　刘芝兰

朱院长的报告对我的教育意义是很大的，朱院长谈到祖国的美丽远景的时候，我简直形容不出来是怎样高兴，从心底里感觉到“我们的祖国太可爱了！”其余的什么话也说不出来了。这时我满身的劲儿，充满了对祖国的无限热爱，不但我的心、我的脸部表情上表达着这情绪，连我的一双手也充满了感情，鼓掌声中就可听得出来，一阵掌声过了，我再看看掌心都红了，微微感到痛的味儿，我又挂上了笑容，啊！嘴巴闭不上了，看看周围伙伴们也全是和我一样地在为我们伟大祖国美好的未来而兴奋着。我快毕业了，马上就要踏上工作岗位，参加祖国伟大的建设，所以每当听报告关于建设方面，我总想到干部问题。朱院长有条理地分析祖国建设的条件时，他说：“第一，政治条件，我们很充分。第二，资金，我们有钱。”这时我真为我们伟大祖国具有这些优越条件而高兴。当朱院长分析到最后一个问题：“第五、技术人才缺乏时”，我心跳得很厉害，我又转过头来，与同学笑一笑，这是愉快，而又是感到光荣的微笑，是的我感到我的任务是非常重大的，祖国的远景是那么美好，但是这幸福的将来决不是轻而易举，也不是无声无息、悄悄地就会来到的，努力呀！努力呀！我们应在母亲的身体强壮起来的时候，更进一步地使母亲更加强壮，要把母亲打扮得更加美丽。朱院长还说：“要作好思想准备，准备着分配到你最不喜欢的地方去，这样，将来无论分配到什么地方，你都会感到高兴，而积极地工作。”我从前并没有这样想过，只是服从而已，没更进一步的认识，这样是不巩固的，于是，我回来就考虑这一问题，晚上工作回来睡在床上也想着，最后我的思想上得到了一个漂亮的结论，我将坚决不移地准备着“祖国的建设需要我到那里，就去那里,什么时候需要就什么时候去,需要我做什么,我就做什么。”因为现在我感到祖国的每一寸土地,都是可爱的,内地就像我们家的房间,边疆就像我们家的院子,花园,一所美丽的房屋,难道可以缺少其中的一部分吗?我们有丰富的物产,吃的用的,母亲都照顾得非常周到。我还感到无论到那[哪]一角落工作,我们工作同志都非常可亲,因为我们都是兄弟姐妹,啊!可爱的大家庭啊!在母亲的抚养下,我们兄弟姐妹都站起来了,我还有什么犹豫呢?过去我没有想到自己是人民干部,解放三年以来,在党的教育下,尤其是在反资产阶级思想运动中,我醒了,我坚决丢掉那个人主义的臭包袱,我保证毕业后,真正从思想上认识服从组织分配,并准备着到最艰苦的地方去,为了党的事业,为了祖国,为了人民,我坚决拿出我全部精力,为建设事业上增加一分力量,我是吃劳动人民血汗长大的,我的血、我的肉,都属于祖国的,我要为祖国实现共产主义社会奋斗到底,为党、为祖国、为人民流尽我最后一滴血。

侯秘书长的报告更坚定了我入党的信心

经济系讲师　李士珍

听完了侯维煜秘书长的报告以后,使我感觉到他的报告是那样亲切、那样动人。我更进一步地体会到思想改造和祖国经济建设的关系。我的胸襟是那样开朗。我更清楚地看到祖国美丽幸福的前途。我更想到这美丽的远景的到来,需要每一个人(也包括我们内)都能贡献出自己的一切来争取它早日实现。我更坚定了我入党的信心。

我想到这[过]去一直热中[衷]于往上爬,工作中好表现、爱出风头,一切为了个人,工作顺利的时候就沾沾自喜,工作有困难的时候,就颓废沮丧,工作中急躁轻浮,谈不上踏踏实实、实事求是、埋头苦干,这和工人阶级思想作风是丝毫不相同的。

我想到过去在三反以前,我也曾经想到过入党,但是那种动机是不纯正的,我想借着党往上爬,认为党员能做领导工作,做了党员可以“吃得开”、“容易提拔,现在检查起来,这些是非常错误的,入党动机不纯入党以后,他必然处处为个人打算,危害党和人民的利益的。”

党是欢迎一切要求进步的人,诚心诚意愿意为共产主义伟大理想的实现而奋斗的人们的。

过去,每当我看到党员八条标准,我总感到“可望而不可即[及]”,我总是没有信心。今天当我听完了侯秘书长的报告,当我了解了党的性质、党员的责任以后，我体会到党员的条件是相当高的，党员的标准是严格的；但是它可以变成党员的实际行动，它也可以变成有志为共产主义事业奋斗的人们的一切方向，任何一个党员，不是从天上掉下来的，主要的关键在于自己的努力，只有加紧学习，提高觉悟，用工人阶级思想武装自己，彻底地克服一切非工人阶级思想，才有可能达到这种理想。改造思想、加强工人阶级思想意识的锻炼和修养，这是争取入党的先决条件。没有思想改造，就不可能成为共产党员。我更体会到思想改造运动的伟大意义。今天，当我想到了共产党员光荣的称号，我想到这就是责任，这就意味着“吃苦在前，享乐在后”的艰苦朴素的作风，这就意味着为了壮丽的共产主义事业的到来，就必须无条件地献出一切，甚至自己的生命。我有信心、有决心在今后实际行动中锻炼自己、考验自己，彻底批判我的非无产阶级思想，争取早日作[做]一个光荣的共产党员。

应以当前行动热爱“母亲”

摘自本报第四十六期社论

假如有一个人，只吹过去怎样怎样爱“母亲”，而今天在工作中与行动中并不爱“母亲”，我们说这是一种堕落。如果有一个人把爱“母亲”寄托在未来，永远忽视当前的工作，我们说，这是一种空谈。亲爱的同学们不要忘记，我们爱“母亲”的热情的表现，主要不在过去，也不在将来，而在当前的工作与当前的行动中。让我们以进一步提高工作效率来迎接即将到来的高潮吧！

一九五二年七月十五日　第五十七期

彻底批判资产阶级思想！坚决树立工人阶级思想！

在党的领导与教育下“铁树也开花了”
金士宣教授“脱胎换骨”胜利归队
运商系更加信心百倍走向胜利高潮

十四日下午，运商系核心组宣布通过金士宣教授的检讨，这是本院反资产阶级思想运动的又一重大胜利。

在我们学校里，有这样的一些教师，他们在解放前原是铁路上的官僚，染有浓厚的国民党官僚的作风和习气；解放后他们到本院来教书，便把旧的那一套名位思想、宗派思想以及其他的一些腐朽的资产阶级思想带到了学校里来，给人民教育事业带来了很大的损失，金士宣教授在先前就是这样的一位教师。

金士宣教授出身[生]在一个小商人的家庭里，从小就耳濡目染，产生了浓厚的剥削思想及“光宗耀祖”的向上爬思想。中学毕业考入本院后，一心一意埋头读书，想取得出国留美的机会，作为向上爬的阶梯，在本院毕业时，写了一本《铁路运输学》，求人题字作序，后来终于得到官费去美国留学，投拜美国的所谓“运输权威”约翰逊门下，得到约翰逊的赏识，授予硕士、博士学位。回国以后，便凭借这些“金字招牌”及拉拢一批人、排挤一批人的手段，由站务稽查逐步爬上了浙赣铁路局副局长、伪交通部参事等职位。为了向上爬，为了保持自己既得的名位，他又加入了国民党，并几次在伪中央日报上发表“论文”，诬蔑共产党“破坏铁路建设”。这样一直到解放前夕。

解放以后，金士宣教授认为自己有过这些反动言行，在铁路上难以得到高级职位，便来京院执教；党执行了正确的对待旧知识分子的“争取、团结、教育、改造”的政策，铁道部吕副部长、武副部长都鼓励他好好为人民服务，让他听各种报告，参加南方老革命根据地访问团，并任命他为北方交通大学副校长，殷切地希望他能好好改造思想，为新中国的铁道教育事业贡献一份力量。

但是，由于金教授的资产阶级思想没有得到很好的批判，来京院任职、任教后，发生了一连串的问题。首先突出地表现在与前院长刘炽晶的“金刘之争”上。这个完全是从个人名位思想出发的“金刘之争”，使解放后京院的正常发展受到了很大的影响；又因为金教授在运输系以太上系主任自居，实行“家长式”的领导，使运输系的教师们一直存在着不团结的现象。此外，例如改“运输系”为“运输工程系”的问题，以“出去一定做站长、处长、局长”来鼓励同学学习的问题，……都在同学的思想上造成了混乱和不安，这具体表现在运输系有大批同学要求转系、转院、转学上。而金教授却还是没有觉悟到只有批判了自己的资产阶级思想，才能办好人民教育事业，反而企图用“实行暑假实习制度”来阻止同学们转系、转院、转学，……结果当然没有解决什么问题，同学们更不安心了！

三反开始，在第一阶段里，他觉得他既没有贪污浪费，官僚主义也不严重，以“高高在上”的姿态向全校师生做了一次夸夸的“检讨”。其后，全院师生在“思想战线”及“三反快报”上，大量揭发了他的名位思想、宗派思想，杨介平等同学并沉痛地控诉了他的资产阶级思想如何毒害了同学们。他开始感觉到问题的严重性，但因为怕暴露了反动思想罪恶太大，对自己不利，所以虽然一连做了四次检讨，都没有通过。最后一次暴露了一些思想活动，受到了全院师生员工的欢迎，但他因为并没有了解党对待知识分子的政策，检讨后顾虑重重，不但精神没有振作，反而消极起来了。

“五一”以后，反资产阶级思想运动重新展开了，他显得很被动，到处打听“两星期能结束吗?”他想先听听别人检讨以便借镜[鉴]。他不欢迎搓澡队帮他搓澡，他说：“皮肤已经擦破了，现在是休养问题了。”他表示可以“闭门思过”，人家说他基本问题还没解决，——没有站上工人阶级立场，他强调说自己已经站上了，只是还没有站稳而已。……由于他以这样的态度来对待运动。因此就根本没有能痛下决心，在这次运动中彻底改造自己。

但是，尽管金教授对思想改造运动抱着不正确的看法，运动却不断地教育着金教授，通过“可爱的中国”、“论自我批评”等文件的学习，特别是叶向忠同志报告中提到“做检讨不在于臭包袱的多少，而在于愿不愿意丢和丢得干净与否。”给了他很大启发，另一方面他又看到其他教师都在纷纷检讨，自己不检讨“不应该”。因此，到六月十八日做了第一次检讨。但是正因为他的立场没有转变，所以一时的感性认识，就不能解决他的问题，当同志同学对他的检讨提出一连串的意见，说他对反动思想的暴露不够时，他就发起脾气来了。他认为自己的暴露和批判都很够，群众说他不够是不能接受的。他傲慢地说：“你们说不够，只好随你们的便。”

不久以后，在全院学习批评与自我批评的大会上，应达之同学对应尚才教授的批评。

第五十七期　第二版

沈玉麟教授的自我批评等又一次给了他教育,“为什么群众说我暴露不够?”这一个问题使他开始了思想斗争,接着从上饶集中营逃出来的孙秉泰同志的报告和“上饶集中营”电影,给了他极大刺激和教育,因为在当时他正在担任着杭江铁路局副局长,替反动派运兵送粮,以前还以为这是“有功”于抗日,但是,破坏抗日,虐杀新四军的不是别人,正是他所运送的这些“兵”,从这一点使他开始认识到,原来自己以为有功的事正是危害人民的事。“反动思想行为暴露够了吗?”金教授自己回答也是“不够”了。

在“七一”的典型报告大会和系师生座谈会上,他检讨,更鼓起了他的勇气。因此在“七一”以后,就积极的开展了思想斗争,主动的争取搓澡队帮助,早起晚睡,写好一部分就立刻请搓澡队提意见,当前天搓澡队希望他提前检讨时,他兴奋的说:“我开夜车也要做好”。结果他在当晚到三点半才睡,早上五点半又起来继续做了。

十四日上午,金教授在运商系四个互相组的联组会上作了长达四小时的检讨,对自己的主导思想“功名思想”,及其反人民的思想行为、危害人民教育事业等方面的表现,对党和人民政府的看法,对美帝的认识,对苏联的认识等方面,作了诚恳的比较深刻的暴露和批判,对帝国主义和反动派有了痛恨,对党和人民有了热爱,认识到过去为了自己的“功名”而仰仗帝国主义份[分]子,依附国民党反动派的可耻,认识到人民教师的光荣任务,并愿意贡献一切力量为人民服务。他几次为自己做了危害人民的事而流泪,也几次为自己被毛主席共产党所拯救而高兴。他说:“我愿意献出我的一切以至我的生命,为祖国的建设、人民的幸福而奋斗而牺牲,我想这样的生是快乐的生,这样的死是光荣的死!”他的检讨受到了到会师生的热烈欢迎,大家为金教授的进步而感到无限兴奋,雷鸣般的掌声历久不息。

下午,大家对金教授的检讨提意见,大家一致认为金教授的检讨是比较深刻的,态度端正暴露和批判较彻底,愿为革命事业奋斗到底,这些都说明了金教授已初步树立了工人阶级思想。同时希望金教授巩固已有收获并贯彻到实际行动中去。

当核心组依群众意见,宣布金教授的检讨可以通过时,全场响起了春雷般的掌声，大家都为着一向被认为堡垒的金士宣教授的进步而祝贺，正如第一搓澡队的同学所说："过去同学们说，要通过金士宣和许靖教授，那是铁树开花，但是，今天在党的领导和教育下，铁树是真的开花了。"他的转变鼓舞了运商系全体教师同学，因为这个胜利象征着党的政策的胜利，象征着毛泽东思想的光辉胜利，大批的贺信祝贺着金教授的进步，当胡久尧同学把信交与金教授时，他们激动的握着手，这是真挚的感情，这是不平凡的握手。

在这个胜利的鼓舞下，许多教师都急切地、兴奋地在会上表示了态度，一致要向金教授学习，加紧做好检讨。"决心"从每个人的发言里有力的说出来。

"我要以百米赛跑的姿态来完成党给我的任务，我要把检讨在两天之内写完，争取一次过关，拿一个干净的身体，跑到诸位的身边，跑到毛主席的身边去。"这是郑鹍教授的声音。

赵华教授兴奋的说："今天给我以很大的鼓舞，我有信心能过关，因为我相信党是在拯救我，我听了侯秘书长的报告，那八项标准条件是我生命的比例尺，并且是我终身的比例尺。"许多教授都表示了这样的决心，掌声始终是不断地响着。

许靖教授当他还没有讲话时，大家就兴奋地拍起手来了，因为他也改变了对待运动的态度，要求进步了，他发言表示要努力前进，做好检讨，争取过关。建一赵士绮同学是刚调来给她父亲（赵传云主任）搓澡的，她兴奋的表示："我要保证和我父亲的思想做坚决的、严肃的斗争。我要尽我最大的力量帮助他，抓紧每一分钟，使父亲的思想早日获得胜利，早日回到工人阶级队伍来。"她的发言，获得全场热烈的掌声，王竹亭教授站起来了，他说："……每个教授的过关不是件小事，我们可以想像[象]到有千百万干部，就要从他们的手下培养起来，……我们的铁路在成长着，运河在开掘着，……毛主席的太阳在照耀着我们，每一个人都会给毛主席拯救出来的。……"他的话还没有完，李绩勋副教授再也忍不住了，他激动地举手高呼"毛主席万岁！"立刻全场被他的声音所振动起来，全场高呼口号与李教授的内心起了共鸣。赵传云教授家属张纹瑾也当场表示要做好能做的点滴工作，帮助赵先生早日过关，最后大会在歌声中结束了，真是"没有共产党就没有新中国。"

简　讯

运输系应尚才教授，这几天正在聚精会神的做检讨，本来每逢星期天他总要到教堂里去祈祷,但是上星期日他却整天的在家里写检讨,据应师母说,这还是应教授生平第一次的破例。

经济系的朱广心教授,最近初步端正了对运动的态度,积极与搓澡队谈问题,十三日下午他和他的爱人一起到学校来找搓澡队,他保证在本周内作好检讨。并说:"作[做]不好检讨就不理发。"

"庆祝中国共产党成立三十一周年图片展览会"于昨日下午七点半正式开幕,由经一同学首先参观,大家情绪很高,看过后还座谈了一次,大家都感到这是上了一次爱国主义的大课,使大家更热爱党、热爱毛主席。陈景艳同学说:"我看了展览会,更体会到毛主席及其思想的伟大,今后我一定要更加努力学习毛泽东思想。"

昨天晚饭后电信系留住学校的十几位教师兴致勃勃的找同学们跳舞,在电机馆前围了一个大圈,轻松愉快的跳了起来,在短短的半个钟头里,教师们大都学会了健身舞、双人舞、瓶舞等,大家都兴高采烈、满面大汗,吴文泷教授衬衫都湿透了,他说:"今天这样一跳我由四十多岁变成二十多岁的小伙子了。"潘守鲁教授到结束以后还在自唱自跳,回到系办公室后,吴文泷、梁育才、郭士隽、张凤翥等教师,又在办公桌旁跳起来了。丢掉了思想包袱的教师们都在以欢欣鼓舞的心情迎接着胜利的高潮。

广播站为了配合运动高潮,决定在五十亩地按[安]装扩音器,每天对家属广播一次。另外,职工家属们也正准备迎接胜利。她们希望舞蹈团去教她们跳舞,好让她们也能载歌载舞,来参加庆祝胜利。

在我院反资产阶级思想运动高潮即将来到的今天,职工同志中也产生了新气象,如合作社社干李岫同志,星期日本来是休息时间,但他却清早就到学校来,一个人认真的在百货部点货,下午又主动找同学帮他分析思想,他说:"我下定决心要在运动中改造自己,我要搬到学校来,不获胜利决不回家。"

建筑系的过关教师,都在热烈的准备庆祝胜利,由庄涛声先生负责练习"民主青年进行曲"、"咱们工人有力量"、"没有共产党就没有新中国"等歌,以表示教师们的新生是受了党的培养教育才获得的。

马克思列宁主义胜利万岁!

中国当代民间史料集刊 9 下册

华东师范大学中国当代史研究中心 编

铁道学院『三反』快报

本集刊出版获得东方历史学会资助

中国出版集团 東方出版中心

第五十七期 第三版

进一步提高工作效率，为迎接胜利高潮而斗争

做好一点一滴的革命工作迎接胜利高潮

童鹤龄

我最初参加建筑系宣传组编辑工作时，有些心虚，作客心很重，有时有意见也不提，只是按时看稿子、改错字，为工作而工作，谈不上效率。虽然自己检讨过关后，也作过工作检查，但是，思想上还有严重的任务观点，所以阻碍了工作效率的继续提高。

我对工作的态度是“执行任务”不开动脑筋，也不坚持改进工作的意见，使我们的工作在一段很长的时间内不能提高。就以每天编辑工作来说，往往在组织稿件时不能细心，每篇都匆匆地看一遍，所以在抄写的时候，就会发现很多不通顺甚至有原则性错误的地方，质量也很低，有时只是凑篇幅。在组织教师稿件工作中，更是这样，好像自己工作很忙，紧张的“拉”稿子，但“拉”来的稿子大多是文字生硬、内容空洞，没有办法发表。我过去不从思想上去解决自己对革命事业的认识问题。而只片面地认为教师都是学工的不会写文章。这样，看起来自己在“辛勤”的工作，效果却很坏，事实告诉我，忙忙碌碌的事务主义，不开动脑筋，只赶任务，即使延长工作时间，也不可能提高工作质量和效率，正如叶同志所说的“只完成上级交给的任务而不开动脑筋，提高工作质量，这不是好干部。”

在最近的工作中，我更深深地体会到开动脑筋才能提高工作效率的意义。在听过叶同志的报告以后，经过了几次讨论，我自己也端正了对革命工作的态度，我认识到，为了迎接运动胜利的高潮，如果保守在运动开始阶段，那是不可能提高工作的效率的。想到在前线战斗的志愿军，想到教师们在运动中已大大提高了自己，想到运动的胜利高潮就要到来，自己感到过去在工作中没有能好好起积极的作用，觉得无限的惭愧，我明白，只有自己多想多做，不再做一个完成任务的机器。

在编辑工作中，我不再像以前那样“拉”凑篇幅，而是用帮助、说服的方法。看得准那[哪]位教师有体会，写得出才动员他写，这样才提高了稿子质量。

在反资产阶级思想运动高潮来到的今天，当我想到自己在整个运动的工作中，没有正确的认识工作的重要性，满足于自己表面的积极和肤浅的认识。使工作没有能随着运动的高潮而提高，感到无限痛心，现在，在工作中由于党的教育和同志们的帮助，使我深深地认识到，只有在点滴工作中不断提高，找窍门，才能推动整个运动的向前发展。我有决心在今后的工作中，更高地要求自己，不但要完成任务而且要开动脑筋，为即将到来的胜利高潮而斗争。

为迎接胜利高潮我们提出下列保证

电信系教师搓澡队

通过“七一”和“团日”的伟大教育，我系师生以无比热情投入反资产阶级思想斗争，未过关的先生们，纷纷表示决心，早日争取过关，我们教师搓澡队保证以最大努力，在党的正确领导下，做好搓澡工作，为了迎接即将到来的高潮，我们提出四项保证：

一、每天做好汇报，内容要具体正确。

二、不急躁、不主观、不灰心。

三、不打无准备的战，不打没领导的战。

四、展开批评及自我批评，来正确推进工作。

我要加强搓澡工作效率迎接胜利高潮的到来

物理组副教授　佘守宪

在党的正确领导下，我院反资产阶级思想运动的胜利高潮即将来临，三反快报上，一个捷报接着一个捷报，一个胜利接着一个胜利，教师洗澡过关的速度急剧地在上升，每一个胜利的消息，都大大地鼓舞了我们的胜利信心。我自从过关以后，虽然已经参加了搓澡工作，但是由于计划性和掌握材料，调查研究都很不够，工作效率是不高的。今天我决心要提高自己的工作效率；提出下面三项保证：

一、集中精力、不辞劳苦，搞好搓澡工作在[redacted]检查自己，提高自己，肃清自己的资产阶级思想。

二、加强计划性，深入研究，多多开动脑筋。

三、搓澡时对同志的态度诚恳、耐心，不因困难而气馁，不犯急躁病，把人和思想很好地分开来，对资产阶级腐朽思想进行不疲倦的斗争。为我院反资产阶级思想运动获得彻底胜利而斗争。

我要加倍努力迎接胜利的高潮

电信系教授　李成山

通过了伟大的“七一”和“团日”的教育，使我对反资产阶级思想的斗争情绪，更加高涨，并进一步深切地体会到，在党的领导下，没有不可克服的困难，增加了我对工作的信心和动力，听了叶向忠同志的报告，在工作上又明确了我努力的方向，我要加倍努力，保证作[做]到下列各项来迎接胜利高潮。

一、依靠领导，联系群众，有计划地来帮助同志。

二、要具体地、真实地，及时地反映工作情况。

三、要耐心地、主动地以自己的实际体会帮助同志并在工作中努力学习提高自己。

四、运用自我批评，改正工作缺点，提高工作效率。

党鼓舞着我积极工作

体育组助教　靳开兰

听过了中共中央华北局侯秘书长及朱院长的报告后，认识到共产党员在各个工作岗位上，以忘我的精神，发挥最大的力量，我决心以党员标准要求自己，在各种具体工作中，接受考验得到锻炼。

我接受搓澡工作时，因为自己对搓澡工作没有经验，而谢淑英同志又是那样顽强和不爱讲话，不免心里发急，但经过同志们及同学们的帮助，谢先生现在已经胜利归队了，这胜利是由于党和毛主席的正确领导和同志们共同努力所得来的。

她的转变鼓舞了我，坚定了我的信心，更听了叶同志的报告“不打无准备的仗”，改正了我的缺点，为了作[做]好充分的准备，搓澡队员先分析教师的思想情况，再研究具体的帮助方法，然后耐心的进行帮助。我见到我们的队伍一天比一天壮大，我感到无比的兴奋与愉快，经常工作到夜晚十二点，亦不觉得疲乏，因为我们有高度的热情、坚强的信心，不怕困难和麻烦。今后我更要以全力参加运动，提高工作效率，以实际行动来迎接胜利高潮。

第五十七期　第四版

文艺副刊(9)

快迎接胜利高潮啊同志

柏　龄

同志！高潮！
胜利高潮快要来临了，
看呵！
这是勇敢的海燕，
在咆哮的雷电中间，
在奔腾怒号的海波上，
它得意洋洋的飞掠着。
像胜利的预言者叫了，
同志！
让胜利高潮来得凶猛些吧！

同志！高潮！
胜利高潮快要来临了，
只有那
恐惧高潮的海鸥
才发出了悲鸣！
愿意把自己埋藏在碧海的深底，
只有那
懦弱的潜水鸟，
享受不了生活战斗的快乐，
才被轰击的雷声吓得它发抖，
只有那
蠢笨的企鹅，
才畏缩在岩缝下，

躲藏着自己肥胖的身体!

同志! 高潮!
胜利高潮快要来临了,
你看
红果园里,
红色泛滥的浪涛汹涌来到,
后浪逐前浪,
一个接一个,
胜利的浪花撞击着每一个角落,
是海燕,
就迎着浪涛,
飞掠在风暴中。
看你的周围:
六十岁老教授许延英"返老还童"了,
谢淑英助教"起死回生",
林达美主任胜利归队。
九十八位同志光荣入团,
"七一图片展览会"胜利开幕,
而金士宣教授又通过了凯旋门。
同志,
新生的东西层出不穷,
前进的力量不可压制,
正如果戈里所形容过
那永远追不着的云驾马车:
"地面在它底下飞扬着尘土,
桥在发吼,
一切都留在它的后面。"
谁
要想停一步不前,
就掉在时代的后面,
愿渴望胜利高潮的同志们!

起来！起来！
迎着浪涛，
飞掠在风暴中，
做一只受人欢迎的“海燕”。

同志！高潮！
胜利高潮快要来临了，
你看，
红果园里，
红色泛滥的浪涛滚滚来到，
后浪逐前浪，
一个接一个，
胜利的浪花撞击着每一个角落，
是海燕，
就迎着浪涛，
飞掠在风暴中，
看你的周围：
赵祖武教授已不再是建筑系的客人，
李成山教授再也不是“和事佬”，
徐中教授是成了“跳舞教授”，
冯焕助教青春有了再生，
王文煊助教活跃在展览会工作战线上，
建筑系全体老师思想上将得到解放，
建筑系全体师生欢欣鼓舞
筹备着热烈庆祝这伟大胜利，
你！
站在高潮的边缘，
翩翩欲飞，
你愿做一只海鸥，
做一只潜水鸟或企鹅，
这是做一只英勇飞翔的海燕，
得靠你自己细细打量！

同志！高潮！
胜利高潮快要来临了，
看呵！
这是勇敢的海燕，
在咆哮的雷电中间，
在奔腾怒号的海波上，
它得意洋洋的飞掠着，
像胜利的预言者叫了！
同志！
让胜利高潮来得凶猛些吧！
同志！
耐过严寒的
才配迎接明媚的春天，
熬过暴风雨的
才配迎接清朗的晴日，
那时，用你宝贵的生命的船只，
扬起理想的白帆，
在人生的海洋中，
乘风破浪，
胜利远航，
远航到，
共产主义社会，
更幸福美丽的明天。

您胜利了——金士宣教授

运商系全体同学

在战斗的号角声中，
在奔腾澎湃的高潮里，
您！金士宣教授，
终于鼓足了勇气，
冲过了最艰苦的境地，
您！走上了康庄的道路，

您！获得了光明的前途，
每个人的血都在沸腾，
雷鸣似的掌声在庆贺你的胜利，
都为您的胜利感到无比的兴奋!
这是真理的胜利,是党的胜利，
是马列主义、毛泽东思想的胜利。

金教授，
今天,人民不追究您已往的罪恶，
同学们对您无比的热情，
使你感觉到党和毛主席，
给您温暖,对您亲切，
您！痛恨自己的过去，
您！迎接光明的未来，
您！今天胜利了，
您激动地说：
“感谢共产党，
感谢毛主席，
把我从深渊里拯救出来，
过去，
我为个人功名而活着，
我为个人功名而死去，
生时勾心斗角，
死时苦恼乏味，
现在党伸出了温暖的手，
团结我,教育我，
又改造我，
他是我的尊师，
他是我的恩人，
他使我的生命里有了青春，
从今天起，
我愿意献出我一切的力量甚至生命，

为人类的幸福而生，
为人类的幸福而死，
生则愉快，
死则光荣，
我为我自己获得了一个新的生命而欢呼。”
是的，金士宣教授，
欢呼吧！让我们一起尽情地欢呼吧！

一九五二年七月十一日　第五十八期

彻底批判资产阶级思想！坚决树立工人阶级思想！

全院师生信心百倍
进入胜利高潮
为争取彻底胜利而斗争

十五日上午，叶向忠同志向全体教师及各部门工作同志作了一次报告，在报告里，叶向忠同志指出：本院的反资产阶级思想运动已经进入胜利高潮。

为了争取运动的彻底胜利，未过“关”教师要进一步端正态度，争取在胜利高潮中过“关”，不做掉队战士；各部门工作的同志要更进一步提高工作效率，启发一切未过“关”教师主动积极地做好检讨，帮助一切愿意过“关”的教师，在胜利高潮中过“关”。叶同志更说明过“关”的关键，在对于运动的态度是否端正；更进一步提高工作效率的关键在于开动脑筋钻研工作、提高政治思想水平与政策水平，而不在过度延长劳动时间。

下午各系教师与搓澡队及其他工作同学分别开会讨论，许多搓澡队的同志们都进一步检查了过去的工作，表示要更进一步提高工作效率来帮助老师；未过“关”的教师们都充满信心，表示要争取早日做好检讨，少数以前态度不很端正的教师都在会上激动地发了言，表示一定争取在胜利高潮中过“关”，不做掉队的战士，迎头赶上去。他们的发言，受到了大家的热烈欢迎。

运商系的侯汝勋教授在小组漫谈时说：“听了叶同志的报告，使我更明确了运动的意义，过去我是一只脚在运动之内，一只脚在运动之外的。现在我要两只脚都站到运动中来。”张琛助教以前态度一向很不端正，现在他说：“我要争取一次过‘关’。年纪轻轻的，人家金士宣教授都过‘关’了，真着急。”他说，要是明天还想不好检讨，就要搬到学校里来住，可以请同学多多帮助。钮泽全、尤光九、李忠潜等教授也都表示了一定要加紧做好检讨，迎头赶上。李忠潜先生过去对运动的态度是不端正的，他说：“人家的思想都改造好了，自己还是满脑袋自私自利的想法，那一定什么都要碰钉子的，这是对掉队者的惩罚，我一定不能掉队！”他们的发言受到了大家的欢迎。

在建筑系俄材小组的教师互助组会上，郑谦助教第一个起立发言。他是一个青年团员，但极端的个人主义使他变得冷酷到极点，检讨过两次都没有通过。前几天他初步端正了态度，今天他表示“想起了日夜辛勤帮助我的搓澡队的同学们，想起了毛主席，我就有信心做好检讨了。”材专钱崇振主任（检讨已通过）表示要全力帮助教师在十天内过“关”，材专金若柟先生更表示要在五天内做好检讨。许大镛、刘唐领、刘永禄等先生也都表示了争取早日过“关”的决心。一阵接着一阵的掌声，欢迎着这些教师的进步。建筑系沈玉麟副教授在做好检讨后，积极地参加了工作，但他表示要求自己以后不只是“完成任务的机器”，而要做“驾驶机器的工程师”，大会始终在热情洋溢的气氛中进行。

在电信系的会上，所有没有过“关”的教师都发了言。卢肇铨讲师说：“我做不好检讨，决不回家。”陈宪文助教的搓澡队表示要和陈宪文助教“手拉着手，心连着心，信心百倍地走向胜利。”陈助教激动地说：“我愿意我也相信明天就可能过‘关’。”大家以热烈的鼓掌来欢迎他。在休息时，他热情地和同学握手，充满信心地说：“大家干！我预备今天晚上开个通宵，争取明天一次过‘关’！”最令人兴奋的是沈一可助教的发言。沈助教以前对待运动的态度很不端正，不愿写检讨，怕做了检讨要调动工作。在会上老不发言，做检讨时，声音低得大家都听不见。但是，今天在教师同学们的热情鼓励下，他站起来以响亮的声音说：“听了叶同志的报告，我知道只有端正态度才能做好检讨。我一定要端正态度，争取在高潮中一次过‘关’！”话尚未完，全场掌声雷动，大家都欢欣鼓舞地欢迎着沈助教态度的转变。朱万柏、赵平等先生都表示要争取在高潮中一次过“关”。会场中掌声不断地响着，当梁晋才助教为了不久即将召开的庆祝胜利大会，以“积极参加跳舞和文娱活动”向教师们挑战时，大家的热情更高了，教师们纷纷应战，马毓珣讲师表示他一定要在庆祝胜利大会上，表演一个节目。

经济系的会在经济系是空前热烈的一个会。会上充满了一阵阵的掌声和发自内心的笑声。朱广心教授以前很虚假，他认为群众提意见是打击他，并说：“你们不能解决我的思想问题。”今天上午听了叶向忠同志的报告，他消除了暴露过去的反动思想的顾虑，他说：“现在我有信心、有决心保证星期五一次过‘关’！”掌声像暴风雨一样历久不息。朱教授的搓澡队站起来说：“朱教授现在清早起来，夫妇两人就忙着整理检讨，没有时间烧饭，就上馆子吃面条；朱教授进步了，我们一定要尽力帮助朱教授早日过‘关’！”又是一阵热烈的掌声。朱教授又站起来，满怀的热情并成一句话：“我要再加一把油！”会后，胡[redacted]先生上去和朱教授握手，说：“咱们的成见消除了！”朱教授紧接着说：“过去的死去了!”大家都充满着欢愉,张协衷主任说:“过去我不肯动脑筋思想斗争,今天我端正态度,要争取一次过‘关’。”傅恩龄教授批判了自己以前灰色到想自杀的人生观,说:“我也要争取一次过‘关’,决不掉队!”徐声熹讲师、乔润助教也都表示要争取早日过“关”,所有这些教授的发言,都受到大家热烈的欢迎。

共同学科在先前是全院运动开展最慢的一部份[分],但今天也活跃起来了。以前认为搓澡队的访问是“收集资料想打击我”的周定章先生,今天认识到了以前的错误,他说:“我要以百米赛跑最后一刹那的速度来做好检讨。”汪集生教授一向自高自大,以为既精通数学,又懂得马列主义,不虚心听取群众意见,上次检讨后,大家给他提了好多意见,他竟号啕大哭,把书扔掉,把记下别人意见的本子撕掉,说:“有人在操纵会场”,“我愿为工作而死,不愿为检讨而死。”等等,态度是很不好的。今天,他也认识到了以前的错误,他说:“今天晚上就要开始写检讨,虽然我身体不大好,不能写,但可由我说,请搓澡队的同学们写。”他的初步转变受到了大家的热烈欢迎。张葆华先生的发言最令人兴奋,她是严德炯教授的爱人,但在会上一向很少发言,听了叶同志的报告,她激动的表示:“要以争取一次过‘关’来度过高潮。”大家报以历久不息的掌声。此外,高镜芹、樊明玉、万淮长、王煜章等先生也在会上表示了要争取早日过“关”。

胜利的高潮已经正式来到了,在十五日下午,各系师生大会上,大家都信心百倍的像海燕般的投入胜利高潮,这消息传到那[哪]里,那[哪]里的人就沸腾起来,胜利的歌声就响亮起来,那里的人就更加强了为争取反资产阶级思想运动的彻底胜利的斗争!

第五十八期　第二版

家属大军奋勇百倍　积极投入胜利高潮
坚决与资产阶级思想进行斗争

自我院二次反资产阶级思想运动开展两个多月以来,在一百三十五位教师中,已经有七十六位教师胜利过“关”。这一个重大的胜利是党和毛主席正确领导的结果;是全院师生员工和家属的集体劳动成果。当目前全体工同志正在热情高扬地为争取运动的彻底胜利而努力的时候,教师家属这一支力量也进一步的动员起来了。十五日下午节委会办公室召开了教师家属座谈会,在会上大家都纷纷表示要以具体行动争取运动的彻底胜利。在会上大家也为目前所取得的重大成就而兴奋。为思想改造运动给家庭带来的新气象而衷心感谢党、感谢毛主席!

家庭里一片新气象

经过两个多月的反资产阶级思想运动,教师家庭里也产生了新气象。李成山教授原来不爱说话,但是经过运动的教育他话也多了,精神也愉快了。李师母说:"有一次他回家撕掉我借来的一本旧小说,使我受到了一次教育,我为他的进步而高兴,我感谢毛主席,把李教授从'老好人'变为'新好人'。"赵传云教授本来在家里是家长式的作风,"命令"一定要遵守,自运动开始以后,赵教授的态度改变了,对孩子们的进步不再冷淡而是鼓励了,赵太太说:"这真是毛主席像太阳照到那[哪]里那[哪]里亮。"经济系张协衷主任原来有"老脾气",动不动就会犯,但是今天,他初步转变了立场,在家里也不再是家长式统治作风了。张太太说:"我感谢党和毛主席拯救了他,使他几十年的'老脾气'也能改掉。"她激动的说:"毛主席真英明啊!"她的话引起了热烈的掌声,要不是毛主席的号召,这些教授先生们怎样能够改变他们的思想作风!怎样能够带来新气象呢?

毛主席给了我们力量

一般说来,教师家属大都是知识分子出身,但是由于她们长期的离开了社会实践,特别是解放以后没有很好的进行政治学习,因此使他们变得忙碌于家庭琐务,脱离了政治生活,自运动开展以后,经过家属工作同志的帮助,历次全院大会的教育,使她们纷纷走出了"厨房",提高了政治认识!并积极的参加了运动。杨文朴教授的爱人赵光城同志说:"我糊糊涂涂的活了四十二年,像朦胧的睡着了似的,这次运动把我猛一下打醒了!使我扩大了眼界,懂得了爱和恨,我要立志做一个'母亲'的好女儿。"在运动中她非但积极的帮助了杨教授的进步,目前她更毫不推辞的、愉快的担任了合作社小组长、卫生组长等职。王竹亭教授的爱人徐佩兰在运动中受到了教育,一方面帮助王教授进步,同时批判了自己的资产阶级思想,并以此教育子女。她说:"感谢毛主席给了我充沛的力量,我要把一切力量献给祖国,要我帮助搓澡,我就尽力的搓,祖国要我做什么,我就做什么。"陈寿昌讲师的爱人,原来是一个封建家庭的媳妇,养成了自卑感,但运动使她站了起来,开始努力学习并积极帮助陈先生,她表示从心里感谢毛主席把她从精神上拯救出来。其他的家属也都在运动中受到了锻炼和教育。她们建议领导上经常的组织她们学习。为什么呢?她们很多人这样的说:“毛主席使我开了眼界,毛主席给了我们无限力量!”

坚决与资产阶级思想斗争

通过上次家属座谈会交流经验和赵光城同志的报告,家属们纷纷提出“向赵大姐学习”,因此更加推动了运动前进。赵传云教授的爱人抓紧一切时间与赵教授谈自己的体会。叙述物价的低落,防疫的成就等,以启发赵教授对新社会的认识。应尚才教授的爱人也以她八十岁的母亲努力学习为例,来鼓励应教授进步,并从生活上多方照顾。钮泽全教授土改回来后怕思想改造,说是生病不能来,但医生没有查出病,钮太太就指责他不应当装病,结果钮教授到学校来了,但是态度仍旧不端正,钮太太就与子女一起向他批评,看到他有转变,就立刻鼓励他。

张协衷教授爱人,在这次运动中给了张主任很大帮助。有一次张主任发“老脾气”说:“子女有国家养着,我不教书没关系。”张太太立刻问他:“你既然知道国家对孩子这样好,你为什么不愿报答国家好好思想改造呢?”一直争论到深夜。第二天张主任的女儿又对他帮助,终于使张主任转变了态度。

金若枏讲师的爱人,也报告了她站稳立场坚决与金先生的资产阶级思想斗争的事情,她经常向搓澡队反映情况,把金先生不端正的态度告诉同学,金先生说她是“内奸”,她就与金先生激烈的争辩,她说:“这是毛主席给我的任务,我必须坚持到底。”后来金先生也慢慢转变了。

最后,张绪潭同志作了总结,他指出:通过这运动,家属们都有了很大进步。他说:“今天运动已经进入高潮,大家的任务也更重大了,今后要更加努力,处处要从祖国人民利益出发,在目前也就是争取反资产阶级思想运动的彻底胜利。”他希望家属们好好讨论,提高工作效率,以实际行动来迎接和参加庆祝胜利大会。

第五十八期　第三版

家属通讯 4

我要在胜利高潮中更好地帮助应教授

应尚才教授爱人　沈显琛

自从这次运动开展以来,我听见说:应尚才的态度不端正、虚伪……虽然经过同学们与同志们热诚的帮助，但他仍是不肯开动脑筋，且是无动于衷，我心中很是着急，同学们给我建议，要我从旁帮忙，但是我的学识与政治水平都不够，又学习的太少，听到的更少，怎能帮忙呢？真的，无从帮起，又不知由何处着手；以后有蒋洪[redacted]同学告诉我：我们赵大姐是如何如何的帮助杨教授挖思想、写检讨，我又听到赵大姐自己所作的报告，那末[么]，我就决心要试试看，学着做，向赵大姐学习。

在我的帮忙过程中，是很短短的一个阶段，事情是这样：当他思想搞不通时，我就用家常的话或事件来做比方给解释一下，比如说这次思想改造是要每个人都向前迈进，不能让一个人独自的落后，正好似房子失火了，在房子内的人必须逃出去，不能说家中还有一个老人或瞎子或说无用的人，就让火来烧死好了，不，现在不能如此，不论是老人或青年人都一齐要逃出来，不能丢下一个。当他不肯承认他有错时，我就拿平日他在家中的小事来指出并进行尖锐的批评，此外，多劝他阅读文件或各种能帮助他的书籍，因为他的理论知识太差，当他搞通了思想要预备写检讨时，就尽我能知道的事或有关思想的都一一讲出来提醒他，好使他思索一下，可以写在检讨中，比如说在杭州时有学生们罢课的事，我问他当时的思想是如何等。他写好一段检讨时，我就拿过来仔细的看，再帮着抄写，倘遇有字句不顺或错字时就给改正，因着我的知识不够很不容易帮助他，我就动员孩子们多做辅助的工作，来为他解释新的事物、新的理论，提醒他，不能尽看自己的长处与好处，并且提供些意见，让他的态度端正起来，因为孩子们在学校里学习的多，他们懂得的也多，他们是很能帮忙的。最近我收到我妹妹来信说：我母亲每日早上去菜场买菜回来后就看报纸，到晚上就讨论时事，因此家中的孩子们都称他[她]是“老前进”；当我看到这一段后，我真是高兴，同时也真是惭愧！我因着高兴，就赶快告诉应尚才，我对他说：“看，八十岁的老年人都如此努力的学习要想前进，那你不到六十岁的人不是更要加倍努力吗？若不好好改造可不是要挨‘打’呢！”我又说：“我们如果不好好地改造思想，真的是惭愧万分！”他自听了这喜信又听过侯秘书长的报告后，确实是转变得多，他自己也学得轻松愉快得多。

现在，我要谢谢党的教育与同学们、同志们的启发，他是大有转变了，他自己也说：“真是奇怪得很，我的怀疑病是不存在了。”因为过去他是从个人的出发点来看一切的问题，以致造成他对我们的党和我们的政府都有所怀疑，现在他有决心也有信心也有勇气要好好的做检讨，预备在高潮中取得胜利，用这来答谢同学们与同志们的热望。

当高潮来到的时候,我必须更进一步的做到:要好好注意他的身体,不能让他为赶写检讨而失去了健康,在适当与可能的条件下,还要注意到营养,因为这两样是使他能有愉快的心情和清朗的头脑——这是写作的先决条件,因为挖思想是件很苦很累的事,很可能使人失去了健康的,同时,我还要继续的使他丢掉一切腐朽的东西,而树立起工人阶级的思想。

通过这次运动,一方面确实是教育了我、启发了我,使我更清楚认识到政府的政策,对知识分子必须改造而树立起工人阶级思想是何等的重要!另一方面是使我更觉得祖国的伟大、祖国的可爱,使我更热情的爱我的祖国,通过这个运动,我还感觉到我的缺点太多,就是因为政治水平太低,今后,我要更努力的学习马列主义毛泽东思想,来武装我自己的头脑。末了,仍希望同学们多帮助我。

我要和我爱人的思想敌人作坚决斗争

张协衷教授爱人　陈鸿炯

在思想改造运动展开的时候,我也听过几次的报告,同学们也到我家里来动员我帮助我的爱人思想改造,我就有了深刻的认识,但是我总觉得我的政治水平不高,不知道如何的去帮助,说得不对,又怕扯了他的后腿,因此我帮助他很少。有一次我看了“三反快报”,知道他犯了态度,我心里就很不愉快,恰好那天晚上到学校里去听孙秉泰同志的报告,看到我的张先生,我就问他,在思想改造这么久的过程中,你为什么还犯态度呢?你怎样对得起热心帮助的同学们呢?怎样对得起党和英明领导的毛主席呢?他笑了,说是不对,我现在好了,你放心吧!

那时候,我对他的态度是很和蔼的。

接着,他两星期不回家,我以为他检讨得很深刻,当每次我接到“三反快报”时,我就要快快的翻看,有没有张协衷光荣(过关)的消息,结果一次一次的使我失望,但是我还没有想到他又犯了一次态度,当他在顶上一个星期六回家时,由他和许延英教授谈话中我知道的,当时我很气愤,我恨他,经过这样久思想改造的时期,他的态度还没有端正,于是我对他提了一些尖锐的批评,我无形中没有顾虑我知识水平低,就批评他一套,我说像你这样的态度,好像有些抗拒运动,同学们都是很耐心的来帮助你,想把整个的系搞好,团结一致,成为人民的好教师,而你不好好的改造,不好好的接受同志和同学们的意见和帮助，这是什么思想呢？假若你们经济系有三四位教师都像你这们不肯虚心接受批评的人，你将如何对待，讲起来系主任应该起带头作用，应该深刻的检讨才对。

后来，又经过我的大女儿诜鄂细看他写的检讨，和他分析、帮助他批判，他的态度慢慢的转变了。当他发牢骚时，他说："现在孩子都是国家的，有国家来培养他，我不做事也没有关系。"我说："是的，现在国家对你好，这样好替你培养孩子，你就应该好好的积极改造思想，报答国家吧！"

他有时觉得同志、同学们对他有些要求改造过高，是对他不好，我说现在我们都算是你的亲人吧，难道也是对你不好吗？有些人说你人也瘦了，头发也白了，我绝对不为你难过，我只觉得你思想没有改造得好，瘦和头发白有什么作用呢？我恨极了，尖锐的批评他很多，我说："你假若早和你思想上的敌人作斗争，批判自己，丢下臭包袱，那你的头发也就会由白转黑，你的瘦也就会转胖了。"经过我们的家庭谈话后，他的态度和蔼了。上星期一，他去学校时，我还叮嘱了他一些，可是我还是一个悬挂的心终日不安宁，害怕他犯第三次的态度。

上星期五刘德荣同学来，告诉我张主任态度大转变了，很虚心的接受批评，这个消息传来，使我感觉说不出的愉快。

这样的愉快，我深深的感谢党和毛主席给我的，同时我要感谢耐心帮助我爱人的同志和同学们。

今天在座的[姊]妹们！我们女人是有了地位，任何场合都有我们的一份，我们一定要和我们爱人的思想敌人作坚决的斗争，在敌人的面前，唯有坚持斗争，才能得到胜利！

第五十八期　第四版

读者园地

我们在工作中的体会

党史组第一小组

在纪念党诞生三十一周年的前后几天，我们被调到图片展览会来工作，这使我们感到无限光荣和愉快，几年来，在党的领导下，我们的幸福日新月异的增长着,而我们又给党做了些什么呢?在党生日的日子里,这种感觉尤其显著,正在这时候,我们被调来搞图片展览工作,以庆祝党的生日,正是一个实际而具体的献礼,在工作中是遇到些困难的。如图片不好找,材料难于汇集、编写等;但为了纪念党的生日,我们有决心克服这些困难,我们一面积极参与向领导上提意见,建议买一些图片,一面到画报里面和报纸上找些图片,另外为了弥补图片之不足,我们又设法增加些标语,这样既可美化展览室,又可以增加内容。为了使得图片表现得更明显,我们又在图片上面加上重点标题,经过我们这样努力的结果,显然是比以前有了很多改进,又如在写讲解词方面,起初也是相当困难的;特别是我们担任的第一次国内革命战事的资料更少,限于时间又不能写得太长,但重点还要贯彻,我们就以胡乔木同志的"中国共产党的三十年"为主要内容,我们又找了"烈士传"、"中国职工运动简史"、"中国青年"、胡华的"中国新民主主义革命史"、"中共简史"、陈伯达同志的"论毛泽东思想"等资料作参考,起初写的时候,老怕内容少,便写了很多,仅烈士邓中夏同志的介绍就写了一千三四百字,后来考虑这内容太多了,经过五六次的修改,才精简到十六分钟看完党史组第一室,在精简内容时,我们多次讨论,细心研究最后决定可要可不要的、就不要,起初同志还舍不得这些材料,但考虑到观众和效果之后,就解决了这个问题,材料写好后大家先把稿纸念熟,第二步就体会感情,之后预讲,大家再互提意见互相吸取经验。这样我们的讲解词就逐步地提高了我们是这样体会感情的;首先,我们讲解党史是当作一个光荣的政治任务来完成的。想到今天的幸福生活,就想到与党的领导分不开,讲到烈士的事迹,我们的思想感情就和烈士的感情融会在一起,讲到毛泽东思想时,我们就想到领导我们走向幸福的毛主席,我们觉得只有把我们全部的思想感情和党领导我们走向胜利的三十一年来的伟大的革命事业结合在一起,才能讲解得好。

为迎接反资产阶级思想运动彻底胜利的到来,我们不但提出了七项保证,并向其他小组进行挑战,通过这样的保证后,我们的工作效率提高了一步。如过去常有同志晚到,有的同志在工作时喜欢开玩笑,讲解时不严肃,现在各人经过了检查,都克服了这些缺点,以前我们修改讲解词要四个钟头,现在两个钟头就够了,对新来的几位同志,我们提出了"包教包会"的口号我们首先向他们介绍情况,告诉他们要很好的体会感情,再指出讲解的重点。他们新来时对工作也是没有信心的,但经我们帮助后,特别是看到了党艰苦奋斗的历史和烈士的事迹,就增强了对工作的信心,如马元凯同学说:"我初来时没有信心,但我看到烈士们不顾一切困难，坚持工作的精神后，我就想到我也一定要克服困难，练好讲解词，作[做]好这们[次]讲解党史的光荣工作。”现在新来的几位同志像谷国钧、马元凯等已经能够背着讲解，而且讲这很好。我们小组同志都表示决心要练好讲解词，提高讲解技术，做好讲解工作，以作为对党的献礼。

工作教育了我

运一 叶泉良

以前我在资料室工作时，表现得有些“拖拉”<现象>，这是因为我在思想上对工作认识不够，自从调到图片展览会党史组工作后，因为党员本身给了我深刻的教育，我认识到我们今天的胜利、今天的幸福生活，是党经过了艰苦的奋斗，以及无数革命战士用鲜血和头颅换来的。如果我对工作不以认真负责严肃的态度去对待，是对不起党、对不起毛主席、对不起为革命而牺牲的烈士们的。我要学习烈士们为革命而牺牲的无限忠诚于党、忠诚于人民的精神。同时侯秘书长及朱院长的报告，也给了我极大的启发与鼓励，我感到我们的祖国太可爱了，在我的头脑中呈现了一个美丽的远景——社会主义的祖国，在这伟大的时代中，我要贡献出自己所有的一切，把我的微小的力量，汇合到这大时代的洪流中去，我认识到为党、为人民服务是无上的光荣的，我以前是脱离实际工作而空谈为人民服务的，但今天毛主席的“从实际出发”教育了我，我必须在目前的展览会工作中，克服过去的缺点，集中全部精力来工作，尽力做好一点一滴的革命工作，以争取反资产阶级思想运动的彻底胜利。

我要努力学习毛泽东思想，做一个真正的党的后备军

李惠韫

参加“七一图片展览会”的筹备工作中，使我对“中国革命的胜利就是马列主义毛泽东思想胜利发展过程”的这个真理，有了深入的体会。以前，虽然也知道毛泽东思想是伟大的、正确的，可是那些认识是非常抽象、空洞，缺乏具体内容的，我负责党史中第二次国内革命战事时期部份[分]，在这次的实际工作里才真正体会到什么是毛泽东思想，毛泽东思想又是如何像一盏明灯似的照耀并引导着中国的革命，在起初编排图片和讲解词的时候，由于对党史了解和体会得不够，所以抓不住重点，例如把遵义会议的图片放在极不注目的地位，编讲解词时也就三言两语轻描淡写地过去，而其他许多不重要的材料却都搞得很多。经过领导上几次三番的审核、指示及群众提出意见后，我们就深入钻

研,这样使我们对党三十年来光荣历史也就是毛泽东思想三十年来的胜利发展,有了初步的认识,看清楚了遵义会议的确是中国革命史上光辉的一页。在这儿才确立了毛泽东同志在全党的领导地位,这以后,就不断的和党的一些错误倾向作了坚决斗争,而且终于得到了胜利,像铁一样的历史事实,一件一件地证明了那[哪]儿有毛泽东思想的领导,那[哪]儿就得到胜利。

现在,我认识到,祖国的今天不是简单得来的,"解放"这二[两]个字中也不知积累了多少革命先烈们的鲜血、头颅,也不知道行了多少次艰苦、顽强,在各种不同战线上的斗争,从党的三十一年的光辉历史,使我进一步树立了学习毛泽东思想的决心。毛泽东思想是和实际紧密结合的,我决意要在各种不同的实际斗争中来学习体验,并应用毛泽东思想,做一个毛泽东时代的好学生,做一个真正的党的助手和后备军。

在展览会正式开幕的今天,我保证不骄傲、不自满、虚心接受群众意见,发挥钻研精神,努力提高讲解技术,以实际行动来争取运动的彻底胜利。

一九五二年七月十六日　捷报

庆祝反资产阶级思想胜利高潮的来临!

庆祝建筑系思想战线上的彻底胜利!

为争取反资产阶级思想运动的彻底胜利而斗争

胜利高潮来临第一炮建筑

系思想战线已获得彻底胜利

全系师生欢欣■■热烈庆祝

今天上午:建筑系核心组正式宣布全体老师胜利归队。该系思想战线上获得彻底胜利!这是党的政策的胜利!毛泽东思想的胜利!马克思列宁主义胜利!

建筑系思想战线上的彻底胜利,说明了党的团结、改造知识分子政策的伟大与正确,马列主义、毛泽东思想的不可抗击的威力;只要我们正确地掌握党的政策,在马列主义、毛泽东思想的光辉旗帜下奋勇前进,我们是没有不可攻克的堡垒!

在全院反资产阶级思想运动胜利高潮来临的时候,建筑系思想战线上首先获得了彻底的胜利!这一个胜利的获得大大鼓舞了与推动了我们前进的勇气,因而也必然会加速我们运动发展的速度。让我们热烈

庆祝反资产阶级思想胜利高潮的来临!

庆祝建筑系思想战线上的彻底胜利!

更进一步提高工作效率!

为争取彻底胜利而斗争!

毛泽东思想胜利万岁!

马克思列宁主义胜利万岁!

毛主席万岁!

一九五二年七月十七日　第五十九期

彻底批判资产阶级思想！坚决树立工人阶级思想！

胜利高潮波澜壮阔日
昨一天全院八人胜利过“关”
愉快的欢笑到处洋溢

昨天是我院反资产阶级思想运动进入高潮的第一天，全院到处呈现出紧张、愉快、胜利的气氛。

上午建筑系的会是特别令人兴奋的，因为在该系核心组宣布通过张建关副教授及郑谦助教的检讨的同时，也就是宣布了该系的思想战线上已经获得了彻底胜利。当时，全场的掌声、欢呼声震撼了整个教室大楼，拥在门外静候着胜利消息的各系同学也都情不自禁地欢呼起来。预先准备好的“报喜队”马上出动了，腰鼓声和室内的鼓掌声、欢呼声响成一片，广播站派了一位同学在等候着建筑系的捷报，那位同学一听见宣布过“关”，就急忙跑回广播站，气喘得话都讲不出来，建筑系的同学们欢呼着、跳跃着，争先和教师们握手、拥抱。徐中系主任喜悦得站起来只讲了半句“建筑系教师全部……”便再也说不出话了。红绿纸屑在满屋子飞舞着。一会儿，大家便随着“报喜队”冲到外面来了，教师同学们都想找最好的方式来表达自己不可遏止的高兴。教师同学们一路扭着秧歌，徐中系主任大摆动地扭着、跳着，在教师们的最前面，遇到人就笑、就鼓掌，沈玉麟副教授的舞姿最惹人发笑，最后大家索性把红绸全套在沈教授的脖子上，把沈教授装扮得混[浑]身通红。刚过“关”的张建关教授说：“四十年来，我从没有像今天这样高兴过、年青过，过去没有跳也没有笑，但是今天我要尽情地跳、尽情地笑。”当“报喜队”经过运商系工作室时，林达美主任、伍廷钧、杨文朴教授全跳了出来，鼓掌欢迎；当大队经过电信系的教室时，电信系的教师们都热情地高呼“马列主义胜利万岁”、“毛主席万岁”。过去一贯麻木不仁的沈一可助教也鼓掌笑了，后面有同学说：“沈先生，我们也要加油呀！”沈先生说：“是，是呀！”大队经过注册科时，张震的爱人说：“我们应该早点做好检讨，赶上他们！”经济系的教师们也不愿意拉[落]在后面了，张协衷、傅恩龄、朱广心等教授昨天整天请假赶写检讨。运商系马文芳教授一下决心，一下就写了十二张。

中午本报印发了红色的“捷报”，庆祝建筑系的胜利。

昨天全院有建筑系张建关教授、郑谦助教，电信系朱万柏教授、陈宪文助教，经济系杜度教授、吴希庸教授、万良桢教授，运商系王竹亭教授等八位胜利过“关”。建筑系的张建关教授以前老爱扣［抠］字眼，有一次因为觉得“因此”两字不妥当而重写三次检讨，有时几天也写不下一个字。后来搓澡队启发他，要他勇敢暴露，想到什么就写什么，他就写得很快了。昨天所做的检讨是做得不错的，初步批判了给蒋介石塑像及高价为人雕塑，谋取暴利等事情。电信系的朱万柏教授一直对运动抱着不正确的看法，例如当他没有被选入核心组时，他就怀疑组织，消极怠工，不愿做检讨，后来又想“先表现消极，再来个‘一鸣惊人’，做个典型。”但学习批评与自我批评的大会及“七一”纪念会对他有了启发，他便日夜赶写检讨，并表示要争取做一个光荣的共产党员。经济系的杜度教授，以前一直背着“进步”包袱，不愿暴露思想，最近端正了态度，甘愿当群众的小学生，便做好了检讨。吴希庸教授是被管制的，但他在运动中态度忠诚老实，对过去的特权思想、功名思想有了认识，并愿意以实际行动立功赎罪，回到人民队伍里来，因此也胜利过“关”了。万良桢教授已是五十多岁的老教授了，身弱多病；由于他在旧社会里阅历很广，世故较深。但在运动中，他终于改变了几十年来虚伪的作风，最近他在病中虽然气喘得双手发抖，还是想做好检讨。核心组劝他暂时不要做检讨，他还是坚持要做，因为这种精神本身就是工人阶级思想，所以经济系核心组正式宣布万教授过“关”。在运商系的互助组会上，王竹亭教授被通过后，王教授的爱人徐佩兰同志，向王教授热烈握手祝贺，尤光九等教师表示要向王竹亭教授学习，争取早日过“关”。

建筑系的教师们已经百分之百的过“关”了，电信系过“关”的教师也已经超过百分之八十。其他各系的过“关”曲线也急聚［剧］上升。大家都充满着信心在胜利高潮中迎头赶上，为争取反资产阶级思想运动的彻底胜利而斗争！

电信系庆祝胜利筹备委员会正式成立

在胜利高潮声中，电信系已有百分之八十以的教师过“关”。为了迎接即将到来的彻底胜利，该系师生继建筑系之后，正热烈筹备庆祝胜利大会，该系庆祝胜利筹备委员会已正式成立，现正积极地进行筹备工作。

（七月十六日消息）

第五十九期　第二版

家属通讯5

毛主席的光芒温暖着人们的心

金若枏讲师爱人　蒋璇华

当反资产阶级思想运动刚开始的时候，我是漠不关心的，我以为我爱人金若枏为人“老实”，工作非常努力，这还要改什么呢？他自己也同样是这样想，觉得思想还能改造真是奇迹。不过上级既然号召，不得不做，由于从前没有听说过，也没有看见过，所以不知从何着手。听人家说，做检讨是暴露、分析、批判，他就照着去做，检讨做好了，我也看过，那时没有看过旁人的检讨，无从比较，不过我只觉得尽是事实，没有什么感情，第一次没有通过是完全正确的。那时要通过的话，一点思想问题也解决不了，检讨后回家我问他通过没有，他说：“没有”，同志、同学们提了些意见，要再做第二次，可是一星期过去了，什么也没有写，白天照旧到学校去，晚上还在编讲义，由于我对运动的认识不清，所以也没有过问，我想大概第二次检讨还早，不用着急，第二个星期一中午回家，脸色有点两样，我就问他有什么事，他说：“今天拿我开刀了，大概我得罪了他们，我说过他们的批评不尖锐，他们就给我来个尖锐的。”后来同学们常来帮助，做家属工作的同学也常来和我谈话，慢慢的知道了运动的重要，一天晚上，有四位同学来“搓澡”，当时我也在听他们谈话，谈到做第一次检讨的情况，他说：“我就根据人家说的暴露、分析、批判三部曲去做，希望少劳多获。”我就说大概想蒙混过关，当时他说：“我倒没有这思想”，以后，就接着谈旁的问题，没有再说下去，隔了两天，中午回来，很生气的说：“以后要少和我说话，家里有内奸。”我莫明其妙，问为了什么事，他不回答，等吃完饭以的，我再追问究竟，他才说：“你为什么在做家属工作的同学面前说我想蒙混过关，我第一次根本没有想过关。”当时，我也有点生气，为这一句话值得那么大声嚷嚷，但是我还是忍住了，我说：“我并没有说，是你自己说的，而是我有这体会，我说得对不对先不讲，你这态度实在太坏了，想拿高声音来吓倒我，那是你想错了。”从那天起，他好几天很少说话，还有一次，在写第二次检讨时，我看到他在检讨上写着：“看了书懂得了‘剥削’两字的意义。”当时我说：“你是地主家庭出身，不由你自身去体会‘剥削’，还要根据书本。”他一笑了事，正好下午同学来，我也就谈到“剥削”的事，过了一两天他又是气愤愤的回来，就说：“不了解情况，没有发言权，你最好不要管我的事，我觉得你对我一点帮助也没有。”我知道准是同学们说了什么。当时我就说：“你这种态度能解决什么问题呢？究竟为什么我还不知道。”他就说：“你几时看见我为‘剥削’两字去翻书。”我说：“你自己写的，看了书懂得‘剥削’的意义。”为这事又作了一次争论。

第二次检讨后，经过同学们不断的耐心帮助，最近才有了些转变，他也知道了以往态度的不好，不再对我说“少管闲事”，而是有问题大家想，自己也有了争取过关的信心，由于他有了转变，十岁的大女孩子也向他提了意见，他本来对她态度很坏，孩子也不愿和他谈话，今天，他们很好的互相交换了意见，很高兴的谈论着，今天上午，虽然是阴天，但我感到了阳光的温暖，这是毛主席的光芒，它温暖着人们的心，我要尽我的力量，和同学们站在一起，在这初步转变的基础上，加劲努力，争取他在反资产阶级思想运动的高潮中胜利过关。

朱万柏教授胜利过“关”　朱师母召开庆祝会

林琍敏

当朱万柏先生胜利过关的消息由电话＜中＞传达给朱教授爱人时，她兴高采烈地在火热的天气下，立刻去找住在校中的儿子回家，参加庆祝胜利晚会，她儿子这几天虽然在大考，但是，听到这个喜讯，也兴奋的跳跃起来，跑到书店买了“论共产党员修养”、“论党”等书，准备送给他的爸爸，庆贺他爸爸在思想战线上获得的胜利，我代表搓澡小队，去参加了他们家里的庆祝会。今天朱师母把房间打扫得特别干净，还挂了毛主席的像，朱师母一直笑得合不上嘴来。她买了许多糖果，庆祝朱先生的胜利。

庆祝会开始了，由朱先生的儿子做主席，他首先祝贺他爸爸的进步，同时也讲了他爸爸以前那种资产阶级腐朽思想对自己的影响，最后，希望他爸爸在胜利的基础上，不断地向非无产阶级思想作斗争，用党员标准来衡量自己。

朱师母讲话了，她说：“感想太多了、说也说不完呀！经过思想改造，我们的家变成温暖了，到处都感到生气勃勃，这都是党的正确领导的结果。我要积极的帮助没有过‘关’先生们的家属，投入胜利高潮。”接着朱师母又亲切地对朱先生说:“你以前认为我们都没有亲人,但是现在,我感觉到在革命大家庭里到处是我们的伯伯叔叔、兄弟姐妹,真是比亲人还亲啊!”

朱先生在会上说:“党拯救了我,我要像初生婴儿一样重新做人,今后我要随时随地警惕自己,永远不让腐朽的东西冒出来。”我代表了搓澡队,祝贺朱先生的进步。会议在愉快中胜利结束。

节委会办公室给金如璋的信

金如璋小同志:

我们看到了你给你爸爸的信,觉得很高兴。你真是新中国的好儿童,你懂得该怎样爱我们伟大的祖国。

亲爱的金如璋小同志,我们相信在党的领导下,在我们的共同努力下,在你爸爸自己的努力下,你爸爸一定会得到胜利的。

希望你努力学习,长大后争取做一个光荣的共产党员!很好的为祖国服务!祝你

快乐!健康进步!

节委会办公室

七月十六日

金如璋小同志(十岁)给她爸爸金若枏的信

亲爱的爸爸:

最近你们学校展开了轰轰烈烈的反资产阶级思想运动,以前你是自高自大,说自己不用改造思想,其实你没有主人翁观点,人家叫你做什么就做什么,而不是主动的去做,经过大哥哥、大姐姐和母亲批评你,你就渐渐有点进步。我希望,你不要为这进步而自满。争取入党。下面是我对(你)提的意见:一、自高自大;二、态度不和蔼;三、爱发脾气;四、缺乏耐心。

我希望你把这些缺点改掉,争取过“关”,准备着建设美好的新中国。还要随时运用自我批评的武器来检查自己。祝你

身体健康!

女儿如璋

七月十五日写

第五十九期 第三版

家属通讯

我怎样帮助了王竹亭同志检查思想

王竹亭教授爱人 徐佩兰

思想改造运动刚一展开的时候,我对这个运动没有深刻的认识,更不会想到结合到自己。所以对于他的第一次检讨我也没有关心,他也根本没给我看过,自己主观上认为思想改造是教师们的事。一直到我第一次参加沈玉麟先生思想初步转变的报告,对这个思想改造运动才有了较深的认识,觉得一个被资产阶级思想侵蚀透顶的教师,的确给人民带来许多危害,马上联想到我的爱人,他的腐朽的资产阶级思想包袱。他在过去站在反动派立场,忠心为蒋匪帮服务。尤其是在中长路的那一段时期,给革命带来无数的危害,不知几多先烈牺牲在他的帮凶之下。他的罪恶死有余辜。解放后获得党的宽大,不计较以往的罪恶,给他光荣重大的任务。本应全心全意地带[戴]罪立功,好好为人民服务。但他仍保留着资产阶级思想,不能深入群众,虚心接受群众意见,犯着严重的官僚主义作风。所以给国家浪费了许多资财,造成严重的西干局损失,这是令人不能容忍的一件事,我觉得自己亦能负一部份[分]责任,因为自己政治觉悟不够,才没有能够好好的帮助他。听过沈玉麟先生报告,我回来即刻开动脑筋,让他毫无顾虑的大胆暴露并批判他已往的丑恶历史,以求改进。我自告奋勇的愿意替他抄写思想检讨稿子,让他可以得到一些休息。这样能多挖出一些丑恶肮脏的东西来。我一方面写着,一方面也可以多了解他已往究竟用些什么卑鄙手段向上爬,到底怎么样造成人民的损失。

我昼夜不停的替他抄稿子,腾出他的时间到学校开会或听报告。当在深夜我抄了二十几页稿子的时候,感觉手腕和腰背十分酸痛,实在疲倦得很。但是,想起同学们为了帮助教师们思想改造,把最宝贵的书本暂时放下不分昼夜的工作着,不管炎热的太阳底下,不管狂风骤雨,连有病的同学也都起来参加工作。这种忘我、大公无私的精神,使我深深的感动,每一个教师点滴的进步,都会给同学们莫大的鼓舞。想到这里,立刻使我增加不少力量,重新振作起精神来,把打瞌睡的眼皮重新再挑起来,洗一把冷水脸,精神立刻恢复继续努力的工作。我又想,就是忙上一夜不睡,在第二天我总可以抓个时间睡一下。可是同学们忙到深夜二[两]点、三点、四点,但第二天还是不能休息,照样的工作着。

参加一次家属座谈会、学习方志敏烈士遗著"可爱的中国",读"三反快报"。对我都有很大的教育意义,使我逐渐的认识到思想改造运动的伟大。参加一次批评与自我批评大会,知道了如何掌握批评与自我批评武器,更深深体会到思想改造不单单是教师们的事,每一个家属也必须和教师一起参加到这伟大运动里来。

我本来身体不好,患神经性的心脏病,一向是半休息半工作。以前,时常头昏脑痛、心跳、四肢无力,尤其不能过于劳累。说也奇怪,参加这次的反资产阶级思想运动,我觉得我的身体比以前反到[倒]强些。虽然因为近来工作多,睡眠不足,显得消瘦些,但精神很好。我要衷心的感谢毛主席和共产党给了我充足的力量。为了感谢党,我要坚决的早日完成党交给我的光荣任务。

他的第二次检讨,同学们认为他态度还端正,对党已有了初步认识,但又提了很多的意见。他虽然说马上写第三次检讨,可是回到家中以后,往床上一躺就说:"同学们说痛恨凌鸿勋不够,痛恨西干局一段工作不够。可是,我觉得应该挖的已经挖了,应该批判的已经批判了,他们只说不够,究竟什么不够他们没有清楚的说给我,再挖也挖不出。"我说:"你的想法就不对了,同学们既然说你应该再深挖,你就应该深挖,我们已经保证过,党给的任务一定要完成,四次、五次检讨都得要有耐心的作。"说到这里他从床上一跃而起说:"对!对!想到党,我就没有什么说的了。"他马上跑到书房,开始写第三次的检讨,用了三天和两个大早晨的时间,基本完成第三次的检讨。

乘着同学们看检讨稿子的时候,他就深夜为同学们赶讲义,他还很高兴拿给我看。写得很清楚,内中的图解画得很详细。半年来从来没看到他这样起劲过。我当时激动的向他保证:今后决不使他为家里事情分他一点心。我们要树立工人阶级思想,建立革命的家庭。孩子们看着父母这样有进步,这对他们也是很大的鼓舞。他们说:"暑假期间,我们要成立家庭时事座谈会,经常讨论时事问题,同时要唱新歌跳集体舞。"我们的家庭成了朝气勃勃的新气象的新家庭。我衷心感谢毛主席感谢共产党。

随时督促他鼓励他

赵传云教授爱人　张纹瑛

毛主席好像太阳,太阳的光芒都能照到我们每个角落里人的身上。党和毛主席潜移默化的力量,好像于不知不觉之间,把我们蹲在家庭角落里的妇女们亦动起来了。我以前的目光是很小的,只看见我家庭范围以内的几个人,只为了这几个人而生活着，坐井观天不知道祖国的伟大。学习了方志敏烈士遗著“可爱的中国”和“奥斯特洛夫斯基的人生观”及看了“上饶集中营”电影之后，我得到了很大的教育和启发。由此大大的提高了我的觉悟，使我知道了恨什么，也知道了爱什么，在这次轰轰烈烈的思想改造运动中，我决定要尽我全部的力量帮助我的爱人改造思想。

现在他正抓紧时间尽量早点完成他的检讨，由于一分一秒的时间他也不肯浪费，所以我亦就不怕忙累，时时刻刻的照顾着他，给他安排＜下＞一个安静的环境。并且我还作了外围的保卫者，不让外务侵扰了他，例如亲友们的过访和家中的一切事务，我都代为接见和自己办理。有时我还可帮他想历史、想问题，遇见他思想斗争的时候，就以正确的姿态，帮他把资产阶级思想打垮。他写检讨写到深更半夜，我就陪他到深更半夜，天刚明，他起来了，我亦跟他一道起来，随时鼓励他、助勉他，给他加一把劲，使他更加兴奋的写好检讨。

在他写检讨的时候，我不和他多说话，怕耽搁他的时间。但吃饭时到了饭桌上，就抓机会和他谈谈，我们切身的生活一天比一天的好，日用品及粮食等时常落价，真是在解放前反动统治时期未曾有的现象。又如今年夏天北京的奇迹，业林密聚处的街灯，夜晚没有飞虫飞绕了，北京市副市长吴晗，视察了四个菜场竟未发现一个苍蝇。市民群众的灭蚊、捕鼠运动的成绩亦非常惊人，北京市内下水道的建设和机土的运走都表现了祖国人民幸福生活已经开始，像这样一系列的切身事实，因为他平时没有注意，我慢慢的讲给他听了，他更感到了党和毛主席给我们带来的好处。更感到思想改造的迫切，并坚决表示非将腐朽的资产阶级思想的臭包袱完全丢掉不可。因此，我保证不怕任何忙累，决定帮助赵先生赶快洗干净澡回到工人阶级队伍中来，与青年同学们手拉手、肩并肩，一齐为建设我们伟大的祖国前进！前进！！

第五十九期　第四版

彻底批判资产阶级思想，坚决树立工人阶级思想

检讨我对党及人民政府的认识和我的人生观

运输系主任　林达美

编者按：运输系主任林达美的检讨全文长达四万余字，现在我们摘录关

于对党和人民政府的认识及人生观的检讨，发表在下面：

对党及人民政府的认识

解放前因为我有浓厚的剥削思想，使我不但不懂得革命，还惧怕革命，我怕把我所辛辛苦苦得来的名位“革”掉，所以我就对共产党有极不正确的看法，我相信反动政府的谣言，说共产党共产共妻。又听人说道，四乡逃到城内的人说，乡间乱杀、乱打。我也认识不到这些逃到城内的大都是地主劣绅。他们故意造谣诬蔑，我就信以为真，以为共产党太厉害，好杀人，要把中国几千年的传统道德，完全推翻，一定行不通。我没有认识到我所谓的道德是封建余毒，剥削阶级欺骗人的手段。我还想抱着这个臭东西来欺骗群众。我在沈局作[做]副局长时，就是这个心情，我心里总是悬悬不安，我怕共产党打进沈阳。记得有一次伪交通部特派员要调我到吉林局去作副局长，那时候吉林到长春的车已不通，解放军距离吉林城很近，我害怕，不愿意去，就请假一月表示不干。我写信给美帝刽子手魏德迈，主要动机就是怕共产党要打进沈阳，赶快想办法和解，希望再来一次马歇尔的丑剧。后来解放军进关，北京解放，解放大军渡过长江，我的想法就有变动，我想共产党就要成功，为收买人心，一定要表示宽大。乱杀、乱打，不会再有，所以我总想打听北京解放后的消息，铁路旧有人员的消息，可是很难知道。但是从反动的报纸看来，并没有登载共产党在城市内乱杀、乱打，也没有看到对铁路员工伤害的消息，心里头对这一点觉得稍微放心。但是对共产党是不是要我们继续工作问题，心里头总是悬悬不定，直到遇到刘副局长，他告诉我他已与共产党地下工作人员有连[联]系，劝我不要犹豫时，才算放心。可是我那时并不认识共产党是怎么样一个党。我觉得这不过是争取政权的一个团体。国民党要行三民主义，共产党要行共产主义，不过政见不同，其他没有什么不同。我就奇怪为什么国民党一定要消灭共产党，共产党为什么一定要反对国民党。我想不通为什么这两党不能像美帝那两个党一样，为什么一定要打这多年的仗，伤害这样多的人，心里很不以为然。我没有认识到这是反帝、反封建的革命，是无产阶级领导，是与国民党这些剥削人民、买办、地主、官僚、资本家们势不两立的。两党本质根本不同，怎么能相提并论。我当时仍用我的自私自利想法来看新事物，我想由一党换到另一党，不过是改朝换代。我的个人名位在解放前是与反动的统治结合着的，我是希望反动的政权能维持下去。我没有想到祖国，没有想到人民，我只想怎么样才对我最有利。当回国后在沈局工作看到共产党的势力天天壮大，我很怕国民党垮台，我并不是对国民党有好感，我是怕它垮了我也垮了。我为我自己打算，我就开始有骑墙派思想，所以我从不说我从前曾参加过国民党，也不向伪党部去登记。我想表示我的超政治纯技术身份，为的是万一共产党打进来时，对我不利的程度可以少些。解放军的力量天天扩大，我的这种两面倒卑鄙思想也跟着发展。我心里仍然希望着反动政权能够维持，可是也不敢公开反对共产党，怕将来于我不利。我就是这样观看风色，一直到我从台湾回来时，还不能决定。后来我看出了反动政府是绝对没有希望，我想我没有再观望之必要。既要投过来那就是越早越好。可是不知道共产党是否要我。我不是想弃暗投明、为祖国服务，我是想的个人名誉地位。要不是刘副局长劝我，我可能还决定不了。我把这个伟大的革命看作改朝换代，我就是卑鄙无耻的看谁胜利就投到那一方。我没有认识到以往帮反动政府所作的罪行给人民带来多大危害，我应该赶快向人民认罪，投到革命队伍中来，把我一切力量贡献给人民，来赎免我从前的罪恶，我没有这样想，我想在改朝换代中仍然能保持我的名位，我想拿我老一套不管谁来，只要让我作，我就能应付，我想作一个不倒翁，我的自私自利竟发展到这样严重程度。这种思想继续发展，我就可以为我个人的利益，出卖祖国、出卖人民，我就可成为汉奸、卖国贼。我痛恨我自己有这种卑鄙的思想，我感谢“三反”运动，使我认识了我自己，从这危险泥坑里救我出来要不是“三反”，我这思想继续发展，不知又要给祖国带来多大危害，因为我抱着这个目的到了新社会，我仍旧处处为自己打算。我不知道人民政府是人民自己的政府，每个人应该抱有主人翁的态度，每个人对自己的政府没有不热爱的。我觉得我是从旧社会投到新社会来的，我只求能保持我的名位，我没有希望我能作人翁。想我在反动政府服务多年，又曾参加过反动组织，人民政府是否信任我，还没有把握，我怎么还能作主人。因此我就抱着只求无过、不求有功的态度，只希望能这样应付一时，不损害我的名位，等将来信任我时再向上爬。所以我对人民政府也就热爱不起来，感觉不到这是自己的政府。我在反动政府时，我是为我的名位替它服务，我从未感觉反动政府是自己的政府。我到新社会来，我还是这个想法，我仍然是把自己放在第一位，考虑怎么样才对自己有利，怎样才能减少人民政府对自己的不信任。到学校来时，填写履历表，我就抱着说小不说大态度，关于家庭成分，我不敢填地主而填小资产阶级，我怕填写地主将来斗争地主时，把我拿去斗争，未免太冤枉。填写曾否参加任何党团活动时，我不敢填我曾参加过复兴社，国民党，青、红帮，我想这样一来，那就可能怀疑我，是不是要叫我到公安部门登记，可能引起许多麻烦，可能学校就会不聘我教书，我想我早已同这些组织断绝了连[联]系，如果为这个而引起许多麻烦,太不上算,所以我只在一个表上填写参加过青帮,其余都未谈,我就是这样不相信政府,不认识政府,想用欺骗手段蒙混过去。我不知道人民的眼睛是雪亮的,政府是人民的政府,是大公无私的,决不冤枉一个好人,也不放过一个坏人。我如果有严重对不起人民的罪恶,决逃不了人民的巨掌。我不填写也瞒不过去。我的问题如果不严重,我也应该赶快交代,争取立功赎罪,这样才能丢掉包袱,靠拢人民,靠拢政府。我如果能交代清楚,自然不会有麻烦。我如果不交代清楚,那就是自绝于人民,根本谈不上麻烦不麻烦。

第五十九期　第五版

我在那个时候不是这样想,我想混过去再说。从此在我思想上就背了这一个包袱,我总觉得我思想上有这反动烙印,觉得向党与人民政府靠不拢。有时候我也想谈一谈,可是我怕人家问我为什么填表的时候你不写,又怕谈出去大家都知道会看不起我,我就想,在学校里还没号召我们交代问题,等必须要交代问题时再说也不晚。我就这样欺骗自己。这个包袱一直影响着我,使我对各项运动都不能主动的、积极的参加。在抗美援朝运动中,虽然由于我的崇美、恐美、亲美思想使我不能痛恨美帝,这个包袱实在是阻止我,使我不能积极参加到这个运动中来,早日纠正我的对美帝看法。在土地改革运动中,我是抱着无所谓态度。我想四川老家的地根本我就没有管过。我也拿不到租子,改与不改对我没有什么影响。我没有认识到,这是翻天覆地、农民翻身大运动,是巩固革命胜利的果实,是为新中国工业化建立基础,具多么伟大的意义。我只想到我自己,觉得对我没有什么影响,所以没有投名参加第一、二次的土改工作。同时我还想,假使我报名参加,派我到四川去,会不会本乡的人把我也当地主看待。我就是这样卑鄙的想着。虽然这两个大运动,给我许多启发,我认识到祖国力量的伟大,居然能战胜世界上最强的帝国主义国家。我也体会到土改后农民生活一定可以提高。我相信人民政府是在替人民作[做]事,说的到,作的到,人民政府是个好政府。但是我还是觉得政府是政府,我是我。在镇压反革命运动时,我自己背着这个包袱,我更积极不起来。我总在想会不会像我这样的被冤枉了。我有一次参加中山公园的控诉大会,听着被害的男女同志控诉特务、恶霸及惯匪的罪行,声泪俱下,我也忍不住落泪。我想这些人实在太可恨了。可是我又想我从前参加的复兴社、国民党,不就是一贯干这种伤天害理的勾当么。我幸亏早跟他们没有连[联]系,不然我也会落得这个下场，我想到这里，不觉毛骨悚然。喊口号我就喊不响，喊得也没有力量。我虽然这样想，但是我仍然没有足够的勇气，自动的向组织交代问题。就在去年五月间一个星期天，原来介绍我入复兴社的刘天裕校友还同另外两个同志到我家来，我同他自一九三七年一直以那天为止，都未见过面，他忽然到来我很奇怪。我问他现在何处工作，他说在交通部材料处，并介绍其他两同志也是在材料处工作。他说他在材料处学习忠诚老实，因想不起来当初我们参加的是什么运动组织，所以到此请我帮助他想一想，[redacted]也是负责帮助他的同志。我也告诉他我还没有交代，因为学校里还没有学习忠诚老实。他劝我自动交代，不要等待组织上号召。他谈了一个钟头就走了。我就开始想，他既然交代，我怎么能不交代。如果他将我的名字说出，而我还不交代。会不会把我抓去法办。如果我自动交代，可是事隔十几年，有许多说的话都记不起来，我也没作[做]任何事。就这样轻描淡写交代，组织上决不会相信。万一追问到底，我拿什么回答。我又怕交代后，可能将我当反革命分子看待，即令不带走，会不会是个管制分子，这样我还有什么脸教书。我心里实在决定不下，思想斗争甚苦。结果我想刘文裕一定要交代的，他一定要提我的名字，反正是躲不了，早晚总要交代，为什么不争取早一点，就是有罪也可轻一些。我没有认识到交代问题，是爱国的行动，是巩固革命的阵容，是不让敌人钻空子。每一个爱国的人如果自己有问题，应赶快交代，也应当检举别人。我不但不这样想，反而在考虑如何交代方于自己有利。我就开始写我参加复兴社及青、红帮，去美国、去台湾及回粤汉这一段经过。我一共写了三个晚上，方才写完。在这几天里，我心里非常难过，我不知道我交代问题后会有什么结果。我吃饭也吃不下，睡觉也不安稳。白天有人到我家来敲我的房门，我心就是一惊，疑惑是公安人员来办案的。写完后，我就找本系助教马许商量，我因为他是党员，我就将我的问题告诉他，并将我写的检讨给他看，我让他看完后交给人事秘书刘毅同志。我又问他是不是需要向公安部门登记。他说等刘毅看完后再说。我是上午八时交给他的，接着我就参加聘任委员会的会议，刘毅同志也出席。会散后已十二点，我就简单的告诉她我曾参加过这些组织。他[她]说恐怕需要向公安部门登记。我让她看完我写的检讨，再告诉我应如何办理，她也答应。我回家后心里非常难过。我想刘毅同志既然这样说，想必很严重。我那时候并不想我参加这些组织给祖国人民带来多大危害，我应该接受人民的处罚。反而想我没作[做]过什么事，为什么认为这样严重，觉得很委曲[屈]，感到没有前途了，觉得太阳的光都是暗淡的。下午有报告在礼堂，我实在听不下去，我根本听等于没有听，我坐也坐不住。回家躺在床上，好像犯人等待宣判的神气。到下午五点多钟，马许来找（我），告诉我刘毅同志说，这只是作[做]交代历史看，不必向公安部门登记。劝我安心搞工作。我当时觉得混[浑]身轻松，心里非常感动。觉得镇压与宽大结合这个政策只有共产党[redacted]共产党是不骗人的。从此以后，我对党员看法就和以前不同。以前因为我背着这个包袱，总怕同党员同志接近，怕露尾巴。从那时以后我就觉得党员同志是诚实可亲，并没有因为这件事而瞧不起我。我愿意同他们谈话，向他们学习，我也觉得我向人民政府靠拢一大步。我觉得我对新的事物渐渐的感觉兴趣，人民政府每一措施，我感觉或多或少都与我有关系，我不再抱着从前那个旁观态度。我记得在解放后，我看到铁路修复那样快，多少年来未通车的京沪线通车了，京汉线通车了，从满洲里到广州也通车了；最凶恶的美帝国主义被打败；几千年来的封建地主剥削制度被推翻；多少年来的通货膨胀完全克服；各种生产力普遍提高。许许多多的事实都使我认识到这个政府确是为人民服务的政府。可是我自己总觉参加不进去。有拍手叫好心情。就是参加"五一"及国庆游行时，心里觉得有我也可，无我也可，一定要大家去我就去，总觉得自己有污点，杂在人民队伍中心里不自在，人民发觉后不一定要我。心里热情不起来。但是去年的国庆及今年的"五一"，我的心情就不同了，我觉得我要参加，我觉得这是我的节日。尤其在今后"五一"游行，我感到兴奋，头天晚上觉都睡不好。

我现在知道，我以往的顾虑是多么错误，我那时只知有自己，根本没有为人民服务精神，我认识不到我参加反动组织，已经给祖国、给人民带来多大危害，我就应当向人民低头认罪，领受应得的处罚，我没有资格向人民讨价还价，人民不处罚我，那是人民的宽大，处罚我那是应该。我没有理由感觉到委曲。可是我的自私自利思想就这样害了我，使我背着这个沉重包袱一年多不敢交代，使我不敢靠拢党，靠拢政府。越不靠近，越认不清党和政府；使我工作不积极，学习政治不努力。我同人民是两条心。我心里总是想这个问题：终归人家会知道的，知道后怎么样很难说。我现在再努力也没有用，将来人民发觉后也许不要我。我就没有想一想，我对革命有何贡献。我是一贯在帮助蒋匪反人民、反革命。革命的成果是无数先烈的热血换来的，我根本就没有资格享受革命的成果。人民对我这样宽大，给我这样光荣称号，这样信任我，我怎样回答政府呢？我不相信政府，我欺骗政府，我在这一年多时间，一直不敢交代问题，不争取将功赎罪，散布资产阶级思想，给祖国带来更多危害。这是我自绝于人民。党及政府是不断的在教育我，

（下接第六版）

第五十九期　第六版

（上接第五版）

人民是不断的向我招手，要我走向光明的大道，是争取我的，是我自己缩头藏尾不敢向前，放着光明的路不走，要自绝于人民，反而说人民可能不要我，这是多么无耻！人民决不放弃任何一个愿意为人民服务的人，可是要在新社会散布资产阶级的毒害思想，与人民三心二意，不愿意向光明路上前进，反给新社会带来危害的人，是自己走向死亡，当然是人民所不需要的，我痛恨我这个错误，使我进步迟缓了这许多时间，我开始觉得党员同志是非常愿意帮助人的，态度又那么诚恳，品质又那么高，分析批判能力又那样强，我想这一定是共产党的教育培养出来的，这使我联想到伪国民党散布的杀人放火，共产共妻的谣言，虽然这些谣言，在刚解放时看到解放军的严明纪律与干部人员的忘我工作精神，已经知道是反动政府捏造的，可是所有的军队及所有干部是不是都是这么好，还是特选好的进城，还不能十分相信。现在我完全相信党了，不但相信，而且衷心拥护，觉得这个党，这个政府，是中国历史上从来没有看见过的，是真正为人民谋幸福的，我记得在反动政府时，我不愿我的女儿住在学校，恐怕学坏，当我走进社会作[做]事时，也受到父母的告诫，不要染上社会上恶习气，这充分说明在反动统治下，没有人信任政府的，但是我现在就不这样想法，我曾对我爱人说过，我们要鼓励儿女入团、入党。住在学校，党、团的教育及群众的教育，对他们只有好没有坏，一定可以教育好。通过“三反”、“五反”运动，整个新中国的面貌更加美丽，几千年遗留下来的丑恶风俗习气，也就是我从前所想的资产阶级道德，虚伪、欺诈、贪婪、腐化等已基本上加以扫除，真是可以说夜不闭户，路不拾遗，我在北京前后住了十几年了，我从前看到的北京是肮脏的胡同，坐满了不购票的人的电车，满街的乞丐，到处是斗殴打架，现在是整齐清洁的胡同，秩序整齐、正点的电车，没有乞丐，没有殴打，这是多显著的转变，污秽的什刹海变成美丽的游泳池，整个的三海全部抽放新水，新的建筑物，天天在修道；我们的首都，我们的祖国，从前被帝国主义及反动匪帮糟蹋成什么样子，现在是多么美丽、多么可爱，多少国际性的会议都在首都举行，多少国际团体来到中国参观，这是从来没有过的，我们的国际地位是空前的提高了，中国的人民是站起来了，我从前到美国的时候，蒋匪帮是在向美帝摇尾乞怜，美国人就拿中国人当殖民地人看待，我总觉得抬不起头来，现在我的头抬起来啦，我不但抬起头来，我还要用拳头狠狠的打击侵略的野兽，来保卫我们可爱的祖国。我看到治淮工程的胜利，荆江分洪的完工，成渝铁路的修通，我觉得这样伟大的工程，在苏联专家的帮助下，祖国劳动人民能在极短期内以不可相信的速度，胜利完成，是多么值得骄傲的！由于这些工程的完成，可使千百万人免去洪水的灾害，西南内地物资能够畅行无阻的与其他各地交流，给祖国增加多少财富！是多么值得庆幸的。我记得我在美国时，曾羡慕过它的 TVA(谭[田]纳西山谷水利工程)防洪灌溉及发电的工程，美国以此自豪，我也作应声虫，附声赞仰[扬]；反动政府曾请过美国专家，拟在长江一带设一类似的东西，可是好几年没成功，而美国本身每年要闹大水灾，可是新中国在这短短期间，修筑了这样大的水利工程，荆江分洪竟以七十多天完工，简直是帝国主义与反动匪帮所梦想不到的，这充分证明共产党的英明领导与新民主主义制度的优越。现在，我也认识什么是人民民主，新中国成立的时候，我想人民民主还不是一句话，中国自从辛亥革命到现在一直在喊着民主，可是我看到的是袁世凯的复辟、军阀的专政，国民党匪帮的法西斯统治，蒋匪在临灭亡时想欺骗人民，挽回频势，苟延残喘，曾办了一次伪国大代表会议，选举总统，结果丑态百出，代表是买来的，社会上的流氓、败类，买办、官僚、恶霸都成了代表，简直是对民主二字的污辱，中国人民受骗很久了，因此，我对新中国的人民民主感到怀疑，我不相信能真正民主，所以当来到学校第一次选举工会委员时，我还以为这不过是一个形式，早已内定，及至真到选举的时候，我看到小组的讨论提名，大会的竞选，那样认真，那样慎重，觉得每个人都紧张愉快的参加，选举能为自己队伍服务的同志，我开始觉得这种精神，是我在反动政权服务十年所未看见的，我开始认识到怎样才算是真正民主，才是代表群众的意见，又一次在选北京市代表时，学校展开紧张的竞选，各小组讨论时，对提名代表的优点、劣点认真讨论比较，再经过大会的投票，是多么对祖国、对人民负责的态度，这样选出的代表才是真正代表人民，才能真正执行人民交付他的任务，我虽然未参加其他各种选举，我由这些具体事实的体验，我深信所有各项人民代表，都是这样产生出来的，都是人民真正的代表，这样的代表一定能胜利完成人民交给他的任务，难道这样还不真正人民民主吗？我记得在美国时，曾问过一个人，他对地方选举议员的看法，他说好人不干这个，我又看到芝加哥大城的市长是个大流氓头子，连选几任都是他，我很奇怪，为什么选他，后来才晓得不选他不行，因为他有很多打手，这就是美国所自夸的民主，这样的显明比较使我进一步体会到；我们的制度是远非资本主义国家所能望具[其]项背的，祖国人民几十年来渴望，而不能得到的真正民主实现了，这是多么使人兴奋的事情，还有使我非常感动的，就是达赖和班禅的和好，多少年来，我总是听说达赖、班禅不和，我总是想这一些[定]是他们的不好，我没有认识到这是由于帝国主义侵略西藏的阴谋，制造分裂，以便于他的操纵、统治，同时也与反动政府的岐[歧]视藏族的大汉族政策分不开的；现在由于共产党的少数民族政策底[的]正确领导，毛主席光辉的照耀，西藏和平解放，藏族人民都翻了身，帝国主义势力赶出去，班禅、达赖也和好了，这是多么惊人的胜利！解放三年来，这些事实一直在教育着我，使我认识党与政府是人民的党与政府，也就是我的党与政府，我怎能够不热爱我们的党与政府？通过最近几个月来的思想改造学习，我进一步认识到人民政府之所以能胜利完成这些几乎使人不能相信的伟大事迹，就是因为我们的政府是共产党领导的，共产党是工人阶级的党，是大公无私，是为人类谋幸福，是向着共产主义社会美好将来而奋斗的，是革命的党，这样的党是与反动国民党根本不可同日而语，反动国民党是官僚买办、地主阶级的党，是代表剥削阶级来压制、残害劳动人民，是在作卖国、屠杀爱国烈士的勾当的，这种反动的政党根本不能允许存在。我从前所想两党和平相处。像美国一样，真是荒谬到极端！美国的两党是资本家的走狗，都是代表资本家来剥削劳动人民的，怎么可以同我们的党相比？中国革命多少次为什么都失败，只是这次才能成功，这是因为我们有无产阶级先锋队共产党和毛主席的英明领导，在共产党面前是没有不可克服的困难的，共产党不是为几个人的利益，一个党的利益，而是为整个劳动大众的利益奋斗的，党与劳动大众是分不开的，劳动大众是国家的主人，党所要作[做]的事，就是劳动人民要作[做]的事，就是劳动大众自己有什么事不能作，什么困难不能克服，帝国主义国家是在剥削劳动大众，掠夺劳动大众的成果，自然不可能有我们这样劳动热情，自然不能理解我们会有今天这样伟大的成就。

第五十九期　第七版

我们有了这样的党和这样的政府来领导我们，在这短短三年中，就有这样伟大的成就，在无限的美好将来，在伟大的祖国领土上，我相信一定有更多的更伟大的建设，将涌现出无数的劳动英雄，将积累国家更多的财富，人民生活就要更美好、更幸福、更快乐，我们可爱的“母亲”就要更美丽、更壮大起来，我们有不可侵犯的力量，我们能打垮任何帝国主义的侵略，我们将很快的走向社会主义社会，再走到共产主义社会，这就是我们美好的将来，就是我们奋斗的目标。我在旧社会里天天在考虑自己(的)问题,怕失业,拉关系想往上爬,通货在一天天的膨胀,生活一天比一天苦,真是每天都是愁眉苦脸、深思焦虑,觉得中国没有办法,怎么也搞不好,前途非常渺茫,感觉非常痛苦。现在有了共产党和毛主席的领导,祖国面貌完全改观了!我们生活天天提高,我们有更美好的远景就要到来,我感觉作[做]一个中国人真幸福、是值得骄傲的,我觉得兴奋,我不担心失业,我不担心生活,我感谢党给我这样的幸福生活。

人生观

最后,我检讨我的人生观。为我是地主阶级出身,思想上早已浸染了剥削思想。我小的时候念了许多旧书,认为历史是皇帝将相作[做]成的,就有个人英雄主义的倾向,甚至对桓温的"大丈夫不能流芳百世亦当遗臭万年"这句话也觉得是快人快语,这说明我的追求名位思想多么严重!我只顾个人名位,不管所作所为是与国家人民有利或有害,所以我大学毕业后一直替反动派服务,只图追求名位,根本没有想到祖国、想到人民,给人民带来巨大的损害,我也认识不到历史是劳动人民创作[造]的,不是帝王将相。我就只想到自己,一心一意为自己的名位而努力。再加上家庭经济不好,亲友的轻视,更加强我追求名位向上爬思想,我那时候的人生观,就是一切为自己,努力向上爬,追求名位,显亲扬名,我是为我自己最多为我的家庭而活着,我这样自私自利,自然贪生怕死,使我非常圆滑,面面俱到,毫无斗争性,因此就使我服服帖帖为反动政府服务二十年。解放后我的自私自利、一切为自己的思想,原封未动带至学校,我就钻研业务,为自己名位打算,对政治学习漠不关心,不能以正确观点、方法处理问题,领导同学,使整个系务不能推进,给人民教育事业造了不可补偿的损失,使纯洁爱国青年都中了资产阶级腐朽思想的毒害,这是多么沉痛的教训!一直到教师思想改造运动开始时,我的人生观还是这样的自私自利、一切为个人,经过学习讨论,我初步认识到因为我的自私自利,给祖国、给人民带来了多大危害。但是对以往的旧我,还没有足够的仇恨,虽然经过三次检讨,我的个人第一思想仍然在指导我的一切行动,通过了学习"可爱的中国",尤其在学习大会上同学的沉痛发言,深深的感动了我,我落了好几次眼泪,四十多年来,我才第一次觉得我是背叛"母亲"的逆子,我不但忘记了"母亲",而且帮助恶魔在残害"母亲",我从前的假爱国,自以为有正义感的假面目完全撕掉了,我才真正看清自己真面目,现在"母亲"已经恢复健康,"母亲"站起来了,"母亲"仍然要我这个不孝的逆子,爱护我、教育我,可是,我就这样的自私自利,还在想作[做]对不起"母亲"的事,真是可恨到极端!!我又读了"奥斯特洛夫斯基的人生观”,我想他双目失明,身体不能动,躺在床上这许多年,如果我是这样,我早悲观失望,以为一切都完了,可是他根本没有想到自己的痛苦,只想到自己对国家的责任,想到对人类美好生活的贡献,又说:“为自己而生存是无耻的”,他这些话句句刺心。我觉得我就是那为自己生活无耻的人,我从没有想到祖国、想到人民,我不但虚度了四十多年,而且在这些悠久岁月中,还作[做]了许多对不起人民的事,我简直不敢回首往事,我开始醒悟,什么是人生的真正目的?人生为了什么?我不能再为自己活下去了,我以前以为我的身体发肤受之父母,这个身体是属于自己,我想一切为自己造名位,显亲扬名,我就没有想想我的父母既不耕田,也不织布,我吃的穿的那[哪]一样是他们给我的,还不是他们从劳动人民手中剥削来的。我现在体会到,不但我是劳动人民养大的,我的知识也是劳动人民给我的,没有劳动人民的创造经验,那里来的科学技术,没有劳动人民在供养我,我怎能上学出国?这一切一切都是劳动人民给我的,而我还一直同劳动人民两条心,解放前作[做]这样多对不起人民的事,解放后又给祖国带来巨大的损失,我怎么对得起劳动人民,前几天听了孙秉泰同志的报告,看了“上饶集中营”影片,使我深切体会到革命先烈是具有多么坚强的信心、不可动摇的意志,他们为祖国、为人民完全忘记了自己,这种崇高的共产党员品质,使我觉得自己非常渺小可怜,我想,我今天享受的这样美好生活,就是无数这样先烈热血换来的,我对革命毫无贡献而享受这样的革命果实,处在这样温暖、幸福的大家庭里,我还有什么臭包袱放不下,个人的顾虑、面子打不消?我的生命只有这一次,今后的年月,我不能再这样无耻的活下去了,祖国的十年建设就要开始,时间是不能等待的,我决心在这运动中彻底洗清我身上的污毒,坚决肃清资产阶级思想,树立工人阶级思想,作[做]一个真正人民教师,全心全意为人民服务,我感谢党及人民政府,使我有这个觉悟,给我新的生命,我决不再为个人而生存,我要将我的生命贡献给祖国,贡献给人民,这样的人生才是最有意义的,才是最幸福的!今后,我一定努力学习马列主义、毛泽东思想,来提高自己的认识,以正确的观点、方法领导教学,在系务工作上,我决不再采取推诿、敷衍及应付的态度,我要以主人翁态度认真负责、正确领导系务,我决不再犯以往自高自大、不民主的错误,决心纠正后来我采取的极端民主、不负责任的恶劣作风,我现在觉得有勇气、有信心,这个信心及勇气是党及人民政府给我的,我决不再像从前一样,经常闹情绪,想辞去系主任的职务,怕负责任的自私自利态度,我要负起责任,我要作[做]更多的事,我要全心全意去作[做],我不怕负责了,我认识我作[做]的每一椿[桩]事,不论大小,都是党及我给我的任务,我应该胜利的完成,我负的责任愈重,愈是表示党及政府对我的信任,这是多么光荣!我为什么要闹情绪?我一定要搞好这次课改工作,一方面学习苏联,一方面联系实际,要使学以致用,不能再浪费同学时间,把同学教成半废品,我从前对教研组工作漠不关心,各教研究组有名无实,今后我要认真领导推动,使教材内容彼此配合,彼此连贯,免去重复,从前,我对各教师教学工作一贯采取不闻不问、免找麻烦态度,今后,我要主动向各教师联系,及时帮助解决问题,关心教师的政治学习,虚心接受意见,争取团结、进步。我对助教指导工作(一)向不关心,今后要负起为人民培养教师这个光荣艰巨任务,明确指定各助教钻研方向,耐心指导。最后为了巩固并提高我现在阶段的认识,我要继续运用批评与自我批评武器,在实际行动中锻炼自己、考验自己,很好地完成党交验我的光荣任务。

为争取反资产阶级思想运动彻底胜利而斗争!

第五十九期　第八版

读 者 园 地

推动这个高潮,迎接另一个高潮

——听了孙晓村同志报告后的感想

萧英达

孙晓村同志"关于祖国经济建设"的报告,具体地总结了祖国三年经济建设的伟大成就,生动地刻画出祖国光明幸福的前途。近来全院师生都在为反资产阶级思想的胜利而欢欣鼓舞,这个报告更使大家扩大视野,为祖国经济战线上的胜利而欢欣鼓舞,听完报告,每一个人都有说不出的兴奋和愉快,我走出南饭所,望着无边无际的丰饶的田野,我不禁叫起来"啊!真可爱,我们的祖国"!

本来我对数字是不感兴趣的,但是在孙同志的报告中的,许多数字,引起我极大的注意,通过这许多数字,我看见祖国经济建设突飞猛进的情形,一个百分数多过一个百分数,一个纪录突破一个纪录,每一个数字都代表无数劳动人民的英雄事迹,每一个数字都是劳动人民血汗的结晶啊!

想一想我自己,三年来在祖国建设中,我没有流过一滴血一滴汗,我一直寄生在劳动人民的血汗里，面对着这许多伟大的成就，我心中涌起一阵羞惭难过的感情，但是，还来得及，想到这里我又兴奋起来，满身充溢着活力，立刻就紧张地干起来。

“在毛主席的领导下连黄河也听话了”，难道我们还不能朝着毛主席所指示的方向前进，当我感到毛主席对我们的热爱，并认清个人前途和祖国前途的关系时，我就得到巨大的动力支持我的学习和工作，听了孙同志的报告后，我对祖国前途的认识更具体了，因而我也觉得自己的前途愈加光明。我更信心百倍地在毛主席的光辉照耀下在祖国的光明大道上前进，目前的工作，就是前进的步伐，无数的劳动英雄和模范工作者们，为祖国而开动了脑筋，所以在一年之中就有十四万余的合理化建议和新的创造，使祖国能飞跃地前进，我决心向他们学习开动脑筋，在这个高潮中更进一步提高工作效率，加快前进的速度，争取反资产阶级思想运动的彻底胜利，并在这个胜利的基础上，迎接另一个十年经济建设的高潮。

党教导着我搞诗歌朗诵工作

刘彦圭

在这轰轰烈烈的反资产阶级思想运动中，我光荣的接受了党交给我的诗歌宣传工作的任务，当时我了解这是一项非常艰巨、重要的工作，这是一个很有力的战斗武器，要很好的运用它，但是过去自己对“诗歌”没有充分了解，怎么能搞好这一工作呢。因此信心不强。

可是，党给了我无比的力量，当我想到党、想到毛主席，又增强了解的信心，同时想到我是一个青年团员，是党忠实的助手和后备军，而且我有着崇高的愿望和理想，为了共产主义的彻底实现做一个无产阶级革命战士——光荣的共产党员。难道这一点工作，就畏惧困难，没有信心，不敢大胆向前吗？这样，便鼓足了我的信心，使我做这项工作有了无穷的力量，当我接到突击的任务，仅仅在很短时间内，同时还有其他的困难，一定要排练出来的时候，虽然有些同志信心不强，可是党耐心的教导我们“一定成功不会失败”，这样便鼓动了大家的工作情绪和信心，突击的完成了工作任务，有时，大家工作到深夜，写■板、印学习文件、编写诗、练习朗诵，党鼓舞着大家并不感到困乏，反而精神振作，这是党给了我们智慧，党给了我们力量，在党教育和培养下的我们，绝对没有克服不了的困难。

党教导我要充分发挥群众的力量和群众的智慧，依靠群众信任群众。因为大家在这个运动中都在思想上提高了认识,当明确了这工作是为了祖国为了人民时,大家便怀着百倍信心,克服种种困难开动脑筋,一定要把工作搞好,所以在排练诗歌朗诵过程中,从不主观的一定要怎样做就怎样做,而是吸取群众的意见,提出自己对这一诗篇的见解,大家讨论诗篇的中心内容,和如何体会感情,朗诵的同志便根据经过研讨后自己体会的感情排练朗诵,大家听了再提出意见,加以修正,不是导演一字一句的教给朗诵同志,而是发挥群众的感情朗诵诗篇,这样朗诵出来的诗才是真实感情的流露,才是和群众感情熔合在一起,(引)起群众的共鸣。

党教导我要虚心学习,特别是虚心向群众学习,通过这一工作,使我深深认识到群众的智慧是无穷的群众的力量是强大的,在写诗过程中,在排练朗诵时,都是大家开动脑筋,集体创作,创造工作方法,使工作提高了效率,凡是充分发挥群众智慧和力量朗诵出来的诗篇,都获得了全校师生员工家属的爱戴和好评,使大家真正受到感动。

党给了我这么多的收获和体会,给了我搞这一工作的信心和力量,我做得还很不够,这仅仅是为实现共产主义创造条件点滴工作的开始,今后,我要在党的教育和培养下,继续努力学习,进一步提高工作效率,为争取反资产阶级思想运动彻底胜利干下去,为我们崇高的理想共产主义的彻底实现奋斗到底。

我要献出我的一切

电信系讲师　石立治

听过孙晓村同志的报告,我感到无限兴奋,从报告中的一些简单的统计数字上,很明确的指示了在这短短的三年中,农工贸易等各方面的成就,是震惊世界的;同时也使我更感到祖国的伟大与可爱;更领会了劳动人民的丰富的智慧与创造力,更清楚的认识到只有在光荣、正确的共产党领导下,中国人民才能从水深火热的旧社会的多重压迫下解放出来;只有在英明的领袖——毛主席的领导下,翻身做了主人的劳动人民,才能发挥了无比的积极性、创造性;只有在优越的新民主主义社会制度下,祖国才能在一片废墟上迅速恢复并开始建设起来;只有在工人阶级领导着全国人民不断的斗争各方面的生产才能一年比一年的增加,人民的生活才会一天比一天的获得改善。

在共产党的正确领导下,祖国的远景是多么美丽与光明!祖国的大建设就要开始,这是多么令人兴奋的事!在这大建设的前夕,我们的政治资金、及设备等条件,基本上均已齐备,而建设的干部却是空前的缺乏!做[作]为一个人民教师的我，应该看样呢?

今天，党已把我由腐朽的资产阶级思想的深渊中拯救出来，使我获得了新生。为了感谢党，为了建设美丽的祖国，我要赶紧的担负起培养干部的光荣任务来，我要加紧学习马列主义、毛泽东思想，以提高我的政治水平。拿出我所有的力量来在今后的课程改革上、教学改进上，尽量开动脑筋，努力钻研，搞好教学及其他任何对人民有利的工作。并且为了伟大的共产主义革命事业，我更要随时响应祖国的号召！献出我的一切！在今后的实际行动中，我要时时以党员标准的八项条件来衡量自己，争取早日成为一个光荣的共产党员，俾[以]能更好的为祖国人民服务，为全人类的解放与幸福奋斗！

一九五二年七月十八日　第六十期

（庆祝建筑系反资产阶级思想运动彻底胜利特刊）

彻底批判资产阶级思想！坚决树立工人阶级思想！

胜利的歌声热烈[redacted]
建筑系昨开祝捷大会
各系师生信心百倍迎头赶上

经过几天紧张的筹备，十七日晚建筑系在临时礼堂开了一个“庆祝建筑系反资产阶级思想运动胜利大会”。邀请全院师生员工家属参加。

这是一个兴高采烈的会。你只要一踏进会场，就会发觉：今天的会场布置是那样整齐、庄严又令人愉快，要是你坐在后面。当你坐下来想看看台上的演出的时候，你会忽然觉得再也不必要像先前那样困难地从前面的人的头与头之间的空隙中看过去，而可以毫无遮拦地看过去了！……你会清楚地感到：今天，会场里充满着清新的、愉快的、胜利的气氛。

建筑系的教师、同学、家属们，今天是特别愉快的。五六个月以来的辛勤劳动，今天终于看到了胜利的果实。大家准备这个大会欢欣的心情，就跟忙碌了一年[redacted]到秋收时的农民的心情一样。负责设计、布置会场的同学们开动脑筋想办法：“怎样能使会场容纳的人数又多坐着看又舒服”，他们便不辞劳累地化[花]了整整一下午的时间，把所有的椅子换成了长凳，并把长凳逐一比较，把短的排在前面，高的排在后面，让后面的人也看得舒服些；长凳还排成了弧形，使两旁的人也可以自然地面对着舞台。家属们参加大会的热情高极了。沈玉麟、沈承福两先生的爱人晚上八点下班，下班后听说要练舞，不顾疲劳，衣服也来不及换就紧张地练习起来。刘福泰教授的爱人本来不知道要表演舞蹈，临开会前她才抓紧时间学会了西班牙舞。在演出时，本来不准备化装，但樊明体先生的爱人说不化装不能表达热情，大家便赶紧找花裙子穿起来。沈玉麟先生从来没有演过戏，他的情绪非常高，没有事就练台词，在十六日晚上，他排演到深夜一点多钟。他说：“累些没有关系，就怕演不好。”

大会开始前，扩音器传出了一连串令人兴奋的捷报：电信系已有百分之九十二点三的教师胜利过“关”了！经济系张协衷主任过“关”了！共同学科五位教师过"关"了！运商系郑鹍等教授过"关"了！……在掌声、欢呼声中，大家到处找着新过"关"的教师道贺，紧紧的握手紧紧的拥抱！

建筑系徐中主任致开会词。他说明了半年来建筑系由死气沉沉到生气勃勃的转变，说明这是党的政策的胜利，马列主义、毛泽东思想的胜利，他最后说："我们要系师生家属一家要继续努力，帮助我们本院的教师早日过'关'，为本院反资产阶级思想运动的彻底胜利而斗争。"当他提到毛主席与共产党的时候会场就响起了雷动的掌声。

运商系的林达美主任、电信系的黄宏嘉教授、经济系的张协衷主任、俄材小组的钱崇振主任、共同学科的余和鸾先生都代表各该系科向建筑系全体师生员工家属热烈祝贺，并表示要向建筑系学习，争取各该系科的教师们也都在高潮中全部过"关"。林达美主任说："建筑系屈浩然同学的报告和沈玉麟教授的检讨都大大地启发了我们并鼓舞了我们前进的勇气。"钱崇振主任主说："建筑系和俄材小组核心组刚合并时，两组教师过'关'的比例数是差不多的，但今天我们是落后了。我们要向建筑系大哥哥学习，保证在十天内教师全体过'关'！"

当张建关副教授的爱人讲到反资产阶级思想运动后家庭中的新气象。他高呼："毛主席万岁！"台下报以热烈的掌握和同样的口号。在这些日子里这句简单的口号，代表了各个人心底的感激、爱戴和拥护。

以前一向自以为是"不必洗澡的干净人"的应尚才教授的讲话，受到大家的热烈欢迎。他说："我以前自以为是好人，现在我才发现我并不是好人；旧社会给我染上了满身污泥，今天我有决心洗个干净。我要争取早日过'关'！"

共同学科的周定章先生以前老认为人家批评他是打击他，(他)也上台讲了话，他检讨过去自己对待运动的不正确的态度，他说："今天我要以百公尺赛跑的速度，急起直追，做好检讨！"大家用热烈的掌声来欢迎他的进步。

沈玉麟教授今天的激动是可以理解的。当他说到他的转变是马列主义、毛泽东思想的胜利时，他自己热烈地鼓起掌来，台下响起了欢呼。

大会的文娱节目都受到了大家的热烈欢迎，因为无论是诗歌朗诵、快板、相声都充满了新气象，尤其是建筑系教师们及家属们表演的唱歌和舞蹈最受大家喝采[彩]，正如相声中所提到的，教师们及家属们的演出，不但在我们学校里是第一次，在全国恐怕也是很难得的。当徐中系主任激动地挥动着手臂指挥大家一起唱“没有共产党就没有新中国时”,我们就能清楚地了解全建筑系的教师们到底为什么今天会变得这样年青、这样充满活力。

当家属们舞蹈时,我们看到了她们在帮助教师改造思想获得胜利后的欢欣,最惹人喜欢的是张建关教授的小孩的舞蹈——“翻身多亏毛主席”。这运动的胜利无疑地也给我们的下一代带来了幸福!

最后沈玉麟教授亲自演出的朗诵剧,真人真事“沈玉麟的转变”深切的感动了大家。觉悟了的沈教授,形象地表达了他的爱和恨。当最后剧中出现了同学们热烈欢迎沈教授进步的场面时,沈教授被同学们热烈地举了起来,沈教授向大家挥手致意,鼓舞大家一起前进。

这庆祝晚会,使大家更信心百倍的投入紧张的战斗,争取本院反资产阶级思想运动的彻底胜利。

本院节约检查委员会信贺
建筑系反资产阶级思想运动彻底胜利

建筑系全体师生及家属同志们:

在本院反资产阶级思想运动进入胜利高潮的今天,十分高兴的听到你系反资产阶级运动获得彻底胜利的捷报,特向你们致以热烈的祝贺!

你们所取得的胜利,是和党的正确领导与你们大家的努力——尤其是教师们自觉地进行思想斗争的努力分不开的。你们的胜利,就是马克思列宁主义、毛泽东思想的胜利。

在本院反资产阶级思想运动中,建筑系是进步得较快的。屈浩然同学的转变,沈玉麟副教授的转变,都不但推动了建筑系的进步,也对本院的反资产阶级思想运动起了一定的推进作用。今天,你系在思想战线上首先获得了彻底胜利,也必然会大大地鼓舞了大家前进的勇气,加速本院反资产阶级思想运动发展的速度。

希望你们巩固已经取得的胜利,努力学习马列主义毛泽东思想,为建设我们伟大祖国而斗争!

马克思列宁主义胜利万岁!

毛泽东思想胜利万岁!

北京铁道学院节约检查委员会

七月十六日

第六十期　第二版

建筑系全体师生上书毛主席
报告该系反资产阶级思想运动彻底胜利
并保证将收获贯彻到实际行动中去

最敬爱的毛主席：

我们北京铁道学院建筑系全体师生以万分愉快与兴奋的心情向您报告反资产阶级思想运动的彻底胜利的消息。在“五一”以前，我们由于没有很好的掌握党的政策，因而没有取得胜利。但自“五一”重新开展反资产阶级思想运动五十天以来，由于在党和您的思想正确的领导下，在我们很好的掌握了党的政策以后，并且在全系师生的努力下，今天我们已取得了辉煌的胜利。老师们百分之百彻底批判了资产阶级思想，同学们大部分批判了资产阶级思想影响，都积极地投入运动中。工人阶级思想的红旗已经在我们系里树立起来了，这是党的胜利！这是马克思列宁主义和您的思想的胜利！这也是我系全体师生空前未有的胜利！我们百多位年青火热的心，为这胜利而欢呼而鼓舞！

敬爱的毛主席：今天由于反资产阶级思想运动的开展，使我们系里呈现出一片空前未有的新气象，老师和同学们都是那样的亲切，一块跳舞、一块歌唱、一块工作，师生紧密的团结在爱国主义的旗帜下了，每一个人都从心底里热爱人民、热爱我们伟大的祖国、热爱您、热爱党、热爱青年团。

参加洗澡过“关”的十位教师，有八位表示决心争取入党，另外有一位教师决心要以共产党员的条件来要求自己，同时都表示要把自己一点一滴的成绩，贯彻到今后的实际行动中去作一个光荣的人民教师。过去一向只谈名誉、地位、爱人及有严重反动思想的沈玉麟先生，今天他表示决心要为革命而生为革命而死，并且过“关”后积极参加了帮助教师批判资产阶级思想的搓澡队及宣传组的工作。并在我系庆祝胜利大会上亲自参加演出了“沈玉麟先生的转变”的影子戏。赵祖武先生 已不再是我们建筑系的客人，一向不爱活动的徐中先生，也与我们青年一块跳起舞来了。过去有着严重的崇美思想的庄涛声先生，及有极端个人主义思想的攀明体先生，今天他俩在检讨中表示一年、两年、七年、八年甚至于到自己生命的最后一口气也要争取作一个光荣的共产党员。老师们在谈到我系调整这一问题时，均一致表示：无论调整与工作坚持服从组织分配。当教师们百分之百通过检讨后，全体教师扭着秧歌舞参加向全校报喜的队伍，在庆祝胜利会上。教师们欢呼自己的新生，他们用充满愉快而坚强的声音歌唱“民主青年进行曲”，歌唱“没有共产党就没有新中国”。

今天，我们同学们不再把美国资产阶级的建筑杂志，看成补药，再没有人作[做]建筑师事务所的迷梦；我们都有建设我们伟大祖国的理想，我们再也不把私人的琐事作为话题，在教室里、在绘图室、在红果园里，我们谈论着思想问题、谈论着入党入团的问题、谈论着彼此的工作、谈论着祖国伟大的经济建设、谈论着荆江分洪，谈论着成渝铁路，谈论着女航空人员，谈论着集体农庄与地下铁道、谈论苏联劳动人民的幸福生活、谈论着祖国社会主义与共产主义前途。为了祖国，为了帮助教师思想改造，同学们连同患肺病的助教及同学在内，几乎都是忘我的工作，有的同学右手因在工作中受了伤，左手便学会了工作，毕业班的同学们更是百分之百的服从组织分配，他们说：“祖国每一块土地都是美丽的！人民要我那[哪]儿去，我就到那[哪]里。”同时在运动中系里有两位同志被批准入党，青年团也增加了十二位新伙伴，另外，申请或争取入团的有三十七位，三年级的同学百分之百申请入团。

在伟大的运动中，一天好比二十年，我们都在飞跃的前进、祖国也在飞跃的前进，当我们打开窗子看到外面一幢幢正在建筑的红色楼房时，我们便想到即将到来的建设高潮和祖国美好幸福的明天，同时我们也想到我们的任务是多么重大，伍亿＜的＞劳动人民需要有多少集体庄园?? 多少工厂?? 多少文化宫?? 多少学校?? 多少住宅呢?? 因此我们在庆祝胜利的时候，我们一定要巩固现有的成绩，毫不自满。敬爱的毛主席，我们向您保证，将一点一滴的收获贯彻到今后的教学中、课改中和学习中去，我们要努力学习马克思列宁主义、毛泽东思想，掌握科学技术，学习苏联先进经验，开展文化活动，在党和您的教育下：我们都有信心作一个才德兼备、体魄健壮、具有高度共产主义觉悟水平的人民专家，为保卫和建设我们伟大的祖国奋斗到底！让我们紧密的团结在您的旗帜下胜利前进，最后祝福您

万寿无疆

北京铁道学院建筑系全体师生敬上

一九五二年七月十七日

第六十期　第三版

彻底批判资产阶级思想！坚决树立工人阶级思想！

感谢党把我从泥坑中拯救了出来

建二　屈浩然

编者按：建筑系核心组前天宣布该系全体教师胜利归队，在反资产阶级思想战线上获得彻底胜利。昨天该系举行庆祝胜利大会，我们特发表在运动中有显著转变的建二屈浩然同学上月在全校师生大会上所作的典型报告。

我出生在一个小资产阶级的家庭中，父亲是教员，幼时所受家庭影响不大，我受初中教育的时候，我受到了祖父的封建教育，他是一个地主，因此对我所说的也尽是些自私自利，富有剥削意识的话，他经常的对我说："你必须要好好学习专门技术，有了技术，什么人来都得请教你，总是有饭吃。"又说："千万别搞政治，加入什么社团。六十年换三个朝代，政治最危险。"最后他又告诉我："只有铁道、邮政、海关最有希望，真是金饭碗。"他要我读书为了光宗耀祖，为了报养育之恩，他不许我和劳动人民的孩子玩，因为，我是"书香子弟"。这样，当我刚开始懂事的时候，就灌输了我一整套的剥削阶级的个人主义人生观。抗日战争胜利以后，我进了受美帝教会直接控制的教会学校，繁重的功课就是要把我们压得透不过气，没有精力来过问其他的一切，只是死啃书本，要我们崇拜美国的一套，中国先生讲英文，忘掉自己的祖国；假期里回家，这时父亲已爬进了伪中央银行，来往的人都是谈阔气、讲排场，口口声声说："人生就是享受"，我既然在这样腐朽的气氛下成长起来，再加上旧社会风气的薰[熏]染，所以在未进大学、学习上一无所成的时候，思想上却已种下了纯技(术)观点、自私自利的个人主义。

解放了，自己一方面固然想做个专家，希望能考进理想的学校，另一方面，初步看到了解放后祖国的新气象。的确也想为祖国贡献一点力量。当时自己抱了这分[份]热情进了唐院的建筑系。但一进唐院使我非常诧异的是：我们的系实在和我在中学时所想像[象]的国立大学并不相符；在建筑系，许多地方的确使我感到神秘。教授们大吹大棒[捧](地)说："××是全国建筑界的老前辈、××是新中国最有希望的青年建筑师、××是全国最棒的水彩画家。"总之听来似乎我们的老师都是了不起的专家。再看这些专家的表现呢！不是在北京有自己的私人建筑师事务所，就是在××部兼差。最奇怪的是有的教授是两星期来唐院一次，平时很少看见他们的面，这的确使我感觉到建筑师真是一个“自由职业”者。教授薪金已不少，再加上事务所3%的设计费，真是用不完。平时作[做]设计参考时，只要看看美国杂志就行，全国又只有三百五十个建筑师。这样我的心中的确产生了能读建筑，真是莫大的幸运，再加上在平时教学上的“天才灵感”、“师傅带徒弟”，使我在过去所具有的腐朽思想的萌芽，不但没有能拔去。并且得到了发展，因而更快地成长起来。由于我被资产阶级思想所侵蚀，我终于可耻地以所谓最有希望，实质是最会弄钱的宗国栋作[做]了我努力的方向，一切我都向宗国栋学习，一切以他作榜样。

这种思想的主导作用，使我首先表现在享乐主义的唯利是图上，为了满足自己的享乐思想，家庭供给我的经济不能满足我这要求，我就想到了利用寒假进行工作的游击作风，只要是有孔可钻，我就去干。去年暑假在我班的抗美援朝捐献飞机大炮的工作中，我首先考虑到的不是如何提前完成这光荣的任务，而是斤斤计较于待遇，以及捐献百分比，在工作中天天计划着如何去跳舞、看戏、打牙祭，我并没有衡量一下自己在工作中所取的态度和所起的作用，反以最羡慕的眼光去看着别的每天拿十几万元的艺术商人，工作完毕后，我在一个商人的召唤下，立刻一拍即合的去与他承包了另一件工作，这时期我表面上是一个交大的学生，实际上我可说我已变成了十足的商人，我以商人的姿态、口吻去与他讲待遇，但是我又不敢得罪他，因为我还想在下一次利用他，而他呢？也抓住了我这点矛盾，与我在钱上周旋，我们彼此利用着矛盾，口上说得很漂亮，我说我得利用假期工作，减轻家庭负担，他说，你帮了我不少忙，我一定不会亏待你，其实除了钱还有什么呢？由于利欲薰[熏]心，我失去了立场，为了钱，我向商人低头，任其剥削而不敢斗争，心中想的一套，口中说的又是一套，互相利用，互相欺骗，虚伪无耻，矛盾百出，商人思想在我脑筋里是相当深的了，而每当同学向我提出意见的时候，我竟无动于衷，心中想你自己找不到工作，还来批评我。口里说我家庭经济困难，事实很简单，因为自己在富时已站稳了资产阶级的立场，于是就有一套资产阶级虚伪的说法来辩护，这种唯利是图的表现很多，在看报时专注意广告，看看有无征求商标设计，因为这是一条赚钱的门路，我先后应征了海关署的关徽，北京清河制呢厂的商标，但总没有成功，最后看到大众农业的得奖者有我老师名字的时候，我才感到自己的力量不足，失败居多，我还应该好好向老师学习，我在当时所以这样做，完全是为了钱，但是我却偏要说是为了理论与实践互相结合。

我在学习上采取了什么态度呢？我曾经听先生说过他过去是如何的每次考第一名，最后把成绩留下，拍照作［做］模范榜样，他们告诉我如何来发挥天才，与众不同，唯我独异。再加上老师们叫我们自己去模［摸］（索），我把建筑认为钱只是机上眼做一场梦就可解决的天才科学（本句原文如此——编者），我在个人主义的鼓励下，学习就当作为了个人，为了表现自己，我把学设计的最高目标就是能将成绩留装镜框照相，我的个人英雄主义发展到最高峰，我完全忘记了我是为谁而学习，忘记了祖国人民需要的是什么，根本没有考虑到经济条件，使理论与实践相脱节，往着资本主义国家自由竞争、标新立异、为剥削阶级服务的建筑师道路走去。

在生活上，我与几个人形成了小圈子，在我们彼此存在着共同的享乐思想意识，都是有浓厚的个人主义，自高自大、自吹自捧、自命清高、自命不凡。整天高谈阔论，评东论西，散步、吃零食、聊天、玩扑克。说是生活得生动活泼，说是彼此间有崇高的友谊，自己既然生活在这样的小天地中，并且自以为别有意味，所以与班里同学的生活完全脱节，不关心班上工作，不关心政治学习，所关心的只是小集团的利益。

自己既脱离了群众，但又认为群众对我们有意见，对团的看法更不正确，以个别团员的作风来衡量整个的组织，抓住了个别的团员在业务学习上比较差的缺点。

第六十期　第四版

就强词夺理的说你们搞政治，我们搞业务，政治与业务分工，各搞一套，还不都是为人民服务，我在当时没有一点进步的要求与表示，而我说团对我帮助不够；自己与班脱节而说这不团结的责任，要团来负，我把团员同志对同学的帮助认为是虚伪，对同学的意见认为是打击，就是站在个人主义的立场上来污蔑青年人先进的组织。

由于我背负着严重的资产阶级思想包袱，个人主义压得我抬不起头，不能看一看光明的远处，每当在运动中要对我考验的时候，我就害怕，我不敢积极地参加，甚至想作消极的逃避，使我在每次伟大运动来到的时候，不得不采取了不关心的自由主义态度，在参干运动时，我的问题发展到极高峰的个人主义思想，使我连思想斗争的勇气都没有，很快的给自己下了结论：参干对我是牺牲,口头上我说我的家庭不答应。

“三反”开始后,我对运动还是采取了一贯的自由主义态度,最多不过从报纸上看到了些资产阶级的丑恶本质,以及它三年来对工人阶级进攻的感性认识,但随着运动的开展,通过系里教师们的检讨,北京市各高等学校的反浪费展览会,才使我体会到资产阶级思想对国家人民的危害性,即使在高等学校中也是这样,并且有许多地方,的确使我开始觉得我与教师有共同之处;在“五反”工作中,我冲出了小圈子的锁链,生平第一次与那么多的革命工作同志在一起,亲切关怀的为同一目标而工作;这的确使我体会到了革命大家庭的温暖,我感到这种同志间的感情的确要比小圈子的感情来得真挚,在作[做]群众工作的过程中,我接触到了许多工人同志。我看到有些工人怎样由认识不清而划清阶级界限。由为资本家服务而回到自己的队伍,好多工人都站稳立场和不法资本家作坚决的斗争,在许多具体事实中,他们的爱和恨是那么的明确,对自己的缺点又是那么勇于接受和改过,这时我才体会到了工人阶级大公无私的高贵品质,上海的“五反”工作是艰巨的,但由于党正确领导和伟大的政策,使斗争能很快地进展,这方面也可说使现在具体的斗争中体会到伟大政策所起的作用,也明确了为什么每一个运动都是群众性的运动,返校后我虽然表现上是比较积极地投入了反资产阶级思想运动,但由于我思想问题尚未解决,所以在若干地方我还是任务观点和表现自己,团在这时看到＜了＞我有了进步要求进步的表示,立刻主动的耐心的向我作了鼓励启发、教育工作同志们的话都是那么的诚恳和热情,使我不仅对这种伟大的关切表示了感激,并且又问了自己一声;他们是为了什么呢?这使我联想起我刚来京院时,由于我作风的恶劣,当时团对我提出了批评,而我因为自己严重的自高自大态度。不但未予接受,相反地还以极不耐烦、不承认错误的姿态来对待向我提意见的同志,可是团员同志即使在这种情况下还是打击我,还有丝毫虚伪的存在吗?在“三反”中我被组织上调去了上海工作,这难道还可说组织上对我们的同学不关心、不帮助吗?相反地,只要有机会他们是会尽最大的能力来对我们争取、帮助的,今天团员同志又向我提出了许多尖锐的意见,而这些又都是针对我的要害,过去在自高自大的外衣下,我自己从没有发现过我的缺点。多在这时对团的看法基本上已有了扭转,已认为它的确是自己的组织,它无时无刻不在关怀着我们每一个同学的进步,所以我终于能照同志们对我的启发,开始挖掘自己的思想问题了,像我一个从未挖掘过思想问题的人,不挖则已,一挖惊人,我感到我几乎是遍体疮伤。同志们在这过程中经常不间断的来向我进行思想改造的教育和启发，告诉我这种思想并不是出生就有的，而是完全由于周围的影响才使白纸上染上了污点，这样使我打消了对暴露的顾虑；接着，又告诉我如何把这种思想丢掉，批判掉，我的头脑开始清醒过来，站在无产阶级的立场来看过去我的所谓为人民服务是怎样的呢？在口头上唱着空洞的为人民服务，实则是为人民币服务，我曾经这样地想过：白天给公家做事，下班后为自己服务，我说这样，既不影响工作，又照顾了自己，其实这又是一种什么态度呢？我的所谓工作，就只是为了小米，我工作动力也只是小米。我把人民为我培养的知识当作商品一样的出售，即使连偏■观点都称不上，这样在能满足我个人利益的一定条件下，我也许还能工作，但只要一旦个人利益与集体利益发生矛盾的时候，什么对祖国人民有危害的事我都会干出，只要谁对我的知识出价高，我就为谁服务，祖国要求我们是体魄健全、才德兼备，并且具有高度共产主义觉悟水平的新中国大学生，而我呢，连最基本的为人民服务还做不到，祖国解放已三年了，三年来一切都变了样，而我还是依然如故，三年来，工人、农民与国家不知创造了多少财富，无数的劳动人民为了祖国而贡献出了自己的一切，而我呢，我受到劳动人民的培养，我却时时在为我个人打算而烦恼消极，难道人民的血汗就是要培养我这样自私自利，为个人服务的“专家”吗？我那[哪]一件事对祖国有贡献；又那[哪]一件事为人民而着想？难道对这样一个可耻的人还能留恋不忘吗？是谁害得我成了这样一个忘了祖国的人呢？是资产阶级思想！是个人主义！上次来校报告的北大同学与我有同感，傅鹰教授的报告对我有更大的启发，“我要做一个五十岁的年青人，带着青年们走向共产主义社会。”这句话时时响在我的心里，资产阶级思想在年长的一代已是根深蒂固、长期腐蚀，但他们终于在今天党号召的知识分子思想改造运动中，勇敢地、坚决地丢掉了背负了几十年的包袱。而我呢？一个年青人，一个未来的祖国建设干部，资产阶级思想使我披上了灰色的人生观，使自己感到前途暗淡无光，使我忘记了人民对我的培养和要求，一方面对国家造成了损害，一方面也毁灭了自己的前途，而当今天毛主席号召我们思想改造的时候，当老师们的反资产阶级思想运动高潮即将来到的时候，我们年青的一代对这种腐朽的臭包袱还有什么值得留恋不舍得丢掉呢？同样是一个毛泽东时代的青年，是什么东西使我失去了生活的动力，庸庸碌碌，贪生怕死，唯利是图呢？是什么东西拖住了我的后腿，使我二[三?]年来一点没有进步呢？是什么东西蒙住了我的眼，使我戴上了有色的眼镜，对事物永远是看得模糊不清，资产阶级的思想老是把我圈在个人主义的圈中，把祖国人民的利益丢之殆尽！这种思想难道还痛恨不起来吗？是我下决心把它丢掉的时候了！因为我不能背着它走向社会主义共产主义社会呀！同志们一次次对我的分析批判更增加了我对思想改造的决心，所以当我体会了这种思想对我个人以及再由我来造成祖国人民的危害性后，当我感到过去是对人民一无贡献，坐享先烈们的革命成果，对不起祖国，对不起在天安门上曾检阅过我们的毛主席，我就痛下了决心，我要把这臭思想很好地暴露和批判，在思想上来划清敌我的界限。

我在这时才深刻体会到党对知识分子团结、教育、改造的政策。我很快的联想起解放后自己父亲的改变，在这伟大的政策下，即使像过去所谓人生为享受的父亲也逐步的改造了过来，对党采取了忠诚的态度，今天党又把我这样一个人从个人主义、自私自利、死啃书本、不问政治、贪图享受的丑恶思想中解放了出来。

从狭小的生活体系，终日惶惶无所措、悲观失望、不满足的灰色人生观中拯救了出来，使我重新幸运地投入"母亲"的怀抱。我不再消极和悲观，我的生活根本的改了样，一股巨大的力量在推动我前进，为同一目标而奋斗的同志的感情，对我的感触是难以想像[象]；这对我才真正体会到了生长在毛泽东时代青年的幸福，但另一方面，也使我体会到我们一代所负的使命。我对党有了正确的认识，我认为党不但领导着祖国的革命事业，并且在一个运动接着一个运动的过程中，党在直接领导着我们每一个人前进，我感到我今天的思想转变和得到的幸福，都是党直接的赐予。我对我自己说："我衷心的感谢伟大的党，我要为党的事业而贡献我的一切！"

我过去强调只要技术高，就可很好地为人民服务；今天摆在我面前的是一个活生生的实例，在我过去盲目崇拜得五体投地，认为技术高明、年青有望、口头上也唱着为人民服务的老师，今天都成了盗窃国家资财几十亿的大贪污犯，他的技术不但没有能为人民服务，而且还给人民带来了无可弥补的损失；钢骨水泥的大楼住不了人；我感到技术与政治的脱节的危害性；只有真正具有工人阶级思想的技术干部，才能很好地为人民服务。

我脱去了有色的眼镜，看清了祖国走向共产主义的前途，光明美好的远景在等待着我们去创造，周围的同志们已走了二年的道路，即使在我今天要开始急起直追，已经是晚了一步，但我相信，我是有决心＜来＞做到的，我感到我的思想斗争胜利还只是开始，许多旧东西也许会时时向我脑中复辟，我一定要更努力的投入这伟大的思想改造运动，洗清我所有的腐朽残余思想，从思想上划清敌我界线，把我的一切忠诚地贡献于祖国的革命建设事业，为共产主义的建设而奋斗！

第六十期　第五版

庆祝建筑系思想战线上的彻底胜利
庆祝反资产阶级思想运动胜利高潮的来临

在党的领导下我们取得了胜利

建筑系主任　徐　中

半年前，建筑系一直被资产阶级思想统治着，甚至是被美帝文化侵蚀着；有的教师因袭着旧社会建筑师的作风，为了自己的名利，兼职、开事务所，而忽视系里的教学工作，有的教师整日在追求自己的名誉、地位、爱人，不惜以同学的学业为牺牲品，更多的教师生硬的搬来美国教学内容，散布美帝的文化毒素、生活方式、建筑艺术，有些同学薰[熏]染了单纯技术观点、自私自利、[redacted]腐化甚至敌我不分的反动思想。这样，我们一个祖国的高等教育机关，不是工人阶级思想在领导，而是资产阶级思想在领导。

反资产阶级思想运动开始后，我们也和全院师生、员工、家属同志们同样在党的领导下投入这个伟大的、翻天覆地的斗争中来，在“五一”前，由于没有掌握党的政策，我们也走了一段弯路，使运动遭受到一定的损失。“五一”后，在节委会办公室正确领导下，全院师生员工家属共同努力下，经过学习“可爱的中国”、“论批评与自我批评”和看了“上饶集中营”电影后，全系的教师们，都先后端正了对运动的态度，积极作检讨。同学们也都纷纷划清敌我界线，批判资产阶级思想影响，积极投入到运动中来，参加搓澡队、宣传组等各项工作，热心诚恳的帮助教师洗澡。童鹤龄先生沉痛的批判了自己的灰色人生观，决心争取作[做]一个光荣的共产党员；周祖爽先生忿恨的控诉了自己的地主阶级家庭，初步划清了劳动与剥削的界限；沈玉麟先生放下三十年来旧社会给他的虚伪面具，决心要“为革命而生，为革命而死”；屈浩然同学放下了自私自利、享乐思想的包袱。陈[redacted]英、李宗浩同学控诉了反动的父亲，划清敌我界线，批判了崇美思想，光荣的参加了新民主主义青年团。两个月来，全系百分之百的师生积极的投入了运动，忘我的工作到深夜两点、三点甚至通宵，在运动的高潮中，大家又响应了办公室的号召，开动脑筋提高工作效率。

今天的建筑系,已不是半年前的建筑系,代替"为爱人而生、为爱人而死"的人生观是"为革命而生、为革命而死"。代替"要作和尚"的灰色人生观是"争取作一个光荣的共产党员"。代替反动言论的是"歌颂毛主席、歌颂共产党"。在办公室里、宿舍里、校园里、操场上看到的不是为名利而苦恼的面容,而是欢欣鼓舞的笑脸,听到的不是小米、事务所、金钱、地位,而是为了祖国建设如何改造自己的思想、怎样争取入团、怎样争取争取入党,全体师生的战斗口号是——为了人类美好的未来、共产主义事业奋斗到底!全系教师有80%决心要争取入党,其余的教师也都以共产党员的标准来要求自己。全系97位同学;在运动中团员由31人增加到41人,正在争取入团的还有37人,并有两位团员光荣的入了党。这一切说明了建筑系是改变了,建筑系已由堕落腐化改变成生气勃勃,建筑系的领导思想,不再是资产阶级思想,永远也不是资产阶级思想了。代之而起的是工人阶级思想,是马克思列宁主义在领导着我们,是伟大的毛泽东思想在领导我们了!这是建筑系空前没有的一件大事,也是我院空前没有的一件大事。我系反资产阶级思想运动已经获得胜利了,这样的胜利是值得高兴的,是值得我们兴高采烈、狂欢歌舞的,因为这是党的政策的胜利,是马克思列宁主义、毛泽东思想的胜利,是我们全院师生、员工、家属半年来集体劳动的成果。

旧社会把人变成鬼,今天新社会把鬼又变成了人!资产阶级思想使年青的人变成衰老、灰暗,今天年老的人都变成了青年。全系的教师,为了庆祝我们这个伟大的胜利,大家从内心发出欢笑,练歌练舞,忙着演戏,我们是新生的青年、新生的力量!我们要歌唱毛主席、共产党,没有共产党,不可能有今天的新生,没有共产党,不可能有今天的胜利。同学们为了庆祝胜利,大家跑着、跳着,传送胜利的消息,大家热情的布置会场、准备节目,在每个人的面孔上,看不到疲劳,只是高兴。是的,我们是高兴。今后我们培养的干部,不是贪污分子和没有用的技术贩子,而是祖国人民需要的德才兼备、体魄健全、具有高度共产主义觉悟水平的国家建设干部。

这一个胜利,只是我们胜利的开始,我院反资产阶级思想运动,今天正是高潮,我们的工作并没有结束,相反的要更努力,我们的全体搓澡队员已精神百倍的接受了新任务,帮助俄材小组的教师们洗澡,我们要更进一步提高工作效率,为争取我院反资产阶级思想运动彻底胜利而斗争。

第六十期　第六版

庆祝建筑系思想战线上的彻底胜利
庆祝反资产阶级思想运动胜利高潮的来临

你们的成就更坚定了我们必胜的信念

建筑系全体同志们：

热烈庆祝你们教师、同学们思想战线上的全面胜利；这是马克思列宁主义、毛泽东思想的胜利，是我院反资产阶级思想运动的胜利！

你们的成就将进一步鼓舞我们的热情，更坚定了我们必胜的信念，希望你们巩固运动的收获，和全院师生在一起，为争取全院反资产阶级思想运动的彻底胜利而努力，

此致敬礼

本院学生会

让我们携起手来向共产主义大道胜利前进

建筑系全体教师、同学和家属同志们：

首先让我们经济系全体师生向你们的辉煌胜利致以最诚恳热烈的兄弟的祝贺！当我们听到你们全系教师百分之百胜利过"关"（的）令人兴奋的消息的时候，我们已无法抑制住我们激动的感情从内心里喊出"毛主席万岁！"你们反资产阶级思想运动的战线上的彻底胜利，就是党的正确领导的胜利！是毛泽东思想的胜利！马克思列宁主义的胜利！

在这次我院反资产阶级思想运动中，你们一直站在斗争的最前线，起着带头作用。屈浩然同学、沈玉麟教授的典型报告，对全校教职工和同学都起了启发和鼓舞的作用，而在胜利高潮来临的时候，你们又首先获得了光荣的胜利，把运动向前推进了一大步，这和党的正确领导、你们全系教师同学的英勇战斗意志、坚决克服困难的精神以及家属同志们的大力帮助是分不开的，今天辉煌的战果，不是轻易得来的，希望你们巩固成绩，继续前进。

你们的胜利大大鼓舞了全院士气，更坚定了我们对全院反资产阶级思想运动彻底胜利的信心，我们系里，这两天也是捷报频传，一个胜利接着一个胜

利，就在今天下午，张协衷主任也胜利的过“关”了，现在我们全系师生都以战斗的姿态投入高潮中，我们要向你们看齐，向你们学习，争取我们的胜利早日来到，我们更相信全校反资产阶级思想运动彻底胜利也就要来到了，伟大胜利果实丰收的日子就要来到了。“为革命而生、为革命而死”不仅是沈玉麟教授的决心、建筑系师生的决心，而是全校师生员工的决心了。让我们像兄弟般亲切地携起手来，投入祖国建设事业中，向共产主义大道胜利前进吧！此致

革命敬礼

经济系全体师生

完成祖国交给我们的学习任务来迎接胜利

亲爱的建筑系全体师生：

正当我院反资产阶级思想运动进入高潮的时候，我们欣喜的看到喜报，建筑系全体教师已胜利的过“关”了，这是一个多么高兴的事情！是值得我们万分庆贺，庆祝我院反资产阶级思想运动胜利第一炮，庆贺我们党的政策的胜利，毛泽东思想的光辉胜利！

但是这些胜利是由于在毛主席的领导下，全体同学和教师积极的投入运动，日以继夜的、认真的和非无产阶级思想进行斗争后获得了这样大的成就！

我们要以无比的兴奋迎接更伟大的胜利。建筑系全体教师思想战线上的胜利是鼓舞全院反资产阶级思想运动的胜利，也象征着整个思想战线上的胜利快要立即到来。

亲爱的老师们、同学们，我们要高呼毛泽东思想的胜利，要以实际行动完成祖国交给我们的学习任务，来迎接胜利，并且希望全体师生要以再接再厉的无比毅力，争取全院运动的彻底胜利！最后祝全体老师、同学战斗胜利！身体健康！

革命敬礼

干学班：甲班班委、乙班班委、丙班班委暨全体同学

这次胜利是我思想改造万里长征的第一步

建筑系副教授　沈玉麟

在今天庆祝建筑系思想改造运动的彻底胜利大会上，我以无比兴奋的心情感谢党和毛主席！今天的胜利是党和毛主席给我们的，一年以前，我们的系是在重重困难、摇摇欲坠的不安状态里，那时候系里没有系主任，形式上、实质都是无组织、无领导，各位教师都有自己的个人企图，谁也不关心系的前途和

同学的学业。也就在半年以前吧,崇美思想、腐朽人生观、单纯技术观点、商人思想、作客思想把我们的系腐蚀得不成样子,教师想离校、同学想转系。“三反”开始了,是伟大的、光荣的、正确的中国共产党和毛主席的英明领导,是反资产阶级思想运动的教育和启发,使我们在思想战线上得到了胜利,把我们系转换了一个新的面目。各位教师都取得了思想斗争的胜利,到目前为止,参加思想改造的教师已有百分之八十争取入党,这是一个划时代的转变,是马克思列宁主义、毛泽东思想的胜利,是党和毛主席给我们的胜利。

昨天的我是愚昧的、堕落的、走向毁灭的,我做了背叛我们可爱的“母亲”的逆子,我给祖国劳动人民带来了不可容忍的损失。想起了这个,我的心是无比沉痛的,在思想改造运动里,我得到了新生,这是党给我的新生,在党的不断教育下,我要不断的接受新事物,把我的“新我”贡献给党的事业。

人民需要什么,我就做什么,人民迫切需要什么,我就赶紧做什么,目前我一定要拿出我的全部力量,做好组织上交给我的工作,使我院已经在高潮中的反资产阶级思想运动取得彻底胜利。我要在人民教师的光荣岗位上,把我的生命无条件地全部贡献给祖国的广大劳动人民(。)

这次思想改造的胜利是我思想改造万里长征的第一步,我要巩固这个收获,进一步检查批判我的非无产阶级思想,努力学习马克思列宁主义、毛泽东思想,树立工人阶级的思想,把我思想改造的一点一滴的收获都贯彻到今后的实际行动中去!

在今天庆祝我系反资产阶级思想运动彻底胜利的大会上,我提出了以上的保证,作为我对党对毛主席的光荣献礼。

第六十期　第七版

文艺(10)
副　　刊

让毛主席听见

——庆祝建筑系反资产阶级思想运动的彻底胜利

大　　勤

我们今天要高声歌唱,

歌唱我们的系变了样；
我们的歌声响彻云霄，
我们的歌声热情荡漾；
我们要让我们的歌声，
穿越广阔的田野，
穿越红色的宫墙，
让毛主席听见！
让毛主席听见！

没有黑夜
就不会感到白天的光亮，
没有阴天
就不会感到艳阳天的清爽，
没有生过病的人
不会知道健康的可贵，
我们的系呵
要是不知道半年前的阴暗，
又那[哪]能
感到今天的辉煌！

那不过是半年以前，
要是你走进我们的课堂，
你也许会怀疑
这到底是学校还是商场，
这儿是几个人在低声谈天，
偶而传来一句、两句，
“嘿！
这画得好，
这画得棒，
一定得头奖！”
那边走来一位老师，
拍拍我的肩膀，

笑一笑，
连声说，
“嗨！老弟，
要得！
要得！”

那不过是半年以前，
要是你走进我们的课堂，
你也许会怀疑
这到底是中国还是美国，
这儿有几个学生，
围着一个教授吵吵嚷嚷，
一个说 mies 不错，
一个说 wright 更妙，
一个说我这个 scheme 得改改，
一个说我的 p[redacted]am 还不坏，
那个教授摇摇头，
不慌不忙说：
“噢，
噢，
你们这几个图，
都太不 simple，
还得注意 colum space！”

那不过是半年以前，
要是你遇到沈玉麟教授，
他会结结巴巴地告诉你：
“名誉、地位、爱人……爱人，
我，我，
我死了也甘愿！”
你要是再想跟他谈谈建筑，
他会一本正经地告诉你：

"说实话,
美国的建筑又轻巧,又简单,
无论如何
也比苏联的强!"
也许
桌子上恰好有本"苏联建筑三十年",
他更要生气,
他说:
"教这个
还不如去摆花生摊!"

呵!
再请你到咱们宿舍里去参观参观,
这儿的门上
用粉笔写着"toy's part[redacted]",
那边的房里
又传出了喧闹的爵士乐,
有的同学刚拿起"新民主主义论",
旁边的同学劝他:
"哼,你还看这个,
明天考微积分",

那不过是半年以前,
半年的时间不长,
但也不太短,
要是每天工作十六七个钟点,
算算吧,
半年该是多少千百个钟点?
每人千百个钟点,
算算吧,
一百多个人,
又该是多少万个钟点!

就是这样呵！
多少万个钟点，
多少万个钟点，
白天晚上，
日日夜夜，
紧张的工作，
我们的系有了转变，
我们的系有了转变！

沈玉麟教授做检讨，
一次，两次，三次，四次，
虚伪，虚伪，虚伪；
第四个虚伪了。
大字报揭发，
三反快报批判，
大公报、光明日报、
人民日报
都有了对沈教授的批评；
有的同学说：
“沈教授不可救药！”
有的同学说：
“还不如干脆送他进革大！”
但是
党教导我们：
“要耐心教育，
要善于等待”，
终于
在学习“论自我批评”的小组会上，
沈教授
第一次流下了忏悔的泪……
他说：
“我虚伪，

我虚伪了三十多年,
旧社会把我变成鬼,
今天呵!
在党的教育下,
我要重新做人!”

谁愿意改造,
谁愿意
展开思想斗争,
谁就一定会
在思想战线上获胜!
沈玉麟教授
以新的姿态、
一个积极的战士
重新走上了思想战线!
深夜里、
电灯下,
沈先生在赶写检讨;
一张,二张,三张
写了三万余言!
他控诉资本家父亲的残忍,
他痛恨美帝对他的毒害,
他无限悲愤地说:
“美帝
把我变成
身体是中国人
灵魂却是美国人的人!”

第六十期　第八版

他的声音
从来没有这样响亮,

他的决心
从来没有这样坚强，
他高呼：
“我要为革命而生
我要为革命而死！”
他说：“我要争取
做一个光荣的共产党员！”
欢迎你，沈教授！
欢迎你，沈教授！
听呵，
你到了那[哪]里，
那[哪]里
就响起雷鸣的掌声！

沈教授的转变，
增加了大家工作的信心；
沈教授的转变，
增加了教师们思想改造的决心，
淮海战役后的进军速度，
不能再以旧的尺度衡量！
赵祖武教授过关了、
庄涛声教授过关了、
徐主任过关了，
工作更紧张，
大家的心情却更欢畅！

阴云四散，
太阳出现，
感谢毛主席！
感谢共产党！
在您的领导下，
我们在思想战线上打了大胜仗！

今天，
我们的教师们
不再是唯利是图的知识贩子，
我们的教师们
已经打破了美帝的思想枷锁
获得解放，
他们想的不再仅仅是自己
而是广大的劳动人民，
他们看到的
不再只是鼻子底下的
个人的享受、名誉、地位
和爱人，
而是共产主义的理想！

今天，
我们系里，
大家谈话的中心
不再是小米、
设计费、
事务所
以及小洋房，
今天，
我们系里，
大家关切的是
“你的工作怎样？
几时入党？”
三十六位同学争取入团，
二十一位同学争取入党，
十位教师里
就有八个表示：
“我要争取
做一个光荣的共产党员！”

这样的胜利真值得狂欢，
同学们兴高采烈、喜气洋洋，
你编词、他练舞，
咱们再来个诗歌朗诵。
老师们也在忙着
来个精神节目。
你去问他们：
“你们的节目
叫什么名字?”
他们说：
“保密、保密，
到那天
你们会大吃一惊!”
家属们也来凑一个
大人小孩一块来跳舞，
庄涛声教师
想出一个好节目：
“青老年[redacted]，
让我们大家返老还童!”

祖国十年建设的远景
雄伟地展现在我们的面前，
我们要为劳动的农民
盖起漂亮的
集体农庄，
我们要为劳动的工人
盖起千万间住宅、
厂房、
俱乐部、
托儿所
和疗养院，
我们要让祖国的土地

到处变成美丽的花园；
我们要让祖国的人民，
生活在
人间的天堂！

我们今天要高声歌唱，
歌唱我们的系变了样，
我们的歌声响彻云霄，
我们的歌声热情荡漾；
我们要让我们的歌声
穿越广阔的田野，
穿越红色的宫墙，
让毛主席听见！
让毛主席听见！

胜利的队伍传喜报

建二　陈溪风

响起了锣鼓，
张开了彩旗，
身上系起了红绸带，
我们扭秧歌，
我们欢呼，
我们高唱，
我们走遍了教室、宿舍和饭所，
我们胜利的声音，
向全校传喜报，
我们的声音，
使每一个走[redacted]的[redacted]，
我们胜利了，
[redacted]了，
我们建筑系
全面胜利了！

锣鼓像巨雷，
欢声似霹雳——震云霄，
我们尽情地高呼：
马克思列宁主义胜利万岁！
毛泽东思想胜利万岁！
中国共产党万岁！
毛主席万岁！
我们狂欢，
我们跳跃。

我们的队伍里——
徐中系主任
扭秧歌的动作，
是那么洒脱而轻盈；
沈玉麟教授
是充满活力的青年，
大家热爱他，
把红色的绸巾
亲热地绕在他的身上，
变成红色的新娘。

这一群长了胡须的少儿队员
个个都是健儿，
个个都是队长！
虽然他们的个子高了一点，
可是他们的精神
更年轻、
更天真！

我们是这样高兴，
这样欢乐；
这是党——

给我们带来的新生，
带来的幸福，
使我们像小孩子一样地
回到了毛主席的身边。

毛泽东思想胜利万岁！

一九五二年七月十九日　第六十一期

彻底批判资产阶级思想！坚决树立工人阶级思想！

经济系思想战线上双喜临门
张协衷、朱广心两教授光荣归队
全系师生心连心手拉手胜利前进

在十七、十六两日的经济系联组会上，张协衷主任和朱广心教授都做了第三次检讨，由于这次检讨态度老实诚恳，对他们的主导思想有了较深刻的认识和批判，因此受到该系师生的热烈欢迎；并由核心组当场宣布通过了他们的检讨。这是我院反资产阶级思想运动胜利高潮的又一重大胜利！

在一息尚存以前，也要争取做一个共产党员

张主任出身于一个破落地主家庭，自幼即染上了名利、剥削思想，在大学毕业以后，因“一无靠山，二未镀金”，就凭着“吹、拍、拉、压”，开始不择手段的往上爬，由科员一直到路局科长、伪交通部科长、会计处长、总会计等，而为了巩固自己的地位，充实向上爬的资本，更不惜卖身投靠国民党、参加青红帮；在担任伪交通部科长的时候，由于他“忠心耿耿”，曾被反动派誉为“优秀工作人员”，并被送入培养“天子门生”的伪中央训练团，使张先生更成为反动派的忠实信徒，仇视共产党、仇视苏联。解放以后，眼看反动派已经完蛋，为自己的前途打算，只好来教书，他想北京是“文人会集之处”，可以交游广识，而且铁道部又是“近水楼台”，不难找机会往上爬。在当了系主任以后，更突出地表现了个人英雄主义和家长式的统治作风，摆着“老资格”的架子，对“少壮派”的教师存着成见；对一些助教则根本看不起，叫他们为“毛娃子”使得系里一盘散沙，严重影响了系务的发展。

但是，正由于张协衷主任仅是为了表现自己、为了与铁道部“近水楼台”以达到向上爬的目的，因此，当三反运动开始、各级干部“首长负责，亲自动手”时，张主任就认为“倒霉”了，他急急地想辞职，并趁此机会想到现场去。所以就坚持错误，希望大家把炮火集中到他一个人身上，好很快的辞职。听到同学们说他教学不负责时，他更感到“饭碗成问题，不如到现场去混”。在第二阶段反资产阶级思想运动开始以后，他担任了互助组组长和核心组组长，于是他就生硬地搬了些马列主义去要求别人，自己却仍旧不肯开展激烈的思想斗争，想要慢慢地来一个“一鸣惊人”，显一显自己的“进步”。但是，当他第二次检讨受到群众的批评，仍没有通过时，他的个人英雄主义就原形毕露了。“老脾气”、“冷热病”、便大事[肆]发作，满腹牢骚，他认为“我一切精力都用尽了，水平低、只能如此。”“最多把我和朱广心一样对待，还能怎么样?”他更公开地说：“我反正改造不好，把我送去劳动改造好了。”并且又一次重弹老调，他说：“对我开炮吧！我砸了锅好滚蛋。”“专材专用，做板凳的材料不能做桌子，组织上应该调我到现场去。”等等。到六月二十一日全系师生学习“批评与自我批评”的大会上，他不但没有谈什么体会，反而提出“不解决我的辞职问题，就不能解决我的思想问题。”在这以后，经过同志、同学的耐心帮助，他也有了一些转变，但是仍旧忽冷忽热，当他以为化[花]了不少功[工]夫，“一定不错”而群众又提出意见时，他就泄气，他几次地说：“一切从祖国人民利益出发，是空空洞洞唱高调。”

在“七一”下午全系师生大会上，张主任受了大家热情洋溢、充满胜利信心的影响，感情上起了剧烈的波动，对党也有了新的认识。因此在会后迅速的写完了检讨，但是认识仍旧较差，态度也还没有根本转变，所以当这次检讨稿又被同学教师认为不深刻时，他又一度冷了下去，并回家去“换换空气”。但是，出乎张主任的意料<之外>，家里的“空气”并不是他所想像[象]的那样“和平”。张师母在家属座谈会以后，已进一步认识了运动的意义。所以看到张主任的态度不够端正时，就向他提出了尖锐的批评，不顾自己的血压高病症，与张主任一直谈到深夜，第二天张主任的女儿和女婿又帮助张主任分析一些问题，指出张主任从个人主义出发看问题的错误，张师母说：“你觉得同志、同学是外人，对你要求过高，可是我们是你的亲人，难道也会与你为难吗?”在这种情况下，张主任开始变了，回到学校后与工作组关晖同志谈到自己不应该以拖拉的态度对待运动时，沉痛得泣不成声。由于这次真正端正了态度，因此，张主任只“热”不“冷”了。他对待群众的意见开始非常虚心、诚恳，积极地抓紧每一分钟时间做检讨。七月八日晚上，他参加了团日。看到群众那样热爱党、团，那样充满愉快与积极的气氛，使张主任更体会到“社会在飞快前进”。他积极地上台讲了话，表示决心，要洗一个干净澡，对于朱院长和侯秘书长的报告，也有很多体会，他说：“我要很快的赶上时代，我不愿变成一个老古董。”

第六十一期　第二版

从此他更加紧的挖思想、写检讨，一方面是紧张，一方面也很愉快，并虚心与搓澡队交换意见，每天总要到深夜才睡，十五日听了叶向忠同志关于如何渡[度]过胜利高潮的报告后，更提出了“争取一次过关”的保证，并真正以“万米赛跑的最后阶段”那样的姿态加了一把劲，写完了全部检讨。

十七日下午，张主任终于实现了他的保证——一次过“关”了！那次虽然是称做“联组会”，但是，到会的师生达九十余人之多，门外都站着很多人，经济系的师生是多么关心张主任的进步啊！在张主任的检讨中，暴露和批判都是比较好的，首先，对于他的历史包袱——参加青红帮、伪中训团等反动组织有了痛恨，认识到自己做了反动派的爪牙，危害了祖国人民。而以此为向上爬的资本，更是卑鄙可耻。他沉痛的说：“我爬得愈高，也就愈给劳动人民增加了苦难，今后，要以实际行动来补偿这些罪恶。”对于自己由于个人英雄主义的作崇[祟]，在系务工作中的危害，也感到痛心。他认识到，他的“尊严”、“面子”、“好表现”等，使系受到了莫大的损失。认识到以“吹、拍、拉、压”的手段来对待光荣的人民教师工作，是与祖国人民的利益背道而驰的。他表示：今后一定要以集体主义的精神，真正做到全心全意为人民服务。每当他谈到自己给人民带来危害时，他几次落下了悔恨之泪。最后，他表示要加强学习马列主义、毛泽东思想，虚心向群众学习，不怕困难、不辞繁琐、坚决服从组织分配，并愿以实际行动“在一息尚存以前”争取作[做]一个光荣的共产党员。

在群众热情的欢呼与掌声中，核心组根据张主任(一) 态度端正：虽然以前曾犯过冷热病，把思想改造与到现场去混为一谈，因而态度不端正，但是，现在有了基本上的转变，努力写检讨，虚心接受群众意见；(二) 认识到历史包袱的丑恶，决心把它扔掉；(三) 对主导思想——名利思想及其危害性，例如在“超然主义制度”掩护下的精打细算的个人主义，以及不择手段往上爬等都有了进一步的认识；(四) 对个人英雄主义及其危害性，如工作中遇到困难就消极，忽冷忽热，对同志有成见等作了较深刻的批判；(五) 对于人民教师光荣的工作岗位有了正确的认识。等方面，正式宣布通过了张主任的检讨。红色的喜报高高举起，会场上一片欢腾，张主任激动的站起来讲话。他说：“今天是我真正得到生命的一天，这个生命是党和毛主席给我的。我要以下半生的精力献给共产主义事业！”张师母也在大家热烈的欢迎下讲了话，她说：“今后要随时督促张主任进步”,并表示衷心感谢党和毛主席！自由讲话时一个接着一个笑声伴着掌声,整个会场溶化于欢乐和胜利的气氛中;过去与张主任存着成见的殷宗鹗讲师、萧英达助教都讲了话,他们一致表示要与张主任建立起革命的同志关系,并在张主任的领导下,做一个忠实的助手,搞好系务工作。过去被张主任称为“毛娃子”的李翠芬、初霓裳助教都激动得不知怎样讲好,李助教说:“过去我们这些‘毛娃子’一看到张主任犯冷热病,就敬而远之,距离很远;今天我们亲近了,真是说不出的高兴。”初助教高兴的说:“毛娃子、冷热病已成为历史名词了!”她们的话引起张主任和全场的哈哈大笑,今天的张主任是那样坚强、慈祥,再也找不出需要敬而远之的痕迹了！同学们也那么激动,常常笑得说不下去,经四刘德荣同学过去从不在大会上发言,看到张主任更是“望而生畏”可是今天她为张主任的进步而兴奋得不能不说话,会议进行中还加了一个插曲:刘重益同学向大家讲了一个“故事”,原来是当张主任在大操场和同学一起跳团体舞时,一位工友奇怪的问:“他多少岁?”刘重益说:“十八岁”,那位工友愣着说:“头发怎么白了?”“那是粉笔灰!”接着就相对笑起来。这个“故事”引起哄堂大笑。大家看看张主任灰白的头发,看他充满愉快青春的脸,笑得更起劲了。

时间已经很晚,人们抑制了说不完的话,唱起张主任最近学会的一个歌,——“年轻人火热的心”,当歌声还没有结束时,大家已激动地拥了上去争着与张主任握手,拥抱。象征着从今以后,经济系的师生们将永远与张主任团结在一起,像张主任自己所说的:“手拉着手,心连着心,朝着同一个目标,——共产主义社会前进。”

毛主席的光芒射进了朱教授的心脏

十八日下午,当经济系的师生们还在为张主任的过“关”而欢欣鼓舞的时候,又一个胜利振奋了人们的心——朱广心教授胜利过“关”了!

朱广心教授是大家比较熟悉的,在过去,我们提到“朱广心”时就会连[联]想到“虚伪圆滑”,事实也是如此,受了七年英国资产阶级教育的朱教授,一举一动都效,英国“绅士”的“风度”,在他留英期间,他甚至不愿回国,不愿与中国女人结婚,完全丧失了民族意识,回国以后,凭着人事关系,当上了大学教授,但是朱教授并不满足,他的目的,是做官。终于当抗日胜利后随着国民党的劫收,(他)当上了伪哈尔滨财政局长,达到了跳舞、打牌、喝酒交际的腐化糜烂生活“标准”,但是这个“官”才做了三个多月,哈尔滨就解放了,他的“官瘾”从此完结,解放以后,既做不上官,也就抱着“混”的态度仍旧过教书生活。他教的是马列主义政治经济学,但是由于他的“混”的思想,根本不肯钻研马列主义反而大看“七侠五义”一类的书,因此教课常犯错误,甚至说出“中国现在还是半殖民地,半封建社会。”等荒谬绝伦的话。对于政治运动是漠不关心,参加土改是为了混个“资格”,对于名利却很关心,甚至不惜把别人的作品改头换面,送到报馆去发表。

“三反”开始以后,他连作了八次检讨没有通过,虚伪、圆滑、欺骗到不能容忍的地步,第二阶段反资产阶级思想运动开始时,他曲解党的政策,认为以前不通过全是群众不好,这次一定没问题,而且为了表现自己,化[花]费了许多脑筋在理论、字句、检讨“技术”上,兜圈子,但是当他第一次检讨受到了猛烈批判,大家揭发了他的虚伪、圆滑、欺骗以后,他“失望”了,“英雄”既做不成,就来一个“泡”,经常请假,谈话不涉思想,他认为“改选不好也不会送法院”,对运动抱着抗拒态度,当搓澡队帮他分析思想时,他当面笑容满面的“是! 对!”搓澡队一走他就说:“不解决问题”。李守洪教授深夜写了一封真挚动人的信给他,他当面表示十分感谢,背后却说:“李守洪想假积极,出卖朋友,借此抬高身价。”对于群众在大字报上对他的揭发、批评,他是竭力辩护,在听叶向忠同志关于批评与自我批评的报告时,他在台下写着答辩稿,还对同志说:“我是在记笔记”。当全系两百多师生化了一千多小时来开大会诚恳的帮助他时,他无动于衷,说是“这样的会根本不解决问题”。就是这样虚伪圆滑的手段使他长期在固步自封于泥坑之中。

但是,党的光芒是要照遍每一个角落的,尽管朱教授虚伪抗拒,党并没有放弃对他的争取,搓澡队几次扩大整顿,师生们不断热情、耐心的帮助,特别是他的爱人刘萍玲同志也参加到了运动中来,使朱教授慢慢的感到“不改造不行了”。“七一”上午沈玉麟教授的检讨更深深的教育了朱教授,使他开始从感情上体会到党的“争取、团结、教育、改造”的政策,是正确的,在下午全系师生大会上,他第一次以诚恳的态度提出“彻底洗个干净澡”的保证,并开始展开思想斗争;找搓澡队帮助,对于群众的意见也能比较虚心的接受了,十一日下午他冒着火热的天,赶到学校来主动找搓澡队谈了三小时,精神上很愉快。

第六十一期　第三版

星期天他又与朱师母一起到学校来谈了很久,对他的名利思想等都有了进一步的认识，临走时他满怀信心地说："我不洗干净就不理发"。在家里朱师母很紧张的帮着朱教授挖思想，饭都来不及烧，饭［饿］了就到饭馆里去吃，朱教授的家里充满了思想斗争的气氛。

十六日下午，朱教授在联组会上作了第三次检讨，对他的名利、地位的腐朽人生观和崇美、反苏的反动思想作［做］了较深刻的暴露和批判，他认识到当志愿军在朝鲜前线为保卫世界和平而不惜流血牺牲的时候，他却追求着美国生活方式，并在教学中传播资产阶级思想给祖国人民造成了莫大的损失；当劳动人民为祖国美好的将来而厉行增产节约的时候，他却轻视，忘记了自己是劳动人民养大的；当祖国人民仇美、鄙美、蔑美时，他却崇美、亲美、恐美，和祖国人民作对，当祖国人民正在为肃清反动残余，严厉镇压，反革命时，他却对人民公敌同情怜惜，当毛主席号召知识分子进行思想改造时，他却虚伪、圆滑、抗拒运动，……所有这一切都是与祖国人民的利益背道而驰的，说到这些地方，朱教授感到万分沉痛，他痛心的说："我做了祖国人民的罪人"，他对于今天思想上获得初步胜利，表示衷心感谢党、感谢毛主席。他说："我要在毛泽东的阳光下脱胎换骨，重新作［做］人，并决心从头学起，贡献自己的一切，为祖国人民的利益奋斗到底。"

由于朱教授在这次检讨中真实、批判深刻，核心组根据他：（一）端正了对运动的态度，认识到过去"拖""泡"给人民带来的损失；（二）批判了腐朽的剥削阶级人生观，认识到其危害的严重，决心要建立起革命的人生观，忠诚为人民服务等方面，当场宣布通过了朱教授的检讨，当这个令人兴奋的决定——报告出来以后，群众再也抑制不住内心的喜悦，大家一拥而上与朱教授拥抱起来。昨天刚过"关"的张主任更是欢欣若狂，把朱教授抱了起来，因为过于兴奋，两人笑得跌倒在地上，翻了一个"胜利筋斗"，张主任连眼镜都跌落了。在锣鼓喧天声中，这两个刚在思想战线上获得胜利的教授，被同学从地上抬了起来，大家为经济系的"双喜临门"而高兴得无法自制，朱教授今天的兴奋是无法形容的，正如他所说的："太阳只能照在我的身上，毛主席的光芒却射进了我的心脏。"一个连心脏都明亮了的人，该是多么愉快啊！朱师母也兴奋得掉下了眼泪，她表示衷心感谢毛主席给了朱教授以新生命。"光荣失业"的十个朱教授搓澡队队员南腔北调的集体朗诵了一首诗，代表着他们为朱教授的进步而欢欣鼓舞的热情。"论党""奥斯特洛夫斯基演讲论文书信集"和大批的贺信送到了朱教授的手里，站在大家面前满面笑容的朱教授已经不再是一个"绅士"派虚伪、圆滑的人，而是一个满怀信心要为劳动人民的利益奋斗的光荣的人民教师了,这个胜利是马列主义和毛泽东思想的伟大胜利,人们为这个胜利而一再欢呼,口号声、歌声震动了红果园。

目前经济系的教师过“关”人数已达百分之八十余,在张主任、朱教授胜利过关“双喜临门”的鼓舞下全系师生已更加信心百倍的紧张战斗。经济系反资产阶级思想运动的彻底胜利已指日可待了!

胜利花絮

樊明玉先生的转变——共同学科樊明玉先生曾经为家庭的问题自杀过,后来虽然得救了,但是这个问题并没有解决。在运动开始的时候,他仍是为这件事苦恼着,他回忆着过去作[做]运动员时候的荣誉,他留恋着家庭的温暖,他只看到自己和爱人,而看不到祖国和面前的新事物,他怕同学去访问他的家庭,他更怕同学和他谈自杀的问题,他认为这样会使他家庭破裂,越发丢人,因此他逃避思想斗争,不愿改造,有时宁愿去玩球,也不想作检讨。经过学习“可爱的中国”,批评与自我批评,特别是“奥斯特洛夫斯基的人生观”后,使他大大的受了感动。他认识了为几个人而生活是自私的,为一个人而生活是可耻的,……他考虑了人为什么而生、为什么而死的问题,经过同学的帮助以后,他终于认识了自己的错误,他知道自己是劳动人民养大的,自杀不但是极端自私的个人主义,而且是严重的犯罪行为,同时他认识了祖国美好可爱,一山一水、一草一木,都是可爱的,同学们、同志们都是亲切的,也仇恨已往自杀的卑鄙,他说:“我自杀是死,朝鲜战场上牺牲了的志愿军也是死,可是一个是为自私自利而死,一个是为了祖国而死,一个是光芒万丈,一个是臭水一滩,再看到方烈士的牺牲,是永远站在人民的面前。”他保证以后永远不再犯这样的错误,要把自己献给祖国的建设事业,为革命而生,为革命而死,他感谢毛主席,感谢共产党,把他由深渊里救了出来,他要争取作一个共产党员,他说:“我要手拉着手、心连着心和同学走向共产主义社会”。当他检讨到这里的时候,他的感情非常激动,最后他大声的喊出了“马列主义胜利万岁”、“中国共产党万岁”、“毛主席万岁”,大家听了他的检讨以后,非常兴奋,都为他的新生而庆贺。樊先生由一个想自杀的黑色人生观而今天转变成想争取作[做]一个光荣的共产党员,这是毛主席和党的伟大。

由于攀明玉先生检讨得深刻,共同学科核心组宣布樊先生过“关”。

十九日傍晚,五一女中的九十五位少年儿童队员应邀来本院参加我们的周末晚会。当她们到这的时候,同学们正在大操场上跳集体舞,大家停下来鼓掌、欢呼:“欢迎五一女中的小妹妹!”她们下车后,在红果园休息了一会便分别参加到我们的十个跳舞圈子中来,和我们一块儿跳舞、做游戏。

八点半,“红果园”里的周末晚会开始了。在会上,五一女中的少年儿童队员们给我们演出了美妙的舞蹈和热情的歌唱、诗朗诵。“再来一个!”“再来一个!”喝采[彩]声没有中断过。

干部学习班的志愿军同志们,在会上演出了合唱及快板,充满了志愿军的英雄气概。

这个晚会给同学们的感受是强烈的。大家看到了少年儿童队员们今天的幸福生活,更增加了爱祖国的具体内容,大家都觉得,为了让她们生活得更美好,我们的责任该多重啊!我们一定得争取反资产阶级思想运动的彻底胜利,积极地投身到祖国火热朝天的经济建设中去,为我们及我们的弟妹儿孙谋取永远的幸福!

材专钱崇振主任为了迎接全院反资产阶级思想运动彻底胜利庆祝大会,积极练舞,十八日下午他到同学宿舍内由同学教舞,那时同学宿舍内响起了音乐声和节拍声,一个钟头内学会了双人舞与踢毽舞,临走时还把舞曲抄去到宿舍内再练习。

经济系庆祝胜利筹备委员会正式成立

这几天来思想战线上捷报频传,经济系已有百分之八十以上的教师胜利过“关”,为了迎接即将到来的该系反资产阶级思想运动的彻底胜利,现该系已正式成立庆祝胜利筹备委员会,由张协衷主任担任主任委员,现在积极展开筹备工作。

第六十一期 第四版

新 气 象

“过去的死去了”

朱广心教授与胡崇助教在一起工作三年了,由于课程的原因,他二人是比较接近的。尽管在一起上课或研究学问,但每人心中却各有一“段”,成见很深。朱虚伪,胡也世故,见面哈哈笑,心中却不乐。四九年时,朱常托胡代领薪水、煤票，胡心里一百二十个不愿，也只好勉为其难。有一次，朱又托胡赴地政局办点事，胡口虽答应，并没去做，曾说："等地政局通知他时，自然就会明白了，何必当面拒绝，这样不破面皮，又达目的，岂不两全!"这样的关系维持了将近三年。思想改造运动刚开始时，彼此还保持着假面具，在思想上曾经产生过所谓无形的"攻守同盟"。(胡崇语)后来胡崇助教提意见是为了表示自己的进步，朱广心教授怀疑胡在校煽动同学打击他，这可看出两人对待运动的态度都是不端正的。

反资产阶级思想运动继续深入开展，胡崇先过了"关"，参加了朱广心搓澡队。在"七一"大会上，朱教授也受到党的伟大精神的感召，态度开始端正，就在这新的基础上，新的关系慢慢地生长起来了。

有一次在搓澡会上，胡崇说："朱教授，你的态度过去是虚伪的，要好好地检查。"朱教授点着头说："对！这意见很好。"一次、二次、三次的搓澡会，正确的批评展开了，虚伪的态度转变了，批评的是为[redacted]自己，而是为了更好的帮助，接受批评的不是怀疑打击，而是虚心改正。在迎接高潮的讨论会上，谁都道出了心底的千言万语，胡助教跑过去紧握住朱教授的手说："咱们的成见消除了。"朱教授赶快接下去："过去的死去了。"是的，旧的关系永远死去了，新的友爱诞生了，朱教授又一次说出真心感激的话："天空的太阳，只照在我的身上，毛主席的光芒却射透我的心脏。"心脏都明亮了的人，还有什么成见存在呢?

多年来棘手的课程分配问题解决了

过去电信系教师分配课程是一件最棘手的事，排课之前，大家都摩拳擦掌，准备抢自己愿意教的课，到排课的时候，又勾心斗角，争夺主课及大学部的课，不愿教专修科和外系的课，甚至有的教师不给主课，便不教课，以致剩下的课无人担任，到开课时没有先生，临时现抓抓不到，便更改课程表。如去年田成文请朱万柏先生代为分配课程，而朱先生以近水楼台，自己选了电三无线电课程归自己担任。过去抢课均由个人兴趣出发，并不是为工作，为同学着想，造成教师间闹意见，系内不团结，影响同学学习，造成了人民和祖国的损失。

经过思想改造后，教师政治觉悟普遍提高了。该系在十四日召开分配课程会议，用民主协商方式分配课程，以对该课有经验而对同学帮助最大来考虑。老师都开诚布公进行协商，以谁适合该课就请谁担任，一洗过去个人主义抢课风气。如杜锡钰先生说:“我们是站稳立场讲话,分配课程一方面从工作需要出发,对同学要负责教好,另一方面对于教师亦要做到以下三个原则:一、专业化;二、培养师资;三、劳逸均等。”关于一、专业化——是教师有那[哪]种专长,就来担任那[哪]种课,尽可能专教一类课,以达专业化。关于两培养师资——是分配助教工作亦求重点专业化,尽可能管一类课,使其能在二、三年内能担任专业课程。关于三、劳逸均等——过去分担课程轻重相差太大,有的教师钟点很多,有的很少,是不合理的,现在要尽量使轻重不要相差太远,同时照顾身体不好的及担任系务者可减轻担任授课时间。

这一次分配课程是实事求是的,解决了以往认为棘手的课程分配问题,各教师均真正负起了人民付与[赋予]的伟大、光荣任务,增强了教师间的团结,造成系内一片新生气象,课程会议胜利完成,这是反资产阶级思想运动的伟大收获之一。

梁清彦先生也“管他人瓦上霜”了

梁清彦先生出身于封建意识很浓厚的家庭里,由于封建家庭及奴化教育的影响,使梁先生成了一个旧社会典型的贤妻良母。工作患得患失,没有勇气,沉默寡言,以为“女子智力、体力不如男子”,非常自卑。真如梁先生所说:“以前我是一个极端自私自利的个人主义者,一向是为着自己的一得一失而苦恼着,根本没有帮助过别人,同时也感觉不出别人的好坏与我有什么关系,就是这样‘自扫门前雪,不管他人瓦霜’地过了三十几年。”

解放后在我院编译室工作中,仍是啥事不管。编译室李忠潜先生经常与人家大吵大闹,妨碍工作,但梁先生听之任之,不闻不问,深[生]怕惹到自己头上来。工会女工部负责同志希望她担任些社会工作,她非常不愿意,她想时间多下来,还不如早点回家看看孩子。工作中也不安心,她日文基础较好,但领导上认为落伍的日本技术没有参考价值,希望她翻译俄文书,她对俄文较生疏,工作是较费劲的,她就打着“专材专用”的美名,一心想去科学院仍搞日文翻译,可以轻松一些。她仍然是极端自私自利,整天考虑的就是如何报答母亲、养好孩子,生活圈子就是“孩子、母亲、自己”。

反资产阶级思想运动把梁先生从自私自利的泥坑中拯救了出来。在检讨时,她痛哭流涕的说:“个人主义支配了我半生,自私、卑鄙的人生使我看不见伟大的祖国,感觉不到自己前途与祖国前途是一致的,现在革命胜利了,在革命成绩中,没有我自己的一滴血、一滴汗。”她又说:“劳动人民养活了自己,今后要好好为劳动人民服务，要在建设事业中流出自己的血和汗。”

在思想战线上取得胜利后的梁先生，坚决表示要服从组织分配，安心工作，那［哪］里需要就到那［哪］里去。她认识到过去自己“孩子第一，祖国第二”的想法的可耻，她表示今后第一是祖国，第二才是孩子，并说：“我要积极参加实际工作，因为我的工作是为了祖国的第二代，也是为了我的孩子。”她把孩子交给她母亲照顾，马上投入了战斗。她主动向女工部找工作，因为没有具体工作，她立即主动帮助李忠潜先生搓澡，结合自己体会，启发李先生端正态度挖思想。有一次她为了帮助李先生，曾在一小时内拖了病腿（按：梁先生腿有病）上下楼梯好几次，但她说：“自私自利是可耻的，帮助李先生是符合集体利益的，我现在愿意帮助别人，并且觉得帮助别人就是愉快。”梁先生再也不是“自扫门前雪”了。过去梁先生很自卑，开会不发言，连坐也坐在最后边，最近梁先生在会上也经常表示自己的意见了。

反资产阶级思想运动给梁清彦先生带来了新的活力。梁先生也“管他人瓦上霜”了。她现在正以新的姿态，在反资产阶级思想运动进入高潮的运商系内积极战斗着。

马克思列宁主义胜利万岁！

第六十一期　第五版

家属通讯 6

毛泽东的光辉照耀着的王师母

王竹亭教授的爱人王师母是出身于一个买办资产阶级的家庭里，现在是八个孩子的母亲，她身体不太好，时常闹病，脾气急躁，不易接受别人的意见。解放三年来，由于王师母热爱真理，一点一滴的进步积累起来；在反资产阶级思想运动中，王师母突变了，王师母在积极帮助王教授挖思想、抄检讨中，自己思想上也提高了很多。表现在实际行动上的有：

（一）召开家庭会议，进一步地教育儿女

王师母的第二个女孩子王乃力同志，虽然只十六岁，但入团已经快三年了，在这个伟大的运动中，看到爸、妈很紧张地挖思想，爸、妈也很进步，校中功课和工作都很忙,所以对这个运动关心是不够的,对爸、妈的腐朽思想也认识不清,还有我们纯洁的少年队员维力、弭力等弟弟妹妹对爸爸也是很崇拜的;认为有了这样的爸爸妈妈是值得骄傲的,也时时引以为荣的,对剥削阶级的老祖母也认为很"慈善"。在这种情况下,王师母为了扭转小孩子们不正确的看法,召开了家庭会议;王教授主动地向子女们暴露了腐朽的资产阶级思想如何腐蚀了他,做了很多危害人民的事情。王教授告诉子女们,对"慈祥"的祖母要有新的认识,小孩子们表示现在已认清了过去的爸爸是站在反动立场的;祖母也不是真正的"慈祥"。今后要划清阶级界线,热爱劳动人民。王师母最后号召子女们对父亲之愿于暴露,应向他学习;并且知道爸爸妈妈的缺点后,应随时展开批评,帮助家中的每一个人克服缺点,在革命的"爱"上来巩固家庭的"爱"。

(二)合理地掌握收支平衡,将王教授最担心的经济问题解决了

王教授在西干局工作时,每月的收入有二百四十万元,在这个时期中,有时还觉得不够开支,当王教授由现场调回后,每月之收入为一百余万元,最初一、两月中,家中是非常拮据的,并且还得另想办法贴补,但是,当王师母在思想上明确了劳动人民是在用血汗哺育着自己;可爱的人在朝鲜一把炒面一把雪地保卫着自己;想到这里,她没有喊苦,适当地降低了生活标准,但并不影响子女们的健康。最近王师母做了半个月的消费开支表,米、面、煤、菜、佣工薪水等的总支出。当王教授领回半个月薪水时,收支相抵,尚余十八万元,王教授笑了,王师母也笑了。王师母就吃次等面营养更好,出外时不买不必需的东西,尽可能少乘车,走路最有利于身体健康的,衣服可以用旧的改做,更加用心地照顾小孩子,不使生病,减少意外开支,在这种情况下,王师母向王教授提出了保证:不希望有一点家中的事来分王教授的心,使王教授能真正的全心全意为人民服务。减少收入将近一半的王教授家庭中,反(而)充满了更愉快、更健康的空气。

(三)王师母的人生观改变了

在旧社会中,王师母是局长太太,王教授爬得高的时候,表面上的感情虽然还很好,但是她就觉到他们俩[两]人之间有了距离;终的日忙碌着,究竟为的什么?不知道,所以王师母容易谈[发]脾气,身体也就闹病,这次运动中,学习了"奥斯特洛夫斯基的人生观",意识到为几个人而活着是可耻的。同时知道了人活在世界上的意义,又看到我们新中国一片的新气象,回想旧社会中,她虽然是过的剥削生活,但是,在家庭中是被封建势力束缚着的。父亲纸醉金

迷的腐化生活，母亲的被压迫、被遗弃，她从来就没有体会到父母的爱。对社会的黑暗也是很痛心的。但是，今天的社会变了，毛泽东时代的小孩子们是太幸福了！党、政府对他们的爱护，比他自己的父母还要周到，她更了解到今天的幸福日子是革命先烈们用鲜血换来的。所以她认识到凡是对革命有点滴贡献的工作，她都愉快地去做，从前不愿意和卖青菜、萝卜的街坊们在一起，现在觉到[得]应该互相帮助，对劳动人民也有了新的看法。革命工作是要深入群众的，一个人关在院子中进步是很慢的。王师母表示还要积极学习政治和俄文；管好家务，做好精神准备，随时服从革命的需要，当王教授过关的那一天，王师母觉得王教授更可爱了，子女们也更体贴爸爸妈妈了，同学也更热情了！就是这种力量，鼓舞着王师母连夜写信给早参加革命的大儿子说："孩子！爸爸的资产阶级思想已经批判了，也深深的痛恨了，过去我们父母们，现在可以和你一条心、手拉着手地向革命道路一齐前进。"

教师家属积极准备庆祝胜利

林琍敏

在我院反资产阶级思想运动达到高潮的今天，不仅全院师生都积极准备着来庆祝即将来到的胜利；老师们的家属，也都用实际行动投入到运动高潮中来了，这里举几个例子来讲吧！

赵平教授的爱人，在她和我们诚恳热情的谈话中，她说赵教授以前是专制独断、自高自大、自私自利的人，一不乐意回家就发脾气。为了要太太服侍得他更舒服，不愿意太太出外开会，参加政治活动。但是经过思想改造运动，赵教授变了，回家不再是以前那种家长式的作风，家庭变成温暖。而且连小孩子也可以给爸爸提意见。同时家里订立了爱国公约，每周检查一次，好的表扬，坏的批评。赵教授过关后，他的太太预备了很多菜，还买了一只大鸭子，大大地庆祝了一番。他们一家这几天还积极地在练歌舞，准备来庆祝即将来到的胜利。

巢立人先生的爸爸，是一个七十岁的老年人，他说："这次反资产阶级思想运动，将我的儿子由沉默变成愉快活泼。"他又说："这运动的意义真伟大，对国家人民有利，对他自己也有利呀！旧社会是人吃人、人剥削人，可是新社会的人都是互助友爱。"他虽然七十岁了，身体并不太好，可是这几天正积极地准备写稿哩！

潘恂如先生的爱人是一个中学教师，平时工作比较忙。但是她正抓紧时间,利用吃午饭时间来练舞蹈,准备参加我们的庆祝会。

黄宏嘉先生爱人现在变得很积极起来了!虽然他家里工作很忙,可是他已经学会了舞蹈,准备来庆祝这一次思想改造的初步胜利。而且她还在教黄先生哩!并且很乐意参加学校中各项活动。

反资产阶级思想运动不但使教师们得到了新生,而且教师家庭中都普遍地呈现新气象。这些家庭们都感谢党、感谢毛主席给他们带来了幸福。

(更正):

本报第五九期第三版第十四行中,“带罪立功”应为“戴罪立功”。

本报第六十期第八版“胜利的队伍传喜报”一诗内“少儿队员”应为“少年队员”。

为争取反资产阶级思想运动的彻底胜利而斗争

第六十一期　第六版

职 工 通 讯

党把我从泥沼中解救了出来

陈雨生

当全组同志们表示满意我所作的检讨时,同志们对我鼓掌的热情,使我感到有生以来从没有过的兴奋和感动,深深体会到革命大家庭的温暖,同时我也觉得万分惭愧,过去劳动人民养活了我三十多年,我不但没给人民革命事业贡献一点一滴的力量,相反的在旧社会里一直作[做]敌人的帮凶,把反动统治者榨取劳动人民的果实为他们保管登记,供他们用去消灭人民的力量,当时的一举一动都是与统治者有利,危害着人民革命事业的发展,做了“母亲”的逆子。

解放三年来,由于我存在着反动思想,对党和政府还有一些极不正确的看法,甚至在解放初期还有变天思想,不愿参加革命工作,想做个小商,看一看局面安定了再说,还怕国民党反动派再回来,看不见人民伟大的力量,不信任人民的政权。但是像我这样一个过去曾为敌伪工作,又参加过国民党反动组织的人民罪人,人民和政府不但不处罚我,还信任我,给我光荣的革命工作,忘恩负义的我，不在工作中立功赎罪，反而处处为个人利益打算，以不负责任的雇佣观点对待革命工作，在工作中自高自大闹小圈子，同志间表面上一团和气，内心里各怀成见。因之给革命工作造成了很大的损失。

经过一个多月来的思想斗争和同志们的帮助，使我初步认识了自己过去的丑恶思想和罪过，也认识了党对知识分子争取、团结、教育、改造政策的正确和伟大。我更深深体会到同志们、同学们的热情帮助。为了完成人民交给我们的任务——思想改造运动，那里[么]大公无私、不分昼夜忘我工作的精神，这都是党和毛主席的英明领导，给他们的力量，(我)深深感到了党和毛主席的可爱，感谢党和毛主席的英明领导，把我从泥沼中解放出来，给了我新的生命。今后我要用实际行动来报答劳动人民养活我和毛主席拯救我的恩情，我愿在现有的基础上，继续深入检查自己的非工人阶级思想，随时提高自己的觉悟，为人民革命事业献出我的一切力量，用实际行动来争取作一个光荣的共产党员。在运动中我要帮助同志们向一切非无产阶级思想进行坚决的斗争，为思想改造运动早日获得彻底胜利而奋斗。

我要以主人翁态度作好革命中的点滴工作

职工　唐振纪

当反资产阶级思想运动在我院轰轰烈烈展开的时候，每个同志都在检查自己的腐朽的资产阶级思想，而我则认为反资产阶级思想主要是教师的事；教师自己没改造好，又怎样能教同学呢？职工又不教学，对同学影响不大，我更认为我还不算太落后，没有什么资产阶级思想，因而是不需要改造的，我对运动就抱了这样一种消极态度，经过学习文件和听报告，在同志们的热心帮助下，我认识到以前因为我穿着衣裳，没有露出自己的皮肤，就认为自己还不算脏，用不着洗，等到脱了衣裳，暴露出来细细一看，混[浑]身都是脏，简直干净的地方很少，以前我以原谅自己的态度隐蔽自己的资产阶级思想，不肯大胆暴露，详细的检查，所以就看不见它也不觉得它的危害性，对它也不觉得深刻的痛恨，现在我认识到了，我为了能有安静的环境可以做我向上爬的本钱，甘心做日本的顺民；我为了向上爬、多享受，积极的给反动派服务；我为了羡慕教授的待遇，想爬向教授的地位，不安心本位工作；我为了向上爬，辞了工作上需要我的岗位；是一向以自私自利、想爬上高一些的地位，能享受浮华的生活。工作中时时患得患失，为个人利益打算。这些腐朽的资产阶级思想，使我终日苦恼着，在这次运动中，我就眼看到和体会到，同学们为了帮助我们思想改造，为了同志们的进步，放下书本，以忘我的精神工作着，经常到深夜一点、两点，然而他们仍是那么愉快，这种高度热情的工作精神，深深感动了我，使我认识到为个人或为几个人而活着是可耻的、是卑鄙的，同时这种生活也是空虚的、孤独的，并且也永远是苦恼的。当在一个会议上，我坚决表示了我一定要全心全意为人民服务的时候，就受到群众的热烈鼓掌欢迎，使我深深体会到革命大家庭的温暖，我心里感到无限快乐，当我做了一点一滴的工作时，我也想到这是建设伟大祖国工作的一部份[分]，当我想到祖国的社会主义、共产主义社会美丽远景时，我心里感到无限的愉快和兴奋，工作也就有了劲，现在我初步认识到只有在共产党的领导下，全心全意为人民服务，生活才是最快乐的，才是最有前途的。我今后要努力学习马列主义、毛泽东思想，提高政治觉悟，深入批判资产阶级思想，树立工人阶级思想，并帮助同志挖掘腐朽的资产阶级思想，以主人翁的态度，作[做]好革命的点滴工作，在实际斗争中锻炼自己，争取作一个光荣的共产党员。

在胜利基础上争取更大胜利

司机土木组　张国华

在本月十七日的小组会上，小组的核心组宣布同意我的检讨时，一阵热烈的掌声响起来了。当时我的心情有说不出的兴奋和愉快，我从为社会带来了满脑子的丑恶资产阶级思想，如小米观点、自卑感，对工作不负责任，本位主义，以致给国家、给人民造成了很大的损失。在反资产阶级思想运动开始时，我还认为我是工人，没有资产阶级思想，对运动的态度很不端正。在小组会上就抱着混时间的态度，在听了许多报告，学习“可爱的中国”，又看了“上饶集中营”的电影，以及看到同学们日以继夜的工作着，他们为了谁？不是为了把我们的思想改造好吗？这一连串生动的事实感动了我，使我转变了，今天受到了同志们的热烈欢迎，我的心很受感动，我感觉到党真是大公无私的，是伟大、光荣、正确的，我感谢党、感谢毛主席、我体会到在思想改造运动中，党是那样的关心我们，争取、教育我们。今后，我一定把我个人利益溶化在集体利益中，建立起革命的人生观，把我的一切贡献给祖国。为了建设我们伟大的祖国，达到幸福、美好的社会主义和共产主义社会而奋斗！我要把我的收获贯彻到实际行动中去。今天我的收获是很小的。我今天虽然检讨过了，但是我决不自满，首先我要继续检查我的思想，坚决把资产阶级思想肃清，帮助其他同志，使反资产阶级思想运动早日彻底胜利，同时我还要继续努力学习，不断的提高阶级觉悟，争取早日做一个光荣的共产党员。

一九五二年七月二十一日　第六十二期

彻底批判资产阶级思想！坚决树立工人阶级思想！

节委会通过成立庆祝胜利筹备委员会
定本月二十八日为“庆祝胜利日”
李士珍、杜锡钰两同志分别担任正副主任

今天上午，节委会召开了扩大会议，出席的有节委会委员、工作组同志及各系科核心组长。会上首先由节委会办公室主任张绪潭同志作了关于运动发展情况和当前任务的报告，他指出：两个月来，运动的发展基本上是迅速的、健康的，从上周进入高潮以后，运动发展更为迅速。现在，运动的彻底胜利已快来到了，半年来的辛勤努力即将结出胜利的果实。接着，他提出了当前的三项任务，一、全院师生员工家属必须更进一步提高工作效率，争取运动的彻底胜利；二、争取一切愿意在胜利高潮中过“关”的教师能够过“关”；三、为了庆祝胜利、巩固收获，必须动员每一个师生员工家属来筹备庆祝胜利。

会议继续讨论了筹备庆祝胜利事宜，决定在节委会办公室下设立“庆祝反资产阶级思想运动胜利筹备委员会”。并定七月二十八日为“庆祝胜利日”，同时推定了李士珍同志为筹委会主任委员，杜锡钰同志为副主任委员；下设四个工作组“由李家本、李柯桐、吴丕振分任清洁大扫除组正副组长；关晖、赵平分任典型报告组正副组长；彭准今、彭志琦分任文娱活动组正副组长；赵志熙、唐启庶分任总务组正副组长。即日起开始工作。”

这一次庆祝胜利是我院具有历史意义的事件；是我院一千余人半年来辛勤劳动的成果，所以庆祝会必须能充分表达出全院师生员工家属的爱国热情，并正确反映我们的运动。因此节委会号召全体师生员工家属，要更进一步提高工作效率，为争取反资产阶级思想运动彻底胜利而斗争。

让“庆祝胜利日”过得更欢畅

运商系过“关”的教师们虽然大家很忙，仍抽出时间，每天上午八点半到九点半练歌学舞，兴致很高，前天上午不到一个钟点就练会了两个歌“那

[哪]里需要就到那[哪]里"和"多亏那个毛泽东"。许多教师如林达美主任、杨文朴教授、梁清彦同志等都将歌抄下来,以便回去自己练,唱得更熟更好。

经济系的教师们筹备庆祝胜利大会的情绪很高,李翠芬、初霓裳两助教主动地要求表演舞蹈。张协衷主任主动要求把过去闹脾气的坏作风拿来排一场真人真事的剧,张主任的爱人也跑到学校里来练歌,准备演出。许延英、万良桢两教授这两天来热情地练歌练舞,两人并商量要自编自演一幕剧。

为了迎接反资产阶级思想运动彻底胜利,清理环境卫生,经济系核心组号召扑灭苍蝇,大部分同学都积极行动起来。昨日一天,共灭蝇在一千三百只以上,会二徐敏同学曾跑到五十亩地去,一人灭蝇达二百三十只之多。

电信系陈宪文先生为了把电信系的庆祝会开好,保证南饭所的空气流通,不会闷热,主动想办法按[安]装通风设备,系里的老师们讲,要发挥电信系的特长,会场布置设备要争取电气化。潘守鲁先生说:"要以最大的真空管,便[使]声音更响亮。"又说:"那天的灯,不但要美而且要使他[它]转。"

朱广心教授过关后,特别高兴,积极学习舞蹈,准备庆祝胜利,他说:"这是朱广心脱胎换骨的日子,这是大喜事。"

共同学科马启延教师最近积极参加文娱活动,主编京剧,准备导演,迎接运动的彻底胜利,该科文娱大队正式成立。

余和鸾先生说:"我要发动共同学科全体教师都能参加跳舞唱歌",过去具有灰色人生观,曾经想自杀的樊明玉先生正积极组织球队,准备庆祝胜利。唱快板的同学,成天手不离板地在练习着。也有同学教先生"红领巾"及"大公鸡"歌。

为了庆祝运动胜利,经济系有四位同学到五一女中去学舞,晚上回来又练到十一点。号二甲班委及小组长特地跑到城里去买了两张大图画,和两块绸料,做成礼物,做[作]为庆祝胜利大会时的献礼。电信系各班同学,为了表达自己的欢欣鼓舞,好多班送锦旗、图片。电一同学编了一支送礼物时唱的歌,并用舞配起来,表示他们对运动胜利的热情。

马克思列宁主义胜利万岁

第六十二期 第二版

新 气 象

从关门写讲义跳出来的

吴文泷教授

电信系吴文泷教授，过去一向是具有浓厚的单纯技术观点，除了关在房间中写讲义，上课到课堂教书之外，其他的事情一概不管。即使有人要他担任某项系务工作，他也拒之于千里之外。就在反资产阶级思想运动第一阶段时，他更怕负责。对自己非常警惕，对人民的工作却不管。譬如：有一次他要回家，路过上海，系内请他顺便验收在上海所订购的器材。但无论如何他不干，多事不如少事，推得一干二净。只恐怕人家怀疑他，而没有想到这件工作对同学学习将有多大的好处。

通过了这次反资产阶级思想运动，他胜利过"关"了。先后愉快地接受了组织上所交给他的搓澡工作，防护委员会实验室小组长及电信系庆祝胜利筹备委员会主任委员等三项任务。他再不怕负责，再也不为自己警惕，而是为人民的工作警惕了。譬如在七月六日那天傍晚，大雨倾盆、雷电交加时，他就想起了小组长的工作；这样大的雨水是否会冲进实验室呢？电信与信号实验室朝南，没关系。电一实验室朝北可能遭雨水浸湿。因此他就冒雨去看一看，第一次去门关着没进去。过一会儿又第二次去看看。有人问起他接受工作的感想，他说："以前我绝对不干，因为我只想到出错怎么办？这是消极的。现在呢？我要不让它出错，我相信与同志们在一起搞，一定能搞好。"又如现在他担任庆祝胜利筹委会的主任，他的热情是很高的。虽然他自己很客气的说："我搞这个工作计划性是非常不够的，我只是起些带头鼓动作用。"的确，这些天来，他忙着印歌片啦！带头唱歌跳舞啦！有一次他还批评聂、林二位年青小伙子不跳舞呢！上周末与五一女中的少年队员们联欢，他参加了捉迷藏的游戏。回来后，他兴奋的说："我与同学们跳舞，我变成二十几岁的年青人。我与少年队员们捉迷藏，我变成十几岁的少年了。"

的确，从关门写讲义跳出来的吴文泷教授，是较以前热情、活泼、负责了。

笑容浮现在谢淑英助教的脸上

过去只要一谈起谢淑英助教,大家脑中就会出现一个终日愁脸难得开口和见人冷冰冰样子的一个人。自从她“起死回生”以后,那情形就不同了。首先她替邵先觉先生搓澡,谈出从前对他的私人意见。在研究严德炯先生的检讨时,她中午不睡觉,晚上搞到十二点。而且开动脑筋,指出检讨的缺点。过去她当面碰到熟人也不大理睬。但是现在呢?是人就笑嘻嘻地招呼。在各种场合都会大胆地发言:怪不得她在检讨通过时,高镜芹先生就说:“谢先生一天讲的话比三年来还多。”

她孤癖[僻]的性情使她一直严重地脱离群众,甚至同房间的人叫什么名字都不知道,只晓得她在图书馆工作。现在她不但知道了她的名字,而且还不时和她谈思想问题,帮她搓澡。从前她认为人都是自私的,所以也从不关心别人。记得大热天搓澡队同学帮她抄检讨时,她若无其事地自管煽[扇]扇子。但是现在她碰到她们就问忙不忙,还给电一张淑英同学提意见,说她性情有些急身体要注意。

最近为了使张葆华先生能做好检讨,她自动地代张先生教干学班物理。阴暗忧郁已不在谢先生脸上出现了,代替的是柔和的笑容。从心底深她说出了“感谢共产党和毛主席使我得到新生”的话。

热爱毛主席

——张建关教授积极准备“八一”献礼

建筑系张建关先生过去有着严重的唯利是图商人思想。解放以前,为了钱,曾给蒋匪及顾祝同等人民公敌作过雕像。解放以后则念念不忘于模型生意。他在南京时,曾粗制滥造了一些毛主席的雕塑,卖给好几个学校。做得比较好的则怕人家翻制而舍不得卖。完全把做毛主席像这样一件严肃光荣的事做[作]为赚钱的手段。他认为:“党是党,我是我,谁把心爱的东西献给党,那是拍马献媚。”做毛主席像却与毛主席没有感情,当然也不会做得好了。

在思想改造运动中,党和毛主席把他从腐朽的资产阶级思想泥坑中救了出来。使他感到新生的愉快。他说:“我打心底里感谢党、感谢毛主席,我现在一唱‘东方红’就对毛主席产生了热爱。”最近他为了表示自己对毛主席的热爱,正在煞费心机地准备塑制一个毛主席像献给“八一”建军节。由于他认识到做这样一件工作必须对毛主席有较深刻的认识。所以他在“七一”图片展览会看了一遍又一遍，以领会毛主席的伟大精神。今天的张先生已不再是一个为钱而制作领袖像的张先生了，今天他所想到的是如何创作一个充满真理智慧和高尚革命精神的领袖像，来表达对毛主席的热爱。他表示：如果时间来不及，他准备把他挂在家里的、化[花]了半个多月时间做成的，那个心爱的毛主席浮雕拿出来献给党。

郭士隽服助教年青活泼啦

刘庆弘

郭士隽助教，以前是一个自卑感很重和家庭观念很深的人，以为自己在系里是个“小助教”，没有能力，所以对什么事情也不敢出个主意，在会上更是极少发言，怕说错话得罪了别人，伤了感情。他过去受田成文的压迫很重，但为了保持[住]“饭碗”，从不敢反抗，总是恭而敬之。直到“三反”运动的初期，还不敢讲出来。对和自己没关系的事，从不过问，整日生活在家庭的小圈子里。思想改造运动，使他变成了一个新人，他考虑的不再是个人而是工作。想的是怎样把运动搞好。他过“关”至今虽已有半月多了，但他还一直住在系办公室里。他帮助别人搓澡，并负责办“系讯”，常常工作到深夜，表现很积极。他时刻关心着别人的检讨，他说：“别人过了‘关’，我从心里高兴。”当他听到卢肇铨等先生要过“关”时，便剪好了红灯蜡烛，写好了红色的捷报、准备着等到核心组一宣布便立刻贴出去，庆贺胜利。他整天想着怎样把愉快的热情完全表达出来。他说：“我现在搞工作，从心里高兴，有两天不出系讯，我就老想它。”沈一可先生病了，他很关心地问别人：“沈先生还能做检讨吗?”现在开会他没有不发言的。对工作总会提出自己的主张，在工作中发现了别人的缺点，也敢大胆的提出来。他不再觉得自己低人一等了，而是以主人翁的姿态对待工作。他现在虽然已四十多岁了，过去一直是死气沉沉，但现在却变成一个活泼愉快的“青年”了。在每天练习唱歌、跳舞时，你总会看见他认真地学习。他跳着、唱着，又起劲又高兴。为了表达他愉快的心情，他学会了跳舞，回家便教给他的爱人。虽然他的爱人有病，但他表示：一定要和他爱人在庆祝会上跳双人舞。同时，还带女儿到学校来住下，学习舞蹈，他说：“我觉得集体生活太愉快了，在革命的大家庭里比自己家里的人照顾得还好。”

第六十二期　第三版

家属通讯7

庆贺胡同志胜利过关

胡昭全教授爱人　岳筱梅

那天下午(十七日)从电话里知道他过“关”了,放下话筒,我简直高兴极了,回想“三反”第二个阶段开始的时候,他的言行生活还是很轻松,早睡晚起,没有什么心思的,有一天他告诉我,人家向他提意见,说他晚上八点钟睡觉,没有思想斗争的现象,此后每天都迟睡早起,但半唉声叹气,问他做什么,他说,是思想斗争,并且还说不斗争检讨是做不好的。他的身体很坏,每次都是我替他抄检讨,他说一个字我写一个,他说一句话,我写一句话,他总是夸夸其谈,洋洋大观的不联系思想,不联系实际,写上一大篇理论,我向他提意见,他总是不听,后来经过思想斗争,我替他写的时候,我觉得与从前不同,所以在他做补充检讨的那一天,我知道他会过“关”的,特别做了三个菜,等他回来吃晚饭。果然电话铃响了,他过“关”了!我高兴极了,平时在家(他)不爱讲话,同他讲话他嫌烦,不愿听,在过“关”的第二天早上,六点钟的时候,(他)坐在床上,一连就讲了五个钟点,这真是我们过去所没有的,是我们家庭的新气象,我觉得快乐,我一面向他道喜,我一面应该感谢毛主席和中国共产党,给他一个改造的机会,同时我也应该感谢本校所有的工人同志与同学们的帮助,使他变成了一个新人。

我的感想

黄宏嘉爱人　孙嘉瑞

自从学校轰轰烈烈地展开了反资产阶级思想运动,同学们就每天到家里来给爱人搓澡,总要很晚才回去,当时我就感到同学们的热心,非常敬佩。当爱人检讨通过时,我比什么都高兴,我是在一个封建专制、腐败的资产阶级家庭里长大的,从小不能自由,我中学时代很喜欢活动,可是家里不准我去参加学生运动等,但我为爱国心所动,终于瞒了家里参加沈崇事件和反饥饿等运动,可是家里发现了,关我在家里整整三天,不能出大门,我很早就痛恨这样专制的家了，有几次我都决心要远离开那地狱一样的环境，但[redacted]为旧社会女子的弱点，[redacted]终没有勇气一走了之。结婚后我整天沉醉在小资产阶级的生活里，爱人这次改造了思想后，他变了许多，比从前活泼了些，同时他也时常帮助我学习，在家里，我们也实行了批评与自我批评，生活方面比从前过得快活多了，我们的感情也就增加了，而我的思想也有了很大的转变，虽然我对政治认识还很幼稚，但我已深深感到毛主席是人民的救星，在这次运动中不但爱人的思想被解放了，连我都从沉醉中被救了出来，重新回到可爱的母亲的怀抱里，我深信只有共产党能救我复活，我从今以后决心开始我的新生活，努力学习，早日走向工作岗位，把我的全力献给新中国。我要欢呼中国共产党万岁！我们敬爱的领袖毛主席万岁！

郑鹍教授全家在积极准备庆祝胜利

袁 桢

自郑教授胜利过关后，立刻在他们家中起了一片新的气象，他们互相欢呼，庆祝郑教授思想战线上获得的胜利，同时郑教授马上要求加入教师搓澡队工作，师母回家积极向孩子们学习舞蹈，准备参加庆祝反资产阶级思想胜利大会，自参加了建筑系庆祝会后，他们更加积极起来了，郑教授和师母都参加了运商系的庆祝党委会，分别负责发动教师和师母们都参加这一个伟大的庆祝大会。

在十九日，郑教授和爱人两个人在炎热的阳光下走来学校，找同学商量筹备节目，他们预备每天下午来学校参加文娱活动，学习歌舞，郑教授说："我虽然四十多年没有参加过文娱活动，不会做这项工作，但我有这个热情，愿意现在学起来。"并且郑教授和师母说，他们全家老小要合唱一个歌来庆祝胜利，同学们听到了都高兴得满面笑容，热烈地欢迎他们这种热情来庆祝胜利，郑教授和爱人不但自己积极练歌学舞，并且还向运商系的教师和家属挑战。他向王竹亭教授全家挑战。为什么郑教授和师母能有这样高的热情，积极的来筹备庆祝胜利呢？这就是我们伟大的正确的党和毛主席所领导的反资产阶级思想运动把他们从腐朽的资产阶级思想中拯救出来了；也正是郑师母听说："这次的高兴是他们生平以来最高兴的一次，是从内心中发出来的兴奋"，他们愿意今后要全心全意的参加工作，这是值得我们欢迎的，最后希望郑教授和郑师母今后要[redacted]这个胜利[redacted]还要去巩固今天所得的收获，互相帮助和批评，努力学习政治理论，提高自己，早日达到您[你]们的愿望——将来两人完全生活在党的组织中。

访问金若柟老师的爱人蒋璇华同志

郑德至、陈　浩

七月十九日,我们去访问了金师母,金师母首先很诚恳地说到自己对思想改造运动的看法,她说:“以前我对思想改造认识不正确,认为江山易改,本性难移,也不知思想改造如何着手,因此就抱着漠不关心的态度,同时还认为金先生为人‘老实’,工作‘努力认真’,没有什么可改,现在认识到我们都是从旧社会来的,就连我自己也是自私的,只看到自己或几个人,而看不见整体。”我们问:“怎么转变的呢?”她说:“起先是做家属工作同学的帮助,最使我感动的是学习‘可爱的中国’及‘上饶集中营’的电影之后,烈士们那样大公无私的精神,在那种情况之下,还进行斗争,这是由于党的力量,由于他们有一个伟大的理想,如果教师的思想不改造,还是只顾自己,自私自利,那怎么行呢?因此认识到思想必须改造。”谈到这里,好似话匣子打开了似的,金师母滔滔不绝谈起了过去在青岛工作的一段情况,感到非常惭愧,她说:“过去对党的看法是错误的,瞧不起农民出身的老干部,他们连厘米都不知道,还来管材料。认为共产党也是一个争权夺利的组织,一朝天子一朝臣,共产党对自己的党员总是偏护的,说共产党大公无私我就不相信,但是‘三反’运动给了我深刻的教育,共产党并不是自私自利的,自己的党员犯了错误就要严格地处分,‘三反’运动时,组织上还从青岛派人来调查,把问题都搞清楚。使我认识党是公正的,是大公无私,因而在人民的心中提高了威信,使得人民更加拥护和热爱。”当金先生表示有决心和信心在运动高潮中过“关”,金师母也感到有说不出的高兴,也表示要尽一切力量和同学一起加劲努力,争取金先生在反资产阶级思想运动的胜利高潮中胜利过“关”。

我们对金师母赞扬地说:“在这次运动中我们家属同志起了很大的作用。”金师母说:“说家属起了作用,不如说我们自己也得到了改造。”又说:“这主要的是同学的工作做得好。”我们就指出:“这是党政策的正确,这是党正确的领导。”

这次访问等于给我们上了一堂大课,我们更深切地体会到党的政策的正确与伟大,在党的教育下家属们[redacted]。

第六十二期 第四版

文艺(11)副刊

这 是 百 爱

——答运商系全体同学的贺信

金士宣教授

亲爱的运商系全体同学！
“三反”开始后你们的，
眼睛望着我、
口头批评我、
铁笔控诉我、
温手伸向我、
赤心抱着我；
为了要求我
放下臭架子、
扔掉臭包袱、
不要为个人功名向上爬、
不要传播资产阶级的腐朽思想；
为了希望我
全心全意为人民，
做一个光荣的人民教师，
和你们手携手、
心一条；
虽然我
不认识这是爱——
工人阶级的友爱，
好久不认识，
辜负了你们的好意、
耽误了你们的学业，
但是你们

皱过眉头没有生气，
伤过脑筋没有灰心，
因为你们
要贯彻党的政策、
毛主席的号召，
一定拉着我前进，
不让我掉队；
我
不是傻子，
终于认识了光明的前途，
展开了思想斗争，
转变立场、
端正态度，
批判了自己。
我体会到：
这是你们的爱——
工人阶级的友爱，
它感动了我，
我的检讨还是不够深刻，
须[需]要继续努力。
你们
看到我开始转变，
就欢迎我归队，
拍着手、唱着歌，
眉飞眼开、兴高采烈，
送我以书、贺我以信；
这是真爱——
工人阶级的友爱，
你们以工人阶级的友爱爱我，
我也愿以工人阶级的友爱爱你们！
让我们手携手心一条，
在毛主席的光辉旗帜下

胜利前进！

献给我新生的父亲——尤光九教授

爸爸！
我第一次带着这样的感情叫您，
爸爸！
听见没有？
这也是我第一次对您喊得这样亲切。
从前
我不愿意接近您，
因为您有自私自利丑恶的资产阶级
思想<想>，
从前
使我怕您，
怕您旧社会家长式的尊严。

名利欲望
冲昏了您的头脑，
成天想着
升官发财，
您对家庭没有爱，
您对人民没有爱，
您对祖国更不会有爱。
在那样的社会里，
您不爱任何人；
任何人也不会爱您。
您就是这样的
活了四十九年。

反资产阶级思想运动的红旗举起来了了！
在共产党的领导下，
在先生同学的帮助下，

您变了，
真的
您完全变了；
这次伟大的运动，
给您带来了新的生命，
它使您认识并痛恨了过去的旧我，
它使您改变了人生观，
懂得了人生的真正意义。

我们的家庭
因为您的转变而有了生气，
从此
您将在这充满了笑声和歌声的家庭里＜里＞，
度过您的新生命；
从此
您将为更幸福的明天，
贡献出您的新生命。

天空这样晴朗，
太阳升起来了，
您看
我们敬爱的毛主席，
他为着您的新生，
为着千百人的新生在微笑。
爸爸
来吧！
让我们一同到毛主席的面前来宣誓；
我们要在这初步胜利的基础上，
争取更多的胜利。

您的女儿
尤俊明

红领巾——明天与五一女中少年队员联欢的感想

大　书

什么“慈幼院”
什么“育婴堂”
去他们的吧，
这些
戴上了假面具的骷髅！
今天——
托儿所、
文化宫、
儿童医院、
一切归于你——
亲爱的红领巾！

尽情地歌唱吧，
尽情地跳跃吧，
在这解放了的大地上！
你——
亲爱的红领巾，
请接受我们最
最诚挚的祝福。

亲爱的红领巾，
看到你们
就等于
看到了明天；
明天
多辉煌的鲜红啊！
为了她
我们宁愿献出
献出整个的生命。

我们把愤怒投向过去，
我们把希望寄予明天；
我们把仇恨
记在敌人的账上，
我们把家
给予你——
亲爱的红领巾！

一九五二年七月二十一日　捷报

庆祝电信系思想战线的彻底胜利
为争取运动彻底胜利而斗争

捷报如同雪花飘
电信系全体教师胜利过“关”

今天上午，电信系核心组通过了沈一可助教的检讨，正式宣布本系全体教师胜利归队。这是我院思想战线上继建筑系之后而又一重大胜利。这个胜利又一次地说明了马列主义、毛泽东思想的正确与伟大，这个胜利是党的政策的胜利。

在反资产阶级思想运动胜利声中，电信系出现了一片新气象。目前已有十二位教师要争取入党，两位教师要求入团；其中张晋才助教在运动中已经批准入团。以前有极严重个人主义的沈一可助教也转变了，在昨天检讨中，他第一次是[从]心里说出了：“我是属于劳动人民的，人民需要我■(做)什么，我就要做什么。”李成山教授再也不抱“和事佬”的态度了。冯焕助教“青春再生”了。……过去电信系里的教师们关系不深、不团结，现在不同了，大家好像生长在一个温暖的大家庭里的兄弟一样。旧的腐朽的电信系已经死去，新的电信系已经诞生了。

让我们热烈高呼：

庆祝电信系反资产阶级思想运动的彻底胜利！

马列主义、毛泽东思想胜利万岁！

中国共产党万岁！

毛主席万岁！

一九五二年七月二十二日　第六十三期

彻底批判资产阶级思想！坚决树立工人阶级思想！

反资产阶级思想战线上再传捷报
电信系取得彻底胜利
全系师生热烈准备庆祝

紧接着建筑系取得反资产阶级思想运动的彻底胜利后，昨天（二十一日）电信系在思想战线上，同样也取得了彻底胜利，这是我院反资产阶级思想运动的又一重大胜利。

伟大的反资产阶级思想运动给电信系带来了新生，使电信系面貌为之一新，不仅教师们变得更年青、更生气勃勃，就连教师们的家属也起了根本的变化。仅仅在半年以前，电信系由于腐朽的资产阶级思想占着上风，使得整个电信系搞得乌烟瘴气。自四九年该系成立起一直在自称“三分教学，七分经商”商人作风很浓厚的田成文领导下，使得部分教师想做生意，想把自己的东西卖给学校，不管教学上需要不需要，只要田成文认为“便宜”，便统统买过来；以致电信系搞得不是什么电信系，而成为“电料行”了。在电信系的三十位教师中，绝大部分都存在着“作客思想”，对系务漠不关心，不闻不问，开系务会议时，没有一次教师是全出席的，总是三三两两，几个人一说就算决定了，要是有一件事情要做，便是你推我、我推你，最后找一两个“大头”也就算了。对于教学完全不从需要出发，而是“因人设课”，四九年的电一电工原理和五零年的电专电工数学，便是一个很好的例子。四九年田成文来校后，没有可担任的课，想了想很不好，于是便在当时的电一增添了门电工原理课，这样才算“妥当”，根本不考虑当时需要不需要，一学期一次的排课是电信系教师最感棘手的一件事，每到排课的时候，教师们都在摩拳擦掌、勾心斗角，准备抢课。在电信系里，不但通讯与信号两组教师有不团结现象，就连每组内部的教师，由于抢课等原因，也常闹意见的。单纯技术观点在教师中也是严重存在着的。由于腐朽的资产阶级思想居领导地位所造成的以上种种事实，三年来，给人民教育事业带来了难以弥补的损失。

伟大的反资产阶级思想运动开展以来，由于党的正确领导。全系同学们忘我的工作,已经取得了彻底胜利,同学们在这六个多月的战斗当中发挥了高度的积极性。他们在工作中有时工作到深夜一两点,甚至通宵,他们不感觉什么,只要教师们能有一点一滴的转变,这就是给他们莫大的鼓舞。如搓澡队朱成言同学虽然他有肺病,但他一直坚持工作从不考虑自己身体,经他所领导的搓澡队,一共搓下三位教师,现在他又接受了共同学科新的搓澡任务。反资产阶级思想运动给电信系带来了新生。给每一位教师带来了新生命。截(止)到昨天,电信系教师除去因病不能参加运动的以外,二十六人已经全部胜利归队。每一位教师都批判了自己的腐朽资产阶级思想或单纯技术观点,树立了工人阶级思想,每位教师都感觉自己年青活泼了,在电信系里出现了一片新气象,由于教师们放下了资产阶级思想的臭包袱,获得了新生,因此更感到党的亲切与伟大。因为有了党,才把他们从泥坑中挽救出来,才使他们在思想上获得解放,重新回到了工人阶级队伍中来,许多教师纷纷提出争取入党与争取入团的要求,目前已经有十二位教师表示争取入党,两位教师争取入团,其中梁晋才助教已在运动中光荣地被批准为青年团员。以前有严重个人主义从来不讲话的沈一可助教,今天也转变了,在昨天的检讨中,他第一次说出了:“我是属于劳动人民的,人民需要我做什么,我就要做什么,我要拿出我全部力量来为建设我们伟大的祖国而斗争……”过去对运动一直抱着恶劣态度,认为自己没有什么可改造的卢肇铨讲师,今天天也批判了自己的“玩世思想”、“享乐思想”,积极地投入到电信系筹备庆祝胜利大会的工作中去。教师之间团结了。过去,朱万柏、潘守鲁两教授间存在很大的成见,今天已经握手和好了。在系务工作上也涌现了新气象,如这次排课中,全体教师都以认真负责的态度来研究这件工作,依一定的原则来考虑,使每位教师都能分配得恰当,并照顾了个别老师的身体及系务工作时间;同时,在教师的家里也有了新气象。如赵平教授过去在家里家长式的统治作风很厉害,别人不敢和他讲话,但是今天他的小孩都可以给他提意见了。

现在,电信系已成立了“庆祝胜利筹备委员会”,着手进行筹备工作,以庆祝该系反资产阶级思想运动的彻底胜利。全系师生都热烈地投入了这个庆祝胜利的筹备工作中。为了解决会场空气流通的问题,陈宪文、张凤翥两位先生连日来开动脑筋、想办法,把汽车内汽缸前的大风扇与电动机联[连]接起来,解决了通风问题,教师们为了庆幸自己的转变,预备演出真人真事“电信系的转变”。

第六十三期 第二版

连日来朱万柏、卢肇铨、冯焕三位教师在同学们的积极帮助下,剧本已经写好。自昨天起已经开始排演。现在教师们一有空就在练歌练舞,有的教师并保证向自己爱人“包教”“包会”准备在庆祝胜利大会上与爱人一起演出节目,赵平教授的全家也将在那天会上演出“全家舞”。总之,放下包袱的教师们,那种轻松愉快、兴高采烈的情绪是无法形容的。在同学方面,各班均召开了班会,讨论怎样来庆祝自己六个月来辛勤工作的劳动果实。纷纷提出了许多办法,有的同学,说:“在那天会上,我们应该把我们系的特征表现出来,要变成电气化。”近来大家都在练歌练舞,有的在积极帮助教师排剧、练舞等。整个电信系充满了欢笑与喜悦,教师同学们更以实际行动——漫谈体会巩固收获,开好庆祝会,做好爱国防疫卫生等工作,来庆祝这个伟大的胜利。

从迷朦中觉醒过来 沈一可助教赶上了队伍

二十一日上午电信系核心组宣布通过了沈一可助教的检讨。这样,电信系的反资产阶级思想运动就获得了彻底胜利。沈一可助教的胜利归队,是本院反资产阶级思想运动的重大胜利果实之一。

沈一可助教出生在一个封建地主的家庭里。小时候,父母就以老庄的唯心哲学影响他,嘱咐他少管闲事,“清静无为,与世无争”,因此一向孤僻成性,经常一个人躲在房里,沉默寡言,很少和别人来往。他常幻想着能像陶渊明那样“悠然自得”。看到了旧社会国民党政治的腐败,他更觉得涉及政治是危险的,认为搞政治的人,都是要想“升官发财”的人。

解放后,他还是用旧的观点来看新社会、新事物,他不了解人民民主专政的意义,他看到国民党或三青团的反革命分子受到管制或镇压,暗暗觉得自己有“先见之明”,“不涉及政治”的想法更强烈了。又因为他站在地主阶级的立场,土改时,他说:“共产党来了,工人翻了身,农民分得了地,资本家过的生活还是很舒服,只有我倒霉。”对共产党不满。解放之初,他在武昌电厂工作,竟因为觉得“开会太多,受不了”而辞职回家。去年冬天来本院做助教,工作极不负责,经常上课不到,积压习题不改,反说同学“又不是小学生,学得好坏自己知道,何必要我管。”看到党团员忙于开会工作,笑他们是“傻瓜”,认为还是落后些好,可以“舒服”些,“社会主义来就来吧,不进步也没有关系。”他还是那样懒散,那样“悠然自得”。

反资产阶级思想运动蓬勃开展了,他不愿意做检讨,便呈请辞职,等到别的教师都作检讨了,他还是以“不知道怎样写”为借口,拖延时间。后来虽然做了检讨,也非常形式,只说自己工作不负责,脱离群众,别的一概不谈。做检讨时,声音低得听不见,大家要他声音放大些,他就坐下去不再做检讨了。每次出席大会小会,总是一言不发。正如他现在说的:“那时心根本不在会上,那里发得了什么言”,他到底在想什么呢? 现在知道他是在顾虑思想改造后对他会有什么不利,他的个人利益会全部完蛋了。例如,他怕“思想改造后要服从组织分配,太不自由”,“思想改造后工作太忙,身体受不了”。学习“可爱的中国”的时候,大家都为方志敏烈士崇高的爱国主义精神所感动,立定志愿要为我们的“母亲”贡献一切力量,他却在担心学了方志敏要坐牢,不得了;学习“奥斯特洛夫斯基人生观”后,大家都要“为革命而生、为革命而死”,他却在担心要是学习奥斯特洛夫斯基瞎了眼睛,断了手足怎么办;看了“钢铁战士”,怕自己进步了也会被反动派捉去挨打;学习了钱正英同志的报告,便担心将来自己是否也要用自己的身体来填黄河的决口。这一方面说明了他的所谓“清静无为”的实质是极端的个人主义,一方面也说明了他对反资产阶级思想运动的毫无认识。搓澡队找他谈,他老是“是是,对对”地来应付。就这样,他虽然作了三次检讨,什么问题也没有解决。

这样一直到最近听了叶向忠同志的关于胜利高潮到来的报告后,才有些转变。他开始想:“大家都进步了,自己老这样落后,真能到社会主义社会去吗?”他觉得不进步一定会被淘汰的。事实很明显,现在不已经跟别的老师有了距离了吗? 他开始重新考虑自己的问题了,他想起了同学们对过“关”的教师们的热烈欢迎,他觉得自己以前的所作所为确是很自私自利的。因此,在十五日的系会上,他第一次以爽朗的声音表示:他认识到以前的态度是很不端正的。现在一定要端正态度,争取在高潮中一次过“关”,他的决心,受到大家的热烈欢迎。当天傍晚,他破天荒地参加了大家跳,愉快地跳起舞来。

十六日,他忽然病了,一连病了两三天。教师同学们很关心他,都给他写慰问信,给他送饼干,有的同学还赶进城去买西瓜给他吃,这使他很受感动。他想:在家里生病都没有人这样照顾自己。他感到了革命大家庭的温暖。他想一定得好好写检讨,才对得起大家。于是,他就在病中努力赶写检讨。第三天他的病差不多好了,当搓澡队看到他写的检讨的时候,劝他不要着急,等身体恢复了健康再说。但他说:“一定得争取在二十日做好检讨,一次过‘关’。”

二十日下午,他在互助组上做了诚恳的检讨,对于他以前的“清静无为”

“不问政治”及他的腐朽的人生观。有了较好的批判,他谈到“清静无为”“甘愿向落后看齐”时,说:“这种想法是极端错误的。解放三年来,社会前进了一大步,我还是依然故我,就已经感到同新社会合不来了。如果再过十年八年,那真要成社会上的怪物,跟不上时代,那里谈得上进入社会主义社会,只有淘汰一条路。我被剥削阶级思想蒙住了眼睛,死抱着旧的不放,不肯向前。这次运动使我认清了:抱着旧的东西是不能进步的。如果我三年多来能真正了解新社会,我想无论如何多少会有一点成绩的,这一点想起来是很痛心的。”谈到“不问政治”时说:“因为我怕阶级斗争,对任何运动采取了‘旁观’的态度,这样,结果都没有站稳立场。在土改中,我站在地主的立场,三反运动中,我客观上援助了贪污分子,我今天认识到每一个人都必须学习政治,不然,很容易被敌人利用。汪禧成就因为不学政治,便为资本家服务,而不是为劳动人民服务了。今后一定要加强政治学习,站稳立场,才能真正为人民服务。”在最后一段检讨里,他说:“在这次运动里,由于党的正确领导,我开始感到和群众在一起的亲切和愉快。我忏悔我为什么不早点改造,同时更痛恨剥削阶级思想使我三年来很少进步,今天我才体会到解放是真正的翻身,是精神上物质上各方面的翻身。这都是毛主席和共产党给我的。我现在是一个人民教师,我应该尽我的力量来帮助同学学习,仔细改习题,协助把实验室搞好,使同学们学习得更好,更好地为人民服务。同时,我自己也要加紧学习,充实自己,人民需要我做什么,我就做什么,不闹情绪,还要和群众紧密地在一起,大家在一块儿把工作做好,担负起国家人民交给我们的任务。”他又说:“毛泽东时代是伟大的,我不能在这个伟大的时代里做一个掉队战士,我要跟着共产党走,拿出我全部力量来,为建设我们伟大的祖国而斗争,为劳动人民的和平幸福而斗争!”

沈一可助教觉醒了,我们相信,觉醒了的沈助教一定会大踏步地向前迈进的。

第六十三期　第三版

更进一步提高工作效率
为争取反资产阶级思想运动彻底胜利而斗争

坚决地依靠领导与群众是更进一步提高工作效率的基本关键

目前我院反资产阶级思想运动已经进入了高潮,办公室号召我们更进一步提高工作效率，为取得反资产阶级思想运动的彻底胜利而斗争。我们全体参加展览会工作同志以我们的实际行动，坚决的响应了这个庄严的号召。

在这次展览会工作中，我们经常不断的想到叶向忠同志对我们的指示，那就是做任何一件工作或且[者]写任何一篇稿，一定要有它的思想性，必须明确这件事到底是一个什么问题，这篇稿子到底解决一个什么问题。然而在我们筹备这个展览会时，虽然大家的热情很高，解决了物质条件，借来了图片；虽然我们也学习了胡乔木同志的党史三十年，然而由于我们水平很低，对党的认识很差，所以展览(会)那些图片是不够明确的，同时我们也认识到展览党史是一件非常严肃而慎重的工作。经过大家的讨论后，一致认为我们必须很好来[地]依靠领导，争取领导上的帮助。当中共中央华北局侯秘书长来做报告时，我们首先请到侯秘书长来参观展览会，参观后给我们提了许多重要的指示，又请到我院党支部陆延震同志替我们传达胡乔木同志的党史的报告，我们又进行了学习讨论，才使我们对党史的精神有了初步的认识，根据我们的认识又进行了修改，就在我们出展的前夕还再次的请老叶同志审查，做了最后的修改，然后才进行了公开展览。我们经过了领导上的指示、帮助，以及我们自己了学习，才使我们进一步明确了党史的精神，同时在这次工作中大家都认识到能作[做]好这次党史展览工作；就是我们热爱党的具体行动，由于大家对这次工作有了正确的认识，因而，就能顺利的开展与推动我们的工作。

在展览会胜利开幕以后，经过讨论和研究，我们采取了以下几个办法，来改进我们的工作。

一、健全我们的组织明确分工，加强了工作计划性

当展览会开展第一天，由于我们的组织形式没有根据新的工作需要而变更，因此工作显出了非常忙乱，如讲解员讲解一天本来很累了，然而他们还要做整理意见等工作，因此工作效率很低，另外一些编辑同志又觉得自己工作已完成了，感到很闲，经过大家讨论后，首先根据工作需要，改变了组织形式，把编辑组改成了意见研究组，讲解同志专业化，不再担负其他工作，同时也精简了一些工作不需要的同学，健全了组织，进行了明确的分工，加强了我们工作的计划性，订出详细的参观计划，这样一来，就初步克服了以前忙乱的现象，保证了讲解员的充分休息。

二、重视群众的意见

展览会开始展览以后，我们认识到我们必须虚心听取广大的教职工同学经常不断的给我们提的意见，这样才能逐步的改进与提高我我们展览会的工

作,过去一阶段我们坚决地依靠了群众,因此我们的工作才能一天天的提高与改进,我们是这样来做的:

(1) 组织上成立了意见研究组,有专门负责这方面工作的同学来进行这项工作,他们把每天(从)群众中搜集来的意见即[及]时研究、处理与解决,决不延误,到目前为止,我们一共收到意见有一百四十七件,已经处理了一百三十五件,其中十二件由于目前的情况不能办到,或其他原因而没有解决,但是只要可能或可以做到的我们都即[及]时办到,这也具体的说明我们是很重视群众的意见。

(2) 主动的积极的搜集群众意见,及时巩固大家的收获,在今天运动进入高潮情况下,各系科不可能再行开会讨论,然而收获要不要巩固呢? 意见要不要搜集呢? 我们认为这是必要的,根据今天的条件,我们采取了这样的办法来解决:

(一) 在展览会最后一室增开了一个休息室,因为观众参观了两小时后,精神已感疲累,需要休息,利用他们休息的时候,我们组织大家漫谈展览会的收获、提出意见,几天来根据我们的经验,感到这种方式在今天的条件下还是比较好的,我们大部分是利用这种方式来收集意见的,同时也即[及]时的巩固了大家的收获。在没有这样做以前,观众在意见簿上提出的意见是较少的,经过这样做以后,我们就得到了大批的宝贵意见,这就是我们改进提高工作具体的财富。

(二) 讲解同志回到自己班上也主动的搜集看过展览会的本班同学对展览会的意见,这样就使得一些在会上不爱谈话的同学,也能把他们的意见搜集来,改进我们的工作。

(三) 为了使群众更好的给我们提供具体的意见,特别是对讲解方面的意见,我们采用了讲解同志挂牌负责制,每段讲解员的姓名,都注明的很清楚,这样参观者就可具体的提出那[哪]位同志讲错了,那[哪]位同志讲的[得]最好。自从前天有用这种办法以来,收效是很大的,具体的帮助了我们提高讲解技术,每个讲解员都虚心的接受群众的意见,改进自己的工作。

由于我们创造了这几种提意见的具体办法,因此我们每天都能收到大批的宝贵意见,具体的帮助了和提高了我们的工作。

三、具体的保证了讲解同志的充分休息和饱满的情绪

我们知道要使讲解同志讲的好、收效大,除了讲解技术必须提高外,同时还要使讲解同志精神饱满,在初展的时期,我们对这点是不重视的,没有考虑

到讲解同志的充分休息，因此使得有些讲解同志在讲解时精神疲累，后来领导上具体的给我们提出了这点，必须要保证讲解同志有充分的休息时间，然后才能使得讲解技术继续不断的提高，同时领导上又告诉我们根据目前形势的要求，每日参观人数需要增多。既要保证讲解员同志的充分休息，同时每天参观人数还要增多，这两点最初我们认为是矛盾的，后来经过同志们讨论，大家共同想办法，解决了这个问题。根据各组不同情况，规定各组不同的工作时间，比如第一组党史部分，是从上午七点半开始而到第五室三年建设部分时即需要一个小时。

第六十三期　第四版

因此，“三年建设”的讲解员就可以晚上上班一小时，同时，当最后一批参观到“三年建设”时，每一室同志在前一小时就已经结束工作，可以早下班休息了，如此调整后，参观人数每天由二百二十人增加到三百二十人以上，同时每个讲解同志都保证了充分的午睡和睡眠时间，另外又加强了服务工作，就是在上班时，讲解同志如果不讲解时，就可到休息室休息，需要讲解时，服务员来叫，同时服务同志又给讲解同志创造了良好的休息环境，讲解员也把充分休息当成了一个政治任务来完成，这样就保证了讲解员的充分休息；所以到今天为止，每个讲解同志没有一点疲累的情绪，自始至终情绪饱满的进行着讲解工作。

四、讲解同志的讲解技术继续不断的提高

参加这次讲解工作的同志，绝大多数同学在以前没有讲解过，有的甚至过去在群众面前都不敢说话，讲解党史的同志，有的连胡乔木同志的党史也没有看过，在这样的条件下，他们并没有向这些困难低头，他们想到了党，想到了毛主席，勇气和信心就来了，他们开展学习党史运动，虚心的听取群众的意见后，终于提高了讲解技术，如[redacted]二王兴财同学，由于他苦学苦练，在他不当班时，也来向讲解好的同志学习，终于提高了讲解技术，受到群众的称赞，原来他自己一个人苦练，效果不大，后来改变了方式，专心听取其他同志如何讲解，然后结合自己来改进，这样不断的努力；终于改正了缺点，同时另外一些讲解比较好的同志，仍然不断的虚心听取别人的意见，继续不断的提高自己的技术，由于大家对工作有了这样的正确的认识，积极的钻研和改进，最后使得我们讲解工作一天天的提高。

我们在这次工作中，所以能够取得一些成绩，除了我们全体参加工作同学高度的工作热情外，还因为我们依靠了群众，我们在这次工作中，深深的感到毛主席的指示，那就是：要走群众路线，要依靠群众，如果脱离了广大的群众，那将一事无成；这次工作给我们这样一个具体的教育，我们感到群众力量的伟大，和群众智慧的无穷。另外一点，我们也是深深感到那就是党领导的正确，在这次工作中，我们不但依靠领导，而且还是争取领导，领导上几次三番的来帮助我们，明确方向，改进工作，因而才使我们的工作能够不迷失方向，胜利的前进，这就是马克思列宁主义的领导，就是毛泽东思想的领导，因而我们的工作也就能胜利，在这次实际工作中，我们更进一步的体会到毛泽东思想的伟大，加强了我们学习的信心，在这次工作中我们显然受到领导上的表扬，然而我们每个展览会工作同志都感到这种光荣是毛主席给我们的，是党给我们的，今后我们当继续不断的努力学习马列主义、毛泽东思想，继续不断的提高工作效率，改进工作，为我院反资产阶级思想运动的彻底胜利而斗争。

（宣传部资料研究室稿）

我们怎样组织参观展览会的

运商系秘书组

十七日上午，是轮到运商系师生（在别的单位工作的同学除外）参观展览会。当十六日下午，我们秘书组接到这项“组织参观”的任务后，于是立即拟订计划，按原来的搓澡队为单位、（包括教师和同学），再配合宣传组的编辑分编为小队。预先把分队名单公布在系办公室和核心组工作室里，让教师和同学都知道他们的参观时间，有些前一天没有来校的教师，都用电话通知。后来参观时间因故临时有些更动，我们又认真负责的重新通知每一搓澡队和每位教师，所以我们把准备工作做好了。

在上午参观的时候，我们又做了“联系通知”工作，当前一队入场参观后，我们便骑车通知下面的一队，先到陈列馆前集合。我们搬了五条长凳放在陈列馆旁边的屋檐下，后来打了一壶开水，这样在等候入场的时候，搓澡队和教师可以坐在一块很愉快的谈话，到了规定时间便整队入场，一个上午，参观展会的师生一共有一百四十七人，分成十个小队入场，在时间上按[安]排得很紧凑，做到了“不等”、“不挤”、“不乱”、“不漏”，除了个别的教师和同学因有工作不能参观外，其余的全体师生都在指定时间内参观了。

这样一个做法，对展览会方面来说，也是有很多好处的，以前一个上午，最多进七队，参观人数最多是一百十几人。同时参观的人往往不能按照规定的时间入场。因没有满规定的入场人数，而使早到的人要等候很多时间，甚至有时展览会要派工作同志出去找人，有些系原来排在上午参观完的。结果有很多人拖到下午去参观，打乱了原定的计划。由于我们事先做好了准备工作，临时又做好了“通知”工作，便避免了这些缺点，也就是提高了工作效率，顺利地完成任务。

在目前的运动高潮中，我们还须不躁不懈地，更进一步的提高工作效率，做好革命事业点滴工作。

短　评

学习展览会工作中的先进经验

今天本报发表了一篇“七一图片展览会”工作经验介绍的文章，这篇文章是值得全体工作同志注意的。

大家知道，“七一图片展览会”是“白手起家”，但今天取得的成绩是很大的，而且在继续改进着。这些成绩的取得，当然是和展览会全体工作同志，忘我工作的热情分不开的，但我们应该着重指出，要是仅仅只是凭展览会全体工作同志的热情，也还是不能取得今天这样的成绩的。最重要的是他们能初步体会了马列主义的精神，比较合理的工作方法和工作制度，使他们能极大地提高了工作效率，保持了工作同志们经常饱满的情绪，使工作获得不断的改进，这些就是我们必须向展览会工作同志们学习的。

在展览会的工作经验中，我们可以看到两个重要的关键问题：

（一）依靠领导：在展览会筹备工作中，他们不断的重视了各级领导的意见，慎重地对展览品的内容、说明讲解等方面，作了多次的修改，因此使今天展览会的成绩远远超过了工作同志的政治思想水平。（展览会工作同志中有不少在先前连党史都没有看过的。）

（二）依靠群众：因为他们不断地想尽一切办法，多多听取一切观众的意见，并尽量使一切可能做到的正确的意见成为现实，使展览会中各方面的情况能够得到不断的改进；他们又充分发扬了工作同志内部的集体研究精神，便圆满地解决了又要增加每天参观人数；又要照顾工作同志充分的休息时间，诸如此类的问题。

目前，本院反资产阶级思想运动正在胜利高潮的紧张阶段，“更进一步提高工作效率，争取反资产阶级思想运动的彻底胜利”是我们当前的首要课题。希望各部门工作同志联系自己的工作，学习展览会工作中的先进经验，（当然不是机械的硬搬)胜利地完成摆在我们面前的艰巨的任务。

第六十三期　第五版

新　气　象

今天我们感到真正有了科主任

材专　徐秋生

当你看到我们的钱主任在红旗飘扬的大操场上,与五一女中的少年队员们手牵着手轻松地跳舞时,当你看到我们的钱主任在建筑系的庆祝大会上用愉快、响亮的声音热烈地庆祝"老大哥"的胜利时,当你看到我们的钱主任在与别位未过"关"老师使劲"搓澡"时,你绝不会想到我们的钱主任在两个月以前还是一个一天三句话、发言时声音要颤抖,任何事情是"不求有功,但求无过"的"怕事佬"!但反资产阶级思想运动使我们的钱主任完全变了!

两个月以前,他不爱说话,也不爱活动,整天在宿舍里看书、睡觉。在学习会上,他从不发言,也不跟[给]别人提意见,他坐在冷角度过几个钟点。在科务工作上,他不爱跟[给]上级提意见;有问题时,他写封介绍信叫同学自己去。他不爱跟同学谈话,在半年多的科主任工作中,他没有与三个以上同学谈过话。他怕说错,他怕做错,他希望在他的小屋子内度过他的一生。

但是,反资产阶级思想运动一声炮响,给他带来了新生力量,给他带来了阳光,他从黑暗的小屋中跳了出来,使他从腐朽的自私自利泥坑中爬了起来。

由于他自己的努力,由于群众的帮助,更由于党的伟大的政策与耐心启发、教育,他在思想上获得了胜利,获得了解放!

之后,他就大胆、勇敢、负责地担任了俄材互助组会的主席,神采奕奕地主持会议,精神抖擞地给别人提意见。

随即他参加了"搓澡"工作,开始他觉得自己理论差、水平低,只能当个"配角",因而工作退退缩缩,不敢放手。经过检查工作缺点之后,他认识到"搓澡"工作是光荣的、也是艰巨的,应该以负责的态度来对待这个革命工作,不应当再当"配角"。于是他变了,有时他夜里一点多才回校,他还是那样神气,有时他也能独当一面,负责准备分给他的"搓澡"任务,有时一直至深夜十二时还在看检讨,写谈话提纲。"搓澡"时他结合自己的体会,充分准备,因而是那样有力、那样中肯。实际工作使他锻炼得更坚强了。

在科务工作上，他不像以前"不管事"了，他主动地提出我们的补课计划，他也关心我们的思想情况。当他知道了有一个同学要想退学时，他饿着肚子与这位同学谈了一个多钟头。到今天，我们才感到我们真正有了科主任。

最近他又发出"希望整个俄材互助组的老师争取在高潮中过'关'"的号召，得到了老师们的热烈响应，也使同学们为之欢呼。为了庆祝全院反资产阶级思想运动的彻底胜利，他积极地学舞，有一天下午，他到我们的宿舍内叫同学教舞，一会儿就学会了两个舞。他要求同学把所有学校常跳的舞蹈教给他，并且他已把这些舞曲抄下来带到宿舍去练。向来"冷冰冰"、四十岁的钱主任，今天变成生气勃勃、"热情奔放"的小伙子了。

我们才感到我们真正有了科主任。

改变了自己，改变了对孩子们的教育

数学组　吴侃蓉助教

余和鸾先生以前一向表现得很"进步"、很"积极"，但是她的进步是为了适应环境，她的积极是为了表现自己。她的进步和积极是建立在自私自利的个人英雄主义基础上，因此她任劳而不能任怨，她很主观，不肯接受人家的意见，时常因受批评而闹情绪。她有着崇美思想，她爱看英美文艺书籍和电影，她的家里不论大人和小孩都以英文名字来称呼。经过这次思想改造运动，余先生初步建立了革命人生观后，她不再考虑她个人的得失，因此她不再闹情绪，她永远觉得快乐，真[正]如她自己所说："从前我轻松愉快地生活，现在我严肃愉快地生活。"她对同志不再是表面的敷衍而是衷心的关切，她工作得更努力、更有劲，她家里现在再也听不到英文名字的称呼了，那些她以前曾经爱好的唯心的、厌色的英美书籍，她现在看起来已觉得毫无意义而把它(们)扔在一边了。从前她与她子女间的爱只是一种私爱；可是现在她与她的孩子有着共同的爱；她的孩子因为爱祖国而更爱丢掉了包袱、改变了人生观的妈妈；她也因爱祖国而更爱着这革命的第二代。爱国主义的教育代替了崇美思想的毒害，她常对孩子们说："一切都要为祖国"，他家里呈现出一片新的气象。她是孩子们的好妈妈，也是我们的好姐姐，她成为我们学习的好榜样。

马毓珣讲师跳出了宗派小圈子

电信系马毓珣讲师过去在系里是有名的小广播，为了抬高自己，就大捧清华毕业的几位教授，在同学中进行吹嘘，说黄宏嘉教授曾在武汉大学讲过学，潘守鲁教授怎样有学问等等，有意识地搞清华小集团，对别人虽有意见但从来也不提出来，却在背后乱说些坏话，因而造成了系里的不团结。反资产阶级思想运动开展以后，由于党的正确领导与教育，和群众的热情帮助，他痛哭流涕地批判了搞小集团、进行“小广播”的丑恶思想；过“关”后，便积极参加了“搓澡”工作，在给潘守鲁教授“搓澡”中，他分析了潘教授的思想，对他的自高自大等错误思想，毫不留情地提出尖锐批评，甚至使潘教授都觉得有些接受不了，最后他说：“为了帮助他，我尽了自己的力量。”在工作中他时时警惕着自己的宗派思想。有一次和黄教授等以前在小圈子里的先生在一块儿开会，他提出要请别的先生也参加。现在他对全系老师都不分彼此，无论对谁有意见，都能大胆地提出来，互相间充满了团结友爱的气氛；他再不当面不说背后说，专搞小圈子、进行小广播了；对于工作再不是从个人出发，而是考虑如何把工作作[做]好。在毕业生分配工作中，他因对同学的情况较熟悉，在会上便根据学习成绩及工作能力提出适合于那方面工作的意见。在分配课程时，也能想些办法使课程适合于实际的需要，尤其是专修科的课程，以前存在着一些缺点，他根据实际需要提出了合理的建议，并主张先把课程排好，再把适合的人排上去，这样就改变了以前先决定人，后决定课的偏差。最近他接受了教干部学习班的物理课的任务，觉得非常光荣，虽然在北大还兼课，时间很忙，但表示下周一定要开始，他说：“我要拿出全部力量来，教好他们。”为了要在庆祝胜利大会上表达他心里的愉快，他打破了爱面子的顾虑，积极练习双簧和排剧，和大家在一起跳起舞，唱起歌来了。

(刘庆弘)

毛主席万岁！

第六十三期　第六版

新　气　象

林达美主任愉快地忘我工作着

昨天林主任是第二次水淋淋的到学校里来，第一次是七月六日那天狂风暴雨，原定在那个晚上举行团日的，徐文述先生看见林主任浑身透湿淋着雨来，曾表示奇怪。林主任今天谈到“假如是以前（思想改造以前）这样的下雨天我是不会来的。”

林主任是变了。在半年前，林主任是高高在上、脱离群众、自有一套的系主任。对待系务工作是只和少数几个教师商量，不征求群众的意见，自拿出一套，再来一下形式上的群众通过。例如五零年的系改，就是只同金士宣教授商量了一下，即在系务会议上通过，在提出会议讨论以前许多教授都还不知道呢？这就是一个很明显的例子，对待教授也是分等看待，对认为对自己帮助不大的教授就不重视他们的意见，对待助教、同学的意见是更不重视，还没等提意见的人说明白自己的意见，林主任就往往表示我知道了，不用谈了，极不虚心的态度在思想改造进行的第一阶段，林主任因为没有批判自己资产阶级的思想，没有认识到是自己的资产阶级思想带来危害，反而觉得做系主任是吃力不讨好的工作，又有点牢骚怨气，又有点诚惶诚恐，两种错误的思想，支配着行动，因此对待工作采取极端民主、极不负责的态度，如运输系一年级是否需要教授物理，林主任就不发表自己的意见，也不拿主张，怕负责任，心里想就等待你们群众的意见为决定吧。

在思想改造进行的第二阶段中党和毛主席把他从资产阶级思想泥坑中救了出来，林主任变了，彻底的变了，从前老惦记着自己的身体，怕身体一病必垮的林主任，现在整天，整晚的忘我工作着，既搞系务又参加搓澡队、核心组会、互助组会、毕业生鉴定工作，忙得不可开交，但他对待工作可积极啦！既耐心、又仔细、又负责，虚心接受群众的意见，但也发表自己的见解，如做毕业生鉴定工作，林主任中午都不休息，去征求有关教师的意见，邀集教师、班代表共同讨论，根据各个毕业同学的政治业务、善[擅]长多方面采取极其慎重的负责的态度进行鉴定。

在参加搓澡队帮助钮泽全教授的工作中，林主任也是表现了严肃、认真、负责的态度，工作踏实，先经过细致的研究，再认真的进行讨论分析，然后具体的向钮教授提出意见，这样使工作起到很好的效果，诚如钮师母向别人反映所说的：“教授搓澡队对钮先生的帮助很大”。并且林主任不仅是做自己分配到的工作，而且随时抓紧时间帮助其他没有过“关”的教授，如林主任看见李续勋教授在运动中态度比较好，但是还没有过“关”，因此就不辞劳累的牺牲空闲休息的时间，去帮助李教授，加强其信心也对他提出具体意见，态度既耐心又热情，并充分的表现了集体主义阶级友爱的热情。

林主任变了，林主任是彻底的变了，他现在抛弃了可耻的资产阶级思想臭包袱,在政治上、思想上开展,精神抖擞、心情愉快的参加工作,参加文娱活动,把歌谱抄回家去练唱,当我现在看到他时,觉得他不时脸上流露出欢乐的笑容,当我问到他为什么现在能这样积极地忘我工作时,他笑了,他愉快的笑着回答我说:“是党和毛主席给了我新生,给了我快乐,我现在以多为人民服务为莫大的快乐,但这工作得有劲也与周围的同志们同学们在毛主席挽救他们后发挥了主人翁态度与积极性分不开的,这是党与集体给我的力量,我现在对系改、课改,有充分的信心,对前途充满乐观。”当我问到他现在练唱时的心情时,他更是愉快的笑了,他说:“唱歌这玩意儿还是在大学时唱过,我已有二十余年不唱了。”以后他还向我补充着说,在运输系庆祝胜利大会上,准备表演火棒呢。这还是他在十七岁(上)中学时玩的东西,到现在已三十一年了,在党的教育下思想改造后林主任是返老还童,年轻了二、三十岁,变成同我们一样的小伙子、年轻人了。

刘允仁

马杏城教授不再“自以为是”了

曹冠军

马杏城教授过去一直背着进步的包袱自以为是,对同志们的态度不够虚心,因此在教师小组学习中,使工作受了一定损失,并且由此而造成同志间的不和睦,彼此闹意见。在反资产阶级思想运动中,马教授对自己的发财思想和自高自大得到[进行]了初步批判。过“关”后,马教授主动参加了搓澡队工作,热情很高,前一时期检查工作时,他更深切地体会到党的伟大。他激动地说:“愈接近党,愈发感到党的伟大和正确。”从此以后,马教授更加积极地工作,开动脑筋,虚心接受群众的意见,为了更好地提高工作效率,马教授曾连续三夜没有回家,住在办公室,因蚊子多,也没有很好的休息,但他并没有感到困倦,尤其听到二十八日全校开庆祝胜利大会,马先生非常高兴,马上搬到学校来住,要把一切力量(用来)帮助愿意过“关”的教师早日过“关”。马教授的爱人,通过＜了＞马教授的转变,也克服了自私自利思想,愿意参加工作,贡献出自己的技术,做一个人民护士,这一切的新气象,说明了通过这个运动人变了,家庭变了,一切都在变啊! 只有在党的领导下才可能涌现出这样的新气象,这是反资产阶级思想运动的胜利,是马列主义毛泽东思想的伟大胜利。

苗大维助教从“怕困难”到“克服困难”

运输系苗大维助教在反资产阶级思想运动中始终是站在斗争的前列。他是五月初结婚的，新婚才不过几天，正好我们的运动轰轰烈烈地展开了，从那时候起他就离开小家庭生活，毅然地以一个思想战线上雄伟的斗士的姿态出现，在我们的队伍里，一直到今天——运动已经进入高潮的今天，他住在学校里，往往八九天难得回家一趟。

由于他对运动有很正确的认识，他做的检讨是比较深刻的，一次就过了“关”。他说他在运动中收获很多，主要是克服了个人主义和明白了自己是属于谁的这个真理。是的，他在过“关”后工作积极的表现，正可说明这样的情况。比如三年系里要他购买测量仪器，他当时想到这必须多跑几家店铺，打听价钱，比比货色，太琐碎、太麻烦。虽然事情他是做了，心里却不愉快，又如以往他搞大会俱乐部的工作时，不是想办法去克服困难，而是愁眉苦脸一筹莫展，过去他做工作总是希望搞容易做的，不费气力的，今天他彻底批判了个人主义，认识提高了，他说：“任何一点一滴的工作，都是革命工作的一部分，我自己是属于党、属于人民的，自己做工作，是为了革命为了共产主义事业，我丝毫不再有考虑到个人，在工作中患得患失了。”现在他正团结着系里所有过“关”的教师，加紧搓澡工作，白天黑夜，动脑筋，想办法，一点也不感到麻烦，一点也不感到难做。他说：“实际上现在这个工作比过去不知繁重多少倍，困难多少倍，可是现在我能够依靠领导，依靠群众，就什么问题都有办法解决了。”

第六十三期　第七版

新 气 象（6）

仅 仅 只 两 天

“胡先生真有转变”，只要是共同学科的老师或者同学在一起大家总会不自觉地谈起来，的确数学组胡照全教授是变了，用他自己的话来说是“重新开始了生命”不久以前，他一直是不相信群众的，他老觉得别人不可能对自己有帮助，在运动中有一次同学因为他的态度不端正而着急得哭，然而他却无动于衷地说：“你们不要太激动”然而在十七号下午，他过“关”后，第一句话就是说：

"我应当首先感谢党和毛主席,其次是同学们的帮助。"

当然胡先生过"关"只仅仅是两天,但他的确是变了,平常下午五点半的汽车赶不上,六点一刻的(他)无论如何要乘回去,有时同学请他参加晚会,他绝口推辞说:"我晚上迟睡的话,第二天就起不来",然而就在他过"关"后的那天却打破了他一直的惯例,他非但没有立即回家,而且马上就替[redacted]集先生搓澡,一直谈到九点多,跑出来又参加了建筑系的庆祝晚会,到十一点多才回家,过去胡先生回家,是不多讲学校里的事的,可是就在他过关后的,第二天早上一连就讲了五个钟头,他说:"从前我这样落后,今天有了这样的转变,真要感谢同学们,现在假使再不好好进步,那真太不该了,我一定要帮助别的先生。"这正如胡师母所说的:"这是我们家庭的新气象。"

胡先生的身体是不大好的,在过去他以这一点来作借口,但昨天胡师母叫他到协和医院去检查一下时,他却说:"这两天校中忙,不能去",匆匆地跑到学校来开搓澡队会议,因为来得太早了,他就坐在教室中阅读同学返给他的书本,还仔细的和人研究情况,烈日下面忙着跑来跑去,他还愉快的说:"这样过得挺有味儿。"

仅仅是第二天,工人阶级思想只初步出现在胡先生的脑子中,然而他的变化却远远胜过了已往所有的年月,我们可以想像[象]到,不久的将来,祖国的教授们不知会出现多少新的气象。

沈童雨助教的心回到了建筑系

两个月前,带有浓厚纯技术观点,一心向上爬的沈承福先生,是人在建筑系,心却不在建筑系,一天到晚想离开京院,他看不惯京院,看不惯建筑系的师生,认为京院没有结构、博士、专家,他既在这里学不到什么东西,没有出息,他和童鹤龄助教很要好,二人"志同道合",因为童先生也是千方百计一心想远走高飞,所以二人一碰面就商量如何离开建筑系,到外面另找出路,沈先生常觉得童先生走的条件比他好,他对童先生说:"你是聘来的,而我是分配来的。"当思想改造运动开始时,他和童先生说:"思想改造无所谓,要我不走那可不行。"沈先生曾和童先生他先走,给自己找一个工作位置,然后他再离开,"离开京院,想办法走"是沈先生和童先生谈话资料,他们是"走"的"同志"。

但是经过思想改造以后,沈承福先生变了,整个的变了,他批判了他的单纯技术观点,他不想离开建筑系,他要坚决服从组织分配,而童先生呢,也认识了人民教育事业是最艰巨的,做一个人民教师是光荣的,现在沈先生担任宣传部编辑组副组长，童先生是建筑系宣传组编辑，沈先生和童先生由于工作忙见面时间很少，但当他二人会合时不再谈“怎样走”了，而是谈着宣传工作，他们计[讨]论■■内容，宣传重点，交流编辑经验，有时商量某一篇稿子应登在建筑系大字报呢还是“三反”快报？有时亦为抢着同一篇稿子而发生争辩，沈先生和童先生由“走”的同志变成“宣传”同志。

“我觉得应该这样做”

体育组靳开蓝先生来校已有一年了，但她一直悲观失望，觉得教体育这门工作是靠年龄吃饭的，现在年纪轻还可以教，将来老了怎么办呢？而且又觉得自己被人瞧不起，所以老想转业，想去学会计，但一下子又不能离开学校，这样地一直很不愉快，平时下了课就往家里跑，对体育组内部不团结的事，一点也不过问。

然而，现在彻底地批判了个人主义自私自利的思想，她领会为人民服务是最愉快的事，所以过“关”后，她就积极的投入了工作，领导交给她的第一件任务就是汇报情况，在从前她总会以自己理论水平低来推辞，但在初步建立了工人阶级思想后，靳先生却以极严肃的态度来对待这工作，她所汇报的情况，都很具体，而且能抓住要领，曾经得到宣传部的表扬。

靳先生在帮助樊明玉先生的“搓澡”工作中，她真是不辞劳苦，七月的烈日下面，他独个儿骑了自行车去找樊先生的爱人说话，冒着大雨跑到健身棚去替樊先生“搓澡”，中午，王煜章先生在学校吃饭，她就抓住了这时间和他谈，只要先生们有一点点进步，她比什么都感到高兴，真[正]如她自己所说的：“现在不该不关心别人的进步了。”

开会、“搓澡”、汇报、搞家属工作、教课，的确，靳先生是相当忙的，一早出来总要很晚才回家，当别人问她忙不忙时，她轻松地说：“虽然忙一些，但心中挺高兴的。”由于靳先生懂得了一个人应该为谁而生存，所以她再不想转业了，她也不去担心“老了怎么办”，这是因为她认识了祖国前途的美丽：“做啥事还不一样，想起那些烈士，自己真太不该闹情绪。”靳先生自己的前途是满怀信心的，实际的锻炼中，使她的人生观起了变化！在听了侯秘书长和朱院长的报告后，她表示要争取入党，她说：“我老早考虑这问题，侯秘书长和朱院长的报告加强了我的勇气，我要为共产主义社会出一分[份]力。”

徐文术助教从不干到积极干

商务系徐文述助教过去一直为个人打算，就是担任助教工作，也不是了好好的帮助同学学习,只是照顾自己的学习,为了提高自己的工程基础,旁听的课比同学还要多,有同学说:“徐助教上课,<来>只发发课义,下课随着教授一走了之。”对系务工作,不闻不问,有课就来,无课就走,他除去助教外,什么事也不愿干,他认为工作是个负担,但是在这次反资产阶级思想运动中,由于他批判了个人主义的思想,而跳出了个人主义的圈子,他知道不应专为个人打算。过关后立即参加宣传部工作。为了工作方便他从城里搬到学校来住,在离家时他爱人勉励他:“不要只有五分钟热劲儿。”徐助教很坚定地回答:“不到运动胜利结束,我决不回来。”参加工作后,表现得非常积极,主动宣传三反快报“读者园地”的性质,而且还发动大家积极投稿。现在徐助教不是“不问他不说,不找他不动了”,而是“一无事干,就觉得苦闷”,在工作中他体会到“要好好在工作中锻炼自己”。

毛泽东思想胜利万岁!

第六十三期 第八版

家属通讯(8)

感谢党将何先生从泥坑中救了出来

何嘉澍助教爱人 林蕴瑜

首先让我们大家来尽情的欢呼,尽情的歌唱。我要感谢毛主席、共产党所领导的反资产阶级思想运动以及同学们热烈的帮助,将何先生由一个深而且臭的坑中救了出来。将他的灰色人生观变成红色的人生观,使他看到祖国前途的美景,自己前途的光明及人民教师的伟大职责,他的生性对人冷淡,他对我们虽然是很关心,但是不流露于外,一向是沉默寡言,现在他变了,变成一个有热情的人,也爱说话了,不像以前我问他才说;我们的家庭由现在起,有了革命的新气象,大家团结、大家互助、展开批评与自我批评来帮助我们的前进,这次我帮助何先生思想改造,我就是大胆的批评他,我与他十五年的相处,我明知道他有许多不对的地方,可是我不肯说出,(以前他也不会接受的)在这次他写检讨时,我就将他一切的毛病指出批评他,何先生他是很虚心的听着,而且非常的高兴,他说:“如果你早肯这样帮助我,也可使我早认识到我那要不得的丑恶思想”；这就是说明何先生思想有了转变，全体同学们！这就是在你们大家热情的帮助下得到的胜利的果实，但是，我还要更进一步的协助何先生，把这果实加以培养、加以巩固，贯彻到实际行动中去，他实际的表现我写明在下面，以前他胃痛，我说他是吃东西不小心造成的胃病，他不肯说是，而且因自己有很厉害的胃病因此灰心，现在他关心祖国、关心全体的同学，昨天我问他你这两天胃病怎样，他每天高兴的好像忘掉自己是有胃病的人，昨天由学校回来就叫我到学校去参观图片展览，叫我参加庆祝大会，他的热情是我所未看见过的，今早我去参观图片展览，他在家一面抄写检讨稿子，一面做午饭，我们回来他很高兴的一点不感到劳累，以前他是犯着严重的好逸恶劳，现在他是初步的建立了劳动观点，在有今昔之分，但还要努力向前。

伟大的反资产阶级思想运动使何先生变了样，给我们的家庭带来了幸福，我们衷心地感谢党、感谢毛主席！

我们更靠拢，更亲切

唐宪铨讲师爱人　高怀英

我的爱人自从过“关”后，每天都是工作到夜间十一二点钟回来，我因为身体的关系，不习惯晚睡，因此我们接触的机会要比以前少了许多，虽然接触的时间少了，但是生活的乐趣却增多了。

以前的他工作是消极的，上班耗到很晚才去，没课索性不去，下班比好多人都早，回来准备功课也是一边聊天、一边准备，要不然就是吸烟沉默，我看时想了解些他在学校的工作情况，他说没有什么可谈的，我兴致勃勃的和他谈我在学校工作的情况，他也不发表他的任何意见，有时甚至不耐烦的说我幼稚可笑，说我刚到社会工作，觉得什么都新鲜，什么都好；逐渐的我们在一起便没有什么可谈的了；对于这一点我是很失望的，很着急他对于任何新事物的不关心，虽然我们一直是相爱着，但在这一点上，我总感到是个缺陷。

感谢党与毛主席，及时的在高等学校展开了轰轰烈烈的反资产阶级思想运动，挽救了绝大多数的知识分子，使他们见到祖国的伟大与美丽，使他们了解了做一个新中国主人的应尽的责任，把他们的资产阶级腐朽思想批判了、否定了，使他们重新做人，当然我的爱人也不例外，在这次运动中，获得新生，同时给家庭中带来以前所没有的温暖与乐趣。

虽然是晚上十一二点钟，但他（丝）毫没有疲倦的样子，即使我已经睡了，也要把我唤醒和我谈这个、谈那个，告诉我他如何看见祖国的伟大，如何认识到劳动人民的光荣,告诉我那[哪]个先生如何过“关”的,给他什么影响;那[哪]个先生们过“关”后有什么表现,又给他什么影响,他自己在学校中做了些什么,同学们如何欢迎过“关”的先生们:“搓澡”队如何帮助先生们“搓澡”,他们筹备庆功会、练习舞蹈时有什么花絮,总是高高兴兴的、天真的和我谈个不休,直至我告诉他应该休息了才罢。这两天回来后更高兴了,要我和他学集体舞,他说:“他们有爱人的先生们,已经互相保证教会家属舞蹈,以备用开庆功会”,我见他兴致如此高,也高兴了,觉得我们中间的缺陷没有了,我们都变得更年青了,更幸福了,我们尽情的谈着彼此在外面工作的情形,愉快的学习集体舞蹈,虽然我是那么不善于跳舞,但我也下定决心学好,预备参加庆功会时去跳。

什么力量使我的爱人转变了?谁使我们更靠拢些、更亲切些了?谁扫除了我们情感间的缺陷了?我要大声的说,是党!是毛主席!我说不出内心的愉快更写不出美丽的词藻来歌颂党与毛主席,我只有<在>今后不断的在政治上、业务上提高自己,做好我的教学工作,为培养才德兼备、体魄健全的干部,尽自己所有的力量,老老实实的做一个名符[副]其实的人民教师,使我们可爱的祖国早日走向社会主义、共产主义。

衷心感谢毛主席

王金桂

经济系朱广心教授过“关”后,我们第一次去访问朱师母。当我们刚一跨进朱教授的房门时,使我们有一个异样的感觉,原来以前他们墙上挂的连环图画,西游记、封神榜等已在朱教授过“关”后换成毛主席和朱总司令的像,这个转变,具体地说明了思想上得到解放的朱教授一家是如何热爱党、热爱毛主席,在朱教授房间里的墙上也用钉钉了很多同学给他俩的贺信,这些年青人的火热的心,他们是念念不忘的。

在朱教授的思想上还未得到胜利时,虽朱师母是民建会的会员,然而朱教授连朱师母的开会自由也常被限制,但是在党的教育下,朱教授变了,不但让朱师母去参加会议,就是开到晚间十二点钟也不过问,朱教授回到家里也不常看“七侠五义”之类的小说,而是看搓澡队送给他的“奥斯特洛夫斯基书信论文言论集”和“论党”等书。之前朱教授对朱师母是采取虚伪、欺骗的手段,学校里的一切事情都不告诉她,但是今天他们互相谈论思想问题,朱师母说:“这是党和毛主席给我们带来的幸福。”

当朱师母知道系里要开庆祝胜利大会时，为了表示他内心的高兴，他预备了三面锦旗送给系里、搓澡队及家属工作的同学，虽然她病了，但是她还准备节目，参加庆祝胜利大会，党和毛主席使朱师母产生了新的力量。

马克思列宁主义胜利万岁！

一九五二年七月二十二日　捷报

庆祝胜利筹委会号召全体师生员工家属
以实际行动迎接“庆祝胜利日”

全体教师、同学、职工、家属同志们：

目前，本院反反资产阶级思想运动正处在胜利高潮中，一个捷报接着一个捷报，全体同志们都在为争取运动的彻底胜利而斗争。在这个时候，节委会办公室定本月二十八日为“庆祝胜利日”，是有着重大意义的。因为，经过我们半年来的辛勤劳动，现在丰盛的胜利果实已经呈现在我们眼前，只待我们努力收割了。那么，预定的“庆祝胜利日”，就是我们收获满筐、高歌丰收的日子；大家欢欣鼓舞的心情是可以理解的。

秋收的时候，是最令人兴奋欢乐的时候，但也是最为忙碌的时候。我们今天的情况也正是这样。在“庆祝胜利日”到来以前，我们还得做很多工作：要巩固已经取得的思想上的收获，要争取一切愿意过“关”的教师们在胜利高潮中过“关”，要开展爱国卫生运动，还要热烈地筹备“庆祝胜利日”的狂欢——让我们在丰收的节日尽情地欢畅。同志们，时间不等人，时间很紧迫，为了使我们的反资产阶级思想运动圆满地获得彻底胜利，为了让我们的“庆祝胜利日”过得更欢畅，本委员会特向全体同志发出如下的号召：

更进一步提高工作效率，为争取反资产阶级思想运动的彻底胜利而斗争！

尽最大努力，帮助一切愿意过“关”的教师在胜利高潮中过“关”！

认真开展爱国卫生运动，在本委员会统一领导下做好环境卫生工作！

发挥全体师生员工家属同志们的创造性，开动脑筋，充分发扬大家迎接彻底胜利的热情，让我们的“庆祝胜利日”过得更欢畅！

让我们拿出最好的典型报告来吧！让我们拿出我们最精彩的文娱节目来吧！让我们有一个最美丽、最清洁的红果园吧！让我们在那天穿上最漂亮的衣服，吃最好吃的菜，说出我们最热情的话，献出我们最心爱的礼物吧！

让我们以实际行动，迎接这盛大的节目——“庆祝胜利日”吧！

一九五二年七月二十三日　第六十四期

彻底批判资产阶级思想！坚决树立工人阶级思想！

全院师生员工家属欢欣鼓舞迎接“庆祝胜利日”
红果园内载歌载舞喜气洋洋

从运动进入胜利高潮以来，发展的形势正是汹涌澎湃、排山倒海，建筑系、电信系已相继取得了彻底胜利，经济系、共同学科、运商系等的彻底胜利也已指日可待，大家半年多辛勤劳动所期望的一天——“庆祝胜利日”也即将来到了！这几天来，红果园内喜气洋洋，人们内心的喜悦是无法形容的，因为“庆祝胜利日”这个日子将在每一个人的心灵里留下永远的回忆，它是我院划时代的一天；它是我们每一个人新生的一天。人们热情洋溢、空前振奋的心情，是完全可以理解的。最近，不管是上午或傍晚，不管是操场或饭所，到处练舞、唱歌，到那一天，每一个师生员工家属都将引吭高歌，载歌载舞来欢庆自己半年来向思想敌人顽强斗争的丰硕战果，来欢庆自己思想上的解放！

新生的人蕴藏着无限青春的活力，在思想战线上获得胜利的教师们一个个都是热情奔放，年老的年青了，年青的更年青了。在“庆祝胜利日”的前夕，大家都愉快而认真地练习着歌舞，排演着节目，“虚伪”、“架子”已经再也找不到了！像经济系张主任，过去是“骄视阔步”令人“望而生畏”，可是今天他是“笑口常开”显得“和蔼可亲”。每天只要一有空闲，这位头发斑白的老青年就活跃在歌舞的人群中；电信系马毓珣、张凤翥两位先生平时连话都不大讲，可是他们为了表达自己内心的喜悦，他们编了一套“双簧”描写自己的检讨，准备上台表演。运商系杨文朴教授和有病的古如恒助教经常在教室里高唱低哼，原来他们正在练习着舞曲的提琴伴奏。金士宣、梁清彦、伍廷钧等教师上下午还没跳够，排队等汽车时，又跳了起来。特别是经济系的四位五六十岁的“返老还童”的老教授许延英、万良桢、傅恩龄、张协衷，为了自己的新生，练了一个“童年舞”，许教授特别高兴，直嚷“会了！会了！真有意思”他们准备在大会上穿着花衣服来演出，年青的助教也是一样，过去见到同学跳团体舞就要绕路而行的段键科助教，过去死气沉沉的沈一可助教，这两天来，都是兴高采烈，变成了跳舞唱歌的积极分子。在昨天建筑系师生联欢会上，教师节目也大受欢迎，庄涛声、周祖爽等六位教师跳的“农民翻身舞”,更是演得非常精彩。电信系教师所排演的话剧“电信系的转变”,化[花]了不少功[工]夫,大家对每一句台词,每一个动作都认真的钻研,一定要把原事的精神表达出来,他们大都是没有上过台的,但是为了庆祝胜利,他们都“粉墨登场”了。而且为了布置一个“电气化”的会场,教师们都开动脑筋,设法装置了舞台灯光、通风设备、电动机、霓虹灯、电扇等设备。共同学科的教师除了积极练习歌舞,还组织了一个篮球队,向各系挑战,挑战书上写着:“丢掉了包袱,打起球来就跳得更快、跳得更高。”

在这次思想改造运动中家属们也受到了深刻的教育,在迎接“庆祝胜利日”的今天,她们也是无比的兴奋;电信系赵平教授的一家都是热火朝天地准备着节目,赵师母在家里一有空就领导着五个孩子练习“全家舞”,俄专马杏城教授和他爱人、女儿也积极地练歌,由他的女儿指挥,准备在大会上表演;运商系郑鹍教授夫妇非但领着孩子一起热烈准备,还向王竹亭教授夫妇及其他教师挑战;王竹亭夫妇也立刻应战,王师母在家里加紧吊噪[嗓]子,而且由于向儿子学跳舞,累出病来了。伍廷钧、郑鹍、陈寿昌等先生的爱人也在昨天兴高采烈地跑到学校来练歌练舞,特别是五十多岁的伍师母,一辈子都没有跳过舞,但为了庆祝胜利、庆祝她家庭的新生,昨天第一次跳了舞,并特别努力的学习,休息都不肯休息,最后还与伍教授一起跳了一个“双人舞”,她愉快地说:“我是少年队员啰!”经济系张协衷的爱人在张主任过“关”的一天,就表示要表演节目,二十日她到学校来练了半天“湖南民歌”;五十亩地一位家属怀了孕,不宜跳舞,但是她表示要用歌唱来表示庆祝,电信系赵平、朱万柏、郭士隽等先生的孩子为了庆祝爸爸在思想战线上的胜利,排演了“打莲湘”舞。俄材小组金若楠先生一过“关”,他家庭就召开了“家庭庆祝会”并由他的十岁女儿金如璋作主席,买了糖果备了茶点,最后阖家跳了个“双人舞”。

同学们也特别起劲,除了辅助教师、家属排演外,歌咏团、舞蹈团、曲艺社等的同学都在加劲的练习,而且由于热情特别高,学习效率也显著提高,本来要两个单位<时间>练好一支歌,现在变成一个单位练两支歌。舞蹈团同学普遍是“身兼数职”身体弱的同学如张锦屏等都累倒了,但是他们休息一下又跳了。经济系一些不爱活动的女同学,这次练了一个活泼愉快的“迎春舞”,来庆祝胜利。建筑系几个不爱活动的同学,演了一个“老头舞”,宣告他们“回复”了青春的活力。

第六十四期　第二版

最近几天,自节委会办公室号召开展清洁卫生捕蚊灭蝇以来,同学们都开始积极的行动起来，干部学习班，经济系，节委会办公室，庆祝胜利等委会工作人员都首先开展了清洁卫生工作，大家劳动热情很高，并开动脑筋想办法，使工作做得又快又好，在捕蝇灭蚊方面经济系同学首先动了起来，大家怀着消灭美帝细菌战"内奸"的心情，积极的捕杀，一个纪录压倒一个纪录，第一天经二汪济[redacted]同学打了一百零五个，第二天会上徐敏同学跑的范围很广，甚至五十亩地也去了，结果打了四百多只，经二徐浩然同学一手持拍，一手持瓶随时的打，创造了一天灭蝇四百八十四个的新纪录，但，经四金学政开动脑筋，改进方法，昨天冒雨在"思想战线"、饭厅等处打了三小时，创造了灭蝇五百二十个的纪录，他打了几个就向同学说："我又消灭了××个美国兵。"现在大家都在积极想办法，很多同学做了蝇拍随见随打。红果园内到处是消灭细菌战的战士，目前很多宿舍甚至厕所都已见不到苍蝇，这说明了群众力量大于一切，也表现了大家以实际行动迎接胜利的无比热情。

职工的思想改造运动，也已到达高潮，很多职工都做好了检讨，所以他们都感到思想改造的好处。石碑胡同的老工友李庆成为了纪念思想改造运动，生的孙子给起个新名字——"思改"。昨天下午职工都到大操场练舞，六十多岁的顾妈，年老耳聋的许刚，七十二岁的老工友白恩鉴等也随着年轻人一起兴致勃勃的跳。教室楼小组马古清同志从电信系同学处学到了"翻身多亏毛泽东"的民歌后，立刻回去与勤务班同志一起练唱，并且兴高采烈的表示，还要找同学多学几个来纵情的歌唱。

在"庆祝胜利日"即将来到的时候，也正是大家最愉快、最紧张的时候，今天，电信系已召开了庆祝胜利大会。经济系也将在明天召开了，让我们更加努力积极响应庆祝胜利筹的三大号召，以实际行动来迎接我们半年辛勤劳动的丰收日——"庆祝胜利日"。

胜利花絮

在胜利高潮声中，俄材组通过了许大庸、金若柟两教师过"关"，这是俄材的大喜事，俄材组在思想战线上，将近一个月没有教师过"关"，因此，许、金两教师的过"关"，使俄材师生特别高兴和愉快，吴永康同学在给金若柟讲师的贺信说："前两天，我看到别的系获得全胜的时候，我是多么的高兴啊，可是当我看到俄材组过'关'的人数还停留在原来数字的时候，我又是如何的焦急，今天使我感到兴奋的一天终于也来了。"金若柟先生的爱人过去常常因金先生对运动的态度不好而发生争吵，可是在金先生端正了对运动的态度之后，他们的感情就日益浓厚了，在昨天的俄材师生大会上，她为了庆祝金先生的胜利，也为了庆祝他俩新生活的开始，他们热情的拥抱在一起。朱代杰教授，本来没有参加这次大会，在楼下实验室写检讨，可是听到了同学经久不息的掌声，也忍不住跑了上来，他说："我除了热烈祝贺两位先生的胜利外，我有信心不辜负同学的希望，争取在'庆祝胜利日'以前过'关'"会场立即激起了一阵热情的掌声。六十多岁的崔春煦老教授说："我一进学校就看到四处都是胜利的欢呼和一片新气象，可是这些胜利就很久不曾在俄材组出现，今天我不但看见了，而且是双喜临门。"

共同学科严德炯教授最近在思想上，没有大进步，该科师生昨日热情地对严教授提了意见，电信系的师生也参加了这个会，朱万柏教授以他亲身体验来说明自高自大，打击别人给自己带来的痛苦。他说："四十年来由于自己在个人主义圈子里走，好朋友廖廖[寥寥]无几，四十年似乎是白活了，而当把包袱放上后，自己就感到非常愉快，感到大家都是亲兄弟似的。"最后严教授也表示决心大胆暴露，做好检讨。

运商两系，最近过"关"速度大大增加。自五月二十五日至七月十四日约七个星期，只有十六位教师过"关"，平均每星期不到三人，但自运动进入胜利高潮后，自七月十五日到二十一日为止，七天中过了十位教师，速度较前增加了三倍多。

全校庆祝胜利诗歌大合唱今天开始练唱，时间非常紧凑，练唱的同学大家都有工作，但为了庆祝我校空前未有的胜利，每位同学都抽出时间，精神百倍地认真地练习，正因为如此，大家超额的完成了任务，估计"生活在毛泽东的时代"，歌曲，四部合唱，只能唱一个轮廓，但是，由于大家积极努力的结果，在短短的一小时中，全部都唱会了，并且又唱了一首红旗歌，嘹亮有力的歌声，激动了每个人的热情，大家都要把自己热爱党，热爱毛主席的感情，在胜利会上尽情的表达出来。

俄材专尚未过"关"的六位教师两日来先后都搬到学校里来住了，建筑系老师们帮着腾出了房间，使他们都能安心做好检讨，他们都表示感激，要争取在高潮中过"关"，俄专朱代杰教师过去很长一个时间没有校内活动，只是在家写检讨，昨天搬到校里来住，虽然他患着肠炎，但也争取在高潮中过"关"。

俄专马杏城教授，为了能更好的帮助其他未过"关"的教师们，昨天搬到学校里来住了，因为单身宿舍也住满了，他就住在同学宿舍里，最近几天马教授与他爱人、女儿，积极地在练歌准备在庆祝胜利大会上演出。

运商二系庆祝胜利筹委会成立后，聘请赵华教授为干事，赵教授欣然接受了这个任务，随即计划布置办公室，为了使办公室更美丽，开会更方便，赵教授今天上午就用丁字尺在墙壁上测量考虑如何安置桌子，据说，赵教授还要设计一个草图，准备在明天大扫除后，把运输系办公室布置得焕然一新。

朱代杰教授爱人李冠群同志和她的三个孩子正在积极练歌练舞，准备庆祝胜利日，昨天朱师母特意做了一样好吃的菜送到学校给朱教授，希望朱教授早日做好检讨，争取在二十八日以前过"关"朱代杰教授正在赶写检讨，当他听到他爱人和孩子们积极练歌练舞的消息时，他说："必须赶快写好检讨，争取早日过'关'，好练习跳舞，不然时间太晚，手脚都不热[熟]练怎么能跳舞呢?"

电信系各班同学，除了积极地参加庆祝胜利的各项筹备工作外，并赶制各种礼品，如镜框、锦旗、挂像等，准备在大会上献给老师，电二吴小可、郭美娟、吴景棠等三位同学，更特地赶制花裙子，准备跳一个更美丽更愉快的舞。

干部学习班响应节委会庆祝胜利筹委会关于清洁环境、迎接"庆祝胜利日"的号召，已将自己的教室打扫得焕然一新，除了墙上石灰以外，讲台、黑板、水门汀地板都拖洗得亮晶晶的能照出人影子来，经济系各寝室也都进行了打扫。

运轮系伍廷钧教授过"关"后，参加了搓澡队，工作很积极，最近他响应节委会庆祝胜利筹委会的"消灭一个苍蝇就等于消灭一个美国兵"的号召，积极扑灭苍蝇。当他在系办公室里，他就在办公室内拍苍蝇，走道时就沿路拍，他走到那里就拍到那里。他想到厕所里苍蝇一定较多，他就不怕臭，不怕脏，跑到厕所里去拍，两天来初步战果是三百四十一只，由于伍教授的带头，杨文朴教授，闵保华、古如恒两助教，也学习伍教授的精神，跑到厕所里去拍苍蝇。

第六十四期　第三版

新 气 象 (7)

六十岁老工友李庆成热爱祖国关心运动
生个孙子，起名"思改"

本院石碑胡同宿舍工友李庆成，已经是六十岁的人了，他虽然没参加校内的思想改造运动，但是他火热的心以及加倍的工作是已经投入了运动，当我访问他时，他高兴极了，非常愉快地和我畅谈，他首先说："我非常喜欢和同学聊聊，让我多知道一些思想改造情况，同时我也要改造思想，但是同学都没工夫，我恨不能抓住一个同学和我聊。"我们先扯起生活来了，他回忆了过去的痛苦生活，他说："我的命够苦的，十一岁就死了父亲，自小生活就没依靠。"日本统治时期，他做小工，收入不够，一天挣上四千块，吃上顿没下顿。虽然才三口人，(他有老婆及儿子)可是肚子吃不饱，并且每天要挤混和面天不亮，就去站队，有时好容易轮到自己，他妈的又卖光了，正如他所说的，那不是人的生活，国民党统治时他已到交大来做工友，但是日子依旧苦，他家每天吃玉米面粥，白嘴啃窝头，连碱[咸]菜也买不起，物价一直上涨，关到的钱，不到半个月就花光了，但是一谈到今天，共产党的今天，李老头先笑了，他兴奋地说："这用不着提，明摆着事儿，解放前，我家三口人，现在变成了五口人，因为儿子在解放后娶了媳妇，抱了孩子加了俩[两]口人，吃食也好了，我和我的儿子(在本校校卫队工作)，俩人一月收入六十余万，住学校的宿舍，生活一天比一天好了，大米白饭也吃上了，并且菜也提高了，这是谁给的，还不是毛主席、共产党给的"，继而我们谈到目前的反资产阶级思想运动，他马上对我说："我先要把我过去的错误思想暴露暴露，有时同学们来做家属工作，搞到夜里两三点才走，有时又深更半夜的来叫门，那时我很讨厌，觉得很麻烦，出来进去，使我睡不好觉，替他们开门关门，但是今天我想起来那太不对了，那是自私自利，同学这样熬夜，真是够累，他们放下功课，帮助老师改造思想，大夏天的满处跑，不睡觉，为的什么，不是为了人民和祖国吗？但是我为什么这自私呢，朝鲜的志愿军，那是白天黑夜的不睡觉，并且还要流血牺牲，和美国鬼子干，想到这儿，我不但不自私，我更有劲了，从此同学几时来、几时走，我都不'埋怨'，夜里几点，两点、三点、五点、几点都好，只要叫我一声，我马上爬起来。"因此有时在替同学开门时，他热情地、关心地对同学说："你们太辛苦了。"

接着他又说："资产阶级思想必须批判，自私就糟了"，我问他对思想改造的看法怎样，他说："这个我懂，我们国家要进行三年准备，十年建设，老师脑子变过来好教同学去建设我们祖国。"他亲眼看到石碑胡同的教师们在反资产阶级思想运动中进行剧烈的思想斗争，亲眼看到教师们一天天地在变，一天天地在进步，亲眼看到教师家庭间的新气象不断地呈现，他乐极了，他说："我们的社会主义，就快要到了，并且我想可能要比老大哥(指苏联)还要快呢！"为了纪念这伟大的运动，继而他笑着说："最近我抱个孩子，我给他起个名儿叫思改。"

过去李老头爱听别人讲水浒传、三国志，现在呢？他不爱听那一套了，他要听听思想改造的事，祖国的大建设消息，他虽然文化不高，但是他却爱看报，看到了打死美国兵两万，击落敌机三百二十架等消息，他就高兴了，并且记在心里，逢人便讲（编者按：一个好宣传员），他的爱恨非常分明，看到或听到香港英当局野蛮屠杀中国人，及美国鬼子炸东北，他气愤极了，他对我说："为了祖国，为了人民我什么都能干，如果要让我去，我可以到朝鲜，虽然我不会打枪，不会打炮，但是我能卖力气，我累死都痛快，因为我能为人民服务。"

祖国大建设使他非常兴奋，他说："成渝铁路四十年没修好过，今年通车了，荆江分洪、淮河、北京的下水道工程，这些都是了不起的，是空前未有的。"

由于他对祖国这样热爱，所以工作起来也是非常有劲的，他让他的老婆、儿媳妇都一同工作，晚上他怕自行车丢了，存在车房不放心，把它推到自己屋里，他表示没有别的话，只有好好工作，报答毛主席，李老头不但工作努力，思想进步，并且还是一个积极的老宣传员，有一次，他和一个蹬三轮的说起话来，那个蹬车的和他发起牢骚来！于是李老头便向他解释，又进行宣传，他说："过去你拉车什么滋味，吉普车在街上乱开，不知道那一天就会撞着你，当兵的坐车不给钱，也许高兴还揍你，警察更是和你作对，没事就扣你的车垫子，但是今天你看，解放军、人民警察样儿，因为这是新中国了，不是过去了。"他的一套话，说得那车夫心服口服。

李庆成同志，虽然年纪很大，也没怎么念过书，但是他对思想改造运动的态度是积极的关心的，虽然他人老了，但是他有一颗火热的爱国心，他知道今天的好日子，是毛主席给的，所以他热爱祖国，热爱人民，工作有劲，并且关心国家大事，当记者与他分别时，我们亲切的握了手，他再三的说："我就希望你们能常来和我聊聊，因为可以帮助我。"

杜锡钰教授有了火热的心

陈伯龄

电信系杜锡钰教授上学期是天津大学来此兼任，这学期是专任教授。在天津大学时，他的个人英雄主义是非常严重的，每做一件事都出主意，自以为出人头地，高人一等，不行他的主意就不高兴。来到本院专任后，因为人地生疏，个人英雄主义不能出头。难免有凄凉之感，因此就在电信系作客，小组会上为发言而发言，不好也不坏，不进步也不落后，自己掌握一定的水平，那么对系务及学校动态呢？当然也是漠不关心，非常冷淡的，只把业务当作是他份

［分］内的事。

但是通过了反资产阶级思想运动；杜先生变了，当他胜利回到工人阶级的队伍时，就马上投入了战斗。担任本系教师搓澡大队副队长，在工作中他再也不为发言而发言了，譬如在看卢先生的检讨时，他说："尽我最大可能，不放松每句话，每个字都要抓紧仔细分析。"

天津大学的功课早就结束，本来可以不去了，但他为了对同学负责，更好的给他们作好业务总结，因此在上星期四、五两天，他就去天津了，回来后，他就打电话给系里的老师，讯［询］问系里的情况及全院运动的进展，正如他自己所说："现在我才感到师生间之亲切，我从没有去了二天就这样惦着关心过。"的确，在革命大家庭的怀抱里，毛泽东光辉的阳光驱散了林先生作客冷淡的心，使他有了火热的心。

又如最近吧！他担任全院庆祝胜利筹备委员会的副主任，接受之初，他没有信心，唯恐搞不好，但党教导他的一条群众路线，他就愉快地接受了，他说："配备的干部都很有办法，只要发挥群众力量，一定能把工作搞好。"现在他正信心百倍地工作着，不是自个儿出主意，一定要做，而是与群众商量了，他表示工作紧张时，还要搬到学校中来住呢！

第六十四期　第四版

新 气 象 (7)

她走上了她应该走的道路

建筑系助教　沈承福

"她首先应该是属于劳动人民的。"奥斯特洛夫斯基在"钢铁是怎样炼成的"一书里曾经很清楚、很正确的教育过我们。作为毛泽东时代的夫妇们，要是不把彼此的爱情建筑在共同的政治目标——为建设全人类的、美好的共产主义社会的基础上，那么简直是薄弱而可笑的，这在现在已经是家传［喻］户晓的真理了；虽然我们很迟的在最近的思想改造运动里才接受了它，但我们也仍然是"无时或忘"的！

我的爱人——沈惠云，最近刚从会计学校毕业，她是一个八个月的孩子的母亲，又已经怀孕了三个月，前天参观图片展览会，没有看完第二室就当场晕倒，把在场的同志们急得着了慌，按摩了一阵，让刘大夫打了一针才清醒过来，但昨天我送她上了火车，她到西安的合作总社去工作，她这一次并不曾流过一滴泪，她是那样刚毅而愉快的踏上了重任。"弱不禁风"的身体曾经使她担心不能在工作中发挥很好的作用，但这并不能阻止她走她应该走的道路。这是什么力量在鼓舞着她呢？同志们！很明显的，只要你愿意全心全意为人民服务；那么，千百万双火热的同志的手会伸向你。党和毛主席永远是一切力量的源泉。

记得在半年以前，当她第一次离开了生活过二十五年的上海，第一次离开了她的父母和她的刚出生两个月的孩子的时候，她在京沪列车上整整的哭了一个晚上，把在她周围的旅客们弄得莫名其妙，第二天人家请她吃饭，也不吃，到北京后不到半个月，因为学校里要半个月后才开学，她又嚷着要回家。就在两个月以前，当她想起在上海的父母和孩子时，还时常要哭泣；家庭和孩子在她是一个多么沉重的包袱呀！上海刚解放时，她要参加南下工作团，但家里不答应，就没有去；去年妇联介绍她去新疆，家里不同意，又没有去；半年前我写信请她来北京学习，但两个月的孩子又使她犹疑不决，最后还是她母亲鼓励她来，因为在北京还有我的照应。三年来。她时常苦恼着，她无时不在打算着出去工作，但也无时不为家庭的包袱拖住了后腿。家庭孩子三年来成了她进步的绊脚石，她被约束得不能动弹一步！

但今天，她终于跳出了这一个烦恼的个人主义的圈子，是什么力量拯救了她呢？我再重说一遍："是党和毛主席"。二月前，反资产阶级思想运动在我院重新开展后，爱国热情在我们全院空前高涨起来，我自己也展开了思想斗争，晚上睡不着觉，两三点钟跳起来写检讨，不是低头徘徊，就是忏悔的泪满眶淌下来。她伴着我不睡觉，她在关心我们转变，她也看到了全院的师生员工、家属同志们在变；她所熟悉的建筑系里的师生们在变；童鹤龄、周祖爽也在淌着眼泪写他们的检讨，我们的邻居沈玉麟先生也在变了；住在我们隔壁的庄涛声先生也在熬着夜写检讨；郑谦瘦了！……周围的一切都在变，旧的在死亡，新的在成长，她关心着周围的一切，周围的一切也给了她教育。我介绍她学习了"可爱的中国"与"奥斯特洛夫斯基人生观"，我对她没有什么帮助，但她在学习文件的时候，自己难过得哭了，她想起自己在旧社会里是被压迫者，但在推翻旧的统治的斗争中，并不曾贡献过力量，新社会给了她幸福，但她也不曾为新社会做一点事，她感到难过。我们的检讨都通过了，系里、学校里都了一片新气象，她为我们的进步而高兴，也为我们家庭里的腐朽的资产阶级思想的旗子被砍断而高兴——我抛弃了单纯技术观点的往上爬的思想。

她把这两篇文件介绍给她的同学，并且动员毕业的同学服从组织分发，她又动员她们的学习小组长向全班提出“服从组织”的挑战，自己则首先来应战，毕业后，又屡次去同学家进行说服与动员。建筑系庆祝胜利大会的晚上，她八点才回家，没有吃晚饭就参观了家属们演出的舞蹈，人家说她瘦了，但她自己觉得很有精神；虽然在参观图片展览会时晕倒了，但她还是精神抖擞的第二天就随同大队去西安。什么力量在鼓舞和支持着她呢？我再重复的说：“是党和毛主席”。

她走上她应该走的道路。我为她庆幸，也为我们的家庭庆幸。今后我们将永远不再叛离养活我们的劳动人民了，真[正]如童鹤龄同志所说：“过去在你们的家里是沈承福的资产阶级思想的旗子在领导着；今后领导你们的家庭的将是沈惠云的工人阶级思想的旗子了。”是的，我要向她学习，我们要永远的紧跟着毛主席共产党大踏步前进。

最大的喜悦

电信系助教　孙铭甫

紧接着建筑系、电信系两系全体教师胜利过“关”的捷报之后，全院的胜利筹委会也宣告成立了，反资产阶级思想运动将要走向胜利结束，欢庆丰收的日子不久就要到来了，这是我院具有历史意义的大喜事，我们每一个人对于这即将到来的日子，感到无比亲切与衷心喜悦——这是我们每一个人脱胎换骨的再生之日，也是我院去陈出新的一个转折点。

旧社会的冷酷与折磨使我戴上了一副虚伪的面具；我表面上自卑，内心里却在不服气，我也觉得别人在瞧不起我，我对别人敷衍一套、应付一场，我也觉得别人敷衍、应付的手法比我更高明；我再不相信人与人之间有真正的感情存在，当我得志的时候就想把自己的幸福建筑在最大多数人的最大痛苦上，偶一失意的时候，又会感到人情冷暖、世态炎凉、人生乏味倒不如以一死了之。但是经过了这一次的起死回生的思想改造；我看到了同志们的转变，也经历了自身的思想斗争。我发现了真理，建立起远大的理想，在这个共同目标的前面，同志们真挚的情感迸放着无比热情的火花，把大家团结在一起，是那样幸福，那样温暖，在过去我看到一个初出世的孩子时，我心里替他难过，我想着在漫长的苦恼的人生旅途上，他刚刚迈起头一步，将来不知道有多少折磨苦难在等候着他，然而现在呢？我羡慕他们，衷心地为他们高兴，我觉得我过去的三十年是白活了。

在理想代替了空虚，团结代替了孤独的时候，我感到了有生以来的最大喜悦。当我被同学们举起来的时候，当我和大家一齐高呼"毛主席万岁"之时，我忘记了噪[嗓]门嘶哑，汗水浸透衬衫。我的感情真正和同志们融化在一起了。

当此胜利的日子即将到来的时候我感到衷心的喜悦，但是胜利不能坐待，欢乐不是空幻的，我要拿出我最大的力量，作[做]好组织上分配给我的搓澡工作，和同志们紧密地团结起来，和一切资产阶级思想进行斗争到底。争取所有的同志们能够在胜利高潮中过"关"，使我们的胜利更加辉煌，使我们的笑脸更明亮。

毛主席万岁！

第六十四期　第五版

新 气 象 7

从"杯酒释怨"到"思想上解决"

殷宗鹨讲师

我们这些旧知识分子几乎没有一个不是自高自大、自以为是的，常常大显意气之争，搞些无谓的纠纷，原因就在于此，在经济里系从前就明显的表现在我们张协衷主任的关系上。

我是极端自高自大的人，有人拿我和许靖教授及王裕泽总会计师来比较，可见其严重，张主任有个人英雄主义，也是很自高自大的，我们两个人碰在一起，都只看到自己的优点和别人的缺点，看别人到浑身是错，一无是处；看自己则是百分之百的正确。恰巧他担任系主任，我在他的领导之下，他要实行他一贯的作风，我却硬不服气，不把张主任放在眼里，我[redacted]助教的事，关于加薪的事[redacted]更使系里的团结整个破坏了，许多同志都骂我们思想，而我们还是一切不顾，其实所争的只是一些微末不足道的事，但是站在个人主义的小圈子里，破坏了团结，我们不管；影响了教学我们也不管。根本忘了自己是光荣的人民教师，忘了人民交与的光荣任务，现在想来自高自大使我们变成极其可耻可卑的人。

从思想改进运动开始，以来我们系里的同志已经不再是狂妄的，自高自大了，做每件事，都是虚心的听取群众的意见，同志之间不再是为意气之争，各不相下了，都想到我们是向着一个目标，为完成一项任务而努力。到系里，只有大家共同想办法，找窍门，有时虽然也争得面红耳赤，但是这是对事，不再是对人了，真理只有一个，找出真理以后，大家就一致向这个目标努力，但不是久[redacted]不[redacted]、各不相下了，并且每个人也都注意去注意别人的优点，现在我看到张主任年青了，做事说话都十分清楚有魄力，并且总是照顾到全面，时时在虚心征求同志的意见，显得十分有生气，我又想到张主任在现场上有很丰富的经验，对于铁路有很深厚的爱，以后一个年青的张主任，主持人民的铁道经济系，我望见我系光明的前途，也望见祖国美丽的远景，[redacted]先的[redacted]，早已化得烟消云散了。

[redacted]前有同志为我和张主任不和而忧愁，曾想用“杯酒释怨”的办法来和解，这只看表面的解决办法，是不能彻底解决问题的，根本的办法，只有从思想上解决，资产阶级思想打垮了。大家为集体主义而奋斗，心中想的是如何为人民谋取更大的利益，集体的工作，互助来解决问题，大家一齐来找窍门，都嫌贡献太少，这时，那[哪]能有私人意气的争吵？那能发生自高自大的想法，只有从思想上来解决，才是根本解决的办法，在经济系里，现在已有了事实上的证明。

孙荣教授改进了教学方法

干学班　林南[redacted]、刘少璘

孙荣教授自担任干部学习班的教学工作(教甲班数学)后，虽然有工作热情，但因仍沿用了自己说一套，又快、又乱，只没重点，旧的教学方法，所以课堂效率根[很]低，同学们都不懂，通过这次反资产阶级思想运动，由于孙教授初步树立了工人阶级思想，使他看见了自己的缺点，认识到了这个工作的重要性，所以积极的改正缺点，他说：“这些同学都是国家的建设干部，因为我教学方法不好，而使他们不能更好的学习，这对国家将是一个很大的损失，我为了要更好的作[做]一个人民教师，我下决心要把缺点改掉。”他广泛的吸收群众意见，采用了试教的方法(这个方法就是把课程的内容先在辅导同学中教一遍，然后由辅导的同学提意见改进)当同学们把意见反映给他的时候，他虚心地说：“同学们的意见真好”由于孙教授能把他在运动中初步树立的工人阶级思想贯彻到了工作中去，所以经过他不断改进，课堂效率大大提高，由于过去的40%提高到80%，同学们也不再愁眉苦脸地听不懂了，大家兴高采烈地说：

"几十年的老经验、老方法。根深蒂固的缺点能在短时间改掉真不容易啊，要不是经过思想改造是决不可能的。"孙荣教授积极改进教学方法的事实又一次生动地说明了思想改造运动在我院已经开花结果了。

生活圈子大了

语文组讲师　余和鸾

张京[redacted]先生曾在日本受了长期的教育，她也沾染上了日本女子那种狭隘，驯服和懦弱的性格，所以无论在什么地方她都显得束手束脚，几十年来，她就一直生活在狭小的圈子中，可是最近以来人们会发生一种强烈的感觉，张先生是活泼了许多，她过去不大开口的，现在能大胆地在会上发言，主动地去考虑工作，譬如就拿共同学科的科讯来说吧！她就是花了很多力量，而且工作得很起劲，要是过去吗[嘛]？真[正]如她自己所说："高兴就做不高兴就怠工。"由于她受狭隘的人生观的支配，所以她从不关心别人，也不给别人提意见，唯恐自己说错，可是现在不同了，她和邻居们谈谈人民政府的好处，关心他们的生活，她的哥哥在电业公司工作，她知道他有浓厚的单纯技术观点，于是她就帮他搓澡，把学校里的文件带去给他看，果然他哥哥受了很大的启发，她说："过去我总认为我哥哥不好说话，但现在我觉得我应该帮助他，[redacted]大嗓子[redacted]说。"

张先生的感情一向是很[redacted]弱的，也是脱离劳动人民的，例如她一直负责女工工作，但总不大接近和关心女工们，但她现在却自动地到[redacted]去和女工们联系，她说："今天我做工作，我知道是为谁而做"——张先生的生活圈子是大起来了。

从小姐中解放出来的

唐倩芳同学

一提起唐倩芳这个名字，在许多同学脑子里就会呈现出一个娇生惯养的、小姐气势十足的形象，是的，就在"三反"运动以前，唐倩芳同学在房间整天只知道烧东西吃，一天换几套衣服，瞧不起班上同学，既不过问政治，也不学习业务，不爱开班会，整天就是吃喝玩乐，搞资产阶级的恋爱。

但是在反资产阶级思想运动运动里唐倩芳同学完全转变了。"七一"前后，她被调到"七一图片展览会"去做讲解工作，起初她想到从来没有在大庭广众下讲过话，有点气馁，立刻她又想到任何工作只要有信心有决心一定会做好的,她要完成组织交给她的任务,不要使同学失望,她又看到许多同学不辞辛苦、冒酷暑、四处奔走借图片时,她的信心和决心更加坚强了,找资料时其他同志都走了,她还是找下去,她把讲解词编得精简扼要,讲解时■感情贯穿进去,虽然每天工作很晚,有时很累,但是她想到自己能在运动中尽一分[份]力量,心里感到很愉快,一点也不感觉到累,有时不要讲解时,倒反觉得清闲得难受。

这两天她已经调到宣传部文娱组去工作,但她对讲解工作还是很关心,有工夫就去帮助新接手的一位同学。

毛主席万岁!

第六十四期　第六版

家属通讯(9)

思想既然改造效果绝难限量

巢立人助教之父七十一岁老人　巢功常

我是一个七十一岁的老年人,在旧社会里生活了几十年,从前虽然痛恶统治阶级腐化、恶化,但不认识自己思想上的错误,一直以为自己修身处世、治家教育是公正无私、谨慎守法的。自从此次三子巢立人等在学校思想改造后,证明政府抗美援朝、"三反""三反"及各种建设突飞猛进。又回想共产党三十一年之艰苦奋斗,才知道旧日个人思想是落后的,是被封建统治阶级意识浸润了。兹就巢立人等行动言论笔述,我之观感于左:

从前巢立人沉默寡言,不喜活动,终日带着愁闷。从通过这次运动过"关"之后,立人比从前快乐,比从前活泼,作[做]事有朝气。他自己也说从前受资产阶级思想毒害,现在知为罪恶了。应竭力爱护劳动人民,为人民服务。又长子巢丰曜任东北工学院教授,函称他的思想检讨已通过。他认识到过去是丑恶的。现经洗涤是"重生人",感觉前途光明和快乐。次子巢振民虽在家养病,却喜看马列主义书籍,扫除旧染。四子巢克念从前家庭观念深,离不开父母。自去夏参加抗美援朝,近日由朝鲜来信,觉得革命大家庭的温暖,兴奋愉悦,并曾立功。但信中毫未提及自己,觉得抗美援朝是每个人的天职,工作地即是乐园。所以思想改造于人生关系最大。我国十年经济建设高潮即将到来，工作人员思想既然改造，效果绝难限量。我虽年迈古稀，也看得见我们的后裔将都享最大幸福。祖国光华将照耀全世界。我甚感谢共产党，甚感谢毛主席。

我懂得了“生活在今天是幸福的”这句话

尤光九教授爱人　杨永娴

自从反资产阶级思想运动开展以来，尤光九每天做检讨做到半夜，并还常常有同学来帮助他，但不知道为什么原因还没有过“关”，我想当然是他的态度不诚恳，有虚伪。由于我以前一直有病，同时自己政治水平也不高不知怎么帮助他才好，心中很着急有的时候帮他看看稿子，尽我所知道的来提醒他。并且也叫孩子们常常给他谈些新的东西。就在这过程中，我自己也得到不少帮助和启发，体会到共产党和毛主席给予我们的幸福。

现在我要感谢党的教育和同学对他的帮助，使他思想有了转变。这次运动不但使尤光九同志除去了消沉的和封建专制的思想。同时，也使我的思想有了变化，使我认识了新社会，更使我深深体会到为什么说“生活在今天是幸福的”这句话了。

今天我们的家庭开始了真正快乐和幸福的生活。过去，自高自大的思想支配着他，以为妇女不懂什么，从不对我多说一点社会情况和工作情况，对儿女也是抱着过去旧社会家长式的尊严，成天板着脸不说话，回家后，除了吃饭和睡觉外不多说一句话。大家想想这成了一个什么样的家庭，冷冰冰，死沉沉，没有一丝生气，没有一点家庭的温暖和幸福。即使物质享受好一点，又能弥补什么呢？过去我只觉得他的性情天生如此，没有办法，只好把痛苦埋在心里，但现在党和毛主席把他的性格改变了。

在今天，我的家庭不同了，尤同志在我的眼前不一个没有感情的“木头人”了。有事情他和我谈，和我商量，并且也肯接受我的意见。他现在不但和我谈，也和大家谈，谈得很热闹，谈得很高兴。我的家庭变了，现在你们可以听见尤光九亲切的说话声，和孩子愉快大胆的笑声。我高兴极了，我真正体会到了这是毛主席和共产党给我们家庭带来的新生，同时也给我带来了新的认识，新的生命。

从今天起，我要在这新的社会、新的家庭中利用我新的生命发挥我的能力。为了祖国贡献出我自己最大的力量。

民主、团结、进步的家庭在成长

尤光九教授女儿　尤俊明

“同志,我真要以我们家庭的新生感到骄傲呢!”你们一定不会责备我以这样的家庭引为光荣是太过火了。假如你们能来参观参观我们家庭的新气象也定会羡慕的。

“爸爸您谈谈过‘关’后,怎么会使您变得活泼了,笑起来也是这么爽朗、这么痛快,不像从前连笑都是勉强的。”吃过晚饭,我和爸爸聊起来了。在以前是不会有的现象,以前就问一两句话,也会使他皱眉。

“过‘关’后,第一,我自己就给自己减轻了精神负担。比方说过去对新社会认识不清的时候,一天到晚我就愁小孩升学没学费啦,现在我的资历中断了,以后养老成问题了。自己成天愁眉苦脸,现在想起来真是庸人自扰……”说到这时他笑了,笑得似乎有些惭愧,又似乎很兴奋,我很能了解他这时的心情。他惭愧是因为过去的心眼狭小,只在个人利益的圈子里打转,结果是愈转愈苦。他兴奋的是,因为现在他认清了新社会,他了祖国光明的明天,他不用为升大学的孩子们发愁学费,更用不着为自己的晚年担心。他不但知道了在这新社会里不仅是他可以轻松愉快的过幸福生活了,所有的中国人民都可以和他一样幸福,而明天会更幸福。

“先生,我收拾完了,咱们开会吧!”张妈高兴的嚷着,我们坐下之后,由母亲担任这次家庭会议的主席,大家互相提了意见,不论是个人的还是整个家庭的,态度都很诚恳。老张妈提了小弟弟不爱借[惜]东西的意见,给大弟弟提自高自大的意见,对家庭工作提出了有什么困难,比如提水买东西等。并且我们商量好了如何分工来减轻张妈的负担。父亲也给张妈提了意见说:晚饭太晚,母亲提出了我和小弟弟学习不够努力,生活不够规律。大家都非常虚心的接受,而且保证对自己的错误努力纠正,并且各人都订出了计划。

现在,我们家里再听不见母亲带着恐吓性的声音骂我们,也听不见父亲因不满意家庭和孩子们所发的牢骚,更听不见弟弟们打架和叫骂的声音。因为我们都在自觉的改造自己,大家都正确的掌握了批评与自我批评的武器。我们家庭是一个民主的、团结的、进步的家庭。我们随着祖国的建设也在建设自己的家庭,我们计划着怎样布置客厅。爸爸第一个提议要买一张毛主席的大像挂起来,让我们看见他时更提高警惕,加紧学习;让毛主席也能看见我们家庭一天天成长和进步。

父亲并且提议为了巩固我们的胜利,以后每天晚饭后,抽一小时来全家学习时事，提高政治水平。我们大家真是越想越高兴，大弟弟尤俊汉激动兴奋的唱起来了“没有共产党，就没有新中国……”父亲随着也唱了起来，虽然音调有点使人发笑，但是真诚得使人那样感动。老张妈拐着小脚，扭扭捏捏的从厨房跑了出来，瞅着我父亲傻笑，呆[待]一会说出这样一句话：“唉！这可不真是共产党！”“家庭歌咏团”的歌声越来越响亮，歌声充满了幸福、愉快和希望。

第六十四期　第七版

家属通讯(9)

不要辜负同学们对你的希望

俄专刘永禄教授爱人　刘绣珍

永禄：当昨天我听说你要搬学校去做检讨的时候，我心里非常高兴，因为前几天我很着急，学校思想改造的高潮马上就要过去了，可是你的检讨还没有作出来，又有病了，我恐怕把你掉在后边，因此，我急得觉也睡不好，饭也吃不下，可是现在你自己自动的提出要搬学校去住，这就表示你这次真有决心改造自己，所以我希望你在这次能很好的、深刻的把自己过去和现在所做的事情和丑的思想，不要保留完全暴露出来，要很好的接受同学们给你提的意见和对你的帮助，我相信你也能这样去做，我更相信你这次回来时，一定有很大的进步和转变，不但再也不能像过去那样，一不高兴，板着脸发脾气，因为你思想转变了，态度、脾气都能转变的，当然我自己也有不好的地方，但由于你改造思想我也决心改造我自己，这样咱们的家庭就会从此幸福起来，而且以后你也能够一心一意的、很专心的去教课，作[做]一个真正的人民教师，不要辜负同学们对你的希望，更重要的是在今天由于我们有了毛主席、共产党的领导，使我们的生活转变了，在过去伪满统治时，整天过着不松心的生活，吃红高粱来和黄豆面，在国民党统治时，整天吃不饱，唱着豆面粥，可是现在呢？我们的生活已经和过去完全不同了，一天比一天好起来了，所以我们针对这一点也得好好改造了。最后，祝你一切都好。

希望你大胆地毫无保留地扔掉包袱

亲爱的爸爸：

您现在怎么样了，病好些了吗？你对于没有暴露出来的思想问题有什么新的认识了? 检讨已经快做完了吧? 现在家里都很好,尤其是妈妈,这一段的进步非常大,她过去对您的错误思想采取包庇态度,可是现在妈妈已认识(到)这是不应该的,有些问题她已谈出来了,虽然她的文化水平比您低,但她已觉悟到了这次思想改造的意义,初步认识了这是关系着多少祖国青年的学习,关系着祖国未来的建设,因此她对您是非常着急的,尤其现在许多教师,他们毫不保留(地)放下了自己的包袱,过去最顽固的人现在已转变了,像刘伯伯(即刘唐领教师、刘华清之父亲)过去是那样的保守,自己总想混过这个"关",曾经三天中,一个字的检讨都不写,可是现在完全不同了,把自己所谓忘了的事情全讲出来了,他自己非常痛快,同时同学们对他也是非常敬爱的,过去四中有位被管制的先生,曾参加过三青团、国民党,暗杀过革命的志士,他一直隐瞒了十几年,可是这次思想改造运动中都谈出来了,结果,得到政府的宽大,解除其管制,并欢迎他到人民的队伍里来,大家热烈地和他握手。

可是您的问题也不至于像他们那样严重,人家的政治问题都交代出来了,而您只是生活上的问题,为什么还顾虑面子不谈出来呢? 同时,这也是旧社会给您造成的,并不是您自己愿意这样去做,应痛恨旧的社会,把它给您带来的臭包袱无情的扔掉,同时那是最害人的,会妨碍您的进步,使您得不到同学的爱戴,永远承担不起人民教师的光荣称号,所以,我以站在女儿的立场,诚恳的希望您大胆、勇敢的、毫不保留的把您所有的腐朽资产阶级思想和丑恶的东西完全暴露出来,加以分析批判,虚心接受同学与同事们对您的帮助,这样您再不会背着那些肮脏的包袱,以后会很忠诚的对待祖国所交给您的重责,您活着也会更有意义,懂得一个人为什么要活着,一个人应该为了我们远大的理想美好的未来——共产主义社会而奋斗,为了推动历史的前进而努力!

同时由于您这次思想改造,启动了妈妈,她也下决心要改造自己的脾气,所以我相信我们的家庭以后会更团结和睦,像过去那样苦闷的,整天屋子里死气沉沉,没有一点快乐气氛,就是您所谓"棺材似的家庭"将成为过去,再不会回来了,我们的家庭从此就会幸福起来,一切也都会好起来。

现在我们都期待着您的转变,我们不希望您成为一个落后分子,而希望您是一个进步的教师,这也是千百个青年学生的要求。

最后,我再一次诚恳的希望您勇敢的将一切问题暴露出来,扔掉那些臭包袱吧! 预祝您

在思想战线上获得彻底胜利!

您的小女儿珊上

爸爸：扔掉自己的臭包袱吧

——张剑非教授女儿给张教授的信

亲爱的爸爸：

你们学校里最近展开了伟大的理想改造运动，所有的教授职工都投入（到）了这个伟大的运动，你现在也正在思想改造，但是您不认识自己的错误，不认真写检讨。爸爸：您这样不认真写检讨，不仅耽误了自己的时间，而且耽误了全体同学的时间，您要知道现在全体同学、人民都在向您招手，希望您扔掉自己的旧包袱，走向工人阶级立场。但是您却始终不肯扔掉自己的旧包袱，爸爸：您这样对得起同学们吗？对得起所有的人民吗？对得起咱们全家吗？现在家里一切都好，只希望爸爸赶快过“关”，扔掉自己的包袱，走向新的环境，那时，爸爸，您会感到思想改造对您的帮助是多么大，爸爸您赶快写检讨吧！不要着急，仔细想，把以前的思想情况完全写出来，再加以批判，不要隐瞒一点，爸爸快写了，等您通过了全家开一个会来庆祝您的胜利，祝您

身体健康

女儿瑜儿写（十一岁）

可爱的爸爸：

我希望您能很快的就通过了，您把以前的错误都写了，爸爸赶快写吧！通过了全家都欢喜。祝您

健康

您的女儿玮上（九岁）

给爸爸的贺信

金若柟教授女儿金如璋（十岁）

亲爱的爸爸：

你在今天光荣的过“关”了，这个光荣不是无缘无故得来的，以前你的脑筋非常顽固，引起我对你的感情不好，但由于大哥哥、姐姐们的帮助，你有了些进步，今天你能通过，我们应该感谢毛主席领导知识分子进行思想改造，并且还要感谢大哥、大姐们的热心帮助，我希望你在这基础上更进一步地巩固起来，不要为这进步而自满，并且还要帮助那些没有过“关”的同志争取在高潮中过“关”。祝你

身体健康

如璋

七月二十二日

第六十四期　第八版

读者园地(6)

我们热情地期待着你们的进步

于绍儒

亲爱的未过"关"的全体老师们：

当反资产阶级思想运动在胜利高潮的时候，当节委会已经决定本月二十八日为"庆祝胜利日"的时候，我——你们的一个学生，在这里以一颗激动的心和一双满含热情的眼睛来注视着你们；我只有一个希望，就是要着[看]到你们愿意过"关"的都能在这个高潮中胜利过"关"。我想，不只我自己，全校的同学也都是以这样的心情来期待着你们，并且我确信，在党和毛主席的领导下，我和千百个同学们的希望是一定会实现的。

每当一个胜利的消息传来的时候，都给了我极大的鼓舞，因为这不仅是一个教师本身的进步，它还标志着马列主义、毛泽东思想的胜利。

亲爱的老师们！我想你们一定体会得到，三年来我们是生活在一个多么不平凡的社会里，过去那些悲惨的景象已是一去不复返了，代之而来的是永远和平的春天。当你们看到在每个工厂的烟囱里冒出增产长烟的时候，当你们闻到田地上正发散着丰收的芳香的时候，你们一定就会想到，我们的资金和原料都有了，只是缺干部了，那么，你们就一定会想起担负在你们自己身上的是多么重大的责任，只有彻底地批判你们自己的资产阶级思想，树立起工人阶级思想，才可能完成祖国交给你们的光荣任务。

老师们！当你们学习"可爱的中国"和"上饶集中营"以后，都感动得哭了，你们都感到太对不起自己的"母亲"了。你们于是又回想到，生活在这块美丽幸福的土地上，自己不但没流过一滴血、一滴汗，相反地却用腐朽的资产阶级思想来毒害着年青的一代，每当你们想到这些，不正感到很沉痛吗！大部分老师们，在党的教育下，在同学们的帮助下，终于放下了他们的臭架子，进行了激烈的思想斗争，做好了自己的检讨，在高潮中胜利的过"关"了。

在我们的学校里，你们可以看出和以前是大不相同了。以前，这里虽然是一座人民大学，资产阶级思想却占着领导地位，但现在，你们看到和已是工人阶级思想的红旗高高地在飘扬了，在已经过“关”的老师们的脸上，会看到一片从来未见过的笑容，这是发自他们内心的笑，是感到自己生活在极大幸福中的笑。他们“起死回生”了，他们“脱胎换骨”了，他们“返老还童”了，他们“铁树开花”了。一切一切，都会使他们感到极大的兴奋，他们虽然年纪老了，但是他们有一颗年青人的心，他们和同学们第一次热情地扭起了秧歌。活跃在思想战线上的家属同志们，贡献了她们最大的力量，当教师过“关”以后，他们的家焕然一新了。她们虽然五十多岁了，但她们却跳起了青春舞，战斗把她们锻炼得更坚强了。

做为你们学生的我，每当看到或想到这些新气象，就会更加强了勇气，就更有决心要把自己全部的力量献给祖国。三年来，我们就不会想到的这些新气象，但是现在却真的摆在我们的面前了。王竹亭教授说：“只要一想起党，我就有了力量。毛泽东的光辉会照到每个人身上的”，是的，在毛泽东的阳光照耀下，难道我们还有什么不能克服的困难吗？

在战斗的号角声中，在奔腾澎湃的高潮里，在暴风雨来临的时候，只有勇猛的海燕，冲过了最艰苦的境地，才会得到无限光明的前途、勇敢地响应节委会的号召吧！亲爱的未过“关”的老师们！只要你们有决心愿意在高潮里过“关”，同学们就会更热情的帮助你们，党就会鼓励、教育你们、毛主席的巨掌就会支持你们。我再以十二万分的热情、期待着你们的进步，亲爱的老师们！让我们以实际的行动来迎接这个盛大的“庆祝胜利日”吧！祝你们

在思想战线上取得更辉煌的战果！

你们的学生于绍儒敬上

同志们！争取在最高潮中过“关”罢！！

商务系副教授　许景远

目前反资产阶级思想运动高潮已达到最后阶段，有些同志还没有过“关”，多在说心里很着急，你如果为了没有过“关”，就是说没有把思想改造好，因此不能帮助人家，就是不能为人民服务，所以着急，这个着急是对的，你的态度已经端正了，你的检讨一定可以做得好的。但是如果你想快点过“关”，算了，多么麻烦，我想休息一下子，现在已经筋疲力尽了，人家多过了“关”，我又没有多大问题，多不好意思，真着急。你这种想法，出发点完全为了自己，你还站在资产阶级立场，你的态度还没有端正，你的思想决不肯彻底暴露出来，你越着急

越起不了作用,你的检讨一定不会做得好。我诚恳地劝告你,千万不要怀疑,一怀疑你就要考虑到那[哪]些思想要暴露,那[哪]些问题不必说,你一定想,暴露出来太愚蠢了。你赶快要把你脑中所有思想,一系列的挖出来,越深越好,不要怕臭、怕痛。你不要借口年代久了想不起来(因为不要你写明年、月、日、时),又如从前你吹过牛、装过穷,或摆过阔,这儿好像有熟人在场,说了出来岂非不好意思,你又千万不要同人家比,觉得自己问题不大,因此懒得去挖;你不要讲做检讨方式。研究词句,琢磨"不亢不卑"的字眼,表示你当年的身份,你必须老老实实、很天真、很诚恳、赤裸裸地暴露出来,一、二天内就可把检讨做好。我在这次伟大运动中,或多或少犯了上述几种顾虑,立场老是站不稳,态度一直不端正,检讨总做不好。自参观"七一图片展览会",听同学讲到先烈李大钊同志殉难时,刽子手为他正义所感动,竟说:"我是奉命办事,没有办法",这一句话触动了我的思想根源,心中问自己:"我比刽子手谁残忍?何以他能感动,我不能感动?"我立刻回答自己说:"我比刽子手仁慈得多,比我刽子手,简直是污辱我。"这就是资产阶级思想。跟着我又想一想,刽子手为了奉命、为了吃饭问题而出此,我也是为了生活问题,而为敌伪服务,我们两个人的立场没有什么分别,不过刽子手手中,拿了一把明亮的刀,我心中藏了一把暗刀。我更深的挖一挖。我就想到先烈李大钊殉难的那一天,我在打牌取乐,我立刻浑身觉得卑鄙无耻,惭愧得无地自容,这样就站好了我的立场,端正了我的态度,在两天内做好了我的检讨,这是我发现的真理。是党和毛主席的伟大教育,把我从泥坑中救出来,使我重新做人,我感动极了,我现在把我肤浅体会拉杂写出来,贡献给正在做检讨中的同志们作为参考,希望加紧努力,争取在最高潮中过"关",预祝胜利成功。

欢呼我们的胜利

语文组讲师　张京先

当我知道二十八日是"庆祝胜利日"时,便不禁要回想到,这是半年来全院师生员工家属积极响应,参加了毛主席所号召的思想改造运动而斗争的胜利成果,也可说是我院成立四十年来具有历史意义的一天,更是我们知识分子思想改造成功的第一步。今天,我们不仅要庆祝它的胜利,另一方面更要在现有基础上把思想改造的收获贯彻到实际行动中去。在那天,让我们尽情地歌唱、跳舞,共同来庆祝我们运动的胜利日吧!

第六十四期　第九版

职工通讯(3)

检讨我的崇美思想与个人主义

赵德芳

我生长在乡下，家中环境很不好，当时只有三亩多地，我七岁时父亲使因病死去了，家中只留下母亲和我还有两个月的小弟弟，母亲常常对我说："谁叫咱们命苦，早早把你父亲死去，以后就指望你和你弟弟了。"从此以后，一切事情便都归于命运的决定，我们母子三人在家中像比别人低了一个等级，父亲死后，家中只留下了寡母孤儿。一切事情全没有人理睬，生活上一切问题马上感到困窘，母亲使把仅有的几亩田地，卖给了我大伯父的儿子，我的大哥，因为这块地是不能卖给任何人的，这是祖遗地离家近，地不好，价钱当然要便宜，假设卖给别人，我母亲便要大挨其骂，我伯父的大儿子，就是这样一个横行霸道，不讲情理的人，我们都不敢触怨他，家里的人也都怕他，说他像阎王爷，每逢过年过节，人家在大吃大喝，母亲就告诉我们说："不许去■人家的东西"，我和弟弟也就听母亲的话，从不去打扰别人的事情，我的童年便是在这样辛酸悲痛的岁月里度过的。那时的我，在母亲悲观眼泪的日子里的影响下。心头深处渐渐的印上了一个不可磨灭的创痛，我觉得只有母亲才是天下唯一真心爱我的人，我和家里任何人都没有感情，从那时起，我就失掉了青年人的朝气，虽然我是一个小孩子；但是我的心情却沉闷得像一个老年人。

后来母亲受到读书人的劝告，她就把我送到一个教会学校里去念书，每逢暑假、寒假我回家的时候，我便又听到一些刺耳的话，别人说：我母亲是狠心的人，把孩子送出去好远念什么书，我不懂得他们为什么反对我念书，反正我念书，村里的人，家里的人，都用一种冷嘲热讽的口吻来讥笑母亲，因为我们村里那些大地主的女儿都是闺中秀女，大门不出，二门不迈，封建保守的小姐，难道我一个贫家女儿还应该跑出外乡去念什么书吗？简直是有点想登天以的，那时的我，不是想登天，也是想出人头地＜一书＞，想改变门风，想将来念出书来，做一书事情替母亲争一口气，报一报心中的隐恨和不平。

但是"上学"对我说来也不是一件简单的事情；拿不出钱来，怎么能够念书呢。但是为了突破这个难关、达到我读书的愿望,只好卑躬屈膝的在学校里请求了助学金。那个学校是一个教会小学,校长是一个美国传教士,我记得那个校长是长着一副凶恶的面孔,学生见了他没有不怕的,尤其是我,享有美国助学金的我,看见他就像老鼠见猫一样,东躲西藏,我怕看见这副凶恶的脸,我更怕看见他对我讥讽的笑脸,因为有一次上英文课,这个校长让我翻译,我不会,没有翻好,他使用一只大手、露出了铮[狰]狞的脸,在我的头上用力一按,恨恨的说:“你为什么不好好念英文”。当时我一种羞愧的心情答不出话来,我哭了,我恨我自己为什么不会,为什么不好好念英文,从此以后,我对这穿着宗教外衣满肚子尖刀的老校长更怕起来,但是当时的怕,只是一种敬而远之的怕,实际上我的心里还是想着人家对我的“好处”,对我的“恩惠”! 可怜的我,又那[哪]里知道这是帝国主义对中国民族的侵略呢? 又那[哪]里知道自己是已经做了帝国主义的奴隶呢?

年幼的我,因为在这样腐蚀性的奴化教育之下,造成了我孤癖[僻]的个性,我不喜欢在人群中去玩,不喜欢多说话,总是我一个人或另找一个和自己性情相近的同学,跑到一个墙角去死念书,去背英文,自己便孤独的脱离群众,那时候自己心里想着、自己一切都不愿和别人比,因为自己不如别人,但自己总可以把书念得好一点吧! 于是我便开始加倍用功念书,想在全班得第一名,以博得别人好评。

后来我的母亲为了我念书又拆散了家庭,把我五岁的弟弟送到我姑母家去养,自己跑出去好远去找生活和饭碗,当我放暑假、寒假的时候,我看见同学们都欢欣兴奋的准备回家过愉快的假期,无家可归的我,心中感到万分的辛酸和苦痛,我想起了自己没有父亲便会这样的孤苦,我想起了我的弟弟在姑母家中受着表嫂的虐待,想起了母亲,想起了自己悲凉的身世、孤独的命运,一家三口,还要骨肉分离,幼年的我,被这样冷酷的人世的折磨,心情像冰一样的冷! 我觉得人和人之间是没有感情的,我觉得人间只有母亲是最伟大的、是最慈爱的,我应当怎样报答他的苦心呢? 那便是只有专心学业,求得成就,将来做一番事情,有了钱不就可以报答她了吗? 另一方面又可以替母亲争一口气,替死去的父亲争一口气。

那时候幼稚的我,心里所想的,眼睛所看的,就是这些母亲、自己和空虚的幻想,我不懂什么叫祖国,因为我在帝国主义的奴化教育之下,从来没有听到“祖国”这两个字,我更不知道什么叫广大的劳动人民,因为我觉得人就是穷人与富人,同时我更不知道还有一个拯救人民的共产党和毛主席,我知道的、我所看到的就是奴隶，我们同胞的，美国鬼子和日本鬼子，受着浓厚奴化教育的我，是一无所知呵；虽然我也发生过怀疑，我自己从小到大，为什么总是看见外国在中国这样有权有势，作威作福？为什么在中国办学校，开医院？但自己又很快的替自己解答了，外国人大概是好心肠的，他们看见中国人穷、文化低落，所以才在中国办学堂、开医院，救济贫苦学生，使我觉得美国人的心肠太好了，美国人对中国人的“恩德”实在太大了，我们中国人拿什么来报答人家呢？尤其是我拿什么来报答呢？

由于我受美帝这样麻痹的奴化教育，使我不知道祖国的伟大和可爱，不知道人民群众的力量，当日本人在中国横行霸道、作威作福的时候，我还是觉得中国人太懦弱了才受日本这样的欺侮，甚至正当我们祖国某一地方沦陷的时候，我还举起了手高呼着“日本皇军万岁”“大日本帝国万岁”这样卑鄙可耻的口号，那时候我又何曾感到自己做亡国奴呢？我又何曾知道中国民族悲惨的命运呢？我就是这样服服帖帖甘心做亡国奴了。我痛恨黑暗的旧社会，冷酷无情的旧社会呵！使我变成一个鼠目寸光的人，使我变成一个忘掉祖国的人！自己受了敌人的小恩小惠，使我丧失了民族立场！失去中国人民的血性，我背叛了祖国，背叛了人民，当我看见那样不能容忍的事实时，我却无动于衷地站上了背叛祖国的立场，同情了敌人的可耻的不可饶恕的罪行。

抗日胜利之后，一向在中国横行霸道、为非作歹、压迫人民的日本鬼子的势力消灭了，国民党反动派带着他的主子美帝国主义又来侵略中国人民，那时候我怎样想呢？由于我长期受着浓厚的奴化教育的麻痹和腐蚀，我完全丧失了一个中国人民的立场！我想美国人来了，却想比日本人好多了，我想：“美国人是讲义气的，美国人是处处帮助中国救济中国，这回又帮助中国打垮了日本人，真是替中国人民铲掉了祸根子，使八年在日冠[寇]统治下的中国人民重见光明。”

在那时期我更无耻的为了欢迎美军，我参加了一个教会欢迎美军的茶话会。后来，当我有一次看见一个美国兵为了发泄他无耻的兽欲，找来一个中国年青妇女，被他蹂躏之后，又被遗弃时，

第六十四期　第十版

那时候，我想这样一个漂亮、干净的美国兵，为什么和中国妇女生活在一起，他为什么不嫌这个女人脏呢？我是这样的丧失了民族立场、失去中国人的

血性，我当时丝毫没有同情这位被帝国主义蹂躏践踏的中国同胞，这是如何令人不能容忍的事实呵！多么令人愤恨的事实呵！

抗美援朝运动时，由于我一贯的崇美，在我们志愿军出兵朝鲜之后，我曾想：我们中国去和美国人作战，美国人一定不是好惹的，触怒了美国人，这下子美帝国主义一定要发动<了>第三次世界大战，中国人民又要受到灾殃！帝国主义侵蚀的毒素使我看不见站起来了的中国人民，在共产党和毛主席的领导下，是多么的坚强和英勇，当我们的志愿军跨过鸭绿江，英勇的把美帝一直从鸭绿江边赶到三八线以南的时候，我深切的认识了中国人民不是好惹的，中国人民是坚强不屈的。

同时经过了抗美援朝的教育，我亲眼看见了美帝在朝鲜侵略的血淋淋的事实，他使多少无辜的朝鲜儿童被炸死？使多少朝鲜母亲被炸死？使美丽的朝鲜城市变成了瓦砾，使和平的朝鲜村庄变成了废墟，这些令人触目惊心的事实，使我深深的受到了教育，美帝这种灭绝人性，惨无人道的罪行，使我更进一步的认识了帝国主义的侵略本质，扭转了我一向认为美帝是援助中国，友好中国极端崇美的荒谬思想和言论，同时也便我认识到了美帝一向是帮助国民党进行反共内战屠杀中国人民的刽子手，我痛恨美帝，我要控诉美帝屠杀中国人民和朝鲜人民的血腥罪行。

我由于从小就受着那样的家庭环境和奴化教育的学校环境的影响，使我只知道有母亲、有自己。在旧社会里，我是一个极端自私自利的人，我处处为自己打算，我的日常生活，言语行动，都要受资产阶级自私自利思想支配着，到新社会，我当然也是不能忘掉自私自利，是做一件什么事情，都要先考虑和我自己的利益是否有矛盾，是否有冲突，然后才能去做，我觉得自己自私自利的思想不严重，我没有得过非法而来的东西，更没有贪过人家的小便宜，又没有贪过污，又有什么了不起的自私自利呢？我就是这样一贯的觉得自己是一个清高的人，蒙蔽着自己的良心，蒙蔽着群众的眼睛，装模作样，我想要别人认为我是一个品行端正、生活严肃、遵守纪律、服从组织的一个好人，而自己思想深处的丑恶，不愿见人的东西却掩盖得紧紧地。

在五零年的十月，我为了自私自利，想找工作，那时农业大学正登报招考行政干部，但是，考农大我条件还是不够，我为了要达到这个自私自利的目的，伪造了毕业证件，来欺骗了组织，同时还认为不是什么违法的事情，我就是这样，把新社会的忠诚老实、实事求是的优良作风和旧社会肮脏龌龊，互相欺骗的坏作风混为一谈，来替自己做一面遮羞布。在农大，我因为背着一个家庭包袱和自私自利的思想包袱，工作一直是不安心的，一年来，我所考虑的，我所念念不忘的，不是工作与学习，而是自己的家，自己的爱人和孩子。

到了交大以后，我更产生了一系列的思想活动情况：

我想我这个思想是应该老实谈出来的，但是自私自利和臭架子问题，使我不愿意谈，我想谈出来了又和我的转工会的材料不符合了，至少定职评薪时，还是条件之一，因此我决定不谈了，定职评薪以后，我正在请产假，我被评为二百分，我当时很满意。以后这个问题更不想谈了，我怕谈出了会影响我的二百分，我怕说出了会对我的工作有所不利，或调职到别的部门工作，我就是这样的为了斤斤计较我的小米和待遇，我用了各种卑鄙欺骗的手段，脑子里进行了一系列丑恶思想活动，而达到我可耻的目的。

这个问题充分的说明了，我对党、对人民、采取了欺骗和不老实的手段，丧失了工人阶级优良品质，对人民骗取了我所不应得的劳动人民的血汗，当我想到那些革命烈士为国捐躯、流血牺牲的伟大精神，而我今天除了坐享成果以外，还在做着这样极端自私自利卑鄙可耻的勾当，我感到无限的惭愧，我对不起党二年来对我的培养和教育。我对不起劳动人民，我请求组织给我应得的处分。以弥补两年来我给人民带来的损失。

我在一次一次的学习大会上，都受到了极深的感动，在全院师生学习“可爱的中国”的大会上，在和那些烈士们的爱国行动、为革命而流血牺牲的伟大精神对比之下，我常常感到自己的卑鄙和可耻，我感到了无比的沉痛。我被同学们的沉痛的控诉感动的[得]流泪。我回忆过去我是一个没有祖国的人，在日帝、美帝的奴化教育下，我几乎忘了我是一个中国人，十几年的麻痹教育，使我丢掉了青年人的热力和感情。解放两年来，在党的培养和抚育下，我还一味的追求个人主义的自私自利的利益，嘴里喊着的是口口声声为人民服务，月月拿着人民的小米，实际我给人民做了些什么呢？想起来，我真感到万分的沉痛和惭愧。今天，我深切的认识到了，在无产阶级的队伍里，有着个人主义的自私自利的人是不能全心全意的为人民服务的，相反的，他只有给革命工作造成＜了＞损失，带来危害。同时两年来影响我进步，阻碍我进步的就是因为我背着这个人主义自私自利的思想包袱。他[它]使我在革命的大门前，进退维谷。使我丧失了，毛泽东时代青年人的火热的心。

在“七一”党的生日的晚会上，我看见十二位青年同学都在他们坚强宏[洪]亮的宣誓之下，成了光荣的共产党员，更有无数的同学都以信心百倍的要争取做一个光荣的共产党员。我一面为这些同学，感到无上的骄傲和庆幸，一面我自己感到万分的惭愧和沉痛,我想这些同学都是在革命的实际斗争中,受到了考验,发挥了他们的高度爱国的热情,而我呢? 和他们一样的青年,却是这样的自私自利、落后,想到这里我简直是抬不起头来,我被党的伟大的感召而激动了,我痛下了决心,在党的教育下,彻底改造自己,决心肃清自己一切非无产阶级思想,树立革命的人生观,我要脱下二十几年来,旧社会给我穿上的灰色外衣,以新的姿态出现在党和同志们的面前。

我听到了朱院长和孙校长报告以后,使我看见了我们伟大祖国的可爱和未来的社会主义美丽的远景,祖国解放三年来,就有了各方面辉煌的成就,使我真正的感到党和毛主席的伟大,真正感到劳动人民的伟大,我感谢党今天给了我新的生命,今后我要在实际斗争中,来考验自己,来锻炼自己,我决心清除我的个人主义自私自利的资产阶级的腐朽思想,做好点滴的革命工作,我决心放弃我的家庭包袱,献出我的一切力量,确定我今后努力的方向,我要在同志之间建立真实的阶级感情,团结同志,虚心接受同志们的意见,更好的经常检查自己的缺点,并下决心克服。

今天我感到现在的我和以前的我,已是两个人了,过去的暮气沈沈[沉沉]的我已经死去,今天的我已走向新生,今天我好像已经握到了毛主席温暖的手,靠近了伟大的党,我生命的鲜花在含苞待放,我太兴奋了,因为我今天感到我从来未有过的温暖。

我不为我今年已二十六岁而气馁,我要以团员的标准来要求自己,提高自己,更好的为人民服务。

为了祖国幸福的明天,我要献出我的生命为革命事业奋斗到底!

一九五二年七月二十四日　第六十五期

争取所有愿意过“关”的教师丢下包袱共度“庆祝胜利日”
全院师生家属满腔热情尽师大的努力

运动进入胜利高潮已经一个星期了。这一星期里教师们过“关”的速度空前迅速，以运商系为例，以前平均每星期仅三人过“关”，现在一星期有十人过“关”。建筑系、电信系的教师们先后全体过“关”，经济系也即将获得彻底胜利。而且，在过“关”的教师中，还包括了以前一向态度很不端正的沈一可、张协衷、朱广心等先生，这也证明了：一切愿意在胜利高潮中过“关”的教师，是完全可以过“关”的。

为了争取一切愿意过“关”的教师都在胜利高潮中过“关”，这两天全院师生员工及家属们尽了极大的努力。

运商系在二十一日过“关”的教师数已达百分之七十以上，因此，该系核心组的林达美主任宣布定二十六日为该系开庆祝胜利大会的日子，这个决定受到全系同学的热烈拥护。为了更好地帮助未过“关”的教师，该系在二十二日上午召开了教师（主要是未过“关”教师）及搓澡队的座谈会。在会上，尤光九、赵传云等教师以自己的亲身体会说明了扣[抠]字眼、挑别人所提意见中的毛病等都不能做好检讨，只有端正态度、展开思想斗争，才能做好检讨，刘炽晶教授的女儿刘淑英同志也到会了，她对她爸爸说：“其实您只要下定决心改造自己，一咬牙、一蹬脚一个晚上就可能做好检讨的；前几天您写检讨还认真，但当搓澡队诚恳地给您提了意见之后，您便不写了，还说什么‘写不好了，不写了，待过一会再写吧！’这种态度是很错误的：……”蒋洪[redacted]同学朗诵了一封第一搓澡队给应尚才教授的信，信中说：最近应教授态度的转变，很使大家高兴；应教授往往在写完一段检讨之后，便愉快地哼哼歌，我们希望应教授早日过“关”，在“庆祝胜利日”和大家在一起高声歌唱、尽情跳舞，……这封信把应教授的眼圈都念红了，会上，李续勋、黄宗瑜、文徵憬等教师都表示迫切要求在胜利高潮中过“关”的决心。这个会很使刘炽晶教授感动，在二十一日晚上，刘教授还毫无信心地对搓澡队说：“高潮赶不及啦！过不去啦！”但二十二日下午他就对搓澡队说：“同学、同志们这样帮助我是为了什么，我对不起大家，我很难过。”又说：“我以前态度是不端正的，现在我想通了，预计明天可以写完检讨。”

他并说出了以前一向不愿谈的关于"金刘之争"的他的思想活动,他女儿为了帮助他,也搬到学校里来住,要帮他抄写、记录。

经济系过"关"教师已达百分之九十四以上,只剩下一个乔润助教了。乔润助教是个共产党员,可是他在运动中态度一向不端正,二十一日下午作的检讨还是没有通过。所以,二十二日上午该系开了个全系师生大会,帮助乔助教端正态度,诚恳地希望他不要掉队。乔助教一向患得患失,怕受到党的处分。他片面地抓了安子文同志报告中"思想检查从严,组织处分从宽"的下半句,不深入检查自己的思想,却希望组织能宽容他的错误。李守洪教授病刚好。二十二日上午刚来校,一到校就打听乔助教检讨得怎样了。在会上李教授说:"你的思想还没有改造好,我也感到很难过,一个共产党员应该起带头作用,你却拖了这么久,给祖国人民带来了多少损失?"徐声熹讲师及同学们都指出共产党员是光荣的称号!要是乔润助教犯了错误坚持不改,那就是不愿再保有这个光荣的称号。白慧琴同学朗诵了一封会二同学给乔助教的热情的信,信中以"上饶集中营"中的施奇同志。"钢铁战士"中的小刘同志、康藏高原上舍身筑路的张福林同志等的共产党人的英雄形象来启发他,信中说:"乔助教你现在已经掉了队,不过,只要猛醒过来,还是可以赶上的;为了党,也为了你自己,勇敢地和思想敌人作斗争吧!我们每一个人都热爱党,……我们每一个人都要拿出一切力量来帮助你。"做家属工作的陈健陶同学说:"昨天(二十一日)乔师母不知道乔助教过'关'了没有,晚上打电话来,知道乔助教没有过'关',难过得哭了!大家都在殷切地期望着乔助教做好检讨!"最后乔助教表示要"加一把油,赶上前去",大家都希望乔助教真正能展开思想斗争,做好检讨。

俄材小组的张剑非主任,态度一直没有端正,他以前在国民党外交部做事,直接做着反苏、反共的事,但是他一向不承认及说他的反苏思想是由于苏联的"不[redacted]富的措施";人家指出他有反苏思想,他就反问人家:"你说我是在订日苏条约时有反苏思想呢?还是在订中苏条约时有?"先是说:"行动反苏,思想不反苏";后来又说:"职位反苏,思想不反苏",后来才勉强承认"职位反苏,思想也反苏",根本没有进行严肃的思想斗争,在大会、小会上,张主任表示了很多次决心,但却到今天还没有做好检讨,所以二十三日上午,俄材、建筑联组会上,教师同学们对于张主任虚伪的态度进行了揭发和批评。

第六十五期　第二版

在会上，前天刚过“关”的金若枏先生代表教师指出了张剑非主任必须首先端正态度，初步有了转变的朱代杰教授指出张主任对于自己的“反苏三部曲”（即上面所引行动反苏，思想不反苏等）还没有加以批判，并说：“我要向张主任挑战，拿出最大的勇气来，争取在高潮中过‘关’！”同学们对张主任的殷切期望，可以从许多给张主任的信中看出来，卢橘学在病床上还写了一封信给张主任，信中说：他虽在病中，也还在挂念着张主任的态度是否已经端正。他写道：“快些端正态度，赶上去吧！”

最后，张剑非主任承认了，以前的态度是不端正的，并表示一定要在“庆祝胜利日”前过“关”。从张主任诚恳的态度里，大家觉得这一次的决心是会兑现的。

此外，共同学科的师生与电信系部分师生们在二十一日也对严德炯教授，进行了诚恳的帮助。朱万柏教授以自己为例说明了自高自大、打击别人只能带给自己痛苦，吴文泷教授要严教授大胆暴露，放下包袱，周定章先生要求严教授放下自高自大的架子，……大家都要求严教授首先端正态度，才能做好检讨。严教授最后表示要大胆暴露，他说：“如果不是那样，那太不自爱，大对不起人民了。”

我们深深的相信：在党的英明领导下，我们完全有把握争取一切愿意过“关”的教师在胜利高潮中过“关”的，我们过去已经尽最大可能这样做了，今天正在这样做，今后也还是要这样做的。我们诚恳地希望一切愿意过“关”而尚未过“关”的教师们早日过“关”，让我们大家在一起欢度“庆祝胜利日”吧！

电信系取得彻底胜利
二十三日举行祝捷大会

电信系于二十一日取得了反资产阶级思想运动的彻底胜利以后，该系师生为了庆祝自己六个多月来辛勤劳动的成果，及全院反资产阶级思想运动的又一重大胜利，特于昨晚（二十三日）在本院临时礼堂举行庆祝胜利大会。

电信系的庆祝胜利大会，在该系筹委会的领导下，在筹备过程中教师同学们发挥了极大的积极性。例如，为了解决在饭厅开会通风问题，陈宪文、张凤翥两位先生，开动脑筋想办法，他们把汽车汽缸前的风扇和电动机连接起来，因而制成了电风扇,解决了一部分通风问题。为了满足"电气化"的要求,他们在不化[花]太多的钱而使会场美观的原则下按[安]装了霓虹灯、电风扇、标语灯等,给会场增加了许多光彩,教师、同学们的筹备庆祝会的热情,充分说明了他们对于胜利果实是多么爱护和珍惜。

大会开始,筹委会主任吴文泷教授讲完话后,即由代系主任黄宏嘉教授讲话,他在讲话中着重说明了电信系反资产阶级思想运动所以能取得胜利,这完全是党的正确领导,是马列主义,毛泽东思想的胜利,他说:"今天,李成山先生再不是以'和事佬'的姿态出现在系里了,朱万柏和潘守鲁先生也握手和好了;马毓珣先生也不再'小广播'了,过去像木偶一样的沈一可先生今天也积极发言了。他们都转变了,的确,系里的老师都转变了。我们应该指出,吴文泷教授——我们今天大会的主席,他已经四十多岁了,但他在丢掉资产阶级思想臭包袱后,他和同学们一块儿又唱、又跳,比同学们还年青、美丽,就像小鸟一般的活泼。"这时台下哄堂大笑并热烈的鼓掌,最后他说:"过去像'电料行'的电信系已经死亡了,新的电信系已诞生了。"全场立即报以雷一般的掌声。接着系科代表向电信系师生、家属在思想战线上所取得的彻底胜利致以热烈的祝贺。

在大会文娱节目开始以前,各系科代表及电信系同学们,纷纷向在思想战线上获得胜利的教师们献礼,献旗。在这些礼物中,都充满了同学们真挚火热的心,尤其电一同学在献礼时,跳着自己创作的献礼舞,把黄宏嘉教授抬了起来,把礼物献给亲爱的老师们。

文娱节目开始了,教师与爱人的"双人舞",赵平教授的"全家舞"。同学们跳的"新生舞"、马毓珣、张凤翥先生的"双簧"、潘恂如夫妇的合唱,小朋友们的"霸王鞭",和教师们真人真事"电信系的转变"的话剧等,都受到大家的欢迎,建筑系教师们的"农民舞",给大会增添了不少的光彩。每一个文娱节目都告诉了大家,在思想上获得解放的教师们是多么愉快、轻松,多么年青、活泼。沈一可先生参加表演的跳舞,无时不在引起大家的掌声,有的同学说:"真棒、年轻了,沈一可可亲了。"看见赵平教授"全家欢乐舞"后,朱代杰先生爱人说:"真幸福",最后,教师真人真事演出的"电信系的转变"给大家一个极其深刻的印象,它告诉了大家,满脑子充满了资产阶级思想的教师们,给人民教育事业带来多大的损失,然而经过了思想改造后的教师们又会发出多大无穷的力量。

这个庆祝胜利大会,更进一步鼓舞了大家战斗的信心,使全院反资产阶级思想运动的彻底胜利更加临近了。

胜利花絮

为了响应庆祝胜利筹的号召,全校正展开清洁环境卫生工作,经四金学政同学,拍蝇最为积极,他有一套工具,二十四日利用中午午睡时间,共打死了一千五百七十二个苍蝇,创全校最高纪录。经济系全系教师,昨日下午进行了大扫除、擦玻璃窗的教师们,互相挑战。张协衷主任,带头提水拖地板,劲头很足,因用力太猛,把眼镜都掉在地上,李守洪教授也是一面工作,一面唱歌。

炊事员同志,为了庆祝胜利,将在二十八日做出好菜来庆祝这有历史意义的一天。

在大雨中、朱广心教授爱人和两个孩子来到校里,带来很多礼物,三个镜框分别送给系里、搓澡队,以及家属工作同学。另外还有一块做得很漂亮的绸子,送给全院庆祝胜利大会签名。

共同学科樊明玉、李占元等先生,冒着大雨来教室大楼学舞。

图书馆有位老职员,头发已白,但是还兴高采烈的学跳舞。

二十四日下午运商系黄宗瑜教授作检讨,长达四万二千字,从下午二时念到七时才完,在他念到资产阶级思想毒害了他,使他浪费了半生光阴的时候,痛哭失声,当场沈奏廷、王竹亭两教授被感动得流泪,当核心组宣布黄教授过"关"时,大家高兴得把他抬到半空中。

运商系教师家属近来连日到学校来练习舞蹈。陈寿昌先生爱人,过去很自卑、生活在封建家庭中,话也不敢讲,经过这次运动,改善了他们的家庭关系,她自己也完全变了一个人,积极地参加跳舞。这是过去所办不到的,她说:"现在再不赶紧追,就落伍了。"

俄材已过"关"的教师积极练舞。崔、梁两位老教授,也是兴高采烈的,晚上九点多钟,还在练习。金若桝、许大庸教师的小孩子也参加练舞。老至六十多岁,小至五岁一起跳舞,崔、梁两教授变的年青活泼了。

肺病同学响应庆祝胜利筹委会号召,积极投入清洁卫生运动,今天早上灭蝇战绩仅几十只,但到了今天晚上,已增加到九百余只。

建筑系教师在清洁卫生工作中,提出了三擦:(一)用粉笔灰细细擦,(二)用湿布擦,(三)用干布擦。建一同学发挥了高度积极性,提出了三净:台布、桌子、讲台擦净,玻璃擦净,地擦净,结果,他们获得了红旗。

第六十五期　第三版

努力争取所有愿意过“关”教师丢下包袱共度“庆祝胜利日”

同志们：信心一加强态度一端正胜利是有把握的

沈一可

亲爱的未过“关”的同志们：

在运动的高潮中，很多同志都在思想战线上获得了胜利，但是还有极少数的同志至今还不能赶上运动的高潮。我也是在高潮中过“关”的一个，我愿将自己的体会写出来，给未过“关”的同志们作参考。

半年以来，我对运动的态度是极不端正的，别人向我提意见，我根本置之不理，大字报对我批评，我从来不看。做检讨完全是应付性质，同学们来跟我谈话，我总是“是的、对的”来对待他们；不拿出思想上的问题来同他们讨论，这样当然不能解决什么问题。因此检讨做了三次，别人对我的批评依旧，像运动开始时一样，老是说我“态度不端正”。我想我检讨做了三次，每次自己都觉得有些进步，就是别人也有同样感觉，为什么还要说我态度不端正。我就以为有人故意同我为难，拿出我的老问题来压倒我，或者是运动标准提高了，对别人宽，对我紧，我就是这样疑神疑鬼的，不从自己这方面来着想。经过同志们、同学们不断的帮助，以及听了叶向忠同志的报告，我认识到我的态度确实是有不端正的地方：(一) 我从来没有把自己思想上存在的那些问题，拿出来跟别人谈过。(二) 我对于群众的意见，还不能虚心接受，不先考虑自己有没有问题，光考虑别人是不是对我“另眼看待”。这是很显然的，态度不够端正，检讨当然做不好，写出来的检讨空空洞洞，没有血，没有肉，别人一听就知道思想上还有问题。

但是，态度不端正的原因在什么地方呢？在做第三次检讨时，我已有点认识到，我对党、对政府、对思想改造运动的认识是非常不够的。再经过群众帮助分析，确定了这一点是我的大毛病。因为认识不够，所以我有了许多奇奇怪怪的想法：我认为服从组织分配是“不自由”；认为改造好了要天天工作到半夜十二点；认为学习奥斯特洛夫斯基会“瞎了眼睛，断了手足”；认为进步的人说不定有一天会“拿身体去堵黄河的决口”……由于我思想上的问题一直没有解决，因此态度总是端正不起来。经过许多同志、同学一再反覆[复]的启发帮助，特别是茅广桢同志，我应该永远不忘掉他，他叫我把思想上的问题统统拿出来，大家来帮助分析讨论，我依照了他的办法，把我自己思想上所没有解决的问题和想不通的问题，一古[股]脑我写了出来，请大家帮助讨论、分析批判。这一来，我思想上的许多问题就很快的在群众智慧的结合之下解决了。这些问题一解决，我就很自然的觉到群众的亲切；觉得半年多来，大家一直在帮助我不是打击我；一直在挽救我不是故意同我为难了。我立刻感觉到革命大家的温暖，尤其在我病中的二三天内，同学们那样的热情关切，真不知叫我怎样才好，他们在党的号召下，发挥了高度的热情，尽了最大的努力，帮助教师思想改造。我认识到毛主席、共产党的亲切了，我有了力量了。

因此，我虽然在病还没有全好的时候，我有力量写我的检讨，在十五日下午全系师生大会上，我曾说过“要争取在高潮中一次过‘关’”。在二十日下午，我就在小组会上做了检讨；二十一日下午正式通过。仅仅六天的时间，我就过了“关”。还见[是]叶向忠同志的话“只要端正态度，过‘关’是很容易的”；真是千真万确。我希望未过“关”的同志们，把信心加强起来，只要态度一端正，思想战线上的胜利是有把握的。

在党的领导下我认识到了自己的前途，我的人生观改变了。我过去喜欢一个人过着清静的生活，看到同学讨厌，最怕他们来找我。现在我欢迎同学们来找我了，非但如此，我还要去找他们。这几天，我感到特别快乐，因为我已同大家生活在一个有前途的大家庭里了，我也学会了跳舞、唱歌。我内心的愉快是难以形容的。我热望着未过“关”的同志们，再加一把劲，争取在高潮中过“关”吧！我相信你们会做得到的。我盼望在“庆祝胜利日”那么，全院教师百分之百都过了“关”，在最美丽的、最清洁的红果园里，穿上最漂亮的衣服，吃最好的菜，说出我们最热情的话来庆祝我院反资产阶级思想运动的彻底胜利。

敬祝你们

思想战线上取得最后的胜利！

电信系助教沈一可上

七月二十四日

希望未过“关”的教师们作最后的努力

马肇延

我院反资产阶级思想运动已逐渐达到全面胜利的阶段了。每个过“关”的教师经过这次彻底的洗澡，把从旧社会带来的油泥洗干净以后，全部身心都得到无比的舒服。从“起死回生”到“返老还童”，一股新生的活力，在胸中汹涌澎湃。因此，全院师生员工家属莫不欢欣鼓舞，个个都在热烈地排演着精彩节目，准备迎接胜利日举行盛大的庆祝。但是尚有少数没有过“关”的教师，他们仍在进行思想斗争，未能及时地参加筹备庆祝的工作。中国有句古话：“一人向隅，举座为之不欢。”我们进一步地希望他们鼓足勇气，克服任何思想上的障碍，争取在最后关头咬牙过“关”，迅速回到人民队伍里来，壮大我们新生的力量。过“关”要经过激烈的思想斗争，这当然是很痛苦的，但拿来和过“关”后的快乐比较那实在使你感到这些许的痛苦算不了一回事，个人的经验如此，每个过“关”的同志经验亦莫不如此。当我们没有过“关”的时候，总是考虑到自己过去的思想是很丑恶的，如果一旦暴露出来，会引起群众的轻视，今后在群众面前一定是威信扫地了。但暴露结果，恰恰相反，每一个同志或同学过去对我是或多或少存在着一些距离的，现在反而对自己十分亲切起来，觉得彼此之间只有信任，没有怀疑；只有热爱没有隔阂。我们一同工作，一同歌唱，一同跳舞。许多纯洁的心和自己融合起来结成一体。从“新我”来看“旧我”，过去一切的丑恶思想既是由旧的社会条件造成，也应由旧社会替它负责。我们为了进修起见，不能不做一番深刻反省的功夫。回想当我们没有下决心大胆暴露以前，总是想替旧社会迫护，把旧社会给我们的种种思想毒素，深深隐匿起来，不想叫旧社会负责，反倒甘心背上沉重的包袱，杜绝了自己新生的希望，旧社会是一去不返了，我们为什么要为它殉葬？那真是最愚蠢不过的行为！希望还没有过“关”的教师们，下定决心，作最后的努力，即日争取过“关”，回到我们的队伍中来，让我们一齐歌唱，一齐跳耀[跃]，同志们！用力地加一把油吧！

第六十五期　第四版

努力争取所有愿意过“关”教师丢下包袱共度“庆祝胜利日”

只要端正态度大胆暴露过“关”是容易的

李续勋

尚未过“关”的同志们！我是在七月二十三日刚刚过“关”的。在过“关”前，神经非常紧张，精神也十分痛苦，每听到一位教授过了“关”，心里就是一跳，觉得自己又落在他后边了，于是就更为着急，甚至对自己生气；但是自己态度不端正，不敢正视以往的错误，不认真挖思想，只为过不了“关”而着急，解决不了思想问题白白地受了痛苦而无济于事，这是不应该的，这不是工人阶级应有的态度。在反资产阶级思想运动的同志们或多或少地与我在过“关”以前犯着同样的错误，我为你们着急，我盼望你们早一日胜利归队，我愿意把我克服障碍的过程奉告你们！

六月下旬在我作第一次检讨时，初步认识了自己的罪恶，我痛恨自己丧失了民族立场，给日伪当汉奸。在我写检讨时，我痛哭流涕不止一次，于是我妄自以为我的感性认识与理性认识结合起来了，我以为我的思想问题解决了，我为我所作的检讨感到满足。但当同志们进一步地对我提了意见，指出我在沦陷初期就很热心地学日文，又随同汉奸们去北宁路沿线组织铁路“爱护村”，是由于我自始就有为日寇服务的心，有向上爬的思想，我就大为愤激。我认为无论如何我还不至于这样坏。我原谅自己，我就与同志们对抗。自七月一日起整整半个月期间，我一再地与同志们辩论，不挖思想，不斗争，始终对自己恨不起来，于是检讨也写不出。当听到这次反资产阶级思想运动有将于当月二十日的消息时，我为了怕自己落伍，简直着急到万分。我又见到资产阶级思想包袱很重的金士宣教授于十四日胜利过“关”，我竟对自己能否改造思想有了失去信心之感。但在十五日听了叶向忠同志报告之后，我才认识到这次的错误，是由于自己态度不端正；不敢正视自己的错误，那如何能谈到改造思想?！比如我原谅自己组织铁路“爱护村”，不过给汉奸当随从，我自己未作过什么罪恶；但我再想一想，由于我组织了“爱护村”，那些进行破坏铁路工作被“爱护村”中的汉奸所发现，因而流血牺牲了的同志们，他们对我能不能原谅，他们为了抗日救国牺牲了性命，未见是就制高点的胜利，更未看到全中国的解放，抱恨终天，长眠地下，而当时帮同敌人组织“爱护村”来残害他们的我，却在今天淋浴在毛主席的阳光里，来享受他们流血的成果，在人民大学里冒充一个人民教师，这样我对自己如何能原谅；如何能不恨?！因此我才端正了态度，正视自己的错误，大胆暴露自己的丑恶思想，尽我的努力作了批判。当然，由于我的政治水平差，批判的还不够，但同志们看到我认识到以往的错误，思想上也有了一些转变，就那样热烈地欢迎我回归自己的队伍。这怎能不使我感动！

同志们，只要你们有决心、有信心端正态度，正视自己的错误，认真挖思想，大胆暴露，尽全力的批判，过“关”是很容易的。同志们都在热烈地期望你们归队，不会对你们的检讨有何挑剔，只要自己有决心过就过来了。同志们，多少位亲爱的同志,多少颗热烈的心,都以无比兴奋的心情、盼望你们即日归队,来共同庆祝我们思想战线全部胜利的庆祝胜利大会,这是多么兴奋多么快乐的日子啊!来吧。同志们!不要迟疑!

高潮的浪花越来越汹涌　同志们!努力吧!

赵　华

思想改造运动高潮已经来到了。我就是一个随趁着高潮过"关"的人。我在作第一、二两次检讨时,态度非常不端正,不能从我带给人民的损害上来认识自己的错误,来痛恨自己的罪恶,轻描淡写,敷衍搪塞;因此引起群众的不满,提意见竟多至三十四条,为教师中意见多的最高纪录。由于同学们的热烈帮助,耐心启发;使我顺着他们指引的方向,挖出了资产阶级思想的根源。第一,我认识了思想改造,党和毛主席拯救了我,使我有重新作[做]人的宝贵机会,这个机会万万不能交臂错过,把思想改造当作工作和生活中第一重要目标,挖思想时,要时时刻刻想到因为我的腐朽思想作崇[祟],给人民造成多少损害,我应当怎样地痛恨自己。第三,追索这个腐朽思想是怎么形成的,怎样活动的。我在上述的情况下,第三次检讨,才作得比较深刻些,思想也初步地转变了。

就这一点点的转变,已经引起同学们和同志们的无比高兴。他们是那样热烈地欢迎我,使我感到的只有悔恨,只有兴奋,恨自己以前为什么死抱着臭包袱不放,使同志们、同学们为我化[花]费了很多精力与时间。而现在仅仅有一点进步,同志们、同学们竟欢欣鼓舞,热情洋溢到这样地步。我接到了六封贺信,欢迎我进步的发言,有十余人之多。这种革命大家庭的温暖和工人阶级的友爱,是我活了四十五岁第一次感觉到的。我当时有说不出来的愉快和光荣。思想战线上的胜利,只有过了"关"的人才能体会到它的伟大与珍贵。

高潮的浪花,越来越汹涌了,还未过"关"的同志们,再加一把劲吧!你们一定能在大浪排空中洗净污浊,上了岸来。我和所有同志都在鼓掌欢迎你们呢!

努力吧!严德炯先生

物理组助教　邵先觉

敬爱的严先生:

当我在星期一下午的会上听到您保证彻底暴露,争取早日作好检讨时,我非常高兴。我一直在期待着严先生的胜利，但是，眼看着全院庆祝胜利大会就要到来了，我为您的迟迟不进而担心。严先生您是个聪明、勇敢的人，您也显然了解思想改造的重要性，您为什么还在泥谭里踌躇不肯出来呢？严先生，不要再犹豫了，您没有看到那些以前背着比您还重的包袱的人，一旦转变以后是如何地受到群众的热烈欢迎吗？您还有什么顾虑呢？过去物理组充满了资产阶级思想的毒气，闹不团结，必然使您在领导工作上觉到痛苦，尤其您与我之间，存在着很大的隔阂，互相勾心斗角，搞得很不愉快。然而这个黑暗时期是过去了！永远地过去了！在党和毛主席的英明领导下，在这伟大的思想改造运动中，物理组的前面已开展了一条光明大路，正等待着我们愉快前进，严先生，快点来吧！只要您放下您的资产阶级的臭面子，彻底丢掉那些脏东西，我们将热烈的欢迎您回到我们的队伍中来。严先生，快点吧！庆祝胜利大会即将到来了。我相信严先生是决不会掉队的。努力吧！严先生！努力赶上来吧！敬祝您

早日胜利过“关”

邵先觉敬上

七月二十四日

第六十五期　第五版

努力争取所有愿意过“关”教师丢下包袱共度“庆祝胜利日”

日子急迫了，努力吧！

电信系讲师　卢肇铨

亲爱的老师们：

在我院反资产阶级思想运动即将大获全胜的前夕，我知道您[你]们都正在加着“一把劲”进行剧烈的思想斗争。的确，日子是急迫了，但是胜利是一定属于我们的，因为我们是光荣的人民教师，谁不为了担当这个巨大的任务而感到无限荣幸。我们在党的领导下，没有克服不了的困难。我愿意将我在运动中的一些体会贡献给您[你]们，希望能有助于您[你]们过“关”。

我在运动开始时期，态度极不端正，因是我自己并不以为我的态度不端正，当别人批评我以后，我这样想：“没有一个人到现在还不希望作好检讨过

‘关’的，谁不想改造思想，把自己思想改好，这难道还有什么态度不端正吗？难道怀疑我不想改好自己的思想吗？”但是我所作的检讨仍旧专为了过“关”而作，我是想按群众的口味来改“好”我的思想。结果是不能过“关”。

亲爱的老师们，我们都热爱我们的祖国，四千多年来，我们的祖先，勤劳勇敢的给我们创造了我们今天的幸福、我们的子孙们也将要在这块富丽辽阔的祖国土地上生活下去。不久的将来，世界上将再没有一个人不是快乐的。我们的思想改造和检讨，就是为了这个，老师们，努力吧！

当您感到自己思想没有什么问题，所以写不出检讨，那便需要倾听和深思别人给您提的意见，当您感到恨不起来、爱不起来，就会感到恨，想得愈多，就愈恨，暴露的愈多，就愈恨。新的旧的对比，就要爱和恨。

老师们，日子急迫了，努力吧！胜利是属于您[你]们的！

此致

敬礼

电信系卢肇铨谨上

七月二十四日

许靖教授：赶快奔向前去吧！

运二甲　蒋洪[redacted]

许靖教授：

当我们把应尚才教授，高高地抬起来的时候，当“没有共产党就没有新中国”的歌声在应教授首次指挥下高歌着的时候，当“毛主席万岁！万岁！”响得震耳，手掌心都拍得红红的时候，我又想到了您，想到了每一位没有过关的老师们！金士宣教授激动得握着的手。紧紧的握着，但是他的嘴里，也还念着：许靖教授，还有许靖教授，我们，我们每个人的心都这样激动，这样关切。我的热情实在按捺不住，我急忙的跑回了宿舍里，来给您写这封信，这是我们的希望，这是我们的心里内呼声！

许靖教授：庆祝胜利的筹委会成立了，锣鼓齐[redacted]，秧歌也扭得差不多了。同志们，握紧了笔，准备落在鲜红色的纸上写出“胜利，全院大胜利”的报捷，这一切都是为了本月二十八日的庆祝胜利日，这是多么有意义而值得纪念的一天啊！

许靖教授：我，我们全院的每一个人，都愿意都希望在胜利席上能有您，在教师的歌舞队里能有您，在这一天，您能和我们大家一道愉快地歌唱，纵情的跳舞，兴奋的来庆祝它！

许靖教授，东方天空发出了鱼肚色的曙光，胜利的黎明就要到来了，您应该怎样的来庆祝它、来迎接它呢？那就是：放开您的喉咙，大声的、坚决的回答祖国人民对您的要求，赶快彻底丢掉沉重的压在您身上的资产阶级思想的包袱，轻松愉快地以百米赛跑的速度来追上自己的队伍，回到“母亲”的怀抱里来，“母亲”的手会拥抱您，“母亲”的心会温暖着您，您将永远幸福、永远愉快。

许靖教授：时间不多，只有短短的三四天了，但是时间是掌握在人的手里，不是人被时间征服。许景远教授，态度转变后只二三天就把检讨做好，早已胜利过关了。应尚才教授第二次检讨，最初写的也是像交代历史的流水账，但是在他有了信心、有了决心以后，认真去挖思想了，没有几天也就彻底地找出了自己的主要的丑恶的思想，并且痛恨了它下定了决心丢掉它，而从内心里说出了“感谢党，感谢毛主席！”的话，今天也胜利的过“关”了。

许靖教授：这都是思想斗争的胜利，马克思列宁主义的胜利在毛泽东阳光的光辉照耀下，没有熔化不了的东西，没有克服不了的困难。只要您加紧努力，胜利是会属于您的。

许靖教授：我再一次的希望您为了祖国，为了人民，赶快再加一把劲，加上您所有的劲吧！

许教授，胜利凯旋的号角已经响了，兄弟们一个一个的归队了，多么整齐、多么庄严的队伍，听，看吧！将要大踏步的前进了；但是，他们还都回着头，望着您，向您伸着热情召唤的手。许教授，这是祖国人民的强大的队伍，是伟大的十年建设的队伍。赶快奔向前去吧！

此致

革命敬礼

您的学生蒋洪[redacted]敬上

七月二十四日

伙伴们！时间是不等人的

金若柟讲师

三天前，我还背着包袱，掉在队伍的后面，今天我抛掉了臭包袱，回到了人民壮大的队伍里，是说不出的轻松愉快。

想起我这二个月来在思想战线上，走了一段曲折，惊险的路程，才踏上正道。我是衷心地感谢党和毛主席的正确领导、同志、同学们的热情帮助。

我现在想谈谈我在这次运动中的一些体会，希望对于您[你]们有些帮助：

一、最初我不相信，我想改造真能使人进步。因此我对于运动的态度最初亦是极不端正的。后来听了叶向忠同志的报告，说在运动中，一天抵得上二十年，又看了沈玉麟、许延英、谢淑英诸同志的转变，这许多真人真事，使我对于思想改造，有了决心和信心；但是思想改造决不是轻而易举、随手可得的。首先要端正态度，站在工人阶级立场，展开思想斗争，彻底暴露丑恶思想然后予以分析批判，才能获得彻底改造，不完全显露而想保留着偷偷地、慢慢地改，那个固然是行不能。而光有[redacted]，而不予评细分析、深刻批判判断，亦是一样地改造不好。

二、在运动中，我不相信群众，说我爱人是“内奸”，由于我不肯虚心接受群众意见，以至[致]走了许多弯路。

未过“关”的伙伴们，时间是不等人的；但是时不为晚，抓紧这灵活几天的机会。还是追赶得上的。用力猛进啊，不要做一个掉队的败卒，我们热烈地等待着您[你]们光荣地归队，让大家一起来庆祝胜利。

第六十五期　第六版

用实际行动迎接“庆祝胜利日”

做好筹备工作迎接“庆祝胜利日”

郑鹍教授

我和我的爱人都在搞系的庆祝胜利的工作。今天从学校里回到家里，两人都说：“我们在学校里完全像办喜事，又累又高兴。”我们二人相对而笑了地躺到床上去，想息一回，我也埋在沙发里想恢复一些疲劳，可是话头又转到了“怎样可以使系里每个人的热情表达出来”上去了。我们又把已过关、未过关的先生的家庭情况研究和估计起来。这么一想，又把精神提了起来，不想休息了，吃饭的时候；我们都已经吃过饭的女儿好好教我们最小的四岁的孩子唱歌，准备在联欢会上唱给大家听，我们边吃边听，从孩子口中唱出来的“毛主席的恩情”鼓动了我们，于是在吃了饭之后，我的爱人一刻不停的就马上同着黄宏嘉教授的爱人去练歌了，我也在饭后想着我的工作，当我过关的第二天，教师搓澡队负责人苗大维同志希望我搞系里庆祝胜利工作的时候，我毫无考虑地欣然接受了。可是过一会儿，“旧我”忽又对“新我”嘲笑，好像说“你从前只会过大少爷的舒适生活，只会从别人身上取得娱乐，从未搞过什么‘名堂’来给旁人娱乐，无经验，又无特长，今天可够能的了”“旧我”永远看不到在四十几年的历史上，今天的京院，才是真正从本质上新生的日子；人家生了一个小孩，已经够欢欣了，而我们今天是新生了一千多人，马上能够创造出千万新事物的一千多人，而且还能够继续不断的生下千千万万新人的一千多人，这是京院历史上多么空前伟大的事件，我生而有幸，遭遇了这伟大的事件，而且还参加了筹备庆祝这伟大的事件的工作，这该是多么光荣呀！我固然是毫无经验，毫无文娱特长，可是我有了初步的毛泽东思想，也就能无往而不利的了，所以我一点也不怕。我看到与我一块儿工作的同志和其他工作的同志们，他们给我的是那么一副诚恳而热烈的眼光，他们都愿意贡献出他们的智慧和力量，他们和我都为着同一个目标，就是搞好庆祝胜利的工作，我还有什么迟疑呢？我只觉得我的勇气百倍！

庆祝胜利是我院反资产阶级思想运动胜利高潮里几项头等重要工作之一，我们要对我们一千多人辛勤的伟大劳动的成果，尽情地表示我们的欢欣，我们要让新生的狂欢留下一个永不磨灭的印象；同时也要通过这庆祝胜利的方式来总结我们的收获，把它好好巩固下来。收获的巩固，欢欣的印象，都是我们将来前途的里程碑，也可以说，是我们工人阶级思想的根苗，我们还要让它发扬而光大，所以我认识到庆祝胜利，也是庄严的任务，我在工作上的一思一虑，一点一滴，都是与我们新京院有关都是与新中国有关的，我受到党和毛主席的宽恕，教育和珍视，使我今天能在这种光荣而庄严的工作上，有机会献出我的力量。思想改造运动胜利的最高潮来临之际，也是最紧张的时期，我决心要拿出一刻不松懈的无比积极的精神来做好这庆祝胜利的工作，作为我对党和毛主席、对全系和全院的同志的最大献礼。

我以实际行动来迎接运动的胜利

赵华教授

在党和毛主席的英明领导下，在同志、同学热烈帮助下，我终于战胜了顽强毒恶的资产阶级思想敌人。我现在回到自己队伍里来了。看见祖国的一草一木都觉得可亲可爱，我们的系办公室和周围环境是我们的乐园，应当整理得更美丽更清洁，好让我们在里边生活更好。我响应节委会的号召，深深感到我能参加这次爱国卫生运动是极大的光荣，我一定和大家共同研究设计，重新布置系办公室,把玻璃擦得亮亮地,把桌子擦得干干净净地,利用原有的家具什物,把它们摆在最合适的位置上,使将来开会时,有集中倾听、团坐发言的方便,使平常办公有得心应手、彼此呼应的效能,把苍蝇灭绝,把尘土清除。然后再集大家的意见制订一个卫生爱国公约,我首先身体力行,并以自己带头遵守,来使大家共同遵守。把系办公室和周围环境永远清洁整饬,我谨以这一点小小的工作,作为欢迎伟大思想改造运动胜利的献礼。

坚决响应节委会的号召

孙燕君

天空飘着红旗,歌声响彻云霄,红果园上,显出了新的朝气,每个人脸上浮现出心底的微笑,我的血不住的奔腾,我的心也不住的在跳动,伟大的思想改造,拯救了千千万万的人们,也拯救了我,运动的高潮,风驰电掣的发展;快呀!胜利的果实已成熟了,这是党与毛主席的领导的胜利,是全院同志们努力耕耘的收获,我们应该珍贵它、巩固它与发展它。为了迎接这个庆祝胜利的节日,我愿以下列的实际行动来响应节委会的号召。

一、在搓澡工作中,我将更开动脑子,加紧准备,提高工作效率,热情、诚恳、耐心的帮助教师,争取一切愿意过"关"的教师高潮中胜利过"关"。

二、积极参加本系庆祝胜利筹委会的工作,并置身于实际的表演节目中,与大家一道;尽情的欢歌欣舞,歌唱出我们的胜利,歌唱出我们心底的愉快。

三、在系讯工作中,提高政治嗅觉,随时收集新闻,■给搞■,并发动其他教师,写出他们心内要说的话,使系讯在运动中,发挥它更大的效用。

四、利用时间、捕捉苍蝇。尽所有的力量,参加学校大扫除运动,并将家中彻底清扫干净。

同志们:我要向你们挑战,我要做到不让一分钟的时间无意义的浪费。来吧,用我们火热的心,与实际的行动结合起来迎接我们"庆祝胜利日"吧。

宣传部出版组迎接胜利日

宣传部出版组听到节委会决定二十八日为"庆祝胜利日"的消息后,大家兴奋异常,二十一日开了特别会议;会上经过详细讨论后,一致提出要求提高工作效率;提高产品质量来迎接"庆祝胜利日"。为了使大家的关心(的)"三反快报"合订本争取在胜利日前印好起见,各工作小组重新组织了力量。油印小组提出要使机器日夜工作。争取一天印刷四十版,刻写小组提出每人每日增加产量，把原来刻一版腊纸提高一倍以上，秘书小组提出，保证物资供应，做好后勤工作，发行小组为了扩大“快报”全订本订户起见，在二十二日一天内征求了一百多户。现在各小组正在用实际行动来实践他们的保证。

第六十五期 第七版

新 气 象（8）

他们之间的矛盾解决了

徐师母是在北京电影制片厂工作，思想进步，工作积极。除了在厂里领导学习之外，还担任着妇联的工作。因此，工作学习的时间很多，常常忙到深夜才回家，有时就住在厂里。而徐中教授在学校忙了一天之后，回到家里只感到一片冰冷，感不到家庭的温暖与幸福。在这种情形下面，他们之间有了矛盾。徐师母说徐先生思想落后，和她有距离。而徐先生说她在厂里拿薪给制，又要家里供给她衣、食、住。这样的矛盾发展到最尖锐的时候，就是在去年的新年。徐先生怀着忧愤的情绪说：“你给我带来了痛苦。”徐师母听了心里很难过，她想只有待他的思想转变了，这暂时的痛苦就可以解决的。而他不在思想上解决问题前，我只有离开他，可是这样就会给他带来了长远的痛苦。

在“三反”中，徐先生认为自己与劳动人民建立不起感情来就是因为与孩子们割断不了感情的联系。但在徐先生思想搞通后，在他思想上与地主家庭划清了剥削与劳动的界限后，徐先生年青了，回到家里喜气洋洋。为了在全系反资产阶级思想胜利祝捷大会上表演家庭舞，而与徐师母和孩子们热情的练舞。这是从来所没有的现象。徐师母很高兴的向我们说，他们之间的上步调一致了。

徐先生买了一本“新妇女论”送给她，上面写着：“我们在一个共同的基础上，在毛泽东的时代的家庭会生活的[得]更幸福、更美满。”他们一致深深的体会到了思想改造解决了他们的矛盾，使他们的家庭，充满着一片欢乐的新气象。

满脸春风的陈寿昌同志

运输系教授 尤光九

陈寿昌同志胜利过“关”后，为我最关心的一个，因为他的坏性格、坏作风有些地方与我相类似的。例如诗酒自娱、好作名士、沉默寡言、孤芳自赏,事不关己高高挂起、对于系务向不关心等等。因为有这些坏的地方和我情投意合,所以我把他引为同调。他还有比我毛病更严重的地方,就是一副冷若冰霜的面孔,拒人于千里之外的态度,对人没有丝毫感情。前几天,他的检讨对这些地方他都有了透彻的觉悟,而且也有了深刻的批判。最近两三日来,他真把诺言贯彻到行动方面,前后判若两人。第一使我印象最深的,就是他的面孔整个变了,满脸春风露出笑容,对任何人都是特别亲热,说话声音也比以前响亮多了并且好说话,无话不说,绝不像以前抑郁、寡乐、不苟言笑那个样子。第二对工作方面特别积极,他现在担任运商两系的庆祝胜利筹备工作,非常热心,一点没感疲倦,稍有空的时间就利用它来打苍蝇。他冒雨来校,混[浑]身衣服湿透但还在练习唱歌跳舞。假使以前的陈寿昌,只顾自己不顾公家的陈寿昌,一定是口出怨言大发牢骚。现在却大不相同了。这都说明了一个人在思想改造得了初步胜利后,一定有些新的作风、新的力量、新的气象。人人如此,全系如此,全校如此,全国如此。实在太乐观了,太兴奋了。这应该归功于党和毛主席的教育。我一向也是事事只为自己打算、不为集体打算、不热心公共事业、不参加团体活动的最典型的一个。所以我特别关怀陈寿昌同志,尤其关怀他与我共同之点。我关怀他是想借镜[鉴]他、学习他,把他作为我的榜样来锻炼我自己。

潘恂如先生不再推三推四

陈伯龄

潘恂如先生在电信系已经二年多了,在二年中,谁也看不出他什么时候高兴,什么时候痛苦,生活总是那样的平淡。对自己的职务自以为很负责,其实实验室的仪器是乱糟糟的。上班来,下班去,一点也不关心人家,自以为分[份]内的事做好就够负责了,以外的事根本不愿做。

可是通过了反资产阶级思想运动,潘先生是坚强多了。

当他胜利过"关"后,就迫切要求工作,组织上分配他到宣传部工作时,每每审核稿件工作到深夜,他再也没有怨言,没有想到家里。愉快地骑车回去。后来他又调回系内担任搓澡工作,他曾对冯先生说:"假如有时间空,我一定帮你们看稿子。"你们看这是多么鲜明的对比啊!

上星期六组织上要他教干部学习班的物理电学,而且只准备一天,下星期一就上课。假如在以前他绝对不干,即使勉强担当下来,也得推三推四,准备时间至少要它两礼拜。可是这一次呢?他毅然的接受下来,觉得这是光荣的任务。星期日一天就积极地准备着，开动脑筋，如何教得更好。这几天，我系教师都在筹备庆祝胜利，他却忙于找实验、编讲义，工作劲儿真令人信服。譬如昨天吧，大家东找西寻想找他来跳舞，可是始终没有找到。后来他说："我在小梁房间中编讲义"而他的爱人呢？工作也是很忙，天天要去文教局为重工业部改卷子，但她还要争取来校表演庆祝胜利，一个是夫妇合唱"钢铁是怎样炼成的"，一个是夫妇对唱"牧羊姑娘"。

从推三推四到积极工作，说明了反资产阶级思想运动是如何改变了潘先生的人生观。

李占元有了主人翁态度

体育组教师　靳开兰

李占元先生刚来交大时，非常骄傲，不听取旁人意见，表现了个人英雄主义。反资产阶级思想运动中，他表现非常积极，经常帮助其他同志搓澡，体育组的事也与大家商量后再作，并拿出主人翁的态度爱惜人民的财产。据他的爱人王柏林同志谈，二十日夜里下大雨时，他突然坐起来说："棚子不知怎么样了，进去水没有？"他的爱人不知道是怎么一回事。原来是体育组的用品及设备存放在仓库旁小棚子内，他担心棚子坏了，外面的雨水会进去，因而损坏了东西。所以一夜没有安心睡觉。

以前他的爱人给他提意见，他常不接受。现在不然了，很能虚心地接受他爱人的意见，以"有则改之""无则加勉"的态度处理。反资产阶级思想运动给体育组带来了团结，同时也给李先生的家庭带来了幸福与快乐。

迎接"庆祝胜利日"　大家来写"新气象"

本院的反资产阶级思想运动目前正处在胜利高潮中，本月二十八日就是我们的"庆祝胜利日"。最近，各方面的新气象层出不穷的涌现在我们面前，这是我们弥可珍贵的胜利果实；本报准备大量刊登这些新气象，作为"庆祝胜利日"的献礼。但我们"三反快报"编辑组的工作同志接触面不广，很难全面反映所有的新气象；因此，我们要求全体教师、同学、职工、家属同志们大家一起来写"新气象"。我们想，在思想上获得胜利的你们是会很乐意地接受这件工作的。希望你们抓紧时间快一点写，写好的稿子请送（或寄）本院一零九教室宣传部编辑组。

宣传部"三反快报"编辑组

第六十五期　第八版

新 气 象 (8)

“为了远大的理想”

刘庆弘

伟大的反资产阶级思想运动,把许多被束傅[缚]在个人主义小圈子里的人解放出来,获得了新生的力量。

电信系石立治讲师以前是一个自私自利很重的人,整天考虑的是个人的得失和家庭的利益,为了向上爬不惜参加反动的三青团、解放以后仍抱着旧的包袱不收,拿教课来说吧！他怕担任多了会影响身体,有课就来,没课就走,并且还常考虑着小米和地位。对于系务也很少过问,除了与信号方面有关的事情,认为别的工作都是负担。

仅仅两个月的时间,使他变成了另外一个人,他勇敢的丢掉了沉重的历史包袱,深刻的批判了腐朽思想,并决心争取做一个光荣的共产党员。过“关”以后,他的决心立刻变成了实际行动,在“搓澡”工作中很积极、认真,事先很好的与同志们准备、研究、帮助别人也很耐心,对于检讨内容都是反覆[复]的进行讨论,在排课工作中表现了主人翁的工作态度,因为盛教授有病需要减轻课程,他便自愿多担任几个钟点,对于毕业生的分配他根据每个同学的性情、政治条件和学习成绩,仔细地考虑提出自己的意见,使同学都能为祖国贡献出最大的力量。最近他患着很重的脚气病,走路都发生困难,但为了庆祝胜利,热情仍很高,他积极的练习跳舞、唱歌和排剧,还自动地准备了“魔术”,他常常从早上七点钟离开家直到晚上十一点多才回击,有时天晚了不能开交通车便忍着脚痛与几个同志步行回去。在这种情况下他不但无怨言,而且心里十分高兴。

他回到家里再也不像以前那样无聊,而是充满了生气,他关心着爱人的进步,爱人也关心着他的进步,两个人的工作虽然都很忙,但每天谈起各人的工作和学习情况来却十分融洽,尤其是听了孙晓村同志的报告后,回家和他爱人谈起祖国美好的前途,都充满了无限希望和信心,越谈越高兴,一直谈到深夜两点多钟。

这是什么力量在鼓舞着他呢？正如他自己所说："我的人生观完全改变了，为了远大的理想，我工作有了力量，什么困难都能想办法去克服它。"

张 主 任

胡家典

晚饭后在合作社门前碰见了新剃头的张协衷主任，满脸堆着笑容匆匆地走着。

"张主任，剃头了。"

"钻了个空子，要不没有时间了——今天要给别人（电信系）祝贺，明天我们自己也要庆祝了。"

这两天张主任也确是喜悦，过"关"以后，疲劳来不及恢复，就"马不停蹄"的帮助其他的老师们搓澡，系里老师们过关的直线一直上升着，全系师生正欢欣筹备庆祝胜利大会，张主任被选为筹备主任，积极地忙着筹备工作。

昨天，我们在教室大楼前跳着舞，张主任远远走来，在路上险些跌了一跤，走过来时参加了我们跳舞，嘴里说着：

"走路时可真得小心，下雨地上滑，你们穿皮鞋的可真得小心。"

张主任像爱护自己孩子一样地关照我们，我们从内心感到一种说不出的温暖。

张主任不是一直就这样的，过去的张主任，在学校里是一个高高在上的官僚主义者，在家里是一个神气十足的"家长"，"内外分工"，他从不管家事，在家总是板着脸孔，家里人要问他什么，总是爱理不理的。一家人见他都怕，他二女儿见到他总是叫一声"爸爸"，再也没有话了，大女儿看到不顺眼，有时也谈起勇气批判他一两句"爸爸，你也太严肃了"。

"三反"开始，张师母起先不知道学校里的事，后来知道了，也不敢说什么，怕得罪他，经过家属工作同学启发后，动员了家庭大小来帮助他，张主任的过"关"得力于太太不少。

现在张主任变了，在家里的态度和先前不同了，有说有笑地，并且对家里人说："以后咱们家里有什么事，开个家庭会议！"张主任的行动影响了张师母，在他过"关"的那天，张师母偷偷地对家属工作同学们说："张主任今天过'关'了，我心里非常高兴，我准备唱个歌，你看成不成？"

这两天，张师母在积极地练歌子，是湖南有名的山歌，在家练，也常来学校找同学伴奏，一遍、二遍、三四遍地唱着。一点也没有不耐烦张师母年纪大了、血压高,是一股什么力量使得她能这样呢? 她说:“这两个歌子还是孩子时候唱的,今天太高兴了,重新唱唱,这都是毛主席给我的力量!”

黄宏嘉教授再也不是“幕外人”了

陈伯龄

过去谁都知道,电信系黄宏嘉教授是单纯技术观点的典型人物,他对系务工作,从不过问,有人说“他——假如屋子里油瓶倒了,他也是置之不理的”,这些话形容得一点也不假。他对政治自以为是“幕外人”,说什么“你们党团搞政治,我搞技术,咱们来个分工合作。”“对党团员说话要小心点,他们是上面派来的。”因此,他这个“幕外人”就自命清高,一天到晚忙着写一本“电工原理”书,既可求名又可得利,但就理解不到加里宁所说的那句话——“教师所给予学生的,不仅是固定的知识,而是以自己的操守、生活方式、日常表现的态度来影响他们。”

可是现在呢? 黄先生变了! 经过反资产阶级思想运动前后两阶段,黄先生的确是变了。代替不关心、不过问系务工作的是当了“代替系主任”,你看! 这简直是一百八十度的转变。在工作中他是非常热情负责的。譬如鉴定本届毕业生的成绩及分配工作,曾得到教务处的表扬,这与黄先生的工作细致、努力负责分不开的。又如素来棘手的分配课程工作,也得到了合情合理的解决,最近组织上要调几位老师去教干部学习班的物理电学,他抢着要去教,他说:“只要组织上要我去做什么,我就去做什么。”同时在工作中也暴露了一些缺点,当初,他只是希望别人能原谅自己,而没有从思想上检查,一步一步提高,他想:“我以前根本不管系务,现在你们要我搞当然有缺点,你们总得原谅原谅吧!”听了叶同志的报告,他得到了很大的启发,他说:“对! 对! 犯错误,有缺点,没有什么关系,只有在不断的纠正错误,克服缺点中,不断地进步,提高自己,锻炼自己。”因此,他就本着这个方针做去,有错误先检查自己,与以前那种怨天尤人,不是怨组织就是急同志的态度,是迥然不同了。

代替“幕外人”的是为共产主义事业做一点事情的“主人翁”,认为党团员是自己最亲爱的同志,他说:“在革命大家庭里,真是无比温暖,为了同一理想而工作是多么愉快。我就是把系务当做自己革命的任务来做。”工作忙时,他很愉快的坚持着,的确,黄先生再也不是“幕外人”而是以“主人翁”的姿态来享受劳动的胜利果实,心情是和以前大不相同了。

第六十五期　第九版

新 气 象 (8)

我们有了一个新的共同奋斗的目标

建筑系讲师　樊明体

当我们走出建筑系的反资产阶级思想运动胜利的联欢大会后，已是深夜，回到家里的时候，又已经是一点钟了。我和我的爱人，同样的感到没有尽了兴，尤其是我的爱人在过去她是与一个不熟悉的人说话就会脸红，而现在她感到大会的集体舞使她跳上了瘾，她说："真[正]如你过去写的，好像吃饭没有吃饱一样。"

我实在高兴，她会有这样一个转变，我们兴奋得谈来谈去不想睡觉。为了响应大扫除的号召，我们初步的整理了房间，当我们躺在床上的时候，已是三点钟。

早晨她喊我起床，一看表已是八点十分了，校车已开，这时雨下得正大(。)在过去我不会到学校里来的，可是现在我觉得我的工作不是为我自己而工作，我决定要来学校，可是雨下得正大，我还在犹豫着，而我的爱人出我意料＜之外＞的催我马上到学校去，[她]肯定的说："朝鲜前线，人家冒雨还要拼命，而你只是走到学校。"这一句话，在过去别人说出来，我还会怀疑他在叫口号，可是现在，我真正的认识到我为什么工作的时候，她这一句话真能够打动我的心，尤其是，我的爱人在过去她不但不会鼓励我如此作[做]，她反而会用尽办法拦阻我，可是她变了，现在她让我快走去，并且使我想到朝鲜前线，我有说不出来的勇气，我也有说不出来的愉快，我的脚步是那么轻松，上面淋着雨，下面踏着水，我感到好像行走在春天阳光下的平坦大道。在过去，我不能体会到这一点，我会感到我在发"神经病"，现在，我想到我的家庭我真感到我和我的爱人更亲近了，我们有了一个新的共同奋斗的目标。

热情代替了虚伪

现在您可以看见在运商系内，有位精神焕发、态度和蔼、有说有笑、脸部充满着欢乐愉快的表情,像年青人的教师,这就是过“关”后的杨文朴教授。

在思想改造以前大家都知道杨文朴教授是“一团和气”的“老好人”,自私自利,只管自己不管别人,对别人的错误也不批评,有意见放在心里。对待政治学习则是抱着惟恐“别人皆有我独无”不得不学习的态度,准备开会时,堂而皇之的有一套,学校的大会、小会也都来应应卯,高兴就听听,否则就人在心不在,不予理会。对待系务工作,有关自己专修科的事就谈上两句,如事不关己,就高高挂起,放在脑后。偶而[尔]校中有会开长了时间,或工作不遂心的时候,跑回家去还要对爱人、孩子叽咕上几句,诚如杨教授现在所说:“过去的生活那[哪]有半点意义。”

在思想改造运动中,杨教授批判了自私自利个人主义后,就变了一个样,态度表面依然是和气,但却改变了里面的本质,亲切热情代替了虚伪、圆滑。我记得当我与杨教授握手时,我感到手是那么的温暖,握得是那么的有力。您现在可以看见他整天忙这忙那,一会儿节委会开会,一会儿互助组开会,又要去听检讨,又要去搓澡,每天工作在十小时以上,还是充满了精神。对别人有意见不提不批评的杨教授转变到积极耐心热情的与人提意见,对待系务是那么的热心,对待系的前途,系改、课改有着充分的乐观与信心。现在杨教授不怕会长也不怕工作多了,而是工作愈多,感到愈光荣、快乐。所以不论晴天雨天,甚至狂风暴雨从不缺席。现在学校变成了他亲爱的家,教师同志就如他亲爱的兄弟。杨教授说:“自从我初步树立了工人阶级思想后,我的心胸就开阔了,对周围环境、对工作有了热爱,我同金教授、林主任间的隔阂便消失了,我感到同志是非常的亲切可爱。”

在迎接胜利的欢欣中,杨教授重练已放下数年的小提琴,兴高采烈勤练歌谱,准备在系庆祝胜利大会上跳舞伴奏。他的嘴角经常挂着笑容,杨教授愉快的心情,您可以在琴声与笑容中充分的体会啊!

从象牙塔里走出来的李伯刚先生

数学组　吴佩蓉

李伯刚先生过去是一个关在象牙塔里的享乐主义者,她迷恋着资产阶级的生活方式,她的心中只有自己、爱人、孩子以及她家里其他的人,她看不见劳动人民;爱面子、爱虚荣、喜欢人家赞扬而不愿意人家批评。她不关心政治;不重视学习；不安心工作。但经过思想改造以后，她有了一百八十度的大转变，她从象牙塔里跳了出来，为了工作，她能离开爱人迁到学校里住，她不再选择工作，祖国需要她做什么她就做什么；她的思想感情已与劳动人民结合在一起；她认真的参加运动，虚心接受别人的意见，甚至连本人都觉得过火的批评，她听了都毫不介意，而且从思想上检查自己。与她从前为了鸡毛蒜皮一点小事就要生气时相比，真是判若两人。她虽然怀着孕两只脚背肿得像馒头一样，行动很不方便，但是还坚持参加小组会，在会上消除了“政治水平低，分析能力差”的顾虑，勇敢地争取发言。最近因分娩在即，节委会照顾她让她在家休息，才没有到学校里来，但是她人在家中心却老惦念着运动，她每天一字不漏的看三反快报，对于每个教师的情况都了解得很清楚。当前几天她知道了共同学科有五位教师过“关”的消息后，兴奋得写了两篇稿子，表示庆祝，生动的词句流露出她满腔的热情，从象牙塔里走出来的李伯刚先生，再也不是为“自己、爱人、孩子”而生活了。

“不到学校来就觉到难过”

朱尔勤

商务系的胡国本教授，从前是一位十足自高自大、虚伪、圆滑的先生，最怕开会。上课来，上完课就回去，一餐饭都拴不住在学校里吃的，但在最近过“关”以后，就完全不同了，第二天就参加了教师搓澡队，把自己的亲身体会，诚恳的讲给文徵憬讲师听，有一次文讲师感动得流下了泪。胡教授以前专门注意自己的业务，不关心政治，不参加群众文娱活动，但现在的胡教授整天都泡在学校里，早上七点半来，晚上到十一二点才回去，他说：“学校里的气氛这样高涨，不到学校来，就觉得难过。”前天下大雨，他深夜回家，发现房内水高二三寸，空气混杂着霉味和臭味，但他没有时间理会这些，呼呼大睡了一觉，大清早，又赶忙到学校里来了。他整天除掉开大会、开小会搓澡以外，就和教师们、同学们一起唱歌一起跳舞，到今天，胡教授已经学会了三个新歌和两个集体舞，他微笑的说：“虽然唱不好，跳不好，仍愿意和其他教师们集体在庆祝胜利会上演出。”大家看他成天跳跳蹦蹦，乐得什么似的，问他为什么这样乐！他回答说：“高兴嘛！”是的，记得从前有教授碰见人也总打哈哈，也笑。但那是资产阶级虚伪、圆滑的笑，现在呢？正确的建立了同志间的情谊，丢掉了思想包袱，满身轻松流露出了真正的欢乐的笑。

第六十五期　第十版

家属通讯(10)

我们家里充满了温暖

李成山教授爱人　梁家蓉

我以前是一个陶醉在小资产阶级生活圈子里的家庭妇女，在我周围除了丈夫、孩子、烧饭洗衣服之外，什么都不管，对政治更不闻不问，也不知道自己有一个伟大可爱的祖国，反资产阶级思想开始(的)时候，我因为对运动毫无认识，完全是站在资产阶级立场上看问题。本来我的爱人平时是不爱说话，但是运动开始后，睡不着觉，吃不下饭，更加沉默寡言，于是我认为运动是打击人，简直把人冶[治]死而且我也认为我的爱人是“老好人”，一切都很好，不需要改造，何必多此一举呢？因此当第一次同学来的时候，我感到是麻烦，但是随着运动的发展，由于同学对我的帮助，我的立场开始转变，觉得我爱人的“老好人”态度完全是没有原则性的，敌我不分的，对■革命事业带来很大损失，因此感到我爱人并不像我所想像[象]的“好人”，由于运动的深入，我感到他的问题越来越大，因此我就给他提意见，帮他挖思想，让他作好检讨，当我的爱人检讨通过后，我感到高兴极啦，我感觉他年轻了十年，是从来没有那样活泼愉快过，使他们青春再生，返老回[还]童，过去他因身体不好，每当学校里上课回家就会感到累，所以哑口无言，对于学校里的事情我也不敢去问他，更不谈政治，可是现在完全变了，虽然他工作很忙，常到深夜回家，不管天气多么坏，甚至下雨，他不但不感到累，而且还兴高采烈，有说有笑，半夜三更还要教我学跳舞，并且运动员全家小孩跳舞，使我们家里充满了温暖和从来没有过的愉快，我们也常常谈到政治，家庭里也展开了批评与自我批评，想到这些，是什么力量给我们家带来的新气象，同时把我从腐朽生活小圈子里解放出来，使我懂得了我们有一个伟大可爱的母亲，我深深体会到革命大家庭的温暖，更使我认识到今天的幸福生活完全是用多少烈士的鲜血换来的，回想以前我只是为一家人生活是可耻，但是经过这次运动，我懂得了首先要为了祖国，个人的小家庭是集体里的一小部分个人利益必须服从集体利益，我要感谢党和毛主席使我从黑暗奔向光明，重新获得新的生命，我要在这次学校庆祝胜利大会上，尽情的欢笑和舞蹈,来表达我内心对党和毛主席的热爱,我要高呼中国共产党万岁!马克思列宁主义毛泽东思想胜利万岁!

我在运动中的转变

赵祖武教授爱人 刘正怡

十七日我参加了建筑系的反资产阶级思想运动的胜利大会,我感到异常的兴奋和欢欣,可说是从没有过的,实在是使我太感动了。在这个大会上,我深深的体会到人们对祖国都怀着高度的热爱来迎接反资产阶级思想运动的胜利,这里使我深深的体会到这个伟大的胜利,是马克思列宁主义的胜利,是毛泽东思想的胜利,也就是说只有毛主席和党的领导才会有这样伟大的胜利,我们要感谢党,感谢毛主席。那天我虽然是那么高兴,但也使我感到万分的惭愧,就是我对这运动没起一点推动作用。反资产阶级思想运动虽然在校中早就展开了,但我始终没有重视,就以为这是别人的事,心中存在着事不关己,高高挂起的想法,所以我爱人拿回来的三反快报,高兴时看一眼,没功[工]夫就算了,即使是看也是马马虎虎,对我爱人的思想改造,也采取了观望态度,他的每次检讨我是怀着好奇心才看,看完,我说不够深刻,但他问我理由时,我却毫不加思索的说:"我就是这样的想法,怎么不深刻我说不上来。"这是多么不负责的话啊!当时我现不帮他分析思想,也不帮他找问题,心里总是想,你自己的事你明白,我那里清楚,谁叫我不爱说话,什么事都不爱和我讲,总拿我当愚民,我问你你也不爱说,还是你自己采吧!我对你的思想情况了解得不彻底,没法批判,这是多么不正确的想法啊!假如大家都像我似的,那这运动,怎么搞呢?自己的爱人却不好好地帮助,怎么去帮助别人呢?现在想起以前的思想实在大有问题,在这个大会上我认识了自己。当我爱人第一次检讨未被通过时,我心里还在幸灾乐祸,洋洋得意地觉得你看我多有见解?是不是,我没说错吧!现在你服了吧!

当他为了要有清静环境写检讨搬校住时,我心里尚有怕他饭食不合,住处不安的顾虑,但当他胜利回来的那天我高兴极了,他拿回来同学们送他的许多封贺信、书籍,我都一封封地看了,从这里我感到同学对教师的思想改造多么关切,他们是多么热心地投入这伟大的运动,我心里感动极了,从那天起我思想起了一个极大的转变,我立志要向他们学习,所以那天同学来动员我参加大会时,我很高兴,这机会很难得,我想我能常和同学们在一起,一定能对我有很大的帮助,尤其是在政治方面,实在是感觉到在家里,除整天忙些家务事一点新鲜事物都没有,生活太无意义,经过那天参加大会以后,我的心一直在沸腾,我再也不呆在家里了,我不能看着每个人都在进步,而我仍停留在一定的阶段上,现在我更进一步地体会到没有工作的可耻,我认识到现在祖国是多么的需要干部,而我自己又是一个知识分子,还呆在家里,不但对国家人民贡献都没有,相反地[的]还增加了劳动人民的负担,我对得起谁?太使我惭愧了。从那天起,我就立下决心,坚决克服一切困难,争取早日走向工作岗位,我一定在工作中加紧学习,加紧锻炼,为了祖国的建设事业贡献出自己所有的力量。

在毛主席领导下我们都健康了

陆传砚助教爱人　吴乃淳

从教师思想改造以来,我的爱人是有进步了。以前他是对同学是不大负责的,到学校总是想迟一些去,一下课就想回家,我对这些事情都不关心的,也不知道他这样对同学不负责的影响是很大的,同时对祖国也有损失的,但是同样的希望他能晚一些去早一点回家,因为这样他可在家帮我做一些家事,原因是因我们有三个孩子,而我身体时常生病,同时他的身体也不大好,常常要伤风发热,我总想他迟去早回,对我们两人是都有好处,可是从学校里开展反资产阶级思想运动以来,我爱人过"关"后,他就参加搓澡队工作,差不多是每天早上七点半出去,到晚上回家,而且时常要在晚上十一二点钟回来,所以我就得要每天等他的门,家中的事,他是没有时间帮我做了,可是我一点也不觉得累,而且更快活的是我们两人身体也都康健了,我回想过去那种想法,是多么的自私呀!我只为自己想,没有想到他对同学和祖国的害处!我现在知道了,我们要有个人利益,先要搞好集体利益,那才能产生更好的个人利益,我要尽我的一切力量,使他不要管家事,好好为人民服务,做一个光荣的人民教师,同时更加尽力的帮助没有过"关"的教师,在这高潮中过"关",来迎接庆祝胜利日。在共产党和毛主席的领导下的我,才会有这样的高兴。

第六十五期　第十一版

家庭通讯(10)

毛泽东的光辉照到了赵华教授家每个人的心

袁　桢

今天当我走进赵教授的家里时,赵师母即满面笑容的伸出了手,与我紧握着,当我代表搓澡队向她祝贺赵教授在思想战线上所取得的胜利时,她亲热的说:“应该感谢运动对他的启发、教育,也就是党的领导以及同学们的热心帮助。”过去我曾好几次去过赵教授家,可是我并没有感到她有今天这样的兴奋,当我在与赵教授的女孩讲话时,赵师母独自在低声唱着东方红的歌,当她唱到“他是人民大救星”时,声音特别响亮,这又是我向来未见到过的新气象。

昨天(二十一日)赵教授胜利过关后,回到家里,赵师母很关心问赵教授今天检讨通过没有,他马上很高兴的回答赵师母说:“我已胜利过‘关’了。”赵师母一方面心里很兴奋,同时她对赵教授说:“今天的进步只是您初步的胜利,希望您不要骄傲和自满,以后尚须继续努力改造自己,争取更大的胜利,并且要以实际行动来表现您的进步。”啊!这是多么有力量的话啊!赵教授也当即表示以后一定以实际行动来兑现。这一个晚上,在赵教授家是起了一片新的气象。当他回家后,家里马上忙着做饺子来庆祝赵教授的进步,并且他们三人(赵教授及其爱人与女孩)在商量着如何参加庆祝胜利大会,赵师母说:“三人跳一个团结舞——扮演苏联人、朝鲜人、中国人,表示三国之间的团结,要是不能跳的话,(因赵教授脚有病,赵师母有脑充血的病)那就合唱一个歌——跟着共产党走。”赵教授还准备让他女孩来一段诗歌朗诵,讲赵教授对运动的态度由不端正而转变到端正,他们三个人热情的商量着,赵教授是一向不爱跳与唱的人,赵师母也从来没有跳过舞,可是现在他们却非常关心这个庆祝会,特别是赵教授本人更起劲,他们说虽然离校远,但愿先在家由小孩教会,再来学校与其他教师合唱、合跳,今天为什么能在一个很沉默的家庭中,变得这样活泼、愉快,有朝气呢?正如赵师母所说:这是反资产阶级思想运动给他们家带来的新气象,也就是党和毛主席的英明领导和教育的结果,要是没有毛主席号召这一个伟大的思想改造运动,那在赵教授家永远不会得到今天的现象。过去由于赵教授的唯利是图思想,而终日忙碌于事务中,对家中向来没有亲切的谈论着要参加什么会,或政府如何好,如今赵教授思想转变了,回家常给赵师母们讲共产党的一切伟大的政策,和新社会新成就,赵师母说:“我们也可以了解到今天的政府对人民的好处了。”

赵淑平是一个少年队员(赵教授的女孩子),她变得更天真了,老是满面的笑容,当我问她“你预备用什么礼物来祝贺你爸爸的进步呢?”她马上回答我“我要加紧学习,争取更好的成绩来表示我对他的祝贺而且晚上还预备写一封信给爸爸,祝贺他、鼓励他。”赵师母接着就说:“这份礼物是比什么东西都宝贵。”是的,这的确量份很宝贵的礼物,赵淑平还动员赵师母晚上也写一份对思想改造运动的感想,她们要以这些具体的行动来表示对党和毛主席的感谢!

只是五天没有去,赵教授的家转变了,并且转变得很多,过去太阳光照到了赵教授家的表面,今天毛泽东的光辉照射到了赵教授家每一个人的心。

毛泽东的光辉鼓舞着我家庭里的每一个人

经济系　张协衷

上星期六当我以愉快的心情带着搓澡队送给我和我爱人的礼物回家时,我的爱人和孩子们早在家门口等候着我并且预备好了丰盛的晚餐和西瓜来庆祝我在思想战线上取得的胜利,当她们看了同志们送给我的题词和书籍时,她们拥抱着我高呼"毛主席万岁!"和"共产党万岁!"

我的爱人说:"你以往一向对家事不管,甚至连孩子们的学习你也漠不关心,你们学校里的情形怎样从来也不和我们谈谈,老是绷起一副面孔,好像有谁得罪了你似的,感谢党和毛主席,在思想改造运动中你的态度渐渐转变过来,你看孩子们都感觉得你这个父亲变得慈祥了,这真是个奇迹,我以后也要多多的参加社会活动。"我大女儿说:"我早就希望爸爸争取做一个光荣的共产党员,现在思想改造了,您定可以争取做个光荣共产党员,我是个青年团员,我保证在一切工作中起带头作用,来祝贺您这一次的胜利!"

我的小女儿和侄女抢着说:"我要向爸爸学习,向大姐姐看齐,做一个优秀的少年队员,来祝贺您的胜利!"

我的二女儿激动的说:"爸爸,我一定要在最短期内争取入团!"

我大女儿的爱人王文靖说:"有了共产党,才能建立革命的新家庭!"

最后七十岁的老岳母说:"我虽然老了,但是我愿意煮饭洗衣,做好家庭琐事,使你们能更好的为人民服务,更好的学习。"

在这样一种气氛中,我才真正的体会到什么叫做天伦之乐。我乐得裂[咧]嘴大笑,为了巩固这一次的胜利,我今后决心要加紧学习,用马列主义和毛泽东思想武装自己的头脑,搞好今后的教学工作。

反资产阶级思想运动给我的家带来了光明

李占元讲师爱人　王柏林

从去年的"三反"之后,本院又展开了伟大的反资产阶级思想运动。最初我只感到忙,因为我爱人早上六点钟就走,中午也是吃完饭就走,很少有谈话时间,晚上常常是深夜才回来,后来就更忙了,我只能从"三反书快报"上看到一些本院的情况。

最近参加了几次会，知道高潮到了，看见沈先生的转变，我爱人也有一些转变。以前为了一些琐碎的事，也发生过口角，各执己见，谁也不让谁，我爱人一生气就走，半天才回来。我还得先和他说话才“言归于好”。最近遇意见不合时，我的爱人也生气，可是过一会儿他就能来承认自己的错误，闹的我也不好意思了，我也常常想自己是不是有错误，这么一来无谓的争执就少生多了，也就快乐多了。

过去我总觉得我爱人的课少，我的身体又不好，可以多在家里帮助我一些，在这伟大的运动中，使我知道，一个人民教师应当全心全意为人民服务，除去教课外，还有许许多多的事要做。因之我也愿意他把全付[部]精力用在业务上，我不再希望他在家里帮我了，并且尽可能的把他的饭和衣服给准备好，并且愿意他实现他在检讨上努力方向的诺言。

补　遗

上期本报第七版“家属通讯”内“希望你大胆地毫无保留地扔掉包袱”一文，为刘永禄教授之女写给刘永禄教授的信。

第六十五期　第十二版

职工通讯4

“这是毛主席带来的幸福”

职工宣传组

工友唐茂生同志是贫农出身，从小跟着母亲要饭吃，在以后的几十年中起早贪黑背着一百多斤粪筐，一天跑到黑也不过三斤红高粱，在旧社会中是惨受压迫和剥削的，他说：“人家说了话，不对也要说对，不然就挨揍”，解放后，还看不到自己在新社会中主人翁的地位，还认识不到劳动是光荣。因此，仍然见了人都不敢说句话，他现在在教室大楼做打扫厕所的工作，看到人家都穿的那样漂亮，自己的工作又脏，就不敢到饭厅吃饭，旧社会，就是这样残酷地使他受这样的苦难，而又使他变成了一个唯唯诺诺、点头称是、看不起自己的人。

在这次运动中，他觉悟过来了，使他深刻地认识了对旧社会的仇恨和对新社会的热爱，这是党和毛主席使他站了起来，坚强地站了起来。

在全体职工大会上，他作典型检讨报告的时候，他讲到了他在旧社会惨痛的生活和在新社会中解放的主人翁的日子，他四次痛哭，泣不成声，他说："过去背着一百多斤的粪筐，一天跑到黑，也不过三斤高粱，现在在学校里生活安定了，一天合七斤小米，我那[哪]能再不好好干。"又说："在旧社会人家说了话不对也得说对，现在，对说对，不对就不对。现在有了毛主席领导使咱们当家作[做]了主人，使我能上台讲话了，现在毛主席来了，使我能在火饭厅与同学们大伙儿一块儿吃饭。想到前方志愿军为我们拼命流血牺牲，我只有拿工作来报答他们，我现在收拾茅房使同学身体健康，将来同学能好好为人民服务，亦就是我为人民服务。"他讲到这里，掌声像巨雷一样地经久不息，而在连呼："毛主席万岁"声中中断了。是的，我们全体同学决不会忘记老唐同志对我们的抚爱，想起你，同学们在学习上，今后的工作岗位上，会更加油干的！

最后，他激动地高呼："共产党万岁！""毛主席万岁！"他讲完话，同志们、同学们纷纷和他握手道贺，他高兴得说不出话来。

唐茂生同志的检讨感动了全体职工同志，他们说："听了唐茂生同志的报告更进一步体会到劳动人民的可爱与感情的充沛，我们还有什么理由不改造资产阶级思想吗？"

检讨后的五十几岁的老工友唐茂生同志，他在今天是那么高兴和感到幸福，就在检讨当天下午，与同志们同学们在一起兴高采烈地跳舞了。

他在小组会上亦能诚恳地帮助别人、批评别人，他在小组会上对检讨后的张魁麟同志说："你今天得到了改造，不要忘了毛主席和共产党，要以实际行动争取立功！"

他在过去打扫厕所起码要早晨七点以后才完，现在六点钟就打扫完了，过去一天只打扫一次，现在打扫二次了（晚上打扫一次）。

是党教育了他，使他提高了阶级觉悟，而在实际工作中实现了。

段志坚同志改变了"灰色的人生观"

曹明哲、白[redacted]咏

过去段志坚同志是工庶小组最没有生气的一个，年纪只不过三十左右，但是一副老人相，看来倒像四十多，终日愁眉苦脸，死气沉沉，讲起话来像个病汉，无声无力，简直没有一点青年人活泼的朝气。

反资产阶级思想运动前，他的人生观是那样地灰色，他觉得人生没有多大意味，他觉得人与人之间不是勾心斗角就是争名夺利，同时，他自愧自己是个国民党员，觉得在同志面前永远是抬不起头来，于是他更感到前途的灰黯[暗]与渺茫。

经过了思想改造后的段同志活泼了，他的脸上充满了愉快的笑容，在笑容的皮肤里又映了一层红润的光彩呀！身轻的段志坚是这样的可爱！迎人！这是毛主席和共产党拯救他，使他从苦闷的深渊里挽救了出来，他也兴奋地说："三十年来，我才开始感到人生的温暖，才开始感到社会是前进的，现在我看到了祖国光明的远景，'可爱的中国'、'上饶集中营'明确地告诉了我，人是为什么而生，为什么而死，'奥斯特洛夫斯基人的生观'使我认识到我过去为个人为自己而活着是卑鄙无耻的，现在我感谢共产党和毛主席挽救了我，今后，我坚决跟着共产党走，只有团结在共产党的周围，才感到人生的快乐与温暖。"

为了庆祝反资产阶级思想运动的胜利，他以最愉快的心情来担任工庶小组的歌咏指挥，准备在那天的庆祝会上领导全组同志来一个大合唱，可能还有其他精彩的节目演出。

的确，他的转变不仅他个人感到愉快，我们也为他改变了"灰色的人生观"而感到高兴。

图陈小组胜利了

翁永庆

图陈小组的反资产阶级思想运动已在二十三日下午取得了彻底的胜利，这是多么令人感到兴奋的事呀！这是马列主义毛泽东思想的胜利，在这个胜利的气氛中有谁不欢欣鼓舞呢？

回忆在那不算短的时间里，曾遇着不少的困难曲折，但在党的正确指导下，这些困难都被不断的一一克服了，在党的教育下，每个同志由不认识自己所存在着的腐朽的资产阶级思想而最后批判了这些思想丢掉了臭包袱，这是多么大的一个转变呀！党挽救了每一个人，党从思想上解放了我们，我们感谢党，我们衷心的拥护她，我们永远地跟着她走。

在过去的日子里，图书馆死气沉沉，毫无生气，同志之间是虚伪、圆滑，同志们脑子里塞满了"小米""名誉""地位""灰色人生观"等腐朽的资产阶级思想，为这些思想笼罩着的一个人民大学的图书馆，没有能发挥其应有的作用，给人民带来了不少的损失。今天，资产阶级思想得到了彻底批判，工人阶级思想初步树立起来了,图书馆的新气象也随之来到了,掌握了批评与自我批评武器的同志们,以诚恳友爱代替虚伪圆滑,为人民服务的思想代替了“小米”、“地位”,活泼愉快代替了死气沉沉,为了筹备庆祝胜利大家都在积极的练歌练舞蹈,郜丽华同志过去为“灰色人生观”压得抬不起头来,可是,今天她浑身充满了青春的活力。

今天的这个胜利是很大的,是在党领导下得到的,通过了这个运动,我们更进一步的认识了我们的党,在感情上更觉得亲切,让我们把已取得的胜利巩固下来,贯彻到今后的行动中去,并不断加紧学习,提高政治觉悟让我们在祖国翻天覆地大转变的时代里,献出我们更大的力量。

一九五二年七月二十五日　第六十六期

彻底批判资产阶级思想！坚决树立工人阶级思想！

职工思想战线上取得彻底胜利
昨日全部作完检讨
欢欣鼓舞积极筹备庆祝胜利

二十四日下午五点半，戈绳武总务长在小组会上做好了检讨；这样，职工方面的思想改造运动已经获得了彻底胜利。这是本院反资产阶级思想运动在另一条战线上的辉煌胜利。

职工中的思想改造运动是从五月二十七日开始的，到今天将近两个月，刚开始时，职员同志中间有"被整"的想法，工友同志们则认为工人阶级不会有资产阶级思想的，所以对运动并不积极，后来在学习"可爱的中国"时，有些同志开始觉得自己自私自利的资产阶级思想太对不起祖国了，要求改造自己，但对批评与自我批评的顾虑一般还很多，诸如怕伤感情、怕丢面子等。六月二十日召开了的学习批评与自我批评大会，给了大家很大的教育，大部分都端正了态度。因此，在"七一"纪念党的三十一周年的时候，职工核心组收到了七十多件"做好检讨"的保证书。（全体职工共二百余人。）"七一"下午的漫谈会上，大家情绪都很高，以前一向死气沉沉的工（程）庶（务）总务小组也开始动起来了。在七月一日至十日之间。有很多同志的态度有了显著的转变。例如图书馆赵定同志过去开会老不发言，或者只是敷衍地说上几句应付应付，这时表示了要做好检讨的决心。内外勤班的工友锡凤林同志过去一向"偷"、"闲"、"磨"、"滑"，小米嫌少，工作嫌多，这时认识到了自己的错误。戈绳武总务长在这时也暴露了他以前对待运动的不正确的认识，（例如他觉得"一学文件就头痛"等）初步端正了态度。

七月十日，客观情势已经成熟，核心组便正式宣布开始做检讨。检讨得较好的受到了大家的欢迎。例如电机锅炉老工友孙荣同志的诚恳检讨，便感动了很多人。检讨开始后，第二星期出现了较突出的典型，例如教室大楼的工友唐茂生同志，他少年时曾和他母亲求乞为生。解放前就在本校做打扫厕所的工作，在解放前，同学们嫌他脏，他自己也觉得自己脏，不能进大膳厅吃饭，今天呢？他不但进了大膳厅吃饭，同学们还诚恳地帮助他学习，所以他激动地说:“毛主席来了,我进大膳厅吃饭了!”他又说:“我打扫干净厕所,让同学们好好学习,将来出去为人民服务,也就是我在为人民服务!”他的检讨使张魁麟(教室大楼班长。敌伪时曾当日本鬼子的翻译,过去一向是为检讨而检讨,态度很不端正)也流下了眼泪,郑占如同志听了说:“我今天才真正体会到工人翻了身。”帮助职工学习的邱关鸿同学也哭了。校卫队的李焕旭同志是个党员,当他检讨到党已经培养了他七八年,而解放初期由乡村进入城市时,他是“为了小米才进城”的时候,他泣不成声,同组的同志们也都哭了。此外,图书馆唐振纪、汪剑森对于“向上爬”的检讨也很深刻。这时,运动在逐步深入,以前炊事班的同志们老是在寝室里谈妖魔鬼怪,现在也总是谈思想问题了。

在这中间,同学们的热情也很使职工同志们受到感动,有很多职工同志们的检讨中提到:当他们看到同学们在深夜一二点还在工作的时候,他们便想到:“毛主席教导下的青年确是大公无私的,那我们为什么还不好好改造自己呢?”

七月二十日,全体职工举行了一个典型报告大会,由唐茂生、赵德芳、唐振纪、卢大明四同志作了典型报告,并对态度始终不端正的袁秀涛同志进行了批评。这个会使大家受到了很大的教育。二十二日起,职工方面运动就进入了高潮,二十二日、二十三日每天有五十人左右做好了检讨。

当二十四日下午,彻底胜利的捷报传出后,职工们的欢欣鼓舞是可以想像[象]的。他们组织了壮丽的报喜队,在校园里扭着秧歌报喜,连五六十岁的老工友顾妈也扭起了秧歌。天下起雨来,他们也还是不停地在扭着、跳着,歌唱着他们又一次的解放。

职工同志们目前正在积极筹备二十六日上午的“庆祝胜利大会”。在这个会上,他们和他们的家属将演出很多精彩的文娱节目,并热烈地激[邀]请全院教师、同学参加。

马列主义胜利万岁!

第六十六期　第二版

千年冰河开了冻
应尚才教授胜利过“关”

在“庆祝胜利日”即将来到的时候,运商系思想战线上又传来了一大喜报——应尚才教授在昨天胜利过“关”了！

应教授自幼即受美帝的奴化教育，靠着美国教会的钱由上海中西书院到清华大学，最后到留学美国。以前，当应教授想到这一段历史时，就会沾沾自喜，衷心感谢美国教会对他的“培养”，但是美国化[花]了钱到底“培养”出一个什么样的应先生呢？那就是使他学“通”了美国语文、美国史地、美国风俗习惯、美国生活方式，使他谈[淡]忘了祖国的一切，在美国读书、工作了十年，回国的应教授，成了满脑子自私自利、纯技术观点、黄皮肤、黑眼睛的“美国人”，甚至讲话都要由英文翻成中文讲出来。在美国的时候，他的民族意识也曾使他想到应该给祖国出一些力，因而放弃学位到工厂里去学技术，想来一个“技术救国”。对国家、对自己都“有利”。但是回国以后，看到蒋匪帮一团糟的情形，就立刻使他“冷”了，他肯定地认为自私自利是“人之天性”，自己满脑子的自私自利思想也就更加发展起来了。解放以后，他以怀疑的眼光来看共产党，他不相信天下有不自私的人，认为民主集中制和专制独裁“差不多”，还是埋头干技术算了，他钻书本的结果，对一切其他事情都漠不关心，连子女读几年级都不清楚，抗美援朝、土地改革等运动对他说来是“看戏”，他不相信“人民日报”，喜欢听“美国之音”来“比较比较”，看到报上美帝屠杀朝鲜和本居民的照片，他还哈哈大笑，认为“人民军又死了不少”。在教课中，他把美国那种出卖知识的作风带来了，当同学提出要多教一点时，他就说：“你们已经够本了。”

从思想改造运动以来，应教授的态度是漠不关心，开会的时候看报、拍苍蝇、打瞌睡，对同志、同学是一副虚伪，在学习“可爱的中国”时，对同学说：“感动得很，体会很大……”回到家里就说：“可爱的中国”是伪造的，是“打气的工具”。在应达之同学揭发了他的这种荒谬言论后，他就在批评会上说：“我回去站在工人阶级立场看完几十遍，一直看到出眼泪为止。”他还认为：“我也很爱国，不过方志敏的爱国是沸点，我是高温。”所以在最初学文件、听报告并没有使他在思想上有什么转变。

六月十一日，他抱着“做习题”的态度作了第一次检讨，随随便便凑起来的一些东西，当然谈不上暴露批判，检讨中充满了为自己辩护的词句，什么“留美不一定崇美，对党的怀疑已经纠正过来了”等，以后当搓澡队去帮助他时他表示很不欢迎，不耐烦地关门看表，老是说：“那些问题我已经解决了，不值得谈。”应达之同学问他准备怎样写好检讨时，他说：“多加上几个痛恨、沉痛等字眼也就能过‘关’了。”

经过一次次群众大会的教育，同志、同学、家属的帮助，应教授终于慢慢转变了。尤其是在侯秘书长报告以后,他深深感到自己不应成为一个“老古董”。应师母也以其八十岁的母亲努力学习政治的例子教育了他,对搓澡队开始热情、欢迎,他说:“大家都进步了,我一个人掉在后面,怎样对得起党、对得起同学呢?”回家以后,积极的开始挖思想,半夜里想到一点也起来写上,怕忘起了,为了赶写检讨,连续两个星期没有去做礼拜,这对应教授来讲,确不是一件简单的事,态度转变了,精神也很愉快,以前在家难得哼哼英文歌,但当他检讨做得满意时就唱起“祖国进行曲”等歌来了,见了搓澡队谈问题也很起劲,并虚心接受意见,在建筑系庆祝胜利大会上,他热情的上台讲了话,表示要迎头赶上不做“老古董”。

昨天,应教授在运商系互助会上作了诚恳的检讨,几次为自己过去的错误而痛哭流涕,对自己的自私自利、单纯技术观点、崇美思想等作了较深刻的批判,他认识到过去受美帝奴化教育的恶果,使他成了美国化的中国人,他沉痛地流下了眼泪,控诉美帝的文化侵略,认识到美帝是中国人民的死敌。对他以前“技术救国”论也作了批判,认识到技术服从政治的真理,明确了技术掌握在资本家的手里就是为资本家服务,技术则有掌握在劳动人民的手里,才能给人民带来无限幸福。对于自私是“人之天性”的问题,他也认识到自私是剥削阶级的“天性”,工人阶级、共产党人是大公无私的,他牢牢地记住奥斯特洛夫斯基的一句话“利己主义者最先灭亡”,表示今后要坚决地使个人利益服从集体利益,暂时利益服从长远利益,要为祖国美好的将来贡献出自己的一切。

在核心组根据他态度端正、暴露批判深刻而通过了他的检讨时,会场上一片欢腾,过去大家都以为像应教授这样的人是很难帮助的,但是在“庆祝胜利日”的前夕,应教授终于进步了,这再一次说明了党的政策的伟大,每一个人都有说不出的高兴,郑鹍教授说:“我又一次体会到党的政策的伟大,把旧社会的旧好人变成了新社会的新好人。”伍廷钧教授说:“应先生重视真理和科学根据,今天他终于找到了,希望应教授永远向着真理的方向前进。”一向与应教授在一起的陆传砚助教特别兴奋,表示从今天起将在新的基础上与应教授共同努力,为人民的教育事业奋斗到底。贺信、贺诗也一件件的送到应教授手里,应达之同学也写了一封信,祝贺爸爸在思想上的胜利,父子俩长时间紧紧地握手,应教授兴奋得直笑,指挥着大家唱起“没有共产党,就没有新中国”来,大家内心的兴奋与喜悦,使大家不约而同的拥向应教授,热烈的握手,拥抱,几个同学把应教授抬了起来,会场上一片“毛主席万岁!”“中国共产党万岁!”的口号声,在人们的心里永远留着铭心的记忆——在党的领导下,千年冰河也开冻了!

胜利花絮

职工已全部过“关”，敲锣打鼓，庆祝胜利，他们说：“我们的胜利是归功于党和毛主席”，通过这次运动，职工中争取入党的有三十一位，他们为自己的胜利而欢呼。腰鼓声、掌声、欢呼声，响遍了全校，当时大雨如注，但没有一个掉队，虽然衣服都湿了，但热情使他们忘了一切，在篮球场表演了文娱节目，在职工报喜队里，女生宿舍的顾妈的秧歌扭得很起劲，他表示要在庆功会上表演，她说：“扭不好不要紧，只要能表示心里的热情，思想改造后真高兴，现在大家都是一条心了。”

运商系积极筹备庆祝胜利，教师们共捐了四五十万元准备弄些好的吃吃，另外还加紧搓澡工作，争取所有愿意在高潮中过“关”的教师过“关”，该系打算组成一支四五百人的报喜队，绕全校一周。

俄材师生积极响应庆祝胜利筹委会的号召，清洁周围的环境，年岁最大的梁度老教授一早就赶来学校打扫办公室，爬到窗上耐心擦玻璃，他和崔春煦两位老教授，为了要打扫得彻底，曾钻在桌子下面打扫清洁，当抬桌子时，马杏城教授连声说：“轻一点，这是人民财产。”思想上获得解放后的教师们，对祖国人民的财产是非常重视的了。

电信系的教师们也以万分愉快的心情，响应了庆祝胜利筹委会的号召，在二十五日下午展开了清洁扫除工作，每位老师都热情的劳动着，卢肇铨讲师和潘守鲁教授光着膀子擦地板，非常起劲。吴文泷教授也细心的擦桌椅，别的老师有的擦玻璃，有的整理家具，大家一面劳动，一面愉快的哼着“迎春舞曲”等歌子，情绪十分高涨，经过大家紧张劳动后的系办公室，变成了一个美丽整洁的新环境。

第六十六期　第三版

新气象 9

“推陈出新”的陆传观

运输系　闵保华助教

过去在运输系你可以看到有一个年青的助教，上课前匆匆跟着教授来又匆匆跟着教授走了,有人同他讲话,不是敷衍几句,显得很不耐烦的样子,就是一句话只说上半截马上封住了口,像是有不少顾虑,唯恐把事惹到身上来,别人的事概不过问,也不关心,根本谈不上帮助了,如此自私自利却自誉“门控很精”自命不凡,觉得一些人太虚伪卑鄙无耻了,以为“江山易改,本性难移”,简直讨厌,虽然自己并不很好,但却不差,如果真有一些人比他强了,他就会这样想:我如果怎样怎样,不仅可以比得上他,而且也许更要强些,因此就愈益自我欣赏起来,更觉得有独到之处,值得自傲,生平虽说最不愿做助教工作,但为了逃避现场政治学习,仰慕了交大■名,想来此充实一番,在不得已的心情下才到运输系,结果一切并不如心愿,觉得领导无能,教师做尾巴,觉得同学水平太低,自己又学不到东西,于是满腹牢骚,要想离开交大,一时离开不了,权作寓客,感到怀才不遇,加上地主阶级出身对新社会是不满意的,因而闲来无事,合着几个“志同道合”的“朋友”,论长话短,碰在一起就说起怪话来,混着过日子,做一天和尚撞一天钟,勉强做完自己份下的工作,以“硬碰硬”姿态,“一分价钱一分货”的雇佣思想在做着助教工作,如有同学问他,他会漫不经心地说:“我这个东西你们不必去学”。“咳,这很简单,你们还不懂。”“老家伙太顽固,我看算了吧!”就是这样在应付同学推卸责任,同学看见他没有办法,背后骂他“小油条”,去年系主任希望他带领同学实习,一开始他就以坚决态度“我绝对不去”为答,弄得系主任无可奈何,禁不住摇摇头,心里暗暗想着:“怎么是这样一个年青人”,这个年青人就是过去陈腐的陆传砚助教。

伟大的毛主席号召的“三反”运动,在学校的掀起了轰轰烈烈的反资产阶级思想运动,党的政策和活生生的事实感召了一批又一批彷徨岐[歧]途的人,把一批一又一批人从陈腐罪恶的深坑里挽救了出来,见到了阳光,这是一个奇迹,但在毛泽东光辉的时代里,一个又一个的奇迹却出现在人间。

今天当你碰上任何一个人,他会告诉你:“老陆转变了!”“老陆进步得真快!”六月十七日该是老陆同志难忘的一天,从这天开始老陆同志迈开了大步勇敢地向前进了!

经过了剧烈的思想斗争,他认清了是谁养活培育他长大成人的,他也认清了祖国的前途和个人前途的关系,首先他背叛了原来的阶级,检举了他那“见钱眼开”地主父亲的不法行为,他又诚恳地说:“过去我错了,现在我绝对服从组织分配,那[哪]里需要到那[哪]里去。”这就是“突变”的前夕。

过关后他积极投身到运动中去,服从组织分配,参加搓澡工作,从早到晚总想找工作做,主动要求研究情况,几次他向小队长反映“咱们开会研究下情况吧!”为鉴定毕业同学的工作,晚上留在学校用膳,在工作的需要下克服了他回家吃饭节省开支的打算,他住在城里,核心组有临时通知,有些地方联系不方便,大都由他徒步经过,他已乐于接受任何任务而不再有怨言了,当有一次教师搓澡队推进伍廷钧同志做“系讯”编委时,伍同志一再以不能胜任■辞,老陆同志就正言批评道:“斯维尔德洛夫他从也没有当过苏维埃中央委员会的主席呀!”于是伍同志就欣然接受了这项任务,而老陆同志就是这样在学习着斯维尔德洛夫的精神,开始以做任何对祖国人民有利的工作来考验自己。

在搓澡过程中,有一次结合报告,检查思想,他作了自我批评,当批判了自己不相信别人的进步,怀疑别人的保守思想后,老陆同志并未因此而放弃对资产阶级思想狡滑[猾]的警惕性,记得他曾有好几次不断提醒过我,他不但对领导上分配给他的任务没有怨言,他更随时关心和研究怎样更好地完成任务,他是钮泽全先生的搓澡队员,因此他想反覆[复]了解和分析钮先生的思想情况,设法■除钮先生的思想顾虑,他的工作热情是高的,但由于初做工作显得有些着急,虽然批判了保守思想,但对别人的进步还有些估计不足。

但老陆同志毕竟是进步了,在他的周围充满着新的气象,他深刻认识了过去欺骗地生活着是痛苦的,他认为自己过去对祖国人民毫无贡献,自己没有什么了不起,即使有点贡献,也还是理所应该的事,他准备今后好好学习政治书籍,提高理论水平,战胜残余的思想敌人,学习俄文和苏联先进经验,以提高技术水平,对于他们助教工作,他满怀信心地说:“如果有一个同学学得不懂,就是我没有完成祖国交给我的光荣任务。”

老陆同志真的转变了,从今应该说他是这样的一个青年,热爱真理,永远■诚于劳动人民,在毛主席的光辉旗帜下英勇地向着社会主义大道前进!

这是永恒的力量

经济系万良桢教授在思想改造中获得了新的力量,毛主席给他的力量。

在过去,万教授是缺乏力量的,不只是体弱多病,气力不大,更重要的是思想上没有高尚的理想,没有前进的力量,反顾自身不无“暮年”之感。比如万教授对人很“世故”,无论对教师和同学,也无论对错误和缺点,万教授一向是一团和气,不加可否的,在他觉得“多一事不如少一事,何必与人过不去。”明明自己心中对某人不满,但口头上还要恭维,因此系里师生都感觉万教授“圆滑世故”“八面玲珑”,再有一点万教授过去最怕参加社会活动,总以气力不够为借口,甚至在思想改造中对今后参加社会活动也还不敢大胆提出,恐怕改造好了什么活动都参加身体吃不消，从这里可以看出旧的东西拖住了万教授的腿，新的力量还没有成长。

但是以上所说，都成为过去的东西了，在思想战线上获得胜利的万教授与过去是迥然不同了，他的精神是那样的焕发，力量是那样的充沛，现在我来举几个平常的例子，就是以说明新的力量是怎样支持着一个人的行动。

的确，万教授体弱多病，不久以前，他闹病不能起床，核心组为了照顾他的身体，告诉他：检讨没法写就写个提纲吧！但万教授却还是把检讨逐字逐句地写出来，躺在床上手在发抖还不停地写，虽然脑力不足，还深入地挖思想，他觉得思想改造再不能拖延了，祖国人民是不允许拖延的。“病中积极改造”这是多么顽强的力量啊！正因为这样，万教授过了“关”活动就更有劲了，为了庆祝胜利积极地学“童年舞”，冒着大雨来校练习，他说：“我忘掉了病和老”。现在他认为人与人间的关系是同志友爱的关系，因此在傅恩龄教授过“关”的时候，他除了祝贺之外，还关心地鼓励他丢掉顾虑，说：“过去我想思想改造后什么都完了，现在才知道不是的，我们获得了许多新的东西，把所有顾虑丢净吧！”获得了什么新的东西呢？万教授自己回答了这个问题，他说：“我们有了无尽的力量，因为我们后面有毛主席、共产党——这是永恒的力量啊！”

第六十六期　第四版

家属通讯 11

毛主席给我带来幸福

——访朱广心教授爱人

万廷莱

“毛泽东的太阳，照进了我的厨房，使我得到了幸福与希望。”这是朱师母的两句诗。

二十三日，朱教授便宜热情洋溢的冒着大雨到学校来练舞，准备在系庆祝胜利大会上表演，当我走访朱师母时，半道正遇到两个小弟弟，从幼小、天真的笑脸上，我立刻体会到新中国儿童的幸福与欢乐。“你喜欢吃什么？”“香蕉”，“爸爸买给你吃吗？”“买了，买了，那天，买了五斤，一会儿就吃完了。”转变后的朱教授更加热爱孩子们了。

朱师母的高兴是难以形容的，她愉快的说："新婚姻法给广大人民带来了幸福，但对一些未经改造的知识分子，却没有影响，虚伪的只顾自己的关系依旧存在着。

"解放后，我想自己是一个知识分子，应该为新社会贡献一点力量，搞一些工作，但朱教授总是反对，参加民主建国会的一些会议，（朱师母为民主建国会会员），他也不高兴，曾劝我说：'看，我不开会也可以过，你又何必去开会呢？'

"'三反'时，组织分配给我一个突击任务，工作了一星期。每天回家，他总是长吁短叹，说：'生活没有意义，日子真难过。'我知道他是在对我发牢骚，在这种情形下，还有什么心情去工作呢？因此我的精神是痛苦的，家庭并不是很幸福。"

接着她又说："朱教授过去非常喜欢看武侠小说，认为这是一种乐趣。当他作了第一次检讨后，就租了几本小说回家，准备大看一下，我也时常劝他不要看这些无意义的东西，陪孩子玩玩，看看电影，遛达公园，可是他不理睬，还荒谬的说：'你真不懂爱情，我喜欢什么，你应该尽量满足我的要求。'他这些话真使我哭笑不得。"

朱教授转变了，家庭出现了新气象，朱师母说："转变后的朱教授，心情非常愉快，那天正吃饭，他高兴了，便手拿着饭碗，一边吃，一边学跳集体舞，大孩子更给他戴上了顶草帽，一齐跳起来。今天朱教授不阻挡我开会和工作了，民主建国会一些同志，也可以和他畅谈了，最近我们还准备开一个联欢会。"

说到这里，朱师母又谈了一件可笑的事，她说："一天，我同朱教授走过出租武侠小说的刘先生那里，他笑着对我说：'这回我可与刘先生断绝关系了，要是刘先生来听我的检讨，一定通不过。'现在我们之间不再是虚伪了，建立起了真正的感情，家庭从此幸福，我真高兴极了，我衷心的感谢共产党毛主席。我身体不好，又有孩子，不能工作，但我要积极参加社会活动，并和朱教授互相督促，不断进步。"

为了感谢老师同学们的帮助，朱教授夫妇特别送给经济系全系师生、搓澡队、家属工作，同学三个大镜框，其中一个写着"感谢你们对我的帮助，学习你们忘我的精神。"又送给全院、全系漂亮的签名彩绸各一幅。

是的，朱师母内心的高兴和愉快是可以想像[象]的，她感谢党和毛主席的心情，正代表着千千万万得救的人的心情。毛主席（的）阳光照到那里，那里就有幸福。

迎接"庆祝胜利日"
锦什坊街家属动起来了

李报特约通讯员　张纹瑛

本宿舍的家属们听说本月二十八日学校里就要开庆祝反资产阶级思想运动彻底胜利大会了,大家都感到无比的兴奋和喜悦,满宿舍即时掀起了喜气洋溢的气氛,二十一日下午七时,召开了个紧急会议,讨论如何表达我们对运动胜利的热情,及对祖国对毛主席的热爱,当时大家表示都愿意参加文娱节目,以表达自己狂欢的心情,虽然其中男女老少与儿童们都有,演不好是意料中的事,但大家既都有这样高的热情,也就不管它了,我们决定来一个全宿舍大合唱,并于可能条件之下争取大家参加集体跳舞。此外,儿童还有小歌舞,家属们还有独唱等。这几天满宿舍都是歌声舞影,欢笑不绝,这种团结愉快的新气象,真是本宿舍从来所没有的。今天大家感到生在毛泽东时代的人,的确是一天比一天幸福了。

我们因为响应我校号召的清洁卫生运动,本宿舍自昨天起已开始大扫除,大家都认为这是爱国行动,针对着美帝的细菌战,我们大家都要提高警惕,搞好环境卫生,以打击侵略者的阴谋,我们卫生小组马上就执行起任务,来了个全体动员,室内室外都大加打扫,门窗上的玻璃,擦得光洁明亮,床下墙角的旧鞋杂物,收拾得整整齐齐,甚至花荫树下的杂草烂叶下都清除得干干净净了。

刘淑英同志积极帮助父亲

第七小队家属工作同志　马慧珍

刘炽晶教授在家中实行着家长式统治作风,使得整个家庭弥漫着死气沉沉的气氛,刘教授是美国留学生,自然瞧不起不识字的刘太太,什么话也不和刘太太讲,刘教授对儿女的教育也不十分关心,只管把儿女送到学校,就一切不管了。刘教授回到家里很少,同家里的人谈话,更不愿意谈学校里的事情。儿女们享受不到家庭的温暖时,常把学校当成了自己的家。由于父子之间没有真正的感情,自然谈不到互相关心了。

刘教授在学校里,已经作了两次检讨了,然而他家里的人都不知道,可见刘教授家长式统治作风之严了。当我们第一次同他的二女儿刘淑英同志谈到这件事情时,她才知道父亲作了第二次检讨了。刘淑英同志是新生女中的团分支书记,党团平日对她耐心的培养和教育,使她很快地认识到,只有父亲丢掉了腐朽的资产阶级思想的臭包袱，才能很好的做一个优秀的人民教师。当她听到父亲不认真作检讨的消息时，她急得哭了，后来她流出了眼泪坚决向我们表示："我是一个青年团员，我要以实际行动来表示我的爱国热情，我要站稳立场，同我父亲的资产阶级思想划清界限，来报答党团平日对我的培养与教育，帮助父亲思想改造，我要当作组织上交给我的政治任务。"当刘同志初次启发她父亲进行思想斗争时，刘教授还不愿在儿女面前撕开资产阶级思想的臭面子，他对儿女们说："你们小孩知道些什么，你们说的我都知道。"搓澡队同学知道刘教授轻视儿女们的意见时，便对他说："你的儿女年纪虽然很轻，但她们受旧社会的影响却很少，政治觉悟比你高，希望你能常和她们谈谈。"刘同志经常将她对党的认识与体会耐心地启发她的父亲，渐渐地，刘教授对党有些认识了。当刘同志知道她父亲从前主持院务与各单位不配合，高高在上的作风时，她便将她学校里的事情告诉他："我们学校里党和行政是一致的，一切工作都受党的领导，正因为一切依靠了党，工作都很顺利地完成了。"

通过他女儿一系列的启发，刘教授感觉到女儿的帮助很大，也主动的找女儿谈问题了。

一九五二年七月二十六日　第六十七期

彻底批判资产阶级思想！坚决树立工人阶级思想！

毛泽东的红旗到处飘扬
经济系昨取得彻底胜利
全系欣欣向荣积极准备庆祝

二十五日下午，经济系核心组正式宣布了该系全体教师胜利过“关”。又一面工人阶级思想的高高升起来了！

半年以前的经济系，充满着一片隔膜、散漫的气氛，张协衷主任是一副官僚架子；教师中许延英、万良桢是“元老派”，李守洪、殷宗鹗、刘德滋是“少壮派”；几个助教又算一“派”，余下来的就是“教书拿钱”，做经济系的客人。这几个“派”之间的情况，只要一开系会，就突出的表现了。由于大家只管自己、对系务的漠不关心，每次系会总是三三两两的跑来，许延英教授背着“老”的包袱，开会时抱着“事不关己”的态度，坐在沙发上“闭目养神”，有时也许真的睡着了；万良桢教授是一套“世故”，不管讨论什么，他都是“八面玲珑”；几个“少壮派”开会还比较起劲，殷宗鹗讲师因为与张主任有成见，借开会时大吵大闹，煞煞张主任的“威风”，李守洪教授抱着“不吃亏”主义，只要对他不利，他就乱递条子，争自己“神圣不可侵犯”的个人利益；刘德滋教授则叽叽咕咕，对这不满，对那不满，几个被张主任认为是“毛孩子”的助教就拿张纸无聊的乱画、乱写，而张主任自己则坐在主席位上“趾高气扬”，主持着乱糟糟的会议来通过什么“决议”，有时就利用系会来对殷宗鹗讲师等“压”一下，达到维持自己“尊严”的目的。这样的系会，会给教学带来些什么改进呢？当然是不可能的！在平时的教学中，教师们的纯技术观点、崇美思想、“瞎混”更是给同学带来了莫大的损失，“少壮派”的教师大都是自以为技术高明的，殷宗鹗讲师更自封为“全国头十名以内的会计学专家”。教导同学要“会计第一”，三个人编讲义又是各人一套，比比“高明”，从不肯互助、观摩、研究、用集体力量搞好教学。六十岁的计延英教授，旧的一套吃不开，自己又感到反正“老”了，可以马虎一点，因此上课时是“瞎混”，闭着眼睛讲了半天，同学们还是面面相觑，教马列主义政治经济学的朱广心教授，是英国留学生，摆着一副“绅士”的样子，他不是交大毕业的，因而也没有什么“派”，见了人就点头笑脸，完全是虚伪、圆滑的态度，教政治经济学不肯钻研马列主义却常看些“七侠五义”一类无聊的小说，教课也就“瞎混”并常犯错误。几个助教也是“各有千秋”，禹英达是自高自大，看不起张主任的业务，认为张主任不用功；唐剑是好表现：找些出风头的事干干；李翠芬抱着“病”的包袱，一片灰色人生观。张主任自己是旧官僚出身，主持系务也是脱离群众，以吹、拍、拉、压的手段来对待人民教育事业，使经济系在资产阶级思想的统治之下，造成了难以弥补的损失。

轰轰烈烈的反资产阶级思想运动在我院开展以后，两个多月来，在党和毛主席的领导下，在师生们坚持不渝的斗争下，资产阶级思想在经济系的统治地位已完全打垮，工人阶级思想的红旗已在经济系飘扬起来了！在思想战线上获得新生的教师们开始树立起革命人生观，彼此之间亲切真挚的叫着“同志”，整个的系成为师生们温暖的大家庭，走上了新生的道路。这是马克思列宁主义、毛泽东思想的胜利！但是，这个胜利也是很不容易才得来的。张主任自己就是抱着消极对抗的情绪，想趁思想改造的机会，到现场去，“老脾气”、“冷热病”不断发作，并且认为一切从祖国人民利益出发是“空空洞洞”，不愿开展激烈的思想斗争；许延英教授在运动一开始就怀疑“思想在我脑子里，怎样能改得了？”“老”的包袱又使他认为“不需要改造”；朱广心教授把平时耍惯的虚伪、圆滑的手段带到运动中来，抱着“拖”和“泡”的态度，认为“改造不好也不会送法院”等。其他的教师也在都是消极被动地“大家做检讨，我也来一个。”因此，在运动初期，发展很不平衡。但是，党和毛主席的光芒，永远普照着大地，马克思列宁主义永远胜利！在“争取、团结、教育、改造”伟大的政策感召下，同学们热情的帮助下，教师们终于一个接着一个过“关”了。从“可爱的中国”，“论批评与自我批评”等文件的学习，叶向忠等同志的历次报告，使教师们的思想问题一个一个的解决，自觉性不断提高，同学和先过“关”的教师也都尽了自己最大的努力来帮助在运动中的教师。经三的高涛同学自己有肺病，还是坚持工作，热心帮助教师；李守洪教授过“关”后，因旧病复发，在家休养，还不断写信来鼓励其他教师，这样使每一位没有过“关”的教师都陆续端正了态度，积极开展思想斗争。万良桢教授是年老多病、头发花白的教师，在运动到达高潮时生了病，但他仍旧毫不松懈，在病中手发抖、眼发花，还坚持要做好检讨；刘德滋教授在妻病、母危、父死的情况下，并没有使他忘记了思想改造，仍常抓紧时间找搓澡队谈思想问题。其他教师也都是不避炎热，

（下接第二版）

第六十七期　第二版

(上接第一版)

不顾疲劳、日以继夜的做检讨,这样就使每一个位教师很快的找到了真理,相继在思想战线上取得了胜利。八位教师提出了要争取做一个光荣的共产党员。李翠芬助教提出了入团的要求,并已在昨日团分支大会上正式通过。

教师们思想战线上的胜利,已经使经济系得到了新生,呈现出一片欣欣向荣的气氛。“元老派”“少壮派”已经成为历史名词,“瞎混”了几十年的许延英教授不再为“老”的包袱所烦恼,已经在思想上“返老还童”,精神上是年青人的愉快。跳舞、唱歌都是积极参加,他要与年青人一道推动着社会前进。“八面玲珑”的万良桢教授不再是“世故堡垒”,他有了新生的活力,开会是积极提意见,平时是关心同志,精神愉快。

经济系系务发展的大障碍——张主任与殷宗鹗讲师之间的成见也随着思想改造、运动的胜利而烟消云散了!大家的目标只有一个,那就是为了想办法把系务搞好,张主任是虚心接受意见,殷讲师是积极帮助张主任,他并且表示以后要帮助张主任编讲义,使张主任有更多的时间来办理系务。一贯虚伪的朱广心教授也是坚强、正直了,他与胡崇助教之间不再是表面和气、暗地斗争,而是真正的同志关系了。每一个教师非但自己在不断的进步,也非常关心别人的进步,以前因乔润助教脱离群众,大家都对他有意见,但是这次乔助教连连没有作好检讨,大家并没有因此而放弃他,当乔助教态度转变时大家都热烈欢迎,许教授特别高兴,直嚷“那太好了,太好了!”在筹划下学期的课程时,大家也不再争夺自己“拿手”的课,如李守洪、殷宗鹗等教师本来都只愿教普通会计,但现在为了照顾教师配备的平衡角,都自愿服从分配来教成本会计或高级会计,并且都一致表示以后要群策群力、发挥集体力量来编写讲义,共同为培养新中国的建设干部而努力。

同学们也在运动中受到了深刻的教育。在思想改造运动以前经济系同学所受资产阶级思想影响是比较深的,很大一部分同学是死钻书本,念念不忘做一个基层总会计,老感到工作与学习矛盾;也有一些同学则抱着“混”的态度,经一很多同学把学校当作疗养院,准备养好了病就走。经二有五个同学感到人生没有意义,一片灰色人生观,在这次反资产阶级思想运动中,同学们,在党的教育下认清了祖国光辉的前途;认清了资产阶级思想的丑恶本质,通过“可爱的中国”、“奥斯特洛夫斯基人生观”等文件的学习，从思想上开始划清了劳动与剥削的界限，立志做一个劳动者。在运动中王柏江、魏宏达等四十多位同学已被批准或通过为青年团员，两个团员光荣的参加了中国共产党，很多团员都决心争取做一个共产党员。师生、同学、团、群之间呈现了空前未有的团结前进的气氛。

新生了的经济系师生们正在积极的准备着庆祝胜利，每天饭后、会余都是练习歌舞的一簇簇的人群。四位五六十岁的老教授许延英、万良桢、傅恩龄、张协衷为了庆贺自己思想上的“返老还童”练了一个“童年舞”，许教授脸上真正流露出年青人的笑容，身弱多病的万教授也跳得很起劲，练舞的时候穿着他女儿的花衬衣，真像个少年人了。张主任主动的邀集教师编了一个真人真事的话剧“系办公室的一角”，初霓裳、李翠芬助教和平时不喜欢活动的八个女同学排演了一个活泼愉快的“迎春舞”。张主任、朱广心教授、傅恩龄教授、吴希庸教授等的家属也热情的练歌练舞，准备参加节目，朱广心教授夫妇并准备向系、搓澡队、家属工作同学赠礼，师生也将互送锦旗作为永久的纪念。在明天晚上该系的庆祝胜利大会上，年青了的教师将与同学、家属一道，尽情的欢乐、歌唱，来庆祝经济系、庆祝每一个人的新生。

胜利花絮

俄材小组同学教师和家属为庆祝我们从腐朽的资产阶级思想包袱里解放出来，得到了新生，准备演出一个文娱节目，取名“新生之乐”，表达我们思想解放后的欢乐，为了练习排演，我们就把化学实验室布置为临时歌舞厅。二十四日午饭后，同学、教师和家属都兴高采烈的来到舞厅，由同学蔡善葆和陈正民担任教师。崔春煦、吃素信佛的梁度、一贯自高自大的马杏城、“知识贩子”金若枏、“八面玲珑”许大庸、“纨绔少爷”刘启元以及以及好静寡言的钱崇振（这些都是运动前的表现）等教师一齐上舞台，大家手牵手活跃地跳起来、唱起来，充满着愉快和兴奋，各人抛去了过去的丑思想、丑面目、丑架子、丑习惯之后，个个变成了年青、活泼愉快、热情的新人，团结在一起，练习了一个多钟点，大家一点不觉得累，愈跳愈有劲，晚上准备继续再练，这是我有生以来第一回，我在家里从没有这么兴奋愉快，我深深感到生活溶化在毛泽东的大家庭里才真是人间之乐，今天我真正体会到新生之乐。

（材专钱崇振）

现在经济系显得那么团结，张主任和殷宗鹗先生过去勾心斗角，你认为我耍手腕，我认为你搞阴谋，随时随地互相警惕，有时更不惜针锋相对，大争大吵,可是今天因为彼此都不再为自己小我打算,认识了集体主义,明确了同志间的关系,他们的好像亲兄弟一样,有事好好商量,如果不知道过去的人决不会相信他们过去是那样,而在思想改造以前,我们也决想不到今天他们会变得这么好!

(李守洪)

李翠芬同志过去因为生病,总显得闷闷不乐,她愈是挂记着自己的身体,愈为自己的不健康不快活,愈影响她的身体,她身体愈坏她愈不快活,如此恶性循环地发展下去,就使她成为多愁善病[感]之身,经过思想改造,她知道了生命的意义,她表现得非常积极,她的脸上经常堆满着笑容,她在思想上战胜了病魔,她体会到生活的意义,她也便感觉到了生活的快乐,她感谢党和毛主席赐给他的新生,现在青年团分支已通过她的入团要求。

(李守洪)

许延英教授过去因为年老,认为教书以外的一切活动与他无份,文娱更谈不上,那时他认为"行将就木,事事消沉",思想搞通后,党和毛主席赐给他新的生命和新的生活力量,为了庆祝胜利,努力练习歌舞,一叠歌谱总是随身携带,在二十五日经济系教师全体过"关"时,由许教教授亲任歌唱"年青的人"的指挥,听见群众要求他们四位老教授的"儿童舞"要在二十八日全院庆祝大会上表现时,他说:"那可得好好多练练,不能太马虎",今天他已经是道道地地的"老青年"了。

(李守洪)

李守洪过去生病就想回家,认为只有自己家里才温暖、才有人照料,可是很奇怪,这次生病,在学校晕吐两次,并没有想到讲[请]假,直到实在爬不起来的时候才请假,可是在家里却没有一天不想到校中运动情况,他开始在感情上体会到革命大家庭的温暖,在校中生病时同志、同学们的殷勤照顾甚于家人,他体会到新生的快乐,过去认为"得一良友足慰平生",认为"家庭和睦,人生毕事"。可是今天呢?他说:"我有多少真正志同道合的好同志,有多少亲人!难怪我觉得愉快得很。"

(李守洪)

张杰助教以前总是愁容满面,经常皱着眉头,二只眼睛好像老是要打瞌睡。可是过"关"后的张助教却完全不同了,他积极地参加了工作。一空下来就东奔西跑去拍苍蝇。最近,他们住宅里举行大扫除时,张助教已积极带头地在进行打扫工作了。张助教不再是愁容满面而是经常地露出笑容了。

第六十七期 第三版

新 气 象（10）

运输系变了样

运输系通讯员 谢勋丞

运输系的教师人数是很多的，但是过去，就在半年以前，虽然大家没有说系是我私人的，可是大家也从没有想到系是谁的。系办公室不算太大，教师人数很多，然而系办公室却经常是冷清清的。上课就来，下课就去，个别教师还时常地缺课。开会能借口不来就请假，个别教师干脆不想来就不来，在会上有些教师是夸夸其谈，表现一番；有些教师是各有一套，比赛自高自大，有些教师是"事不关己，高高挂起"，有任务分配时，赶忙低下头，惟恐任务轮到自己头上；系主任事先准备好了一套，会上宣布，美其名请大家发表意见，结论还是他那原来的一套。偶加修改而已。反资产阶级思想运动第一阶段里，教课有了一些进步，开会在形式上大家踊跃了些，骨子里却没什么大变化；系主任一变而极端民主化，会上弄得大家你谈我说，互不相让，系主任也不坚持原则、掌握会场，例如讨论课改一个会、两个会……始终未能圆满解决。系主任对同学的意见是不考虑就一概接受，根本谈不上教师来领导同学。解放后三年来，毛泽东的光辉照到了运输系教师们的身上，却没有温暖他们的心，因为他们的腐朽资产阶级思想的臭包袱，压得他们驼下了背，眼睛只能看到鼻子下的一点事。到了反资产阶级思想运动的第二阶段，由于党的政策的伟大、正确，同学们的无私真挚的感情和诚恳耐心的态度，同时更由于教师的主观努力、积极要求改造自己，许多教师很快地就丢下了臭包袱，初步地站到了工人阶级立场。这一来，运输系就开始变了样。开会大家准时地来，有意见就发表，过了"关"的教师关心别人，积极参加"搓澡"队，帮助其他教师"搓澡"。特别是在毕业同学鉴定工作中，系内是比较认真负责地处理了这一问题。系主任主动地找有关教师和同学代表，共同研讨对每位毕业同学签署适宜于担任那一种工作的意见。大家比较仔细地讨论，拟出了几项工作项目，根据同学的政治水平、业务程度、健康情况、性格、口齿等签署系的意见，大家比较负责地对每位毕业同学一个一个的讨论，综合了该同学鉴定表上所填的内容、成绩单、有关教师意见、同学代表意见,系主任意见、最后才做决定。伍廷钧教授、陆传砚助教、孙燕君助教并将这一期毕业生中他们所担课程的平时成绩单或考卷带来,随时备查以作一项参考。伍廷钧教授说:“这项工作相当麻烦、罗[啰]嗦,但是为了对同学负责,我们应该这样作[做]。”这项工作要在三天内、要在这样一个正在紧张进行反资产阶级思想运动的三天内完成,是相当紧迫的,为了完成这项任务,大家开夜车,夜晚也在讨论,黄宗瑜教授并暂时放下了检讨来参加对运三丙同学的鉴定工作,这样终于按期完成了任务。同时在鉴定工作中,大家还发现了自己的一个大缺点,就是对同学熟悉了解的很少,有些同学还甚至不认识,这样在工作中就发生了困难,因此鉴定工作就难尽善尽美。大家痛恨自己过去的腐朽资产阶级思想,以致使自己脱离了群众,今后决心和同学们多联系,在以后的工作中,克服这一缺点,在运动的胜利高潮中,二十三日晚饭后,系内教师在百忙中又开了一个会,讨论留苏教师人选,大家很认真的根据教师政治水平、业务程度、健康情况等,展开了讨论,伍廷钧教授说:“这项工作是我们对人民负责的具体考验。”的确,大家是实事求是地对待这样一个问题,按期完成了任务,再看一看系内的一般情况吧!抽一个很平常的日子看一看;二十二日的下午,五点三刻左右,向城内开车的时间还有半个钟点,这时系内有九个教师,他们的情况是:杨文朴教授在专心地练习歌谱;伍廷钧教授在来回地练习“双人舞”;赵华教授坐在沙发上沉思,想着系内清洁大扫除的事,要将系内布置重新设计一番;郑鹍教授在写着运商两系庆祝胜利筹备委员会首次工作会议情况;孙燕君助教在埋头写稿,报导刘炽晶教授的初步转变;金士宣教授、金嗣文讲师左手拿着蝇盒,右手拿着蝇拍,积极地拍苍蝇;王醒民讲师和谢勋丞助教在谈论着铁道陈列馆的情形;谁能说运输系不是变了样呢?的确,运输系是变了样。初步树立了工人阶级思想领导的运输系,今天已是生气勃勃、团结。每个人都正如沈奏廷教授在检讨中所说的:“我的年龄虽一年大于一年,精神却一年比一年年青。”过去衰老死气沉沉的运输系已经死去,年青活泼的运输系已经新生。大家都知道这个幸福的新生的谁带给我们的,因此,异口同声地说:“衷心感谢毛主席,衷心感谢共产党,我要永远跟着毛主席、共产党走。”这是内心真情的流露,运输系的确变了样。

经济系地利现[的老师]们的大转变

经济系讲师　殷宗鹗

在反资产阶级思想运动进入高潮的时候,经济系每一个人都出现了新气象，许多同志在运动以前与现在简直成了完全不相同的两个人。

年老的许延英教授不再是为自己吃饭而教书，在他刚做完检讨之后，立刻想到要写一点讲义提纲，来弥补一点他过去给同学造成的损失。不但经常地、细致地和萧助教讨论，并且广泛地征求同学的意见，现在又每天练歌练舞，时常露出胜利的微笑，从先老气横秋的态度，已成了历史上的陈迹，以后我们永远不能再看见了。

从先经济系里有一个特殊情况，就是拿马列主义的教条做外衣的人太多了，满嘴上夸夸其谈，但是对别人是马列主义，对自己是自由主义，言行根本不相符，现在每个人都脚踏实地的在干，唐剑助教在新诗社里埋头苦干，许多时候，我们听不见他的高谈阔论了。李守洪教授在病中还念念不忘同志们的思想改造，现在每天很早到学校里来，天晚才回去，大家怕他吃不消，而他自己却丝毫不考虑。朱广心教授在做过检讨以后，又准备典型报告；在他身上现在只有实事求是，再看不见他拿出空洞理论来和搓澡队员兜圈子了。总之，现在在经济系里，马列主义不再是教条，而是每个人行动的指南。

经济系有许多人背着"身体不好"的包袱，经过思想改造后，万教授不再是脸色郁暗、言语迟滞，而是脸上透着红光，成天尽是欢笑；李翠芬从先什么事都不闻不问，现在却主动地要求当膳委、练歌舞；徐声喜讲师十几天以前，还是愁眉苦脸，现在笑容总是挂在他脸上；李守洪教授卧病两个多星期，刚能起床不久，就跑到学校里来了。在系里再也听不见任何人说自己身体不好而发愁的了。

从前一般教师都自命"清高"，不过问政治，现在系里的报纸每个人都抢着看，李守洪教授生病时，不能看报了，感到听广播是自己每天不可缺少的工作，系里全体教师并且决定写信给亲爱的毛主席，感谢党和毛主席在这次伟大运动中拯救了我们，给了我们新生，使我们能够全心全意为人民服务。

第六十七期　第四版

新 气 象（10）

放下了进步包袱的朱万柏教授

陈伯龄

朱万柏教授一向是背着进步包袱，在光明日报上时常发表大论；在小组会上夸夸其谈,马列主义一套又一套,自命为“进步教授”。其实呢?满脑袋的臭思想——功名思想。在电信系里,曾为个人的得失,忽冷忽热。为了自己,他经常打击人家,猜忌别人,抬高自己。譬如,赵平教授是本院选出的人民代表,他就非常妒忌,他想:“在政治上,我一定要超过赵平教授。”又如黄宏嘉教授在业务教学上,同学是比较满意的,他也不服气,他想:“在业务上,我一定要比黄教授强。”就这样,朱教授白钩[勾]心,夜斗角,为的是追求如此一个“进步教授”。另外如田成文叫他分配课程,他也不跟大伙儿商量一下,即利用“近水楼台先得月”,先把电三的无线电抢来教了,这一下使得潘守鲁教授,大生其气,从此之后,就彼此不说话、不理睬,影响电信系严重的不团结。

在反资产阶级思想运动中,通过了学习“可爱的中国”,他感动得流下忏悔之泪。于六月十日作第一次检讨,在检讨之后,他含着热泪跑到系办公室,向潘守鲁先生道歉认错,并紧紧地握手,这是真挚热诚的握手!这时会场上掀起了一阵热烈的掌声,情不自禁地呼出了“毛主席万岁”,“中国共产党万岁”。是时,朱教授也跳耀[跃]着由衷地喊出了响亮的口号——“毛主席万岁”,感到格外的亲切。这一场动人的事情,感动了与会＜者＞(的)每一位老师和同学。有的同学流下了眼泪;有的说:“朱万柏先生转变了”;有的教师说:“这是咱们电信系里的大喜事”。但是这一下欢迎冲昏了朱先生的头脑,他的忽冷忽热病又发作了,自以为满意了,直到“七一”这光辉的日子,共产党的光辉又照进了他的心,他才真正的转变了。

现在朱万柏教授放下了进步包袱,胜利过“关”,回到工人阶级的队伍里,工作就两样了。在分配课程上,在担任庆祝胜利筹委会的委员,在系内老师间的团结,都表现得对人民负责了,与以往的为自己“功名”打算是截然不同了。

在电信系的分配课程会议上,朱先生诚恳地把以前抢教的无线电课还给了潘先生,他说:“我以前抢教的无线电课,现在还给你教,我来担任电工数学。”同志们!朱先生说出这句话是多么不简单呵!因此在对人民、对同学负责的精神下,一向认为棘手的课程分配问题,终于获得了圆满顺利的解决。

在编“电信系的转变”这个真人真事的话剧时,朱先生也是非常热心负责的。在编剧的时候,虽然他以往没有编过,但尽量开动脑筋,使剧如何表现得最突出给观众一个深刻的印象。有时连午睡也不睛[睡],吃饭也忘掉了,还在修改剧本,真是所谓“废寝忘食”的工作。有一天工作到夜半回去,在汽车里还跟冯焕先生谈着第二幕应如何编写才好。第二天＜又＞一早就到校继续编剧。可见朱先生对于经过思想斗争、半年辛勤劳动的丰收果实是十分珍惜的。

在导演的时候，有些先生存在顾虑——“不愿暴露”，“旧事不愿重提”，“过去就算了吧”(，)等等。但是朱先生却从思想上动员，打消顾虑，个别说服，都愉快地接受了。又因连日筹备庆祝胜利，工作是很忙的，而朱先生又很好组织动员大家来排演。有一天他跟编剧的韩庆祥同学说：“假如你不毕业，咱们可以组织一个剧团，把老师的热情巩固下来。”这都说明了朱先生放下了进步包袱，而从具体事情为人民做点滴工作了。

前天领导请他作典型报告，他高兴极了，与李成山教授及汪希时同学谈好如何准备之后，随即跑到合作社买了一刀稿纸，准备誊清，作典型报告时可清清楚楚、有条有理解决问题。十一点钟，他就回家去，他说：“我现在马上回去，明天也不来，我要好好地准备。”朱万柏教授就是以实际行动作好典型报告，以迎接二十八日——庆祝胜利日。

放下了进步包袱的朱万柏教授，的确不再是夸夸其谈的“理论家”，而是以点滴的实际工作来争取作一个光荣的共产党员了。

从“自高自大”到“虚心踏实”谢勋丞变了

张汉正

“小谢变了”。凡是跟谢勋丞助教熟悉的人们都有这样的感觉。

就在不久以前，谢助教曾被大家目为运输系的“二主任”，其原因不仅是因为谢助教帮助林达美主任处理系务；在另一角度上，也因为谢助教的“待人接物”，俨然是林主任以前的一套“风度”——四平八稳、面面玲珑。资产阶级虚伪的一套，谢助教也曾严重地沾染上了。

谢助教过去的大毛病是“自高自大，目中无人”。在工作中不愿“埋头苦干”，总希望有所表现；做了一些工作，便唯恐人家不知道，在系里嚷嚷开了；别人工作做不好，他就夸夸其谈的“应该这样，应该那样”的大放“马后炮”。

但是在反资产阶级思想运动中，当谢助教批判了这些丑恶思想，跨过了六月十九日这一天(谢助教过“关”的日子)，大踏步地前进了。过“关”之后，他首先参加了运商系宣传组的工作。在工作之暇，他曾几次去和态度还不端正的李忠潜先生谈思想问题，使李先生得到不少启发。后来系内教师决定创刊“系讯”，推他和伍廷钧教授等负责这个工作。当时由于伍教授和其他过“关”的教师们都在忙着“搓澡”，就由他“单枪匹马”的挑起了这个担子。他说：“只要依靠领导，依靠群众，我有信心把这一个工作搞好。”就这样，“系讯”在他的努力策划和同学的帮助下，已出到第六期了。

在工作中,他不但和大家一样工作到深夜,更可贵的是他的和易近人、虚心踏实的工作态度。要在以前,谢助教能低声下气和人商量工作,那是令人难以相信的事,用他自己的话来说:“我还问你? 你也不见得比我强多少!”

“但是,现在我真正感到自己不行。”谢助教微笑地对我说:“无论是审稿、写稿、到编排,我都感到自己水平不够。”难道谢助教的水平比以前降低了吗? 不是的,谢助教虚心了。有时我们看见谢助教拿着稿件在和林主任或苗大维助教等认真地推敲和商量,也有时因写一条标题在和同学们热烈地交换着意见。

人手实在缺乏的时候,谢助教便不得不从组织稿件、编稿到出版,都由自己动手。工作有时搞得很晚,第二天赶早还开会,但他还是那样愉快地、精神百倍地工作着。

现在,谢助教在系里嚷嚷的不是炫耀自己的工作,而是嚷着“X 教授,你给‘系讯’写篇稿”;抓住了人谈话时,不是“你应该怎样? 怎样”的“指示”一番,而是“老 X,你看这工作是不是这样搞”了。

真的,“小谢变了”。

毛主席万岁!

第六十七期　第五版

新 气 象(10)

握 手 言 欢

方维春

体育组的不团结在我们学校内是有名的,这主要是由于樊明玉先生和周定章先生的闹意见,周先生一直有严重的小米观点,他屡次怪行政不升他作副教授,不加他薪水而闹情绪、说怪话,恰好那时樊先生担任了体育组主任,加了一点薪水,于是周先生就大不服贴[帖],处处刁难樊先生,他曾说:“体育组我搞不好你休想搞好。”他以为自己在体育界混了多年,懂得教育,说樊先生只会打球而不懂教育。而樊先生呢,的确以为自己球打得好,同学拥护他,所以也不把周先生放在眼中,两人互相瞧不起。平日,周先生终日不上办公室,体育组开会时也一言不发,老说:樊先生不民主,樊先生也认为“你不管就算了,我们来吧”。他们两人虽然住在两个相邻的房间中,但彼此从不来往,路上碰到了也不招呼,而体育组也因他们两人的缘故,而弄得乌烟瘴气。

通过这次反资产阶级思想运动后却不同了,在检讨中他们都彻底地暴露了彼此的误会。樊先生在检讨通过以后,第一句话就问“小周怎么了?”虽然他担任其他工作而没有帮他搓澡,但对他非常关心,前几天周先生也过“关”了,他们都十分高兴,两人紧紧地握手,不但互相来主[往],而且在休息时还一齐到外面去散步,樊先生说:“这是我们从来没有的事。”“友爱”和“关心”代替了“怀忌”,周先生劝樊先生要放下家庭包袱,樊先生劝周先生要虚心接受意见,他们都感到分外的亲切,这几天午睡后,周先生会愉快地在窗口叫一声“老樊跳舞去”。大扫除时一个用力拖地板,一个脱掉衣服擦玻璃。

是什么缘故使他们变得如此友爱呢?他们异口同声地说:“是毛主席和反资产阶级思想运动救了我们,使我们消除了误会。”谈到体育组以后的发展时,他俩都满怀信心说:“思想问题解决了,有啥做不好呢?”我们相信,不久的体育组是会出现从来没有过的新气象的。

陈宪文助教改变了“商人作风”

刘庆弘

陈宪文的[redacted]的感情,而是充满了虚伪和欺骗,在这种污浊的环境下,陈宪文助教也学会了一套“处世”的手段,他幻想着出卖技术可以赚钱,变成小资本家,继续而爬到大资本家,以满足他坐汽车、住洋楼的奢望、过去他一直是在这种思想的支配下工作的,谁给他的钱多,就替谁干。解放以后,国家曾请他安装某处电台,他便要了一笔大钱,想借以发财。五零年的冬天,田成文向电信系买东西,他利用机会把自己的一些东西也卖给系里,当时他计划卖一笔钱再到香港去跑生意。待人则戴着一副虚伪圆滑的假面具。自己做好分[份]内工作是为了讨好别人,对其他工作就推得远远地,认为花[划]不来。如在迁校时有一部份[分]仪器弄不齐全,虽然与教学有着密切的关系,但他却置之不理,因此使实验迟开,影响了同学们的学习。过去“商人思想”充满了陈先生的头脑。

反资产阶级思想运动把他从危险的道路上挽救回来,在党的正确领导和群众的热情帮助下,他深刻地批判了这种剥削阶级思想意识,并痛下决心丢掉腐朽的包袱,为劳动人民服务。

现在的陈先生与过去完全不同了,刚刚过“关”就主动的找工作,当天便与广播组商讨工作计划,想办法使播音清晰而响亮。后来在系里编写剧本工作中,也很认真,他觉得剧本中对系里的情况描写得不深刻,便积极地提出意见,他想:“这个剧是运动的伟大收获,内容绝不能平淡。”为了充分表达出电信系的转变,并给大家以深刻的教育,他坚持要增加内容,以更深刻地暴露过去电信系的丑恶,他并带头编排自己的丑恶思想。接着他又接受了布置会场的繁重任务,为了使大家开好庆祝会,他想一定要解决屋内闷热的问题,于是开动脑筋,和几个同志一起利用电动机安装一个大的风扇,在安装过程中,也遇到一些困难,如开始时对风力的大小都没有充分的把握,有人问他:“你有没有信心?”他说:“干一定要把它装好。”为了试验风力,他们开车子把电动机推到水泵房去,当试验成功时,他心里高兴极了,不料车子在半途坏了,他为了怕下雨被淋坏了,便发动大家想办法,把几百斤重的电动机安置到屋子里去。另外为了把会场布置得更美丽,便到陈列馆去借来了霓虹灯。虽然工作是那么忙,常常工作到晚上十一二点钟,但他的情绪仍是很高,他说:“我们几个人虽然累一点,但为了几百个人能得到舒适,劳动起来是非常愉快的。”他这种工作精神,得到很多人的表扬。对待同志的关系不再是虚伪,而是关怀和亲切,前几天沈一可先生病了,他一见到吴教授便问:“沈先生的病好了没有?能不能作检讨?”在家庭里也改变了旧的家长式作风能虚心接受别人的意见,家里的人都觉得他整个的变了。

的确,陈先生变了,现在他对待工作考虑的不再是个人的名利,而是首先考虑集体利益了,至今,他才真正体味到人与人间的感情,他感到革命大家庭里的爱是真挚的友爱。

许景远教授家里的“音乐晚会”

运输系助教　古如恒

应尚才教授已于二十四日下午胜利过“关”,当天晚上便和大伙上许景远教授家里去练琴。

当天晚上,许教授家里真热闹呀!起先是房东在弹他的大钢琴,一会儿应教授来了,一片欢笑的声音,一片褋乱的琴声。杨文朴教授的两个小侄女响亮地唱着“歌唱祖国”,钢琴、提琴伴奏起来了!“五星红旗迎风飘扬,胜利歌声多么响亮……”,一阵兴奋和感激交织着的心情,使我衷心的感觉到毛泽东的旗帜正在许教授的家里飘扬!

应教授越弹越起劲,杨教授拉得满身大汗,张琛同志的手,按着鄂伦春舞的节拍舞起来了；许教授说："这是新气象！"许师母对我说："大家真快乐呵！这是思想改造的成绩"，毛主席的阳光，确已照到人们的心眼里去了！

许教授请大家吃了两只大西瓜，许师母说："庆贺应教授胜利过'关'"，应教授高兴地说："这是大家的胜利，全体都通过了，那才是我们最后的胜利。"大伙笑在嘴边，甜在心里。

大伙要求应教授准备在庆祝胜利、晚会上来一个钢琴独奏，应教授的钢琴实在弹得好！大家翻开琴谱看看，杨教授说："这些是资产阶级的调子，我们不弹。"又翻开了本，找到一首"娜玛儿童进行曲"，应教授忙着说："这个好，这个好，干脆来一个'返老还童'。"大家热烈鼓掌，欢呼"应教授'返老还童'！"据说那是一首小孩子弹的曲子，应教授接连弹了几遍，轻松活泼的琴声真使大家的心情都变得像杨教授那个小侄女那样年青了。

十点了，大家向主人告别，杨教授乐得穿错了许教授的衣服，应教授边走边说："明晚我们带只西瓜来。"

毛主席万岁！

第六十七期　第六版

新 气 象 (10)

通过选派留苏学员一事我的确看到新的运输系

运输系教授　郑　鹍

在思想改造运动到达高潮之中，为了急于处理选派留苏的学员，我系在百忙之中，由林主任召集各个过关教师，开了一次会，选拔了三个同志做候选人。

这一切工作，是大家坦白无私、诚恳商讨而对于各人自己所负的责任又不肯推诿的空气中进行的，参加的都是初步树立了工人阶级思想的人。在一个钟头的讨论中，我觉得每人都在起着思想斗争，而没有一个人，不被工人阶级思想战胜而领导着。

林主任首先说明合格的条件，强调了应该对这件事情负起责任来，他的意思是指明了不要顾虑，不要为面子，不要马虎，大家还同意采取"宁缺勿[毋]滥"的原则。首先大家初步提名时，几乎把系里合乎年龄的年青同志就写了下来,这一转瞬间,是表现了替资格不太好的同志照顾了面子的旧意识又冒了出来,可是经几位同志提醒后,认为应该实事求是,大家脑海中的新意识又很容易的占上了领导地位,随后张琛助教自问条件还不够,所以就自动请求取消了他自己的名字。

林主任和我对于苗大维助教都认为是相当好的,但是还不如闵保华一些,经谢勋丞助教说明老苗的为人。从发展上看来似乎比老闵还要好一些。林和我还有其他同志就马上觉得老闵以往的小资产阶级气氛的确是相当浓厚,从进步发展上看来,的确是老苗要好些,于是就同意了老谢的话。

钱仲侯也对祖国负起了应负的责任,他说出了自己的优缺点,一点不作虚伪的客气或夸大,谈到历史问题,他就说他只填过一张入国民党的表,态度是那样的诚恳。谢勋丞助教也站稳立场,抱着知无不言、言无不尽的态度。金嗣文同志虽然年龄合格,但是有些地方是不符合的,别人谈起时,他的表情是很心悦诚服,而且他也说了他自己的缺点。孙燕君也被提过名,他虽没有发言,但他的态度是抱着听凭大家的决定的样子,信从群众。

伍廷钧教授热烈发言,表示了真诚为公的态度。他从前一套俏皮话是不太听见了。

像以前不太发言的陈涛昌讲师也很认真的加入了讨论。

沈奏延教授介绍了钱仲侯助教以往的优点,他一点没有为了他们俩都是上海交大来的就对钱另眼看待,当讨论到钱的条件时,他又表示,照严格讲来,钱还差一些,很认真的对待这件事情。

最后,经我们全体到场的同志仔细认真的考虑,决定了三位,大家心中都没有话说,事后也没有听到一句半句的不满意的话。

总之,从整个这一场的具体讨论看来,和整个会场认真、坦白的空气看来,使我很显然的感觉到,思想改造运动之后,运输系的确是变了。要是在从前的作风里,这一场讨论是关系相当重大的,那一定会有的人怕说话了,提了自己密切的人,怕人说搞宗派,说了别人不好,又怕得罪人家,因为这个候选人的提名是有关别人的前途的。因此在旧作风里做系主任的只有两条路可走,一是提他喜爱的或是主观上认为好的人,一是多提一些,落得做人情,让上级去考虑,省得麻烦。

开了这会,我回家以后,不禁心中欣悦不止,想到今后,系务真的改观了。思想改造的重要。毛主席领导的伟大和正确,又感到了深一层的体味。

这一场的讨论是在思想改造高潮中,工人阶级思想对系务第一次的实践和胜利，但是在这讨论中，旧的残余意识并不是一点也不冒出来，因为毕竟我们还只是初步树立了工人阶级思想，还要依靠这种实践，和实践以后的检查来巩固的。

以后我们院里尤其是运输系里的课改是业务上的重心，这课改是更与各人切身有关的问题，不过，我相信凭借了我们今日的基础，一定也可以在课改等重要问题上会拿出像这一次在思想胜利高潮中的坦白无私、仔细认真的态度来处理的。想到这里，我不禁要为祖国的前途雀跃不止。

张凤翥先生由“孤僻”变为“热情”

黄本华

“老实说吧，我还有两个问题没有解决，第一，我有严重的自卑感，到现在还克服不了，第二是爱人的问题，没法儿办(。)”这是张凤翥先生在运动刚开始的时候常对搓澡队所提到的话。

的确，过去的张凤翥先生自卑感是相当严重的，由于他是专修科毕业留校的，职位比助教还低，因此他觉得自己处处抬不起头，说不响话，干工作心灰意懒，鼓不起热情，系办公室也怕去，开会，不愿意发言，甚至在他生病时连校医室都不敢去，恐怕挂号时人家问他是什么职位。平时他除了在实验室工作外，就躲在宿舍里，有时还看看微积分，准备重考大学，他自己也说：“四年毕业后，谁还敢瞧不起我张凤翥。”就是这样，张先生在过去老想到自己，整天为个人问题而烦闷苦恼，资产阶级思想把一个刚从学校里毕业出来的青年变成了一个孤僻的人。

但是，通过了这次运动以后，张先生转变了，转变得很大，他由孤僻转变为热情了，他的几个思想问题解决了，他跳出了污浊的个人主义泥坑，他也不再为个人问题而终日苦恼了，因为他已找到自己的努力方向，找到了自己的光明前途，大家只要看他在电信系庆祝胜利大会上演出“双簧”时，那股活泼的劲儿，就知道他现在和过去已大不相同了。

前次孙晓村同志来校作报告时，他说：“过去如果要我听听关于国家经济建设的报告，我是抱着‘欣赏’的态度去的，听完后，鼓几下掌，什么都忘了，可是这次听了孙晓村同志的报告后，我真感动极了，我觉得祖国太伟大、太可爱了，祖国这里也需要我们，那里也需要我们，到处都需要我们，我真是觉得再没有什么理由专为自己打算了！我再也不认为在交大工作下去没有前途了，我要好好儿干。”他已懂得了个人与集体的关系，他要决心把自己的一切献给祖国,因此最近他已正式提出要争取作一个光荣的青年团员。

过"关"后,张先生曾担任过编"系讯"的工作,虽然过去他没有搞过这种工作,有时碰到一些困难,但是他说:"我并不灰心,我要继续努力,尽一切力量来搞好宣传工作。"在筹备庆祝电信系胜利大会过程中,张先生以无比的热情来参加会场布置工作,为了设计通风设备,他和陈宪文先生有一天从晚上七点一直搞到十一点,从钻孔一直到接线都是他们两个人自己搞,可是他们一点也不觉得累。在装置会场各项电气设备时,他经常工作到深夜,冒着雨,在实验室和南饭厅之间来回的跑,而且一有空就抓紧时间捧着演"双簧"的台词来背,在系庆祝胜利大会上,他和马毓珣先生演出的"双簧"轻松生动,博得大家热烈的掌声,现在的张先生已变为一个充满热情活泼的青年了。

第六十七期　第七版

家属通讯 12

我要帮助我的爱人巩固收获

万[redacted]长教授爱人　谢[redacted]荣

我的爱人从湖南土改回来不久即参加第二阶段的思想改造运动,当时我也响应政府号召,参加师资训练班学习,很早就进城晚上八九点钟才回来,对我爱人的帮助很少,但我还在随时的关心他,问问他的检讨写了多少,写好了没有,经常不断的开动脑筋。他最初不主动的态度,回家就睡觉,我很着急,但我并不灰心,还时刻的提醒他,当上周他听完叶同志的报告及在同学们的诚恳帮助下,他忽然有了很大的转变,开展思想斗争,主动的找同学谈问题,晚上他写检讨,我一旁给他打蚊虫、洒滴滴涕,使他能很好的安静的写,有时写到天亮,有时半夜里起来又写,在这样的情况下,我心里很高兴,我相信这一次的检讨一定会过"关"。

果然,今天他过"关"的消息传来了,一家人都欢喜得跳了起来,尤其是三岁的毛毛,一看见他回来张开小嘴爸爸、爸爸的喊着,使他高兴的抱起来吻了又吻,兴奋和愉快的情况,更有说不出来的令人感动。他过"关"了,这完全是毛主席、共产党正确领导,在同学们的帮助下,才获得的胜利成果。我要向同学们致以崇高的敬礼,谢谢你们把我的爱人从自私自利的可耻泥坑中救了出来，所以才会有今天的新生过“关”，从今以后，我要时时刻刻帮助他巩固初步的点滴收获，不断的提醒他、批评他，因为毛主席说万里长征刚走第一步，使他站在工人阶级立场不断提高自己，联系实际，加倍的努力学习马列主义、毛泽东思想，成为一个很好的人民教师，迎接文化建设的高潮，很好的为祖国建设来培养下一代坚强的共产主义社会的干部，祖国的建设者和保卫者，我也同样的下决心和我爱人一同共勉之。

毛主席的阳光温暖了赵祖武教授的家

建一　赵士[redacted]

过去赵祖武教授家里没有真正的爱，彼此都是为了老母亲和孩子而活着，赵教授像个知识贩子，赚了钱养活几个人，就是人生没白过，赵师母被封建家庭束缚在家里，整天看孩子，一看报纸，婆婆就会不高兴闹蹩[别]扭，赵先生和她整天说话不到十句，真是生活得冷冰冰的，她痛心的说：“我人还不到三十岁，但心已似五六十岁的老太婆了自己没有斗争性也就屈服在家里，任劳任怨了。”

我们去他家访问，她激动得两次流下热泪的说：“从生下来父母亲都没这样关心过我，从来也没有人和我谈思想问题，帮助我进步，你们真是太好了。”虽然我们只去过二次，但她见了我们就像亲人一样，亲切坦率地谈出心里的话，她说过去心里话没处说，也没人鼓励她、关心她的进步，这只有感谢党和毛主席。

她现在迫切要求进步，对以前不知道学校的情况等表示遗憾，但她参观“七一图片展览会”那天清早，她就兴奋的来校了，当时她受了很大的教育，激起尖锐的思想斗争，她说：“那么多烈士英勇的流血牺牲，为了人民过好日子，我自己呢？为了几个人不但不参加劳动，反而让劳动人民的血汗养活着，多么可耻，我决不让劳动人民白养活我二十多年，我下决心出去工作，不怕路远，不怕工作累，我要克服一切困难，无条件的为人民服务。”她的爱恨也分得很明，当她看到美帝的残酷暴行一段，她愤恨的[得]流下眼泪，说：“真可恨，恨不得让一个美国兵在面前我马上就揍死他。”

现在，赵教授的转变，使家庭不再是冷冰冰的了，他也不再让他爱人只在家中看小孩，照顾老母亲了，而是鼓励她充分准备，好出去工作，为人民献出一分[份]力量，家中有了为祖国人民、为了革命的温暖气氛，生活也有了活力，在建筑系庆祝胜利大会上，他们热情地演出了节目，夫妇俩一吹一唱,热情洋溢,毛主席的阳光温暖了他夫妇俩的爱情,也温暖了他们的家庭。

思想战线上打了个胜仗　我们家庭里有了新气象

苑桐玉家属　关蕴华

我和我爱人都生长在小资产阶级的家庭里,有着很浓厚的资产阶级思想,和个人自私自利思想,不知道劳动的伟大,看不起劳动人民,也分不清恨和爱,每天都在自私自利里挣扎,感不到人生的真义、[redacted],这些年直到这次反资产阶级思想运动,学习了方烈士遗著＜的＞"可爱的中国",看到了"上饶集中营"的电影和"奥斯特洛夫斯基人生观"才如梦方醒,了解过去严重的错误,感到祖国的可爱,工人阶级思想的伟大,同时也知道了爱什么、恨什么,开始思想斗争,深刻检讨自己。

他本是马马虎虎、一团和气的人,对人对己都是抱着无所谓的观念,自从思想改造以来,我不论何时何地常跟他提出尖锐的意见,他也给我提意见,我们就这样彼此互相批评,挖出来许多臭东西,我要求他深刻写检讨,争取一次通过。

当他写检讨时,我就帮着他抄,同学的热心给他"搓澡",每次都在夜间二点才回学校,我感到同学们不辞劳苦、大公无私的精神,所以,我更当好好帮着他深刻的挖思想了,一连着写了三个通宵,在二十二号下午他下班一进门就告诉我他通过了,我真是有生以来最高兴的一次了,他的思想打了胜仗,我们的家庭里带来了新气象。

以前他在家里油瓶子倒了都不扶,什么也不关心,水来张口,饭来伸手,现在他每天也能挑两担水了,有时还帮着别人挑水,下班时吃饭,我若没有工夫作[做]菜,他自己也伸手作[做]菜,也不坐着等现成的了,我心中很欣喜,他思想改变了,把过去的恶劣作风都丢掉了,从[重]新树立起工人阶级思想为人民服务。

现在我只有感谢党和毛主席所领导的反资产阶级思想运动,把我们从污泥里拯救出来,今后我们要全心全意的参加工作,同时在这个胜利上,更进一步巩固现在所得的一点一滴的收获,彼此互相勉励、互相批判,加强工作能力和政治水平,准备参加祖国十年伟大的建设,才不愧是在在毛泽东时代的好儿女。

崔春煦老教授家中喜气洋洋

俄专 咎昌道

崔春照老教授以前在帝俄的学校里受了很长时期的教育，加上封建家庭、旧社会、旧礼教的影响，对妇女是非常轻视的，他认为“唯有女子与小人为最难养者”。以前他在旧社会里受了气便回家发泄。在家长式的统治下，使得家中大大小小都害怕他，父母子女之间也没有真挚的感情。思想改造以前，崔教授的爱人参加了军人家属学习，他就说：“政府这样培养你们，对你简直是对牛弹琴。”思想改造后，他认识到他的爱人文化低是旧社会带给她的，如果不帮助她提高政治觉悟，

第六十七期 第八版

就不可能做好街坊工作，也不可能积极参加各种的社会活动。现在崔教授从学校回去虽然已经很累了，但是还是给他爱人抄笔记，并帮助她分析问题，崔教授参军的二孩子在很久以前曾在信中说：“爸爸从前不是教育我们而是毒害我们。”他当时很气愤，通过了这次运动，他明白了孩子说的不错。从前灌输给孩子的是自卑、虚伪的教育。影响了孩子们的活泼天真的本性，家中非常死气沉沉。现在崔教授通过这次运动变了，孩子们也变了，从前见父亲望而生畏，现在能和爸爸当面提意见了，并且还不断的鼓励崔教授。家中充满了喜气洋洋、和睦的气氛，崔教授的爱人说：“思想改造真好，六十多岁的老头子都改变了，回家来再也看不见一副阴沉的面孔，再也听不见发脾气的声音了，一切都变了样了。”

家属通讯(12)

王藕同志恢复了青春

陈伯隆

王景远教授的爱人，王藕同志又病了，她焦急地惦念着学校运动胜利的发展情况，更担心着怕因病，错过了全校的庆祝胜利大会。几次她从家到学校参加小会大会、互助组会、座谈会议、参观“七一”展览会等，使本来身体很衰弱的她，又累得病了。虽然她躺在家里病榻上，可是她的心却飞到了离她家远远的

西郊,和我们一起欢歌跳跃,病魔纠缠了她二十多年,可是在今天,虽缠倒了她的身,但再不能缠倒她的心了。

在以前王藕同志是怎样一个消沉的人生啊!从二十多岁到现在的四十多岁,长达二十多年时间!她终年终月在病痛中折磨,病痛夺去了她的青春,病痛更夺去了她壮年的活力,整一年间,她出门的次数可用一只手的手指头来数,她接触、交往的人除她的爱人许景远教授外更是绝无仅有。凄苦、寂寞,人生的温暖像是与她绝缘似的。但是,这景象,这情况,在今天都已过去了,都已宣告死亡了。虽然她的身体还是这样弱,在每次来校一回后,转到家里就得躺上整两天,牙痛啦!腰痛啦!甚至在回家的汽车座席上、坐得都难以支持。可是这些都不曾有一点挫折和冲淡了她兴奋的情绪,一次又一次的来校参加各种大会、小会,在坚持中奋斗了下去。在许教授检讨通过的那次,互助组会上,她平生第一次在群众面前发了言,她为同学们的这种热情而激动的流下了泪。她特地的买了一只鸡来庆祝许教授的胜利,同时她更表示自己要求学习和进步的决心,她说:"许教授现已初步站到工人阶级的立场,如果我还站在资产阶级圈子里,那么一个工人阶级思想,一个资产阶级思想,有一道共处呢?"她这句简单的话,真是表出了她从病痛中解放出来,而觅得了快乐和温暖的动力。太阳的光辉只能照到我们的表面,而毛泽东的阳光把罩在病魔手掌下的王藕同志的心也照亮了,王藕同志在她二十多岁的青春时代失去了青春,但是在她四十多岁的今天却使她恢复了从未有过的愉快和温暖的青春,人生最宝贵的青春。

张琛助教的家庭变温暖了

蒋幼如

以前张先生在家非常特别,张师母曾说:"张琛不是中国人,他与众不同,做什么事情都怪僻,家中事情他一概不问。大的如生活和家庭经济情况他不关心,小的如便壶满出来几天也不管,吃饭筷子都要我放在桌子,我向他提意见都是为了他好,但是,他从不理会,眼睛一瞪,怒声给打回去。因此,我们感情不能融洽,什么事情都是背道而驰,说一句话就要闹蹩[别]扭,家中显得死气沉沉,二人见面也不愿多说话,彼此自顾自。"

毛主席的阳光终于照到了他们的家中,张先生转变了,他成了新人,张师母说:"张琛近来好极了,对人态度很好,说话都是和和气气的,和我说话也多了,我向他提意见,他也能点头接受,家庭经济他问信了,时常问我钱够不够用，我上班时，他问我什么时候回来，为了不使我受累，大的事情他自己做，小的事情让我做，（因为张师母快要生孩子了。）衣服也能自己洗，我从医院里回家（她在医院里工作）看见茶壶里茶叶也新鲜，那天下雨屋里进了很多水，他也知道把水打扫干净；要是以前，屋里再多些水，他也不会管的，这些事情都是他从未有过的，这次运动把我们的家庭变温暖了，我俩感情好了，我要感谢毛主席的恩情，过去我们的家庭实在太不像话，我自己也有许多缺点，在这次运动中，由于你们的帮助，我也有了收获，我们准备以后重新整顿家庭，将二人的收入计划使用，而且要计划产后的事情。”

当张先生胜利过“关”后，我便去向张师母报喜信，她高兴极了。张先生回家后，他们热烈的谈到夜里三点多钟，张先生将这次在运动中的体会告诉张师母，并鼓励她要在医院里的思想改造运动中起骨干作用。

不久以前，张先生还感觉人间没有温暖，人与人间只有恨，没有爱，他对什么人都不相信，对爱人也是虚伪、欺骗，冷酷无情，但是，现在张先生不再是沉默寡言、冷酷无情、孤傲怪僻，而是有说有笑、互相鼓励、互相帮助、共同进步。毛主席真是人类的大救星。她[他]不但给张先生一个新的生命，而且给了他一个健康、温暖的新的家庭。

林师母从家庭生活圈子里走了出来

蒋洪[redacted]

在家属会议上，在运商系老师、师母的歌舞队里，你会看见林达美师母，在高兴的笑着，愉快的跳着。这是一个平凡的事迹，但有着一个不平凡的转变。

以前的林师母是只管管柴、米、油、盐、家务琐事，不爱过问任何活动、不愿意过问学校里的事的旧式家庭的妇女。她是那么保守、消沉。而今天，不同了，在党的领导教育下，林师母大大的改变了。他每次活动都来参加，而且还动员别人来参加，一次应师母问她：“今天练唱歌我们要不要去。”她很快的回答说：“要去，一定要去，李阁老胡同运输系就咱们两家，咱们一块儿吧！”不管风里、雨里、白天、黑夜，林师母都来了，一个一个的舞蹈都学会了，而且跳得那样起劲，以前说怕出来孩子吃不好饭，今天，也都能安顿好了，早上在跳舞，晚上在开会，而且还抽空带着女儿去石板房宿舍学舞，林师母多么年青啊！林师母变成新社会的进步的妇女同志了。

以前在我们第一次见她的时候，她好像有点怕我们，她说林主任的情况她也搅[搞]不清。但是现在改变了,她老是亲热的,紧紧的拉着我们的手,她说:“我真的体会到党的伟大了,荆江分洪、成渝铁路,多少想不到能做到的事,都做到了,学校里反资产阶级思想运动又取得了多大的胜利啊!多少老师都转变了!你看他们满面笑容,多高兴啊!”林师母高兴的笑。但就在这以前,林师母对这些是绝不关心,今天不但关心,而且因为这些动人的新气象,带给了她青春的活力,她说:“我心里真有说不出的愉快。”是毛主席使林师母从狭小的家庭生活圈子里走了出来,走到了我们壮大的队伍里来。

一九五二年七月二十七日　第六十八期

彻底批判资产阶级思想！坚决树立工人阶级思想！

毛泽东思想的阳光照亮了每个人的心

许靖、朱代杰、严德炯等教授胜利归队

二十六日，本院反资产阶级思想运动即将彻底胜利的前夕，在毛泽东思想阳光的照耀下。许靖、朱代杰、严德炯等教授也胜利归队了。

运商系许靖教授于地主家庭，在他念中学、大学期间学业成绩一直是比较好的，这就养成了他的自私自利和自高自大的思想，也埋下了他后来严重的“纯技术观点”的种子。在大学念书时，他曾为了自私的目的，加入了共产党。但当毕业后党组织派他到武昌工作时，他便怕“危险”，怕“没有前途”，便脱离了党，脱离了革命。不久，就投身到反动政府内去工作，先后曾任伪京汉铁路“特别党部委员”和伪汉口市“民训组织科科长”等职，做了不少反人民的事情。一九二九年，他奉派留美，在美国，他一心一意钻研究美国的铁路学术，根本想不到祖国人民，他自己就说：“国家兴亡，与我无责。”回国后，他竭力追求名誉、地位，便一面在铁路任职，一面又“考查”我国铁路情况；一面在学校里任教；一面却埋头写书，以冀成名。在南京伪政治大学任教时，为了讨好反动派以求达到自私自利的目的，他以“中立”的姿态写了两篇关于东北铁路等问题的文章，在反动派的报纸上发表，实际上却是在向学生作反苏、反共的宣传。

解放以后，他仍以老一套的英美铁道学术来教导同学；为了想保持他既得的名位，他便在课堂上公开宣称人民铁道的新规则不如国民党的旧规则好，公开诬蔑苏联为“后进”国家，说英美才是“先进”国家。所以他的课普遍为同学所不满，而他却仍然自高自大，以名教授自居，向人民铁道上的新创造及苏联的先进经验投以轻视的眼光，这样，他便愈来愈落后于现实了。

本院反资产阶级思想运动开展后，他的自高自大依然如故。当人民日报和“人民铁道”杂志发表了对他所著的“铁路统计学”和“铁路行车学”的批评后，他在“人民铁道”杂志上作了两次公开检讨，因此，他认为校内的检讨更无所谓，不虚心接受群众的意见，认为别人所提意见是“恶意中伤”，所以在“五一”前他做了三次检讨，都不能使群众满意。“五一”以后，同学们正确地掌握了党的政策，同学们的热诚帮助也使他有些感动，但由于他的立场没有改变还是那样狂妄自大，以至说什么“你们开会的内容我可以预料到的”，“批评与自我批评，我在二十年前就会运用了”等。直到学习“论自我批评”之后，在一次全系师生大会上，全系师生都纷纷对他错误的态度进行了分析和批评，使他初步认识到群众的智慧和力量，开始主动地来写检讨。七月八日，他在互助组会上做了检讨，放下了自高自大的架子，暴露了许多思想问题，也有些批判，大家都觉得许教授有了很大进步，但因为那次检讨中主要是说明一些他的历史问题，并有一些地方还是在夸耀自己或为自己辩护，所以大家希望他能作进一步的思想检查。许教授听取了这些意见，经过了半个多月的努力，特别最近三四天来，他无论白天黑夜、无论在电车上或在医院的门上个月室里，都在进行剧烈的思想斗争。终于在二十六日下午，许教授激动地作了长达三小时半的诚恳的检讨。

在这次检讨里，许教授对于自己的“纯技术观点”、“崇美思想”、“自高自大”等都有了较深刻的批判。他认识到“纯技术观点”实际上是资产阶级的一种愚民政策，他说：“要是大家都像我这样不问政治，那中国早亡了！”他认识到“崇美思想”实际上是由于他的自私自利，以至敌我不分，认敌做友！他认识到自己是劳动人民养育长大的，“对劳动人民还能自高自大吗？”他检讨是，声音愈来愈激昂，最后他说：“我深切地体会到，人民政府是历史上空前未有的好政府，我幸运在晚年遇到这样一个政府！我要永远跟着共产党走，把我的余年全部贡献给人民！我要学习奥斯特洛夫斯基，把自己的生命溶化到整个社会里去！”

许教授的检讨受到了大家热烈的欢迎。搓澡队的同学们热烈地和许教授握手；沈奏廷教授紧紧握着许教授的手说：“过去我们为了自私的想法，一向是‘面和心不和’的，今天，毛主席的阳光照亮了我的心，也照亮了你的心，让我们手拉着手，心连着心，共同为办好人民的教育事业而努力吧！”许教授激动得不止一次地流下了泪，他喃喃地说：“我太对不起你们了！我很惭愧！党太好了！”他一次又一次地重复着这儿句话。

材专朱代杰教授在不久以前还背着沉重的资产阶级思想包袱不肯放，他自己曾为了个人的利益和“向上爬”，在大学四年级的时候，他想从政治方面求出路，后来他又藏着一颗自私的心参加了中国共产党，入党后，党分配他担任当时（北伐时）

（下接第二版）

第六十八期　第二版

（上接第一版）

政治部的少将党务处长的工作，后来他被蒋匪帮撤职查办后，党又送他到苏联去学习，由于他入党动机不纯，对革命没有决心，在苏联三年只是学了一些教条。回国后在白色恐怖下便脱离了革命，背叛了党，后来又靠着陈匪（指陈诚）向上爬。严重的危害了革命，可是他对这些反人民的罪行完全没有认识，他还认为自己只是脱离了党，并没有叛变党。在反资产阶级思想运动开始的时候，他还觉得自己过去是“改良主义者”、“民主人士”问题不大，对运动采取旁观的态度，会场的气氛不好，他就发发言，凑凑兴，夸夸其谈一套，总希望运动早一点结束，对同学他是看不起的，觉得同学年青，只能鼓舞热情而不能解决思想问题。他认为做检讨一定要有相当的理论才能做得好，所以他说：“检讨写得好，必须看完十二本‘干部必读’”。他自己写检讨不是认真地挖思想，而是专门注意修辞，曾经为了改良主义是否右倾思想的问题，翻了一天书，还到北大图书馆找参考资料。

看了“上饶集中营”以后，老师们一起谈体会时，他还说：“叶挺将军被捕后，我当时在反动政府里当湖北省委，曾经几次去访问他，并没有什么目的，只是想和他‘话旧’，因为当时‘反正我们（指国民党和共产党）都抗日’”。对他这些谬论，老师同学在俄材、建筑系全体师生大会上给他提出了尖锐的批评，可是，他只是表面上接受，回家以后，他就把写好的检讨全撕掉了，后来和叶向忠同志谈过话以后，他就认识了自己的错误，于是又重写检讨，他的态度也就开始转变了，在我院运动进入高潮的时候，他就主动搬到学校住，欢迎同学帮助，在几次师生大会上，在看过图片展览会以后，烈士们的英勇事迹感动了他，他表示要争取在“庆祝胜利日”以前过“关”，由于他端正了态度并能积极的开展思想斗争，他终于认识了过去的错误，在他二十六日的诚恳检讨里，他很沉痛的说：“我藏着一棵[颗]自私自利的心参加了中国共产党，当时我并不能把自己与革命结合起来，使我在大革命中没有受到教育，虽然在苏联学了三年，可是我带回来的只是一些教条和那一颗原封未动的自私的心，以致在回国后的白色恐怖时期里，不愿受党给我‘思想动摇不坚定，留党查[察]看’的处罚，而又贪生怕死，经不起考验，可耻的脱离了党。”当朱教授说到这里的时候，他的样子显得非常沉重，几乎掉下了眼泪，停了了又说了下去：“在脱党以后，我就歪曲了马列主义，毒害青年一代，为了我自己能爬得高，我就投靠了陈匪（指陈诚)在他的指挥下我做了很多的'建设计划',都是用一些好听的词句来欺骗人民,陈匪是蒋匪的忠实走狗,而我却忠陈匪,也就变成了蒋匪的忠实走狗。事实上,我已经做了许多危害人民的罪恶行为,就是对不起人民对不起党,我还有什么理由说我没有危害党,没有对不起党的地方呢?过去的那种想法真是卑鄙无耻!"最后朱先生说:"反资产阶级思想运动拯救了我,我体会到只有在共产党和毛主席的领导下才有光明的前途,我的新生命是人民给我的,当人民需要的时候,我就贡献给人民,我誓以忘我的精神,在毛泽东的光辉的旗帜下为祖国的社会主义前途奋斗到底。"他的声音越来越响亮,很快就消失在雷动的掌声里。

物理组严德炯教授自幼即受着"光宗耀祖"(、)"孝悌忠信"等封建家庭教育,在他的思想上种下了很深的毒素。中学毕业以后被伪广西省政府保送师大读书。毕业后入反动派军队工作,曾参加过三次三青团,四次国民党。在思想上受胡适、曾琦等反动思想影响很深。为了一鸣惊人,曾妄想在哲学上从社会科学与自然科学上"打一条通路"。搞了二十年之久,结果是一无所成,解释不通,过去他很崇拜希特勒、墨索里尼、俾斯麦等法西斯匪徒,他想做一个军国主义的英雄,这样他认为不但可以"救国",同时可以侵略别人。他对于反动派存在着幻想,想能通过国民党反动派主子的赏识,能够向上爬,骑在人民的头上。对于国民党的反动宣传说:新四军、八路军是"游而不击、抗而不战、破坏军令与政令",他也相信。解放后他以怀疑的眼光来看共产党。他不相信天下有不自私的人,他以旧社会的想法认为"人不自私、男盗女娼"。他的为人有"两套"、"三宝"。一套是"文笔流利"、"社会经验"、"物理知识"。另一套是"一骗"、"二唬"、"三辞职"。

在"五一"前严教授对反资产阶级思想运动是采取消极拖延"泡蘑菇"的态度。他为了"哗众取宠",曾抄过欧阳山在光明日报的检讨来作为自己的检讨,欺骗群众。运动的第二阶段,严先生的态度仍然是没有改变,总是躲躲闪闪,不老老实实的暴露自己的问题。对运动的态度始终是不端正的,同学们为了更好的对他进行帮助。到各处去了解他的情况。他说:"我是被动了,一点自由都没有了。"群众为了帮助他,在六月二十三日召开了一次会议,对他提出批评,他很不服气,他以干学班的工作为借口来推卸责任,强调客观原因,什么"时间"、"地点"、"条件"。并大呼运动对他偏差,在批评会议以后,他说要自杀,并对群众进行漫[谩]骂。

通过了第二次大会群众对他的帮助。他受了很大的教育,在搓澡队的热情诚恳的帮助下,他的态度改变了,并且一天比一天的好,写检讨非常积极。晚上很晚才睡,早上四点就起来写。并且对搓澡队说:"过去我认为不要搓,现在是愈搓愈有劲,党真是太伟大了。假如是有人性的话,是应该好好的来做好检讨。”并且表示决心要在运动的高潮中过“关”。过去他认为写检讨不困难，很简单，没有什么，今天他说：“不对了，过去认为不成问题的，今天也有问题了。现在要经过思想斗争以后能写得出。”同时他明确了为谁做检讨的问题。

二十六日，他在共同学科互助组会上作了诚恳的检讨，对自己的自私自利、自高自大、往上爬等作了较深刻的批判。他检查了他自己的自高自大、打击别人、抬高自己的作风，由于自己的自高自大看不起别人、造成了物理组的不团结现象，对祖国人民造成了很大的损失。同时他认识到“今天的幸福生活是由于党的英明领导和无数革命烈士流血牺牲所得来的。我今天享受这胜利的果实，我还能再说人人是自私的吗？没有中国人民志愿军我就不能安全的生活着，没有全国工人阶级的伟大创造我的生活水平就不会提高，成千成万的劳动人民养活着我，我的一切都属于劳动人民，我的技术是劳动人民给我的，我还有什么自高自大可言呢？”他表示为了祖国的利益，为了共产主义幸福的明天，他要献出他的一切甚至生命，并且要以党员的八条标准来要求自己，争取作一个光荣的共产党员。

严德炯教授的诚恳检讨，受到了共同学科互助组师生的热烈欢迎，当他检讨完毕后，群众一齐热烈鼓掌，严教授自己也感动的说不出话来，过去由于严教授对运动态度的不端正，所以一直没有深刻地去挖掘自己的资产阶级思想，老师和同学们都化了很多时间去帮助他，不久前电信系又来了几位先生帮他搓澡，他们又代替了严教授在干学班所担任的课程，使他能安心作检讨。

严教授的转变是共同学科的一大喜事，也是运动高潮登峰造极的表现，老师同学热情奔放的欢迎，使严教授第一次感到阶级友爱的温暖，真是像他自己所说的：“一切都应感谢党和毛主席。”

我们伟大的祖国万岁！

第六十八期　第三版

永远跟着毛主席永远跟着共产党

我的前途就是紧紧跟着毛主席

电信系助教　沈一可

在我家乡土改结束后，我看到翻身后的农民们，抱着毛主席的像，得意忘形的跳跃。一个农民没有买到毛主席像,他的老婆把他埋怨了一番,弄得他田也不种,上城去买了。我在那时觉得他们的行动可笑,实在说,我那时根本不能理解他们的心情。现在,我能够体会到农民们当时的心情了,因为我也得到解放了,只有真正解放了的人,才能得到解放的快乐。我在那时一脑子剥削阶级思想,思想上没有翻身,那里能体会到农民们翻身后的快乐。现在可不同了,我体会到解放的意义,我也有同样的心情,我很自然的学会了唱歌、跳舞,也是“得意忘形”了。

在这次反资产阶级思想运动中,我从同志们、同学们的无比的热情和积极的工作里面,以及我自己丢掉了思想上的包袱,打垮了剥削阶级思想的领导,初步树立起工人阶级思想后,我感觉到党和毛主席的亲切,党对知识分子的爱护。为了教师思想改造,动员全体师生员工家属,一齐起来搞好这一个运动,由于我态度不端正,不知有多少同志、同学为了我开动脑筋,想办法,提意见,到处访问,想找出一个方法来帮助我早日得到思想上的解放。由于我病了三天,又使得许多同志、同学化[花]了不少时间,给我写信,来看我,送东西给我,给我买东西等。这种种,都使我认识到党的亲切,毛主席的伟大,终于使我思想上得到了解放。这种种,在旧社会里是根本不可能的,但是在新社会里,到处都表现着这种无比的热情、大家庭的温暖。在新社会里,见得为个人、自私自利是多么渺小、卑鄙、无耻、无意义。我越发痛恨我过去的生活,越发感到党和毛主席的亲切,我决心要重新做人。

三年多来,在毛主席英明领导下,中国人民站起来了,经济建设飞跃的进步,这证明,只有在毛泽东的旗帜下,在共产党的领导下,中国才有真正的前途。我找到了我的前途,就是紧紧跟随着毛主席,紧紧跟随着共产党,全心全意为人民服务。毛主席和共产党使我得到了新生,我一定要把我全部力量,贡献给共产主义伟大的事业。

感激毛主席使我获得了新生

运输系教授　王竹亭

毛泽东的阳光,照到每个中国人的心窝深处,使他感到作[做]个新中国的儿女是无比的幸运,使他感到毛主席、共产党的无限恩惠。反资产阶级思想运动到来,我这一个被资产阶级思想严重侵蚀的旧知识分子受到了拯救,有了明确的生活方向,感觉到生活在温暖的大家庭里的快乐,有了今后一切努力,都能合于集体利益的信心。由于我深受旧社会极端个人主义思想的毒害,我曾感觉到一个人如果不是为个人的名利，就没有生活目的和生活兴趣，就失去努力的动力，就感到空虚。所以一直向上爬，不择手段的向上爬，而陷在罪恶的深渊中，正当就要没顶的时候，多亏共产党伸出手来拯救了我，先把我放在太阳光下亮亮干，再把我放在实际工作中体验劳动人民的爱国热诚和智慧。今天，解放后三年半的今天，叫我好好反省当年所作所为、对不起人民的事，反覆[复]的教育我，使我认识了真理，使我痛恨旧社会把人变成鬼的阴风惨惧，四十七年的"虚度年华"，毫无人生意义。我今天不敢再回想那丑恶的过去，在那场恶[噩]梦中，我曾为追逐虚名绞尽脑汁，东碰西撞，曾为一时得到虚名而狂呼，为一时失去虚名而悲痛，看不到祖国美丽广阔的大地上先烈们为今天的幸福而斗争、而流血而牺牲的伟大事迹，完全在极其微小的个人主观世界里忽冷忽热的过着那永远也不会愉快的生活。四十年如一日的患得患失，在紧张的情况下空空度过了时光。一句话，在旧社会，无论我的向上爬是否得逞我都是痛苦的。

今天我受的思想束缚已经由毛主席的手解放了，我看到劳动人民的可爱，我感觉到革命大家庭的温暖，我认识到个人利益和集体利益是分不开的，我觉得生活在毛泽东时代的任何人都会把缺点慢慢纠正的，我们彼此帮助纠正缺点，是不难把任何缺点都消灭的。思想改造以后，我的生命中多了一个极其强大的动力——共产党的阳光！当我工作到疲倦的时候，一想到党，我就获得一股新的力量；当我遇到思想波动的时候，一想到党，我就会愉快的前进；当我看书看不懂的时候，一想到党，我就得到足够的智慧，终于懂了（把我已往好读书不求甚解的习惯纠正过来了）；当我为帮助同志进步感到棘手而不耐心的时候，一想到党，我就找到更多足以启发他的话，同他慢慢的谈。总之，我的一切思想活动，今天已经是离不开党的阳光照耀了。当我担任某项任务感到没信心的时候，一想到党，就有了信心，因为在党的领导下，没有不能完成的任务。

自从反资产阶级思想运动展开以来，我的家庭也起了变化，每次深夜梦中惊醒看到我的爱人还在桌子上抄写东西，我就感谢毛主席也给她带来了新的生机、新的生活乐趣。当她向我说："这半个月的钱够了，还有十几万给孩子们买些衣物"的时候，我感到毛主席给我这样解决了家庭经济问题比给我加薪还使我更感动，原来对一百三十几万养十口之家的事不敢想像[象]，今天我们两口同声的说："人家劳动人民比我们还不如呢！何必老是向比我们情况好的人看齐呢！"

党既然这样的替我解决困难问题，我还有什么说的呢，除了感激！我的个人名位思想包袱丢掉了,家庭包袱丢掉了。我能够轻松、愉快的、全心全意的搞好人民交给我的任务,再次的保证:一定完成我岗位上的工作,以报答毛主席的恩情!

征 稿 启 事

我院反资产阶级思想运动已经取得彻底胜利,在这次运动中,彻底批判了旧的、腐朽的资产阶级思想,坚决树立了工人阶级思想。这是一次思想上的大解放,大家都不约而同地、由衷地喊出"感谢毛主席,感谢共产党!"大家对党、对毛主席更加热爱,要为革命而生,为革命而死。所以本报特论"永远跟着毛主席,永远跟着共产党"一拦,希望大家踊跃投稿,将心头要对党、对毛主席说的话,尽情地谈出来!

"三反快报"编辑组■

第六十八期　第四版

新 气 象 11

"小老头"得到了活力

童鹤龄

郑谦同志是建筑系小老头之一,他总愁眉苦脸"形容枯槁",从不露出一丝笑容。生活得很孤独,自己终日关在小天地中,搞自己的功课或者睡觉。他没有朋友,好像也不需要朋友,没有人了解他的身世,他也从不向别人提。他认为自己只顾自己是应该的,他不关心别人,也不要别人关心他,所以,和他认识的同事们都说他冷酷。

自从他批判了过去自己的个人主义、自私自利的毛病以后,他自己也觉得革命大家庭的温暖了,他说:"毛主席的阳光一直照到我心里",这是每个在旧社会里忍气吞声、饱受冷酷的人所感到的。他不再为自己筑一道保护的围墙,再也不把周围的人都看成敌人了,他说:"我从小就没有受过温情、爱抚,一直在打骂和冷眼中长大的,现在,我才真正感到温暖。"

现在,每天在他那小天地"卧室"中,再也找不到他的影子。他现在参加宣传部工作。逢人就是动员组织稿子。以前他自己也不大写什么,现在,也动起笔来了。郑谦同志在党的教育下，已由死气沉沉的小老头子变成整天嘻[嬉]笑的青年了，在建筑系庆祝胜利的大会上，他激动地说："我以前对自己是完全失去了信心，我不敢相信自己能和别人很好地生活在一起，我就像'为了生命'电影中的小姑娘一样，她对走路已失去了信心，是党在教育我，同志们在帮助我，使我重新获得了新生。"最近他又和樊明体先生在一起设计学校环境布置，在炎热的太阳下，他来回奔赴，满头大汗，想法把我们校环境布置得美丽爽目，使我们能更愉快度过胜利日。

跳出纯技术观点的圈子

运输系教授　沈奏廷

钱仲侯助教，过去纯技术观点很重，一心想钻业务。假使搞了一天业务以外的工作，他就觉得浪费了一天的光阴，心里觉得不大愉快。去年调整院系，钱助教随同我们来京，继续在本院运输系任助教，帮我辅导"运输学"一课，专想钻研技术，将来可以成为一个专家。"三反"运动开始后，钱助教批判了个人主义思想后，积极投入运动，紧张地工作着，心里不再牵挂业务了。他日以继夜地参加工作，领导"搓澡"队，积极开动脑筋，找窍门，想办法，有时身体不好，还忘我地工作着，不肯休息。他说："我现在对于一切革命工作，干起来都很高兴。觉得为了党，为了祖国，无论那[哪]一种革命工作，无论业务以内或业务以外，我都能愉快地去担任了。"他已由纯技术观点的圈子里跳了出来，丢掉了个人主义，建立了革命人生观，所以他能以忘我的精神为革命事业而奋斗。

从好逸恶劳到爱劳动的郑鹍教授

苗大维

郑鹍教授在以前由于他的家庭出身，使他有着浓厚的享乐思想，好逸恶劳，太重视自己的身体，甚至自己的手、足都不敢使用。前些日子因为西直门在修电车道，电车只到北厂，从北厂到西直门虽只有那么一小段路都要坐三轮，他的课必须排在上午，而且不能连上，做事情只会支使别人。在这次运动中，他批判了他的享乐思想，过"关"后，就积极的投身到工作中来了。他和他爱人一齐参加了系里庆祝胜利的筹委会，两人都是那样的紧张、愉快，东奔西跑的，和同志、同学们在一块儿商量、研究，因为他明确了庆祝胜利是要巩固思想收获，使大家都能欢欣鼓舞，所以他忘记了疲劳，他说："我简直无法休息下来，回家后，本来已很疲倦，但是我们忘记不了工作，坐而复起，筹划着如何发动群众,准备庆祝;以前我只会看戏,现在我要做戏,让别人看。”他准备全家演出,并和其他同志挑战。今天的郑鹍教授已经不再是好逸恶劳,而是感到劳动的愉快了,郑鹍教授的转变也正说明了党的政策的伟大。

世态并非炎凉　人生更不乏味

黄本华

孙铭甫先生过去一向背着个“落后”的包袱,自以为政治不如别人好,思想又不如别人进步。因此过去在系里很沉默,什么活动也不参加,上课来,下课去,对系务不闻不问。他又自认为是一个“小助理”,谁也不会瞧得起他,所以看见人就低头,有一次,因为理发同志错当他是一个工友,这样一来,更加使他自卑,就此“庸人自扰”,把自己弄得整天闷闷不乐,所以他感到“人情冷暖,世态炎凉,人生乏味,到[倒]不如以一死了之。”但是因为他有一个爱人,所以又舍不得死,他把自己的一切全寄托在爱人的身上。

经过两个月的反资产阶级思想运动以后,孙先生作了一个“起死回生”的转变,现在他不仅迫切的要求进步,而且积极地参加了工作;过去他也想过要进步,但是因为自己一向落后,进步了恐怕人家不会相信他,说他是假的,因此他索性不进步,但是现在他这个顾虑完全打消了。孙先生在过“关”后,曾担任过系里教师主办的“系讯”工作,虽然他过去在报馆做过编辑,但他并没有因为搞“系讯”而感觉大才[材]小用,所以做起工作来,非常得心应手,而且充满着工作热情。以后孙先生又被调到“搓澡”队给共同学科教师“搓澡”,他也非常负责,经常工作到深夜,晚上,他就在系办公室睡觉,他并表示一定要拿出最大的力量,作[做]好组织上分配给他的任务。现在他再不感到“世态炎凉”或“人生乏味”了,他只觉得大家团结在一起,是那样幸福,那样温暖。他觉得自己的感情已真正与同志们融化在一起了。

现在的孙铭甫先生所首先想到的并不是爱人,他把自己的一切也并不寄托给爱人,而是祖国,伟大的祖国。

第一属于祖国　第二属于爱人

电信系助教　陈燕生

我和爱人都是出生于资产阶级家庭,过去,我们一直在个人主义的小天地中,恋爱至上,不关心其他一切。“三反”运动后,她时常开会到晚上十二点才能回家。我们就因此而抱怨,觉得侵占了我们的时间。在我校反资产阶级思想运动中,当我学习“奥斯特洛夫斯基人生观”时,我感到羞耻。我爱人读了这篇文章后,也很感动。我们一直就是为了一个人而活着,她并把这段文章抄在日记本上。有一次我午夜回家他问我是否疲倦,我就对她说:“今后我第一属于祖国,第二属于你”。她看见我这样已放心了。我想我要帮助她,使他也能立志作到“她第一属于祖国,第二属于我。”自此以后,我就时常和她谈思想问题,我们相信今后我们将为了同一个目标——建设祖国而努力工作,我们间的感情将渗入革命同志的友爱。这个友爱将日益增长。但过去我们都陷在个人主义的泥坑中,在反资产阶级思想运动中,党救了我们,把我们带到光辉照耀下,重作[做]新人。

第六十八期　第五版

新 气 象 11

李振兴同学跳出了苦海

万建荣

李振兴是经二的同学,思想改造运动以前,很少看见他是愉快的,按年龄来说,他和同学们一样,正是青春年华,人生最宝贵最快乐的时候,可是美好时光对他并不是快乐,相反的是痛苦、自杀。

抗日战争时期,北京沦陷,他正在初中念书,日寇配给的混合面、高粮[粱]面、豆饼……非人的待遇,使好多同胞得上了各种不同的疾病,也使他得上了严重的胃溃疡。稍一不慎,就会发病,同时家里让他同一位乡下女子结了婚,当时他还无所谓,后来由初中到高中,旧社会制度风尚的影响,使他轻视劳动,充满了资产阶级的恋爱观,总觉得要有一个漂亮的爱人,花前月下、话短情长,人生才有意义,对自己从事劳动的爱人曾产生了离婚和更错误的想法,解放后,在不正确的思想支配下他参加了革命,以便解脱自己的痛苦,因为他对革命没有正确的认识,畏惧艰苦,终于脱离了革命工作。

来到交大,这些包袱压得他喘不过气来,第一学期就四处打听是否可以离婚,但已有了小孩,又没有充分的理由,离婚条件不好,他痛苦了,感到自己失去了人生的温暖,又犯了两场大病,身体很衰弱,更加以脱离革命一段丑恶历史,使他不敢靠拢组织,接近群众,生活在空虚、阴霾的日子里。当他看到个别女同志时,曾倒在床上痛苦半天,当看到同学们在作[做]各种运动、在热情的歌唱、跳舞时,他是垂头丧气,避而远之,觉得自己不能参加这个队伍,当看到早晚上、下班忙碌的工作同志时,他觉得人生就是空虚,何必为"名利"而奔跑呢?走在大街上,他想,要是突然来一辆汽车或电车把我压死,到可以解除痛苦,去年暑期去青岛实习时,同学们欣赏海景的美丽,体念到祖国的伟大,更加热爱我们的祖国,而他却想跳海自杀,一个二十六岁的青年,已是暮气沉沉一片灰色。

毛主席领导的反资产阶级思想运动拯救了他,运动开始以后,经过自己激烈的思想斗争和同学们的帮助,勇敢地暴露了自己的历史,批判了资产阶级恋爱观,认识了劳动的伟大,他不再想离婚了,要与爱人建立起新的感情。在纪念"七一"的系会上,他沉痛的控诉了日本帝国主义对中国人民的迫害,感谢党把他拯救出个人主义的泥坑,跳出了苦海,要把自己的一切贡献给革命。

的确,新旧的李振兴变成了两个人,在他的脸上再也找不到一丝苦恼的痕迹,随时随地都是眉开眼笑的,各项运动尽量参加,各种会议也都热情的参加,他的情感已溶化在集体中了,由于他心情的愉快,身体也好起来了,打篮球他还是一员猛将哩!

在运动中他认识了为什么要工作,他说:"以前我认为搞工作是为了别人,同时影响自己的身体,太不值得了,现在我认识到工作就是为革命尽一份力量。读了钱正英同志的报告,感到自己过去自私自利是太可耻了。"因此他积极要求工作,最初分配送快报,他并不以为这是事务性的工作,很愉快的担任下来,快报还没有印好,就先去等,还帮助出版组做一些事情,及时将快报送给同学,后来调到展览会担任讲解工作,他更感到工作的重要,要讲解的内容精彩,不犯错误。查资料,写讲演稿,常到晚上二三点,也不感到累,在讲解中也开动脑筋,改进技术、充实感情,使群众听得更生动清楚。

李振兴同学的人生观不再是灰色,而建立了革命人生观,旧社会使青年变成了老年,暮气沉沉甚至想自杀,新社会便青年快乐幸福,生活充满了活力。这是多么鲜明的对比啊!国民党蒋介石屠杀、残害青年一代,而共产党、毛主席却无时无刻不在关心着、教育着青年一代,领导着青年走向人类最美好的远景,衷心的感谢共产党、毛主席。

"四五零"宿舍变了样

通讯员　吴自新

"四五零室确实是变样了!"班里的同学都这样地感觉着。在过去这个房间里的同学自成一个“小天地”！晚饭后嘻[嬉]笑地围谈着的是“老某的女朋友来过了，该请吃糖吧！”哈哈地一阵笑声。再多不过是大家埋头钻书本，那大概是考试将临了，政治空气定很薄弱的，时事学习座谈会，大家会感觉“太头痛”，勉强地干一下。

思想改造运动，大会、小会特别是学习“可爱的中国”、“论自我批评”教育了我们，资产阶级思想的影响得到了批判，房间里的气氛，那就完全改观了。

下午、晚上，房间里就很难找到人，他们都出去积极地参加工作了，“哈哈嘻嘻”的声音，再有的时候已不是什么“吃糖了”，谈的是某某教授胜利过“关”。房里的同学不是在搞大字报报头，就是在设计光荣榜。大家的脸上挂着笑，表面客气，心里猜忌，这一些都永远成为过去。

高振范同学，过去开会不发一言，不干一事，“钻图书馆”、“啃书本”是出了名的，万事与他无关，想靠“技术吃饭”，现在沉痛地批判了单纯技术观点，参加秘书组抄写工作，干起来可有劲儿，下午一连三、四个钟点的记录工作，一天接着一天，是很“累人”的，他没有发过怨言，而且完成得都很好。他说：“为了祖国的明天，帮助教授，累一些算什么！”

从来没有参加过工作的费名申，现在当了口琴队的副队长，积极负责的工作，筹备庆祝运动胜利的文娱活动伴奏里各处都可找到他，现在就俨然是文娱活动的“健将”了。过去觉得死了父亲、人情势利，每天躺在床上闹“斗争”的关蔚生同学，灰色的人生观彻底抛去了，要将自己的一切甚至生命，贡献给祖国。工作中找窍门、想办法，已经成为一个光荣的青年团员了。自高自大的吴自新，不再以为是“工作能力很强”了。在宣传组的工作中踏实、认真，同志们向他提意见，点点头诚恳微笑地接受了。陈伯隆同学过去的“怪脾气”在班上是出了名的，现在是叫干“通讯”就干“通讯”，叫搞“编辑”就搞“编辑”，任劳任怨，更积极。他在房里笑着对我说：“组织要我搞什么，我就搞什么，大家都是为了祖国。”张汉正同志过去工作不安心，现在是完全变了样，运商系搞总编辑，工作常常搞通宵。费[redacted]同学更变样，过去对人嘻嘻哈哈，生活上享乐一番，叫他做个小组长，也就怨言百出，勉强地接受，三、四次辞职，现在每天“画报头”，“剪标语”，细心地工作，经过他手的东西，没有一个人说不满意的。

这一切都说明：有了毛主席、有了共产党，房间里的“小天地”也变了样、“别粗枝大叶”、“你的工作完成吗？”经常听见的都是这一些了，每个同学都衷心热爱毛主席。奥斯特洛夫斯基的人生观,成为大家的理想,全房间里的同学都努力工作,在实际斗争中考验自己,争取早日成为一个光荣的青年团员、共产党员!

毛泽东思想胜利万岁!

第六十八期　第六版

新气象(11)

卢肇铨讲师改变了"名士派作风"

刘庆弘

过去一提起电信系卢肇铨讲师,同学们的眼前就会出现一个派头十足、仰头自傲的影子,他满脑子的玩世、享乐思想,不用说对系务不闻不问,就连他自己分[份]内的教学工作也是毫不负责,有一次他请了假去溜冰,经常的上课迟到,下班铃一响便拿着书匆匆离开,讲课时把头一仰,摆出十足的名士派作风。有一次一个同学去访问他,他问:"我怎么不认识你?"原来这位同学已跟他上了很久的课,并且是坐在最前的一排。系里开会他"心不在焉",恨不得赶快散会回家去。反资产阶级思想运动中,党的政策和同学们的热情帮助感动了他,使他感到剥削阶级思想的无耻,认识到"自己是劳动人民养大的,应该全心全意为人民服务。"过"关"以后,他大大地变了,一向无人整理的电力实验室,他决心负责把它安装起来,好帮助同学们学习,他热情地担任了庆祝胜利筹备会的文艺组副组长,在编剧和排演中表现得很积极,白天忙一天,连午觉都不睡,晚上也常十一点才回家,为了把剧演得真实有力,他虚心地接受群众意见和老师同学们在一块商讨,为了在剧中充分地表达出运动以前的丑态,他耐心地说服无顾虑地暴露,他说:"为了演好剧,有意见就提出来,现在没有解决不了的问题。"并以自己的行动带动和鼓励大家的情绪,他表示虽然自己在演剧工作中没有什么经验,但是一定要把这个剧排好。同学们对卢肇铨讲师的印象,不再是"昂头阔步、派头十足",而是感到非常亲切的了。

走上红色人生观的大道

徐文述

商务系何嘉澍助教，因为患有胃病，身体不好，以往对任何事情都不感兴趣，终日沉默寡言，显得丝毫没有生活力。他兼任了系里的秘书，可是他对系务漠不关心，总是少做为佳、不推不动的样子。近来他在运动中洗了个干净澡，胜利地过了“关”。他的样子全然变了，每天很早就赶到学校来，很晚才回去，不再像从前那样上班则来，下班即走，如同应卯一样了。现在他做工作，不是稀松疲塌，而是紧张愉快了；比方他和许景远教授搞清洁卫生工作，边做边想，尽心尽力地筹划布置，时间抓得很紧，争取早一点为“庆祝胜利日”准备一个整洁而漂亮的环境，好让我们大家在这一天热烈地庆祝，尽情地狂欢。现在他从内心里涌出了无限喜悦的情绪，每天早早晚晚他总是拉着同学教他练舞练歌，并且准备在“庆祝胜利日”那天，全家大小一齐出动，献一场“合家欢”的舞蹈。他的爱人看到他变了，心里真是有说不出的高兴，她从来不爱写文章，这回她却写了一篇表示“感谢党、感谢毛主席拯救了何先生”的短文。是的，何先生的转变，是党和毛主席争取团结、教育改造知识分子政策的胜利。何先生自己说得好：“以往我死气沉沉，那里是胃病的关系，实实在在是资产阶级好逸恶劳的思想害了我，我害的是思想病；今天党和毛主席的伟大政策诊好了我这个病，我健康了。我已经从灰色的人生观的泥淖里走到红色的人生观的光明大道上来了。我深深地感到党的伟大、毛主席的伟大，今后我要更多的工作，以报答党和毛主席。”

“昂老”和“昂青”

商务系助教　何嘉澍

赵传云主任在旧社会里被腐朽资产阶级思想所支配，一贯以“老成练达”的手腕应付一切，说话含蓄不露锋芒，看起来好像一位和蔼可亲的长者，虽然赵主任号叫“昂青”，年纪不算太大，人家都以“昂老”称呼他，而他也就不自觉的更表示得“老气横秋”，在系里对人是“一团和气”，对事是“四平八稳、无懈可击”，他怕得罪人，有意见当面不提；又觉得自己身体不好，因而对系务不积极推动；对开会最感头痛，虽然那时家离校很近，到九点就归心如箭了。但在现在赵主任丢掉各式各样的臭包袱后，他感到轻松愉快。现在他已不再考虑自己身体不好，终日忙于系务、核心组会、搓澡、写文章等工作而不觉得疲乏。有一天到晚上十一点才回家,又下雨,又没有车,走到家已经一点多了,但一股热情支持着他,仍是很兴奋不觉得疲乏。从前他总是拘谨、怕事、“不求有功,但求无过”。现在他说:“有话就说,有事就做,说错了、做错了,大家可以帮助纠正。”每天早晨他同爱人一起上学校来扭秧歌、跳双人舞、跳“孩子妈妈来——唷”,准备联欢时演出,兴高采烈、乐而忘倦。记得上次院举行反美帝细菌战清洁大扫除运动的头一天,他向我们说:“打扫系办公室,请你们多偏劳,我不参加了。”今天就大不相同了,当我爬上桌子擦电灯时,他赶忙跑来扶桌子,怕我摔下来;又有一次他在校车上让位给许靖教授,并且说:“你腿有病,站着不方便”;他自己忘了自己的身体不好,从前别人还让他坐[座]呢!大家都说,现在赵主任是精神抖擞、快乐忘我地工作着,他的确是变得年轻,变为名副其实的“赵昂青”了。

张步莲同学不再在“辫子、鞋子、衣服”里兜圈子了

材专张步莲同学过去每天最使她感兴趣的是辫子的梳法、衣服、鞋子的式样,有时她会忽然兴奋地叫起来:“我发现了辫子要改成这样梳才好看”,“XX同学的上装式样真不错呀!”一天大部时间她就化[花]在研究“辫子”“衣服、鞋子”上,她最不感兴趣的是开会,无论大会、小会、听报告,当大家都兴奋地赶着参加时,她会皱着眉头说:“今天又是什么会啊?人家有XX事,啊呀……”她参加舞蹈组的,但当舞蹈组开会时,她又会抱怨,“又要练舞又要开会,连休息的时间也没有。”在开有群众出席的团员大会或团小组会时,去请她,她会说:“我是不去,反正没有我们的份”,连轰动全校的傅鹰报告她也没有参加,会议、报告对她实在是一个莫大的威胁。

但是最怕听报告、开会的她,在这次运动中终于还是被张广天、屈浩然的报告感动了,尤其是学习了“可爱的中国”后她认识了自己过去那可怜的生活,现在她的注意目标不再是“辫子”、“衣服、鞋子”,而是工作,要她写稿子时她研究稿子怎样写才生动,家属工作怎样做才能收最大效果,当她每天下去做家属工作时,她研究“今天应和朱师母(朱代杰教授爱人)谈些什么”,现在她对开会呢?每次开会她都高兴地出席,而且还常催促别人不要误了时间,在会上总是争取发言,有时为了做发言提纲,她就牺牲午睡与晚上睡眠时间。每次舞蹈组练习或开会,她总是愉快地参加,不再皱眉、抱怨、想休息,反而说:“现在看到别人开会,自己没有会感到不舒服。”目前她正积极地争取加入青年团,“辫子”、“衣服、鞋子”再也不在她脑子里盘旋了。

马克思列宁主义胜利万岁!

第六十八期　第七版

家属通讯(13)

党——我完成了你所交给我的任务

刘炽晶教授女儿　刘淑英

当我接受"搓澡"队同学叫我帮助父亲"搓澡"的任务时,我非常高兴。但是我当时信心不足,我感到有很多困难,因为首先最困难的是我对他一点也不了解。虽然他是我的父亲;但是我们彼此间在思想上是很疏远的,他从来不谈谈学校的事情,这样使我很难了解他的思想、工作。其次他非常自高自大,认为我们孩子不了解他,不能帮助他,解决不了什么问题。由于这两个问题,就使我的工作很难开展,我感到很苦恼。但是我又想我是一个青年团员,是党的忠实助手和后备军,我要协助党完成党所领导的一切政治任务;我又想到:没有青年团员所克服不了的困难。这样便使我下定决心,一定要克服困难,来完成这件党所交给我的光荣的任务。的确,工作一开始,就遇到了困难,如同他谈时,他非常不主动,谈的[得]很少,效果也不大,这样,我就想怎样来启发他能主动找我谈,并且使他感到我真能够帮助他,所以我就想到最重要的是我首先要充实自己,使自己有了资本,才能很好地帮助他,所以就把每一期的"三反快报"拿来看,并且自己也学习"论自我批评"、"可爱的中国",并且将我所听有关于反资产阶级思想运动的报告的摘要,结合他的思想同他谈。并且在他从回来以后,就马上主动找他谈,今天学校里开什么会啦?你自己有什么感想啦,等等。并且根据他谈的庆,对他帮助分析。这样他开始接近我了,主动找我谈他的思想了,不再自高自大了。我这时非常高兴,虽然这时学校中学习、工作都比较忙,但我仍旧抽出时间同他谈,有时我们谈的[得]很晚,但是我很高兴,因为他开始有了一些进步了。

但是,在工作中,我也一度闹情绪,自己非常急。我看到别的伯伯们全检讨过关了,而他呢?却赶不上别人,我非常生气,非常着急。我想他为什么不努力赶上别人呢?我很烦恼,甚至想不管他了;但是我想,不改思想这样,这是不能解决问题的。应该耐心,要思想改造。这样在搓澡队的帮助下我又坚定了信心帮助他。

他终于变了,下定决心一定要在庆祝胜利高潮中过"关"。今天胜利就在眼前,我快乐极了。这种快乐是难以用笔形容的,这是经过艰难工作后所得到的胜利果实。我感谢党、感谢毛主席,将一个过去只知自己的名誉、地位、争权夺利、自私自利的人改变了。把他从一个深深的、臭臭的泥坑中拯救出来,开始了新的革命人生观,为祖国为人民来献出自己的一切。

通过这一次反资产阶级思想运动,给了我很大的教育,使我认识到存在资产阶级思想的人,对祖国建设的危害性,使我在工作中能够坚决地站稳立场,向敌人(资产阶级思想)进行斗争,使我更深深地认识到只有在我们伟大的中国共产党的领导下,我们祖国才能走向最美好的社会——共产主义社会。

新气象也带到了工友同志的家里

蒋洪[redacted]

今天吃过晚饭,我带着最近的"三反快报"和时事手册,走到了五十亩地工友同志的宿舍里。在院子里一盏不太明亮的电灯下面,她们有几个人正在练习舞蹈呢!远远地看见我,就跑拢过来,有的抱着我,有的拖着我,高兴地说:"你来了,快来,快来,教教我们,谱子不会,还跳不熟呢!"接着前面,后面围来了许多人。除了家属之外,虞春林在家,也出来参加了我们的队伍,一遍又一遍地跳起来了。他们是那么高兴,学的那么认真。这时,我想起了一个多月以前,在我和他们谈过了时事问题以后,开始教舞时,虞春林爱人李文英看见大家跳得起劲,心里也想跳,我叫她参加,可是她看了看,门口坐的虞春林,指了一指,摇了摇头,连话也没敢说,就站在一边去了。别人说:"不行,他在家。"今天,不同了,虞春林同志是在家,但是他不但叫她跳,而且自己也在跳,高兴地、起劲地跳了。舞跳得累了,我们围在灯底下大家一块读着最近几期"三反快报"的家属通讯,她们知道了五十亩地的沈永福爱人沈惠云坚决走上她应该走的道路了;李占元先生的家庭快乐多了;以及一切新的气象和转变。她们也兴奋地谈出了心里的话。陈洪太太于政云说:"陈洪现在改变多了,以前提意见他总不接受,问问他学校里的情况,他也说你管这个干么?这回思想改造中,我跟他说,你得好好检查思想,别人给你提意见,你可得接受!"他说:"好!好!"现在再也不闹脾气了。玉金声太太闻兰英说:"以前玉金声脾气很坏,我在做饭,孩子哭的多急,他也不伸手,现在改造了,也爱劳动了,打打水、帮帮忙,脾气也没有了。"她一边说着,一边笑着。以前闻兰英是一个受婆婆丈夫气的小媳妇,看见别人乐,自己只敢在门口看看。孟传香、王凤芝都抢着说:"以前,如果做晚了点饭,到处都听见骂人的声音,大吵大闹,今天却和气多了。"指出他们所犯的错误,都说下次一定改了。

谈到了这一些，谈到了她们高兴的心眼上，她们异口同声地说："这都是毛主席带给我们的幸福"。她们举出了解放以后的生活，能参加识字学习的机会、火车上对儿童、对妇女的照顾，她们说："毛主席，共产党照顾我们多周到啊！是我们的恩人，我们的救星！给我们带来了多少幸福啊！"董鸿儒的太太袁克伶是从来不讲话的，她一直在听着，这时也开口了，她说："我先生以前就是不爱发言，把话烂放在肚子里，今天也改变了，也发言了。"新的转变，新的气象，数也数不完，毛主席、共产党的恩情说也说不尽。

十点多了，就在"……翻身多亏毛泽东……"的歌唱中，我走了出来。她们还远远地在说："明天几时跳舞来叫我们呀！"

这是党和毛主席给我们的

许大庸教授爱人　孙芷君

我是一个家庭妇女教育也受得很少，解放虽然三年多，可是由于我有三个小孩把我拖在家庭的小圈子里，使我没有机会接触新事物。我的爱人过去对我不坏，我以为他是一个很老实而又诚恳的人。学校开展反资产阶级思想运动后，我由水平低，没有办法帮助他分析思想，但我愿尽力把家里的一切事务都担当起来，并把三个小孩带出去玩，使他能在家里得到一个安静的环境来写检讨。后来他住到学校里去。过了三天，同学们来告诉我，他的检讨已写好，下午可以作检讨啦，我听到以后，非常地高兴，只得在家里准备些好吃的东西，来庆祝他胜利过"关"，他回来后，很高兴地告诉我已经过"关"了，而且说回头把检讨给我念一遍，晚饭后，他给我念了一遍，这我才知道他过去是虚伪的、卑鄙的、无耻的一个人民的罪人。但是从今天起他已把这些臭包袱丢掉了，变成一个新人，我听到以后，感到非常地高兴，以后的家庭更要快乐了。这是党和毛主席给我们的，我深深地感谢党和毛主席。

第六十八期　第八版

职工通讯（6）

机电小组的每个人都变了

机电小组是由电工、铁工、水泵房、锅炉、生产委员会等各单位组成的，在思想改造运动前,差不多每个单位都是勾心斗角,闹不团结,每个同志普遍都存在着小米观点、雇佣观点,还有许多同志存在着向上爬的思想和单纯技术观点,根本谈不上安心工作,为人民服务。经过思想改造运动的教育后,这种现象基本上消灭了,同志们团结起来了,每个同志都批判了自己的非工人阶级思想,初步树立了为人民服务的观点。

在电工组里,老师傅吴庆和过去是非常自私自利的人,他工作积极是为了使上级给他增小米,而且他还经常修理自己偷来的东西,好带出去卖钱。他是一个贪污分子,他不肯将技术好好教给徒弟,就像他自己所说的"我要把徒弟教会了,我的饭碗就有了问题。"他对电工组里每个同志都是爱理不理,有问题也不大伙研究,他的徒弟陈洪因为吴师傅不很好的教,使他常被电打,因此他对吴师傅很不满意,有一次他看吴师傅背地里把日光灯装好没有教他,陈洪即不顾一切,自己把它重拆下来研究,电工组另外的一个宋惠田同志是上班就来,下班就去,工作时还想着家里的事,整个电工组就是如此,同志间没有笑脸,也不多说话,互相埋怨。但是现在不同了,老吴转变过来了,"三反"运动教育了他,思想改造运动使他彻底地批判了过去的丑恶思想,他感动的说:"我过真太对不起毛主席了,毛主席已经把我从旧社会苦难日子里拯救出来,可是我没有良心,又犯了贪污。今天毛主席又把我救了,并且不叫我退脏[赃],不给我处分,我今后要将我所有的力量,交给祖国,将功赎罪。"他在检讨里批判了他的技术保守和单纯技术观点,他说他要把技术好好地教给徒弟。陈洪同志和老宋在运动里同样也受到很大的教育,陈洪表示要虚心向师傅学习,并且又表示以后要以共产党员标准来要求自己,老宋也批判了家庭观念,初步认识了地主家庭。现在电工组里师徒团结了,全组也团结了,在工作休息时,经常可以看见老吴和陈洪师徒俩谈思想问题和研究工作。同志间有说有笑了,每个同志都表示今后在工作中、要多节省电料,并保证不出事故。凡和电工组里同志常接触的人,都说他们转变了。

在水泵房里的三个同志,过去他们除谈工作问题外就不说什么了。任德恒同志存着严重的单纯技术观点,他本来在汽车组里开汽车,调到水泵房后认为没有出息了,于是大闹情绪,不安心工作,想离开学校。张振发同志最爱玩,工作时,常睡觉,在他值班时外面老是闹缺水。思想改造运动开始时,他在会上不发言,他自高自大,和任德恒及吴嘉琛闹蹩[别]扭,他们三人要算吴嘉琛较负责了,任德恒和张振发每天干六个钟点,多一点也不肯负责,他们间没有互助,总是年老的吴嘉琛同志多做点事。他们在运动里都检讨了过去的缺点,任德恒同志批判了单纯技术观点，他也认识了今天任何工任都是革命工作。张振发批判了对工作不负责任的作风，他主动地要求同学帮助他们水泵房订出今后的工作制度和计划。吴嘉琛过去工作虽很负责，他看不惯张振发工作不负责的态度，但也不敢当面提意见，却在背后叽咕，所以张振发特别恨吴嘉琛，当他们俩转变后，意见打消了，吴嘉琛表示以后要正确掌握批评，有意见当面提出，张振发也承认错误，表示今后一定虚心接受意见，他们三人也团结起来了。

其他，像铁工组经过这次运动后，无论在那方面比过去都好多了，工作积极了，甚至有时搞得忘了吃饭。水炉小组的老同志们改变了他们一团和气的作风，他们节煤省水，为国家增加财富。

全组同志在反资产阶级思想运动中，都作了较深刻的检讨，在思想认识上大大的提高了一步，目前同志们正在准备着文娱节目，来迎接全院的庆祝胜利大会。

图陈小组的庆祝胜利座谈会

图陈通讯员　汪剑森

当全院庆祝胜利的前夕，我们图陈小组在二十五日下午举行了一个庆祝胜利的座谈会，会场布置得庄严美丽，参加者有职员同志、同学、及职员家属，自二时起至五时许，始终为热烈、紧张、欢乐、活泼的情绪所笼罩，每个人的脸上都显出由内心发出来的笑容。

首先，刘振一同志报告今天胜利果实应归功于党和毛主席的英明领导，但也与同学们的帮助、同志们主观的努力是分不开的。

继着高同学很高兴地说："我们几个星期来和同志们一起互相学习，一块投入运动的高潮里，今天的胜利，是马列主义、毛泽东思想的胜利，无产阶级的红旗已在图书馆、陈列馆挥起来了！"这几句话给了我们每一个人无限的鼓舞。

王主任更鼓舞同志们要巩固今天的胜利，贯彻到今后的实际工作中去，永远不要忘记了今天。

在座谈会中，李家鹏同志感谢同学们给他"搓澡"，使他认识了自己的资产阶级思想；汪剑森同志感到了革命大家庭的温暖；龚老同志认识到做了四十九年资产阶级思想的俘虏，今天才得到解放了。其余许多同志都表示将这次收获贯彻到今后的实际工作中去，情绪都异常热烈。在暴雷般的掌声中，由雷同志主持我们和同学间交献革命的礼物；我们赠给同学们旗子一面，写着"团结在毛泽东的旗帜下胜利前进！”同学们也送给我们一个毛主席的石膏像，上面题着“巩固反资产阶级思想战线上的伟大胜利，全心全意做好革命点滴工作，提高工作效率！”这是我们彼此间革命情感的交流！

热情的洋溢在庆祝会的游艺节目中更表现得突出，年纪最大的陈、张两位老同志的双人舞，又在会场出现了，蹦蹦跳跳引得大家哄然大笑。还有龚老同志自报[告]奋勇的清唱。单振声爱人的一段清唱也很动听，沈尔良夫妇的双人舞也很有趣，还有家属中许多小朋友们或唱或跳，织成一幅天真活泼的画图，这充分反映了生长在毛泽东时代的人们是多么幸福、愉快！

今天的会是过去从来没有过的，这充分地表明通过了反资产阶级思想运动以后的今天，图书馆再也不像过去那样暮气沉沉了，陈列馆再也不像过去那样像一块静静的园地了，都充满了青春的活力！崭新的气象，不过我们认为这还是进步的开端，距离祖国的现实的要求还远，我们只有在这胜利基础上，更提高自己，为实现美丽的未来，幸福的明天而斗争！

马克思列宁主义胜利万岁！

一九五二年七月二十七日　捷报

毛泽东的胜利红旗高高飘扬
我院反资产阶级思想运动彻底胜利
全体教师今日百分之百地胜利过“关”

今天运商系、共同学科、俄专、材专等思想战线上都取得了彻底胜利；我院全体教师已百分之百地胜利过“关”了！我们的反资产阶级思想运动彻底胜利了！同志们：让我们热烈欢呼吧！让我们纵情歌唱吧！我们半年多来的辛勤劳动，已经结出了胜利的果实；马克思列宁主义、毛泽东思想的红旗已经在人民的北京铁道学院高高飘扬起来了！

在过去，资产阶级思想在我院占据着统治地位，猖狂地与工人阶级思想争夺着领导权。由于党的正确领导，以及我们全体师生员工家属半年来的辛勤劳动，坚持不懈地与资产阶级思想进行了坚决斗争，现在终于把资产阶级思想从统治地位打下去了！工人阶级思想红旗树立起来了！每一个教师都在思想上获得了解放，找到了真理。“把自己的一切贡献给祖国人民”已成为教师们共同的行动纲领。过去为名誉、地位、爱人而活的沈玉麟教授，今天是要“为革命而生，为革命而死”；过去倚老卖老的六十岁老教授许延英，今天是要从思想上“返老还童”，与青年人一道推动着社会前进；过去狂妄自大的许靖教授，今天是虚心、诚恳、甘当群众小学生；过去精神枯萎、麻木不仁的二十多岁的沈一可助教，今天恢复了青春的活力，在他的脸上出现了笑容。金士宣教授是“铁树开花”；谢淑英助教是“起死回生”……新生了！一切都新生了！党和毛主席把大家从资产阶级思想的泥坑中救了出来；给了大家新的生命。此时此地，将永远留给我们每一个人刻骨铭心的回忆！

我们胜利了！这是马列主义、毛泽东思想的伟大胜利！是我院具有历史意义的胜利！让我们在毛泽东的光辉旗帜下，胜利前进吧！

从一个胜利走向另一个胜利！

最后我们热烈欢呼：

庆祝我院反资产阶级思想运动的彻底胜利！

庆祝全体教师胜利归队！

马克思列宁主义胜利万岁！

毛泽东思想胜利万岁！

中国共产党万岁!

毛主席万岁!

1952.7.30(一九五二年七月三十日)

庆祝反资产阶级思想运动彻底胜利

为建设我们伟大祖国而斗争

庆祝胜利日特刊

毛泽东思想胜利万岁

北京铁道学院节约检查委员会办公室宣传部印行

第六十九期　第二版

又一批运动中的积极分子加入了革命组织
前晚举行入党入团宣誓大会

在本院反资产阶级思想运动中,涌现了大批的积极分子,纷纷要求入党、入团。继上次十二位团员入党、九十八位同学、助教入团之后,二十八日晚又有十四位团员光荣宣誓入党、八十四位同学、助教光荣宣誓入团,这是本院反资产阶级思想运动中的重大收获之一。

因为大家都在忙着筹备"庆祝胜利日"的工作,所以二十八日晚的入党、入团宣誓大会,总共只开了一个多钟头。但时间并不能限制住同学们的热情,在仪式尚未开始以前,到会的同志、同学(几乎全校住校的教职工同学都参加了)热情地唱着"青年团员之歌"、"没有共产党就没有新中国"等等歌曲,一遍又一遍的,愈唱愈有劲,愈唱愈响亮,在新党员、新团员举行宣誓的前后,谁都能感觉到今天大家的鼓掌声特别热烈,特别激动。大家的心情是可以理解的。在反资产阶级思想运动中,大家对党和团有了进一步的认识,从而产生了对党、团的衷心爱戴和拥护,争取做一个青年团员或共产党员成了大家普遍的崇高信念。当新的党、团员宣誓后,大家都争先和他们握手,拥抱说:"祝贺你!"

刘炽晶、张剑非等教授胜利归队后
我院反资产阶级思想运动获得彻底胜利
各系师生家属热烈庆祝

二十七日是我院的一个大喜日,这一天由于运商系刘炽晶教授、俄材专张剑非教授等的胜利归队，我院的反资产阶级思想运动至此已取得了彻底胜利！这是我们一千多师生员工家属之所盼望的一天！

刘炽晶教授是前任本院院长，他的官僚主义作风、特权思想、宗派主义特别是“金刘之争”等，是大家比较熟悉的。在他主持院务的两年中，由于他以这些腐朽的资产阶级思想来对待人民教育事业，使我院的发展受到了不应有的损失。但是，反资产阶级思想运动开始以后，刘教授并没有认识到这些问题，不肯挖思想，反而说是“没有功劳，也有苦劳”。“搓澡”队以具体的事例启发他认识宗派主义的危害性时，他怕“算旧账”，就“勃然大怒”，并说：“砍了我的头也不承认我有宗派主义”，但是，事实很明显，他一到校时就拉拢一批人、排斥一批人，为了怕妨碍他的“权力”，把几个党员干部调来调去，以赵传云、文澂憬、高镜芹等先生为他的“骨干”，排挤王芳荃、王维庭、魏真等教授，特别是与金士宣教授间的“金刘之争”，互相利用自己的“势力”，争权夺利。金教授以校友领袖自居，刘教授便把院务一把抓，说是“院长负责制”。另外，他对党的看法也是很不正确的，他曾说共产党“高级干部好、中级干部少、下级干部糟。”三反时，刘青山、张子善事件揭发以后，他非但没认识到党的大公无私，反说“党员坏的多，好的少。”参加土改也是不安心的，认为又不当“土改学”教授，不值得参加等。回校以后，校内正开展反资产阶级思想运动，他自认为是“没大问题”，大家因为他资产阶级思想浓厚，把他排在后面做检讨，他非但不抓紧时间去想问题，反而满不在乎。七月初，运动面临高潮时，他还悠悠自在；“搓澡”队几次找他谈思想问题，他才开始检讨，但还是以“好人”自居，对于资产阶级思想则认为谁都有，“不稀奇”，根本不痛恨；为做检讨而做检讨，写了一些“我有宗派思想、统治思想、向上爬……封建思想”(，)等等，并不联系自己的思想，说来说去，尽是表白自己，如“金刘之争”全往金教授身上推，把思想改造看成是同志们向他“要债”，他自己以“逃债”的心情来对抗运动。

在运动高潮来临以后，同志们对刘教授加紧了帮助，运动的发展也时刻教育着刘教授，他开始想，资产阶级思想“人皆有之，我何独无！”二十二日运商系全体教师和“搓澡”队员们的座谈中，大家集中力量，耐心、诚恳地对刘教授进行了帮助，热情地希望他能在胜利高潮中做好检讨，与大家欢度“庆祝胜利日”。刘教授的女儿也参加了会，鼓励爸爸痛下决心，丢掉资产阶级思想的包袱，刘教授在会上被大家赤诚之心感动得落了泪，态度有了转变，当晚就努力写检讨，把思想活动情况暴露出来，也初步做了分析和批判，由于他明白了思想改造的意义，做检讨不再认为是“还债”，所以对同志们的帮助就虚心、诚恳地接受，检讨稿也很快就写完了。

二十七日，刘教授在运商系互助组上做了检讨，对他的主导思想“权威思想”及因此而产生的宗派主义、“金刘之争”等做了比较深刻的批判，对于这些思想带给人民教育事业的严重危害，刘教授感到无比的沉痛，几次为自己做了危害人民的事而痛哭流涕。他表示：“过去我对不起党，对不起毛主席；今后我要坚决地、永远地跟着毛主席、共产党走，建立起革命的人生观，全心全意为人民的教育事业而努力奋斗！”他的检讨受到了师生们的热烈欢迎，门外、窗外都挤满了人，掌声历久不息。金嗣文讲师、金士宣教授等都发表了意见和感想，一致认为刘教授的检讨是令人兴奋和满意的，“争”了两年多的刘教授和金教授紧紧地握了手，当核心组宣布通过刘教授的检讨时，大家一拥而上，争着向刘教授祝贺，金士宣教授拿着一幅大红绸披在刘教授身上，刘教授愉快的笑了！窗外是锣鼓喧天，室内是掌声雷动，大家为我院反资产阶级思想运动的又一重大胜利而欢欣鼓舞。

俄专张剑非教授也在二十七日胜利归队了！这是运动的最后一个胜利。张教授在解放前一直在国民党外交部工作干了很多反苏、反共、反人民的罪恶行为，在抗战胜利后，他出任蒋匪帮外交部东北特派员，不分青红皂白，一手制造诬蔑苏联的材料，供蒋匪在“联合国”诬蔑苏联，并在国内进行反动宣传，使很多人受了反动宣传的毒害。对蒙古人民共和国，旅大问题、中长路问题有了错误的看法。在张教授参加伪“旅大视察团”以后，更狂妄地大叫要“接收旅大”并亲自把荒谬的“视察报告书”送交蒋介石，极尽诬蔑苏联、诬蔑人民政权之能事，解放以后，张先生来本院任俄专主任，但是他并没有感到自己罪恶深重和人民对他的宽大，仍旧与人民站在对立的立场，作风虚伪、圆滑，工作不负责任，与其他教师闹不团结；反资产阶级思想运动开始以后，他企

（下接第三版）

第六十九期　第三版

（上接第二版）

图蒙混过“关”，表面一套，背后一套，在大会、小会上不下十次地表示“决心”，甚至装得痛哭流涕，实际上却根本没有展开思想斗争。当大家初步揭发了他的虚伪的态度之后，他又装作“病倒”回家。在作检讨时，[抠]字眼，讲“起、承、转、合”，怪自己“国文不好”，对于自己的反苏、反共的思想不敢正视，在会上先是说：“职务反苏、思想亲苏”，继又说：“职务反苏、思想不反苏”，最后

勉强承认“职务反苏、思想也反苏”，会后又矢口否认了。

不管张教授态度怎样令人难以容忍，党还是用了最大的力量教育他、启发他，直到五天以前，核心组还召开了一个全系师生大会来帮助他端正态度，在马列主义、毛泽东思想面前，“顽石也要点头”，张剑非教授才开始认识到自己的罪恶，端正了对待检讨的态度。在二十七日所人的检讨里，他比较诚恳地暴露了自己的反动思想，并有了一些批判。在检讨中，他说：“当我国人民正和美帝支持下和蒋匪帮作殊死斗争的时候，我却依附蒋匪帮，犯下了反苏、反共的不可饶恕的罪行！”他说：“解放前后，不少善良的人民对于苏联的和平政策和国际主义精神发生怀疑，这是我干的反动宣传的结果，阻碍人民革命事业，使它不能更快地获得发展！”他痛恨他过去那种“双手沾满了人民鲜血”的反动行为，表示今后要把自己的一切甚至生命贡献给人民，立功赎罪。他要“永远跟着毛主席、共产党，全心全意为人民服务！”张剑非教授最后终于能在胜利高潮中过“关”，受到大家的热烈欢迎。

下午五点钟，看到了“我院反资产阶级思想运动已获彻底胜利”的红色捷报，全院师生员工家属汇集在一起，在校园里举行了大游行，然后再到大操场上去扭秧歌。大家都深深为半年来辛勤劳动所获得的丰盛果实所欢欣鼓舞。有同学说：“像许靖、严德炯这样的教授都变好了，真[正]说明了党的政策的伟大和正确！”俄专的崔老先生用俄文说：“三年前的解放是肉体上的解放，今天才是精神上的解放！”许多先生以前从没有扭过秧歌，今天却扭得十分有劲。王竹亭教授的爱人紧紧握着虞倩文同学的手说：“半年来的辛勤劳动，今天可结了果实啦！痛痛快快的玩吧！跳吧！你们太辛苦了！”虞倩文同学激动得很，心里想：大家都这样欢乐，那里还会感到辛苦呢！在游行及扭秧歌的时候，“中国共产党万岁”和“毛主席万岁”的呼号是每一个人对党和毛主席的敬爱、感谢的、情感的升华。领着喊口号的同志停了下来，大家说：自己呼；秧歌舞的音乐中断了，大家就自己唱着跳。

晚上，运商、经济、俄材、共同学科等系科都开了热烈的庆祝胜利大会。在会上师生家属都尽情地表达了自己内心的欢畅。在运商系的会上，许靖教授激动地说“过去我总觉得社会上的事，都是人吃人，今天我才体会到人与人之间的真正的感情！今天我真正感到党是‘我的’党了，感谢党和毛主席，使我们老年人和年青人一样的活泼快乐！”当侯汝勋教授宣布应达之同学送给他父亲应尚才教授一本“谁是最可爱的人”时，暴风雨般的掌声好久才平静下来。反资产阶级思想运动，使他们父子间的感情在新的基础上建立起来了。应达之同学还编了一个“数来宝”，当数到“应教授，好喜欢，因为他也过了‘关’；作检讨，来批判、洗干净澡，他上了岸”时，掀起了一片欢笑声。五十多年来没有跳过舞的伍廷钧师母，也在会上高兴地跳起来了。林达美、陈寿昌、孙燕君三位教师的耍火棒、二院小朋友的滑稽大合奏，王竹亭教授的小孩的“迎春舞”……都象征着在毛泽东的阳光的照耀下，老老少少都活泼起来了！运商系的全体同学给全体过“关”的老师们每人送了一个镜框，在镜内针对各位老师过去在思想上的毛病题了不同的诗句，来勉励和巩固老师们在思想上的收获，这是一种珍贵的礼物，是同学从内心所发出的话，当献礼开始时，三十八位老师排成一行，接受同学的献礼，彼此间紧紧的握着手，彼此拥抱着，这是真诚的感情上的流露，全场掀起了历久不息的掌声。经济系的张协衷主任，在经济系的会上说他自己的官僚架子已被彻底打垮了，他指着自己的头发意味深长的说：“这不是白头发，而是被粉笔灰染白了的！”他表示要争取做一个光荣的共产党员。张主任的爱人好几年不唱歌了，但这次却在会上热情地唱了个湖南小调，李士珍讲师的八岁的孩子讲的快板，生动地反映了他们家中的新气象，他说：“爸爸再不会因为做不好检讨打得我满街跑了！妈妈再不也叫爸爸做‘老’李了！”文娱节目中最精彩的要算是许延英、万良桢、傅恩龄、张协衷等四位老教授的“童年舞”了，他们跳得那样亲切、生动，真和儿童一样天真活泼。在俄材建筑系的联欢会上，张剑非、朱代杰的爱人都为了表达他们对党和毛主席的感谢，——感谢毛主席把坏人改造成好人，给家庭带来了温暖，——而高呼“共产党万岁！”“毛主席万岁！”刘永禄教授说：“我们过去的家庭是个棺材式的死气沉沉的家庭，但现在，毛泽东的阳光已经照进了这个‘棺材’，我们的家庭重新活起来了！”他也表示要争取做一个光荣的共产党员。建筑系的八位教师在会上化装演出了精彩的“翻身多亏毛泽东”舞。在共同学科的会上，严德炯教授夫妇自编自唱了一个动人的快板，诉说他们以前的丑恶思想，感谢党和毛主席给了他们新的生命。吴佩蓉助教和她的二个女儿演出了“向母亲献礼”舞，表达了她们内心的欢迎。

晚会都开到十一点半以后才散，大家都觉得依依不舍、“兴犹未尽”。好在三十日的“庆祝胜利日”马上就要到了，让我们在“庆祝胜利日”玩的[得]更欢畅吧！

胜利花絮

俄专张剑非的爱人，以前要她参加什么活动，她总是说：“没有空，家里走不了。”但，二十七日参加晚会回去后，她说：“我从来没有参加过这么快活的会。”她又叫她的几个小孩参加三十日的庆祝晚会表演。她自己也高兴的跳舞了。

听到三十日举行庆祝胜利大会，工友马占奎同志说：“我活了四十多岁，从来没有现在这么高兴过，庆祝胜利会与别的会不同，我已经得到思想上的解放，我觉得我年青了，我准备剃头刮脸，穿新衣服，参加跳舞，我还要叫我的爱人也穿得漂漂亮亮的来跳舞，扭秧歌。”老工友刘荣同志说：“这个庆祝会是庆祝我们自己的胜利，我要把我那六十多岁的老太婆（指爱人）也请出来，一同扭、一同跳。”

在二十七日党支部大会上，批准了三十六位党宣传员，这些新批准的宣传员都很高兴，邝少英同志说：“我心情非常激动，我有信心一定做好党交给我的任务。作好宣传工作，努力提高自己，成为优秀的党的宣传员。”

李副院长，于二十五日在建筑系全体师生会上，宣布中央教育部与铁道部关于院系调整方案，将我院建筑系调整至天津大学。该系全体教师热烈响应这一号召，沈玉麟教授说：“我坚决拥护这个院系调整计划，这是符合人民利益，祖国是需要培养大批建设干部，要完成这个任务，就必须完成院系调整计划，要没有这次思想改造的话，我对于院系调整会尽是考虑自己的个人‘利益’，而不顾广大人民的集体利益，我会想到天津对我的发展前途不及北京，我又会考虑我爱人的工作在北京，我去天津将与她分居而处，而不愿意，今天我已站到工人阶级立场，不再想个人问题，要为大家做好迁系工作。”

第六十九期　第四版

永远跟着共产党走前途才是光明灿烂的

朱广心教授

今天是我们经济系反资产阶级思想运动彻底胜利的日子，我首先要感谢党和毛主席给我的新生命。经过了思想改造，我才知道人是应该为谁活着；换句话说，也就是我知道了人生的真意义，过去我一直醉生梦死的为自己活着，我觉得人的生命是很短促的，几十年的光阴，一眨眼就过去了，惟有及时行乐，才是正当的，否则，就是虚度此生。因此一有机会，我总是设想享乐，以求自己的舒服，现在回想起来，那种享乐，不但是空虚的，而且是可耻的；因为我那种享乐是完全建立在别人痛苦上的，而只有为祖国的前途活着，为广大的劳动人民利益活着,才是真正的人生。所以我现在不但不觉得生活是短促的,相反的我觉得我的生命是无限的长,并且在我的生命里充满了为革命而奋斗的力量。

经过了思想改造,我这个人虽然没有改变,可是我的思想却根本改变了,我对一切事物的看法,和以往完全不同了,譬如拿成渝铁路来说吧:过去我是这样看着:四川离北京几千里路,我又不打算到四川去旅行,所以修成渝路不修成渝路,和我是毫无关系的,但是经过了思想改造,我就另有一种看法,我想修好了成渝路,不但可以给四川的同胞们解决了"蜀道难"的问题,而且四川的经济也因此可以得到充分的发展,同时四川的经济是全国经济的一部分,四川的经济发展,就是整个祖国经济的发展,这与我们走向工业化和人民生活的改善,都是不可分的。再拿我的家庭来说,亦与以往不同了,过去小孩子们喜欢画,我总是给他们买旧式的封建画,如封神榜、西游记等,不久以前,我家里还是贴着这一类的画,不但小孩子喜欢,连我自己亦欣赏,可是经过了思想改造,就在我过"关"的那天,回到家去一看,就觉得这些画特别不顺眼,于是我立刻全撕了下来,改贴上马、思、列、斯、毛主席和朱总司令的像[相]片,立刻就焕然改观,出现了一番新气象,甚至连房间里的空气都像变了样,比以往新鲜了许多,所以精神上觉得特别愉快。

过去,在思想改造的过程中,我的身体一直是很坏。精神颓靡不振,情绪焦灼烦躁,我想在思想改告一段落的时候,我一定要到医院去养一养,恢复恢复精神。那[哪]知我过了"关"以后,精神就立刻大为焕发,无论是作[做]起事来,或是走起路来,都觉得特别有力,根本就不想到医院去了,毛主席说思想改造就是治病救人,这句话我今天才体味到,思想改造的确是治病救人的。拿我过去所害的病来说,即使到医院去,任何医生亦不会给我治好,而只有在党的正确领导下,和同志、同学们的大力帮助下,经过思想改造才能治好,所以党和同志、同学们就是我最好的医生,我衷心感谢党和同志同学们!

其次在思想改造后人与人的关系亦完全改变了,过去同志、同学们仅是因为都是一个学校的关系,大家见面,只是随便点点头,或是说上两句敷衍的话,就算完事,根本谈不到有什么感情,可是经过了思想改造,气氛就完全不同,大家见面都觉得特别亲热,特别友爱,就拿"搓澡"队的同学来说吧,前些日子给我"搓澡",为了照顾我的身体和时间,不让我到学校里来,而是他们到我家里去,我写好了检讨稿子,他们亲自去讨,看完之后,再亲自给我送了去,那种热情和耐心,实在不是言语可以形容得出来的。最后我不能忘的,就是同学们要我写一篇登在"三反快报"上的稿子,当时约好,晚上七点到我家里去拿,但是到了五六点的时候，忽然下起大雨来了，这若是在以前，我一定曾想同学们不会去了，可是那天我根本就没有想同学们不会去，而只是担心着同学们会被雨淋湿，于是我决计在家里等着，果然到了七点钟蔡梦松同学冒雨去了，全身都淋得透泾，这定以说明工人阶级思想的伟大，同时更是以说明党的领导的正确。

过去我是一直和党保持着距离，我不愿意接近党，因为我知道缺点太多，如果和党接近，时间长了，就会把缺点都暴露出来，对自己不利。同时，我又觉得自己不是党员，如果和党员同志们接近，别人就会猜疑我逢迎党员，或是说我与党员拉拢，因此我就总也不愿意接近党，可是经过了思想改造，我才深深的认识到，党是我们工作的唯一领导者，是我们前进的灯塔，离开了党，就失掉了重心，离开了党，就失掉了光明，只有紧紧的靠拢党，紧紧地团结在党的周围，永远依附着党，永远跟着党走，前途才是光明的，才是灿烂的，所以，我今后一定要紧紧的靠近党，在党的领导下向光明的前途前进。

总之，在思想改造以后，我觉得我周围的一切都变了，都变得活泼泼的充满了朝气，都变得非常亲切。我关于这方面的感想和体味是太多太多了，这里所说的达不到万分之一，我现在只有感谢我们最崇高的党，感谢我们最伟大的毛主席，用以表达我所没有说尽的感想和体味。

感谢党感谢毛主席

石立治

我过去是一个对政治毫不关心、对党也毫无认识的人，当刚解放时，我听见什么“没有共产党就没有新中国”及“东方红”等歌曲，我就觉得那是“夸大其词”，“过分吹嘘”。虽然以后经过一些事实的证明，使我对党有了初步的认识，但仍是很肤浮的，譬如去年暑假我回家时，看见乡下各家都挂着毛主席的像，我就认为是政府要他们挂的，我就没认识到翻了身的人民，对毛主席是怎样的热爱。

通过“三反”运动及这次伟大的反资产阶级思想运动，才使我从本质上认识了党。特别是学习了“可爱的中国”，读过了“中国共产党的三十年”并看过“七一图片展览会”后，我深切的感觉到党确实是伟大的、光荣的、毛主席的领导的确是英明和正确的。

今天，中国人民终于被解放出来了，人民生活也一天天的美满、幸福了，大建设即将开始，这历史上空前的胜利与成就，是与共产党的艰苦奋斗及毛主席的英明领导分不开的。

为了真理,为了人类的解放与幸福,中国共产党三十一年来不顾一切艰难困苦,不屈不挠的与敌人作顽强的斗争,经过多少流血牺牲,经过多少危险处境,共产党没有被吓倒,反而越发壮大了,同时革命初期,由于毛主席的远大目光及正确的认识,才能克服了党内一切左倾的及右倾的机会主义,而引导共产党走向正确的大道。

过去我一直在自私自利的小圈子里,为了个人的得失,烦闷苦恼,甚至为了向上爬,不惜参加反动三青团,制造宗派,给祖国人民带来不可估计的损失。今天党不独不计较我的以往,反而热诚的将我由自私的深渊中拯救出来,使我认识到党的确是争取每个可改造的人,使他能更好的为祖国人民服务,我衷心感谢共产党,感谢毛主席;同时,我对伟大的祖国、正确的党及英明的领袖,都发生了真挚的热爱,现在我知道我应如何的生,怎样的死,工作有了动力。有时不自主的而且十分愉快的歌唱起"没有共产党就没有新中国"及"东方红"等歌曲来了。

生活在这伟大的毛泽东时代,是最幸福的,祖国的前途是美好的,共产主义事业是光荣、伟大的,为了感谢党和毛主席对我的恩惠,为了建设我们的祖国,我衷心愿意献出我的所有力量,永远跟着毛主席及共产党走!

第六十九期　第五版

永远跟着毛主席永远跟着共产党

为了祖国的光明前途　我要永远跟着共产党走

运输系教授　许　靖

通过了这次思想改造胜利以后,我也和大家一样,在我的心底里感到无比的愉快和兴奋。我所愉快的是我们经过了这一次同样的思想改造,在思想上获得了同样的进步,就是由原来各种不同的腐朽自私的资产阶级思想,进到了只有一个标准的、前进无私的无产阶级思想里面了,不管我们来自过去什么阶层,也不管我们过去彼此间的关系如何,都已变成了死亡的东西,今后我们都是站在一个共同的无产阶级立场,都是属于一个革命大家庭的弟兄,彼此心连心,手牵手,一齐在思想统一战线上勇往前进,一齐向建设祖国的共同目标努力，一齐向实现社会主义和共产主义社会的无比崇高伟大的事业共同奋斗，我想任何一个人再也不会感到“文人相轻”、“同行相忌”的那些烦恼痛苦，连吃饭睡觉的时候也会享到心平气和，无忧无虑的快乐，所以我看到思想改造的胜利，心中感到特别愉快。其次，我所兴奋的，是我们有了几千年历史的伟大祖国，本是一个令人可爱的国家，在地上到处散布着锦绣河山，在地下到处蕴藏着宝贵资料，又有广大的肥沃土地，更有五亿的勤俭、勇敢、智慧无穷的广大人民，不论人力物力，都是取之不尽用之不竭，本应老早成为世界上最富、最强的国家，只是由于满清、北洋军阀，国民党等腐败黑暗的反动统治，摧残，只是由于资产阶级的腐朽恶浊思想，到处作崇[祟]，才把一个本来庄严、美满的“母亲”，弄成了一个遍体鳞伤的可怜人。幸得有了毛主席和他领导的共产党，才把我们奄奄一息的“母亲”救活了，并且在最短的期间已经把“母亲”养得很健康了，这就充分证明了马列主义、毛泽东思想的伟大真理，同时也证明了知识分子的思想改造的重要性。我想，通过全国知识分子的思想改造胜利以后，全国劳动人民更可发出无比强大的力量，一定能够把我们可爱的“母亲”装饰成为世界上最可爱的“母亲”，我以前因为痛恨反动统治的关系，犯了背叛“母亲”的大逆不道的错误，为了忏悔我的过去罪过，今后，在毛主席和共产党的领导下，我有很好的机会来尽我装饰“母亲”的责任，因此见到思想改造的胜利，我又感到特别兴奋。我为了巩固已经取得的初步思想改造胜利，为了伟大祖国的光明前途，我更要永远地跟着共产党走，永远向共产党员学习。

我要为共产主义事业奋斗到底

电信系讲师　卢肇铨

解放了三年多，这是我生平第一次认识了我们伟大的中国共产党，我在三年间，以前一直是对党漠不关心，甚至是对立的，我的内心是矛盾痛苦的，我感到党的伟大无比，公正无私，我爱她，但是我也感到她是冷酷无情，我好像永远也不能和她接近。我从十三岁起就过着沦陷区的亡国奴生活，八年以后，又受到了反动派匪帮的压榨迫害，这些苦楚、屈辱的日子，是一生不能忘[redacted]，解放以后，在党的领导下，祖国人民站起来了，我也站起来了，一个稍有良心的人，在呻吟于敌人的压榨下三十年，而一旦站了起来时，怎能不为之万分庆幸、万分欢欣，我感到党是伟大无比的，同时由于三年来党的措施没有一件不是强有力、正确和造福人民的，我感到党是公正无私的！但是我也恨党，我恨她冷酷无情，当我在解放初期失业，而找不到工作时，我便怨恨党，当我在思想改造运动中受过批评时，我便喊是党整我，当我见着党团员时，我总是“敬而远之”。内心是充满着矛盾，我爱党，也恨党。我“敬爱”她，我又“远离”她。这个矛盾，终于在思想改造运动中，作了尖锐的斗争，我胜利了，从此我再不远离党，再不怨恨党，我要永远的爱她，永远的跟着她走，我体会到奥斯特洛夫斯基的话：“这是个伟大的时代，怎能离开党而生活呢？”

我矛盾的斗争是在这次思想改造运动中的批评会以后开始的，批评会以后，我感到党是在整我，打击我，但是在批评会以后，同学们、先生们对我的热诚，组织上特意找李[redacted]礼我熟识的人帮助我，小心翼翼的、诚恳热情的帮助，终于使我认识了那个我以为最无情的打击：“批评会上的批评”也是从党衷心对我的热爱而产生的，不是“打击”，是“热爱”，是“教育”，是“帮助”，是“团结”。我再举目四望，谢奇松、潘光旦……党对每一个知识分子都是一样，我感动了。

我想到了，日本帝国主义给我的屈辱、反动派给我的迫害，我也想到了，解放后的幸福日子，未来祖国的前途，这是谁给我们的？我为什么要说党是无情的呢？这是资产阶级思想害了我。

三十一年来，我们伟大的党，领导着全中国人民，从压迫下解放了出来，把帝国主义和封建势力赶出了大陆，在短短的三年间，发动了多少个轰轰烈烈的运动，但是资产阶级思想占据了我，我漠不关心，同时，如果影响我个人利益时，我便和党对立，给人民带来了损失。这一次反资产阶级思想运动，拯救了我，使我改变了人生观，使我体会到党的热爱，使我的被旧社会损害了的心，又复活了，我开始知道爱祖国、爱人民、爱我们伟大的党和毛主席。

我要感谢党，使我获得了新生，使我由死亡走向光明，成为祖国的一个有用的人，我要谨记祖国人民、党和毛主席对我的热爱与期望，发挥中华民族的优良品质，在党的领导下，为了共产主义事业而奋斗到底！

感谢党和毛主席使我得了新的生命

数学组　陈荷生

在解放前，我是一个很不为人重视的教师，因为我自己学术能力差，不能高人一等，又不会“吹、拍、拉”的一套，而自己又有浓厚的功名思想，因为达不到目的，便消极悲观，感觉自己无足轻重，产生了灰色人生观，解放后一切都变了，祖国的一切在突飞猛进，政府是人民的政府，党是大公无私的党，我自己感觉祖国是站起来了，我自己也翻身了，但是因为我有自私自利、个人主义的臭包袱没有扔掉，所以我并没有全心全意为人民服务。我也没有热爱祖国、热爱党。我觉得人民政府和党是好的。但是我和他并不感觉亲切，经过这次次反资产阶级思想运动，通过听报告、学习文件、参观“七一图片展览”后，[redacted]站到工人阶级立场后，我对党有了正确认识，[redacted]爱党，我觉得党就是我自己的。我还[redacted]举足轻重，而觉得责任重大。我已建立了革命的人生观。我衷心感谢党和毛主席使我得了新的生命。

第六十九期　第六版

新 气 象（12）

伟大的毅力只为伟大的目的而产生

——访梁晋才助教

梁伯龄

“学电工原理，每碰到一个问题，就是要多想，走路时想，吃饭时想，睡觉后也想。”这就是上学期末梁晋才助教与电二同学开座谈会时所说的话。

同志们！从这句话里我们蛮可理解到：过去的梁晋才助教是这么样的一个人，他在电信系自认为学问不坏，自有一套，存在着严重的单纯技术观点，在同学面前摆起先生的架子，一天到晚只死啃书本，改习题批卷子，但就不愿开会，不关心政治，每逢开会就发牢骚、发怨言，对系务也漠不关心，曾有一个时期为了待遇而不安于工作，想离此他去。

但是仅仅是半年以后的今天，他已成为一个光荣的青年团员。

“伟大的毅力只为伟大的目的而产生”当我访问他时，他这样热情的对我说。

的确，通过反资产阶级思想运动，梁晋才助教有了大转变，现在参加了光荣的青年团，这实在是电信系的大喜事，全体师生莫不欢欣鼓舞，为马列主义、毛泽东思想胜利而欢呼，为革命队伍中多了一个同志而高兴。

看看他过“关”后光荣的参加了青年团，他组织了教师“搓澡”队，并当选为队长，在“搓澡”工作中，他是非常主动负责的，他说：“我当了队长，没有实际下去搓澡，我只得抓紧小队长收集情况，研究分析。”有时看检讨到半夜一点、二点，他丝毫也不觉得累，他说：“以前九点睡觉，精神非常不好，现在工作忙，又紧张,到一二点钟睡觉,精神反而轻松愉快。”这样,一天一天过去,一个一个过“关”,他为每个同志的胜利归队而工作得更带劲儿。同时他也为工作开动脑筋,提议创办“系讯”,这对巩固老师的收获及运动的推动是起了一定的作用;后来这“系讯”又推广到全校各系科,我们不得不想起这位创造者——梁晋才助教。

看看他过“关”后,光荣的参加了青年团:“同志们! 咱们来唱一个歌好不好?”“同志们! 咱们跳舞去!”这就是全部教师胜利过“关”筹备热烈庆祝的那几天,假使你到电信系办公室里去,就可听到小梁如此清脆的喊叫声。不是在挥动手臂,指挥唱歌,就是在组织、动员大家去学跳舞,他说:“以前我那[哪]儿指挥过,这样扭过,我在同学面前摆着先生的架子,今天我与同学、老师之间一点也没有隔阂,非常融洽。”并且说:“通过文娱的方式,可以团结老师,巩固收获,把系里的生气带动起来。”的确,梁晋才同志在文娱方面抓紧时间,组织教师学习,起着带头作用,和以前我们在操场上请他来跳集体舞时他溜跑的情况比起来,那是大不相同了。

现在,他认识到每个工作都是整个革命工作的一部分,什么都愿干,因此他正在接受一件新的任务——干训班辅导员,去教最可爱的人——亲爱的志愿军同志,这对他说来,是觉得格外的光荣,他表示:一定要做好辅导员工作。

“从爱一个人变为爱千千万万人”

体育组樊明玉先生在过去是一个极端自私自利和有严重灰色人生观的人,他在年青时,球打得很好,成为明星式的运动员,养成他爱出风头和好虚荣的习气,但是近年来他身体变坏了,不能再在球场上称雄,因此他十分灰心和悲观,想起当年在球场上之英姿,使他不堪回首,同时他是一个爱情至上的人,认为“一切问题都可商量,只有爱情是自私的。”因此他对自己的资产阶级爱情感到十分“珍贵”,觉得没有这“爱”,世界上的一切都是空的,然而正因为他的爱情完全是建筑在资产阶级的恋爱方式上,因此,他和他的爱人曾在感情上发生了破裂,时常争吵,甚至打架,这时他感到自己的身体已坏,不能在球场上出风头,所惟一够以生存的就是“爱情”,而今这“爱情”又失去了,那生命还有什么意义呢? 用他自己的话来说是“前面是悬崖,后面是深渊”,他感到世界上的一切都完了,于是在去年年底,他竟可耻地自杀。

虽然他并没有因自杀而结束生命,但他的爱情问题仍没有得到解放,身体变得更坏,因此他更感到“天地茫茫,浮生如梦”,每次到家里看见爱人笑,回来工作就积极些，看到爱人不高兴，回来工作就没有劲，真如他自己所说：“像抽风一样”。认为：“自己和爱人情重如山，恩深如海，而今也将完了，那世界上还有什么有意义的事呢?”他看到修操场掘出来的白骨，就想到自己不久也变成这样，因此他十分孤僻，不接近群众，有时独个儿上操场去打半天的球。他就是这样一个在资产阶级思想支配下变得暮气沉沉，呼吸不能自由，和极端自私自利的人。

然而，人们会有新鲜的感觉，经过反资产阶级思想运动以来，樊先生是变了，他痛哭流涕地悔恨自己可耻的自杀行为，他说：“资产阶级思想把我压榨得喘不过气来，我竟是如此卑鄙无耻地为一个人而生活。”他又说：“志愿军在前方因保卫祖国而光荣牺牲，是光芒万丈，而我为爱情而死，真是臭水一滩。”樊先生沉痛地批判了过去，他终于在资产阶级思想束缚下被解放出来，他衷心地说：“是党和毛主席救了我，从今以后，我把一切都交给党和人民。”

一个孤僻、忧郁的樊先生，变得活泼和热情了，他和同学们一齐唱歌跳舞，并且组织篮球队和别系挑战，一空下来，他就和人们说笑要是在过去，早又偷偷地去回忆他的爱情滋味了，因为他不再专门自私自利地为一个人打算，因此老师、同学都非常欢迎他，他跳舞跳得浑身是汗也不停留，他说：“我第一次感到人生的滋味，同学们真对我太好了，太可爱了，我要和他们手拉着手，心连着心，向共产主义社会迈进。”

樊先生一个愁眉不展的脸，现在变得终日笑嘻嘻，筹备庆祝会他工作得很起劲，他说：“我只感到说不出的愉快，一点不觉得累”，在庆祝会上，他自己唱快板，说他如何从资产阶级思想的泥坑中爬出来，别人问他生活过得怎么样，他说：“毛主席重新给了我青春。”

苍苍胡须舞婆娑

方以规

俄专梁度先生，小胡子一撮，过去把人生寄托于命运，吃斋念经，信奉佛教，他以庄子的“清静无为”作为他的人生观，但是思想改造后的梁先生活跃了，什么事他都干得很起劲，为了庆祝运动胜利，他又积极地参加了练舞，二十七日俄材小组全体教师胜利过“关”后，在庆祝晚会上，梁先生拉开了嘴、跷起胡子，大唱俄文歌，会后他又和崔老先生二人参加跳舞，崔先生过去一贯家长作风，行动拘谨，但那天他和同学们一起随着音乐跳起来，他们俩笑得多么天真！在充满青春活力跳跃与欢笑中，谁能说他二位是“老”先生？舞罢，梁先生嘻着说:“这是我生平第一次跳舞”,回去后,他感慨丛生,写了一首诗:“新生新力果如何? 返老还童实例多,大会群英齐笑我,苍苍胡须舞婆娑”,梁先生真变得有青春的活力了。

第六十九期　第七版

新 气 象 (12)

侯汝勋教授找到了生活动力

运输系助教　闵保华

大概在一年多前,有一位先生来到我们系里,从外表上看,这位先生似乎也“文质彬彬”,听说是我们的教授,但却很少听到他说话、看到他参加我们的活动,使我们系里,也很少能见到他几面,他把自己看成一个客人,我们感觉并未因他来到系里而多了一个人,侯汝勋教授就是这样“静悄悄”地参加我们系的工作。

教师学习运动开始后,侯教授在会上会后很少表示自己的意见,很少关心系里的事,更少谈论政治问题,虽然他照样阅读指定的文件,照样写学习心得,但他是抱着要我看我就看吧! 要我写我就写吧! 来敷衍塞责,这些对他说来,是一种极沉重的额外负担,他对时间也抓得很紧,系办公室里常见他伏案阅读,然而这仅限于他那唯一放不下的红皮面的“蒸汽机专学”,侯教授对政治学习始终就是这样:一推一动,不推不动,在应付着,如果关心他的人询问一下他沉默的原因,就可以听到他的解释,“我的理论水平太低,我又不善于说话呀!”“让我多听听吧! 我要多学习学习。”看样子态度倒也谦虚,可是却并不老实,因为侯教授不是说的真心话。

反资产阶级思想运动揭破了过去虚伪的面子,打亮了每个人的心底,侯教授认识了党的政策,他觉悟了,他说:“在旧社会里向上爬是我生活的动力,然而在新社会里,我不知道究竟应该怎么干? 我找不到新的生活的动力,而对于人民的事业,我感觉既不是别人的,也不是我的,到底是谁的呢? 我只有一个抽象的概念,知道那是公家的,但公家又是谁呢? 过去我不发言是怕犯错误,又怕说不好被人讥笑、瞧不起,在我思想上也从来没有考虑过立场问题,过去也说过立场,那也只是扣扣[抠抠]字眼而已。”这些是侯教授的真心话,侯教授转变了，开始进步了，因此胜利地归了队。

过“关”后的侯教授真变得两样了，他积极投身运动，愉快地接受核心组分配的庆祝胜利筹委会的总务工作，过去他怕麻烦、怕管账、怕对外联系交涉、怕耽误看书的时间，可是今天他不但做了，而且做得很好，今天到系办公室去看到他不再是独自伏案、不闻不问了，他策划着整个总务工作，他亲自交涉交通车、登记家属人数，他负责出纳、购买物品，东奔西走，秩序井然。在运商二系庆祝胜利大会后每人能尝到二片香甜的西瓜，也是和他筹划工作的结果分不开的，近几天来，他工作的态度是认真负责的；这种态度过去对于侯教授说来，不仅只求完成任务、敷衍塞责、应付了事而已，甚至他是不愿做的，因为侯教授生平最讨厌的就是总务工作，总务工作在他看来是最琐碎、最麻烦的事，然而他终于欣然接受、愉快完成了，这就是侯教授新的工人阶级的思想战胜了旧的资产阶级思想，正如侯教授所说：“今天我又找到了生活的动力，明确了努力的方向，那就是要为人民服务。”因此侯教授在思想上不再抽象地看待人民的事业了，他觉得人民的事业，就是自己的事业，人民的财产就是自己的财产，过去他不愿意多开动脑筋，强调困难，怕负责任，但在今天他对于每一件分配给他的任务都反覆[复]详细地考虑，他说：“我要时刻小心警惕着，对人民的事业要负责任，是不容许犯错误的。”过去他怕说话，今天也可以听到他在筹备工作时侃侃而谈，这是什么力量支配着他呢？还是用他自己明确简捷的话作为答覆[复]吧！他说：“现在我已有了勇气，有了信心，站在工人阶级立场了，只要我一想到站上工人阶级的立场，我不觉得怕了，于是产生了一股力量，我知道我是在为谁而工作，只要我是在为人民工作，一切的困难我都不在乎……”是的，随着轰轰烈烈的反资产阶级思想运动的胜利，出现在我们眼前的有很多新的气象、新的人物，侯汝勋教授就是其中的一个，我们热烈祝贺侯教授的进步！希望侯教授继续努力永远向前！

从纯技术观点的圈子里走出来

李育承、朱克明、周旭

在经济系庆祝胜利大会上，殷宗鹗讲师，又唱歌来又演剧，人说：他真高兴，出现了一个“孩儿面”，是的，那[哪]能不高兴呢？回想半年以前，殷讲师只有一套资本主义的会计。国家大事他不管，政治学习他不认真，抗美援朝开始的时候，同学们都轰轰烈烈动起来了，他老人家还要照常进行测验，还是跑北京图书馆，鼠目寸光，把自己完全关在火热的斗争的外面，不仅如此，连他的日常生活也糊里糊涂,殷师母要求他帮助学习,他觉得谈不上会计,不对劲儿,家里情况是不闻不问的,亲朋的名字很少记得起几个来,元旦,同学拜年去,殷先生还在啃"借"贷,他自命"中国头十名的会计专家",其实他的崇美思想已经促使他对苏联会计无法领会,他说过"纪登的会计,可以灵活应用于中国",写讲义用英文写,介绍参考书都是"配登"、"克斯脱"、"海特簿克"。他就搞不清资产阶级会计只能帮资本家更残酷的剥削工人,社会主义的会计,是加速建设伟大的祖国的有力工具。

思想改造开始以后,同学们控诉了他资产阶级思想所给的影响,他开始猛醒了,经过几次思想斗争、几次找"搓澡"队、几次大会小会,在党的教育下,他弄懂了"立场",弄清了"为谁而活着",他第一次知道,活着是为了千万人,为了伟大祖国,为了共产主义前途。

他过"关"了,过"关"以后,担任了系教师搓澡队队长,白天黑夜的工作,不息不倦,从前连自己亲戚、爱人都不管的,今天也关怀每一个同志的进步,不仅关怀本系,运商系、共同学科他也都是挺关心的,替许延英教授搓澡时,碰了个大"钉子",回来后他想怎样开动脑筋再去进行帮助,从前,他说过:"给我十三万五千伙食费我就住学校。"现在他常工作到深夜十二点,愉快的踏着自行车回去,徐声熹讲师检讨那一天,倾盆大雨,城内电车都停放,殷讲师在大雨下面,依然踏着车来校参加互助会,脱下他浸透了的雨衣,衣服也浸得透湿了,他还是那样愉快的笑笑,过去他崇拜美国的会计,现在他把美国会计收在箱子里并且提出了保证:更努力学习苏联会计。从政治上来启发同学。

与群众打成一片

万廷菜

段键科是经济系一位助教,又是青年团员,可是过去由于资产阶级思想的腐蚀,使他并未起青年团员的模范作用,相反的对工作是消极的、被动的。

以前见过他的人都觉得他像一块橡皮,韧性很大,在系里大会、小会很少发言,工作不主动,勉强完成组织分配的任务,平时不关心系务和同志们是"各人打扫门前雪,不管他人瓦上霜。"他的生活局限于个人小圈子里,性格孤僻,不爱接近群众,致使在一次系会上,万良桢老教授说:"在[redacted]上,看不出年青人勃勃的朝气与活力。"

在运动开始时,他总认为自己的问题不大,老教授们应该改造,与自己无关，不展开思想斗争，一次、二次检讨没有通过，同志、同学们都为他着急，但他却不在乎；直到组织上、同志们给他提出尖锐批评，并由搓澡队的耐心帮助，他才正视了自己的错误，展开激烈的思想斗争，第三次检讨胜利过“关”了。

过“关”后的段助教变了样，积极地帮杜度教授“搓澡”，一有空就和杜教授泡在一块谈问题，杜教授过“关”后，他接受了办“系讯”的任务，这个工作是比较忙的，约稿、编排、抄写，时常搞到深夜，但他并不像过去那样觉得工作是累赘了。有一次，为一篇稿等到十二点，同学叫他去睡，他说：“少睡一会没关系，不然明天的‘系讯’出不来了。”

庆祝全系反资产阶级思想运动的胜利，他带头唱歌、跳舞，一天催李翠芬几次，“快点练，要不那天拿什么出来表演呢?”吃过晚饭他就叫老师们一块儿练舞，中午也不休息，和杜度教授参加同学练唱。

段助教不再是“各扫门前雪”，而时时关心着系务和同志们的进步。他已跳出个人生活的小圈子，和群众打成一片了。现在当你看到他时，就会觉得是“他已不是疲疲塌塌的，而是朝气勃勃，充满青春活力的年轻助教了。”

第六十九期　第八版

新 气 象（12）

他懂得了人生应该做什么

龚子兴

提起许景远副教授，运商系的师生那[哪]个不知道，他是一个十足的混世吃饭的人，诚如他在检讨中所说的，是一个消耗粮食的机器。在人吃人的旧社会里许教授缺乏“吹、拍、拉、压”的一套手段，因此一直爬不上去，心灰意懒。结婚后，满足于家庭小圈子的生活。不论那[哪]个政府——军阀、国民党、敌伪——只要不妨碍他每餐吃些炒肉丝、大米饭的，许教授就对这个政府，感谢之至，认为是好的政府。许教授就是这样一个十足的混世吃饭的人，不分好恶的“有奶就认娘”。解放后，他还是以这样“有奶便是娘”的态度来看待党和人民政府的。这种作客思想表现在工作方面当然是极不负责的。在反资产阶级思想运动的初期，许教授怕失业，要求由副教授改为助教，因为助教是不需要教书的。从这些例子中可以充分地说明他的人生观是完全十足的混世人生观。可是通过了这次运动,许教授的混世人生观也终于变了。他在“七一图片展览会”上看到李大钊烈士坚定不移的革命精神,想起了李大钊烈士就义的那一天,他正在家里打牌,从而许教授开始痛恨以前的混世人生。过“关”之后,许教授就积极地参加到这个运动中来;他劝告未过“关”的教师们,要认真挖思想,切切实实地改造自己,谁说不会挖思想,那完全是假的。他就是这样地将自己的体会一点一滴地告诉别人,帮助未过“关”的教师们前进。

最近,在许教授的亲自带头下,清扫了运商两系办公室,他亲自提水擦窗、抹桌,忘我地工作着。当同志们告诉他二零二教室旁边还有一间系的储藏室需要清扫时,他就毫不迟疑地邀集了几位同志赶到新开辟的战场上,与“恶魔”们进行了激烈的战斗,终于获得了彻底的胜利。

他改变了“混世思想”,懂得了人生应该做什么。

靠拢群众

物理组严德炯教授一向狂妄自大,他自己认为有“三宝”,那就是:第一,文章通顺;第二,对物理学有研究;第三,丰富的社会经验。因此他自吹自拉,看不起别人。他因自己没有留过洋,但他却说:“土包子比洋包子好”。他自以为在旧社会里饱经风霜,因此他不把一切人放在眼中。在物理组里,他是不与任何人商量而自搞一套的,他看不起共同学科的教师,说他们没有业务水平。有一次余守宪先生曾送他一本自己翻译的书,他看了一两页就说:“我二十岁时就比你翻译得好”说罢顺手就把那本书投入火炉中。

严教授处处总把自己放在第一位,说自己是“白璧无瑕”别人是“一无是处”。他在理论上有教条的一套,因此他说:“我老早就从思想上接近了共产党”。他从来不相信群众,他说:“一条数学题目对不对不能用举手来表决啊!”他觉得自己是一条好汉,不服贴[帖]任何人,他说:“别人以芝麻大的东西批评我,我至少以苹果或者西瓜大的东西回送过去。”有时他干脆不理人,认为“不屑与之一谈”。几十年来极端的狂妄自大,一直表现在严教授的各种行为中。

和一般人一样的没有例外,在反资产阶级思想运动中,严教授终于比较深刻地批判了自己。他说:“自高自大的思想一直支配着我,使我看不到群众,为国家造成了许多损失。”因他而造成的物理组的不团结,他非常沉痛。他说:“我不顾人民利益,以仇敌态度对待同志,真太卑鄙了。”严教授在认识了自己可耻的狂妄自高自大后,表示自己一定要改过,并衷心地感谢党和毛主席,为祖国贡献出一切力量。

严教授在接受意见上是有了转变,他认识到群众是非常伟大的,因此他已初步地靠拢了群众，热情地和同学们在一起唱歌、跳舞。他表示一定要团结物理组所有的先生，搞好教学工作，不断地继续和资产阶级思想作斗争。

多年解不开的“结”今天解开了

赵剑如

在二十六日的下午，运商系第一互助组的同志们，听完了许靖教授的检讨，休息五分钟后，老师们、同学们都纷纷发言，对许教授的进步表示热烈的欢迎。沈奏廷教授也发表了意见，他说：“许教授过去是极端自高自大，所以到处看不起人，到处怀疑别人，过去和我有很大的距离，面和心不和，在他的心目中我是他的敌人，可是从今天起许靖教授变了，我们大家都在党的耐心教育下，把资产阶级思想的臭包袱丢掉了。从今天起，旧我已死，新我已生，……让我们尽释前嫌，握手一分钟吧！”在鼓掌和欢呼声中，沈、许二教授脸上充满着微笑，互助起立紧紧地握着手，好像在说以前的种种，今天已经化为乌有了。

沈、许二教授过去本来是朋友，但由于“九龙坡事件”，使他们在思想上划下了一条很深的鸿沟，形成面和心不和。在七年的漫长时期中，不但始终没有消除反而彼此间的距离愈来愈远。就是这种消极的资产阶级思想，使朋友变成敌人，一个狂妄自大，一个自命不凡，谁也不理谁，许、沈之间的鸿沟，就愈来愈深。但是经过这一次思想改造，他们在马列主义真理的教育下，从今以后将站在同一的工人阶级立场上，彼此充满着同志之间的爱。

在这一次会后，沈、许二教授都表示了无限兴奋的感想。许教授说：“沈先生的进步使我非常高兴，以前的成见，现在没有了，将来即使有意见，在同一个工人阶级立场上，也可以当面开诚布公的谈。”在毛泽东阳光的照耀下，一个由于丑恶的资产阶级思想所打成的“结”终于解开了。

第六十九期　第九版

新 气 象（12）

金若枘讲师不再做“知识贩子”

俄专　郑德至

金若枘讲师出身于地主家庭，从小受了一套“万般皆下品，唯有读书高”

"薄技在身,吃穿不愁"的封建教育,养成浓厚的纯技术观点,严重的脱离政治,大学毕业后,拿自己学得的一些知识,当做商品出卖给反动政府,为求销路畅,必须质料好,所以不论解放前、解放后,一贯工作"积极",不怕吃苦,也不管工作性质如何,反正是"待价而沽"、"有奶便是娘",脑子里从来没有想到"人民""祖国"这几个字,过去在青岛储运处工作时,积极为胶济路修复工作供应材料,为了储运业务有发展,才能达到自己升官发财、向上爬的愿望,因此便利了蒋匪运输军队进攻山东解放区,杀害了多少革命青年,自己根本没想过这些,在国民党办的齐鲁公司担任专员时,被银元美金所迷惑,对于那些欺骗、剥削人民的事实一点也不愤恨,反而为董事会、国民党老板竭诚服务,使他们能获得更多的暴利,更加惨重的剥削人民,金先生十几年来就是这样毫无立场地做了反动派的忠实奴仆,正如金先生自己在检讨中所说:"一手拿出用剥削劳动人民血汗换来的知识,一手拿进沾满鲜血的银元美金,请客、打牌、跳舞、看戏,过着堕落的生活,成为一个鼠目寸光、看不见国家、看不见人民、不知羞耻、麻木不仁的冷血运动[动物],是'母亲'不孝的儿子,实在是卑鄙可耻。"

解放后,金先生对于新社会新事物仍是视若无睹,依旧积极工作,对于上级惟命是听,抱着靠本领换饭吃的态度,钻研业务,不重视政治学习,继续把知识出卖给人民,在材专教会计,同学们爱听就听,不爱听的随便,上课提着书包来,下课提着书包走,钮教务长叫他到教务处任秘书,他很卖劲,不管时间来不来得及,什么都干,因此,同学们的讲义拉下了,习题也不按时出,不管国家需要干部,也不管同学学好没有,一味逢迎上级来表现自己,以便向上爬,结果管理组十七位同学毕业时没有一个愿意[redacted]工作,有些同学连[redacted]还搞不清,像这样缺乏政治思想教育的教学和不负责任的态度,给建设事业带来了很大的危害,拿了人民的小米不能完成政府交给的任务,实在是不可饶恕的!在教务处的工作中,为了怕得罪人。保持一团和气,在分配经费时造成很多浪费,丝毫没有主人翁的作风,为了讨好几个人得罪了全体人民,成为人民的罪人。

金先生在运动中对于这种贩卖知识的丑恶思想给人民带来了危害有了深刻的认识,他说农民子女无力读书,替地主放牛、喂猪,像他这种地主的儿子,依靠剥削得来的血汗,由小学、中学、到大学毕业,投靠反动政府、压迫农民、残害自己的"母亲",解放前,一直做着危害人民的事情,解放后,坐享胜利果实,口里说全心全意为人民服务,实际上仍是自私自利,为个人打算,实在可耻至极,愧无容身之地,应该受到人民的制裁。今天党是如此宽大,不加处理,真正解放,还有什么话好说呢?金先生过"关"后,工作非常积极,在通过检讨后的次日大早即来校大扫除，他说："今后我只有把一切力量甚至于生命贡献给劳动人民，抵债过去的罪恶，为实现伟大的理想——共产主义社会而奋斗！"

何嘉澍助教丢掉了"混"的包袱

运二乙　江永泉

在反资产阶级思想运动以前，假使要在我们的教师中间找一个好逸恶劳、享乐至上的混世思想最严重的人，我想，何嘉澍助教是很可能当选的。

何助教出身[生]在一个官僚资产阶级的家庭中，自幼便养成了公子哥儿的习气，无论在思想上、学习上和工作上都是一个十足的懒汉。他在铁路上工作，宁可做一辈子科员而不愿意做站长，他认为做站长实在太辛苦了。解放后，他到我们学校里来，宁可做助教，而不愿意当讲师，他说讲师和助教的薪水是差不多的，而助教可以不必教课。（事实上，他做助教也是鬼混的，我们上了一学期的课，只看见他到教室里来过一次。）他的一生就是这样好逸恶劳，追求享乐。可是，他的家境已经中落了，经济愈来愈难满足他的享乐欲望了，加上自己又患上相当严重的胃病，于是他悲观、消极起来，终日抑郁不欢，沉默寡言，变成一个灰色人生观的人，他说："我死也可以了，因为世界上最好吃的东西，我已经吃到了，最好玩的地方也玩到了。"就这样，他浑浑噩噩，糊涂混世，像一个年迈的老人，等待着生命的结束。

可是，在这轰轰烈烈的反资产阶级思想运动中，毛泽东的阳光使千年的冰河解了冻，万年的铁树开了花，何助教也起死回生了！他深刻地批判了自己腐朽的享乐思想，划清了劳动和剥削的界限，看到了祖国和自己无限美好的前途，认清了人民教师的光荣职责。从此，地得到了生活的动力，他年轻了！活跃了！积极了！愉快了！

他过"关"以后，心中无比的兴奋，脸上经常出现了微笑，说话也多了。从前他对人冷淡，开起会来总是坐在一旁不声不响，在家里也是一样的沉默；现在他每次开会都踊跃地发言了。回到家里就和爱人谈这谈那，在他们夫妇之间也展开了批评和自我批评，他爱人说："从现在起我们家庭有了革命的新气象。"在运商两系的庆祝胜利大会上，何助教和他的爱人兴高采烈地跳着双人舞，这是他多日来努力学会的一个舞蹈啊！何助教过"关"以后，工作的热情大大地提高了，他主动要求工作，组织上派他担任出刊"系讯"，他很积极。过去，他是上班则来，下班则去，现在他有时工作到汽车要开了还不走。他并任着商务系的秘书，在以前，他不关心系务，抱着不做为佳、不推不动的态度；现在，他不等系主任开口,也能主动地想问题了。在清洁大扫除的那天,他很早就来了,扫地抹桌,搞得很有劲！挂在天花板下的灯罩。其他先生不敢爬上去打扫,他挺身而出。"身轻如燕"地把它拿下来洗个干净。他在家里,也同样愉快地参加了劳动,他爱人有事时他就自己动手烧饭煮菜,这和当年"茶上手、饭来张口"的"何二爷"相比,真有天壤之别！(当年他家里叫他二爷)现在,他虽然一天这样积极地工作着,但他并不觉得累。过去,他时时刻刻担心着工作忙了会影响他的胃病,今天,他自己说得好:"以往我死气沉沉,那[哪]里是胃病的关系,实实在在是资产阶级好逸恶劳的思想害了我,我害的是思想病,今天党和毛主席的伟大政策治好了我这个病,我健康了,我已经从灰色的人生观的泥淖里走到红色人生观的光辉大道上来了。我深深地感到党的伟大、毛主席的伟大。今后我要更多地工作,以报答党和毛主席。"的确,何助教[redacted]没有满足自己现在的进步,他和胡图岑教授[redacted]怎样学好俄文,来提高业务水平。同时,他心里又在计划着如何学习政治,使自己能更好地为人民服务。今天的何助教真正地变了,大大地变了！在这狂风暴雨的反资产阶级思想运动中,"一天好比二十年",他不再糊涂混世了。

第六十九期　第十版

新 气 象 (12)

工人阶级思想红旗高高地树立起来

运输系主任　林达美

思想解放后三年来,我们运商两系的教师们背着沉重的资产阶级思想包袱来到本院,有的是追求名位,自高自大;有的是搞宗派、闹意见;有的是目空一切,自认为"老子天下第一";有的认为美国天下第一;有的是虚伪圆滑、八面玲珑;有的是喜怒不形于色、莫测高深;有的是唯利是图。因此没有人关心系务,只顾自己。有互相标榜的,有互相猜忌的,系主任自搞一套独断独行。我们就用这种思想、这种态度来教同学,于是同学中就有一心一意想做段长、处长、局长的;有一心一意要转工程系,好做工程师的,甚至在学习"可爱的中国"大会上,全体教师同学都觉沉痛紧张时,他还能安闲的在会场读应用力学。有这种思想的人,教出来的同学怎么能够为人民服务！我们给祖国人民带来多大危害呀！在思想改造运动开始，还有许多教师态度不端正，有的说皮肤都擦破了；有的说“可爱的中国”是打气工具；有的说学习“可爱的中国”大会，等于土改中控诉大会；有的说二十多年前我已经掌握批评与自我批评了，又说改造不好不吃这碗饭；有的在开会时打瞌睡。但是由于党的正确领导及教育，同志同学及家属同志的帮助，不论资产阶级思想敌人如何顽固，终于被打垮了，我们全体教师终于过“关”了。在教师中已有十位要争取作光荣的共产党员，在同学中通过和批准入党的有十二人，申请入团的有一百一十八人，批准和通过的有五十八人。这是马克思列宁主义、毛泽东思想的胜利。是我院反资产阶级思想运动重大胜利！运商两系从此面貌改观了。从前冷冷清清的系办公室，现在充满了兴奋活泼的“返老还童”的老青年；每个人脸上浮现着笑容，每个人充满了信心与勇气。不爱说话的梁青彦同志也说话了，从前彼此横眉相视的许靖及沈奏廷教授握手了；在清洁大扫除时，从前好逸恶劳的许景远教授，现在显得特别年青，高高的蹬在窗台上擦窗子，擦得特别起劲；伍廷钧教授在百忙中还没有忘记打苍蝇，一天就打了近六百个苍蝇。每个人对系务都关心了，觉得应该对人民负责。在填毕业生分配工作表时，在选拔留苏侯[候]选人时，都能实事求是，充分表现了今天的运商两系教师，已经不是从前被资产阶级思想压得抬不起头来的教师了。我们每个人都觉得旧的我已经死去，新的我已经诞生了。我们运商两系同学，也不是从前的同学了，我们看不见整天愁眉苦脸、为个人前途打算要转系的同学了，我们从没有再听同学问“我将来出去作什么”了；我们看见的是不辞辛苦地忘我工作的同学，牺牲学业、不顾自己健康、关心教师、帮助教师改造的同学，他们都是热血青年，完全服从祖国需要的同学，这是多么动人的新气象。我们家属同志们，从前大部分只忙于家务，推托家务忙，不大关心学校的事，现在不同了，知道学校的事就是祖国人民的事，每位家属同志都有责任，帮助教师改造，是每位家属同志的责任，是爱国的具体行动表现。杨文朴教授的爱人赵光城首先帮助了杨教授过“关”；王竹亭教授的爱人徐佩兰，在王教授思想斗争痛苦时，就提起毛主席来鼓舞他的勇气；应教授的爱人沈显琛用她八十多岁高龄的号称“老前进”的母亲来鼓励应教授；郑鹍教授的爱人在深夜还帮助郑教授挖思想；其他家属同志们都能在各方面帮助教师进步，同时自己思想也进步了。腐朽的资产阶级思想领导权已被打垮了，工人阶级思想的红旗已高高地树立在运商系了。我们今天的伟大收获是与党和毛主席的英明正确领导分不开的，我们衷心感谢党和毛主席，我们还感谢我院行政及节约检查委员会的正确领导，我们还感谢“搓澡”队、宣传组、秘书组各同志们的忘我工作精神，我们还感谢家属同志们的协助，让我们全体教师同学家属同志们为我们的胜利尽情的、热烈的狂欢吧！

我丢掉了自卑感

数学组　吴佩蓉

解放以后，我从家庭里跑出来，站到教育工作岗位上，由于我业务荒废了很久，又缺乏工作经验，更因地位低微，所以我有着自卑感。初来京院时，在数学组会议上和小组学习会上，我是很少发言的，总是人云亦云，采取被动态度。我除掉业务工作以外，从不愿意多做一点我认为不是我分[份]内应做的事，我时常因我每周的工作时间在五十小时以上，远超过了教育部的规定助教工作时间，而与数学组胡组长叽咕要添请助教，我更因李伯刚先生在分配工作上好占便宜而不满意她，更因为她的资产阶级的生活方式而引起反感，但是我当面不批评她，背后就对别人乱说。在家里我对孩子是十足的家长式统治，同爱人意见不合时，就乱吵一阵，对地主的父亲和姐姐表示同情，我以前就是这样一个不懂得立场，不分敌我、只知道自己、看不见祖国和劳动人民的自私自利者。反资产阶级思想运动展开以后，我才逐步的提高认识，首先我知道了应该站在工人阶级立场来看问题分辨是非，我丢掉了自卑感，加强了斗争心；无论在数学组会上和学习小组会上，我不再因自己的地位低和政治水平低而气馁，我坚持真理，我毫不留情的向同志们提出尖锐的批评，虽然有时因为我的态度、方式有些过激烈而引起同志们对我的误会和反感，但是我除掉竭力纠正我的缺点以外，我绝不向资产阶级思想妥协，我建立了为人民服务的观点，我不再为自己打算而处处为人民的利益着想了。为了提高工作效率，不浪费人才，在数学组会上我屡次反对胡组长大量添请教师的意见。我担负起素不擅长的“共同学科科讯”编辑工作，我不再怕因工作搞不好而丢脸，我认识到能力是锻炼出来的。我同李伯刚先生之间的隔阂也消除干净，我们彼此批评互助，显得多么亲切，我对其他同志也是非常的关切，当他们的包袱没有丢掉以前，我是多么的着急，而在他们获得了胜利之后，我又多么的高兴。对于同学们忘我的精神，我更是深深的感动。当我在五十亩地见到劳动人民在炎热的太阳下汗流满面的盖造房屋时，我就想起了我现在住的房屋就是他们盖的，我心中对他们表示着无限的感谢，同时想着要怎样的用努力工作来答谢他们。我的心已与劳动人民结合在一起了，我不再怀念我那已死去的地主父亲，也不再同情我那被管制的地主姐姐了。在家里我觉得新近加入青年团的女儿和正在争取入团的儿子是比我进步，我不能再要他们无原则的服从我，而且要接受他们的意见，我与爱人之间，已不再发生无谓的争论，因为我们已站在同一立场上，有着同一目标，我们经常运用批评与自我批评武器，来纠正各人的缺点。从下月起他就要被调到现场上去工作，但是我们并不考虑这些，我们服从组织分配，我们只想着怎样的学习马列主义，用唯物论辩证法来处理问题，而力求主观的愿望与客观的效果相结合，我们更要从实践中来锻炼自己。过去数十年白白地度过，没有为祖国和人民出一点力，反而给祖国和人民造成了损失，我们从今以后要加倍的努力，肃清残余的资产阶级思想，站稳工人阶级立场，贡献出我们一切的力量为建设新中国而努力。

第六十九期　第十一版

新 气 象（12）

反资产阶级思想运动改变了建一的面貌

建一通讯

（一）所谓“渔猎之家”“音乐之家”“牢骚之家”和“学习之家”

在“三反”运动以前，建一在全校来说是比较自由散漫的一班，上课迟到，无故缺席，吊儿郎当。上课时，有打毛衣的，看小说的，玩小辫儿的。召开一个班会，在建一来说也是非常困难的事情，有的干脆不参加，有的勉强来了，也是以“瞧热闹”的姿态坐在那里。因之班会工作很难开展，班上工作谁都不愿干。班干事曾度闹闹集体[redacted]、闹闹圈子的风气，在当时也非常浓厚，去年从第[redacted]宿舍推到第三宿舍时，以房间为单位的小圈子就很快地发展起来，被称为“牢骚之家”的三二九室，散漫落后，甚至反动的言论。他们经常讥骂“铁管”，讽刺领导，诬蔑苏联敌我不分。三三零室称为“渔猎之家”，打鸟捞鱼，成为他们重要的学习科目，寝室里养着许多麻雀和小鱼，看不见发生在他们周围的新的事物。这就是所谓“音乐之家”的三三四室，室内挂着浅黄色的窗帘，桌上铺着粉红色的台布，有时唱机从早晨开到黄昏，自己却懒洋洋地躺在床上欣赏着，终日谈论的不是吃喝玩乐之类，便是毕业后如何开事务所，闲来无事将美国生活杂志阅览一番。在被称为“学习之家”的三三三室里，纯技术观点占着统治地位，这里的同学终日死啃书本，有的同学晚上十二点睡觉，但早晨四点钟又上绘图室去了。政治对他们说来是无谓的。女同学间也不团结,背后互相道长说短,搞小圈子。总之,班上乌烟瘴气,我们的日常生活,根本不像一个新中国高等学校的大学生,劳动人民一滴血一滴汗地培养着我们,希望我们学好本领将来更好地为祖国服务。但是,我们却整天在打骂、养鱼、听唱片、脑子里成天想着毕业后怎样开私人事务所。祖国希望我们成为礼才兼备具有高度共产主义思想水平的建设干部,我们却整天考虑个人的得失,在个人主义的泥淖中挣扎。

(二)变了,一切都变了

伟大的反资产阶级思想运动向我们敲起了警钟,使我们从迷梦中苏醒过来,在运动中,同学们批判了自己的资产阶级思想的影响,很多同学当检查到以前的生活时,都沉痛地掉下了眼泪,纷纷表示决心痛改前非。在运动中,同学们都以极大的热情来迎接工作,涌现出不少新的积极分子。如南舜薰同学,以前他是个享乐至上者,崇美思想非常严重,毫不关心班上工作,一有空就马上回家,现在,他变了。他在"搓澡"队有时工作到深夜一、两点钟也不叫累,回来后睡在床上还是在分析先生的主导思想,前些日子他因工作累病了,热度高到三十九度,同学们劝他休息,但他想到工作,还是坚强地战斗下去,尚鄂同学在运动中也受到锻炼与教育,他以前有着浓厚的纯技术观点,除了搞自己的业务外,什么都不管。他这次参加展览会美术组的工作,每夜工作到两、三点钟,甚至搞通宵,为了迅速完成任务,他忘记了自己身体本来不太好的情况。旧社会使汪霓霞同学变成一个寡言鲜笑、死气沉沉的人,她一天难得说上一两句话,整天在绘图室死啃书本,早操和课外活动一概不参加,但通过了运动她终于转变了,生活圈子扩大了跳起舞来了,活泼起来了,她感到了革命大家庭的温暖,目前在干部学习班搞辅导工作,她认识到这是革命工作的一部分,所以工作认真负责,做到课前充分准备,课上耐心讲解,课后仔细批改习题。冯愚同学,以前有着极端的个人主义,个人主义使他脱离了革命队伍,使他人生观变成灰色,以前终日打打鸟,过一天算一天,以为"浮生若梦",遇到个人问题想不通时,甚至想从楼上跳下去自杀。伟大的反资产阶级思想运动把他救了出来,他放下了个人主义的包袱,他看到了祖国光明的远景,认识到为谁而生为谁而死。他在目前的工作中能开动脑筋,积极负责。他要争取回到组织中来,代替他压抑和苦闷的是愉快和微笑,他深深体会到共产党拯救了他,他说:"如果没有共产党和毛主席,就没有冯愚。"杨一伟和段晓棠同学以前以为搞工作会影响身体健康和业务学习,当他们对工作有了新的认识以后,便积极愉快地干起来了，为了展览会购挂图用的红布，他们跑了十七个机关学校，终于完成了这个艰巨的任务，我们班上参加美术组工作的同学，也能开动脑筋创造新的方法，节省了材料，提高了工作效率。

（三）争取参加党团

伟大的反资产阶级思想运动使我们班是呈现出一片新气象。小圈子消失了，以前闹意见的同学现在也握手言欢了，以前暮气沉沉的，现在也活跃起来了，团结友爱的气氛正在成长，同学们深深体会到党和毛主席拯救了我们，从内心感谢毛主席和共产党。当同学在政治认识提高以后，纷纷要求加入党团，班上一半的同学决心争取入团，有二位同学争取入党。以前我班上一般非团员认为入团是限制了个人自由，都不愿意靠近组织，而现在每一个同学对于工作非常关心，每有支部大会和团日，绝大部分都参加。

（四）红旗插到了我们班上

现在班上如有工作，不再是过去互相推诿，而是热烈响应，迅速完成。如二十五日上午布置的清除绘图室工作，同学们都不怕脏不怕累地工作着，刘树源同学一上午打了三十多盆水，匆忙地从楼上楼下往复跑着。我们上午提出了三项保证，把绘图棹与窗子都擦得亮晶晶，光荣地获得了清洁红旗。

（五）我们要听毛主席的话

前几天当我们听到我系要调往天津时，大部分同学都从思想上服从祖国分配，一小部分同学对北京有些留恋，认为如在北京可以每年看二[两]次毛主席。但是当我们认识到光看毛主席而不听他的话，是不能表示我们对毛主席的热爱的，我们必须听从毛主席的话，按照他指示的方向前进，才是真正的热爱毛主席，热爱共产党。今天一提到院系调整，我们又一次地看到祖国美丽的远景，一所所新型住宅，一幢幢高楼大厦展现在我们的脑海中，大家都要在这伟大的建设事业中贡献出自己最大的力量。

搞好膳团工作

材专　徐允长

[redacted]的的个人主义思想，从而工作积极起来，我想到我转到团工作是非常重要的，同学的营养好，才能保证建设迅速向前推进。于是我就团结炊事员，[redacted]他们的创造性，伙食就比以前好了。后来，就看到同学工作到深夜，肚子空虚，我就想出在晚上卖粥的方法，同学们在夜里工作就可不挨饿了，同学们的健康也就得到了保证，[redacted]我更要加紧努力，干好我所担任的工作。

第六十九期　第十二版

新　气　象

毛主席的阳光照亮了她的心

杨志兟

反资产阶级思想运动中,许多同学转变了,多少过去是灰色人生观、死气沉沉的年青人,现在转变为具有革命人生观、朝气勃勃的新青年了!经四吴维霞就是其中一个,她生长在浓厚家长式的封建家庭中,得不到温暖,幼小时候就没有同伴,没有姐妹,又不习惯男孩子玩的一套,因此不与弟弟们合群,养成极端孤僻的性格,失去孩子的天真。当她长大看到旧社会黑暗、不合理与岐[歧]视妇女,她更悲观,觉得人与人之间的感情是虚伪的,活在世上就是受罪,混混而已,甚至想过自杀。来到交大后,虽然生活在年青人中,但是她始终是孤独的,谁跟她谈话,问一句答一句,叫人感到冰冷难堪。人家都在热情地工作、学习,愉快地唱歌、跳舞,她却是孤僻地躺在床上,或者呆坐深思,再不然洗衣服、洗手、洗……二十二年,时间就是这样混过去的,吴维霞就是这样被灰色人生观与“混”的思想腐蚀成冷冰冰、自私自利、百事不管、年轻的老人。伟大的反资产阶级思想运动的热潮一个接着一个,经过学习“可爱的中国”与“奥斯特洛夫斯基的人生观”后,她有了转变,沉痛地批判了她自己的灰色人生观与“混”的思想;她懂了活着是为了伟大的理想——共产主义事业。在班会上她说:“我要重新做人,献身于革命。”她勇敢地打破以往自以为无能的自卑感,热情地工作,有错误时,坦白承认,深刻检讨。在职工工作中,她很积极,热心负责,帮助职工思想改造,碰到困难,开动脑筋,她认识到每样工作都是革命工作的一部分,她在工作中由于时常与职工谈话、开会、写稿不睡午觉,但是从未叫过累,她说:“我在工作锻炼中体会到革命大家庭的温暖,这是毛主席、共产党带给我们的幸福与温暖。”毛主席的阳光已照亮了她的心,吴维霞不再是消极悲观而是有说有笑、工作热情的青年;在会上,她亦不再是默默无言,而是踊跃发言;她对同学亦热情起来,提出诚恳尖锐的批评帮助同学。在七月二十日经济系分支通过她入团,她激动地说:“我要重新做人,欢欣我新生命的开端,为新民主主义事业彻底实现而奋斗到底。”吴维霞转变了,在毛泽东的阳光下,她已获得新生。生活在毛泽东时代的青年是多么幸福呀！

龚子兴同学的转变

朱尔勤

提起龚子兴同学，认识他的人都会立刻联想起他眯起眼睛的一副笑脸，总是和和气气的。他在以前一向在业务上下功[工]夫，功课很好，班上的同学有时和他开玩笑，称他为“小博士”或“小助教”，他就眯着眼睛笑开来，好像是说：“这很自然，没有什么奇怪。”他表面所给的形象是这样，可是在内心，他也有他一套想法。他自幼受了资产阶级家庭的影响，到京院后，又受金教授的影响很大，产生了强烈的学好技术，将来自可名利双收的思想，他处处为个人打算，开头根本不愿工作，因为这太麻烦，会妨碍正常的学习；他常给报社写写短篇文章，一方面可以拿稿费，一方面还可练习写作，为将来著书立说作准备。后来他也担任一些工作；那只是为了锻炼锻炼自己，或者表现自己有一手。也有这样的时候，他觉得知识分子命运很悲惨，共产党看不起知识分子，学业务也没有信心了，于是灰心丧气，自叹自怜。在运动以前的龚子兴就是这样的。但是他在这次运动中，随着运动向前发展，他也很快的转变了。第一个给他敲警钟的是傅鹰教授，他想：五十多岁的老教授都能进步，变得年轻有朝气，自己还年青，倒反而暮气沉沉，没有信心改造！学习过方烈士的“可爱的中国”以后，使他认识到烈士们的伟大的革命感情，批判了自己自私自利的人生观的可卑[鄙]、可耻，奥斯特洛夫斯基的一段话“仅仅为了几个人而生活，是自私；仅仅为了一个人而生活是卑鄙；如果为着自己而生存，那是无耻。”更深深的刺痛了他的心。他开始认识到祖国和人民集体利益的意义；认识到革命的意义；认识到每一个中国人所处的地位和应负的责任。他开始有了勇气和信心，他端正了对工作的态度，积极的投入运动。他担任了“搓澡”队副小队长的工作。每一小队负责帮助四位教师“搓澡”，两位小队长的责任很重，工作也很忙，要研究问题、布置和检查工作，每天总要到晚上十二点以后才能睡觉，但他坚持下来了，而且总是兴高采烈地工作着。最初，教师们的检讨态度，都不很端正，偏偏急着想早过“关”，因此一次一次做检讨老通不过，教师就感到苦闷，没法下手。那时老龚想了个办法，一个一个的解决问题，先是端正态度、反省、说服，然后逐次谈思想问题，熟悉情况，对症下药，效果果然很好。过“关”的教师这样反映：“龚同学分析能力很强，帮助很大。”其实这还不单是分析能力的问题，是与老龚细心踏实的工作、虚心的和领导与群众商量分不开的。他自己曾说：

“任何一件工作都是革命事业的一部分。”他就是这样从一个死读书的“好学生”变为“搓澡”战线上的积极分子了。

杨阔泉同志从“到交大养病”变为“革命战士”

经一 陈景艳

杨阔泉同志为了养病来到了经济系，对学习根本就不感觉兴趣，更是不搞工作，他曾经说：“假若你让我搞工作，那我索性就不念了。”他整天不是考虑虚荣，就是考虑享受，几时身体好了，就马上退学。他的家庭包袱也极严重，离了家就一切没有了寄托，这些个人主义思想使杨阔泉同学终日苦恼，不爱和同学接近，整天躲在房间里。

反资产阶级思想运动拯救了杨阔泉同志，学习了“可爱的中国”和“奥斯特洛夫斯基的人生观”他认识到自己是劳动人民养大的，再没有理由不把自己的一切贡献给劳动人民；他认识到每一件细小的工作都是革命工作的一部分，也要尽量发挥自己的力量来做好，努力推动运动的前进。因此，他在工作中非常积极主动，像搞经济系大字报报题工作时，他时刻在开动脑筋想办法，团结同学共同来搞。他虽然有肺病，但在工作中精神十分饱满，从来没有因为照顾自己身体而影响工作。但是也认识到身体是祖国人民的财产，就尽量把夜间的工作，挪至白天来作，身体也能保养、工作也能完成。为了庆祝胜利，他发动同学练火棒，练起来很快手就起了泡。但他想起了为党工作，有什么困难克服不了呢？因此他鼓舞了同学们的情绪，克服了一切困难，把火棒练的非常精彩。这一切一切都说明了杨阔泉同学在党的教育下，有了多么巨大的转变，由于他很快的进步，积极地工作，和有了为革命事业贡献出自己一切的决心，二十八日晚间他已经在毛主席像面前，庄严的宣誓，成为一个光荣的青年团员。

第六十九期 第十三版

新 气 象 (12)

我们的袁大姐

李家本

“袁大姐”这个称号，过去和现在意味着两种不同的意义，过去袁桢脾气孤僻、暴躁，她总是愁眉苦脸的，很容易和同学发脾气，虽然她仅仅是个二十二岁的青年可是在她却找不出这样的象征。由于对她有着一种畏惧心，我们不自觉的称她“袁大姐”。现在我们称呼“袁大姐”却蕴藏着无限的亲热和爱戴的心情了，因为大姐转变了，她靠近了党。而且又申请加入青年团，热忱的帮助别人，忘我的工作热情。生活得也年青、活泼起来了。

“袁大姐”一年级的时候，除去上课以外，总是躲在她的房间里，和一些幽闲的同学聊聊家常、缝缝衣服、睡睡觉，她的生活圈子就是这样小，不管是什么轰轰烈烈的运动，她好像都是嗅不到气味，听不到声音似的，不关心时事，也不认真学习，对于党、团和政府是不满意的，当时运二甲有个落后散漫腐化的赵静山集团，她那时候是靠近这个集团，和班里的进步同学对立的。她对待工作是冷淡的，抗美援朝宣传时，同学们都想尽一切办法来发挥自己的力量，参加到各种工作里去，当时宣传队请她作[做]保管，她坚决不干，我曾三番五次去请她，她显着很不耐烦的样子，后来终于把这个工作交给别人了。

党和政府对青年的爱护，一年的学校生活使她感觉到做个新中国的大学生真是幸福的，对我们青年一代的照顾是无微不至的，她感到自己再不安心学习太对不起祖国了，特别是暑期实习和“三反”“五反”，她体会到工人阶级的大公无私的品质及党的正确领导中国革命。她开始积极起来了。

反资产阶级思想运动的开展后，她认识了自己过去的错误，批判了她自私自利的个人主义思想，并表示要在实际斗争中来锻炼自己，争取入团，在“搓澡”队家属工作中，她非常热心、主动，能够克服一切困难，譬如像作赵华教授的家属工作时，赵教授家住在东皇城根，地方偏僻，交通不便，她的身体很弱，走路对她是个困难问题，但是她非常高兴的接受了这个任务，经常去看赵师母，这对赵教授的思想改造是有一定作用的，有时候吃不到午饭，有时候不睡午觉，在火辣辣的阳光下走向东皇城根，虽然这是苦事，但她在工作里从不考虑这些，最近大姐病了，带着病去到宝禅寺宿舍发动家属大扫除，她能耐心的从清洁运动的政治意义上来说服群众，并依靠了积极分子，带动了群众，搞好了家属的团结，所以宝禅寺宿舍的清洁大扫除工作搞得是相当好的。前天她去城内家属宿舍检查清洁，虽然她的病已很重了，但是她不讲出来，仍是很认真的一家家的来检查，昨天运商系全体教师过“关”的胜利歌声传到了十七号寝室，“袁大姐”马上从病床上爬起来，她一向是很朴素呆板的，大家怕她反对化装[妆]也就没给她化，她走到化装[妆]同学面前，快活的说：“喂！你给我也化一下吧！”大家都以非常惊奇而喜悦的眼光看她，“大姐”从不扭秧歌的，昨天她高兴得也自然的扭起来了。回去连饭都没吃,就倒下了,可是晚上她没听同学的劝告又参加了庆祝会,她是这样的关心着教师们的进步啊!“袁大姐”的进步不是什么奇妙的事,正像她自己所说:“我在这运动里参加了实际工作,真正的体会到党的伟大和正确,特别在工作中,看到家属的进步,更鼓起了我的勇气,加强了信心,清楚的看见了我们的远景,我懂得了我做的工作不管他[它]是多么小,也是革命不可缺少的一部分,也是我们创造美丽远景的点滴工作。”

青春的活力

韩惠珍

张文彬同学[redacted],她早年张[丧]母,父亲续弦了,异[继]母对她关心少,因此觉得一个死了母亲的人,活在世上还有什么温暖,她也知道生活应有“目的”,但人家就为父母罢,她母亲已死,父亲用不到她管,那还要为谁活着,她活一辈子到后来还不是要死的,她找不到答案,因此空虚、失望、寂寞。产生了她的灰色人生观,有时竟想自杀,看见穷人很快活活着,她觉得这种人假如是他,干脆二片安眠药算了。

她来交大后,开会不感兴趣,老是一个人进出图书馆啃书,觉得所有的年青、活泼、快乐是属于别人而不属于她的,但是通过反资产阶级思想运动,她转变了,变得生气勃勃,活跃在陈列馆,图片展览会里,口琴队里,歌咏组里,不但如此,她还要将午睡时间也抽出来到五十亩地教书去,她说:“职工家属是那么朴实,使我感动极了,他们学习情绪很高,过去这么多时间我却不顾他们,真悔。”张文彬同学的转变说明了党政策的伟大,人生对于她来讲,不再“悲观空虚”了。

党使曹世穰同学得到新生

当我们和曹世穰同学一起冒着雨到各处消灭苍蝇的时候,我想起了一个月以前的曹世穰还在替美帝惨无人道的细菌战吹嘘。当我们的寝室成为全系清洁模范的时候,我想起了不久以前它还是一个死气沉沉的养病院,当我们在一起活泼、愉快地庆祝胜利的时候,同学们高兴的问他:“老曹,这几天你怎么总也没喊‘我老了’‘我老了’呢?”是的,曹世穰同学年轻了、新生了,党拯救了他,也教育了我们。

思想改造运动以前,反动思想把曹世穰同学折磨得不像一个人,别的寝室的同学总问我“老曹这几天又怎么样了??”的确,曹世穰同学的生活方式很难形容，在空气污浊的房间里，仍然闻得见[redacted]曹世穰的床铺臭气冲天，脏东西占去半个床，他就早晚的躺在这张床上，不是呻吟，就是叹气，熄了灯以后，出去练一千五百米，深夜两点钟还不睡觉。学习更不用说，半年多一个会计习题也没作，俄文字母，从来也认不全，同学们拉他去开会，唱歌、跳舞，他就说："我从来就讨厌集体"，他有时间便跑进城，专看香港的电影片子，晚上躺在床上，就什么难听的话都说，他用心钻研的书籍是"我怎样恢复健康的"，"健美速练法"，但是他的身体一天比一天的坏下去了。正像曹世穰同学自己所说："我的反动思想，如果不肃清，那我根本就活不了。"

思想改造运动轰轰烈烈的展开了，党和毛主席终于挽救了这个快要被反动思想扼杀的孩子，曹世穰同学对改造思想从畏之如恶变成求之不得。由于党的政策的感召、同学们的帮助，曹世穰同学经过十五个深夜，两个通宵的思想斗争，终于丢掉了反动思想包袱，脑子里想通了，要求检讨比晚饭还急，他的转变在系会上受到全系同学的热烈欢迎，经一同学更像有了什么喜事，[redacted]鼓励他，贺信纷纷的送给他，他更体会到革命大家庭的温暖，现在曹世穰同学和以前的确是两个人了，整天精神饱满，活泼愉快，满身都是力量，早晨同学们都还没起床，他就躺在床上念出了检讨中的誓言"我要把我的一切献给革命事业，我要用实际行动争取作[做]一个光荣的青年团员。"他的确是行动起来了，兴高采烈地练习演奏，牺牲午睡去打苍蝇。

别的同学从曹世穰同学的转变中得到了教育。腐朽思想比较严重、还没有作完检讨的同学看见了他的进步，自己都暗暗地加了一把力，谁给了曹世穰同学新的生命啊！谁给了曹世穰同学[redacted]力？一切胜利属于党，一切胜利属于毛主席。

第六十九期　第十四版

家属通讯（14）

美好的家庭生活在成长

体育组教师靳开兰爱人　莫文鑫

以前我们是和我的父母同住在一起的，一个封建式的大家庭里，父亲、母亲都是年逾七旬的老人，不待言，他们的思想和我们是有不少距离的，特别是婆媳间在日常生活中的若干具体事件上,表现的[得]尤其鲜明。双方的意见虽未表面化,却以背后叨唠的形式宣泄出来。分居后,我们以小家庭的形式生活着了。但是大家庭时期的情绪余波,有时还不免荡漾起来;我爱人偶然回忆往事,仍有愤愤之意,这种感情,有时甚至占据了她思想情绪的主要地位。为了帮助她解决这个思想疙瘩,我曾经用过一番力量,也有了一些收效,但是没有得到根本的扭转。

在毛主席、共产党与人民政府的正确领导下,铁道学院伟大的反资产阶级思想运动展开了。由于组织上、同志们和同学们的帮助,我爱人比较深入地批判了她个人自私自利的思想,(转业、改行思想),开始建立了工人阶级思想,愉快地接受和执行组织上交予的各种任务。同时,我们家庭中谈话、交换意见的主要问题是互相检查思想,彼此督促、勉励,尽最大的努力作好个人的工作,不再是为追忆过去生活细节而伤感愤怒了。这从他个人来讲,是在政治思想上开展了一步,从我们家庭中来看,深深感觉到空前美好的家庭生活与祖国无限的前途相结合起来,因此我们衷心祝贺铁道学院伟大的反资产阶级思想运动的彻底胜利。

一家都进步了

朱尔勤

说到赵传云主任的家庭情况,自从赵主任转变以后,也真是有了一百八十度的转变。以前赵主任在家里有着至高无上的封建式家长的威严,在家里讲话很少,也决不随便讲话,对子女总是督促他们要用功读书,将来可以有出息。所以当大家回到家里,各做各的事,赵主任看他的业务方面的资料,孩子们练习功课,赵师母则搞家务,大家很少谈天,用赵师母的话说是"死气沉沉"的。这种恶劣的气氛,在运动的后期就开始变了,大家把思想改造拉到第一位,赵师母帮助爱人想问题,腾[誊]写检讨,女儿热心的帮助爸爸"搓澡"。在赵传云主任胜利过"关"后,更是全家欢欣鼓舞,赵主任回到家里,总是笑容满面,有说有笑,有时还要领着合唱一个歌或扭一个舞,父亲开始关心孩子的进步,对儿子经常问的已不是"功课有没有准备好,练习有没有做"而是"近来学校里团有什么活动,是不是都参加。"两个女儿是很进步的,只有在上海的大儿子受了爸爸的影响,死啃书本,不问政治身体也很弱,赵主任感到很痛心,最近写信去叫他要注重政治,要求进步,否则学了技术为谁服务呢?他儿子回信说:"读了爸爸的信非常感动,今后一定要向爸爸学习,提高政治水平,靠拢组织。"现在赵主任一家都进步了，大儿子和二[两]个女儿不在家，赵主任整天泡在学校里忙着开会、“搓澡”、跳舞，赵师母身为家属委员会主任委员，更是到处忙着动员、说服、搞卫生、搞文娱，小儿子在学校活动也很多。虽然大家都很忙，可是都很愉快。赵主任很有信心的对他爱人说：“把孩子们交给毛主席教育和培养，比我们好得多了。”赵师母则从家庭的女主人的角度来体会，微笑的说：“从前大家思想上新旧不统一，谈不拢来，现在大家进步了，觉得谈也谈不完，大家都是那么高高兴兴的。”

反资产阶级思想运动给我家庭带来了温暖

康汝梅

反资产阶级思想运动不但拯救了我，而且也拯救了我的爱人。我的爱人由于她的阶级出身，又受了我的唯利是图的个人主义的影响，也是一个自私自利、唯利是图的人。她从解放后一直到“三反”和“五反”运动，她为了追求个人利益，为了个人和少数人能够享受的好，搞了行商生意。她在过去认为作一个公务员，虽然对于人民贡献的多，但拿的薪金少，不能满足她享乐的欲望，不如作一个行商得的钱多，而且愿意做就做，不愿意做就不做，比较散漫一些。可是在反资产阶级思想运动中，她看了我院出版的“三反快报”，看到同学们深更半夜还在我家里热情地帮助我，她受到了感动，她认识到丑恶的资产阶级思想的危害性。我介绍她学习了方志敏烈士遗著“可爱的中国”以后，她认识到祖国的伟大，她知道有无数先烈为了祖国人民的幸福生活而贡献出自己宝贵的生命时，她更感动了！她感到自己为个人、为几个人而生活的可耻，她认识到她为享受而搞行商，是一种自私自利、为追求个人利益的行为，是资产阶级的道路，那是和为人民集体利益而服务的公务员背道而驰的，因此，她下定了决心，决定抛掉个人利益，服从集体利益，将“行商执照”交还了北京市行商管理处，不再做行商了，也要作一个公务员，能为祖国为人民多贡献出一点一滴的力量。今后，她首先准备进入职补学校，学习技术，然后服从组织分配，过去我的家庭充满了铜臭气味，感觉不出来愉快和幸福，现在我的家庭变样咧！也受到毛泽东的阳光照耀而温暖了咧！有了新的气象，那就是我俩有了为人民集体的利益而奋斗的一个新的目标。为了感谢党和毛主席教育了我们，拯救了我们，使我们走上光明大路，我们决定全心全意地为祖国和劳动人民服务。

毛主席给我们全家带来了欢笑和歌唱

吴希庸爱人　孙桂珍

解放三年多以来，我丈夫的情绪一直是不正常的，他为祖国前途的光明而喜欢，兴高采烈地谈论着，但他也为自己过去的罪恶历史而忧愁惭愧，长吁短叹着。在这种矛盾的情绪里，生活自然就不开展，不明朗，家庭也因为他而罩上了一层暗影。

他从燕大回来，参加思想改造，日夜赶写检讨，睡了不久又起来写，写了又睡，睡一会又起来写。有一天他回家来和我说，在师生大会上宣布了他是被管制分子，在宣布的一刹那他真想钻进地缝里，但是"搓澡"队同学说的对，人民这种宽大的惩罚，应该愉快地接受。果然他以后并不再想到被管制的问题了，他只想"自己努力就是了"。他第一次检讨虽未被通过，但他的心情并未忧愁，他说："我今天才知道什么叫做从思想上放下包袱。"同志、同学们的帮助和鼓励，使他非常感动。当他宣布被管制后，上第一堂课以前，他担心同学们不上他的课，可是事实上正相反，他激动的说："想不到他们并不卑[鄙]视我，抛弃我。"因此他更明确了毛主席的政策不是打击而是治病救人！从此一直心情愉快，在过"关"后，每天和孩子们唱歌、跳舞，一遍又一遍的练，孩子们都说："爸爸中了迷了！"我深切的感到，他变了；从阴暗和忧愁变成了愉快。我衷心的感谢党和毛主席救了他。我们全家都在欢笑和歌唱，我们快乐的准备着在庆祝会上跳好全家舞，表示对党和毛主席的无限热爱。

第六十九期　第十五版

文艺(12)副刊

欢唱新生

徐文述

党——伸着热情的手，
毛主席——发出温暖的光辉！
我
顺着党指示的方向，

在毛主席底光辉的照耀下，
开始了有生以来
最伟大的一次劳动，
拿起集体主义的铁铲，
铲起一块、两块……的土，
把个人主义的臭泥坑填平、压实。
革命的大道出现在我的眼前，
我奔驰，我跳跃，我欢唱，
欢唱
自己的新生！
祖国的可爱！
党和毛主席的伟大！

同志们，我们说不出内心感谢的话

——给运商系全体搓澡队同志

运商系全体教师

在阳光逼人的正午，
在沉闷无风的夜晚，
你们不辞辛苦地一次又一次
奔波于教师宿舍与红果园之间。
为了帮助我们改造思想，
为了祖国幸福的明天，
甚至当月亮休息的时候，
你们还在忘我的工作。
过去资产阶级思想侵蚀我们，
眼睛蒙上了翳障，
分不清是非、看不见光明；
你们诚恳的、耐心的帮助我们，
直到胜利为止。

今天我们知道
是马列主义、毛泽东思想给了你们力量，

真理的光辉映红了你们的胸膛，
你们是党的好助手，
你们是毛泽东的好学生，
你们拿着党给你们的钥匙，
终于开启了幸福之门，
射进了阳光，吹进了花香，
使我们的生命有了火热青春，
同志们！我们说不出内心感谢的话
我们衷心的感谢党、
感谢毛主席、感谢你们！

一个人的转变

李忠潜

编者按：李忠潜助教，在反资产阶级思想运动中，起初态度极不端正，对自己的腐朽的资产阶级思想不肯暴露批判，但在党的教育下，李同志终于觉悟过来，做了深刻的检讨，这首诗是他思想战线上获得胜利后，在运商系庆祝胜利大会上自己朗诵的，生动地叙述了他个人是如何从泥坑中跳出来。

本院的运输系里有过这么一个人，
他不但阴森、恐怖，更是嫉妒、多疑，
他用统治思想的有色眼镜来看党，
却时时以为党在统治着他自己。
在心灵的深处，
满藏着虚伪、卖弄、自大、使手腕、向上爬
和对他人的算计。
这就是些腐朽、肮脏的思想在扰乱得
他昏天黑地。

过去在编译室时，他想当太上皇，
可是赵仲华同志看出了他的诡计，
于是他心灰意懒，工作变得消极。
同室的朱长富同志留苏后，
他心里当然是不服气，

为了表现自己，
他曾经告密，
告到蔡善昌、关晖同志那里，虽然结果是碰了壁，
但是他的心并没有死。

后来，编译室撤消[销]了，
他来到了运输系。
环境虽然变了，
但是他还是他的老脾气。
反资产阶级思想运动开始了，
他只检讨了八分钟，
其中有一个地方还是故弄玄虚。
运动第二阶段开始了
他还是依然故我地在看戏。
但是，
陈列馆的一个批评会
是他思想上的晴天霹雳，
他才发现了自己的奴化程度，
已经达到了麻痹。
虽然如此，
但是他对党的政策还有怀疑和顾虑，
他既怕说出了污点要受处罚，
又以为政府在用变相压力，
旧社会的毒害，
使他对任何事情都要怀疑。
可是“搓澡”队的耐心和诚恳，
使他开始感到自己
再不应该不丢掉这些不必要的顾虑。
然而他还以为检讨是形式，
不一定能够获得预期的效力，
那么检讨就检讨好了。
对付交差，来一个消极逃避。

受到"搓澡"队的再度鼓励，
也看到过关后的教师真的积极，
他才明白了
别人的检讨本来并不是作戏，
于是
一咬牙,鼓起了勇气
一口气就做到了只剩三分之一。
但是自满情绪又在向他袭击，
自以为既然所剩无几，
于是心中动荡不宁，
一阵松懈、一阵心急，
还是总写不下去。
和"搓澡"队再一次的谈话，
总算是给他打足了气，
态度端正了,写起来毫不费力。
继续完成剩的三分之一，
他觉得只需蹩[憋]一口气。

检讨的日子到了，
所用的时间已不再是几分钟、几十分钟，
而是已达两点钟还有余，
当核心组负责同志宣布他过"关"时，
同志们的历久不息的掌声，
象征着他和同志们的无比兴奋和欢喜。
这个伟大的新生的日子,七月二十三日，
他将永记，
是的！他将永记，
感谢党和毛主席，
把他拉出了自私自利向上爬的污泥，
旧的他、将永远死去了，
他说：
"我要向奥斯特洛夫斯基学习。"

这是他自己的胜利，
但更是党和胜利，
马列主义、毛泽东思想的胜利，
中国人民的胜利。
同志们！他究竟是谁？
那就是运输系的练习讲师，
名字叫忠潜，姓李。

思想改造胜利有感

运输系教授　赵　华

铜臭一身污
唯利是图
心劳日拙胡为子？
鼠目寸光身下事
立场全无
救世大声呼
同庆贴苏
脱胎换骨见新言
两事从今
还祖国
热血头颅

第六十九期　第十六版

文艺(12)副刊

我的家庭转变

——在经济系庆祝胜利大会上演出

李士珍讲师儿子李一川(八岁)

打竹板、细留心、我的爸爸李士珍。
我爸爸，学经济，他在交大讲会计。

我们家，人不多，叔叔大爷听我说：
小妹妹，真聪明，她还会唱“东方红”。
姚毓荃，是我妈，奶奶姥姥都在家。
在以前，家里乱，爸爸妈妈闹意见。
我的妈，脾气躁，见了爸爸就开炮。
我爸爸，也不饶，吃饭吵架要饭勺。
爸和妈，一吵架，我和妹妹都害怕。
我奶奶，年纪老，和妈感情不太好。
我爸爸，推的远，家里事情全不管。
对我们，不关心，马马虎虎不认真。
我爸爸，到月底，见了爸爸叫老李。
说老李，道老李，老李给钱快买米。
毛主席，共产党，领导爹妈搞思想。
我爸爸，作检讨，回到家里真烦恼。
发脾气，把架吵，吓的我来满街跑。
我爸爸，过了“关”，回到家里好喜欢。
下决心，改思想，争取参加共产党。
一边跳，一边唱，家里有了新气象。
我妈妈，做检讨，爸爸帮助她“搓澡”。
我妈妈，在前天，已经胜利过了“关”。
过“关”后，信心强，帮助奶奶改思想。
打竹板，真好看，奶奶思想有转变。
主动要求来改造，
思想改造意义认识到。
擦地板，去肮脏，玻璃擦得亮光光。
打苍蝇，真积极，夺取红旗争第一。
你和妈，感情好，从此不再把架吵。
妈妈奶奶意见消。
我们全家幸福了！
我自己，要努力，争取参加少年队。
这种气象实在奇，多亏党和毛主席！

为我们的过“关”而欢唱

张葆华严德炯夫妇

我们这一对，男的白话[活]了四十又二年，
女的白话[活]了三十又二岁，
万恶的旧社会，
把我们养成自高又自大、自私又自利、
瞧不起群众、性情又孤僻，
成天苦闷不起劲。
一个是讲清高、爱面子、
少了两斤小米就辞职；
一个是装进步、假积极、
开口是毛泽东思想、闭口是马列主义。
天生一对顽固人，
难得生活在一起，还生了个小孩子。
听到思想改造就害怕，
假装镇定心惊又胆碎。
自己知道满身脓疮又污秽，
不敢脱衣服，更怕脱裤子。
总以为，群众不知道，
自己平日伪装好，
群众有时会麻痹。
岂知道，群众早闻有臭气，
又看见，
我们满脸的污秽。
这臭气，
自己闻惯不觉得，又从来不肯照镜子。
一听群众提批评，不肯接受心里虚，
外表装得很神气。
为了敷衍求了事，
一个在岸上，东张张、西望望；
一个第一名跳下水，自己超级大国是不肯洗；

同志们热心来帮助,躲避又抗拒。
眼看着别人一个个在水内,
你搓搓、我搓搓,
你洗洗、我洗洗,
洗得好起劲,洗得好快乐,洗得好干净;
一个个跳上岸,过了“关”,穿上新衣归了队。
自己好羡慕,眼看要掉队,
口里说不出,心里好着急。
我们虽然落了后,群众并没看不起;
我们着了急,他们更着急。
先设法,打通我们的思想,
出主意、看文件、听报告、看展览;
小组会、讲道理、最后派来“搓澡”队。
精选的“搓澡”队,
品质高尚经验又丰富,
服务热心真可佩。
我们若怕疼,他们就细心“搓”、细心说,
我们好面子、爱生气,
他们不独耐心来说道理,还检查手续上是不是有毛病。
一点一点替我们“搓”、一点一点教我们“洗”,
半点不怕累。
清早来、中午去、傍晚来、深夜去。
最后“洗”得个差不离,我们说不出的轻松又愉快,
他们也为我们高了兴。
同志们见我们“洗”干净,穿上衣服过了“关”,
去归队,鼓掌大欢迎。
先前怕疼不愿“洗”,
如今“洗”了好庆幸、好快乐、好起劲,
好比死了又复生,结了婚、生儿子,
也没这高兴!
思想包袱一放下,全身满股儿都是劲,
为祖国、为人民,搞工作、有信心,吃饭、睡觉、讲话,处处都高兴。

全国知识分子都改造，
共产党、毛主席，是我们的大恩人！

庆祝爸爸在思想战线上的胜利

赵华教授女儿

五星红旗迎风飘扬，
红果园里的歌声嘹亮，
今天是什么日子呢？
原来是运商系的胜利晚上。
我带着无比的欢乐，
来庆祝老师们在思想战线上打了胜仗！
爸爸，您得到了党和毛主席的拯救、
和同志们同学们的帮忙，
您洗净了污毒，
也随着别的老师们来到岸上，
我庆祝您得到新生，
我高兴您也挂上了胜利的光芒，
回想您以前是自私自利，
一天一天地在奔忙，
我看不见您的微笑，
只听到您的悲伤。
我，幼小的我，时常发生疑问，
为什么您竟冷酷到这样？
前几天我还这样看您，
想不到您今天换了容光，
这是因为您转变了思想，
这是因为您站上了工人阶级的立场，
您的胜利过“关”消息，
使妈妈不自禁地欢呼，
我也随着高声歌唱，
我有一个进步的爸爸了，
他再也不是商人模样！

我骄傲、我欢狂，
正是因为您、今后可以领导我走上明光！
爸爸，
您要巩固这一胜利，
用行动表现出新的思想，
看：
灯火在辉煌、音乐在幽[悠]扬，
群众在雷鸣般地鼓掌！
让我们手携着手，
为着这胜利尽情地欢畅！

感谢党给我新生

运输系助教　陆传砚

行年三十，
不知人生如何。
敷衍应付，
但求个人享乐。
灰色人生，
意志消沉，
走向毁灭道路。
真理解放人类，
感谢党给我新生！
此后一生，
愿将自己整个生命，献给党的革命事业。

庆祝反资产阶级思想运动的彻底胜利！

一九五二年八月七日　第七十期

彻底批判资产阶级思想！坚决树立工人阶级思想！

收获满筐高歌胜利载歌载舞欢度"庆祝胜利日"
巩固已经取得的胜利继续向前迈进

七月二十九、三十日两天是全院师生员工家属最兴奋最欢乐的日子。这种兴奋与欢乐，就和农民们在秋收时所感到的一种，就和工人们在包装制成品时所感到的一种，也和解放军战士们在战役胜利结果清点战利品时所感到的一种。我们全院的师生员工家属经过了半年的辛勤劳动——尤其是"五一"以后三个月来日以继夜的辛勤劳动，终于取得了反资产阶级思想运动的彻底胜利。这两天正是我们收获满后高歌丰收的日子。

二十九日上下午的"典型报告大会"集中地显示了运动在各方面的收获，十三位教师职工同学作了动人的大会报告。张国伍同学代表"七一图片展览会"全体工作同志报告了他们在工作中的体会，着重说明了"依靠领导，依靠群众的正确的工作方法及作风。"朱万柏教授检讨了他向上爬的名位思想；赵华教授检讨了他的唯利是图的思想；以前什么都是美国好的应尚才教授检讨了他的崇美思想和单纯技术观点；以前自高自大、目空一切的许靖教授，检讨[redacted]"自高自大"；做过国民党外交部[redacted]剑非教授批判了他[redacted]解放后仍以旧眼光来看待共产党及人民政府的[redacted]教授，他有了新的认识的基础与批判了他[redacted]。曹世穰同学在报告中批判了他的[redacted]，在所有的典型报告中，[redacted]过去[redacted]，放声大哭以至于泣不成声[redacted]毛主席共产党如何拯救[redacted]不少群众高声呼喊"毛主席万岁""中国共产党万岁" [redacted]刘炽晶教授、吴希庸教授以及朱广心教授爱人[redacted]同志的艰苦，使大家深受感动；唐茂[redacted]在解放前他一直食不饱，衣不暖，[redacted]年时曾经求乞为生，还遭人看不起不准他进大饭厅吃饭了。还是谁[redacted]要是毛主席早来几十年，我就不会讨饭了。说完[redacted]。他又说："毛主席来了，我进大饭厅吃饭了，还有谁敢看不起我老唐呢?"他表示感到翻身的喜悦，他认识到他扫厕所的工作也是革命工作一部分，他说："我要走方志敏烈士的路,我虽然五十七岁了,但人老心不老,毛主席要我干什么我就干什么。”大家都为他的真诚的感情所激动,很多人流了眼泪,加深了对旧社会的恨和对新社会的爱。刘炽晶教授在检讨中对他的权威思想有了很深刻的批判,彻底暴露了“金刘之争”中的思想活动,当他谈到由于他的个人名位及权威思想而使人民教育事业受到巨大损失时,他说:“人民每月以千余斤的小米供养我,希望我能为人民做些事,而我却拿了人民的小米和金副校长争权夺利,辜负了党和人民政府的委托……”到这时他无限痛心,放声大哭。最后他说:“从今以后,我要在工作上返老还童,永远做一个人民的小勤务员。”大家都为刘教授飞跃的进步,感到惊喜,铁道部教育局的■蒙同志说:“我没有想到刘教授能检讨得这样好,和解放之初来接管的时候判若两人了。”当刘教授报告完了,大家热烈的鼓掌表示欢迎。吴希庸教授在解放前参加了反革命的组织,一贯进行着反革命的活动。解放后受到人民政府的管制,最近因为他表现较好,便撤消[销]了对他的管制,他在大会上沉痛的批判了他一贯的反动言行。他说:“我现在回到人民的队伍里来了,这是我莫大的光荣,但我不能忘记我上半生对国家人民犯下的罪,我要更努力的立功赎罪!我要永远跟着党和毛主席走,直到我的心脏停止跳动的那天为止。”从吴希庸教授的报告里,大家进一步了解了反动派的丑恶,深深地体会到党和人民政府宽大政策的伟大。朱广心教授的爱人刘萍玲同志在运动中积极的帮助朱教授挖思想,同时也提高了自己的政治觉悟。在报告中最后她说:“毛主席的阳光照亮了我的家,我要感谢毛主席、感谢共产党,我一定要积极的工作,做一个(民主建国会的)好会员。”家属们在运动中也是一支重要的力量,今天教师们过“关”了。她们也得到了思想上的解放。

十三个典型报告每一个都深深地打动了大家的心弦,下午一共进行了九个多钟点,但大家一直都是聚精会神的听着,黄伟材同学说:“今天的报告太好了,别说只十三个,这样好的即使听二十多个也不会觉得累。”有的同学说:“今天的报告的大多是以前认为‘顽固堡垒’的先生,但他们的检讨得这样好,运动真是获得彻底胜利了!”

七月三十日是我们久所盼望的“庆祝胜利日”,上午七点时,大家都穿上了整洁鲜艳的衣服,嘴角上挂着胜利的微笑,走进了“庆祝胜利大会”的会场。愉快、活泼、年青的歌声,把会场衬映得更庄严、更美丽。

第七十期　第二版

在悠扬的奏乐声中,大会开始了。朱院长和铁道部教育局苏副局长相继致词。

他们肯定了运动已经获得的辉煌成绩，同时，他们也都指出：这只是大家思想改造的第一步，希望大家把今天的收获巩固起来，贯彻到今后的行动中去。

当苏副局长宣传电信系及俄文专修科下学期将迁到哈尔滨铁道学院去，建筑系将迁到天津的天津大学去……院系调整的办法的时候，全场激起了热烈的掌声和欢呼声。在先前，正如苏副局长所提到的，院系调整是困难重要的，而最严重的困难正是各院校师生在思想上的抗拒。但是，在今天，在经过了思想改造的今天，我们大家都懂得了应该把国家人民的利益摆在第一位，“祖国需要我们到那里，我们就到那里”已经成为大家共同的信念。大家对于院系调整由消极，抗拒到积极拥护，也是反资产阶级思想运动在我院获得彻底胜利的标志之一。

接着是发奖献礼。在节委会“以实际行动迎接胜利日”的号召下，全院师生员工家属在最近一星期来展开了全面的清洁卫生运动，一共扑灭苍蝇十二万一千多只，而金学政同学一人就扑灭了苍蝇六千五百二十九只。因此，节委会向系科捕蝇第一的电信系及个人捕蝇第一的金学政同学发奖，也向环境清洁卫生做得好的单位发奖。在献礼时，大家以锦旗，毛主席石膏像书籍等献给节委会、学生会及作典型报告的同志们。这些礼物充分表达了大家对他们的敬爱。

在自由讲话中，黄宏嘉教授、徐中主任、张剑非主任分别代表电信系、建筑系、俄文专修科的全体师生表示坚决拥护院系调整的决议，要尽最大努力做好迁系工作。黄宏嘉教授坚决地说：“我们要以实际行动来证明我们在这次反资产阶级思想运动中所取得的胜利。让我再一次地代表电信系全体师生表示：祖国需要我们到那里，我们就到那里！”徐中主任说：“以前，我们建筑系的教师同学也希望院系调整，但都是各有各的自私的打算……我也是这样，今天，我们要为了祖国人民的利益，为了祖国的十年建设，坚决做好迁系工作！”胡均乐同学则代表全体毕业同学讲话，表示百分之百地服从组织分配来迎接祖国的十年经济建设。在他们讲话时，台下掀起了一阵阵的掌声和“坚决拥护院系调整”的口号，表示大家的热烈支持。

三十日下午各系师生，分别召开了小组漫谈会，漫谈自己在运动中的收获和体会。资产阶级思想锁枷中解放出来的教师们，一个个都充满了新生的活力，在漫谈会上，都由衷地表示出“感谢党感谢毛主席”的真挚情感，在运商系的座谈会上，刘炽晶教授特别兴奋、满面笑容地说：“党的确是伟大的、正确的，在她争取、团结、教育、改造的政策下，把我这样顽强的资产阶级思想也扭转过来了，我虽然五十二岁了，但是在党和毛主席的领导下，我还是年青的，我还能很好的为人民服务,我要把以后的生命全部献给党和人民!”一向轻视劳动的侯汝勋教授听了唐茂生同志的报告特别感动,他从心底里说出:“我现在认识到拉粪车的工人也是和我一样的为人民服务。”更令人感动的是陆传砚助教抱病参加了会,噪[嗓]子哑得说不出话来就用笔写了自己的体会,由主席代念,终于表达了他对党对毛主席的热爱。经济系白发苍苍的万良桢教授以前开会就不带劲,但是这次听十三位同志的典型报告时,却自始至终精神贯注,他说:“他们的话一直引起了我的共鸣!”六十多岁的许延英老教授也表示要响应朱院长的号召,把自己“返老还童”的决心贯彻到实际行动中去。在电信系的座谈会上,大家对这次院系调整纷纷表示拥护,孙铭甫先生说:“祖国的每一个土地都是美丽的,我从内心发出誓言,为了祖国人民的利益,坚决愉快地服从组织调动。”共同学科过去在家里实行封建统治的高镜芹先生在会上说:“我现在不要孩子称呼我‘大人’了,我要和孩子们一道前进。”各系教师们还纷纷表示要以朱院长的话勉励自己,决不自满,决不让资产阶级思想再冒出来。

参加漫谈会的家属同志们,也纷纷发表了自己的感想,建筑系赵祖武教授的爱人刘正怡说:“自己过去认为生就是慢性的死,今天体会到了革命大家庭的温暖,因此愈活愈想活了。同时也懂得了为什么要生活,为谁而生活。”商务系赵传云主任的爱人张淑英同志说:“我要跳出家庭小圈子,永远跟着党跟着毛主席走!”

下午五点钟,全院一千多师生员工家属,在红果园举行了盛大的聚餐,西北饭厅济济一堂。大家都兴高采烈地比着笑,看有的同志说:“这顿饭真是愈吃愈香(。)”因为这是我们半年来辛勤劳动后的欢宴啊!

傍晚连日阴雨的天空,也突然开朗起来,露出了笑脸夕阳余辉[晖],在西山背后闪着耀眼的金光,南方呈现出五色的彩虹,正好像自然界也在为我们的胜利而挂灯结彩。

庆祝胜利晚会的会场,昨天还是一片坎坷不平、陷坑屡屡的足球场,今天就在大家劳动和工作同志们费尽心机的筹划下,变成一个锦旗飘扬、平坦漂亮的露天会场了。在新建的图书馆门口、会场的正门前耸立了“伟大的、光荣的、正确的中国共产党万岁”的标语塔,塔顶上飘扬着红旗,象征着毛泽东思想的红旗已在红果园中高高扬起了。在晚会开始前,会场的四周,教师和同学们正在手拉着手地跳着集体舞,欢乐的气氛洋溢着整个红果园。

八点十多天来文娱组的同志们日以继夜辛勤筹备的精彩的文娱节目开始演出了。幕一开,鲜艳悦目的背景就掀起了一阵掌声和喝彩。第一个节目的一百七十多人的“诗歌聊唱”,它歌颂了我们的胜利,也表达了大家对党员毛主席的热爱。昂扬的歌声传出了每一个人的心的跳动。大快板“大转变”和河南■子“谢淑英起死回生”生动地说明了在运动中各方面的大转变。大联欢舞里教师、职工、同学、家属都以舞蹈或演唱来表示喜悦的心情，五六十岁的老教授和四五岁的孩子在一块儿扭秧歌，他们都同样的活泼纯真。尤其是家属们的舞蹈及李一川小朋友（李士珍讲师之子）的快板，受到了大家的热烈欢迎。大家都从这个大联欢舞里看到了本院空前的进步团结。在思想上翻了身的人们也和翻身分得了土地的农民一样由衷地拥护着党和人民政府。而富有民族风格的“护送粮”的舞蹈就优美而形象地传出了这个心愿：我们也要把这些思想上的收获呈献给带路人毛主席！这个优秀的舞蹈在大家热烈的“再来一个！”“再来一个！”的呼声中重演了一遍。最后一个“迎接大建设”的雄伟的锣鼓声及豪放的舞姿仿佛在我们面前展现了祖国十年建设的壮丽图案，在敦促着我们努力前进。此外，三幕四场的话剧“毛主席的阳光照亮了咱的家”则典型地描绘了一个教授的家庭怎样在运动中走向新生。十个节目全面地反映了全院师生职工家属在运动彻底胜利后的欢欣及对党和毛主席的衷心的感谢和爱戴。有的同学说：“这是空前精彩的十个节目，要不是文娱组同志们的政治觉悟空前提高，是不能在短时期内演出得怎样好的。”有的同学说：“老教授也上台演戏了，不是思想上‘返老还童’了是不可想象的！”大家都觉得在看了这些节目后更增加了从胜利走向胜利的信心。

晚会后又在饭厅举办了舞会，很多师生职工兴致勃勃地狂欢狂舞，有些同学更希望跳个通宵，但为了照顾同学的身体，午夜两点多钟只好结束了。

让我们永远记住这个狂欢的日子吧！让我们更加努力迎接更幸福的明天！

第七十期　第三版

彻底批判资产阶级思想，坚决树立工人阶级思想

检讨我的名位思想

电信系教授　朱万柏

（一）我的名位思想的形式；家庭、教育和旧社会对我的影响

我生长在一个手工业者的家庭里。曾祖父雇用工人在汉口开了造纸作

坊，通过祖父的经营扩展，买下了一些房屋地基，就这样靠了剥削，家庭情况达到了比较富裕的程度。

我父亲不务正业，爱赌博而且抽大烟；我母亲是旧社会标准的贤妻良母，常常拿父亲的行为来警告我这个唯一的儿子，勉励我一定要做一个“人上人”。父亲死得早，母亲把“祖上的基业”看得很重；她一方面收好房租维持我念书，一方面就巴不得我将来能够把产业增添一些，好光辉门庭。我小时嫌那个造纸作坊脏，很少去看，所以对做买卖一道没有兴趣；但是母亲的话语我是记得的，而且我的眼界比她的大了，我心里就有了挣一份大大的财产的念头。

我幼时读过好些年私塾。最初当然不知道为什么念书；过去了几年，就明白了母亲和一些长辈们勉励我上进是什么意思，也就慢慢接受了儒家的封建政治思想。我相信了“齐家、治国、平天下”的道理，也相信了这是“读书人”的责任。“劳心者治人”——读好书就可以“统治”别人；“学而优则任”——自己很不错，自然应该“做官”，这些道理我从小就看作是天经地义。岁数再大一点，知道社会情形更多一些，我就开始羡慕那些“达官贵人”，羡慕他们的地位高，名誉大、财产多，“升官”方能“发财”，“功名富贵”是分不开的——我懂得了这个道理。从此“发财致富”的念头就隐退到幕后去了，而“名位思想”就形成了我这半生思想的白流。

我爱读旧文学作品。今天一分析，这些士大夫阶层的作者，很少不是功名思想很浓厚的人。他们那些“怀才不遇”的牢骚大大地影响了我。我的“偶像”随着时代也在变。在中学里，接触了康有为、梁启超的中断著作，我就把他们当作“英雄”；读了“独立评论”之类的刊物，我就很信服胡适之那班人的言论。胡适之著作那么多，那么年轻的时候就成了世界知名的“学者”，我尤其佩服得五体投地。后来我看见这些打着“学者”、“教授”的旗帜，但是实行向反动统治“摇尾乞怜”的家伙们一个个走上“政治舞台”去了，我更是羡慕不已，同时也期望自己有一天能够爬到他们那样高的地位。我以为惟有像这样“十载寒窗”才算有代价。所以我不知不觉就把“学者”、“教授”当作了争取名位的一个步骤。我看不清胡适之利用了“学者”的招牌，本身是一个利欲熏心的政客，他费身投靠，背叛了人民，走上了反动的道路。我为了名誉和地位，我就看不清胡适之的反动本质。就这样，我想走所谓“胡适之路线”，我半生的行为因此有了一个明朗而具体但是可耻的目标。

（二）我的名位思想的主要表示：对同志不团结，对领导不信任

在旧社会，留学资格与博士头衔是成为学者或教授不可缺少的条件，我念

的华中大学是一个教会学校。我注意到胡适之有好几个博士学位，又看到校长、院长、教授们都是从美国拿回的博士头衔，所以我在大学一年级就下定决心，毕业以后无论如何要到美国去拿个博士回来。不料毕业那年抗日战争正好开始，留学计划受到了阻挠；在华中大学当了三年助教，我心里真是沉闷极了。出国不成，要“跳”到教授地位毫无希望，所以只能一步一步向上爬了。恰好湘雅学院聘我任讲师，我觉得是“爬”了一步，因此离开了华中大学求到湘雅。一九四六年我在重庆考取了国民党伪教育部的所谓公费留学，我自己觉得是平生最“扬眉吐气”的事，所以见了人就骄傲起来，以为没有人赶得上我。

从一九三七年毕业到一九四七年出国，我觉得我被“埋没”了十年。一想自己出身寒微，毕业的学校又没有名气，觉得这个“成功”完全是我个人努力的结果，因此更坚定了向上爬的意志，而名位思想也就更加浓厚起来。我一想那时的伪教育部长朱家骅是学地质的，在政治上有那样高的地位，我也搞自然科学，前途一定未可限量。又想若是回国以后能够跟着朱家骅走，有了靠山，就会爬得更快，于我自己就更有利。伪教育部派我到瑞士之后，我发觉由于学制、语言、年限的关系，不可能拿博士学位到手心里就焦急起来，我想虽然有了公费留学的资格，但是没有博士头衔还是美中不足。我于是写信给朱家骅，借口研究计划在瑞士无法进行，希望许我转学到美国去。朱家骅不同意我就自己想办法。我写信给美国的“大地海岸测量局”，要求到那里去实习雷达原理在测量方面的用法。那时是在一九四八——一九四九年间，国内解放战争正在进行，我怕美国鬼子怀疑我有共产党的背景，我就打我的教会学校的资历全部拿了出来，又着重地告诉他们我是国民党“派遣”到欧洲去留学的，意思是希望他们相信我。许我去，然后我再设法念博士学位。我受到了功名思想的支配，就这样不择手段，现在想起来真是对不起祖国与人民！我不了解我这样追求“资格”与“学位”完全是受了资产阶级崇拜虚名的腐朽思想的影响。我不了解我是站在反动的立场上犯了严重的敌我不分的错误。国民党反动派拿了人民的血汗是在培养我当帮凶，好更加深入剥削劳动人民，而我把它作了“主子”。朱家骅藉学者之名爬到高位，本身就是一个剥削阶级的反动官僚，和劳动人民是势不两立的。他干的是培养剥削势力，灌输反动知识，和愚昧劳动大众的工作，而我想把他当“靠山”。美帝国主义者使用了多种多样的毒辣手段，从提倡所谓“门户开放”的时候起，一直在加紧侵略中国，是我们的民族死敌，而我把电当作了“恩人”，当作了“朋友”。我为了个人的“资格”和“学位”，完全忘了祖国与人民。我痛恨我的腐朽资产阶级思想，它使我这样敌我不分，使我出卖了我自己!

我把留学资格错误地估得那样高,因此使我回国以来,表现出非常自高自大,以为了不起。在欧洲我虽然不了解新中国的具体情况,但觉得我有技术,早一天回来一定可以抓到很理想的位置。一九五零年十月到北京之后,我来本院工作,先一想,本院规模小名气不大,不足以直接表现我自己,可是仔细一打算,我首先拿到教授的名义,又能够留在首都所在的北京,只要自己抓紧机会,是不难由"教授"再提高一步而成为"名教授"的。"成名"之后,像胡适之一样,"地位"的问题我想就不成问题。"圆圆"北京铁道学院只能作为我向上爬的初步基础,我的目标和欲望是没有终极的。这说明我决定来本院教书,完全是为了个人的利益,而且下认识新中国的本质,还抱着投机取巧的动机。

第七十期　第四版

那里电信系教师们的情况,我觉得也是于我有利的,好些教师没有出过国,我根本就不注意他们,出过国的我,觉得没有一个是像我那样堂堂正正,凭本事考公费出去的,而且其中年纪有的太轻,我教了多少年书,他们大学才毕业,我凭资格也比他们老得多,再看一看在大学教过书的也少,而我自己起码当讲师早已当过三年,因此我觉得在电信系应该唯我独尊,我是瞧不起美国的"硕士"学位的,我反过来想,我没有去成美国,去美国而只拿到"硕士",正说明这些教师还差一点,我就这样把自己估价得高,看不起别人,以为我确实在电信系成绩占第一把交椅,到北京不久,我很敏锐地感觉到在新社会要成名,一定要使人家看出我的政治觉悟高,思想很进步,要成为名教授,尤其■■进步的名气不可,我注意到本院的政治气氛非常落后,我觉得我可以首先在这方面表现表现自己,为了暴露出自己的"进步",我开始在光明日报上发表言论,看到这样很起作用,达到大家的重视,我就抓住题目陆续写了一些文章,只要我的"鼎鼎大名"能够在报上出现,旁的事我就不管了;举一个例子来说:抗美援朝运动开始不久,政府号召青年学生踊跃参加军事干部学校,为的是迅速建立一个伟大的近代化军事国防,来保卫祖国人民的利益,但是那时我没有认识到这一点,我以为这样妨害了青年们的学习情绪,使我教课更加多了困难;又觉得这是受了朝鲜战事的影响,政府不得已在用这个方法补充兵员,我虽然毫无认识,可是我现得怎么样呢?我在报上大写文章宣扬新英雄主义,鼓励同学们参军,这说明我为了表现自己进步,什么手段都用动,我是多么卑鄙!在电信系教师小组学习政治战时事时候，我往往夸夸其谈，虽不知以为知，表示我很有一套，平时不认真学习文件，更不从工作及实际斗争中去锻炼我自己，我以为我的思想毫无问题，工作能力又很强，一切都够了。我就这样背上了“进步包袱”。一年多以来，我不但没有好好献出我的力量，反而给电信系造成了很大的损失，今天想想，这是多么痛心的事情。

我凭公费留学的资格，觉得在电信系业务方面我要算全系第一；我在报纸上发表了文章，口里谈起来又有一套，更觉得在本院的政治方面我要算全院第一，这两个“第一”就使我自高自大到了近于狂妄的地步，搞工作就为了表现自己；觉察到有人在我前面，我自然想把他打下来；发现“名誉”或“地位”受到影响，我立刻消极，大闹情绪，把工作扔在一边不管，我这样患得患失，就一直对领导不信任，对同志不团结，对工作不负责，原因正是我的腐朽的名位思想在支配着我，也没有得到顺利的发展，使我疑神疑鬼，没有一天心里是平静的。

我先检讨我打击别人，抬高自己，破坏团结的作风。

我在本院最初注意到的是赵平，我觉得他架子大；既不是电信系的教授，为什么俨然负责信号组的工作？又想像[象]他那样自高自大，脱离群众，怎么可以当上工会副主席要不是有人把他当偶像在故意捧他，则一定是他有一套手段，把他和我一比，我觉得我比他确实“进步”得多，去年评模的时候他被提名为候选人之一，我的反感就最大，大家举出好几条他的“模范事迹”，但是后来一条条都取消了，使我更感觉是有人在添造资料，故意捧他。我是电信系的评模代表，在会议上我提出赵平不愿来电信系，他有思想问题，当时好些人都大惊失色，纷纷反对我的意见，有人说他的讲义写得好，我便提出“课堂讲授为主”的话来加以反驳，而且坚持我的意见。

对于潘守鲁和黄宏嘉，最先我看见年纪轻，不很注意，后来我搞电信系工会小组负责领导学习，看见他们常缺席，出席的时候一个不大发言，一个则乱谈一通，觉得他们的思想非常落后，我就轻视他们，又觉得他们两人虽然都是少年气盛，但是也有分别：黄见人不大理睬，而潘则比较直爽，因此我对于潘守鲁在去年秋天以前还没有什么成见，对于黄宏嘉则一直很少交谈来往。

到了去年秋天，我对于赵、潘的成见就很快地加深起来，那时京津高等学校教师思想改造学习运动开始，领导上在电信系选了潘守鲁当学习委员，这消息一公布，对于我真是一个晴天霹雳，因为我想我的“政治全院第一”的位置受到了太明显的打击，我以为我比潘守鲁进步得太多了，这中间一定有旁的原因,我马上想到评模的时候我得罪了赵平,而赵平和领导上的同志,像蔡善昌,关系很特殊,这一定是有人在对我进行报复,我又觉得赵平以前讨价还价,想争电信系系主任的位置,不过在系里没有得个的帮手;这一次一定是他选中了潘守鲁,借学委的名义拉了潘一把。我又一想,赵、潘结合在一起,对我必施行更大的报复,恐怕我在本院没有出头的日子,因此消极万分,急切求去。由此我怀恨赵平,对潘守鲁我就处处要压倒他,指出他的无知,借以证明领导上选他当学委是一错误。

赵平在小组学习的时候老说正面话,我觉得他一定是不肯暴露真思想,就故意追问他,本院选北京市人民代表的时候,有人说他讲话不清楚,将来不能传达报告,我马上说我同意,结果电信系没有提出他作候选人,他作检讨的时候,我对他提的意见就特别尖锐,想挑出他的错误来给大家看,有人提出赵平对同学,对组织上,对电信系的先生是敌对面孔,我马上抓住这话又着重地对他再提了出来,我听他检讨到他跟着金士宣参加了金、刘之争,他又捧汪禧成在信号界大闹宗派,又说他不来电信系是为了两系争他,好抬高他的身价,我心里暗喜,我在评模会上说的话都对了。领导上还有什么话说?我的见解是不是比大家都要高明些,运动开始,我去赵家谈了一次,赵平谈到学习委员问题,承认他建议过潘守鲁,他说因为他觉得我过去搞工会工作不够积极。我认为他的说法还是比较表面的,不能解决问题。

潘定鲁当了学委之后,更爱夸夸其谈,和他碰在一起,我就一定辩驳他的话,后来学委会并入节委会,他搞系里三反的核心工作很积极,对田成文炮火最猛烈,我觉得他是为了出风头才这样干,节委会派我参加北京市的五反检查工作,我和潘守鲁谈这事,他说太辛苦,他是不愿去的。我心想我的看法真对,他搞工作确是为了出风头,我不在系里的时候,潘守鲁批评我抓电二电三的课程,我回系里作检讨,他又一再批评我抓权。这使我觉得他不但是在打击我,而且简直是想排挤我离开本院,我一想,他从前和我不是还不错吗?现在为什么变了,我发觉有两个可能:一个是他和赵平明确地站在一起边去了;另一个是他知道走不成,有了地盘思想,不排挤我出去,他在电信系就伸不了头。我以为我的想法很对,还把这话告诉了同学,今他们知道我的委屈。这学期开学以后,我注意到他教课、管实验室仍旧不负责,我就更看不起他,以为他不可救药。我和姜嘉猷谈起潘守鲁来,他说:“大家都有进步,唯独老潘没有改变。”和杜锡钰谈起,他说:“系里搞得这样糟,老潘要负主要责任。”我想大家都这样看,可见潘守鲁错误之大。而我就有不对的地方也一定不多,石立治那天批评他向同学“反攻”，我听了心里很高兴，我对潘守鲁的成见一天比一天深，到了这次运动再度开始的时候就发生了下面的冲突，弄到彼此不说话的地步。

第七十期　第五版

同志们！我现在检查我对于赵平和潘守鲁的这一系列的思想和行为，我认识到我完全是为了名誉、地位，而在打击别人，抬高自己。好些个猜疑全是子虚乌有的事。我把他们看作我的名位发展上的一块绊脚石，想把他们踢开。我只看到他们的短处，而且看得很歪曲。我不愿指出他们有什么长处，只觉得我各方面都比他们强得多。我一心只顾向上爬，就顾不得要损人利己、幸灾乐祸，我怀疑他们彼此拉拢，怀疑系里有小宗派，因为我怕人家结合起来，更加妨害了我的“发展”。田成文把系里搞得那样乌烟瘴气，我非常不满意，但是我对人却说电信系少了田成文不行，为什么？因为我已经意识到唯有在一个落后的领导之下，我才可以慢慢地取而代之，换了另外一个人就于我不利，我一度感到姜嘉猷对我很亲切，我一再感觉到杜锡钰对我很关怀，其实我就是欢迎他们的举动、言语对于我有利。清华北大的几位教授来本院作了第一次报告，电信系教师开会讨论。潘守鲁在会上大言不惭说他的认识也和这几位先生差不多，我听了就批判他背着“进步包袱”。开始检查思想的时候，我以为我那天完全是与人为善的态度，后来发现不对，觉得有轻视他的思想。再想想我为什么轻视他呢？我对他那么深的成见消除了吗？最后才认识到我还是在想强调他的弱点，使大家知道，借此打击他。我犯了这许多严重的错误，但是我对这些错误当时完全不认识，我一直觉得我是人非，受了委屈。尤其是对于利用田成文一点，我想了好久也想不通，直到写第三次检讨的时候，得着同志们和同学们许多帮助，看清楚了自己丑恶的名位思想以后，我才深切地体会到自己的可耻！

我这种卑鄙无耻的“打击别人，抬高自己”的思想，一年半以来给电信系，给学校造成的损害是很大的。电信系变得像一盘散沙，教师们不团结的现象很严重。我的腐朽思想使我的言行非常不一致，这就大大地影响了比较年轻的同志们和同学们的进步。他们看见我能言不能行，他们就停步不前。我的腐朽思想使我处理工作对人而不对事，这就大大地妨害了工作，给革命事业带来了损失，譬如在评模、选人民代表、搞系里三反的时候，我完全是从个人的成见出发，一点没有对人民负起责任。赵平和潘守鲁有他们的优点，我没有向他们学习;对于他们的缺点我没有善意地提出批评。帮助他们改正。黄宏嘉、潘守鲁和旁的教师们过去对于政治学习不积极,我当工会小组长,一次也没有主动地启发他们,反而冷眼旁观,加以轻视,这使他们迟迟不得进步,间接危害了我们的教育事业。潘守鲁后来积极转变了,领导上培养他,使他能更快一些进步,我却不服气,处处想揭露他的弱点,借以泄愤。这说明我为了名誉和地位是怎样自私自利,今天我站上了工人阶级的立场,明白了一切应该从工作出发,也明白了集体的力量大于一个人的力量,集体的智慧多于一个人的智慧。在这次的反资产阶级思想运动,电信系新生了,教师们和同学们变成了一家人,工作推动极为顺利,这使我深深体会到"团结就是力量"这句话的意义,也使我认识了工人阶级的集体主义精神。我一定要巩固这一次运动的收获,尽我的力量来加强电信系的团结,使电信系能够很好地完成给祖国培养建设干部的任务。

其次,我检讨我对于领导上的不信任。

我这样自高自大,患得患失,爱表现自己,使我不但对教师们不团结,而且对本院领导上的同志们也轻视,不信任。记得去年夏天,田成文有一次在系内说蔡善昌在院务会议上公开抨击电信系,说电信系教师思想落后,当时系里的教师们听了都生气。田成文还说:"我向蔡善昌讲,我们系里的朱教授不是很进步吗?蔡善昌也不理。"我那时是电信系工会小组的小组长,听了真觉得是在专门批评我,感到受不了。后来蔡善昌向我解释,但我还是相信田成文的话,觉得群众工作的人这样不负责对人批评,不但是高高在上,不联系群众,而且是在打击群众。接着院里举行了评模会议,我看见工作布置得乱糟糟,印象更坏。在会议上我觉得蔡善昌有些为赵平强辩,失去了当主席的身份。暑假我到汉口去了,写信给蔡善昌谈评模的事,他没有回信,使我又很不满意,以为他一点不虚心接受批评。

再就一般情形来看,在上一阶段的运动里,我觉得领导上布置工作有返工的现象,心里非常不以为然。作思想总结的时候只提出几个口号,使大家抓不住重心,而快作[做]完又回过头来组织漫谈,使得我觉得莫名其妙,我想,这都是因为不信任我,不让我参加运动的领导工作,才弄得这样。我和潘守鲁本来都是系里核心组的一员,但在这一阶段运动展开的时候,核心组改组,结果没有我参加,我对领导上的不信任就达到了最高点。本来我早已发生怀疑;由于我在抗日战争结束之后,在重庆伪军令部技术室替军统特务作过技术工作,我怀疑领导上不相信我老实交代了历史。我没有回国以前,家里常常有公安同志为这事去调查访问，来本院以后，教务处催服务证件又催得那样紧急，我想这一定是组织上在怀疑我，不放心让我搞工作。以前没选我当学习委员，现在核心组改组，结果又没有我，对我真是不公平。我想潘守鲁没有一点赶得上我，为什么把他留在核心组内？领导上这样对我，且说明领导上不能辨是非，别善恶。我觉得新中国和旧中国没有什么两样，真理没有抬头的日子，大家还是凭私见在搞工作，凭私见在决定爱或恨。我觉得我的委屈太大了，我决心不再教书，决心回家去关上门搞翻译工作，不再出来做事。我愤怒之极。我就大声地嚷："我的思想在这个学校是改进不好的！"

同志们！我犯的是一个严重的原则上的错误，我今天应该严正地批判我自己！我背着名位思想的臭包袱，我站在资产阶级的立场上，处处为个人的利益打算，自然不能靠近组织，服从组织上的领导。电信系过去是很落后的，但我只觉得蔡善昌的批判影响了我作为小组长的名誉，我因此就不去问电信系是否，不去开动脑筋把小组的学习搞好。我不相信蔡善昌的解释，也不去正面向他提意见，指明那种批评方式得不到好的效果应该考虑。我只觉得我的利益受了损失；我就对蔡善昌发生了成见。评模工作大家缺乏经验，犯一些小错误是难于完全避免的。但我由于对人有成见，就只抓住同志们的错误，不管他们的优点，说他们完全没有能力，更错误的是我把对个别同志的成见和组织上没有分别开来，误以为组织上没有力量。上一阶段的反资产阶级思想运动搞得不彻底，我有责任，每个人都有责任，不能拿这个去否定领导上所起的作用。我过去的意见是从个人的立场上出发的，提出的时候就没有管它正确不正确，对于无线电课程换先生的问题，我只为觉得名誉受了损失，就把责任往领导上一推，我不问自己准备一门新课是否准备得充分，有没有合理的教学计划，我一点不把这个当作自己工作上的重大错误来虚心检查自己，不问我是否对人民负了责任，也不问同学学不好是谁的损失，我就只想同学们对我有成见，只想领导上掌握得不够紧，因而不信任领导。我说领导上不信任我，不放心让我搞工作，是更错误的。领导上让我领导过电信系小组的学习，"三反"中让我参加了系核心小组，还派我到北京市参加了"五反"的检查工作，没有什么地方是不信任我。

第七十期 第六版

我不去检查我在这一系列的工作中起了什么作用，尽了什么力量，我不去反省我怎样辜负了组织上给我的很多锻炼自己的机会,辜负了党给我的教育。核心组改组了,我不问自己的腐朽资产阶级思想多么浓厚,能不能在反资产阶级思想运动里起领导作用。我只因为觉得个人的名誉、地位受到了影响,只因为不服气潘守鲁仍旧留在核心组内,我就说组织上不公平,不能辨别是非。我的功名思想就这样支配着我,使我对一切问题都拿个人的利益来衡量,把工作不当工作,而当作表现自己,打击别人的机会。一切都为了向上爬,爬得不顺利我就患得患失,消极闹情绪,甚至到了抗拒思想改造运动的地步,这是一个太大的错误!

我过去不了解搞革命工作应该严格地服从领导,信任领导。自己的意见可以而且应该很民主地向领导上反映,但是领导上作出决定之后,我应该为了革命的利益,完全无条件服从。我这样不信任领导,因为我没有正确地认识党。我首先对于工人阶级大公无私的本质就没有虚心去理解,对于工人阶级的正确领导,因之时常发生怀疑。人民民主专政的意义和党对待知识分子的政策,表面上我知道一些,可是一旦把自己牵涉在内,我马上就糊涂起来了。今天我认识到党对人民是绝对负责的。反动派勾结着美、帝国主义者统治了中国几十年,它们的爪牙伸遍了中国的每一个角落。这些东西死不甘心,时时都想出来破坏我们革命的成果。党对人民负责,必然就得作慎重的防卫措施,来保护人民的安全,必然就得对每一个人的身份详细调查研究。公安同志在我回国以前到我家去询问是完全必要的,教务处催索我的服务证件也是完全必要的。我不虚心检查我在伪军令部技术室那样一个反动机关工作,替特务解决了偷听电话的技术问题——这给解放战争造成了多少牺牲,给革命事业的进展增加了多少阻碍!我不承认自己的罪恶,反而误解组织上不信任我,我把保卫人民安全的措施,看作是对我的多余的怀疑。这说明我是极端的自私自利,一直是站在个人的立场上和党与人民划了一条无形的界线。通过这次运动,我才明确地认识了自己过去的错误,完全消除了自己的怀疑。我也明确地认识到争取、团结、教育、改造是党对待每一个可以改造的知识分子的英明政策。为了祖国和人民的利益,多有一个人站到人民一边来就多一分力量。我现在不但对于党与人民没有什么界限,而且对于祖国的一切事物,我都感到亲切与关怀。我亲切地体会到在短短三年的恢复时间之内,祖国的工人弟兄们和农民弟兄们有了多么伟大的贡献!多少先进经验!多少模范事迹!多少年来不能解决的文盲问题,今天有了光芒万丈的“祁建华速成识字法”!多少年来不能克服的长江、淮河的水患,今天动员了惊人的人力物力,在极短期内完成了基本工程！我天天看到本院的“三反快报”，我注意到它的编排、印刷、刻写各方面的进步。我参观了记载党三十一年斗争经过的“七一图片展览会”，我知道这布置工作是费了极大的气力的。这些同志们开动脑筋、认真负责，不怕艰难困苦，正是因为有了工人阶级思想的武装和党的正确的领导，这就充分说明了工人阶级真是大公无私的，而党则是工人阶级的先锋队。我受到了感召，我坚定了信心，所以我赶紧就归到工人阶级的队伍里来了。今后我要坚决信任党的领导，完全服从党的领导，我要挺起胸来和同志们一道，把我们的社会迅速向前推进。

（三）我的转变过程和我对于各位思想的认识。

我活了四十年，过去一直以为自己是一个“好人”，完全不了解我思想中存在着这样多的错误。回到新中国也快两年了，但是直到这一阶段的反资产阶级思想运动再度展开的时候，我的认识还是非常不清。节委会办公室布置了方志敏烈士遗作“可爱的中国”的学习，我受到的教育最大。电信系师生首先开学习大会，许多同学痛哭失声，检讨了自己过去对不起祖国的行为，使我受到了很大的感动。我一想，我所犯的错误比他们的总和还要多，我忍不住也落下了泪。我开始悔恨过去，我体会到今天新中国与旧中国截然不同，我才第一次对祖国发生了真爱。全院再一次开学习大会，我的“爱”与“恨”的界限就更加分明起来。我痛恨自己的错误，痛恨帝国主义、封建主义和官僚资本主义对中国人民的迫害，我也就更感觉到祖国的可爱与伟大。祖国从反动势力的统治之下获得了新生，在三年之中就变得这样多，这样快——这使我体会到党的力量，体会到三十一年以来党的领导的正确，我因此不能不感谢党，不能不热爱党。那几天我心里急得很，就已[巴]不得早一天做好检讨，向大家承认我的错误，承认我过去是怎样对不起祖国与人民。所以作完第一次检讨以后，我赶紧和潘守鲁握了手，表示我有决心痛改前非。我这一点初步的转变使同志们和同学们非常兴奋，纷纷对我表示欢迎。不幸我的基础没有站稳，我的情绪就马上自满起来。作第二次检讨我完全没有联系自己的思想，搬了一套理论空谈了一番。等到大家提意见，我才觉得真是比第一次还要差，心里很难受。我那时把思想改造还是看成个人的事，有了一点收获，就自己觉得了不起。不认识毛主席号召改造思想是为了整个的革命事业，是为了集体利益。我院今天取是[得]了这样辉煌的彻底胜利，光荣应该归于党，归于毛主席。大家对我的第二次检讨提出意见以后，我克服了自满情绪，就开始积极写第三次检讨。紧接着是党的三十一周岁的生日，我又受了一次很大的教育。“七一”那天，全院一阵掌声接着一阵掌声，人人说出了他衷心对于党的感谢，对于毛主席的爱戴。那天我真是激动，真是兴奋，真是愉快，我向大家提出保证，我要早早做好检讨，争取一次过“关”。我回家认真挖思想，我越深挖越看出自己思想的丑恶，我就越感谢党和毛主席把我从腐朽的资产阶级思想的深渊里拯救了出来。就这样，我作好了我的检讨，在七月十六日，像一个初生的婴儿，在毛泽东的光辉里诞生到了人间。

我现在认识到名位思想在本质上是一种资产阶级的剥削思想，是旧社会遗留下来的为害最深、蔓延最广的一种腐朽思想。我以为我有学问，应该领导别人，不能居于人下。我觉得新中国是共产党的“天下”，我就表现出进步，一定要共产党“赏识”我，等到发展得不顺利，我就患得患失，心里像热锅上的蚂蚁。古代的公侯将相，良田千顷，广厦万间，剥削劳动人民，子孙万代可以享受富贵荣华。今天我知道这些都不可，可是我的不劳而获的剥削思想，却仍旧支配着我，统治着我。我身在新中国，心在个人的“功名富贵”的圈子里，这给人民造成的损失是不可估计的。假若我的名位思想在新中国完全不能发展，那就很难想像[象]我走胡适之的反动路线会造成什么危害更大的结果来。

通过这次运动，认识到一个忠诚的革命工作者，是应该令自己个人的利益完全服从于集体利益的。他也应该不断地要求提高自己，发展自己，但提高与发展的目的是为了更多一些、更好一些负担起革命的任务，而不是为了满足自己个人的私欲。我也认识到集体利益之中包括个人的利益，唯有集体向前发展，个人的发展才有保障，才发展得更美满。共产主义事业中也有英雄与领袖，但这些人都是大家拥护成功的，而不是专拿这个做目标的人，自己可以争夺获取的。

第七十期　第七版

而又才德兼备，虚心求进的人，才能受到大家的拥护。现在在党的教育下我觉悟了，我粉碎了我的名位思想，我获得了解放。这是一个大喜事。我感谢党，感谢毛主席，我抛弃了过去的四十年，从今天起，我要开始重新作[做]人！

(四) 我初步建立了革命的人生观

这是一个伟大的时代！

时代变了，社会变了，人的思想也变了！布尔什维克真是翻天覆地的人！六个月以来，北京铁道学院变了，电信系变了，我也变了！一切都在继续变，一切都在飞跃前进！

在这样一个伟大的转变里，我初步建立起我的革命人生观。

我小时受了很长时间的旧教育，家庭情形顽固保守。因此养成了我的孤独、高傲、养尊处优，轻视劳动的个性，和浓厚的封建意识。我生活了四十年，不为旁的什么，只为了个人的功名利禄，子孙万代的富贵荣华。想起四十年来，我愉快的日子没有几天，好朋友没有几个，心里的话就不愿对人说了出来，我从早到晚，患得患失，把自己关在个人主义的小圈子里，从不曾伸起头来接受过阳光。像这样，我的情绪上就只有苦闷与烦恼，脸上就只有愁眉苦脸而没有笑容。我怨我为什么出身[生]在一个那样平凡的家庭里，没有“达官贵人”的亲戚朋友好带着我向上爬。我怒我为什么不睁开眼睛，投考一个鼎鼎大名的大学，以致没有在社会上有地位的老师或同学将“提携”自己一把，我读到易卜生的废话：“孤独的人是世界上最坚强的人”，我就下定决心一个人竭力往上爬。遇到障碍的时候，我心里也因为没有“靠山”或“帮手”而感到空虚，但是并没有消失我争取名位的意志。我看到社会上一般的人，忙忙碌碌，为衣食奔走，我觉得他们毫无大志，庸俗不堪，我读到历史上革命人物的事迹，我觉得他们牺牲生命太不值得了，生命都丧失了，功名富贵有什么用？我觉得这些人的人生是毫无意义的；唯有像我这样的人，既有“大志”；又极“聪明”，最了解人生的真谛。我就不知道这样极端的个人主义四十年来给我带来了多少苦恼，我也不问，作为一个“人”，我应该在“人类”中间起点什么积极作用；作为一个中国人，我应该对祖国和人民有些什么贡献？

通过反资产阶级思想运动，我的腐朽的人生观也得到了批判。我从中国人民已经站起来了的今天，回想到祖国悲惨的过去，我从苏联人民欢乐幸福的今天，想到我们即将来临的明天。我从共产主义事业的光明前途，认识了科学的社会发展规律，看清楚了我们共同奋斗的目标。我学习了方志敏烈士的“可爱的中国”，我体会到他在狱中心情是那样平静，真是视死如归，我听了孙秉泰同志的报告，看了“上饶集中营”的电影，体会到革命志士们那样慷慨悲歌，诙谐嘲敌，完全不像在集中营里；他们那样严密组织英勇斗争，终于战胜了敌人，获得了解放——这是多么伟大的力量！我由此更体会到一个站稳工人阶级立场，不为自己打算的人，才能有远大的理想。他的人生才是充实的、愉快的、幸福的！

为了无产阶级革命的真理，为了共产主义伟大而艰巨的事业，一个人倒下去，千百万人就将站起来。想到全世界开遍自由、和平之花的一天，想到美丽而幸福的歌声唱遍全世界的一天，我若是能够为了革命而贡献出我的生命，我就将含着微笑与兄弟们辞别。把我过去的资产阶级腐朽人生观和革命的人生观比一比，我还有什么需要选择的地方！生与死，爱与恨，今后一定要换一个立场来看，一定要从革命的利益出发来看！

我是劳动人民培养到今天的，我的生命，我的知识，我的一点一滴都是劳动人民的赐与[予]。我过去是恩将仇报，剥削了他们；我今后要知恩报恩，为他们出我所有的一切。我一定要站稳工人阶级的立场，下定决心，肃清我的一切非无产阶级思想，为了建设我们伟大的祖国，早一天达到社会主义社会，同时与共产主义社会打下基础，我一定要拿出最大的力量来与同志们共同奋斗。

我的家庭教育和旧社会遗留在我思想上的污毒是很深的。但是在党和毛主席的领导下，我不怕任何困难。我有信心完全改造我自己，我要在实际行动中不断锻炼自己，我要系统地学习马列主义和毛泽东思想，我有决心终身为共产主义崇高理想的实现而奋斗，我深刻地认识到参加组织，在党的更直接的教育之下，在同志们更紧密的团结之下，我才可以迅速克服自己的缺点，为革命贡献出更多更大的力量，我将不再自由散漫、忽热忽冷；我将充分运用批评与自我批评的武器，来坚定自己的立场；我将直接深入群众，接受群众的教育。像这样，我就将更深一些体会到革命大家庭有，把自己彻底从苦闷烦恼的个人主义圈子里解放出来，把个人与集体溶化在一起，为了革命的利益，为了人民，我有决心贡献出我的生命！今后我要加紧锻炼，加紧学习，加紧提高自己的认识，我要不断地用党员的八项标准来衡量自己，用最大的决心和努力，争取能够早日在毛主席的像前宣誓，做一个光荣的共产党员。

检讨我的崇美思想和单纯技术观点

运输系教授　应尚才

我今天要检讨我的崇美思想和纯技术观点，这些腐朽的坏东西，都是美帝奴化教育的毒害。读了方志敏烈士遗著“可爱的中国”后，我对这个有巨大爱国教育意义的文件，不但是无动于衷，而且还认为这是打气的工具，这是由于我受了严重的崇美思想蒙蔽，加上我的纯技术观点，使我在解放三年来，不关心政治，不学习政治，因此对党的大公无私全心全意为人民服务的本质，毫无了解，使我在新事物的面前，麻木不仁，这都是说明：美帝奴化教育对我的毒害已经到了如何严重的地步！

我出身[生]于贫苦家庭，六岁时我父去世，家兄辍学就业来维持生活。从那时起我根本上谈不到有求学的机会。好容易家兄为我找到一个奖学金的名额，可以在中西书院读书，在这里我积储了投考清华所需要的学识上的资本。

在中西书院肄业时，我所受的教育是全套美国的奴化思想教育，在那里我读的地理是美国地理，历史是 Meyer's 世界史，英文本的商业数学，英文文法修辞学等。这些课本很明显地，使毕业同学做一个很得力的洋行小鬼，除此之外，并无其他的用处。当时我还羡慕那些同学在预料尚未毕业，就能找到洋行中的工作。每月赚三四十元。当初我读书是为了要脱离贫苦的劳动生活与创造谋生的有利条件。（因为那时贫苦劳动人民是受压迫、受凌辱、受欺骗的）这样就造成我的自私自利、雇佣观点与纯技术观点，那时为了谋生的困难，又因为我是贫苦家庭出身的，所以我觉得什么工作都是好的。根本上就谈不到为谁服务，后来有了一些正义感，觉得替洋人服务，来帮他们剥削自己的同胞，似乎对自己的良心有愧，这是可耻的行为，当美帝利用退还庚子赔款来实行它进一步的文化侵略政策时，我就有投考清华的机会，这就可以使我免费的受到大学教育，这是一个贫苦人家的子弟所梦想不到的一件事情。

第七十期　第八版

同时也给了我为将来谋生一个更有利的条件。

考进清华后，我受到了美帝更进一步的奴化思想的深造。因为那时除了数理化全用英文以外，我们还要念美国历史、美国公民、英美文学。在这里，我开始把祖国的言语渐渐地丢掉了。除国文课以外，在课室内没有听见讲中国话。我们的教师都是新从美国聘请来的，所以我们不得不讲英语。同时他们带来给我们很多的美国生活方式，使我们受到很深的影响。更为了彻底地完成美帝奴化我们青年的政策，毕业后，清华校长周怡春（——）忠实的美帝走狗，把同学们，就是我一班的同学们都个别的分散在美国各省各大学内，不使中国学生有机会常在一起，这样可以使每个中国学生把美国的文化毫无保留的全部都吸收到我们的头脑里，以后可以很有效地、很有系统的把这些毒素散布到中国每一个角落里，来毒害国内的青年。从表面上看来美国真够朋友了，替我们培养建设人才，其实他们是替自己培养奴才。这是多么卑鄙、阴险、恶毒的政策！

我可以说：我是受毒化最深的一个、（哭）当时同船赴美的同学中，我是年龄比较最小的，只有十八岁，因着在国内已经初步受到洋化教育，对祖国的文化风俗和习惯已经是含糊不清，一到美国吸收毒物比较容易，加上我居留美国十年之外，(四年读书六年工作)原来存在脑中的祖国影响，全部抛出脑外，把美国的文化满载而归，回国后不但饮食起居觉得总有些蹩[别]扭不惯。连说中国话都说不好。回国后之初期，寄居长兄处，家嫂系美籍华侨，初次来中国，他是十足的美化脾气，因此我仍然可以继续过着美化生活：讲的是美国话、吃的是美式食品、穿的是美式的衣服、信件来往从未用过中文。连在南京伪铁道部办公时，文件中我还是用英文。以后我在唐院兼课时，也是用英文授课的。当时他们认为第一流的教授是用英文来的。那时我是看不起用中文或用中英文混合着来授课的教授们。若有同学们因听不懂英语而不能听懂我的课，我就觉得他们的程度太差，他们是没有资格来选我的课。除了我的皮肤是黄色的眼珠与头发是黑色的像个中国人以外，其余部分找不出一点中国人的气味来。这样，美国人也没有当我是美国人看，虽然我有十足的美化脾气，他们仍然认我是中国人。可是中国人呢，也没有待我是美国人。

现在我想起来，这是多么可耻呀！这民族的立场都没有了，(哭)一个中国人，不讲中国话，不写中国信，这还成什么体统呢？通过美帝培养人才的假面具，我受了它的毒害，(哭)我痛恨可恶的美帝，使用文化侵略的手段，有计划的来毒害我，在青年时期，我痛恨我所受的奴化教育，这个教育把我的头脑麻痹了，使我不知道这样作[做]是可耻的，而反以为荣，使我不知不觉地成了美帝国主义文化侵略的一个“示例”，早知道有今天的后果，我宁可不受什么教育。现在我怎样可以把这个奴化教育从我的脑中挖出去呢？只有在党的教育和领导下，从[重]新学起。

为了长期居留在美国，又在那里各大工厂里工作的日子也多了，我就觉得他们的技术实在高明，他们的科学管理方法，可以促进工作效率，减轻成本，提高成品的质量，他们尽量的采用特种工作机来完成大量的生产任务，这些我都很佩服，所以我把它学会了，预备将来在中国可以应用得上，因为当时美国工人的工资是世界上最高的，他们利用科学管理与大量生产，可以使出[产]品价廉物美，倾稍[销]到世界的市场，压倒其他各国的同类成品。若将这一套搬进中国来(当时是一个工资最低的国家)，我们的成品当然可以压倒美国的。我们的成品可以在世界市场上代替美国的成品，使我国能达到富强的地位。因此我认为技术真可以救国。回国后我才知道这全是幻想，现在我才真知道这是纯技术观点的妄想。这个思想是不正确的，是建于剥削工人的基础上的，是走向美帝国主义所走的衰亡的道路。而且当时中国工人工资的低微是因为受了帝国主义的压迫。这种资产阶级的剥削思想，不但是不可能实现的，而且根本上是要不得的。

受了美国奴化教育以后，我在崇美方面最严重的就是他们的技术与科学管理，在工作岗位上，我总要一套搬出来，可以提高工作效率，所以我建议铁路技术应当标准化，因为标准化后，可以实行科学的管理方法，特别是在机务方面，它的收效是可以特别的显著。因为机车车辆经标准化后，修理与制造均可采用流水作业法，而修理厂和制造厂也可以标准化，这样可以达到高度的生产技术，节省国家财富，不过在当时半封建半殖民地、官僚买办的统治下，这个办法是绝对行不通的，因为这是对帝国主义的殖民地市场政策相抵触。所以我以前所想的技术救国是一个幻想，也是一个妄想。在半封建、半殖民地、官僚买办统治的政权下，技术也救不了中国。惟有反帝、反封建的革命，才能拯救中国，才能把中国从半封建、半殖民地和官僚买办政权下解放出来。当我看见了苏联的影片，表现了胜利牌汽车自动制造机，使我觉得美国技术的落后，当我听了刘副部长的苏联电气削割法的报告后，我起觉得美国的技术是不值得我崇拜的了，以后我们要向苏联看齐，要向苏联学习先进经验。

为什么美国的技术不能再进步呢？当我想到这个问题时，我就连[联]想到美苏两国的社会结构和政治制度，美国是高度化的资本主义国家，它的政治是由少数财政寡头所操纵，提高技术、提高效率，使生产高度的集中起来。一方面失业者必增加，另一方面因盲目的大量生产，使出[产]品销路停滞反而引起经济恐慌。苏联是社会主义的国家，生产是为人民而生产。因此是有计划性的，不是盲目的，所以为了提高效率、节省财富，可以尽量采用自动的机器，节省人力来完成同样的任务，使成品增加[redacted]富，而提高人民生活水准。所以同样一个机器在资本主义国内会引起经济恐慌，而在社会主义国内能提高生活水准，因此社会主义国的技术可以自由发展；而在资本主义国内技术的发展是受了剥削的限制，所以我体会到苏联社会主义制度，是十分优越的制度，这个制度是最适合于苏联的生产力发展的要求，这是值得我们向苏联学习的。

由于我的严重的崇美思想，我对抗美援朝有了不正确的估计，我以为，我们的海陆空军实力都远不如美帝。我们军人的生产、补充与运输的能力也远不如他们。

语录——毛主席

思想改造，首先是各种知识分子的思想改造，是我国在各方面彻底实现民主改革和逐步实行工业化的重要条件之一。

第七十期　第九版

我们要和这样一个强大有力的敌人去拼胜负,那简直是鸡蛋碰石头。这种想法是惧怕美国军事力量的强大。完全由于崇美思想而产生的恐美思想,万万没有想到美国是一只纸老虎,当时我还是站在反动的立场来看这问题,认为:中国人民只有五分钟的热情,不能紧紧地团结在一起,同时我还想到这次共产党可要完全垮了,可是我也不愿意蒋匪回来。只希望另换贤能来代替蒋匪,所以对中朝部队败了,我就高兴,当美帝退了我就为他们可可惜,当时总想美帝会把共产党打垮,而国内产生一个新政府,来把中国好好地建设起来,这个想法是极端错误的,所产生的新政府一定是亲美的,而且还是美帝的傀儡,若是要搞建设,必须用美国材料,这样在华尔街老板有了更多的机会来剥削我们的劳动人民的血汗。我就这样无耻地丧失民族立场去认贼作父。

后来我在中山公园看了很多美帝在朝暴行的相片以及报上所记载的美军战俘中的口供承认了美帝的残暴罪行的事实,使我渐渐对他们认贼作父的同情心减少了,抗美援朝开始的时候,我不敢相信人民日报的记载,还要去打听打听"美国之音",因为我认为他们的消息是比较真实的。后来为了我失去了以前的认贼作父的同情心。"美国之音"根本就不要打听了,当时我还没有认识到"美国之音"是华尔街老板的传声筒,歪曲事实来替他们宣传,使人家相信他们的行为是为了"和平",用这种卑鄙可耻的骗人的鬼话来扰乱是非。当我认识这一点后,我再也不要打听"美国之音"了。

今年一二月间,在美帝在朝鲜前线和在后方疯狂的撒布大量细菌、毒虫的消息后,就引起了我无比的愤恨,这种滔天的,绝无人道的罪行,在我的正义感的头脑中认为:是人民的公敌。今天不但是不能再与他们表同情,我还要痛恨他们,要向全世界控诉他们滔天的罪行。当我看了七月六月人民日报转载的美国一士兵在"人民世界报"的匿名信中承认了美国军队在朝鲜确实是犯了残暴的罪行,这是再一次的证实美帝在朝鲜所犯的罪行,同时也说明了美国人民也认识到那制造朝鲜战争的是美国的少数大人物们。

当中朝部队把美帝由鸭绿江打回三八线后,我想共产党是有办法,能够在这样坏的军事配备下和这样不利的条件下,能打退世上唯一的帝国主义强敌,使它不得不接受停战谈判,在我崇美的头脑中始终认为是一件奇迹,因为我一直没有认识美国出兵朝鲜是为了侵略,为了要满足华尔街老板的欲望,因此他们的军队没有战斗意志,她们的失败是必然的。而我们呢?我们是为了保家卫国,为了争取和平而应战,也是为了真理而奋斗,所以中朝部队意志坚决士气百倍,在起初时,我们的武器虽差;还是能够战胜强敌,因为真理是属于我们的所以胜利也会属于我们的,这是为了我们有中朝人民的支持,前方的战士们,还有全世界爱好和平的人民也在支持着我们的军队,美帝的军队除了少数财政寡头的支持外,连美国的人民都在反对美侵朝的行为,因此美帝的失败是命定的,固然我们的部队在受了党的教育后都有忘我的精神,团结在一起,不怕一切的危险与困难,为真理而奋斗到底,为了要保卫我们的新中国,而不惜牺牲了自己,这样的团结与党的旗帜下,是能够发挥巨大无比的力量,能够克服一切的不可思议的困难,因此也能打退任何的强敌,在朝鲜战场已经把这一真理证实了,我方战俘在[redacted]济岛上虽受着了一切的残酷[redacted],始终是抱着不屈不挠的精神,这是再一次表现了共产党员的一贯的高尚品质,又如"上饶集中营"电影里所看见的。现在我能深深的体会到就是这样高尚的品质,才能使今天的新中国可以产生,只有具备这种高尚品质的战士们,才能发挥出巨大无比的力量来,保卫祖国,巩固革命的果实,这使我觉得志愿军[redacted]是我们最可爱的人,他们不怕牺牲了自己[redacted]为祖国美好远景的基础,为我们铺平了这个美丽的道路。

以前我认识我们可以不必抗美援朝,美国人只是打朝鲜,不会打中国的,因为我受了美帝的毒素已久,我想不到美帝[redacted]意思要侵略中国,通过它的奴化教育政策,它在中国境内到处都布满了它的义务传声筒,通过蒋匪帮官僚买办的统治,它不惜投入大量金元,来维持美帝在华利益,以便进一步的实行它的侵略,因为蒋匪帮无力支持,退居台湾,他就用海军来阻止我们解放台湾,最后实行占据台湾,他们尚未到鸭绿江边,它的空军早已侵犯我们的领空,这些事实还不能使我看见它的侵略中国的野心,当他们到了鸭绿江边的时候,我还是这么地想,我还是认为我们先要充实自己的军备,以后再可以抗美,不然一定自己要被打垮,反而自己遭殃,这是因为我不了解我们是有这么大的力量,足够打垮美帝,而且还有余,因为我没有想到真理是在我们的一边,我们是有全国人民的支持,与全世界爱好自由、爱好和平的人民的支持,抗美援朝[redacted]但两年没有垮下来,[redacted]建立了我们的空军与海军,[redacted]今天,我也体会到中国人民在抗美援朝的胜利下,不但我国国际地位不断的提高，而且还加强了全世界人民反对帝国主义的信心，对世界和平民主运动有了很大的贡献。

在美国时，我也学会了他们资本主义的商品观点，他们对不论什么东西的看法都是商品，[redacted]一个意见也可以当作商品来看，她如说："我本就同意你的意见"。他们是这样说："你不能把你的意见卖给我"，这个说法充分表明美国人的严重的商品观点，[redacted]然接受与不接受并没有金钱过手的[redacted]。我是受了这样观点的毒素，在言语中不知不觉地就会说出来毒害青年的，所以同学们给我提意见的时候说我曾经说过"这个学期你们已经[redacted]了。"[redacted]这样就很充分表现了我的浓厚的雇佣观点。我是把我的知识、才能、技术等——劳动人民的血汗所培养出来的——不知耻的也当商品来出卖，现在想起来这是多么卑鄙，多么可耻的行为，不知道应该把我的一切拿出来无献给劳动人民，反而占为己有，[redacted]是人民所不能容忍的。以前我不知道，现在想起来我有"悔之莫及"的感慨，这种行为是多么对不起劳动人民呀！

回国后我就天天过着这样的商人生活，出卖我的学识和技术，这些商品我从来没有化[花]一个钱去买，而是白白的得来的，这些"商品"乃劳动人民的血汗所换来的，既是作为商品，那[redacted]是谁？当然可以不必过问，只要银货两讫谁买都行，货品质量因价格而异，这就是说：给多少钱做多少活，所以我不愿意做的事为了要生活，我也得要做，比如我不愿意教书我也得去教，我不愿意替军阀做事，我也得去做，我不愿意做洋行小鬼，我也得去做，这样我就不可能有立场，敌我也无法分清，这种商品观点，也就是雇佣观点，与纯技术观点是分不开的，也是与我的崇美思想分不开的，为了广大的人民没有钱来买我的技术

第七十期　第十版

我唯一的买主是帝国主义或他[它]的狗腿子。这样我拿人民的血汗所培养出来的技术，来帮人民的敌人，这样忘恩负义的人有什么颜面来享受革命的果实呢？(哭)

在教学工作方面，我累积了十年多的经验，由于我的浓厚的纯技术观点与商品观点，对人民带来了很多的毒害。主观上我是要把书教好。客观上由于我用英文讲授，同学们就难以接受。主观上我认为课外的自修工作是很少的，而实际上同学们觉得为了读我的课是忙得不得了。我的愿望是要同学们搞通技术，提高学识，这样就使他们没有工夫去搞政治。因为我有浓厚的崇美思

想，我就不知不觉的替美帝做了传声筒。使他们因此受到了美帝的毒素。这就是我在教育工作所带给同学们的毒害。纯技术的口号是统治者的鬼话，使技术为他们服务。同时也使技术人员不关心政治，这样人们就会忠心耿耿的替他们服务，来稳定统治者的地位。

我的浓厚的纯技术观点和雇佣观点与我的浓厚的崇美思想，使我在任何岗位上，任何工作中表现敌我不分的事实。一九二五年六月我找到了一个工程师的职位，在天津大昌实业公司，当时我高兴极啦，深以为通过这个公司我可以用我的技术替国家搞些建设。不料大昌公司有着双重国籍的公司，对中国人它是一个中国公司，对美国人它是美国公司，当我发现了这一个事实后，我就气愤极了，我上了一次大当；我受了骗。通过这个骗局，不愿意当洋行小鬼的我，那时却也是做了洋行小鬼，当我最后发觉了这个公司是两个奸商（留美学生）与一个洋人，狼狈为奸地用“五毒”俱全的方法，掠夺国家财富的一个机构，当然我决不能在这里再继续工作。于是我就失业了，约有四个月之久。

我受了大昌公司这批狗狗彘不食的东西的欺骗，我是不知不觉地去吸取恶魔把“母亲”的肉、“母亲”的血消化完了排泄出来的一点粪渣和尿滴，走向了这些可鄙弃的人生道路上。这就是我为了谋生存而出卖技术的结果，现在想起来觉得惭愧万分，无地自容。（哭）

得了这次失业的教训后，为了要解决生活问题，我到了山海关桥梁铁工厂当工程司[师]，在这里，我不得不乖乖的替军阀服务，不然就没法混饭吃。这样我就明知故犯的走上了反人民的道路。但今天我知道无论是不知不觉的或是明知故犯的走上反人民的道路，在半封建、半殖民地、官僚买办军阀统治下，出卖技术以谋生活，就得走上这条道路。

当我听到北伐军将要过长江时，我认为北阀[伐]军是救国的军队，可以打垮军阀们，而统一中国政权，驱逐帝国主义的恶势力出境。同时，我认为：为祖国服务的时候到了，因为我对北伐军有极大的期望和信心。所以我就设法南下，去找铁路上的工作。在“五三”济南惨案发生后，居然得到了津浦铁路济南机厂工程司[师]的职位。心中非常的高兴。认为现在照我看来是英雄有了用武之地啦。不久国共两党分裂，政权落到蒋匪帮国民党反动派手中。因为当时我不认识共产党，再加上反动政府的恶意反宣传，我认为杀人放火的共产党是应该清除出去。不过一党专政在我受过美帝奴化教育的头脑里似乎不民主。为什么两党不可以和平共处，共商国策？由于我受了国民党的蒙蔽，总以为共产党借故要造反，老是拉国民党的后腿，阻碍其完成中山先生的建国方案。我读了毛主席的新民主主义论后,才知道北伐的成功是由于国共两党的合作与苏联的援助。而蒋匪帮国民党却以三民主义为幌子,夺取了政权,蹈军阀的覆辙,勾结帝国主义,吸取人民的血汗以肥私囊。我却为了他们这些卖国贼去服务,还以为国民党匪徒是把我们从军阀手中救了出来的。而且还希望他们能把中国从帝国主义的铁蹄下解救出来,所以当时我也甘心情愿为他们服务。这次我居然是甘心情愿的走上了反人民的道路。出买技术,竟由不知不觉的开始,经过明知故犯的阶段,而最后,受了蒋匪的蒙蔽到达了甘心情愿的走上了这条可鄙弃的人生道路上去了。当时我还不知道我这样做是成了他们的帮凶,而危害了多少人民的利益,并且也帮了反动派杀害了多少烈士,像方志敏那样的爱国烈士。他们的血换得了我们今天的幸福。现在使我想到我有什么理由来享受这新中国的幸福?(哭)我做过反革命分子的帮凶,我还有什么颜面来得革命的果实?我既做了蒋匪帮的帮凶,我就成了杀害自己"母亲"和残害自己弟兄的人的帮凶,那我是得罪了"母亲"也得罪了弟兄。我怎样还配做"母亲"的孩子呢?我只有低头认罪,脱胎换骨,重新做人;拿出我全副力量来戴罪立功。这样我才对得起"母亲",才对得起弟兄。(哭)

起初蒋匪帮以"三民主义"为幌子还可以招摇撞骗。后来他们的原形渐渐的显出来了。老百姓只听见三民主义的口号却受到刮"民脂"、"民膏"、"民骨头"的痛苦。当我看到他们贪污无能,敲诈,欺压,我觉得我又上了一次大当。我不应该这样无原则的相信他们。我就开始怀疑他们,我也恨他们,这个恨不是阶级间的仇恨。这只是为了我觉得我也是被欺压的一个,因此,我是心灰意懒,做事不积极,多次我想辞职,又怕(辞)职后要失业,失业了就要挨饿,就要流离失所。因此,不敢辞职,只好委曲求全的,做一天和尚撞一天钟。当初我为国民党反动政府服务的时候,我是甘心情愿的,过了不久我是心灰意懒了。这是什么缘故呢?很明显的,是为了我认为我的商品的代价太低了,人家比我差的反而受到较好的待遇,而我呢?既非国民党党员又没有靠山,只凭技术吃饭,所以老是这么贱,只能作为当时衙门里的一种点缀品而已。因为当时的反动政府就是这么黑暗腐败,无才[材]大用,大才[材]小用。只晓得为自己括[刮]钱,不晓得为国家搞建设。但在新社会里是大不同了。我看见报上所刊载,有多少劳模的创作与技术上的成就,都受到政府的重视与表扬,这使我想到,如今的政府确实与以前的不同,因为今日是重视技术人才,而他们的任务是光荣的,这样使我想到,我在新社会里不再是个点缀品了。

当我想到我的技术是劳动人民培养出来的,而我却利用了这个技术不为人民谋幸福,反倒拿来为反动派蒋匪帮利用来杀害人民。这是多么严重的恶劣行为呀!这是多么令人愤慨的罪恶呀!这是忘恩负义的极度表现,回想起来我心沉痛,实在有说不出的难过。(哭)这都是因为我的技术脱离了政治所造成的。现在我明白了技术虽是没有阶级性的,不过掌握技术的人是处在有阶级性的社会里,所以他们不是为这个阶级服务,便是为那个阶级服务,他们不可能超阶级、超政治而孤立地存在的。

我的纯技术观点和雇佣观点就是我自私自利的具体表现。我读书学技术,是为了要提高自己的生活,我做事是为了维持自己的生活。

这个自私的心理是从小就有的,而且是同我一齐长大的。小时候的环境造成了我的自私自利,我哥哥在外赚钱,两个姐姐在学校里读书,剩下我与弟弟在家,但是弟弟比我小得多,所以我在家里可以"惟我独尊",当我初次入学校读书时,我还不满十足岁,为了年幼,母亲怕我被人家欺侮,所以常常嘱咐我要小心谨防坏人。

不要受人家的欺与骗,这样就开始知道人都是坏的,是要小心谨防的。从这种的环境中生长起来,怎么能不自私自利呢?读了"奥斯特洛夫斯基的人生观"后,我痛恨我的自私的思想,我觉得自私是可耻的,为个人而活是没有意义的,因为在自己的欲望不能达到的时候,我灰心看不见前途,奥斯特洛夫斯基说:"利己的人最先灭亡",今后我要牢记在心,时时警惕,使我不再存有丝毫的自私自利的思想,我要永远掌握马克思主义的原则;个人利益服从于党的利益,部分的利益当服从于整个的利益,暂时的利益服从于长远的利益,民族的利益服从于世界的利益。

自从我发觉蒋匪政权腐化堕落到了无可救药时,我觉得中国是没有希望了。中国既没有前途,个人怎样会有前途呢?解放后由于我对人民政府有了怀疑,我对国家的前途还是没有乐观,经过这一次的思想斗争,我周围的怀疑都打垮了,摆在我前面的新事物,我越看越觉得它美丽,在方志敏烈士遗著"可爱的中国"里所说的祖国光明的前途,现已开始实现在我眼前,解放三年来人民政府在共产党和毛主席的英明领导下,已经粉碎了帝国主义的锁链,肃清了汉奸、卖国贼。在抗美援朝、镇压反革命和土地改革的三大运动以及"三反"、"五反"的大运动都取得了彻底的胜利。在各工业部门和农业部门,产量已恢复,且有活跃的劳模创造,国际地位一天一天的提高,人民生活也天天提高,生育我们的"母亲"真正是站起来了,并且恢复了她的健康与美丽。

听了农大孙校长的报告后,我觉得兴奋异常,我从来没有想到我们的祖国是这么样的丰富,我也从来没有想到我们的民族有这么大的力量,今天我看见了祖国的前途真是光芒万丈。今天我也看见了我的技术可以为祖国劳动。可惜,我是“母亲”——祖国的背逆不孝的孩子,今天,我除了要向“母亲”忏悔自新外,还要戴罪立功的回到“母亲”的怀抱里。

现在我觉得十分惭愧,以前我为什么抱着灰色的人生观,没有革命的精神为祖国的前途而奋斗。谈“奥斯特洛夫斯基的人生观”后,我就想到我以前是活[过]着一个卑鄙可耻的生活,专门为了自己与少数人而活。若是我一生是为了人类的幸福而斗争,我也会觉得中国是有前途的,在任何废墟状态下,仍然可以把她恢复起来成一个富强的国家。我以前不知道我应该为革命而活、为革命而死。因为这样活是有意义的,而死是光荣的。以前我不知道现在我知道了。我要感谢我们的党和毛主席使我看见了这个真理。毛主席的光辉终于照到了这个“千年冰河”,使冻住了的水开了冻而畅流了,使我要把以前为自私支配的技术流到广大人民群众中去为他们服务。今天我们所处的幸福时代是我们无数先烈的流血牺牲所换来的,不过这仅仅是一个开始,今后还需要我们继承先烈的遗志不断地努力,所以,今后我要努力学习马列主义、来武装自己,使我在以后的日子活在党的领导下,用革命的精神全心全意的为人民服务,来建设祖国,使我们的“母亲”更美丽、更强壮,来完成中国美好的将来和世界全人类美好的将来。

第七十期　第十一版

检讨我的唯利是图的思想

运输系教授　赵　华

(一)我的资产阶级思想对人民事业的危害

我出身[生]在一个没落封建地主家庭。父亲不事生产,家道中落,常以典卖产业什物为糊口之资。家庭教育和中小学教育,使我熟悉的是孔孟哲学和旧道德标准,同时也打下了为统治阶段服务和自私自利向上爬等腐朽思想的基础。十八岁时考入唐山交通大学,起始接受当时有名的殖民地买办式教育。在几个老教授的方行影响下,我慢慢地变成一个有严重单纯技术观点的人。一种超政治思想使我变成了死读书,读死书的政治盲目人。我在大学读书这一阶级,如同奸商囤集[积]货物一样,惟恐囤集[积]货色不高,货色不齐。别的同学读一组功课，我读两组功课——铁路工程和构造工程。用捞本的方式，钻研学术，以便将来赶行市，卖大价。我当时的思想情况完全是由自私出发。我以为学好技术，就可以养家肥己。我又以为研究政治，就要占用学习技术的时间。所以看报仅阅大字，对社会发展，国家前途漠不关心。好像天下兴亡，与我何干。我若学会技术还愁卖不出去？至于向谁出卖，和卖出去的后果则从来未考虑过。

一九三二年大学毕业后，应唐院教授译真之邀参加他个人主办的荣华工程公司，作驻工工程师。译先生的美国生活方式是极尽奢华之能事，出入必乘汽车，饮馔特殊考究，周末举行舞会等的纸醉金迷的生活，使一个意志薄弱，初入社会青年，我艳羡其有本领，而不知不觉地就产生了"有为者亦若是"的标榜看齐的想法。译先生以专家之名见重于京津，经手工程之多，一时无出其右者。他每兜揽一项生意，在估价时，必斟酌业主之心理而定其利润之厚薄。我每次代他算出工料总值后，他必凭臆断增加很多。我疑惑地问他既然这样妄加倍纵，又何必详作估算。他笑着对我说："估算是科学根据，技术真理、增减则是社会玄奥和人事之技巧了。凭技术科学以为不赔之基；凭社会人事以为多利之图，这就是'生意经'和致富之道。"我当时不仅佩服译先生工程技术之高，而对他的社会历练之深尤为赞赏崇拜。这就说明译先生对美帝的生活方式，社会制度和淘金伎俩已经学到家了；而我当时之所以佩服他，也正因为我预备走他的路线而多学几手高招罢了。解放后我一面在交大京院任课，一面又兼办建筑师事务所，在生活工作各方面和译先生开设荣华公司时，形式上虽大同小异，本质上已经是无何区别了。我初入社会得到的影响会紧紧跟随我过二十年，仍然能发作起来而危害人民。

嗣后在北宁服务五年，兢兢以表现个人英雄主义而自喜。敌伪时期，以钻研学术未直接作[做]汉奸而自相原谅。无时无地不表现出单纯技术观点和出卖技术之卑鄙与可耻。胜利后又以盲目的正统观念为反动派服务而赴东北参加接收铁路工作，对人民解放事业起了很大的推迟作用。

一九五零年秋我受聘为交大京院教授。这时全国解放了，基本建设展开了，技术人员受到人民的重视，以前的"用非所学"和失业现象，已经完全消灭了。全国人民都在共产党和人民政府的领导下为建设我们的祖国而奋斗。我是一个学土木工程而又有二十年工作经验的人，自然有机会参加工作，而也是被争取参加工作的了。政府因为技术人员缺乏，希望大家多出一把力，准许大学教师兼作工程业务。我利用这个机会创办一个建筑师事务所。抱着唯利是图的思想，利用业余时间来接受人民建设的重任。两年来由于我的腐朽思想作崇[祟]，在工程当中犯了好多错误。现在检查一下，真是沉痛万分。虽然这项工程业务现已结束，但是痛定思痛，资产阶级思想对我的创伤，一直还是留下了磨灭不掉的痕迹。

在经办北京汽车修配厂锈工厂铸工厂房屋工程时，因为利用小断面角钢和[redacted]就业主意见，锐意博节，又因对承造包商麻痹纵容，督饬不严，违背指定施工程序，以致在施工中锈工厂五个钢房架货倾倒碰伤工人，糟塌[蹋]材料，造成很大的损害。

开办建筑事务所是我的唯利是图资产阶级思想的突出表现，仗着一点一知半解的技术知识和这些年来在现场上获得的经验，我很有些自负的思想。这次接受修配厂厂房工程的设计，一面是由于追逐利润，不嫌烦难；一面是由于个人英雄主义，有心炫耀自己。所以旁人不愿意做的小角钢房架，我还能接受。在设计时为符合业主意图，尽量节省，无形中增加了施工程序的严肃性和繁难程度。而在这项工程施工之同时，我为贪求利润又接受了几椿[桩]别处工程。因此，我的时间精力越发显得不充分而感到紧张。只知唯利是图，对工程的应负责任就未能尽到。发生事故之日，我和我事务所的驻工监工员均未在现场。这就是我的责任心不够的具体表现。

另一方面，施工厂商对业主干部大量行贿，业主干部对施工厂商也袒护优容。他们这一些不正当勾结，蛛丝马迹，我早有所闻。我以不愿开罪业主，故作明知不问。修配厂是国营机构，也就是人民的产业。已经发觉他们的不法行为，就应当详细调查及时揭发，以免人民财产遭受损失。乃[但]我当时竟漠不关心，任凭奸商盗窃欺骗而不予制止。只要我应当得的图费不受损失，又何必因公害私得罪许多人呢？况且还不仅是这样，业主是工程最后裁决者。厂商既然把业主勾结好，将来验收时，必能方便顺利。对我结束这项工程业务也必能方便顺利。所以他们双方的违法行为，不但未遭到我的阻碍，无形中还等于得到我的包庇。我这时完全是资本家的姿态了，只要对自己有利，就不管人民是否吃亏。在这样[种]情况下厂商愈来愈胆大，有所恃而无所恐，才终于胆敢擅自违背施工程序，而一味赶工，以期早日取得利润。我已知道厂商是这样奸滑[猾]，业主是这样纵容，而自己还不提高警惕，对工程格外注意，终至酿成这场事故。检讨起来我是要对这次事故负很大的责任的。

这项工程的铸工厂的钢房架是我在同时同地，用同样材料、同样理论设计的，在锈工厂失事后，我接受了失败的经验教训，掌握工地，加倍严肃，厂商也处处小心，所以铸厂钢架很顺利安全地完成了。这就说明锈工厂的事故，不是什么经验不够、设计欠缺的技术问题，而实在是管理工程的思想问题。由于唯利是图的资产阶级思想的指导，不顾自己的时间和能力是否够用和胜任。凭着单纯业务观点，有活就干，损人利己，投机取巧，这和其他奸商向人民进攻有什么区别？一切均为自己打算，一切均从自己出发，把人民事业的利益和损害看作与我无干。这完全是奸商的作风，而我却十足地实行了。这是罪恶，这是公开欺骗人民的罪恶。新中国不需要这样的工程人才。劳动模范苏长有创造双手搞浆法，提高垒砖效率到每人每日二千九百块的记录。其他工人同志发明多刀多刃刨木法和机构抹灰法等都是以忘我精神为祖国的建设而努力。我却把劳动人民血汗培植出来的技术向人民出卖，还贪求无厌，不负责任，使人民遭受本来可以避免而竟未能避免的损失。两下对比，我简直辜负并丧失了作[做]新中国人民，更不用说主人翁的资格了。

我又一次错误行为是接受把头贿赂，对工程放宽尺度使人民遭受损失。北京财经学校的修缮工程是我监造的。承造厂商是公营利华建筑公司，他们的领工组长实质都是二包把头。当工程快要竣工时，

第七十期　第十二版

他们借协助我创办职补学校为名，借给我二百万元钱。我以为这是私人银钱往来，和工程无关，就安然受[收]下。等到验收工程时，他们请求关照，使我不得不放宽尺度，无法认真，工程质量不尽合规定之处，也勉强通过。使两个把头都获得很大的非法利润。“三反”当中，我虽把这项交代出来，但对当时思想情况，未加追究。现在检查出来，这又是我唯利是图、损人利己的表现。因为利华公司是一个公营企业，在工程问题上都是公司出头处理。它不会向人行贿，别人也不会向他勒索，因此任何人都不可能疑惑我在管理这项工程上有任何不法行为。而事实上由于该公司制度不健全，当时，一九五零年本市“反把”斗争尚未展开，使把头们乘机钻入公营，一面给公司作小量生产，一面大肆其剥削劳动工人的手段。把头们晓得我是内行人，是他们唯一的可怕的对头。于是对我实行收买。我如果以人民财富为重，不但不应该接受贿金，相反的，还应当加紧注意他们在工程上的偷减。在当时我也曾考虑过，如任其收买，则变成他们的奴隶；如拒绝收买，则变成他们的敌人。虚伪圆滑的我，终于战胜不过个人利益的自私心；以为人民易欺，这笔钱不会烫手，不拿是白不拿。

中了把头们的奸计,分到他们剥削劳动、欺骗人民的脏[赃]款,我已经和他们一样地成为国家人民的蟊贼了。自己毫无主人翁态度,并且把自己和人民完全分开了。我当时不仅是利令智昏,而是我的资产阶级思想要求奸商把头们来投我所好,所以才能一拍即合一个带着资产阶级思想的人,容易被糖衣炮弹打中,但是因为他本身已经腐烂发臭,所以才招来苍蝇蛆虫,我当时绝对没想一想,由于我这项贪污要给人民造成多大损害。人民的损失,我并未感到痛心,尤其严重,明知我必须在人民的损失下,才能得到贪婪的满足,而竟去完成这个满足,一个工程技术人员的举手投足间,劳动人民亿万元的血汗结晶,就可以白白牺牲掉。疏忽大意都在不可饶恕之列,何况故意容心来非法窃取妄求人民的财富呢?一个贪污分子往往以为自己聪明绝顶,却不知群众眼睛的雪亮,只有为人民服务了,人民给你的应得报酬才应当拿,才拿之无愧,才不会烫手,否则一文钱拿了也要烫手,拿了就是罪恶,只有站在人民的立场上才能够看清楚取舍的问题,个人利益与集体利益的正确关系。"三反"运动教育了我,把一个见利忘义的我引导到正确工作的道路上,并指给我光明远大的努力方向。

开设建筑事务所,是我两年来的一贯作风,其他如替黑工程师盖章收取不劳而获的公费,计件雇用"野鸡"工程师绘图,实行剥削同业的手段。在业务繁忙时,每夜要审核几十张图面,多少份设计书,粗枝大叶,忙忙碌碌,所求者不外是金钱。好像人生意义,尽瘁于此。细想当时生活维持决不需要如此多金。我之所以孜孜为利,到底是何所取义呢?现在分析一下,我当时有这样一个思想,以为我们作技术工作的人受年龄体力的限制。我现在已经是四十五岁的人了,眼睛已经是雾里看花,行动已经是沉重迟缓,再过几年这碗技术饭恐怕不能吃了,如不趁早打下生活基础,将来就势必降低生活,而降低生活又是和我的享乐至上主义背道而驰的。眼光如是看不清社会已经进步,为人民服务的劳动者是有保障的。这不是统治阶级的社会了,光荣的劳动人民是受人崇敬,也有人关照的,劳保条例公布了,助学金和医疗办法实行了,一面增加保障,一面减轻负担。新中国人民的幸福是普遍而公平的,我那种庸人自扰的多虑到今天就已经证明毫无意义了。另外一种享乐至上的思想,完全是统治阶级、剥削阶级的思想残余。把个人的享乐建筑在别人的痛苦或损失上,这是新社会最不能容忍的,而正是我死抱不放的恶劣思想,童年时代受到帮闲者的熏陶,幼小的心灵上,早已处下了悠悠岁月,逸士隐者的逍遥享乐思想。"人生行乐耳"几乎是我大半生追求的目的。"作千万人之事者,宜受千万人之养"是我常用以为我腐化透顶的生活的解嘲语，不懂“谁养活谁”和“劳动光荣”的道理。我有弄钱办法，我就应该享受，绝对没想一粥一饭，半丝半缕的来源是多少工农劳苦大众血汗的结晶，对劳动人民无热爱和同情，这种剥削统治思想，使我不认识生产关系和自己行为的错误，总以为我也是劳动人民，我凭技术换钱，多劳多得是合法合理的，现在分析出来、也检查出来了，原来我的所谓“技术”是极自私、卑鄙和无耻的混合物，对劳动人民是有百害而无一利的，改善生活、提高生活的口号是新社会响彻云霄的口号。这是说仗着我们全体劳动人民的积极创造来提高我们全体劳动人民的生活，而不是掠夺别人的劳动果实来满足一个人或几个人的享乐。我犯的错误太严重了，不能以“开事务所是唯利是图，现在我不开了，岂不就可以寡过，可以对得起劳动人民了。”我欠下人民的债务，已经无法估计了，只有把我此后的生命（包括我的一切一切）全部拿出来补还人民，不开事务所，就把所学所历的知识和技术束之高阁，这不是寡过，这是对人民负气，对人民吝啬，其罪恶是不亚于唯利是图的。我的知识是劳动人民给我的，我的经验是牺牲劳动人民多少财富换来的，我必须主动的、积极的把它还给人民，我今后要这样做，也只有这样做，才能得到祖国人民的宽大。

我在唯利是图这一资产阶级思想支配下，已经昏晕，已经疯狂了，整个思想领域全部被它占领，一九五一年这种情况已经发展到顶点，见空就钻，有机即乘，一个事务所已经把我搞得筋疲力尽，又何来余力再主持其他事业和工作，但利蠹的我，不认识政府政策之伟大，相反地时时提防我在政府政策之下的损失，于是效狡兔作三窖之营，京市在解放后，实习学校应运而生，宛如雨后春雨，这正是劳动人民、失业分子和失学青年要求提高自己、改善自己的可喜现象，我见猎心喜，看准了这是名利双收，个人利益在集体利益的掩护下的一个淘金妙术，我很机智地知道私营事务所是不合于今日的建设需要，而迟早是会被社会淘汰的，为维持我的腐化生活，创办职补学校正是将来事务所所垮台后的营利源泉，利用大学教授作招牌，利用工程师作号召，无一不是我的职补学校的优越条件，见利忘义，不计事实的困难，我在这样的一股勇气下，学校创办了，我的时间和精力也越发不够用了，顾此失彼，两败俱伤，工程肇事，交大误课，与我搞职补都有密切关系，我创办工程职补学校的动机，即是为利，所以大部分精力就都化[花]费在如何招收学生，如何定收费制度和如何为学生找出路上面，而对同学程度之甄别、课程内容之选择、教学方法之改善等，都未切实处理。职补学校同学，文化水平相差悬殊，教学工作本难掌握，我以营利观点来担当这样繁重棘手的教学，造成了粗制滥造的现象，使同学们到工作岗位,不能发挥应有的作用,这项损失也是不可估计而十分严重的。我这时已经是个十足的拜金主义者,彷徨终日、辛辛苦苦,除精神的紧张和身体的劳累以外,不知道什么是安慰、什么是快乐。长年的灯下画图,眼睛花了;经常地计算数字,脑子麻木了。深夜自思也感到非常苦闷和空虚。但一环顾家庭和回想过去,“利”之引诱又鼓起我的自私心而欲罢不能。

一九五一年旧历除夕之夜,我回忆一年之经过,心中无限的悲哀。看到劳动人民的欢欢喜喜准备过年的热情,我开始对我自己怀疑了,我为什么没有这样热情呢?生活享乐方面我比他们好,精神安慰方面为什么我就不如他们畅快呢?这不是一个疑团,而事实的必然归趋。

(下接第十三版)

第七十期　第十三版

自工程失事后,打了半年官司,业主方面欠我的图费积至四五千万之多,而都因为问题没有全部解决拿不到手,职校同学又多因经济情况有变化,欠学费不缴。已经拿到的金钱,都花费掉了,到了春节竟对职校同人开不出薪金,东张西罗,奔跑竟日,才把同人们打发回家。一年将尽之夜我作一下总结,除了悲哀,还有什么,这是我追逐利润的结果,这是我劳苦终年的所得。自私的我在受了打击后,有些觉悟了,但是还是从物资方面得到的觉悟。对人生意义仍是没有充分了解,最近读钱正英报告,使我幡然领会了,只有为革命而生,为革命而死的工人阶级同志才能享受生的快乐,和死的光荣。工人同志在他们的工作对人民有利益有成绩时,他会感到满足和骄傲,因为他们的寄托是在集体利益上,他们决不想脱离集体利益而追逐个人利益,他们已经把个人溶化在整个里而永不分开了。所以他们在检查一年的过去,当他们想到给祖国给人民做了些工作时,只有快乐,只有满足,我是恰恰相反地为几个人的享乐而工作,为几个人的生活而劳心,体会不到大家庭的温暖,把群众当我的监视者,因为我是危害群众利益的矛贼,精神受到裁判,或者说,思想上起了斗争,是一定要感到痛苦或悲哀的。

一九三零年秋,我辞掉北京市工业学校土木科主任职务来受聘交大教授,同是唯利是图和追求名位,作过十余年大学教师的我,以为担当高职的科主任是大才[材]小用,是受到委屈,看到的只是个人利益与交大教授名位高,收入多就合于我的理想。高职学生之挽留、拥护,虽然说明在那里工作对人民有更多的利益，但终于战胜不了我的自私心。一个自私者，发展到唯利是图的阶级是永远不会满足的，当上了教授又想到赚钱，名重于利则先求名，利重于名则先求利。前述各项业余工作，都在交大任职内搞起来的，当我工作紧张时，我也曾嫌交大上课是我的负担，因为这项工作对我在利的方面作用不大，辞掉吧！又无根据地恐怕将来社会进步，私人事业不存在时受到失业的恐慌，苟且敷衍，对同学们课业上的损失，无所动于衷，造成了学识不充沛的青年干部，影响到祖国未来的建设，我担任的工程力学是学习技术的基础。因为工作态度不端正，不负责，自己没有重视人民教师的光荣任务，所以教学无计划，不能主动的全面的把这门课程[redacted]学运输同学的需要作[做]一个通盘精简布置，用一种个人英雄主义作风，为表现自己而从头讲起，一[redacted]不满，结果时间限制，只学完应用力学，材料力学仅讲半章，学期已满，不能继续，同学们得到的只是吉光片羽，在学习其他技术课时，感到不敷应用，这种不能补救的损失，是由于我的思想，而非由于我的能力所造成，这是不能令人容忍的罪恶，更何况还有迟到误课，不重视同学学业呢？为我个人的满足，不惜置人民利益于不顾。交大建校工作展开了，刘院长邀我参加工作，我反而以为他以业主资格来向我委托工程业务，我欣然接受，满想可以赚得一笔图费，继而知道设计由唐山建筑系担当，他邀我工作是希望协助行政处理工程问题，是授课外的义务职，我当时私人的工程业务很忙，时间就是金钱，既不能增加收入，还须搭上时间，就是等于搭上金钱，这对我来讲是莫大的损失，但是一向不愿得罪人的我，又怕叫人家看出我的唯利是图的作风，于是不得不敷衍一下，根本没有对母校的爱护热情，所以表现在工作上，只是唯唯否否，毫未起我可能有的作用，建校的错误和浪费和我的不负责有不可分的关系，因为这个工作无利可图，还占用我的时间，影响我的其他利润，我就毫无工作兴趣，利之所在，我就趋之若鹜，利之所不在，我就避之如蛇蝎。一个唯利是图的人，眼里心里别无他物，钱而已矣！经过学习，经过帮助，我逐渐认识了我的丑恶面貌，洗面革心，重新作[做]人是我唯一的出路。我觉悟了，我下决心从克服利禄熏心上努力，当我肃清了资产阶级思想，回到工人阶级队伍时，我会对人民做些有利益工作，我自己也会有更民怨沸腾。

我是一个教育工作者，一言一行对青年一代有很大的影响作用。交大运输系张琛同志，他本来就有些资产阶级思想，自从和我往来，由于羡慕我有找钱的本领，误解追求个人享乐就是正当提高生活，因而燃起了单纯技术观点出卖技术的念头，我不但不劝阻他，还夸奖他，助长他，引为同道，当我经办工程失事时,外面琐事繁忙,职补无暇上课,我求张琛同志替我代课一星期,后来又给他介绍到一个高级中学校任几何书兼任教员,为他找一个外快机会,这么一来,张同志的资产阶级思想在我的助长下变本加厉了,本岗位上的工作无成绩了,政治方面也落后了,尤其严重的生活颓废,行为不检,经办公务也发生错误行为。

这一切都是说明一个青年的思想[redacted]是很容易受外围环境的影响,而一个教师的言行,对青年又是起如何严重地诱导助长作用。今天检讨我和张琛同志的一段不正常友谊是非常沉痛而恨恨。我现在还在搞教育工作,我必须重视这一事实,并努力改造思想,使我对青年的影响会起优良而有益的标准作用。

(二)今后努力的方向

三反运动教育了我,思想改造运动拯救了我,以前在自私自利个人主义的樊笼里兜圈子的我,现在已经跳出来嗅着并呼吸着人类高尚品质的气味和空气了。我是一个被唯利是图腐朽堕落思想打得遍体鳞伤的人,但我不示弱、不气馁,我要争取上流,赶上队伍,站在队伍的前列。

我的个人主义唯利是图自私心是我唯一的思想毒素,我下决心和这个思想顽敌周旋到底,当我再作[做]任何一件事情时,我必定先思考一下,这件事是不是对人民有利益,我决不先为自己的利益作打算,如果一件事对人民有利益对自己也有利益,则做,对人民有利益对自己没有利益,也一样痛快高兴地做,如果一件事对人民没有利益,对自己不管有多大的利益,也坚决地不做,这就是我今后努力的方向,为求这个目标的迅速到达,我必须加紧学习政治,提高自己,彻底改变我以前的工作态度,先从本岗位工作对人民负责,对人民有交代作[做]起,不畏缩不矜躁,万一有了点滴成就,应该感谢党和毛主席的正确领导;如果万一再发生错误,应该及时检查对人民造成多大损失,并从人民损失上来认识来责备自己和纠正自己,我必须积极工作。但是我还要珍惜自己,重视自己,因为当我能全心全意为人民服务时,我就是对人民有利益的人了。保持工作能力,延长工作期间都是对人民有利的。我必须于最短期内把一个消费家庭改成一个生产家庭,决不再叫家庭包袱影响我的前进。尤其重要的,我必须把思想改造作为我今后长期温习的一课,而这项课程的主要内容就是目前华北局侯秘书长讲演的共产党员八项标准条件,也许我在继续改造自己时,会遇到些艰苦的阻碍,但当我一想到,在毛主席的光辉照耀下一定能得到拯救[redacted],我会增加无比的勇气与信心。

八项标准条件是我今后剥下的三分之一转变的比例尺，我必须时时刻刻拿这个比例尺来要求我自己，人一能之己[redacted]之，[redacted]而[redacted]合，我一定能达到我自己树立的目标。

我要努力争取作[做]一个高[redacted]人民教师。

第七十期　第十四版

我真正丢下罪恶的历史包袱

吴希庸

我出身[生]于一个满族的没落的地主兼旧式商人而以"诗书门第"作传统招牌的家庭。父亲是一个不第的秀才，仗着满族特权在衙门里"当差"，封建思想非常浓厚，他刮了人民的膏血，变成地主和旧式商人，在家里实行家长式统治，高出家人一等，独[redacted]特权。他特别溺爱我，弟兄四人，只有我经常得到特殊待遇，父亲在家里是第一号享特权的人，我是第二号，只有我和父亲在一起吃"小锅饭"，穿好衣服，因此在我幼稚的心灵中，就养成一种和我父亲一样的高人一等的特权思想。

后来家道受中落，在物资生活上虽降为小资产阶级，但家庭仍笼罩着封建特权阶级的思想。一方面脱离劳动，卑[鄙]视劳动，靠典当生活，另一方面，人又梦想"重振门楣"，恢复旧日的剥削统治阶级的地位。母亲接受父亲的"遗志"历其所有供儿子们读书目的非常明确，就是"学优而仕"从秀才到作[做]官，这种弥漫家庭的功名思想，影响我最深，我认为一个大官才算是轰轰烈烈，才算是伟大，是人生[redacted]，当然，读书人尤应知此。

一九二七年(我十六岁)通过当时国民党秘密工作人员，接受了孙中山的资产阶级旧民主主义思想加入国民党，并狂热地参加反日的学生运动，结果被东北大学开除学籍，被开除后，我又有伸手求援于居孀的母亲，她含泪卖掉仅存的不动产(住宅)供给我到欧洲留学，她的目的，就是要我"念大书将来作[做]大官"，"衣锦还乡，光宗耀祖"，不负她"养儿防老"的愿望。我当时很能体会到这一点，于是就死心塌地的把个人利益和家庭利益放在第一位，我校开除后，国民党并未能丝毫帮助我，我对它很不满，于是我撕碎了国民党党证，一心想"镀好金"好回国爬上去。

我母亲卖房子供我到国外"镀金"，我一向认为是母亲的恩德。我弟兄四人,并未分产,卖房子供我一个,等于我欠了他们的债。我现在明白,我的知识不是我的,一切生活所需,实际上都是劳动人民供给我的,我理应把我的知识,和我的一切,还给劳动人民,为他们服务。而我却根本未曾这样想,恰恰相反我一心一意把知识做为求取功名特权的手段,更进一步剥削劳动人民,并想借此偿还我所欠母亲和兄弟的债——这正是十足的对劳动人民忘恩负义、恩将仇报!

我一生的出发点,就是"学成文武艺,卖与帝王家"的封建奴才寄生文人的思想。

到法国后,专心猎取学位,一九三一年我猎取洋"博士"到手,当时竟欢喜若狂,以为有了这笔好资本,回国[redacted]功名定能成就了。

不料回国后正值"九一八"事变,爬不上去,非但不能高人一等,功名成就不了,反而"屈居人下"不及[redacted],心中老大不甘。别人一面当面恭维我"聪明绝顶"二十岁得博士,同时背地里却怀疑我,甚至说我的博士学位是花钱买来的。我立志向他们"复仇"我刻苦[redacted]写作,企图得名,先爬上大学教授地位,以使给瞧不起我的人瞧瞧。

不久我爬上了教授地位,由新教书而老教书,在东北大学成了一个少壮的"老教授"。我在十多年中打着超党派的假招牌,夸夸其谈,哗众取宠,巩固自己地位,作欧美资产阶级反动学说的传声筒,毒害青年。

半殖民地的旧中国不但是帝国主义的商品市场,也是帝国主义的文化市场,在反动统治下做教师,每个人贩来一套资产阶级的某一派东西,而我正是[redacted]文化贩子中的一个,我所讲的就是资产阶级末[没]落期最反动的经济学,介绍资本论是假招牌,为的"证明"自己是超党派,为的冒充"自由思想家",正是对青年施展阴毒的诡计。但是我的反动立场和观点,是无法隐藏的,在直接讲马克思主义时,就露出了尾巴,我曾断章取义地介绍马克思的学说,并且狂妄无知地加以"批判",我竟做索巳特的应声虫,说什么"科学"和"社会主义"是一个矛盾的结合,说"科学社会主义"不啻说"金的马蹄铁"或"方形的圆"一样,我在"批判"(?)马克思主义最后一段话,既反动又恶毒,——我写道:"最后资本主义是否必然崩溃,社会主义是否成功,这是超出我们批评范围的问题,不过马克思的集中法则,早已被认为是机械性和宿命性的法则,而在经济学教科书里早已修正过了。"那时占世界六分之一土地的社会主义的苏联,已经成立了二十多年,已经用活生生的现实证明了马克思主义的绝对正确,然而我还在作欧美奴才"学者"的应声虫。

名利熏心的我，在学生面前，伪装超党派的“自由思想家”。目的在博取他们的好感，以巩固和抬高自己的地位。我这种态度不是对反动统治有害，而是有利，因为在适当的时机，就可利用我一下，来欺骗和毒害青年，消极上维持形[行]将破产的腐朽教育，积极上用以推行反动的教育政策，我当时就有所感觉，但为了向上爬，竟甘心情愿地任其支配，以此为起点步步向反动统治集团靠拢，并一直走进它的内部，功名特权思想，促使我不择手段向上爬，而这思想本身也向前发展，日益反动化，和蒋匪帮的思想基本上取得一致。在这思想的支配下，我过去一贯危害祖国和人民。

我过去所犯的罪，主要是长期毒害青年，充当维持反动统治的骗人工具，瓦解革命。反动统治集团内部是有分工的、有杀人的、有骗人的、是殊途而同归的，匪特们是执行残害革命志士、进步人士的任务，对其累累罪行，无人不切齿痛恨；至于骗人的工作，表面上假仁假义，悲天悯人，卑鄙地以国家民族为口头禅，蒙住热血青年的眼睛，麻痹他们的理性，缓和他们的斗争意志，引诱他们走向黑暗堕落之途。正是杀人不见血，这种罪恶实不低于上饶集中营的刽子手。其瓦解革命的作用更有过之无不及，对人民所犯下的罪是无法计算的。解放前我就是这种不可赦的罪人，现在我要正视罪恶，彻底暴露和批判，向祖国认罪，向人民低头。

一九四零年我作了东北大学经济系主任，这是我进一步向反动统治靠拢，不久，我参加伪中训团受训，我为什么同意去受训呢？表面上的动机是在小地方呆久了，借机会到重庆去观观光，看看伪中央“要人”们的面目，内心里却想找找向上爬的机会，在伪中训团受训为时不过四个星期，但对我反动思想的成熟化，及以后进行反人民的工作，是有着重大影响的。

我的封建正统观念原来就很浓厚，那是家庭和学校教育所给我的，那就是以现存的统治阶级为正统，恭顺地依附它以便求取功名利禄，分一份从劳动人民身上压榨下来的膏血。我为了分享劳动人民的膏血，曾不惜出卖灵魂，为统治者作奴才；国民党反动派窃取政权多年，蒋匪自封主席，自封委员长，我就把他视为中国的领袖，视为英雄豪杰，我从来没有给他算算“剥削账”，算一算他残害多少中华优秀的儿女，卖了国家多少主权，刮了人民多少膏血……不，我过去从来没有从祖国人民的利益着想，我所想的，只有我自己的功名利禄，所以总也认识不到他的残民以逞和卖国求荣的本质。

四星期的伪中训团受训，听到蒋匪假仁假义的“精神”讲话，又当场大骂何应钦以次的军政和兵役

第七十期　第十五版

人员，竟至声色俱历[厉]，大喊亡国危险，于是我的封建正统观念顿使我作了蒋匪的俘虏，觉得他真是“忠公体国”，抗战的杰出领导者若不是他，抗战前途将无希望……四个星期终了，蒋匪送像[相]片、点名，又在“联欢会”上表示依依不舍的样子，我更觉得此行不虚，虽未直接爬上去，但终算作了“天子门生”，看到了不少“中央要人”，多知道一些国民党的内幕，就沾沾自喜地启程回家，心想又镀了一层金，校长总应另眼看待我了。我坐黄包车走了六天旱路，穿过广阔的田野，农民们正在耕耘，脸朝地、背朝天，过着牛马不如的生活，然而我那时，视而不见，连半点心思也没有用在他们身上，就连在我身前拉我的车夫的痛苦也一点看不见，而竟和同行受训的人大谈伪中训团的故事，赞叹伪教育长王东原的一套办法，谈他的装模作样，现在想起来，我那时是何等的没有羞耻，没有心肝！

我在伪中训团学会一套麻醉人的办法，琢磨蒋匪的态度，我也学会一套法西斯式的军事管理办法，后来我在安东办伪省训团时就尽力仿效，毒害了许多人，散布下许多毒恶的种子。

总起来说，参加伪中训团受训，大大加强了我的反动立场，提高了我麻痹青年的技术，为我后来进一步作统治者的爪牙来危害人民作了准备。

一九四二年，我又当了东北大学训导长，“训导制度”是CC头子陈立夫所设的残害青年的反动制度，而我就在一年又三个月的时间，作了这个反动制度的担当人之一。我为了向上爬，已经开始不惜出卖灵魂，出卖一切。

答应作训导长以后，我就以为这是我爬上去的第一步，要施展一切技[伎]俩，完成臧启芳所希望于我的，那就是替他遮风挡雨，安定他的反动教育的秩序。同时，又要尽力使同学们不反对我，而拥护我，以便巩固既得地位，显示“能干”，博取统治者好评，甚至“赏识”，将来就可以“青云得路”了。怎么来做训导长呢？我就恶毒地在心里拟下了毒害同学的计划；第一，尽力保持虚伪的、超然的、无党无派的面目，拒绝送审，说自己不是国民党员，并随时暗示同学，说是无党无派。我那时认为，最好是这样，因为若站在这边，那边人就要反对我，站在那边，这边人就要反对我；如果若能骗使同学相信我是超然的，谁也就不反对我了。更进一步想，我又可以在必要时，以“公正无私”的假脸出现，使自己言行收到较大的效果。第二，起早贪黑“以身作则”，给同学们一个负责苦干的印象，企图使他们佩服我，使我的话能更多地影响他们。第三，我把以往笔记下来颓废唯心的、封建的和资产阶级的文艺、道德、哲学尽力之所及巧妙地应用起来，杂凑起来，借“纪念周”的机会，讲给同学，使他们注意力和兴趣转移，不问政治，也不问校政，而沉醉在这些毒素里，削弱他们斗争的意志。第四，发展文娱活动，提倡“创作”，我原就是东大国剧社的社长，借此来带动同学中其他文娱组织，如话剧社、文艺社、壁报社等，使学校在表面上富有生气，而暗中收到安定反动秩序之效。第五，在一定范围内，容忍同学自由发表言论。当时同学们所办的壁报有三十多种，我基本上采取放任态度，有进步言论也置之不理，因为我认为越理就越不得了，偶一不当，就会闹乱子的。我还曾悬赏征求什么“人生格言”，转移同学们的注意力，同时表示我的“风雅”，与一切训导人员有所不同。第六，多给同学“公费”，把伙食办好，借安定生活来安定同学的心。

我照这样做了，果然收到相当“效果”，即麻痹青年，安定反动教育秩序的效果，妨碍了进步思想在东大的传播。在我当训导长的一年又三个月中，东大基本稳定。这说明我忠实地为反动统治服了务，为它安定下一个后方据点。我为了替反动统治服务，以便爬上去，竟无耻地作一个知识的剽窃者，向青年广布毒素。不知有多少青年中了我的毒!? 这种看不见的毒害，是无法估计的。言念至此，我感到十分痛心和悔恨。

解放以来，作检讨时，我总是站在个人立场原谅自己，说什么作训导长是被动，又未选审，最后又是逼着臧启芳批准我辞职的……其实，这些话无非是借口，开脱自己的罪，问题丝毫不在这上。而这种态度正是说明我一向对人民不老实，不肯暴露，不长进而已！应该承认：我执行反动派的“训导”政策更(卖力)，更巧妙，因而就是更毒恶，比送黑名单和实行高压手段，对反动统治更为有利，对进步力量更有危害。我辞职后不到三个月，就因壁报问题引起风潮，几乎使校长臧启芳滚蛋，使反动的训导制度在东大“威望”扫地，反动教育秩序一直不稳，——这正反映我曾为反动统治服务的更好，而对人民危害更大。

还有我任训导长时，蒋匪四川军管区参谋长徐思平到三台宣传学生参加“印度远征军”。我一向信服蒋匪，中毒很深，因而我竟认为这是一个“光荣”的任务。于是我主动地协助他，鼓励同学参加，结果有二十五人参加了，并因此酿成四川许多学校参加“远征军”的热潮，大大加强了蒋匪政府的“威望”，而徐思平因此升会伪兵投署署长。这件事我是做了徐思平的助手，为蒋匪积累反革命力量，为反动派争取青年。但是我当时却毫不知耻，还[redacted]人夸大我的“功绩”,得意扬扬。这说明了那时我的反动立场已经很稳,却又打着“爱国抗日”的招牌。是的,我那时可以爱国,但以有利于我的功名特权为条件,这和地主资本家乃至反动头子的爱国,并无不同之处,我过去爱的是反动派的国,像我这样的爱国,比不爱国更坏更毒恶!

我的拥蒋“爱国”思想继续发展下去,促使我在鼓励同学参加蒋匪军之后的一年多,掺杂着一些个人动机,亲身报名参加了蒋匪的“青年军”。一九四四年,蒋匪为了挽救他的垂死局面,为了与革命争青年知识分子,为了反共,提出征集二万青年从军的“号召”。我当时的确不了解他的毒恶用心,谬误地以为他是为了抗战,于是我竟响应了他的“号召”。我之参加“青年军”,又带动了一些同学,我拿爱国作招牌,其实是厌倦了教书生活,想出去撞撞运气,万一凑巧,企图得到统治者们的“青睬[睐]”,再爬上一步,我把我的命运完全托咐[付]给反动统治阶级,死心塌地跟着以蒋匪为首的反动派走。

我向来对于参加“青年军”这一罪恶,也认识不足,总是拿我根本没有真正参加军队来原谅自己。实际上我一报名,已经是为蒋匪捧场。我虽不是所谓“名教授”,但毕竟是个教授,教授响应蒋匪号召,怎能不影响一些学生?三台学生(包含中学学生在内)参加“青年军”的为数不少,可为明证。无怪当时重庆大公报把我从军一事当作“小消息”刊登出来。这件事是我用行动拥护了蒋匪,既想卖身投靠他,(虽然实际上投靠不上)又承认他是抗战的领导者,我在思想上已和蒋匪帮联系的更紧密了。“青年军”后来变为最反动的匪军之一,它是“七五”血案屠杀东北学生的正凶,而我曾一度名列“青年军”军册,真是我生命史上擦抹不掉的大污点。

一九四五年日寇投降,反动政府把东北分为九省,我认为求取功名的机会到了。恰巧我的旧老师高惜冰作了伪安东省政府主席,找我当伪教育厅长,真使我喜出望外,以为从此功名成就特权得享了。于是我对高惜冰感激得了不得,认为对我无上的“知遇”。

第七十期　第十六版

“知遇”就是一切依附统治阶级旧“文人”所日夜祈求于统治者的东西,一旦得到就要“感恩图报”,忠心耿耿地为统治者做奴才,为了报答“知遇”,就会无耻到出卖灵魂的地步。

我自从在比利时撕碎国民党党证以后,一向和国民党断绝了一切联系,在十多年教书生活中，永远说自己是一个无党无派的人。及至被发表为伪官吏时，为了作[做]官的方便，为了多给高惜冰帮忙，就又检[捡]起十六年从未挂起的国民党员的招牌，并以伪教育厅长的身份兼任了反动党团的职务（安东三青团筹备处主任和省党委员），以求作起官来得心应手，巩固骑在人民头上的地位。我为了争取反动统治下的功名，为了超人一等骑在人民头上，我就这样无耻地不择手段，把原形毕露，把当年骗人假面具揭下，再也没有人相信我的“超然”了。

一九四六年十一月，蒋匪与战犯杜聿明、赵公武扮演双簧下，背信弃义地破坏停战协定，突然进占安东。几天后，我跟着伪主席高惜冰到安东去“接收”学校。这是我第一次真正作了官，我觉得半生孜孜以求之的功名利禄实现了，我就恬不知耻地在人前炫耀。那时心中是作[做]官高于一切，不惜一切来巩固官位。其次我想报答高惜冰的“知遇”之恩，给他出力，同时也想显显身手，使他更赏识我。

利欲迷心的我，自从到安东以后，就丧失了最后一点良心，我竟自欺欺人地还说什么“为桑梓服务”，还说什么“有了为国为民的机会了”，甚至在给自己老婆的信中，还说什么“要给安东老百姓首先是给安东青年尽心服务。”——这是我半生一贯带着的可耻的假面目，今天我要在人民面前把它揭下来！

当时我心里计划着怎样坐稳这个官，怎样讨好高惜冰。我打定主意，首先安定安东教育界的心，安定学生的心，赶早开学上课。我在沈阳已准备好一批伪教育部审定的中小学课本，立刻带到安东发给学生。那时东北闹“课本荒”，即审定的课本供应不足，我想这一手就可以博得有准备、会办事的“名誉”，同时也表示忠实执行反动派的教育政策。其次是办训练，收揽人心，提倡“导师重道”的封建信条，以拉拢教员。第三是利用东北人民还残存的正统观点，利用东北青年不明蒋匪政府的腐朽真相，进行麻醉，以削弱他们的反抗意志，瓦解革命于无形。我就这样恶毒地打下反人民、反革命的主意，而到达安东后，靠着高惜冰对我的“信任”，靠着在伪中训团学来的一套，靠着作“训导长”的一套“经验”，靠着大学教授的招生，靠着教书匠的技[伎]俩，就照计划执行下去，在七个月里做了杀人不见血的刽子手，想到这里，我痛恨自己到了极点，我不知道我的下半生能否赎完在安东七个月的罪，安东七个月是我反动透顶的时期，是我反人民活动的最集中、最突出的表现。（沉痛大哭）

我为了完成和超额完成毒害青年瓦解革命的反动任务，我有意向人表示与国民党腐化官僚有所不同。我提倡效率，即是加大反人民工作的速度。我按计划用忠实走狗的态度，短期内使中等学校在形成上开学开课，并因此得到伪教育部视察团的“表扬”。我对他的“表扬”曾引以为荣，窃喜从此地位更稳固了，也许还有更向上爬的机会。实际上，他们给我的“表扬”，正是我对人民犯罪的证据。

在作为安东教育厅长时，先办了一期教师训练班，自任“主任”；后又办了一期“省训团”，被任为“教育长”，负实际责任。地方训练是属于蒋匪法西斯的训练系统的一部分，目的不外麻醉和统治公教人员，以便利用他们作各层工具，用意是很毒辣的。而我呢，就是这毒辣训练计划在安东的直接执行人。我布置了一套所谓“党化教育”和法西斯式的军事管理制度，大体上是抄袭中训团的办法。而我自己还玩弄一贯的技[伎]俩，用唯心论和封建道德来麻痹受训的人，我讲“礼义廉耻”等，正是蒋匪所谓“新生活运动”中麻醉人民的鸦片烟，以为国为民为口头禅，骨子里正是妄图巩固反动的血腥统治。我办训练还有一个附带作用，就是为高惜冰的地方统治装点门面，我则可尽“忠”邀宠，表现自己。

我办训练时，故意忍受风寒，夜以继日，想以“苦干”的伪装，使沦陷日寇铁蹄下十四年的同胞向往伪中央，也同我一样站在反动派一边。实际上，也发生了一些“效果”，而所谓“效果”不是别的，正是我的罪行实录。我愚弄受训的人甚至到这种程度，使有的受训教师表示：国民党官吏也不完全是腐化的；使有些人对垂死的反动派发生幻想，形成瓦解革命的作用。现在回想起来，怎能不万分痛心！

训练班(团)一共办了两期，每期四星期，每期调训二百人，一共四百人。我在这四百人当中，散布了反革命毒素，而他们又辗转传播，害人就更多了，对革命的危害真是无法估计！高惜冰几乎每天夸奖我办训练的“成绩”，凡是到安东的人，他一定领去看训练班(团)。我那时觉得它是我出风头的好地方，活[沽]名钓[钓]誉的好手段……我何尝想过人民？我何尝管过人民的死活！

当我查[察]觉来受训的人怕坦白、怕斗争，我就公开宣布说，这里没有共产党那一套，来安他们的心，来表示反动派比人民更宽大。现在想起来，这是何等恶毒！表面上假仁假义，骨子里正是阴险。

我在安东作伪教育厅长时，又兼任三青团筹备处主任。在过去检讨时，我对于因此而犯下的罪认识不足。因为我觉得我之兼任此职，不过是名义，另有专任“书记”负责，我又根本不上班办事。我一向觉得我之所以兼任此职，无非为了自己执行反动教育政策上的方便，无非更好地帮高惜冰的忙。但是今天发觉我一向的认识是完全错误的！我把一件严重反人民的事情，一向轻描淡写过去，不承认应有的罪恶，正是对人民不老实、不忠诚。经过细细地追忆，我兼三青团筹备处主任怎能只是名义？三青团伪中央团部为什么叫我兼任呢？难道白白给我名义而无所企图吗？

三青团是最反动的诱惑青年、毒害青年的组织，其反动性甚至后来居上，较国民党有过之两[而]无不及。在一个新占据的地区筹备起一个三青团部，从无到有，正是播下毒恶种子，备作不反蒋来诱惑、毒害青年的大本营。三青团利用了我，而我正是充当了这个罪恶种子的播种人。我一向以为我所做的事不过是为三青团筹备处要房子、要家俱[具]、借钱，开会时撑撑门面（如作一个开会词），“如此而已”。但是，这些事不正是筹备工作上所必需的吗？由于我，三青团在安东加速了筹备工作，恶毒种子加速地播下去了。我没有直接争取任何人加入三青团，可是由于我在地方反动政府的地位，由于我善于欺骗青年，不知有多少青年因此而被骗入三青团。这些青年的下场都是什么呢？现在可能有的觉悟了，悔过参加革命队伍；也可能有一些中毒较深，执迷不悟的；也可能有的造成杀人血债，如果有这罪责不应该我来负吗！想到这里，我怎能不不寒而栗呢！三青团伪中央团部，在被奴役十四年的东北人民刚一解放之后，就伸出它的魔手来，而我正是它的开路先锋之一。在我的掩护下安东三青团究竟干了多少危害人民的事，我不具体知道，但既是毒蛇支派，又怎能不害人呢！

在安东的七个月中，我只有两个念头，除巩固自己地位外，就是巩固反动统治。执行反动教育政策是我主要工作，同时我又为高惜冰出谋划策，我希望他在政治上和经济上实行骗人的改良主义，稍稍对人民让步，以缓和人民的反抗。我忠于他个人，“知无不言，言无不尽”。

第七十期　第十七版

在我们到安东后不久，有一个大地主兼劣绅蔡某（是高的同乡老同学，名字已记不起了）向高上“意见书”，主张把农民在解放时期分得的土地退还给地主。高犹疑不能决，有人主张采纳蔡某意见，而我则极力反对，当时认为若采纳蔡某意见一定要遭到农民的强烈反抗，不啻自杀。后来这个“意见书”搁置了下去。可是地主倒算和反斗的消息从农村中频频传来。我向高进言，希望他加以制止，认为不制止对他的反动统治是不利的。——我这种主张果然竟和蒋匪不谋而合！不久杜匪聿明的伪政治部主任特务余李中秘密传达蒋匪“口令”，东北已土改地区暂时维持原状，相机制止倒算反斗。但实际上，地主还继续倒算反斗。可见，代表大地主阶级的反动政权不可能不保护地主利益而反对农民，腐朽透顶的统治者就连一点骗人的改良主义也不可能实行。我眼看了[他]们加速度地自掘坟墓，我就忠心耿耿地相机献策，妄图挽救反动统治的垂死命运，阻碍革命胜利，可见，从本质上看，我的思想比一般反动分子更反动。可是我一向认识不到这一点，反认为自己比他们进步，比他们开明些！

一九四七年六月，在解放军的声威下，驻安东的蒋匪军偷偷退走，我和伪省政府人员也怆惶[仓皇]逃回沈阳。临逃时，很怕各学校知道，以致无法处置。不料安东一部分教师和学生中了反动派和毒，中了我的毒，继续逃沈的约有两千人——这件事是我在安东对人民犯罪的最具体的表现（沉痛，含泪）。

这两千青年本来可以在安东第二次解放后成为革命青年，但由于我的毒害，竟使他们在光明即将再现时随我走进黑暗，甚至其中可能有些人隐入了罪恶的深渊而长久不能自拔。这批青年本可很快地投入革命的大家庭里，但由于我的毒害，竟致走向与人民相反的错误。总之，我瓦解革命力量的罪行是证据昭彰的！现在想来，我有何面目对祖国和人民！

总括地说，在安东的七个月，是我生平最反动的阶段，对祖国人民所犯的罪也以这阶段为最大最重。我怕想起这七个月，回忆这七个月真好像毒蛇刺进我的心一样。我怕回想，但我又忘不了这七个月，我不知道在死以前能否赎上这七个月的罪恶不能！?

我早已应该认清楚自己的罪恶，并认真地向人民低头认罪。我的上半生[redacted]旧特权思想支配下，逐步走进反动统治集团的内部、长期毒害青年、瓦解革命，作了杀人不见血的刽子手，所犯下的罪实较有形的刽子手有过之、无不及。

我在解放前是这样一个罪人，解放救了我，党和毛主席把我从罪里拯救出来。

北京解放后，我自然就用疑惧的眼光观察共产党。然而我所目睹耳闻的都是一些异常动人的新事例，这不能不激发我久已被功名利禄所淹没的良心——作为一个中国人的良心。我良心在真理和事实面前变活了。当我亲眼看到或新耳听到每一件事，我不由自主地就拿它、（与）国民党反动派的所作所为来相比，我渐渐发现共产党和国民党没有任何共同之处。三年以来，在党和毛主席的正确领导之下，一个胜利接着一个胜利，一个奇迹跟着一个奇迹，把我们的祖国真正统一了，变单薄为富厚，并弱软为强大，凡是一个有一点良心的中国人，怎能不感动，怎能不为此而欢呼呢？在新旧社会的对比下，一切事实说明了我所参加过的国民党是名副其实的刮民党，是代替一小撮大地主、大资本家的党，是以几个裙带关系家族为首的剥削集团，是帝国主义在中国的走狗，而共产党则是人民的党，它没有自己的利益和目的，只有祖国人民的利益和目的，是大公无私的党。曾经是反动集团一分子的我，每当想到这里，就惭愧，万分悔恨，并且随着新中国蒸蒸日上的向前进，我的惭愧之情也日益加重，觉得自己今后只有一条路，就是立功赎罪。我复活了的良心指示我；若不自甘堕落到底就必须首先放弃反动立场，背弃我出身的反革命阶级。我无法再违背我的良心。

但是我一向个人主义打算是很浓厚的。虽然认识到党好新国家好，但打不破个人患得患失，以及顾虑忧愁这一关，致使沉重的、罪恶的历史包袱一直压着我，使我不能快步前进。党在这三年来给我的教育机会是很多的，华大学习，参加土改、政治经济学研究室学习，这三次脱产学习加起来就有两年的时光，但我不长进，死背着臭包袱不放，大大辜负了党给我的教育。

我虽钦佩党，相信毛主席是中国的救星，新中国是光芒万丈的，但当一结合个人“前途”，就感到悲观失望。四九年八月我在华大进行了反动党团登记，我感到从此是新社会的罪人了，竟向革命大闹个人主义的可耻的情绪，认为自己受了委屈，望怨人民为什么不双手欢迎我参加革命，反而检查我的历史和思想，使我抬不起头来。我这种闹情绪是一个种与祖国人民闹对立的情绪，本质上是说明那时还未放弃反动立场。于是我心里得出一个结论：共产党虽好，新国家虽好，我个人的前途却暗淡无光了。这种想法当时用这样一句话表达出来，我说：“新国家虽好，我却没有爱她的资格！”我都时认不清我所犯的罪，我用旁观者的资格“佩服”党“佩服”毛主席。华大领导同志耐心帮助我、开导我，使我十分感动，我益感党的伟大和个人的渺小，我认识到人民[redacted]，没有辜负我的地方，而是我对不起人民。但我却错误地以为，只要单纯地交代了历史，也就算对人民忠诚了，包袱放下了。可是实际上我的罪恶的历史包袱并未放下。一直背了三年！因为不从思想上放下包袱，包袱就放不下的。

华大结业，能到交大教书作教授，使我很高兴。心想在新社会还未被抛弃，一个从反动派爬出来的人，还能生活和工作，得到一个教授位置。我那时认为党好、国家好，我个人也还不错——而我所高兴的地方正是，“个人也还不错”这一点。这样从个人出发的想法，使我为个人利益而工作，是对人民对革命负责，当然就不能全心全意地服务，两年多以来给教学工作带来了严重的损失，我小心翼翼想保持教授地位，怕在群众中失掉“威信”，不敢彻底暴露自己的政治面貌,自欺欺人,结果罪恶的历史包袱还是照旧背着,生活不明朗,政治上更不开展,单纯的惭愧和悔恨之心压着我,使我“老牛破车”,举足不前。

党和毛主席大公无私地领导着“三反”运动,我非常感动和兴奋,这种感动和兴奋最后来没有的。我对党的大公无私、为国为民,实在没有什么语可说。我觉得自己是多么渺小可耻,患得患失之心又多么卑鄙!

我回想过去的罪恶生活,深深认识到骑在人民头上的生活是最最可耻的,也是人民大众不能容忍的。怎能再想在千百万人啃豆饼时,自己吃酒肉!? 怎能再想在劳动人民的白骨堆上建起歌舞场!? 特权的高塔一定要被摧毁的,而且十分应该被摧毁的。“剥夺者要被剥夺”,难道不是公理,不是不可抗的历史规律吗?

共产党来了,教导我说:人人要靠劳动吃饭,靠为人民服务吃饭,进一步把个人溶[融]合在人民群众中。大家一起提高,大家一起动手建设祖国,保证美好的将来——这有什么不对? 也正是天经地义。三年多以来,我最最感激党的,不是别的,正是它给我的教育。

第七十期　第十八版

党不懈不倦地用真理和事实教育我,教导我如何从罪的深渊爬起来,重新做人。我首先以“人”的资格感谢党、爱戴党,再以一个中国人的资格感激党、爱戴党。

我近来常常想,北京解放前后对我说是多么危险,假如跟我的“上司”一道逃往台湾。我今天将要变成一个什么样人? 无疑地要成为美帝奴役下的亡国奴、向隅而泣的可怜虫、反动派这个粪坑里的蛐蛆。我没有逃,在党的伟大感召,和教育下,我初步地“脱了胎”“换了骨”,作一个独立、富强、民主、统一的新中国的人,而人民只宽大地惩罚了我,又教育我,从罚罪里挽救我,真是仁至义尽了,我还有什么话说。

我终究还是爱祖国的,党和毛主席使祖国在世界上雄伟地站起来了,我怎样不感激、不拥护、不爱戴呢? 难道我就为了受到一点宽大的惩罚而昧尽天良吗?

从上述的体会出发,我深深感觉到一向为个人得失打算真是无耻已极卑鄙已极,我不再想什么“党好,新中国好而我却不好或我还不错”等了,我现在却想,党好、国家好,大家一齐好,我只要肯努力,自然也和大家一齐好起来,我想这种想法才是唯一正确的，因为事实正是这样，我想无需举例证明了。

我最最感激这次思想改造给我的教育和空前的帮助，因为使我从思想上彻底放下我罪恶的历史包袱，使我今后愉快地前进，不再进一步退两步。我以前隐忧重重，生活不明朗，可是现在我却觉得光明愉快，再没有什么顾虑和忧愁了，当张主任当众宣布我是被管制的一刹那，我脸红了，头低下来了，但我不一会就好了，觉得应该愉快地接受人民所给我的宽大的惩罚。人民对我这样罪行累累的人，实行教育与惩罚相结合的政策，正是要彻底拯救我，假如不宣布我被管制，我可能在这次运动中还要躲躲闪闪，不彻底挖根，也就是说我还未必能从思想上放下罪恶的历史包袱。基于这一点体会，我才克服了一向个人主义的患得患失和忧愁顾虑的心，才敢在小组上谈收获时向同志们保证：此后一定加倍努力，立志赎罪，愉快地接受人民宽大的惩罚，而不再为此而忧虑。

四天前，七月二十六日，在这个我平生难忘的日子，人民政府解除了我的管制，我回到了人民的队伍来了！同志、同学们知道了这个消息，他们争先恐后地和我握手拥抱，他们在半小时内，一连三次把我举起来抛在空中，我激动得一句话也说不出，我深深感到革命大家庭的无比温暖，我更感到党和毛主席拯救罪人，一直拯救到底，他的恩情是说不完、道不尽的，那天夜里，我在万分感激和兴奋之下，通夜睡不着，盘算着今后我该怎样用实际行动来答报党和毛主席对我的教育，答报祖国人民对我的宽大，答报同志同学们给我的帮助和温暖，我决不认为解除了我的管制就算“万事大吉”了，而是进一步地教育我改造我，我现在能回到人民的队伍里，作一个新中国的人民是我莫大的光荣，但是并不因此忘掉自己上半生对祖国人民所犯下的罪。我更要加倍地热爱祖国、热爱人民，努力改造自己，提高自己，加倍地立功赎罪，和五万万同胞结成一条心，全心全意为人类最壮丽的革命事业奋斗到底。

伟大的思想改造运动给了我新生命，四十年的旧我已经彻底地死去了，这个新生命是党和毛主席给我的，党和毛主席就是我的再生父母。这个新生命不是属于我自己的了，而是属于我们亲爱的祖国和人民的，我要庄严地宣誓，我一定要对祖国人民无限忠诚，永远跟着伟大的党和亲爱的毛主席走，永远永远直到我这颗心脏停止跳动的那一天为止。

最后让我用全生命的力量高呼：

伟大的共产党万岁！

亲爱的毛主席万岁！

批判我的反苏思想

俄文专修科　张剑非主任

我是地主家庭出身,在求学时期就受了白俄教育的影响,当时又受了白俄反苏宣传的影响,后来我又和白俄女人结了婚,使我从那时起对苏联就有不正确的认识,在思想上也没有好感。因此对苏联出让中东路给日本,苏联和伪满签订调整边界协定等措施,都有不正确的看法,这是反苏情绪的萌芽时期。

"七七"事变后,我到了汉口,当时苏联正帮助中国抗战,援助中国大批的军事物资,并派来军事顾问,空军志愿兵。但是反动政府仍有很多的反苏宣传。在苏联顾问处工作时,接近了许多叛党分子,听到许多诬蔑苏联的谣言,我都信以为真,在我反苏情绪的基础上给我很大影响。我觉得苏联利用中日战争牵制日本兵力,来华也是为了吸取对日作战经验。一九四一年,苏日签订了中立协定,我觉得苏联脚踏两只船,看那[哪]边风硬往那[哪]边倒,我更觉得国与国之间没有什么道义可言,只有利害关系。

一九四四年,我为了追求个人名利,依附了反动派,我爬到了伪外交部做亚西司专员,当时新疆伊宁一带少数民族为了反对国民党反动派的压榨和迫害,而发动了东土耳其斯坦共和国独立运动,但当时反动派认为这个运动是苏联煽动的,所以就派我随伪外交部亚西司司长卜道明去迪化和苏联领事谈判,企图利用新苏贸易和经济合作为引诱,希望苏联出面调停,而达到镇压这个民族解放运动的目的,同时把一些搜集来的,所谓苏联煽动伊宁事件的材料汇报给伪外交部,准备作为将来反苏的材料。

后来在苏军撤退东北的交涉中那时我已经做亚司帮办,大的文件都经过我的手,内情我是知道的,当时苏联不准反动派经大连运兵到东北去接收,陆路上又受了解放军的阻击,不能及时达到东北接防;因此曾三次要求苏军缓期撤退,但是后来国民党看到延期撤退对自己反而不利,所以在最后一次苏军因天气关系未能如期撤退时,反动派就血口喷人,诬蔑苏联不撤兵,违反中苏条约,大肆宣传、抗议,造成许多的反苏情绪,掀起了反苏大游行,给革命造成很大的危害。

一九四七年我任伪外交部东北特派员时,参加了旅大视察团工作,苏联方面依据中苏友好同盟条约催促国民党进行接收大连行政权,这是完全合法的,但是反动派不甘心于行政权,他想派遣军队驻进大连,主要目的是想切断山东解放区和东北解放区的海上交通线来进行反人民的战争,同时反动派想到旅大搜集一些当地苏联和共产党军事、政治、交通等类的情报，所以派遣视察团去，主要目的在于搜集情报，这是反动派的一个阴谋。

我是视察团主要负责人之一，在未去前先造成一个空气，我曾向伪中央社记者表示：“按照中苏友好同盟条约‘国军’随时可以驻兵大连。”到旅大后，由于这个阴谋被识破，一切调查工作不能执行，于是就卑鄙无耻地诬蔑苏联，说监视视察团，行动不自由。视察团不按照日程表视察，想到禁止去的地方去搜集材料，自然苏联方面不同意，于是就加诬蔑，扩大事实，认为招待人员是做情报工作，不敢在房间里谈话，怕有录音设备。（下接第十九版）

第七十期　第十九版

当地人民仇视视察团，我认为他们是受了苏联统治，不敢理视察团，认为是苏联为[redacted]旅大；完全采取一种敌对的行为。在非正式的谈判中我可耻地用尽各种圆滑手段，想摸苏方的底，探测他们对驻军的态度，视察团认为苏联在大连石河一带训练共产党军队，不准视察，我当时非常气愤觉得准是在训练军队，我想将来即使接收，也还要受苏联控制。我站在反动立场上，替反动派效忠，把一些不真实的情形加以扩大歪曲，添枝添叶，怕汇报给反动派，来诬蔑苏联。我觉得这样表现得更真实，更具体！并且诬蔑当地政府受苏联的指使，不协助视察团，但是根本反动派视察团就不和他们来往，说他们不协助视察团完成这个阴谋，认为必须驻兵旅大，才能切断山东和东北的交通线，这种思想是多么毒辣、恶毒，给人民和革命带来了极严重的危害，使多少的人民由于我的汇报，被反动派的恶意宣传所蒙蔽，不了解旅大的真实情形。同志们！你们所受的恶毒宣传，就是我所供给的材料。

我到东北以后国民党积极地进行反苏工作当苏军撤退后命令我搜集苏军在东北各地的所谓“暴行”材料；我就转向各地伪政府搜集，（当然是些不真实地）；他们为了交差，就捏造假事实，这个调查以至继续着进行。我为了忠实于反动派，就随时把这些，捕风捉影的材料交给伪外交部，做为反动派诬蔑苏联，和抗议的“真凭实据”，我忘恩负义地把伟大的苏联红军的功绩一笔抹杀，甚至一点误会也不惜加以煊[渲]染，这就是反动派对苏联的恶毒手段。

在整个伪外交特派员工作中，由于我的反动立场愈来愈牢，我的反苏情绪更加热烈化，在苏联借用敌伪产业远东银行地址事，我完全采取了对立的态度，当伪敌伪产业统一接收委员会和我商量时，我完全同意强制接收，同时曾拟定了一个接收步骤，限他三个月迁让，否则强制接收，曾将这个建议交给了伪外交部显示自己的对反动派效忠，虽然事实未这样做，但是可以看出我凡是对苏联的一切大小公事上，我是采取了极端相暴强硬的态度，我觉得这样才能维护反动派的利益，自己才能爬得更高。这样我处处在反对着苏联，同时反动的反苏思想支配着我，我的思想认为苏联总是强占中国的产业，心中非常气愤，有一种趁着这种机会整他一下，[redacted]以我的态度也是这样对待苏联。

苏联北京总领事齐赫文到沈阳时，我曾招待他，在当时谈到改善中苏关系时，我曾无耻地说旅大接收问题是改善中苏友谊的关键，仍然替反动派效忠，我希望苏方让步，我又谈到应该恢复东北中苏贸易，认为中长路不通车，解放战争阻止不能贸易，而我在思想上，暗示苏方是否能调停一下，充分说明我的反共、反人民的思想是多么严重，这种思想就是不想让革命胜利，想巩固反动派的统治，在革命的胜利前夕，而我甘心替反动派做最后的挣扎，维持反动派的"寿命"，齐赫文说："中国投靠美帝"，但我无耻的说："中国人并不全爱美国人，只爱苏联对中国友好，中国也是非常喜欢的。"这是极端反动的话，我想让美国帮助反动派来统治人民，另一方面我想让苏联来帮助反动派来阻止中国革命，我站上了反动派的立场，为了我的利益，也就是为了反动派的利益，我卑鄙地用尽各种方式来讨好蒋匪帮，来让苏联也能破坏革命，反映了我的反动思想是多么严重地危害了人民。我的反苏思想尤其是通过了旅大事件，我认为苏联外交是非常毒辣狡滑[猾]的，美帝沈阳领事瓦尔德，他在苏联住过很久，对苏联非常仇视，在一次宴会上他说过"与苏联谈判一手拿着棒子，一面进行谈判。"我的确感到事实上是这样，必须要有力量，方能解决问题，总之，由于我的反动思想，只要谈到苏联，我就更加仇恨，所以他的话自己认为很对，也影响了我以后对苏联办事采取强硬态度，实际上怕棒子威胁的不是民主堡垒的苏联，而是那些英美帝国主义的战犯自己，美帝在朝鲜人民军和中国志愿军沉重打击之后不得不接受停战谈判，就是一个很好的证明。

在东北的伪外交特派员两年工作中，我执行着反动派的反苏政策，对革命带来极大的危害，尤其在旅大视察团的特务组织里，企图把东北和山东的交通切断，好叫反动派在东北可以毫无顾忌的屠杀人民，阻止草[革]命，使东北劳动人民重归到水深火热之中，我爬到反动集团里，我也是东北人，但我已经丧失了人的气息；劳动人民养大了我，我看不见"母亲"，我是帮着摧残"母亲"的恶魔之一，我怕革命胜利，我更仇视苏联，为了讨好主子的好评和欢心，我处心积虑地扩大事实，作为反动派的诬蔑苏联的有力工具，我想更多地欺骗广大人民，激起他们的反苏情绪，我在搜集苏联材料，把一切的责任添枝添叶地汇报给反动派外交部，那完全是一个歪曲事实的报告，那不是调查，而是想搜集情报，不是接收放大行政权，是想派军队阻止革命，更可耻地我把这份报告书亲手送给了蒋匪，使反动派在联合国根据了我的报告，毁谤苏联，这就是旅大视察团的真实阴谋，我的反苏思想通过了旅大视察团更加炽烈，在一系列的工作中，表现得更显著，我处处在工作中都建议，希望采取强硬态度，另方面我在搜集苏军"暴行"，诬蔑苏联，想抹杀苏联对中国人民的贡献。四顾看看蒋匪帮统治的东北，人民过着饥寒交迫的生活，多少人民流离失所，革命给三千万东北人民带来了幸福的生活，而我却处处想阻止革命，两年多的所作所为，那[哪]一件事情不是对祖国人民有危害呢？我帮着反动派在残害着自己的"母亲"，我就是吃母亲的肉，喝母亲的血的恶魔。我竭力设法破坏革命，阻挠他的进展，回想起来不寒而栗，人民在革命，我在反革命，我不想让"母亲"健康美丽。由于我的反苏思想所作的各种罪行，对人民起了很大的影响，他们害怕苏联，害怕共产党，在许多的纯洁青年中间，使不少人不敢面临现实，使他们走向黑暗的道路，即使解放后，大部分虽然热爱党，但不热爱苏联，有的受了这种恶毒宣传较深的，甚至连党都热爱不起来，尤其是技术人员们，更不"一面倒"吸取先进的技术经验，崇拜美帝的"科学"他们怎能培养出具有共产主义水平的国家优秀干部，严重地阻碍了国家的奸计，广大人民生活不能早日改善，这是我的反苏思想所造成的后果。由于我所供给的材料，反动派就用以作[做]了反动报纸上的宣传广播和蒋匪帮在联合国的"控诉"的借口，也就作了帝国主义污蔑苏联的借口，在它的血腥绕洽[治]下，多少爱好和平的人民，看不清苏联的国际主义的伟大品质，害怕苏联，害怕共产党。可耻的我，为了更好的爬上去，拿着反苏来做向上爬(的)政治资本，我出卖人民的利益，能对得起谁？当学习了"可爱的中国"后，我真感到无脸能站在方烈士的面前，我是满身污臭，双手沾满鲜血的人，像他这样烈士千千万万是数不清的，他们自私吗？不！而我是怎样对待革命事业呢？不但没有点滴的贡献，而却全心全意的帮反动派危害革命，破坏革命，也只是为了鼻子底下的一点利益，我有什么脸能对得住养活我到今天的劳动人民，想到革命胜利迟迟到了今天，这种阻碍就有我的一部分，解放后，政府并不把我当做反革命分子枪毙掉。反而宽恕了我，让我加入到工人阶级组织，和劳动人民站在一起，但我血淋淋的双手不知往那[哪]里摆！如稍有良心的人，会尽一切力量弥补过去的罪恶，但是我呢？毛主席号召我们增产节约，我却在敷衍塞责，毛主席号召思想改造，我是拖拉想过"关"。

(哭)三年来，党那[哪]一点对不起我，我的两个女儿加入少年队时，整夜不能睡觉，要做毛主席的好学生，

第七十期　第二十版

而他的爸爸呢？正是对不起毛主席的人，我想到将来进入社会主义时，孩子们问我："爸爸你对国家，对于革命做些什么事情?"我将用什么话回答她们！(沉痛地哭)看看自己的罪恶，我已经觉得不够做他们的爸爸。假如政府要枪毙我，也甘心情愿，就是万死也赎不了我对人民的罪过，(哭)以前还觉得自己也热爱党和毛主席，但我的感情和行动表现在那[哪]里呢？孩子们天天唱着"毛主席像太阳""没有共产党就没有新中国"。而我呢？就是催[摧]残自己祖国的一个人，当时我并没有体会到这一点，我真是万分沉痛！

虽然毛主席号召的思想改造的意义我也知道，必须打垮的是反动的资产阶级腐朽思想，而对于人，党是爱护的，也正是因为爱护，所以才要改造我，使我真正能作一个名副其实的人民教师。但是这种认识并没有从根本上解决我的问题，我还是把人和思想分不开，我感到痛苦。

在这次反资产阶级思想运动中，我看到别的先生都过"关"了，而我呢，眼看不仅要落后，而且要掉队了。我不是因为过不了"关"而伤心，我感到我又没听毛主席的话，我辜负党三年来对我的耐心教育，我又辜负了同志们、同学们对我的热情帮助，我那里对得起他们！我活了四十五年，除了解放后三年，那四十二年，我干了些什么玩意儿？我不过是反动派的忠实奴才。反动派为了四大家族的利益，而我呢？像一只狗啃着扔在地上的骨头，还觉得津津有味，洋洋得意。这是多么卑鄙可耻？

解放后，我到了北京，不是为了弃暗投明，也不是因为认清了自己的罪恶，准备低头认罪，戴罪立功，我是可耻的认为国民党垮台了，我没有办法再依附他向上爬，那我还可以在新中国，说不定也可以向上爬，我还是为了自己。

"三反"以前，我还认为我是搞外交的，把血债，累累的伪外交部看成是"清高"，因而替自己辩护，不认真开展思想斗争，现在我才认识了自己。原来过去在镇压反革命运动中之所以没有镇压我，并不是因为我罪恶小，而是和党对我的无限恩情，要我认识自己的错误，因而老老实实为人民服务，我想，如果人民政府镇压我，甚至是枪毙我，我也是罪有应得。

过去，我一直是和党和人民两条心，我虽然也感到新中国是美好的，但是

我是站在旁观的立场，拍手称赞。为什么我采取这种旁观立场呢？并不是党不需要我，根本原因是我不靠拢党。三年以来，党对我是宽大的，没有盘察[查]过我，也没让我写自传更没有看不起我，不仅如此，还让我当了光荣的人民教师还给我一项光荣的职务，俄专科主任。但是我却没有替革命尽我应尽的责任。我看到日夜工作的工人同志，他们对祖国的贡献是伟大的，我的工作不如他们的十分之一，百分之一。但是我的生活却比他们优裕，我的九口之家都能够丰衣足食，而我却还在斤斤计较于个人的利益，不愿意付出全部力量。方志敏烈士假如为了个人的生活就一定会叛党而出狱，但是为了党和人民的事业，他就能坚贞不屈，视死如归，和他比一比，宁不愧死吗？我又想起当年在顾问处工作时，苏联顾问曾经激动得流泪的说："中国太伟大了，为了中国，我得毫不犹豫的牺牲自己。"苏联同志都能够这样热爱中国，而我还怀疑他们，难道中国人民志愿军在朝鲜的冰天雪地里还想到自私自利吗？我是一个中国人，但是我除了热爱自己以外，没有热爱过任何别人。我想我并不是从小就反苏反共的，这都是旧社会、反动派给我的影响，使我背叛了人民，做了人民的罪人，今天我还怎能不咬牙切齿仇恨它呢？共产党连黄河都能改造过来，还有什么人是不能改造的呢？我看到一切祖国建设及辉煌成就和即将实现的伟大的建设计划，我看清祖国的美好远景，我要热爱我们伟大祖国，我热爱领导我们走向这样美好将来的党和毛主席。今年我才四十五岁，起码还原有二十五年的时光，我还可以做些事情，在这二十五年里，我要用一切的力量来补偿对人民的罪行，使我在临死时人们会说："这个人过去是罪人，但是最后他终于还是替人民尽了一份力量，没有白活在新社会。"今天我们的祖国已经是一个强大的国家了，我们有力量抗美援朝，还有力量大施建设，我深深的感到做一个中国人是值得骄傲和自豪的。这都是毛主席和党带给我们的。对党和毛主席的热爱，洋溢在全中国的每一个角落里，劳动人民把党和毛主席看作恩人。但是我从前在重庆时，当我看见毛主席，我没有被他的伟大精神所感动，而把他那种劳动人民的朴素本色，看作"土里土气"。毛主席吃苦受累为了拯救全中国人民，何尝有一点自己利益呢？他就是劳动人民中间的一个，而当时包括我在内的那些反动派们都是西服革履，剥削劳动人民、吃人民的肉、喝人民的血的刽子手。在"三反"运动里，我看到张子善、刘青山的案件，从这里真正体会到党的大公无私，因此也更感到自己自私自利的卑鄙可耻！

以前我不相信党的政策，认为思想改造不会有什么效果的，所以在学习时我就采取敷衍态度，根深蒂固的虚伪好面子，丑恶的资产阶级思想拖住了我，我不敢正视自己的错误,我关门写检讨,咬文嚼字;衡量轻重,减少自己的罪恶不敢暴露思想;但群众的眼睛是雪亮的,第一次没有通过,我可耻的感到失望,为了检讨能满足群众的口胃[味],欺骗群众和再拖延检讨,把自己的反苏思想说成是"职务上的反苏",对检讨的态度是这样的恶劣!有时也感到对不起同学,但我还没觉得对不起党和毛主席。我挖名利思想,没有顾虑,我觉得谁不追求名利呢?但当我挖到反苏思想时,我开始感觉疼痛,我发觉了我自己的强烈反苏思想,也就是反共,我就有顾虑,我不敢暴露,虽然组织上一再交代政策,但我不敢完全相信,为了这件事,我痛苦我焦虑,在俄材建筑系师生大会上,同志、同学们对我的思想是那么仇恨,对我本人是那样诚恳,热情期待着我的转变,这是我平生第一次真正深刻地体会到党对我的关怀和爱护,我有了觉悟,体会到了党对知识分子改造的真正意义,思想上也起了激烈的斗争。

在写反苏思想这一部分检讨时,当时心里很痛苦,暴露出问题以后,心时[里]非常愉快,感到丢了包袱真是轻松。但是并没有感到我的罪恶之严重,还没有剧烈的痛恨。在一次互助组会上才深深认识到了自己给人民带来的危害,当时我的精神负担很大,才开始痛恨过去反苏、反共、反人民给人民带来的危害,一晚上我的心理是非常沉重的,我认识到了过去反动思想的严重性,但我又不敢面对现实。第二天早上,我才下定决心和丑恶满身的"旧我"一刀两段[断],人民要求我这样作[做],党要求我这样作[做],毛主席要求我这样作[做],我还有什么可以顾及呢?今天我真痛恨我自己,我更想起党三年来对我的教育和关怀,我完全辜负了。我二十七日早上说的时候,流了好多眼泪。我想到我过去对运动的态度是那么恶劣时,我看到大家都过了"关",就等我一个人就是全院彻底胜利,我掉队的心情,痛苦的我简直不能形容,为什么我要甘心掉队!决不行!我要冲出去!我的"拖拉"已经对党和人民是不能容忍的,掉队就是我自绝于人民,我应该把这种心情化为力量,这个检讨并不算好的检讨。我觉得过去这一套反动思想,真是罪大恶极,我看到党员同志和每个同学,我都觉得我过去惨[残]害过他们。毛主席和党给我最后的机会,挽救了我,把纠缠不清的拖我后退的丑恶思想,彻底肃清。

感谢党和毛主席给我这样机会,使我"脱胎换骨",重新作[做]人,我一定要把我所有的一切交给人民,决心作一个光荣的人民教师,我要肃清一切自私自利向上爬的腐朽思想。我痛恨这些思想把我变成一个看不见祖国、看不见人民、帮助反动派反共反人民的罪人,我今天要痛恨这种反苏思想,我要建立起新的革命的人生观,我不老,我还年轻,为祖国人民革命事业贡献出我的一切力量，包括我的生命在内，今后要用实际行动来报答党和毛主席对我的宽大和爱护，永远跟着共产党走向将来美好的前途，我今天要从心里高呼：

毛主席万岁！

中国共产党万岁！

第七十期　第二十一版

检讨我的权威思想

运输系教授　刘炽晶

我出身于封建地主兼商业的大家庭里，有地五百多亩、大部分雇请长短工耕种，另在市镇上开设两个商店，家庭生活挥霍浪费，靠着剥削所得来享受，长辈们喜食鸦片，都不从事劳动，在十五岁前，我就在这样一个家庭里生活，我受着很大影响，我也不愿意劳动，轻视劳动，认为劳动很痛苦，我爱享受。在私塾又灌输些"扬名声、显父母"的封建思想。十五岁起考入南开中学，开始接触了旧社会。在学校里接受了新知识，有了狭隘的爱国主义思想。认识了当时社会的黑暗，政治的腐败。当时学校里常标榜"南开第一""南开精神"。使一些青年学生向往南开，以能考上南开为荣。我既然是在南开读书，以后又任学生会长，自己更是洋洋得意，引以为荣。五四运动在北京暴发后，我即领导同学罢课响应。这样自己在当时对工作很有一些积极热情。以后全市学联由自己努力奔走成立后，自己没有被推进当学联会主席，工作情绪就逐渐降低了。又因为当时反动势力很强大，我的工作动机又不纯，于是在军警的镇压下面，我怕死没有勇气抵抗。正当这时家中欺骗我给我打电报，说祖母病危即返家，因此，我没有考虑学生运动的重要，就丢开工作回家了。我到家以后，被温情笼络，不但不对家庭的阻挠有所[redacted]，反而妥协，自己贪生怕死躲在家里不管斗争，害怕流血牺牲。说明了小资产阶级的妥协性、软弱性。到了革命紧要关头，经不住实际考验。以致以后走上自私自利专为个人向上爬争权夺利的错误道路。

大学毕业后由于亲戚的帮助，有机会到美国留学，到美国后看到美国的物质文明、科学发达，对美国很自然就产生了崇拜的想法，就专心一意的想学他们的"文化"。这与我的阶级出身和所受的资产阶级教育分不开的。我盲目崇拜的结果，使我不但不能批判所受的教育和毒素，反而使我羡慕资产阶级的生活享乐。思想上和他们站在同一立场上。总之,我受美国四年的教育,使我建立了一套完整的资产阶级思想的体系,不爱劳动,贪图享受,争名誉、地位,重视技术、不关心政治,认为这样才算清高。

一九三零年回国,就到南京伪铁道部工作,后来派到平绥路局任课长,我到了平绥后,第二年,车务处副处长出了缺,我想钻这个空子往上爬,于是给到任不久的平绥路局长提出许多建议,我被他赏识,不久就保荐升至这个缺额。我只看到车务处长办事能力弱,我又和局长有点亲戚关系,因此我就抓权自认精明强干,一切事情如不经我手就不放心。尤其是人事调动非经我同意不能办理。我认为虽然我名义是副处长,但我有实权,一切事听我办理,也心满意足。为了满足个人名誉、地位、享受、往上爬,就不辞辛苦,为局长卖力,充分表现了浓厚的权位思想。

抗战开始后,(我)不愿给日寇工作,辗转到重庆伪交通部任专员,耳闻目睹,对蒋介石抗战没有信心,由于自己的家庭出身,我不认识中国共产党和毛主席正领导全国人民坚决斗争,又由于铁路大部分沦陷,个人没有向上爬的机会,于是悲观失望,意志消沉,整天鬼混,后来竟想逃避现实,迷信念佛,全国人民正轰轰烈烈抗日时,我却堕落到这种程度。

一九四一年春到交大唐院任教,到校后知道铁道管理系(就是当时本院)受土木系压迫,我在管理系任教,感到面子上不光彩。又为了要求平院独立和争夺系主任,不惜笼络教师同学与学校搞独立,结果平院独立,我任系主任,又为了维持系主任,不惜与教师搞宗派互相排挤。

一九四六年四月学校派我代表平院由重庆飞抵北平,办理接收校产并筹备复员工作,我当时对这个工作非常高兴的接受,自己并认为是向上爬的好机会,我想自己在学校里已经来了几年的历史,同学对我也很好,一般校友们又没有人愿意到学校里来,自己有可能任院长的希望,所以到达了北平以后,我在工作中就很积极的负责,各处奔走接洽,收回校舍图书和模型,并借到一部分房屋和设备,这时自己认为几年来对学校没有功劳,也有苦劳。抗战胜利了很想担任第一任院长,但是又想当院长必须有人大力推荐才能成功,我由重庆动身之前仓促间,没有时间去找人,现在托人恐怕也不容易,姑且写封信试探一下,如确实没有希望,到底将来能担任教务长也可以。因此就给伪教育部一位司长写了一封信,建议交大复员以后应该如何发展,希望他向部转呈,这位司长是我在美国同学,我想不写明自己的希望,他必然也会猜测得到的,如有可能他必向部推荐。

不料到下月伪教育部派了徐佩琨任平院院长，和他会面后，首先就引起我一种不愉快的感觉，他并没有向我谈一下学校的情况，也没有提到我以后的工作问题。而是以上海交大的人作为班底，我想任教务长的希望在他的任内大概是落了空。因此我就不愿意理他，我对于工作也松懈下来不愿再作。以后学校复员他首先聘我担任运输系主任，我当时对于这个职务没很介意的就接受了。以后他又聘我兼中技科主任，我认为中技科是国中学的性质，必须与大学部分开[redacted]理。我不愿受[redacted]教务处的领导，[redacted]主张应仿照院大附中的[redacted]法，[redacted]发展才能办好，但是他不采纳我的意见，我还坚决将聘书退回。以后由于院务，我和他的意见也时常不同，在会议中就发生争执。他于是怀疑我有政治色彩，逐渐利用职权在职务上和待遇上对我施行压力。在当时特务网密布的情势下，我感觉个人力量过于孤单，不敢与他坚持据理力争。逐[遂]想另找出路，改到他校任教，以免受他的暗害。一九四八年六月，燕京大学有了机会我便接受了聘书。

我在解放以前十八年中，就是这样地为个人的名誉、地位与人争权夺利想往上爬。在我爬上去，没有人干涉我的职权时，我就自高自大，趾高气扬，工作起劲。在我不得意的时候，就垂头丧气，悲观失望，我没有认识到祖国和人民的伟大前途。我就是这样自私自利，贪生怕死，争权夺利，为了个人的名誉地位活了半辈子，这是多么可耻的生活啊！

一九四九年北京解放后，全国人民以无比的欢欣鼓舞迎接伟大的革命胜利，燕园各处也显出了一片新的气象，随后有些老干部和各地来京的代表、民主人士们一批一批的到燕园参观，我[redacted]经济系主任的资格参加学校的招待会，当时我的心情非常羡慕他们参加革命为人民立功，祖国人民到处都欢迎，我惭愧我在“五四”的时候还一样的也爱过国，但是由于动机不纯，就以后走错了路，没有投身于革命，以后活了半生，只是为自己的名誉地位生存，从不而且从没有想到为人民、为集体的利益献身于革命，贪生怕死，如与革命干部来比，我实在感觉到自己惭愧无地自容。在这时我很想多听点报告，参加一些座谈会，以提高自己，当华大第一次招生的时候，我是想曾一度激动起来，自己也想去参加，目的是为了学习，学习革命的理论。

第七十期　第二十二版

免得将来落在别人的后边，在新社会站不住脚，这一系列的想法，全是向个人的前途着想,不是想自己如何的为人民服务,是想投机取巧,有机会向上爬,这是多么卑鄙可耻的想法啊!

五六月间部方再三指示我早些结束课业,到交大工作,起初我还怀疑,继而我知道回交大可能派我任院长。我想自己的学识和办事能力没有一样特长,在反动统治下从没有被人重视,现在共产党、人民政府来了,不但不念我为反动派工作过,反而争取我回校工作,这样使我很受感动,我又想部方既指示我去,我又有任院长的希望,还是去的好。因此一度再三踌躇,最后乃决定回校,工作。

同志们!我就这样,一开始对党就不信任,对党的政策怀疑,完全以旧社会的眼光对待革命干部,乱行猜疑,深[生]怕对自己有所不利,向人民讨价还价,在当时不认识这是一个为人民服务的好机会,是革命工作。相反的,认为是向上爬,争权夺利的好机会,没以工人阶级思想办理学校,因此两年来发生一系列的错误。

(一)首先表现在对党的方面

我回校后,两年之间,不认识党的领导的重要性,我认为行政在学校里是最高的领导,党团工会各有各的工作任务,不应干涉行政。实际这是我的错误想法,我是对人而不对事,是被权位思想所支配着。例如:当我将到校的时候,校内没有联络组,由贺蒙和李群瑞两位同志主持,我起初感觉他们的文化水平低,又缺乏铁路上的经验,我就没有重视。同时我错误的认为联络组只是办理接收校产和处理旧有人员的政治问题,因此当我着手聘请教师时,就没有向两位同志事先商议过,以后联络组提出了意见,我还错误的认为是干涉学校的行政。贺同志洽聘俄文教师及图书馆主任,事先没有关照我,我也误认为是代行了行政的职权。虽然我没好意思说,但在思想上却很不以为然,我感觉联络组对我是绊手绊脚,似乎是监督行政上的工作,我感觉很不自由。以后联络组调开了,我就感觉着很高兴。我在这时根本不懂联络组是党的代表,是执行党的意旨,在学校里进行工作。我也不懂应该敬重的依靠它,才能搞好行政工作。

以后,刘毅同志到了秘书室,我即以秘书的地位看待他,当时秘书室是由党团工会的负责干部所组成。我感觉这些同志与我没有关系,人既生疏,又无学校和铁路的经验。我就自高自大、目空一切,不重视秘书室,更有时顾虑秘书室是监督我的工作。使我在工作上感觉很不自由。我当时想,自己既任行政领导,为何关于秘书人选问题,事先不与我商议,由我选派一人到秘书室,这样我才放心。但是，由于我到校不久，对于老区干部既不认识，还摸不着底，也就不便提出，怕因此得罪了人，对我的职权反而不利。我的思想里存在着这种不正确的认识，就逐渐在工作上犯了一些不可容忍的错误。例如：四九年规定文书处理办法的时候，秘书室曾主张先由秘书室审核，然后再送院长室核阅，我感觉秘书室对行政工作不内行。又怕有了密件不让我看到就中途扣留。又怕积压了公文，无法追查。因此我主张先送院长室然后再送秘书室。以后秘书室还主张照原意办理，我就感觉各同志是有意干涉行政的职权。

（二）其次表现在人事问题方面

关于人事问题最突出的就是我与金教授的关系。在解放以前我对金教授就有不好的印象。由于我知道金教授在铁路上一向是搞宗派，拉拢交大校友，排斥非交大的铁路人员。我不是交大校友而在铁路上工作，我想向上爬，在他的集团之下，就受到了很大的限制，难以达到目的。因而对他就逐渐的有了不好的印象。

解放以后，我回到交大，为了我的名誉、地位，必须延聘好的教授。我想金教授是运输学专家，当时正没有事，在反动统治下虽然做过高的职位，但是解放以后人民政府绝不会重用他，不怕他挤我的地位，我请他来，他必然感激我，与我合作。因此，我感觉聘他任教，对我有利而无害，还决定请他任教。

金教授到校以后，我非常高兴，很敬重他。当时我感觉运输系是个重要的系，他的学识、经验领导系务，必能把系办好。所以商请他担任运输系主任。这是我想利用他的长处，以达到我的名利的办法，不料金教授没肯担任，另推荐林达美教授担任系主任。这样开始猜测他是别有用心，一定是想将来到了适当的机会担任院长。我对他从此就有了警惕。以后在院委会上或其他的场合每讨论到运输系的问题，他时常以老校友的资格坚持扩充，平时对院务也要过问，我想他最好是专心任教，不要干涉学校的事务。因为我一方面认为他不懂教育，另一方面怕他争夺我的权位，后来见他常与党、团、工会接近，在校内也逐渐活动起来，我又产生了一种嫉妒的心理，因为在当时，我对于应该依靠党、团、工会才能搞好行政工作，并没有正确的理解。所以就以旧的思想猜测，怕他联合党、团、工会排挤我。这不仅证明了我当时没能与党、团、工会合作，已经是犯了原则性的错误，反而又怕别人依靠党、团、工会搞好工作，这是多么卑鄙可耻的思想啊！

五零年茅校长到了校部，金教授时常去校部，我怀疑他是想利用茅校长的名誉与地位抬高自己。我想他是不愿安心教课，是另有企图。如若他两人联合起来，对我是很不利的，茅校长由于我在平越时与同学打成一片，要求平院独立闹起了学潮，把他的院长挤掉了，他对我是不满意的，同时茅校长与金教授都是老校友，名誉和地位都比我高，将来茅校长一定会把我挤掉，另外保荐金教授任院长，这样对于我想做院长的希望，是有妨碍，所以我对他俩有些嫉妒。

五零年暑假，部方拟聘请金教授以副校长的资格兼任京院院长。金教授向我传达部方的意旨，并与我商量两次，第一次拟调我赴外路工作，后来又拟调我到研究所，我当时的思想是非常的冲动，我想自己在学校已经辛苦了几年，由燕京回校的目的就是想任院长，那[哪]怕是几天，我也不愿金教授抢去先作。此外，如调我回路，明知我离开现场已有十几年，一切情形都已陌生，研究所是纯粹理工技术，我根本又不懂。这明明是想排挤我离开学校。因此，我坚决表示不愿意离开。在当时我对他的仇恨已达到了最高峰，甚至因为这个问题，我在思想上闹了一次很大的情绪，有一天没到校办公。我为了个人的利益受到了损失，竟不顾学校的前途，这完全是失掉了革命干部应有的品质。

以后部方决定不考虑这个问题，既由我改任院长，我心里感觉非常的兴奋和感激。我认为部里办事到底是主持公道。茅、金两位校长的计划是被我攻破了。不过我当时又在想，金副校长的为人，不是这样就肯甘心的，我还须随时警惕，不定什么时候又上他的当，将我的院长还■搞掉。

自金副校长到了校部之后，一切的问题，尤其是有关人事与运输系的问题，就接二连三的不断发生。我顾虑茅、金两位校长在部方说我的坏话，影响我的职权，因为我认为校部对于院里的事，了解的[得]不够清楚，而金副校长又有做院长的企图，更增加了我对校部的不够重视。我对校部的态度是这样的：我不愿一切大小事项，都随时请示和汇报，我认为学院是个半独立性质的学院，又实行院长负责制，院长的职权必须扩大，这样才可以适合于我的权位思想。因此我曾向校部建议过，

第七十期　第二十三版

希望由政务院发表院长。我既是想牵制校部——金副校长对于院务处处过问的顾虑。这就是我一贯的想法，也是我与金副校长闹不合作的一种抗拒的思想。

因此自从金副校长到了校部办公以后，我们俩人的权位上的冲突，逐渐就

趋于尖锐化。一般教师们在思想上与我接近一些的,知道了这种情形,思想上也就与我更趋于接近,无形之中造成了各系一部分教师的不够团结。逐渐的在群众的眼光中也有了金派与刘派的分别。

一般的说,凡是与我在职权上不发生冲突,或是对我有帮助的人,我在思想上就认为是属于自己方面的,对他的印象也比较好,也就信任他。例如张协衷教授,自他到校后,我就知道他对金副校长不满意,我对他就愿意多接近一些,有了机会也愿意帮助他,当经济系主任发生问题的时候,我就想请他当系主任,这样做我想对于自己只有好处,没有坏处。他一方面不会与我争权,并且能够服从我的领导,另一方面他不但不会与金副校长联合起来排挤我,反而他会对我有好感的,所以我决定请他担任系主任。当我与他商谈这个问题的时候,他说:"看见金压迫你太甚,我愿尽我一臂之力来帮助你。"这样更增加了我对他的信任。

又如我对古如恒同志,从他当学生的时候起,我对他就有了好的印象,在徐佩琨的时候,他又能与徐对抗,我认为他是一个知己。解放以后,他回到学校又能对我提些有利的意见,我又知道他与金副校长的意见不一致,因此我在思想上对他很信任,有了适当的机会也愿意帮助他。当五一年拟加强秘书室的时候,金副校长提出他,我就认为很相宜。以后与他谈了几次话,知道他愿意尽力设法解除金副校长对我的不谅解,因此我对他更增加了信任,虽然这些事以后都没能实现,但是我对他仍有好的印象。

又如钮泽全教授代理教务长的问题,我觉得他领导能力不够强,同时他又是与茅、金两位校长接近的人,我对于处务就很不放心,怕是影响了我的名誉和地位。我曾一再的[地]想增添一位对我比较接近或是我认为可靠的人担任副教务长。因此我曾向吴希庸、刘唐领、傅恩龄各同志交换过意见,而且也先后确定过请刘、傅两位担任。但是起初一个公事被校部扣留。另一个公事又被驳回。这样我感觉金副校长对我是故意为难,是有意干涉我的职权,减低我的威信,因此我对他更增加了不满意的心情。

以上是我对金教授的关系。至于我对一般教师们的态度,凡是对我的职权不发生冲突,或是同学们反映教课比较负责的,我对他就有好感,因为这样可以提高我的名誉,其余有的教师如与我的职权有矛盾,我对他就有坏的印象。如教课反映不好,我就想调动他的职务,甚至希望他早日离开学校,以免影响了我的名誉。例如:

王芳荃教授从贵州平越时起，我对他的印象就不好。在徐佩琨的时候，他又替徐任训导长，我回校以后，他又愿与我合作，而却与金教授打成一片。我怕他对我的职权有所不利，早就希望他最好能离开学校。因此有一次我主听说他曾到部请示拟改任教授。我怀疑他或许在部里说我一些坏话，当日我就向他询问，希望他与我谈谈究竟，但是他并没有什么表示。我从此对他更增加了不满意的心理，我对他逐渐表示冷淡，或与他为难，当他提出请求退休的时候，我就没有很好地考虑，即将原文转呈校部核办。我感觉他若离开了学校，我更可以少了一个顾虑，对于我的职位更可以好一些。

至于我对于职工同志们的态度是按上下级的分别，有不同的看法，凡是工作能力好，服从我的领导，对我表示接近的人，我对他就信任一些，不然就对他有些疏远，不很信任，甚或有时还犯过态度。

例如戈绳武同志，他对我有事勤请示，事后勤汇报，他能替我出主意，卖力气，我有时还利用他向党团、工会洽商事项，也有时利用他对校部洽办一些事务。我感觉他对我忠实，不与我争权位，所以他对我讲的话，我就信任。至于孙宗义同志，我感觉他对我的话不很听从，我就不信任他。有一次请他填发应尚才教授的免票，本来我违犯了规章，因此他不肯照填，我就犯了态度，我误以为他不服从领导，而听信刘毅同志的指示。我对工友同志也是看他对我是否忠实肯不肯听我领导，例如高占超同志，我曾怀疑过他，以前他替徐佩琨蹬车，因为我自己无能力供他吃饭，他才不愿与我好好蹬车，向他责备过，我这完全是以旧社会长官对下级的作风，对待革命同志是丧失了工人阶级的立场，不是以团结友爱、互助的态度对待同志。因而是犯了极大的错误。

五一年春天，由于我与金副校长的不能合作，一方面使我在精神上受到了刺激，感觉工作难以长此继续下去，另一方面则感觉自己办事过于无能以致发生对上级不合作，对同志间不能团结，影响了学校应有的发展，由于这种原因我与有关同志偶而[尔]谈起来，就不免透漏出一此[些]牢骚的话来，逐渐地我感到学校的工作有些涣散，群众对于行政也有些意见，我与刘毅和蔡善昌两位同志商议，拟即召开一次教职工全体大会，将学校一切的问题，报告一下，一面征求群众的意见，以便展开批评与自我批评，推进工作效率，正在这期间建校的任务又接受下来，时间迫切，亟待筹办，同时部方又向我询及田成文与博恩龄同志的问题，并知道了金副校长向部方说我任用私人，我感觉自己有些委屈，是金副校长有意中伤我的名誉，我想自己担负的责任太大，一天到晚忙忙碌碌，既无名、又无利，又无权，金副校长还是想在排挤我，又何必再召开大会，征求什么意见，况且建校的责任，这样急迫重大，稍有差错如何得了，因此我的思想在这个阶段非常的苦闷，起初写好了辞职书，曾向钮泽全同志商谈过，他劝我不要提，怕受批评，我也同刘毅同志微露过想辞职的意思，她说学校的问题，不在于换院长上，我又在想现在金副校长对我既然这样不讲交情，又处处限制我的职权，自己的威信既然已经降低，实在无法再维持下去，正好趁着建校没有开始以前，提出辞职，免得将来责任越拖越大，难以抽脚，因此决定了辞职。五月一日劳动节那天竟忽视了当天节日的政治意义，与金副校长闲谈，提起了他不应企图中伤我的名誉之后，即向部方提请辞职。我当时在想假若自己担任教授，又那[哪]有这样的麻烦，后悔不应在五零年暑期继续担任领导的工作，否则在当时改了教授对自己的名誉与学习俄文，都不致有妨碍，现在已经尽了一年，真是不值得。我提出辞职以后，即决定早日摆脱职务，向部方建议最好派由老干部领导行政，对于学校才有好处，绝不能让金兼任，以免我还受他的排挤，因此，又接连两次催请部方早日准我辞掉责任。但是经过了很久的时间，部方还没有准许我辞的消息，我想如若这样下去，仍让我继续担任，自然很好，不过有金副校长在校部一天，我就一天无法工作，只得暂时听候指示，一面即忙着建校的工作，对于建校我是好大喜功，没从祖国财政经济发展上看问题，而是由学校的长远利益着想，以至因时间急迫，经费不足，又发生了许多浪费的地方，并且使教师们不能及时的住在校内，遭到长时期的奔劳。这期间我随时想着最好部里快派人来，好可以筹划暑期的工作，非常着急，

第七十期　第二十四版

直到八月间部方决定派朱局长兼任院长，我当时感觉很轻松愉快，如同卸了重担子一样，但是回到学校以后，又感觉不大好意思，一如我做了错事，被撤职查办似的，我一再抑制自己的心情，一面通知几位同志，朱院长到校那一、两天，我只感觉一切大的困难都解决了。我把道路铺平了，让给旁人作院长。自己落得个不三不四，有一些不服气的心情，但是我又想朱局长是部里的人，又是老干部，人又好，担任院长却是很满足我的希望，我想以后金副校长也就不敢再施展威风了，这样我很高兴。同时我也替学校有了发展的前途而高兴。因为朱院长是部里的一个负责首长，今后学校在朱院长的领导下必能使学校与部间联成一气，部里对学校有什么计划就可以在学校很顺利的推行。这样前途的发展一定是不可限量的。

解放以后,党和人民政府为了人民的利益,争取我、照顾我、并信任我,将交大京院的一个光荣而艰巨的任务,委托我来主持,在全国铁道系统里培植高等技术管理人才的学校,只有这么一处,这是多么光荣而伟大的任务啊! 而我则自到校以后,即以资产阶级的腐朽思想,尤其是权位思想,来领导,学校的行政工作,以致两年之中,学校各方面呈现了一种死气沉沉,毫无生气的现象。自己不肯努力学习政治,提高阶级觉悟,即学习也是不联系自己的思想,以致对于新的社会,根本没有很好的认识。从到学校起对于党、团、工会,就没有一个正确的认识,不知道在领导工作中,应该依靠党,与党、团、工会随时取得密切的联系,才能在工作上不会犯错误,才能了解重要的情况,与群众打成一片。更不知道在人事关系上,应该以革命同志的互助友爱、团结合作的精神,相互提高政治思想和工作效率,才能为同一革命工作,奋勇前进,将学校搞得蓬蓬勃勃,一步一步的随着祖国经济建设的计划,培植出大批的优秀革命干部,为人民铁道事业全心全意的服务。绝不应该在新社会里带来旧思想和旧作风的残余,在思想上搞小圈子,形成教师间一部分不团结的现象,阻碍了教学和行政工作应有的发展。我是由旧社会里来的,旧的思想在没得到彻底批判以前,一切工作都是受这种旧的思想所支配,因此犯了许多的错误,最后,才知道领导不了,闹意气而不得不辞职,拿革命工作当作[做]闹意气的对象,争权夺利,不顾学校发展的前途,患得患失、勾心斗角、这种卑鄙的思想和作风,已经给祖国人民造成了不可弥补的损失,我为与金副校长争权夺利,曾经搞不合作,以致影响了一部分教师的不够团结,推迟了课改的工作,不能如期完成,大大的影响了同学们的课业。我为与金副校长的争权夺利,自己曾经闹过情绪,影响了行政的工作,我为与金副校长争权夺利,曾经于"五一"节那样庄严而伟大的节日发生过辩驳,丧失了革命干部应有的品质,人民每月以千余斤的小米供养我,希望我能于解放以后在新社会里替人民作[做]点事,而我拿人民的小米,却与金副校长争权夺利,自己不想一想人民的小米是以一滴血、一滴汗的辛勤劳动才获得的,我不但不回想,反而拿着小米为维持个人的地位,置学校的前途于不顾,以致毕业学生不能切合实际工作岗位的需要,闹情绪、争地位,没能响应第十五届学代会所规定的学生标准,辜负了党和人民政府的委托,丧失了人民大学行政领导的资格,我真痛恨!(刘痛哭)

我不重视政治学习,不关心政治,当抗美援朝运动发生的时候,我阻止过同学作[做]宣传活动,同学报名参加军干校的时候,我又抱本位思想,不愿多保送同学参加,我没有热爱祖国的热忱,不懂国际的形势,更不懂国防建设的政治任务系高于一切,我自己则目空一切,刚愎自用,不认识祖国的伟大,不认识美帝的侵略本质,全国人民正在轰轰烈烈展开爱国运动的时候,我不但不鼓励同学积极参加,反而阻止同学参加,我是鼠目寸光,只看见了自己,看不见另外还有祖国和人民,两年以来由于我不重视政治思想教育的领导,因而学校各方面赶不上时代的潮流,墨守资产阶级式的教育成规,给教职工和同学散布了不少的旧思想的毒素,大大影响了应有的进步。

我不认识党、团、工会的重要,不知依靠党的重要,党、团、工会对行政上提出正确的意见,我错误的认为是干涉了行政的职权,我不认识应该以工人阶级的思想领导学校,以致阻碍了学校应有的发展,破坏了党的领导政策,解放以后,全国人民皆以无比的信心在党的正确领导下,蓬蓬勃勃的从事于各种伟大的建设,无论在政治、经济、水利、交通、国防以及其他各方面都有飞跃的发展,人民的生活日益改善,国际地位空前提高,全国各民族,在毛泽东的旗帜下,已经达到了空前的大团结,至于几次伟大的运动,如抗美援朝、土地改革、镇压反革命、"三反"、"五反"以及最近的思想改造等一连串的运动,如没有党的正确领导,则绝不可能获得伟大的胜利,党的政策和毛主席的领导,永远是胜利的,全国人民只有跟着共产党走,才能得到光明,永远不会失败,但是我在解放以后,两年之内,尚不认识党,不知依靠党的领导,自以为是,自作聪明,鼠目寸光,只知争权夺利,对党尚且怀疑,我真是湮灭了良心,是一个丧心病狂的人,回想起无数革命先烈用鲜血踏平了革命胜利的大道,让我们活着的人们自由踏在胜利的道路上,享受着自由幸福的生活,更想想朝鲜前线上英勇的中国人民志愿军,以无比的牺牲精神,保卫着祖国的安全,我在这种情形之下,受了党和人民政府的信任,委托自己担负培植建设人材[才]的重要责任,而我只知享受胜利的果实,不知应该感谢党感谢毛主席,反而不依靠党的领导,随时想要争权,真是卑鄙无耻! 因为这样给学校和祖国人民带来很大损失,辜负了党和人民政府的委托,我对不起党和人民政府,对不起祖国和人民,我更对不起无数革命先烈和中国人民志愿军。

人民以一滴血、一滴汗的辛劳所得养活了我这么多年,并受了高等教育,在解放以前,即没有替人民作一点有益的事,解放之后,人民不追究自己所犯的错误,反而委托我以一个光荣而艰巨的伟大任务,自己不但没有认识到任务的光荣而好好地把学校办好,反而时刻想抓权,为权而争,为权而与同志搞不团结,为权而愤恨辞职,自己太不认识自己了,太不认识新社会了,在新社会中行政领导是人民的勤务员,人民当家作[做]主以后,自己就是国家的主人,应该以主人翁的态度积极的把工作搞好，一个教育领导的革命干部，即应以大公无私的精神，好好为人民服务，以工人阶级的思想来武装自己，建立革命的人生观，为集体的利益而生，为集体的利益而死，生的伟大，死的光荣，而我则只是为个人的利益着想，不顾学校和同学，不顾祖国和人民，我是伟大的“母亲”——祖国的逆子，(痛哭)我痛恨自己，痛恨自己资产阶级的权位思想，我要在这次运动中彻底把它批判掉，树立工人阶级的思想，建立革命的人生观。

我经过了一次土改，使我开始认识了祖国的伟大，祖国人民的可爱，经过了这次思想改造的运动，更使我认识了党的伟大，毛主席的伟大，由于党和毛主席的感召，使我这样半生濒于死亡的旧知识分子得到了起死回生的道路，将我由资产阶级的腐朽思想的深渊里，拯救出来，使我重睹光明，重新作[做]人，

我感谢毛主席在[redacted]的永远的跟着毛主席[redacted]毛主席所指引的道路就是我要走的道路[redacted]后不再像以前那样的不[redacted]学习马列主义和毛泽东思想[redacted]我要在实际革命工作中随时[redacted]的阶级觉悟，坚决的树立工人阶级的[redacted]共产党员的标准来鞭策自己，使我成为一个[redacted]相府的工人阶级的一员，我要对一切的革命工作，献出最大的力量来，连同我的生命在内，重要以百倍的信心使我从今以后在工作上“返老还童”。定要服从组织上的分配，我愿意在教学工作岗位上或其他工作岗位上，全心全意的为人民服务，永远作一个人民的小勤务员。

第七十期　第二十五版

检讨我的自高自大

运输系教授　许　靖

我出身于地主家庭，弟兄四人我最小，兄长是满清末年的秀才，到民国时代又住师范和法政学校，接着就作司法和县长的官。像这样的人家，在从前算是所谓“人财两旺”，“官宦之家”，有钱有势，在封建农村里，自然有很多人来奉承我家的人，我从看到这些情形，就已经有了优越感。我父母对我们读书的两个人，期望殷切、管教更严，想我们都能读书成名，出人头地，加上我从小在私塾念书的时候，见到我的长兄已经成名作[做]官，又有羡慕他的意思，心想我也应该和他一样，能够把书读好了来作[做]官。后来我自己读的书渐渐多了，

我自己又从书上染上一些封建思想和资产阶级思想，更是认为读书人一定要把学问做好，才能出人头地，光宗耀祖，于是更加自动地用心读书，以后到外面住中学时，更有好名好胜的心理，总想在考试上爬到别人的前面，到住大学时，还是一心一意地做我的功课，最后我又爬到毕业第一名的地位，我在大学念书时，连我的长兄和一些教员我也看不起了。所有以上所讲的一些情况，和我以后走上单纯技术观点和养成自高自大的毛病，都有密切的因果关系。

在住大学的后半期，我为了毕业后好向上爬，就在学校里入了党，毕业后，我看到形势不好，不能达到目的，我又脱党了，脱党以后，一时不能回到铁路本行，我就向反动派钻门路，公开地走上了反革命的道路，想在反动派的党部方面先钻到相当位置，作为过渡转圜的办法，回到铁路方面，我转而从汪派的武汉政府的中央党部钻得了当时京汉铁路特别党部的委员头衔，后来又在武汉投靠桂系反动派，取得了伪汉口特别市党部民众训练委员会的组织科科长位置，可是两次都是因为时局转变太快，没有能够达到我回铁路的目的。后来南京伪铁道部补派京、唐、沪三校在十八年以前毕业第一名学生同洋留学，我就到美国去了。

从留美时起，在我的自私自利思想上起了一次很大的转变，由于我一生不会交际应酬，加上当时我已经看到了国民党的反动统治黑暗，我就体会到“朝廷无人莫作[做]官”的意味，认为我在中国旧社会不但没有在政界上爬了机动，就是要想能够争取最低限度的生存，亦要靠我自己有了真正学问不可，那时我对韩愈所说的：“士之能享大名，显当世者，莫不有先达之士为之前马，莫为之前，虽美，而不彰”这些话就有了更深刻的体会，所以在我去美国时就在思想作了一个最大的决定，那就是“天下兴亡，我无责任”的八个大字，以后绝对仍旧专心做我的学问，因为我认为在旧社会只有做学问一道，才是和我最相宜的事，不要求人，一切操之在我，不受别人的牵制，可以自由发展，并且预计回国后，如果不能在铁路事业上求得相当上爬的机会，我就要从教书和写书方面去求我的发展。

按照伪铁道部规定办法，我是先派到美国伊利诺大学研究院去求学。随后再到铁路去实习，由于抱着单纯技术观点，不知政治制度的好坏，更不知政治领导技术的真理，我在实习时，完全站在资本家立场，去学习美国资本主义铁路的剥削劳动人民的制度、方法，学习愈多，中毒愈深，于是认为美国铁路学识不在书本而在实际，除了由现场尽量吸取一些腐朽技术外，我还更进一步地尽量运用资本主义铁路的立场、观点、方法，来替那些干燥无味的腐朽技术，加以充分的理论发挥,我就认为我能做到这个程度,是别人在实习上所没有做过的功夫,这就是理论结合实际的功夫,自以为是了不起的成就,从此又助长了我在留美后的自高自大心理,连好多美国教授写的书,我也都觉得内容太空洞、肤浅,在实际上没有我知道的多,在理论上也没有我发挥的多,因此后来回国时,我觉得从美国学了一套最特别的东西,认为我是在铁路管理方面学得最好的人,就抱着一种非常自高自大的心理,目空一切,不可一世,在同行方面什么人我都看不起。我一面勉强地向伪铁道部报到听候试用,一面看到伪铁道部用人非常不公道,感到非常气愤,我就一面大骂汪精卫是政治野心家,是假革命,一面又骂顾孟余是假学者,不配做铁道部长。因此不到一两个月的时间,就把我排挤到北宁铁道去了,我到北宁后,没有想从铁路上取得一官半职的念头,又因为以前失掉了到铁路实习的机会,不知铁路实际情况,就不能和外国铁路的办法比较研究,对于我的治学和写书计划很有不利,因此我就决定利用这我到全路各处参观考察,结果看出了中国铁路上的很多错误缺点,因为以前从来没有听到旁人看到中国铁路的缺点,所以我又以此自豪,更是我的自高自大。我已经由北宁明了中国铁路情况,达到了自私自利目的以后,就设法来到本校教书,来实现我预定的上爬计划。我认为教授的名位清高,便于实现我的写书计划。到校后,除教课外,日夜不停地写作,其目的是要从著作方面来表扬我自己,在第一年内,写完了"铁路统计学",在第二年内又把"铁路货运管理"的美英二部份[分]写完了,我到本校教书,不到一年,就遭到别人忌刻,而我又有非常自高自大的毛病,那时我心想要讲真正的学问,我是天下第一。我一教书就得到学生的拥护,就能成名,并且能写出很特别的著作,而且还有许多著作要继续写出来,而他们不过只是教书匠而已,因此我很不服气,就和他们逐渐对抗起来了。而且我的骄傲程度,一年比一年厉害,因此树立了很多的敌人,他们后来一齐联合起来,想了很多办法,费了几年的时间,才把我从平越本校排挤走了。后来在重庆九龙坡交大,我更是自高自大。认为在教学上我有尽量从严的资格,就对于某一班的考试和分数特别从严,弄到那一班的学生有四分之三以上的不及格,后来我就因为此事离校了。

解放后,我在上海交大,总以为我是研究铁路学识最有心得的人,我就在教学上肆无忌惮地污蔑苏联和人民铁道的办法,比如:我说新规则不如老规则,老规则不如美国规则好。对于货车周转率也妄加批评,同时也不肯虚心接受同学的意见。另外我不肯参加别人所发起的座谈会来共同研究问题,我认为别人比我差,怕我的学识被人偷了去,也不肯拿"货运业务学"的稿子允许同学作为讲义，我唯恐我的独到之处被人学了去了，这些都是我自高自大的表现。

我的自高自大的作风，在我一生当中是一向表现得很严重的。就以往讲，无论对外对内，对人对事，随时都有自高自大的表现。例如我在治学上有了一些特别努力，有了一些特别见解，我就对于旁人目空一切；又如我在看人看事方面有了一些经验，就以为有“知人之明”和“先见之明”；又如有人对我吹嘘或表示会作[做]官的本领，我就拿学问向他显出无比的骄傲；至于对我家的人，更是特别自高自大，认为他们的知识太少，能力太差，既不能把家事处理了有条有理，又不能把儿女教得规规矩矩，我原来以为这些都是造成我自高自大的原因，而不知正是我的自高自大的表现。此外我还有许多自高自大的表现，我自己看不出来，所以我在本校思想改造运动当中，还是时常有自高自大的表现，而且有很多事情在旁人认为我是自高自大而我反而认为是应高应大的，幸而群众在六月十六日大会上指出了我的一些自高自大的具体事实，我才明白了我有无比严重的

第七十期　第二十六版

自高自大的毛病；譬如群众讲到接受批评的道理，我就说我早已有了接受“人民铁道”及人民日报批评的经验；又如有人对我讲到改造思想要作思想斗争，我又说我早已作过思想斗争，其实以前的思想斗争是很不够的；又如有人打电话通知我到学校参加某一会议，或是听某一报告，我就对于那个会议的情况或报告的内容加以预料推测，认为不去参加，也可理想得到，其实有的情况是不可以预料的；又如我在第二阶段里准备作检讨时，我又要求组织上保证我有暴露事实的自由；又如因为在反资产阶级思想运动的第一阶段里有人在提意见上犯了一些偏差，我就表示不愿再作检讨了；又如有人来帮忙我解决思想问题，等待快要得到解决时，我又表示我早已知道了；当全校学习批评与自我批评时，我又说我在二十年前已经掌握了批评与自我批评，其实那时接受群众的意见还是不虚心的。我还说毛主席在一九四一年所写的“改造我们的学习”和一九四二年所写的“整顿学风，党风，文风”两篇文章里所讲的理论与实际结合的治学方法，与我二十多年前在美国实习时所见相同，不谋而合；这又说明了我的自高自大发展到了狂妄的程度。诸如此类，都是我的自高自大表现。而我自己并不觉得，假使不是群众替我加以研究，我自己是检查不出来的。由

此,足以证明群众的智慧确是广大无边,不知比我个人要高明多少倍。以毛主席之英明智慧,尚且说是要向群众学习,我当然更应向群众学习,要做群众的小学生。其次,我在过去由于自高自大,不知犯了多少错误。但在以前我自己并不觉得。假使不是群众又替我指出这缺点,说有很多事实证明我的自高自大的错误,我也是想不出来的。现在只是举出一件事加以检讨:例如我在“铁路统计学”里对于货车周转率的办法妄加批评,就是由于自高自大所造成的一种错误。当时我写那篇文章时,我的手里只有一种简单的材料,不能从这种材料看出全部办法的真相和作用,我就专从统计作用这一点加以批评,不知实际上并不是为了统计作用,而是为了实行计划运输,为了确立一种员工努力奋斗的工作指标;其次,我在当时还是抱着一种单纯技术观点,不知政治领导学术的关系,仍旧拿旧知识来衡量新事物,仍旧把苏联看似落后国家,而将美英视为先进国家,一则曰“在英美先进铁路不曾有此类似之铁路运转统计”再则曰“此法既有不能表现客观情况真相之缺点,自保徒费人力时间,不但无益,而且有害,理应及早废止。”三则曰“大与铁路先进国之管理经济原理背道而驰,亦为铁路统计学理所弗许也。”其实这些话,都是我自己坐在书房里在“闭门造车”,“信口雌黄”,都是由于我不明了客观情况,连在世界上的先进国和落后国都分不清楚。其他错误之多,更是不问可知。至于所以造成如此脱离实际错误的根源,则当归咎于自高自大毛病。而由这一重大错误造成的危害性也是极其严重的,一则毒害了一般读者的思想,二则在铁路员工的心目中不免引起了“淆惑听闻”的影响,三则诬蔑了苏联的先进科学方法,四则又替美帝敌人作了一次危害我们人民铁道事业的宣传工作,完全丧失了民族立场。以一个人民大学的教师,公然写出如此颠倒是非、敌我不分的荒唐文章,真是一件最可痛心的耻辱,为了免得今后再犯如此严重的错误,为了不辜负祖国人民对我的期望,我今后一定要接受群众所提出的意见,放下自高自大的臭架子,虚心接受群众的意见,如同群众对我所期望的“争取在新社会做一个真正的好人”,来为祖国的建设事业而奋斗。而且我自己也明白了所有我的身体以及一切智慧才力,都是由于祖国人民的一点一滴血汗劳动成果培养而来,根本不应对于人民有所自高自大,我想自高自大毛病的主要的原因,还是由我的阶级出身造成的,否则何以无产阶级有学问的人,例如鲁迅,何以并不自高自大。我是出身于地主家庭的知识分子,一生活动的范围狭小,无论是教学或治学,整天关在书房里,独自研究学问,与广大群众完全隔绝了,因此看不到群众的力量伟大,也想不到群众的智慧无穷,只看到自己在治学上有了一点成就时,就引为自满，就觉得了不起了。其实一个人的智慧和成就，要是和群众的智慧成就比起来，那是非常渺小的。一个从群众中来的无产阶级知识分子，既能了解群众的智慧无穷，又能了解自己的知识是从劳动人民创造出来的，假使没有劳动人民创造出来的一切现实，知识分子就无从研究学问，因此无产阶级的知识分子懂得个人的成就与群众的智慧比较起来，感到非常渺小，一个从群众中来的无产阶级知识分子懂得个人的成就与群众的智慧比较起来，感到非常渺小，没有什么可以自高自大的。我在过去不知这些根本道理，只向国民党时代一般落后的人看齐，而不向进步的无产阶级有学问的人看齐，以致学识已经落后，反而自己看不出来。今后我要效法鲁迅的精神，消灭我的自高自大毛病。其次，自高自大的危害性是非常严重的，凡是自高自大的人，一定脱离群众，自以为是，不肯虚心接受别人的意见，加之一人所知有限，所谓“智者千虑，必有一失”，因此必然会犯错误，给人民带来损失。我以前一向是犯自以为是的毛病，结果发生许多错误，不但危害了人民，而且也害了我自己。为了祖国和人民的利益，我决定要去掉自高自大的毛病。幸得有了思想改造运动，使我认识到我有自高自大的毛病及其危害性。我要感谢毛主席，感谢共产党，把我从自高自大的错误当中救出来了。我以前也有很多不正确的想法。过去我虽然知道共产党的纪律森严，组织严密，工作能力很大，但是在共产党已经取得政权以后，能否大公无私，能否真正为国利民福着想，就是有此想法，究竟有无能力做到，在我原来都是很有怀疑的，因为我从世界各国的资产阶级政党来看，又从中国几千年的历史来看，同时又不明了苏联的建设情况，觉得世界上没有一个政党不是自私的，也没有一个政府不是自私的，尤其是经过了国民党长期反动统治以后，更是使人感到国事“每况愈下”“一代不如一代”，那会料到共产党和它领导的人民政府公然能成为一个例外？通过了修复全国铁路、稳定物价、抗美援朝和治淮工程的几件大事，再上其他一些经济、国防建设的表现，我就认识了人民政府确实是代表人民利益的政府，而是真正在为全国人民谋福利了。这时我就认为人民政府是我们中国历史上空前未有的良好政府。以后再从积极改良全国农业、完成全国土改、建造沿海防风林、举办荆江分洪工程、推进“三反”“五反”运动及处理刘青山、张子善的贪污案件一些大事来看，更可证明人民政府不但是有建设祖国的高度热忱，而且显出强大无比的能力，更是表现了无产阶级政党的大公无私精神，令我见了只有钦佩感动，不应再有怀疑。再就最近完成成渝铁路来看，更要看到中国铁路建设前途的光明，更可证明人民政府建国能力的强大。此时我又联想起在一九三六年时，听说反动统治打算修好成渝铁路,那时我就向人说过,国民党的政府绝对没有能力修好那条铁路。像这样拖了四十多年的一条徒有其名的铁路,如果不是由于共产党的力量,那是难有实现的希望。孙中山的十万英里铁路计划也是徒话空言几十年。我看到人民政府如此建设铁路的精神,更是使我佩服到了“五体投地”的程度。北京市的电车管理,在以前几十年当中也是极不像样子,一等二三十分钟见不到一次车,在车内常常发生打架的事情,很少坐它。

第七十期　第二十七版

而在人民政府经营之下,也表现了空前飞跃的进步。其他足以表现人民建设成绩的大小事例,不知可以说出多少。这是我从公的方面对于人民政府的认识。再就我个人的关系来讲,我以前认为共产党是崇拜共产主义学识,反对资本主义学识的,而我又只有资本主义的学识,因此我就在解放后感到没有前途,预料不久就会被淘汰的,尤其是在抗美援朝运动发生以后,一面批评我的崇美思想,一面停止我的书的印行,同时又把已经出版的书一律停止发售,更是令我感到灰心消极。人民政府把我的乡间田地没收了,我倒满不在乎,可是把我研究了几十年的写作推翻了,那就实在令我有点伤心。加之我又体弱多病,不但没有充分精力再来重新学习苏联的一套,就是勉强费了“九牛二虎”的力量学到一点东西,也不知能活几天,同时我又想到新陈代谢的规律,尤其是读了“奥斯特洛夫斯基的谈话”以后,认为自己应该“度德量力”,应该有“自知之明”,应该自动退出历史舞台,好让下一代的青年来顶天立地,免得妨碍社会的进步,我在过去两三年内,就是经常如此想法,这也是我迟迟不肯前进的一部分原因。但在另一方面,我在最近几个月内,又把人民政府在解放后所有对待我的情况,从头至尾加以回快分析,又显得我在上面所讲的那些消极想法都与事实不相符合。例如对于我的著作印行,实在是由于里面的反动言论太多,并不是另有什么恶意,又如对我过去在教学及写书上所犯的反苏、反共、反人民的言论错误,也只是要我批判思想,改造思想,也无其他恶意,又如对我因为自高自大所犯的一些严重错误、过失,也没有来追究责任,此外又因我有病的关系,并且给我一个自修养病的机会,表示祖国人民对我抱有无限的期望,更无把我淘汰之意。此外我又想到:假使我不是由于有了人民政府,恐怕我是始终会被排挤在南、北交大的两个学校以外,要继续去过着东飘西流的生活,不能回到本行范围以内,所以我一想到我在解放后能有机会回到南、北交大的事情，我就情不自禁地要感谢毛主席和他领导的共产党和人民政府，如同在土改中分得了土地的农民一样，自然对于共产党有了感激的心情和热爱。

总而言之，我深信我们的人民政府，是中国历史上向来不曾有过的良好政府，可以说是太好了，也是资本主义国家不可能出现的政府，它是真正在为祖国谋建设，真正在为人民谋幸福，并且也是真正在为全人类谋解放、谋幸福。我在晚年遇到这样无比优越的政府，应该感到特别兴奋愉快，还有什么理由不应该鼓起我的精神，来为祖国的建设而努力，来为祖国将来的更加光辉灿烂前途而奋斗。人民政府在短短的两、三年之中不管是在政治、经济、交通、军事、外交、文化、风气各方面，都已有了辉煌的成就，飞跃的进步，等到全国知识分子的思想改造好了以后，大家都在毛泽东的旗帜和思想之下，齐头并进，所有一切建设事业更会出现无比伟大的进步。

我在过去有一个最大的错误想法，总以这我在旧社会是一个好人，那[哪]晓得通过最近认真地检查思想，不但不能说明我是一个好人，而是相反地证明了我也是一个极端自私自利、贪生怕死的人，并且做了许多欺压和危害祖国人民的坏事，没有做过一件与祖国人民有利的好事。我现在认识了我的过去丑恶思想、行为，今后要永远和这些丑恶思想、行为斩断关系，从头另做新人。到了现在，我实在没有任何理由再不认真改造我的腐朽资产阶级思想，也没有任何理由再不放下自高自大的臭架子，原来我认为我是一向多病体弱，我虽有愿为祖国、愿为人民服务的满腔热忱，但是一向不堪胜任烦剧的劳动，否则就会病上加病、不能支持的危险，因此我有许多想作[做]的事而不能作[做]，真正是有“力不从心”的痛苦。不久以前在我的思想上还是时有波动，当我精神好的时候，就有积极的想法，可是遇到精神不好的时候，就又消极了。但是祖国人民还是热烈地期望我为人民服务，我又觉得是不应该消极的，为了报答祖国人民的期望，我要学习与奥斯特洛夫斯基的战胜个人痛苦精神，我愿意把我的新生的生命，交还人民，交还共产党，并愿贡献我的一切力量，来为祖国人民服务。如果真是为了祖国广大人民的利益，需要付出我们生命，我也可以接受这样的光荣任务，因为我想人生总有一死，而且死有重如泰山，死有轻如鸿毛，如果是为了广大人民的利益而死，就是重如泰山，反而言之，如果在死以前没有作过对于人民有益的事，那就是轻如鸿毛。奥斯特洛夫斯基说：“人如果不为个人活着，而把自己溶化在社会里，那便很难杀他，因为要杀死他，必须杀死周围的一切，杀死整个国家，整个生活才行。”像他对于生死的这样看法，就是虽死犹生的意思，我要努力学习他的人生观，把我的今后生活溶化到社会里去，并在推动社会前进上尽我的最大努力。我在过去几十年当中,正是如同奥斯特洛夫斯基所说的:“仅仅为了几个人而生活”,“仅仅为了一个人而生活”,“为着自己而生存”,也是新社会所鄙弃的自私、卑鄙、而又无耻的人。我为了忏悔以往对于祖国人民造成的危害损失,为了报答祖国人民对于我的培养和期望,为了使我的生命有点人生的意义,我要继续不断地争取思想前进,因此必须永远地跟着共产党走,永远地向共产党员学习。我过去是一心一意地为个人的利益而活着,今后我要全心全意地为祖国人民服务,我要献出我的合力量,来为伟大的祖国无比光明前途而努力奋斗。

第七十期　第二十八版

我的工作也是革命工作

工友　唐茂生

我没有说过话,这是旧社会压迫我,不许我说话,解放了,我要说话,说不好,还要说。

我是农民出身的,但在小时候五岁就和母亲一起去要饭,后来和哥哥一起来北京,那时我什么也干不了,由哥哥和父亲养活着我,民国七年父亲死了,我兄弟又上这儿来,耽了三年,母亲有病了,让我回家,三月到家,七月母亲就死了。后来,因乡下种地吃不饱,在家耽了十六七年就来了北京,在北京耽了五年什么也买不着,就吃些混合面,后来又回家,家里还有两个孩子,大的十一岁、小的八岁。一九四八年因先旱后落,没打着粮食我就想还是去北京,那时大孩子说“我去罢”,我说“在北京我的熟人多些找事。”四九年我就来北京,那时陈振英在这儿打粪,叫我来收拾茅房,我感到这是机关学校我干不了,他说反正一样,就到这儿来吧,后来陈科长问我是不是姓陈,我说是姓唐,他说为什么要顶姓陈的名字,我说是替他,怕他还要来工作。陈科长叫我把名字换过来,我和陈振英商量后就换了我的名字。

过去我一直不敢入伙,我看学生瞧不起我一个收拾茅房的,在李阁老胡同时有两人吃饭一看见我来就跑了,现在可不一样了,过去他们是资产阶级思想,现在是毛主席领导,有工人阶级思想,来到西郊后入伙吃饭,可以和同学一起吃饭,同学吃什么,我也吃什么,而且开会、听报告、看电影也可以和同学坐在一起,这是毛主席给我带来的,毛主席要早来几十年我就不至于要饭吃了。

(哭——台下鼓掌)现在我们吃的穿的是什么,行政上每年还要发一套单制服、一套棉制服。以前那[哪]有穿铁路制服、戴校徽,和院长、科长穿得一样,这个新社会和旧社会差到那[哪]儿去了! 解放了粮食不涨钱,这是毛主席领导得好,蒋介石是什么,是地主的资本家的国家。毛主席领导的是工人的国家,是农民的国家,是劳动人民的国家。同志们说我有小米观点,我说我没有小米观点,过去我在家里和地主种地,搞一天只三斤红高粱,之后到北京来拾粪,早上三起搞到晚上八点,一天一百多斤粪桶压在身上,才挣三千、二千。现在我每天挣九斤小米还不知足吗? 这是毛主席给我的,我感谢党,感谢毛主席。

过去,我有个人主义、自由主义,活来了就干干,有时间就出去遛达遛达,经过"三反"思想改造我认识了,人家说要为人民服务,我说我在交大要好好为同学服务。过去一天打扫两次茅房,现在我一小时打扫一次,把茅房打扫得干干净净,不让同学生病,他们以后出去在铁路上服务,和我在这儿服务是一样的都是革命工作,志愿军在前线流血牺牲,他们为了祖国人民,解放军也是这样。学习了"可爱的中国",看见方志敏在狱中还要写书,也都是在搞革命工作,我赶不上方志敏的文化,我要跟着他的文化走,要全心全意为同学服务。过去我不能讲话,今天毛主席来了,我们当家做了主人,我一定跟着毛主席走,今年我虽然有五十七岁了,但我人老心不老,毛主席号召我们上前线打敌人我也去。(鼓掌)毛主席要我上那[哪]儿我就上那[哪]儿去! (鼓掌)

毛主席万岁!

第七十期　第二十九版

家属通讯

毛主席的阳光照亮了我的家

刘萍玲

当我院反资产阶级思想运动进入胜利的高潮时,我的爱人朱广心同志在党的教育与群众的热心帮助下,胜利的过了"关",初步对资产阶级思想划清了界限,回到了工人阶级的队伍里,批判了腐朽的资产阶级思想和堕落的人生观,初步站上了工人阶级立场,建立了全心全意为人民服务的革命人生观,在毛泽东的阳光照耀下他转变了,他得到了新生,因此,首先感谢共产党,更感谢英明伟大的毛主席,使他重新做人,得到了新生同时,我也以最大欢欣鼓舞的心情,来庆祝我院反资产阶级思想运动的彻底胜利,感想说不完,也讲不尽,现在让我来谈一谈帮助他的转变过程以及转变后的新气象。

在运动开始的时候,我对它的认识是很不够的,我认为自己是一个家庭妇女,这个运动对自己没有多大关系,自己在思想上没有重视起来,只把它看成是丈夫的事情,因此,我只给他准备好清净的环境让他去做检讨,别的事我就不管了,同时我也认为蒋匪军的千军万马都打垮了,思想改造是可有可无的事。因为我觉得知识分子解放后,大都已投身于革命事业之中,时代变了,知识分子也跟着变了,大家都变了,不就算了,何必还要大张旗鼓的来一个知识分子的思想改造运动呢?经过了同学对我的启发帮助,我才认识到以前的想法完全是错误的,完全是自满、麻痹,对资产阶级思想妥协的心理,我联想到我们的婚姻,与家庭生活中,他是有着浓厚的资产阶级思想,同时,我也联想到在"三反""五反"运动中,资产阶级思想是如何严重地危害着革命,如果任其发展下去,我们革命的胜利果实就不能巩固,我才体会到,人民教师的思想改造,不只是某一个人的事情,而是全体人民的要求,因为它代表了全体人民的利益,也代表了家庭的利益,我们每一个家庭妇女都有投身到运动中来,帮助自己丈夫改造的必要。因此我与搓澡队的同学打成了一片,通过了同学们对我的帮助,我就以自己的一点体会,与他以谈家常的方式开始了漫谈,因为他在运动中表现了极其恶劣的抗拒态度,先是拖、泡、混、后来竟公然在师生大会上犯态度,认为群众所提的意见解决不了他的思想问题,认为思想改造不好也不能把他送法院,所以我主要的是从帮助他端正态度看手,先从一些表面的问题谈起,例如拒绝搓澡队到家里去,听报告不专心,一开始他还是不服气,认为这句话与事实不好,某一个字大有出入,我告诉他:"思想改造是追求真理,而不是计较是非。"我先拿一些小问题无他共同挖思想,对每一个意见都挖了根,慢慢的他转变过来了,他觉得自己的确是犯了错误,他开始正视了自己的错误,并且认识到群众给他提的意见,都是百分之百正确的,并不是打击他,而是诚心诚意的帮助他,我看他虚心接受意见,思想上也开始有了转变,这时我就立刻去突击他的思想敌人,希望他能够大胆暴露,但是他的思想敌人是非常顽固的,他说:"我没有什么可以暴露的,脑子里剥开,也是这些东西,你别净听同学的,以后还是少到学校里去,同学们现在到处摸底,我的事你别管,没有什么了不起,我已经承认错误不就完了吗?同学们提的意见就够我检讨的了,还何必再自找麻烦，东拉西扯呢？”我告诉他：“虽然你已在群众面前衷心的承认了抗拒批评是错误的，但是对运动的态度不端正不是只承认错就可以端正的，不挖犯错误的思想根源，不彻底用工人阶级思想改造自己，只承认错误，仍然是有问题的，仍然是一种全面过‘关’的思想。”我说：“你过去所暴露的都是一些表面事实，没有接触到自己的思想，以后应该在思想上尽情的暴露。”他说：“你不晓得学校的具体情况，咱们改造是改造，绝对改造，但是要适可而止，咱们也不想出风头，谈那么多有什么用。”我知道他是为了爱面子而替思想敌人打掩护，但是运动给了我很大的教育，我不妥协，也不投降，经常主动的到学校里找同学们对我帮助，然后回家把自己的体会再与他评谈，他是表面接受，心里有数——有些地方还不愿意暴露，我也是表现鼓励，心里生气——生气他的思想敌人是那样顽强，有时我真希望他把挂在“关”上，但是我又一想，思想改造并不是他一个的事，而是大家的事，他挂在“关”上，对整个运动是有很大影响的，因此，我还是鼓起勇气与他进行斗争，过去，当我谈到他的崇美思想时，他说：“你这人真奇怪，我根本没有到过美国，怎么能谈到崇美思想呢？这样说出来，人家一定会认为咱们是瞪着眼说瞎话，自己给自己乱扣帽子。”我又用一些生活琐事和他谈，譬如爱说英文，追求欧美的生活方式，他说：“那都是一般性的，而且我这个只能谈到崇英，可绝对不能说是崇美，因此，我既不崇美，对美国就恨不起来，我认为我与美国根本不发生关系。”抓着这一点，我又和他谈起世界的大阵营，他说：“那我还不知道，两大阵营我太知道了，我上课时还讲过两大阵营呢？”我说：“是的，两大阵营谁都知道，但是我们要理论结合实际，英国是属于那一个阵营呢？当然谁都知道是属于以美帝为首的侵略阵营，那么你的崇英与崇美有什么区别呢？”他笑了，他说：“怪不得同学说我理论不结合实际，我要挖下去。”但是由于有适可而止的思想，还是不肯很好的挖下去。

所以，当我提到他的反动思想时，他非常气愤的说：“你简直和唐剑一样，他想用反动思想打击我，表现他积极，你这是什么意思，想出风头，别人不明白我，你还不明白我，咱们一向是安分守己，有什么反动思想可谈呢？”我说：“是的，我是和唐剑同志一样，想帮助你挖出你那危害革命事业的反动思想，唐剑同志不是想打击你，我也不是想出风头。”谈来谈去，他承认在解放前，他是有过一些反动思想，但是新中国成立以后，他的一切反动思想都不存在了，同时，他认为他已经在人民的大学里教了三年书，尤其是教了一年政治经济学，怎么能谈到有反动思想呢？他认为过去的反动思想，在解放后，根本就没有对任何人说过，对革命是不会有影响的。在以前的几次检讨中都没有谈，现在还是不谈为妙,反正自己不谈别人也不会知道,并且他认为自己运动中的态度根本就不端正,再谈出反动思想来,不但对他的面子不好看,而且人家也会说他太落后了,他说:“别弄的不好,让组织上送去劳动改造,你们可就糟了,那时候看你们吃什么?”他曾经背判[叛]了祖国,曾经背叛了养活他四十五年的劳动人民,而今他还想继续背叛祖国,继续背叛养活他的劳动人民。但是,运动给了我很大的教育,我没有被他的话所吓倒,我所考虑的是他真正能得到改造的问题,而不是将来吃什么的问题。因此,我还是不向他的思想敌人投降,我还是耐心的帮助他,有时我为他的思想过于顽固而流泪,可是我一直没有灰心,我知道有伟大的毛主席给我撑腰,胜利一定会为于光荣伟大的毛主席!

第七十期　第三十版

经过了党的正确领导和运动不断的教育,尤其是在伟大的“七一”党的生日那天,他第一次感觉到革命大家庭的温暖,他下决心要争取一次过“关”,作为党的生日的献礼。回家后,他终于展开了激烈的思想斗争,认识到过去的想法完全是错误的,不但漠视了思想战线上的敌人,而且也不了解党对知识分子“争取、团结、教育、改造”的政策。

感谢党的正确领导和运动的教育他已认识到腐朽的资产阶级思想给祖国人民革命事业所带来的不可弥补的损失,他认识了祖国的今天,也认识了他在祖国所占的地位,他看到了新中国光明、美丽的远景,也看到了社会主义社会的幸福与和平,他对祖国人民有了真的感情,对以美帝为首的侵略阵营有了真的仇恨,加强了思想改造的信心和决心,伟大的思想改造运动转变了他,也提高了我。我决心在现有的基础上,努力改造自己,从集体生活中锻炼自己,用马列主义、毛泽东思想武装自己,以后要继续不断的帮助丈夫进行改造,使他真正能成为无产阶级的知识分子,担当起人民教师的光荣称号,并希望全体家属同志们,也能在初步胜利的基础上,巩固现有的收获,继续不断的帮助丈夫改造,同时也加强政治学习,改造自己。

但是我们要知道帮助丈夫,并不是一件很容易的事。由于夫妻关系可能使人与思想混为一谈,我们要随时警惕。就拿我自己来说吧!在我和丈夫的思想敌人进行斗争时,他常常这样说:“同学们都不了解我,你怎么也不了解了我,我已经有几天没有吃饭了,我的身体坚实吃不消,我得住医院养养病。”在这种情形下,我也觉得他怪可怜的,不思茶,不吃饭,愁眉苦脸消极悲观,但是经过了运动给我教育，我随时提高了警惕，对他的人，我是非常爱护，对他的资产阶级思想，我是恨之入骨，我从同学之间学会了对人爱护，对思想进行耐心帮助勇敢斗争的精神，与他顽强的思想敌人进行了斗争，帮助他暴露，帮助他挖根，帮助他抄写，每一个问题，我们都是反覆[复]的谈来谈去，谈到症结所在的时候，我赶紧记下来，再谈别的，虽然我的身体不好，但是我把帮助丈夫思想改造看成是一件最痛快的事，他洗大澡，我也可以洗一个小澡，我知道他改造好了，对祖国人民有利，对家庭，对自己也有利，因此我从早上五六点钟爬起，一直可以坐到夜里两三点钟，饭都不做，我抓紧了时间，帮他挖，帮他写，我经常让他多得到一点休息机会，让他躺在床上谈他的思想情况，我来记，而且我先告诉他，绝对要说实话，要说心里的话，当我抓住他的老实思想情况时，可以很快的写下来，同时在我发现有的地方还不够真实的时候，又停下了笔和他谈下去，谈来谈去，真的思想情况又出来了。我又替他记下来，再作整理。

譬如我们开始谈到腐朽的人生观时，他认为自己并不腐朽，我们就往下挖，挖到了“混”的思想时，他觉得是那么回事，但是他又想适可而止，这时他认为光谈谈腐朽的人生观就行了。“混”的思想一谈出来，就麻烦了。觉得他不像一般老先生，四十几岁的人，谈出个“混”字来，学生会一定看不起，我谈到他的堕落生活时，过去爱打牌，爱看武侠小说，解放后有时还想看看武侠小说不爱看人民报纸，不爱看新的事时，他认为腐朽的人生观就包括一切，何必再讲那些堕落的生活呢？他认为太太帮助丈夫，要是聪明点的太太，应该给丈夫说几然好话，何必把老箱底都给搬出来呢？不怕人家笑话吗？他说旧社会爱打牌，爱看武侠小说的人多了，怎么别的人都没有谈呢？他认为我有点傻气，认为我的脑子是一张白纸，过于相信同学的话，拿他的丑事来出风头，因此，他向我提出严重的抗议，他说：“你的出风头，完全是建筑在我的痛苦上，我绝对不同意。”我笑了，我不和他计较，我知道资产阶级思想在支配着他说出了这样的话，我说：“帮着你挖旧思想、脏东西，你还有什么痛苦的呢？咱们现在是为了真正能够得到改造，是实是[事]求是，旧的不挖出来新的怎能装进去呢？而且在思想上又不可能和平共居，旧的错误的思想当然要谈出来，才能痛改前非。”他认为自己的错误自己都知道改，在别人不知道的时候，偷偷改掉就行了。何必谈出来，让人家看不起呢？我用鼓励的话告诉他：“最近以来，你对运动的态度，的确是变了，同学们都很欢迎你的转变，这几天你对检讨，挖思想都非常认真，因此我也很高兴，不过你还有一点点不太使我高兴的地方，同学们知道了，也会不高兴，那就是当你发现自己的缺点时，总想记在心里，不肯讲出来，你想偷偷的改掉它，当然是好的，但这又说明了你的爱面子的思想又暴露头了，在这样伟大的思想改造运动中，你如果不打破面子观念，不争取群众的帮助。自己虽然有决心，也是改不了的，就拿你看武侠小说来说吧！我曾多少次的劝过你，你也知道看那种书，对自己是有害无益，可是你就是改不了。你不打牌，是受了客观环境的限制，并不是你自己不愿意。所以一切的坏习惯得从思想改造，才能得到真正的改造。"这几句话说到他的心里，结合着运动给他的地方戏，他开始了彻底的思想斗争，结果，他鼓足了勇气，在检讨时，暴露了自己的缺点，批判了反动思想以及根源，批判了腐朽的混世人生观，出乎他意料之外的，同学们不但没有因为他的缺点而看不起他，而疏远他，相反的，正因为他大胆的暴露，建立了三年来从未建立起的师生感情，团结友爱，使他感到革命大家庭的温暖，回家后，他激动的说："我以后要继续不断的暴露自己的缺点，缺点暴露出来，批判掉了。身上真是比拿去千百斤的担子还要轻松。"当张主任宣布他过"关"的时候，会上一片掌声与欢呼声，大家都过去拥抱他，第一天过了"关"的张主任，更是那样年青而富有活力。一个拥抱把两个人都摔倒了，大家给取了一个名字，叫做"胜利筋斗"。当时我真是高兴、激动得无法形容，从先我流的都是伤心的泪，生气的泪，而那天，我流出了从来未曾流过的高兴的泪，感谢的泪，我高兴他从此是重新做个真实的人了。我从心里感谢毛主席，感谢共产党，我下决心要巩固初步的收获，继续不断帮助他，来回答亲爱的毛主席。

由于他的转变给家庭带来了一翻新气象，例如过去小孩子们喜欢画片，我们总是给买西游记，白蛇传，封神榜，这一类的画片，孩子们曾提出过抗议说："我不喜欢这样的画，我喜欢毛主席的像。"但是我们两人，都没有考虑过孩子所说的话，因此在我们家里一直是贴着封建意识极为浓厚的画，但是经过了思想改造，就是他过"关"的那一天，我们回到家里已经是六点多钟了，一进门，并不感觉肚子饿，只感觉到房子里太不顺眼，于是我们马上把墙上所有旧画都撕下来，连饭都来不及作，赶紧跑出去买了巨幅的毛主席与马、恩、列、斯像，上面的字是"马克思列宁主义——毛主席的光辉照耀着新中国"，买了庆祝中国共产党三十周年画，同时给孩子买了一张最富有教育意义的画，右上角是毛主席像下面站着两个红领巾，印有"准备着，为建设祖国、为实现毛主席的伟大理想而奋斗！"几个大字，另外还有毛主席和朱总司令的独身像，大人高兴，孩子更高兴，我们在钉像[相]片，孩子们举着小手，不住的高呼"毛主席万岁！""中国共产党万岁！"同时对于同学们所给的信，我们觉得有很大的教育意义，放到那

[哪]里都不合适,最后还是决定让那些火热的心,永远伴着毛主席。

第七十期 第三十一版

因此我们把同学们的信都贴在一片红绸子上,钉在了毛主席的像旁,孩子们高兴得厉害,跑出去找好些小孩来瞧来叫,这时满屋子、满院墙的喜气洋洋,甚至连空气都好像变了样,比从前新鲜了许多,在我们的房间里,充满了"毛主席万岁!""中国共产党万岁!"的呼声,充满了新生的力量,一家四口的高兴真是无法形容。

拿他个人来说,在思想改造的过程中,他的身体很坏,同时精神也很不好,总是振作不起来。他常说在思想改造告一段落的时候,他一定要到医院里去养养病,尤其是家属工作展开以后,他觉得学校的空气坏,家里的空气更糟,他想逃避现实,总是想到医院里去住,后来我劝他要住医院应该赶快做完检讨,要不然拖着整个运动也不好,他一咬牙说:"好吧! 做完检讨我马上就去住医院。"那[哪]知在他过"关"以后什么病都没有了,精神立刻就大为焕发,无论是开会或是作[做]别的事,都特别起劲,连说话都比从前有力量,我问他:"你还去住医院吗?"他说:"不去了! 我去了! 我害的病就是思想病,任何医生,任何医院都不能医好我的病,因为医生只能听心脏的跳动,而不能听思想响声,毛主席说,思想改造是治病救人,我的病只有经过思想改造才能治好。你瞧! 我现在是多么的健康! 你瞧! 我现在是多么富有生命的力量!"因此,他衷心地感谢党和毛主席给他治好了病。

从前,他常说,思想改造真要命! 他并不注重思想改造的重要性,而只是担心思想改造把他的头发改掉了不少。他觉得思想改造虽然只有几个月,在他就几乎等于十年过,所以他觉得自己老了;可是,过"关"以后呢? 他就根本不那样想了,他认为一个人的年老年少,并不在站头发的多少,而是在于思想有没有转变。他深深地体会到:头发并不能代表一个人的青春,代表青春的是一片火热的心。因此深深地感谢党、感谢毛主席,他兴奋地说:"毛主席把我从死的边沿上挽救了回来,把我从万丈深坑中抢救了上来,思想改造不但没有把我改老,而且我觉得我是分外的年青了,我也有了一片火热的心。"回到家里之后,他总是练习跳舞,说着话也跳,吃着饭也跳,甚至有时睡到半夜里还起来在房间里跳。有一天夜里,把大孩子跳醒了,他在地上跳,孩子光着身子在床上跳,他过"关"后的高兴,真是难以用言语形容。的确,他是年青了! 他开始了新生。

“三反”运动以来,他一直没有很好地看过报纸,他强调太忙了,没有时间;可是自从他过“关”之后,每天在百忙中,他都要把报纸很仔细地看一遍,他说这几天要准备庆祝反资产阶级思想运动的彻底胜利,没有时间,过几天咱们带孩子看电影去。这是他自动的提议,说明了经过思想改造运动,他对新事物已经有了真实的感情。记得有一天,我们从出租武侠小说的刘记书摊走过,他说:“这一下可真的和刘先生断绝关系了,我的检讨如果刘先生去听,一定通不过。”这虽然是一句开玩笑的话,然而代表了他转变后的真实思想。

由于觉悟的提高,夫妻之间的虚伪也揭穿了。过去他一贯是以“太太第一”做口号实际上,将太太掌握在他的手心,当作他的附属品,他不愿我参加工作,也不愿我参加社会活动,但是他并不硬性地阻止,而用虚伪欺骗、假慈悲来满足他在家庭专制独裁的野心。因此,我虽然加入了中国民主建国会,但是为了维持家庭的安静,同时我也有着严重的寄生思想,我没有勇气与他做坚强的斗争,心里却非常■过,我不常参加会里的种种活动,脱离了组织,也脱离了群众。思想改造运动使他那种虚伪的作风得到了批判,我也开始认识到,他那种处家庭的方式,完全是资产阶级奴役妇女的产物。新中国的妇女在毛泽东的光辉照耀下,是真正地站起来了,是真正地得到解放了,所需要的是独立自主的人格,而不是依附丈夫的寄生思想。欧美资产阶级对待太太的那套东西,是新中国妇女所最厌恶的。他也沉痛地对我说:“过去我一直觉得做太太的,应该服从丈夫,应该跟着丈夫走,而今我才知道任何一个人,都应该跟着毛主席走。”这是他从来没有说过的真心话。他第一天过了“关”,第二天我就以高兴愉快的心情,参加了民主建国会的集会。这次运动给了我很大的教育,我下决心以后在组织生活中,要争取做一个模范的会员,[做]一名祖国经济建设的后备军,随时准备响应祖国的号召。由于伟大的思想改造运动,使夫妻之间的感情由虚伪而变成了真诚,使我感到了幸福和光明;因此我要尽情地歌唱:“毛主席的阳光射进了我的厨房,给我带来了生命的力量,给我指出了革命的方向。”我从内心里感到了温暖,也从内心里发出了感激。

我的爱人过去是一个非常虚伪、非常圆滑的人,他今天的转变说明了党的政策的伟大,也说明了马列主义、毛泽东思想的胜利。然而,这只是一个初步的转变,这只是一个初步的开端,为了巩固初步的胜利,我们还要在党的教育下,不断努力,不断学习,为着一个共同的目标而奋斗。

心里很激动,也很高兴,革命大家庭的温暖,烘热了我的心,通过这次运动，我认识到，只有我们伟大的共产党，才能给我们全体人民带来真正的幸福，这真是一个大公无私的党，是能真正为人民做事的党。例如：物价的稳定，物资的交通，农工业的恢复和发展，淮河的工程，荆江的分洪，成渝路的通车，全国人民生活水平日益提高等事，如果没有伟大的共产党，根本就是不能想象的。我知道了今天幸福的日子都是毛主席和共产党三十一年来斗争的果实，但这还只是我们幸福生活的开端，我时刻也不能忘记“苏联幸福的今天，就是新中国的明天。”我愿与大家手携着手，心连着心，一齐向共产主义社会迈进。

最后让我重复我们心的深处的话：“感谢毛主席，感谢共产党，共产党是新爹娘，温暖了每一个子女的心房；毛主席是红太阳，照耀着世界放光芒。”同志们让我们一齐来高呼：

马克思列宁主义胜利万岁！

毛泽东思想胜利万岁！

我们伟大的祖国万岁！

毛主席万岁！

一九五二年八月八日　第七十一期

彻底批判资产阶级思想！坚决树立工人阶级思想！

红果园里热情洋溢
教师同学团结互助集体温课
全院爱国卫生运动热烈展开

在反资产阶级思想运动胜利基础上，全院师生员工又以崭新的战斗姿态，愉快而兴奋地迎接了我们新的革命任务——组织温课，迎接考试，展开爱国卫生运动。

在运动胜利结束后，院方公布考试的是初几天，一部份[分]同学对于这次温课考试，一时没有正确的认识，因而产生信心不足或马虎应付的现象，有的认为“时间太短促，温课也温不好”；有的又认为“温课考试只是形式”。但是在同学们经过运动后政治觉悟普遍提高的基础上，七月三十一日听了张绪潭同志的报告以后，这些错误看法很快的就得到纠正，而明确了这次温课考试的意义和目的是在于有重点的复习过去所学的课程。这样全院同学就愉快地、严肃地投入了温课运动中。最近几天以来，在宿舍里、教育里、阅览室里、或者校园里，总之，在全院每一个角落里，都可看到同学们几个、十几个、几十个在一起聚精会神地、认真严肃地温习功课、准备考试。

在温课过程当中，出现了很多过去从来未有过的新人新事，个人主义的单独学习，争分数压倒别人的现象大大减少了，代之而起的是集体主义的有组织有计划的互助学习，干部学习班的“互助组”学习方式在各班普遍地推行着，各互助组一般都订立了温课计划，有步骤地进行温习。温习时一般都先自学或集体自学（全组同学在一起自学）然后互相讨论启发、帮助充分发挥了团结互助的精神。有的组还采取了“小先生”制，推出功课较好的同学，分别负责几门功课，来给大家讲解，帮助了功课较差的同学，提高了温课效率。

同时由于同学们认识到考试并不是单纯为了争取高分，以前每逢考试同学牺牲健康，拼命开早车、开夜车的现象也已基本肃清。各班普遍推行了“四三二制”（即上午温课四小时，下午三小时，晚上两小时），使同学们得有比较充分的休息时间，和文体活动时间，这样考试前过分劳累，考试后纷纷病倒的现象即将成为历史上的陈迹，现在每天的温课时间虽然很紧凑，但是在红果园内，并没有出现死啃书本，死气沉沉的情景，相反的到处充满了活泼愉快的气氛，上早操时间，■运二乙等许多班级仍旧是百分之百的参加，下午“大家跳”的文体活动时间，同学们仍旧是在一起快活的歌唱，尽情的跳跃。

全院同学为了认真严肃地迎接考试而又不致因考试累坏身体，各班各组纷纷提出了保证和挑战，号二的全体同学首先保证：（一）按时作息，认真学习，不开早车，不开夜早。（二）充分发扬互助精神，不懂就问，有问必答，各小组同学保证胜利度过考试。（三）注意身体健康，保证准时参加康乐活动。标志着同学们已经用斩[崭]新的正确的态度来迎接这一次的考试。

在另一方面，同学们这次所以能够顺利地进行温课，和教师们的积极努力与热情帮助也是绝对分不开的。通过了反资产阶级思想运动，教师们的认识大大提高，在温课时间，过去“天才教育”“上课讲书、下课不管”“先生只管出题，学生自啃书本”的情形也已起了显著变化，代之而起的是教师们主动积极地工作，热情耐心的帮助。许多教师为了替同学们写提纲或搜集提纲，事先都作了很大的努力，赵传云教授在温课前好几天就经过自己的慎重考虑，替同学写好了提纲，教务系何嘉澎助教以往工作很不积极，但在这次的温课工作中，却非常热心负责。几天以来都是主动的向教师们搜集提纲，使同学们能够早作准备，并且不断地向兼任教师们打电话，写信联系。有一天为了要争取把提纲全部发给同学，上午七点半到学校，中午在学校啃了两块面包，一下到下午很晚才回家。在帮助同学温课方面，动人的事迹，也不断的涌现，许多教师冒着火热的天气，每天往城里跑到城外，不论是清晨或者是晚上，只要同学们表示出自己的愿望，在时间上都愿意就同学的方便。过去“堂堂迟到、周周缺课”的赵华教授，当同学打电话找他温课时，他说：“只要同学需要我帮助，我马上就来。”还有许多教授都主动地深入同学宿舍进行帮助。电信系张风翥和孙铭甫两位教授师亲自到同学宿舍里去，耐心地等待着同学提出问题，详细解答。物理组余守宪副教授主动到电一、运一甲乙、材专一四班同学的各个房间里去深入了解具体帮助。更有不少的教师，他们虽然身体有病，但是却都愿意和健康的教师一样不辞劳苦地帮助同学们温课。经济系殷宗鹗讲师眼病很厉害，一睁开就感剧痛，但在本星期二、一清早就赶到了学校。运输系古如恒助教身体一向不好，但是就在星期天，他抱着病，从上午到下午替同学们讲了一整天的课。教师们所以能这样的热情负责，正是因为他们认识到人民教师

第七十一期　第二版

教书的光荣任务就是帮助同学们搞好学习。张剑非主任说:“过去的考试,师生是对立的,现在我们(指教师和同学)是团结互助的,因为我们的目标是一致的,那就是搞好教学,为人民服务。”

通过了温课,我们全院的教师和同学更紧密的团结在一起了,教师们(即使是有病的教师们)都殷切的关系着同学们的课■。同学们也都热情的关怀着教师们的健康。古如恒助教的身体能不能撑得住,在他给同学们温课的时候,稿多讲了一会同学们就边条子给他,要他休息。感动得古助教说:“同学这种无微不至的关怀,是革命大家庭的温暖,我觉得我们已经不是什么先生和学生的关系,而是革命的同志姐妹兄弟的关系!”

我们全院的师生员工和家属们,同时又开展了爱国卫生运动,尤其是教师和同学们一面愉快而认真地进行温课,一面对于扑蝇灭蚊拔草的工作却也丝毫不肯放松。仍旧坚持“庆祝胜利日”以前打苍蝇的积极作风。学生会首先向同学们发出了参加爱国卫生运动的号召。五日下午,李副院长又在南饭厅对全院教职工同志们作了关于爱国卫生运动的动员报告。他着重指出:灭绝人性的美帝国主义者在朝鲜及我国东北使用了细菌武器,我们如不搞好环境卫生,彻底消灭苍蝇、蚊子及其大本营,就等于替美国鬼子留下了“内应”。在另一方面,为了迎接祖国即将开始的十年建设,我们必须要有健壮的身体,充沛的精力,才能为祖国贡献出最大的力量。因此搞好清洁卫生工作,更是一个经常的重要任务。李副院长的话给了同志们很大的鼓舞,每个人都有决心要在爱国卫生运动的战线上,再打一个彻底的大胜仗。

在灭蝇灭蚊方面,首先要解决的是蝇拍问题。同学们也发挥了互助精神,往往一个人做成好几个蝇拍。供给别的同学使用,好让大家一齐来消灭我们共同的敌人——蚊子、苍蝇。他们开动脑筋,凡是手边现成的马粪纸和竹条部被充分利用。更有的同学为了提高拍蝇效率,或■蝇拍面加大,或者把拍柄放长,使躲藏在校内每一角落的苍蝇蚊子都逃脱不了我们的巨掌。为了消灭蚊子苍蝇,好多班级和小组都纷纷订立了具体计划和保证,最近几天虽然大家都忙着温课考试,但是,大家都能够把温课考试和爱国卫生运动结合得很协调,到处可以看到三三两两的同学,一手拿着书本,一手拿着蝇拍,在温课中间休息的时候,就到处追拍苍蝇。由于同学们后思想上认识到灭蝇灭蚊的重要性。

（经二同学在他们扑蝇数字统计表上写着“看谁消灭美国鬼子最多！”的标题）所以大家能抓紧的时间追打苍蝇，在灭蝇灭蚊的数字上，不断创造了新的纪录。空手打蚊是比较困难的，但是电一的黄九■缪世英两位同志，就会在短时间内打死了四五百只之多，像电一、运一中、建二等班级，都会在一天内消灭蚊蝇一万只以上。刘汇川等好几位同学一个人一天，就会创造了消灭一千多只的纪录。战果还在一天天地扩大。

轰轰烈烈的爱国卫生运动不但在院内有了很好的开展，而且由于同学们深刻的认识到这是一个伟大的群众性运动，所以又有不少同学到院外附近老乡们家里去扩大影响，一面帮助老乡们灭蝇灭蚊，一面随时对老乡们进行宣传。电一和运一的同学利用了晚饭以后的时间初步展开了这一富有政治意义的工作。电一杨佩镛同学说：“我们不仅是去替老乡们扑灭苍蝇，主要还在搞好宣传，使老乡们深刻了解清洁卫生的意义，自己以后经常地把苍蝇蚊子看成敌人来加以消灭。这样院内院外一条心。环境卫生工作才可以搞得好。”

除了灭蝇灭蚊的工作以外，拔草要算是我院爱国卫生运动中很重要而且比较困难的工作，因为不消灭它们，就等于保存了蚊子苍蝇的大本营。所以全院的师生员工，都下定决心要坚决的推[摧]毁它！电专团小组早就提出了“不怕累不怕脏”的保证。朱成言等三位同学也提出了“不怕脏、不怕臭、有水下水”的口号。

在每天规定的拔草时间以前，同学们早就集合好，在拔草的时候，每人都拿出战斗的姿态参加了工作。有的同学都进入泥坑里进行拔草，许多同学在拔草的时候，刺破了手指。仍旧坚持着继续战斗、更有些同学虽然身体有病，但是也参加了战斗的行列。在战斗中同学们虽然忙，虽然累，但是，另一的同学还是非常愉快地高唱着“消灭细菌战”的歌子。

在拔草工作中，友爱互助的精神到充分的发挥，同学们在完成了自己的任务以后，都纷纷的帮助别班或别组的同学进行战斗，特别是干部班的同学们表现得最突出，他们把七天的任务在一天之内完成，随即又投入友军的行列，使整个的战斗更加了活力。

初步树立了工人阶级思想的教师们。对于爱国卫生运动的热情也不亚于年青的同学们，拍苍蝇打蚊子，早就人人动手了。他们在听了李副院长的动员报告后，材专俄专的教师们就立刻下到地里和同学们一道动手拔草。钱崇振同志虽然有肺病，也积极参加了工作。六月下午运商系的老教授们，像刘炽晶、赵传云、伍廷钧、沈奏廷等，也都拿起铁铲，拔的拔，除根的除根，干活如同年轻的小伙子们一样有劲。批判了腐朽资产阶级思想以后的教师们精力也就随着信心和决心而产生了。

职工同志们的三支队伍也都是愉快而积极，首先全体工友，同志向全体职员同志发出了挑战，接着总务处各单位，教务外及校卫队同志也投入了激烈的战斗。刘教务长和张副教务长也参加在队伍里。六日下午，他们一齐参加了拔草工作。女同志们也卷起裤腿，非常兴奋下到地里。总务外■工友张从贤同志一个人担负起供给开水的任务，她愉快的保证“同志们工作到那里，我的开水就供应到那里。”本来计划三天的工作，经过职工同志们的积极努力，在第一天就完成了三分之二。在他们工作的阵地里，可以听到愉快的歌声，也可以听到快板。因为大家都认识到这也是当前的重要革命工作，所以每个人的情绪都非常高涨。

各宿舍的家属同志们，也热烈地响应了爱国卫生运动的号召，锦什坊街宿舍所在的区级已得到捕狗、捕鼠、捕蚊蝇三个红旗，现在家属同志们正在加紧和街坊们合作。争取第四个清洁大扫除的红旗。宝禅寺宿舍提出了经常保持室内外清洁，彻底消灭蚊蝇的保证。石板房宿舍的家属们，他们听说彭市长要亲自检查街道卫生，大家都感到非常高兴。朱万柏教授的爱人说：“真是新社会，新事多！在从前市长那[哪]管这些事，共产党真是关心人民！毛主席真是我们亲爱的领袖！”

总之，近几天来，红果园里到处洋溢着无比的热情。一方面，教师和同学们在团结互助，认真而愉快地进行着温课和考试；另一方面在全院师生员工以致[至]于家属同志当中热烈地掀起了爱国卫生运动的高潮，通过了反资产阶级思想运动的彻底胜利，大家都信心百倍地准备着迎接这两个新战线上的辉煌胜利！

第七十一期　第三版

新 气 象 13

由迟到缺课到热情帮助温课的赵华教授

孙燕君　陈锦原

不久以前赵华教授还是一个十足的“唯利是图、享乐至上”的人，为了追逐利润，整天忙着自己建筑事务所和补习学校的事，不关心同学的学业，差不多“堂堂迟到，周周缺课”。当同学们急躁地等待在课室里的时候，他也许正在街上跑来跑去的拉生意，从没有想到祖国人民以及同学们的学业。

思想改造运动使他转变了，前后判若两人，从“金钱享乐”的臭泥坑里解放出来的赵教授，显得特别热情和积极了。大扫除时候，他精心的计划着系办公室的布置。接受做典型报告的任务以后，他又日以继夜的缩写检讨。在系庆祝思想改造运动胜利的大会上，他把心底的愉快写成了诗，让女儿来朗诵。特别是在这次期考的温课期间，尽管是天气炎热，他星期天还由东城赶到学校帮助同学补习工程力学，前天，当运二甲又需要他来讲解一下力学提纲的时候，他在电话里很恳切的说：“只要同学需要我帮助，我马上就来。”果然他在炎日下由东城赶一学校，而且这回他不再是迟到，反而比约定的时间还早一刻钟。虽然在思想改造运动期间，他已经很久没有教课，但他经过了事前的准备，掌握了问题的关键，聚精会神的讲解，大大提高了温课效率，使同学们在短短的三个钟头内，得到了很多的收获。赵教授真是改变了！大家都体会到这是思想改造的效果，是党的政策胜利的效果！

同学们的学习态度转变了

沈奏廷

通过反资产阶级思想运动，同学们的认识普遍提高，对于学习的态度也开始转变了。在运动进行当中，全院同学放下书本，日以继夜，帮助教师洗澡过关，等到运动胜利以后，领导上号召温课考试，同学们立即转入温习功课的阶段，丝毫没有感到困难，而且温课的方法，学习的气氛也和以前不同了。从前同学们读书大都抱着“独善其身”的态度，多数是各搞各的。功课好的同学只想把自己的功课搞好，对于成绩较差的同学非但很少帮助，而且觉得自己能够出人头地、高人一等是一件“光荣”的事。可是，这次温课的情况和以前就大不相同了。由于认识提高，大家都明确了学习是为了什么，所以在这次温习功课当中，同学们都充分发挥了集体互助的精神。就拿运一的同学来说，他们每天上午自学，下午及晚上分组讨论研究，同一寝室的同学成为一组，以便就近集体互助。如有不明了的地方，先由小组讨论解决，小组不能解决时就向授课教师去询问。这样的方法实行以后，不懂的也懂了，成绩较差的也跟着提高了。据运一同学对我说“以这[我]们对于老师所讲的教材，通过这样的学习方式，一定能够完全吸收。不会像以前那样一知半解了。”我听了这话以后，感觉非常高兴。因为我以前感到最困难的问题就是一部分同学太差，自己没有足够的时间来帮助他们心中老是不安。今天同学们居然有这样自学与互助的精神，来自助助人，这是我生平第一次感到最兴奋的事。我教书也已二十年了，从来没有遇到这样的学习风气。由此更可证明我院反资产阶级思想运动确已取得伟大的胜利。非但教师们变了样，同学们也大大地变了样。这不是一个小的转变，而是一个极不平凡的大转变。从今以后，我将更有信心更有勇气来搞我的教学工作。

在温课运动和爱国卫生运动中的一点感想

建二　何重义

反资产阶级思想运动彻底胜利以后，学校里一切都变了，到处呈现出新的气氛。在最近温课运动中，师生团结，严肃而认真。就在温课考试的同时，爱国卫生运动又开展了，全院又投入打蚊子苍蝇拔草争夺红旗的热潮。这一些新的气象，在过去是很难想象的事。

就拿我自己来说吧。在过去我的单纯技术观点很浓厚，平日懒于参加工作，怕占据我的自学时间，妨碍自己钻研业务。在考试的时候，表现得尤其突出，什么事情我都可以不过问，有时连报纸也不看。我根本不明确自己学习到底为了什么，自己到处为谁而学习，我所想到的只是死啃书本。

通过这次反资产阶级思想运动，批判了我的自私自利的思想以后，我知道了我不是属于自己，而是属于祖国，属于劳动人民的。我明确了学习的目的。我的学习和工作都是为了祖国，为了劳动人民。因此，我也就解决了学习和工作的矛盾。在这次温课运动中，精神上再不像以前那样的紧张，而且还订立了周密的温课计划。除温课以外，仍然能抽出时间给干部班同学进行辅导。我感到他们的学习是和我怎么样的，他们学习的目的和我自己的目的完全是一致的。在给他们进行辅导的时候，我丝毫不因为占据了自己的时间而感到苦恼，相反地感到非常高兴。

同时，在我打蚊子蝇子和拔草的时候，我所想到的并不是什么材料、力学、声学上的问题，而是如何能够快些把蚊子苍蝇打得干干净净，如何能够把蚊子苍蝇大本营的草莽彻底摧毁。我想只有这样的学习，这样的工作，才对得起祖国，才对得起劳动人民，也只有这样，才能得到真正的愉快，最大的愉快！

我们发挥了集体互助的精神

号一通讯员

通过了伟大的反资产阶级思想反动，同学们的集体观念都大大提高，近几天来，我们温课完全采取集体学习方式。如温电工学时，上午我们首先把教师指出的提纲详细看过一遍，有了一个概念，同时也知道自己对那一些方面还不够了解。之后，请老师给我们重点的讲解一遍，这样使我们几个月前学过的东西在脑子里又一次的浮现出来，并且把题目中存在着的问题得到了解决。下午大家在一起做题发现问题，大家互相研究，及时共同解决，晚上展开讨论各人把自己的体会谈一下，彼此交换收获，这样使每一位同学对问题的了解更充实更透彻，印象也更深刻。倪俊文同学说："集体学习实在好，若叫我自己一个人背的话，起码也要好几天，还了解没有这么明了透彻！"

同学们个人与集体的利益也都明确了，如杜元筹同学因为有病住在第三宿舍，和我班其他同学不在一起，过去老是不与班上其他同学接近，有些同学甚至还不知道他是自己班里的同学。他的功课比较好，但始终没有帮助过别人，偶尔有同学请问他，他也是不耐烦的马马虎虎敷衍了事。但是他这次却变了，他非常主动的跑来与大家一块学习，看到别的同学有困难，马上主动的去帮助他，并且非常认真、仔细，他说："光是我一个人学好有什么用呢？大家都能学好才是真正的好，现在我知道个人与集体的关系了！"另外如张世华同学为了同学们的学习，他早上四点半钟即起床，骑着车、饿着肚子跑到城里请姜教授来给大家讲课，他没有一点感到不愉快，他说："这次考试是温习温习功课，请教授来给我们讲解一下，对我们学习是有益的。"

经过了几天来的学习，我班每一个同学都得到了不少的收获，对集体观念也有了进一步的认识。

第七十一期　第四版

拔掉一根草抽去美帝一根筋
消灭一只蝇杀死美帝一个兵
把温课和爱国卫生运动结合起来

商务系助教　徐文述

运一甲国兆山同学把温课和捕蝇灭蚊两件事结合到一起，当他温课感到疲倦时,便到处走动,追打苍蝇,扑灭蚊虫,借以把精神重新振奋一下。每天晚饭后,他感到待在房间里太闷,便利用时间到附近老乡们进行爱国卫生运动的宣传,他受到了老乡们热烈的,老乡们说:"毛主席的大学生太可爱了,这样大热天,功课又那样忙,还跑到我们这里来帮我们打苍蝇,我们一定要做好卫生工作,这是毛主席的号召,我们要坚决响应。"国兆山同学经常是一手拿书本,一手拿苍拍,打苍蝇成了他的文娱体育活动,他说:"打苍蝇是要到处去找的,那里有苍蝇,我就追打到那里,这样活动活动,我的精神会更焕发一些,温课的效率可以因而大大提高。"早晨起床以后和吃过午饭晚饭的一段时间都是他进行捕蝇灭蚊最好的时间,他把温课和卫生运动结合得非常协调,而方面都取得了很好的效果。

团结互助洗清"存货"

运二乙通讯

八月四日团总支传达了爱国卫生运动的号召后,我们班会决定利用文娱时间集体洗衣服,全班同学都以愉快的心情把这一决定变为实际行动。

江永泉同学一口气洗清了两个月来的"存货",其他同学也都洗清了堆在三天或一个星期以上的衣服。胡仰枢同学生病自己不能洗,孙桂初同学就代他洗,连他自己的堆得高高的一面盆,当他拿着到洗衣房去,经过四五四室时,郑时德同学向孙桂初同学拿的面盆指了一指,伸了一伸舌头,一句话也不说,转过身拿着刷子就跟着跑下楼梯,他们刚开始工作,潘良芳同学也带着刷子来了,只说了一句:"大家一起来吧!"就抓了几件仔仔细细的刷起来了,一会儿应达之同学也来帮忙了,我们班上同学愈来愈多了,有的是洗自己的,有的是来做"互助组员"的,充满了一片"还有没有?""给我来!""这儿好了来帮你!"的热情的话声和笑声,就是在这样团结互助的情形下,我班同学的"存货",很快地都给洗清了。

同学们所以能够这样热情团结地响应号召,正是因为大家从思想上认识了清洁卫生的重要,认识了做好清洁卫生工作就是爱国的具体行动,就是对美帝细菌战的一个打击,洗掉一件脏衣服就等于摧毁了一个美军堡垒。郑时德同学谈体会时说:"清洁卫生实在重要,同学来不及洗,我就应该帮助,而且劳动本身也是一种愉快!"

五日上午,在全班学习会上,郑时德、潘良芳、应达之三位同学的爱国互助的行动特别受到了班会的表扬。

愉快的工作，忘我的劳动

——记职工环境卫生运动战线上第一天的情况

李士珍

自从李副院长作了关于环境卫生的动员报告之后，职工同志们当天下午就开始动起来了，他们纷纷讨论着如何提出自己小组的保证，有的同志想到第二天的战斗，甚至连觉都没有睡好。

前天，他们要参加战斗了，保证书、应战书一封接着一封，全体工友同志们以四项保证向职员同志们挑战：(一) 坚决战斗到底，提前完成任务。(二) 服从领导，那[哪]里需要就到那[哪]里。(三) 爱护工具，保证不损坏一锹一镐。(四) 斩草除根，彻底围剿蚊蝇大本营。总务处小组随即也提出了三点保证。教注图书馆和警卫小组出不不甘落后，马上提出四点保证来应战，情绪非常热烈。

出发了，校卫队的同志们都穿上了长统[筒]靴，他们说："那[哪]里最脏，就分配给我们吧！"于是第四宿舍南边和女生宿舍东边臭水坑的拔草工作任务就交给他们了。水和泥深到一尺以上，踏进去连脚都拔不出来，于秀林同志脚轧破了还在不断地工作。校卫队队长李增彦同志带病上火线，秘文小组殷树桐同志眼镜被碰坏了，仍旧坚持了工作。女工友张从贤同志一个人就供应了一百多个人喝的开水，她很坚决地说："同志们工作到那里，我的开水就供到那里，让同志们喝上了水，能够很好的工作。"木工同志康文忠、孙志戎等更坚决地说："请把这些小树的修砍工作交给我们吧！由我们包干。"在工友唐茂生同志今天干活是那样起劲，他说："这些地方就是蚊子的大本营，消灭他们就等于消灭美国兵。"注册课老工友张常禄今天干起活来特别卖力，当小组长问到要不要休息的时候，他说："别再嚷嚷，我们还没有完成任务呢！"

在工作当中，总务处各科室的同志们更进行了纵[综]合的流水作业，把工作分成"清除杂树，拔大草，拔小草，清扫战场"四组，他们不仅工作，还组织了文艺队，说快板打腰鼓来加油鼓励。在工作中，他们发扬了互助的精神，当这一组工作完了的时候，就赶快支援别人，有的同志甚至连坡上、连分配给同学们工作的地方，也都去拔了。他们说："反正都是任务，何必分呢？"在休息的时候，他们还在讨论着如何进行战斗。在工作时，你可以随时听到"东方红""消灭细菌战""那[哪]里需要就到那[哪]里"的歌声。

职工同志们就是这样地热情的工作、忘我的劳动，不怕脏不怕累地来完成爱国卫生运动。两天的任务,一天就被他们完成了,当他们看到了一堆一堆拔下的草,砍下来的树枝,被填平了的沟,铲平了的草地,他们都笑了。他们说:“你看好地方,好风光,交大京院变了样!”

他们胜利了,他们说:“我们要养精蓄锐,准备着,迎接明天的战斗。”

一九五二年八月十一日　第七十二期

彻底批判资产阶级思想！坚决树立工人阶级思想！

全院师生员工家属积极战斗
爱国卫生运动已经获初步战果
找窍门摸经验运动向深入发展

近几天来，我校爱国卫生运动在全体师生员工的积极努力之下，已经获得了初步的战果。红果园的每个角落，甚至周围的老乡家里，都成了我们消灭敌人的战场。而且■■大家开动脑筋找窍门，捕杀蚊蝇和拔草的效率都得到提高。所在区内的蚊蝇已显著减少了。

教师以实际行动来巩固反资产阶级思想运动中所得到的收获，他们除了搞“七一”图片展览会、三反快报、各系大字报之外，还很■■积热情地投入到爱国卫生运动中来。建筑系徐中主任、经济系张协衷主任都带动了系里的教师们进行拔草，他们一面号召大家拔草，一面谈笑风生，鼓舞了大家的劳动情绪；俄专六十岁的崔春煦老教授亲自从家里带来了铲子，非常愉快地同大家一起来铲除杂草；教职员单身宿舍走廊里张贴了醒目的统计表，各人的战绩天天在上升，李翠芬助教以捕杀蚊蝇一千二百多只的成绩夺得小红旗；黄宗瑜教授后来居上，以二千七百只取得了最高纪录。

职工同志更积极地投入了战斗，提前了一天完成了拔草任务，人人争先恐后，抢着拔最深的草。老工友张常碌同志坚持着要下地拔草，不肯留在办公室里看守，他一分钟也不停地拔到完工。回到办公室，又抢着照旧供应开水。袁永怡同志从来不肯动的，也累得腿痛臂酸。吴丕■同志很仔细地进行全面检查，连东南角的大粪堆也一一检查，看是否藏有蚊子苍蝇。

在运动中同学们普遍地受到了教育，少数受旧社会的影响，不爱清洁卫生的同学，在运动中也有了很大的转变。以前最不清洁的号二甲一四九室，现在做出成绩受到表扬；女生宿舍三号也改变了过去的面貌，变得清洁整齐了；一向囤积脏衣不爱清洗的张朝辉同学现在把“存货”全都清洗了。

同学们在拔草的时候，热情十分高涨。腿刺破了，手拔出了泡，汗湿透了全身，但是很多人还是照样工作。一分钟也不肯放松。运一丙同学一面拔草一面愉快地唱:“咱们学习志愿军,克服困难有信心;前方后方一个样,拔草也是大战场。”运一甲生病未痊的吴福泰同学,不能下地拔草。他就积极地供应茶水鼓舞了每一个同学的[redacted]。

随着运动的普遍深入,同学的热情也就一天天往上高潮。捕蝇灭蚊战线上,捷报频传,一个新纪录压倒一个新纪录。运三丙周亚平同学创造了一人捕杀蚊蝇二千四百二十七只的最高纪录;全班成绩在三四万以上的有电一和运一甲。

最令人感动的是好些肺病同学深切地体会到爱国卫生运动对于消灭细菌战和保障祖国伟大建设的意义。他们坚决的与蚊蝇作斗争。刘无[redacted]同学忘记了他自己的病,有一天就打死了蚊蝇一千七百多只。

[redacted]实际斗争中,大家更体会到,要搞好运动单凭热情是不够的。好些同学开动了脑筋找到了窍门,创造了经验,如运三丙胡明生同学用脸盆[redacted]涂肥皂水的捕蚊方法,一分钟能捕蚊五百多只;电三童以新同学说明了用淋原粒浆诱捕苍蝇的方法,可以将苍蝇成推聚[redacted],[redacted]有同学乘黄[redacted]蚊子聚集在室内纱窗上的时候,用纸蒙住纱笼就可以有效地杀死许多蚊子;运二甲有一位同学自制纱网来捕灭天花板上的蚊子也很成功。

为了提高工作效率,很多班订立了爱国卫生运动中的各项检查制度,展开了批评表扬,保障了运动能顺利地推进。

这次运动的浪潮也填[redacted]到每一个家属宿舍去了,家属同志们对[redacted]清洁卫生也普遍地重视起来了。各宿舍的清洁大扫除工作,一般都做得比较彻底。大家的热情很高,郑鹍教授的爱人钱端同志参加了拔草工作。她并且把宝禅寺宿舍的小朋友们也组织成了两个清洁小队。“五十亩地”的家属们全体动员,拔光了荒草,粉碎蚊虫的大本营。王府仓宿舍的家属同志们依照年岁的老少,把清洁做了合理的分工。物理组余守宪同志的爱人过去对于环境卫生抱着严重的“各人自扫门前雪”的态度,现在也虚心接受了群众的意见,协同大家搞清洁工作。经济系吴希庸教授家里连七十四岁的老太太都动了起来,全家订好了“爱国卫生公约”。

全院爱国卫生运动还在继续深入发展,现在[redacted]已经胜利结束。运动必将更加向前推进,让我们为争取更大战果而英勇斗争。

马克思列宁主义胜利万岁!

第七十二期 第二版

拔掉一根草抽去美帝一根筋
消灭一只蝇杀死美帝一个兵

用实际行动反对细菌战

刘汇川

从前，我认为环境的清洁卫生与否与我无关，清洁点也好，不清洁也没关系；纵使臭气熏天，垃圾满屋，别人忍受得了，我也忍受得了。就说生病甚至于生命遭受威胁吧，别人病不了，我也不会病，别人病不死，我又何至于病死呢？因此，我看见苍蝇蚊子，一般是不加理睬的，最多也不过“挥之使去”而已。看见环境不清洁，我无动于中[衷]，最多希望由怕生病的人来动手清洁一下。我认为要作的工作还多，何必多此一举。

可是，现在我认识到肮脏的环境，就是培养细菌的温床。灭绝人性的美帝国主义对我们中朝人民的生命进行细菌战争，直接危害着我们劳动人民的生命，因此，反对细菌战成为每一个中国人民的义务和迫切的要求，我们一定要扑灭蚊蝇，搞好环境卫生工作。现在，我看见苍蝇蚊子就恨透了，因为它们都是美帝的帮凶，我要用实际行动参加反细菌的战斗，接受无情的消灭他们！三天来，在不断的战斗中，我扑杀了四千三百多只蚊子和苍蝇。我一想到“消灭一只苍蝇等于消灭只美国狼”，我就混[浑]身是劲，我一想到为美国细菌战所屠杀了的和平善民[良]的中朝人民，心里就充满了无比的仇恨和愤怒。但是，我要把愤怒化为力量，加劲地、狠狠地打击美帝，多杀“美国狼！”

我是这样打苍蝇和蚊子的：

（一）早晨醒来时不赖在床上，马上起来战斗。

（二）吃午饭后打一二十分钟，跳动一下，同时对消化也可有些帮助。

（三）晚饭前后都打。

（四）天快黑的时间，集中打蚊子。

在早晨打苍蝇的时候，我就到向东的墙上去找，刮风的时候到背风的地方去找，另外在树叶上、垃圾[筒]和温湿地面上，都是苍蝇聚集的场所，我都去找着打。现在■■灭蝇蚊较多的同志们创造了用肥皂水涂在脸盆四周，兜捕蚊子的办法,效果不错,值得介绍。

总之,能够多跑,多找,不怕麻烦,多动脑筋,一定会获得较好的成绩。

我是怎样灭蝇利宣传的

电三　童以新

听了季延寿同志关于展开爱国卫生运动的报告,我认识到这一运动是卫生保健工作的一个重要部分,对人民的健康和加强祖国建设有着密切的联系。这是个极重要的政治任务,是反细菌战的战斗。志愿军在朝鲜决不放过一个美国鬼子,我们在后方,也要做到决不放过一只苍蝇、一只蚊子。

在开始时,我到老乡家里和西直门附近西瓜摊旁去打蚊蝇,感到工作效率很低,三个钟点只打了五百个。为了提高效率,我开动了脑筋,想出了一个办法,在二小时内就打死了两千个,这样就使工作效率大大提高了。为了使运动迅速地获得更大胜利,我愿意把它介绍给同志们作参考:出发捕蚊蝇前,先买两佰[百]元白糖(分作四次用,平均每次五十元,很经济。)把糖加水制造浓糖水,到目的地后先巡视一番,决定扑灭蝇蚊的有利地区,然后将糖水分撒几处,涂在较平坦的硬板上,比较容易打,蝇拍也不容易坏。分散几处的目的,使一处打完后苍蝇又有充分的时间在另一处会聚,又给你创造了有利的条件,每一下就能打死十几只,效率也就得到提高。

同时,我在工作中深切地认识到,只有向群众广泛地宣传与动员;使周围群众了解运动的意义,重规这项工作,并积极地行动起来,就能使运动迅速地普遍和深入,也就给运动的胜利提供了有力的保证。因此,在我到老乡家里去的时候,我一定不放松宣传工作。在小桥附近一家杂货铺里,一位姓丁的好朋友,听我讲明了这次爱国卫生运动的意义后,就立刻投入战斗,甚至爬到柜台上去消灭天花板上的蚊蝇。这个例子说明了中国人民不管男的女的,老的幼的,都可以动员起来,我们完全有力量有信心来战胜细菌战!同志们!让我们开动脑筋,提高效率,扩大运动的影响,争取运动的胜利,让人民更健康,祖国更富强吧!

爱国卫生运动在电二

电二通讯

听过季延寿同志的报告以后,我们对爱国卫生运动的重要性和必要性有了进一步的认识。我们知道这是一个轰轰烈烈的全国性的富有政治意义的运动，为了提高人民的健康水平，为了保障增产节约运动和国家建设事业的顺利推进，为了消灭细菌战，我们必须对旧社会遗留给我们忽视清洁卫生的恶劣习惯进行不妥协的斗争。我们认识到这一点，就积极地行动起来。

首先，我们发动了室内大扫除，把门窗桌椅都擦得干干净净，床铺整理得整洁。一向认为整齐清洁是“小节”而不加注意的何义燮同学，现在已换上了一床整洁的被单，脏衣裤鞋一律洗好放好。王承德同学有病，何义庆、袁保宗、钟行松几位同学便主动地帮助他，把脏衣服都洗干净了。女同学的寝室更得到了一致的好评。女生宿舍三号在过去是既乱又脏的，现在是清洁整齐、美丽大方。

美帝国主义最后的“救星”是我们每个人的敌人，今天在我们房间里是很难发现了一支[只]蚊子，苍蝇是半只也不见。没有买蝇拍的同学都自装了一把结实的纸拍，随时随地对敌人进行歼灭战，在饭厅里、在合作社、在垃圾堆旁、在“五十亩地”、在老乡们家里，每天都有我们的战士在活跃着，甚至在教室内正在考试的时候，也会听到严厉无情的打击声。以前一天只打九只苍蝇的周大成和周卓毅同学现在完全变了，他们一块儿到老乡家里去大量歼灭敌人，蝇拍打破了，便借了老乡们自己的武器进行战斗。晚上，在教室里集体温课完毕，储和岳、柳君兰、周大成就抓紧时间用书本代替了蝇拍消灭了不少蚊子。今天男同学自制的纸拍已经发挥了它最大的力量，而不堪使用了，明天我们将再制造出更结实更有效的武器。

在拔草劳动中，我们的热情是高的，再也不会有一个人怕脏，或怕累了，我们随时准备着迎接新的任务。

我们知道我们今天的工作还是做得不够的，工作的积极性不够，消灭敌人的数量太少，没有好的工具和工作方法的创造，没有对老乡们进行宣传和动员，这是很大的缺点。我们要努力改进工作，提高效率，现在男同学已向女同学提出了挑战，即将展开更激烈的战斗，我们要向建二号二等班学习，和全院师生职工团结在同一战线上，为争取爱国卫生运动的胜利而斗争。同志们，这是一个非常艰巨和细致的工作，这是十分艰巨的、长期的、群众性的战斗任务，需要我们每一个人努力，有组织有计划地把爱国卫生运动更普遍、深入、经常的展开起来。

第七十二期　第三版

爱国卫生运动任运三丙

严龙翔

自从爱国卫生运动在我校开展以后，我们班全体同学在思想上更进一步明确了搞好环境卫生，做好灭蝇捕蚊工作的重大意义，班会又作了一次动员号召，现在我班同学可以说积极行动起来了。

我们除在五六两日清理了所有积存脏衣脏物，同时也进行了房间的小扫除，尤其注意床底及各阴暗角落的清理。各小组更提出保证，为了保持今后寝室的经常整洁，必须要坚持执行每天的值日生制度，并且展开批评与自我批评。

虽然在紧张的温课时期，而同学们都是忙里抽闲地去捕蝇灭蚊。昨天一天我们一共打死了苍蝇一万零两百二十六只，平均每人打三百四十只，集中超过一千只者三人，超过五百只者三人，周亚平同学在半天之内打死苍蝇两千四百二十七只，创了＜人＞最高纪录。许多同学更表示要向他学习，并要以更大的成绩来进行竞赛。在老乡们家里拍蝇的时侯[候]，我们也进行了宣传，说明了消灭蚊蝇的以及做好环境卫生工作的重大意义，希望他们能够重视起来，积极自觉地行动起来，只有更普遍的发动群众，才会把运动进行得更迅速、更彻底。

在消灭蚊子方面，过去感到早晨及傍晚蚊子特别多的时候，用手拍效率不高，因此大家开动脑筋找窍门，现在我们已经有了一种比较有效的办法，只要在脸盆周围涂上层肥皂水，然后拿着它在蚊群中来往摇动在极短的时候内，便可使很多蚊子黏在洗脸盆内的四周圆，李明生同学使用了这一方法，在不到一分钟的时候内就消灭了五百五十多只蚊子，大大地提高了灭蚊的效果。

我们今天虽然获得了一些成绩和经验，但是我要更大的努力，在现有的基础上来争取更大的胜利！

我班的战果

运一甲通讯

五日下午，我班同学响应了学校的号召，在女生宿舍两边的一块草地上参加了拔草的工作，全班同学准时在拔草地区集了合，男同学们有的拿大铁锄，有的拿铁铲，女同学们在右边的排球场附近用手拔短草，大家都紧张，愉快地劳动着，每一个同学都深刻地体会到爱国卫生运动的伟大意义，大家都把爱国热情到实际的劳动中去，特别是吴福祯同学，上星期他生了流行性急性感冒，他虽然未痊愈，还不能参加拔草，但是拔草时他给预备了茶水，保证同学们不口渴，一面很愉快地鼓励大家拔草，同学干得累了他马上倒上杯茶送到面前，并劝他稍微休息，同学们都为他的工作热情感动了，因之更增加了拔草的效率，在拔草过程中，很多同学由于用力太猛，手上出了泡，有的泡已经破了，浓水与汗水混杂地黏在手上，还有的因为■树上有刺刺，把手刺出了血，佟仕志腿也摔痛了，但是所有的同学都只有一个意志——保证完成任务，大家坚持着不下火线，直到完成任务为止，才一齐肩着锄头，铁铲，高唱着："咱们工人有力量"宏[洪]亮歌声散去。

在捕蝇灭蚊的战线上，我班也保持了相当高的记录，第一天就打了七千多，第二天到第四天每天有都在一万以上，四天共打了四万三千六百五十多只，我们也时常到老乡家，合作社，厕所等处去打，最近两天我们又采用了在脸盆上涂肥皂水的灭蚊方法，陆瑞良同学利用这种方法，昨天在草堆里，就消灭了两千多只蚊子，提高了灭蚊效率。我班同学利用了学习中的空隙与午睡前晚饭后的时间，大量地消灭蝇蚊，贯彻了我班的爱国热情，今后我班将以更大的努力来拍灭蚊蝇争取更大的效果。

捕蝇灭蚊就是粉碎细菌战

运三乙　陈■清

捕蝇灭蚊不仅可以消灭传染疾病的媒介，而且也是粉碎美帝细菌战的保证，在以前我很不明确，认为打几个苍蝇蚊子算得了什么，因此自己就只随便地，毫不在意地打几只，然而在温课考试的今天，我却时时刻刻地记住捕蝇灭蚊这一项重要的政治任务，当我做好防■工作回宿舍时已感很累，但我发现在楼梯纱窗上有成群的蚊子，我就忘掉了一天疲劳，在那儿消灭了一千几，当我看到地上一大堆蚊子尸体时，我高兴地笑了。此后我跟其他同学一样，蝇拍不离手，在老乡家里是一面打，一面宣传，在图书馆温课完毕和到■洗室洗衣服时，随时都在场上消灭大批蚊子，我们真是愈打愈有劲，要是从前在考试的时候，大家早就钻到书堆里去了，可是在思想改造后的今天，就大不相同了，同学们每天簇拥着看成绩表上各人拍蝇、蚊的成绩，从此竞赛，互相鼓励，我想如果大家在思想上一起重视起来，把捕蝇灭蚊工作看作是革命工作的一部分，我们一定会取得更大的成绩。

老工友张长禄拔草捕蝇多起劲

孙燕君

听了李副院长的爱国卫生运动报告,全院师生员工又掀起了一个新的拔草清污捕蚊灭蝇的高潮,大家普遍地认识了这个运动的重大意义,在这个高潮里又创造出多少新的动人奇迹。

连六十五岁的老工友张长禄也不甘落于人后,始终在办公楼小组的战线上坚持战斗,当他听了动员报告以后,他便摩拳擦掌地准备大干一场。同志们见他年岁太大又有长期的气喘病,劝他在科内看门,他说:“我的身体我有底,劲儿不够,但我耐性比你们三十多岁的小伙子还强,我决不呆在科里,看门,门是可以锁起来的。”在拔草的工作中,他真不像是一个六十五岁的老人,不但带头干,而且一边工作,一边有说有笑,有时还亲切的问问别人累不累,大大地鼓舞了别人,当大家汗流浃背要休息的时候,他的兴致却还很高,他说:“拔起草来就不劳累,越拔的多,手越不觉得痛,一休息,就打了■头儿再去拔草,就有点疼了,我对休息有这点意见。”他不但拔草卖劲,拔完以后还给科内同志们打好开水、洗脸水,让别人得到休息以后,他才坐下休息,他说:“这是我应该做的事,别人休息好,上班可以多做些工作。”他经常管着三个办公室,每天一早,别人还没有来的时候,他第一个先进办公室的门,照例将窗上爬着的蚊蝇一起消灭,然后清扫出去,有空他就跑到隔壁的男厕所里,搜集一阵,为了赶快消灭蚊子和苍蝇,他说:“我实在来不及记数目。”

是什么力量使得他这样有劲呢?用他自己的话来说是“我觉得现在咱们学校就是我自己的家,自己就是这家主人,干活儿就觉得是给自己干的,每想到这儿,我工作就不觉得累,我不老,我感觉还年轻哩!”

第七十二期　第四版

文艺 13　副刊

在消灭蚊蝇战线上

建二　陈溪风

操场上检[捡]来的竹杆[竿],

工地上要来的零剩窗纱，
男同学忙着劈竹片，
女同学赶缝制蝇拍，
来回催叫，
眼巴巴地望着最后一针，
最后一刀。

像是拿了兵器上战场，
像是前方消灭美国兵，
老梁二十分钟打死一百四十一，
小屈半小时就消灭了五百，
在建二消灭蚊蝇红旗竞赛战果表上
二十六条战线在——
伸长，
不断地伸长！

从寝室到厕所，
从厨房到垃圾堆，
从高粱田到老乡的家，
我们抓紧一分一秒的时间，
我们用手，
用梯子，
用擦了肥皂的脸盆，
用亲手做的，
一尺，
三尺，
五尺长的蝇拍，
把这些害人的“美国鬼”
狠狠地消灭，
狠狠地
打！
屈浩然的战绩一马领先，

只差一百就到了终点，
但是，
就因为他午睡的鼾声多打三十分钟，
最高的红旗纪录，
被刘汇川争先夺取！
成为“消灭四千四百”的英雄！

大字报贴出了我们的捷报——
全班二十六个英勇战士，
四天歼灭二万五千五百四十九，
我们战胜了生活上的敌人，
我们创造了过去想象不到的奇迹。

过去——
我们听说那[哪]里没有蚊蝇就惊奇！
现在——
我们发现蚊蝇飞来飞去就诧异，
啊！
我们生长在伟大的毛泽东的身旁，
困难，没有克服不了的，
敌人，没有消灭不了的，
我们[redacted]的力量，
摆脱数千年来的疾病痛苦，
大踏步地走向健康——
强壮！

拔呀！用力！

经济系讲师　李士珍

拔呀！用力！
消灭了杂草，
消灭了蚊蝇的大本营，
就等于消灭了美国兵——

人们都懂得
爱国，
这就是实际行动。

从家里带来了镐，
带来了锄头，
还有
劈柴刀
为的是把敌人消灭净尽。

那[哪]怕它！
污泥淹没膝盖，(注：水沟中拔草)
那[哪]怕它——
蒺藜刺得疼痛，
拔出刺来，
没有停止，
没有——
继续和“敌人”斗争！

这里响起了“东方红”，
那里喊起了“我们要坚决消灭敌人”
“把草最多的地方分配给我们吧！”
“那[哪]里需要我们就到那[哪]里去”
“我们已经拔完了三分之二”
“咱们挑战看谁最先把任务完成！”
每一个人都不放弃一秒钟。
尽管拔起来比较迟缓，
纯熟赶不上年青人！
五十年来从来没有拿过锄头，
今天干起来却那样有劲，
腰弯酸了坐下来再拔一阵。
看呀！拔草战线上，

教教授变成了老英雄，
思想改造后对劳动有了热情。

有人碰破了眼镜，
有人刺破了手心，
有人让太阳晒得黝黑，
有人让汗珠流遍全身，
大家尽情地工作，
忘记了时辰！

回过头来
看一看自己辛勤劳动的收成
一堆，两堆，
一车，两车，
拔了多少草，
又消灭了多少“敌人”
谁能记得住和数得清。

拔呀！用力！
热情地工作，忘我地劳动！
紧张，兴奋，愉快！
涌现在每个人的心中！

一九五二年八月十四日　第七十三期

彻底批判资产阶级思想！坚决树立工人阶级思想！

学期考试胜利结束
全体同志投入各种新的战斗
爱国卫生运动校外宣传工作热烈展开

随着本院反资产阶级思想运动的彻底胜利，同学们也已经胜利地度过了这次考试。在这次考试里，也充分表现了思想获得初步改造后的新气象：在同学方面，消除了过去为分数而拼命开早车、开夜车的现象，在温课及考试期间始终保持着正常的“四、三、二”的作息制度；也初步克服了个人主义的“争高分”“抢第一”的学习观点，因此普遍实行了团结互助的集体温课方式，例如号二甲、乙以寝室为单位组成集体学习小组，把每一个题目都搞懂了，商一温习经济地理时。因为缺乏地图，大家便想出办法利用黑板一边写一边讲，效果很好；会二个别同学学习基础不好，班委就对他们进行了具体帮助……绝大多数同学都感到通过这次虽然时间很短的温课和考试，都得到不少东西，把以前不懂的给搞懂了。运一甲的女同学由于发挥了集体主义精神，订出了具体计划，因此在几天内有系统的全面的温习了一学期的课程，方满同学说：“我因工作忙，好些功课都没上，要不是这次集体温习，恐怕我三个月也搞不懂。”郭锦文同学说：“正是三个臭皮匠胜过诸葛亮。”建二有个同学说：“如果不是通过这次温课，我所学的建筑声学就等于没学”，罗亚源同学说：“要不是通过思想改造，我温书也不会像今天这样有劲。”在教师方面，在先前有不少是在考试时只出出题目，同学们到底懂不懂就不管了，有的甚至还以题目的难来提高自己的身价。但这次就完全不同了，很多教师都热情的主动帮助同学温课，例如电信系的张风翥、孙铭甫两先生到同学宿舍里去详细地为同学解答疑难；运输系赵华教授从城里赶来帮助同学温课；建筑系赵祖武教授除了在温课期间帮助同学解决问题来外，还积极地要给同学讲些补充材料；经济系的萧英达助教等特别对一些以前功课不大好的同学进行个别辅助，有些教师在同学温课期间参加了“七一”展览会讲解工作或大字报工作，但还是尽量抽时间来帮助同学……这些都是和教师们初步树立了工人阶级思想分不开的。这次考试胜利地结束了,而这次温课及考试中的这些优良作风是值得加以发扬的。

在温课考试中,同学们还同时开展了捕蝇、捕蚊、拔草等工作,初步改善了本院的环境卫生,这在以前也是不能想象的。

目前,我们正面临着新的任务,在全校规模的忠诚老实运动尚未开始之前,同学们又热情地参加了校内外爱国卫生运动的宣传工作、展览会的工作及文娱方面的工作。十二日,参加校外爱国卫生运动宣传工作的同学一面派人去和各村联系,一面便努力学习陈毅同志的报告,以便在今后三天里能更好地向老乡们宣传;展览会的工作同志连日来招待了基督教、天主教、佛教等宗教界人士,十二日又光荣的招待了铁道部滕代远部长、铁路工会主席李颉伯等首长参观,得到了许多宝贵的意见,工作同志的热情受到了赞许,所以大家的热情更高了;本院的文娱活动在运动中有了很大成绩,这次不但要演给本院的毕业同学看,还要到中山公园音乐堂去演出,而今天晚上爱国卫生宣传大队又将在校召开一个"卫生防疫晚会",招待我院附近的两千多农民、居民,晚会上也要有文娱节目演出,所以他们正在紧张地筹备着;在考试期间由教师们接办的各系大字报及三反快报,现在已经重新由同学接办了;各项工作在迅速地开展着。

自从反资产阶级思想运动开始以来,我们始终是一个胜利接着一个胜利地大踏步前进的,今天我们又将投入别一个艰巨的战斗中去。为了保持大家的饱满的战斗情绪,节委会规定了"四、三、三"的作息制度,要求同志们抓紧时间休息,因为只有这样才能更好的工作。但是我们还必须了解,在战斗尚未结束之前,任何轻敌大意的认为已经"万事大吉"的思想都是必须坚决克服的。

事实证明,我们的绝大部分同志都正在信心百倍地从一个战斗走向另一个战斗,从一个胜利走向另一个胜利,我们相信,在大家坚持不懈的顽强战斗中,最后胜利是定是我们的!

我们伟大的祖国万岁!

第七十三期　第二版

战斗在各种岗位上　爱国防疫宣传热烈展开

属上元村中队的第七小队关蔚生、蔡世焕两位同学在访问上元村第四区区长时，因区长干活很忙，紧张地在扎一捆捆的柴，关蔡两同学为了宣传不影响老乡的工作，同时也不能因老乡的工作，而不进行宣传，由于他们两人认识了宣传爱国卫生运动的意义，于是他们就立刻自觉地帮助区长干活，一块儿给他捆白菜，一边捆就一边进行宣传，说明爱国卫生运动的意义，这样，不但老乡的工作和我们的宣传两不误，并更与老乡建立了生活上的感情，为今后进行宣传工作上的良好基础。

（陈伯隆）

第九宣传组昨天晚上在上圆村村政府召开了区代表主任及卫生干部会议，第八区代表主任赵恒庆一早就来了，他对我们要去作[做]卫生宣传表示很欢迎。有一个老大娘手里拿着大馒头，一面吃，一面匆匆忙忙的跑来，她说："我正在吃饭，听说交大同学来宣传卫生运动，我就跑来了。"会上，七区代表主任关连祥说："咱们要回去先把家里的卫生工作搞好再向别人宣传，让大家都好。"七区一个老乡说："毛主席号召咱搞卫生运动，咱不做好就对不起毛主席。"

十二日下午，各队分赴老乡家里去散发宣传晚会的入场券，上元村李宗选小队在到红果园村后，先去找区长协助工作，一位老大娘热心、主动的给他们带路，她说："路很弯，你们不常走，走错了路误了工作可使不得。"看看快到了，她才放心的回去。区长是中年淳朴的农民，他很快的找了两位同志来帮助，小队同学跟着他们在一阵阵急雨中把票送到每一个角落去，老乡们热情也很高，在院子里、田地上，他们合计又合计，除了有疾的和看家的外，都要求来参加，有的住在一个院子里的两家，就互相合作，一家婆姨代另一家看门，她的小孩就让另一家带来，有的就准备锁上门一起来，很多老太太也要来"开开眼界"。

第七队的队员们趁着给老乡发票的机会，对老乡们进行了宣传，由于群众的政治觉悟普遍提高，老乡们在听了宣传以后，发出了响亮的回音，他们说："这是毛主席关怀咱们，咱们热爱毛主席，就要听毛主席的话。"有些老乡并提出了具体保证，如买些石灰撒墙根，每天扫除二次等，大家争入场券，一位老大娘说："我到交大去并不单为看戏，我得多听些同学的话，多懂些道理。"

在第二队下去发票时，受到老乡们热烈欢迎。北下关有一位姓翁的七十多岁的老大爷，是一个退休的铁路工人，现在领着养老金，他说："我从满清到现在，从来没见过一个政府，像人民政府这样忠诚地为人民服务，处处为人民利益打算，就说爱国运动吧！可真是好事，大家一起动手，绝对能把苍蝇蚊子消灭光。"他一边说，一边跑去拿了蝇拍和滴滴涕瓶来给同学看他的战绩，他又以无限感激的心情说:“毛主席对我们老百姓太好了,照顾我们真是无微不至,我们有了毛主席,什么运动都会胜利。”第五队在头堆胡同及太平村作宣传动员时,也受到老乡们热烈欢迎,大家说:“只有在毛主席的领导下,我们农民翻了身,才能到大学里去看戏。”他们都保证要好好搞爱国卫生运动。

(刘允仁、龚子兴)

文娱组同志紧张地工作着

原定十三日晚上爱国防疫宣传,大队将举办一个卫生防疫晚会,招待我院附近的两千多农民和居民(编者按:此会因雨未开)虽然工作布置较晚,但由于文娱组工作同志在思想上明确了工作的意义,因此工作热情都很高,灯光组同学和电工同志合作突击完成了灯光设备,装饰方面本来一无所有,但他们从白手成家,四位同学昨天下午一直跑到八点多才回来,跑了六个单位,解决了问题,幻灯组的韩庆祥同学主动的帮总务组工作,跑出去借东西,有的同学身体不好,还是坚持工作,装饰组同学在下午四点多开始工作,在炎阳下爬上高棚,紧张地工作,连晚饭都轮班吃,在两个多钟头里终于完成了任务。

(叶道生)

家属们也开展了爱国卫生运动

住在五十亩地的家属们在九日晚上扶老携幼地开了个响应开展爱国卫生运动号召的会,一致决议在十日上午清扫荒草,十日一早她们都摩拳擦掌地等着接工具,工具一到手,立刻在甲、乙、丙、丁、四区进行了除草工作,大家的热情都非常高,像丁字宿舍的苏中贵的爱人、吴世杰的爱人、白连桢的爱人等都镐、锨、双手一齐动,跟男同志比赛,在十时左右就超额提前完成了任务。很多家属同志除了完成自己的任务外,还主动的帮助别人,在三四个钟头里,把一片荒草,基本扫光了。

(关哲)

宝禅寺宿舍的家属们最近也积极开展了捕蚊灭蝇运动,家家户户每周汇报一次战绩,为了加强效果起见,他们组织了儿童们利用暑期集体工作,现在男小孩队已捕了三百七七多个苍蝇,女小孩队捕了九十多个苍蝇及一些蚊子,他们并消灭了几十个臭虫,以前各家的垃圾都是李庆成同志倒的,现在大家都自己倒,四个卫生组长积极带头的搞,提高了大家的劳动热情,以前不关心环境卫生的余守宪教授的爱人现在也亲自动手打扫房间,家属们都在思想改造运动胜利的基础上建立了劳动观点，纷纷投身到清洁卫生的工作中去。

（梁清彦）

爱国卫生突击周辉煌战果
全院消灭蚊蝇七十二万余只

在我院开展爱国卫生运动突击周的一星期中，虽然正在温课考试，但是由于大家都认清了这项工作是一项重要的政治任务，因此都坚持战斗，得到了很大成绩，仅仅在六日到十二日的一周中全校不完全的统计，已消灭了蚊、蝇七十二万三千三百七十七只，其中班级号二甲为第一，共消灭了八万一千多，平均每人二千三百余只，运三丙、运三乙、电一、分得二、三、四名，个人成绩以运三四名，另有七位同学的成绩超过了五千只，号二甲曹明哲、刘修楚、运三乙陈德清等分得二、三、四名，另有七位同学的成绩超过了五千只，这些数字，说明了我们的成绩是很大的，今后我们要更加努力，争取更大的胜利！

第七十三期　第三版

读 者 园 地

克服了个人主义思想　我坚决到哈尔滨去

电信系助教　陈燕生

在我院庆祝反资产阶级思想运动彻底胜利大会上，苏局长宣布了电信系调整到哈尔滨去的时候，当时我的情绪正高，就毫不迟疑的表示了■■这个决定，同志们在漫谈收获的会上也纷纷热烈的表示了服从组织、克服个人困难的决心，使我的情绪继续保留在高潮。但庆祝会后，在家休息的一两天中，情绪上发生了焦躁不安，原因是我想到了组织上已同意考虑我的工作调整问题上，我就■心地希望能够在迁系以前把我的工作确定，这样我和爱人的行动便可一致，不必分离了。同时因为我主观上认为组织上一定调动我的工作，如能早确定，便可不必去哈，免得往返麻烦，有着这样为个人打算的心情，情绪只有低落，那几天内少数同志也有类似的情形。个人主义思想正易于散布，而孟院长的报告又缺乏政治动员的精神，一时系内情绪很低，强调个人困难，不够信任领导上的决定，我口里虽然没说不去哈尔滨，但在个人主义的支配下，忘掉了院系调整的意义，对于一些合我心意的言论，便乐于听闻，例如有些同志说电信系迁哈没啥道理，我就说领导上为什么不把迁哈的有利条件加以充分说明？又如当我听说有肺病可不去哈，我就心中一动，想以此为理由。

然而我始终并未申请不去哈，就因为每当这时便想起一个多月前才通过的检讨，我想起我曾保证说："每当一件事来的时候，我一定要警惕，如果个人利益和集体利益有矛盾，我一定使个人利益服从集体利益。"这样一想，虽然说不出不去，但正值系内情绪低，心中却没有劲，这时聂涛同志看出了我的情形，他劝我遇到个人利益不肯让步时，读读朝鲜通讯，我虽然没有去读，却因此仔细地检查了自己的思想。我发现要求领导把迁哈的理由说明，使大家更加愉快地去，本来是可以的，但我说这话时却有对领导不够信任的意思。在反资产阶级思想运动中，对党和政府已有了正确的认识，曾不止一次地说过，跟着共产党走，服从党的每一个决定，想到这里，就很惭愧。反过来看，孟院长的报告中缺乏政治动员，可能是个缺点，但却表示他很信任我们，另外我想到我批判作客思想时，曾充满信心地说要坚决服从组织决定，但这时的焦躁以及认为一定调动工作的主观想法，都说明不能实行那次的保证如果组织上因为需要暂不能调动我，我的作客思想一定会复萌。又当我想起一个多月前参加"搓澡"工作时多么热情，曾兴奋地对爱人说："先属祖国后属你"。但这时爱人没泄气，自己先泄了气，越想越愧。

朱院长在庆祝胜利日大会上讲"我们这次胜利，不过是一个开始，不要让胜利冲昏了头，使坏思想乘机再起！"的确个人主义又来了，连这个小的考验都要受不起了。但是我们在反资产阶级思想运动中取得的胜利毕竟是很大的，在这个基础上，使我能够向企图再起的坏思想进行批判，实践检讨中的各项保证，迎接这次考验，坚决愉快地到哈尔滨去。

我并且建议同志们回忆一下我们做检讨时的诚恳态度、坚决意志，那时十多位同志响亮地说了"要用党员八项条件衡量自己，争取入党"，现在应当衡量一下了。再回忆一下，不过是一个星期前，在谈收获的漫谈会上，同志们纷纷表示了"要克服个人困难，到哈尔滨去。"我愿意和大家在一起，运用批评与自我批评这个武器，鼓起勇气，迎接考验，到祖国需要我们的地方——哈尔滨去。

向优秀的讲解员郑鹍教授学习

杨松槐

伴随着反资产阶级思想运动在我院取得胜利以后，红果园内到处呈现着一片新气象。过去一向自高自大、自命不凡的郑鹍教授，今天却是变得十分令人可敬可爱。当组织上号召教师们参加校内各项工作以后，郑鹍教授很快的报名参加了“七一图片展览会”讲解工作，他经过了继续不断的苦练之后，就马上找其他的讲解员听他讲解，并且广泛地听取意见，作为他改正缺点，提高工作效率的保证。当一次我给他提过两点意见之后，他笑容满面的说道：“再多提一些吧！”他这一句充满热情诚恳、虚心的言语，立刻使我回想到半年前一个向来自高自大的郑教授，今天却虚心的愿作为一个学生的学生，因此我越发感到光荣的人民教师是那样的令人敬爱，同时我也进一步体会到共产党和毛主席英明伟大的领导。

最近郑教授不但认真严肃地钻研着讲解词，并且也开动脑筋，主动地设计着图片安排的位置，就像他把党史第二部的一些图片，建议调动位置以后，非但使讲解时更容易连贯起来，同时使观众更有系统的体会到毛泽东思想的伟大和胜利！

几天来由于郑教授对于讲解工作充满了无比的信心、决心和虚心，而将一个怕讲不好北京话的郑教授锻炼成一个讲解纯熟、感情充沛而受到广大同学和群众所欢迎的一个优秀讲解员啦！

我要发挥集体主义精神为祖国学习得更好

经三　黄锡京

现在我们已经胜利地愉快地度过这次考试了，通过这次考试，使我在思想上对于考试与学习有了进一步的认识。在过去，我对考试是看得很随便的，考得好坏，对我没有关系，因此到考试时也不好好温习，即算准备一下，也不过是抱着侥幸心理，企图混过去算了，再加上平时没有认真学习，自然会考得不好，当时我还自认为我没有“纯分数观点”，显然这只是为自己的不正确的看法作辩护而已。

这次考试是思想改造运动后遇到的第一次考验，由于自己认识到学习是为了祖国的建设，充实为人民服务的本领，而考试也就是为了检查、复习与巩固已往的学习所得，教师出的题目也就是指示我们什么是应加特别注意的，因此，我就能认真负责地对待这次考试、温课。虽然这学期来只上了两个月课，所学不多，但毕竟学习了一点，就应该巩固这个收获，过去许多不清楚和似懂非懂的地方，经过这次温课弄清楚了、懂得了，假如没有这次温课，我想就连一点收获也不会得到的。

集体学习是保证学好的重要关键,过去我宁愿自己慢慢摸索,也不去请教别人,因此在学习效率上是很低的,在这次温课中,(我)首先认真进行了复习,不清楚的地方与同学反覆[复]讨论,还不够彻底,就去问平日功课较好的同学,因此印象更深,对过去所学也有了一个系统的了解,而胜利地度过了考试。

通过了这次考试,我认识了过去学不好的原因,就是一个思想问题,只要认识了自己学习的目的与任务,那么对于学习上的方法问题,也就可以找办法解决了。这次考试只是一个开端,我要在今后的学习中,真正做到预习、学习、复习,发挥集体主义精神,把功课学好,成为一个建设祖国的好干部。

第七十三期　第四版

文艺(14)副刊

我们的心飞向哈尔滨

——"你爱毛泽东就要保持队形"

聂　涛

在半年多的时光里,
我们曾展开了光辉的战斗,
在多少个深夜时,
我们思索着、关怀着
而同学们红润的面色
消失在忘记睡眠的晨曦里;
"可爱的中国"在鼓舞着我们;
千千万万的人民在鼓舞着我们,
我们伟大的祖国在鼓舞着我们!

我们胜利了,胜利了!
胜利的红旗高高地飘扬在晴空里,
光辉的毛泽东思想,
深深地印在我们的心上,
电信系变了样,它发着明亮的光,

先生们以共产党员的标准来要求自己
使坚强如钢

让人欢悦的喜讯，
闪电般地传送来了，
荆江分洪完工了，
成渝铁路通车了，
劳动就业办法，免费治疗实现了，
我们的祖国多么美丽、多么可爱呵！
为了使我们的“母亲”更美丽更富强，
院系调整到哈尔滨去，
给了我们这光荣的任务。
先生们坚强的手臂高高的举起来了，
来响应这祖国的号召。

同学无数的眼睛在渴望着我们，
遥远的哈尔滨，
有千百颗心在期待着我们，
我们爱蔚蓝天空下的天安门，
却更爱毛主席，
但我们深深地知道
“只有实现毛主席的伟大理想
才是真正热爱我们的毛主席”，
我们也懂得
使荒瘠的沙漠变成翠绿的良田的人
才是幸福的人。
我们已经组成了一列坚强的队伍，
将像海燕般地飞向哈尔滨！

也许还有同志们在留恋北京；
留恋这松柏大道；
与那雄丽的门楼。

但我们深信,我们亲爱的战友,
——毛泽东的战士,热爱毛主席的人
会紧紧地靠着队伍,
勇敢的飞向祖国召唤我们的地方
飞向那哈尔滨。

争取扑蝇模范美名扬
(河南坠子)

文娱组

有一天小雨雾腾腾
杜鲁门在屋内不安生,
沙发上一躺得了一个病,
要见红头苍蝇他老兄
未说话眼中先落泪,
老兄啊,
将来向你求本领
我在朝鲜吃了败仗,
志愿军人民军
(快版)打得我落花流水,流水落花,
败回了大本营:
无可奈何把你请
请你帮我用细菌来进攻
朝鲜人人得病。
男唱:(梆子)没问题没问题我一定照办
我苍蝇生来就肮脏
那[哪]里肮脏那[哪]里藏
别看我生得不像样
杜鲁门对我有好印象
将细菌带到朝鲜内
管叫他不死也病一场
女问:你怎么样呀!
自从来到朝鲜地

男唱：吓得我心里凉又凉
滴滴涕身上撒到处、苍蝇拍乒乓响
众弟兄死的满地是
倒叫我心里好悲伤，
前思后想没主意
抬头看见一老乡
白：喂，这个老乡真好（指台下一人）
我嗡嗡在他面前飞过
他不理我我爬到他脸上
他就这么一巴掌（作手势）
女白：打死啦！
男白：那里，把我从他脸上赶到他的饭碗边
跟他一块吃饭啦，
女白：照这样说你要好好过一辈子啦
男白：唉！天有不测风云，
人有旦夕祸福
那[哪]知道人民政府展开爱国卫生防疫运动，
号召打苍蝇，
我可遭殃了
男唱：我苍蝇躲在饭厨里，
女唱：老大娘我给一巴掌，
男唱：我苍蝇躲大嫂子床底下
女唱：大哥回家晒了床
男唱：我吓得战兢兢厕所里躲，
小娃娃来拉屎也要把我伤，
男白：唉：我苍蝇好命苦也
想当初
与杜鲁门结交时是何等威风，
如今连个藏身之地也没有
女白：你苍蝇真乃是坏心肠
细菌病虫你到处扬
消灭你得健康

不害病有力量
全家老少齐动手
争取扑蝇模范美名扬。

红果园里新气象

运输系　赵　华

扑拉拉红旗高插在门墙，
一阵阵的弦歌荡漾着循环的声浪，
碧油油的郊原上
排列着红旗一幢幢
这是什么地方？这是什么时光？
一个“人杰地灵”的所在
正充满着热情和欢畅，
四十四年的古老学府，
半年中她换了一付新的模样，
三反战场把三书扫除得净光，
思想战线又打了个彻底胜利。
蓬勃的朝气，代替了奋奋夕阳，
毛主席的光辉，
照耀在每一个人的心上
看，红果园里今日正找找菁菁，
到明天全是祖国干材和栋梁。

教师们彻底地批判了资产阶级思想
同学们彻底地清洗了它的毒素影响
广大人民的最高利益，
是大家一致的努力方向。
就在这个基础上，
“院系调整”得到了拥护与赞扬。
建筑系来京仅仅是一年的时光，
把母校建设得雄伟堂皇。
刚刚来到首都，又要迁回沽上，

更无一人考虑个人问题，
组织性纪律性充分得到发扬，
电信系是京院的一精兵，
现在也准备移防滨江。
检书籍，整车床
开拔时须带着全副武装，
誓师词中说："决无一人掉队"，
好满足祖国的需要，专精专长，
滕部长关心这一决定，
主张先进行动员酝酿。
使他喜出望外的
是大家都已树立了工人阶级思想，
他们响应祖国的召唤，
一颗也不迟延彷徨。

一九五二年八月十七日上午　第七十四期

彻底批判资产阶级思想！坚决树立工人阶级思想！

丢掉包袱大踏步前进
王银江同学主动在班会检讨
他的进步受到同学们的欢迎

十三日晚上，经三王银江同学主动的在班会作了一次检讨，对自己过去在资产阶级思想支配下所犯的一系列错误、卑鄙的行为作了深刻的暴露并表示了自己永远热忱于革命的决心。王银江同学能够在离校的前夕毫不苟且的对待自己的错误，主动的撕下虚伪的假面具，这是值得我们欢迎的。

王银江同学出身于一个工人的家庭，小时候也曾受了很多摧残压迫。但是，在那万恶的旧社会里、在那充满纸醉金迷色彩的旧上海，当他刚跨入社会时他就被资产阶级的生活方式所麻醉而变质了，他不顾父母的死活，成天陷于吃喝玩乐、金钱女人的圈子里，学着资产阶级的样，穿起西装革履，迷醉于酒吧舞场，而他父亲却是一个经常失业的木匠。他这种忘本的程度实在已经发展到不可救药了。解放后父亲成为一个产业工人，母亲也参加了妇联工作，他们都经常写信给他，要他记住共产党的好处，积极的求进步，但是由于他中毒很深，他并没有能得到应有的改造，仍是招摇撞骗，钻空子、企图以卑鄙手段来混入民革，以达到他自私的目的，以检举敌产和反革命分子作为得奖金、报私仇的机会，为了表示自己的“进步”，当别人问起“你是团员吗”时，他也会可耻的答着，“我是团员”，还常常自夸是“工人阶级出身”来粉饰自己。在我院学习的三年中，学习上、生活上处处表现得比较特殊，认为学经济没出息，成天翻译俄文，企图以此一举成名，到处以诵读俄文、唱俄文歌来表现自己，对本身的业务课是经常缺席，蒙混考试。生活上则更是举止无常，并仍以资产阶级玩弄女人的方式谈恋爱，同学们也曾多次给他提意见，但是，他是从来不接受的，“你算什么？配跟我提意见？”成了他的挡箭牌，再不然就骂人，摔东西，甚至打人来对付同学，班会好几次大会小会来帮助他，也没能起作用，到后来同学都渐渐的对他避而远之，个别同学甚至认为他不可改造了。

反资产阶级思想运动开始以后，由于他对运动意义认识不清，不相信党对知识分子的政策，对自己背着那样一个资产阶级思想包袱没有勇气丢掉，在同学普遍洗手时，他就向班委谈了些无关痛痒的问题，后来虽然受到运动的不断教育而有些转变，在班上作了两次公开检讨，但是认识仍旧是模糊的，没有真正解决的思想问题，以致在毕业生鉴定小组上又对他提意见的同学吵架，使同学更对他怀疑：王银江这个人究竟怎么回事？——做检讨随便乱说，行动上却仍旧没改。其实，王银江同学之所以不能在行动上改过就是因为他对资产阶级思想没有痛恨，也没有决心交代主要问题，当然就不可能建立起新的思想作风了！

运动的不断发展像一条历史的鞭子愈来愈重的打在他的心上，大家都在飞跃的进步，具有严重的资产阶级思想的教师是一个接一个过了"关"；受到运动深刻教育的同学们划清了劳动与剥削的界限，成百人入了青年团，走上了革命的道路，而他们的进步又是多么受到大家的欢迎和爱护，王银江同学自己也渐渐意识到自己落伍了，痛苦是一天天的加深，他开始展开思想斗争，他想起好多有反动思想的人转变了都受到爱抚，自己还能不相信党的政策吗？自己能甘心与那欢乐前进的队伍离开吗？他感到难受了，在大家欢欣鼓舞迎接"庆祝胜利日"时，他更感到应该丢掉包袱跟上去，在他参加练唱时，唱到祖国的可爱，唱到前途的光明，他流下了悔恨的眼泪，回到房间就赶写检讨，为了在他毕业时能够以一个清清白白的人走向工作岗位，他每天都起早落黑，牺牲看电影、牺牲休息时间，甚至在考试时还是抓紧时间写写好一部分就及时送给同学看，征求意见，也虚心接受意见不断修改，终于在毕业前几天写完了检讨。

十三日晚上他在班会上作了长达三小时左右的检讨，彻底暴露了过去资产阶级的人生观和恋爱观，对自己过去招摇撞骗给人民带来的损失有了痛恨，几次的泣不成声，他深深的感谢党和毛主席挽救他这样一个失足青年，并表示决心永远热忱于革命事业，随时以团员标准衡量自己，争取做一个光荣的青年团员。他的决心受到了经三同学的欢迎，在深晚还在很认真的给他提意见，希望王银江同学巩固这次初步收获并在实际行动中提高与考验自己，王银江同学也诚恳表示了决不辜负同学们的希望，有决心、有信心永不掉队。

通过王银江同学的事例，充分说明了党对知识分子政策的伟大，一切真正决心与大家一道前进的人，是能够得到党的爱抚和群众的欢迎的，也说明在马列主义、毛泽东思想光辉的照耀下，真理将永远得到胜利！

第七十四期　第二版

让我们永远前进

——对王银江同学的欢迎和希望

经三　俞昌文

当我听完王银江同学的检讨之后，首先突出的感觉到王银江同学有了可喜的进步，他能毫不留情地撕毁虚伪地招摇撞骗的假面具，把过去极端丑恶的行为一丝不苟地暴露出来，并且批判了他那腐朽的人生观和恋爱观，也批判了他那追求名利脱离群众的个人英雄主义思想，他能主动地坚决地要求检讨，仇视自己资产阶级思想，因此王银江同学的转变，我们是万分欢迎的。

王银江同学出身于贫穷之家，居住在上海小小的弄堂里，在他小小的心灵上就痛恨那些宝贵的剥削阶级，但是旧社会的虎口吞掉了他，他完全变成了一个吃喝玩乐，金钱女人，享乐至上的人，他完全被腐蚀了，所以通过王银江对旧社会的控诉，更增加了我们对王银江同学的同情。

王银江同学的父亲是产业工人，母亲也加入了妇联，父母常来信鼓舞着他，但由于带有严重的资产阶级思想的王银江同学，却整天关在房里搞翻译，梦想一举成名，名利双收，借此可推动资产阶级式的恋爱的发展，犯了严重的脱离群众，以至于时冷时热，掉入痛苦的深渊，但由于党的耐心正确的教育同志们热心地帮助他，他终于转变了，他终于认识了自己思想的丑恶，并决心与资产阶级思想割断连[联]系，靠近青年最先进的组织——青年团，这说明了我们党的政策又获得了一次胜利。

但是王银江同学不要自满，自满能遮住自己的眼睛，使自己看不见自己的缺点，一定要虚心地向群众学习，从实际出发，勇敢地接受意见，继续不断改正自己缺点，时刻警惕着，不要放松任何细小技节，在顽强的思想敌人面前要有坚贞不渝的战斗的精神，要有足够的信心，作为一个要求入团的王银江同学来说，应该随时以团员水平衡量自己。

个人英雄主义思想，阻碍王银江同学的进步，今后希望王银江同学对工作要有正确认识，在任何一件具体工作中，不论工作职务的大小，都要勇于接受考验，在平凡的工作中锻炼自己，要知道一件平凡工作就是整个革命工作的一部分。王银江同学说："今后要把个人英雄主义变成革命的英雄主义。"这样要求是好的，但是应该正确认识什么是革命的英雄主义，把自己全心全意投入革命战斗中去，在任何一件工作中，贡献自己力量，不退缩不变节，时刻做一个人民的好勤务员，不要满足自己对人有的微小贡献，也不要因为有了微小成绩就冲昏头脑，人民要我们作什么，就作什么，人民要我们到那里，就到那里，对人民、对革命无限忠诚，永远向群众学习，做群众的小学生，时时提高自己的觉悟，作个奥斯特洛夫斯基式的人，这就是走向革命英雄主义的关键，不然，满脑子想当英雄，结果还是个人英雄主义。

希望王银江同学巩固收获，继续提高自己，在这伟大的时代里，只要前进，就能壮大，让我们把全部力量都贡献给祖国的伟大建设事业吧！

不辜负人民的期望　永远作人民的勤务员

经三　王银江

当我仍[扔]掉了我的丑恶的历史包袱，开始有一点点的认识时，同学们就那样热情鼓励我，真使我又惭愧又高兴，我惭愧的回首往事、恶[噩]梦一场，我的资产阶级思想给祖国人民带来严重的损失；我又高兴，我高兴终于已挣脱了个人主义的铁镣铐，使我重见光明和真理，我要感谢党，因为是党给我以力量，打倒了我的思想敌人。我要感谢毛主席，因为是亲爱的毛主席发起了这一次运动，把我从痛苦的沉渊中挽救了出来。

以前，我总认为我是工人家庭出身的人，但是我却没有想到三年前我在上海是腐化堕落到了如何严重的地步，资产阶级的思想毒素已深深地渗入我的头脑，我早已丧失了少年时代的诚实、朴素、倔强、好学的品质，像我这样的人怎么能经得起什么考验呢？思想改造运动开始的时候，我对运动的认识还是非常不够的，只向班委暴露了一些无关痛痒的问题，心里根本就害怕思想斗争，但是有一件事情却完全出乎我意料，五月中我的一个最知己的朋友来看我(他以前上交大，后来参军，最近调到北京等候分配工作。)没谈几句，他忽然严肃地沉下脸问我："喂！我的朋友，我对你上海刚解放时候的所作所为实在很难了解，你的问题在镇反中交代了没有？"我听了大吃一惊，我感到连我的好朋友也不放松我了，我认为我又不是一个十恶不赦的反革命分子，为什么这样冤枉人呢？但是我根本没有认识到：由于自己的虚伪成性的态度，的确已把政治面目弄得模糊不清，好几件原来很有政治意义的斗争，经过我的手都变了样了，我曾把当时的检举敌产的材料看成卖给人民政府的问[间]谍情报，我在几个老朋友前乱吹我是一个民主党派分子，而这些招摇撞骗在政治影响上的严重性，我从来没有好好想过，更谈不上放出勇气来的组织交代问题了。

在运动中通过了大会小会，学习了各种文件，又听了各种报告，我对思想改造运动的意义也渐渐有了认识，但是，任何思想包袱我愿意直爽地暴露，但是一碰到“交待历史问题”这句话，就无异刺痛我的心，马上在思想战线上退却下来。但是我又摆脱不了我朋友的压力，我矛盾又苦恼，总是心神不安，忽冷忽热。临近“庆祝胜利日”前几天，学校里到处都充满了歌声、欢笑，连年老的教授都在学跳童年舞，我看见大家都随着时代飞快他前进了，这时候，我才体会到了“掉队”这两个字的意义，我内心痛苦极了，我感到假如再不鼓起勇气来彻底扔掉那些包袱，我是一定会被历史的鞭子无情地鞭打的。我那时参加诗歌联唱的，那天练唱的时候噪[嗓]子哑了，只能听别人唱，但是，那些歌颂祖国、歌颂幸福生活的诗和歌在那时简直句句直冲我的心脏，我感到羞惭万分，我又想到昨天的苦难的确已经过去了，今天的祖国的确多么可爱，我又想到解放后，人民政府那[哪]一件事对不起我，照顾了我家里的生活，又分给了我家土地，又给我享受了三年的高等教育，而我竟还是死背着那些又丑又脏的烂包袱，像蜗牛一样地落在人家后面，多么懦弱、多么可耻啊！——想到这些，我实在听不下去，痛哭失声回到宿舍，但是大家还是那么关心我，大家都希望我不要感情冲动，鼓起勇气，只要下定决心，终是能进步的，“庆祝胜利日”，吴希庸教授的典型报告又启发了我，我认为，像吴教授问题那样严重，也得到了组织上宽大处理，那我还有什么顾虑呢？这样我就横下心，决定撕破一切面子和顾虑，成天成夜展开了激烈的思想斗争；并主动地常找同学们帮我分析问题，一口气地写完了我的检讨。

十三号晚上我检讨完了后，同学们也是那样鼓励我，为我的转变而高兴，又使我感到在新社会里人对人的看法的确是变了，只要勇于对群众忠诚，暴露一切问题，群众是欢迎这样做的。

当然，我今天的认识还是很不够的，因为同学们对我所希望的——今后我还要不断地批判我资产阶级思想，不骄傲、不自满，安于平凡工作，在工作中考验自己，使自己早日能加入组织、为祖国人民贡献出我的一切。

第七十四期　第三版

战斗在各种岗位上
文娱组积极排练

舞蹈组现正在排演一个由四个苏联舞所组成的舞蹈，这舞充分地表现出社会主义社会的幸福生活。组员们为了更好的演出这个节目中的土豆丰收舞，特地约来两位五一女中的同学帮助排演，他们经过两个下午的排练，现已非常的熟习了。

曲艺组的同学们，大家都不怕太阳晒、不怕累、忘我地工作着，到校外四处找材料，每个文工团都去找，虽然有时根本没有，有时找来的材料也不合适，但是大家都不因此而灰心，在组员们共同的努力下，初步订立了这样的工作计划：拉洋片——歌诵[颂]伟大的祖国及未来的远景；单弦歌诵[颂]——荆江分洪。决定十五日将材料编好，十六日开始排演

歌咏团从十三日起开始工作，他们在找材料的过程中，是碰到了些困难的，但经大家的努力，跑了北京人民艺术剧院、青年艺术剧院等地，终于由全国音协音工团介绍了一个"治淮大合唱"。这个歌是北京电影制片厂尚未制成的影片"一定要把淮河修好"内的主题歌，由于大家的热情很高，仅一个钟头就学会了这个歌；为了培养歌咏指挥人才，郑仲明同学还决定抽出一部分时间准备教留校同学练习指挥。

小型歌剧组现正在排练湖南剧"推倒荒山修机场"，该组全体演员都以战斗的姿态迎接这一任务，并保证于十五日前完成。他们在工作中充分的发挥了集体主义精神，虽然没有导演，但是经他们细心的研究和互相帮助学习，终于克服了困难，他们有很高的信心，要把剧排好。

话剧组组员们的热情是非常高的，像初霓裳同学，她身体虽然生病了，但还是继续工作。他们最近访问了许多教师及教师家属，搜集了许多材料，预备在十五日以前把材料搜集齐，十五日以后开始进行编剧工作，这次话剧的主要内容是要把我院思想改造的全面情况反映出来，准备作公开演出。

音乐组国乐小组伴奏湖南戏"推倒荒山修机场"后，对于乐器配置问题展开了热烈的讨论，并耐心的研究唢呐和笛子的如何配合，会吹唢呐的白祥玢同学为了使伴奏"双送粮"的配音效果更好，曾练习了一整个下午，他们为了加强组织性、纪律性，并订立了排练公约。

在"七一图片展览会"

"七一图片展览会"从八月十一日起又继续开放了，这次又比以前增加了一批讲解员，包括二十四位老师和四十四位同学，这些新参加工作的老师和同学们的学习情绪非常高，他们认识到讲解党史是一件光荣而艰巨的革命工作，因此，大家不怕炎热，不顾疲劳，尤其是老师们，像运输系古如恒助教，本来是

有肺病的,参加讲解前不久还住过医院,但是,虽然他身体不好,却仍旧主动的要求多讲解,经济系张协衷主任非但自己刻苦钻研,还帮助其他教师介绍他记稿、讲解的经验,郑鹍教授也在讲解工作中虚心认真,常找其他讲解员一起研究,初霓裳助教参加工作后很克[刻]苦负责,十二日他整讲了一天还说不累;由于他们的苦学苦练、虚心认真,因此在讲解技术上都有了很大提高;吴希庸、郑鹍等教授的水平都已与最早参加讲解的同学相媲并美了。

十二日展览会招待了,佛教界人士,他们从老远的城内,不怕炎热和疲劳,很高兴的跑来参观,一位六十二岁的老尼姑显性不顾别人的劝阻坚持来了,他们到了我校后,看到老师、同学热心的招待她们,丝毫没有岐[歧]视,一位尼姑说:"这就是大学啊!那个讲解员还是大学教授呢!真是只有毛主席领导,咱们才能到大学里来看展览会,过去是做梦也不敢想的事。"他们看了展览会后受了很大教育,老尼姑显性说:"看到展览会中共产党的英明领导和毛主席的伟大,我相信世界一定要解放。"和尚静空说:"我过去受旧社会压迫做了和尚,天天念佛希望到极乐世界去,今天在毛主席的领导下,我们幻想死后去的世界在今天实现了,毛主席是真正的佛,我要永远跟着毛主席走。"

展览会在十二日中午招待了铁道部诸首长,其中有滕部长、武、石二副部长、政治部陆平主任,铁路工会李颉伯主席及各局长等共二十余人,首长们自始至终专心阅览图片,并仔细听讲,无论说明词上一个字、讲解词中一句话,都给我们提出了宝贵的意见,部长说:"展览会是比较成功的,没有什么大的错误。"临上汽车时还很谦虚的说:"感谢同志们给我们温习了一课党史,要向你们学习。"由于首长们的热情鼓励和宝贵的指示,大大地增强了全体工作人员的信心,进一步鼓舞了大家的工作积极性。

搜集资料组的组员们都认识到为党作[做]宣传工作是无限光荣的,虽然他们在过去的工作中有了许多的成绩,可是他们认为过去的成绩,还是不够的,在这次响应了组织上要搬进城,更多地为人民服务的号召后,二天来组员们积极地、愉快地到各部、各机关去搜集资料,十五日一天中,就到重工业部、纺织部、水利部、中苏友好协会、总工会等十八个单位去搜集了很丰富的资料,保证了图片展览能在城内早日展出,特别是王柏江同学一天内就跑了六个单位,搜集了很多宝贵的资料。

由于展览会的内容丰富和讲解员热情的讲解,使观众受了很大的教育,纷纷反映通过看展览会后,深深体会到共产党和毛主席的伟大,并为祖国美好的前途感到无限与其愉快;当基督教徒来校参观图片展览时,有一位女教徒看到美帝国主义的思想影响,为祖国的建设而奋斗。

十二号下午调来的各讲解员,他们听到展览会要争取搬到城内去展览的消息,工作情绪更加高涨了。十三日晚上本来是讲解员休息的时间,但是许多新讲解员都冒着雨到陈列馆来练习讲解,背讲解词,邵宝山同学虚心地向老讲解员请教,并热心的一次又一次在图片旁练习讲解,老讲解员也发挥互助精神,耐心地教他们如何才能讲得好。

许多讲解员练习得很晚,秘书组的同志再去劝他们回去休息,还不回去,我们的新同志就是这样热心地学习讲解的!许多同志如高荣松、刘宗山等他们回去时,在路上还在背诵着讲解词,在这样的努力下,他们很快地掌握了讲解技术,李瑛芳同志经过一天的努力,一次又一次的提高,已经能结合自己的感情,讲得也老练。王荣举同学虽然新来不到两天,但是听不出他是一个新讲解员。王家靖同学只化[花]一个晚上的工夫已讲得很纯熟,而且还能掌握观众的情绪,显然他已成为一个优秀的讲解员了,到十四日下午为止,新来的讲解同志已百分之百的能上场讲了。

十三日下午,人民铁道记者三人来参观展览会,对展览会表示很满意,认为我们的展览会化[花]较少的钱却可以使群众受到很大的教育,这种方式是值得推广的;他们并要求再来看一次,展览会为了更好地让广大群众了解起见,特定在内容充实后,招待人民日报、新华社等各报社记者参观、指教。

第七十四期　第四版

那[哪]里需要就到那[哪]里

战胜一切非工人阶级思想　坚决愉快的走向哈尔滨

电信系助教　王文煊

在反资产阶级思想运动庆祝胜利大会上,铁道部苏副局长宣布电信系调整到哈院去的决定,我同全体同志一样鼓掌,表示了拥护这个英明决定,并且在下午漫谈会上表达了个人一定以十分愉快的心情走上新的工作岗位的决心。

我是一个初步站上工人阶级立场的人,当我听苏局长讲话的最初几分钟时,我虽然是鼓掌,然而内心里的最初反映夹杂了很多非工人阶级思想,什么要离开北京啦;搬家所麻烦啦;生活情况啦;与一些个人问题。可是,马上我就想起调整院系是集中人力物力,是大量培植干部的先决条件,我们不是听到十年建设就要开始消息而感觉到非常兴奋吗?我们不是以担负了培养建设干部的人民教师任务感到非常光荣吗?我们每个人都希望多修铁路,多开矿山,然而铁路是要修在没有铁路的地方;矿山也要到荒凉的地方去开发,变沙漠为良田的事难道我都推给别个人去做吗?我想起了革命先烈们抛头颅鲜血铺平了我们走向社会主义的道路,我们只要在路旁植树栽花,凭[平]心说我不能不做,也不愿不做,何况哈尔滨是东北第二城市;是我们工业化的先驱地方,组织上把我们调到哈尔滨去还[redacted]一定是优越条件呢?所以我的工人阶级思想马上战胜了我的非工人阶级思想,内心十分愉快的响应了这个号召。

我知道哈尔滨天气较冷,也曾想到或者对我患的肺病不太相宜,可是我想起了方志敏、瞿[瞿]秋白与鲁迅等革命先驱,他们都患十分重的肺病,然而他们是在那样坚[艰]苦的环境下工作着、战斗着。我虽然不敢比他们,可是,我希望以他们作为我的一个方向,何况哈尔滨的冷只是容易感冒些,这又不是不能克服的困难。

总之我的一个认识就是为了人民的利益,不应强调个人困难,假若老考虑个人的困难,[redacted]了,可是搬家的事你也许还会认为是麻[redacted],[redacted]人民[redacted]一定要始终愉快的来走上新的工作岗位去。

不过,我检查我对这件工作重视还是不够的,所以对个别同志仍未尽到帮助,解除他们顾虑的责任,这是自由散漫不关心组织的表现,我决心改正,并希望我们大家都彼此帮助,胜利的、愉快的完成祖国交给我们的任务。

困难阻挡不了我的决心

电信系教授　朱万柏

自从领导上在"庆祝胜利日"宣布电信系下学期调整到哈尔滨去的消息以后,最先,我表示了完全服从领导上的决定,我的决心后来虽然不曾动摇,不过遇到实际问题时我的情绪上还有过波动的,但是,每遇到困难,我就深思:站在工人阶级的立场上,对于这个问题应该怎么看?情绪每一个波动,我就检查:我是不是又在为自己打算?我是不是还拿着个人的利益作尺度在衡量这件事,自己像这样严格地委[要]求自己,我的困难就很快地解决了。

听到有的同志讲:"那[哪]里需要,就到那[哪]里;可是哈尔滨不需要,我何必去哈尔滨?”我心里就一动,我想,孟华院长没有向我们指出哈院一个明确的发展方向,究竟在哈尔滨办电信系有什么优美的条件?我想,我在有几方面[redacted]方面都不能担任课程,搞无线电的人够多了,哈院究竟是否需要我去?像这样想,实际上还是在为自己打算,还是像过去一样,主观地把课程分为主要、次要,而自己只想抓“主要”的课程教来抬高自己。我能担任的课程不止无线电一门,而且为了配合现场需要。新课程也可以钻研准备,哈发展的前途并不因为孟华院长谈得不够明确就受到限制。事在人为,有了领导,有了群众,我们作教师的需要多多努力,才配合得上我们建设事业的发展。在哈尔滨,我们有更好的机会向苏联老大哥学习,铁道电信方面或迟或早必然将达到有线无线并交重的阶段。认识到这点,我情绪上的波动就自己平息了。

我又听说,在哈院,教师实行着八小时办公制度,心想白天待在办公室里,不一定有公可办,晚上又要准备教课,岂不太机械了?我又恐怕我的精力支持不住,工作搞不好。为了这事,我思想上一度不安定。后来仔细一思索,我过去劳作休息无定时,倒使身体受了影响。在这个八小时工作的制度之下,我可以充分利用这段时间来作好教课的准备,或是编写讲义,晚上的时间就可以自己支配,休息也好,学习政治方面的书籍也好。这个工作制度是[redacted]一定可以很快地习以为常,可以把工作搞好。

对于哈尔滨零下三四氏度的寒冷。我也曾经习以为苦,以为我的身体不结实,又有胃病,恐怕吃不消,后来我设想想假若我年纪轻一些,而这次是派我到一个更冷的地方去留学,我去不去呢?我一定毫不考虑,兴高采烈地去。这说明把哈尔滨想象成冷得不能生活,我是在单纯地为个人打算,对工作不曾十分重视。我母亲七十六岁了,在家中没有人照顾,这次我决让我爱人动员她老人家一道到哈尔滨去,若是家中有困难,暂时须留汉口,那我就一人去哈尔滨,保证绝不为家中分心,迁移一次。人人是有困难的,我的困难也不比同志们少。但是一想起革命先烈,一想起朝鲜前线的志愿军,我就有力量克服这些困难,我坚决服从领导上院系调整的决定,我将愉快地到哈尔滨去!

我很愉快的到哈尔滨去

电信系教授　杜锡钰

从听到电信系迁往哈尔滨铁道学院的决定以后,我一直在兴奋着。

为什么我对于迁往哈尔滨会这么兴奋呢?

第一,经过思想改造过的我,知道了该怎样爱祖国,伟大的祖国人民已经站起来了,作一个新中国的人民是光荣的、骄傲的,而这一份光荣是无数革命先烈和千百万劳动大众创造出来的,享受这幸福成果的我,没有理由不再拿出自己的力量,因为我知道了爱祖国和忠于人民,所以我能够愉快的从思想上服从组织的决定——到哈尔滨去。

第二,随同这次院系调整,政府对于教师的调配已定了原则,就是“抽肥补瘦”,按目前的情况。京津是“肥”的地方,而哈尔滨则是“瘦”的地方,所以要对人民有所贡献,从北京走向哈尔滨是天经地义的事,前天天津大学派人来动员我回天津去,我不再比较哈尔滨和天津,那[哪]一地对我有利,所以我立刻回答他们,我要坚决的到哈尔滨去。

第三,听到去哈的消息我又想到哈尔滨铁道学院是先进的,那里教学制度、教材内容都是值得我学习的,我能够有机会充实自己,能够更好的为人民服务,也是我高兴的。

我一直从心里拥护到哈尔滨去的,在孟院长谈话后,曾因一些误会,有过不满情绪,幸而同志们及时的指出和纠正了我这个错误,我一定要时常检查自己,巩固思想改造的成果,站稳工人阶级立场,作好迁系工作。

一九五二年八月十[redacted]日　第七十五期

彻底批判资产阶级思想！坚决树立工人阶级思想！

爱国卫生战线上战绩辉煌
灭蚊蝇七十二万余只
并向五千居民进行宣传

八月四日至十日，本院全体师生员工曾响应了彭真市长的号召，进行了一个爱国卫生运动突击周，在这一周内，同学们虽然忙于温课考试，还是努力地进行了捕蝇、捕蚊、拔草等工作，在校内外共消灭蚊蝇七十二万余，运三丙周亚平同学一人即扑灭一万四千余只，使校园内基本上消除了苍蝇蚊子。此外，在室内整洁，环境卫生方面，也得到了很大的改善。十二日起，宣传对象是本院附近的上元村及北下关的五千居民。

上元村及北下关的居民大部分是农民、小贩及一部分铁路工人、建筑工人。由于国民党反动派对他们长期的剥削摧残，使他们长久地陷于极端贫困、毫无卫生常识，也不可能改善卫生状况的境地。解放后他们在政治上、经济上获得了翻身，已经有了改善卫生状况的可能，但因为历来缺乏卫生常识，以致“不干不净，吃了没病”，“苍蝇是神仙变的，无可奈何”等不科学的说法仍在普遍流传。

针对着这些情况，参加校外宣传工作的同学们，一面学习陈毅同志关于开展爱国卫生运动的报告，一面和当地的区。村人民政府取得联系，然后分成九个小队分别到各个自然村去宣传。为了充分从思想上发动群众，宣传队在初步进行宣传后，即与文娱组配合，十四日晚，在本院球场举办了一个“爱国卫生运动宣传动员大会”，共有三千余人参加了这个晚会。老乡们扶老携幼、络绎不绝地从四面八方有秩序地走进了会场，宣传队各小队的队员们都热情地接待着自己所熟悉的老乡们。姑娘们和年青的妇女们都穿上了节日的盛装，建筑工人们也都穿上了整洁的衬衣。在会上，除了由杨景嵋同学通俗地说明爱国卫生运动的意义及目的外，主要是通过文艺的形式来向老乡们宣传美帝所进行的细菌战及各种卫生防疫常识。例如快板剧以一个老乡对于环境卫生的认识过程来说明注意卫生的重要；河南坠子以一个“苍蝇”的自白来说明美帝怎样利用苍蝇毒虫来进行细菌战，以及大家动员起来一定能消灭细菌战的道理；相声以幽默生动的对话来说明防疫卫生应该注意的事项，因为这些文艺形式都是老乡们喜闻乐见的，所以很受欢迎，宣传效果也特别好。有一个老大爷看后回去就打了几百个蚊子；一个大娘回去后说：“交大那么大一个场子，一个蚊子都没有，坐了几个钟头真痛快，咱家这么小个院子，也得要不让有一个苍蝇蚊子才好！”第二天，很多老乡全动员起来了。

在宣传中，同学们除了利用图片及龙须沟的实例来宣传防疫卫生知识外，更注意到了充分用新旧社会的对比来启发老乡们的阶级觉悟。娘娘庙有一位七十岁的有四十年路龄的铁路工作，解放前受尽欺压。解放后退休了，还领得了养老金。当和他谈起爱国卫生运动，他说：“解放啦！毛主席共产党给咱们带来了多少好处！这个运动是毛主席号召的，一定也对我们有好处，我们应该拿出最大的力量来搞好它。”一个女工回快起当她在日寇统治下的工厂中做工的时候，日寇只给混[浑]泥水喝，根本谈不上喝到开水，而在今天的工厂里，是日日夜夜充分供应的，她激动地说：“我没有别的话说，我要坚决毛主席的号召！”这些事例，也反转来对同学们上了一课生动的阶级教育。因为老乡们充分地在思想上动员起来了，所以一下子在各处出现了新气象。有一个井有十几户人家饮用的，井圈很矮，井里的水老是脏得很，喝了这井的水老生痢疾，这次，这十几户人家开了个小组会，大家决定有钱的出钱，没钱的出工，要把井圈加高。孩子们劲头更大，个个都手里着苍拍，展开了捕蝇竞赛。一个小孩看到了我们的同学，就举起他刚修剪好指甲的双手，笑嘻嘻地说：“好不好？”……所用的院子都扫得干干净净，阴湿的地方都洒上了白灰，有的还买了“六六六”或“D. D. T. ”杀虫水。

在短短的三四天里，同学们的宣传是取得了成绩的。在工作中，同学们都冒着炎热的太阳、淋着夏日特有的阵雨，向老乡们耐心地讲解着，使老乡们深受感动。尤其如患有肺病的曾善祥、昝昌道等同学，都积极地坚持了工作，劝他们休息都不愿意休息，这些，都充分说明了同学们在工作中贯注了深厚的爱国主义精神。在这同时，同学们也受到了很多的教育。除了上面所说的阶级教育外，从老乡们在短时期内动员起来，使各处面貌一新，使同学们认识到了群众力量的伟大。老乡们对毛主席共产党的无限热爱，也使同学们更了解到我们的领袖和党与劳动人民的血肉不可分的关系。

第七十五期　第二版

空前热烈的六区片会

黄庭炜

在校外爱国卫生宣传战线上的同学们都以战斗的姿态，迎接这个伟大的政治任务。无论是在炎热的太阳下，或是在雨天里，都可以看见同学们奔走于上元村和北下关的各个院子。这种高度的爱国热情，和为老乡服务的精神，只有在我院反资产阶级思想运动彻底胜利的基础上，才可能出现的。

六区的片会经过三天的筹备和酝酿，特别是通过昨天晚上的动员大会，在全体宣传员们共同努力下，终于在今天晚上开起来了。起初老乡代表，妇联主任及宣传员们对今晚的大会信心不够，担忧老乡不发言；但在充分的准备下（预先联络一些卫生户在大会上发言），我们的大会开得非常成功，其热烈情况在六区是空前的。

西方天空升起了一片美丽的云霞，幕[暮]色逐渐盖上了大地，老大娘一个个幌[晃]动着小脚，云集到开会的院子里。两个五十多岁的老大娘为了准时，还没吃饭就来了；这种对爱国卫生运动重视的态度，感动了每一个宣传员。会议由老乡自己主持，我们的宣传队长雷声熙把爱国卫生运动重新阐明，并分析了老乡存在着的一些错误思想后，即由老大娘们发言；在热烈的掌声中，从来未在群众面前讲过话的李大婶，王大妈，黄大娘等都大胆的到院子中间向大伙讲了话。有的介绍他们院子里的卫生情况，有的表示要响应毛主席的号召，有的要向卫生户学习，保证以后注意清洁。大伙的推选下，又有几位老大娘出来讲话。在大会上发言的共有八位，她们一致认为讲卫生是好的，可使身体健壮，多打粮食；表示要听毛主席的话，注意清洁卫生，把一切脏东西收拾干净，每天打苍蝇、蚊子，并且要经常保持下去，展开批评，互相竞赛。虽然都是简短的十几句话，但对其他老大娘起了极大影响，启发了她们的自觉性，其作用要大大超过们讲一遍大道理。大家都很安静地听每个老大娘的讲话，讲完后，受到姑娘、孩子们热烈鼓掌，老大爷、老大娘也都点头表示赞成。紧接着分成三个片会漫谈，昨晚大会的感想和今后的做法，大家的发言更是踊跃了。过去不大注意卫生的李大妈说："往后每天五点起床就打扫院子，白天事情再多，也要匀出时间做；要做到'早起三光，晚起三慌'，养成卫生习惯。"本来就喜欢清洁的王大妈说:“这次我懂得更多了,以后不但要把自家做得更好,并且还要帮助别人收拾干净。”一个三十多岁的妇女,身体很弱,平时不讲卫生,屋子里又脏又臭,大家给她提意见。她不接受批评,后来选她做卫生小组长,还是拿她没法;但是这次宣传使她明白了过去的错误,她激动地说:“现在我明白了过去身体坏,就是不讲卫生的缘故。为了下一代儿子,也为了我自己,一定要把屋里收拾干净。”李大婶有六个孩子,但她说:“我不怕孩子多,一定抽时间搞卫生”;并说要省钱买 D. D. T. 和“六六六”。我们开会的那个院子的黄家有三个娘子都上学,所以卫生搞得好。本来只提出保证自己搞好,经过宣传员启发,愿意帮助与批评别人,表示有信心把全院爱国卫生运动搞好,带动每户。生动的例子真是说不完,但大家心里有共同的话语:这是毛主席叫我们做的,照着毛主席的话去做,注意清洁卫生,就是为了感谢毛主席。我还得提那位能干的村妇联杨主任,她到每个片会表示了自己的态度:“我不仅保证自家做好卫生工作,而且要帮助院子里其他两家打扫干净。”

片会进行不到几分钟,我们即叫大家安静,表扬了六十多岁的白大娘所提出的个人保证,号召大家向她学习,大家都拍手表示他们的心情,这是一种很好的鼓动方式;接着我们又表扬四五位提出保证的老大娘,会场的情绪立即显得非常热烈与紧张。我们又不放松地表扬了少年儿童队员提出的保证和小孩中的捕蝇模范。突然,东面那个片会的一组全体提出保证并向其他二组提出挑战,过两分钟,另一组立即宣布全体应战,紧跟着,第三组也全体应战。这时全区每户都一致提出保证了,会场的热烈的情绪达到了最高峰。

当我们离开大柳树时,老乡们在黑暗中一直把我们送到门口,并一再要求我们再去,像母亲一样关照我们路上小心走。孩子们一直跟着跑到马路才回家,充分表明了老乡和同学们在爱国卫生运动的战线上紧密地团结起来了。

美帝国主义的细菌战一定会随着中国人民的觉悟而遭受到可耻的失败。我们有足够的信心和力量粉碎美帝的细菌战。

老乡们也订出了卫生公约

陈伯隆

明朗的天,微微的风拂弄着这洁净的院子,更使人们有着一股新鲜味儿的感觉。已经是第三次进入这院子了,但是每一次这院子都在变。从脏臭到今天的洁净,如果把它认为一种奇迹,却还不如说是千百件平凡的事迹中的一件。

已不用再作什么客套了，用老乡自己所说的“大家都是一家人”的话，一进门打个哈哈，马上谈开了。迟刚第一句提到昨晚所参加的爱国卫生运动动员大会，一位老大娘就好像显得歉疚样的笑着谈起来了，她说：“昨天同学们叫我去参加晚会，我自然很乐意去的。但后来一听是在大院子里举行(指本校大操场)，我的顾虑可也就来了；我想在这样一个大院子里，坐上半个晚上，我的两脚两手，还不要被院子里的蚊子咬上几多大疙瘩吗？可会又想要一定来参加，于是就只得带上把扇子，硬着头皮来了；不料一到你们大院子里，我的顾虑可真要叫人笑话了，竟然连一个蚊子都没有；这一下可真把我醒过来了，你们这样的个大院子，都能把蚊子清除，我们这么个小院子难道还不能把苍蝇、蚊子除光吗?”她说到这里，显得有百倍信心似的。事实也正告诉我们是这样，从院子的每一角落来看，她的信心已从整一上午的具体行动中表现了出来。紧接着另一位老大妈插了上来说：“对啊！我们不但现在这样搞，以后还要经常这样搞。如果把多日的脏东西积下来而在一天内搞，要多费事！如果能天天这样搞，就不这样费事了。”真的要把今天的行动巩固下去，就得经常的搞。我们就顺着她们的话势提议她们订出公约，来保证今后的行动。

话题马上七嘴八舌地拉开了，你提一项，我补充一句。一位大妈说：“我们院子里八家人，可以每两家值日打扫院落和街道。”另一位大嫂说：“我们每天打苍蝇应当有个起码标准。我提议每天每家至少要打五十个苍蝇，这么我们院子八家一天就能打四百个，十天就有四千个了。”坐在我们身旁，在侧着耳静听着的一位小姑娘，这时也插嘴了：“如果是阴天找不见苍蝇怎么办呢?”立刻坐在小姑娘后边的她的妈妈马上以坚定的语气作了解释：“那么就在明天多打啊！第一天阴天没苍蝇，第二天明天就打上一百个补起。可不得以少报多，打一个说是打了两个。”说到这里大家都笑起来了，这样没一会工夫，一下子就提出了十多条，连“不许小子随地拉屎、撒尿”等也都提了出来。的确只要群众开动脑筋，想到问题的周到，要一个人去想上一天半日也不能摸索得这么周全。这就是群众的智慧啊！我体会着：我是向群众宣传卫生教育的，而我也从群众中受到了教育。

一个院子的卫生公约就这样的产生了解，白白的纸张贴在刚扫除过的檐下，似乎显得格外光彩。这是由群众自己提出来的行动指针，每个字和每一句都表现了这院子老乡们的信心和决心；同时在这里面也理解进了我们的劳动成果——三天来的劳动成果。

第七十五期　第三版

战斗在爱国卫生宣传战线上

第一宣传小队到北下关宣传时，那里有一家煤铺，根本不关心清洁卫生，他们认为：“团煤球的人还能干净吗?”所以十三日发戏票给他们、希望他们来校参加爱国卫生宣传动员大会，他们就半理不答地哼咭着，现出很不耐烦的样子。小队里的同学们回来后，充分地研究了这种情况，转天又到这家煤铺里去宣传，大家先从家常谈起，问他们生意怎么样，生活怎么样。同时也帮他们打扫煤末，打了些苍蝇，然后再谈到苍蝇的危害，谈到怎样用煤球，于是他们就高兴起来了，脸上露出笑容说：“我一定要买苍蝇拍，把蚊子都打干净。”本来他们不愿意到校里来，可是这回他们却主动地向我们要入场票，并且说：“一定要去看，晚上没有活，得受受教育。”

利用图片进行宣传，老乡们都是很热烈的欢迎。当第二队宣传抗美援朝消灭细菌战时，有一老大娘就说：“打死一个苍蝇就是打死一个美国兵，要做好清洁卫生，既保卫自己又保卫国家。天下这么大只要靠大家干才好办，所以我不但自己打，还要动员别人打。”有一大嫂也说：“毛主席领导我们翻了身，对我们的恩情我们就是一辈子也报不完。我一定要好好听他老人家的话，把环境卫生搞好，使自己身体健康，增产丰收支援抗美援朝，要把苍蝇蚊子消灭光。”一个七十二岁的老大娘听了我们的宣传后，也积极地拍起蚊子苍蝇，并说：“毛主席领导这个运动真好，把苍蝇蚊子消灭光，使我们少病少灾殃!”

七队十七位同学上大柳树时，大伙儿先到该村妇联杨主任家去联络。当时天空正是乌云满天，她家正在院里收拾玉蜀黍，同学们立即蜂拥而上，抢着帮忙，一眨眼一大堆的玉蜀黍就收拾完了。杨主任说：“大家动手，团结就是力量。”老乡们并热情地拿烟倒茶招待我们，请同学们吃西瓜。在我们临走时，许多老乡们都说：“在毛主席领导下的大学生真好!”同时老乡们还问我们提出保证：在交大同学帮助下;我们有信心把工作搞好，将运动深入。同学们受到老乡的鼓励后，更信心百倍地迎接更大的胜利!

第五宣传小队与老乡们请受[爱]国卫生运动的意义时说：“爱国卫生运动好比合作社，我为人人，人人为我。”老乡们对这一番话很受领会。村主任听了之后说：“明天咱们召开一个全村代表大会，选出工作积极的老乡做卫生组长，订立检查制度，在民校、街政府、公安同志及同学们的帮助下，我一定要把卫生运动积极地搞起来。”同学们对卫生工作很消极，灭蚊捕蝇没信心的就特别加以帮助。譬如太平村有个卫生组长说：“苍蝇蚊子那[哪]里打得完!”于是同学们就在他家里大打苍蝇，一下子就打死了二三千个，这样就增强了他的信心。

第六队十四日出外宣传，有位老乡说他的孩子曾传染上霍乱，我们就抓住了这个实例进行宣传，收到很多效果。这位老乡明白了他孩子的病原后，不仅表示自己要注意卫生，并且还主动的告诉我们附近环境卫生不好的情况。例如附近有口公用水井，地势低洵，井口生了很多杂草，蚊虫乱飞，很大的井口上从来没有井盖。早先大家不重视卫生，谁也不管，经过我们的宣传后，老乡们已准备将它加以改善了。

第九小队到上元村第七、八区进行宣传时，老乡们衷心地表示了欢迎和感激。我们一到，他们搬凳子、拿茶忙个不已，虽然我们都不要，但他们却很不过意。七区一个老太太说：“你们来向我们宣传卫生运动，你们累了，坐下歇歇吧！喝杯茶算什么，咱们都是一家人。”经过了村干部的动员和我们的宣传后，老乡们的认识一般都提高了。七区一个老太太听完我们的讲话的说：“我年纪老了，不能到朝鲜去打美国鬼子，我在家一定要做好我的事。现在毛主席号召我们讲卫生，我们就要照办。”八区有个女孩子，现在刚六岁，她每天亦要打死苍蝇一百多只，当我们进行宣传时，她总是昂着小头在旁边倾听着。七区王素珍卫生组经我们帮助后，他们订立了经常性的卫生公约，内容是：

一、每天早起把院内打扫的[得]干干净净。

二、室内东西要整齐清洁。

三、组织儿童打苍蝇队，并选出正副队长。

第九队同学们在宣传时，热情很高，天下雨，同学们的衣服虽被淋湿了，鞋子透水了，大家的情绪反而更高。许多同学表示：“如果明天下雨，更要抓住这个机会到老乡家里去宣传，因为老乡们下雨不能出去干活，咱们的效果就更大。”号二乙曾善祥同学虽然有肺病，可是他从未说过累。当张绪本同学问他身体是否吃得消？他笑着说：“一点关系没有，毫不觉累。”为了使工作收到更大的效果，大家一致提出以下的保证：

一、耐心说服老乡们，说话要清楚扼要，使老乡们一听就懂。

二、爱护老乡财产，不踏毁地里任何庄稼。

三、态度和蔼使老乡们亲热我们。

我们在宣传的时候，有的老大娘认为：清洁是很好，就是没空，人手少；有的说:“手里钱短,请不起卫生”;也有的认为搞清洁与生产是“矛盾”的。经过我们耐心地解说后,这些情况基本是克服了,有的老乡说:“今后你们多讲些,好让我们明白明白。”经过几天的同他们一起谈话,老乡们觉得同学们很亲切,于是谈出来他(她)们心底里的话,譬如当我们临走的时候,一上十多岁的老大娘叫住孙宝莲同学谈了半天,诉说她切身所受的痛苦,并求我们给她想想办法,于是我们也将她的情况向上反映了。

“来了! 来了!”当我们宣传队还刚出现在院落前边大路的时候,一伙天真的小孩就以这样的呼声表示了对我们热情的欢迎。当我们脚踏入前几天曾到过的一个院子,它的情况完全变了! 水沟已是那么平坦坦的;野草也运到了它的厄运,被连根拔了。老大娘的手里正拿着一块抹布,在擦玻璃窗,使它们变得像水晶一样亮了;小妹妹的手中,拿着一把裹着鲜红布的簇新的苍蝇拍,在孜孜不倦地向着苍蝇作无情的打击。从这些现象中,使我们每个队员都有这样兴[欣]喜的感觉,那就是:“我们已得到自己亲身劳动的初步成果了!”

十五日下午第一队为了开好晚上的片会进行了第二次家庭访问。当我们经过街坊时,许多儿童都拥上来,这个问:“你们还演戏吧?”那个说:“我今天已打了 X 十个苍蝇。”有九个小朋友一直跟着宣传了,不肯离开。每到老乡家里时,他(她)们都很热呼,搬板凳拉同学坐,说长道短。一位张老太太说:“你们演得真好啊,我看过戏今天上午就把房间统统打扫了,干净了有好处。”通过连日的访问,给晚上的片会制造了有利条件。

第七十五期　第四版

那[哪]里需要就到那[哪]里

回忆过去热爱今天

——我要愉快地走上工作岗位

顾长朋

我快要毕业了将要服从组织分配,和青年朋友们一道参加伟大祖国的十年建设。政府为了合理地使用高等学校毕业生,把他们放在祖国最需要的地方。政务院公布了许多有关使用高等学校毕业生的文件。从这些文件中,我们可以看到祖国建设事业的突飞猛进。高等学校毕业生根本就赶不上建设的需要。"毕业就是失业"的痛苦,已变为历史的名词。中央为了解决部分同学的思想问题,请了中央各首长举办许多报告会,给予我们真理,给予我们正确的人生观,引导我们走向康庄大道,我们感到祖国屹立在世界是何等伟大,做毛泽东时代的青年是如何幸福。在分配工作时,尽量的照顾我们的服务志愿、地点与爱人,即使不得已,反覆[复]解释分析,务使我们思想明确,愉快地走上工作岗位,人民政府对我们的照顾与关怀实在是无微不至。

一九四六年我毕业上海复旦大学航海训练班,当快要分发到救济总署去工作时,大家都担心社会的堂奥很深,也是很冷酷,没有丰富的社会经验实在难应付,同学们的情绪混乱极了,反动官僚也实在无法安定,只好利用最险恶的毒素来麻醉纯洁的青年,说什么海员薪水高,吃得好,航行在海阔天空的大海,乘长风破万里浪,跑遍世界名城可以免费环球旅行,东京女郎如何温柔,纽约如何华丽,伦敦、马赛、曼谷、马尼[redacted]的风景与姑娘如何如何,有些青年朋友,堕入了这俗人的深渊,沾上一套旧水手作风,过着醉生梦死的生活,有的甚至做了反动派的爪牙,葬送了个人的前途,有的不适海上生活,出海呕吐,因此就失业了,流浪在街头,个人前途也无法不谈。我自己不甘心做爪牙,不愿意谄媚主子,也无故的被开除了,后来虽找到一名水手职业,但我对个人前途实在焦愁万分,朝暮害怕失业。

祖国解放了,一切都起了根本的变化,像我这样一个水手也能考大学,根本不受什么文化的限制,只要开机关证明就行了,一个水手变成一个人民的大学生,这是我生平第一次最大的精神解放,[redacted]解放的事是说不完。人民培养了我三年,我马上就走上工作岗位了,想到分配工作,我就想到刚解放后不久,萨空了先生在一次鼓励青年到西北去工作的会上,他说:过去实在对不起西北人民,弄得它[redacted]落后、疾疫与贫困等,萨先生愤怒地控诉了[redacted]压榨得西北人民连衣服都穿不上,青年同志们应该到西北去,为西北人民创造幸福,把我们伟大祖国的边区建设得美丽富饶,他的语调是那么诚恳,气态是那么坦率,我真感动极了,可是根本没有听到"西北薪水很高,风景很好,姑娘美丽"这类最下流的痞话,只有如何去解除西北人民的痛苦,从这点我们可以看出人民政府的首长是如此关怀人民痛苦,如何真诚地对青年贯注真理,使青年成为人民的事业最健康的干部。

祖国光明灿烂的前途,发出万丈光茫[芒],我们个人的前途辽阔广大,人民政府对我们体贴入微,祖国向我们热忱的招手,人民向我们热情的呼唤,到处欢乐歌唱,所谓"毕业就是失业"社会的冷酷,根本无影无踪了,我们只有以愉快兴奋的心情接受组织的分配,以忘我的工作来报答祖国人民对我们热情的招手与信任,报答党和政府对我们无微不至的关怀。

完成人民交给我的任务　做一个祖国的好女儿

建三　潘[redacted]

当我听到了组织上为了适合我们的志愿与具体的要求与困难,曾想尽办法,甚至挂长途电话到各机关联系,解决我们的问题,这使我们太感动了,回想在旧社会里,毕业的前夕,就是带来了失业的痛苦,只要有职业就算是万幸了,根本谈不上干本行的事,或考虑个人的家庭问题。在旧社会里,虽然我们主观上是想为人民服务,而客观上是为反动派服务。青年人在旧社会,无论在精神与物质上都是非常苦恼的,然而在解放了的今天,我们不但能真正的为人民谋幸福,在我们祖国里,已经没有失业的痛苦,而个人问题,组织上也费尽心思让我们考虑得这样细致与周到,在毕业的时候,已经给我们安排好一切了。从这儿可以清楚的看出我们无比优越的社会制度,这样迫切需要干部的时候,我们史无前例的对青年这样关怀,只有我们的党领导下的政府才能做到,祖国的十年建设马上就开始了,我们全国人民的生活也随着祖国工农业的发展而变得丰满了,我们体会到只有[redacted]取整个人民的利益与幸福,我们个人才能有真正的幸福。

二十多年来,劳动人民用血用汗养活我们,烈士们为了我们流尽了最后一滴血,为了对得起烈士们,为了报答劳动人民抚养我们,我们本来就应该无条件的到祖国最需要的地方去,做人民最需要我们做的事,但是,组织比亲生父母还要爱护与关心我们,再三的要我们填写志愿,并且考虑得比我们自己还要周到。我们知道,组织上所以这样做就是要求我们在工作岗位上更安心的工作,发挥我们最大的力量。我们将来的任务是烦[繁]重的,除了建设祖国早日走向社会主义社会之外,还担负着保卫与争取世界和平的任务,我们国家富强了,我们和平阵营也就更巩固了,因此,我们一定不辜负祖国人民对我们的期望,一定担负起建设祖国,保卫和平的任务,在不久来到的工作岗位上,我们要虚心向工人群众学习,努力学习苏联先进经验,开动脑筋,完成祖国人民交给我们的任务,争取做一个祖国的好儿女,忠诚的勤务员,把我们亲爱的祖国装饰得更美丽、更健壮。

为了热爱毛主席　我要奔到祖国最需要的地方去

运二　白慧琴

在十二日中午,我们班会传达了中央人事部对于分配毕业生工作的初步决定，我听说我们班的同学将要分配到重工业部和燃料工业部去，地区是西北和华北，我想还有不多的日子，就要负担起祖国光荣的建设的任务了，真使我感到说不出的愉快和兴奋，但是我对于组织上没有把我们分配到铁道部而感到惊讶，我想我们是铁道学院出来的，怎么会就会被派到重工业部和燃料工业部去呢？过去我的成本会计学习得一点也不好，这样到了现场上真和文盲读报一样，我又想到由[redacted]两年来在学习、生活和工作使我对[redacted]铁路事业发生了密切的感情，我想我将来[redacted]铁路上服务，我应当把自己的一切贡献给人民铁道事业，尤其是在毕业考试的那几天。

附录：三反快报(原编)目录

彻底批判资产阶级思想 坚决树立工人阶级思想

学习"可爱的中国"特辑
"三十二期增刊"

认真开展批评与自我批评　为取得更大胜利而斗争

进一步提高工作效率,为迎接高潮到来而斗争

更进一步提高工作效率，为争取反资产阶级思想运动彻底胜利而斗争

用实际行动迎接党的生日

用实际行动纪念党的生日

纪念伟大的“七一”(戴明)　五十期四版
党和毛主席带来幸福(周锦魁)　五十期四版
向党宣誓(顾敏)　五十期四版
今年和往年的感想(高占超)　五十期四版
做好点滴革命工作迎接党的生日(节委会办公室秘书处)　五十期五版
运商系搓澡大队的保证　五十期五版
向党保证(经济系搓澡队全体队员)　五十期五版
提高搓澡效率(电信系搓澡大队)　五十期五版
我们的保证(职工核心组办公室全体同学)　五十期五版
炊事班工作组同学保证(李家本等)　五十期五版
韩嘉桐同学的保证　五十期五版
孙宝莲同学的保证　五十期五版
纪念“七一”保证帮助爱人思想改造(张协衷家属陈鸿烟)　五十期六版
不要忘掉为革命流血牺牲的先烈(周审章家属闻予珍)　五十期六版
感谢党我丢掉了思想上的包袱(朱万柏家属张仁慈)　五十期六版
傅恩龄家属田淑华　五十期六版
赵傅云家属张纹瑛　五十期六版
陈寿昌家属李守敬　五十期六版
何嘉树家属林蕴瑜　五十期六版

用实际行动迎接“庆祝胜利日”

做好储备工作迎接“庆祝胜利日”(郑昆)　六十五期六版
我以实际行动来迎接运动胜利(赵华)　六十五期六版
坚决响应节委会的号召(孙燕君)　六十五期六版
宣传部出版组迎接胜利日　六十五期六版

努力争取所有愿意过“关”教师,丢下包袱共度“庆祝胜利日”

同志们:信心一加强、态度一端正、胜利是有把握的。(沈一可)　六十五期三版
希望未过“关”的教师们作最后的努力(马肇延)　六十五期三版
只要端正态度、大胆暴露、过“关”是容易的。(李续熏)　六十五期四版
高潮的浪花越来越汹涌,同志们! 努力吧!(赵华)　六十五期四版

努力吧！严德炯先生(物理组助教邵先觉) 六十五期四版

日子急迫，努力吧！(电信系讲师卢肇铨) 六十五期五版

许靖教授：赶快奔向前去吧！(运二甲[redacted]洪肃) 六十五期五版

伙伴们！时间是不等人的(金若栋讲师) 六十五期五版

热爱毛主席，热爱共产党

本院全体团员写信给毛主席，保证在党的领导下进一步发挥助手作用，争取运动早日彻底胜利。五十一期三版

建筑系师生向毛主席报告思想改造的初步胜利 五十一期三版

参加“打虎”工作七同志致函党支部，坚决完成会务，争取做个共产党员(张宗溥，陈仁杰，李健，孙肇燔，陈录生、魏华征，马永振)、五十一期四版

向党表示决心(何丽泉) 五十一期四版

本院师生纷纷上书毛主席，报告我们运动中的成绩，并保证争取运动早日胜利(运输商务两系全体师生家属，电信系全体师生、俄专材专全体师生、经济系全体师生、共同学科全体师生) 五十二期三版

建筑系全体师生上书毛主席，报告该系反资产阶级思想运动彻底胜利，并保证将收获贯彻到实际行动中去 六十期二版

永远跟着毛主席，永远跟着共产党

我的前途就是紧紧跟着毛主席(沈一可) 六十八期三版

感激毛主席使我获得了新生(王竹亭) 六十八期三版

永远跟着共产党走，前途才是光明灿烂的(朱广心) 六十九期四版

感谢党，感谢毛主席(石立治) 六十九期四版

为了祖国的光明前途，我要永远跟着共产党走(许靖) 六十九期五版

我要为共产主义事业奋斗到底(卢肇铨) 六十九期五版

感谢党和毛主席使我得了新的生命(陈荷生) 六十九期五版

庆祝建筑系思想战线上的彻底胜利，
庆祝反资产阶级思想运动胜利高潮的来临

在党的领导下，我们取得了胜利(徐中) 六十期五版

你们的成就更坚定了我们必胜的信念(学生会致建筑系全体同志信) 六十期六版

拔掉一根草,抽去美帝一根筋

消灭一只蝇,杀死美帝一个兵

战斗在各种岗位上

哪里需要就到哪里

职工通讯

家属通讯

六版

张师母一家动起来了(张协衷“搓澡”队家属工作同学)　五十六期六版

我要在胜利高潮中更好地帮助应教授(应尚才爱人沈显琛)　五十八期三版

我要和我爱人的思想故人作坚决战斗(张协衷爱人陈鸿炯)　五十八期三版

毛主席的光芒温暖着人们的心(金若柟爱人蒋旋华)　五十九期二版

节委会办公室给金如璋的信　五十九期二版

金如璋小同志(十岁)　给她爸爸金若柟的信　五十九期二版

朱万柏教授胜利过“关”,朱师母召开庆祝会　五十九期二版

我怎样帮助了王竹亭同志检查思想(王竹亭爱人徐佩兰)　五十九期三版

随时督促他,鼓励他(赵傅云爱人张纹瑛)　五十九期三版

毛泽东的光辉照耀着王师母　六十一期五版

教师家属积极准备庆祝胜利(林利敏)　六十一期五版

庆祝胡同志胜利过“关”(胡昭金爱人岳筱梅)　六十二期三版

我的感想(黄宠嘉爱人陈嘉瑞)　六十二期三版

郑昆教授全家在积极准备庆祝胜利(袁桢)　六十二期三版

访问金若柟老师的爱人蒋璇华同志(郑德至,陈浩)　六十二期三版

感谢党将何先生泥坑中救了出来(何嘉树爱人林蕴瑜)　六十三期八版

我们更靠拢更亲切(卢肇铨爱人高怀英)　六十三期八版

衷心感谢毛主席(王金桂)　六十三期八版

思想既然改造效果绝难限量(巢立人之父七十一岁老人巢功常)　六十四期六版

我懂得了,“生活在今天是幸福的”,这句话(尤光九爱人杨永)　六十四期六版

民主团结进步的家庭在成长(尤光九女儿尤俊明)　六十四期六版

不要辜负同学们对你的希望(任专刘永禄教授爱人刘绣珍)　六十四期七版

希望你大胆地毫无保留地扔掉包袱(刘永禄教授女儿)　六十四期七版

爸爸扔掉自己的臭包袱吧(张剑非教授女儿给张教授的信)　六十四期七版

给爸爸的贺信[金若柟教授女儿金如璋(十岁)]　六十四期七版

新 气 象

我要作一个最优秀的青年团员(李惠韫)　五十四期五版

应届毕业生服从组织分配　五十期七版

孙燕君同志改变了立场工作态度变了样　五十期七版

思想改造给家庭带来了幸福　五十四期五版

杨志竞同学光荣入团　五十四期五版

我要做一个最优秀的青年团员(李惠韫)　五十四期五版

我要早日争取做一个共产党员(沈玉麟)　五十四期五版

我要百倍地努力提高自己(屈浩然)　五十四期五版

我的新生命开始了(许政东)　五十四期六版

我要做一个忠实的党的助手和后备军(应达之)　五十四期七版

应教授和他爱人给儿子应达之的贺信　五十四期七版

参加青年团员宣誓典礼后的感想(吴佩蓉)　五十四期七版

我要向大哥哥大姐姐学习将来争取做一个青年团员(少年队员沈慧英)五十四期七版

赵祖武教授已不再是建筑系的客人了 五十六期七版

李成山教授再也不是“和事佬”了　五十六期七版

徐中教授变成跳舞教授　五十六期七版

王文煊助教活跃在展览会的工作战线上　五十六期七版

冯焕助教青春再生　五十六期七版

建筑系庆祝胜利会一角　五十六期七版

“过去的死去了” 六十一期四版

多年来棘手的课程分配问题解决了　六十一期四版

梁清彦先生也“管他人瓦上霜”了　六十一期四版

从关门写讲义跳出来的吴文泷教授　六十二期二版

笑容浮现在谢淑英助教的脸上　六十二期二版

热爱毛主席——张建关教授积极准备“八一”献礼　六十二期二版

郭士隽助教年青活泼啦(刘庆弘)　六十二期二版

今天我们感到真正有了科主任(徐秋生)　六十三期五版

改变了自己,改变了对孩子们的教育(吴佩蓉)　六十三期五版

马毓珣讲师跳出了宗派小圈子(刘庆弘)　六十三期五版

林达美主任愉快地忘我工作着(刘允仁)　六十三期六版

马杏城教授不再“自以为是”了(曹冠军)　六十三期六版

读 者 园 地

我们要树立起工人阶级思想领导的旗帜(号二甲通讯)　廿二期四版

我要做一个有生命意义的人,把生命献给伟大的共产主义事业(沈承福)　廿六期一版

三年来我学到了什么(金作书)　廿六期三版

资产阶级思想如何毒害了我们(建二通讯)　廿六期四版

沈承福同志的检讨感动了我(徐中)　廿七期二版

热情欢迎沈承福同志的进步(程作渭)　廿七期二版

由沈承福同志的进步看反资产阶级思想的胜利(陈懋等)　廿七期二版

建一团小组对王健平同志所犯错误的批评(建一团小组)　三十三期二版

不能容忍王健平同志这样的自由主义(建三全体同学)　三十三期二版

王健平同学应认识自己的错误(郑林翰、曹昌彬)　三十三期二版

王健平同学应深入检查思想并作公开检讨(凌定慧等)　三十三期二版

办公室对待批评的态度是我们学习的好榜样(四四一室)　三十四期二版

必须端正提意见的态度(运三乙全体同学)　三十四期二版

爸爸,我要求你好好的深入的检查自己的思想(应达之)　三十四期二版

青年团组织应向一切反动言论进行坚决斗争(第四、五分支支委会)　三十五期二版

我诚恳希望建一团小组的同志们好好检查自己的思想(金大勤)　三十五期二版

对反动思想姑息就是对同志残酷(王羡敏)　三十五期二版

要求王健平同志深入检查思想(金柏荣)　三十五期二版

与反动思想展开坚决的斗争(读者来信综述)　四十三期四版

将反动思想清除出去(运专二全体同学)　四十三期四版

我们不能容忍反动思想存在(运二甲班会)　四十三期四版

我们有权利要求孙、王两人公开检讨(方维春、姚仁生、孙桂初、包宗尧、胡安洲、胡仰枢)　四十三期四版

决不容许何鸿霖的反动思想继续存在(电信系宣传组)　四十四期六版

革命的人生才是充实的、幸福的(朱万柏)　四十五期二版

电影《上饶集中营》教育了我(沈承福)　四十五期二版

我认识了反革命分子父亲的丑恶面目(佘守宪)　四十六期三版

我才是有罪的人(孙铭甫)　四十六期三版

争取思想改造的彻底胜利(李续熏)　四十六期三版

我们热情地期待着您[你]们的进步(于绍儒)　六十四期八版

同志们争取在最高潮中过“关”地(许景远)　六十四期八版

欢呼我们的胜利(张京先)　六十四期八版

克服了个人主义思想我坚决到哈尔滨去(陈燕生)　七十三期三版

向优秀的讲解员郑昆教授学习(杨松槐)　七十三期三版

我要发挥集体主义精神为祖国学习得更好(黄锡京)　七十三期三版

让我们永远前进——对王银江同学的欢迎和期望(俞昌文)　七十四期二版

不辜负人民的期望永远做人民的勤务员(王银江)　七十四期二版

空前热烈的六图片会(黄庭炜)　七十五期二版

老乡们也订出了卫生公约(陈伯隆)　七十五期二版

我要更加努力完成党交给我的任务(马哲)　七十五期七版

我在讲解中的体会(陈志诚)　七十五期七版

我参加了图片讲解工作(李盛歧)　七十五期七版

热情负责的生力军(刘隆萱)　七十五期八版

我们团结互助提高了讲解工作(“三年建设”小组通讯员)　七十五期八版

郭朝清应正视自己的错误,戴罪立功争取早日归队(张魁麟)　七十五期八版

文艺副刊

欢迎教师进行思想改造(电三)　廿四期二版

[redacted]屈浩然同学(大勤)　卅一期一版

当我们想起可爱的祖国(大勤)　卅二期二版

我们伟大的祖国(编辑组)　卅二期三版

我也有了母亲(唐剑)　卅二期四版

你不感到惭愧吗——给朱广心教授(李士珍)　四十期四版

胜利前进(陈溪风)　四十期四版

张主任回来(唐剑)　四十三期三版

斗争(大勤)　四十三期三版

烈士们永垂不朽(新诗社集体创作)　四十三期五版

欢迎您沈先生(陈溪风唐恢一)　四十七期五版

欢迎你伍廷钧教授(运三甲全体同学)　四十七期五版

快快摆起寿筵来——献给党的生日(唐剑) 五十期八版
祝贺党的卅一周年(李守洪) 五十期八版
祖国的早晨——献给党卅一岁的生日(大勤) 五十一期十四版
他(她)们是我的学习榜样(李盛歧[岐]) 五十一期十四版
欢迎你同志——献给九十八位新同志(大勤) 五十四期八版
光荣的宣誓(伯龄) 五十四期八版
您终于回到母亲的怀里来了——献给林达美主任(运二甲) 五十四期八版
快迎接胜利高潮啊同志(伯龄) 五十七期四版
您胜利了——金士宣教授(运商系全体同学) 五十七期四版
让毛主席听见——庆祝建筑系反资产阶级思想运动的彻底胜利(大勤) 六十期七版
胜利的队伍传喜报(陈溪风) 六十期八版
这是真爱——答运商系全体同学的贺信(金士宣) 六十二期四版
献给我新生的父亲——尤光九(尤俊明) 六十二期四版
红领巾——明天——与五一女中少年队员联欢的感想(大勤) 六十二期四版
歌唱新生(徐文述) 六十九期十五版
同志们！我们说不出内心感谢的话，——给运商系全体“搓澡”队同志(运商系全体教师) 六十九期十五版
一个人的转变(李忠潜) 六十九期十五版
思想改造胜利有感(赵华) 六十九期十五版
我的家庭转变(李士珍讲师儿子李一川) 六十九期十六版
为我们的过“关”而欢唱(张葆华、严德炯夫妇) 六十九期十六版
庆祝爸爸在思想战线上的胜利(赵华教授女儿) 六十九期十六版
感谢党给我新生(陆傅砚) 六十九期十六版
在消灭蚊蝇战线上(陈溪风) 七十二期四版
拔呀！用力！(李士珍) 七十二期四版
我的心飞向哈尔滨(聂涛) 七十三期四版
争取扑蝇模范美名扬(河南坠子)(文娱组) 七十三期四版
红果园里新气象(赵华) 七十三期四版

简讯胜利花絮

图书在版编目(CIP)数据

中国当代民间史料集刊. 9/ 华东师范大学中国当代史研究中心编. —上海：东方出版中心，2012.1(2025.3 重印)
ISBN 978-7-5473-0461-7

Ⅰ.①中… Ⅱ.①华… Ⅲ.①中国历史：现代史-史料 Ⅳ.①K270.6

中国版本图书馆 CIP 数据核字(2011)第 281469 号

中国当代民间史料集刊. 9

出版发行：东方出版中心
地　　址：上海市仙霞路 345 号
电　　话：021-62417400
邮政编码：200336
经　　销：全国新华书店
印　　刷：上海万卷印刷股份有限公司
开　　本：710×1020 毫米 1/16
字　　数：970 千
印　　张：59
插　　页：4
版　　次：2012 年 1 月第 1 版　2025 年 3 月第 2 次印刷
ISBN 978-7-5473-0461-7
定　　价：148.00 元(上下册)
